제 2 판

민사소송법

범경철 · 곽승구

정독
DEEP READING

제 2 판

민사소송법

제2판 머리말

민사소송법 초판이 나온 지 약 2년의 시간이 흘렀습니다. 부족한 부분이 많았음에도 불구하고 큰 사랑을 주신 독자 여러분, 이 책으로 강의하시며 고견을 주신 교수님과 강사님께 감사의 말씀을 올립니다. 많은 분들의 관심과 도서출판 정독의 배려로 제2판을 출간하게 되었습니다. 기쁨과 동시에 무한한 책임감을 느낍니다. 본 교재의 완성도를 높이기 위해 제2판에서는 다음과 같은 점에 주안점을 두고 개정작업에 임했습니다.

먼저 초판 출간 이후 개정된 법률을 반영했습니다. 2023. 4. 18. 개정된 민사소송법에서는, 패소할 것이 분명한 경우 소송구조의 신청과 불복에 필요한 비용에 대해 소송구조를 하지 아니하도록 한 제128조 제2항, 소권을 남용하여 무변론 소각하판결을 하는 경우 공시송달을 명할 수 있도록 한 제194조 제4항, 소권남용에 대한 과태료 제재로서 제219조의2, 인지액이 부족한 경우 소장접수를 보류할 수 있도록 한 제248조를 반영했습니다. 그리고 아직 시행 전이지만, 2023. 7. 11. 개정 민사소송법에서는 위해의 우려가 있는 경우 소송기록 열람 시 비공개 보호조치를 할 수 있도록 한 제163조 제2항을 반영하였고, 2024. 1. 16. 개정 민사소송법에서는, 항소기록접수통지에 관한 제400조 제3항, 항소이유서의 제출에 관한 제402조의2, 항소이유서 미제출에 따른 항소각하결정에 관한 제402조의3을 반영하였습니다. 소액사건심판법의 개정도 있었는데, 한글화 정비를 한 것 외에도 판결이유 기재 생략에 관한 예외를 규정한 제11조의2 제3항을 반영하였고, 국제사법에서는 국제적 중복소송에 관한 제11조를 반영하였습니다.

다음으로 판례는 2024. 4. 1.자 판례공보까지 검토하여 민사소송법 관련 주요 판결 및 결정을 반영하였고, 법학전문대학원협의회에서 발간한 민사소송법 표준판례연구 개정판의 판례들을 검토하여 대부분을 수록하였습니다.

마지막으로 로스쿨에서 제자들을 가르치면서 조금이라도 민사소송법에 관심을 갖도록 하는 방법만 생각하다가 초판에서 내용이 다소 부실했던 부분의 보충, 크고 작은 오탈자 수정, 내용이 중복되는 부분 수정, 일부 판례박스에 사실관계 추가 등 내용의 충실화를 기하여 강의교재 및 수험서로서 조금이나마 도움이 되도록 노력하였습니다.

많은 분들의 도움이 없었다면 결코 제2판을 출간할 수 없었을 것입니다. 먼저 강의와 연구로 바쁜 와중에도 저를 도와 개정작업에 임하여 제2판이 세상의 빛을 볼 수 있게 한 공저자 곽승구 교수에게 감사의 마음을 전합니다. 또한 최근 결혼하여 거룩한 가정을 꾸린 제자 김현수 변호사에게도 축하의 말씀을 전합니다. 그리고 한결같이 큰 격려로써 개정판을 독려하신 김중용 대표님, 심성보 이사님을 비롯한 도서출판 정독의 임직원 여러분께도 감사의 말씀을 드립니다. 아울러 지난해 천국에 가신 어머니께 사무치는 그리움을 뒤로하고 건강한 몸을 주셔서 이 자리를 빌려 고마움을 표합니다. 아직도 부족함을 느끼고, 앞으로도 계속 보완해나갈 것을 다짐하면서, 힘이 들 때마다 주위에 격려자들을 보내주시고 끝까지 지켜 보호하여 주시는 하나님께 무한 감사의 말씀을 올려드립니다.

2024. 7.
공저자를 대표하여
범경철 드림

머리말

처음으로 민사소송법을 가르치기 위하여 강단에 선 것이 변호사시절인 1997년으로, 그 후 제 인생에 있어서 민사소송법과의 인연은 천생(千生)연분은 되지 않더라도 백생(百生)이나 십생(十生)연분은 되지 않나 생각합니다. 이렇게 오랫동안 민사소송법을 강의해 오면서 학생들에게 전체적인 체계와 이해의 수월함을 제공하는 교과서를 만들어 도움을 줄 수 있게 하는 것이 필생의 소망이었습니다. 그러나 마음만 가지고 있었지 실천에 옮기지 못하고 있었는데, 이는 해 아래에 새로운 것이 없고, 공자까지도 술이불작(述而不作)으로 서술만 하고 창작하지 않는다고 한 것처럼 기존의 기라성 같은 학계의 선생님들의 학은(學恩)을 입었는데 감히 또 다른 책을 낸다는 것이 엄두가 나지 않았습니다.

그렇지만 누구를 돕는다는 것은 비가 올 때 우산을 들어주는 것이 아니라 함께 비를 맞는 것이라는 말씀이 문득 떠올라, 강의할 때 학생들과 부대끼고 어려워했던 부분을 공감하고 같이 연구해보자는 마음으로 강의안을 만들어 강의하다가, 최근 교수로 임용된 곽승구 변호사와 함께 판례의 사실관계를 토대로 사례를 보강하고 전반적인 체계를 학생들의 편의에 맞게 구성하면서 교과서를 출판하여 민사소송법을 처음 공부하거나 각종 시험을 준비하는 사람들에게 가장 효과적으로 민사소송법을 접할 수 있도록 하는 길이 무엇인가를 모색하는 과정에서 본서의 출간을 결심하였습니다.

행정법은 호두와 같고 형법은 대추와 같다는 말이 있는데, 전자는 처음에는 어려운 것 같으나 한 꺼풀을 깨고 들어가면 달콤한 열매가 도사리고 있고, 후자는 처음에는 말랑말랑하고 달콤하여 먹기 편하나 그 속에는 큰 씨가 있어서 어려워진다는 점을 표현하는 것입니다. 민사소송법은 쉬운 듯하면서도 어렵고 그렇다고 마냥 어려운 것은 아니고 실무와 연계되어 생각하면 그리 이해되지 못하는 부분도 없는 것 같은 야누스적인 학문이지 않나 생각됩니다.

본서의 특징은 판례는 가능한 한 판결이유를 그대로 소개하여 실제 사례가 어떻게 운용되는지를 자세히 알 수 있게 하였습니다. 아울러 법학전문대학원협의회에서 발행한 변호사시험의 자격시험을 위한 민사소송법 표준판례연구에 수록된 내용의 대부분을 가급적 수록하려고 노력하였습니다. 누군가가 본 책으로 민사소송법을 공부하는데 조금이나 마 도움이 된다면 더할 나위 없이 기쁠 것입니다.

본서가 출간되어 세상으로 나오기까지는 많은 분들의 도움이 있었기에 가능한 일이었습니다. 먼저 공저자의 입장에서 모든 부분에 관여하여 세세한 부분까지 코멘터리를 달고 부족한 부분을 모두 보강하여 교재를 완성한 곽승구 교수에게 이 자리를 빌어 감사의 마음을 전합니다. 또한 강의안을 만들 때 수험자의 입장에서 꼼꼼히 교정을 보아주었고 이제는 법무관을 마치고 변호사로 개업을 하는 김현수 변호사에게도 감사를 표합니다. 아울러 도서출판 정독의 김중용 대표님, 심성보 이사님을 비롯한 임직원 분들의 노고에 감사드립니다. 초판인지라 부족한 부분도 많을 것이지만 독자들의 지적과 비판을 겸허히 받아들여 계속하여 개선해 나갈 것을 다짐하면서 이 모든 과정에 지혜와 명철을 주시고 끝까지 함께하시는 하나님께 감사 찬송을 올려 드립니다.

2022. 8.
공저자를 대표하여
범경철 드림

차 례

제 1 편 민사소송법 총론

제 1 장 민사소송

제 1 절 민사소송의 목적과 개념 ···· 3

Ⅰ. 민사소송의 목적 ···· 3

Ⅱ. 민사소송의 개념 ···· 4

제 2 절 다른 소송제도와의 비교 ···· 4

Ⅰ. 형사소송 ···· 4

Ⅱ. 행정소송 ···· 5

Ⅲ. 가사소송 ···· 6

Ⅳ. 비송사건 ···· 6

1. 서 설 • 6
2. 비송사건과 소송사건의 구별기준 • 7
3. 비송사건의 특징 • 8
4. 소송의 비송화 • 8

제 3 절 대체적 분쟁해결제도 ···· 9

Ⅰ. 화 해 ···· 9

Ⅱ. 조 정 ···· 10

Ⅲ. 중 재 ···· 11

제 4 절 민사소송의 이상과 신의칙 ···· 11

Ⅰ. 민사소송의 이상 ···· 11

1. 적 정 • 12
2. 공 평 • 12
3. 신 속 • 12
4. 경 제 • 13

Ⅱ. 민사소송과 신의칙 ···· 13

1. 서 설 • 13
2. 신의칙의 규제를 받는 자의 범위 • 14
3. 발현형태 • 14
4. 효 과 • 16

제 5 절 민사소송절차의 종류 ······ 17
1. 통상소송절차 • 17
2. 특별소송절차 • 18

제 2 장 민사소송법

제 1 절 민사소송법의 의의와 성격 ······ 20
Ⅰ. 의 의 ······ 20
Ⅱ. 성 격 ······ 20
1. 공 법 • 20
2. 민사법 • 21
3. 절차법 • 21
제 2 절 민사소송법규의 해석과 종류 ······ 21
Ⅰ. 해 석 ······ 21
Ⅱ. 종 류 ······ 22
1. 훈시규정과 효력규정 • 22
2. 강행규정과 임의규정 • 22
제 3 절 민사소송법의 효력과 한계 ······ 23
Ⅰ. 시적 한계 ······ 23
Ⅱ. 장소적 한계 ······ 23
제 4 절 민사소송법의 연혁 ······ 23
Ⅰ. 민사소송법 제정 전 ······ 23
Ⅱ. 민사소송법의 제정과 개정 ······ 24
1. 제정부터 2002년 개정 전까지 • 24
2. 2002년 개정 • 24
3. 2002년 후의 개정 • 25
Ⅲ. 앞으로의 과제 ······ 26

제 2 편 소송의 주체

제 1 장 법 원

제 1 절 민사재판권 ······ 29
Ⅰ. 민사재판권의 의의 ······ 29

Ⅱ. 민사재판권의 범위와 한계 ············ 29
1. 인적 범위 • 29
2. 물적 범위: 국제재판관할권 • 32
3. 장소적 범위 • 38
Ⅲ. 민사재판권 흠결의 효과 ············ 39
1. 소송요건으로서의 직권조사사항 • 39
2. 재판권 흠결 시 법원의 조치 • 39
3. 재판권 흠결을 간과한 본안판결의 경우 • 39
제 2 절 민사법원의 종류와 구성 ············ 39
Ⅰ. 법원의 종류와 심급제도 ············ 39
1. 민사법원의 종류 • 39
2. 심급제도 • 40
Ⅱ. 법원의 구성 ············ 40
1. 재판기관 • 40
2. 합의체 • 40
Ⅲ. 법 관 ············ 41
1. 법관의 종류와 임명자격 • 41
2. 법관의 독립성 • 41
Ⅳ. 그 외의 사법기관 ············ 42
1. 법원사무관등 • 42
2. 사법보좌관 • 42
3. 집행관 • 42
4. 재판연구관과 재판연구원 • 42
5. 전문심리위원 • 43
6. 변호사 • 43
7. 검찰공무원 • 43
제 3 절 법관의 제척·기피·회피 ············ 43
Ⅰ. 법관의 제척 ············ 43
1. 제척의 이유 • 44
2. 제척의 판단 • 46
3. 제척의 효과 • 46
Ⅱ. 법관의 기피 ············ 46
1. 기피이유 • 47
2. 기피신청 • 48
3. 기피신청에 대한 재판 • 49
4. 기피신청의 효과 • 49
Ⅲ. 법관의 회피 ············ 50
제 4 절 법원의 관할 ············ 50
Ⅰ. 서 설 ············ 50
1. 의 의 • 50
2. 재판권과의 구별 • 50
Ⅱ. 관할의 종류 ············ 51
1. 발생 원인에 따른 분류: 법정관할, 지정관할, 거동관할 • 51
2. 소송법상 효과에 따른 분류: 전속관할, 임의관할 • 51

Ⅲ. 직분관할 ········· 52
1. 의 의 • 52
2. 종 류 • 52
Ⅳ. 사물관할 ········· 53
1. 의 의 • 53
2. 합의부의 관할사건 • 53
3. 단독판사의 관할사건 • 54
4. 소송목적의 값 • 55
Ⅴ. 토지관할 ········· 59
1. 의 의 • 59
2. 재판적의 종류 • 60
3. 보통재판적 • 60
4. 특별재판적 • 61
5. 관련재판적 • 66
Ⅵ. 지정관할 ········· 68
1. 의 의 • 68
2. 지정의 원인 • 69
3. 지정절차 • 69
4. 지정의 효과 • 69
Ⅶ. 합의관할 ········· 70
1. 의 의 • 70
2. 관할합의의 성질 • 70
3. 관할합의의 요건 • 70
4. 관할합의의 모습 • 71
5. 관할합의의 효력 • 72
6. 관련문제: 약관에 의한 관할합의 • 73
Ⅷ. 변론관할 ········· 75
1. 의 의 • 75
2. 요 건 • 75
3. 효 과 • 76
Ⅸ. 관할권의 조사 ········· 77
1. 직권조사 • 77
2. 조사의 정도·자료 • 77
3. 관할결정의 표준시기 • 77
4. 조사의 결과 • 78
Ⅹ. 소송의 이송 ········· 79
1. 서 설 • 79
2. 관할위반에 의한 이송 • 79
3. 심판의 편의에 의한 이송 • 82
4. 기타 이송원인 • 84
5. 이송의 절차 • 85
6. 이송의 효과 • 86

제 2 장 소송의 당사자

제 1 절 당사자 개설 ········· 88
Ⅰ. 당사자의 의의 ········· 88
Ⅱ. 당사자대립주의 ········· 88
제 2 절 당사자의 확정 ········· 89

Ⅰ. 서 설 ······ 89
1. 의 의 • 89
2. 당사자확정의 중요성 • 89
3. 당사자확정이 문제되는 경우 • 89
Ⅱ. 당사자확정의 기준 ······ 90
1. 학설의 대립 • 90
2. 검 토 • 90
Ⅲ. 당사자표시정정 ······ 92
1. 의 의 • 92
2. 임의적 당사자변경과의 비교: 당사자의 동일성 여부로 판단 • 92
3. 당사자표시정정 허용사례 • 92
4. 당사자표시정정 부인사례 • 95
5. 표시정정 없이 행한 판결의 효력 • 95
6. 표시정정의 허용한계와 신의칙 • 96
Ⅳ. 법인격부인과 당사자의 변경 ······ 96
1. 의 의 • 96
2. 소제기 단계에서의 법인격부인론 • 96
3. 소송계속 중 당사자의 변경 가능성 • 97
4. 기판력 및 집행력 확장의 문제 • 98
Ⅴ. 성명모용소송 ······ 98
1. 의 의 • 98
2. 당사자의 확정 • 98
3. 성명모용소송의 처리 • 98
Ⅵ. 사망자를 당사자로 한 소송 ······ 99
1. 의 의 • 99
2. 제소 전에 사망한 경우 • 99
3. 소제기 후 소송계속 직전에 사망한 경우 • 103
4. 소송계속 후 변론종결 전에 사망한 경우 • 103
5. 변론종결 후에 사망한 경우 • 105

제 3 절 당사자의 자격 ······ 105

Ⅰ. 당사자능력 ······ 106
1. 의 의 • 106
2. 권리능력자 • 106
3. 법인이 아닌 사단이나 재단 • 108
4. 민법상의 조합 • 112
5. 당사자능력의 조사 및 흠결시의 효과 • 115
6. 당사자능력 흠결을 간과한 판결에 대한 조치 • 115
Ⅱ. 당사자적격 ······ 116
1. 의 의 • 116
2. 구별개념 • 116
3. 당사자적격을 갖는 자 • 116
4. 제3자의 소송담당 • 121
5. 당사자적격이 없을 때의 효과 • 128

Ⅲ. 소송능력 ··· 129
1. 의 의 • 129
2. 소송능력자 • 130
3. 소송무능력자·소송제한능력자 • 130
4. 소송능력의 소송법상의 효과 • 132
Ⅳ. 변론능력 ··· 134
1. 의 의 • 134
2. 변론무능력자 • 134
3. 변론능력 흠결의 효과 • 136

제 4 절 소송상의 대리인 ··· 137

Ⅰ. 서 설 ··· 137
1. 의 의 • 137
2. 종 류 • 138
Ⅱ. 법정대리인 ··· 138
1. 개 념 • 138
2. 법정대리권의 발생원인 • 139
3. 법정대리인의 권한 • 143
4. 법정대리인의 지위 • 144
5. 법정대리권의 소멸 • 145
6. 법인 등의 대표자 • 146
Ⅲ. 임의대리인 ··· 147
1. 개념과 종류 • 147
2. 소송대리인의 자격: 변호사대리의 원칙 • 148
3. 소송대리권의 발생: 의사에 의한 대리권의 수여 • 151
4. 소송대리권의 범위 • 151
5. 소송대리인의 지위 • 154
6. 소송대리권의 소멸 • 156
Ⅳ. 무권대리인 ··· 157
1. 의 의 • 157
2. 소송상 취급 • 157
3. 쌍방대리의 금지 • 160
4. 소송행위와 표현대리 • 162
5. 비변호사의 대리행위 • 163

제 3 편 제1심의 소송절차

제 1 장 소송의 개시

제 1 절 소의 개념과 종류 ··· 167

Ⅰ. 소의 개념 ··· 167
Ⅱ. 수의 종류 ··· 168
1. 청구내용에 따른 분류 • 168
2. 소제기의 모습과 시기에 따른 분류 • 168

Ⅲ. 이행·확인·형성의 소 ········· 168
1. 이행의 소 • 168
2. 확인의 소 • 169
3. 형성의 소 • 169

제 2 절 소송요건 ········· 173

Ⅰ. 서 설 ········· 173
1. 소장의 적식 • 173
2. 소의 적법 • 173
3. 주장 자체의 정당성 • 173
4. 청구의 이유구비성 • 174

Ⅱ. 소송요건 ········· 174
1. 의 의 • 174
2. 소송요건의 종류 • 174
3. 소송요건의 모습 • 176
4. 소송요건의 조사방법 • 176
5. 조사의 순서 • 179
6. 조사의 결과 • 180
7. 소송요건 흠결을 간과한 판결 • 181

Ⅲ. 소의 이익 ········· 181
1. 소의 이익과 소권이론 • 181
2. 개 념 • 182
3. 각종의 소에 공통된 소의 이익 • 182
4. 이행의 소의 이익 • 188
5. 확인의 소의 이익 • 201
6. 형성의 소의 이익 • 214
7. 소송상 취급 • 215

제 3 절 소송물 ········· 215

Ⅰ. 서 설 ········· 215
1. 의 의 • 215
2. 소송물의 기능 • 216
3. 소송물의 특징 • 216
4. 법문의 규정 • 216

Ⅱ. 소송물에 관한 견해대립 ········· 216
1. 구실체법설 • 216
2. 소송법설 • 217
3. 그 외의 견해 • 217

Ⅲ. 구체적인 소송물 판단 ········· 218
1. 판례의 기본태도 • 218
2. 등기청구의 소송물 • 219
3. 손해배상청구의 소송물 • 221
4. 일부청구의 소송물 • 223
5. 확인의 소의 소송물 • 224
6. 형성의 소의 소송물 • 224

제 4 절 소의 제기 ········· 225

Ⅰ. 소제기의 방식 ········· 225
1. 소장제출주의 • 225
2. 소장제출주의의 예외 • 225
3. 소제기의 간주 • 226

Ⅱ. 소장의 기재사항 ········ 226
1. 필수적 기재사항 • 226 2. 임의적 기재사항 • 228

제 5 절 재판장등의 소장심사와 소제기 후의 조치 ········ 229

Ⅰ. 재판장등의 소장심사 ········ 229
1. 의 의 • 229 2. 심사의 대상 • 229
3. 보정명령 • 230 4. 소장각하명령 • 231
5. 즉시항고 • 232

Ⅱ. 소장부본의 송달 ········ 232

Ⅲ. 피고의 답변서제출의무와 무변론판결 ········ 232
1. 답변서제출의무 • 232 2. 무변론판결 • 233

Ⅳ. 변론기일의 지정 ········ 234

제 6 절 소송구조 ········ 234

Ⅰ. 서 설 ········ 234

Ⅱ. 요 건 ········ 235
1. 소송비용을 지출할 자금능력이 부족할 것 • 235
2. 패소할 것이 분명한 경우가 아닐 것 • 235

Ⅲ. 절 차 ········ 236
1. 신청 또는 직권 • 236 2. 재판과 불복 • 237
3. 자금능력 회복 등의 경우 • 237

Ⅳ. 효 과 ········ 237
1. 구조의 객관적 범위 • 237 2. 구조효력의 인적 범위 • 239

제 7 절 소제기의 효과 ········ 239

Ⅰ. 소송계속 ········ 239
1. 의 의 • 239 2. 발생시기 • 240
3. 효 과 • 240 4. 종 료 • 240

Ⅱ. 중복소제기의 금지 ········ 240
1. 의 의 • 241 2. 요 건 • 241
3. 효 과 • 250

Ⅲ. 실체법상의 효과 ········ 251
1. 시효의 중단 • 251 2. 법률상의 기간준수 • 255
3. 효력발생 및 소멸시기 • 256

제 8 절 소제기의 특수방식: 배상명령제도 ········· 258

1. 의 의 • 258
2. 요 건 • 258
3. 절 차 • 259
4. 배상명령 • 259
5. 배상명령의 효력 • 260
6. 배상명령제도의 개선방안 • 260

제 2 장 변 론

제 1 절 변론 개설 ········· 261

Ⅰ. 변론의 의의 ········· 261

Ⅱ. 변론의 종류 ········· 261
1. 필수적 변론 • 261
2. 임의적 변론 • 262

제 2 절 심리에 관한 원칙 ········· 262

Ⅰ. 공개심리주의 ········· 262
1. 의 의 • 262
2. 내 용 • 262
3. 위반의 효과 • 263

Ⅱ. 쌍방심리주의 ········· 263
1. 의 의 • 263
2. 내 용 • 264

Ⅲ. 구술심리주의 ········· 264
1. 의 의 • 264
2. 내 용 • 264
3. 예 외 • 265

Ⅳ. 직접심리주의 ········· 265
1. 의 의 • 265
2. 현행법의 태도 • 266
3. 위반의 효과 • 266

Ⅴ. 처분권주의 ········· 266
1. 서 설 • 266
2. 절차의 개시 측면 • 267
3. 심판의 대상과 범위 측면 • 268
4. 절차의 종결 측면 • 274
5. 처분권주의 위반의 효과 • 274

Ⅵ. 변론주의 ········· 275
1. 서 설 • 275
2. 변론주의의 내용 • 276
3. 변론주의의 한계 • 282
4. 변론주의의 보완·수정 • 282
5. 변론주의의 예외 • 283

Ⅶ. 석명권 ········· 285
1. 서 설 • 285
2. 석명권의 범위 • 285

3. 석명의 대상 • 286
4. 지적의무 • 289
5. 석명권의 행사 • 293
6. 석명의무의 위반과 상고이유 • 294
7. 석명처분 • 294

Ⅷ. 적시제출주의 ··· 295
1. 의 의 • 295
2. 재정기간제도 • 295
3. 실기한 공격방어방법의 각하 • 296
4. 그 외의 실효성 확보방안 • 300
5. 적시제출주의의 예외 • 300

Ⅸ. 집중심리주의 ··· 301
1. 의 의 • 301
2. 내 용 • 301

Ⅹ. 직권진행주의와 소송지휘권 ··· 302
1. 직권진행주의 • 302
2. 소송지휘권 • 303
3. 소송절차에 관한 이의권 • 304

제 3 절 변론의 준비 ··· 306

Ⅰ. 준비서면 ··· 306
1. 의 의 • 306
2. 준비서면의 기재사항 • 307
3. 준비서면의 제출·교환 • 307
4. 준비서면 제출·부제출의 효과 • 308

Ⅱ. 변론준비절차 ··· 309
1. 서 설 • 309
2. 변론준비절차의 개시 • 310
3. 변론준비절차의 진행 • 310
4. 변론준비절차의 종결 • 312
5. 변론준비절차 후의 변론 운영 • 313

제 4 절 변론의 내용 ··· 313

Ⅰ. 변론의 내용 ··· 313
1. 본안의 신청과 반대신청 • 313
2. 공격방어방법 • 314
3. 항 변 • 316
4. 소송상 형성권 행사 • 319

Ⅱ. 소송행위의 일반 ··· 322
1. 의 의 • 322
2. 소송행위의 종류 • 322
3. 소송상의 합의 • 322

Ⅲ. 소송행위의 특질 ··· 325
1. 인적요건 • 325
2. 소송행위의 방식 • 325
3. 소송행위의 조건과 기한 • 325
4. 소송행위의 철회와 의사의 하자 시 취소가부 • 326
5. 소송행위 하자의 치유 • 328

제5절 변론의 실시 ······ 329

Ⅰ. 변론의 경과 ······ 329

Ⅱ. 변론의 정리 ······ 330

1. 변론의 제한 • 330
2. 변론의 분리 • 330
3. 변론의 병합 • 330

Ⅲ. 변론의 종결과 변론의 재개 ······ 331

1. 변론의 종결 • 331
2. 변론의 재개 • 331

Ⅳ. 변론의 일체성 ······ 333

Ⅴ. 변론조서 ······ 333

1. 의 의 • 333
2. 변론조서에 기재할 사항 • 333
3. 조서의 기재방법 • 334
4. 조서의 공개 • 335
5. 조서에 대한 이의와 조서의 정정 • 335
6. 조서의 증명력 • 336

Ⅵ. 소송기록의 열람 등 ······ 337

1. 의 의 • 337
2. 소송기록의 열람 등 • 337

제6절 당사자의 결석 ······ 339

Ⅰ. 서 설 ······ 339

Ⅱ. 당사자의 결석 ······ 339

1. 필수적 변론기일에 한정 • 339
2. 적법한 기일통지를 받고 불출석 • 339
3. 사건의 호명을 받고 변론이 끝날 때까지 불출석·출석무변론 • 340

Ⅲ. 양쪽 당사자의 결석 ······ 340

1. 서 설 • 340
2. 취하간주의 요건 • 341
3. 취하간주의 효과 • 342

Ⅳ. 한쪽 당사자의 결석 ······ 342

1. 서 설 • 342
2. 진술간주 • 342
3. 자백간주 • 345

제7절 기일·기간 및 송달 ······ 346

Ⅰ. 기 일 ······ 346

1. 의 의 • 346
2. 기일의 지정 • 346
3. 기일지정신청 • 346
4. 기일의 변경 • 347
5. 기일의 통지 및 실시 • 347

Ⅱ. 기 간 ········· 348
1. 기간의 의의와 종류 • 348 2. 기간의 계산 • 349
3. 기간의 진행과 신축 • 349
4. 불변기간의 부준수와 소송행위의 추후보완 • 350
Ⅲ. 송 달 ········· 357
1. 의 의 • 357 2. 송달사무처리기관 • 358
3. 송달실시기관 • 358 4. 송달서류 • 358
5. 송달받을 사람 • 359 6. 송달실시방법 • 360
7. 송달의 하자 • 370
제 8 절 소송절차의 정지 ········· 370
Ⅰ. 서 설 ········· 370
1. 의 의 • 370 2. 종 류 • 371
Ⅱ. 소송절차의 중단 ········· 371
1. 중단사유 • 371 2. 중단의 예외 • 376
3. 중단의 해소 • 380
Ⅲ. 소송절차의 중지 ········· 382
1. 당연중지 • 382 2. 재판에 의한 중지 • 382
3. 다른 절차와의 관계에서 진행이 부적당한 경우 • 382
Ⅳ. 소송절차 정지의 효과 ········· 382
1. 당사자의 소송행위 • 383 2. 법원의 소송행위 • 383
3. 정지를 간과한 판결의 효력 • 383

제 3 장 증 거

제 1 절 증거 개설 ········· 384
Ⅰ. 증거의 의의 ········· 384
Ⅱ. 증거의 개념 ········· 384
1. 증거의 의미 • 384 2. 증거 관련 개념 • 384
Ⅲ. 증거의 종류 ········· 386
1. 직접증거와 간접증거 • 386 2. 본증, 반증과 반대사실의 증거 • 387
3. 엄격한 증명과 자유로운 증명 • 388
4. 증명과 소명 • 388

제 2 절 증명의 대상 ········ 389

Ⅰ. 다툼이 있는 사실 ········ 389

Ⅱ. 경험법칙 ········ 389

Ⅲ. 법 규 ········ 390

제 3 절 불요증사실 ········ 391

Ⅰ. 서 설 ········ 391

Ⅱ. 재판상의 자백 ········ 392

1. 의 의 • 392
2. 요 건 • 392
3. 효 력 • 398

Ⅲ. 자백간주 ········ 400

1. 의 의 • 400
2. 인정범위 • 401
3. 성립사유 • 401
4. 효 력 • 403

Ⅳ. 현저한 사실 ········ 403

1. 의 의 • 403
2. 공지의 사실 • 404
3. 법원에 현저한 사실 • 404

제 4 절 증거조사 ········ 405

Ⅰ. 증거조사의 개시 ········ 405

1. 의 의 • 405
2. 당사자의 증거신청 • 405
3. 증거의 채부결정 • 406
4. 증거조사의 실시 • 408

Ⅱ. 증인신문 ········ 410

1. 서 설 • 410
2. 증인의무 • 411
3. 증인신문에 갈음하는 서면 • 413
4. 증인신문절차 • 414

Ⅲ. 감 정 ········ 417

1. 서 설 • 417
2. 감정의무 • 418
3. 감정절차 • 418
4. 감정결과의 채택 여부 • 419

Ⅳ. 당사자신문 ········ 420

1. 서 설 • 420
2. 보충성의 폐지 • 420
3. 절 차 • 421

Ⅴ. 서 증 ········ 422

1. 서 설 • 422
2. 문서의 종류 • 423
3. 문서의 증거능력과 증거력 • 424
4. 문서의 형식적 증거력 • 425
5. 문서의 실질적 증거력 • 431
6. 서증신청의 절차 • 433

7. 문서제출명령 • 435
Ⅵ. 검 증 ········· 439
1. 서 설 • 439
2. 검증의 신청 • 439
3. 검증의 실시 • 440
Ⅶ. 그 밖의 증거 ········· 440
1. 의 의 • 441
2. 조사방법 • 441
Ⅷ. 조사·송부의 촉탁 ········· 443
1. 의 의 • 443
2. 내 용 • 443
3. 회신자료의 증거사용 • 444
Ⅸ. 증거보전 ········· 444
1. 의 의 • 444
2. 요 건 • 444
3. 절 차 • 445
4. 효 과 • 445
제 5 절 자유심증주의 ········· 445
Ⅰ. 서 설 ········· 445
Ⅱ. 증거원인 ········· 446
1. 변론 전체의 취지 • 446
2. 증거조사의 결과 • 447
Ⅲ. 자유심증의 정도 ········· 449
1. 확신의 정도 • 449
2. 자의금지 • 449
Ⅳ. 사실인정의 위법과 상고 ········· 450
Ⅴ. 자유심증주의의 예외 ········· 451
1. 증거방법·증거력의 법정 • 451
2. 증거계약 • 452
제 6 절 증명책임 ········· 453
Ⅰ. 서 설 ········· 453
1. 의 의 • 453
2. 주관적 증명책임과의 구별 • 454
Ⅱ. 증명책임의 분배 ········· 454
1. 법률요건분류설에 따른 분배 • 454
2. 새로운 견해의 등장 • 456
Ⅲ. 증명책임의 전환 ········· 457
1. 입법에 의한 전환 • 457
2. 해석에 의한 전환 • 457
Ⅳ. 증명책임의 완화 ········· 458
1. 법률상의 추정 • 458
2. 일응의 추정과 간접반증 • 460
3. 현대형 소송에서 증명책임 • 462
Ⅴ. 주장책임 ········· 465
1. 의 의 • 465
2. 분배의 기준 • 465

Ⅵ. 증명책임 없는 당사자의 사안해명의무 ······ 465
1. 의 의 • 465 2. 인정 여부 • 466

❙제 4 편❙ 소송의 종료

제 1 장 종료원인 일반

Ⅰ. 소송종료사유 ······ 469
Ⅱ. 소송종료선언 ······ 469
1. 개 념 • 469 2. 소송종료선언을 하는 경우 • 470
3. 효 력 • 472

제 2 장 당사자의 행위에 의한 종료

제 1 절 소의 취하 ······ 473
Ⅰ. 서 설 ······ 473
Ⅱ. 구별개념 ······ 473
1. 청구의 포기, 청구의 감축, 공격방법의 철회 • 473
2. 상소의 취하 • 474 3. 소취하계약 • 474
Ⅲ. 소취하의 요건 ······ 475
1. 소취하의 대상 • 475 2. 소취하의 시기 • 475
3. 소송행위로서 유효한 요건을 갖출 것 • 475
4. 피고의 동의 • 476
Ⅳ. 소취하의 방법 ······ 478
Ⅴ. 소취하의 효과 ······ 479
1. 소송계속의 소급적 소멸 • 479 2. 재소의 금지 • 480
Ⅵ. 소취하의 간주 ······ 486
Ⅶ. 소취하의 효력을 다투는 절차 ······ 486
제 2 절 청구의 포기·인낙 ······ 487
Ⅰ. 서 설 ······ 487
1. 의 의 • 487 2. 구별개념 • 487

Ⅱ. 법적 성질 ··· 488
Ⅲ. 요 건 ··· 489
1. 당사자에 관한 요건 • 489 2. 소송물에 관한 요건 • 489
Ⅳ. 시기와 방식 ··· 490
Ⅴ. 효 과 ··· 491
1. 소송종료효 • 491 2. 확정판결과 같은 효력 • 491
3. 하자를 다투는 방법 • 492 4. 청구의 인낙과 해제 • 492

제 3 절 재판상화해 ··· 492
Ⅰ. 서 설 ··· 492
Ⅱ. 소송상화해 ··· 493
1. 개 념 • 493 2. 법적 성질 • 493
3. 요 건 • 495 4. 효 과 • 497
5. 화해권고결정 • 499
Ⅲ. 제소전화해 ··· 502
1. 의 의 • 502 2. 운영상의 문제점 • 502
3. 화해신청 • 503 4. 절 차 • 504
5. 제소전화해조서의 효력 • 504

제 3 장 종국판결에 의한 종료

제 1 절 재판 일반 ··· 506
Ⅰ. 재판의 의의 ··· 506
Ⅱ. 재판의 종류 ··· 506
1. 판결·결정·명령 • 506 2. 종국적 재판과 중간적 재판 • 507
3. 명령적·확인적·형성적 재판 • 508

제 2 절 판 결 ··· 508
Ⅰ. 판결의 종류 ··· 508
1. 중간판결 • 508 2. 종국판결 • 510
Ⅱ. 판결의 성립 ··· 513
1. 판결내용의 확정 • 513 2. 판결원본의 작성 • 514
3. 판결의 선고 • 516 4. 판결의 송달 • 516

Ⅲ. 판결의 효력 ······ 517
1. 서 설 • 517
2. 기속력 • 517
3. 형식적 확정력 • 521
4. 기판력 • 523
5. 판결의 그 밖의 효력 • 523
Ⅳ. 기판력 일반 ······ 524
1. 기판력의 의의 • 524
2. 기판력의 본질 • 525
3. 기판력의 작용 • 526
4. 기판력 있는 재판 • 531
Ⅴ. 기판력의 범위 ······ 534
1. 기판력의 시적 범위 • 534
2. 기판력의 객관적 범위 • 546
3. 기판력의 주관적 범위 • 558
Ⅵ. 판결의 흠 ······ 575
1. 서 설 • 575
2. 판결의 부존재 • 575
3. 판결의 무효 • 576
4. 판결의 편취 • 579
Ⅶ. 종국판결의 부수적 재판 ······ 584
1. 소송비용의 재판 • 584
2. 가집행선고 • 591

제 5 편 병합소송

제 1 장 병합청구소송

제 1 절 청구의 병합 ······ 599
Ⅰ. 서 설 ······ 599
1. 청구의 병합 개념과 취지 • 599
2. 구별개념 • 600
Ⅱ. 병합요건 ······ 602
1. 같은 종류의 소송절차 • 602
2. 공통의 관할권 • 603
3. 청구 사이의 관련성 • 604
Ⅲ. 병합의 모습 ······ 604
1. 단순병합 • 604
2. 선택적 병합 • 606
3. 예비적 병합 • 609
4. 부진정 예비적 병합의 문제 • 611
Ⅳ. 병합청구의 절차와 심판 ······ 614
1. 소가의 산정과 병합요건의 조사 • 614
2. 심리의 공통 • 614
3. 종국판결 • 615
4. 상소심에서의 제문제 • 618

제 2 절 청구의 변경 ········ 625

Ⅰ. 서 설 ········ 625

1. 의 의 • 625
2. 청구취지의 변경 • 626
3. 청구원인의 변경 • 626
4. 공격방법의 변경 • 627

Ⅱ. 모 습 ········ 627

1. 교환적 변경 • 627
2. 추가적 변경 • 628
3. 변경형태가 불명한 경우 • 628

Ⅲ. 요 건 ········ 628

1. 청구의 기초가 바뀌지 아니할 것 • 629
2. 소송절차를 현저히 지연시키지 않을 것 • 632
3. 사실심에 계속되고 변론종결 전일 것 • 632
4. 청구의 병합 일반요건을 갖출 것 • 634

Ⅳ. 절 차 ········ 634

1. 원고의 신청 • 634
2. 서면에 의한 신청 • 634
3. 효 력 • 635

Ⅴ. 심 판 ········ 635

1. 부적법한 청구의 변경 • 635
2. 적법한 청구의 변경 • 635
3. 청구의 변경을 간과 • 636

제 3 절 중간확인의 소 ········ 637

Ⅰ. 서 설 ········ 637

1. 의의 및 취지 • 637
2. 성 질 • 637

Ⅱ. 요 건 ········ 638

1. 다툼이 있는 선결적 권리·법률관계의 확인을 구할 것 • 638
2. 사실심에 계속되고 변론종결 전일 것 • 639
3. 청구의 병합 일반요건을 갖출 것 • 640

Ⅲ. 절차와 심판 ········ 640

1. 중간확인의 소의 제기 • 640
2. 심 판 • 640

제 4 절 반 소 ········ 641

Ⅰ. 서 설 ········ 641

1. 의 의 • 641
2. 반소의 법적 성질 • 642

Ⅱ. 종 류 ········ 645

1. 단순반소 • 645
2. 예비적 반소 • 645
3. 재반소 • 646

Ⅲ. 요 건 ······ 646
1. 상호관련성 • 646
2. 소송절차를 현저히 지연시키지 않을 것 • 649
3. 본소가 사실심에 계속되고 변론종결 전일 것 • 649
4. 청구의 병합 일반요건을 갖출 것 • 651
Ⅳ. 절차와 심판 ······ 652
1. 반소의 제기 • 652
2. 반소요건 등의 조사 • 652
3. 본안심판 • 652

제 2 장 다수당사자소송

제 1 절 공동소송 ······ 654
Ⅰ. 서 설 ······ 654
1. 의 의 • 654
2. 발생원인 및 소멸원인 • 655
3. 공동소송의 일반요건 • 655
4. 공동소송의 종류 • 656
Ⅱ. 통상공동소송 ······ 657
1. 의 의 • 657
2. 공동소송인독립의 원칙 • 657
3. 공동소송인독립의 원칙의 수정 • 659
Ⅲ. 필수적 공동소송 ······ 660
1. 고유필수적 공동소송 • 660
2. 유사필수적 공동소송 • 670
3. 이론상 합일확정소송 • 672
4. 필수적 공동소송의 심판방법 • 672
Ⅳ. 공동소송의 특수형태 ······ 677
1. 예비적·선택적 공동소송 • 677
2. 추가적 공동소송 • 687
제 2 절 선정당사자 ······ 688
Ⅰ. 서 설 ······ 688
1. 의 의 • 688
2. 법적 성질 • 688
Ⅱ. 선정의 요건 ······ 688
1. 공동소송을 할 여러 사람 • 688
2. 공동의 이해관계 • 689
3. 공동의 이해관계 있는 자 중에서 선정할 것 • 690
Ⅲ. 선정의 방법 ······ 691
1. 권한제한 또는 심급제한 가부 • 691
2. 선정의 시기 • 692
3. 선정의 방법 • 692

Ⅳ. 선정의 효과 ······ 692
1. 선정당사자의 지위 • 692
2. 선정자의 지위와 판결의 효력 • 694
3. 선정당사자의 자격상실 • 696
Ⅴ. 선정당사자의 자격이 없을 때의 효과 ······ 697
1. 선정당사자의 자격 흠결과 법원의 조치 • 697
2. 선정당사자의 자격 흠결 간과판결의 효력 • 697

제 3 절 제3자의 소송참가 ······ 698

Ⅰ. 보조참가 ······ 698
1. 서 설 • 698
2. 참가요건 • 699
3. 참가절차 • 703
4. 참가인의 소송상의 지위 • 704
5. 판결의 참가인에 대한 효력 • 707
Ⅱ. 소송고지 ······ 710
1. 서 설 • 710
2. 소송고지의 요건 • 711
3. 소송고지의 절차 • 712
4. 소송고지의 효과 • 713
Ⅲ. 공동소송적 보조참가 ······ 714
1. 서 설 • 714
2. 공동소송적 보조참가가 성립되는 경우 • 715
3. 공동소송적 보조참가인의 지위 • 716
Ⅳ. 공동소송참가 ······ 718
1. 서 설 • 718
2. 참가요건 • 719
3. 참가절차 및 심리 • 722
Ⅴ. 독립당사자참가 ······ 723
1. 서 설 • 723
2. 구 조 • 723
3. 참가요건 • 724
4. 참가절차 • 731
5. 참가소송의 심판 • 732
6. 3면소송관계의 소멸 • 737

제 4 절 당사자의 변경 ······ 739

Ⅰ. 임의적 당사자변경 ······ 740
1. 서 설 • 740
2. 허용가능성 • 740
3. 법적 성질 • 741
4. 피고의 경정 • 742
5. 필수적 공동소송인의 추가 • 746
Ⅱ. 소송승계 ······ 748
1. 서 설 • 748
2. 당연승계 • 749
3. 소송물의 양도 • 751
4. 참가승계 • 753
5. 인수승계 • 755
6. 피승계인의 지위와 소송탈퇴 • 758

제 6 편 상소심절차

제 1 장 상소심 개설

Ⅰ. 상소의 의의 ······ 765
Ⅱ. 상소의 취지 ······ 765
Ⅲ. 상소의 종류 ······ 766
1. 항소·상고·항고 • 766
2. 불복신청방법의 선택 • 766
3. 형식에 어긋나는 재판 • 766
Ⅳ. 상소요건 ······ 766
1. 의 의 • 766
2. 상소의 일반요건 • 767
Ⅴ. 상소의 효력 ······ 776
1. 확정차단의 효력 • 776
2. 이심의 효력 • 776
3. 상소불가분의 원칙 • 777
Ⅵ. 상소의 제한 ······ 779

제 2 장 항 소

제 1 절 서 설 ······ 780
Ⅰ. 항소의 의의 ······ 780
Ⅱ. 항소심의 구조 ······ 780
1. 복심제 • 780
2. 사후심제 • 781
3. 속심제 • 781
Ⅲ. 항소요건 ······ 782
Ⅳ. 항소의 당사자 ······ 782
제 2 절 항소의 제기 ······ 782
Ⅰ. 항소제기의 방식 ······ 782
1. 항소장의 제출 • 782
2. 항소장의 기재사항 • 783
Ⅱ. 재판장등의 항소장심사권 ······ 783
1. 원심재판장의 심사권 • 784
2. 항소심재판장의 심사권 • 785
Ⅲ. 항소제기의 효력과 항소이유서의 제출 ······ 787
1. 항소제기의 효력 • 787
2. 항소이유서의 제출 • 787

Ⅳ. 항소의 취하 ··· 788
1. 서 설 · 788
2. 요 건 · 788
3. 방 식 · 790
4. 효 과 · 790
5. 항소취하의 간주 · 790
Ⅴ. 부대항소 ··· 791
1. 서 설 · 791
2. 요 건 · 792
3. 방 식 · 793
4. 효 력 · 794

제 3 절 항소심의 심리 ··· 795
Ⅰ. 항소의 적법성 심리 ··· 795
Ⅱ. 본안심리 ··· 796
1. 서 설 · 796
2. 변론의 범위 · 796
3. 가집행선고 · 797
4. 제1심의 속행으로서의 변론 · 798

제 4 절 항소심의 종국적 재판 ··· 799
Ⅰ. 항소장각하 ··· 799
Ⅱ. 항소각하 ··· 799
Ⅲ. 항소기각 ··· 799
Ⅳ. 항소인용 ··· 800
1. 원판결의 취소 · 800
2. 불이익변경금지의 원칙 · 801
Ⅴ. 항소심판결의 주문 ··· 808
1. 항소기각 · 808
2. 항소의 전부인용 · 808
3. 항소의 일부인용 · 808
4. 항소심에서 청구의 변경 · 808

제 3 장 상 고

제 1 절 서 설 ··· 812
Ⅰ. 상고의 개념과 특징 ··· 812
Ⅱ. 상고제도의 목적 ··· 812
Ⅲ. 법률심으로서의 상고심 ··· 813

제 2 절 상고이유 ··· 813
Ⅰ. 민사소송법상의 상고이유 ··· 813
1. 일반적 상고이유 · 813
2. 절대적 상고이유 · 814
3. 그 밖의 상고이유 · 816

Ⅱ. 소액사건심판법상의 상고이유 ······ 816

제 3 절 상고심의 절차 ······ 817

Ⅰ. 상고의 제기 ······ 817
1. 상고장의 제출 • 817
2. 재판장등의 상고장심사권 • 817
3. 소송기록의 송부 • 818
4. 상고이유서 제출 • 818
5. 부대상고 • 819

Ⅱ. 심리불속행제도 ······ 819
1. 서 설 • 819
2. 심리속행사유 • 820
3. 심리불속행판결의 특례 • 821

Ⅲ. 상고심의 본안심리 ······ 822
1. 상고이유서의 송달과 답변서의 제출 • 822
2. 심리의 범위 • 822
3. 소송자료 • 822
4. 심리의 방법 • 822

Ⅳ. 상고심의 종료 ······ 823
1. 상고장각하명령 • 823
2. 상고각하판결 • 823
3. 상고기각판결 • 823
4. 상고인용판결 • 823

Ⅴ. 환송 또는 이송판결의 기속력 ······ 825
1. 의 의 • 825
2. 기속력의 성질 • 826
3. 기속력의 범위 • 826
4. 기속력의 내용 • 826

제 4 장 항 고

Ⅰ. 서 설 ······ 829
1. 항고의 의의 • 829
2. 항고의 종류 • 829

Ⅱ. 항고의 대상재판 ······ 830
1. 항고할 수 있는 결정·명령 • 830
2. 항고할 수 없는 결정·명령 • 832

Ⅲ. 항고의 절차 ······ 833
1. 항고의 제기 • 833
2. 항고제기의 효력 • 834
3. 항고심의 재판 • 835

Ⅳ. 재항고 ······ 836
1. 재항고의 대상 • 836
2. 재항고의 절차 • 837

Ⅴ. 특별항고 ······ 837
1. 특별항고의 대상 • 838
2. 특별항고의 이유 • 838
3. 특별항고의 절차 • 839

제 7 편 재심절차

Ⅰ. 서 설 ········· 843
1. 재심의 의의 • 843
2. 재심소송의 소송구조 • 843
3. 재심사유와 소송물이론 • 844

Ⅱ. 재심의 소의 적법요건 ········· 844
1. 당사자적격 • 844
2. 대상적격 • 846
3. 재심기간 • 847
4. 재심의 이익 • 848
5. 재심사유의 주장 • 849
6. 재심의 보충성 • 849

Ⅲ. 재심사유 ········· 850
1. 서 설 • 850
2. 개별적 재심사유 검토 • 851

Ⅳ. 재심절차 ········· 857
1. 관할법원 • 857
2. 재심의 소의 제기 • 858
3. 일반소송절차의 준용 • 858
4. 심 판 • 859

Ⅴ. 준재심 ········· 861
1. 의 의 • 861
2. 준재심의 소 • 862
3. 준재심의 신청 • 863

제 8 편 특수절차

Ⅰ. 소액사건심판절차 ········· 867
1. 의 의 • 867
2. 제1심절차 • 867
3. 상소심절차 • 868
4. 이행권고제도 • 869

Ⅱ. 독촉절차 ········· 870
1. 의 의 • 870
2. 지급명령의 신청 • 871
3. 지급명령신청에 대한 심판 • 872
4. 지급명령에 대한 이의신청 • 873
5. 소송으로 이행 후의 절차 • 874
6. 확정된 지급명령의 효력 • 874
7. 조정으로의 이행신청 • 875

판례색인 ········· 877

사항색인 ········· 901

약어표

1. 법령의 내용은 2024. 5. 1.을 기준으로 하였다.
2. 본 교재에서 민사소송법을 인용할 때에는 법의 이름을 적지 않고, '제0조 제0항 제0호'와 같이 기재하였다. 민사소송규칙은 '민소규 제0조 제0항'과 같이 기재하였다.
3. 본 교재에서 자주 등장하는 법령은 다음과 같이 약어를 사용하여 기재하였다.

법령명칭	약 어
가사소송법	가소
가사소송규칙	가소규
개인정보 보호법	개인정보
국가를 당사자로 하는 소송에 관한 법률	국가소송법
근로기준법	근기
민사 및 가사소송의 사물관할에 관한 규칙	사물관할규칙
민사소송 등에서의 전자문서 이용 등에 관한 법률	민소전자문서법
민사소송 등에서의 전자문서 이용 등에 관한 규칙	민소전자문서규칙
민사소송 등 인지법	민인
민사소송 등 인지규칙	민인규
민사조정법	민조
민사조정규칙	민조규
민사집행법	민집
민사집행규칙	민집규
방문판매 등에 관한 법률	방문판매법
법원조직법	법조
변호사보수의 소송비용 산입에 관한 규칙	변보규
비송사건절차법	비송
사법보좌관규칙	사보규
상고심절차에 관한 특례법	상고심법
소비자기본법	소비자법

소액사건심판법	소심
소액사건심판규칙	소심규
소송촉진 등에 관한 특례법	소촉법
약관의 규제에 관한 법률	약관법
중재법	중재
증권관련 집단소송법	증집
집합건물의 소유 및 관리에 관한 법률	집합건물법
채무자 회생 및 파산에 관한 법률	채무자회생법
특허법	특허
할부거래에 관한 법률	할부거래법
행정소송법	행소
헌법재판소법	헌재
형사소송법	형소

참고문헌

{국내문헌}

1. 교과서

본 교재에서 아래의 참고문헌을 인용할 때, 저자명과 해당 쪽으로 표시하였다.

강현중, 민사소송법(제8판), 박영사, 2023
김용진, advocate 민사소송법, 피앤씨미디어, 2016
김일룡, 민사소송법, 법문사, 2023
김홍규/강태원, 민사소송법(제5판), 삼영사, 2020
김홍엽, 민사소송법(제11판), 박영사, 2023
박재완, 민사소송법강의(제4판), 박영사, 2021
손한기, 민사소송법(제3판), 홍문사, 2021
송상현/박익환, 민사소송법(신정7판), 박영사, 2014
전병서, 강의 민사소송법(제3판), 박영사, 2021
전원열, 민사소송법 강의(제3판), 박영사, 2022
정동윤/유병현/김경욱, 민사소송법(제9판), 법문사, 2022
정영환, 신민사소송법(제3판), 법문사, 2023
이시윤, 신민사소송법(제16판), 박영사, 2023
한충수, 민사소송법(제3판), 박영사, 2021
호문혁, 민사소송법(제14판), 법문사, 2020
홍기문, 민사소송법(제7판), 대명출판사, 2016

2. 주석서 및 기타 문헌

본 교재에서 아래의 참고문헌을 인용할 때, 교재명과 해당 쪽으로 표시하였다.

민일영 편집대표, 주석 민사소송법(Ⅰ~Ⅶ)(제8판), 한국사법행정학회, 2018
민일영 편집대표, 주석 민사집행법(Ⅰ~Ⅶ)(제4판), 한국사법행정학회, 2018
법원실무제요 민사소송[Ⅰ~Ⅲ], 법원행정처, 2017
법원실무제요 민사집행[Ⅰ~Ⅴ], 사법연수원, 2020
사법연수원, 민사실무Ⅱ, 2018

{외국문헌}

1. 독일문헌

Thomas/Putzo, *Zivilprozessordnung*, 42. Aufl., München: C. H. Beck, 2021.

Rosenberg/Schwab/Gottwald, *Zivilprozessrecht*, 18. Aufl., München: C. H. Beck, 2018.

Jauernig, *Zivilprozessrecht*, 29. Aufl., München: C. H. Beck, 2007.

Zeiss/Schreiber, *Zivilprozessrecht*, 12. Aufl., Tübingen: Mohr Siebeck, 2014.

2. 일본문헌

兼子一/松浦馨 外,「条解民事訴訟法」第2版, 東京: 弘文堂, 2021.

新堂幸司,「新民事訴訟法」第6版, 東京: 弘文堂, 2019.

高橋宏志,「重點講義 民事訴訟法 (上)」第2版補訂版, 東京: 有斐閣, 2013.

________,「重點講義 民事訴訟法 (下)」第2版補訂版, 東京: 有斐閣, 2014.

제1편

민사소송법 총론

제1장
민사소송

제 1 절 민사소송의 목적과 개념

Ⅰ. 민사소송의 목적

(1) 공동체 사회에서 분쟁의 발생은 필연적이라 할 수 있다. 이때 만약 자력구제를 허용한다면 힘에는 힘이라는 인식 하에 폭력이 난무할 것이고, 이로 인하여 사회적 혼란이 가중될 것이다. 이에 우리 법은 극히 일부의 경우(예컨대 민법 제209조)를 제외하고는 원칙적으로 자력구제를 금지하고, 이를 대신하여 국가구제제도를 상정하고 있다.

(2) 민사소송은 개인의 입장에서는 사권(私權)을 보호해주고 국가제도의 차원에서는 사법질서를 유지하는데 그 목적이 있다고 볼 수 있다. 이러한 민사소송은 국민의 사법상의 권리가 침해된 모든 경우에 이를 통한 구제를 받을 수 있다는 측면에서 일반적이며, 상대방의 의사에도 불구하고 강행적으로 분쟁을 해결시킨다는 측면에서 강제적이다. 즉 국가의 재판권에 기하여 강제적으로 행하는 분쟁해결제도인 셈이다.

(3) 민사소송의 목적과 관련하여 위와 같이 사법상의 권리실현과 국가구제제도의 성격이 혼재되어 있기 때문에, 민사소송의 성격에 대하여 종래 사권보호설, 사법질서유지설, 분쟁해결설 등의 논의가 있었다. 그러나 민사소송의 목적에 관한 논의는 너무 추상적이고 우열의 기준도 불명확하므로 논쟁의 실익이 적다.[1] 분쟁해결, 사법질서유지, 권리보호 모두 민사소송제도에 있어 중요한 가치이다. 개별적 문제해결에 있어서 위와 같은 가치들을 조화롭게 해석하여 타당한 결론을 도출할 필요가 있다고 본다.[2]

1) 따라서 선반에 올려두자는 견해(보류론, 棚上げ論)도 있다(高橋宏志(上), 23頁).
2) 김홍엽, 2면; 전병서, 700면.

II. 민사소송의 개념

(1) 민사소송은 사법상의 권리관계를 확정·보전·실현하여 사권을 보호하고 분쟁을 해결하며 이를 통한 사법질서의 유지를 목적으로 하는 재판상의 절차이다. 중요부분을 분설하면 아래와 같다.

(2) 민사소송은 사법상의 권리·의무관계를 대상으로 한다. 즉 민사소송은 사건성을 띠어야 하기 때문에 법률상의 문제라 하더라도 구체적 권리·의무에 관한 분쟁이 아닌 추상적 법률·명령·규칙 등의 효력을 다투는 것은 민사소송의 대상이 되지 아니한다. 그리고 사실관계 자체 역시 민사소송의 대상이 되지 않는다.

(3) 민사소송은 사법상의 권리관계의 확정·보전·실현을 위한 것이다. 이는 민사소송을 광의로 이해하는 것이다. 다시 말하면, i) 권리의 유무를 판단하고 확정하는 판결절차, ii) 권리실현·확정에 대비하여 미리 잡아두는 가압류·가처분 등 보전절차, iii) 권리의 강제적 실현절차로서 강제집행절차로 나눌 수 있다. 이를 다시 시간적 순서로 나열하면, 가압류·가처분 절차 → 판결절차 → 강제집행절차로 나뉜다. 만약 판결절차만이 민사소송이라고 할 때는 민사소송을 협의로 이해하는 것이다.

(4) 민사소송의 재판상의 절차이다. 즉 법원이 판결을 목적으로 원·피고 등 당사자를 참여시켜 재판이라는 형식을 통해 진행되는 것이다. 이를 위해 우리 민사소송법은 실체법상의 권리·의무를 실현하는 절차와 방식에 관한 절차법으로서, 권리를 어떻게 주장할 것이고, 절차를 어떻게 진행하며 어떻게 사실인정의 자료를 수집하고 어떠한 방식으로 재판할 것인가를 규율하고 있다.

제 2 절 다른 소송제도와의 비교

I. 형사소송

형사소송은 사인에 대한 국가의 형벌권의 존재 여부의 확정을 목적으로 하는 점에서, 사법상의 권리관계의 확정을 목적으로 민사소송과 차이가 있다. 양 제도는 서로 목적과 심판절차를 달리하여 독립적 성격을 가지고 있으므로, 같은 증거에 관하여 형사법원과 민사법원 사이에 그 가치판단을 달리할 수 있을 것이다.[3] 따라서 민사재판에서는 형사재판

3) 민사소송절차에서는 변론주의를 심리원칙으로 하나, 형사소송절차에서는 직권주의에 의하고 있다. 그러므

에서 확정된 사실에 구속되지 아니한다.[4] 단 확정된 형사판결에서 유죄로 인정된 사실은 유력한 증거자료가 되므로 특별한 사정없이 이와 반대되는 사실을 인정할 수 없다고 하므로,[5] 이점에서 형사판결은 민사법원을 사실상 구속한다고 볼 것이다.

II. 행정소송

(1) 행정소송은 공법상의 권리관계를 쟁송대상(행소 제1조)으로 삼는 점에서, 대등한 주체 사이의 사법상 관계에 관한 분쟁을 심판대상으로 하는 민사소송과 구별된다.[6] 행정소송에서는 임의적 행정심판전치주의, 직권탐지주의,[7] 관련청구의 병합, 피고적격의 처분청으로 한정, 제척기간의 제한, 집행정지제도, 사정판결, 취소판결의 기속력 등의 몇 가지 특례를 제외하고는 민사소송법을 준용하고 있다(행소 제8조).

(2) 민사소송과 행정소송을 어떻게 구별할지 문제된다. 관련법규에 명확한 규정을 두고 있다면 그에 따르되, 명확한 규정이 없다면 어떠한 구제절차를 취할 것인지를 합목적적으로 판단하여 결정하여야 한다. 그리고 행정소송사항을 민사사항으로 혼동하여 제기할 경우 행정법원으로 이송하여야 할 것이다(행소 제7조 참조).[8]

(3) 민사소송절차에서 청구의 이유유무를 판단하는데 행정처분이 선결문제가 되는 경우 그 행정처분의 존부와 효력을 민사법원이 심사할 수 있다는 것이 통설·판례의 태도이다. 따라서 조세부과처분이 당연무효임을 전제로 부당이득반환청구를 할 수 있으며,[9] 특허권침해소송 담당 법원은 무효심결 확정 전이라도 그 특허발명의 진보성 여부를 심리·판단할 수 있다.[10] 이와 같은 경우에 공법관계소송의 특유한 심리원칙을 준용하도록 하였다(행소 제11조). 그러나 행정처분에는 공정력이 있으므로 무효가 아니라 단순 취소사유에 불과한 흠이 있는 경우에는 행정쟁송절차로 취소되기 전에는 민사법원이 그 효력을 부인할 수 없다.[11] 예를 들면 파면처분이 무효가 아니라 위법함을 이유로 국가배상을

로 민사소송에서는 승소할 수 있는 사안이라 해도 당사자가 주장·증명을 게을리하면 패소를 면할 수 없게 되나, 형사소송에서는 이와 같은 일이 생길 개연성이 희박하다.

4) 대법원 1979. 9. 25. 선고 79다913 판결.

5) 대법원 1997. 9. 30. 선고 97다24276 판결; 대법원 2008. 2. 14. 선고 2007다69148 판결.

6) 대법원 2008. 3. 20. 선고 2007두6342 전원합의체 판결.

7) 대법원 2003. 4. 25. 선고 2003두988 판결. 행정소송도 원칙적으로 변론주의가 지배하는 절차로서 일정한 경우에 한하여 직권주의가 가미되어 있다고 보고 있다.

8) 대법원 1997. 5. 30. 선고 95다28960 판결 등.

9) 대법원 1995. 4. 28. 선고 94다55019 판결.

10) 대법원 2012. 1. 19. 선고 2010다95390 전원합의체 판결.

11) 대법원 1991. 10. 22. 선고 91다216690 판결.

구할 수 없다.[12)]

Ⅲ. 가사소송

(1) 가사사건은 민사상 분쟁 가운데 신분관계에 관한 분쟁을 대상으로 하는 점에서, 재산권에 관한 분쟁을 대상으로 하는 민사사건과 구별된다. 가사사건은 가사소송법[13)] 제2조 제1항에 제한적으로 열거된 사건 및 같은 조 제2항에 따라 다른 법률이나 대법원규칙에서 가정법원의 권한으로 정하고 있는 사건이므로, 그 나머지 사건은 일반민사사건에 해당한다. 따라서 위에서 열거되지 않은 재산상속(유류분 포함)·유언무효사건은 일반민사소송사건으로 보아야 한다.[14)] 판례도 같은 이유를 들어 부부간의 부양의무를 이행하지 않은 부부의 일방에 대하여 상대방의 친족이 구하는 부양료의 상환청구를 민사소송사건으로 보고 있다.[15)]

(2) 가사사건은 크게 가사소송사건과 가사비송사건으로 나뉘는데, 가사소송법에 특별한 규정이 있는 경우를 제외하고, 가사소송절차에 관하여는 민사소송법을(가소 제12조), 가사비송절차에 관하여는 비송사건절차법을(가소 제34조), 각 준용한다. 여기서는 가사비송사건을 제외하고 가사소송사건에 대해서만 논한다.

(3) 가사소송사건[16)]은 가정법원의 전속관할, 직권탐지주의의 적용, 확정판결의 대세효, 본인출석주의, 사실심의 변론종결시까지 필수적 공동소송인의 추가 또는 피고경정의 허용, 가사소송과 가사비송사건의 병합허용 등 일반민사소송과 구별되는 특징이 있다.

Ⅳ. 비송사건

1. 서 설

민사소송과 다른 제도와의 비교에 있어서 중요한 것이 바로 소송과 비송을 구별하는

---

12) 대법원 1972. 4. 28. 선고 72다337 판결.

13) 가사소송법은 1990. 12. 31. 법률 제4300호로 제정되어 1991. 1. 1.부터 시행되고 있다. 제정 가사소송법의 부칙에서 인사소송법 및 가사심판법을 폐지하였다.

14) 이시윤, 13면; 정영환, 21면.

15) 대법원 2012. 12. 27. 선고 2011다96932 판결.

16) 가사소송법 제2조 제1항 제1호는 가사소송사건을 가류사건, 나류사건, 다류사건으로 나눈다. 가류사건은 대개 무효사건, 즉 혼인의 무효, 입양의 무효 등이고, 나류사건은 혼인 등의 취소, 사실상 혼인관계 존부확인, 재판상 이혼, 친생부인, 인지청구 등이다. 다류사건은 이혼 등을 원인으로 한 손해배상청구(위자료)·원상회복청구 등인데, 종전에 통상의 민사소송사건에 속하였고 지금도 민사소송사건임이 본질이나, 편의상 전형적인 가사소송사건인 가·나류의 관련청구로서 가정법원의 병합관할로 한 것이다.

것이다. 비송사건은 법원의 관할에 속하는 민사사건 중 소송절차로 처리하지 않는 사건을 말한다. 그 종류는 다음과 같은데, ① 비송사건절차법에 규정된 민사비송사건, 상사비송사건 및 과태료사건, ② 가사소송법 제2조 제1항 제2호에 규정된 가사비송사건,[17] ③ 민사조정, 가사조정, 등기관의 결정·처분에 관한 이의의 결정에 대한 항고와 같이 비송사건절차법을 준용하는 것(민조 제39조, 가소 제49조, 부동산등기법 제105조 제2항), ④ 공유물분할청구나 토지경계확정의 소처럼 형식은 민사소송으로 처리되나 실질은 비송사건(형식적 형성의 소)인 것, ⑤ 그 밖에도 공시최고사건이나 회생·파산 등 법원에 의한 간이·신속한 처리가 요구되어 비송사건의 성질을 띠는 것이 있다.

2. 비송사건과 소송사건의 구별기준

한편 비송사건과 소송사건의 구별기준에 관해서는 견해가 대립되고 있다. ① 목적설에 의하면 사법질서의 형성을 목적으로 하는 것은 비송사건이며, 사법질서의 유지와 확정을 목적으로 하는 것은 소송사건이라 한다. ② 대상설은 법적 분쟁을 대상으로 하는 것은 소송사건이고, 국가가 후견적 개입을 하면 비송사건이라 하는 견해이다.[18] ③ 실체법설은 비송사건으로 규정된 것만 비송사건이라고 하는 견해이다.[19] 판례는 회사정리절차개시신청에 대한 결정을 함에 있어서 법원은 개시결정이 다수 이해관계인의 이익을 조정하고 기업을 정리·재건하기 위한 것이기 때문에 그 판단을 위해서 법원의 합목적적 재량을 필요로 하고 또 경제사정을 감안하여 유효적절한 조치를 강구하지 않으면 아니 되므로 절차의 간이·신속성이 요구되므로 정리절차의 개시결정절차는 비송사건으로 봄이 상당하다고 판시한 바 있어,[20] 대상설을 따른다고 볼 것이다. 생각건대 소송의 비송화 경향으로 인해 그 한계가 유동적으로 변화하고 있어 소송과 비송을 구별하는 것은 매우 어려운 일이다. 우선 목적설은 형성의 소의 경우 법률관계의 형성을 목적으로 하지만 비송사건이 아니라는 점에서, 그리고 실체법설은 실정법의 결과를 가지고 그 본질을 규명하려 하는 것은 본

---

17) 라류·마류사건이다. 그중 라류사건은 대립당사자의 구조를 취하지 않는 순수한 가사비송사건으로서, 성년후견, 실종선고, 성과 본의 변경 등이 이에 해당한다. 마류사건은 후견적 입장에서 법원의 재량이 필요하지만 다소 쟁송성을 지닌 것으로서, 재산분할에 관한 처분, 기여분의 결정 등이 이에 해당한다. 판례도 마류사건은 쟁송성이 강하고 소송사건적 성격을 띠고 있어 전형적인 비송사건과는 거리가 있다고 한다(대법원 2010. 2. 25.자 2009스113 결정). 상세는 가사소송법 제2조 제1항 제2호 각호 참조.

18) 이시윤, 14면; 정영환, 27면.

19) 손한기, 12면; 정동윤/유병현/김경욱, 15면.

20) 대법원 1984. 10. 5.자 84마카42 결정. 최근 판례도 (구)기업구조조정 촉진법 제32조 제3항에서 정한 조정결정의 변경결정청구는 법에 비송사건으로 명시되어 있지 않으나, 법원의 합목적적 재량에 따른 판단과 절차의 간이·신속성이 요구되므로 비송사건의 성격을 갖는다고 하여(대법원 2023. 9. 14. 선고 2020다238622 판결), 이를 재확인하였다.

말이 전도되었다는 점에서 각 비판의 여지가 있다. 현대복지국가적 이념에 따라 국가의 후견적 개입을 비송으로 보는 대상설이 명확한 구별기준을 제시하므로 타당하다고 본다.

3. 비송사건의 특징

우선 절차의 간이하고 신속한 처리를 들 수 있다. 따라서 소송과는 달리 자유로운 증명이면 족하다. 또 구조상 원고와 피고의 대립구조(2당사자 대립구조)가 아닌 법관과 신청인 사이의 편면적 관계로 이루어져있다. 예컨대 법인의 임시이사선임신청(비송 제33조)과 같이 신청인의 신청에 법관이 후견적 개입을 하는 구조이다. 뿐만 아니라 민사소송이 변론주의와 처분권주의에 의하는 것과는 달리 비송사건은 직권탐지주의에 의하고(비송 제11조), 불이익변경금지의 원칙 적용이 없으며, 비공개주의에 따른다(비송 제13조). 그리고 비송사건은 소송사건과 달리 기판력이 없으므로 자유로운 취소·변경이 가능하다(비송 제19조).

4. 소송의 비송화

(1) 소송의 비송화는 종전에 소송으로 처리하던 사항을 비송의 영역으로 이관하고, 소송방식이나 법에 해당하느냐의 여부를 '권리가 있다·없다'의 일도양단식이 아닌 법관의 재량에 의하여 탄력적으로 처리하도록 하는 현상을 말한다. 법관의 자의에 대한 과도한 경계로부터의 탈피, 보다 신속하고 탄력적·경제적 처리에 대한 기대, 분쟁의 비정형적 개별적 처리로의 진행의 요청 등과 복지국가로의 전환과 맞물려 일반조항과 법관에게 재량을 주는 규정이 속출[21]하면서 나타난 경향이라 하겠다.

(2) 그러나 소송의 비송화는 재판받을 권리(헌법 제27조)를 침해할 여지가 있다. 소송은 당사자가 주가 되어 주체로서 절차보장이 이루어진다고 보면 비송은 이러한 주체적 측면을 객체로 전환하여 당사자의 절차보장이 약해질 수 있다. 이 점에 비송화의 한계가 있는 것이다. 따라서 비송사건인지 소송사건인지 여부가 의심스러울 때에는 엄격한 형식과 상세한 당사자권이 인정되어 절차가 보장되는 소송사건으로 보아야 한다. 판례는 이혼한 부부 각자가 분담하여야 할 과거의 양육비의 비율이나 금액을 장래에 대한 것과 함께 정하는 것도 민법 제837조 제2항에서 규정된 자의 양육에 관한 처분으로 보아 가정법원이 자의 연령 및 부모의 재산상황 등 기타사정을 참작하여 심판으로 정하여야 할 것이지 지방

21) 조정을 갈음하는 결정(민조 제30조), 사정판결(행소 제28조), 재량에 의한 청구기각(상법 제379조), 사정에 의한 항소기각(가소 제19조 제3항), 직권에 의한 과실상계(민법 제396조, 제763조), 증권관련 집단소송에서 배상금의 분할지급 및 지급 유예의 허락(증집 제36조 제2항), 손해의 액수 증명곤란 시 재량산정(제202조의2) 등 법관의 재량적 개입 처리의 영역이 늘어나는 경향이 있다.

법원이 민사소송절차에 따라 판정할 것은 아니라고 해야 함이 상당하다고 판시하여, 과거 양육비청구를 비송사건으로 처리한 바 있다.[22] 그러나 생각해보면 가사비송사건중 마류 사건은 소송사건적 성격이 현저하므로 쟁송사건이라 할 것이다. 따라서 마류사건인지 여부가 의심스러울 땐 엄격한 형식과 당사자의 절차보장이 인정되는 가사소송으로 처리하는 것이 바람직하다.

제 3 절 대체적 분쟁해결제도

인간생활에서 분쟁은 언제나 필연적인 것이어서 그 역사가 인류의 역사라 할 것이다. 이를 다루는 방식도 오랫동안 다양하게 발전되어 왔다. 현대의 대부분의 국가는 자력구제를 금하고 국가가 법에 따라 절차를 관장하는 소송제도를 채택하고 있으나, 소송 자체가 가지는 비용과 시간의 과다한 소요라는 단점을 가지고 있는바, 최근에는 엄격한 형식과 절차를 지양하고 법보다 조리와 양보에 의하여 시민의 참여를 통한 융통성 있는 분쟁처리 절차로서 재판절차를 갈음하고자 하는 경향이 대두되고 있다. 이에 화해, 조정, 중재 등이 대체적 분쟁해결제도(Alternative Dispute Resolution, ADR)로 활용되고 있다.

Ⅰ. 화 해

(1) 화해는 당사자 간의 직접적·자주적 교섭을 통한 상호양보로써 분쟁을 해결하는 방식이다. 화해는 재판 외에서는 민법상 화해계약의 형태로 가능하고, 재판상으로는 제소전화해와 소송상화해가 인정되고 있다. 한편 2002년 개정 민사소송법은 화해의 활성화를 위해 서면에 의한 화해제도(제148조 제3항)와 화해권고결정제도(제225조 이하)를 도입하였다.

(2) 재판 외의 화해는 당사자가 상호 양보하여 분쟁의 종료를 약정하는 사법상의 화해, 즉 민법상의 화해계약이다(민법 제731조 이하). 통상 '합의서'의 형식으로 이루어지는데, "민·형사상 일체의 이의제기를 할 수 없다"라는 표현으로 인해 부제소특약으로 해석되기도 한다. 사적자치의 원칙이 적용되므로 그 적법성만 인정된다면 법률상의 효력이 있다.

(3) 재판상화해 중 제소전화해는 소송계속 전 당사자일방이 지방법원 단독판사에게

---

22) 대법원 1994. 5. 13.자 92스21 전원합의체 결정. 이러한 판례의 태도에 따른다면, 장래·과거의 양육비청구 모두 비송사건으로 처리해야 한다.

화해신청을 함으로써 개시되는데, 당사자가 법원에 출석하여 화해조서를 작성하면 그 조서는 확정판결과 동일한 효력이 있다.

(4) 재판상화해 중 소송상화해는 소송개시 후 당사자가 양보 합의한 내용을 법원에 진술하면 재판에 의하지 않고 소송은 종료하며, 이때에도 화해가 조서에 기재되면 확정판결과 동일한 효력을 발생한다(제220조).

II. 조 정

(1) 조정은 제3자인 법관이나 조정위원회가 분쟁관계인 사이에 개입하여 화해로 이끄는 절차를 말하는데, 현재는 국가기관이 제도적으로 행하는 경우가 대부분이다. 크게는 법원에 의한 조정과 행정부 산하기관에 의한 조정으로 나눌 수 있다.

(2) 법원에 의한 조정은 조정담당판사 또는 조정위원회에 의해 행해지며, 민사조정, 가사조정 등이 이에 속한다. 조서에 기재되어 조정이 성립되면 재판상화해와 같은 효력을 가진다(민조 제28조, 제29조). 유의할 점은 조정 불성립시 조정담당판사 또는 조정장 직권으로 조정을 갈음하는 결정(강제조정)을 하는 경우가 있는데, 이것은 합의를 기초로 하는 것이 아니므로 여기서 말하는 조정이 아니다. 따라서 강제조정에 있어서는 당사자의 이의신청이 있으면 그 강제조정은 효력을 상실한다.

(3) 또 다른 조정제도로 행정부 산하의 각종 조정위원회(공무원, 해당 분야의 전문가 등으로 구성)에 의해 행해지는 조정이 있는데, 소비자분쟁조정위원회, 의료심사조정위원회, 금융분쟁조정위원회, 저작권심의조정위원회, 건설분쟁조정위원회, 환경분쟁조정위원회, 공정거래조정원, 한국의료분쟁조정중재원 등에 의한 조정이 그 예이다. 이 경우 비용이 저렴하고, 형식이 간소하며, 변호사 없이 소송수행이 자유로운 이점이 있다. 그러나 이는 법적 분쟁해결의 주체가 행정부로 이전하는 것이어서, 사법부가 독자적 판단을 하는 자연적 정의에 위배할 소지가 있고 권력분립구조를 왜곡하는 문제가 생길 수 있으므로, 그 지나친 확대는 경계해야 할 것이다.

(4) 그 외에 검사의 주도로 이루어지는 형사조정이 있는데, 이는 일정한 범죄의 경우 범죄피해자가 입은 피해를 실질적으로 회복하여 피의자와 범죄피해자 사이에 형사분쟁을 공정하고 원만하게 해결하기 위해 피의자·피해자의 신청 또는 직권으로 수사 중인 형사사건을 조정에 회부하는 것이다(범죄피해자 보호법 제41조). 그리고 금융회사와 채무자 사이에 신용회복위원회의 주도로 이루어지는 워크아웃이 있는데, 이는 민간조정의 일종으로 볼 수 있다.

Ⅲ. 중 재

중재는 당사자의 합의에 의하여 선출된 중재인의 중재판정에 의하여 분쟁을 해결하는 절차를 말한다. 이는 사건마다 분쟁당사자가 선임한 중재인의 판정에 의해 분쟁을 해결하는 일종의 사적재판이다. 그러므로 중재판정에는 법원의 확정판결과 같은 효력이 인정된다(중재 제35조). 따라서 중재합의에도 불구하고 당사자 일방이 소를 제기한 경우 최초의 변론시까지 상대방이 중재합의가 있다는 항변을 하면 소의 이익이 없는 것으로 부적법 각하된다(중재 제9조). 이처럼 중재는 중재인의 판정에 반드시 복종하게 하는 개별적 상행적 해결방식인 점에서, 양 당사자가 서로 양보하여 분쟁을 해결하는 화해나 조정과 구별된다. 대개 특별한 전문지식과 경험을 필요로 하는 분야, 특히 국제적 상사거래와 관련된 분쟁의 해결에 적합하여 널리 이용된다. 대표적인 국제 중재기구로는 세계은행(IBRD) 산하 국제투자분쟁해결센터(International Centre for Settlement of Investment Disputes, ICSID)가 있고, 우리나라에는 대한상사중재원이 있다.

제 4 절 민사소송의 이상과 신의칙

민사소송법 제1조 제1항은 법원은 소송절차가 공정하고 신속하며 경제적으로 진행되도록 노력하여야 한다고 규정하고, 제2항은 당사자와 소송관계인은 신의에 따라 성실하게 소송을 수행하여야 한다고 규정하고 있다. 이는 우리 민사소송법이 적정·공평·신속·경제라는 4대 이상을 규정함과 동시에 당사자와 소송관계인에게 요구되는 행동원리로 신의칙을 규정하고 있는 것이다. 신속한 재판과 공정한 재판을 받을 권리는 헌법상 보장된 국민의 기본적 권리이기도 하다(헌법 제27조 제1항, 제3항, 제4항).[23]

Ⅰ. 민사소송의 이상

제1조(민사소송의 이상과 신의성실의 원칙) ① 법원은 소송절차가 공정하고 신속하며 경제적으로 진행되도록 노력하여야 한다.

23) 헌법재판소 2001. 8. 30. 선고 99헌마46 결정.

1. 적 정

(1) 적정은 재판의 내용상 사실인정의 정확성을 기하여 실체적 진실을 발견하고, 인정된 사실에 타당한 법률적용을 통하여 권리 있는 자는 반드시 승소하고 권리 없이 부당한 제소를 하는 자는 꼭 패소한다는 결과를 확보하자는 이상이다. 즉 객관적 진실에 맞는 올바른 재판을 하여야 한다는 것을 말한다. 법관은 올바르게 사실을 확정하고 이 확정된 사실에 법을 올바로 적용하여 재판을 통하여 사회정의를 구현하여야 한다.

(2) 적정의 이상을 구현하기 위한 제도로는 변호사대리 원칙, 구술주의, 직접주의, 석명권, 직권증거조사, 교호신문제도, 3심제도, 재심제도, 법관의 자격제한과 신분보장제도 등을 들 수 있다.

2. 공 평

(1) 공평은 한쪽 말만 듣고 송사를 하지 못한다는 말대로 재판의 적정성을 기하기 위하여서는 소송을 심리하는 동안 양 당사자를 공평하게 취급해야 한다는 이상이다. 원래 이 이상은 법이 지향하는 목표이지만, 특히 민사소송에 있어서는 상호 대립하는 당사자의 분쟁을 해결하는 것인 만큼 재판이 어느 한쪽에 치우침 없이 절차 내에서 소송관계인을 동등하게 대우하고 기회균등을 보장해 주어야 한다.

(2) 공평의 이상을 구현하기 위한 제도로는 심리의 공개, 법관의 제척·기피·회피제도, 소송절차의 중단제도, 쌍방심리(문)주의, 대리인제도, 준비서면에 예고하지 않는 사실주장금지제도 등을 들 수 있다.

3. 신 속

(1) 적정하고 공평한 재판을 한다고 하더라도 권리실현이 늦어지면 실효성이 없어져서 결국 그 권리를 부정한 것과 다름없는 결과로 된다. 재판의 지연은 재판의 거부와 같다는 법언이 있는 것처럼 소송촉진은 아무리 강조하여도 지나친 것이 아니다. 우리 헌법 제27조 제3항 전문에서도 신속한 재판을 받을 권리를 국민의 기본권으로 정하고 있다. 민사소송법 역시 종국판결선고기간을 두어 제1심의 경우 소가 제기된 날로부터 5월 이내에, 항소심 및 상고심의 경우 기록송부를 받은 날로부터 각각 5월 이내에 사건처리를 끝내도록 하는 훈시규정을 두고 있다(제199조). 현실에서 소송지연의 이유는 다양하나 소송절차의 개혁, 법관의 증원, 시설장비의 보강, 그리고 당사자의 협조가 이루어져야만 권리실현의

지연 방지의 실효성이 있게 될 것이다.

(2) 민사소송이 신속의 이상을 달성하기 위하여 마련한 제도로는 독촉절차, 제소전화해절차, 소송지휘권에 의한 절차의 직권진행, 기일연장의 제한, 재정기간제도, 실기한 공격방어방법의 각하, 직권에 의한 가집행선고, 기일해태의 제재로 쌍불취하·진술간주·자백간주, 원심재판장의 상소장심사제도 등을 들 수 있다.

4. 경 제

(1) 소송을 수행함에 있어서 소송관계인이 들이는 시간을 단축하자는 것이 신속이상이라면, 경제이상은 이들이 들이는 비용과 노력을 최소한도에 그치게 함을 목적으로 한다. 무자력자라고 하여 소송을 할 수 없어서도 아니 되고, 소송에 의한 해결을 통하여 얻는 이익보다 이에 필요한 비용부담이 더 커서도 아니 된다. 그러한 소송제도는 의미가 없기 때문이다. 이에 우리 민사소송법은 소액사건에서의 구술제소, 소송의 이송, 변론의 병합, 변호사보수의 소송비용산입, 지급보증위탁계약서에 의한 담보제공, 소송구조 등의 제도를 두고 있다.

(2) 그러나 우리의 현실은 이러한 이상을 제대로 실천하지 못하고 있다. 극단적으로 우리 민사소송의 운영은 오래 끌고 돈 많이 드는 매우 만족스럽지 못한 상태에 있다. 또한 재판을 씨름판 승부처럼 삼세판의 승부라고 생각하는 국민의 의식도 경제의 이상 달성에 장애요소로 작용하고 있다.

II. 민사소송과 신의칙

> **제1조(민사소송의 이상과 신의성실의 원칙)** ② 당사자와 소송관계인은 신의에 따라 성실하게 소송을 수행하여야 한다.

1. 서 설

민사소송의 이상의 실현을 지지해주는 대원칙으로 우리 민사소송법은 신의칙을 명문으로 규정하고 있다(제1조 제2항). 신의칙을 비판적으로 이해하는 견해[24]에 의하면 소송은

24) 소송절차에 불확정개념이 도입되어 법적 안정성을 해치게 되고, 일반조항으로의 도피시도에 다름 아니라고 비판하였다.

당사자들의 투쟁이기 때문에 법이 허용하는 모든 공격방어방법을 동원하는 것이 허용되어야 하며, 소송법은 절차를 규정한 기술법이어서 고도의 형식주의, 외관주의가 지배하는 영역이기 때문에 윤리성과는 거리를 두어야 하므로 신의칙 적용에 신중을 기하여야 한다고 한다. 그러나 건전한 소송윤리를 확립하고 법을 형식적으로 적용함으로써 생길 수 있는 상식에 어긋나는 결론을 시정하기 위하여 신의칙을 재판에 활용해야 할 것이다.

2. 신의칙의 규제를 받는 자의 범위

민사소송법 제1조 제2항은 "당사자와 소송관계인"을 규정하고 있으므로, 신의칙에 따른 소송수행의무는 당사자인 원고와 피고뿐만 아니라, 참가인, 대리인(법정, 임의)에게도 미친다. 나아가 증인, 감정인 나아가 조사·송부촉탁을 받은 자에게까지 미친다고 보아야 할 것이다.

3. 발현형태(신의칙 위반의 구체적인 모습)

가. 소송상태의 부당형성

소송상태를 부당하게 꾸며대는 행위를 말하는데, 당사자 일방이 간계를 써서 소송상태를 소송법상의 요건에 맞도록 만들거나 상대방의 행위를 요건흠결상태로 만들어서 부당하게 소송을 자기에게 유리하게 만드는 행위가 그것이다. 예컨대 재판적의 도취,[25] 이미 담보물권이 설정되어 있는데 채무자와 짜고 유치권을 성립시켜 담보물권자에게 주장하는 행위,[26] 허위로 공시송달의 요건을 만들어 내는 행위,[27] 권리자가 증인으로 나서기 위해 제3자에게 권리를 양도(소송신탁)하는 행위,[28] 선박의 편의치적,[29] 이른바 관할선택권의 남용[30] 등을 들 수 있다.

---

25) 예컨대 채무자에게 국내에 재판적이 없어 그를 상대로 소제기가 어려운 경우 채무자를 상대로 가벼운 불법행위를 저질러 손해배상채권을 취득하게 하고 그에게 제11조의 재판적이 있다고 주장하며 채무자를 상대로 소제기하는 경우이다.

26) 대법원 2011. 12. 22. 선고 2011다84298 판결.

27) 김홍엽, 24면; 이시윤, 33면; 정동윤/유병현/김경욱, 35면. 이에 대하여 재심절차(제451조 제1항 제11호)에 의하면 되고, 이것이 불가능하거나 심히 부당한 경우에 한하여 제한적으로 신의칙을 적용해야 한다는 견해가 있다(정영환, 130면).

28) 대법원 1983. 5. 24. 선고 82다카1919 판결.

29) 대법원 1988. 11. 22. 선고 87다카1671 판결.

30) 乙에 대한 소를 제기하면서, 실제로는 丙을 상대로 청구할 의도가 없음에도 丙의 주소지를 관할하는 서울중앙지방법원에 관할권을 발생시키기 위해 丙을 공동피고로 추가한 사안(대법원 2011. 9. 29.자 2011마62 결정). 상세는 후술 관련재판적 부분 참조.

나. 선행행위와 모순되는 거동

(1) 일정한 선행행위를 통해 상대방에게 신뢰를 구축해 놓고 이에 모순되는 후행행위를 하는 것은 금지된다(소송상의 금반언). 대표적인 사례로, ⅰ) 미리 행한 소송상 합의에 반하는 거동,[31] ⅱ) 기존에 주장한 사실관계와 모순되거나 반대되는 사실관계 주장[32] 등이 있다.[33]

(2) 다만 선행행위와 모순되는 후행행위가 오히려 객관적 진실에 합치되는 경우에도 금지되는지 문제되나, 모순의 정도나 상대방의 불이익이 크지 않거나, 혼인과 같은 신분관계에서는 실체진실을 우선해야 할 것이므로 모순거동도 허용될 수 있다고 본다.[34]

다. 소송상 권능의 실효

(1) 실효된 소송상 권능을 행사하는 경우가 있는데, 대개 기간이 정하여진 소송행위가 아닌 각종 신청 등[35]에 이러한 실효의 원칙이 적용될 수 있을 것이다. ① 권리자의 장기간 권리 불행사와 ② 이에 대한 상대방의 정당한 기대를 그 요건으로 한다.[36]

(2) 판례는 노사(勞使) 간의 고용관계에 관한 분쟁의 신속한 해결을 위해 실효의 원칙을 보다 적극적으로 인정하여, 해고되어 아무런 이의의 유보나 조건 없이 퇴직금을 수령한 때로부터 오랜 기간이 지난 후에 해고의 효력을 다투는 소를 제기하는 것은 신의칙에 반한다고 하였다.[37] 또 판례는 회사설립 후 위 회사에 토지를 양도해주고 회장 등 직함으

---

31) 부제소합의에 반하는 소제기는 권리보호이익이 없고 신의성실의 원칙에도 어긋나는 것이라고 함이 판례의 태도이다(대법원 2013. 11. 28. 선고 2011다80449 판결). 이에 대하여 이는 신의칙 위반이 아니라 계약의 구속력 위반으로 권리보호의 자격이 흠결된 것으로 보아야 한다는 견해가 있다(한충수, 38면; 호문혁, 52면).

32) 예컨대 2년 미만으로 정한 임대차의 종료를 주장하며 배당요구를 한 임차인이 그 후 임대차기간이 종료되지 않았음을 주장하며 우선변제권을 포기하고 낙찰자에게 대항력을 행사하는 경우(대법원 2001. 9. 25. 선고 2000다24078 판결), 부적법한 표시정정에 동의한 자가 판결 선고 후 표시정정의 적법성을 문제삼는 경우(대법원 2008. 6. 12. 선고 2008다11276 판결), 항소심이 추완항소를 받아들여 심리한 결과 본안판단에서 그 항소가 이유 없다고 기각하자, 추완항소를 신청했던 당사자 자신이 상고이유에서 그 부적법을 스스로 주장하는 경우(대법원 1995. 1. 24. 선고 93다25875 판결), 무효인 공정증서상 집행채무자가 무효를 들어 경매절차를 저지할 수 있었음에도 이를 방치하고, 오히려 변제를 주장하여 경락허가결정에 대한 항고절차를 취하고 경락대금까지 배당받은 후 경락인에 대하여 공정증서의 무효를 들어 이에 기한 강제경매가 무효라고 주장하는 경우(대법원 1992. 7. 28. 선고 92다7726 판결) 등이 있다.

33) '일부청구임을 명시하지 않은 사건에서 판결이 확정된 뒤 행하는 잔부청구'도 소송상의 금반언의 예로 보는 견해가 있다(이시윤, 34면). 이에 대하여 이는 소송법상의 신의칙 위반이 아니라 실체법상의 신의칙 위반이라고 보는 견해(호문혁, 50면), 이는 신의칙이 아니라 기판력으로 해결하면 충분하다는 견해가 있다(정영환, 132면).

34) 김홍엽, 25면; 이시윤, 34면; 정동윤/유병현/김경욱, 37면; 주석 민사소송법(Ⅰ), 75면.

35) 예컨대 통상항고, 가압류·가처분결정에 대한 이의신청, 기간의 정함이 없는 항소권, 무효확인청구 등을 들 수 있다.

36) 대법원 1995. 2. 10. 선고 94다31624 판결; 대법원 1996. 7. 30. 선고 94다51840 판결.

37) 대법원 1992. 8. 14. 선고 91다29811 판결; 대법원 1993. 5. 25. 선고 91다41750 판결. 근로자들이 면직된 후

로 장기간 회사의 경영에 관여해오다가 위 회사설립 후 약 15년이 지나 제기한 토지양도무효 주장에 실효의 원칙을 적용하기도 하였다.[38)]

한편 판례는 기간의 정함이 없는 항소권에서 실효의 원칙이 적용될 수 있다고 하면서도, 원고(父)가 미국으로 이민간 피고(子)의 주소를 허위로 기재하여 거짓주소로 판결정본이 송달되게 하여 받은 사위판결에 대해, 피고가 그 판결있음을 알고 나서 곧바로 원고에게 항의하였고, 이로 인해 원고 등 가족들과 불화가 있었으며, 그 후 원고가 미국에 거주하는 피고를 방문한 적이 있는데 그때에도 이에 관해 원·피고 사이 언쟁이 있었던 경우, 피고가 항소권을 행사하지 않으리라는 것에 대해 원고에게 정당한 기대가 있다고 볼 수 없으므로, 판결 후 4년이 지나 제기한 피고의 항소가 실효된 것이 아니라고 보았다.[39)]

라. 소송상 권능의 남용

소송상 권능을 남용하는 경우인데, 소송이나 강제집행을 지연시킬 목적으로 소권을 행사하는 경우, 탈법의 수단이나 재산상 이득을 목적으로 행사하는 경우, 쓸데없이 소권이나 상소권을 남용하거나,[40)] 또는 기피신청권을 남용하는 경우[41)] 등을 들 수 있다. 최근 법의 개정으로, 원고가 소권(항소권을 포함)을 남용하여 청구가 이유 없음이 명백한 소를 반복적으로 제기한 경우 법원이 변론 없이 판결로 소를 각하할 수 있고, 이 경우 재판장은 직권으로 피고에 대하여 공시송달을 명할 수 있으며(제194조 제4항), 법원은 결정으로 500만원 이하의 과태료에 처한다(제219조의2)고 하였다.[42)]

4. 효 과

신의칙 위반 여부는 법원의 직권조사사항이므로,[43)] 당사자의 주장 없이도 법원은 신의칙에 위반한 소제기를 부적법 각하할 수 있다.[44)] 신의칙에 위반된 소송행위는 무효임

바로 퇴직금을 청구하여 수령하고, 9년 후 1980년 해직공무원의보상등에관한특별조치법 소정의 보상금까지 수령한 후 제기한 면직처분무효확인의 소의 경우도 마찬가지이다(대법원 1992. 5. 26. 선고 92다3670 판결).

38) 대법원 2015. 3. 20. 선고 2013다88829 판결.

39) 대법원 1996. 7. 30. 선고 94다51840 판결.

40) 예컨대 같은 이유의 재심청구를 되풀이하는 경우(대법원 1997. 12. 23. 선고 96재다226 판결), 부제소특약을 하였음에도 불구하고 다른 주주가 주주총회결의부존재확인의 소를 제기한 것을 기화로 위 소송에 공동소송참가를 한 경우(대법원 1988. 10. 11. 선고 87다카113 판결), 일부청구에 대한 소송(전소)에서 청구취지를 확장하여 나머지 부분을 구할 수 있음에도 불구하고 전소의 소송계속 중 별소로 잔부청구(후소)를 하는 경우(대법원 1996. 3. 8 선고 95다46319 판결) 등을 들 수 있다.

41) 대법원 1981. 2. 26.자 81마14 결정.

42) 2023. 4. 18. 법률 제19354호로 개정되어 2023. 10. 19.부터 시행된 민사소송법에서 신설된 조항이다.

43) 대법원 1989. 9. 29. 선고 88다카17181 판결; 대법원 1995. 12. 22. 선고 94다42129 판결.

44) 신의칙에 반하는 소제기에 대해 권리보호의 가치가 없다고 하며 소의 이익의 흠결로 처리한 판례가 있다

이 원칙이다. 신의칙 위반의 소송행위를 간과하고 판결한 경우에 확정 전에는 상소로 취소할 수 있으나, 확정 후에는 당연무효의 판결이라 할 수 없다. 판결이 집행된 뒤에는 손해배상책임의 문제가 생길 수 있다.[45)]

제 5 절 민사소송절차의 종류

민사소송절차는 크게 통상소송절차와 특별소송절차로 나뉜다. 통상소송절차는 판결절차, 강제집행절차, 부수절차로 분류되고, 특별소송절차는 간이소송절차, 가사소송절차, 도산절차로 분류된다.

1. 통상소송절차

가. 판결절차

판결절차는 사권의 존재 및 사법상의 법률관계를 재판에 의해 확정하는 절차로서 제1심·항소심·상고심 절차로 구분된다. 제1심 절차라도 지방법원 합의부의 절차와 단독판사의 절차 사이에는 차이가 있다.

나. 강제집행절차

강제집행절차는 판결에 의해 확정된 사법상의 법률관계에 의한 의무가 임의이행되지 않은 경우에 국가의 강제력에 의해 그 이행을 강제하는 절차이다. 이는 판결절차와는 독립된 별개의 절차이며 민사집행법이 이를 규율한다. 강제집행절차는 채권자의 신청에 의하여 국가의 집행기관이 채무자에 대하여 강제력을 행사함으로써 집행권원에 표시된 이행청구권의 실현을 도모하는 절차이다. 원래 원고가 소를 제기함으로써 판결절차에 의하여 우선 사법상의 권리 또는 법률관계가 확정되고, 그렇게 확정된 권리나 법률관계에 기하여 강제집행절차를 취하는 것이 순서이다. 이 절차는 판결절차와 함께 넓은 의미의 민사소송을 형성하고 있다.

다. 부수절차

(1) 부수절차로는 증거보전절차와 보전처분절차가 있다. 이는 판결절차나 강제집행

(대법원 1977. 6. 7. 선고 76다558 판결; 서울고등법원 2017. 4. 19. 선고 2016나2077798 판결).

45) 상세는 후술 판결의 편취 부분 참조.

절차에 부수하여 이들 절차의 기능발휘를 돕는 절차이다.

(2) 증거보전절차는 판결절차에서 정식 증거조사의 시기까지 기다려서는 어떤 증거의 이용이 불가능하거나 곤란하게 될 염려가 있는 경우에 미리 그 증거를 조사하여 그 결과를 보전해 두기 위한 절차를 말한다.[46]

(3) 보전처분절차는 가압류 및 가처분절차와 같이 현상을 방치하면 장래의 강제집행이 불가능해지거나 현저히 곤란하게 될 염려가 있는 경우에 현상의 변경을 금하는 절차를 말한다. 가압류는 금전채권이나 금전으로 환산할 수 있는 채권에 대하여 후일 동산 또는 부동산에 대한 강제집행을 보전하는 절차이다. 가처분은 물건을 대상으로 한 청구권의 집행을 보전하거나 또는 임시지위를 정하여 후일 법률관계가 확정될 때까지 잠정적 법률상태를 정하는 절차이다. 전자는 다툼의 대상에 관한 가처분(민집 제300조 제1항)으로, 처분금지가처분이나 점유이전금지가처분을 들 수 있고, 후자는 임시지위를 정하기 위한 가처분(민집 제300조 제2항)으로, 예컨대 출판금지가처분, 방송금지가처분, 접근금지가처분, (이사)직무집행정지가처분 등을 들 수 있다. 가처분 결정이 지닌 힘으로 인해 상당수의 분쟁이 가처분 단계에서 종국적으로 해결되기도 한다(이른바 가처분의 본안소송화 경향).

(4) 기타 부수하는 절차로는 소송비용액확정절차와 강제집행절차에 부수하는 집행문부여절차 등을 들 수 있다.

2. 특별소송절차

가. 간이소송절차

채권자로 하여금 간편하고 빠르게 집행권원을 얻게 하는 절차로, 소액사건심판절차, 독촉절차, 공시최고절차 등을 들 수 있다.

나. 가사소송절차

혼인이나 친자·양자 등 신분관계의 확정·형성, 그리고 이와 관련된 민사사건을 처리하는 절차이다. 가사소송법은 가정법원의 관장 사항을 제한적으로 열거하고 있고(가소 제2조), 가사소송법에 특별한 규정이 있는 경우를 제외하고, 가사소송절차에 관하여는 민사소송법을(가소 제12조), 가사비송절차에 관하여는 비송사건절차법을(가소 제34조), 가사조정에 관하여는 민사조정법을(가소 제49조) 각 준용하도록 하였다. 따라서 가사소송절차는 민사소송의 특별절차로 볼 수 있다.

46) 상세는 후술 증거 부분 참조.

다. 도산절차

(1) 채무자의 경제적 자력 부족으로 인해 다수 채권자의 채권을 만족시킬 수 없을 때, 채무자의 총 재산을 총 채권자를 위하여 공평하게 청산하거나 채무자의 재건을 도모하는 절차를 말한다. 종래 파산법, 개인채무자회생법, 화의법, 회사정리법으로 나눠 규정하였던 것을 2005년 '채무자 회생 및 파산에 관한 법률'을 제정하여 통합 규정하기에 이르렀다. 파산절차, 회생절차, 개인회생절차로 구분된다.

(2) 파산절차는 채무자가 경제적 파탄 상태에 이른 경우 채권자들의 경쟁적 개별 집행을 막고 모든 채권자가 채권액에 안분하여 만족을 얻을 수 있게 하는 절차이다.

(3) 회생절차는 회사정리절차라고 부르기도 하였는데, 도산 위기에 처한 회사의 재건과 갱생을 도모하는 절차이다.

(4) 개인회생절차는 개인채무자가 부담하고 있는 채무 중 일정 금액을 계획에 따라 변제하면 나머지 채무를 탕감해주어 개인채무자의 재건을 도모하는 절차이다.

제2장 민사소송법

제 1 절 민사소송법의 의의와 성격

Ⅰ. 의 의

형식적 의미의 민사소송법은 민사소송법이라 하는 법전을 가리킨다. 그러나 실질적 의미의 민사소송법은 사법상의 법률관계로 인한 분쟁의 해결절차, 즉 민사소송제도를 규율하고 있는 법규의 총체를 말한다. 여기에는 법원의 조직·권한, 당사자나 참가인·대리인 등의 능력·자격, 재판과 집행을 위한 요건·절차·효과 등에 관한 모든 법규가 포함된다.[1)]

Ⅱ. 성 격

1. 공 법

민사법원이라는 국가기관의 소송절차를 규율하고 있기 때문이다. 따라서 사법과 달리 일정한 절차적 강제성이 있다. 특히 민사집행법은 채무자의 의사에 반하여 강제력을 행사하는 것을 규율하므로 공법의 특성이 강하게 나타난다.

---

1) 이에 해당하는 법률의 예를 들면, 민사소송법, 민사집행법, 법원조직법, 변호사법, 증권관련 집단소송법, 소비자기본법, 개인정보보호법, 가사소송법, 행정소송법, 소액사건심판법, 소송촉진 등에 관한 특례법, 민사소송 등 인지법, 상고심절차에 관한 특례법, 민사소송비용법, 국가를 당사자로 하는 소송에 관한 법률, 인지첩부 및 공탁제공에 관한 특례법, 민사조정법, 중재법, 채무자 회생 및 파산에 관한 법률 등이 있다. 규칙의 예로는 민사소송규칙, 민사집행규칙, 변호사보수의 소송비용산입에 관한 규칙, 민사소송 등 인지규칙, 민사조정규칙 등이 있다.

2. 민사법

대등한 사인간의 생활관계상의 분쟁을 해결하기 위한 법률이기 때문이다. 따라서 민법, 상법 등과 그 대상이 동일하다.

3. 절차법

(1) 민사소송법은 사법상의 법률관계를 대상으로 하지만 그에 관한 분쟁을 해결하는 절차와 방식을 규율하는 법이기 때문에 절차법에 속한다. 구체적으로 권리주장의 방식, 절차의 진행방식, 사실인정의 자료 수집·제출 방식, 재판의 방식 등을 규율하고 있다. 민사소송법은 이러한 소송절차에 관한 기본법으로서, 행정소송법이나 가사소송법에서 상당부분 민사소송법을 준용하고 있다.

(2) 실체법의 해석·적용에 있어서는 결과의 구체적 타당성이 매우 중시되는 경향이 있는 반면, 절차법인 민사소송법의 해석·적용에 있어서는 절차의 획일성·안정성의 요청이 강하게 요구된다.

제 2 절 민사소송법규의 해석과 종류

Ⅰ. 해 석

민사소송법규의 해석은 일반 법해석의 원칙과 같다고 본다. 따라서 민사소송법규를 해석함에 있어서도 법규의 문언에 충실한 해석을 해야 한다는 문리해석, 민사소송의 이상인 적정·공평·신속·경제의 원칙에 충실한 해석을 해야 한다는 목적론적 해석, 소송법이 헌법의 하위규범인 만큼 헌법에 합치되도록 해석을 하여야 한다는 합헌적 해석 등의 원칙을 지켜야 한다. 그리고 다른 법규를 유추하여 해석하는 유추해석, 다른 법규와 반대로 해석하는 반대해석, 그리고 물론(勿論)해석[2]을 할 수도 있다. 아울러 절차법으로서의 획일성·안정성을 고려한 해석이 필요하다.

---

2) 물론해석은 법문이 일정한 내용을 규정하고 있는데, 명확히 기재되지 않은 사항일지라도 그 성질로 보아 내용 중에 포함하고 있는 것으로 볼 수 있을 때 이를 포함하는 것으로 해석하는 방법이다. 법문의 규정보다 강력한 이유로 법문의 규정내용과 같은 결론을 도출할 때 사용하는 해석방법으로서, 예컨대 자전거의 통행을 금지시키고 있다면 자동차의 통행 역시 금지되는 것으로 해석할 수 있다.

II. 종 류

민사소송법규는 크게 훈시규정과 효력규정으로 나뉘고, 효력규정은 다시 그 강도에 따라 강행규정과 임의규정으로 나뉜다.[3)]

1. 훈시규정과 효력규정

훈시규정은 이를 위반하여도 소송법상의 효력에는 영향이 없는 종류의 규정이다. 효력규정은 이를 위반하면 그 행위나 절차의 효력에 영향을 미치게 되는 종류의 규정인데, 이는 다시 강행규정과 임의규정으로 나뉜다. 법원의 행위에 관한 법규 특히 이른바 직무규정에 훈시규정이 많다. 훈시규정의 예로는 소송고지서류 상대방 송달(제85조 제2항), 종국판결 선고기간(제199조), 판결선고기일(제207조 제1항), 판결서의 송달(제210조 제1항), 항소기록의 송부(제400조), 상고이유에 대한 상대방의 답변서 제출(제428조 제2항), 환송·이송 시 소송기록의 송부(제438조)를 들 수 있다.

2. 강행규정과 임의규정

(1) 강행규정은 반드시 준수하여야 하고, 법원이나 당사자의 의사·태도에 의하여 그 적용을 배제할 수 없는 규정이다. 이에 위배된 행위·절차는 무효로 된다. 예컨대 법원의 구성, 법관의 제척, 전속관할, 당사자능력, 재판의 공개, 상소제기기간에 관한 규정이 이에 속한다.

(2) 임의규정은 당사자의 의사·태도에 의하여 그 적용이 어느 정도 배제될 수 있는 규정이다. 이는 주로 당사자의 소송수행상의 편의와 이익 보호를 목적으로 하기 때문이다. 그러나 소송법적 영역에서 사적자치가 무제한 인정되는 것은 아니기 때문에 당사자가 소송절차를 임의로 변경하는 것은 원칙적으로 허용되지 않는다. 우리 법이 명문으로 인정하고 있는 임의규정은 관할의 합의(제29조), 불항소의 합의(제390조 제1항 단서, 제2항)가 있다.

---

3) 정영환, 72면.

제 3 절 민사소송법의 효력과 한계

Ⅰ. 시적 한계

민사소송법규의 시적 한계와 관련하여 소급효가 문제된다. 실체법의 영역에서는 이른바 소급효를 금지하고 있으나(헌법 제13조 제2항), 소송법의 영역에서는 원칙적으로 소급효를 인정하여 구법시의 사건에 대해서도 신법을 적용하고 있다. 다만 각 개별적 사항에 관하여는 경과규정을 두고 있는 경우가 있다.

Ⅱ. 장소적 한계

(1) 우리나라의 법원에서 심리되는 사건은 당사자가 내국인이든 외국인이든, 소송물의 내용이 무엇이든, 준거법이 내국법이든 외국법이든을 막론하고 우리나라의 민사소송법이 적용된다. 외국사법기관의 촉탁을 받아 송달·증거조사 등의 소송행위를 하는 경우라도 그 절차는 촉탁국의 소송법이 아닌 우리나라의 민사소송법에 따른다.

(2) 외국법원에 계속 중인 민사소송은 그 법정지의 소송법이 적용된다. 그러나 외국법원에서 행하여진 소송행위가 우리나라에서 어떠한 효력을 갖는가 하는 문제는 우리나라의 민사소송법에 의하여 결정된다(제217조). 우리 법원의 촉탁에 의하여 외국의 사법기관이 행한 송달·증거조사 등 소송행위가 그 나라의 소송법을 위반하였더라도 우리나라 소송법에 의하여 적법한 것이면 유효한 것으로 본다(제296조 제2항).

제 4 절 민사소송법의 연혁

Ⅰ. 민사소송법 제정 전

(1) 우리나라 민사소송법의 기원은 알려져 있지 않지만, 조선시대의 소송제도부터는 경국대전 중심으로 독자적 법전을 편찬하여 많이 알려져 있다. 그 당시 소송은 오늘날의 형사소송에 해당하는 옥송(獄訟)과 민사소송의 성격을 가진 사송(詞訟)으로 구별되어 있있

다. 그때는 농경사회로 재산적 가치가 있는 토지와 노비 중심의 경제사회였으므로 주로 전토송(田土訟)·전택송(田宅訟)·노비송(奴婢訟)·채송(債訟) 등이 사송의 중심을 이루었다. 재판제도가 오늘날에 비하면 불비한 것이 많았으나 현존하는 판결문을 보면 당시의 사송이 현대의 기준으로 보아도 손색이 없을 만큼 합리적으로 이루어졌음을 알 수 있다.

(2) 그러나 이러한 고유의 전통은 갑오개혁을 기점으로 하여 19세기 후반 20세기 초반에 들어오면서 단절되고 말았다. 1894년에 재판소구성법을 제정하면서 사법제도의 근대화를 위한 시도를 했으나 미처 체제를 갖추기 전에 일본의 강점기 아래에 들어가 일본법을 받아들이게 되었다. 그리하여 1912년의 '조선민사령'에 의해 일본 민사소송법이 부분적으로 수정되어 시행되었고, 이것이 8·15해방 후에도 '미군정법령' 제21호로 그대로 효력을 가졌으며, 대한민국 헌법 제정 이후에도 당시 헌법 제100조에 의해 역시 효력을 유지했다.

II. 민사소송법의 제정과 개정

1. 제정부터 2002년 개정 전까지

(1) 대한민국의 독자적인 민사소송법은 1960년 4월에 제정되어 같은 해 7월 1일부터 시행되었다. 이 법률은 대체로 의용민사소송법을 바탕으로 한 것으로 일본 민사소송법을 통해 독일 민사소송법을 계수한 것으로 볼 수 있다. 그 뒤 1961년, 1963년에 소규모의 개정이 있었고, 1990년, 1994년에도 개정이 있었다.

(2) 본법의 개정 이외에도 1961년의 '민사소송에 관한 임시조치법', 1970년의 '간이절차에 의한 민사분쟁사건처리특례법', 1973년의 '소액사건심판법', 1981년의 '소송촉진 등에 관한 특례법' 등의 제정으로 민사소송법이 대폭적으로 개정되었다.

2. 2002년 개정

가. 체제면

2002년에 가장 광범위한 개정이 있었는데, 조문의 배열순서부터 전부 바꾼 전문개정의 입법이다. 이를 신민사소송법으로 칭하기도 한다. 전면 한글화를 하여 표제까지도 한글로 바꾸었고, 법률용어도 왜색표현을 줄이고 이해하기 쉬운 우리 표현으로 대폭 바꾸었다. 그리고 가압류·가처분절차와 강제집행절차를 민사집행법이라는 단행법으로 묶어 민사소송법으로부터 분리하였다. 민사소송의 구체적인 내용은 대법원규칙으로 대폭 위임하였다.

나. 내용면

(1) 변론의 효율과 집중을 위하여 변론준비절차의 강화, 적시제출주의의 채택과 재정기간제도의 신설, 1회적 변론기일실시의 노력과 증인 등에 대한 변론기일에서의 집중신문제의 채택, 피고의 답변서제출의무와 무변론판결제도의 신설이 있다.

(2) 증거조사의 충실화를 위하여 문서제출의무의 확대와 문서정보공개제도 등 문서제출명령제도의 보완, 증인불출석의 경우 감치제도의 신설, 교호신문제도의 보완 및 변론준비절차에서 정리된 쟁점에 집중하여 증인 등 신문, 당사자신문의 보충성 폐지, 준문서 및 신종증거를 그 밖의 증거방법으로 독립화하였다.

(3) 송달제도 측면에서는 송달함송달제, 간이기일통지방식, 근무지송달 및 근무지의 보충송달제 등의 채택, 공시송달의 현대화, 송달보고서의 전산화로 개정하였다.

(4) 변론조서작성의 개량과 현대화를 위해 조서기재생략의 적절화, 조서에 갈음하는 녹음·속기의 활성화, 법원사무관 등의 기일참여배제, 소송기록의 열람제한제 등을 신설하였다.

(5) 대리인제도와 다수당사자소송제도의 개선을 위해 변호사대리원칙의 조정·정비, 예비적·선택적 공동소송제와 그 공동소송인의 추가제, 공동소송적보조참가의 명시, 편면적 독립당사자참가의 허용, 보조참가제도의 남용방지책을 신설하였다.

(6) 소송절차의 종료와 관련하여 서면에 의한 청구의 포기·인낙, 서면화해제도의 채택과 화해권고결정제도, 판결이유의 간이화, 외국판결승인요건의 개선, 판결서부기제도의 폐지, 정기금판결에 대한 변경의 소를 신설하였다.

(7) 상소심 절차 등에서는 가집행선고에 대한 독립상소 불허, 상고심에서의 참고인진술제, 특별항고이유의 축소, 재심사유에 대한 중간판결제 등을 신설하였다.

3. 2002년 후의 개정

2005년 법원조직법의 개정으로 사법보좌관제도가 도입되었고, 집단소송제도와 관련하여 2004년 증권관련 집단소송법의 제정, 2006년 소비자기본법의 제정으로 소비자단체소송의 도입, 그리고 2011년 개인정보보호법 개정에서 개인정보 단체소송이 도입되었다. 그리고 2007년 두 차례 개정이 있었는데, 확정된 재판기록에 대한 일반인 열람제도와 전문심리위원제를 도입하였다. 아울러 2008년 개정법률에서 변론기일중심제로 돌아갔으며,

2010년 민사소송 등에서의 전자문서 이용 등에 관한 법률이 제정되어 전자소송이 도입되었다. 최근에도 소액사건의 상한을 3,000만 원으로 인상, 원격영상재판의 도입, 단독판사와 합의부의 사물관할 기준 소가를 2억 원에서 5억 원으로 인상, 사건미확정판결의 일반공개, 소권남용에 대한 과태료 제재, 위해의 우려가 있는 경우 소송기록 열람 시 비공개 보호조치, 항소이유서의 제출 강제 등 크고 작은 개정이 있었다.

Ⅲ. 앞으로의 과제

과거의 전통적인 민사소송법으로는 해결하기 어려운 문제들이 새롭게 등장했다. 공해, 제조물의 하자 등 집단적인 피해가 빈번히 발생해 다수인이 당사자가 되는 소송을 규율하기 위한 적절한 제도를 마련하는 것이 절실하게 되었다. 그리고 위와 같은 소송 이외에도 의료사고 등에 있어서 전통적인 증명책임의 분배 때문에 증명하기가 곤란한 피해자들이 구제받지 못하는 문제점도 등장했다. 그래서 증거법 분야에서 이들의 증명부담을 경감시키려는 새로운 이론들이 등장하고 있다. 그리고 엄격한 절차에 따르고 법률상의 관점에서만 진행되는 민사소송으로는 당사자들의 불만을 충분히 해소하기 어렵다는 반성적 고려 하에 근래 외국에서 화해·조정·중재 등 재판 외 분쟁해결절차에 관한 연구가 활발하게 진행되고 있으며 우리나라에서도 이에 관한 논의가 시작되었다. 또한 우리나라의 대외관계가 활발해짐에 따라 국제적 분쟁이 다수 발생해 국제민사소송법이 새로운 분야로 중요성을 더해가고 있다. 따라서 민사소송법은 이러한 시대적 과제에 대응하기 위하여 앞으로 구조적인 입법개선이 요구되고 있는 실정이다.

제 2 편

소송의 주체

제1장

법 원

제 1 절 민사재판권

Ⅰ. 민사재판권의 의의

재판권은 재판절차에 의하여 법적 분쟁을 처리하는 국가권력을 말한다. 재판권은 크게 형사재판권, 민사재판권, 헌법재판권으로 나눌 수 있는데, 헌법재판권은 주로 헌법재판소의 관할권에 속하지만, 민사·형사재판권은 일반법원의 관할권에 속한다. 그중 민사재판권은 민사사건에 대한 재판을 할 수 있는 국가의 권능을 가리키며, 다툼이 있는 일정한 사법상 권리 또는 법률관계에 관한 판결, 강제집행, 보전처분(가압류·가처분) 등을 행하는 국가권력을 말한다.

Ⅱ. 민사재판권의 범위와 한계

민사재판권의 범위는 누구에게(대인적), 어떠한 사건에(대물적), 어느 장소에서(장소적) 행사할 수 있는가를 기준으로 획정할 수 있다.

1. 인적 범위

가. 원 칙

민사재판권은 국적을 불문하고 우리나라에 거주하는 모든 사람에게 미친다. 국가의 영토고권 때문이다.

나. 예 외

(1) 국제법상 원칙에 의하여 면책특권이 인정되는 자, 즉 치외법권자에게는 우리나라 법원의 재판권이 미치지 않는다. 외교사절단의 구성원과 그 가족(외교관계에 관한 비엔나 협약 제31조 제1항 본문), 영사관원과 그 사무직원(같은 협약 제43조 제1항), 외국의 원수·수행원 및 그 가족을 예로 들 수 있다.

(2) 이와 관련하여 외국국가에 대해서도 항상 국내의 재판권이 미치지 않는지 문제된다. 판례는 ① 우리나라의 영토 내에서 행하여진 외국의 사법적(私法的) 행위가 주권적 활동에 속하는 것이거나 이와 밀접한 관련이 있어서 이에 대한 재판권의 행사가 외국의 주권적 활동에 대한 부당한 간섭이 될 우려가 있다는 등의 특별한 사정이 없는 한, 외국의 사법적 행위에 대하여는 당해 국가를 피고로 하여 우리나라의 법원이 재판권을 행사할 수 있다고 판시하여 제한적 주권면책이론(상대적 면제주의)을 채택하였다.[1] ② 다만 외국을 제3채무자로 하는 채권압류 및 추심명령에 대한 재판권 행사는 해당 국가가 채무에 대하여 우리나라 법원의 강제집행의 대상이 될 수 있다는 점에 대하여 명시적으로 동의하였거나, 재판권 면제주장을 포기한 것으로 볼 수 있는 경우 등에 한하여 가능하고, 이는 추심금소송의 경우에도 마찬가지라고 하였다.[2] 판결과 집행은 별개의 절차이며, 이 경우 채권자와 제3채무자 사이에는 아무런 사법적 계약관계가 없음을 고려한 것으로 볼 수 있다.

판 례 **상대적 면제주의(대법원 1998. 12. 17. 선고 97다39216 전원합의체 판결)**

[1] 국제관습법에 의하면 국가의 주권적 행위는 다른 국가의 재판권으로부터 면제되는 것이 원칙이라 할 것이나, 국가의 사법적 행위까지 다른 국가의 재판권으로부터 면제된다는 것이 오늘날의 국제법이나 국제관례라고 할 수 없다.

[2] 우리나라의 영토 내에서 행하여진 외국의 사법적 행위가 주권적 활동에 속하는 것이거나 이와 밀접한 관련이 있어서 이에 대한 재판권의 행사가 외국의 주권적 활동에 대한 부당한 간섭이 될 우려가 있다는 등의 특별한 사정이 없는 한, 외국의 사법적 행위에 대하여는 당해 국가를 피고로 하여 우리나라의 법원

---

1) 대법원 1998. 12. 17. 선고 97다39216 전원합의체 판결. 최근 판례는, 외국국가(몽골)가 토지와 건물을 소유하여 공관(주한몽골대사관)으로 사용하고 있는데, 그 토지와 건물이 연접한 A토지를 침범한다고 하여 A토지의 소유자가 몽골을 상대로 건물 중 경계침범부분의 철거, 계쟁토지의 인도 및 차임상당의 부당이득반환청구를 한 사안에서, 상대적 면제주의를 논거로 들며, 위 청구 중 건물철거, 부지인도 부분은 외교공관의 직무 수행에 직·간접적으로 영향을 미쳐서 주권적 활동과 관련성이 있으므로 우리나라 법원의 재판권이 없다고 하였으나, 부당이득반환청구 부분은 외교공관의 직무 수행을 방해할 우려가 있다고 볼 수 없다고 하였다(대법원 2023. 4. 27. 선고 2019다247903 판결).

2) 대법원 2011. 12. 13. 선고 2009다16766 판결.

이 재판권을 행사할 수 있다.

☞ 미합중국 산하 기관에 고용되어 미군 2사단 소재 캠프 케이시에서 근무하던 원고가 1992. 11. 8. 정당한 이유 없이 해고되었다고 주장하며 미합중국을 피고로 하여 위 해고무효확인 및 해고된 날부터 복직될 때까지의 임금의 지급을 구한 사안.

판 례 **제3채무자를 미국으로 하는 압류 및 추심명령, 추심금소송(대법원 2011. 12. 13. 선고 2009다16766 판결)**

(전략) 이와 같이 채권압류 및 추심명령은 제3채무자 소유의 재산에 대한 집행이 아니고, 제3채무자는 집행 당사자가 아님에도 채권압류 및 추심명령이 있으면 지급금지명령, 추심명령 등 집행법원 강제력 행사의 직접적인 상대방이 되어 이에 복종하게 된다. 이와 같은 점을 고려하면 제3채무자를 외국으로 하는 채권압류 및 추심명령에 대한 재판권 행사는 외국을 피고로 하는 판결절차의 재판권 행사보다 더욱 신중히 행사될 것이 요구된다. 더구나 채권압류 및 추심명령이 제3채무자에 대한 집행권원이 아니라 집행채권자의 채무자에 대한 집행권원만으로 일방적으로 발령되는 것인 점을 고려하면 더욱 그러하다. 따라서 피압류채권이 외국의 사법적 행위를 원인으로 하여 발생한 것이고 그 사법적 행위에 대하여 해당 국가를 피고로 하여 우리나라 법원이 재판권을 행사할 수 있다고 하더라도, 피압류채권의 당사자가 아닌 집행채권자가 해당 국가를 제3채무자로 한 압류 및 추심명령을 신청하는 경우, 우리나라 법원은, 해당 국가가 국제협약, 중재합의, 서면계약, 법정에서 진술 등의 방법으로 사법적 행위로 부담하는 국가의 채무에 대하여 압류 기타 우리나라 법원에 의하여 명하여지는 강제집행의 대상이 될 수 있다는 점에 대하여 명시적으로 동의하였거나, 우리나라 내에 그 채무의 지급을 위한 재산을 따로 할당해 두는 등 우리나라 법원의 압류 등 강제조치에 대하여 재판권 면제 주장을 포기한 것으로 볼 수 있는 경우 등에 한하여 해당 국가를 제3채무자로 하는 채권압류 및 추심명령을 발령할 재판권을 가진다고 볼 것이다. 그리고 이와 같이 우리나라 법원이 외국을 제3채무자로 하는 추심명령에 대하여 재판권을 행사할 수 있는 경우에는 그 추심명령에 기하여 외국을 피고로 하는 추심금 소송에 대하여도 역시 재판권을 행사할 수 있다고 할 것이고, 반면 추심명령에 대한 재판권이 인정되지 않는 경우에는 추심금 소송에 대한 재판권 역시 인정되지 않는다고 보아야 한다.

☞ 주한미군에 근무하는 甲의 채권자 乙이 우리나라 법원에서 제3채무자를 미국으로 하여 임금 등에 대해 압류 및 추심명령을 받은 후 추심금소송을 한 사안에서, 대법원은 우리나라 법원이 추심금소송에 대한 재판권을 가지지 않고, 위 압류 및 추심명령도 재판권 없는 법원이 발령한 것으로 무효라고 보았음.

(3) 주한미군에 대한 우리나라 재판권의 경우, '대한민국과 아메리카합중국 간의 상호방위조약 제4조에 의한 시설과 구역 및 대한민국에서의 합중국군대의 지위에 관한 협정(SOFA)', 즉 한미행정협정 제23조에서 주한미군의 구성원 및 내국인 아닌 고용원의 공무집행 중의 불법행위에 관하여서는 우리나라 법원의 민사재판권이 면제된다고 규정하고 있다. 따라서 주한미군의 공무상의 불법행위로 인해 피해를 입은 우리나라 사람은 국가배상법에 따라 대한민국을 피고로 하여 소제기하여야 하는데, 이때 대한민국이 법정소송담당(갈음형)으로서 소송수행을 하는 것이다. 만약 주한미군 등의 공무집행과 관련 없는 불법

행위로 인해 피해를 입은 경우는 한미행정협정 제23조 제5항 및 제10항에 의하여 우리나라 법원의 민사재판권이 미친다.

다. 재판권 배제의 효력

치외법권자에 대하여는 증인·감정인 출석도 불가하며(외교관계에 관한 비엔나협약 제31조 제2항), 강제집행 및 보전처분도 허용되지 않는다(같은 협약 제31조 제3항). 그러나 치외법권자가 피고가 되는 경우 즉 치외법권자에 대한 제소만 허용되지 않을 뿐, 치외법권자 스스로가 소를 제기하는 것은 무방하다.[3] 그리고 치외법권자가 원고가 되어 먼저 소를 제기한 경우에는 그 뒤의 부수소송 혹은 방어소송에 있어서는 치외법권자가 피고로 될 수 있다(같은 협약 제32조 제3항).

2. 물적 범위: 국제재판관할권

가. 의의 및 구별개념

(1) 소송당사자의 일방 또는 쌍방이 외국인이거나, 외국에 주소를 두고 있거나, 소송물이 외국과 관련된 경우 어느 나라 법원이 당해사건을 재판해야 하는가의 문제를 일컫는다. 즉 재판권의 문제이지 관할권의 문제가 아님을 주의할 필요가 있다. 국내 민사재판권이 만일 어느 사건에서나 무제한 미친다면 외국재판권을 무시하는 결과가 되고 국내법원으로서도 무익하게 재판권을 행사하는 결과가 발생할 수 있으므로, 국내법원과 외국법원의 재판관할권의 한계를 설정할 필요가 있다.

(2) 섭외 소송 당사자로서는 우리나라 법원에서 재판할 수 있는지 아니면 외국법원에서 재판해야 하는지 관심이 클 수밖에 없는데, 이는 섭외적 민사사건에 대하여 어느 나라 소송법을 적용할 것인가(법정지법)의 문제, 어느 나라의 실체법을 적용할 것인가(준거법)의 문제와는 구별되어야 한다.

나. 국제재판관할권 결정의 기준

(1) 국제재판관할 합의가 있는 경우

국내법원 외에 외국법원을 관할법원으로 부가하는 이른바 '부가적 합의'는 유효하다는데 별 문제가 없다. 다만, 국내법원의 재판권을 전면적으로 배제하고, 외국법원만을 관할법원으로 하기로 하는 이른바 '전속적 합의'가 유효하기 위해서 판례는 ⅰ) 당해사건이

3) 회사가 외국법인으로서 우리나라에 지점이나 대리점의 등록을 하고 있지 아니하더라도 그 외국법인이 우리나라의 재판권에 복종할 의사로 우리나라 법원에 소제기를 한 이상 그 소는 적법하다고 본 판례가 있다(대법원 1978. 2. 14. 선고 77다2310 판결).

대한민국 법원의 전속관할에 속하지 아니하고, ii) 지정된 외국법원이 그 외국법상 당해 사건에 대하여 관할권을 가져야 하며, iii) 당해사건이 그 외국법원에 대하여 합리적 관련성을 가져야 하고, iv) 합의가 현저하게 불합리하고 불공정하여 공서양속에 반해서는 아니 된다고 하였다.[4] 위와 반대의 상황, 즉 외국법원의 재판권을 배제하고 우리나라 법원에만 재판권을 인정하는 전속적 합의의 유효성과 관련하여서도 판례는 위에서 살펴본 것과 대체로 같은 요건을 갖출 것을 요하고 있다.[5]

판 례 **외국법원으로의 전속적 합의의 유효성(대법원 1997. 9. 9. 선고 96다20093 판결)**

대한민국 법원의 관할을 배제하고 외국의 법원을 관할법원으로 하는 전속적인 국제관할의 합의가 유효하기 위하여는, 당해 사건이 대한민국 법원의 전속관할에 속하지 아니하고, 지정된 외국법원이 그 외국법상 당해 사건에 대하여 관할권을 가져야 하는 외에, 당해 사건이 그 외국법원에 대하여 합리적인 관련성을 가질 것이 요구된다고 할 것이고, 한편 전속적인 관할 합의가 현저하게 불합리하고 불공정한 경우에는 그 관할 합의는 공서양속에 반하는 법률행위에 해당하는 점에서도 무효이다.

☞ 대한민국 법인 간의 뉴욕주 법원의 전속적 합의에 대하여, 원·피고 모두 대한민국 법인인 점, 운송물의 목적지는 텍사스주로서 뉴욕주와는 전혀 관련이 없는 점, 이 사건 심리에 중요한 증거방법은 모두 대한민국 내에 있는 한국인 증인들과 문서들인 점, 운송인의 책임에 관한 미합중국의 법이 대한민국의 법보다 운송인(피고)에게 유리하다고 볼 수 없는 점, 이 사건 소가가 극히 소액인 점 등에 비추어, 뉴욕주 법원에서 소송수행하는 것이 피고에게도 불편할 뿐이므로 합리적 관련성을 부정하여 위 전속적 합의를 무효로 본 사안.

(2) 국제재판관할 합의가 없는 경우

합의가 없더라도 당사자가 우리나라 법원의 재판에 복종할 의사가 있는 경우(변론관할)에는 우리나라 법원에 재판권이 생기게 된다.[6]

판 례 **변론관할에 의한 재판관할권 발생(대법원 2014. 4. 10. 선고 2012다7571 판결)**

일본국에 주소를 둔 재외동포 甲이 일본국에 주소를 둔 재외동포 乙을 상대로 3건의 대여금채무에 대한 변제를 구하는 소를 대한민국 법원에 제기한 사안에서, 3건의 대여금 청구 중 2건은 분쟁이 된 사안과 대한민국 사이에 실질적 관련성이 있어 대한민국 법원에 국제재판관할권이 인정되고, 나머지 1건도 당사자 또는 분쟁이 된 사안과 법정지인 대한민국 사이에 실질적 관련성이 있다고 볼 수는 없지만 변론관할에 의하여 대한민국 법원에 국제재판관할권이 생겼다고 봄이 타당하다.

---

4) 대법원 1997. 9. 9. 선고 96다20093 판결; 대법원 2010. 8. 26. 선고 2010다28185 판결.
5) 대법원 2011. 4. 28. 선고 2009다19093 판결.
6) 대법원 2014. 4. 10. 선고 2012다7571 판결.

그러나 그 외의 경우에 국제재판관할권의 결정 기준에 대해 견해의 대립이 있어왔다. ① 역추지설(토지관할규정유추설)은 국내 민사소송법의 토지관할규정을 기준으로 그로부터 역으로 파악하여 국제재판관할권의 유무를 정하는 견해이다. ② 관할배분설(조리설)은 적정·공평·신속이라는 민사소송의 이념을 고려하여 조리에 따라 결정하여야 한다는 견해이다.[7] ③ 수정역추지설은 원칙적으로는 국내 민사소송법의 토지관할규정을 참작하여 국제재판관할권의 유무를 정하되, 다만 이 기준에 의할 때 우리나라에서 재판하는 것이 부당한 '특단의 사정'이 있을 때에는 관할배분설에 의한다는 입장이다.[8] 이 견해를 취한 판례도 있었다.[9]

판 례 **수정역추지설(대법원 2000. 6. 9. 선고 98다35037 판결)**

섭외사건에 관하여 국내의 재판관할을 인정할지의 여부는 국제재판관할에 관하여 조약이나 일반적으로 승인된 국제법상의 원칙이 아직 확립되어 있지 않고 이에 관한 우리나라의 성문법규도 없는 이상 결국 당사자 간의 공평, 재판의 적정, 신속을 기한다는 기본이념에 따라 조리에 의하여 이를 결정함이 상당하다 할 것이고, 이 경우 우리나라의 민사소송법의 토지관할에 관한 규정 또한 위 기본이념에 따라 제정된 것이므로 기본적으로 위 규정에 의한 재판적이 국내에 있을 때에는 섭외사건에 관한 소송에 관하여도 우리나라에 재판관할권이 있다고 인정함이 상당하다고 할 것이다. 다만 증거수집의 용이성이나 소송수행의 부담 정도 등 구체적인 제반 사정을 고려하여 그 응소를 강제하는 것이 민사소송의 이념에 비추어 보아 심히 부당한 결과에 이르게 되는 특별한 사정이 없는 한, 원칙적으로 우리 법원의 관할권을 인정하는 것이 조리에 맞는다.

(가) 입법적 해결: 실질적 관련성의 원칙

국제사법[10] 제2조 제1항은 "법원은 당사자 또는 분쟁이 된 사안이 대한민국과 실질적 관련이 있는 경우에 국제재판관할권을 가진다. 이 경우 법원은 실질적 관련의 유무를 판단함에 있어 국제재판관할 배분의 이념에 부합하는 합리적인 원칙에 따라야 한다"고 규정하고, 이어 제2항에서 "법원은 국내법의 관할 규정을 참작하여 국제재판관할권의 유무를 판단하되, 제1항의 규정의 취지에 비추어 국제재판관할의 특수성을 충분히 고려하여야 한다"고 규정하고 있다.

판례는 위 규정에서 실질적 관련은 대한민국 법원이 재판관할권을 행사하는 것을 정당화할 정도로 당사자 또는 분쟁이 된 사안과 관련성이 있다는 것을 뜻하는데, 이를 판단할 때에는 당사자의 공평, 재판의 적정, 신속과 경제 등 국제재판관할 배분의 이념에 부합

7) 강현중, 135면; 정동윤/유병현/김경욱, 128면; 정영환, 177면.
8) 이시윤, 62면.
9) 대법원 1992. 7. 28. 선고 91다41897 판결; 대법원 2000. 6. 9. 선고 98다35037 판결.
10) 구 섭외사법이었으나, 2001. 4. 7. 법률 제6465호로 전부개정되어, 2001. 7. 1.부터 시행되었다.

하는 합리적인 원칙에 따라야 하고, 구체적으로 당사자의 공평, 편의, 예측가능성과 같은 개인적인 이익뿐만 아니라, 재판의 적정, 신속, 효율, 판결의 실효성과 같은 법원이나 국가의 이익도 함께 고려하여야 하며, 이처럼 다양한 이익 중 어떠한 이익을 보호할 필요가 있을지는 개별 사건에서 실질적 관련성 유무를 합리적으로 판단하여 결정하여야 한다고 하였고,[11] 위 규정은 가사사건에도 적용되는데, 특히 가사사건에서는 가족제도와 사회질서의 유지 등 공적가치를 가지는 요소에 대한 배려도 필요하다고 하였다.[12]

판 례 **우리나라의 국제재판관할권이 인정된 사례**

① 김해공항 인근 중국항공기 추락사고 손해배상청구 사건(대법원 2010. 7. 15. 선고 2010다18355 판결)

☞ 2002년 김해공항 인근에서 발생한 중국항공기 추락사고로 사망한 중국인 승무원의 유가족이 중국항공사를 상대로 대한민국 법원에 손해배상청구소송을 제기한 사안에서, 민사소송법상 토지관할권, 소송당사자들의 개인적인 이익, 법원의 이익, 다른 피해유가족들과의 형평성 등에 비추어 위 소송은 대한민국과 실질적 관련이 있다고 보기에 충분하므로, 대한민국 법원의 국제재판관할권을 인정한 사례.

② 일제강점기 강제징용자 손해배상청구 사건(대법원 2012. 5. 24. 선고 2009다22549 판결)

☞ 일제강점기에 국민징용령에 의하여 강제징용되어 일본국 회사인 미쓰비시중공업 주식회사(이하 '구 미쓰비시'라고 한다)에서 강제노동에 종사한 대한민국 국민 甲 등이 구 미쓰비시가 해산된 후 새로이 설립된 미쓰비시중공업 주식회사(이하 '미쓰비시'라고 한다)를 상대로 국제법 위반 및 불법행위를 이유로 한 손해배상과 미지급 임금의 지급을 구한 사안에서, 미쓰비시가 일본법에 의하여 설립된 일본 법인으로서 주된 사무소를 일본국 내에 두고 있으나 대한민국 내 업무 진행을 위한 연락사무소가 소 제기 당시 대한민국 내에 존재하고 있었던 점, 대한민국은 구 미쓰비시가 일본국과 함께 甲 등을 강제징용한 후 강제노동을 시킨 일련의 불법행위 중 일부가 이루어진 불법행위지인 점, 피해자인 甲 등이 모두 대한민국에 거주하고 있고 사안의 내용이 대한민국의 역사 및 정치적 변동 상황 등과 밀접한 관계가 있는 점, 甲 등의 불법행위로 인한 손해배상청구와 미지급임금 지급청구 사이에는 객관적 관련성이 인정되는 점 등에 비추어 대한민국은 사건 당사자 및 분쟁이 된 사안과 실질적 관련성이 있다는 이유로, 대한민국 법원의 국제재판관할권을 인정한 사례.

③ 베트남 참전군인 고엽제 손해배상청구 사건(대법원 2013. 7. 12. 선고 2006다17539 판결)

☞ 甲 등 베트남전 참전군인들이 乙 외국법인 등에 의해 제조되어 베트남전에서 살포된 고엽제 때문에 염소성여드름 등 각종 질병이 발생하였다며 乙 법인 등을 상대로 제조물책임 등에 따른 손해배상을 구한 사안에서, 선정자들은 베트남전 동안 우리나라 군대의 구성원으로 베트남에 파병되어 복무한 베트남전 참전군인들 또는 그 유족들로서 모두 국내에 거주하는 우리나라 국민인 점, 선정자들은 베트남전 동안 복무지역에 살포된 고엽제에 노출되어 귀국한 후 우리나라에서 질병이 발생하였다고 주장하며 그 당시 고엽제를 제조, 판매한 피고들을 상대로 제조물책임을 묻는 이 사건 소를 제기한 점, 피고들은 우리나라 군인들이 베트남전에 참전하는 사실을 알고 있었으므로 베트남에서 살포된 고엽제에 노출된 우리나라 군인

11) 대법원 2019. 6. 13. 선고 2016다33752 판결.

12) 대법원 2021. 10. 28. 선고 2019므15425 판결.

들이 귀국한 후 질병이 발생할 경우 우리나라에서 피고들을 상대로 제조물책임을 묻는 소를 제기할 수 있음을 충분히 예견할 수 있었던 점, 베트남전 참전군인들의 베트남전 복무 및 그 발생 질병에 관한 자료들이 모두 우리나라에 있고 피고들이 우리말로 번역하여야 한다고 주장하는 외국 자료의 분량에 비하여 월등히 많으며, 손해액 산정에 필요한 자료 또한 우리나라에서 수집하는 것이 편리한 점, 우리나라는 베트남전 참전국가로서 참전 중의 행위로 발생한 우리나라 군대 구성원의 질병에 관한 분쟁에 관하여 정당한 이익이 있는 점 등 여러 사정을 참작하여, 분쟁이 된 사안의 손해발생지 겸 당사자의 생활근거지인 우리나라는 이 사건의 사안 및 당사자와 실질적 관련성이 있으므로, 대한민국 법원의 국제재판관할권을 인정한 사례.

(나) 구체적 기준

1) 우리나라와 실질적 관련이 있어도 국제재판관할권이 부인되는 경우

① 외국소재 부동산에 관한 소송, ② 외국의 국적확인, 국내에 없는 권리에 관한 소송 등 외국의 권리에만 관련된 소송, ③ 피고의 주소가 국내에 없는 외국인 상호간의 이혼사건 등 가사사건13)

판 례 **외국인 간의 가사사건(대법원 1994. 2. 21.자 92스26 결정)**

가. 외국인 간의 가사사건에 관하여 우리나라의 법원에 재판관할권이 있는지 여부는, 우리나라 가사소송법상의 국내토지관할에 관한 규정을 기초로 외국인 사이의 소송에서 생기는 특성을 참작하면서 당사자 간의 공평과 함께 소송절차의 적정하고 원활한 운영과 소송경제 등을 고려하여 조리와 정의관념에 의하여 이를 결정하여야 할 것이다.

나. 외국에서 이혼 및 출생자에 대한 양육자지정의 재판이 선고된 외국인 부부 사이의 출생자에 관하여 부부 중 일방인 청구인이 상대방을 상대로 친권을 행사할 자 및 양육자의 변경심판을 청구하고 있는 사건에 있어서, 우리나라의 법원이 재판권을 행사하기 위하여는, 상대방이 우리나라에 주소를 가지고 있을 것을 요하는 것이 원칙이고, 그렇지 않는 한 상대방이 행방불명 또는 이에 준하는 사정이 있거나 상대방이 적극적으로 응소하고 있는 등의 예외적인 경우를 제외하고는, 우리나라의 법원에 재판관할권이 없다고 해석하는 것이 상당하다.

2) 예외적으로 국내법원에 국제재판관할을 인정하여야 할 경우(긴급·보충관할)

외국의 어느 법원에서도 사법적 구제를 받을 수 없는 경우나 외국판결을 받아도 우리나라에서 그 효력을 승인받기 어렵고 외국에서 집행할 수 없을 때 우리나라의 국제재판관할권을 인정할 수 있다.14)

---

13) 대법원 1975. 7. 22. 선고 74므22 판결; 대법원 1994. 2. 21.자 92스26 결정.
14) 대법원 2008. 5. 29. 선고 2006다71908, 71915 판결.

판 례 **긴급·보충관할(대법원 2008. 5. 29. 선고 2006다71908, 71915 판결)**

대한민국 회사가 일본 회사에게 러시아에서 선적한 냉동청어를 중국에서 인도하기로 하고 그 대금은 선적 당시의 임시 검품 결과에 따라 임시로 정하여 지급하되 인도지에서 최종 검품을 하여 최종 가격을 정한 후 위 임시가격과의 차액을 정산하기로 한 매매계약에서, 그 차액 정산에 관한 분쟁은 최종 검품 여부 및 그 결과가 주로 문제되므로 인도지인 중국 법원이 분쟁이 된 사안과 가장 실질적 관련이 있는 법원이나, 대한민국 법원에도 당사자 또는 분쟁이 된 사안과 실질적 관련이 있어 국제재판관할권을 인정할 수 있다고 한 사례.

☞ 소위 청어알 사건이다. 사안과 가장 실질적 관련성이 있는 중국 법원이 당사자 간의 소를 각하하였고, 직접 증거인 청어가 더 이상 존재하지 않으며, 피고가 청어를 인도받고 처분한 후 약 5년이 경과하여 이제 와서 대한민국 법원의 국제재판관할을 부정한다면 당사자의 권리구제를 도외시하는 결과를 야기할 수 있는 점을 고려하여 우리나라 법원에 국제재판관할권을 인정한 사례.

다. 국제적 중복소송

(1) 과거 견해의 대립

외국법원에서 계속 중인 사건과 동일한 청구를 다시 국내법원에 제기한 경우, 후소가 중복소송으로 부적법하게 되는가의 문제이다. 이에 대하여 ① 외국법원과 국내법원을 분리하여, 외국법원에 계속 중이더라도 이는 국내법원의 소송계속에 해당되지 아니하므로, 후소는 중복소송에 해당하지 않고 적법하다는 견해(규제소극설),[15] ② 그 외국법원의 판결이 장차 제217조에 의해 우리나라에서 승인을 받을 가능성이 예측되는 경우에는 소송계속이 있는 것으로 보아 동일사건에 대해 다시 국내법원에 소제기한 경우 중복소송으로 각하하여야 한다는 견해(승인예측설),[16] ③ 외국과 우리나라 중 적절한 법정지를 사안별로 비교형량하여 결정해야 하므로, 만약 외국법원이 보다 적절함에도 불구하고 국내법원에 소를 제기하면 중복소송이 된다는 견해(비교형량설)의 대립이 있었다.[17]

(2) 입법적 해결: 개정 국제사법 제11조

개정 국제사법[18]은 예외를 인정한 승인예측설에 따라 직접 규정하였다. 즉 소를 제기한 때를 기준으로 소의 선후(先後)를 정하여(제5항), 외국법원에 계속 중인 사건과 동일한 소가 국내법원에 제기된 경우 외국법원의 재판이 대한민국에서 승인될 것으로 예상되는

---

15) 정동윤/유병현/김경욱, 329면.

16) 김홍엽, 370면.

17) "외국법원에 소가 제기되어 있는 경우 그 외국법원의 판결이 장차 민사소송법 제217조에 의하여 승인받을 가능성이 예측되는 때에는 민사소송법 제259조에서 정한 소송계속으로 보아야 할 것이므로, 이와 동일한 사건에 대하여 우리나라 법원에 제소한다면 중복제소에 해당하여 부적법하다"고 판시하여, 승인예측설을 따른 하급심 판례가 존재하였다(부산지방법원 2007. 2. 2. 선고 2000가합7960 판결).

18) 2022. 1. 4. 법률 제18670호로 개정되어 2022. 7. 5.부터 시행되었다.

때에는 법원은 직권 또는 당사자의 신청에 따른 결정으로 소송절차를 중지할 수 있는데, 다만 전속적 국제재판관할의 합의에 따라 국내법원에 국제재판관할이 있거나, 국내법원에서 해당 사건을 재판하는 것이 외국법원에서 재판하는 것보다 더 적절함이 명백한 경우에는 그러하지 아니하고(제1항), 이 중지결정에 대하여 즉시항고 가능하며(제2항), 외국법원이 본안에 대한 재판을 하기 위하여 필요한 조치를 하지 아니하는 경우 또는 외국법원이 합리적인 기간 내에 본안에 관하여 재판을 선고하지 아니하거나 선고하지 아니할 것으로 예상되는 경우에 당사자의 신청이 있으면 법원은 제1항에 따라 중지된 사건의 심리를 계속할 수 있다(제4항).

3. 장소적 범위

가. 원 칙

우리 법원의 민사재판권은 국내에만 미친다. 따라서 송달, 증거조사, 집행은 외국의 주권을 침해하게 되어 그 나라에선 실시할 수 없다. 우리 법원의 이 같은 재판권행사가 외국에서 가능하려면 우리나라가 사법공조에 관한 쌍무협정이나 그 조약에 가입하는 등 외국의 동의가 필요하다.

나. 보 완

(1) 외국과의 사법공조협정이 있는 경우에는 이에 따라 송달·증거조사 촉탁을 할 수 있다. 우리나라는 1965년의 송달조약이 2000년에 발효하였고, 1970년의 헤이그 증거협약이 2010년부터 발효하였다.

(2) 외국과의 사법공조가 없는 경우 외국의 호의나 상호보증에 따라 촉탁을 할 수 있다. 외국의 호의 등이 없는 경우에는 증거조사를 할 수 없고, 송달 역시 공시송달 방법에 의할 수밖에 없다. 다만 송달에 관한 한 조약체결국이 아닌 경우에도 송달을 받을 자가 1963년 영사관계에 관한 비엔나협약에 가입한 외국거주자이며 우리 국민일 때에는 그 외국주재의 대한민국 대사·공사 또는 영사에게 촉탁할 수 있다(국제민사사법공조법 제5조 제2항).

(3) 촉탁을 할 때에는 외국으로의 촉탁을 하고자 하는 재판장이 속하는 법원의 장은 법원행정처장에게 촉탁서 기타 관계서류를 송부할 것을 요청하여야 하며(국제민사사법공조법 제6조 제1항), 법원행정처장은 외교부장관에게 제1항의 규정에 의한 촉탁서 기타 관계서류를 외교상의 경로를 통하여 제5조에 규정된 수탁기관으로 송부할 것을 의뢰하여야 한다(같은 조 제2항).

Ⅲ. 민사재판권 흠결의 효과

1. 소송요건으로서의 직권조사사항

민사소송에서 재판권의 존재는 소송요건이고 직권조사사항이다. 따라서 인적·물적 재판권의 흠결이 있으면 소는 부적법하게 된다.

2. 재판권 흠결 시 법원의 조치

재판권의 흠결이 명백한 경우는 소장부본을 송달할 수 없는 경우에 해당하여 재판장이 소장각하명령을 하여야 한다.[19] 그러나 재판권 흠결이 명백하지 않은 경우는 이에 관한 변론을 열기 위하여 법원은 소장부본을 송달하여야 하고, 변론결과 재판권의 흠결이 밝혀지면 소각하판결을 하여야 한다.

3. 재판권 흠결을 간과한 본안판결의 경우

판결확정 전에는 상소에 의하여 다툴 수 있다.[20] 판결확정 후에는 재판권 흠결이 재심사유가 아니어서 재심청구가 불가능하다. 판결이 확정되어도 기판력·집행력 등 내용상 효력이 발생하지 않으므로 당연무효의 판결이다.

제 2 절 민사법원의 종류와 구성

Ⅰ. 법원의 종류와 심급제도

1. 민사법원의 종류

통상의 재판기관으로 대법원, 고등법원, 특허법원, 지방법원, 가정법원, 행정법원, 회생법원의 7종류가 있다(법조 제3조 제1항). 이 중 대법원, 고등법원, 지방법원은 전형적인 민

---

19) 대법원 1975. 5. 23.자 74마281 결정.

20) 강현중, 146면; 김홍엽, 49면; 전원열, 106면; 정동윤/유병현/김경욱, 140면; 정영환, 199면; 한충수, 929면; 주석 민사소송법(Ⅰ), 110면.

사법원이고, 특허법원은 특허침해소송을 관할하는 한도 내에서 민사법원에 속한다.

2. 심급제도

민사법원 상호간 심급제도를 통해 계층적 질서를 이루고 있다. 소가 및 사건의 경중 등에 따라 각 심급을 담당하는 법원을 달리 규정한다. 여기서 단독사건은 소가가 5억 원 이하인 사건, 수표금·약속어음금사건, 금융기관이 원고인 대여금·구상금·보증금 청구사건, 일부 손해배상사건 등을 말하고, 합의사건은 소가가 5억 원을 초과하는 사건 및 재정합의사건 등을 말한다.[21]

구 분	1심	2심(항소심)	3심(상고심)
단독사건	지방법원·지원 단독판사	지방법원·지원 항소부	대법원
합의사건	지방법원·지원 합의부	고등법원·지부	대법원

II. 법원의 구성

1. 재판기관

(1) 협의의 법원인 재판기관은 ① 수소법원(受訴法院)으로서 소송사건을 수리·심리·판단하는 기능, ② 집행법원으로서 스스로 강제집행을 수행하는 기능, 그리고 집행관·사법보좌관의 강제집행실시에 대한 감독기능을 수행한다.

(2) 재판기관은 단독제 또는 합의제로 운영된다. 대법원과 고등법원은 항상 합의제로 운영되고, 지방법원은 단독제를 원칙으로 하면서도 합의제를 함께 운영하고 있다. 고등법원과 지방법원의 합의부는 3인의 법관으로 구성된다. 대법원은 대법관 전원의 3분의 2 이상으로 구성되는 전원합의체와, 대법관 3인 이상으로 구성되는 소부로 나뉘어 운영되고 있다.

2. 합의체

재판장과 합의부원(배석판사)으로 구성된다. 사건처리에 있어서 중요한 사항은 구성법관 과반수의 의견으로 처리한다. 합의는 공개하지 않는다(법조 제65조).

---

21) 상세는 후술 사물관할 부분 참조.

가. 재판장

재판장은 합의체의 대표기관으로서 소송지휘권, 법정경찰권, 판결의 선고 및 석명권을 행사하고 합의를 주재한다. 한편 수명법관의 지정, 각종 촉탁, 기일지정, 소장심사 및 소장각하명령, 변론준비절차의 회부와 그 진행 등은 재판장 단독으로 권한을 행사한다.

나. 수명법관과 수탁판사

① 합의체는 그 구성법관 중에서 1인을 수명법관으로 정하여 일정한 사항의 처리를 위임(화해의 권고, 법원 외에서의 증거조사, 당사자의 이의 없는 경우의 증인신문, 변론준비절차의 진행)할 수 있다. ② 수탁판사는 합의체의 기관은 아니나, 수소법원이 같은 급의 다른 법원에 일정한 재판사항의 처리를 부탁하는 경우, 그 처리를 맡은 다른 법원의 단독판사를 말한다. ③ 수명법관, 수탁판사의 재판에 대하여 불복이 있으면 수소법원에 이의할 수 있다(준항고, 제441조). 수명법관제도는 실무상 널리 활용되고 있으나, 수탁판사제도는 교통·통신의 발달로 거의 활용이 없다.

다. 주심법관

기록검토, 합의의 준비, 합의결과에 따른 판결문의 작성 등을 담당한다.

라. 합의제와 단독제의 장·단점

'여섯 개의 눈은 두 개의 눈보다 더 많이 본다'는 법언은 합의제의 장점을 뜻한다. '두 개의 어깨는 여섯 개의 어깨보다 더 무겁다'는 법언은 단독제의 책임감을 뜻하는 말이다. 이처럼 양자 간에 장단점이 있으므로 신속하고 공정한 재판을 위해 이를 조화하는 것이 필요하다 할 것이다.

Ⅲ. 법 관

1. 법관의 종류와 임명자격

법관은 대법원장, 대법관, 판사의 세 종류가 있다(법조 제5조). 법관은 일정기간 법조경력이 있는 자 중에서 임명된다(법조 제42조).

2. 법관의 독립성

재판의 적정과 공평을 보장하고 재판에 대한 국민의 신뢰를 제고하기 위해 법관의 독립성이 보장된다. 즉 법관은 헌법과 법률에 의하여 그 양심에 따라 독립하여 심판하고(물적독립, 헌법 제103조), 법관은 탄핵 또는 금고 이상의 형의 선고에 의하지 아니하고는 파면되지 아니하며, 징계처분에 의하지 아니하고는 정직·감봉 기타 불리한 처분을 받지 아니한다(인적독립, 헌법 제106조 제1항). 사건의 청탁이나 알선 등 이른바 현관예우의 처신을 하지 않고, 법관 스스로 독립성에 대한 신뢰를 침해하지 않도록 노력해야 한다.

Ⅳ. 그 외의 사법기관

1. 법원사무관등

대법원과 각급법원에 배치되어 재판의 부수사무를 처리하는 단독제 기관이다. 법원서기관·법원사무관·법원주사 또는 법원주사보를 '법원사무관등'으로 약칭한다(제40조 제2항). 변론기일의 참여 및 조서의 작성(제152조 제1항 본문), 소장 및 답변서의 적식 여부에 대한 일차적 심사, 송달사무, 집행문의 부여 등을 처리한다.

2. 사법보좌관

법원사무관·등기사무관의 직급으로 5년 이상 근무한 자, 법원주사보·등기주사보 이상의 직급으로 10년 이상 근무한 자 중에서 보직이 되는 공무원이다. 소송비용액확정절차, 독촉절차, 이행권고결정, 민사집행법상 집행에서 주요절차, 임차권등기명령 등의 사무를 담당한다.

3. 집행관

각 지방법원 및 그 지원에 배치되어 강제집행과 소송서류의 송달을 담당하는 단독제 국가기관이다. 국고로부터 봉급을 받지 않고 그 취급하는 사건의 수수료에서 수입을 충당한다.

4. 재판연구관과 재판연구원

재판연구관은 대법원장의 명을 받아 대법원에서 사건의 심리 및 재판에 관한 조사·연구 업무를 담당한다(법조 제24조). 이와 별도로 각급 법원에 재판연구원을 둘 수 있다(법조

第53조의2).

5. 전문심리위원

소송관계를 분명하게 하거나 소송절차의 원활한 진행을 위해, 의료·건설 등 전문적 지식을 요하는 소송사건에서 전문가를 전문심리위원으로 지정하여 재판부가 조언을 구하는 제도이다. 당사자의 신청 또는 직권으로 채택한다(제164조의2 제1항).

6. 변호사

변호사는 법원의 구성원은 아니지만 변호사대리의 원칙(제87조)으로 인하여 민사소송에서 중요한 역할을 담당하고 있다. 따라서 기본적 인권을 옹호하고 사회정의를 실현한다는 사명을 가지고 성실히 그 직무를 수행하며 사회질서의 유지와 법률제도의 개선에 노력하여야 한다(변호사법 제1조). 위임인의 피용자, 즉 고용된 총잡이(Hired Gunman)가 아니라 할 것이다.

7. 검찰공무원

검사가 예외적으로 직무상 당사자로 가사소송사건에 관여하는 경우가 있다(가소 제24조 제3항, 제28조, 제31조).

제 3 절 법관의 제척·기피·회피

Ⅰ. 법관의 제척

제척은 재판의 공정성을 담보하기 위하여 법관이 자기가 담당하는 구체적인 사건과 법률에 정한 특수한 관계가 있는 때에 당연히 그 사건에 관한 직무집행에서 배제되는 것을 말한다.

1. 제척의 이유

가. 제척이유 개관

제41조(제척의 이유) 법관은 다음 각호 가운데 어느 하나에 해당하면 직무집행에서 제척(除斥)된다.
1. 법관 또는 그 배우자나 배우자이었던 사람이 사건의 당사자가 되거나, 사건의 당사자와 공동권리자·공동의무자 또는 상환의무자의 관계에 있는 때
2. 법관이 당사자와 친족의 관계에 있거나 그러한 관계에 있었을 때
3. 법관이 사건에 관하여 증언이나 감정(鑑定)을 하였을 때
4. 법관이 사건당사자의 대리인이었거나 대리인이 된 때
5. 법관이 불복사건의 이전심급의 재판에 관여하였을 때. 다만, 다른 법원의 촉탁에 따라 그 직무를 수행한 경우에는 그러하지 아니하다.

(1) 법관 또는 그 배우자나 배우자였던 사람이 사건의 당사자이거나, 당사자와 공동권리자, 공동의무자 또는 상환의무자의 관계에 있는 때이다. 이때의 배우자는 법률상 배우자를 가리키며, 사실혼관계나 약혼관계는 유추적용되지 않는다. 또한 당사자라고 하면 원·피고뿐만 아니라 보조참가인, 기판력·집행력이 미칠 모든 소송관계인을 포함한다. 공동권리자·공동의무자의 관계라 함은 널리 소송의 목적이 된 권리관계에 관하여 공통되는 법률상 이해관계가 있어 재판의 공정성을 의심할 만한 사정이 존재하는 지위 관계를 말한다.[22]

판 례 공동권리자·공동의무자 관계(대법원 2010. 5. 13. 선고 2009다102254 판결)

종중 규약을 개정한 종중 총회 결의에 대한 무효확인을 구하는 소가 제기되었는데 원심 재판부를 구성한 판사 중 1인이 당해 종중의 구성원인 사안에서, 그 판사는 민사소송법 제41조 제1호에 정한 '당사자와 공동권리자·공동의무자의 관계에 있는 자'에 해당한다고 한 사례.

☞ 법원은 피고 종중의 종중원인 심△△ 판사는 이 사건 당사자인 원고들과 마찬가지로 피고 종중 규약의 내용에 따라 피고 종중 소유 재산, 기타 권리·의무 관계에 직접적인 영향을 받을 수 있는 지위에 있다고 하여, 심△△ 판사는 이 사건 소의 목적이 된 이 사건 결의의 무효 여부에 관하여 원고들과 공통되는 법률상 이해관계를 가진다고 볼 수 있다고 보았다.

(2) 법관이 당사자와 친족의 관계가 있거나 그러한 관계가 있었을 때에는 법관은 친족과의 밀접성 때문에 친족관련 사건을 재판할 수 없을 것이다. 이때 친족의 범위는 민법

22) 대법원 2010. 5. 13. 선고 2009다102254 판결.

제777조에 따른다.

(3) 법관이 사건에 관하여 증언이나 감정을 하였을 때이다. 이때의 사건이라 함은 현재 계속 중인 당해사건을 지칭한다. 이러한 사건에 관하여 법관이 개인적으로 알고 있는 지식을 당해 소송에 적용하여 재판하는 것도 불허한다.

(4) 법관이 사건당사자의 대리인이었거나 대리인이 된 때이다. 여기서 대리인은 소송대리인이든 법정대리인이든 불문한다.

(5) 법관이 불복사건의 이전심급의 재판에 관여한 때이다(이른바 전심관여). 전심관여 법관을 당해사건의 제척이유로 한 취지는 예단을 배제하고 심급제도를 유지하기 위함이다. 아래에서 상론한다.

나. 전심관여 내용

(1) '전심'은 불복신청의 대상이 된 재판, 즉 하급심재판을 가리키는 것이다.[23] 상고심에 있어서 간접적으로 불복대상이 된 제1심판결도 이에 해당한다 할 것이므로, 제1심에서의 부장판사가 후에 대법관이 된 경우도 이에 해당한다.

(2) '재판'은 직접 불복의 대상이 되어 있는 종국판결뿐 아니라 이와 더불어 상급심의 판단을 받을 중간적 재판도 포함한다.[24]

(3) '관여'는 최종변론과 판결의 합의, 종국판결과 더불어 상급심의 판단을 받는 중간적인 재판 등에 깊숙이 관여한 경우를 말하고, 최종변론 전의 변론준비·변론·증거조사, 기일지정과 같은 소송지휘, 판결의 선고에만 관여하는 것은 전심관여가 아니다.[25]

다. 전심관여가 아닌 경우

① 재심대상 재판에 관여한 법관이 당해 재심사건 재판에 관여한 경우[26]

② 가압류·가처분에 관한 재판에 관여한 법관이 본안재판에 관여한 경우

③ 집행권원이 된 본안재판에 관여한 법관이 그 집행문부여이의의 소나 집행정지신청사건에 관여하는 경우[27]

④ 본안소송의 재판장에 대한 기피신청사건의 재판에 관여한 법관이 다시 위 본안사건에 관여한 경우[28]

---

23) 대법원 1965. 5. 25. 선고 64다522 판결.
24) 대법원 1997. 6. 13. 선고 96다56115 판결.
25) 대법원 1994. 8. 12. 선고 92다23537 판결; 대법원 1997. 6. 13. 선고 96다56115 판결.
26) 대법원 1988. 5. 10. 선고 87다카1979 판결; 대법원 2000. 8. 18. 선고 2000재다87 판결.
27) 대법원 1969. 11. 4.자 69그17 결정.
28) 대법원 1991. 12. 27.자 91마631 결정.

⑤ 소송상화해에 관여한 법관이 그 화해내용에 따른 목적물의 인도소송에 관여하는 경우[29)]

⑥ 환송(이송) 전의 원심판결에 관여한 법관이 상고심에서 파기환송(이송) 후의 원심판결에 관여하는 경우[30)]

2. 제척의 판단

문제된 법관 자신과 그 소속 합의부의 직권조사사항이다. 제척이유에 해당하면 스스로 직무집행에서 물러나고 이를 조서에 기재한다. 제척이유의 유무에 관하여 의문이 있으면 당사자의 신청 또는 직권으로 제척의 재판을 한다. 제척의 효과는 재판의 유무에 관계없이 당연 발생하므로 제척재판은 형성적 성질이 아니라 확인적 성질을 갖는 것에 불과하다.

3. 제척의 효과

(1) 제척이유가 있는 법관은 법률상 당연히 그 사건에 대해 직무집행을 할 수 없다. 다만 종국판결을 선고하거나 긴급을 요하는 행위는 할 수 있고, 제척신청이 각하된 때에는 결정이 확정되기 전이라도 소송절차를 진행할 수 있다(제48조 단서).

(2) 제척이유가 있는 법관이 행한 소송행위는 본질적인 절차상의 하자가 있으므로 무효이다.[31)] 이는 판결확정 전에는 절대적 상고이유(제424조 제1항 제2호), 판결확정 후에는 재심사유(제451조 제1항 제2호)에 해당한다.

II. 법관의 기피

기피는 법률상 정해진 제척이유 이외의 재판의 공정을 기대하기 어려운 사정이 있는 경우 당사자의 신청에 따른 재판에 의하여 비로소 법관이 직무집행에서 배제되는 것을 말한다. 제척과 달리 기피의 재판은 형성적 성격을 갖는다.

---

29) 대법원 1969. 12. 9. 선고 69다1232 판결.

30) 이는 파기환송(이송) 전후 같은 심급이므로 전심관여는 아니나, 별도의 규정(제436조 제3항)에 의해 배제된다.

31) 김홍엽, 58면; 이시윤, 85면; 정동윤/유병현/김경욱, 116면; 정영환, 257면.

1. 기피이유

제43조(당사자의 기피권) ① 당사자는 법관에게 공정한 재판을 기대하기 어려운 사정이 있는 때에는 기피신청을 할 수 있다.
② 당사자가 법관을 기피할 이유가 있다는 것을 알면서도 본안에 관하여 변론하거나 변론준비기일에서 진술을 한 경우에는 기피신청을 하지 못한다.

(1) 법관에게 공정한 재판을 기대하기 어려운 객관적 사정(주관적 의혹만으로는 안 된다)이 있는 때에는 당사자는 기피신청을 할 수 있다. 기피신청의 객관적 범위는 통상인의 판단으로 법관과 사건과의 관계에서 편파적이고 불공평한 재판을 하지 않을까 하는 염려를 말한다. 주로 당사자와의 관계에서 법관이 약혼·사실혼 관계 등 애정관계, 친밀한 우정관계, 친족이 아닌 친척관계, 원한관계 등이 있는 경우와 법관이 소송대리인과 밀접한 관계가 있는 경우를 말한다. 위와 같은 의심을 가질 만한 객관적 사정이 있다면, 실제로 법관에게 편파성이 존재하지 아니하거나 헌법과 법률이 정한 바에 따라 공정한 재판을 할 수 있는 경우에도 기피가 인정될 수 있다.[32)]

판 례 **기피사유로서 객관적 사정(대법원 2019. 1. 4.자 2018스563 결정)**

헌법은 법관의 자격을 법률로 정하도록 하고 법관의 신분을 보장한다. 또한 법관은 헌법과 법률에 의하여 그 양심에 따라 독립하여 심판할 것을 규정함과 동시에 재판의 심리와 판결은 공개하도록 규정하고 있다(헌법 제101조, 제103조, 제106조, 제109조). 이처럼 헌법은 국민의 공정한 재판을 받을 권리를 보장하고 있고, 모든 법관은 헌법과 법률이 정한 바에 따라 공정하게 심판할 것으로 기대된다. 그러나 개별·구체적 재판의 공정성 및 공정성에 대한 신뢰를 제대로 담보하기 어려운 사정이 있을 수 있다. 이러한 경우 법관과 개별 사건과의 관계로 인하여 발생할 수 있는 재판의 불공정성에 대한 의심을 해소하여 당사자로 하여금 재판이 편파적이지 않고 공정하게 진행되리라는 신뢰를 갖게 함으로써 구체적인 재판의 공정성을 보장할 필요가 있다. 이를 위하여 민사소송법은 제척 제도 외에도 기피 제도를 마련하여 제43조 제1항에서 "당사자는 법관에게 공정한 재판을 기대하기 어려운 사정이 있는 때에는 기피신청을 할 수 있다"라고 규정하고 있다. 기피 제도의 위와 같은 목적과 관련 규정의 내용에 비추어 보면, '법관에게 공정한 재판을 기대하기 어려운 사정이 있는 때'라 함은 우리 사회의 평균적인 일반인의 관점에서 볼 때, 법관과 사건과의 관계, 즉 법관과 당사자 사이의 특수한 사적 관계 또는 법관과 해당 사건 사이의 특별한 이해관계 등으로 인하여 법관이 불공정한 재판을 할 수 있다는 의심을 할 만한 객관적인 사정이 있고, 그러한 의심이 단순한 주관적 우려나 추측을 넘어 합리적인 것이라고 인정될 만한 때를 말한다. 그러므로 평균적 일반인으로서의 당사자의 관점에서 위와 같은 의심을 가질 만한 객관적인 사정이 있는 때에는 실제로 법관에게 편파성이 존재하지 아니하

32) 대법원 2019. 1. 4.자 2018스563 결정.

거나 헌법과 법률이 정한 바에 따라 공정한 재판을 할 수 있는 경우에도 기피가 인정될 수 있다.

☞ 이혼 및 친권자지정청구의 소(본안) 항소심 계속 중 항소심 재판장에 대해 공정한 재판을 기대하기 어렵다는 이유로 기피신청이 됨. 기피신청사건의 원심(서울고등법원 2018즈기2007 결정)은 기피신청을 기각하였음. 기피신청 대상자인 위 법관은 지방법원장으로 재직하던 때인 2015. 8.부터 2016. 7.까지 사이에 ○○그룹의 신청외 1 사장에게 10여 건의 문자메시지를 보냈음. 원고는 ○○그룹 신청외 2 회장의 장녀임. 신청외 1은 2015. 5.경 원고에게 원고가 운영하는 호텔의 면세점 사업자 선정을 위하여 최선을 다하겠다는 문자메시지를 보낸 바 있고, 원고는 2016. 3.경 신청외 1에게 한옥호텔 건축사업 승인이 잘 마무리되어 감사하다는 취지의 문자메시지를 보내기도 하였음. 대법원(2018스563)은 이 사건 기피신청 대상 법관과 신청외 1의 관계, 원고와 신청외 1의 ○○그룹에서의 지위 및 두 사람 사이의 밀접한 협력관계 등을 앞서 본 법리에 비추어 보면, 우리 사회의 평균적인 일반인의 관점에서 볼 때, 법관과 사건과의 관계로 인하여 법관이 불공정한 재판을 할 수 있다는 의심을 할 만한 객관적인 사정이 있고, 그러한 의심이 단순한 주관적 우려나 추측을 넘어 합리적인 것이라고 볼 여지가 있다고 보고 파기환송하였음. 이러한 결정의 취지에 따라 본안소송의 재판부가 변경되었고, 결과적으로 기피신청사건의 환송 후 원심(서울고등법원 2019즈기2002 결정)은 기피신청을 각하하였음.

(2) 대법원이 기피이유가 된다고 본 예는 거의 없으며, 부정한 예는 ① 채택한 증거를 일부취소한 사정,[33] ② 당사자가 재판장의 변경에 뒤따라 소송대리인을 바꾼 사정,[34] ③ 재판장이 상기된 어조로 당사자에 대하여 "이 사람아"라고 호칭한 경우[35] 등이 있다.

(3) 독일에서는 증거조사기일에 법관이 변호사 차에 같이 탄 것까지 기피이유로 보고 있다. 일본 판례는 재판장이 한쪽 당사자 소송대리인의 사위인 경우에 기피이유가 되지 않는다고 하였다.

2. 기피신청

기피신청은 그 이유를 밝혀 합의부의 법관에 대한 기피는 합의부에, 그 밖에는 당해 법관에게 신청해야 한다(제44조 제1항). 신청은 서면 또는 말로 할 수 있다(제161조 제1항). 신청한 날부터 3일 이내에 기피의 이유와 소명방법을 서면으로 제출하여야 한다(제44조 제2항). 다만 기피이유가 기록상 명백할 경우 기피이유를 소명할 필요가 없다.[36]

---

33) 대법원 1993. 8. 19.자 93주21 결정.
34) 대법원 1992. 12. 30.자 92마783 결정.
35) 대법원 1987. 10. 21.자 87두10 결정.
36) 대법원 1978. 10. 23.자 78마255 결정.

3. 기피신청에 대한 재판

(1) 기피신청에 대한 재판으로는 신청방식을 준수하지 않은 때나, 소송절차지연을 목적으로 한 신청임이 분명한 때에는 기피당한 법관 스스로의 재판이 가능하다(간이각하, 제45조 제1항). 그러나 이에 해당하지 않는 경우 기피신청의 당부에 관한 재판은 그 신청을 받은 법관의 소속법원 합의부에서 결정으로 재판한다(제46조 제1항).

(2) 기피신청이 이유 있다고 하는 결정에 대해서는 불복을 할 수 없다. 그러나 그 신청이 이유 없다고 하여 한 기각결정이나 신청방식의 위배 등이라 하여 한 각하결정에 대하여는 즉시항고가 가능하다(제47조 제1항, 제2항).

4. 기피신청의 효과

(1) 법원은 원칙적으로 기피재판이 확정될 때까지 소송절차를 정지하여야 한다(제48조 본문). 그러나 ① 기피신청이 각하된 경우, ② 종국판결의 선고,[37] ③ 긴급을 요하는 행위(예컨대 증거보전, 집행정지, 가압류·가처분)를 하는 경우에는 그러하지 아니하다(제48조 단서). 기피신청에도 불구하고 본조 단서 규정에 의하여 본안사건이 종국처리된 경우에는 기피신청에 대한 재판을 할 이익이 없게 된다.[38]

(2) 정지 없이 진행하였더라도 이에 대해 항고할 수 없고, 종국판결에 대한 불복절차에서 그 당부를 다툴 수 있을 뿐이다.[39]

(3) 기피신청 후 정지 없이 소송행위를 하였을 때에 뒤에 기피결정이 있다면 그 소송행위는 위법하게 되나(확정 전 상고이유(424①2호), 확정 후 재심사유(451①2호)가 된다), 뒤에 기피신청기각·각하결정이 확정된다면 위법성이 치유된다고 할 것인가에 관하여 ① 적극설, ② 기피신청이 있는 경우 소송절차를 정지하여야 한다고 한 제48조 규정의 사문화 방지를 위해 위법성 치유를 부정하는 소극설,[40] ③ 모든 경우가 아니라 기피신청을 한 당사자의 소송상 이익을 해하지 않을 때에 한하여 위법성이 치유된다고 보는 절충설[41]이 대립한다. 판례는 위법성이 치유된다고 본 예도 있고,[42] 정지 없이 절차를 진행시켜 쌍방불출석으로 항소취하간주의 효과를 발생시킨 사례에서는 절차위반의 흠결이 치유된다고 할 수 없다

37) 변론종결 후에 비로소 기피신청이 있는 경우 소송절차를 정지하지 아니하고 종국판결을 선고할 수 있다는 의미이다(대법원 2007. 6. 18.자 2007아9 결정).
38) 대법원 2008. 5. 2.자 2008마427 결정; 대법원 2022. 4. 8.자 2022마9 결정.
39) 대법원 2000. 4. 15.자 2000그20 결정.
40) 전병서, 53~54면; 한충수, 108면.
41) 김홍규/강태원, 148면; 김홍엽, 62면; 이시윤, 91면; 정동윤/유병현/김경욱, 119면; 정영환, 263면.
42) 대법원 1978. 10. 31. 선고 78다1242 판결.

고 보기도 하였다.[43] 생각건대 객관적 사정과 당사자의 소송상 이익을 종합적으로 고려하는 절충설이 무난하다고 할 것이다.

Ⅲ. 법관의 회피

> **제49조(법관의 회피)** 법관은 제41조 또는 제43조의 사유가 있는 경우에는 감독권이 있는 법원의 허가를 받아 회피(回避)할 수 있다.

(1) 회피는 법관이 스스로 제척 또는 기피사유가 있다고 인정하여 자발적으로 직무집행을 피하는 것이다(제49조). 제척 또는 기피사유를 근거로 할 것을 요한다.

(2) 회피하고자 하는 법관이 감독권 있는 법원(소속 법원장, 지원장)의 허가를 얻으면 된다. 회피의 허가는 재판이 아니기 때문에 허가를 받은 뒤에 그대로 그 사건에 관여하였다고 하더라도 그 행위의 효력에는 영향이 없다.

제 4 절 법원의 관할

Ⅰ. 서 설

1. 의 의

관할은 재판권을 행사하는 여러 법원 사이에 어느 법원이 어떤 사건을 담당하느냐 하는 “재판권의 분담관계”를 정해 놓은 것을 말한다.

2. 재판권과의 구별

재판권은 법원으로서 심리·재판할 수 있는 사건인가 아닌가의 문제, 즉 국가가 행사하는 사법권으로 파악하여 국제법적으로 국가권력이 미치는 범위 내지는 한계를 의미함에 반해, 관할권은 재판권의 존재를 전제로 어느 법원이 심리·재판할 것인가의 문제이다.

43) 대법원 2010. 2. 11. 선고 2009다78467, 78474 판결.

따라서 재판권의 부존재는 판결로 각하할 것이나, 관할권이 없는 경우에는 관할권 있는 법원으로 이송하여 처리한다(제34조 제1항).

II. 관할의 종류

1. 발생 원인에 따른 분류: 법정관할, 지정관할, 거동관할

가. 법정관할

법률에 의하여 직접 정해진 관할을 말한다. 법정관할은 다시 직분관할, 사물관할, 토지관할로 나뉜다. 직분관할은 담당직무의 차이에 따른 관할을 말하며, 사물관할은 사건의 경중에 따른 관할이며, 토지관할은 제1심 사건에 관한 소재지를 달리하는 지방법원 사이의 관할을 말한다.

나. 지정관할(재정관할)

관할이 불명한 경우 상급법원의 결정에 의해 정해지는 관할을 말한다(제28조).

다. 거동관할

당사자의 거동에 의한 관할을 말하는데, 당사자의 합의에 의한 합의관할(제29조), 피고의 이의 없는 응소에 의한 변론관할(제30조)이 이에 속한다.

2. 소송법상 효과에 따른 분류: 전속관할, 임의관할

가. 전속관할

(1) 전속관할은 법정관할 가운데 재판의 적정·공평 등 고도의 공익적 견지에서 정해지는 것으로, 오로지 특정법원만이 배타적으로 관할권을 갖게 한 것을 말한다. 전속관할의 대표적인 예는 아래와 같다.

① 직분관할의 성격을 고려한 것으로, 특허권등의 지식재산권에 관한 소(제24조 제2항, 제3항), 정기금판결에 대한 변경의 소(제252조 제2항), 재심사건(제453조 제1항), 독촉절차(제463조), 공시최고절차(제476조), 민사집행사건(민집 제21조) 등이 있다.

② 다수에게 이해관계가 미침을 고려한 것으로, 가사소송사건(가소 제2조, 제22조), 주주총회결의하자소송(상법 제376조, 제380조)이나 주주대표소송(상법 제403조) 등 회사관련소송(상법 제186조), 파산·회생사건(채무자회생법 제3조), 개인정보 단체소송(개인정보 제52조), 증권관련 집

단소송(증집 제4조), 소비자 단체소송(소비자법 제71조 제1항) 등이 있다.

③ 부당한 관할합의의 방지를 고려하여, 할부거래에 관한 소송은 매수인의 주소·거소지 관할의 지방법원(할부거래법 제44조), 방문판매자와의 계약에 관한 소송은 소비자의 주소·거소지 관할의 지방법원(방문판매법 제53조)의 전속관할로 정하고 있다.

(2) 전속관할의 특징은 다음과 같다. ① 직권조사사항이며, 당사자 간의 합의나 피고의 본안변론에 의하여 법정관할을 다른 법원으로 바꿀 수 없다. 즉 합의관할이나 변론관할이 인정되지 않는다. ② 원칙적으로 전속관할은 관할의 경합이 생기지 않으며, 관할위반의 경우를 제외하고는 이송이 허용되지 않는다. ③ 판결확정 전에 전속관할 위반을 이유로 상소하면 반드시 판결을 취소·파기하여야 한다(제411조 단서, 제424조 제1항 제3호). ④ 다만 판결확정 후에는 재심사유가 되지 않는다(제451조 제1항 제11호의 사유에 해당되지 않으므로).

나. 임의관할

주로 당사자의 편의와 공평을 위한 사익적 견지에서 정해지는 임의관할의 경우에는 합의관할과 변론관할이 인정된다. ① 당사자 간의 합의나 피고의 응소에 의하여 다른 법원에 관할을 발생시킬 수 있고, 관할 위반이 있어도 "임의관할 위반의 항변"은 항소심에서는 주장할 수 없다(제411조 본문). ② 임의관할에서는 단독판사로부터 합의부로의 이송(제34조 제2항), 현저한 손해를 피하기 위한 이송(제35조), 지식재산권 등에 관한 소송의 이송(제36조)이 허용된다.

Ⅲ. 직분관할

1. 의 의

직분관할은 담당직분의 차이를 표준으로 여러 법원 사이에 재판권의 분담관계를 정해 놓은 것을 말한다. 직무관할이라고도 한다. 직분관할에는 수소법원의 관할, 집행법원의 관할, 지방법원 단독판사의 관할, 지방법원 합의부의 관할, 심급관할 등이 있다. 직분관할은 전속관할이며, 직권조사사항이다.

2. 종 류

가. 수소법원과 집행법원의 직분관할

판결절차는 수소법원의 직분, 강제집행절차는 집행법원의 직분에 속한다.

나. 지방법원 단독판사와 지방법원 합의부의 직분관할

간이한 사항이나 급속을 요하는 사항은 지방법원 단독판사의 특별한 직분으로 하고, 중요성과 신중한 판단을 요하는 사항은 지방법원 합의부의 직분으로 하였다. 사건의 중요성을 더욱 고려하여 개인정보 단체소송(개인정보 제52조), 증권관련 집단소송(증집 제4조), 소비자 단체소송(소비자법 제71조 제1항)은 지방법원 지원이 아닌 지방법원 본원합의부의 관할로 하였다. 한편 도산사건은 신설된 회생법원에서 관할한다.

다. 심급관할

심급관할의 심급은 동일사건을 기능이 다른 법원에서 되풀이 하여 심판하게 하는 경우에 각 심급의 심판절차 또는 각급 법원이 가지는 재판권의 한계를 말한다. 심급관할은 비약상고(飛躍上告, 제390조 제1항 단서, 제422조 제2항)의 경우를 제외하고는 전속관할이다.[44] 만약 제1심 사건을 제2심법원에 소제기하면 전속관할의 위반이 된다.

Ⅳ. 사물관할

1. 의 의

사물관할은 사건의 경중을 표준으로 제1심 사건의 재판권의 분담을 정해놓은 것이다. 즉 지방법원으로서 제1심 사건을 담당하는 것이 단독판사이냐 아니면 합의부냐에 관한 문제를 의미한다. 단독판사와 합의부는 지방법원 내의 재판기관이나, 소송상으로 별개의 법원으로 보기 때문에, 관할위반이 있다면 사무분담의 재조정이 아닌 소송이송으로 처리해야 한다.

2. 합의부의 관할사건

(1) 소가 5억 원을 초과하는 사건(사물관할규칙 제2조)[45]

(2) 재정합의사건(법조 제32조 제1항 제1호)

원래는 합의부의 관할에 속하지 않더라도 사건의 내용 등에 따라 합의부가 스스로

---

44) 대법원 1992. 5. 12. 선고 92다2066 판결.

45) 근래 1억 원 초과이던 합의부의 사물관할이, 사물관할규칙의 개정으로 2015. 10. 16.부터 2억 원 초과로 변경되었고, 다시 2022. 3. 1.부터 5억 원 초과로 변경되어 시행되고 있다.

심판하는 것으로 정한 사건

(3) 비재산권에 관한 소

경제적 이익을 목적으로 하지 않는 권리관계에 관한 소이다. 성명권·초상권·퍼블리시티권 침해중지, 인터넷에서 잊힐 권리 등 인격권, 해고무효확인 등 신분상의 지위에 관한 법률관계, 소비자·개인정보 단체소송, 회사 등의 단체 결의의 효력에 관한 소 등이 이에 속한다. 다만 인격권 등에 바탕을 두어도 경제적 이익을 내용으로 하고 있는 예컨대 명예훼손에 따른 손해배상청구는 재산권상의 소에 속한다.

(4) 재산권상의 소인데 소가산정이 어려운 경우

기준시가가 없는 토지에 관한 소, 상호사용금지의 소, 주주대표소송, 지식재산권에 관한 소 등이 이에 속한다.

(5) 관련청구의 경우

소의 병합에 따른 관련청구에 본소가 합의부의 관할에 속하면 관련청구도 그 금액에 관계없이 합의부의 관할에 속한다. 예컨대 본소 5억 100만 원에 반소 5천만 원의 경우, 반소도 합의부관할에 속하게 된다. 독립당사자참가, 중간확인의 소도 이와 같이 본소가 합의부관할이면 그 소송목적의 값과 관계없이 합의부관할에 속하게 된다. 본소청구법원에 관련재판적이 생기기 때문이다.[46)]

3. 단독판사의 관할사건

〈민사 및 가사소송의 사물관할에 관한 규칙〉
제2조(지방법원 및 그 지원 합의부의 심판범위) 지방법원 및 지방법원지원의 합의부는 소송목적의 값이 5억원을 초과하는 민사사건 및 「민사소송 등 인지법」 제2조 제4항의 규정에 해당하는 민사사건을 제1심으로 심판한다. 다만, 다음 각호의 1에 해당하는 사건을 제외한다.

1. 수표금·약속어음금 청구사건
2. 은행·농업협동조합·수산업협동조합·축산업협동조합·산림조합·신용협동조합·신용보증기금·기술신용보증기금·지역신용보증재단·새마을금고·상호저축은행·종합금융회사·시설대여회사·보험회사·신탁회사·증권회사·신용카드회사·할부금융회사 또는 신기술사업금융회사가 원고인 대여금·구상금·보증금 청구사건
3. 「자동차손해배상 보장법」에서 정한 자동차·원동기장치자전거·철도차량의 운행 및 근로자

46) 상세는 후술 관련재판적 부분 참조.

의 업무상재해로 인한 손해배상 청구사건과 이에 관한 채무부존재확인사건
4. 단독판사가 심판할 것으로 합의부가 결정한 사건

(1) 소가 5억 원 이하의 사건

'미만'이 아니라 '이하'이므로 소가 5억 원 사건은 단독판사의 관할이 된다.

(2) 단순하거나 신속을 요하는 사건

예컨대 ① 수표금·약속어음금 청구사건, ② 금융기관이 원고인 대여금·구상금·보증금 청구사건, ③ 자동차손해배상보장법 및 근로자의 업무상재해로 인한 손해배상청구사건과 이에 관한 채무부존재확인사건

(3) 재정단독사건

단독판사가 심판할 것으로 합의부가 결정한 사건

4. 소송목적의 값(소가, 訴價)

가. 의 의

기판력 있는 판결에서 전부 승소한 경우 원고가 받는 직접적인 경제적 이익을 화폐단위로 평가한 금액, 즉 소로써 주장하는 이익을 소가라고 한다(제26조 제1항). 소가는 소장 등 제출시 납부할 인지액과 사물관할을 정하는 표준이 된다.

나. 소가산정의 일반원칙

(1) 원 칙

소가는 원고가 청구취지로 구하는 범위 내에서 원고가 전부 승소할 경우에 직접 받는 경제적 이익을 기준으로 객관적으로 평가한다. ① 소가산정에 있어서 심판의 난이도, 피고의 응소태도는 고려하지 않으며, ② 소가는 기판력이 생기는 소송물에 관한 이익이기 때문에, 동시(상환)이행판결을 구하는 경우에 반대급부를 공제할 필요가 없다. 예컨대 원고가 피고에게 「피고는 원고로부터 100,000,000원을 지급받음과 동시에 원고에게 별지 목록 기재 건물을 인도하라」는 청구를 하는 경우의 소가는 건물의 가액이지, 여기에서 반대급부 1억 원을 공제하지 않는다.

(2) 소가산정이 표준(민인규 제9조 내지 제11조)

(가) 물건의 가액, 즉 토지의 가액은 「부동산 가격공시에 관한 법률」에 의한 개별공

시지가에 100분의 50을 곱하여 산정한 금액으로 하고, 건물의 가액은 「지방세법 시행령」에 따라 산정한 시가표준액에 100분의 50을 곱한 금액으로 한다(민인규 제9조).

(나) 권리의 가액, 즉 물건에 대한 소유권의 가액은 그 물건가액으로 하고, 물건에 대한 점유권의 가액은 그 물건가액의 3분의 1로 하며, 지상권·임차권의 가액은 목적물건 가액의 2분의 1로 한다. 담보물권의 가액은 목적물건 가액을 한도로 한 피담보채권의 원본액(근저당권의 경우에는 채권최고액)으로 한다(민인규 제10조).

(다) 제9조 및 제10조에 규정되지 않은 물건 또는 권리의 가액은 소를 제기할 당시의 시가로 하고, 시가를 알기 어려운 때에는 그 물건 등의 취득가격 또는 유사한 물건 등의 시가로 한다(민인규 제11조).

(3) 각종 소의 소가산정(민인규 제12조 내지 제18조의3)

각종의 소의 소가는 다음의 기준에 따라 산정한다. 대표적인 몇 가지 경우를 살핀다.

(가) 금전지급청구의 소에서 소가는 청구금액이다(민인규 제12조 제3호).

(나) 물건의 인도·방해배제를 구하는 소에서는 ① 소유권에 기한 경우에는 목적물건 가액의 2분의 1, ② 지상권·전세권·임차권·담보물권에 기한 경우 또는 그 계약의 해지·해제·계약기간의 만료를 원인으로 하는 경우에는 목적물건 가액의 2분의 1, ③ 점유권에 기한 경우에는 목적물건 가액의 3분의 1, ④ 소유권의 이전을 목적으로 하는 계약에 기한 동산인도청구의 경우에는 목적물건의 가액이다(민인규 제12조 제5호).

(다) 등기절차의 이행을 구하는 소에서는 ① 소유권이전등기의 경우에는 목적물건의 가액, ② 지상권·임차권 설정등기 또는 이전등기를 구하는 경우에는 목적물건가액의 2분의 1, 담보물권·전세권 설정등기 또는 이전등기를 구하는 경우에는 목적물건가액을 한도로 한 피담보채권액(근저당권의 경우에는 채권최고액)이다.

다. 병합의 경우 소가산정

(1) 원 칙

1개의 소로써 여러 개의 청구를 하는 때에는 그 가액을 합산하여 그에 의하여 사물관할을 정한다(제27조 제1항). 단순병합의 경우에만 이 원칙이 적용된다. 다만 이 경우에 병합의 시기는 문제 삼지 않는다.

(2) 예 외

(가) 중복청구의 흡수

하나의 소로써 여러 개의 청구를 한 경우라도 경제적 이익이 같거나 중복되는 때에는 합산하지 않으며 중복이 되는 범위 내에서 흡수되고 그중 다액인 청구가액을 소가로 한다(민인규 제20조). 예컨대 i) 공동소송에서 필수적 공동소송, 예비적·선택적 공동소송, 그리고 통상공동소송 중 경제적 이익이 공통되는 경우로서 여러 연대채무자에 대한 청구, 같은 부동산에 대해 순차로 경료된 여러 등기명의자들에 대한 각 말소청구,[47] ii) 청구의 병합에서 선택적·예비적 병합, 그리고 단순병합 중 경제적 이익이 공통되는 경우로서 같은 권원에 기한 확인 및 이행청구의 병합이나, 목적물 인도청구와 집행불능의 경우를 대비한 대상청구의 병합 등은 합산하지 않는다. iii) 상소장의 인지 계산을 위한 소가 산정에 있어서도 수인의 당사자들이 하나의 상소장을 제출하는 경우에는 흡수의 법칙이 적용되나, 당사자별로 각 상소장을 제출하는 경우에는 적용되지 않는 경우도 있다.[48]

판 례 **공동소송인들이 각 항소장을 제출한 경우와 흡수의 법칙 적용 여부(대법원 2011. 1. 27.자 2010마1491 결정)**

민사소송 등 인지규칙(이하 '인지규칙'이라 한다) 제20조는 "1개의 소로써 주장하는 수 개의 청구의 경제적 이익이 동일하거나 중복되는 때에는 중복되는 범위 내에서 흡수되고, 그중 가장 다액인 청구의 가액을 소가로 한다"고 규정하고 있다. 이러한 흡수법칙은 위와 같은 병합청구에서 원고 승소판결이 선고되고 이에 불복하여 하나의 항소장으로써 공동 명의로 항소를 제기한 피고들 사이에서도 적용된다. 그러나 피고들 사이에 경제적 이익이 동일하거나 중복된다고 하더라도, 인지는 원칙적으로 해당 소송행위에 대한 사법수수료의 성질을 갖는 것으로서 항소장에 붙인 인지는 당해 항소장의 적식성 판단에 참작될 수 있을 뿐이므로, 피고들이 수 개의 항소장으로 나누어 항소를 제기하는 경우에는 인지규칙 제24조가 적용되어 각각 별도로 자신이 불복하는 범위의 소가를 기준으로 하여 산정한 인지를 항소장에 붙여야 한다. 따라서 어느 피고가 먼저 단독 명의의 항소장에 인지를 붙여 항소를 제기한 경우에는 다른 피고가 항소장을 먼저 제출한 피고의 동의를 받아 그를 포함하는 공동 명의의 항소장으로 항소를 제기하더라도 먼저 제출된 항소장의 인지첩부의 효력을 원용할 수는 없고 자신의 항소에 대한 별도의 인지를 붙여야 한다. 다만 어느 피고가 인지를 붙이지 않은 채 단독 명의의 항소장을 제출한 후 다시 항소기간 내에 다른 피고와 함께 공동 명의의 항소장을 제출하면서 이에 대한 인지를 붙인 경우에는(당초 공동 명의의 항소장에 인지를 붙이지 않았다가 인지보정명령에 따라 붙인 경우도 마찬가지이다) 그 실질이 당초부터 공동 명의로 하나의 항소장을 제출한 경우와 차이가 없으므로, 경제적 이익이 동일하거나 중복되는 범위 내에서는 단독 명의로 먼저 제출한 항소장에 별도로 인지를 붙일 필요가 없다.

☞ 甲회사가 乙회사, 丙회사 및 丁을 상대로 약정금 등 청구의 소를 제기하여 전부 승소판결을 받자, 丙회사가 인지를 모두 붙여 단독 명의의 항소장을 제출하고, 丁은 인지를 일부만 붙여 단독 명의의 항소장을 제출하였는데, 그 후 항소기간 내에 乙회사, 丙회사 및 丁이 공동 명의의 항소장을 제출하면서 인지를 일부만 붙인 채 그들 사이에 경제적 이익이 중복되는 불복범위에 관한 나머지 인지액은 丙회사가 이미 제출한 항소장에 붙인 인지액으로 갈음한다고 주장하였다가 보정명령을 받고 부족한 인지액을 보정한 사안

47) 대법원 1998. 7. 27.자 98마938 결정.
48) 대법원 2011. 1. 27.자 2010마1491 결정.

임. 丙회사에 이어 단독 명의의 항소장을 제출한 丁은 그 후 丙회사가 포함된 공동 명의의 항소장을 다시 제출하더라도 원칙적으로 丙회사가 제출한 항소장에 붙인 인지첩부의 효력을 원용할 수는 없다고 보았음. 다만 공동 명의의 항소장도 항소기간 내에 제출되었고, 丁은 그 불복범위 전체에 대하여 乙회사와 경제적 이익이 중복되므로, 공동 명의의 항소장에 불복범위가 가장 다액인 乙회사를 기준으로 인지를 붙인 이상, 丁은 공동 명의의 항소장에 따른 인지납부의무를 다한 셈이어서, 丁 단독 명의의 항소장이 각하되더라도 공동 명의의 항소장에 의한 丁의 항소제기는 여전히 유효하다고 하였음.

(나) 수단인 청구의 흡수

1개의 청구가 다른 청구의 수단인 경우에는 그 수단인 청구의 가액은 소가에 산입하지 않는다(민인규 제21조). 예컨대 건물철거청구와 함께 토지인도를 청구하는 경우에는 토지인도청구만이 소송목적의 값이 된다. 건물철거는 토지인도의 수단에 불과하기 때문이다.

(다) 부대청구의 불산입

주된 청구와 부대목적인 과실(이자 포함)·손해배상·위약금·비용의 청구는 별개의 소송물이나, 이 두 가지를 1개의 소로써 함께 청구하는 때에는 부대청구의 가액은 소가에 산입하지 않는다(제27조 제2항). 여기서 손해배상은 지연손해금(지연배상)을 의미한다.[49] 예컨대 원금과 이자 또는 지연손해금을 함께 청구하는 경우에는 원금만이 소송목적의 값이 된다. 이는 계산의 번잡을 피하게 하려는 취지이다.

라. 소가산정의 시기

(1) 소가는 소제기시를 그 기준으로 산정한다(민인규 제7조). 따라서 소제기시를 표준으로 하여 사물관할이 정해지기 때문에, 소제기 후에 목적물의 훼손·가격의 변동 등 사정이 있어도 관할에 영향을 미치지 않는다(제33조, 관할항정의 원칙).[50]

판 례 **소제기 후 목적물 가격 상승(대법원 1979. 11. 13. 선고 79다1404 판결)**

소액사건이 소제기 후에 그 목적물의 시가가 상승하였다고 하더라도, 그 사건을 소액사건으로 취급하는데 지장이 없다.

(2) 그리고 항소심에서 청구확장이나 반소로 인해 소가가 5억 원을 초과하게 되더라도 이미 정하여진 항소심 관할에는 영향이 없다.[51]

---

49) 대법원 1992. 1. 7.자 91마692 결정.

50) 대법원 1979. 11. 13. 선고 79다1404 판결.

51) 대법원 1970. 6. 30. 선고 70다743 판결; 대법원 1992. 5. 12. 선고 92다2066 판결; 대법원 2011. 7. 14.자 2011

판 례 **항소심에서 합의부 사물관할로 청구확장(대법원 1992. 5. 12. 선고 92다2066 판결)**

지방법원 본원 합의부가 지방법원 단독판사의 판결에 대한 항소사건을 제2심(항소심)으로 심판하는 도중에 지방법원 합의부의 관할에 속하는 소송이 새로 추가되거나 그러한 소송으로 청구가 변경되었다고 하더라도, 심급관할은 제1심법원의 존재에 의하여 결정되는 전속관할이어서 이미 정하여진 항소심의 관할에는 영향이 없는 것이므로, 추가되거나 변경된 청구에 대하여도 그대로 심판할 수 있다.

판 례 **항소심에서 합의부 사물관할에 속하는 반소제기(대법원 2011. 7. 14.자 2011그65 결정)**

본소 피고가 항소 후 지방법원 합의부의 관할에 속하는 반소를 제기하면서 이송신청을 하였는데, 원심이 민사소송법 제34조, 제35조를 들어 이송결정을 한 사안에서, 본소에 대하여 제1심법원의 토지관할 및 변론관할이 인정되어 위 소송의 항소심은 제1심법원의 항소사건을 담당하는 원심법원의 관할에 속하며, 지방법원 합의부가 지방법원 단독판사의 판결에 대한 항소사건을 제2심으로 심판하는 도중에 지방법원 합의부의 관할에 속하는 반소가 제기되었더라도 이미 정하여진 항소심 관할에는 영향이 없고, 민사소송법 제35조는 전속관할인 심급관할에는 적용되지 않아 손해나 지연을 피하기 위한 이송의 여지도 없다는 이유로 원심결정을 파기한 사례.

그러나 ① 예외적으로 제1심에서 단독판사 계속 중 원고의 청구취지 확장에 의하여 소가가 5억 원을 초과하게 되는 때에는 관할위반의 문제가 되므로 변론관할이 생기지 않는 한 합의부로 이송하여야 한다(제34조 제1항). ② 반면에 제1심에서 합의부 계속 중 청구취지의 감축에 의하여 소가가 5억 원 이하로 되는 경우에는 단독판사에 이송할 필요가 없다. 합의부에서 계속 심리하여도 당사자에게 불리하지 않기 때문이다.

V. 토지관할

1. 의 의

(1) 토지관할은 지역을 달리 하는 수 개의 관할법원이 존재하는 경우, 어느 법원에 사건처리를 분담시키느냐를 정하는 것을 말한다. '각급법원의 설치와 관할구역에 관한 법률'에 의하여 관할구역이 법정된다. 토지관할이 발생하는 근거가 되는 지점을 재판적(裁判籍, Gerichtsstand)이라고 한다. 예컨대 당사자의 주소, 소송물인 부동산의 소재지나 의무의 이행지 등을 말한다.

그65 결정.

(2) 하나의 재판적만 존재하는 것은 아니고, 재판적의 수만큼 토지관할도 경합이 가능하다. 경합하는 관할법원 중 아무데나 임의로 선택하여 소제기할 수 있다. 어느 한 법원에 소를 제기하더라도 다른 법원의 관할권이 소멸하는 것은 아니며, 만약 어느 한 법원에 소를 제기하였음에도 다시 다른 관할법원에 소를 제기하면 중복소송으로 부적법해진다(제259조).

2. 재판적의 종류

(1) 보통재판적은 모든 소송사건에 대하여 공통적으로 적용되는 재판적이다(제2조 내지 제6조). 특별재판적은 특별한 종류·내용의 사건에 대해서 한정적으로 적용되는 재판적이다(제7조 이하). 특별재판적에는 다른 사건과 관계없이 인정되는 독립재판적과 다른 사건과 관련하여 비로소 생기는 관련재판적이 있다.

(2) 특별재판적이 보통재판적에 우선하는 것이 아니다. 즉 특별관계가 아니라 공존관계이다.

3. 보통재판적(제2조~제6조)

소는 피고의 보통재판적이 있는 곳의 법원이 관할한다(제2조). 즉 도전자(공격자) away 게임이 원칙이다. 청구의 이유유무를 알 수 없는 상황에서 소제기당하는 피고의 응소의 편의를 도모하고자 한 것이다.

가. 사 람

피고가 사람인 경우 주소에 따르고, 주소가 없거나 알 수 없는 경우 거소에 따르며, 거소가 일정하지 않거나 거소도 알 수 없으면 마지막 주소에 따른다(제3조).

나. 법인 등

피고가 법인 등인 경우 주된 사무소 또는 영업소가 있는 곳에 따르고, 사무소와 영업소가 없다면 주된 업무담당자의 주소에 따른다(제5조 제1항). 외국법인 등의 경우는 대한민국에 있는 사무소·영업소 또는 업무담당자의 주소에 따른다(제5조 제2항).

다. 국 가

국가의 보통재판적은 그 소송에서 국가를 대표하는 관청 또는 대법원이 있는 곳으로 한다(제6조). 국가소송의 경우 국가를 대표하는 관청이란 법무부장관을 말하므로(국가소송법

제2조), 법무부 소재지의 법원인 수원지방법원 안양지원이 된다. 그리고 대법원 소재지의 법원인 서울중앙지방법원이 된다. 한편 행정소송의 경우에는 국가가 아니라 처분 행정청을 피고로 하여 피고가 있는 곳을 관할하는 행정법원의 전속관할로 한다(행소 제13조 제1항, 제9조 제1항).

4. 특별재판적(제7조~제24조)

가. 근무지(제7조)

제7조(근무지의 특별재판적) 사무소 또는 영업소에 계속하여 근무하는 사람에 대하여 소를 제기하는 경우에는 그 사무소 또는 영업소가 있는 곳을 관할하는 법원에 제기할 수 있다.

직장근무자의 편의를 위한 규정이다. 제12조와 달리 업무관련성을 요하지 않는다.

나. 거소지와 의무이행지(제8조)

제8조(거소지 또는 의무이행지의 특별재판적) 재산권에 관한 소를 제기하는 경우에는 거소지 또는 의무이행지의 법원에 제기할 수 있다.

제10조(선원·군인·군무원에 대한 특별재판적) ① 선원에 대하여 재산권에 관한 소를 제기하는 경우에는 선적(船籍)이 있는 곳의 법원에 제기할 수 있다.
② 군인·군무원에 대하여 재산권에 관한 소를 제기하는 경우에는 군사용 청사가 있는 곳 또는 군용 선박의 선적이 있는 곳의 법원에 제기할 수 있다.

(1) 거소지

재산권에 관한 소를 제기함에 있어 예컨대 유학하는 학생, 병원·요양원의 입원자, 장기출장체류자 등과 같이 주소와 거소가 서로 다른 경우, 쉽게 찾을 수 있는 거소지 법원에 제기할 수 있다(제8조 전단). 이러한 거소지의 신분적 특수규정으로, 선원에 대하여는 선적이 있는 곳, 군인·군무원에 대하여는 군사용 청사 또는 군용 선박의 선적이 있는 곳의 법원에 제기할 수 있다(제10조).

(2) 의무이행지

재산권에 관한 소는 의무이행지의 법원에 제기할 수 있다(제8조 후단). 민법은 채무의 성실 또는 당사자의 의사표시로 변제장소를 정하지 아니한 때에는 특정물의 인도는 채권

성립당시에 그 물건이 있던 장소에서(민법 제467조 제1항), 특정물인도 이외의 채무는 채권자의 현주소 또는 (영업에 관한 채무의 변제의 경우) 현영업소[52]에서(같은 조 제2항) 하여야 한다고 규정하고 있다. 따라서 실무상 가장 빈번한 금전지급의무의 이행지는 지참채무의 원칙상 채권자(원고)의 주소지가 되므로, 예컨대 물품대금청구는 원고의 주소지를 관할하는 법원에 소를 제기할 수 있다.[53] 그러나 이는 채무자(피고)의 주소지에서 재판받게 하려는 보통재판적의 취지를 몰각시킨다는 비판이 있다.[54] 다만 주의할 것은 부동산 등기의무의 이행지는 등기청구권자의 주소지가 아니라 제21조에 의하여 등기소의 소재지라는 점이다.[55]

다. 어음·수표 지급지(제9조)

> **제9조(어음·수표 지급지의 특별재판적)** 어음·수표에 관한 소를 제기하는 경우에는 지급지의 법원에 제기할 수 있다.

어음의 주채무자, 배서인 등 여러 어음상의 채무자를 상대로 소제기 시 지급지에 몰아서 제기할 수 있어 편리하다.

라. 재산이 있는 곳(제11조)

> **제11조(재산이 있는 곳의 특별재판적)** 대한민국에 주소가 없는 사람 또는 주소를 알 수 없는 사람에 대하여 재산권에 관한 소를 제기하는 경우에는 청구의 목적 또는 담보의 목적이나 압류할 수 있는 피고의 재산이 있는 곳의 법원에 제기할 수 있다.

국내에 주소가 없거나 주소를 알 수 없는 사람에 대한 재산권에 관한 소는 피고의 재산이 있는 곳에 제기할 수 있는데, 이는 승소판결에 의한 집행을 쉽게 하여 재판의 실효성을 얻을 수 있기 때문이다.[56]

마. 사무소·영업소가 있는 곳(제12조)

> **제12조(사무소·영업소가 있는 곳의 특별재판적)** 사무소 또는 영업소가 있는 사람에 대하여 그

---

52) 판례는 여기의 현영업소는 변제당시를 기준으로 그 채무와 관련된 채권자의 영업소로서 주된 영업소(본점)에 한정되는 것이 아니라 그 채권의 추심 관련 업무를 실제로 담당하는 영업소까지 포함된다고 한다(대법원 2022. 5. 3.자 2021마6868 결정).

53) 대법원 1971. 3. 31.자 71마82 결정.

54) 김홍엽, 78면; 이시윤, 106면; 전원열, 121면.

55) 대법원 2002. 5. 10.자 2002마1156 결정.

56) 대법원 1988. 10. 25. 선고 87다카1728 판결.

> 사무소 또는 영업소의 업무와 관련이 있는 소를 제기하는 경우에는 그 사무소 또는 영업소가 있는 곳의 법원에 제기할 수 있다.

이 규정에 의하여 지점망을 거느리는 대기업회사·외국회사를 '피고'로 할 경우에 본점이 아니라 가까운 지점소재지 법원에 소제기 가능하다. 그러나 영업소가 있는 자가 스스로 원고가 되어 소를 제기하는 경우에는 적용되지 않는다.[57]

바. 불법행위지(제18조)

> **제18조(불법행위지의 특별재판적)** ① 불법행위에 관한 소를 제기하는 경우에는 행위지의 법원에 제기할 수 있다.
> ② 선박 또는 항공기의 충돌이나 그 밖의 사고로 말미암은 손해배상에 관한 소를 제기하는 경우에는 사고선박 또는 항공기가 맨 처음 도착한 곳의 법원에 제기할 수 있다.

(1) 불법행위지에 증거 등이 있어 사실규명에 유리하다는 점을 고려한 규정이다. 불법행위에 관한 청구는 민법 제750조의 경우뿐만 아니라 무과실책임, 특별법상의 손해배상책임의 경우를 모두 포함한다. 다만 채무불이행으로 인한 손해배상의 경우에도 포함되는지 여부에 대해 적극설[58]과 소극설[59]의 대립이 있다. 생각건대 실체법상 그 요건을 달리하므로 채무불이행만을 문제삼는 경우는 여기에 포함되지 않으나, 불법행위책임이 함께 문제되는 경우라면 관련재판적(제25조)에 의해 관할권이 인정될 수 있다 할 것이다.

(2) 본조의 불법행위지는 가해행위지와 손해발생지를 모두 의미하는바,[60] 불법행위 요건사실의 전부 또는 일부가 발생한 곳이면 충분하고, 피고가 거주하거나 책임재산이 있는 곳이어야 되는 것은 아니므로, 동일 불법행위자에 대하여 여러 개의 불법행위지가 생길 수 있다.

사. 부동산이 있는 곳(제20조)

> **제20조(부동산이 있는 곳의 특별재판적)** 부동산에 관한 소를 제기하는 경우에는 부동산이 있는 곳의 법원에 제기할 수 있다.

---

57) 대법원 1980. 6. 12.자 80마158 결정.

58) 정영환, 219면; 한충수, 69면.

59) 김홍엽, 80면; 이시윤, 107면.

60) 판례는 국제재판관할권이 문제된 국제사법(구 섭외사법) 사건에서 불법행위를 한 행동지뿐만 아니라 손해의 결과발생지도 포함한다는 취지의 판시를 하였다(대법원 2008. 4. 24. 선고 2005다75071 판결; 대법원 2013. 7. 12. 선고 2006다17539 판결 등 참조).

(1) 부동산에 관한 소는 부동산상의 물권에 관한 소와 부동산에 관한 채권의 소로 나뉜다.

(2) 물권에 관한 소는 소유권에 기한 인도청구, 소유물 방해제거나 예방청구, 부동산 물권에 관한 등기청구, 토지경계확정의 소, 공유물분할청구, 점유권에 터잡은 인도청구 등이다.

(3) 채권의 소는 계약에 기하여 부동산 자체에 관한 인도를 구하는 소이다. 그러나 부동산의 매매대금, 임대료, 건축대금과 같은 순수한 금전채권의 경우 부동산 자체에 관한 것이 아니어서 부동산에 관한 소에 포함되지 않음에 주의를 요한다.[61]

아. 등기·등록에 관한 소(제21조)

제21조(등기·등록에 관한 특별재판적) 등기·등록에 관한 소를 제기하는 경우에는 등기 또는 등록할 공공기관이 있는 곳의 법원에 제기할 수 있다.

(1) 등기에 관한 소는 부동산에 관한 소가 일반적인데, 부동산소재지와 등기한 곳이 대체로 일치하고, 부동산에 관한 소는 제20조의 규정을 두고 있으므로, 본조 규정의 실익이 낮다. 한편 부동산 등기의무의 이행지는 제8조 후단이 아니라 제21조에 의하여 정해진다. 따라서 등기청구권자의 주소지가 아니라 등기소의 소재지가 부동산등기의 신청에 협조할 의무의 이행지가 된다는 것이 판례의 태도이다.[62]

판례 **사해행위취소소송에서 원물반환(말소등기)의 경우 의무이행지(대법원 2002. 5. 10.자 2002마1156 결정)**

[1] 채권자가 사해행위의 취소와 함께 수익자 또는 전득자로부터 책임재산의 회복을 구하는 사해행위취소의 소를 제기한 경우 그 취소의 효과는 채권자와 수익자 또는 전득자 사이의 관계에서만 생기는 것이므로, 수익자 또는 전득자가 사해행위의 취소로 인한 원상회복 또는 이에 갈음하는 가액배상을 하여야 할 의무를 부담한다고 하더라도 이는 채권자에 대한 관계에서 생기는 법률효과에 불과하고 채무자와 사이에서 그 취소로 인한 법률관계가 형성되는 것은 아닐 뿐만 아니라, 이 경우 채권자의 주된 목적은 사해행위의 취소 그 자체보다는 일탈한 책임재산의 회복에 있는 것이므로, 사해행위취소의 소에 있어서의 의무이행지는 '취소의 대상인 법률행위의 의무이행지'가 아니라 '취소로 인하여 형성되는 법률관계에 있어서의 의무이행지'라고 보아야 한다.

[2] 부동산등기의 신청에 협조할 의무의 이행지는 성질상 등기지의 특별재판적에 관한 민사소송법 제19조

61) 이 경우는 제8조 후단에 따라 채권자의 주소지를 특별재판적으로 보아야 할 것이다.

62) 대법원 2002. 5. 10.자 2002마1156 결정.

[현행 제21조]에 규정된 '등기할 공무소 소재지'라고 할 것이므로, 원고가 사해행위취소의 소의 채권자라고 하더라도 사해행위취소에 따른 원상회복으로서의 소유권이전등기 말소등기의무의 이행지는 그 등기관서 소재지라고 볼 것이지, 원고의 주소지를 그 의무이행지로 볼 수는 없다.

☞ 甲(주소 포항)이 乙회사(본점소재지 원주)에 대해 약속어음공정증서에 의한 금전채권을 갖고 있는데, 乙회사가 그 소유인 부동산(소재지 강원 고성)을 丙회사(본점소재지 인천)에 매도&등기를 경료해주자, 甲이 丙회사를 상대로 사해행위취소 및 말소등기절차의 이행청구의 소를 포항지원에 제기한 사안. 사해행위취소에 따른 원상회복으로서 말소등기의무의 이행지는 원고의 주소지가 아니라 등기관서의 소재지라고 보아,[63] 관할위반을 이유로 포항지원에서 속초지원으로 이송을 하였음.

(2) 특허권 등 지식재산권, 광업권, 어업권, 건설기계, 자동차, 항공기 등의 등록에 관한 소에서 본 규정의 실익이 있다.

자. 지식재산권 등에 관한 소(제24조)

제24조(지식재산권 등에 관한 특별재판적) ① 특허권, 실용신안권, 디자인권, 상표권, 품종보호권(이하 "특허권등"이라 한다)을 제외한 지식재산권과 국제거래에 관한 소를 제기하는 경우에는 제2조 내지 제23조의 규정에 따른 관할법원 소재지를 관할하는 고등법원이 있는 곳의 지방법원에 제기할 수 있다. 다만, 서울고등법원이 있는 곳의 지방법원은 서울중앙지방법원으로 한정한다.
② 특허권등의 지식재산권에 관한 소를 제기하는 경우에는 제2조부터 제23조까지의 규정에 따른 관할법원 소재지를 관할하는 고등법원이 있는 곳의 지방법원의 전속관할로 한다. 다만, 서울고등법원이 있는 곳의 지방법원은 서울중앙지방법원으로 한정한다.
③ 제2항에도 불구하고 당사자는 서울중앙지방법원에 특허권등의 지식재산권에 관한 소를 제기할 수 있다.

(1) 제1항은 특허권등을 제외한 지식재산권과 국제거래에 관한 소를 제기할 때에 이른바 광역토지관할을 인정한 것이다. 실무상 저작권법, 부정경쟁방지 및 영업비밀보호에 관한 법률에 관한 소가 이에 해당한다. 이 경우 제2조 내지 제23조의 규정에 의한 지방법원에 소를 제기할 수 있지만, 그 관할 고등법원 소재지의 지방법원에도 소를 제기할 수 있다. 예컨대 인천거주 甲이 청주거주의 乙을 상대로 저작권침해의 손해배상청구의 소를 제기하는 경우 피고의 보통재판적 소재지인 청주지방법원과 특별재판적으로서 의무이행지인 인천지방법원이 통상의 관할법원이 되지만, 청주를 관할하는 고등법원 소재지인 대

63) 한편 사해행위취소로 인한 원상회복을 가액배상으로 하는 경우 그 이행의 상대방은 채권자이므로(대법원 2008. 4. 24. 선고 2007다84352 판결), 이 경우 의무이행지는 채권자의 주소지로 보는 것이 타당하다 할 것이다(주석 민사소송법(Ⅰ), 146면).

전지방법원과 인천을 관할하는 고등법원 소재지인 서울중앙지방법원도 경합적으로 관할권을 갖게 된다.

(2) 제2항은 특허권등의 지식재산권에 관한 소를 제기할 경우 적용된다. 따라서 특허권, 실용신안권, 디자인권, 상표권 침해소송은 제2조 내지 제23조 규정에 의한 지방법원에 소를 제기할 수 없고, 그 관할 고등법원 소재지의 지방법원에만 소제기할 수 있도록 하였다. 아울러 이와 선택적으로 서울중앙지방법원에도 소제기할 수 있도록 하였다(제24조 제3항). 이른바 선택적 중복관할을 인정한 것이다.

이에 따라 2015년 개정 법원조직법[64] 제28조의4 제2호는 민사소송법 제24조 제2항 및 제3항에 따른 사건의 항소사건을 특허법원의 전속관할로 하였다. 따라서 특허침해사건의 항소심은 고등법원이 아니라 특허법원이 심리한다. 이는 심리에 적합한 체계와 숙련된 경험을 갖춘 전문 재판부에 사건을 집중시킴으로써 충실한 심리와 신속한 재판뿐만 아니라 지식재산권의 적정한 보호에 이바지하기 위한 이유에서이다.[65]

5. 관련재판적

가. 의 의

관련재판적은 수 개의 청구를 병합한 경우 하나의 청구에 관한 재판적이 인정되면 나머지 청구에 대해서도 그 재판적이 인정되는 것이다(제25조 제1항). 병합청구의 재판적이라고도 한다. 원고의 소제기 편의와 피고의 응소 편의, 그리고 소송자료나 증거자료를 공통적으로 이용하여 소송을 합리적으로 처리할 수 있는 이점이 있다. 본소와 병합하여 제기하는 반소의 경우, 반소법원의 관할은 본소법원의 재판적에 의하여 판단할 수 있는 것과 같다(제269조).

나. 객관적 병합의 관련재판적(제25조 제1항)

> **제25조(관련재판적)** ① 하나의 소로 여러 개의 청구를 하는 경우에는 제2조 내지 제24조의 규정에 따라 그 여러 개 가운데 하나의 청구에 대한 관할권이 있는 법원에 소를 제기할 수 있다.

(1) 청구병합의 경우 관련재판적이 인정되기 위해서는 ① 한 개의 소로써 수 개의 청구를 하는 경우일 것, ② 수소법원이 수 개의 청구 중 적어도 한 청구에 관하여 관할권을

64) 2015. 12. 1. 법률 제13522호로 개정되어 2016. 1. 1.부터 시행되었다.
65) 대법원 2019. 4. 10.자 2017마6337 결정.

가질 것, ③ 다른 법원의 전속관할에 속하는 청구가 아닐 것, ④ 토지관할에 한할 것을 요한다. 그러나 사물관할에 관하여서는 적용이 없으며, 이 경우는 합산의 원칙으로 처리된다.

(2) 다만 제25조 제1항은 제2조 내지 제24조의 규정에 따라 어느 하나의 청구에 대한 관할권이 있는 법원에 다른 청구를 병합하여 소를 제기할 수 있다고 규정하고 있지만, 반드시 이에 한정시키지 않고, 합의관할이나 변론관할에 의하여 관할권이 생기는 경우에도 적용된다는 것이 통설이다.[66]

다. 주관적 병합의 관련재판적(제25조 제2항)

제25조(관련재판적) ② 소송목적이 되는 권리나 의무가 여러 사람에게 공통되거나 사실상 또는 법률상 같은 원인으로 말미암아 그 여러 사람이 공동소송인(共同訴訟人)으로서 당사자가 되는 경우에는 제1항의 규정을 준용한다.

(1) 주관적 병합의 경우 관련재판적을 인정하는 법규정이 없었기 때문에 확대 적용되느냐에 관해서 다툼이 있었다. 그러나 1990년 개정 민사소송법 제25조 제2항에 '소송목적이 되는 권리나 의무가 여러 사람에게 공통되거나 사실상 또는 법률상 같은 원인으로 말미암아 그 여러 사람이 공동소송인으로서 당사자가 되는 경우에는 제1항의 규정을 준용한다'고 규정하였다. 따라서 제65조 전문에 해당되는 공동소송, 즉 공동피고 간에 실질적인 견련관계가 있는 공동소송이면 어느 한 피고에 대하여 관할권이 있는 법원에 다른 피고에 대한 청구도 공통의 관할권을 인정한다. 예컨대 채권자가 연대채무자 甲(수원)과 乙(부산)을 상대로 수원지방법원에 공동소송을 제기한 경우, 피고 甲에 대해서는 관할권이 있지만 피고 乙에 대해서는 독립한 관할권이 없는 때에, 연대채무자인 甲과 乙은 의무를 공통으로 하여 제65조 전문의 견련관계가 있으므로, 피고 乙에 대해서도 관련재판적이 인정되어 수원지방법원에 관할권이 인정된다.

(2) 주의할 것은 관련재판적을 발생시킬 목적으로 본래 소제기할 의도가 없는 공동피고를 추가한 것은 관할선택권의 남용으로 제25조의 적용이 배제된다는 점이다.[67]

판 례 **관할선택권의 남용 사례(대법원 2011. 9. 29.자 2011마62 결정)**

민사소송의 당사자와 소송관계인은 신의에 따라 성실하게 소송을 수행하여야 하고(민사소송법 제1조 제1

66) 강현중, 173면; 김홍규/강태원, 164면; 김홍엽, 83면; 박재완, 31면; 손한기, 41면; 이시윤, 111면; 전병서, 202면; 전원열, 126면; 정동윤/유병현/김경욱, 163면; 정영환, 224면; 호문혁, 183면. 반대: 한충수, 73면.

67) 대법원 2011. 9. 29.자 2011마62 결정.

항[68]), 민사소송의 일방 당사자가 다른 청구에 관하여 관할만을 발생시킬 목적으로 본래 제소할 의사 없는 청구를 병합한 것이 명백한 경우에는 관할선택권의 남용으로서 신의칙에 위배되어 허용될 수 없으므로, 그와 같은 경우에는 관련재판적에 관한 민사소송법 제25조의 규정을 적용할 수 없다.

☞ 변호사 甲과 乙사찰이 소송위임계약으로 인하여 생기는 일체 소송은 전주지방법원을 관할법원으로 하기로 합의하였는데, 甲이 乙사찰을 상대로 소송위임계약에 따른 성공보수금의 지급을 구하면서 乙사찰의 대표단체인 丙재단을 공동피고로 추가하여 丙재단의 주소지를 관할하는 서울중앙지방법원에 소를 제기한 사안임. 대법원은, 甲이 위 소를 제기하면서 丙재단을 공동피고로 추가한 것은 실제로는 丙재단을 상대로 성공보수금을 청구할 의도는 없으면서도 단지 丙재단의 주소지를 관할하는 서울중앙지방법원에 관할권을 생기게 하기 위함이고, 따라서 甲의 위와 같은 행위는 관할선택권의 남용으로서 신의칙에 위반하여 허용될 수 없으므로 관련재판적에 관한 민사소송법 제25조는 적용이 배제되어 서울중앙지방법원에는 甲의 乙사찰에 대한 청구에 관하여 관할권이 인정되지 않는다고 하였음.

라. 효 과

(1) 관할권의 창설

병합된 청구 중 원래 관할권이 없는 청구에 관하여도 수소법원에 관할권이 창설된다. 따라서 피고는 관할위반의 항변을 할 수 없다.

(2) 관할의 항정

관련재판적이 인정된 이상 원래 관할권 있는 청구가 취하되거나 각하되더라도 이미 다른 청구에 관하여 인정된 관련재판적에는 아무런 영향이 없다(제33조 참조).

Ⅵ. 지정관할

제28조(관할의 지정) ① 다음 각호 가운데 어느 하나에 해당하면 관계된 법원과 공통되는 바로 위의 상급법원이 그 관계된 법원 또는 당사자의 신청에 따라 결정으로 관할법원을 정한다.
1. 관할법원이 재판권을 법률상 또는 사실상 행사할 수 없는 때
2. 법원의 관할구역이 분명하지 아니한 때
② 제1항의 결정에 대하여는 불복할 수 없다.

1. 의 의

일률적으로 법정된 관할만으로는 구체적인 관할법원이 결정되지 아니할 경우에 상급

68) 이는 제2항의 오기로 보인다.

법원이 보충적으로 이를 지정하는 제도이다. 재정관할이라고도 한다(제28조).

2. 지정의 원인

관할법원이 재판권을 법률상 또는 사실상 행사할 수 없는 때(제28조 제1항 제1호), 법원의 관할구역이 분명하지 아니한 때(제2호)에 해당하는 경우이다. 가정법원과 지방법원 중 어느 법원의 관할에 속하는지 명백하지 아니한 경우에도 마찬가지이다(가소 제3조).

3. 지정절차

(1) 관계된 법원 또는 당사자의 신청에 따른 결정이 필요하다. 이 신청서는 사유를 적어 바로 위의 상급법원에 제출한다(민소규 제7조 제1항). 지정하는 법원은 관계된 법원의 공통된 바로 위의 상급법원이며, 관계되는 법원들에게 공통되는 바로 위 상급법원이 없는 때에는 한 급 더 올라간다. 예컨대 서울북부지방법원과 서울중앙지방법원 사이에서는 서울고등법원이 되나, 서울북부지방법원과 전주지방법원 사이에서는 대법원이 된다.[69]

(2) 소제기 후 위 지정신청이 있게 되면 긴급한 필요가 있는 행위를 하는 경우를 제외하고는 신청에 대한 결정이 있을 때까지 소송절차를 정지하여야 한다(민소규 제9조).

(3) 위 신청을 받은 법원은 그 신청에 정당한 이유가 있는 경우에는 관할법원을 지정하는 결정을, 이유가 없는 경우에는 신청을 기각하는 결정을 한다(민소규 제8조 제1항).

4. 지정의 효과

(1) 관할법원을 지정하는 결정에 의하여 관할권이 없던 법원에 관할권이 창설적으로 발생하며, 이 재판은 관계된 법원과 당사자는 물론 다른 법원도 구속하기 때문에, 지정받은 법원은 사건을 다른 법원에 이송할 수 없고 당사자는 관할지정결정에 대해 불복이 불가능하다(제28조 제2항). 그러나 관할지정신청기각의 결정에 대해 항고가 가능하다(제439조).

(2) 소송이 계속된 법원이 아닌 다른 법원으로의 지정결정정본을 송달받은 경우 소송이 계속된 법원의 법원사무관등은 바로 그 결정정본과 소송기록을 지정된 법원에 보내야 한다(민소규 제8조 제3항).

69) 이시윤, 113면; 정영환, 226면; 호문혁, 193면.

VII. 합의관할

> **제29조(합의관할)** ① 당사자는 합의로 제1심 관할법원을 정할 수 있다.
> ② 제1항의 합의는 일정한 법률관계로 말미암은 소에 관하여 서면으로 하여야 한다.

1. 의 의

소송의 당사자는 법정관할에 구속되지 않고 자유롭게 합의로 관할을 정할 수 있다. 당사자가 합의에 의하여 법정관할 법원과 다른 법원을 선택하는 경우에도 그것이 공익에 반하지 않는 한 굳이 금지할 필요는 없다. 다만 전속관할은 고도의 공익상 인정되는 경우이므로 이를 제외하는 합의관할은 효력이 없다(제31조).

2. 관할합의의 성질

관할의 합의는 소송행위로서 소송계약의 일종이다. 관할의 합의에는 소송능력이 필요하다. 관할의 합의는 임대차계약과 같은 사법상의 계약과 동시에 체결되는 수가 있지만 소송행위이기 때문에 사법상의 계약과 운명을 같이하는 것이 아니다. 따라서 본 계약인 사법상의 계약이 무효·취소 또는 해제되었다 하여도 원칙적으로 관할합의의 효력에 영향이 없다(무인성). 분쟁이 생겼으므로 제일 말미에 있는 관할합의가 드디어 효력을 발휘한다.

3. 관할합의의 요건

가. 제1심법원의 임의관할에 한하여 할 것(제29조 제1항)

(1) 지방법원 단독판사와 합의부의 관할사건에 한해 합의할 수 있다. 법원의 어떤 특정한 재판부나 법관에게 재판을 받기로 하는 합의는 사무분담에 관한 것이므로 무효이다.

(2) 토지관할과 사물관할 등 임의관할에 한하여 합의할 수 있고, 전속관할이 정해져 있는 때에는 합의할 수 없다(제31조).

나. 합의의 대상이 특정되었을 것(제29조 제2항)

예컨대 일정한 매매계약상의 소송, 임대차계약상의 소송과 같이 합의의 대상인 법률관계를 특정하여야 한다. 따라서 당사자 간에 앞으로 발생할 모든 법률관계에 관한 소송에 대한 합의, 즉 포괄적 합의라면 특정되었다고 할 수 없기 때문에 무효이다.

다. 합의의 방식이 서면일 것(제29조 제2항)

당사자의 의사를 명확하게 하기 위한 것이다. 합의는 반드시 동일서면에 의하여 체결될 것을 요하지 아니하며 별개의 서면으로 하여도 되고, 또 때를 달리하여도 된다. 차용증에 관할합의의 문구가 부동문자로 인쇄되어 있는 경우 예문이 아니라고 본 판례가 있다.[70)]

라. 합의의 시기

이에 관하여 아무런 제약이 없다. 소를 제기한 후에도 합의를 할 수 있지만, 이는 소송이송의 전제로서 그 의미가 있을 뿐이다.

마. 관할법원이 특정되었을 것

반드시 1개의 법원으로 특정할 필요는 없고 수 개의 법원을 정하여도 무방하다. 다만 전국의 모든 법원을 관할법원으로 하는 합의, 원고가 지정하는 법원에 관할권을 인정하는 합의[71)]는 무효이다. 모든 법원의 관할을 배제하는 합의는 부제소특약으로 볼 것이다.

판 례 **당사자 일방이 지정하는 법원의 관할합의 유효성(대법원 1977. 11. 9.자 77마284 결정)**

당사자 중 "일방이 지정하는 법원을 관할 법원으로 한다"는 내용의 관할에 관한 합의는 피소자의 권리를 부당하게 침해하고 공평의 원칙에 어긋나는 결과가 되어 무효이다.

4. 관할합의의 모습(태양)

(1) '전속적 합의'는 특정의 법원만 관할을 인정하고 그 밖의 법원의 관할을 배제하는 합의를 말하고, '부가적 합의'는 법정관할 외에 1개 또는 수 개의 법원을 덧붙이는 합의를 의미한다.

(2) 관할합의가 전속적 합의인지 부가적 합의인지 분명할 때에는 합의된 바에 따른다. 그러나 그와 같은 명시적 합의가 없어 불분명할 때에는 경합하는 법정관할법원 중 어느 하나를 지정하였을 때에는 전속적 합의로, 그렇지 않은 경우에는 부가적 합의로 보는 것이 통설 및 판례의 태도이다.[72)]

---

70) 대법원 2008. 3. 13. 선고 2006다68209 판결.

71) 대법원 1977. 11. 9.자 77마284 결정.

72) 대법원 2008. 3. 13. 선고 2006다68209 판결; 대법원 2015. 9. 15.자 2015마836 결정; 강현중, 178면; 이시윤, 116면; 정영환, 230면. 이에 대하여 특별한 사정이 없는 한 전속적 합의로 보고 다만 약관에 의한 경우는 통설·판례와 같이 보는 견해(정동윤/유병현/김경욱, 167면; 한충수, 77면), 당사자 사이에 다툼이 있는 경우까지 법정관할을 배제하는 것은 무리이므로 부가적 합의로 해석해야 한다는 견해(호문혁, 195면)가 있다.

5. 관할합의의 효력

가. 관할권의 발생

합의가 성립되면 그 내용대로 관할의 변경이 발생한다. 부가적이라면 그 법원에 관할이 생기고, 전속적이라면 다른 법원의 법정관할이 배제된다. 다만 전속적 합의관할이라 해도 그 성질은 임의관할일 뿐, 전속관할이 아니기 때문에, 법원은 현저한 지연을 피하기 위한 공익상의 요청이 있는 경우 이송을 할 수 있고(제35조),[73] 관할법원 이외의 법원에 변론관할이 생길 가능성도 여전히 있다(제30조).

나. 주관적 범위

(1) 관할의 합의는 당사자 사이의 소송상 합의이므로, 그 효력은 합의한 당사자 및 그 일반승계인에게 미치고, 제3자에게는 미치지 않는다. 따라서 예컨대 채권자와 보증인 간의 관할합의의 효력은 주채무자에게 미치지 않는다.[74]

(2) 그러나 특정승계인에게도 관할합의의 효력이 미치는지 문제되는데, ① 부동산에 관한 물권의 특정승계인에게는 미치지 않는다. 물권법정주의(민법 제185조)가 적용되어 당사자가 그 내용을 변경할 수 없고, 또 합의된 바를 등기부상 공시할 수 없기 때문이다.[75] ② 반면에 지명채권의 양수인과 같이 채권의 특정승계인의 경우 관할합의의 효력은 특정승계인에게도 미친다.[76] 채권은 당사자가 권리관계의 내용을 자유롭게 정할 수 있기 때문이다. ③ 그러나 채권의 특정승계인이라 하더라도 채권양도로 그 사건이 국제적(외국적 요소)으로 된 경우에는 관할합의의 효력이 미치지 아니한다.[77]

판 례 **물권의 특정승계인(대법원 1994. 5. 26.자 94마536 결정)**

관할의 합의의 효력은 부동산에 관한 물권의 특정승계인에게는 미치지 않는다고 새겨야 할 것인바, 부동산 양수인이 근저당권 부담부의 소유권을 취득한 특정승계인에 불과하다면(근저당권 부담부의 부동산의 취득자가 그 근저당권의 채무자 또는 근저당권설정자의 지위를 당연히 승계한다고 볼 수는 없다), 근저당권설정자와 근저당권자 사이에 이루어진 관할합의의 효력은 부동산 양수인에게 미치지 않는다.

---

73) 대법원 2008. 12. 16.자 2007마1328 결정.
74) 대법원 1988. 10. 25. 선고 87다카1728 판결.
75) 대법원 1994. 5. 26.자 94마536 결정.
76) 대법원 2006. 3. 2.자 2005마902 결정.
77) 대법원 2008. 3. 13. 선고 2006다68209 판결.

판 례 **채권의 특정승계인(지명채권의 양수인)(대법원 2006. 3. 2.자 2005마902 결정)**

관할의 합의는 소송법상의 행위로서 합의 당사자 및 그 일반승계인을 제외한 제3자에게 그 효력이 미치지 않는 것이 원칙이지만, 관할에 관한 당사자의 합의로 관할이 변경된다는 것을 실체법적으로 보면, 권리행사의 조건으로서 그 권리관계에 불가분적으로 부착된 실체적 이해의 변경이라 할 수 있으므로, 지명채권과 같이 그 권리관계의 내용을 당사자가 자유롭게 정할 수 있는 경우에는, 당해 권리관계의 특정승계인은 그와 같이 변경된 권리관계를 승계한 것이라고 할 것이어서, 관할합의의 효력은 특정승계인에게도 미친다.

판 례 **채권의 특정승계와 외국적 요소(대법원 2008. 3. 13. 선고 2006다68209 판결)**

[1] 당사자들이 법정 관할법원에 속하는 여러 관할법원 중 어느 하나를 관할법원으로 하기로 약정한 경우, 그와 같은 약정은 그 약정이 이루어진 국가 내에서 재판이 이루어질 경우를 예상하여 그 국가 내에서의 전속적 관할법원을 정하는 취지의 합의라고 해석될 수 있지만, 특별한 사정이 없는 한 다른 국가의 재판관할권을 완전히 배제하거나 다른 국가에서의 전속적인 관할법원까지 정하는 합의를 한 것으로 볼 수는 없다. 따라서 채권양도 등의 사유로 외국적 요소가 있는 법률관계에 해당하게 된 때에는 다른 국가의 재판관할권이 성립할 수 있고, 이 경우에는 위 약정의 효력이 미치지 아니하므로 관할법원은 그 국가의 소송법에 따라 정하여진다고 봄이 상당하다.

[2] 일본국에 거주하던 채권자와 채무자가 일본국에서 일본국 통화를 대차하면서 작성한 차용증에 채무자들의 일본 내 주소를 기재하고 차용금액 등을 기재하였는데, 위 증서는 당시 문구점에서 판매하던 것으로서 분쟁 발생시 채권자의 주소지 법원을 제1심 관할법원으로 한다는 문구가 부동문자로 인쇄되어 있던 사안에서, 위 문구는 예문이 아니고 법정 관할법원 중 하나인 일본국 내 채권자 주소지 법원을 관할법원으로 하기로 하는 전속적 관할합의에 해당한다고 한 사례.

[3] 일본국에 거주하던 채권자와 채무자가 돈을 대차하면서 채권자 주소지 법원을 제1심 관할법원으로 하는 전속적 관할합의를 하였는데, 그 후 위 채권이 국내에 주소를 둔 내국인에게 양도되어 외국적 요소가 있는 법률관계가 된 경우, 위 관할합의의 효력이 이에 미치지 아니하여 대한민국 법원에 재판관할권이 있다고 한 사례.

6. 관련문제: 약관에 의한 관할합의

(1) 최근에는 관할합의가 보통거래약관 속에 부동문자로 기재되는 경우가 많다. 대체로 대기업의 본사 소재지를 전속적 합의로 하여 원격지에 거주하는 소비자에게 불리한 경우가 많다. 이에 대하여 약관의 규제에 관한 법률 제14조는 고객에게 부당하게 불리한 소제기 금지조항 또는 재판관할의 합의조항은 무효로 한다고 규정하고 있다.

(2) 이에 따라 판례는 대전에 주소를 둔 계약자와 서울에 주영업소를 둔 건설회사 사이에 체결된 아파트 공급계약서상의 "본 계약에 관한 소송은 서울민사지방법원을 관할법원으로 한다"라는 관할합의조항은 고객에게 부당하게 불리한 재판관할의 합의조항에 해

당하여 무효라고 하였고,[78] 주택분양보증약관에서 '대한주택보증 주식회사의 관할 영업점 소재지 법원'을 전속적 합의관할 법원으로 정한 사안에서는, 추후 위 회사의 내부적인 업무조정에 따라 전속적 합의관할이 변경된다면 당사자 중 일방이 지정하는 법원에 관할권을 인정한다는 관할합의조항에 다름 아니어서 이는 고객에게 부당하게 불이익을 주는 것으로서 무효이므로, 위 약관의 관할합의조항을 주택분양보증계약이 체결될 당시 이를 관할하던 위 회사의 영업점 소재지 법원으로 한정하여 해석하였다.[79]

판 례 **약관에 의한 관할합의의 유효성(대법원 1998. 6. 29.자 98마863 결정)**

대전에 주소를 둔 계약자와 서울에 주영업소를 둔 건설회사 사이에 체결된 아파트 공급계약서상의 "본 계약에 관한 소송은 서울민사지방법원을 관할법원으로 한다"라는 관할합의 조항은 약관의규제에관한법률 제2조 소정의 약관으로서 민사소송법상의 관할법원 규정보다 고객에게 불리한 관할법원을 규정한 것이어서 사업자에게는 유리할지언정 원거리에 사는 경제적 약자인 고객에게는 제소 및 응소에 큰 불편을 초래할 우려가 있으므로 약관의규제에관한법률 제14조 소정의 '고객에 대하여 부당하게 불리한 재판관할의 합의조항'에 해당하여 무효라고 보아야 한다.

(3) 한편 사업자와 고객 사이에서 사업자의 영업소를 관할하는 지방법원으로 전속적 관할합의를 하는 내용의 약관조항의 유효성 판단기준을 제시한 판례도 있는데, 이러한 약관조항을 무효로 보기 위해서는 위 조항이 고객에게 다소 불이익하다는 점만으로는 부족하고, 사업자가 그 거래상의 지위를 남용하여 이러한 약관조항을 작성·사용함으로써 건전한 거래질서를 훼손하는 등 고객에게 부당하게 불이익을 주었다는 점이 인정되어야 하는데, 이는 그 약관조항에 의하여 고객에게 생길 수 있는 불이익의 내용과 불이익 발생의 개연성, 당사자들 사이의 거래과정에 미치는 영향, 관계 법령의 규정 등 제반사정을 종합하여 판단하여야 한다고 하며, 경주에 주소를 둔 계약자와 대구에 사무실을 둔 변호사 사이에 "이 위임계약으로 인하여 생기는 일체의 소송에 대하여는 대구지방법원을 전속 관할법원으로 한다"라는 관할합의조항을 유효로 보았다.[80]

78) 대법원 1998. 6. 29.자 98마863 결정.

79) 대법원 2009. 11. 13.자 2009마1482 결정. 주택분양보증계약 체결 당시 위 회사의 관할 영업점은 부산지점이었는데, 그 후 대구 수성구 소재 영남관리센터로 업무가 이관되었다 하더라도, 대구가 아닌 부산을 관할 영업점 소재지 법원으로 보아야 한다고 하였다.

80) 대법원 2008. 12. 16.자 2007마1328 결정.

Ⅷ. 변론관할

> **제30조(변론관할)** 피고가 제1심 법원에서 관할위반이라고 항변(抗辯)하지 아니하고 본안(本案)에 대하여 변론(辯論)하거나 변론준비기일(辯論準備期日)에서 진술하면 그 법원은 관할권을 가진다.

1. 의 의

변론관할은 원고가 관할권 없는 법원에 소를 제기하였는데 피고가 항변하지 아니하고 본안에 대하여 변론을 함으로써 생기는 관할을 말한다(제30조). 피고가 본안에 변론한 경우 일부러 관할 있는 법원에 이송할 필요가 없고, 차라리 합의관할에 준하여 그 법원에 관할을 인정하는 것이 당사자의 이익이나 소송경제에 부합한다는 점에서 변론관할이 인정되는 것이다. 변론관할로 인해 관할권 없는 법원에 관할권이 생기는 경우가 실무상 많다.

2. 요 건

가. 원고의 관할권 없는 제1심법원에의 소제기

관할권 없는 제1심법원에 소가 제기되었을 것을 요한다. 다만 전속관할의 경우에는 변론관할이 생길 여지가 없다. 그러나 소제기 당초에는 단독판사에 관할권이 있었으나 그 뒤 청구취지의 확장·반소 등의 제기에 의하여 관할위반이 된 경우에도 상대방이 이의 없이 본안변론을 하면 단독판사에 변론관할이 생긴다(제269조 제2항 단서). 다만 항소심에서는 소가가 늘어나더라도 이미 제1심에서 사물관할 및 이에 따른 심급관할이 정해졌기 때문에 관할권에 영향이 없다.[81]

나. 피고의 이의 없는 본안변론

(1) 관할위반의 항변을 제출하지 아니하고, 본안에 관하여 변론하거나 변론준비기일에 진술하여야 한다. '본안'이란 청구인 법률관계의 당부를 말로 진술하는 것을 말한다. 즉 피고가 청구의 이유유무에 대해 진술하여야 한다. 본안에 대한 것이어야 하므로 실체사항

---

81) 대법원 1970. 6. 30. 선고 70다743 판결; 대법원 1992. 5. 12. 선고 92다2066 판결; 대법원 2011. 7. 14.자 2011그65 결정. 즉 제1심 단독에서 항소하여 지방법원 합의부 심리 계속 중 소가가 5억 원 초과로 증액되었다 하더라도, 고등법원으로 이송해야 하는 것이 아니라, 지방법원 합의부가 계속해서 항소심 사건을 처리하면 된다. 소제기에 의해 심급관할이 정해지는 관할항정의 원칙이 적용된 결과이다.

이 아니라 절차사항에 불과한 기피신청, 기일변경신청, 소송요건 흠의 주장 등은 포함하지 않는다.

(2) 여기서 피고가 단지 원고의 청구에 대하여 청구취지에 대한 답변으로 청구기각의 판결만을 구하고 청구의 원인에 관한 답변을 다음기일로 미룬 경우에도 본안에 대하여 변론한 것으로 보아 변론관할이 발생한다는 것이 통설의 태도이다.[82)][83)]

(3) 변론은 출석하여 기일에서 말로 적극적으로 하여야 하므로, 준비서면의 제출만 한 채 당사자가 기일에 결석한 경우에는 준비서면이 진술간주되어도 변론이라 할 수 없어 변론관할이 생기지 않는다.[84)]

다. 피고의 관할위반의 항변 부존재

피고의 관할위반의 항변이 없어야 한다. 관할위반의 항변은 묵시적인 경우도 가능하다. 피고가 일단 이의를 보류하고 조건부로 본안에 응소한 때, 즉 관할권이 있는 것을 조건으로 본안에 관한 변론을 하는 때에는 관할위반의 항변이 있는 것으로 보아야 하므로,[85)] 변론관할이 생기지 않는다.

3. 효 과

(1) 피고의 변론 또는 진술로 당연히 그 법원에 관할이 생긴다. 다만 본안변론을 하는 시점에서 변론관할이 생기는 것이다. 따라서 그 소는 관할위반이 되지 않는다.

(2) 그리고 변론관할은 그 사건에 한하여 생긴다. 따라서 소의 취하 또는 부적법 각하 뒤에 다시 제기하는 경우에는 그 효력이 미치지 않는다. 본소가 단독사건인 경우에 피고가 합의사건에 속하는 반소청구를 한 때에는 본소와 반소를 합의부로 이송하여야 하는데, 다만 반소에 관하여 변론관할이 발생하면 이송하지 않는다(제269조 제2항 참조).

---

82) 강현중, 182면; 정동윤/유병현/김경욱, 172면; 정영환, 235면; 호문혁, 200면. 이에 대하여 청구기각의 판결을 구한 것만으로는 피고의 본안에 관한 변론의사를 판단하기 어렵고, 개정된 법(제256조 제4항)과 규칙(민소규 제65조 제3항)에 따라 방식에 부합하는 답변서의 제출을 피고에게 촉구한 후 이에 따라 변론관할 창설 여부를 판단해야 한다는 견해가 있다(한충수, 80면).

83) 이와 구별할 것이, 이처럼 형식적 답변서를 제출한 경우 상대방의 주장사실을 명백히 다투는 것으로 볼 수 없다고 하여 제150조 제1항의 자백간주가 성립한다고 하고(대법원 1989. 7. 25. 선고 89다카4045 판결), 항소심의 반소제기에서 상대방이 이의 없이 반소본안에 관해 변론한 것(제412조 제2항)으로 볼 수 없다고 하여 항소심 반소가 불가능하다고 한다(대법원 1991. 3. 27. 선고 91다1783, 1790 판결).

84) 대법원 1980. 9. 26.자 80마403 결정.

85) 강현중, 181면; 김홍엽, 93면; 이시윤, 120면; 정동윤/유병현/김경욱, 171면; 정영환, 235면; 호문혁, 200면.

IX. 관할권의 조사

1. 직권조사

> **제32조(관할에 관한 직권조사)** 법원은 관할에 관한 사항을 직권으로 조사할 수 있다.

(1) 관할권의 존재는 소송요건이다. 따라서 법원은 언제라도 그 존재에 대하여 의심이 있는 때에는 관할권을 직권으로 조사할 수 있다(제32조).[86]

(2) 전속관할은 관할위반을 간과한 본안판결을 한 경우라도 그 흠이 치유되지 않기 때문에(제411조 단서, 제424조 제1항 제3호), 상소심에서도 조사의 대상이 된다. 그러나 임의관할은 본안판결을 한 경우 관할위반을 상소심에서 다툴 수 없기 때문에(제411조 본문), 제1심에 한하여 조사의 대상이 된다.

(3) 전속관할의 존부는 직권증거조사를 해야 하지만, 임의관할의 존부는 변론주의에 따라 당사자 간에 다툼이 있는 경우에 한하여 조사하고, 다툼이 없으면 관할을 인정해도 된다.

2. 조사의 정도·자료

관할을 정하는데 필요한 한도 내에서 한다. ① 먼저 관할원인이 청구원인과 관련된 경우, 법원은 관할권의 유무를 확인한 후 본안심리에 들어가야 하므로, 원고가 주장하는 청구원인 사실관계를 기초로 하여 관할권 유무를 조사·판단하면 되고, 본안심리한 뒤에 그 결과를 토대로 판단해서는 아니 된다.[87] 예컨대 원고가 불법행위지에 소를 제기하였는데 본안심리결과 불법행위가 아니라는 점이 판명되었다 하여 이를 들어 관할권의 흠결이라고 판단해서는 아니 된다. ② 다음으로 관할원인이 청구원인과 관련 없이 법원과의 특수관계로 정해지는 경우, 예컨대 합의관할에서는 합의의 유효성 등 관할원인과 관계된 사실을 증거조사하여 판단한다.

3. 관할결정의 표준시기

> **제33조(관할의 표준이 되는 시기)** 법원의 관할은 소를 제기한 때를 표준으로 정한다.

---

86) 대법원 1993. 12. 6.자 93마524 전원합의체 결정.

87) 대법원 2004. 7. 14.자 2004무20 결정.

가. 관할항정의 원칙

(1) 법원의 관할은 원고가 소를 제기한 때를 표준으로 한다(제33조). 그 후 사정변경이 있어도 관할에 아무런 영향을 주지 아니한다. 이것을 관할의 항정이라고 한다. 따라서 소송계속 중 토지관할의 원인사유의 변경(예컨대 피고의 주소변경), 소의 일부취하, 소송참가, 소의 일부판결 또는 법원에 의한 변론의 분리나 병합이 있더라도 토지·사물관할에 변동을 가져오지 아니한다.

(2) 관할항정의 원칙은 소제기 후 사실심 변론종결시까지 관할위반의 하자가 치유되는 것을 부정하는 것은 아니다. 따라서 소제기시 관할위반이 있더라도 사실심 변론종결시까지 관할원인이 생기면 그 하자는 치유된다.

나. 관할항정의 원칙에 대한 예외

① 제1심에서 단독판사에 본소사건이 계속되어 있는데 합의부 관할에 속하는 사건이 반소로 제기된 경우, ② 제1심에서 청구취지의 확장으로 합의부의 관할이 된 경우, 각 합의부로 이송된다. 그러나 항소심에서는 소가가 늘어나더라도 이미 제1심에서 사물관할 및 이에 따른 심급관할이 정해졌기 때문에 관할권에 영향이 없음은 앞서 살펴보았다.[88]

4. 조사의 결과

(1) 관할의 유무에 관하여 다툼이 있는 때에는 중간판결(제201조)이나 종국판결의 이유 중에서 이를 판단하여야 한다. 관할권을 부정할 경우에는 소각하판결을 할 것이 아니라 직권으로 관할법원에 이송하여야 한다(제34조 제1항).

(2) 관할권 없는 법원이 이를 간과하고 본안판결을 하더라도 상소심에서는 그것이 전속관할 위반이 아닌 한 문제되지 않는다(제411조 본문). 전속관할 위반이라면 확정 전이면 상소할 수 있으나(제411조 단서, 제424조 제1항 제3호), 확정 후에는 재심사유가 되지 않는다.

---

88) 대법원 1970. 6. 30. 선고 70다743 판결; 대법원 1992. 5. 12. 선고 92다2066 판결; 대법원 2011. 7. 14.자 2011그65 결정.

X. 소송의 이송

1. 서 설

가. 의 의

소송의 이송은 어느 법원에 일단 계속된 소송을 그 법원의 결정에 의하여 다른 법원으로 옮기는 것을 말한다. 소송의 이상인 신속과 경제 및 공정한 재판제도 정신의 구현을 위한 것이다.

나. 구별개념

이송은 '이부(移部)', '소송기록의 송부'와 구분해서 이해하여야 하는데, ① 이송은 법원의 교체 내지 변경임에 반해, 이부는 같은 법원 내의 단독판사끼리 혹은 합의부끼리의 사건의 송부를 말한다. ② 소송기록의 송부는 상소·항고를 잘못한 경우에 기록송부라는 사실행위만이 있는 경우를 말한다. 대법원에 특별항고(제449조)만 허용되는 재판에 대한 불복으로 당사자가 고등법원에 일반항고를 한 경우, 고등법원은 이송결정 없이도 이를 특별항고로 보아 대법원에 소송기록을 송부하는 것이 실무례이다.[89]

2. 관할위반에 의한 이송(직권이송)

> **제34조(관할위반 또는 재량에 따른 이송)** ① 법원은 소송의 전부 또는 일부에 대하여 관할권이 없다고 인정하는 경우에는 결정으로 이를 관할법원에 이송한다.

가. 적용범위

(1) 이는 전속관할위반의 경우에 한하지 않으며, 사물관할이든 토지관할이든 가리지 않고 적용된다. 관할위반에 의한 이송규정은 원칙적으로 제1심법원 사이에 적용된다.

(2) 심급관할위반의 경우(수직이송)에도 심급관할위반의 취지에 비추어 제34조를 유추 적용하는 것이 타당하다 할 것이다. 판례는 항소심에서 사건에 대한 본안판결을 한 경우 제1심이 아닌 항소심판결이 재심의 대상이 되므로(제451조 제3항), 항소심판결을 대상으로 한 재심의 소는 항소심에 제기해야 하는데 이를 제1심에 제기한 경우 각하할 것이 아니라

89) 대법원 2016. 6. 21.자 2016마5082 결정.

항소심법원으로 이송해야 한다고 했다.[90)]

(3) 민사소송사항이 아님에도 불구하고 일반법원에 제소한 경우 이종법원 간의 이송도 가능하다. 즉 ① 가사소송사건을 일반민사사건으로 잘못 알고 지방법원에 소제기한 경우 관할법원으로 이송하여야 한다.[91)] ② 행정사건을 일반민사사건으로 잘못 알고 지방법원에 소제기한 경우 수소법원에 관할권이 있으면 심리하고 관할권이 없으면 관할법원으로 이송할 것이라는 것이 판례이다.[92)] ③ 비송사건에 해당함에도 불구하고 소의 형식으로 제기한 경우, 예컨대 법인의 임시이사해임을 민사소송법상의 가처분으로 신청한 사안,[93)] 주주가 상법 제391조의3 제4항에 의한 이사회 의사록의 열람 및 등사청구를 민사소송의 방법으로 한 사안[94)] 등에서 판례는 부적법 각하할 것이라는 입장이었다. 그러나 최근 판례는 명확한 규정이 없어 비송사건임을 알기 어려운 경우 수소법원은 석명을 통해 당사자의 의사를 확인한 후 이송가능성을 긍정하였다.[95)] 이 경우에도 이송을 긍정함이 타당하다고 할 것이다.[96)]

판 례 **가사소송과 이송(대법원 2010. 3. 25. 선고 2009다102964 판결)**

원고의 피고에 대한 이 사건 청구는 피고와 원고의 배우자 사이의 부정한 행위로 인하여 원고가 배우자와 협의이혼을 함으로써 원고의 혼인관계가 파탄에 이르렀음을 원인으로 위자료 3,000만 원 및 이에 대한 지연손해금의 지급을 구하는 손해배상청구임을 알 수 있는바, 이러한 청구는 이혼을 원인으로 하는 제3자에 대한 손해배상청구에 해당하고, 가정법원의 전속관할에 속한다. 그렇다면 서울서부지방법원에 제기된 이 사건 소는 전속관할을 위반하여 제기된 것이므로 원심으로서는 이 사건 청구에 대하여 본안판단을 한 제1심판결을 취소하고 이 사건을 피고의 보통재판적 소재지 가정법원인 서울가정법원에 이송했어야 하는데, 원심은 그러한 조치를 취하지 아니하고 이 사건 청구에 대하여 본안판단을 하고 말았으니, 이러한 원심판결에는 전속관할에 관한 법리를 오해하여 판결에 영향을 미친 위법이 있다. 그러므로 상고이유에 대한 판단을 생략한 채 직권으로 원심판결을 파기하고, 제1심판결을 취소하며, 사건을 다시 심리·판단하게 하기 위하여 관할법원인 서울가정법원에 이송하기로 하여 관여 법관의 일치된 의견으로 주문과 같이 판결한다.

---

90) 대법원 1984. 2. 28. 선고 83다카1981 전원합의체 판결.

91) 대법원 2010. 3. 25. 선고 2009다102964 판결; 대법원 2014. 5. 16. 선고 2013다101104 판결.

92) 대법원 2023. 6. 29. 선고 2021다250025 판결. 그러나 해당 소송이 이미 전심절차 및 제소기간의 도과 또는 처분 등의 부존재 등 행정소송으로서의 소송요건을 결하고 있음이 명백한 경우에는 이송할 것이 아니라 각하하여야 한다고 하였다(대법원 2020. 10. 15. 선고 2020다222382 판결).

93) 대법원 1963. 12. 12. 선고 63다321 판결.

94) 대법원 2013. 3. 28. 선고 2012다42604 판결.

95) 대법원 2023. 9. 14. 선고 2020다238622 판결.

96) 강현중, 186면; 이시윤, 124면; 정동윤/유병현/김경욱, 181면; 한충수, 84면. 이에 대하여 권리보호자격 흠결로 부적법 각하해야 한다는 견해가 있다(김홍엽, 100면; 호문혁, 205면).

판 례 **행정소송과 이송(대법원 2020. 10. 15. 선고 2020다222382 판결)**

원고가 고의 또는 중대한 과실 없이 행정소송으로 제기하여야 할 사건을 민사소송으로 잘못 제기한 경우, 수소법원으로서는 만약 그 행정소송에 대한 관할도 동시에 가지고 있다면 이를 행정소송으로 심리·판단하여야 하고, 그 행정소송에 대한 관할을 가지고 있지 아니하다면 관할법원에 이송하여야 한다. 다만 해당 소송이 이미 행정소송으로서의 전심절차 및 제소기간을 도과하였거나 행정소송의 대상이 되는 처분 등이 존재하지도 아니한 상태에 있는 등 행정소송으로서의 소송요건을 결하고 있음이 명백하여 행정소송으로 제기되었더라도 어차피 부적법하게 되는 경우에는 이송할 것이 아니라 각하하여야 한다.

판 례 **비송사건과 이송(대법원 2023. 9. 14. 선고 2020다238622 판결)**

비송사건절차법에 규정된 비송사건을 민사소송의 방법으로 청구하는 것은 허용되지 않는다. 그러나 소송사건과 비송사건의 구별이 항상 명확한 것은 아니고, 비송사건절차법이나 다른 법령에 비송사건임이 명확히 규정되어 있지 않은 경우 당사자로서는 비송사건임을 알기 어렵다. 이러한 경우 수소법원은 당사자에게 석명을 구하여 당사자의 소제기에 사건을 소송절차로만 처리해 달라는 것이 아니라 비송사건으로 처리해 주기를 바라는 의사도 포함되어 있음이 확인된다면, 당사자의 소제기를 비송사건 신청으로 보아 재배당 등을 거쳐 비송사건으로 심리·판단하여야 하고 그 비송사건에 대한 토지관할을 가지고 있지 않을 때에는 관할법원에 이송하는 것이 타당하다.

나. 직권이송

관할위반이 있는 경우 법원은 직권으로 관할권 있는 법원으로 이송하여야 한다(제34조 제1항). 판례는 관할위반의 경우 당사자에게 이송신청권이 없으며, 당사자가 이송신청을 하더라도 이는 법원의 직권발동을 촉구하는 의미밖에 없으므로 이러한 이송신청에 대한 재판을 할 필요가 없는데, 그럼에도 법원이 이송신청을 거부하는 재판을 하였다 하더라도 이에 대한 항고가 허용되지 않으므로 항고심은 이를 각하해야 하고, 만약 항고심이 각하가 아닌 기각결정을 하였다 하더라도 이에 대한 재항고가 허용되지 않는다고 한다.[97] 그러나 제34조 제1항은 관할권 있는 법원에서 재판받을 피고의 이익을 보호하는 법원의 책무에 관한 규정이지 이송신청권을 부정하는 취지로 해석될 수는 없으므로 다른 이송과의 균형상 이송신청권을 인정함이 타당하다 할 것이다.[98]

97) 대법원 1993. 12. 6.자 93마524 전원합의체 결정; 대법원 2018. 1. 19.자 2017마1332 결정.

98) 김홍규/강태원, 181면; 이시윤, 125면; 정동윤/유병현/김경욱, 185면; 정영환, 245면; 한충수, 88면. 반대: 강현중, 187면; 호문혁, 206면.

판 례 **관할위반의 이송과 이송신청권(대법원 1993. 12. 6.자 93마524 전원합의체 결정)**

[다수의견]

가. 당사자가 관할위반을 이유로 한 이송신청을 한 경우에도 이는 단지 법원의 직권발동을 촉구하는 의미밖에 없는 것이고, 따라서 법원은 이 이송신청에 대하여는 재판을 할 필요가 없고, 설사 법원이 이 이송신청을 거부하는 재판을 하였다고 하여도 항고가 허용될 수 없으므로 항고심에서는 이를 각하하여야 한다.

나. 위 "가"항의 항고심에서 항고를 각하하지 아니하고 항고이유의 당부에 관한 판단을 하여 기각하는 결정을 하였다고 하여도 이 항고기각결정은 항고인에게 불이익을 주는 것이 아니므로 이 항고심결정에 대하여 재항고를 할 아무런 이익이 없는 것이어서 이에 대한 재항고는 부적법한 것이다.

3. 심판의 편의에 의한 이송(재량이송)

가. 지방법원 단독판사로부터 지방법원 합의부로의 이송(제34조 제2항)

제34조(관할위반 또는 재량에 따른 이송) ② 지방법원 단독판사는 소송에 대하여 관할권이 있는 경우라도 상당하다고 인정하면 직권 또는 당사자의 신청에 따른 결정으로 소송의 전부 또는 일부를 같은 지방법원 합의부에 이송할 수 있다.

단독판사의 재량에 의한 이송으로 지방법원 단독판사는 소송에 대하여 관할권이 있는 경우라도 상당하다고 인정하면 직권 또는 당사자의 신청에 따른 결정으로 소송의 전부 또는 일부를 같은 지방법원 합의부로 이송할 수 있다(제34조 제2항).

나. 현저한 손해나 지연을 피하기 위한 이송(제35조)

제35조(손해나 지연을 피하기 위한 이송) 법원은 소송에 대하여 관할권이 있는 경우라도 현저한 손해 또는 지연을 피하기 위하여 필요하면 직권 또는 당사자의 신청에 따른 결정으로 소송의 전부 또는 일부를 다른 관할법원에 이송할 수 있다. 다만, 전속관할이 정하여진 소의 경우에는 그러하지 아니하다.

(1) 법원은 소송에 대하여 관할권이 있는 경우라도 현저한 손해 또는 지연을 피하기 위하여 필요하면 직권 또는 당사자의 신청에 따른 결정으로 소송의 전부 또는 일부를 다른 관할 법원에 이송할 수 있다. 현저한 손해가 사익이라면 지연은 공익이다. 판례가 이 조문에 해당한다고 본 예가 거의 없다.[99)]

---

99) 예컨대 대법원 1998. 8. 14.자 98마1301 결정; 대법원 2010. 3. 22.자 2010마215 결정 등 참조.

판 례 **현저한 손해를 피하기 위한 이송 해당 여부(대법원 2010. 3. 22.자 2010마215 결정)**

민사소송법 제35조에서 말하는 '현저한 손해'라 함은, 주로 피고(상대방)측의 소송수행상의 부담을 의미하는 것이기는 하지만 원고 측의 손해도 도외시하여서는 아니 된다 할 것이고, 피고(상대방)측이 소송을 수행하는 데 많은 비용과 시간이 소요된다는 사정만으로는 위 법 제35조에서 말하는 현저한 손해 또는 소송의 지연을 가져올 사유가 된다고 단정할 수 없다.

☞ 원고가 대전교도소에 수감 → 대전교도소 교정공무원의 위법한 직무집행을 주장하며 대한민국을 상대로 대전지법에 손해배상청구 → 원고가 목포교도소로 이감 → 대전지법이 광주지법 목포지원으로 제35조 이송결정 → 원고가 곧 다른 교도소로 이감될 예정이고 위 손해배상사건의 증인들이 대전에 소재하므로 위 이송결정이 부당하다고 주장하며 위 이송결정에 대해 즉시항고하였으나 항고기각되자 재항고한 사안에서, 대한민국이 수형자의 관리주체로서 부담하는 '수형자의 민사소송을 위한 장거리호송에 소요되는 상당한 인적·물적 비용'은 행정적인 부담이지 소송상대방으로서 부담하는 것이 아니어서, 민사소송법 제35조에서 말하는 '현저한 손해 또는 지연을 피하기 위하여 이송이 필요한 사정'에 해당되지 않는다고 보아, 재항고를 받아들였음. 이에 손해배상청구사건은 대전지법에서 심리 후 판결선고되었음.

(2) 전속관할이 정하여진 소의 경우에는 이송할 수 없다(제35조 단서).[100] 다만 당사자간의 전속적 관할합의가 있을 경우에는 "현저한 지연"을 피하기 위한 공익상의 요청에 한정하여 이송이 가능하다고 본다.[101]

판 례 **전속적 관할합의의 경우 이송 가능성(대법원 2008. 12. 16.자 2007마1328 결정)**

(전략) 그런데 재항고인이 상대방의 변호사 사무실에 직접 찾아가서 이 사건 위임계약을 체결한 점, 이 사건 위임계약의 성격상 변호사 사무실 소재지는 상대방이 재항고인의 형사피의사건 변론준비를 위한 업무를 수행한다는 장소로서 그 계약이행지에 포함될 수 있는 점, 대구지방법원은 상대방의 영업소 소재지 관할법원으로서, 이 사건 위임계약의 체결 당시 재항고인 주소지의 인근 대도시 관할법원에 해당하는 점, 전속적 관할합의의 경우 법률이 규정한 전속관할과 달리 임의관할의 성격을 가지기 때문에, 법원은 공익상의 필요에 의하여 사건을 다른 관할 법원에 이송할 수 있는 점 등 이 사건에 나타난 제반 사정을 앞에서 본 법리에 비추어 살펴보면, (후략)

다. 지식재산권 등에 관한 소송의 이송

제36조(지식재산권 등에 관한 소송의 이송) ① 법원은 특허권등을 제외한 지식재산권과 국제

100) 대법원 2011. 7. 14.자 2011그65 결정은 심급관할에 대한 판시.

101) 대법원 2008. 12. 16.자 2007마1328 결정; 김홍규/강태원, 179면; 김홍엽, 105면; 이시윤, 127면; 정동윤/유병현/김경욱, 183면; 정영환, 247면. 한편 호문혁, 209면은 현저한 지연뿐만 아니라 손해의 경우에도 합의의 효력이 소멸한다고 보아 신청 또는 직권에 의한 이송을 긍정한다.

거래에 관한 소가 제기된 경우 직권 또는 당사자의 신청에 따른 결정으로 그 소송의 전부 또는 일부를 제24조 제1항에 따른 관할법원에 이송할 수 있다. 다만, 이로 인하여 소송절차를 현저하게 지연시키는 경우에는 그러하지 아니하다.
② 제1항은 전속관할이 정하여져 있는 소의 경우에는 적용하지 아니한다.
③ 제24조 제2항 또는 제3항에 따라 특허권등의 지식재산권에 관한 소를 관할하는 법원은 현저한 손해 또는 지연을 피하기 위하여 필요한 때에는 직권 또는 당사자의 신청에 따른 결정으로 소송의 전부 또는 일부를 제2조부터 제23조까지의 규정에 따른 지방법원으로 이송할 수 있다.

(1) 제1항은 특허권등을 제외한 지식재산권과 국제거래에 관한 소가 고등법원 소재지가 아닌 지방법원에 제기된 경우 관할 고등법원 소재지의 지방법원으로 이송할 수 있도록 하였다. 사건의 효율적인 처리를 위하여 전문재판부가 설치된 곳으로의 이송을 허용한 것이다. 다만 소송절차를 현저히 지연시키는 경우가 아니어야 하고, 또 전속관할이 정하여져 있는 경우가 아니어야 한다.

(2) 제3항은 특허권등의 지식재산권에 관한 소가 관할 고등법원 소재지의 지방법원이나 서울중앙지방법원에 제기된 경우 현저한 손해 또는 지연을 피하기 위해 소송의 전부 또는 일부를 제2조 내지 제23조의 규정에 따른 지방법원으로 이송할 수 있도록 하였다. 전속관할의 법원에서 본래의 관할법원으로의 이송을 허용한 것이다. 특히 재량이송은 전속관할에 적용하지 않지만(제35조, 제36조 제2항), 특허권등에 관한 소에서는 재량이송이 가능하게 예외적인 규정을 둔 것이다(제36조 제3항).

4. 기타 이송원인

제269조(반소) ② 본소가 단독사건인 경우에 피고가 반소로 합의사건에 속하는 청구를 한 때에는 법원은 직권 또는 당사자의 신청에 따른 결정으로 본소와 반소를 합의부에 이송하여야 한다. 다만, 반소에 관하여 제30조의 규정에 따른 관할권이 있는 경우에는 그러하지 아니하다.

제419조(관할위반으로 말미암은 이송) 관할위반을 이유로 제1심 판결을 취소한 때에는 항소법원은 판결로 사건을 관할법원에 이송하여야 한다.

제436조(파기환송, 이송) ① 상고법원은 상고에 정당한 이유가 있다고 인정할 때에는 원심판결을 파기하고 사건을 원심법원에 환송하거나, 동등한 다른 법원에 이송하여야 한다.

(1) 반소제기에 의한 이송(제269조 제2항)은, 본소가 단독사건인데 피고가 합의부 관할사건을 반소로 구한 경우 이를 일괄하여 합의부로 이송하는 것이다. 합의부에서 심리받고

자 하는 피고의 이익을 박탈하지 않기 위함이다. 그러나 이는 제1심에 한하고, 항소심에서 비로소 지방법원 합의부 관할에 속하는 반소가 제기되더라도, 이미 제1심에서 사물관할 및 이에 따른 심급관할이 정해졌기 때문에 관할권에 영향이 없음은 이미 살펴본 바이다.[102] 한편 제1심에서 반소제기에 대하여 원고가 관할위반의 항변을 하지 않아 변론관할이 생겼다면 이송할 필요가 없다(같은 항 단서).

(2) 그 밖의 이송원인으로 항소심의 관할위반으로 인한 이송(제419조), 상고심의 환송에 갈음하는 이송(제436조 제1항)이 있다.

5. 이송의 절차

가. 개 시

관할위반의 이송(제34조 제1항)은 직권에 의해서만, 그 외의 이송은 직권 또는 당사자의 신청에 의해서 개시된다.

나. 재 판

이송의 재판은 제1심에서 결정의 형식에 의한다. 다만 상급심에서 원판결을 취소 또는 파기하고 이송하는 경우에는 판결에 의한다(제419조, 제436조).

다. 불 복

(1) '이송결정'과 '이송신청의 기각결정'에 대하여 당사자가 즉시항고로 불복할 수 있다(제39조).

(2) 관할위반의 이송(제34조 제1항)에 있어서도 법원이 당사자의 신청에 따른 직권발동으로 이송결정을 한 경우에는 이 '이송결정'에 대한 즉시항고는 허용되나(제39조),[103] 당사자의 이송신청권이 명시되어 있지 않으므로 '이송신청의 기각결정'에 대하여 불복할 수 있는지 여부가 문제되는데, 판례는 당사자에게 이송신청권이 없으므로 특별항고를 할 이익이 없다고 하여 이를 부정하고 있다.[104]

판 례 **관할위반 '이송결정'에 대한 즉시항고 가부(대법원 2018. 1. 19.자 2017마1332 결정)**

수소법원의 재판관할권 유무는 법원의 직권조사사항으로서 법원이 그 관할에 속하지 아니함을 인정한 때에

102) 대법원 2011. 7. 14.자 2011그65 결정.
103) 대법원 2018. 1. 19.자 2017마1332 결정.
104) 대법원 1996. 1. 12.자 95그59 결정.

는 민사소송법 제34조 제1항에 의하여 직권으로 이송결정을 하는 것이고, 소송당사자에게 관할위반을 이유로 하는 이송신청권이 있는 것은 아니다. 따라서 당사자가 관할위반을 이유로 한 이송신청을 한 경우에도 이는 단지 법원의 직권발동을 촉구하는 의미밖에 없다. 한편 법원이 당사자의 신청에 따른 직권발동으로 이송결정을 한 경우에는 즉시항고가 허용되지만(민사소송법 제39조), 위와 같이 당사자에게 이송신청권이 인정되지 않는 이상 항고심에서 당초의 이송결정이 취소되었다 하더라도 이에 대한 신청인의 재항고는 허용되지 않는다.

판 례 **관할위반 '이송신청의 기각결정'에 대한 특별항고 가부(대법원 1996. 1. 12.자 95그59 결정)**

민사소송법 제31조[현행 제34조] 제1항의 관할위반에 기한 이송은 원래 법원의 직권조사사항으로서 같은 법 제31조 제2항, 제32조[현행 제35조] 소정의 이송의 경우와는 달리 당사자에게 이송신청권이 있는 것이 아니므로 당사자가 그 이송신청을 한 경우에도 단지 법원의 직권발동을 촉구하는 의미밖에 없는 것이므로, 그 이송신청에 대한 재판을 할 필요가 없는데도 원심이 그 이송신청을 기각하는 결정을 하였다면, 그 결정은 그 결정에 대한 특별항고인에게 아무런 불이익을 주는 것이 아니며 그 결정에 대하여 특별항고를 할 어떤 이익도 없는 것이 분명하므로 그 특별항고는 부적법하다.

6. 이송의 효과

가. 구속력

(1) 소송을 이송받은 법원은 이송결정에 따라야 한다(제38조 제1항). 또한 소송을 이송받은 법원은 사건을 다시 다른 법원에 이송하지 못한다(제38조 제2항). 따라서 이송 받은 법원은 잘못된 이송이라도 다시 이송한 법원으로 되돌리는 반송(返送)이나 다른 법원으로 넘기는 전송(轉送)을 할 수 없다.

(2) 전속관할에 위배된 이송결정의 경우에도 이송결정의 구속력이 있으나,[105] 그중 심급관할을 위반한 이송의 경우는 당사자의 심급의 이익을 박탈할 우려가 있기 때문에 그 구속력이 상급심법원에까지는 미치지 아니한다.[106]

판 례 **심급관할을 위반한 이송의 구속력(대법원 1995. 5. 15.자 94마1059, 1060 결정)**

나. 이송결정의 기속력은 당사자에게 이송결정에 대한 불복방법으로 즉시항고가 마련되어 있는 점이나 이송의 반복에 의한 소송지연을 피하여야 할 공익적 요청은 전속관할을 위배하여 이송한 경우라고 하여도

---

105) 예컨대 공법상 당사자소송으로서 행정법원에 전속관할이 있다 하더라도 서울행정법원이 서울중앙지방법원으로 이송결정을 하여 확정되었다면 구속력이 있다(대법원 2023. 8. 31. 선고 2021다243355 판결).

106) 대법원 1995. 5. 15.자 94마1059, 1060 결정.

예외일 수 없는 점에 비추어 볼 때, 당사자가 이송결정에 대하여 즉시항고를 하지 아니하여 확정된 이상 원칙적으로 전속관할의 규정을 위배하여 이송한 경우에도 미친다.

다. 심급관할을 위배하여 이송한 경우에 이송결정의 기속력이 이송받은 상급심법원에도 미친다고 한다면 당사자의 심급의 이익을 박탈하여 부당할 뿐만 아니라, 이송을 받은 법원이 법률심인 대법원인 경우에는 직권조사 사항을 제외하고는 새로운 소송자료의 수집과 사실확정이 불가능한 관계로 당사자의 사실에 관한 주장, 입증의 기회가 박탈되는 불합리가 생기므로, 심급관할을 위배한 이송결정의 기속력은 이송받은 상급심법원에는 미치지 않는다고 보아야 하나, 한편 그 기속력이 이송받은 하급심법원에도 미치지 않는다고 한다면 사건이 하급심과 상급심법원 간에 반복하여 전전이송되는 불합리한 결과를 초래하게 될 가능성이 있어 이송결정의 기속력을 인정한 취지에 반하는 것일 뿐더러 민사소송의 심급의 구조상 상급심의 이송결정은 특별한 사정이 없는 한 하급심을 구속하게 되는바 이와 같은 법리에도 반하게 되므로, 심급관할을 위배한 이송결정의 기속력은 이송받은 하급심법원에는 미친다고 보아야 한다.

나. 소송계속의 이전

(1) 이송결정이 확정된 때에는 소송은 처음부터 이송받은 법원에 계속된 것으로 본다(제40조 제1항). 따라서 처음 소제기에 의한 시효중단·기간준수의 효력은 그대로 유지된다.[107)]

(2) 이송 전에 행한 소송행위(예컨대 증거조사 등)가 이송 후에도 효력을 보유하는지에 관하여 견해의 대립이 있으나, 통설은 변론의 갱신절차(제204조 제2항)를 밟을 것을 전제로 효력을 보유한다고 본다.[108)]

다. 소송기록의 송부

이송결정이 확정되면 그 결정의 정본을 소송기록에 붙여 이송받을 법원의 법원사무관등에게 보내야 한다(제40조 제2항). 이송결정이 확정된 뒤라도 이송법원은 급박한 사정이 있는 때에는 직권으로 또는 당사자의 신청에 따라 증거조사나 가압류·가처분 등의 필요한 처분을 할 수 있다(제37조 본문). 다만 기록으로 보낸 뒤에는 그러하지 아니한다(제37조 단서).

---

107) 판례는 항소심에 제기해야 할 재심의 소를 제1심에 제기한 경우 항소심법원으로 이송해야 하는데, 이때 재심기간의 준수여부는 항소법원에 이송된 때가 아니라 재심의 소가 제1심법원에 제기된 때를 기준으로 한다고 했고(대법원 1984. 2. 28. 선고 83다카1981 전원합의체 판결), 위 판결이 취하고 있는 견해는 소멸시효의 중단에 관하여도 그대로 적용되어야 한다고 했다(대법원 2007. 11. 30. 선고 2007다54610 판결). 최근 판례는 행정소송법상 항고소송으로 제기해야 할 사건을 민사소송으로 잘못 제기하여 관할법원으로 이송결정이 확정된 후 원고가 항고소송으로 소변경을 한 경우, 그 항고소송의 제소기간 준수여부는 소변경 시가 아니라 처음에 소를 제기한 때를 기준으로 한다고 하여(대법원 2022. 11. 17. 선고 2021두44425 판결), 위 법리를 재확인했다.

108) 강현중, 190면; 김홍규/강태원, 183면; 김홍엽, 109면; 이시윤, 130면; 정동윤/유병현/김경욱, 188면; 정영환, 252면; 호문혁, 212면. 굳이 변론의 갱신절차를 밟을 필요 없이 효력이 지속된다는 견해(한충수, 89면)도 있다.

제2장 소송의 당사자

제 1 절 당사자 개설

Ⅰ. 당사자의 의의

당사자는 법원에 대하여 자기의 이름으로 국가의 권리보호, 즉 판결이나 강제집행을 요구하는 사람과 그 상대방을 뜻한다. 이는 실체상의 권리·의무 또는 법률관계와 분리된 소송법상의 의미로 당사자를 파악하는 형식적 개념이다. 따라서 이러한 형식적 당사자개념으로 인해 제3자가 다른 사람의 권리·의무에 대해 소송수행권을 갖고 당사자로서 소송에 나서는 이른바 제3자의 소송담당이 가능하게 된다.

Ⅱ. 당사자대립주의

편면적 구조인 비송절차와 달리 소송절차는 서로 대립하는 쌍방 당사자의 존재가 필수불가결하다. 따라서 일방 당사자가 상대방의 대리인·공동소송인·보조참가인이 될 수 없다. 그리고 당사자의 대립구조가 성립하지 않는 경우, 즉 이미 사망한 자를 당사자로 하는 소송[1]이나, 자기 자신을 상대로 하는 소송[2]은 부적법 각하되어야 한다. 그리고 소송계속 중 일방 당사자가 상대방의 지위를 포괄적으로 승계(예컨대 상속, 법인의 합병)한 경우에는 당사자 지위의 혼동으로 소송은 종료되고, 이혼소송 중 당사자 일방이 사망하면 그 권리

1) 대법원 2015. 8. 13. 선고 2015다209002 판결.

2) 예컨대 도 교육감이 도를 대표하여 도지사가 대표하는 같은 도를 상대로 제기한 소유권 확인의 소는 권리보호이익이 부정된다(대법원 2001. 5. 8. 선고 99다69341 판결).

관계는 성질상 승계할 수 없어 소송이 종료된다.[3)]

제 2 절 당사자의 확정

Ⅰ. 서 설

1. 의 의

(1) 당사자의 확정은 원고에 의해서 소장에 당사자가 특정된 후, 법원이 해석에 의하여 당사자가 누구인가 명확히 하는 것을 말한다.

(2) 이는 소장에 누가 당사자로 표시되어 있는지를 식별하는 개념인 '당사자의 특정'과 구별해야 한다. 누가 원고이며 누가 피고인가를 다른 사람과 구별할 수 있을 정도로 표시(기재)하는 것이 당사자의 특정이다.[4)] 당사자의 확정은 그 특정을 전제로 한다.

2. 당사자확정의 중요성

법원은 절차의 전 과정에 있어서 당사자에게 절차에 관여할 기회를 부여하고, 판결도 당사자 명의로 선고한다. 그리고 확정된 당사자를 기준으로 인적 재판적, 제척원인, 절차의 중단과 수계, 사건의 동일성과 증인능력을 판단한다. 당사자능력·당사자적격·소송능력도 현실로 당사자로 확정된 자에 대해 판정되어야 한다(당사자확정의 선행).[5)]

3. 당사자확정이 문제되는 경우

대체적으로 소장 등 서면에 표시된 자를 당사자로 보아도 문제가 없으나, 표시된 자와 실제 소송을 수행하는 자가 다른 경우에 당사자확정이 문제된다. 즉 ⅰ) 당사자표시가 잘못된 경우(당사자표시정정), ⅱ) 당사자의 법인격이 부인될 때 배후자로 당사자를 변경하는 경우, ⅲ) 성명모용소송의 경우, ⅳ) 사망자를 당사자로 한 경우 등이 그것이다.

---

3) 대법원 1982. 10. 12. 선고 81므53 판결.

4) 당사자의 특정에 관한 상세는 후술 소장의 기재사항 부분 참조.

5) 대법원 1987. 4. 14. 선고 84다카1969 판결.

II. 당사자확정의 기준

1. 학설의 대립

① 원고나 법원이 당사자로 삼으려는 자가 당사자가 된다는 의사설, ② 소송상 당사자로 취급되거나 당사자로 행동하는 자가 당사자가 된다는 행동설, ③ 소장에 기재된 당사자의 표시를 기준으로 당사자를 정하는 표시설의 대립이 있다. 다만 오늘날에는 소장의 당사자란의 기재뿐만 아니라 청구원인 그 밖의 기재 등 전체의 취지를 기준으로 하여 객관적으로 당사자를 확정하여야 한다는 실질적 표시설이 일반적이다.

2. 검 토

의사설은 누구의 의사를 표준으로 할 것인지, 그리고 어떻게 의사를 확정할 것인지에 대한 표준이 없으므로, 객관적이고 명확하게 상대방이나 법원에 전달될 수 없다는 점에서 문제가 있고, 행동설은 어떠한 행동을 한 때에 당사자로서 행동한 것이냐에 대한 기준이 불명확하다는 문제가 있다. 결국 표시설이 당사자확정의 명확하고 객관적인 기준을 제시하므로 타당하다고 할 것이다. 그러나 표시설에 의하더라도 소장의 당사자란의 기재만을 기준으로 할 것은 아니고 청구의 취지·원인 그 외 소장 전체의 기재사항 등을 종합하여 합리적으로 해석하여 당사자를 확정하여야 할 것이다(실질적 표시설).[6] 이 실질적 표시설이 주류적 판례의 입장이다.[7] 다만 판례 중에는 의사설을 취한 것으로 해석되는 것도 있는데, 예컨대 원고가 모르고 이미 사망한 사람을 피고로 표시하여 소제기한 경우 원고의 의사는 사망자를 상대로 소송을 하려는 것이 아니었고 이를 알았다면 상속인을 상대로 소를 제기했을 것이라 하여 상속인을 실질적인 피고로 보는 것이 그것이다.[8]

판 례 실질적 표시설(대법원 2011. 1. 27. 선고 2008다27615 판결)

소송당사자가 누구인가는 소장에 기재된 표시 및 청구의 내용과 원인사실 등 소장의 전 취지를 합리적으로 해석하여 확정하여야 하고, 비록 소장의 당사자 표시가 착오로 잘못 기재되었음에도 소송 계속 중 당사자표시정정이 이루어지지 않아 잘못 기재된 당사자를 표시한 본안판결이 선고·확정된 경우라 하더라도 그 확정

6) 이시윤, 138면; 전병서, 56~57면; 정동윤/유병현/김경욱, 198면; 정영환, 274면.

7) 대법원 2011. 7. 28. 선고 2010다97044 판결; 대법원 2011. 1. 27. 선고 2008다27615 판결 등 다수.

8) 대법원 1969. 12. 9. 선고 69다1230 판결; 대법원 1983. 12. 27. 선고 82다146 판결; 대법원 1994. 12. 2. 선고 93누12206 판결; 대법원 2006. 7. 4.자 2005마425 결정 등 다수.

판결을 당연무효라고 볼 수 없을 뿐더러, 그 확정판결의 효력은 잘못 기재된 당사자와 동일성이 인정되는 범위 내에서 위와 같이 적법하게 확정된 당사자에 대하여 미친다고 보아야 한다. 원심판결 이유에 의하면, 원심은, 이 사건 임야의 소유자이던 원고가 매도증서에 자신의 성명 원고(朴鍾宣)를 소외 1(朴鍾宜)로 잘못 기재하고, 이에 따라 이 사건 임야에 관한 등기부 및 구 토지대장에도 소유명의자가 소외 1로 잘못 기재된 사실, 피고의 피상속인 소외 2는 등기부상 소유명의자인 소외 1을 상대로 이 사건 임야에 관하여 진정명의 회복을 원인으로 한 소유권이전등기절차의 이행을 구하는 소송을 제기하고 공시송달에 의한 승소판결을 받은 사실을 각 인정한 다음 소외 2가 의욕하였던 소송 상대방은 그 기재 여부에 불구하고 이 사건 임야의 소유자로 보이는 외관을 갖춘 자라고 보는 것이 타당하고, 소외 2가 등기부 등의 기재를 신뢰하여 이 사건 임야의 소유명의자를 소외 1로 보고 그를 상대로 소송을 제기하여 승소판결을 받았다고 하여 그 판결을 실재하지 않는 자 또는 허무인을 상대로 한 소송을 통해 받은 판결로 보아 무효라 할 수는 없으며, 그 확정판결의 효력은 동일한 당사자로 인정되는 원고에게 미친다고 판단하였다. 위 법리에 비추어 원심판결 이유를 살펴보면 원심의 위와 같은 판단은 정당하고, 거기에 상고이유에서 주장하는 바와 같은 소송당사자의 확정 및 기판력에 관한 법리오해 등의 위법이 없다.

☞ 전소 경과: 소외 2는 이 사건 임야의 등기명의를 회복하기 위해 등기부의 기재에 따라 소외 1(박종의, 朴鍾宜)로 기재하고 1991년경 진정명의회복을 위한 소유권이전등기청구의 소를 제기하여 1994년경 공시송달에 의한 승소확정판결을 받았다. 그 무렵 소외 2가 사망하여 그의 아들인 피고는 1996. 9. 30. 다른 상속인들의 동의를 받아 단독으로 소유권이전등기를 마쳤다. 후소 경과: 원고(박종선, 朴鍾宣)는 2006년경 피고를 상대로 소유권이전등기 말소청구의 소를 제기하며, 전소 판결은 박종의라는 허무인을 상대로 한 무효의 판결이고, 가사 유효하더라도 그 효력은 박종의에게만 미치므로 원고(박종선)에 대하여는 원인무효의 등기라는 주장을 하였다. 제1심은 전소 확정판결은 허무인을 상대로 한 무효의 판결이 아니고, 그 확정판결은 동일한 당사자로 인정되는 원고(박종선)에게 미치며, 추완상소나 재심에 의해 취소되지 않는 한 원고는 그 기판력에 반하는 주장을 할 수 없다는 이유로 청구를 기각하였다. 원고가 항소하였으나 항소기각, 다시 원고가 상고하였으나 상고기각되어 확정되었다.

판 례 **의사설(대법원 2006. 7. 4.자 2005마425 결정)**

원고가 사망 사실을 모르고 사망자를 피고로 표시하여 소를 제기한 경우에, 청구의 내용과 원인사실, 당해 소송을 통하여 분쟁을 실질적으로 해결하려는 원고의 소제기 목적 내지는 사망 사실을 안 이후의 원고의 피고 표시 정정신청 등 여러 사정을 종합하여 볼 때 사망자의 상속인이 처음부터 실질적인 피고이고 다만 그 표시를 잘못한 것으로 인정된다면, 사망자의 상속인으로 피고의 표시를 정정할 수 있다. 그리고 이 경우에 실질적인 피고로 해석되는 사망자의 상속인은 실제로 상속을 하는 사람을 가리키고, 상속을 포기한 자는 상속 개시시부터 상속인이 아니었던 것과 같은 지위에 놓이게 되므로 제1순위 상속인이라도 상속을 포기한 경우에는 이에 해당하지 아니하며, 후순위 상속인이라도 선순위 상속인의 상속포기 등으로 실제로 상속인이 되는 경우에는 이에 해당한다.

Ⅲ. 당사자표시정정

1. 의 의

(1) 당사자표시정정은 당사자란의 기재, 청구취지 및 청구원인 등에 의해 당사자로 해석되는 자가 잘못 또는 부정확하게 표시된 경우에 당사자의 동일성을 해치지 않는 범위 내에서 바로잡는 것을 의미한다.

(2) 당사자가 잘못 기재되어 당사자를 바꾸려는 경우, ① 신구 당사자 간 동일성이 있으면 당사자표시정정의 방식에 의할 수 있고, ② 만약 당사자 간 동일성이 없으나 소송계속 중 권리·의무의 승계가 인정되는 경우에는 소송승계(제233조, 제81조, 제82조)의 방식을, ③ 당사자 간 동일성도 인정되지 않고 권리·의무의 승계도 인정되지 않은 경우에는 임의적 당사자변경의 방식을 취할 수밖에 없다.

2. 임의적 당사자변경과의 비교: 당사자의 동일성 여부로 판단

표시정정신청 대신 피고경정신청을 하는 경우가 실무상 흔한데, 임의적 당사자변경에 해당하는 피고의 경정(제260조)과 당사자표시정정은 요건과 효과 면에서 차이가 크다.

(1) 피고의 경정은 제1심 변론종결시까지 허용됨에 반하여, 표시정정은 제1심 및 항소심에서도 허용된다. 다만 상고심에서는 표시정정이 허용되지 않는다는 것이 판례이다.[9)]

(2) 피고의 경정은 그 경정신청서의 제출 시에 시효중단 및 기간준수의 효과가 생기나(제265조), 표시정정은 당초의 소제기시에 효과가 생긴다.[10)]

(3) 피고의 경정은 종전 피고에 대한 소취하의 성질을 가지므로 피고가 응소한 뒤에는 피고의 동의가 필요하나, 피고표시정정의 경우에는 피고의 동의가 필요 없다.

(4) 원고경정제도가 존재하지 않으므로, 원고표시정정이 허용되지 않을 경우에는 기존 원고는 바로 소를 취하하고 새로운 원고가 동일한 피고를 상대로 새로이 소를 제기하여야 한다.

3. 당사자표시정정 허용사례

가. 공부상 오기임이 명백

가족관계등록부, 주민등록표, 법인·부동산등기부 등의 기재에 비추어 당사자 이름을

9) 대법원 2012. 6. 14. 선고 2010다105310 판결.
10) 대법원 2011. 3. 10. 선고 2010다99040 판결.

잘못 기재한 것이 명백한 경우이다.[11)]

나. 당사자능력·적격 없는 사람을 당사자로 잘못 표시한 것이 명백

(1) 예컨대 민사사건에서 대한민국·지방자치단체 대신 행정관청, 법인의 본점 대신 지점,[12)] 학교법인 대신 학교[13)]를 당사자로 기재한 경우 올바른 당사자능력자로의 표시정정을 허용한다.

(2) 특히 제소 전 사망한 사람을 피고로 기재한 경우에 여러 사정에 비추어 사망자의 상속인이 처음부터 실질적인 피고이고 다만 그 표시에 잘못이 있는 경우 그 상속인명의로 표시정정이 가능하다고 본다.[14)] 이 경우 상속을 포기한 것을 모르고 제1순위 상속인을 상대로 소를 제기하였다가 실제로 상속인이 된 후순위 상속인으로 표시정정한 경우도 같다고 본다.[15)] 만약 이때 피고의 표시를 바꾸면서 피고경정의 방법을 취하였다 하더라도 피고표시정정으로서의 법적 성질 및 효과는 잃지 않는다고 본다.[16)] 또한 상속인이 전치절차 중 사망한 피상속인 명의로 조세부과처분취소소송을 제기한 후 상속인 명의로 원고 표시를 바꾸면서 소송수계신청을 한 경우에도 표시정정으로 보아야 한다.[17)] 변경 전후 당사자의 동일성이 인정됨을 전제로 하기 때문이다. 아울러 추후에 상속인을 알아내 표시정정을 할 의도로 일단 사망자를 피고로 하여 소를 제기한 경우라면 피고의 사망사실을 안 경우에도 상속인으로 표시정정을 할 수 있다고 본다.[18)]

판 례 **피고표시정정의 의사로 피고경정신청을 한 경우(대법원 2009. 10. 15. 선고 2009다49964 판결)**

기록에 의하면, 원고는 처음에 위 망인의 1순위 상속인들의 상속포기사실을 알지 못하고 그들을 상대로 이 사건 소를 제기하였다가 제1심 소송 도중에 이를 알게 되어 피고를 위 망인의 적법한 상속인인 피고들 및 소외 4로 바꾸어 달라고 법원에 신청한 것임을 알 수 있는바, 이 사건 청구의 내용과 원인사실, 원고의 소제기 목적 및 위 피고경정신청의 경위와 시점 등 여러 사정을 종합하여 볼 때, 원고가 의도한 이 사건 소의 실질적인 피고는 상속포기의 소급효로 말미암아 처음부터 상속채무에 관한 법률관계의 당사자가 될 수 없는 1순위 상속인이 아니라 적법한 상속채무자인 2순위 상속인인 피고들이라 할 것인데 다만 그 표시에 잘못이

11) 대법원 2011. 1. 27. 선고 2008다27615 판결.
12) 대법원 1996. 10. 11. 선고 96다3852 판결은 '순천향교' 대신 '순천향교 수습위원회'를 피고로 표시한 경우 표시정정이 허용되어야 한다고 했다.
13) 대법원 1978. 8. 22. 선고 78다1205 판결.
14) 대법원 1983. 12. 27. 선고 82다146 판결.
15) 대법원 2006. 7. 4.자 2005마425 결정.
16) 대법원 2009. 10. 15. 선고 2009다49964 판결.
17) 대법원 1994. 12. 2. 선고 93누12206 판결.
18) 대법원 2011. 3. 10. 선고 2010다99040 판결.

있는 것에 지나지 아니하여 피고표시정정의 대상이 된다 할 것이고, 이와 같이 변경 전후 당사자의 동일성이 인정됨을 전제로 진정한 당사자를 확정하는 표시정정의 대상으로서의 성질을 지니는 이상 비록 소송에서 피고의 표시를 바꾸면서 피고경정의 방법을 취하였다 해도 피고표시정정으로서의 법적 성질 및 효과는 잃지 않는다고 보아야 할 것이다.

판 례 **원고표시정정의 의사로 소송수계신청을 한 경우(대법원 1994. 12. 2. 선고 93누12206 판결)**

피상속인이 양도소득세부과처분에 대하여 이의신청, 심사청구를 거쳐 국세심판소장에게 심판청구를 한 후 사망하였고 그 사망 사실을 모르는 국세심판소장은 심판청구를 기각하는 결정을 하면서 그 결정문에 사망한 피상속인을 청구인으로 표시하였으며 그 상속인들이 기각결정에 승복하지 아니하고 망인 명의로 양도소득세 부과처분 취소청구소송을 제기한 후 상속인들 명의로 소송수계신청을 하였다면, 비록 전치절차 중에 사망한 피상속인의 명의로 소가 제기되었다고 하더라도 실제 그 소를 제기한 사람들은 망인의 상속인들이고 다만 그 표시를 그릇한 것에 불과하다고 보아야 할 것이므로, 법원으로서는 그 소송수계신청을 당사자표시정정신청으로 보아 이를 받아들여 그 청구를 심리판단하여야 한다.

판 례 **상속인으로 표시정정할 의사로 제소 전 사망자를 상대로 소제기한 경우(대법원 2011. 3. 10. 선고 2010다99040 판결)**

채무자 甲의 乙 은행에 대한 채무를 대위변제한 보증인 丙이 채무자 甲의 사망사실을 알면서도 그를 피고로 기재하여 소를 제기한 사안에서, 채무자 甲의 상속인이 실질적인 피고이고 다만 소장의 표시에 잘못이 있었던 것에 불과하므로, 보증인 丙은 채무자 甲의 상속인으로 피고의 표시를 정정할 수 있고, 따라서 당초 소장을 제출한 때에 소멸시효중단의 효력이 생긴다고 본 원심판단을 수긍한 사례.

(3) 판례는 당사자적격이 없는 자를 당사자로 표시한 경우에도 표시정정을 허용한다. 예컨대 회생채무자를 피고로 표시한 경우 관리인으로 피고표시정정을 하면 되는데, 이러한 보정명령을 내리지 않고 당사자적격이 없다는 이유로 소를 각하한 것은 위법하다고 하였다.[19)]

판 례 **당사자적격 흠결과 표시정정(대법원 2013. 8. 22. 선고 2012다68279 판결)**

원고가 당사자를 정확히 표시하지 못하고 당사자능력이나 당사자적격이 없는 자를 당사자로 잘못 표시하였다면 법원은 당사자를 소장의 표시만에 의할 것이 아니고 청구의 내용과 원인사실을 종합하여 확정한 후 확정된 당사자가 소장의 표시와 다르거나 소장의 표시만으로 분명하지 아니한 때에는 당사자의 표시를 정정보충시키는 조치를 취하여야 하고 이러한 조치를 취함이 없이 단지 원고에게 막연히 보정명령만을 명한 후 소를 각하하는 것은 위법하다.

---

19) 대법원 2013. 8. 22. 선고 2012다68279 판결.

☞ 박○○이 회생신청을 하여 관리인을 선임하지 않고 박○○을 관리인으로 본다는 내용의 회생개시결정이 있었는데, 그 후 이를 알고 있는 원고가 박○○을 피고로 표시하여 소를 제기한 경우, 관리인의 지위에 있는 박○○을 상대로 소를 제기한 것으로 보고 관리인으로서 피고의 지위를 표시하라는 취지로 당사자 표시정정의 보정명령을 내림이 타당하다고 하였음. 이 경우 '피고 박○○'을 '피고 회생채무자 박○○의 관리인 박○○'으로 정정하면 됨.

4. 당사자표시정정 부인사례

판례는 대체적으로 당사자로 확정된 자가 별개의 법인격을 갖추어 각자 당사자능력을 가지는 경우에 양자의 동일성을 부정하여, 회사분할로 별개의 법인격을 갖추게 된 경우,[20] 원고를 법인 대표자 A에서 개인 A로 변경하는 경우,[21] 원고를 개인에서 시민단체로 변경하는 경우,[22] 원고를 개인에서 회사로 변경하는 경우[23] 등에서 당사자표시정정을 인정할 수 없다고 한다.

판 례 **회사분할로 별개의 법인격을 갖추어 동일성이 없는 경우(대법원 2012. 7. 26. 선고 2010다37813 판결)**

피고 甲 주식회사(주식회사 신OO)가 피고의 표시를 회사분할된 乙 주식회사(주식회사 O마트)로 변경하여 달라고 신청한 사안에서, 당사자표시변경은 당사자로 표시된 자와 동일성이 인정되는 범위 내에서 표시만을 변경하는 경우에 한하여 허용되는 것인데, 甲 회사와 乙 회사는 법인격의 동일성이 있다고 볼 수 없으므로 당사자표시변경의 대상이 된다고 볼 수 없고, 신청을 소송수계신청으로 선해하더라도 소송물과 관련된 권리의무관계가 회사분할에 의하여 甲 회사에서 乙 회사로 승계되었다고 인정할 수 없어 위 신청을 받아들일 수 없다고 한 사례.

5. 표시정정 없이 행한 판결의 효력

당사자표시정정이 이루어지지 않아 잘못 기재된 당사자를 표시한 본안판결이 확정되어도 그 확정판결은 당연무효는 아니고, 그 확정판결의 효력은 잘못 기재된 당사자와 동일성이 인정된 범위 내에서는 적법하게 확정된 당사자에게 미친다.[24]

---

20) 대법원 2012. 7. 26. 선고 2010다37813 판결.

21) 대법원 1986. 9. 23. 선고 85누953 판결.

22) 대법원 2003. 3. 11. 선고 2002두8459 판결.

23) 대법원 2008. 6. 12. 선고 2008다11276 판결. 회사의 대표이사가 개인 명의로 소를 제기한 후 회사를 당사자로 추가하고 그 개인 명의의 소를 취하한 경우도 마찬가지(대법원 1998. 1. 23. 선고 96다41496 판결).

24) 대법원 2011. 1. 27. 선고 2008다27615 판결.

6. 표시정정의 허용한계와 신의칙

대표이사 개인을 회사로 바꾸려는 표시정정신청은 당사자 사이의 동일성이 없어 부적법한데, 그럼에도 법원이 부적법한 신청을 받아들이고 이에 대해 상대방이 동의하여 본안판결이 선고되었다면 그 후에 이를 문제 삼는 것은 신의칙에 위반된다고 본다.[25)]

판 례 부적법한 표시정정에 대한 동의와 신의칙(대법원 2008. 6. 12. 선고 2008다11276 판결)

[1] 당사자표시정정은 원칙적으로 당사자의 동일성이 인정되는 범위에서만 허용되는 것이므로 회사의 대표이사였던 사람이 개인 명의로 제기한 소송에서 그 개인을 회사로 당사자표시정정을 하는 것은 부적법하다.
[2] 제1심법원이 제1차 변론준비기일에서 부적법한 당사자표시정정신청을 받아들이고 피고도 이에 명시적으로 동의하여 제1심 제1차 변론기일부터 정정된 원고인 회사와 피고 사이에 본안에 관한 변론이 진행된 다음 제1심 및 원심에서 본안판결이 선고되었다면, 당사자표시정정신청이 부적법하다고 하여 그 후에 진행된 변론과 그에 터잡은 판결을 모두 부적법하거나 무효라고 하는 것은 소송절차의 안정을 해칠 뿐만 아니라 그 후에 새삼스럽게 이를 문제 삼는 것은 소송경제나 신의칙 등에 비추어 허용될 수 없다.

Ⅳ. 법인격부인과 당사자의 변경

1. 의 의

(1) 법인격부인론은 회사의 법인격이 남용 내지 형해화(形骸化)된 경우 그 회사의 법인격을 무시하고 배후자나 신설회사를 실질적인 당사자로 취급하여 그에게 책임을 묻는 것이다.

(2) 소송법적으로는 소제기 단계에서 누구를 피고로 삼을 수 있는가, 소송계속 중 피고를 배후자로 교체할 수 있는가, 기존회사에 대한 판결의 효력이 신설회사에까지 미치는가 등이 문제된다.

2. 소제기 단계에서의 법인격부인론

(1) 법인격이 남용 내지 형해화된 경우, 소제기 단계에서는 배후자 또는 신설회사에 대해서도 청구를 하여 책임을 물을 수 있다. 이 경우 법인격이 부인되는 기존회사도 여전히 당사자능력 및 적격을 구비하고 있으므로,[26)] 채권자는 그의 선택에 따라 어느 한 쪽

25) 대법원 1998. 1. 23. 선고 96다41496 판결; 대법원 2008. 6. 12. 선고 2008다11276 판결.
26) 정동윤/유병현/김경욱, 207면; 정영환, 283면.

또는 양쪽을 피고로 삼을 수 있다.

(2) 판례는 오피스텔 수분양자가 기 지급한 매매대금의 반환을 구하는 소에서 법인격 부인의 법리를 인정[27]한 이래 점차 확대해나가고 있다. 즉 기존회사가 채무면탈 목적으로 기업의 형태나 내용이 실질적으로 동일한 신설회사를 설립한 경우, 기존회사의 채권자는 두 회사 어느 쪽에 대해서도 채무의 이행을 청구할 수 있다고 하고,[28] 이러한 법리는 어느 회사가 채무를 면탈할 목적으로 기업의 형태·내용이 실질적으로 동일한 이미 설립되어 있는 다른 회사를 이용한 경우에도 적용된다고 하였으며,[29] 또 회사가 외형상으로는 법인의 형식을 갖추고 있으나 법인의 형태를 빌리고 있는 것에 지나지 아니하고 실질적으로는 배후자의 개인기업에 불과한 경우, 회사는 물론 그 배후자에 대하여도 회사의 행위에 관한 책임을 물을 수 있다고 하여,[30] 일정한 요건 하 법인격부인의 법리를 받아들이고 있다.

3. 소송계속 중 당사자의 변경 가능성

(1) 법인격 있는 기존회사를 당사자로 한 소송계속 중 배후자나 신설회사로 당사자를 변경할 수 있는지 여부와 그 방법이 문제된다.

(2) 이에 대하여 ① 표시정정이 아닌 소송승계의 방법에 의하여야 한다는 소송승계설,[31] ② 표시정정은 불가하고, 피고경정 등 임의적 당사자변경절차의 방법에 의하여야 한다는 임의적당사자변경설(피고경정설),[32] ③ 상대방에 대한 채무면탈을 목적으로 구회사와 인적구성이나 영업목적이 실질적으로 같은 신회사를 설립한 경우에는 예외적으로 당사자표시정정절차에 의하여 신회사로 당사자를 바꿀 수 있다는 수정임의적당사자변경설[33] 등의 대립이 있다. 그러나 법인격이 남용·형해화된 경우 당사자변경의 가능성 및 그 방법을 정면으로 설시한 판례는 없는 것으로 보인다.[34]

(3) 생각건대 법인격이 형해화된 경우에는 그 배후자를 당사자로 보더라도 전면의 법인(회사)의 절차보장상의 문제는 발생하지 않을 것이다. 따라서 이러한 경우에는 예외적

---

27) 대법원 2001. 1. 19. 선고 97다21604 판결.
28) 대법원 2010. 1. 14. 선고 2009다77327 판결.
29) 대법원 2011. 5. 13. 선고 2010다94472 판결.
30) 대법원 2008. 9. 11. 선고 2007다90982 판결.
31) 정동윤/유병현/김경욱, 208면; 정영환, 284면.
32) 강현중, 208면; 김홍엽, 133면; 한충수, 122면.
33) 김홍규/강태원, 195면; 이시윤, 142면; 전원열, 167면.
34) 대법원 2003. 3. 11. 선고 2002두8459 판결 및 대법원 2008. 5. 29. 선고 2007다63683 판결을 근거로 들며 우리 판례는 당사자와 다른 실체를 가진 단체로의 당사자변경을 불허하는 입장이라고 보는 견해도 있다(김홍엽, 133면).

으로 당사자표시정정에 의하여 배후자로 당사자를 바꿀 수 있게 함이 타당하다 할 것이다. 수정임의적당사자변경설을 따른다.

4. 기판력 및 집행력 확장의 문제

판결확정 후의 단계에서는 기존회사에 대한 판결의 기판력 및 집행력이 배후자나 신설회사에까지 확장되는 것은 아니라고 본다. 판례도 甲회사와 乙회사가 실질적으로 동일하여 법인격부인의 법리가 적용되는 경우라 하더라도 乙회사에 대한 판결의 기판력 및 집행력이 甲회사에까지 확장되는 것은 아니라고 하였다.[35]

Ⅴ. 성명모용소송

1. 의 의

당사자의 확정은 성명모용소송에서도 문제가 된다. 이는 A가 임의로 甲의 명의로 소 제기하여 소송을 수행하거나(원고 측 모용), 乙에 대한 소송에 A가 乙의 명의를 참칭하여 소송을 수행하는 경우(피고 측 모용)에 있어서 당사자를 누구로 볼 것인가의 문제이다.

2. 당사자의 확정

(1) 의사설에 의할 경우 원고 측이 모용된 경우에는 불명확하나, 피고 측이 모용된 경우에는 원고의 의사내로 피모용자(乙)가 당사자가 되어 그에게 판결의 효력이 미친다.

(2) 행동설에 의할 경우 모용자(A)가 당사자가 되므로, 피모용자에게 판결의 효력이 미치지 않는다.

(3) 실질적 표시설에 의할 경우 소장에 원고나 피고로 표시된 피모용자(甲, 乙)가 당사자이고, 그에게 판결의 효력이 미친다.

3. 성명모용소송의 처리

가. 소송계속 중 발견된 경우

원고 측이 모용된 경우 피모용자(甲)가 그 소를 추인하지 않는 한 판결로 소를 각하

---

35) 대법원 1995. 5. 12. 선고 93다44531 판결. 상세는 후술 기판력의 주관적 범위 부분 참조.

하여야 하고, 그 소송비용은 모용자(A)가 부담하게 된다(제108조). 피고 측이 모용된 경우 법원은 모용자(A)의 소송관여를 배척하고, 피모용자를 소환하기 위하여 진정한 피고(乙)에게 기일통지를 하여야 한다.

나. 간과판결의 효력

(1) 만약 법원이 성명이 모용된 사실을 간과하고 본안판결을 하였을 때 그 판결의 효력은 피모용자에게 미친다. 그러나 모용자(A)의 소송행위는 마치 절차에 관여할 수 없는 무권대리인의 행위와 같다. 따라서 판례는 피고가 모용된 사례에서 피모용자(乙)는 무권대리인이 대리권을 행사한 경우처럼 판결의 확정 전이면 상소(제424조 제1항 제4호), 확정 후이면 재심의 소(제451조 제1항 제3호)를 제기하여 판결의 효력을 배제할 수 있다고 하였다.[36]

(2) 다만 원고가 피고의 주소를 거짓으로 기재하여 거짓주소로 소장부본이 송달되어 자백간주로 판결이 선고되고 그 판결정본 역시 거짓주소로 송달되어 확정된 경우, 즉 송달과정에서 피고 모용의 경우는 피모용자는 재심이 아니라 (기간의 정함이 없는) 항소를 제기해야 한다고 함이 판례의 태도이다.[37]

VI. 사망자를 당사자로 한 소송

1. 의 의

편면적 구조인 비송사건과 달리, 소송에 있어서는 2당사자가 대립되는 구조가 필요하다. 당사자 대립주의 하에서 대립당사자의 존재는 소송요건이기 때문에 일방당사자의 사망으로 인해 대립당사자구조가 부존재하게 되면 그 소는 원칙적으로 부적법하게 된다. 사망자를 당사자로 한 소송에서도 당사자로 표시된 자와 실제 소송수행을 하는 자가 다르기 때문에 당사자의 확정이 문제된다. 사망 시점별로 나눠 살펴본다.

2. 제소 전에 사망한 경우

가. 원고의 사망

(1) 원고가 제소 전 이미 사망한 것을 밝혀진 경우 원칙적으로 이러한 소는 부적법하

---

36) 대법원 1964. 3. 31. 선고 63다656 판결; 대법원 1964. 11. 17. 선고 64다328 판결.

37) 대법원 1978. 5. 9. 선고 75다634 전원합의체 판결; 대법원 1994. 12. 22. 선고 94다45449 판결. 상세는 후술 판결의 편취 부분 참조.

므로 각하되어야 한다.[38)]

판 례 제소 전 사망자를 원고로 한 소에 대한 처리(대법원 2015. 8. 13. 선고 2015다209002 판결)

소 제기 당시 이미 사망한 당사자와 상속인이 공동원고로 표시된 손해배상청구의 소가 제기된 경우, 이미 사망한 당사자 명의로 제기된 소 부분은 부적법하여 각하되어야 할 것일 뿐이고, 소의 제기로써 상속인이 자기 고유의 손해배상청구권뿐만 아니라 이미 사망한 당사자의 손해배상청구권에 대한 자신의 상속분에 대해서까지 함께 권리를 행사한 것으로 볼 수는 없다.

☞ 甲이 이른바 포항 민간인 희생사건의 희생자에 해당한다는 과거사정리위원회의 진실규명결정이 있자, 망 甲의 상속인인 배우자 乙과 자녀 丙 등이 대한민국을 상대로 손해배상청구의 소를 제기하였는데, 위 소 제기 전 乙은 이미 사망한 사안. 원심은 乙의 소를 각하하고, 乙의 위자료부분을 나머지 상속인 丙 등이 상속하였다고 보아 이 부분 인용판결을 하였으나, 대법원은 망 乙의 소제기부분은 부적법하여 각하되어야 할 것이고, 위 乙의 소제기로써 丙 등이 乙의 위자료에 대한 자신들의 상속분에 대해서까지 권리행사한 것으로 볼 수 없다고 하여 이 부분 소멸시효가 완성하였다고 하였음.

(2) 다만 판례는 당사자가 소송대리인에게 소송위임을 한 다음 소제기 전에 사망하였는데 소송대리인이 이를 모르고 사망자를 원고로 표시하여 소를 제기하였다 하더라도 이러한 소제기는 적법하고, 상속인들이 소송절차를 수계해야 한다고 본다.[39)]

판 례 소송위임 후 소제기 전 원고의 사망과 소송대리권(대법원 2016. 4. 29. 선고 2014다210449 판결)

[1] 당사자가 사망하더라도 소송대리인의 소송대리권은 소멸하지 아니하므로(민사소송법 제95조 제1호), 당사자가 소송대리인에게 소송위임을 한 다음 소제기 전에 사망하였는데 소송대리인이 당사자가 사망한 것을 모르고 당사자를 원고로 표시하여 소를 제기하였다면 소의 제기는 적법하고, 시효중단 등 소제기의 효력은 상속인들에게 귀속된다. 이 경우 민사소송법 제233조 제1항이 유추적용되어 사망한 사람의 상속인들은 소송절차를 수계하여야 한다.

[2] 당사자가 사망하였으나 소송대리인이 있는 경우에는 소송절차가 중단되지 아니하고(민사소송법 제238조, 제233조 제1항), 소송대리인은 상속인들 전원을 위하여 소송을 수행하게 되며, 판결은 상속인들 전원에 대하여 효력이 있다. 이 경우 심급대리의 원칙상 판결정본이 소송대리인에게 송달되면 소송절차가 중단되므로 항소는 소송수계절차를 밟은 다음에 제기하는 것이 원칙이다. 다만 제1심 소송대리인이 상소제기에 관한 특별수권이 있어 상소를 제기하였다면 상소제기 시부터 소송절차가 중단되므로 항소심에서 소송수계절차를 거치면 된다.

[3] 소송절차 중단 중에 제기된 상소는 부적법하지만 상소심법원에 수계신청을 하여 하자를 치유시킬 수 있

---

38) 대법원 1990. 10. 26. 선고 90다카21695 판결; 대법원 1994. 6. 28. 선고 94다17048 판결; 대법원 2015. 8. 13. 선고 2015다209002 판결.

39) 대법원 2016. 4. 29. 선고 2014다210449 판결.

으므로, 상속인들에게서 항소심 소송을 위임받은 소송대리인이 소송수계절차를 취하지 아니한 채 사망한 당사자 명의로 항소장 및 항소이유서를 제출하였더라도, 상속인들이 항소심에서 수계신청을 하고 소송대리인의 소송행위를 적법한 것으로 추인하면 하자는 치유되고, 추인은 묵시적으로도 가능하다.

(3) 또한 과세처분에 대한 불복의 전치절차 중 사망하였음에도 피상속인 명의로 결정이 내려지고 이에 불복하여 상속인들이 피상속인을 원고로 기재하여 소를 제기한 사례에서 상속인으로의 원고표시정정을 허용한 사례도 있다.[40]

판 례 **제소 전 사망자를 원고로 하였으나 상속인으로의 표시정정을 허용한 사례(대법원 2016. 12. 27. 선고 2016두50440 판결)**

개인이나 법인이 과세처분에 대하여 심판청구 등을 제기하여 전심절차를 진행하던 중 사망하거나 흡수합병되는 등으로 당사자능력이 소멸하였으나, 전심절차에서 이를 알지 못한 채 사망하거나 합병으로 인해 소멸된 당사자를 청구인으로 표시하여 청구에 관한 결정이 이루어지고, 상속인이나 합병법인이 결정에 불복하여 소를 제기하면서 소장에 착오로 소멸한 당사자를 원고로 기재하였다면, 실제 소를 제기한 당사자는 상속인이나 합병법인이고 다만 그 표시를 잘못한 것에 불과하므로, 법원으로서는 이를 바로잡기 위한 당사자표시정정신청을 받아들인 후 본안에 관하여 심리·판단하여야 한다.

나. 피고의 사망

(1) 당사자의 확정: 상속인 vs 사망자

(가) 이미 사망한 자를 피고로 표시하여 소제기한 경우 사망자와 상속인 중 누구를 피고로 볼 것인지 문제되는데, ① 의사설에 의하면 원고나 법원이 피고로 삼으려는 자는 상속인일 것이므로 상속인이 피고가 되고, ② 행동설에 의하면 소장의 표시에도 불구하고 상속인이 소송상 당사자로 취급되거나 또는 당사자로 행동하는 자이므로 상속인이 피고가 된다. ③ 표시설을 엄격하게 적용하면 소장에 피상속인이 당사자로 기재되어 있으므로 피상속인이 피고가 될 것이나, 소장 당사자의 표시를 비롯하여 청구원인 기타의 기재 등 전취지를 기준으로 하는 실질적 표시설에 따르면 이미 사망하였음이 드러난 경우 상속인이 피고가 될 것이다.

(나) 판례는 원고의 소제기 목적, 사망사실을 안 후 원고가 피고표시정정신청을 하는 등 여러 사정을 종합하여 사망자의 상속인이 처음부터 실질적인 피고이고 다만 그 표시를 잘못한 것이므로 사망자의 상속인으로 표시정정이 허용된다고 판시하였는데,[41] 원고의

40) 대법원 1994. 12. 2. 선고 93누12206 판결; 대법원 2016. 12. 27. 선고 2016두50440 판결.
41) 대법원 2006. 7. 4.자 2005마425 결정.

소제기 목적과 행위 등 의사를 고려했다는 점에서 의사설을 취한 것으로 평가한다.[42)]

(2) 법원의 조치 및 표시정정 가부

민사소송에서 소송당사자의 존재나 당사자능력은 소송요건에 해당하고, 이미 사망한 자를 상대로 한 소의 제기는 소송요건을 갖추지 않은 것으로서 부적법하므로,[43)] 법원은 이를 직권으로 조사하여 그 흠결이 발견되면 판결로 소를 각하하여야 한다. 다만 앞서 설명한 바와 같이 상속인으로의 표시정정의 가능성이 있으므로, 소를 각하하기 전에 석명권 행사 등을 통해 원고에게 피고표시정정의 기회를 부여하여야 한다.

(3) 간과하고 본안판결을 한 경우의 효력

(가) 사망자에 대한 효력

법원이 피고가 사망자임을 간과하고 본안판결을 하였을 때에는 판결이 확정되어도 당연무효라는 것이 판례의 태도이다.[44)] 따라서 판례는 상속인들에 의한 소송수계신청도 허용될 수 없고,[45)] 상소도 부적법하며,[46)] 재심의 대상도 되지 않는다[47)]고 본다.[48)] 다만 이미 사망한 자를 채무자로 한 처분금지가처분결정은 당연무효로서 그 효력이 상속인에게 미치지 않지만 상속인은 위 가처분결정에 의해 생긴 외관을 제거하기 위해 가처분결정에 대한 이의신청을 할 수 있다고 본 판례가 있다.[49)]

(나) 상속인에 대한 효력

상속인에게는 원칙적으로 판결의 효력이 미치지 않는다. 다만 원고가 피고의 사망사실을 모르고 그를 상대로 소를 제기하였는데, 사망자의 상속인이 현실적으로 소송에 관여하여 소송을 수행함으로써 상속인과 실질적인 소송관계가 성립되었다면 신의칙상 상속인에게 그 소송수행의 결과나 판결의 효력이 미친다고 보아야 할 것이다.[50)] 사망자에게 실

42) 김홍규/강태원, 194면; 이시윤, 138면; 정동윤/유병현/김경욱, 204면; 정영환, 274면, 279면. 이에 대해 반대하면서, 판례는 소장을 신축적·탄력적으로 해석하여 표시정정을 허용할 뿐이므로 여전히 실질적 표시설을 취하고 있다는 견해도 있다(김홍엽, 114면).

43) 대법원 2012. 6. 14. 선고 2010다105310 판결.

44) 대법원 2017. 5. 17. 선고 2016다274188 판결.

45) 대법원 1970. 3. 24. 선고 69다929 판결; 대법원 2017. 11. 14. 선고 2017다24281 판결.

46) 항소의 경우(대법원 2015. 1. 29. 선고 2014다34041 판결), 상고의 경우(대법원 2000. 10. 27. 선고 2000다33775 판결).

47) 대법원 1994. 12. 9. 선고 94다16564 판결.

48) 이에 대하여 유효한 판결이 존재하는 것처럼 보이는 외관의 제거를 위해 상소를 허용해야 한다는 견해(이시윤, 144면; 정동윤/유병현/김경욱, 205면; 정영환, 280면; 한충수, 118면)가 있다. 또 원칙적으로 상소는 허용되지 않으나, 무효인 판결에 의하여 생길 외관(예컨대 무효인 의사진술을 명하는 판결에 의하여 경료될 등기·등록) 제거 목적의 상소를 허용하는 견해도 있다(김홍엽, 127면).

49) 대법원 2002. 4. 26. 선고 2000다30578 판결. 효력 및 불복에 대한 상세는 후술 판결의 무효 부분 참조.

50) 김홍엽, 129면; 이시윤, 144면; 전병서, 62면; 정동윤/유병현/김경욱, 205면; 정영환, 280면.

시한 송달은 원칙적으로 무효이나, 그 상속인이 송달서류를 수령한 경우에는 하자가 치유되어 그 때에 상속인에 대한 송달로서 효력이 발생한다는 판례가 있다.[51)]

3. 소제기 후 소송계속 직전에 사망한 경우

가. 피고의 사망

소제기 후 소장부본이 피고에게 송달되기 전에 피고가 사망한 경우에도 소제기 전에 피고사망과 마찬가지로 본다.[52)]

나. 원고의 사망

소장부본을 송달받기 전까지는 소가 제기된 사실을 알 수 없는 피고와 달리 원고는 스스로 소를 제기하여 법적분쟁의 진행상황을 잘 알고 있으므로, 원고가 소제기 후 소송계속 직전에 사망한 경우는 소송계속 중 사망한 경우와 마찬가지로 보아 제233조 제1항을 유추적용하여 절차의 중단 및 수계의 문제로 처리해야 할 것이다.[53)]

4. 소송계속 후 변론종결 전에 사망한 경우

이 경우는 이미 사망자로 피고가 확정된 것이므로 당사자확정의 문제는 발생하지 않는다. 소송절차의 중단과 수계의 문제가 발생한다.

> **제233조(당사자의 사망으로 말미암은 중단)** ① 당사자가 죽은 때에 소송절차는 중단된다. 이 경우 상속인·상속재산관리인, 그 밖에 법률에 의하여 소송을 계속하여 수행할 사람이 소송절차를 수계(受繼)하여야 한다.

가. 당사자지위의 당연승계 여부

소송계속 중 당사자가 사망한 경우 그의 소송상 지위가 상속인에게 승계되는지 여부에 대해, ① 실체법상 포괄승계를 소송에 반영시킬 필요가 있다고 보는 당연승계긍정

---

51) 대법원 1998. 2. 13. 선고 95다15667 판결.

52) 대법원 2015. 1. 29. 선고 2014다34041 판결. 이러한 법리는 지급명령 신청 후 정본이 송달되기 전에 채무자가 사망한 경우에도 마찬가지이므로, 이 지급명령은 효력이 없다(대법원 2017. 5. 17. 선고 2016다274188 판결). 그리고 이러한 법리는 피고가 사망한 경우뿐만 아니라 파산선고가 이루어진 경우도 마찬가지로 적용된다(대법원 2018. 6. 15. 선고 2017다289828 판결).

53) 김홍엽, 129면; 정동윤/유병현/김경욱, 206면; 정영환, 281면. 이에 대하여 피고와 원고의 경우를 달리 볼 필요가 없다는 견해로 한충수, 119면.

설,[54] ② 소송에서 상속인이 수계절차를 밟아서 당사자로 표시되어야 당사자가 변경된다고 보는 당연승계부정설[55]의 대립이 있다. 판례는 피상속인의 지위를 당연히 이어받게 되는 상속인들과의 관계에서 대립당사자구조를 형성하여 존재하는 것이라 하여 당연승계긍정설의 태도이다.[56] 생각건대 상속이 포괄승계임을 고려할 때 피상속인의 소송상의 지위 역시 상속인에게 당연히 승계된다고 봄이 타당하다.

판 례 **소송계속 중 사망과 당사자지위의 승계 및 소송절차 중단 간과판결의 효력(대법원 1995. 5. 23. 선고 94다28444 전원합의체 판결)**

일응 대립당사자 구조를 갖추고 적법히 소가 제기되었다가 소송 도중 어느 일방의 당사자가 사망함으로 인해서 그 당사자로서의 자격을 상실하게 된 때에는 그 대립당사자 구조가 없어져 버린 것이 아니고, 그때부터 그 소송은 그의 지위를 당연히 이어 받게 되는 상속인들과의 관계에서 대립당사자 구조를 형성하여 존재하게 되는 것이고, 다만 상속인들이 그 소송을 이어 받는 외형상의 절차인 소송수계절차를 밟을 때까지는 실제상 그 소송을 진행할 수 없는 장애사유가 발생하였기 때문에 적법한 수계인이 수계절차를 밟아 소송에 관여할 수 있게 될 때까지 소송절차는 중단되도록 법이 규정하고 있을 뿐인바, 이와 같은 중단사유를 간과하고 변론이 종결되어 판결이 선고된 경우에는 그 판결은 소송에 관여할 수 있는 적법한 수계인의 권한을 배제한 결과가 되는 절차상 위법은 있지만 그 판결이 당연무효라 할 수는 없고, 다만 그 판결은 대리인에 의하여 적법하게 대리되지 않았던 경우와 마찬가지로 보아 대리권흠결을 이유로 상소(민사소송법 제394조[현행 제424조] 제1항 제4호) 또는 재심(민사소송법 제422조[현행 제451조] 제1항 제3호)에 의하여 그 취소를 구할 수 있을 뿐이다.

나. 소송절차의 중단 및 수계

(1) 당사자의 사망으로 소송절차가 중단되기 위해서는 ① 소송계속 중에 사망하였을 것(제233조), ② 사망한 당사자 측에 소송대리인이 선임되어 있지 않을 것(제238조), ③ 상속인이 있을 것, ④ 소송물인 권리·의무가 상속의 대상이 될 것(비일신전속적일 것)을 요한다. 따라서 소송대리인이 선임되어 있으면 중단되지 않고, 또 이혼청구권과 같이 일신전속적인 권리도 중단되지 않고 소송이 종료된다.[57]

(2) 중단된 소송절차를 상속인·상속재산관리인 등이 수계하여야 한다(제233조 제1항). 수계신청은 상대방도 할 수 있다(제241조). 당사자가 수계하지 않은 경우 법원은 직권에 의한 속행명령을 할 수 있다(제244조).

---

54) 김홍엽, 130면; 이시윤, 145면; 정동윤/유병현/김경욱, 206면; 정영환, 282면.

55) 호문혁, 229면.

56) 대법원 1995. 5. 23. 선고 94다28444 전원합의체 판결.

57) 대법원 1982. 10. 12. 선고 81므53 판결.

다. 소송절차의 중단을 간과한 판결의 효력

상속인의 수계가 없었다는 절차상 하자만 있을 뿐 상속인에게 피고의 지위가 승계되어 당사자확정과 대립당사자구조의 흠결의 문제는 없으므로, 판결은 당연무효는 아니고, 다만 그 판결은 대리인에 의해 적법하게 대리되지 않았던 경우와 마찬가지로 보아 대리권 흠결을 이유로 판결의 확정 전이면 상소(제424조 제1항 제4호), 확정 후이면 재심(제451조 제1항 제3호)에 의한 취소사유에 해당한다.[58)]

5. 변론종결 후에 사망한 경우

(1) 이 경우도 이미 사망자로 당사자가 확정된 것이므로 당사자확정의 문제는 발생하지 않는다. 변론종결 후에 당사자가 죽은 때에는 소송절차가 중단되지만, 판결선고는 가능하다(제247조 제1항). 그러나 판결의 송달은 상속인의 수계 등으로 중단이 해소된 뒤 해야 하고, 상속인이 소송절차를 수계하여 판결정본을 송달받기 전까지는 상소기간이 진행되지 않는다.[59)]

(2) 이때에는 사망자 명의로 된 판결이라도 유효하며, 상속인이 변론종결한 뒤의 승계인으로 되어 기판력이 미친다(제218조 제1항). 사망한 피고에 대한 이행판결이라면 상속인에 대하여 승계집행문을 부여받아 강제집행할 수 있다.

제 3 절 당사자의 자격

당사자로 확정되었다 하더라도 소송수행을 위해서는 당사자로서의 적법한 자격이 필요한데, 통상 당사자능력, 당사자적격, 소송능력, 변론능력을 갖추어야 한다. 이 중 당사자능력[60)]과 당사자적격은 소송요건이다. 소송능력은 소송행위의 유효요건이자 소송요건이다.[61)] 변론능력은 소송행위의 유효요건일 뿐, 소송요건은 아니다.[62)]

---

58) 대법원 1995. 5. 23. 선고 94다28444 전원합의체 판결; 대법원 2003. 11. 14. 선고 2003다34038 판결.

59) 대법원 2007. 12. 14. 선고 2007다52997 판결.

60) 당사자능력을 소송요건인 동시에 개별적 소송행위의 유효요건으로 보는 견해도 있다(정영환, 286면).

61) 소송무능력자가 소를 제기한 경우에 소송능력의 존재는 소송요건이다. 개개의 소송행위를 함에 있어서는 소송행위의 유효요건이다.

62) 다만 변호사선임명령에 불응하여 소를 각하하는 경우(제144조 제4항)에는 변론능력도 임의적 소송요건이 된다고 보는 견해도 있다(이시윤, 172면).

Ⅰ. 당사자능력

1. 의 의

(1) 당사자능력은 소송의 주체가 될 수 있는 일반적 능력을 말한다. 민법상의 권리능력에 대응하는 것으로서 소송상의 권리능력이라고도 한다.

(2) 사건과 관련 없이 일반적으로 당사자가 될 수 있는 능력을 의미하므로, 특정사건에 대해서 정당한 당사자로서 본안판결을 받기에 적합한 자격인 당사자적격과 구별된다. 현재 계속 중인 소송에서 당사자가 누구인가를 명확히 하는 당사자확정의 문제와도 구별된다. 시간적으로 당사자로 확정되고 난 뒤에 당사자능력이 문제된다.

(3) 기본적으로 민법상의 권리능력자는 당사자능력을 갖지만, 그보다는 더 넓은 소송법상의 개념이므로 우리 법은 별도의 규정(제52조)을 두고 법인이 아닌 사단이나 재단의 당사자능력을 인정하고 있다. 다만 그보다 단체성이 더 약한 민법상의 조합에도 위 규정을 유추적용하여 당사자능력을 인정할 수 있는지 문제되는바, 차례로 살펴본다.

2. 권리능력자

> **제51조(당사자능력·소송능력 등에 대한 원칙)** 당사자능력(當事者能力), 소송능력(訴訟能力), 소송무능력자(訴訟無能力者)의 법정대리와 소송행위에 필요한 권한의 수여는 이 법에 특별한 규정이 없으면 민법, 그 밖의 법률에 따른다.

가. 자연인

(1) 사람은 생존하는 동안 권리와 의무의 주체가 된다(민법 제3조). 따라서 자연인은 생존하는 동안 당사자능력을 갖는다(제51조). 연령·성별·국적 등을 불문한다. 자연인이 사망하면 당사자능력을 잃는다. 그러나 실종선고가 확정되기 전의 실종자는 당사자능력이 있다고 보므로, 그러한 실종자를 상대로 제기된 소는 적법하고, 판결도 유효하며, 확정되면 기판력도 발생하고, 그 후에 실종선고가 확정되어 피고의 사망간주 시점이 소제기 전으로 소급하는 경우에도 위 판결이 무효가 된다고 볼 수 없다.[63]

(2) 태아는 원칙적으로 권리능력이 없다. 그러나 민법은 불법행위에 기한 손해배상청구권(민법 제762조), 재산상속(민법 제1000조 제3항), 유증(민법 제1064조) 등 일정한 경우 출생한 것

63) 대법원 1992. 7. 14. 선고 92다2455 판결.

으로 본다고 규정하고 있는데, 이것의 의미에 대하여 판례는 살아서 출생한 때에 출생시기가 문제의 사건의 시기까지 소급하여 그때에 태아가 출생한 것과 같이 법률상 보아준다는 견해(정지조건설)를 취하므로,[64] 태아인 상태에서는 권리능력이 인정되지 않아 당사자능력 역시 인정되지 않는다. 그러나 다수설은 태아는 권리능력을 갖고 다만 사산된 경우에는 소급하여 권리능력을 잃는다고 보므로(해제조건설), 태아인 상태에서도 당사자능력이 인정될 수 있다.[65] 최근 판례는 보험계약상 태아의 권리능력을 인정하기도 하였다.[66] 물론 태아가 사산한 경우에는 어느 견해에 의하더라도 권리능력을 갖지 못한다.

(3) 도롱뇽과 같은 자연물 또는 자연물을 포함한 자연 그 자체는 당사자능력이 없다.[67]

판 례 **도롱뇽의 당사자능력(대법원 2006. 6. 2.자 2004마1148, 1149 결정)**

도롱뇽은 천성산 일원에 서식하고 있는 도롱뇽목 도롱뇽과에 속하는 양서류로서 자연물인 도롱뇽 또는 그를 포함한 자연 그 자체로서는 소송을 수행할 당사자능력을 인정할 수 없다고 한 원심의 판단을 수긍한 사례.

☞ 도롱뇽을 신청인으로 하여 고속철도 공사중지가처분신청을 한 사건에서 이른바 자연의 권리소송이론에 따라 도롱뇽의 당사자능력이 문제되었으나, 법원은 현행법 체계하 자연물인 도롱뇽의 당사자능력을 부정하고, 도롱뇽의 가처분신청을 부적법하다고 보았음.

나. 법 인

(1) 법인은 내·외국법인, 영리·비영리법인, 사단·재단법인을 불문하고 권리능력이 있으므로(민법 제34조) 당사자능력도 있다. 사단법인에 있어서는 사원이 없게 되어도 이는 해산사유가 될 뿐 바로 권리능력이 소멸하는 것이 아니므로 구성원이 없게 되었다 하여 바로 그 사단이 당사자능력을 상실하였다고 할 수는 없다. 판례는 청산종결의 등기가 경료되더라도 청산사무가 완료되기 전까지는 당사자능력이 있다고 하였다.[68]

(2) 공법인인 국가·지방자치단체·영조물법인이나 공공조합 등도 민법상 권리능력이 있으므로 당사자능력도 있다. 그러나 국가의 기관인 행정청은 행정소송에서는 피고능력이 있지만(행소 제13조), 민사소송에서는 당사자능력이 없다. 지방자치단체인 군의 하부행정

---

64) 대법원 1976. 9. 14. 선고 76다1365 판결.

65) 이시윤, 147면; 정동윤/유병현/김경욱, 210면; 정영환, 288면; 호문혁, 231면.

66) 부모가 태아를 피보험자로 하여 상해보험계약을 체결하였는데, 분만과정에서 태아가 상해를 입어 장해가 생기자 보험회사가 수익자인 부모를 상대로 보험금채무부존재확인을 구한 사안에서, 대법원은 위 보험계약의 유효성을 인정하고, 보험기간이 개시된 이상 출생 전이라도 태아가 보험계약에서 정한 우연한 사고로 상해를 입었다면 이는 보험기간 중에 발생한 보험사고에 해당한다고 하였다(대법원 2019. 3. 28. 선고 2016다211224 판결).

67) 대법원 2006. 6. 2.자 2004마1148, 1149 결정.

68) 대법원 1968. 6. 18. 선고 67다2528 판결; 대법원 2005. 11. 24. 선고 2003후2515 판결.

구역에 불과한 읍·면도 당사자능력이 없고,[69] 학교법인의 기관인 사립대학교 학장도 당사자능력이 없다.[70] 참고로 지부·분회·지회 등 어떤 법인의 하부조직을 상대로 한 승소확정판결을 집행권원으로 하여 법인의 재산에 대해 강제집행할 수 없다.[71]

3. 법인이 아닌 사단이나 재단

> **제52조(법인이 아닌 사단 등의 당사자능력)** 법인이 아닌 사단이나 재단은 대표자 또는 관리인이 있는 경우에는 그 사단이나 재단의 이름으로 당사자가 될 수 있다.

이를 '형식적 당사자능력자'라고 한다. 만약 실체법에서와 같이 법인 아닌 단체에 대해 주체성을 부인하면 분쟁발생시 위 단체를 상대로 소를 제기하려는 자는 단체의 구성원 전원을 피고로 삼아야 하는 불편함이 따른다. 또한 단체에 주체성이 인정되면 단체 측으로서도 송달, 출석, 집행 등 유리한 점이 많기 때문에 제52조의 규정을 둔 것이다.

가. 법인이 아닌 사단

(1) 사단의 실질을 갖추었지만 법인등기를 갖추지 못한 단체를 말한다. 사단의 실질이란 일정한 목적을 위하여 결합된 사람의 집단으로서 단체는 대표기관을 통해 행위하고, 대표자·관리인의 정함이 있는 경우를 말한다.[72] 그 법률효과도 단체에 귀속하며, 구성원은 배당을 받거나 설비를 이용할 뿐 직접 법률효과를 받지 않는다. 구성원은 총회의 다수결 원리를 통해 단체운영에 참여할 뿐이고, 재산도 지분개념도 없이 단체자체에 귀속된다. 종중, 문중, 자연부락, 수리계·보중 등 농민단체,[73] 노동조합,[74] 주택조합,[75] 재건축조합,[76] 개신교회,[77] 사찰,[78] 집합건물의 관리단,[79] 공동주택의 입주사대표회의,[80] 아파

69) 대법원 2002. 3. 29. 선고 2001다83258 판결.
70) 대법원 1987. 4. 14. 선고 86다카2479 판결.
71) 대법원 2018. 9. 13. 선고 2018다231031 판결.
72) 대법원 1999. 4. 23. 선고 99다4504 판결.
73) 장흥지수리계(水利稧)의 경우(대법원 1997. 12. 9. 선고 97다18547 판결), 보중(洑中)의 경우(대법원 1995. 11. 21. 선고 94다15288 판결).
74) 전국해원노동조합 목포지부의 경우(대법원 1977. 1. 25. 선고 76다2194 판결).
75) 대법원 1997. 1. 24. 선고 96다39721, 39738 판결.
76) 대법원 2006. 2. 23. 선고 2005다19552, 19569 판결.
77) 대법원 1991. 11. 26. 선고 91다30675 판결; 대법원 2003. 11. 14. 선고 2001다32687 판결. 단 천주교회는 당사자능력 부정(대법원 1966. 9. 20. 선고 63다30 판결).
78) 대법원 1992. 1. 23.자 91마581 결정; 대법원 2005. 6. 24. 선고 2005다10388 판결.
79) 대법원 2022. 4. 28. 선고 2021다306904 판결.
80) 대법원 2015. 1. 29. 선고 2014다62657 판결.

트 부녀회,[81] 상가번영회[82]가 그 예이다. 판례는 사단법인의 하부조직의 하나라 하더라도 스스로 단체로서의 실체를 갖추고 독자적인 활동을 하고 있다면 사단법인과는 별개의 독립된 비법인사단으로 볼 수 있다고 한다.[83]

판 례 **비법인사단과 민법상 조합의 구별기준(대법원 1999. 4. 23. 선고 99다4504 판결)**

[1] 민법상의 조합과 법인격은 없으나 사단성이 인정되는 비법인사단을 구별함에 있어서는 일반적으로 그 단체성의 강약을 기준으로 판단하여야 하는바, 조합은 2 이상이 상호간에 금전 기타 재산 또는 노무를 출자하여 공동사업을 경영할 것을 약정하는 계약관계에 의하여 성립하므로 어느 정도 단체성에서 오는 제약을 받게 되는 것이지만 구성원의 개인성이 강하게 드러나는 인적 결합체인 데 비하여 비법인사단은 구성원의 개인성과는 별개로 권리·의무의 주체가 될 수 있는 독자적 존재로서의 단체적 조직을 가지는 특성이 있다 하겠는데, 어떤 단체가 고유의 목적을 가지고 사단적 성격을 가지는 규약을 만들어 이에 근거하여 의사결정기관 및 집행기관인 대표자를 두는 등의 조직을 갖추고 있고, 기관의 의결이나 업무집행방법이 다수결의 원칙에 의하여 행하여지며, 구성원의 가입, 탈퇴 등으로 인한 변경에 관계없이 단체 그 자체가 존속되고, 그 조직에 의하여 대표의 방법, 총회나 이사회 등의 운영, 자본의 구성, 재산의 관리 기타 단체로서의 주요사항이 확정되어 있는 경우에는 비법인사단으로서의 실체를 가진다고 할 것이다.

[3] 부도난 회사의 채권자들이 조직한 채권단이 비법인사단으로서의 실체를 갖추지 못했다는 이유로 그 당사자능력을 부인한 사례.

판 례 **아파트 부녀회의 당사자능력(대법원 2006. 12. 21. 선고 2006다52723 판결)**

[1] 아파트에 거주하는 부녀를 회원으로 하여 입주자의 복지증진 및 지역사회 발전 등을 목적으로 설립된 아파트 부녀회가 회칙과 임원을 두고서 주요 업무를 월례회나 임시회를 개최하여 의사결정하여 온 경우에 법인 아닌 사단의 실체를 갖추고 있다고 본 사례.

[2] 법인 아닌 사단의 실체를 갖춘 아파트 부녀회의 수익금이 아파트 부녀회 회장의 개인 명의의 예금계좌에 입금되어 있는 경우, 위 수익금의 관리·사용권을 승계한 아파트입주자 대표회의가 수익금의 지급을 청구할 상대방은 회장 개인이 아니라 아파트 부녀회이다.

(2) 종중은 공동선조의 후손들에 의하여 그 선조의 분묘수호 및 봉제사와 후손 상호간의 친목을 목적으로 형성되는 자연발생적인 종족단체로서 특별한 조직행위가 없더라도 그 선조의 사망과 동시에 그 후손에 의하여 성립한다. 대소종중을 막론하고 규약 또는 종친관념에 기한 관습에 의해 선임된 대표자가 있으면 당사자능력이 있으며, 반드시 서면화

81) 대법원 2006. 12. 21. 선고 2006다52723 판결.
82) 대법원 1992. 10. 9. 선고 92다23087 판결.
83) 대법원 2009. 1. 30. 선고 2006다60908 판결; 대법원 2018. 4. 26. 선고 2015다211289 판결.

된 규약이 있어야 하는 것은 아니라는 것이 판례의 입장이다.[84)]

우리 판례는 종중의 당사자능력을 다소 광범위하게 인정하려는 경향이 있다. 공동선조의 후손 중 특정 범위 내의 종원만으로 조직체를 구성하여 활동하는 단체의 당사자능력을 긍정하는가 하면,[85)] 공동선조를 달리하는 후손들 중 특정 지역 거주자들을 중심으로 모임을 만들어 공동으로 시제를 지내다가 총회를 거쳐 명칭을 확정하고 조직을 구성하는 등 활동을 하여 온 단체의 경우에도 당사자능력을 긍정하고 있다.[86)] 다만 최근 판례는 종중유사단체의 성립 및 소유권귀속을 인정하려면 고유의 종중이 소를 제기하는데 필요한 여러 절차를 우회하거나 특정 종중원을 배제하기 위해 종중유사단체를 표방하는 것은 아닌지 신중한 판단이 필요하다고 했다.[87)]

판 례 **공동선조를 달리하는 후손들로 구성된 종중유사단체의 당사자능력(대법원 2008. 10. 9. 선고 2008다45378 판결)**

고유한 의미의 종중은 공동선조의 후손들에 의하여 그 선조의 분묘수호와 제사 및 후손 상호간의 친목을 목적으로 형성되는 자연발생적인 종족단체로서 그 성립을 위하여 특별한 조직행위를 필요로 하지 아니하고 그 선조의 사망과 동시에 그 자손에 의하여 성립되는 것이며, 이와 같은 고유한 의미의 종중이 아니라 하더라도 독립된 단체로서의 실체를 인정할 수 있을 경우에는 비법인 사단으로서의 단체성을 인정할 수는 있을 것이다. 위 법리와 기록에 비추어 살펴보면, 각 공동선조를 달리하는 안동 권씨 28세손인 필상의 후손들과 그와 6촌지간인 같은 28세손 필정의 후손들 중 화성시 매송면 천천리 거주자들을 중심으로 모임을 만들어 매년 위 양인의 시제를 함께 지내다가 정식으로 총회를 열어 명칭을 확정하고 조직을 구성하는 등 활동을 하여 온 원고 종중의 법률적 성격에 관하여, 원심이 고유한 의미의 종중은 아니지만 그 판시 재산관리를 위하여 위 천천리에 거주해 왔던 필상, 필정의 후손들로 범위를 제한하여 구성한 종중에 유사한 비법인 사단이라고 본 것은 정당한 것으로 수긍할 수 있다.

판 례 **종중유사단체 여부 판단 방법(대법원 2020. 4. 9. 선고 2019다216411 판결)**

자연발생적으로 형성된 고유 의미의 종중(이하 '고유 종중'이라 한다)이 아니라 그 구성원 중 일부만으로 범위를 제한한 종중 유사의 권리능력 없는 사단(이하 '종중 유사단체'라 한다)의 성립 및 소유권 귀속을 인정하려면, 고유 종중이 소를 제기하는 데 필요한 여러 절차(종중원 확정, 종중 총회 소집, 총회 결의, 대표자 선임 등)를 우회하거나 특정 종중원을 배제하기 위한 목적에서 종중 유사단체를 표방하였다고 볼 여지가 없는지 신중하게 판단하여야 한다.

☞ 甲 단체가 고유 의미의 종중이 아니라 특정인의 후손 중 특정 지역에 거주하는 성년 남자로만 구성된 종

84) 대법원 1995. 11. 14. 선고 95다16103 판결.
85) 대법원 2019. 2. 14. 선고 2018다264628 판결.
86) 대법원 2008. 10. 9. 선고 2008다45378 판결.
87) 대법원 2020. 4. 9. 선고 2019다216411 판결.

중 유사단체로서 등기부상 부동산의 소유명의인과 동일한 단체라고 주장하면서 乙을 상대로 등기말소청구를 한 사안에서, 대법원은 甲 단체의 실체가 위 부동산 소유명의인에게 소유권이전등기가 이루어질 당시 이미 종중 유사단체로서 조직·성립되었다고 단정하기 어렵고, 오히려 甲 단체가 위 소를 제기하는 데 필요한 여러 절차를 우회하거나 특정 종중원들을 배제하려는 목적에서 종중 유사단체임을 표방하여 부동산의 소유명의인과 동일한 단체라고 주장하고 있는 것이 아닌지 의심할 여지가 충분하다고 보아, 甲 단체의 실체가 그 주장과 같이 종중 유사단체이고 부동산의 소유명의인과 동일한 단체라고 단정한 원심판결을 파기·환송하였음.

(3) 법인이 아닌 사단에 대하여도 사단법인에 관한 민법규정 가운데서 법인격을 전제로 하는 것을 제외하고는 이를 유추적용할 수 있으므로, 법인이 아닌 사단의 구성원이 없게 되었다고 하여 곧바로 그 사단이 소멸하여 소송상의 당사자능력을 상실하였다고 할 수는 없고, 청산사무가 완료되어야 비로소 그 당사자능력이 소멸하는 것이다.[88]

판 례 **비법인사단의 해산사유 발생과 당사자능력(대법원 2007. 11. 16. 선고 2006다41297 판결)**

[1] 비법인사단에 해산사유가 발생하였다고 하더라도 곧바로 당사자능력이 소멸하는 것이 아니라 청산사무가 완료될 때까지 청산의 목적범위 내에서 권리·의무의 주체가 되고, 이 경우 청산 중의 비법인사단은 해산 전의 비법인사단과 동일한 사단이고 다만 그 목적이 청산 범위 내로 축소된 데 지나지 않는다.

[2] 교회가 건물을 다른 교회에 매도하고 더 이상 종교활동을 하지 않아 해산하였다고 하더라도 교인들이 교회 재산의 귀속관계에 대하여 다투고 있는 이상 교회는 청산목적의 범위 내에서 권리·의무의 주체가 되어 당사자능력이 있고, 위 교인들이 교회의 대표자 지위의 부존재 확인을 구하는 소송에는 청산인 지위의 부존재 확인을 구하는 취지가 포함되어 있다고 본 사례.

(4) 판례는 총유재산에 관한 소를 제기하는 경우 비법인사단이 그 명의로 소를 제기하거나 구성원 전원이 당사자가 되어 필수적 공동소송의 형태로 할 수 있을 뿐, 그 사단의 구성원은 당사자가 될 수 없다고 한다.[89]

판 례 **비법인사단의 소송수행방안(대법원 2005. 9. 15. 선고 2004다44971 전원합의체 판결)**

민법 제276조 제1항은 "총유물의 관리 및 처분은 사원총회의 결의에 의한다", 같은 조 제2항은 "각 사원은 정관 기타의 규약에 좇아 총유물을 사용·수익할 수 있다"라고 규정하고 있을 뿐 공유나 합유의 경우처럼 보존행위는 그 구성원 각자가 할 수 있다는 민법 제265조 단서 또는 제272조 단서와 같은 규정을 두고 있지 아니한바, 이는 법인 아닌 사단의 소유형태인 총유가 공유나 합유에 비하여 단체성이 강하고 구성원 개인들

---

88) 대법원 1992. 10. 9. 선고 92다23087 판결; 대법원 2007. 11. 16. 선고 2006다41297 판결.

89) 대법원 2005. 9. 15. 선고 2004다44971 전원합의체 판결.

의 총유재산에 대한 지분권이 인정되지 아니하는 데에서 나온 당연한 귀결이라고 할 것이므로 총유재산에 관한 소송은 법인 아닌 사단이 그 명의로 사원총회의 결의를 거쳐 하거나 또는 그 구성원 전원이 당사자가 되어 필수적 공동소송의 형태로 할 수 있을 뿐 그 사단의 구성원은 설령 그가 사단의 대표자라거나 사원총회의 결의를 거쳤다 하더라도 그 소송의 당사자가 될 수 없고, 이러한 법리는 총유재산의 보존행위로서 소를 제기하는 경우에도 마찬가지라 할 것이다.

나. 법인이 아닌 재단

(1) 일정한 목적을 위하여 결합된 재산의 집합체로 출연자로부터 독립한 관리자가 있음에도 불구하고 주무관청의 허가가 없어 법인격을 가지지 못한 것을 말한다. 대학교 장학회, 사립유치원이 이에 해당한다.

(2) 판례는 국·공립학교, 사립학교, 각종 학교 어느 것을 막론하고 학교의 당사자능력을 부인한다.[90] 따라서 국·공립학교는 국가·지방자치단체, 사립학교는 학교법인, 각종 학교는 설립자 등 각 운영주체를 당사자로 삼아야 한다.

판 례 **국립대학교의 당사자능력(대법원 2001. 6. 29. 선고 2001다21991 판결)**

서울대학교는 국가가 설립·경영하는 학교임은 공지의 사실이고, 학교는 법인도 아니고 대표자 있는 법인격 없는 사단 또는 재단도 아닌 교육시설의 명칭에 불과하여 민사소송에 있어 당사자능력을 인정할 수 없다.

☞ 법인화되기 전의 서울대학교에 대한 판결이며, 현재의 서울대학교는 법인화가 되었으므로 당사자능력이 인정될 수 있다.

4. 민법상의 조합

가. 의 의

(1) 민법상의 조합은 사회경제적 실체와 기능이 사단과 비슷하나 법률상 계약관계이고 재산관계는 합유관계이다. 이러한 조합의 합유관계에 관한 소송은 원칙적으로 조합원 전원이 또는 전원을 상대로 하는 고유필수적 공동소송에 해당한다. 그러나 이 경우 조합원수가 많을수록 송달 등 소송수행에 불편함이 증가하는 바, 법인 아닌 사단보다 단체성이 더 약한 민법상의 조합에 제52조를 유추적용하여 당사자능력을 인정하고 조합의 이름으로 소송을 수행할 수 있는지 여부가 문제된다. 만약 불가능할 경우 그 소송수행을 간소화하기 위해 업무집행조합원 등이 당사자로서 또는 대리인으로서 소송을 수행하는 방안

---

90) 법인화 전의 서울대학교(대법원 2001. 6. 29. 선고 2001다21991 판결), 학교법인 조선대학교(대법원 1975. 12. 9. 선고 75다1048 판결), ○○외국인학교(대법원 2019. 3. 25.자 2016마5908 결정).

이 논의되고 있다.

(2) 한편 농업협동조합, 수산업협동조합, 도시 및 주거환경정비법상 조합 등은 명칭과 달리 실질은 법인이므로,[91] 위 논의에서 제외된다.

나. 조합의 당사자능력 인정 여부

(1) 이에 대하여 ① 조합에도 약하지만 단체성이 있고, 조합과 사단의 구별이 용이하지 않으며, 만약 단체성을 부정할 경우 조합원 전원을 당사자로 해야 하는 불편함이 있다는 점을 근거로 드는 긍정설,[92] ② 조합은 사단에 비해 단체성이 약하고, 당사자능력을 인정하는 명문의 규정이 없으며, 조합 자체에 대한 판결로 조합원에 대해 집행이 불가능하다는 점을 근거로 드는 부정설[93]의 대립이 있다.

(2) 판례는 ① 한국원호복지공단법에 의해 설립된 원호대상자 광주목공조합은 민법상의 조합의 실체를 가지고 있으므로 소송상 당사자능력이 없다고 판시하였고,[94] ② 부도난 회사의 채권자들이 조직한 채권단도 비법인사단으로서의 실체를 갖추지 못하였으므로 당사자능력이 없다고 하여,[95] 조합의 당사자능력을 부정하였다.

(3) 생각건대 제52조에서 비법인사단의 당사자능력을 인정하면서도 조합을 제외한 점, 통상 조합은 동업 등 일정한 약정 아래에서 이루어지는 점, 과거에 비해 조합의 수가 줄어드는 추세인 점, 민법은 비법인사단과 조합을 구별하여 규정하고 있는 점, 조합의 업무집행조합원을 통해 소송수행의 단순화가 가능하다는 점 등을 고려할 때, 부정설이 타당하다고 할 것이다. 따라서 조합의 이름으로 소송을 수행할 수 없다.

다. 조합원 전원이 고유필수적 공동소송으로서 소송수행하는 방법

(1) 능동소송의 경우 ㉠ 합유물의 처분과 변경에는 합유자 전원의 동의가 필요하고(민법 제272조 본문), 합유물의 지분 처분에도 전원의 동의가 필요함에 비추어(민법 제273조), 조합원의 조합재산에 관한 소송은 고유필수적 공동소송이다.[96] ㉡ 다만 보존행위에 관한 소송(민법 제272조 단서)은 통상공동소송으로 본다.[97]

---

91) 농업협동조합법 제4조 제1항, 수산업협동조합법 제4조 제1항, 도시 및 주거환경정비법 제38조 제1항.

92) 강현중, 212면; 김홍규/강태원, 204면; 전병서, 220면.

93) 김홍엽, 144면; 이시윤, 152면; 정동윤/유병현/김경욱, 214면; 정영환, 292면; 호문혁, 236면.

94) 대법원 1991. 6. 25. 선고 88다카6358 판결.

95) 대법원 1999. 4. 23. 선고 99다4504 판결. 그러나 회사의 채권자들이 그 채권을 확보할 목적으로 구성한 청산위원회는 당사자능력 긍정함(대법원 1996. 6. 28. 선고 96다16582 판결).

96) 대법원 2012. 11. 29. 선고 2012다44471 판결.

97) 합유물에 관하여 경료된 원인무효의 소유권이전등기의 말소를 구한 사례(대법원 1997. 9. 9. 선고 96다16896 판결).

(2) 수동소송의 경우, 즉 조합채권자가 조합채무의 이행을 청구하는 소송에서 ㉠ 각 조합원의 개인적 책임에 기하여 조합채무의 이행을 구하는 소송은 통상공동소송이다.[98] ㉡ 다만 합유로 등기된 부동산의 이전등기를 구하는 것과 같이 조합원에게 조합재산에 관하여 공동책임을 묻는 소송은 고유필수적 공동소송이다.[99]

라. 소송수행 간소화 방안

조합에 당사자능력을 인정하지 않으므로, 대체로 조합원 모두가 당사자로 나서서 필수적 공동소송의 형태로 소송을 수행할 것이다. 이 경우 만약 조합원 중 1명이라도 누락하면 당사자적격 흠결로 소가 부적법하게 되는 위험이 따른다. 그리고 조합원수가 많을 경우 같은 변호사가 조합원 모두를 대리하지 않는 이상 소송절차의 진행이 복잡해질 수밖에 없다. 따라서 조합원 중 업무집행조합원 등을 대표로 내세워 소송수행을 간소화하는 방안을 강구할 필요가 있다. 조합원이 직접 당사자(아래 (1)과 (2))로서 소송을 수행하거나, 조합원 모두를 대리(아래 (3)과 (4))하는 식의 방안들이 논의된다.

(1) 선정당사자제도

선정당사자는 다수의 사람이 공동소송인이 되어 소송을 하게 될 때에 그 가운데에서 모두를 위해 소송을 수행할 당사자로 선정된 자를 말한다(제53조). 이러한 선정당사자제도는 명문의 규정에 의한 임의적 소송담당의 일종이다. 선정당사자제도가 인정되려면 ① 공동소송을 할 다수자가 있을 것, ② 공동의 이해관계가 있을 것, ③ 공동의 이해관계 있는 다수자 중에서 선정될 것을 요건으로 한다. 조합은 대체로 위 요건을 충족할 것이므로 조합원 가운데 일부를 선정당사자로 선정하여 소송수행을 간소화할 수 있을 것이다.

(2) 명문의 규정이 없는 임의적 소송담당

임의적 소송담당은 권리관계의 주체인 자가 자신의 의사에 의해 제3자에게 자기의 권리에 대한 소송수행권을 수여하는 경우이다. 규정이 없는 임의적 소송담당은 원칙적으로 허용되지 않으나, 변호사대리의 원칙(제87조)과 소송신탁의 금지규정(신탁법 제6조)을 잠탈할 염려가 없고, 또 이를 인정할 합리적 필요성이 있는 경우에는 허용된다고 본다.[100] 판례는 동백흥농계의 조합계약에 따른 업무집행자에 대하여 임의적 소송신탁을 허용한 바 있다.[101]

---

98) 대법원 1991. 11. 22. 선고 91다30705 판결.
99) 대법원 2010. 4. 29. 선고 2008다50691 판결; 대법원 2011. 2. 10. 선고 2010다82639 판결.
100) 대법원 2012. 5. 10. 선고 2010다87474 판결.
101) 대법원 1984. 2. 14. 선고 83다카1815 판결.

(3) 법률상 소송대리인

법률상 소송대리인은 법률에 따라 본인을 위해 일정한 범위의 업무에 관하여 재판상의 행위를 행할 수 있는 것으로 인정된 자를 말한다. 업무집행조합원이 법률상 소송대리인인지 여부에 대해 다툼이 있으나, 민법 제709조의 대리권 추정 규정을 근거로 이를 긍정하는 것이 다수의 견해이다.[102]

(4) 소송위임에 의한 소송대리인

조합원이 변호사를 선임하면 소송수행이 간편해진다. 변호사 아닌 자는 소송대리인이 될 수 없는 것이 원칙이나(제87조), 단독사건에서는 허가를 받고 일정한 관계에 있는 자는 소송대리인이 될 수 있다(제88조 제1항). 따라서 변호사가 아닌 업무집행조합원도 그 한도 내에서는 소송대리인이 될 수 있다.

5. 당사자능력의 조사 및 흠결시의 효과

(1) 당사자능력은 소송요건으로서, 그 기초사실의 직권탐지까지는 아니더라도 그 존부는 법원의 직권조사사항이다. 당사자능력의 유무는 사실심의 변론종결일을 기준으로 판단한다.[103] 조사결과 소제기 당시부터 당사자능력이 없었음이 발견되면 판결로 소를 각하하여야 한다. 다만 판례는 바로 각하해서는 아니 되고 그 보정이 가능하면 당사자표시정정의 형태로 당사자능력자로의 보정을 시도해보아야 한다고 하였다.[104]

(2) 소송계속 중 당사자의 사망이나 법인합병 등으로 당사자능력을 상실하면 소송은 중단되며(제233조, 제234조), 승계인이 중단된 소송절차를 수계해야 한다.

(3) 당사자능력 흠결여부에 대한 다툼이 있는 경우, 조사결과 당사자능력이 없으면 판결로 소를 각하하면 되나, 당사자능력이 있다면 중간판결(제201조)이나 종국판결의 이유 속에서 이를 판단해야 한다.

6. 당사자능력 흠결을 간과한 판결에 대한 조치

당사자능력이 없는 것을 간과하여 법원이 본안판결을 선고한 경우에, 확정 전이면 상소에 의하여 취소할 수 있지만, 확정 후에는 견해의 대립(무효설,[105] 재심설,[106] 유효설[107])

102) 강현중, 276면; 정동윤/유병현/김경욱, 267면. 반대: 김홍엽, 146면, 203면.

103) 대법원 2020. 11. 5. 선고 2017다23776 판결.

104) 대법원 2001. 11. 13. 선고 99두2017 판결; 대법원 2002. 3. 29. 선고 2001다83258 판결.

이 있다. 당사자능력 흠결을 간과하였다고 하여 당연무효의 판결로 볼 것은 아니고, 당사자능력 흠결이 재심사유로 규정되어 있지 않기 때문에 재심으로 취소도 불가하다고 본다. 따라서 확정 후에는 유효한 판결로 볼 것이다.

II. 당사자적격

1. 의 의

당사자적격은 특정의 소송사건에서 정당한 당사자로서 소송을 수행하고 본안판결을 받기에 적합한 자격을 말한다. 이는 무의미한 소송을 배제하기 위한 제도로서, 남의 권리에 대하여 아무나 나서서 소송하는 이른바 민중소송을 막는 장치이다. 당사자적격을 갖는 자는 정당한 당사자로서 소송수행권이 있다.

2. 구별개념

당사자적격은 ① 누가 정당한 당사자로서 소송을 수행하고 본안판결을 받기에 적합한 자격이 있는가의 문제인 점에서, 현재 계속 중인 소송에서 누가 당사자인가를 가리는 당사자확정의 문제와 구별되며, ② 특정사건과의 관계에서 검토된다는 점에서, 구체적인 사건을 떠나 일반적으로 그 능력이 있는가의 문제인 당사자능력, 소송능력과도 구별된다.

3. 당사자적격을 갖는 자(정당한 당사자)

가. 이행의 소

(1) 이행의 소에서는 자기에게 이행청구권이 있음을 주장하는 자가 원고적격을 갖고, 그로부터 이행의무자로 주장된 자가 피고적격을 갖는다. 형식적 당사자개념으로 인해 이행의 소에서 당사자적격은 주장 자체로 그 구비 여부가 결정된다. 실제로 이행청구권자 또는 의무자인지 여부는 당사자적격과는 무관하고 본안심리에서 가리게 되는데, 만약 이행청구권자가 아니라고 판명되면 청구기각을 하게 된다.

(2) 다만 판례는 아래의 일부 이행의 소 사례에서 청구권의 존재를 당사자적격의 문

---

105) 한충수, 133~134면; 호문혁, 241면.

106) 정동윤/유병현/김경욱, 218면.

107) 강현중, 214면; 김홍규/강태원, 206면; 김홍엽, 150면; 이시윤, 154면; 전병서, 222면.

제로 보고 있음에 주의를 요한다.

① 채권자대위소송에서 피보전채권의 존재를 당사자적격의 문제로 본다.[108)]

판 례 **채권자대위소송에서 피보전채권의 존재(대법원 2021. 7. 21. 선고 2020다300893 판결)**

채권자대위소송에서 대위에 의하여 보전될 채권자의 채무자에 대한 권리가 인정되지 아니할 경우에는 채권자가 스스로 원고가 되어 채무자의 제3채무자에 대한 권리를 행사할 당사자적격이 없게 되므로 그 대위소송은 부적법하여 각하할 것인바, 피대위자인 채무자가 실존인물이 아니거나 사망한 사람인 경우 역시 피보전채권인 채권자의 채무자에 대한 권리를 인정할 수 없는 경우에 해당하므로 그러한 채권자대위소송은 당사자적격이 없어 부적법하다.

② 말소등기청구 사례에서 피고적격은 등기의무자가 갖는다는 전제하에,[109)] 말소등기의 회복등기절차의 이행을 구하는 소에서도 회복등기의무자에게만 피고적격이 있다고 하고,[110)] 권리변경등기나 경정등기에 대한 승낙의 의사표시를 청구하는 소의 피고적격도 등기명의인에게 있다고 하며,[111)] 진정한 등기명의의 회복을 위한 소유권이전등기청구에서 현재의 등기명의인이 아닌 자는 피고적격이 없다고 한다.[112)]

판 례 **말소등기청구의 피고적격(대법원 2019. 5. 30. 선고 2015다47105 판결)**

[1] 등기부상 진실한 소유자의 소유권에 방해가 되는 불실등기가 존재하는 경우에 그 등기명의인이 허무인 또는 실체가 없는 단체인 때에는 소유자는 그와 같은 허무인 또는 실체가 없는 단체 명의로 실제 등기행위를 한 자에 대하여 소유권에 기한 방해배제로서 등기행위자를 표상하는 허무인 또는 실체가 없는 단체 명의 등기의 말소를 구할 수 있다.

[2] 등기명의인 표시변경(경정)의 등기는 등기명의인의 동일성이 유지되는 범위 내에서 등기부상의 표시를 실제와 합치시키기 위하여 행하여지는 것에 불과할 뿐 어떠한 권리변동을 가져오는 것이 아니므로 등기가 잘못된 경우에도 등기명의인은 다시 소정의 서면을 갖추어 경정등기를 하면 되는 것이고 따라서 거기에는 등기의무자의 관념이 있을 수 없다. 한편 등기의무자, 즉 등기부상의 형식상 그 등기에 의하여 권리를 상실하거나 기타 불이익을 받을 자(등기명의인이거나 그 포괄승계인)가 아닌 자를 상대로 한 등기의 말소절차이행을 구하는 소는 당사자적격이 없는 자를 상대로 한 부적법한 소이다.

108) 대법원 2005. 9. 29. 선고 2005다27188 판결; 대법원 2021. 7. 21. 선고 2020다300893 판결. 채권자대위소송의 법적 성질을 법정소송담당으로 보는 것의 논리적 귀결이다.

109) 대법원 2019. 5. 30. 선고 2015다47105 판결.

110) 대법원 2009. 10. 15. 선고 2006다43903 판결.

111) 대법원 2015. 12. 10. 선고 2014다87878 판결.

112) 대법원 2017. 12. 5. 선고 2015다240645 판결.

판 례 **말소등기의 회복등기청구의 피고적격(대법원 2009. 10. 15. 선고 2006다43903 판결)**

말소된 등기의 회복등기절차의 이행을 구하는 소에서는 회복등기의무자에게만 피고적격이 있는바, 가등기가 이루어진 부동산에 관하여 제3취득자 앞으로 소유권이전등기가 마쳐진 후 그 가등기가 말소된 경우 그와 같이 말소된 가등기의 회복등기절차에서 회복등기의무자는 가등기가 말소될 당시의 소유자인 제3취득자이므로, 그 가등기의 회복등기청구는 회복등기의무자인 제3취득자를 상대로 하여야 한다.

판 례 **권리변경등기나 경정등기의 승낙의 의사표시를 구하는 소의 피고적격(대법원 2015. 12. 10. 선고 2014다87878 판결)**

부동산등기법 제52조 단서 제5호는 "등기상 이해관계 있는 제3자의 승낙이 없는 경우에는 권리의 변경이나 경정의 등기를 부기등기로 할 수 없다"라고 규정하고 있는데, 이때 등기상 이해관계 있는 제3자란 기존 등기에 권리변경등기나 경정등기를 허용함으로써 손해를 입게 될 위험성이 있는 등기명의인을 의미하고, 손해를 입게 될 위험성은 등기의 형식에 의하여 판단하며 실질적으로 손해를 입을 염려가 있는지는 고려의 대상이 되지 아니한다. 따라서 등기명의인이 아닌 사람은 권리변경등기나 경정등기에 관하여 등기상 이해관계 있는 제3자에 해당하지 않음이 명백하고, 권리변경등기나 경정등기를 부기등기로 하기 위하여 등기명의인이 아닌 사람의 승낙을 받아야 할 필요는 없으므로, 등기명의인이 아닌 사람을 상대로 권리변경등기나 경정등기에 대한 승낙의 의사표시를 청구하는 소는 당사자적격이 없는 사람을 상대로 한 부적법한 소이다.

판 례 **진정명의회복을 위한 소유권이전등기청구의 피고적격(대법원 2017. 12. 5. 선고 2015다240645 판결)**

진정한 등기명의의 회복을 위한 소유권이전등기청구는 이미 자기 앞으로 소유권을 표상하는 등기가 되어 있었거나 법률에 따라 소유권을 취득한 자가 진정한 등기명의를 회복하기 위한 방법으로서, 현재의 등기명의인을 상대로 하여야 하고 현재의 등기명의인이 아닌 자는 피고적격이 없다.

③ 그리고 판례는 근저당권 이전의 부기등기는 주등기에 종속되어 주등기와 일체를 이루는 것이므로 그 말소를 위해서는 부기등기가 아니라 주등기인 근저당권설정등기의 말소만 구하면 되고, 이때의 피고적격은 양도인이 아닌 양수인이 갖는다고 하며,113) 가등기의 이전에 의한 부기등기의 말소 사례에서도 동일한 취지의 판시를 하였다.114) 즉 양수인을 상대로 주등기의 말소를 구해야 한다.

판 례 **근저당권 이전의 부기등기가 있는 경우 말소의 대상적격 및 피고적격(대법원 2000. 4. 11. 선고 2000다5640 판결)**

근저당권 이전의 부기등기는 기존의 주등기인 근저당권설정등기에 종속되어 주등기와 일체를 이루는 것이어

113) 대법원 2000. 4. 11. 선고 2000다5640 판결.
114) 대법원 1994. 10. 21. 선고 94다17109 판결.

서, 피담보채무가 소멸된 경우 또는 근저당권설정등기가 당초 원인무효인 경우 주등기인 근저당권설정등기의 말소만 구하면 되고 그 부기등기는 별도로 말소를 구하지 않더라도 주등기의 말소에 따라 직권으로 말소되는 것이며, 근저당권 양도의 부기등기는 기존의 근저당권설정등기에 의한 권리의 승계를 등기부상 명시하는 것뿐으로, 그 등기에 의하여 새로운 권리가 생기는 것이 아닌 만큼 근저당권설정등기의 말소등기청구는 양수인만을 상대로 하면 족하고 양도인은 그 말소등기청구에 있어서 피고적격이 없으며, 근저당권의 이전이 전부명령 확정에 따라 이루어졌다고 하여 이와 달리 보아야 하는 것은 아니다.

판 례 **가등기 이전의 부기등기가 있는 경우 말소의 대상적격 및 피고적격(대법원 1994. 10. 21. 선고 94다17109 판결)**

가. 가등기의 이전에 의한 부기등기는 기존의 가등기에 의한 권리의 승계관계를 등기부상에 명시하는 것뿐으로 그 등기에 의하여 새로운 권리가 생기는 것이 아닌 만큼 가등기의 말소등기청구는 양수인만을 상대로 하면 족하고, 양도인은 그 말소등기청구에 있어서의 피고적격이 없다.

나. 가등기이전의 부기등기는 기존의 주등기인 가등기에 종속되어 주등기와 일체를 이루는 것이어서 피담보채무가 소멸된 경우에는 주등기인 가등기의 말소만 구하면 되고 그 부기등기는 별도로 말소를 구하지 않더라도 주등기의 말소에 따라 직권으로 말소된다.

나. 확인의 소

(1) 확인의 소에서는 그 청구에 대해서 확인의 이익 내지 법률상 이해관계를 갖는 자가 원고적격을 갖고,[115] 원고의 법률적 지위에 불안을 초래할 염려가 있는 자, 즉 원고의 보호법익과 대립·저촉되는 이익을 주장하고 있는 자가 피고적격을 갖는다.[116]

(2) 단체의 대표자선출결의의 무효·부존재확인의 소에서 단체를 피고로 하지 않고 문제된 결의에 의하여 선출된 대표자 개인을 피고로 하는 것은 확인의 이익이 없다(단체피고설). 왜냐하면 단체자체를 피고로 하지 않으면 비록 승소판결을 받아도 그 효력이 해당 단체에 미치지 못하여 단체가 그 판결은 자기와 무관계하다고 하면 법적인 불안 제거에 도움이 되지 않기 때문이다. 따라서 대표자가 아니라 단체, 즉 종중,[117] 회사,[118] 종교단체,[119] 법인[120]을 피고로 해야 한다. 그러나 위 소송의 보전처분에 해당하는 이사직무집행정지가처분신청을 함에 있어서는 단체가 아니라 당해 이사에게 피신청인적격이 있다고 함이 판례이다.[121]

---

115) 대법원 2011. 9. 8. 선고 2009다67115 판결.
116) 대법원 1991. 12. 10. 선고 91다14420 판결; 대법원 2013. 2. 15. 선고 2012다67399 판결.
117) 대법원 1973. 12. 11. 선고 73다1553 판결; 대법원 1998. 11. 27. 선고 97다4104 판결.
118) 대법원 1982. 9. 14. 선고 80다2425 전원합의체 판결.
119) 대법원 2015. 2. 16. 선고 2011다101155 판결.
120) 대법원 2010. 10. 28. 선고 2010다30676 판결; 대법원 2011. 2. 10. 선고 2006다65774 판결.
121) 대법원 1982. 2. 9. 선고 80다2424 판결.

판 례 **단체피고설(회사)(대법원 1982. 9. 14. 선고 80다2425 전원합의체 판결)**

나. 주주총회결의 취소와 결의무효확인판결은 대세적 효력이 있으므로 그와 같은 소송의 피고가 될 수 있는 자는 그 성질상 회사로 한정된다.

다. 주주총회결의부존재확인의 소송은 일응 외형적으로는 존재하는 것 같이 보이는 주주총회결의가 그 성립과정에 있어서의 흠결이 중대하고도 명백하기 때문에 그 결의자체가 존재하는 것으로 볼 수 없을 때에 법률상 유효한 결의로서 존재하지 아니한다는 것의 확인을 소구하는 것으로서 주주총회결의 무효확인의 소송과는 주주총회결의가 법률상 유효한 결의로서는 존재하지 않는다는 것의 확정을 구하는 것을 목적으로 한다는 점에서 공통의 성질의 가진다 할 것이므로 주주총회결의부존재확인의 소송에는 그 결의무효확인의 소송에 관한 상법 제380조의 규정이 준용된다 할 것이므로 그 결의부존재확인판결의 효력은 제3자에게 미치고 그 부존재확인소송에 있어서 피고가 될 수 있는 자도 회사로 한정된다.

라. 주식회사의 이사회결의는 회사의 의사결정이고 회사는 그 결의의 효력에 관한 분쟁의 실질적인 주체라 할 것이므로 그 효력을 다투는 사람이 회사를 상대로 하여 그 결의의 무효확인을 소구할 이익은 있다 할 것이나 그 이사회결의에 참여한 이사들은 그 이사회의 구성원에 불과하므로 특별한 사정이 없는 한 이사 개인을 상대로 하여 그 결의의 무효확인을 소구할 이익은 없다.

판 례 **단체피고설(학교법인)(대법원 2010. 10. 28. 선고 2010다30676 판결)**

학교법인 이사회의 이사선임결의는 학교법인의 의사결정으로서 그로 인한 법률관계의 주체는 학교법인이므로 학교법인을 상대로 하여 이사선임결의의 존부나 효력 유무의 확인판결을 받음으로써만 그 결의로 인한 원고의 권리 또는 법률상 지위에 대한 위험이나 불안을 유효적절하게 제거할 수 있는 것이고, 학교법인이 아닌 이사 개인을 상대로 한 확인판결은 학교법인에 그 효력이 미치지 아니하여 즉시확정의 이익이 없으므로 그러한 확인판결을 구하는 소송은 부적법하다. 이와 같은 법리는 학교법인을 상대로 이사선임결의의 존부나 효력 유무의 확인판결을 구하면서 아울러 이사 개인을 피고로 하여 이사 지위의 부존재 확인판결 등을 구하는 경우에도 동일하게 적용된다.

판 례 **직무집행정지가처분신청의 피신청인적격(대법원 1982. 2. 9. 선고 80다2424 판결)**

민사소송법 제714조 제2항[현행 민사집행법 제300조 제2항] 소정의 임시의 지위를 정하기 위한 이사직무집행정지가처분에 있어서 피신청인이 될 수 있는 자는 그 성질상 당해 이사이고, 회사에게는 피신청인의 적격이 없다.

다. 형성의 소

형성의 소는 법문상 원고적격자나 피고적격자를 정해놓은 경우가 많다.[122] 명문의 규정이 없는 경우에는 제3자에게 판결의 대세효가 발생함에 비추어, 당해 소송물과의 관계

122) 예컨대 민법 제817조(연령위반혼인 등의 취소청구권자), 제818조(중혼의 취소청구권자), 제847조(친생부인의 소), 제863조(인지청구의 소), 상법 제376조(주주총회결의취소의 소) 등을 들 수 있다.

에서 가장 강한 이해관계를 갖고 있고 충실한 소송수행을 기대할 수 있는 사람을 당사자적격자로 볼 것이다. 예컨대 주주총회결의 취소의 소에서 원고적격자는 주주·이사 또는 감사이고(상법 제376조 제1항), 피고적격자는 회사이다.[123] 다만 사해행위취소의 소에 있어서 채무자는 피고적격이 없으며, 수익자 또는 전득자만 피고적격을 갖는다.[124]

라. 고유필수적 공동소송

고유필수적 공동소송에서는 여러 사람이 모두 원고나 피고가 되지 않으면 당사자적격의 흠결로 부적법하게 된다.[125] 다만 당사자의 신청에 의하여 제1심 변론종결시까지 누락된 당사자를 추가하여 그 흠결을 보정할 수 있다(제68조). 상소심에서 공동소송인의 누락이 발생한 경우는 공동소송참가(제83조)를 통해 누락자를 보정할 수 있다.

4. 제3자의 소송담당

가. 의 의

권리관계의 주체(권리귀속주체) 이외의 제3자가 당사자적격을 갖는 경우를 말한다. 이는 법률의 규정에 의하여 주어지는 '법정소송담당'과 권리관계의 주체인 자가 자신의 의사에 의해 제3자에게 소송수행권을 수여하는 '임의적 소송담당'으로 나뉜다. 소송담당자는 자기의 이름으로 소송을 수행하는 사람이기 때문에, 다른 사람의 이름으로 소송을 수행하는 대리인관계가 아니다.

나. 법정소송담당

권리관계의 주체인 자의 의사에 관계없이 법률의 규정에 의하여 제3자에게 소송수행권을 갖게 하는 경우이다.

(1) 병행형(함께형)

제3자가 권리관계의 주체인 자와 함께 소송수행권을 갖게 된 경우로서, 공유자 모두를 위해 보존행위를 하는 공유자(민법 제265조 단서), 채권자대위소송을 하는 채권자(민법 제404조),[126]

---

123) 대법원 1982. 9. 14. 선고 80다2425 전원합의체 판결.

124) 대법원 1988. 2. 23. 선고 87다카1586 판결; 대법원 2009. 1. 15. 선고 2008다72394 판결.

125) 대법원 2022. 6. 30. 선고 2020다210686, 210693 판결.

126) 이처럼 채권자대위소송의 채권자를 채무자와 함께 소송수행권을 갖는 법정소송담당자로 보아 채권자는 채무자의 권리를 행사하는 것으로 보는 견해(이른바 법정소송담당설)가 통설이다(강현중, 221면; 이시윤, 158면; 전병서, 246면; 정동윤/유병현/김경욱, 237면; 정영환, 318면). 채무자가 채권자로부터 대위권행사의 통지를 받은 후에는 권리를 처분해도 채권자에게 대항할 수 없다는 민법 제405조 제2항의 규정에 따라, 채무자가 대위소송의 계속사실을 알기 전에는 병행형, 안 후에는 채무자의 관리처분권이 상실되므로

채권질의 질권자(민법 제353조), 주주대표소송의 주주(상법 제403조) 등이 있다.

(2) 갈음형

제3자가 권리관계의 주체인 자에 갈음하여 소송수행권을 갖는 경우로서, 채권추심명령을 받은 압류채권자(민집 제238조, 제249조), 파산재단에 관한 소송을 하는 파산관재인(채무자회생법 제359조), 회생회사의 재산에 관한 소송을 하는 관리인(채무자회생법 제78조), 유증목적물 관련 소송에서 유언집행자(민법 제1101조),[127] 상속재산에 관한 소송에서 상속재산관리인,[128] 주한미군의 불법행위에 대한 손해배상소송에서 대한민국(한미행정협정 제23조 제5항) 등이 있다.

판 례 **유언집행소송에서 유언집행자와 상속인의 당사자적격(대법원 2010. 10. 28. 선고 2009다20840 판결)**

[1] 유언집행자는 유증의 목적인 재산의 관리 기타 유언의 집행에 필요한 모든 행위를 할 권리의무가 있으므로, 유증 목적물에 관하여 마쳐진, 유언의 집행에 방해가 되는 다른 등기의 말소를 구하는 소송에 있어서는 유언집행자가 이른바 법정소송담당으로서 원고적격을 가진다고 할 것이고, 유언집행자는 유언의 집행에 필요한 범위 내에서는 상속인과 이해상반되는 사항에 관하여도 중립적 입장에서 직무를 수행하여야 하므로, 유언집행자가 있는 경우 그의 유언집행에 필요한 한도에서 상속인의 상속재산에 대한 처분권은 제한되며 그 제한 범위 내에서 상속인은 원고적격이 없다.

[3] 유증 등을 위하여 유언집행자가 지정되어 있다가 그 유언집행자가 사망·결격 기타 사유로 자격을 상실한 때에는 상속인이 있더라도 유언집행자를 선임하여야 하는 것이므로, 유언집행자가 해임된 이후 법원에 의하여 새로운 유언집행자가 선임되지 아니하였다고 하더라도 유언집행에 필요한 한도에서 상속인의 상속재산에 대한 처분권은 여전히 제한되며 그 제한 범위 내에서 상속인의 원고적격 역시 인정될 수 없다.

특히 추심명령과 관련된 분쟁이 실무상 빈번한데, ① 채권에 대한 압류 및 추심명령을 받은 경우에 채무자는 피압류채권에 대한 이행의 소를 제기할 당사자적격을 상실한다.[129)130)]

갈음형의 법정소송담당으로 보는 견해도 있다(김홍엽, 158면). 이에 대하여 채권자대위소송을 하는 채권자는 자신에게 인정된 대위권이라는 실체법상의 권리를 행사하는 것일 뿐, 채무자의 권리를 행사하는 것이 아니므로 소송담당자가 아니라고 보는 견해(이른바 독립한 대위권설)가 있다(호문혁, 257면). 생각건대 채권자대위소송은 채권자가 제3채무자에 대한 실체법상의 권리를 권리관계의 주체로서 행사하는 것이 아니고, 민법 제404조 제1항 역시 채권자는 자기의 채권을 보전하기 위하여 채무자의 권리를 행사할 수 있다고 규정하고 있으므로, 채권자는 채무자와 함께 소송수행권을 갖는 법정소송담당으로 보는 통설·판례의 견해가 타당하다 할 것이다.

127) 대법원 2010. 10. 28. 선고 2009다20840 판결.

128) 대법원 1976. 12. 28. 선고 76다797 판결; 대법원 2007. 6. 28. 선고 2005다55879 판결.

129) 대법원 2015. 5. 28. 선고 2013다1587 판결. 이러한 법리는 추심명령 후에 채무자가 제3채무자를 상대로 이행을 구하는 소를 제기하는 경우뿐만 아니라 채무자가 이행의 소를 먼저 제기하였으나 그 확정 전에 추심명령이 있는 경우에도 마찬가지로 적용된다(서울고등법원 2006. 11. 23. 선고 2006나38231 판결).

130) 다만 토지보상법에 따른 토지소유자 등의 사업시행자에 대한 손실보상금채권에 관하여 압류 및 추심명령

이 경우 채무자의 소송수행권 상실의 범위는 채무자의 제3채무자에 대한 채권 중 추심명령의 효력이 미치는 범위[131]에 한하므로, 이를 제외한 나머지 부분에 대하여 채무자는 여전히 당사자적격이 있다.[132] 그리고 예컨대 丙과 丁이 乙에 대하여 불가분·연대채무자로서 금전채무를 부담하고 있는데, 乙의 채권자인 甲이 丙에 대해서만 제3채무자로 하여 추심명령을 받은 경우, 그 추심명령을 송달받은 丙에 대해서는 甲만이 이행의 소를 제기할 수 있을 뿐 乙은 그 당사자적격을 상실하지만, 丁에 대해서는 乙이 여전히 이행의 소를 제기할 수 있다.[133] ② 그러나 그 후 추심채권자가 어떠한 사유로 추심권능을 상실하게 되면 채무자의 당사자적격은 회복된다.[134] ③ 한편 채무자의 제3채무자에 대한 이행의 소 제기 후 채권자가 추심명령을 받아 제3채무자를 상대로 추심의 소를 제기한 경우, 채무자가 한 시효중단의 효력이 추심채권자에게도 미치고, 채무자의 소가 위 추심명령으로 인해 당사자적격 흠결로 각하된 경우에도 추심채권자가 6개월 내에 추심의 소를 제기하였다면 채무자가 한 시효중단의 효력은 추심의 소에도 그대로 유지된다.[135] ④ 이와 비교할 것이 전부명령의 경우 집행채권자는 법원의 재판을 통한 채권양도를 받은 것이므로(권리이전효, 민집 제229조 제3항), 제3자의 소송담당이 아니라 집행채권자 자기의 권리를 행사하는 것이다. 따라서 채무자가 당사자적격을 상실하는 것이 아니어서 채무자는 제3채무자를 상대로 소를 제기할 수 있으나, 집행채권자에게 채권이 이전된 부분에 대해서는 채무자 자신의 권리가 없으므로 청구기각을 면할 수 없다.[136]

이 있더라도, 추심채권자는 보상금증액청구의 소를 제기할 수 없고, 채무자인 토지소유자 등이 보상금증액청구의 소를 제기하고 그 소송을 수행할 당사자적격을 상실하지 않는다(대법원 2022. 11. 24. 선고 2018두67 전원합의체 판결). 보상금증액청구의 소는 실질적으로는 재결을 다투는 항고소송의 성질을 지니고 있고, 손실보상금채권의 확정을 위해서는 협의, 재결, 이의신청 또는 행정소송 등의 절차를 요하는 등, 손실보상금채권이 일반채권과 다른 특징을 고려한 판결이다.

131) 추심명령의 효력은 압류된 채권의 전액에 미치고(민집 제232조 제1항), 집행채권의 범위로 한정되는 것이 아니므로, 가사 압류금액이 집행채권 및 집행비용의 합계를 초과하는 경우에도 추심권의 범위는 압류금액 전액이다. 이 점에서 집행채권 및 집행비용의 합계 내에서만 채권이전의 효력이 발생하는 전부명령과 다르다. 다만 채권자 스스로 채무자의 제3채무자에 대한 채권 중 일부에 대해서만 압류하여 추심명령을 신청하는 것은 가능하다. 이상 법원실무제요 민사집행[Ⅳ], 367면 참조.

132) 법원실무제요 민사집행[Ⅳ], 377~378면.

133) 대법원 2013. 10. 31. 선고 2011다98426 판결. 이와 같은 법리는 위 금전채권 중 일부에 대하여만 채권압류 및 추심명령이 이루어진 경우에도 마찬가지라고 판시하고 있다.

134) 대법원 2010. 11. 25. 선고 2010다64877 판결. 이는 국가가 국세징수법에 의한 체납처분으로 채무자의 제3채무자에 대한 채권을 압류하였다가 압류를 해제한 경우에도 마찬가지이다(대법원 2021. 5. 27. 선고 2021다204466 판결).

135) 대법원 2019. 7. 25. 선고 2019다212945 판결.

136) 대법원 2009. 11. 12. 선고 2009다48879 판결.

판 례 **추심명령의 경우 채무자의 당사자적격 상실(대법원 2015. 5. 28. 선고 2013다1587 판결)**

채권에 대한 압류 및 추심명령이 발령되면 제3채무자에 대한 이행의 소는 추심채권자만이 제기할 수 있고 채무자는 피압류채권에 대하여 이행소송을 제기할 당사자적격을 상실한다.

판 례 **추심권능 상실과 채무자의 당사자적격 회복(대법원 2010. 11. 25. 선고 2010다64877 판결)**

채권에 대한 압류 및 추심명령이 있으면 제3채무자에 대한 이행의 소는 추심채권자만이 제기할 수 있고 채무자는 피압류채권에 대한 이행소송을 제기할 당사자적격을 상실하나, 채무자의 이행소송 계속 중에 추심채권자가 압류 및 추심명령 신청의 취하 등에 따라 추심권능을 상실하게 되면 채무자는 당사자적격을 회복한다. 이러한 사정은 직권조사사항으로서 당사자가 주장하지 않더라도 법원이 직권으로 조사하여 판단하여야 하고, 사실심 변론종결 이후에 당사자적격 등 소송요건이 흠결되거나 그 흠결이 치유된 경우 상고심에서도 이를 참작하여야 한다.

판 례 **추심명령과 시효중단의 효력(대법원 2019. 7. 25. 선고 2019다212945 판결)**

[1] 채무자의 제3채무자에 대한 금전채권에 대하여 압류 및 추심명령이 있더라도, 이는 추심채권자에게 피압류채권을 추심할 권능만을 부여하는 것이고, 이로 인하여 채무자가 제3채무자에게 가지는 채권이 추심채권자에게 이전되거나 귀속되는 것은 아니다. 따라서 채무자가 제3채무자를 상대로 금전채권의 이행을 구하는 소를 제기한 후 채권자가 위 금전채권에 대하여 압류 및 추심명령을 받아 제3채무자를 상대로 추심의 소를 제기한 경우, 채무자가 권리주체의 지위에서 한 시효중단의 효력은 집행법원의 수권에 따라 피압류채권에 대한 추심권능을 부여받아 일종의 추심기관으로서 그 채권을 추심하는 추심채권자에게도 미친다.

[2] 재판상의 청구는 소송의 각하, 기각 또는 취하의 경우에는 시효중단의 효력이 없지만, 그 경우 6개월 내에 재판상의 청구, 파산절차참가, 압류 또는 가압류, 가처분을 한 때에는 시효는 최초의 재판상 청구로 인하여 중단된 것으로 본다(민법 제170조). 그러므로 채무자가 제3채무자를 상대로 제기한 금전채권의 이행소송이 압류 및 추심명령으로 인한 당사자적격의 상실로 각하되더라도, 위 이행소송의 계속 중에 피압류채권에 대하여 채무자에 갈음하여 당사자적격을 취득한 추심채권자가 위 각하판결이 확정된 날로부터 6개월 내에 제3채무자를 상대로 추심의 소를 제기하였다면, 채무자가 제기한 재판상 청구로 인하여 발생한 시효중단의 효력은 추심채권자의 추심소송에서도 그대로 유지된다고 보는 것이 타당하다.

판 례 **전부명령의 경우 채무자의 이행의 소 제기 가부(대법원 2009. 11. 12. 선고 2009다48879 판결)**

(전략) 전부명령이 확정된 경우에는 전부명령이 제3채무자에게 송달된 때에 압류된 채권이 지급에 갈음하여 압류채권자에게 이전된다(민사집행법 제229조 제3항). 따라서 이 사건 채권 중 소외 2 주식회사에게 전부된 866,596,814원에 대하여는 원고가 피고에 대하여 그 채권양수의 효력을 주장하여 그 지급을 구할 수 없다고 할 것이므로 이 부분에 관한 원심의 판단은 정당하다. (후략)

☞ 원심이 양도대상채권(채무자의 제3채무자에 대한 권리) 중 이미 타인에게 전부된 부분에 해당하는 양수금청구를 기각하였는데, 대법원은 이 부분에 관한 원심판단은 정당하다고 하였다.

(3) 직무상의 당사자

자신과 아무런 관련이 없는 소송에 관하여 일정한 직무에 있는 자에게 소송수행권을 갖게 하는 경우가 있는데, 아들이 사망한 아버지 상대로 인지청구를 하는 경우에 검사를 피고로 하는 경우(민법 제864조), 그리고 해난구조료청구에 있어서의 선장(상법 제894조)이 바로 직무상 당사자의 예이다.

다. 임의적 소송담당

(1) 권리관계의 주체인 자가 자신의 의사에 의해 제3자에게 자기의 권리에 대한 소송수행권을 수여하는 경우이다. 명문상 인정한 예로서 추심위임배서의 피배서인(어음법 제18조),[137] 금융기관의 연체대출금의 회수위임을 받아 나서는 한국자산관리공사, 선정당사자(제53조) 등이 있다.

(2) 명문이 없는 경우의 임의적 소송담당은, 변호사대리의 원칙(제87조)을 잠탈할 염려와 소송신탁의 금지(신탁법 제6조)의 취지에 저촉될 염려가 있기 때문에 원칙적으로 허용되지 않는다고 본다. 다만 변호사대리의 원칙이나 소송신탁의 금지를 잠탈할 염려가 없고, 또 이를 인정할 합리적 필요 등의 요건을 갖추었을 때에는 예외적으로 임의적 소송담당을 허용할 수 있다고 본다.[138] 판례는 업무집행조합원은 조합재산에 관하여 조합원으로부터 임의적 소송신탁을 받아 자기의 이름으로 소송수행하는 것이 허용되고,[139] 집합건물의 관리단으로부터 관리업무를 위임받은 위탁관리회사가 구분소유자 등을 상대로 자기 이름으로 소를 제기하여 관리비를 청구하는 것은 임의적 소송신탁에 해당한다고 본다.[140] 또 공동주택의 입주민들에게 고유하게 귀속되는 권리관계가 아니라 하자보수청구권[141]이나 공용부분 변경에 따른 비용추심[142]과 같이 입주민들에게 단체적으로 귀속되는 권리관계에 대해서는 입주자대표회의의 소송수행권을 인정한다.

---

137) 대법원 2007. 12. 13. 선고 2007다53464 판결.

138) 대법원 2012. 5. 10. 선고 2010다87474 판결.

139) 대법원 1984. 2. 14. 선고 83다카1815 판결.

140) 대법원 2016. 12. 15. 선고 2014다87885, 87892 판결; 대법원 2022. 5. 13. 선고 2019다229516 판결.

141) 대법원 2008. 12. 24. 선고 2008다48490 판결. 한편 하자담보추급권, 즉 하자보수에 갈음한 손해배상청구권은 구분소유자에게 귀속하고 입주자대표회의가 갖는 것은 아니나, 입주자대표회의가 구분소유자들로부터 하자담보추급권을 양도받은 경우에는 입주자대표회의에 당사자적격이 인정된다.

142) 대법원 2017. 3. 16. 선고 2015다3570 판결.

판 례 **업무집행조합원과 임의적 소송신탁(대법원 1984. 2. 14. 선고 83다카1815 판결)**

임의적 소송신탁은 탈법적인 방법에 의한 것이 아닌 한 극히 제한적인 경우에 합리적인 필요가 있다고 인정될 수 있는 것인바, 민법상의 조합에 있어서 조합규약이나 조합결의에 의하여 자기 이름으로 조합재산을 관리하고 대외적 업무를 집행할 권한을 수여받은 업무집행 조합원은 조합재산에 관한 소송에 관하여 조합원으로부터 임의적 소송신탁을 받아 자기 이름으로 소송을 수행하는 것이 허용된다고 할 것이다.

판 례 **위탁관리회사와 임의적 소송신탁(대법원 2016. 12. 15. 선고 2014다87885, 87892 판결)**

[1] 재산권에 관한 소송에서 소송물인 권리 또는 법률관계에 관한 관리처분권을 가지는 권리주체가 관련 소송을 제3자에게 위임하여 하게 하는 것은 임의적 소송신탁에 해당하므로 원칙적으로 허용되지 않는다. 다만 민사소송법 제87조가 정한 변호사대리의 원칙이나 신탁법 제6조가 정한 소송신탁의 금지 등을 회피하기 위한 탈법적인 것이 아니고, 이를 인정할 합리적인 이유와 필요가 있는 경우에는 예외적·제한적으로 허용될 수 있다.

[2] 집합건물의 관리단이 관리비의 부과·징수를 포함한 관리업무를 위탁관리회사에 포괄적으로 위임한 경우에는, 통상적으로 관리비에 관한 재판상 청구를 할 수 있는 권한도 함께 수여한 것으로 볼 수 있다. 이 경우 위탁관리회사가 관리업무를 수행하는 과정에서 체납관리비를 추심하기 위하여 직접 자기 이름으로 관리비에 관한 재판상 청구를 하는 것은 임의적 소송신탁에 해당한다. 그러나 다수의 구분소유자가 집합건물의 관리에 관한 비용 등을 공동으로 부담하고 공용부분을 효율적으로 관리하기 위하여 구분소유자로 구성된 관리단이 전문 관리업체에 건물 관리업무를 위임하여 수행하도록 하는 것은 합리적인 이유와 필요가 있고, 그러한 관리방식이 일반적인 거래현실이며, 관리비의 징수는 업무수행에 당연히 수반되는 필수적인 요소이다. 또한 집합건물의 일종인 일정 규모 이상의 공동주택에 대해서는 주택관리업자에게 관리업무를 위임하고 주택관리업자가 관리비에 관한 재판상 청구를 하는 것이 법률의 규정에 의하여 인정되고 있다[구 주택법(2015. 8. 11. 법률 제13474호로 개정되기 전의 것) 제43조 제2항, 제5항, 제45조 제1항]. 이러한 점 등을 고려해 보면 관리단으로부터 집합건물의 관리업무를 위임받은 위탁관리회사는 특별한 사정이 없는 한 구분소유자 등을 상대로 자기 이름으로 소를 제기하여 관리비를 청구할 당사자적격이 있다.

라. 법원허가에 의한 소송담당

공해소송·환경소송 등 이른바 현대형 소송의 경우 소액의 다수피해자가 발생된다는 특징이 있다. 그런데 피해자 전원이 소송당사자로 나서는 경우 소송절차상 번잡을 초래한다는 문제점이 있다. 근래에 증권관련 집단소송법이 제정·시행되어 유가증권의 거래과정에서 각종 불법행위로 인하여 다수의 소액투자자들이 재산적 피해를 입은 경우에 그중 법원의 허가를 받은 1인 또는 수인이 대표당사자가 되어 소송을 수행하는 소위 대표당사자 소송을 할 수 있게 되었다(증집 제2조 제1호). 소비자기본법에서도 법원의 허가를 받은 소비자단체가 단체소송을 수행할 수 있게 하였고(소비자법 제70조), 개인정보 보호법에서도 단체

소송이 가능하도록 규정을 두고 있다(개인정보 제51조).

마. 제3자의 소송담당의 효력: 기판력의 문제

> **제218조(기판력의 주관적 범위)** ③ 다른 사람을 위하여 원고나 피고가 된 사람에 대한 확정판결은 그 다른 사람에 대하여도 효력이 미친다.

(1) 법정소송담당 중 '갈음형'이나 직무상의 당사자, 임의적 소송담당자의 경우에는 제218조 제3항이 적용되어 판결의 기판력이 권리귀속주체인 자에게 미치는 것에는 이론이 없다.

(2) 한편 '병행형(함께형)'의 소송담당자, 예컨대 채권자대위소송에서 채권자가 받은 판결의 효력이 제218조 제3항의 적용으로 권리관계의 주체인 자인 채무자에게 미치는지 여부가 문제된다. ① 먼저 대위소송을 하는 채권자를 제218조 제3항의 다른 사람을 위해 원고가 된 사람으로 보아 위 판결의 효력이 채무자에게도 어느 경우에나 미친다고 보는 적극설이 있다. 대법원 1975. 5. 13. 선고 74다1664 전원합의체 판결의 소수의견과 같다. ② 다음으로 채권자대위소송은 민법이 채권자에게 부여한 대위권이란 실체법상의 권리를 소송상 행사하는 것일 뿐이고 채권자는 소송담당자가 아니라는 견해[143]에서는 당사자가 아닌 채무자에게는 기판력이 미치지 아니한다고 보는 소극설을 취한다. ③ 마지막으로 소송고지 등으로 채무자가 대위소송 계속 사실을 알았을 때 그 판결의 효력이 채무자에게 미친다고 보는 절충설[144]이 있다. 이 절충설은 위 전원합의체 판결의 다수의견과 같다. 생각건대 앞에서 채권자대위소송의 법적 성질을 채권자가 채무자와 함께 소송수행권을 갖는 법정소송담당으로 본 점, 채무자가 어느 때나 기판력을 받는다면 채권자가 불성실한 소송수행을 하여 패소한 경우에도 채무자는 자기 고유의 소송수행권에 기해 다시 소제기를 할 수 없어 재판청구권이 침해되는 점 등을 고려할 때, 채무자가 대위소송 제기사실을 알아 소송참가 등을 통해 채권자 측이 패소하는 것을 막을 기회를 갖는 등 절차권이 보장된 경우에 한하여 기판력이 미친다고 봄이 타당하다. 절충설을 따른다.

판 례 **채권자대위소송과 기판력(대법원 1975. 5. 13. 선고 74다1664 전원합의체 판결)**

(전략) 채권자가 채권자대위권을 행사하는 방법으로 제3채무자를 상대로 소송을 제기하고 판결을 받은 경우에는 채권자가 채무자에 대하여 민법 405조 1항에 의한 보존행위 이외의 권리행사의 통지, 또는 민사소송

143) 호문혁, 257면.
144) 강현중, 228면; 이시윤, 162면; 정동윤/유병현/김경욱, 243면; 정영환, 322면; 한충수, 212면.

법 77조[현행 제84조]에 의한 소송고지 혹은 비송사건절차법 84조[현행 제49조] 1항에 의한 법원에 의한 재판상 대위의 허가를 고지하는 방법 등을 위시하여 어떠한 사유로 인하였던 적어도 채권자대위권에 의한 소송이 제기된 사실을 채무자가 알았을 경우에는 그 판결의 효력은 채무자에게 미친다고 보는 것이 상당하다 할 것이다. 왜냐하면 민법 405조에 의하여 채권자가 대위권을 행사한 경우에는 채무자에게 그 통지를 하여야 하고 이 통지를 받은 후에는 채무자가 그 권리를 처분하여도 이로써 채권자에게 대항하지 못한다고 규정하고 있고, 또 이보다 직접적인 규정이라고 볼 수 있는 위 비송사건절차법 84조는 채권자대위신청의 허가는 직권으로 채무자에게 고지하여야 하고 이 고지를 받은 채무자는 그 권리를 처분할 수 없다고 규정하고 있다. 즉, 이 대위권에 의한 제소의 고지는 채무자에게 그 권리의 처분행위를 금하고 있다. 그러므로 이 경우에 비록 채권자는 채무자의 대리인 자격으로가 아니고 자기이름으로 원고가 되어 제소한다고 하여도 채무자의 권리를 관리 처분할 권능을 갖고 소송을 수행하므로 이는 흡사 파산재단에 관한 소송에 있어서의 파산관재인 또는 추심명령을 받고 채무자의 채권의 추심소송을 하는 채권자의 경우와 같아서 타인의 권리에 관하여 그 자를 위하여 당사자가 되는 소위 소송신탁의 경우에 해당한다고 보아 그 판결의 효력은 채무자에게도 있다고 보아야 함이 우리 민사소송법 204조[현행 제218조] 3항의 규정에 비추어 정당한 해석이라고 할 것이다. (후략)

5. 당사자적격이 없을 때의 효과

가. 당사자적격의 조사 및 흠결의 효과

당사자적격은 소송요건으로서 법원의 직권조사사항이다.[145] 조사결과 흠이 발견된 경우 보정이 가능하면 법원은 당사자표시정정의 보정명령을 하고,[146] 그럼에도 보정하지 않거나 보정이 불가능한 경우라면 판결로 소를 각하한다. 자신의 권리에 대하여 이행의 소를 제기하는 경우 당사자적격은 주장 자체로 판가름하지만, 채권자대위소송의 경우처럼 남의 권리에 대해서는 주장 자체로 판단하지 않고 만약 피보전채권에 흠결이 있는 경우에는 소를 각하하고,[147] 이는 보전의 필요성이 없는 경우도 같다.[148]

판 례 **대위소송에서 보전의 필요성 흠(대법원 2012. 8. 30. 선고 2010다39918 판결)**

채권자가 채권자대위권의 법리에 의하여 채무자에 대한 채권을 보전하기 위하여 채무자의 제3자에 대한 권리를 대위행사하기 위하여는 채무자에 대한 채권을 보전할 필요가 있어야 하고, 그러한 보전의 필요가 인정

145) 대법원 2018. 12. 27. 선고 2018다268385 판결.

146) 대법원 2013. 8. 22. 선고 2012다68279 판결. 박○○이 회생신청을 하여, 관리인을 선임하지 않고 박○○을 관리인으로 본다는 내용의 회생개시결정이 있은 후 이를 알고 있는 원고가 박○○을 피고로 표시하여 소를 제기한 경우, '피고 박○○'을 '피고 회생채무자 박○○의 관리인 박○○'으로 정정해야 한다.

147) 대법원 2005. 9. 29. 선고 2005다27188 판결. 대위소송에서 채무자가 실존인물이 아니거나 사망한 사람인 경우에도 피보전채권에 흠이 있는 경우로 보아 당사자적격 흠결로 부적법 각하를 면할 수 없다(대법원 2021. 7. 21. 선고 2020다300893 판결).

148) 대법원 2012. 8. 30. 선고 2010다39918 판결.

되지 아니하는 경우에는 소가 부적법하므로 법원으로서는 이를 각하하여야 한다.

나. 당사자적격의 흠결을 간과한 본안판결

판결확정 전에는 상소에 의하여 다툴 수 있다.[149] 판결확정 후에는 재심사유가 아니어서 재심청구가 불가능하다. 이 경우 정당한 당사자로 될 사람이나 권리귀속주체에게 그 판결의 효력이 미치지 아니하며, 이러한 점에서 당사자적격 흠결을 간과한 판결은 무효이다.[150] 예컨대 부부를 당사자로 하지 않는 혼인무효·취소 판결 등이 그것이다.

다. 소송계속 중 당사자적격 상실: 소송승계사유

(1) 소송계속 중 사망 등을 이유로 당사자적격을 상실하는 경우에는 새로운 적격자가 당연승계하는데(제53조 제2항의 선정당사자 변경, 제237조 제2항의 선정당사자 전원의 자격상실, 제233조의 당사자 사망, 제234조의 법인의 합병), 다만 수계할 때까지 소송절차가 중단된다.

(2) 소송계속 중 소송물의 양도로 당사자적격을 상실하는 경우에는 새로운 적격자가 당연히 당사자가 되는 것은 아니고 특정승계의 절차(제81조의 참가승계, 제82조의 인수승계)가 이루어져야 한다.

Ⅲ. 소송능력

1. 의 의

(1) 소송능력은 당사자로서 유효하게 소송행위를 하거나 받기 위해 갖추어야 할 능력이다. 소송에서 자기의 이익을 충분히 주장 옹호할 능력이 없는 자를 보호하기 위한 제도로서, 개념상 민법상의 행위능력에 대응한다. 무기평등과 재판청구권의 실질적 보장을 위한 것이다.

(2) 소송행위가 유효하기 위해서는 소송절차 내는 물론이고, 소송개시 전이나 소송 외의 행위에도 모두 소송능력이 필요하다. 다만 증거방법으로서 증거조사의 대상이 되는 경우(증인·당사자본인으로서 신문을 받는 경우)는 소송능력이 불필요하다.[151]

149) 강현중, 229면; 김홍엽, 171면; 이시윤, 163면; 정동윤/유병현/김경욱, 242면; 정영환, 323면; 한충수, 217면; 호문혁, 255면; 주석 민사소송법(Ⅰ), 344면.

150) 김홍규/강태원, 212면; 김홍엽, 171면; 이시윤, 163면; 정동윤/유병현/김경욱, 243면; 정영환, 324면; 한충수, 217면.

151) 민사소송법 제322조 선서무능력에 관한 조문 참조.

2. 소송능력자

제51조(당사자능력·소송능력 등에 대한 원칙) 당사자능력(當事者能力), 소송능력(訴訟能力), 소송무능력자(訴訟無能力者)의 법정대리와 소송행위에 필요한 권한의 수여는 이 법에 특별한 규정이 없으면 민법, 그 밖의 법률에 따른다.

제57조(외국인의 소송능력에 대한 특별규정) 외국인은 그의 본국법에 따르면 소송능력이 없는 경우라도 대한민국의 법률에 따라 소송능력이 있는 경우에는 소송능력이 있는 것으로 본다.

(1) 민법상의 행위능력자는 소송능력자이다.

(2) 외국인의 행위능력은 그의 본국법에 따르므로(국제사법 제13조 제1항), 소송능력도 원칙적으로 본국법에 따라 결정되지만, 제57조에서 외국인은 그의 본국법에 따르면 소송능력이 없는 경우라도 대한민국의 법률에 따라 소송능력이 있는 경우에는 소송능력이 있는 것으로 정하고 있다. 예컨대 20세가 되어야 본국법상 소송능력자가 되는 외국인이 현재 19세 6개월일 경우, 본국법상 무능력자라 하여도 소송능력자로 본다는 뜻이다.

(3) 법인의 경우에는 당사자능력이 인정되지만, 소송능력은 인정되지 않는 것을 전제로 하여 제64조는 법인 등의 대표자를 법정대리인에 준한다고 규정하고 있다.

3. 소송무능력자·소송제한능력자

가. 의사무능력자

의사무능력자의 소송행위는 절대무효이다.[152] 그러나 2016년 개정법 제62조의2에서 의사무능력자가 특별대리인을 선임하면 유효하게 소송행위를 할 수 있는 길을 열었다.[153]

나. 제한능력자

제55조(제한능력자의 소송능력) ① 미성년자 또는 피성년후견인은 법정대리인에 의해서만 소송행위를 할 수 있다. 다만, 다음 각호의 경우에는 그러하지 아니하다.
1. 미성년자가 독립하여 법률행위를 할 수 있는 경우
2. 피성년후견인이 「민법」 제10조 제2항에 따라 취소할 수 없는 법률행위를 할 수 있는 경우
② 피한정후견인은 한정후견인의 동의가 필요한 행위에 관하여는 대리권 있는 한정후견인에 의해서만 소송행위를 할 수 있다.

152) 대법원 1967. 7. 12.자 67마507 결정.
153) 상세는 후술 소송법상의 특별대리인 부분 참조.

(1) 미성년자는 소송제한능력자이므로, 소송행위는 원칙적으로 대리에 의해야 한다. 다만 예외적으로 ① 미성년자가 혼인한 때에는 완전하게 소송능력을 가지고(민법 제826조의 2), ② 미성년자가 독립하여 법률행위를 할 수 있는 경우, 예컨대 법정대리인의 허락을 얻어 특정영업(민법 제8조)을 하거나 회사의 무한책임사원(상법 제7조)이 된 때에는 그 범위 내에서 소송능력이 인정되며, ③ 미성년자는 근로계약의 체결·임금의 청구를 스스로 할 수 있기 때문에(근기 제67조, 제68조), 그 범위 내에서 소송능력이 인정된다.[154)]

판 례 **미성년자의 임금청구와 소송능력(대법원 1981. 8. 25. 선고 80다3149 판결)**

미성년자는 원칙적으로 법정대리인에 의하여서만 소송행위를 할 수 있으나 미성년자 자신의 노무제공에 따른 임금의 청구는 근로기준법 제54조[현행 제68조]의 규정에 의하여 미성년자가 독자적으로 할 수 있다.

그러나 법정대리인의 동의(민법 제5조 제1항)를 얻거나 법정대리인이 처분을 허락한 재산(민법 제6조)에 대해서도 미성년자의 소송능력은 인정되지 않는다.

(2) 피성년후견인 역시 소송제한능력자이므로, 소송행위는 원칙적으로 대리에 의해야 한다. 다만 가정법원은 취소할 수 없는 피성년후견인의 법률행위의 범위를 정할 수 있는데(민법 제10조 제2항), 그 범위 내에서는 피성년후견인의 소송능력이 인정된다(제55조 제1항 제2호). 그러나 민법에서는 일용품의 구입 등 일상생활에 필요하고 그 대가가 과도하지 아니한 법률행위에 대해서도 취소할 수 없도록 규정하였으나(민법 제10조 제4항), 그 기준이 명확하지 않으므로 소송능력을 인정하지 않는다.

(3) 피한정후견인은 원칙적으로 행위능력자이므로 소송능력자이나, 가정법원이 정한 행위 범위 내에서 행위능력의 제한을 받으므로(민법 제13조) 그 범위 내에서 소송능력을 잃는다. 피한정후견인은 가정법원이 지정한 행위 외에는 독립하여 법률행위를 할 수 있는 것이 개정민법의 취지이므로 소송능력의 범위가 넓어졌다고 할 것이다. 따라서 피한정후견인은 지급명령신청, 3,000만 원 이하의 소액사건뿐만 아니라 가정법원이 지정하는 법률행위를 제외한 나머지 법률행위와 관련된 사건에 대하여 한정후견인의 개입 없이 독립하여 소송행위를 할 수 있다.

---

154) 대법원 1981. 8. 25. 선고 80다3149 판결.

4. 소송능력의 소송법상의 효과

가. 소송행위의 유효요건

소송능력은 개개의 소송행위를 할 때의 유효요건이다. 따라서 제한능력자의 소송행위나 제한능력자에 대한 소송행위는 무효이다. 민법상 제한능력자의 행위가 취소사유인 것과 구별을 요한다. 따라서 제한능력자가 소송위임행위를 하거나 청구의 포기·인낙을 하면 무효이다. 기일에 제한능력자가 출석하여 변론을 하게 되면 그자의 소송관여를 배척하고 기일불출석으로 취급한다. 기일통지나 송달을 제한능력자에게 하면 무효가 되며, 판결정본이 제한능력자에게 송달되고 법정대리인에게 송달되지 않았으면 상소기간은 진행하지 않고 판결은 확정되지 않는다.

나. 소송요건

소송무능력자가 소를 제기한 경우와 같이 소송계속 자체를 가름하는 범위 내에서 소송능력의 존재는 소송요건이다.[155] 따라서 변론종결시까지 법정대리인의 추인 등으로 그 흠이 보정되지 않은 한 소를 부적법 각하한다.

다. 추 인

> **제60조(소송능력 등의 흠과 추인)** 소송능력, 법정대리권 또는 소송행위에 필요한 권한의 수여에 흠이 있는 사람이 소송행위를 한 뒤에 보정된 당사자나 법정대리인이 이를 추인(追認)한 경우에는, 그 소송행위는 이를 한 때에 소급하여 효력이 생긴다.

제한능력자의 소송행위는 유동적 무효이다. 따라서 소송능력을 취득한 본인(보정된 당사자)이나 법정대리인의 추인에 의해 소급하여 유효하게 할 수 있다(제60조).

(1) 추인의 의사표시

추인은 소송능력을 취득한 본인이나 법정대리인이 법원 또는 상대방에 대한 의사표시로 한다. 이 의사표시는 명시적·묵시적으로 가능하다. 예컨대 미성년자가 소송대리인을 선임하였더라도 성년이 된 후에 묵시적으로 추인하였다고 보이는 경우 소송능력의 흠결은 없어지고,[156] 미성년자가 직접 변호사를 선임하여 제1심 소송수행을 하게 하였으나 제2심에 이르러 법정대리인이 선임한 변호사가 아무런 이의를 제기한 바 없이 제1심 소송

---

155) 강현중, 236면; 김홍엽, 176면; 전원열, 181면; 정동윤/유병현/김경욱, 225면; 한충수, 138면; 호문혁, 269면.
156) 대법원 1970. 12. 22. 선고 70다2297 판결.

결과를 진술하였다면 묵시적 추인이 된다.[157]

(2) 추인의 시기

추인의 시기에는 제한이 없다. 따라서 제한능력자가 한 하급심의 소송행위를 상고심에서 추인할 수도 있다.[158]

(3) 추인의 범위: 일괄추인의 원칙

추인은 소송행위 전체에 대하여 일괄하여 추인하여야 한다. 소송행위를 선별하여 하는 일부추인은 허용하지 않는다. 예컨대 '상고제기만 추인하고 그 밖의 소송행위는 모두 추인하지 않는다'라고 하는 일부추인은 허용되지 않는다.[159] 다만 '소취하를 제외하고 모두 추인한다'라고 하는 것처럼 절차안정을 해하지 않으면 일부추인도 허용된다고 본다.[160]

라. 소송능력의 조사와 보정

> **제59조(소송능력 등의 흠에 대한 조치)** 소송능력·법정대리권 또는 소송행위에 필요한 권한의 수여에 흠이 있는 경우에는 법원은 기간을 정하여 이를 보정(補正)하도록 명하여야 하며, 만일 보정하는 것이 지연됨으로써 손해가 생길 염려가 있는 경우에는 법원은 보정하기 전의 당사자 또는 법정대리인으로 하여금 일시적으로 소송행위를 하게 할 수 있다.

소송능력의 유무는 절차의 모든 단계에서 조사해야 할 법원의 직권조사사항이며, 조사의 결과 흠을 발견하면 법원은 그 행위를 배척하여야 한다. 다만 법원은 이를 즉시 배척할 것이 아니라, 추인의 여지가 있으므로 기간을 정하여 그 보정을 명하여야 한다(제59조 전단). 그러나 보정을 기다리는데 지연으로 인하여 손해가 생길 염려가 있는 때에는 법원은 보정하기 전의 당사자 또는 법정대리인으로 하여금 일시적으로 소송행위를 하게 할 수 있다(제59조 후단, 제97조).

마. 소송계속 중에 소송능력의 흠 발생

소제기 후 피성년후견을 선고받는 등 소송능력을 상실한 경우 법정대리인이 수계할 때까지 소송절차가 중단된다(제235조). 그러나 소송대리인이 있는 경우에는 중단되지 않는다(제238조).

---

157) 대법원 1980. 4. 22. 선고 80다308 판결.

158) 대표권흠결의 추인 사안(대법원 1997. 3. 14. 선고 96다25227 판결; 대법원 2019. 9. 10. 선고 2019다208953 판결).

159) 무권대리인의 소송행위 추인 사안(대법원 2008. 8. 21. 선고 2007다79480 판결).

160) 무권대리인의 소송행위 추인 사안(대법원 1973. 7. 24. 선고 69다60 판결).

바. 소송능력에 관하여 당사자 간에 다툼이 있는 경우

제한능력자라 하더라도 소송능력을 다투는 한도 내에서는 유효하게 소송행위를 할 수 있다. 따라서 제한능력자라도 소송능력의 흠을 이유로 각하한 판결에 대하여 유효하게 상소를 제기할 수 있다. 그 경우에는 제한능력자에게 송달되어도 상소기간이 진행된다. 이 경우 제한능력자에 의한 소취하도 가능하다.

사. 소송능력의 흠을 간과한 판결

소송능력의 흠을 간과하고 제한능력자 측이 패소의 본안판결을 받은 경우에는 상소(제424조 제1항 제4호), 재심(제451조 제1항 제3호)에 의해 다툴 수 있다. 그러나 제한능력자 측이 승소한 경우에는 제한능력자 보호의 취지상 제한능력자는 물론 패소한 상대방도 승소자 측의 소송능력 흠결을 주장하며 상소나 재심으로 다툴 수 없다고 본다.[161]

Ⅳ. 변론능력

1. 의 의

(1) 변론능력은 법원에 출정하여 법원에 대한 관계에서 유효하게 소송행위를 할 수 있는 능력을 말한다. 법원에 대한 소송행위를 할 때 필요한 능력이므로, 상대방에 대한 상소권 포기나 제3자에 대한 소송고지를 할 경우에는 변론능력이 요구되지 않는다.

(2) 변론능력은 소송의 신속과 원활의 도모 및 사법제도의 건전한 운영을 위한 공익적인 제도인 점에서, 소송상 권익을 주장하고 옹호할 수 없는 자의 보호를 위한 소송능력제도와 차이가 있다.

2. 변론무능력자

가. 진술금지재판을 받은 자

제144조(변론능력이 없는 사람에 대한 조치) ① 법원은 소송관계를 분명하게 하기 위하여 필요한 진술을 할 수 없는 당사자 또는 대리인의 진술을 금지하고, 변론을 계속할 새 기일을 정할 수 있다.

---

161) 강현중, 238면; 김홍엽, 178면; 이시윤, 169면; 전병서, 227면; 전원열, 183면; 정동윤/유병현/김경욱, 227면; 정영환, 307면.

② 제1항의 규정에 따라 진술을 금지하는 경우에 필요하다고 인정하면 법원은 변호사를 선임하도록 명할 수 있다.
③ 제1항 또는 제2항의 규정에 따라 대리인에게 진술을 금지하거나 변호사를 선임하도록 명하였을 때에는 본인에게 그 취지를 통지하여야 한다.
④ 소 또는 상소를 제기한 사람이 제2항의 규정에 따른 명령을 받고도 제1항의 새 기일까지 변호사를 선임하지 아니한 때에는 법원은 결정으로 소 또는 상소를 각하할 수 있다.
⑤ 제4항의 결정에 대하여는 즉시항고를 할 수 있다.

(1) 법원은 소송관계를 분명하게 하기 위하여 필요한 진술을 할 수 없는 당사자 또는 대리인의 진술을 금지할 수 있다(제144조 제1항). 예컨대 법정에서 횡설수설하는 경우이다. 진술금지재판의 효과는 당해 변론기일만이 아니라, 그 심급 이후의 변론 전부에 미친다고 본다.[162] 진술금지재판의 경우에 법원은 변호사의 선임을 명할 수 있다(제144조 제2항). 판례는 법원이 제반사정을 종합하여 재판장이 석명을 구하더라도 당사자 등에게 필요한 진술을 할 능력이 없어 진술금지 또는 변호사선임명령을 할 필요가 있는지 판단해야 하는데, 특히 항소심에서는 위 명령에 불응하여 항소가 각하되면 불이익한 제1심판결이 확정되는 결과를 가져오므로 더 신중하게 판단할 필요가 있으며, 변호사선임명령을 받은 당사자에 대하여 소송구조를 통하여 소송관계를 분명하게 할 수 있는 사안인지도 아울러 살필 필요가 있다고 한다.[163]

(2) 대리인에게 진술을 금하거나 변호사 선임을 명하였을 때에는 본인에게 그 취지를 통지하여야 한다(제144조 제3항). 판례는 대리인에게 진술을 금하고 변호사선임명령을 하였음에도 본인에게 통지하지 않은 경우에는 변호사를 선임하지 아니하였다 하여도 소를 각하할 수 없고, 한편 선정당사자는 선정자들과의 내부적 관계에서는 소송대리인과 유사한 측면이 있으므로 선정당사자에게 변론을 금하고 변호사선임명령을 한 경우에도 위 통지 조항을 유추하여 선정자들에게 통지하여야 한다고 하였다.[164]

나. 변호사대리의 원칙을 위반한 자

① 변호사가 아닌 사람은 '소송대리권이 없는 것'이지, '소송대리권이 있는데 변론능력이 없는 것'이 아니므로 변호사대리의 원칙 위반을 변론능력제한으로 볼 필요가 없다는 견해[165]가 있으나, ② 변호사대리의 원칙을 소송대리인의 변론능력제한의 일종이라고 보

162) 법원실무제요 민사소송[Ⅱ], 1001면.
163) 대법원 2023. 12. 14.자 2023마6934 결정.
164) 대법원 2000. 10. 18.자 2000마2999 결정.
165) 호문혁, 274~275면.

는 견해[166]가 다수이다.

다. 발언금지명령을 받은 자

재판장은 소송지휘에 따른 명령에 불응한 사람의 발언을 금지할 수 있는데(제135조 제2항, 제286조), 이 발언금지명령을 받은 사람은 그 기일에 한하여 변론능력이 없다.

라. 듣거나 말하는데 장애가 있는 자

듣거나 말하는데 장애가 있는 자를 변론무능력자로 보아야 하는지 문제되나, 말로 직접 변론하는 것에 어려움이 있을 뿐 통역인을 통한 변론이 가능하다는 점에 비추어 변론무능력자로 볼 수 없다 할 것이다.[167] 변론에 참여하는 사람이 우리말을 하지 못하거나, 듣거나 말하는데 장애가 있으면 통역인에게 통역하게 하여야 하는데, 다만 문자로 질문하거나 진술하게 할 수 있다(제143조 제1항).

마. 진술보조인 제도

> **제143조의2(진술 보조)** ① 질병, 장애, 연령, 그 밖의 사유로 인한 정신적·신체적 제약으로 소송관계를 분명하게 하기 위하여 필요한 진술을 하기 어려운 당사자는 법원의 허가를 받아 진술을 도와주는 사람과 함께 출석하여 진술할 수 있다.
> ② 법원은 언제든지 제1항의 허가를 취소할 수 있다.
> ③ 제1항 및 제2항에 따른 진술보조인의 자격 및 소송상 지위와 역할, 법원의 허가 요건·절차 등 허가 및 취소에 관한 사항은 대법원규칙으로 정한다.

일정한 사회적 약자의 변론능력을 보충하기 위해 진술보조인 제도를 두어 2017. 2. 4. 부터 시행하고 있다. 이는 변론준비절차에도 준용된다(제286조). 진술보조허가신청은 심급마다 서면으로 해야 하는데(민소규 제30조의2 제2항), 법원은 그 허가를 언제든지 취소할 수 있고(제143조의2 제2항), 이 경우 법원은 당사자 본인에게 그 취지를 통지하여야 한다(민소규 제30조의2 제6항). 그 외 진술보조인이 될 수 있는 자 및 권한, 절차 등 구체적 사항은 민사소송규칙 제30조의2에서 정하고 있다.

3. 변론능력 흠결의 효과

가. 소송행위의 유효요건

변론능력은 소송요건이 아니고,[168] 소송행위의 유효요건이다. 변론무능력자의 소송

166) 강현중, 278면; 김홍엽, 180면; 이시윤, 170면; 정동윤/유병현/김경욱, 230면; 정영환, 309면; 한충수, 141면.
167) 전병서, 230면; 정영환, 310면; 한충수, 140면; 호문혁, 275면. 반대: 송상현/박익환, 150면.

행위는 무효이다. 추인가능성에 대하여는 견해가 대립한다.[169] 진술금지재판을 받은 당사자가 새 기일에 출석하여도 기일에 불출석한 것으로 취급된다.

나. 변호사선임명령 불응시 소·상소각하

소·상소를 제기한 사람이 변론능력이 없어 변호사선임명령(제144조 제2항)을 받았음에도 새 기일까지 선임하지 아니하면 법원이 결정으로 소·상소를 각하할 수 있는데(제144조 제4항), 이 결정에 대하여는 즉시항고할 수 있다(같은 조 제5항).

다. 변론능력의 흠을 간과한 판결

변론능력의 흠결을 간과한 종국판결은 상소나 재심사유가 아니다.[170] 변론능력은 소송의 원활을 위한 것이므로, 변론능력의 흠결을 문제삼지 않고 판결을 하였다면 그 흠이 치유되었다고 볼 수 있기 때문이다.

제 4 절 소송상의 대리인

Ⅰ. 서 설

1. 의 의

가. 개 념

소송상의 대리인은 당사자의 이름으로 소송행위를 하거나 소송행위를 받는 제3자를 말한다.

나. 대리권의 소송상 취급

(1) 소송행위의 유효요건이므로 무권대리인의 행위는 본인에게 효력이 없다. 다만 뒤에 당사자본인이나 정당한 대리인이 추인하면 소급하여 유효하게 된다(제60조).

(2) 대리인에 의한 소제기 과정에서 대리권의 존재는 소송요건이다.[171] 그러나 대리

168) 다만 변호사선임명령에 불응하여 소를 각하하는 경우(제144조 제4항)에는 변론능력도 임의적 소송요건이 된다고 보는 견해가 있다(이시윤, 172면).

169) 추인가능하다는 견해(김홍엽, 182면; 정동윤/유병현/김경욱, 231면), 소급추인은 아니 된다는 견해(이시윤, 171면), 소급하여 유효로 할 수는 없지만 법원이 출석 묵인 등을 통하여 장래 변론능력의 회복을 인정할 수 있다는 견해(정영환, 311면) 등이 있다.

170) 법원실무제요 민사소송[Ⅱ], 1001면.

권의 흠결을 간과한 본안판결은 당연무효는 아니고 본인에 대하여 효력이 미친다. 본인은 상소(제424조 제1항 제4호)나 재심(제451조 제1항 제3호)에 의하여 취소를 구할 수 있다.

2. 종 류

가. 임의대리인과 법정대리인

임의대리인은 본인의 의사에 의하여 대리권이 수여된 것이다. 반면에 법정대리인은 본인의 의사와 관계없이 법률의 규정에 의해 대리인이 된 자이다. 여기에는 ① 실체법상의 법정대리인(제51조), ② 소송법상의 특별대리인(제62조, 제378조), ③ 법인 등 단체의 대표자(제64조)가 있다.

나. 포괄적 대리인과 개별적 대리인

일체의 소송행위를 대리할 수 있는 포괄적 대리인과, 개개의 특정한 소송행위에 국한하여 대리할 수 있는 개별적 대리인이 있다. 포괄적 대리권을 가진 임의대리인을 소송대리인이라 한다. 개별적 대리인의 예로는 송달영수 대리권만 있는 군사용 청사·선박의 장(제181조), 교도소·구치소·국가경찰관서의 장(제182조), 신고된 송달영수인(제184조 후문) 등이 있다.

다. 민법상 대리와의 차이

소송상 대리는 절차의 명확성과 안정성을 위해 ① 대리권의 서면증명(제58조, 제89조), ② 대리권 소멸의 통지(제63조, 제97조), ③ 민법상의 표현대리의 배제,[172] ④ 대리권 범위의 법정(제56조, 제90조)을 요구한다.

II. 법정대리인

1. 개 념

(1) 법정대리인은 본인의 의사에 의하지 아니하고 실체법 또는 소송법의 규정에 의하여 대리인이 된 자를 말한다. 실체법상의 법정대리인(제51조), 소송법상의 특별대리인(제62조), 법인 등 단체의 대표자(제64조) 등이 있다.

---

171) 대법원 1964. 5. 12. 선고 63다712 판결.

172) 대법원 1994. 2. 22. 선고 93다42047 판결.

(2) 법정대리인은 스스로 소송을 수행할 수 없는 소송무능력자의 이익을 보호하기 위한 제도이므로, 법원의 선임명령(제144조)을 받아 선임된 대리인이라도 대리인의 선택은 본인이 한 것이므로 법정대리인이 아니고 임의대리인이다. 다만 법원이 선임한 부재자재산관리인(민법 제22조 내지 제26조)은 법정대리인이다.

2. 법정대리권의 발생원인

가. 실체법상 법정대리인

> **제51조(당사자능력·소송능력 등에 대한 원칙)** 당사자능력(當事者能力), 소송능력(訴訟能力), 소송무능력자(訴訟無能力者)의 법정대리와 소송행위에 필요한 권한의 수여는 이 법에 특별한 규정이 없으면 민법, 그 밖의 법률에 따른다.

민법상 법정대리인은 소송법으로도 법정대리인이 된다. 19세 미만의 미성년자의 친권자인 부모(민법 제909조, 제911조), 미성년후견인(민법 제928조), 대리권 있는 한정후견인(민법 제959조의4), 성년후견인(민법 제929조, 제938조), 법원이 선임한 부재자의 재산관리인(민법 제22조 내지 제26조), 민법상의 특별대리인(민법 제64조, 제921조) 등이 있다. 그러나 판례는 상속재산관리인(민법 제1053조),[173] 유언집행자(민법 제1101조)[174]를 법정대리인이 아닌 소송담당자로 보고 있음은 앞서 살펴보았다.

나. 소송법상의 특별대리인

소송법상의 특별대리인은 소송법의 규정에 의하여 각 소송절차에서 법원이 선임한 법정대리인이다.

(1) 제한능력자를 위한 특별대리인과 그 준용

> **제62조(제한능력자를 위한 특별대리인)** ① 미성년자·피한정후견인 또는 피성년후견인이 당사자인 경우, 그 친족, 이해관계인(미성년자·피한정후견인 또는 피성년후견인을 상대로 소송행위를 하려는 사람을 포함한다), 대리권 없는 성년후견인, 대리권 없는 한정후견인, 지방자치단체의 장 또는 검사는 다음 각 호의 경우에 소송절차가 지연됨으로써 손해를 볼 염려가 있다는 것을 소명하여 수소법원(受訴法院)에 특별대리인을 선임하여 주도록 신청할 수 있다.
> 1. 법정대리인이 없거나 법정대리인에게 소송에 관한 대리권이 없는 경우

173) 대법원 1976. 12. 28. 선고 76다797 판결; 대법원 2007. 6. 28. 선고 2005다55879 판결.

174) 대법원 2010. 10. 28. 선고 2009다20840 판결.

2. 법정대리인이 사실상 또는 법률상 장애로 대리권을 행사할 수 없는 경우
3. 법정대리인의 불성실하거나 미숙한 대리권 행사로 소송절차의 진행이 현저하게 방해받는 경우
② 법원은 소송계속 후 필요하다고 인정하는 경우 직권으로 특별대리인을 선임·개임하거나 해임할 수 있다.
③ 특별대리인은 대리권 있는 후견인과 같은 권한이 있다. 특별대리인의 대리권의 범위에서 법정대리인의 권한은 정지된다.
④ 특별대리인의 선임·개임 또는 해임은 법원의 결정으로 하며, 그 결정은 특별대리인에게 송달하여야 한다.
⑤ 특별대리인의 보수, 선임 비용 및 소송행위에 관한 비용은 소송비용에 포함된다.

제62조의2(의사무능력자를 위한 특별대리인의 선임 등) ① 의사능력이 없는 사람을 상대로 소송행위를 하려고 하거나 의사능력이 없는 사람이 소송행위를 하는 데 필요한 경우 특별대리인의 선임 등에 관하여는 제62조를 준용한다. 다만, 특정후견인 또는 임의후견인도 특별대리인의 선임을 신청할 수 있다.
② 제1항의 특별대리인이 소의 취하, 화해, 청구의 포기·인낙 또는 제80조에 따른 탈퇴를 하는 경우 법원은 그 행위가 본인의 이익을 명백히 침해한다고 인정할 때에는 그 행위가 있는 날부터 14일 이내에 결정으로 이를 허가하지 아니할 수 있다. 이 결정에 대해서는 불복할 수 없다.

제64조(법인 등 단체의 대표자의 지위) 법인의 대표자 또는 제52조의 대표자 또는 관리인에게는 이 법 가운데 법정대리와 법정대리인에 관한 규정을 준용한다.

제한능력자는 소송능력이 없으므로 원칙적으로 법정대리인에 의해서만 소송행위를 할 수 있는데, 법정대리인이 없거나 대리권을 행사할 수 없는 등의 문제가 있는 경우 제한능력자를 위해 특별대리인을 선임할 필요가 있다. 이는 법인·비법인사단의 대표자의 대표권에 흠이 있는 경우에도 준용된다(제64조). 또한 의사무능력자도 특별대리인을 선임할 수 있다고 함이 판례의 태도였는데,[175] 2016년 개정법에서 명시되었다(제62조의2).

(2) 제한능력자를 위한 특별대리인의 선임 요건

(가) 특별대리인 선임을 위해서는, ① 제한능력자에게 법정대리인이 없거나 또는 법정대리인이 대리권을 행사할 수 없을 때일 것, ② 제한능력자를 피고로 하여 소송을 하고자 할 경우나 제한능력자측이 원고가 되어 소송을 하고자 할 경우일 것, ③ 지연으로 인하여 손해를 받을 염려가 있을 것을 요한다.

(나) 위에서 법정대리인이 없는 경우란 예컨대 미성년자에게 친권자·후견인 모두 없는 경우이다. 대표자가 없는 단체의 이사와 단체 사이에 제기된 소송에서 감사가 단체를

175) 대법원 1993. 7. 27. 선고 93다8986 판결.

대표하는 경우는 대표자가 없는 경우가 아니어서 특별대리인을 선임할 수 없다.[176]

판 례 **감사가 단체를 대표하는 경우와 특별대리인 선임(대법원 2015. 4. 9. 선고 2013다89372 판결)**

도시 및 주거환경정비법에 따른 조합의 이사가 자기를 위하여 조합을 상대로 소를 제기하는 경우 그 소송에 관하여는 감사가 조합을 대표하므로(도시 및 주거환경정비법 제22조 제4항), 조합에 감사가 있는 때에는 조합장이 없거나 조합장이 대표권을 행사할 수 없는 사정이 있더라도 조합은 특별한 사정이 없는 한 민사소송법 제64조, 제62조에 정한 '법인의 대표자가 없거나 대표자가 대표권을 행사할 수 없는 경우'에 해당하지 아니하여 특별대리인을 선임할 수 없다. 나아가 수소법원이 이를 간과하고 특별대리인을 선임하였더라도 특별대리인은 이사가 제기한 소에 관하여 조합을 대표할 권한이 없다.

(다) 그리고 법정대리인이 대리권을 행사할 수 없는 경우란 법정대리인이 아프거나 장기간 여행을 하는 등 사실상 장애가 있는 경우뿐만 아니라, 양모가 미성년의 양자를 상대로 소유권이전등기청구를 하거나,[177] 의식불명의 의사무능력자가 후견인인 배우자를 상대로 간통 이혼청구를 하는[178] 등 이해상반으로 인한 법률상 장애(민법 제64조, 제921조)가 있는 경우도 포함한다. 법원의 직무집행정지가처분결정에 따라 회사의 유일한 등기이사의 직무가 정지된 경우도 마찬가지이다.[179]

판 례 **법률상 장애(양모가 미성년자 상대 소송)(대법원 1991. 4. 12. 선고 90다17491 판결)**

양모가 미성년의 양자를 상대로 한 소유권이전등기청구소송은 민법 제921조 제1항 소정의 이해상반행위에 해당하고, 구 민법(1990. 1. 13. 법률 제4199호로 개정되기 전의 것) 제909조 제4항에 의하면 양자의 친생부모는 출계자에 대하여 친권자가 되지 못하므로 법원으로서는 특별대리인을 선임하여 그 특별대리인이나 그로부터 적법하게 소송대리권을 수여받은 소송대리인으로 하여금 소송을 수행하게 하여야 함에도 친권자가 될 수 없는 친생부모를 법정대리인으로 보고 그들로부터 소송대리권을 수여받은 소송대리인의 소송행위를 적법한 것으로 하여 그대로 판결하였음은 법정대리권 및 소송대리권의 흠결을 간과한 위법을 범하였다 할 것이다.

판 례 **법률상 장애(의사무능력자가 후견인(배우자) 상대 이혼청구)(대법원 2010. 4. 8. 선고 2009므3652 판결)**

의식불명의 식물인간 상태와 같이 의사무능력자인 금치산자의 경우, 민법 제947조, 제949조에 의하여 금치산자의 요양·감호와 그의 재산관리를 기본적 임무로 하는 후견인이 금치산자를 대리하여 그 배우자를 상대

176) 대법원 2015. 4. 9. 선고 2013다89372 판결.
177) 대법원 1991. 4. 12. 선고 90다17491 판결.
178) 대법원 2010. 4. 8. 선고 2009므3652 판결.
179) 대법원 2024. 2. 15.자 2023마7226 결정.

로 재판상 이혼을 청구할 수 있고, 그 후견인이 배우자인 때에는 가사소송법 제12조 본문, 민사소송법 제62조 제1, 2항에 따라 수소법원에 특별대리인의 선임을 신청하여 그 특별대리인이 배우자를 상대로 재판상 이혼을 청구할 수 있다.

(3) 특별대리인 선임 및 개임절차

(가) 선 임

1) 선임은 신청 또는 직권에 의한다.

2) 신청권자는 제한능력자가 당사자인 경우 그 친족, 이해관계인(제한능력자를 상대로 하여 소송행위를 하려는 자 포함), 대리권 없는 성년후견인, 대리권 없는 한정후견인, 지방자치단체의 장, 검사이고(제62조 제1항), 의사무능력자를 위한 특별대리인 선임의 경우는 특정후견인, 임의후견인도 할 수 있다(제62조의2 제1항).

3) 선임신청은 수소법원에 해야 하는데, 여기서의 수소법원은 본안사건이 장래에 계속될 또는 이미 계속되어 있는 법원을 의미하고,[180] 이를 계속된 본안사건을 직접 심리하고 있는 담당재판부를 의미한다고 좁게 해석할 필요는 없다.[181]

4) 선임신청의 기각결정에 대해서는 항고할 수 있으나(제439조), 선임결정에 대해서는 항고할 수 없다.

(나) 개 임

법원은 언제든지 직권으로 특별대리인을 개임할 수 있다(제62조 제2항).

(4) 특별대리인의 권한: 법정대리인과 같은 권한

특별대리인은 대리권 있는 후견인과 같은 권한을 갖는다(제62조 제3항 본문). 판례는 특별대리인은 당해 소송행위를 할 권한뿐만 아니라 당해 소송에서 공격방어방법으로 필요한 때에는 사법상의 실체적 권리도 행사할 수 있다고 한다.[182] 그리고 특별대리인은 법인·비법인사단의 대표자와 동일한 소송수행권을 가져 소송수행에 관한 일체의 소송행위를 할 수 있으므로, 법인을 대표하여 수행하는 소송에 관하여 특별대리인이 상소를 제기하거나 이를 취하할 권리가 있다고 한다.[183]

---

180) 대법원 2024. 2. 15.자 2023마7226 결정.
181) 대법원 1969. 3. 25.자 68그21 결정.
182) 대법원 1993. 7. 27. 선고 93다8986 판결.
183) 대법원 2018. 12. 13. 선고 2016다210849, 210856 판결.

(5) 특별대리권의 소멸

(가) 특별대리인의 사망, 법원의 해임결정 등에 의하여 특별대리권은 소멸한다.

(나) 판례는 특별대리인은 법인의 대표자가 대표권을 행사할 수 없는 흠을 보충하기 위한 제도이므로, 법인 대표자의 대표권에 흠이 있어 특별대리인이 선임되었더라도, 그 후 대표권의 흠이 보완되었다면 특별대리인에 대한 수소법원의 해임결정이 있기 전이라도 그 대표자는 법인을 위한 유효한 소송행위를 할 수 있다고 한다.[184)]

다. 법인 등 단체의 대표자

아래에서 별도의 목차로 살핀다.

3. 법정대리인의 권한

가. 법정대리권의 범위

제56조(법정대리인의 소송행위에 관한 특별규정) ① 미성년후견인, 대리권 있는 성년후견인 또는 대리권 있는 한정후견인이 상대방의 소 또는 상소 제기에 관하여 소송행위를 하는 경우에는 그 후견감독인으로부터 특별한 권한을 받을 필요가 없다.
② 제1항의 법정대리인이 소의 취하, 화해, 청구의 포기·인낙(認諾) 또는 제80조에 따른 탈퇴를 하기 위해서는 후견감독인으로부터 특별한 권한을 받아야 한다. 다만, 후견감독인이 없는 경우에는 가정법원으로부터 특별한 권한을 받아야 한다.

(1) 친권자의 경우 별다른 제약 없이 일체의 소송행위를 대리할 수 있다(민법 제920조).

(2) 후견인의 경우, ① 능동적 소송행위를 대리함에는 후견감독인의 동의를 얻어야 한다(민법 제950조 제1항 제5호). ② 수동적 응소행위를 함에는 후견감독인으로부터 특별한 권한을 받을 필요가 없다(제56조 제1항). ③ 소송계속 중 판결에 기하지 않고 소송을 종료시키는 행위, 즉 소의 취하, 화해, 청구의 포기·인낙 또는 독립당사자참가소송에서의 소송탈퇴의 경우에는 후견감독인으로부터 특별한 권한을 받아야 한다. 다만, 후견감독인이 없는 경우 가정법원으로부터 특별한 권한을 받아야 한다(제56조 제2항).

(3) 민법상의 특별대리인(민법 제64조, 제921조)은 당해소송에 관하여 일체의 소송행위를 할 수 있다. 스스로 소제기 및 소송수행을 할 수 있고, 여기에 특별수권이 필요한 것은 아니다.[185)]

(4) 부재자의 재산관리인이 위 제56조 제2항에 규정된 중요한 소송행위를 하기 위

184) 대법원 2011. 1. 27. 선고 2008다85758 판결.
185) 대법원 1983. 2. 8. 선고 82므34 판결.

해서는 법원의 허가를 요한다.[186]

나. 공동대리

예컨대 친권을 공동으로 행사하는 부모(민법 제909조 제2항), 회사의 공동대표(상법 제208조 제2항, 제389조 제2항, 제562조 제3항) 등을 들 수 있다.

(1) 상대방의 소송행위를 받아들이는 수동적 소송행위는 단독으로 할 수 있다. 송달 역시 공동대리인 중 한 사람에게 하면 된다(제180조).

(2) 능동적 소송행위의 경우, 소·상소의 취하, 화해, 청구의 포기·인낙, 소송탈퇴 등 제56조 제2항에 규정된 소송행위를 함에 있어서는 공동대리인 전원이 명시적으로 공동으로 해야 하고, 그 외의 행위들은 1인의 행위를 다른 대리인이 묵인하면 묵시적으로 공동으로 한 것으로 볼 것이다(제56조 제2항 유추적용설).[187] 공동대리의 결과 각 대리인의 행위가 모순될 때에는, 대리행위의 효력이 발생하지 않는다고 볼 것이 아니라, 본인에게 보다 유리한 쪽으로 효력을 인정함이 타당하다 할 것이다.[188]

다. 대리권의 증명

제58조(법정대리권 등의 증명) ① 법정대리권이 있는 사실 또는 소송행위를 위한 권한을 받은 사실은 서면으로 증명하여야 한다. 제53조의 규정에 따라서 당사자를 선정하고 바꾸는 경우에도 또한 같다.
② 제1항의 서면은 소송기록에 붙여야 한다.

법정대리권의 존재는 소송행위의 유효요건이고, 그 유무에 대한 조사를 용이하게 하여 절차의 명확을 꾀하기 위해 서면으로 증명하고 소송기록에 붙인다. 이에 해당하는 서면은 예컨대 가족관계증명서, 법인등기사항증명서 등이다.

4. 법정대리인의 지위

(1) 법정대리인은 당사자가 아니다. 따라서 법관의 제척(제41조), 재판적(제2조, 제3조, 제7

---

186) 대법원 1968. 4. 30. 선고 67다2117 판결.

187) 김홍엽, 195면; 이시윤, 179면; 정동윤/유병현/김경욱, 251면; 정영환, 336면; 호문혁, 281면. 이에 대하여 前說의 경우 묵인의 범위나 각 대리인의 변론내용이 모순되는 경우 문제가 발생하므로, 민사소송법 제67조를 준용하여 공동대리인 중 1인의 행위가 본인에게 유리한 것이면 혼자 해도 되지만, 불리하면 공동대리인 전원이 함께 할 때에만 효력이 있다는 견해(제67조 준용설)도 있다(강현중, 254면).

188) 김홍엽, 195면; 이시윤, 179면; 전원열, 192면; 정동윤/유병현/김경욱, 251면; 호문혁, 281면. 반면 모순되는 경우 대리행위의 효력이 없다고 보는 견해도 있다(한충수, 149면).

조)을 정하는 표준이 되지 않고, 기판력(제218조)도 받지 않는다.

(2) 그러나 법정대리인은 당사자에 준하는 다음과 같은 지위를 갖는다. ① 법정대리인 표시는 소장과 판결서의 필수적 기재사항이다(제249조 제1항, 제208조 제1항 제1호). ② 소송수행에 있어서 당사자 본인의 간섭이나 견제를 받지 않는다(제94조 반대해석). ③ 제한능력자 본인에 대한 송달은 법정대리인에게 하여야 한다(제179조). ④ 본인이 출석하여야 할 경우에 대신 출석이 가능하다(제140조 제1항, 제145조 제2항). ⑤ 법정대리인의 사망·대리권의 소멸은 본인의 사망·능력의 상실에 준하여 소송절차가 중단된다(제235조). ⑥ 당해 소송에서 증인이나 보조참가인이 될 수 없다. ⑦ 법정대리인을 신문할 때 당사자신문의 규정을 준용한다(제372조).

5. 법정대리권의 소멸

가. 대리권의 소멸원인

본인의 사망이나 법정대리인의 사망·성년후견의 개시 또는 파산에 의하여 소멸하고(민법 제127조), 또한 본인이 소송능력을 취득(예컨대 미성년자가 성년이 된 경우 등)하거나, 법정대리인이 자격을 상실(예컨대 친권상실 등)한 경우에도 법정대리권은 소멸한다.

나. 대리권 소멸의 통지

> **제63조(법정대리권의 소멸통지)** ① 소송절차가 진행되는 중에 법정대리권이 소멸한 경우에는 본인 또는 대리인이 상대방에게 소멸된 사실을 통지하지 아니하면 소멸의 효력을 주장하지 못한다. 다만, 법원에 법정대리권의 소멸사실이 알려진 뒤에는 그 법정대리인은 제56조 제2항의 소송행위를 하지 못한다.

(1) 대리권 소멸의 효과는 상대방에게 통지해야 효력이 발생한다(제63조 제1항 본문).[189] 따라서 대리권의 소멸통지가 도달하기 전에는 구 대리인이 한 소송행위는 무효로 되지 않는다. 소멸에 대해 상대방이 알았는지 여부, 모르는데 과실이 있는지 여부를 불문한다.

(2) 위 통지 규정은 법인 등 단체의 대표자에게도 준용되므로(제64조), 소송계속 중 회사의 대표이사가 교체되었더라도 이를 상대방에게 통지하지 않은 동안 구 대표자에 의한 소취하(항소취하, 상고취하 포함)가 유효하다는 것이 과거 판례의 태도였다.[190] 그러나 이러한

189) 이 통지규정은 법인 등의 대표자(제64조), 소송대리인(제97조)의 경우에 준용되고, 선정당사자의 자격 철회나 변경에도 준용된다(제63조 제2항).

190) 소취하(대법원 1998. 2. 19. 선고 95다52710 전원합의체 판결), 항소취하(대법원 2007. 5. 10. 선고 2007다7256

판례의 태도는 구 대표자가 상대방과 통모하여 본인에게 배신행위를 한 경우 본인의 절차권을 침해한다는 문제가 있었다. 이에 현행 민사소송법은 본인의 보호를 위하여 법원에 법정대리권의 소멸사실이 알려진 뒤에는 그 법정대리인은 소의 취하, 화해, 청구의 포기 등 제56조 제2항(후견감독인의 특별수권사항)의 소송행위를 하지 못한다고 규정하고 있다(제63조 제1항 단서).

다. 소송절차의 중단

소송의 진행 중에 법정대리인의 대리권이 소멸하면 새로 수계절차를 밟을 때까지는 소송절차가 중단된다(제235조). 그러나 따로 소송대리인이 선임되어 있는 경우에는 중단되지 않는다(제238조).

6. 법인 등의 대표자

가. 의 의

법인 또는 법인이 아닌 사단·재단도 당사자능력을 가지나(제52조), 소송의 당사자로 되는 경우 소송행위는 법인 등의 대표자에 의하여 행한다. 법인 등의 대표자에게는 법정대리인에 관한 규정을 준용한다(제64조).

나. 법인 등의 대표기관

(1) 사법인의 경우

민법상의 법인의 대표기관은 이사(민법 제59조), 주식회사의 대표기관은 대표이사(상법 제389조),[191] 대표이사 직무대행자(상법 제408조)[192] 등이 있다. 다만 이사와 회사간의 소송에서는 감사가 회사를 대표한다(상법 제394조).[193]

(2) 공법인의 경우

국가를 당사자로 하는 소송에서는 법무부장관이 국가를 대표한다(국가소송법 제2조). 특별시·광역시·도·시·군·자치구 등 지방자치단체를 당사자로 하는 소송에서는 시장·도지사·군수·구청장 등 단체장이 자치단체를 대표한다(지방자치법 제101조). 다만 교육·학예에 관하여서는 교육감이 당해 지방자치단체를 대표한다(지방교육자치에 관한 법률 제18조 제2항).

판결), 상고취하(대법원 1968. 12. 17. 선고 68다1629 판결).

191) 대법원 1983. 3. 22. 선고 82다카1810 전원합의체 판결.

192) 대법원 1995. 12. 12. 선고 95다31348 판결.

193) 대법원 1990. 5. 11. 선고 89다카15199 판결.

다. 대표자의 권한

(1) 법인 등의 대표자는 그 법인의 목적인 사업의 수행에 필요한 일체의 행위를 할 수 있지만, 실체법에 제한이 있으면 소송행위도 그 한도에서 제한된다.

(2) 다만 민법상 법인의 대표자는 법인의 사무의 일체에 관하여 대표권이 있고(민법 제59조), 이에 어떠한 제한을 가하여도 등기하지 않으면 제3자에게 대항할 수 없으므로(민법 제60조), 일체의 소송행위를 할 수 있다.

(3) 법인 아닌 사단이 보존행위에 관한 소송을 하는 경우에도 대표자 혼자서는 할 수 없고, 사원총회 결의를 거쳐 그 사단 명의로 하거나 구성원 전원이 필수적 공동소송의 형태로 소를 제기할 수 있을 뿐이다.[194)]

(4) 주식회사의 대표이사 직무대행자가 변호사에게 소송대리를 위임하고 그 보수계약을 체결하거나 그와 관련하여 반소제기를 위임하는 것은 회사의 상무에 속하나,[195)] 청구의 인낙·항소의 취하 등 상무에 속하지 않는 행위는 법원의 특별수권을 얻어야 한다(상법 제408조 제1항).[196)] 학교법인의 이사 직무대행자,[197)] 비법인사단의 대표자 직무대행자[198)]도 같이 볼 것이다.

Ⅲ. 임의대리인

1. 개념과 종류

임의대리인은 본인의 의사에 의하여 대리권이 수여된 자를 말하는데, 그중 포괄적 대리권을 가진 자를 소송대리인이라 한다. 소송대리인은 다시 법률상의 소송대리인과 소송위임에 의한 소송대리인으로 나뉜다.

가. 법률상의 소송대리인

(1) 본인의 의사에 의하여 선임된다는 점에서 임의대리인이나, 행위나 성질의 면에서는 법정대리인과 유사하다. 지배인(상법 제11조), 선장(상법 제749조), 선박관리인(상법 제765조), 국가소송수행자(국가소송법 제3조) 등이 그 예이다.

194) 대법원 2005. 9. 15. 선고 2004다44971 전원합의체 판결.
195) 대법원 1989. 9. 12. 선고 87다카2691 판결.
196) 대법원 1982. 4. 27. 선고 81다358 판결.
197) 대법원 2006. 1. 26. 선고 2003다36225 판결.
198) 대법원 2018. 12. 28. 선고 2016다260400, 260417 판결.

〈상법〉
제11조(지배인의 대리권) ① 지배인은 영업주에 갈음하여 그 영업에 관한 재판상 또는 재판외의 모든 행위를 할 수 있다.
③ 지배인의 대리권에 대한 제한은 선의의 제3자에게 대항하지 못한다.
제749조(대리권의 범위) ① 선적항 외에서는 선장은 항해에 필요한 재판상 또는 재판 외의 모든 행위를 할 권한이 있다.
제765조(선박관리인의 권한) ① 선박관리인은 선박의 이용에 관한 재판상 또는 재판 외의 모든 행위를 할 권한이 있다.
② 선박관리인의 대리권에 대한 제한은 선의의 제3자에게 대항하지 못한다.

〈국가를 당사자로 하는 소송에 관한 법률〉
제3조(국가소송 수행자의 지정 및 소송대리인의 선임) ① 법무부장관은 법무부의 직원, 각급 검찰청의 검사(이하 "검사"라 한다) 또는 「공익법무관에 관한 법률」에서 정한 공익법무관(이하 "공익법무관"이라 한다)을 지정하여 국가소송을 수행하게 할 수 있다.
② 법무부장관은 행정청의 소관사무나 감독사무에 관한 국가소송에서 필요하다고 인정하면 해당 행정청의 장의 의견을 들은 후 행정청의 직원을 지정하여 그 소송을 수행하게 할 수 있다.
③ 제2항의 지정을 받은 사람은 해당 소송에 관하여 법무부장관의 지휘를 받아야 한다.
④ 법무부장관은 변호사를 소송대리인으로 선임(選任)하여 국가소송을 수행하게 할 수 있다.

(2) 법률상 소송대리인의 권한의 범위는 각 법령에서 정해 놓고 있으며, 재판상의 행위를 할 수 있다. 법률상 소송대리인의 법정권한은 제한할 수 없다(제92조).

나. 소송위임에 의한 소송대리인

특정한 소송사건에 관하여 본인으로부터 대리권을 수여받은 대리인이다. 소송위임에 의한 소송대리인은 변호사, 법무법인, 법무법인(유한), 법무조합일 것을 원칙으로 하니(제87조), 비변호사가 소송대리인이 될 수 있는 예외적인 경우도 있다(제88조 제1항). 변호사는 어느 지역의 어떠한 심급의 사건이나 제한 없이 수임할 수 있는 자유수임제이다.

2. 소송대리인의 자격: 변호사대리의 원칙

가. 원 칙

제87조(소송대리인의 자격) 법률에 따라 재판상 행위를 할 수 있는 대리인 외에는 변호사가 아니면 소송대리인이 될 수 없다.

헌법재판절차(헌재 제25조 제2항, 제3항), 증권관련 집단소송(원고와 피고, 증집 제5조), 개인정보·소비자 단체소송(원고, 개인정보 제53조, 소비자법 제72조)은 사건의 전문성과 복잡성을 고려하여 변호사강제주의를 취하고 있다. 그러나 그 외의 사건들에 대해서는 변호사강제주의를 취하지 아니하여 본인소송도 허용되나, 소송대리인을 선임한다면 이는 변호사에 한정된다. 이를 변호사대리의 원칙이라고 한다.

나. 예 외

제88조(소송대리인의 자격의 예외) ① 단독판사가 심리·재판하는 사건 가운데 그 소송목적의 값이 일정한 금액 이하인 사건에서, 당사자와 밀접한 생활관계를 맺고 있고 일정한 범위 안의 친족관계에 있는 사람 또는 당사자와 고용계약 등으로 그 사건에 관한 통상사무를 처리·보조하여 오는 등 일정한 관계에 있는 사람이 법원의 허가를 받은 때에는 제87조를 적용하지 아니한다.

② 제1항의 규정에 따라 법원의 허가를 받을 수 있는 사건의 범위, 대리인의 자격 등에 관한 구체적인 사항은 대법원규칙으로 정한다.

③ 법원은 언제든지 제1항의 허가를 취소할 수 있다.

〈민사소송규칙〉

제15조(단독사건에서 소송대리의 허가) ① 단독판사가 심리·재판하는 사건으로서 다음 각 호의 어느 하나에 해당하는 사건에서는 변호사가 아닌 사람도 법원의 허가를 받아 소송대리인이 될 수 있다.

1. 「민사 및 가사소송의 사물관할에 관한 규칙」 제2조 단서 각 호의 어느 하나에 해당하는 사건
2. 제1호 사건 외의 사건으로서 다음 각 목의 어느 하나에 해당하지 아니하는 사건
   가. 소송목적의 값이 소제기 당시 또는 청구취지 확장(변론의 병합 포함) 당시 1억원을 넘는 소송사건
   나. 가목의 사건을 본안으로 하는 신청사건 및 이에 부수하는 신청사건(다만, 가압류·다툼의 대상에 관한 가처분 신청사건 및 이에 부수하는 신청사건은 제외한다)

② 제1항과 법 제88조 제1항의 규정에 따라 법원의 허가를 받을 수 있는 사람은 다음 각호 가운데 어느 하나에 해당하여야 한다.

1. 당사자의 배우자 또는 4촌 안의 친족으로서 당사자와의 생활관계에 비추어 상당하다고 인정되는 경우
2. 당사자와 고용, 그 밖에 이에 준하는 계약관계를 맺고 그 사건에 관한 통상사무를 처리·보조하는 사람으로서 그 사람이 담당하는 사무와 사건의 내용 등에 비추어 상당하다고 인정되는 경우

③ 제1항과 법 제88조 제1항에 규정된 허가신청은 서면으로 하여야 한다.

④ 제1항과 법 제88조 제1항의 규정에 따른 허가를 한 후 사건이 제1항 제2호 각 목의 어느 하나에 해당하는 사건(다만, 제1항 제1호에 해당하는 사건은 제외한다) 또는 민사소송등인지법 제2조 제4항에 해당하게 된 때에는 법원은 허가를 취소하고 당사자 본인에게 그 취지를 통지하여야 한다

〈소액사건심판법〉

제8조(소송대리에 관한 특칙) ① 당사자의 배우자·직계혈족 또는 형제자매는 법원의 허가 없이 소송대리인이 될 수 있다.

② 제1항에 따른 소송대리인은 당사자와의 신분관계와 수권관계(授權關係)를 서면으로 증명하여야 한다. 다만, 수권관계에 대해서는 당사자가 판사 앞에서 구술로 제1항에 따른 소송대리인을 선임하고 법원사무관등이 조서에 그 사실을 적은 경우에는 예외로 한다.

(1) 단독판사가 심리·재판하는 사건 중 일부사건에 대해서는 법원의 허가를 받아 비변호사가 소송대리인이 될 수 있다(제88조 제1항). 구체적으로 ① 사물관할규칙 제2조 단서 각호의 어느 하나에 해당하는 사건,[199] ② 소가가 소제기 당시 또는 청구취지 확장(변론의 병합 포함) 당시 1억 원 이하의 사건[200] 및 이를 본안으로 하거나 부수하는 신청사건이다(민소규 제15조 제1항). 물론 소송대리허가를 받을 수 있는 자는 i) 배우자 또는 4촌 안의 친족으로서 당사자와의 생활관계에 비추어 상당하다고 인정되거나, ii) 당사자와 고용, 그 밖에 이에 준하는 계약관계를 맺고 그 사건에 관한 통상사무를 처리·보조하는 사람으로서 그 사람이 담당하는 사무와 사건의 내용 등에 비추어 상당하다고 인정되는 경우이어야 한다(민소규 제15조 제2항).

(2) 민사조정사건에서 조정담당판사의 허가를 받아(민조규 제6조 제2항), 가사소송사건에서 재판장의 허가를 받아(가소 제7조 제2항) 변호사 아닌 자가 대리인이 될 수 있고, 배상신청사건에서 법원의 허가를 받아 피해자의 배우자, 직계혈족 또는 형제자매가 대리인이 될 수 있다(소촉법 제27조 제1항).

(3) 소액사건에서 당사자의 배우자·직계혈족 또는 형제자매는 소송대리인이 될 수 있는데, 이때는 법원의 허가를 받을 필요가 없다(소심 제8조).

(4) 민사집행법에 의한 경매사건, 국세징수법 등에 의한 공매사건에서 법무사와 개업공인중개사는 매수신청, 입찰신청의 대리를 할 수 있고(법무사법 제2조 제1항 제5호, 공인중개사법 제14조 제2항), 특허심결취소소송에서 변리사는 소송대리인이 될 수 있다(변리사법 제8조).[201]

---

199) ① 수표금·약속어음금 청구사건, ② 금융기관이 원고인 대여금·구상금·보증금 청구사건, ③ 자동차손해배상보장법 및 근로자의 업무상재해로 인한 손해배상청구사건과 이에 관한 채무부존재확인사건, ④ 재정단독사건

200) 다만 1억 원 이하의 사건이라도 상소심은 합의사건이므로 변호사대리의 원칙이 적용된다.

201) 그러나 특허침해소송에서는 변리사의 소송대리가 허용되지 않는다(대법원 2012. 10. 25. 선고 2010다108104 판결).

3. 소송대리권의 발생: 의사에 의한 대리권의 수여

> **제89조(소송대리권의 증명)** ① 소송대리인의 권한은 서면으로 증명하여야 한다.
> ② 제1항의 서면이 사문서인 경우에는 법원은 공증인, 그 밖의 공증업무를 보는 사람(이하 "공증사무소"라 한다)의 인증을 받도록 소송대리인에게 명할 수 있다.
> ③ 당사자가 말로 소송대리인을 선임하고, 법원사무관등이 조서에 그 진술을 적어 놓은 경우에는 제1항 및 제2항의 규정을 적용하지 아니한다.

대리권의 수여의 방식은 말이나 서면으로 할 수 있으나, 대리권의 존재와 범위는 서면으로 증명해야 한다(제89조 제1항). 그 서면이 사문서인 때에는 법원은 공증사무소의 인증을 받도록 소송대리인에게 명할 수 있다(제89조 제2항). 인증명령 여부는 법원의 자유재량이다.[202)]

4. 소송대리권의 범위

가. 법률상의 소송대리인

지배인, 선장, 선박관리인, 국가소송수행자 등 법률상 소송대리인의 대리권 범위는 실체법이 정하고 있는데, 보통 재판상 모든 행위를 할 수 있는 것으로 규정한다. 법률상 소송대리인의 법정권한을 임의로 제한했다 하더라도 소송법상 아무런 효력이 없다.[203)]

나. 소송위임에 의한 소송대리인

소송위임에 의한 소송대리인의 경우 대리권 범위를 소송법이 정하고 있는데, 변호사의 소송대리권은 제한하지 못한다(제91조 본문). 다만 변호사가 아닌 소송대리인에 대하여는 그러하지 아니하다(제91조 단서).

(1) 소송대리권의 법정범위(제90조 제1항)

> **제90조(소송대리권의 범위)** ① 소송대리인은 위임을 받은 사건에 대하여 반소(反訴)·참가·강제집행·가압류·가처분에 관한 소송행위 등 일체의 소송행위와 변제(辨濟)의 영수를 할 수 있다.

---

202) 대법원 1997. 9. 22.자 97마1574 결정.

203) 따라서 국가소송수행자는 별도의 특별수권 없이 당해 청구의 인낙을 할 수 있고, 그 인낙행위가 법무부장관의 승인 없이 이루어졌다고 하더라도 소송수행자가 내부적으로 지위감독상의 책임을 지는 것은 별론, 그 소송법상의 효력에는 아무런 영향이 없다(대법원 1995. 4. 28. 선고 95다3077 판결).

소송위임에 의한 소송대리인은 일체의 소송행위를 할 수 있다.204) 소송대리인이 할 수 있는 사법행위에 관하여 법문은 변제의 영수에 대해서만 규정하고 있지만(제90조 제1항), 판례는 이를 예시적인 것으로 해석한다.205) 본안소송의 소송대리인인 변호사는 별도의 위임 없이도 소송비용액확정신청에 관한 대리권을 행사할 수 있다.206)

판 례 **소송대리인의 권한(대법원 2015. 10. 29. 선고 2015다32585 판결)**

민사소송법 제90조 제1항은 "소송대리인은 위임을 받은 사건에 대하여 반소·참가·강제집행·가압류·가처분에 관한 소송행위 등 일체의 소송행위와 변제의 영수를 할 수 있다"고 규정하고 있고, 같은 조 제2항은 소송대리인이 특별한 권한을 따로 받아야 할 사항들을 열거하고 있다. 따라서 위임에 의한 소송대리인이 가지는 대리권의 범위에는 특별수권을 필요로 하는 사항을 제외한 소송수행에 필요한 일체의 소송행위를 할 권한뿐만 아니라 소송목적인 채권의 변제를 채무자로부터 수령하는 권한을 비롯하여 위임을 받은 사건에 관한 실체법상 사법행위를 하는 권한도 포함된다.

(2) 특별수권사항(제90조 제2항)

제90조(소송대리권의 범위) ② 소송대리인은 다음 각호의 사항에 대하여는 특별한 권한을 따로 받아야 한다.
1. 반소의 제기
2. 소의 취하, 화해, 청구의 포기·인낙 또는 제80조의 규정에 따른 탈퇴
3. 상소의 제기 또는 취하
4. 대리인의 선임

(가) 반소의 제기

그러나 피고가 제기한 반소에 대하여 원고가 응소하는 행위는 통상의 대리권의 범위에 속하여 특별수권사항이 아니다.

(나) 소의 취하

그러나 소의 취하에 동의하는 것은 특별수권사항이 아니다.207)

---

204) 판례는 의뢰인과 변호사 사이의 권리·의무는 수권행위가 아니라 위임계약에 의하여 발생하고, 변호사가 처리의무를 부담하는 사무의 범위는 변호사와 의뢰인 사이의 위임계약의 내용에 의해 정해진다고 한다(대법원 1997. 12. 12. 선고 95다20775 판결).

205) 대법원 2015. 10. 29. 선고 2015다32585 판결.

206) 대법원 2023. 11. 2.자 2023마5298 결정.

207) 대법원 1984. 3. 13. 선고 82므40 판결.

(다) 화해, 청구의 포기·인낙 또는 소송탈퇴

(라) 상소의 제기 또는 취하

1) 제90조 제2항 제3호의 명문상 상소의 제기라고 되어 있으나, 상소에 응소하는 것도 특별수권사항이라고 보는 것이 다수설이다.[208] 이에 따라 상소를 제기하거나 상소에 응소하는 것 모두 특별수권사항이므로, 권한을 수여받은 바 없으면 소송대리권은 맡은 심급에 한정된다는 심급대리의 원칙을 취하고 있다.[209]

판 례 심급대리의 원칙(대법원 2000. 1. 31.자 99마6205 결정)

소송대리권의 범위는 특별한 사정이 없는 한 당해 심급에 한정되어, 소송대리인의 소송대리권의 범위는 수임한 소송사무가 종료하는 시기인 당해 심급의 판결을 송달받은 때까지라고 할 것이다.

2) 파기환송 후 대리권이 부활하느냐의 문제가 있다. 판례는 상급심에서 원판결이 파기환송 되었을 경우에 환송 전 원심의 상태로 환원되었으므로 환송 전의 옛 소송대리인의 대리권이 다시 부활하는 것으로 본다.[210] 그러나 재상고했을 때 환송 전 상고심의 옛 대리인의 대리권이 부활하는 것은 아니라고 한다.[211] 한편 재심은 신소제기의 형식을 취하는 것이므로 다시 소송위임을 받을 것을 요한다.[212]

판 례 환송 전 항소심 소송대리권 부활 여부(대법원 1984. 6. 14.자 84다카744 결정)

사건이 상고심에서 환송되어 다시 항소심에 계속하게 된 경우에는 상고 전의 항소심에서의 소송대리인의 대리권은 그 사건이 항소심에 계속되면서 다시 부활하는 것이므로 환송받은 항소심에서 환송 전의 항소심에서의 소송대리인에게 한 송달은 소송당사자에게 한 송달과 마찬가지의 효력이 있다.

판 례 환송 전 상고심 소송대리권 부활 여부(대법원 1996. 4. 4.자 96마148 결정)

소송대리권의 범위는 특별한 사정이 없는 한 당해 심급에 한정되므로, 상고심에서 항소심으로 파기환송된 사건이 다시 상고되었을 경우에는 항소심에서의 소송대리인은 그 소송대리권을 상실하게 되고, 이 때 환송

---

208) 강현중, 271면; 김홍규/강태원, 237면; 정동윤/유병현/김경욱, 262면; 정영환, 352면; 호문혁, 290면. 이에 반하여 상소의 제기만 규정되어 있으므로 상소에 응소하는 경우는 특별수권사항이 아니어서 통상의 소송대리권에 포함되는 것으로 보는 견해가 있다(이시윤, 189면; 전병서, 69면).

209) 대법원 1994. 3. 8. 선고 93다52105 판결; 대법원 2000. 1. 31.자 99마6205 결정.

210) 대법원 1984. 6. 14.자 84다카744 결정; 대법원 1985. 5. 28. 선고 84후102 판결.

211) 대법원 1996. 4. 4.자 96마148 결정.

212) 대법원 1991. 3. 27.자 90마970 결정.

전의 상고심에서의 소송대리인의 대리권이 그 사건이 다시 상고심에 계속되면서 부활하게 되는 것은 아니라고 할 것이어서, 새로운 상고심은 변호사보수의소송비용산입에관한규칙의 적용에 있어서는 환송 전의 상고심과는 별개의 심급으로 보아야 한다.

판 례 **재심 전 소송의 소송대리권과 재심의 소송대리권(대법원 1991. 3. 27.자 90마970 결정)**

재심의 소의 절차에 있어서의 변론은 재심 전 절차의 속행이기는 하나 재심의 소는 신소의 제기라는 형식을 취하고 재심 전의 소송과는 일응 분리되어 있는 것이며, 사전 또는 사후의 특별수권이 없는 이상 재심 전의 소송의 소송대리인이 당연히 재심소송의 소송대리인이 되는 것이 아니다.

(3) 복대리인의 선임

복대리인은 대리인의 이름으로 선임한 본인의 대리인이다. 복대리인의 권한도 원칙적으로 통상의 소송대리인과 같은 권한을 가진다. 그러나 재복대리인을 선임할 수 없다. 소송대리인의 사망·사임에 의하여 복대리인의 대리권이 당연히 소멸되는 것은 아니다.

5. 소송대리인의 지위

가. 제3자로서의 지위

소송대리인의 소송수행결과 받은 판결의 기판력이나 집행력은 본인에게 미치며, 대리인 자신에게 미치는 것이 아니다. 소송대리인은 증인·감정인이 될 수 있다.

나. 소송수행자로서의 지위

어떠한 사정의 知·不知 또는 고의·과실이 소송법상의 효과에 영향을 미칠 때, 대리인을 표준으로 하여 결정한다(민법 제116조 제1항). 당사자본인의 고의·과실에 기인하여 대리인의 부지에 이른 경우에는 당사자는 대리인의 부지를 내세워 자기의 이익으로 원용할 수 없다(민법 제116조 제2항 참조).

다. 당사자의 경정권

제94조(당사자의 경정권) 소송대리인의 사실상 진술은 당사자가 이를 곧 취소하거나 경정(更正)한 때에는 그 효력을 잃는다.

소송대리인이 선임되어 있더라도 당사자본인은 자신의 고유한 소송수행권을 상실하지 않는다. 소송대리인이 있어도 기일통지서·판결정본 등의 소송서류를 본인에게 송달

가능하다. 본인이 소송대리인과 같이 출정하여 소송대리인의 법률상의 진술이 아닌 사실상의 진술에 한하여 경정권을 행사할 수 있다(제94조). 따라서 i) 신청, ii) 소송물을 처분하는 행위(예컨대, 소의 취하, 화해, 청구의 포기·인낙 등), iii) 법률상의 진술이나 경험법칙에 대해서는 경정권을 행사할 수 없다. 이러한 경정권은 본인 또는 법정대리인이 행사 가능하다.

라. 개별대리의 원칙

제93조(개별대리의 원칙) ① 여러 소송대리인이 있는 때에는 각자가 당사자를 대리한다.
② 당사자가 제1항의 규정에 어긋나는 약정을 한 경우 그 약정은 효력을 가지지 못한다.

(1) 여러 소송대리인이 있는 때에는 대리인 각자가 당사자를 대리한다(제93조 제1항). 개별대리원칙과 다른 약정을 하더라도 그 약정은 효력을 가지지 못한다(제93조 제2항).

(2) 여러 소송대리인의 각자 대리 결과 모순되는 행위가 동시에 행해진 경우에는 모두 효력이 발생하지 않는다. 그러나 이시에 행해진 경우에는 앞의 행위가 철회될 수 있으면 뒤의 행위에 의하여 앞의 행위가 철회된 것이 되고, 앞의 행위가 철회될 수 없으면 뒤의 행위가 효력이 없게 된다.

(3) 여러 소송대리인이 있는 경우에는 제93조가 적용되고 제180조는 적용되지 않으므로 소송서류의 송달은 여러 소송대리인에게 각각 송달하여야 하나, 항소기간은 여러 소송대리인 중 1인에게 최초로 판결정본이 송달되었을 때부터 기산한다.[213]

판 례 **수인의 소송대리인에 대한 송달과 항소기간의 기산(대법원 2011. 9. 29.자 2011마1335 결정)**

민사소송의 당사자는 민사소송법 제396조 제1항에 의하여 판결정본이 송달된 날부터 2주 이내에 항소를 제기하여야 한다. 한편 당사자에게 여러 소송대리인이 있는 때에는 민사소송법 제93조에 의하여 각자가 당사자를 대리하게 되므로, 여러 사람이 공동으로 대리권을 행사하는 경우 그중 한 사람에게 송달을 하도록 한 민사소송법 제180조가 적용될 여지가 없어 법원으로서는 판결정본을 송달함에 있어 여러 소송대리인에게 각각 송달을 하여야 하지만, 그와 같은 경우에도 소송대리인 모두 당사자 본인을 위하여 소송 서류를 송달받을 지위에 있으므로 당사자에 대한 판결정본 송달의 효력은 결국 소송대리인 중 1인에게 최초로 판결정본이 송달되었을 때 발생한다. 따라서 당사자에게 여러 소송대리인이 있는 경우 항소기간은 소송대리인 중 1인에게 최초로 판결정본이 송달되었을 때부터 기산된다.

213) 대법원 2011. 9. 29.자 2011마1335 결정.

6. 소송대리권의 소멸

가. 불소멸사유

제95조(소송대리권이 소멸되지 아니하는 경우) 다음 각호 가운데 어느 하나에 해당하더라도 소송대리권은 소멸되지 아니한다.
1. 당사자의 사망 또는 소송능력의 상실
2. 당사자인 법인의 합병에 의한 소멸
3. 당사자인 수탁자(受託者)의 신탁임무의 종료
4. 법정대리인의 사망, 소송능력의 상실 또는 대리권의 소멸·변경

제96조(소송대리권이 소멸되지 아니하는 경우) ① 일정한 자격에 의하여 자기의 이름으로 남을 위하여 소송당사자가 된 사람에게 소송대리인이 있는 경우에 그 소송대리인의 대리권은 당사자가 자격을 잃더라도 소멸되지 아니한다.
② 제53조의 규정에 따라 선정된 당사자가 그 자격을 잃은 경우에는 제1항의 규정을 준용한다.

(1) 소송대리인의 대리권은 대리권을 수여한 당사자의 사망 또는 소송능력의 상실, 대리권을 수여한 법정대리인의 사망이나 소송능력 상실 또는 법정대리권의 소멸·변경, 제3자의 소송담당의 경우 그 소송담당자의 자격상실 등에 의하여 소멸되지 않는다(제95조, 제96조). 본인의 사망으로 대리권이 소멸하는 민법상 대리(민법 제127조 제1호)와 달리 민사소송에서는 절차를 신속하고 원활하게 진행할 필요가 있고, 대리권의 범위가 명확하다는 점을 감안하여, 소송대리권을 수여한 당사자 등의 사망 등을 소송대리권의 불소멸사유로 하고 있다.

(2) 그리고 위 사유는 소송절차의 중단사유이지만(제233조 내지 제237조), 소송대리인이 있는 한 중단되지 아니하며(제238조), 소송대리인은 대리권을 수여한 자의 승계인을 위한 대리인으로서 소송을 수행할 수 있다.[214)]

나. 소멸사유

(1) 대리인의 사망·성년후견의 개시 또는 파산

(2) 위임사건의 종료: 심급대리의 원칙에 따라 당해 심급의 판결정본의 송달에 의하여 대리사무가 종료된다.[215)]

(3) 기본관계의 소멸: 소송위임계약 해지(변호사 해임, 사임[216)]) 등에 의하여 대리권이

---

214) 대법원 1992. 11. 5.자 91마342 결정.
215) 대법원 2000. 1. 31.자 99마6205 결정.
216) 대법원 1995. 2. 28. 선고 94다49311 판결.

소멸하지만, 이를 상대방에게 통지하지 않는 한 소멸의 효력이 발생하지 않는다(제97조, 제63조 제1항).

IV. 무권대리인

1. 의 의

무권대리인은 대리권이 없는 대리인이다. 당사자본인으로부터 대리권을 수여받지 못한 경우, 널리 법정대리인의 무자격, 특별수권(제56조 제2항, 제90조 제2항) 없는 대리행위, 그리고 대리권을 서면으로 증명하지 못한 경우를 포함한다. 법인이나 법인 아닌 사단·재단의 대표자는 법정대리인에 준하므로(제64조), 대표권이 없는 자도 무권대리인에 준한다.

2. 소송상 취급

가. 소송행위의 유효요건

(1) 무권대리인에 의한 또는 그에 대한 소송행위는 무효이다. 다만 확정적 무효가 아니라 유동적 무효이기 때문에 뒤에 당사자본인이나 정당한 대리인 또는 적법하게 선임된 대표자가 추인하면 소급하여 유효하게 된다(제60조, 제97조). 묵시적 추인도 가능하므로, 종중의 대표권 없는 자로부터 소송대리권을 위임받아 소를 제기하고 소송수행을 하거나,[217] 항소제기에 관한 특별수권이 흠결된 소송대리인이 제기한 항소에 대하여, 당사자나 적법한 소송대리인이 항소심에서 본안에 관하여 변론하면 하자 있는 소송행위를 추인한 것으로 본다.[218]

판 례 **적법한 항소심 소송대리인에 의한 추인(대법원 1991. 5. 28. 선고 91다10206 판결)**

종중을 대표할 권한이 없는 자로부터 소송대리권을 위임받은 소송대리인이 소를 제기하여 소송을 수행하다가, 항소심에 이르러 종중의 적법한 대표자로부터 다시 소송대리권을 위임받아 종중의 대표자를 정정하는 당사자표시정정서를 진술하고 계속하여 종중의 소송대리인으로 소송을 수행하였다면 종전에 종중의 소송대리인으로 한 소송행위는 추인되었다고 보아야 한다.

---

217) 대법원 1991. 5. 28. 선고 91다10206 판결.

218) 대법원 2007. 2. 22. 선고 2006다81653 판결; 대법원 2020. 6. 25. 선고 2019다246399 판결.

(2) 추인의 시기는 제한이 없다. 하급심의 무권대리행위를 상고심에서 추인할 수도 있다.[219] 최근 판례는 대리권의 흠결이 있는 소송대리인이 조정갈음결정에 대해 이의신청 기간 내에 이의신청을 하였고 그 이의신청이 각하되기 전 당사자 본인이나 보정된 대리인이 이의신청행위를 추인한 경우 그 이의신청은 행위시에 소급하여 효력을 갖는다고 하였다.[220] 그러나 일단 추인거절의 의사표시를 한 이상 무권대리행위는 유동적 무효의 상태에서 확정적 무효가 되므로 그 후에 다시 추인할 수는 없다.[221]

판 례 **무권대표의 소송행위에 대한 추인의 효력과 그 시기(대법원 2010. 12. 9. 선고 2010다77583 판결)**

적법한 대표자 자격이 없는 비법인 사단의 대표자가 한 소송행위는 후에 대표자 자격을 적법하게 취득한 대표자가 그 소송행위를 추인하면 행위 시에 소급하여 효력을 갖게 되고, 이러한 추인은 상고심에서도 할 수 있다.

(3) 추인은 원칙적으로 소송행위 전체에 대하여 하여야 하며, 일부추인, 예컨대 상고제기 행위만 추인을 하고 그 밖의 소송행위는 추인하지 아니한다는 것은 허용되지 않는다.[222] 다만 소취하 행위만을 제외하고 나머지 소송행위를 추인하는 것과 같이 소송의 혼란을 일으킬 우려가 없고 소송경제상으로도 적절하다고 인정될 때에는 예외적으로 일부추인이 허용된다.[223]

판 례 **일부추인 가부, 추인거절 후 다시 추인 가부(대법원 2008. 8. 21. 선고 2007다79480 판결)**

피고의 직무대행자에 의하여 적법히 선임된 상고심에서의 피고 소송대리인은 상고이유서와 석명사항에 대한 의견서(2008. 5. 13.자)를 통하여 원심에서 소송대리인이 한 소송행위 중 상고제기 행위만을 추인하고 그 밖의 소송행위는 추인하지 아니한다는 의사를 개진하고 있는바, 무권대리인이 행한 소송행위의 추인은, 특별한 사정이 없는 한, 소송행위의 전체를 대상으로 하여야 하는 것이고 그중 일부의 소송행위만을 추인하는 것은 허용되지 아니한다고 할 것인데, 이 사건에서 위 상고행위만의 추인을 허용할 만한 특별한 사정이 있다고 보기 어려우므로 피고 소송대리인의 위 일부 추인으로 인하여 이 사건 상고제기가 유효하게 되었다고 볼 수 없다. 이 점에 관하여 피고가 상고이유서에서 원용하는 판례는 사안이 달라 이 사건에서 원용하기에 적절한 선례가 될 수 없다. 또한, 피고 소송대리인은 2008. 7. 22.자 상고이유 철회서에 의해 무권대리인인 변호사

219) 대법원 2010. 12. 9. 선고 2010다77583 판결.
220) 대법원 2023. 7. 13. 선고 2023다225146 판결.
221) 대법원 2008. 8. 21. 선고 2007다79480 판결.
222) 대법원 2008. 8. 21. 선고 2007다79480 판결.
223) 대법원 1973. 7. 24. 선고 69다60 판결.

소외 2의 항소심에서 한 소송행위를 모두 추인하고 소송대리권의 수여에 흠이 있다는 요지의 상고이유 제1점을 철회한다는 의사를 개진하고 있으나, 일단 추인거절의 의사표시가 있은 이상 그 무권대리행위는 확정적으로 무효로 귀착되므로 그 후에 다시 이를 추인할 수는 없다 할 것이다. 따라서 상고를 각하하고, 상고비용의 부담에 관하여는 민사소송법 제108조, 제107조 제2항을 적용하여 피고에 대한 대표권이 없는 소외 1이 부담하기로 하여 관여 대법관의 일치된 의견으로 주문과 같이 판결한다.

판 례 **소취하를 제외한 나머지 소송행위에 대한 추인 가부(대법원 1973. 7. 24. 선고 69다60 판결)**

무권대리인이 행한 소송행위의 추인은 소송행위의 전체를 일괄하여 하여야 하는 것이나 무권대리인이 변호사에게 위임하여 소를 제기하여서 승소하고 상대방의 항소로 소송이 2심에 계속 중 그 소를 취하한 일련의 소송행위 중 소취하 행위만을 제외하고 나머지 소송행위를 추인함은 소송의 혼란을 일으킬 우려없고 소송경제상으로도 적절하여 그 추인은 유효하다.

나. 법원의 직권조사사항

(1) 대리권의 유무를 판단하는데 기초자료가 되는 사실과 증거를 직권탐지하여야 하는 것은 아니다.[224] 다만 제출된 자료에 의하여 의심이 갈만한 사정이 엿보인다면 법원은 적극적으로 이를 심리·조사할 의무가 있다.[225]

판 례 **대표권 유무와 직권조사사항(대법원 2009. 12. 10. 선고 2009다22846 판결)**

법인이 당사자인 사건에 있어서 그 법인의 대표자에게 적법한 대표권이 있는지 여부는 소송요건에 관한 것으로서 법원의 직권조사사항이므로, 법원으로서는 그 판단의 기초 자료인 사실과 증거를 직권으로 탐지할 의무까지는 없다 하더라도, 이미 제출된 자료들에 의하여 그 대표권의 적법성에 의심이 갈 만한 사정이 엿보인다면 상대방이 이를 구체적으로 지적하여 다투지 않더라도 이에 관하여 심리·조사할 의무가 있다 할 것이고, 이는 당사자가 비법인사단인 경우에도 마찬가지라 할 것이다(민사소송규칙 12조).

(2) 조사결과 대리권의 흠을 발견하면 대리인의 소송관여를 배척하고, 보정의 가능성이 있으면 기간을 정하여 보정을 명하여야 한다. 보정은 상급심에서도 가능하다.[226] 지연으로 인하여 당사자본인에게 손해가 생길 염려가 있는 때에는 법원은 보정하기 전의 당사자 또는 법정대리인으로 하여금 일시적으로 소송행위를 하게 할 수 있다(제59조, 제97조).

---

224) 대법원 1997. 10. 10. 선고 96다40578 판결.

225) 대법원 2009. 12. 10. 선고 2009다22846 판결.

226) 항소심에서 보정 가능(대법원 2022. 6. 9. 선고 2022다209529 판결), 상고심에서 보정 가능(대법원 2001. 7. 27. 선고 2001다5937 판결).

다. 소송요건

(1) 대리인에 의한 소제기 과정에서 대리권의 존재는 소송요건이므로,[227] 무권대리인이 제기한 소는 변론종결시까지 보정되지 않는 한 판결로 소를 각하한다. 이 경우에 원고의 무권대리인에 대해 소송비용의 부담을 명하여야 한다(제107조 제2항, 제108조).[228]

(2) 만일 법원이 대리권 흠결을 간과하고 본안판결을 한 경우 그 판결은 당연무효가 아니며, 당사자본인에 대하여 효력이 발생한다. 그러나 당사자본인은 판결 확정 전에는 상소(제424조 제1항 제4호), 확정 후에는 재심(제451조 제1항 제3호)을 통하여 구제를 받을 수 있다. 다만 추인을 하였을 때는 재심의 소를 제기할 수 없다(제451조 제1항 제3호 단서).

(3) 소가 적법하게 제기된 후 변론기일에 무권대리인이 출석하는 등 관여하는 경우에는 법원은 무권대리인의 소송관여를 배척해야 한다. 이 경우 본인은 기일불출석의 불이익을 입을 수 있다.

(4) 무권대리인이 항소를 제기한 경우 항소심은 부적법 항소각하판결을 해야 한다.

3. 쌍방대리의 금지

가. 쌍방대리 일반의 경우

(1) 민법상의 법률행위에서 쌍방대리가 금지되는 것(민법 제124조)과 같이, 소송에 있어서도 당사자는 상호 이해관계가 대립되기 때문에 일방 당사자가 상대방을 대리하거나 같은 사람이 당사자 양쪽 모두를 대리하는 것은 허용되지 않는다. 그러나 이러한 소송상 쌍방대리는 무권대리의 일종으로 보므로, 당사자의 사전 허락이 있거나 사후추인이 있으면 그 흠은 치유된다.

(2) 제소전화해를 위하여 자기의 대리인을 선임하는 권리를 상대방에게 위임하는 것도 그 실질이 쌍방대리와 같기 때문에 금지된다(제385조 제2항).

(3) 법정대리인이 쌍방대리에 해당되는 경우에는 대체로 법정대리권의 제한으로서 실체법에 규정을 두고 있는데(민법 제64조, 제921조, 상법 제199조, 제394조), 이에 위배된 쌍방대리행위는 무권대리행위이다.

---

227) 대법원 1964. 5. 12. 선고 63다712 판결.

228) 대법원 2008. 8. 21. 선고 2007다79480 판결.

나. 변호사법 제31조 위반의 경우

(1) 위반행위의 모습

〈변호사법〉
제31조(수임제한) ① 변호사는 다음 각 호의 어느 하나에 해당하는 사건에 관하여는 그 직무를 수행할 수 없다. 다만, 제2호 사건의 경우 수임하고 있는 사건의 위임인이 동의한 경우에는 그러하지 아니하다.
1. 당사자 한쪽으로부터 상의(相議)를 받아 그 수임을 승낙한 사건의 상대방이 위임하는 사건
2. 수임하고 있는 사건의 상대방이 위임하는 다른 사건
3. 공무원·조정위원 또는 중재인으로서 직무상 취급하거나 취급하게 된 사건

② 제1항 제1호 및 제2호를 적용할 때 법무법인·법무법인(유한)·법무조합이 아니면서도 변호사 2명 이상이 사건의 수임·처리나 그 밖의 변호사 업무 수행 시 통일된 형태를 갖추고 수익을 분배하거나 비용을 분담하는 형태로 운영되는 법률사무소는 하나의 변호사로 본다.
③ 법관, 검사, 장기복무 군법무관, 그 밖의 공무원 직에 있다가 퇴직(재판연구원, 사법연수생과 병역의무를 이행하기 위하여 군인·공익법무관 등으로 근무한 자는 제외한다)하여 변호사 개업을 한 자(이하 "공직퇴임변호사"라 한다)는 퇴직 전 1년부터 퇴직한 때까지 근무한 법원, 검찰청, 군사법원, 금융위원회, 공정거래위원회, 경찰관서 등 국가기관(대법원, 고등법원, 지방법원 및 지방법원 지원과 그에 대응하여 설치된 「검찰청법」 제3조 제1항 및 제2항의 대검찰청, 고등검찰청, 지방검찰청, 지방검찰청 지청은 각각 동일한 국가기관으로 본다)이 처리하는 사건을 퇴직한 날부터 1년 동안 수임할 수 없다. 다만, 국선변호 등 공익목적의 수임과 사건당사자가 「민법」 제767조에 따른 친족인 경우의 수임은 그러하지 아니하다.
④ 제3항의 수임할 수 없는 경우는 다음 각 호를 포함한다.
1. 공직퇴임변호사가 법무법인, 법무법인(유한), 법무조합 또는 「외국법자문사법」 제2조제9호에 따른 합작법무법인(이하 이 조에서 "법무법인등"이라 한다)의 담당변호사로 지정되는 경우
2. 공직퇴임변호사가 다른 변호사, 법무법인등으로부터 명의를 빌려 사건을 실질적으로 처리하는 등 사실상 수임하는 경우
3. 법무법인등의 경우 사건수임계약서, 소송서류 및 변호사의견서 등에는 공직퇴임변호사가 담당변호사로 표시되지 않았으나 실질적으로는 사건의 수임이나 수행에 관여하여 수임료를 받는 경우

⑤ 제3항의 법원 또는 검찰청 등 국가기관의 범위, 공익목적 수임의 범위 등 필요한 사항은 대통령령으로 정한다.

변호사법 제31조에서 변호사는 ① 당사자 한쪽으로부터 상의를 받아 그 수임을 승낙한 사건의 상대방이 위임하는 사건,[229] ② 수임하고 있는 사건의 상대방이 위임하는 다

229) 판례는 형사사건에서 피고인의 변호인으로 선임된 법무법인의 업무담당변호사가 그 법무법인이 해산된 이후 변호사 개인의 지위에서 위 형사사건의 피해자에 해당하는 상대방 당사자를 위하여 실질적으로 동일한 쟁점을 포함하고 있는 민사사건의 소송대리를 하는 것은 본호에 해당된다고 하였다(대법원 2003. 5.

른 사건, ③ 공무원·조정위원 또는 중재인으로서 직무상 취급하거나 취급하게 된 사건, ④ 퇴직기관의 1년 전 사건(퇴직 후 1년간, 공직퇴임변호사)의 수임이 제한된다.

(2) 위반행위의 효과

변호사법 제31조를 위반한 행위의 효과에 대하여 ① 직무규정설(훈시규정설), ② 절대무효설(강행규정설), ③ 추인설(상대적무효설=유동적무효설), ④ 이의설(임의규정설)이 대립한다. 이의설은 그 위반행위에 대해 상대방 당사자 측에서 이의하지 않으면 유효하고, 이의제기의 시한은 사실심 변론종결시까지라고 본다. 판례의 주류는 이의설이나,[230] 최근에는 민법 제124조를 적용하여 예외적으로 본인의 허락이 있는 경우에 한하여 효력이 인정될 수 있는데, 본인의 허락에 관한 증명책임은 쌍방대리행위의 유효성을 주장하는 자가 부담하고, 이때의 허락은 묵시적 허락 또는 사후추인 방식으로 가능하다고 판시하여 추인설을 취한 듯한 판례도 있다.[231]

판 례 **이의설과 이의제기의 시한(대법원 2003. 5. 30. 선고 2003다15556 판결)**

변호사법 제31조 제1호의 규정에 위반한 변호사의 소송행위에 대하여는 상대방 당사자가 법원에 대하여 이의를 제기하는 경우 그 소송행위는 무효이고 그러한 이의를 받은 법원으로서는 그러한 변호사의 소송관여를 더 이상 허용하여서는 아니 될 것이지만, 다만 상대방 당사자가 그와 같은 사실을 알았거나 알 수 있었음에도 불구하고 사실심 변론종결시까지 아무런 이의를 제기하지 아니하였다면 그 소송행위는 소송법상 완전한 효력이 생긴다.

4. 소송행위와 표현대리

(1) 절차의 명확·안정을 중시하는 소송행위에 실체법상의 표현대리 법리를 유추적용할 수 있는가의 문제가 있다. 예컨대 법인등기부에 있는 대표자를 현재의 진정한 대표자로 믿고 그 법인을 상대로 소를 제기하여 승소하였는데, 추후 진정한 대표자가 아님이 판명된 경우, 등기부를 믿은 원고를 민법상 표현대리의 법리에 의해 보호할 수 있는가.

(2) 이에 대하여 ① 실체법상의 표현대리는 거래의 안전을 위한 것인데 소송행위는 거래행위와 다르고, 또 표현지배인에 관한 규정인 상법 제14조 제1항 단서에서 소송행위

---

30. 선고 2003다15556 판결). 그리고 사건이 동일해야 하는데, 이는 그 기초가 된 분쟁의 실체가 동일한지의 여부에 의하여 결정되고, 소송물이 동일한지 여부나 민사사건과 형사사건 사이와 같이 그 절차가 같은 성질의 것인지 여부는 관계가 없다고 한다(대법원 2003. 11. 28. 선고 2003다41791 판결).

230) 대법원 2003. 5. 30. 선고 2003다15556 판결.

231) 대법원 2024. 1. 4. 선고 2023다225580 판결.

를 제외하고 있는 점을 드는 소극설,[232] ② 소송이 실체법상의 권리관계를 처분하는 절차임에 비추어 거래행위와 소송행위는 무관한 것이 아니며, 거래관계의 연장으로 보아야 하고, 등기를 신뢰한 상대방을 희생시키는 것은 공평의 관념에 반한다는 점을 드는 적극설, ③ 일반적으로 소극설이 타당하나, 부실등기가 법인 자신의 고의적 태만에 기인한 경우에는 표현대리를 적용해도 좋다는 절충설[233]의 대립이 있다.

(3) 판례는 공정증서 작성 시 집행인낙의 의사표시는 소송행위이고, 이러한 소송행위에 민법상 표현대리 규정은 적용 또는 준용될 수 없다고 하여 소극설을 취하고 있다.[234]

판 례 집행인낙의 의사표시와 표현대리(대법원 1994. 2. 22. 선고 93다42047 판결)

공정증서가 채무명의로서 집행력을 가질 수 있도록 하는 집행인낙 표시는 공증인에 대한 소송행위로서 이러한 소송행위에는 민법상의 표현대리 규정이 적용 또는 준용될 수 없다.

☞ 乙의 처인 甲이 1991. 8. 13. 丙에게 액면금 30,000,000원, 발행인 甲 및 乙, 발행일 1991. 8. 13.로 하는 약속어음 1장을 발행하고 그날 공증인가 법무법인 소속 담당변호사에게 위 약속어음에 대하여 본인 겸 乙의 대리인의 자격으로서 丙과 함께 위 약속어음금의 지급을 지체할 때에는 즉시 강제집행을 받더라도 이의가 없다는 공정증서의 작성을 촉탁하여 공정증서를 작성 교부받자, 乙이 위 공정증서는 무권대리로서 무효임을 주장하며 丙을 상대로 청구이의의 소를 제기한 사안이다. 법원은 위 인정사실만으로는 乙이 甲에게 위 어음의 발행 및 공정증서 작성에 관하여 대리권을 수여하였다고 보기에 부족하고, 또한 소송행위에는 민법상의 표현대리 규정이 적용 또는 준용될 수 없다고 하며, 丙의 유권대리 주장 및 표현대리 주장을 모두 배척하였다.

(4) 생각건대 표현대리는 거래의 안전을 위한 것이므로 이를 소송행위에 일반적으로 적용하는 것은 타당하지 않다. 다만 본인에게 귀책사유가 있는 경우, 즉 법인이 적극적으로 허위등기를 하였거나, 대표자가 바뀌었음에도 상당기간 변경등기신청을 하지 않는 등의 경우에는 이를 믿은 소송의 상대방의 신뢰이익을 보호해줄 필요가 있다고 생각한다. 절충설이 타당하다.

5. 비변호사의 대리행위

가. 문제점

법률상의 소송대리인 외에 위임에 의한 소송대리인은 원칙적으로 변호사이어야 하는

232) 김홍엽, 233면; 송상현/박익환, 154면; 전원열, 205면; 호문혁, 300면.
233) 김홍규/강태원, 226면; 이시윤, 199면; 정동윤/유병현/김경욱, 271면; 정영환, 358면.
234) 대법원 1983. 2. 8. 선고 81다카621 판결; 대법원 1994. 2. 22. 선고 93다42047 판결.

데(제87조), 이를 변호사대리의 원칙이라고 한다. 그럼에도 비변호사가 대리하는 일정한 경우 무권대리의 문제가 발생하는데, 구체적으로 아래와 같은 경우이다.

나. 업무정지 중 변호사의 대리

징계를 받아 정직 중의 변호사가 대리를 한 경우이다. 법원이 이를 안 경우에는 그 변호사의 소송관여를 배척해야 한다. 그러나 법원이 이를 몰라 배척하지 않은 경우, 만약 이를 무권대리로 처리하면 의뢰인이나 상대방에게 오히려 불이익이 된다는 점에서, 그 변호사에 의한 소송행위를 유효로 본다(유효설).[235)]

다. 비변호사의 대리

징계를 받아 제명된 변호사의 소송행위, 변리사나 법무사의 업무영역 외 일반 소송사건에서의 대리행위, 소송브로커의 행위 등은 모두 무효이다.[236)]

라. 비변호사가 이익을 취할 목적의 대리

이러한 행위는 변호사법 제109조를 정면으로 위반하는 것이므로, 추인의 여지없이 절대 무효로 보아야 한다. 판례는 입주자대표회의가 하자보수보증업체를 상대로 제기한 하자보수보증금 청구소송에서 변호사가 아닌 甲회사가 소송비용을 부담하고 사실상 변호사를 선임하여 소의 제기와 진행을 주도한 사안에서, 甲회사가 위 소송에 관여한 행위는 변호사법 제109조에서 금하는 '대리'에 해당하고, 甲회사가 대납한 소송비용을 입주자대표회의가 소송종료 후 반환하기로 한 약정을 무효로 보았다.[237)]

---

235) 김홍엽, 234면; 이시윤, 199면; 정동윤/유병현/김경욱, 274면; 정영환, 363면.

236) 판례는 특허침해소송에서 변리사가 원고를 대리하여 상고장을 작성·제출한 행위는 부적법하다고 하여 판결로 상고를 각하한 바 있다(대법원 2012. 10. 25. 선고 2010다108104 판결).

237) 대법원 2014. 7. 24. 선고 2013다28728 판결.

제 3 편

제1심의 소송절차

제1장 소송의 개시

제 1 절 소의 개념과 종류

Ⅰ. 소의 개념

소(訴, Klage, lawsuit)는 당사자가 법원에 대하여 일정한 내용의 판결을 구하는 신청을 말한다. 이를 분설하면 다음과 같다.

(1) 판결을 구하는 소송절차의 개시 행위

'소 없으면 판결 없다'는 법언은 이를 뜻한다. 소송절차는 소에 의하여 개시되고 판결로 종료한다.

(2) 심리와 판결의 요구

소송의 주체로서 법원과 피고의 특정, 심리의 객체로서 소송물의 특정이 필요하다.

(3) 법원에 대한 신청

신청은 결정·명령, 그리고 판결을 포함한 재판일반의 요구이므로, 판결을 구하는 소 역시 신청으로서 소송행위이다.

(4) 소제기시 응답의무

법원은 소각하, 청구인용·기각 등 판결로 응답할 의무가 있다.

II. 소의 종류

1. 청구내용에 따른 분류

청구의 내용에 따라 이행의 소, 확인의 소, 형성의 소로 나뉜다. 아래에서 별도의 목차로 살피기로 한다.

2. 소제기의 모습과 시기에 따른 분류

가. 모습에 따른 분류: 단일의 소, 병합의 소

단일의 소는 한 사람의 원고가 한 사람의 피고를 상대로 하여 한 개의 청구를 하는 것이다. 병합의 소는 단일의 소가 인적·물적으로 수개 결합된 소송으로서 소의 주관적·객관적 병합의 경우를 가리킨다.

나. 시기에 따른 분류: 독립의 소, 소송중의 소

독립의 소는 다른 소송절차와 관계없이 그 소의 제기에 의해 새로운 소송절차를 개시시키는 것이다. 소송중의 소는 이미 계속 중인 소송절차를 이용하여 그 당사자나 제3자가 병합심리를 구하는 것으로서, 청구의 변경(제262조), 중간확인의 소(제264조), 반소(제269조), 필수적 공동소송인의 추가(제68조), 독립당사자참가(제79조), 공동소송참가(제83조), 참가승계(제81조), 인수승계(제82조) 등이 그 예이다.

III. 이행·확인·형성의 소

1. 이행의 소

(1) 이행의 소는 원고의 이행청구권의 확정과 피고에 대한 이행명령을 할 것을 요구하는 소이다. 실체법상의 청구권에 바탕을 두고 금전의 지급, 물건의 인도, 의사표시(등기·등록), 작위·부작위 또는 인용(認容) 등을 구하는 소가 이에 해당한다.

(2) 이행의 소는 변론종결시를 기준으로 이행기가 도래한 이행청구권은 현재이행의 소로, 이행기가 아직 도래하지 않은 청구권은 장래이행의 소로 나뉜다. 이자는 약정이율에 의하는데, 만일 약정이율이 없으면 민사법정이율(5%), 상사법정이율(6%)에 의한다. 지연손해금은 소장부본 송달일까지는 약정·법정이율이, 그 다음날부터 다 갚는 날까지는 연

12%의 법정이율이 적용될 수 있다(소촉법 제3조 제1항).

(3) 이행의 소를 통해 법원으로부터 피고에 대한 이행명령을 얻어내면 기판력 외에 집행력이 발생한다. 인용된 이행판결은 집행권원이 된다.

2. 확인의 소

(1) 확인의 소는 특정한 권리·법률관계의 존부확정을 요구하는 소이다. 적극적 확인의 소(예컨대 소유권확인)와 소극적 확인의 소(예컨대 채무부존재확인)로 나뉜다. 확인의 소는 다툼이 있는 권리·법률관계를 공권적·관념적으로 확정하여 법률적 불안을 제거하기 위한 목적에서 인정된다. 확인판결은 기판력만 있고 집행력은 없다.

(2) 원칙적으로 권리 또는 법률관계만이 확인의 소의 대상이 된다. 예외적으로 사실관계를 확인하는 소, 즉 서면이 진실로 작성명의자에 의하여 작성되었는가 아니면 위조·변조되었는가를 확정하는 소가 인정되고 있다(제250조).

3. 형성의 소

가. 의의 및 종류

형성의 소는 법률관계의 변동을 요구하는 소이다. 창설적 효과 발생으로 인해 형성의 소는 법적 안정성을 저해할 수 있기 때문에 원칙적으로 명문의 규정이 있는 경우에만 허용된다(형성의 소 법정주의).[1] [2] 또한 형성의 소는 대세적 효력이 있기 때문에 법적 안정성을 위해 명문으로 제소권자, 제소기간을 정해놓은 경우가 많다.

판 례 명문의 규정 없는 형성의 소 허부(대법원 2001. 1. 16. 선고 2000다45020 판결)

기존 법률관계의 변경·형성을 목적으로 하는 형성의 소는 법률에 명문의 규정이 있는 경우에 한하여 제기할 수 있는바, 조합의 이사장 및 이사가 조합업무에 관하여 위법행위 및 정관위배행위 등을 하였다는 이유로 그 해임을 청구하는 소송은 형성의 소에 해당하는데, 이를 제기할 수 있는 법적 근거가 없으므로, 조합의 이

---

1) 재판상화해의 실현을 위해 부동산을 경매에 붙여 대금의 분배를 구하는 소를 불허한 사례(대법원 1993. 9. 14. 선고 92다35462 판결), 학교법인의 이사장 해임청구의 소를 본안으로 하는 직무집행정지 및 직무대행자선임 가처분을 불허한 사례(대법원 1997. 10. 27.자 97마2269 결정), 조합의 이사장 및 이사의 해임을 구하는 소를 본안으로 하는 직무집행정지가처분을 불허한 사례(대법원 2001. 1. 16. 선고 2000다45020 판결).

2) 다만 예외적으로 명문의 규정을 유추적용하여 형성의 소를 인정한 경우도 있는데, 상법상 감자무효의 소 규정을 유추적용하여 '주식병합 무효의 소'를 인정한 것이 그 예이다(대법원 2009. 12. 24. 선고 2008다15520 판결).

사장 및 이사 직무집행정지 가처분은 허용될 수 없다.
☞ 이와 비교하여, 주식회사의 이사해임의 소, 이를 본안으로 하는 직무집행정지 및 직무대행자선임 가처분 신청이 인정되는 것은 상법상 명문의 규정(상법 제385조 제2항, 제407조 제1항)이 있기 때문이다.

(1) 실체법상의 형성의 소

(가) 실체법상의 법률관계의 변동을 목적으로 한다. 혼인의 무효·취소, 이혼, 이혼의 무효·취소, 입양의 무효·취소 등 가사소송, 회사설립무효·취소, 주주총회결의취소 등 회사관계소송, 행정처분의 취소·변경을 목적으로 하는 항고소송 등이 이에 속한다. 다만 판례는 주주총회결의부존재확인의 소를 형성소송이 아닌 확인소송으로 본다.[3)]

(나) 한편 사해행위취소의 소의 법적 성질에 관하여 ① 형성소송설, ② 이행소송설,[4)] ③ 형성소송과 이행소송의 병합이라는 병합설[5)] 등의 대립이 있다. 판례는 채권자의 주된 목적이 사해행위취소보다는 일탈한 책임재산의 회복에 있다 하여 기능상 이행의 소에 중점을 두고 있는 것처럼 보이기도 하나,[6)] 사해행위취소와 원상회복청구를 동시에 할 수 있다는 판례도 있고,[7)] 사해행위의 취소만을 먼저 청구한 다음 원상회복을 나중에 청구할 수 있다는 판례도 있어서,[8)] 판례의 태도를 일의적으로 판단하기는 어렵다.

사해행위취소소송의 원물반환과 가액배상의 각 판결주문 기재례는 다음과 같다. 주의할 점은 원물반환에서는 원고가 아닌 채무자에게 말소등기절차를 이행할 것을 명한다는 점, 가액배상에서는 원고에게 이행할 것을 명하되,[9)] 취소판결확정 후부터 지연손해금을 명하고 이에 적용할 이율은 소촉법이 아니라 민법의 법정이율이라는 점[10)] 등이다.

사해행위취소소송의 주문 기재례(원물반환)
1. 피고와 소외 乙 사이에 별지 목록 기재 부동산에 관하여 2024. 2. 14. 체결된 매매계약을 취소한다.
2. 피고는 소외 乙에게 위 1.항 기재 부동산에 관하여 서울중앙지방법원 2024. 2. 15. 접수 제

3) 대법원 1992. 8. 18. 선고 91다39924 판결.
4) 이시윤, 208면; 한충수, 181면.
5) 김홍엽, 245면.
6) 대법원 2002. 5. 10.자 2002마1156 결정. 상세는 전술 사해행위취소소송에서 원물반환(말소등기)의 경우 의무이행지(제21조) 부분 참조.
7) 대법원 1980. 7. 22. 선고 80다795 판결.
8) 대법원 2001. 9. 4. 선고 2001다14108 판결.
9) 대법원 2008. 4. 24. 선고 2007다84352 판결.
10) 대법원 2009. 1. 15. 선고 2007다61618 판결.

1234호로 마친 소유권이전등기의 말소등기절차를 이행하라.

사해행위취소소송의 주문 기재례(가액배상)

1. 피고와 소외 乙 사이에 별지 목록 기재 부동산에 관하여 2024. 2. 14. 체결된 매매계약을 50,000,000원의 한도 내에서 취소한다.
2. 피고는 원고에게 50,000,000원 및 이에 대한 이 판결 확정일 다음날부터 다 갚는 날까지 연 5%의 비율로 계산한 돈을 지급하라.

(2) 소송상의 형성의 소

소송법상의 법률관계의 변동을 목적으로 한다. 재심의 소(제451조), 준재심의 소(제461조), 정기금판결에 대한 변경의 소(제252조) 등이 이에 속한다. 한편 집행법상 청구이의의 소(민집 제44조), 집행문부여에 대한 이의의 소(민집 제45조), 제3자이의의 소(민집 제48조), 배당이의의 소(민집 제154조) 등 집행법상의 이의의 소에 대하여는 견해가 대립되나, 판례는 형성의 소로 보고 있다.[11]

(3) 형식적 형성의 소

형식은 소송사건이나 실질은 비송사건인 경우이다. 이러한 형식적 형성의 소는 형성요건이 법률에 규정되어 있지 않고, 어떠한 내용의 권리관계를 형성할 것인가를 법원의 재량에 맡겨져 있다. 따라서 ① 처분권주의가 배제되고, ② 불이익변경금지의 원칙 적용이 배제되며, ③ 어떠한 식으로든 법률관계를 형성하여야 하므로 원고의 청구를 기각할 수는 없고,[12] ④ 그만큼 청구취지의 기재가 완화된다는 특징이 있다. 공유물분할청구(민법 제269조),[13] 토지경계확정의 소,[14] 법정지상권상의 지료결정청구[15] 등이 형식적 형성의 소의 예이다. 한편 공동상속인의 상속재산분할은 가사심판의 대상이지, 민법상 공유물분할청구의 대상이 아니나,[16] 특허권이 공유인 경우는 민법상 공유물분할청구가 가능하다.[17]

---

11) 청구이의의 소(대법원 1971. 12. 28. 선고 71다1008 판결), 제3자이의의 소(대법원 1996. 11. 22. 선고 96다37176 판결).
12) 대법원 2021. 8. 19. 선고 2018다207830 판결.
13) 대법원 2015. 7. 23. 선고 2014다88888 판결. 다만 법원 재량의 한계는 대법원 2009. 9. 10. 선고 2009다40219, 40226 판결 및 대법원 2023. 6. 29. 선고 2020다260025 판결 참조.
14) 대법원 1996. 4. 23. 선고 95다54761 판결; 대법원 2021. 8. 19. 선고 2018다207830 판결. 한편 판례는 사적자치의 영역에 속하는 건물 소유권의 범위를 확정하기 위하여는 소유권확인소송에 의하여야 할 것이고, 공법상 경계를 확정하는 경계확정소송에 의할 수는 없다고 하여, 건물경계확정의 소를 부적법 각하한다(대법원 1997. 7. 8. 선고 96다36517 판결).
15) 대법원 2003. 12. 26. 선고 2002다61934 판결.
16) 대법원 2015. 8. 13. 선고 2015다18367 판결.
17) 대법원 2014. 8. 20. 선고 2013다41578 판결.

다만 극히 예외적인 경우가 아닌 한 금전채권자가 자신의 채권을 보전하기 위해 채무자의 부동산에 관한 공유물분할청구권을 대위행사할 수는 없다고 한다.[18]

판 례 **공유물분할에서 법원의 재량(대법원 2015. 7. 23. 선고 2014다88888 판결)**

공유물분할청구의 소는 형성의 소로서 법원은 공유물분할을 청구하는 원고가 구하는 방법에 구애받지 않고 재량에 따라 합리적 방법으로 분할을 명할 수 있으므로, 여러 사람이 공유하는 물건을 현물분할하는 경우에는 분할청구자의 지분 한도 안에서 현물분할을 하고 분할을 원하지 않는 나머지 공유자는 공유로 남게 하는 방법도 허용되나, 그렇다고 하더라도 공유물분할을 청구한 공유자의 지분 한도 안에서는 공유물을 현물 또는 경매·분할함으로써 공유관계를 해소하고 단독소유권을 인정하여야지, 분할청구자들이 그들 사이의 공유관계의 유지를 원하고 있지 아니한데도 분할청구자들과 상대방 사이의 공유 관계만 해소한 채 분할청구자들을 여전히 공유로 남기는 방식으로 현물분할을 하는 것은 허용될 수 없다.

판 례 **토지경계확정의 소에서 법원의 재량(대법원 2021. 8. 19. 선고 2018다207830 판결)**

토지경계확정의 소가 제기되면 법원은 당사자 쌍방이 주장하는 경계선에 구속되지 않고 어떠한 형식으로든 스스로 진실하다고 인정되는 바에 따라 경계를 확정해야 한다. 따라서 토지경계확정의 소에서는 특별한 사정이 없는 한 원고가 주장하는 경계가 인정되지 않더라도 청구의 전부 또는 일부를 기각할 수 없다.

나. 효 력

(1) 기판력 및 형성력

소각하판결은 확인판결의 일종으로서 소송요건의 부존재에 관하여 기판력이 생긴다. 청구기각의 판결의 경우도 형성소권의 부존재를 확정하는 확인판결로서, 형성소권의 부존재에 관하여 기판력이 발생한다. 그러나 청구인용의 판결, 즉 형성판결은 법률관계를 발생·변경·소멸시키는 형성력이 발생하고, 형성판결이 확정되면 형성소권의 존재에 관하여 기판력이 발생한다. 따라서 예컨대 인지청구의 소의 판결이 확정되어 친자관계가 창설되면, 이를 재심의 소로 다투어 그 확정판결의 기판력을 제거하여야 하지, 그렇지 않고 바로 친생자관계부존재확인의 소로써 친자관계의 존부를 다툴 수는 없다.[19] 일반적으로 형성판결은 그 판결 자체로 집행이 된 것이므로, 별도의 집행력은 불필요하다.

(2) 형성판결 확정 전의 효력

형성의 소가 제기되어 형성판결이 확정되어야 권리관계의 변동이 일어난다. 따라서

18) 대법원 2020. 5. 21. 선고 2018다879 전원합의체 판결.
19) 대법원 2015. 6. 11. 선고 2014므8217 판결.

형성판결의 확정 전까지는 현재의 법률관계의 효력에는 영향이 없다. 예컨대 혼인무효의 사유가 있다 하더라도 무효선언의 판결 확정 전까지는 항변이나 다른 소송의 선결문제로 혼인무효사유를 주장할 수 없다. 판례는 혼인취소사유나 이혼사유가 있다고 하더라도 혼인취소 또는 이혼판결을 받지 않았다면 혼인관계가 해소되었음을 전제로 하는 위자료청구를 할 수 없다고 하였고,[20] 주주총회소집 및 결의절차에 위법이 있다 하더라도 그 결의가 취소되지 아니한 이상 결의서의 존재로 결의가 있었다고 추단함에 있어서 방해가 되지 않는다고 하였다.[21]

제 2 절 소송요건

Ⅰ. 서 설

원고가 소에 의하여 신청한 대로 승소판결을 받기 위해서는 순서대로 다음의 네 가지를 갖추어야 한다.

1. 소장의 적식(適式)

소장의 필수적 기재사항(제249조 제1항)이 제대로 기재되어 있는지 여부와 소장에 인지를 붙였는지 여부를 심사하여(제254조 제1항), 만약 흠결이 있음에도 보정하지 않으면 재판장등이 소장각하명령을 한다(제254조 제2항).

2. 소의 적법

소송요건의 존부를 심사하여 흠결시 소각하판결을 한다.

3. 주장 자체의 정당성(청구의 논리정연성, 일관성, 有理性)

원고의 주장사실로 미루어 청구의 당부를 심리하는 것이다. 만약 원고의 주장 자체로

---

20) 대법원 1969. 8. 19. 선고 69므17 판결.

21) 대법원 1974. 12. 24. 선고 72다1532 판결. 다만 제3자 간의 법률관계, 즉 주주총회결의의 효력이 그 회사 아닌 제3자 사이의 소송에서 선결문제로 된 경우에는 다툴 수 있다는 판례가 있다(대법원 1992. 9. 22. 선고 91다5365 판결; 대법원 2011. 6. 24. 선고 2009다35033 판결).

명백히 이유 없으면 청구기각의 판결을 한다. 이때 피고의 답변을 고려하지 않으며 증거조사를 할 필요도 없다. 예컨대 원고가 현행법이 인정하지 않는 법률효과를 주장하는 경우로서 소작권의 확인을 구하거나, 도박자금으로 빌려준 돈의 반환을 구하는 것이 그것이다.

4. 청구의 이유구비성(주장사실의 증명)

원고의 주장사실의 이유유무를 변론과 증거조사를 통해 심리한다. 주장사실에 대해 다툼이 없으면 자백으로 정리하고, 피고가 다투는 경우 증명이 필요하다. 증거조사결과 원고의 청구가 이유 없으면 청구기각판결을 하고, 피고의 항변이 이유 없거나 원고의 재항변이 이유 있는 경우 비로소 청구인용판결을 한다.

II. 소송요건

1. 의 의

(1) 소송요건은 소가 소송법상 적법한 취급을 받기 위하여 구비하여야 할 사항으로서, 소의 적법요건이다.

(2) 소송요건은 소 전체가 적법해지기 위해 갖추어야 할 요건으로서, 개개의 소송행위의 유효요건과 다르다. 예컨대 보조참가의 요건과 같이 소송행위의 유효요건에 흠이 있으면 당해 소송행위만 무효가 될 뿐, 본안판결을 하는데 지장이 없다.

(3) 소장의 적식 등 소송성립요건과도 구별하여야 한다. 소송요건은 성립된 소송이 적법한 취급을 받기 위해 갖추어야 할 요건이다.

2. 소송요건의 종류

가. 법원에 관한 것

재판권·관할권이 있을 것, 민사소송사항일 것.

나. 당사자에 관한 것

당사자의 실재(實在), 당사자능력과 당사자적격이 있을 것, 당사자가 소송능력이 있을 것, 대표·대리하는 경우 그 자에게 대표·대리권이 있을 것, 원고가 소송비용의 담보를 제공할 필요가 있는 경우에는 담보의 제공(제117조).

다. 소송물에 관한 것

소송물이 특정될 것,[22] 소의 이익(권리보호자격 또는 권리보호이익)이 있을 것.

판 례 **소송물의 특정(대법원 2011. 3. 10. 선고 2010다87641 판결)**

민사소송에서 당사자가 소송물로 하는 권리 또는 법률관계의 목적인 물건은 특정되어야 하고, 소송물이 특정되지 아니한 때에는 법원이 심리·판단할 대상과 재판의 효력범위가 특정되지 않게 되므로, 토지소유권확인소송의 소송물인 대상 토지가 특정되었는지 여부는 소송요건으로서 법원의 직권조사사항에 속한다.

라. 기 타

주관적 병합(공동소송, 당사자참가 등)에서 각 병합요건, 객관적 병합(청구의 병합, 청구의 변경, 중간확인의 소, 반소 등)에서 각 병합요건, 가사소송[23]이나 회사소송[24]에서처럼 제소기간이 정해져 있는 경우에는 그 제소기간의 준수[25] 등이 그것이다. 그리고 장래이행의 소에서 미리 청구할 필요(제251조),[26] 채권자대위소송에서 피보전채권의 존재,[27] 확인의 소에서 확인의 이익[28]이 있어야 한다.

판 례 **제소기간의 준수(대법원 1987. 1. 20. 선고 86누490 판결)**

제소기간이 지켜졌는가의 여부는 소송요건으로서 법원의 직권조사사항에 속하며 소송요건의 존부를 명백히 한 다음 본안판결을 하여야 할 것이므로 본안의 심리에 들어갔다 하여 소송요건의 흠결을 덮어둘 수는 없다.

판 례 **대위소송에서 피보전채권의 존재(대법원 2009. 4. 23. 선고 2009다3234 판결)**

채권자대위소송에서 대위에 의하여 보전될 채권자의 채무자에 대한 권리(피보전채권)가 존재하는지 여부는 소송요건으로서 법원의 직권조사사항이므로 법원으로서는 그 판단의 기초자료인 사실과 증거를 직권으로 탐지할 의무까지는 없다 하더라도 법원에 현출된 모든 소송자료를 통하여 살펴보아 피보전채권의 존부에 관하여 의심할 만한 사정이 발견되면 직권으로 추가적인 심리·조사를 통하여 그 존재 여부를 확인하여야 할 의무가 있다.

---

22) 대법원 2011. 3. 10. 선고 2010다87641 판결; 대법원 2013. 3. 14. 선고 2011다28946 판결.
23) 예컨대 상속회복청구의 소(민법 제999조 제2항, 대법원 1993. 2. 26. 선고 92다3083 판결).
24) 예컨대 주주총회결의취소의 소(상법 제376조 제1항).
25) 대법원 1987. 1. 20. 선고 86누490 판결; 대법원 2013. 3. 14. 선고 2010두2623 판결.
26) 대법원 2018. 7. 26. 선고 2018다227551 판결.
27) 대법원 2009. 4. 23. 선고 2009다3234 판결; 대법원 2012. 3. 29. 선고 2011다106136 판결; 대법원 2015. 9. 10. 선고 2013다55300 판결.
28) 대법원 2009. 1. 15. 선고 2008다74130 판결; 대법원 2013. 8. 23. 선고 2012다17585 판결.

3. 소송요건의 모습

가. 직권조사사항: 당사자의 주장을 불문하고 직권으로 조사해야 할 사항

(1) 소송요건은 공익상 인정된 것이므로 원칙적으로 직권조사사항으로서 피고의 항변이 없어도 조사하여야 한다. 재판권, 전속관할권, 소의 이익, 중복소제기 금지, 재소금지, 기판력 등 소송요건의 대부분을 차지한다. 판례는 부제소합의도 직권조사사항이라고 보았다.[29)]

(2) 한편 피고가 소송요건의 흠을 지적하며 다투는 경우를 본안전 항변이라 하는데, 이러한 피고의 주장은 단지 법원의 직권조사를 촉구하는데 그치므로, 이를 판단하지 아니하였다 하더라도 판단누락의 상고이유가 될 수 없다.[30)]

나. 항변사항: 피고의 주장이 있어야 비로소 조사하는 사항

(1) 소송요건 가운데 항변사항도 있는데, 임의관할 위반, 소송비용의 담보제공 흠결, 중재합의 위반 등이 그것이다. 이를 방소항변(妨訴抗辯)이라고 한다.

(2) 항변사항은 소송절차에 관한 이의권의 포기·상실의 대상이 된다. 다만 임의관할 위반(제30조), 소송비용의 담보제공신청권(제117조, 제118조), 중재합의 위반(중재 제9조 제2항)[31)]에 관한 피고의 항변은 본안에 관한 최초변론 전까지 제출하여야 하고, 본안심리에 들어간 후에는 제출할 수 없는 시기적 제한이 있다.

다. 적극적 요건과 소극적 요건

예컨대 재판권이나 당사자능력 등은 존재해야 소가 적법해지는 적극적 요건이지만, 기판력이나 중복소송 등은 부존재해야 소가 적법해지는 소극적 요건이다.

4. 소송요건의 조사방법

가. 판단자료 수집기준

(1) 소송요건 중 항변사항은 그 판단을 위한 자료제출 책임이 당사자에게 있다.

(2) 그러나 직권조사사항에 대하여는 법원이 직권으로 그 조사를 개시하지만, 그 판단을 위한 자료의 수집은 별개영역의 문제로 보아 법원이 직권으로 수집하는 유형(직권탐지형)과 당사자가 제출한 자료에 의존하는 유형(변론주의형)으로 나누는 것이 다수의 견해

---

29) 대법원 2013. 11. 28. 선고 2011다80449 판결. 상세는 후술 소송요건의 조사방법 부분과 권리보호의 자격 부분 참조.

30) 대법원 1990. 11. 23. 선고 90다카21589 판결.

31) 대법원 1996. 2. 23. 선고 95다17083 판결.

이다.32)

소송요건 중 재판권·재심사유33)의 존재는 고도의 공익성이 있기 때문에 직권탐지가 필요하다. 다만 전속관할, 당사자능력 및 소송능력이 직권탐지사항인지에 대하여는 견해의 대립이 있다.

그러나 그 외에 주로 당사자의 이익을 위한 소송요건, 즉 당사자적격, 소의 이익 등은 직권조사사항이지만 그 존부판단을 위한 자료수집은 변론주의에 의한다.

나. 직권조사사항의 특징

위와 같이 직권조사사항은 독자적인 방법에 의해 자료를 수집하므로, 변론주의와 직권탐지주의가 아닌 제3의 입장, 또 변론주의와 직권탐지주의의 중간지대라고 부르기도 한다.34) 이러한 직권조사사항은 다음과 같은 특징이 있다.

(1) 직권조사사항은 항변 유무를 불문하고 법원이 직권으로 조사를 해야 한다는 것일 뿐, 그 판단의 기초자료인 사실과 증거를 법원이 직권으로 탐지할 의무까지는 없다.35) 이 점에서는 변론주의와 유사하다.

(2) 당사자의 이의 유무를 불문하고 조사를 해야 하며, 만약 당사자가 이의하다가 이를 철회하여도 법원은 그 심리를 계속하여야 한다.36) 즉 소송절차에 관한 이의권의 포기(제151조)가 허용되지 아니한다.

(3) 당사자들이 다투지 않아 쟁점으로 삼지 않은 직권조사사항에 관하여 법원이 그 흠결을 이유로 부적법 각하하고자 할 때에는 당사자가 불의의 타격을 받지 않도록 석명권을 행사하여 의견진술의 기회를 주어야 한다.37)

판 례 **부제소합의와 직권조사사항(대법원 2013. 11. 28. 선고 2011다80449 판결)**

[2] 특정한 권리나 법률관계에 관하여 분쟁이 있어도 제소하지 아니하기로 합의(이하 '부제소 합의'라고 한다)한 경우 이에 위배되어 제기된 소는 권리보호의 이익이 없고, 또한 당사자와 소송관계인은 신의에 따라 성실하게 소송을 수행하여야 한다는 신의성실의 원칙(민사소송법 제1조 제2항)에도 어긋나는 것이므

---

32) 김홍엽, 253면; 전병서, 187~189면; 정동윤/유병현/김경욱, 418면. 이에 대하여 판단자료 수집에 있어서 직권탐지를 인정하는 것은 타당하지 않다는 견해도 있고(호문혁, 342~343면), 직권조사사항 중 직권탐지사항을 구분하여 달리 분류할 필요가 없다는 견해도 있다(한충수, 240면).

33) 대법원 1992. 7. 24. 선고 91다45691 판결.

34) 이시윤, 337면.

35) 대법원 2011. 7. 28. 선고 2010다97044 판결 참조.

36) 대법원 1971. 3. 23. 선고 70다2639 판결.

37) 대법원 2013. 11. 28. 선고 2011다80449 판결.

로, 소가 부제소 합의에 위배되어 제기된 경우 법원은 직권으로 소의 적법 여부를 판단할 수 있다.
[3] 부제소 합의는 소송당사자에게 헌법상 보장된 재판청구권의 포기와 같은 중대한 소송법상의 효과를 발생시키는 것으로서 그 합의 시에 예상할 수 있는 상황에 관한 것이어야 유효하고, 그 효력의 유무나 범위를 둘러싸고 이견이 있을 수 있는 경우에는 당사자의 의사를 합리적으로 해석한 후 이를 판단하여야 한다. 따라서 당사자들이 부제소 합의의 효력이나 그 범위에 관하여 쟁점으로 삼아 소의 적법 여부를 다투지 아니하는데도 법원이 직권으로 부제소 합의에 위배되었다는 이유로 소가 부적법하다고 판단하기 위해서는 그와 같은 법률적 관점에 대하여 당사자에게 의견을 진술할 기회를 주어야 하고, 부제소 합의를 하게 된 동기 및 경위, 그 합의에 의하여 달성하려는 목적, 당사자의 진정한 의사 등에 관하여도 충분히 심리할 필요가 있다. 법원이 그와 같이 하지 않고 직권으로 부제소 합의를 인정하여 소를 각하하는 것은 예상 외의 재판으로 당사자 일방에게 불의의 타격을 가하는 것으로서 석명의무를 위반하여 필요한 심리를 제대로 하지 아니하는 것이다.

(4) 그 존부 자체는 재판상의 자백[38]이나 자백간주[39]의 대상이 될 수 없다. 이 점에서는 직권탐지주의와 유사하다.

(5) 반대의 견해는 있으나,[40] 증명은 자유로운 증명으로 족하다고 본다.[41] 그리고 소송요건의 존재로 인하여 본안판결을 받는 것이 원고에게 유리하다고 보기 때문에, 직권조사사항인 소송요건에 대한 증명책임은 원고에게 있다.[42]

(6) 소송요건의 존부는 원칙적으로 사실심 변론종결시를 기준으로 판단한다.[43] 따라서 소제기 당시에는 소송요건의 흠결이 있어도 사실심의 변론종결시까지 이를 구비하면 소가 적법해지고, 반대로 소제기 당시에는 소송요건이 구비되어 있었지만 그 후에 소멸되었다면 소가 부적법해지므로 본안판결을 할 수 없다. 다만 당사자능력·적격이나 소의 이익과 같은 소송요건의 존재는 사실심 변론종결 당시뿐만 아니라 상고심에서도 유지되어야 하므로, 판례는 사실심 변론종결 이후 소송요건이 흠결되거나 흠결이 치유된 경우 상고심에서도 이를 참작하여야 한다고 했다.[44]

판 례 **사실심 변론종결 이후 소송요건의 흠결(대법원 2020. 1. 16. 선고 2019다247385 판결)**

확인의 소는 원고의 권리 또는 법률상의 지위에 현존하는 불안·위험이 있고, 확인판결을 받는 것이 그 분쟁

---

38) 대법원 2002. 5. 14. 선고 2000다42908 판결.
39) 대법원 1999. 2. 24. 선고 97다38930 판결.
40) 김홍엽, 255면; 정동윤/유병현/김경욱, 419면; 한충수, 241면.
41) 이시윤, 215~216면; 정영환, 390면.
42) 대법원 1997. 7. 25. 선고 96다39301 판결.
43) 대법원 1991. 11. 26. 선고 91다31661 판결; 대법원 2013. 1. 10. 선고 2011다64607 판결.
44) 대법원 2020. 1. 16. 선고 2019다247385 판결.

을 근본적으로 해결하는 가장 유효·적절한 수단일 때에 허용된다. 그리고 확인의 이익 등 소송요건은 직권조사사항으로서 당사자가 주장하지 않더라도 법원이 직권으로 조사하여 판단하여야 하고, 사실심 변론종결 이후에 소송요건이 흠결되거나 그 흠결이 치유된 경우 상고심에서도 이를 참작하여야 한다.

그러나 사실심 변론종결시 기준 판단에 대해서는 다음과 같은 예외가 있는데, ① 관할권의 존부는 소제기 당시에만 갖추면 되고(제33조), ② 소송계속 중 당사자능력·소송능력·법정대리권이 소멸한 경우 이는 소각하사유가 아니라 소송중단사유이다(제233조, 제235조).

5. 조사의 순서

가. 소송요건 사이

소송경제의 측면에서 여러 소송요건 중 가장 쉽고 신속하게 그 존부를 가릴 수 있는 것부터 우선적으로 심리판단하면 될 것이다.[45]

나. 소송요건과 본안판단 사이

소송요건이 갖추어지지 않았지만 청구의 당부에서 기각이 확실한 경우 선(先) 기각이 가능한지 여부가 문제된다. 이에 대하여 ① 소송요건은 본안판결의 요건이기 때문에 소송요건에 대한 심사를 건너뛰고 본안판단을 할 수 없다고 보는 본안판결요건설,[46] ② 소송요건과 실체법상의 요건은 같은 평면의 판결선고요건이므로, 선 기각이 가능하다고 보는 판결선고요건설,[47] ③ 소송요건의 종류를 나누어 공익을 목적으로 한 것은 선 기각할 수 없다고 보는 절충설[48]의 대립이 있다. 판례는 부적법 각하하여야 함에도 기각한 것은 파기를 면할 수 없다고 하여 본안판결요건설을 취한 것으로 평가받는다.[49] 생각건대 관할권이 없음에도 청구기각판결을 하면 본래 그 사건을 심리할 법관의 고유권한을 뺏는 것이고, 당사자능력이나 소송능력이 없음에도 청구기각판결을 하면 쌍방심리주의에 반하며, 재판권이 없음에도 청구기각판결을 하면 무효인 판결에 불과하고, 대리권 흠결이나 기판력에 반하여 청구기각판결을 하면 재심사유에 해당하는 판결을 하는 것에 불과하다는 점

45) 김홍엽, 256면; 이시윤, 216면; 정동윤/유병현/김경욱, 423면; 정영환, 393면.
46) 김홍엽, 257면; 이시윤, 217면; 정동윤/유병현/김경욱, 422면; 정영환, 392면; 한충수, 243면.
47) 호문혁, 346~347면은 부진정소송요건을 설명한 뒤 권리보호이익을 따지기 전에 청구기각판결을 할 수 있다고 하여 결론에 있어서 같다.
48) 김홍규/강태원, 304면.
49) 대법원 1990. 12. 11. 선고 88다카4727 판결.

등을 고려할 때, 소송요건의 존부를 명확히 한 후 본안판결을 해야 한다고 본다.

판 례 **본안판결요건설(대법원 1990. 12. 11. 선고 88다카4727 판결)**

채권자대위소송에 있어서 대위에 의하여 보전될 채권자의 채무자에 대한 권리가 인정되지 아니할 경우에는 채권자 스스로 원고가 되어 채무자의 제3채무자에 대한 권리를 행사할 당사자적격이 없게 되므로 그 대위소송은 부적법하여 각하할 수밖에 없다 할 것인바, 원고의 위 김OO에 대한 소유권이전등기청구권이 인정되지 아니하는 이 사건에 있어서는 원고가 위 김OO에 대한 소유권이전등기청구권을 보전하기 위하여 위 김OO의 피고에 대한 소유권이전등기청구권을 대위청구하는 이 사건 소를 각하하여야 함에도 불구하고 원심이 이를 간과하고 본안에 관하여 심리판단한 것은 위법하므로 원심판결은 파기를 면할 수 없다.

6. 조사의 결과

가. 소송요건을 구비한 경우

조사결과 소송요건에 흠이 없으면 법원은 계속 본안심리한다. 그러나 당사자가 존재 여부에 대해 다투면(실무상 본안전 항변) 중간판결 또는 종국판결의 이유에서 존재한다고 판단하여야 한다.

나. 소송요건 흠결의 경우

(1) 소송요건의 흠이 있을 때에는 종국판결로 소를 각하한다. 다만 바로 각하할 것이 아니라 보정할 수 있는 것이면 우선 보정을 명하여야 한다. 판례는 당사자 간 다툼이 없어 쟁점으로 삼지 않은 소송요건에 대하여 법원이 그 소송요건의 흠을 들어 소가 부적법하다고 판단하기 위해서는 그 법률적 관점에 관하여 당사자에게 의견진술의 기회를 주어야 한다고 했다.[50] 다만 재판권이 없거나 출소기간(出訴期間)의 도과가 명백한 경우와 같이 그 흠을 보정할 수 없는 경우에는 변론 없이 판결로 각하할 수 있다(제219조).

(2) 소송판결의 경우 판결주문은 「이 사건 소를 각하한다.」 또는 「이 사건 소 중 A청구 부분을 각하한다.」와 같다.

(3) 소송판결은 소송요건의 부존재를 확정한 확인판결의 일종으로서, 그 부존재에 기판력이 생긴다.[51] 따라서 그 흠결을 보완하여 다시 소를 제기할 수 있다. 예컨대 소송능력의 흠으로 각하된 경우에 법정대리인이 다시 소를 제기하거나, 대표권의 흠결로 각하된 경우에 적법한 대표자가 다시 소를 제기할 수 있다.[52]

---

50) 대법원 2013. 11. 28. 선고 2011다80449 판결.

51) 대법원 1997. 12. 9. 선고 97다25521 판결.

52) 대법원 1994. 6. 14. 선고 93다45015 판결; 대법원 2003. 4. 8. 선고 2002다70181 판결.

(4) 그러나 소송요건의 흠결 중 관할권의 흠의 경우에는 관할법원으로 이송하고(제34조 제1항), 병합요건의 흠이 있는 경우에도 독립의 소로 취급하여야지, 각하할 것이 아니다.

7. 소송요건 흠결을 간과한 판결

(1) 재판권 흠결, 당사자의 제소 전 사망, 당사자적격 흠결을 간과한 판결은 무효이다. 재판권 흠결이나 당사자적격 흠결을 간과한 판결의 경우 확정 전에는 상소에 의하여 다툴 수 있으나 확정 후에는 재심사유가 아니어서 재심청구를 할 수 없음은 앞서 살펴보았다. 제소 전 피고의 사망을 간과한 판결의 경우 반대의 견해는 있으나,[53] 판례는 확정 전 상소로써 취소할 수 없고, 확정 후 재심사유도 되지 않는다고 하였다.[54]

(2) 기타 소송요건 흠결을 간과하고 판결이 선고된 경우, 판결확정 전이면 상소를 할 수 있고, 확정 후에는 재심사유가 있는 경우에 한하여 재심청구가 가능하다. 가령 소송능력 흠결이나 대리권 흠결이 있는 경우에는 재심이 가능하나, 전속관할 위반은 재심사유에 해당하지 않는다. 다만 임의관할위반은 변론관할(제30조)이 생겨 더 이상 다툴 수 없으므로 항소를 할 수 없다(제411조).

(3) 이와 달리 소송요건을 충족하고 있음에도 불구하고 소각하판결을 한 경우에는 원심판결을 취소(파기)하고 당사자의 심급의 이익 보장을 위해 원심으로 환송해야 한다(제418조, 제425조).

III. 소의 이익

1. 소의 이익과 소권이론

(1) 개인이 소를 제기하여 법원의 재판을 받는 것을 그 자의 권리로 보아 소권(재판청구권)이라 한다. 소권에 관해서는 사법적 소권설과 공법적 소권설로 나뉘고, 공법적 소권설은 다시 추상적 소권설과 구체적 소권설로 나뉘며, 구체적 소권설은 다시 구체적 권리

53) 이시윤, 144면; 정동윤/유병현/김경욱, 205면; 정영환, 280면; 한충수, 118면.

54) 항소불가(대법원 2015. 1. 29. 선고 2014다34041 판결), 상고불가(대법원 2000. 10. 27. 선고 2000다33775 판결), 재심불가(대법원 1994. 12. 9. 선고 94다16564 판결). 다만 판례는 이미 사망한 자를 채무자로 한 처분금지가처분결정은 당연무효로서 그 효력이 상속인에게 미치지 않지만 상속인은 위 가처분결정에 의해 생긴 외관을 제거하기 위해 가처분결정에 대한 이의신청을 할 수 있다고 하였음에 주의할 필요가 있다(대법원 2002. 4. 26. 선고 2000다30578 판결).

의 내용을 무엇으로 볼 것인지 여부에 따라 권리보호청구권설과 본안판결청구권설, 사법행위청구권설, 신권리보호청구권설로 나뉜다. 이에 더하여 소권부정설도 가세하여 소권논쟁을 벌였다.

(2) 소권논쟁은 소송법이론의 발전에 기여하였지만 오늘날에는 그 논쟁의 실익이 감소하였다고 본다. 소권은 재판제도를 이용할 수 있는 권리로서 헌법 제27조의 재판을 받을 권리와 그 궤를 같이한다 할 것이다. 따라서 '소권=재판을 받을 권리'라고 이해하면 될 것이다.

2. 개 념

(1) 소의 이익은 당사자 측면에서는 소송제도를 이용할 정당한 이익 내지 필요성이고, 국가적 측면에서는 무익한 소를 통제하기 위한 원리이다. '이익 없으면 소 없다'는 법언은 이를 뜻한다.

(2) 이러한 소의 이익을 지나치게 넓히면 국가의 재판권 행사에 부담이 되고, 반대로 지나치게 좁히면 당사자의 재판을 받을 권리를 해치게 되므로 합리적인 조절이 필요하다 할 것이다.

(3) 넓은 의미에서 소의 이익이 있다고 하기 위해서는 다음의 세 가지를 충족해야 한다. 즉 ① 청구의 내용이 본안판결을 받기에 적합한 일반적 자격이 있을 것(청구적격 또는 권리보호의 자격), ② 원고가 청구에 대하여 판결을 구할 현실의 필요성이 있을 것(권리보호의 이익 또는 필요), ③ 제대로 소송수행을 하고 본안판결을 받기에 적합한 정당한 당사자일 것(당사자적격)이 그것이다. 위 ③은 당사자 측면에서 주관적 이익의 문제로서 앞서 당사자적격 부분에서 이미 살펴보았다. 위 ①, ②는 청구의 측면에서 객관적 이익의 문제로서, 좁은 의미의 소의 이익이라고 할 때 이를 뜻한다.

3. 각종의 소에 공통된 소의 이익

이행·확인·형성의 소를 가리지 않고 일반적으로 소송제도를 이용해 소송물에 관해 본안판결 받을 수 있는 자격을 의미하는 것으로서 주로 권리보호의 자격과 관련된다.

가. 소구(訴求)할 수 있는 구체적인 권리 또는 법률관계에 관한 청구일 것

(1) 소구(재판상청구)할 수 없는 자연채무[55]는 권리보호자격이 없다. 형성소권을 제외

55) 예컨대 면책결정이 확정되면 채무자체는 존속하나 소제기권능은 상실됨(대법원 2015. 9. 10. 선고 2015다

한 나머지 형성권을 행사하기 위한 형성의 소(예컨대 원·피고 사이의 계약을 해제한다는 소)의 제기도 소익이 없고, 약혼의 강제이행청구도 허용될 수 없다(민법 제803조).

(2) 법률상 다툼이어야 하므로, 단순한 사실의 존부 다툼은 소의 이익이 없다. 판례는 임야·토지·건축물대장상의 명의말소청구,[56] 족보기재사항의 변경·삭제청구,[57] 제사주재자가 누구인지 그 지위의 확인청구,[58] 통일교가 기독교의 종교단체인가 여부의 확인청구,[59] 부동산등기부의 사항란에 기재된 근저당권설정등기의 접수일자의 변경을 구하는 청구,[60] 유언내용에 따른 등기신청에 이의없다는 진술을 구하는 것[61] 등은 소송의 대상이 되지 않는다고 판시하였다.

판 례 **대장상 명의말소청구(대법원 1979. 2. 27. 선고 78다913 판결)**

원판결이유에 의하면 원심은 다음과 같이 설시하고 있다. 즉, 임야대장, 토지대장, 가옥대장 등은 조세의 부과징수의 편의를 도모하기 위하여 작성된 장부에 불과한 것으로서 부동산에 관한 권리변동의 공시방법이 아닌 만큼 위의 대장 등에 진실한 소유권자가 아닌 자의 명의로 등재되어 있다고 하더라도 이것만으로는 소유권의 방해가 된다고 할 수 없어 소유권을 부인하는 자에 대하여 소유권의 확인을 청구하므로써 충분하고 대장상의 명의말소를 청구할 필요가 없다는 견해(대법원 1956. 3. 22. 선고 4288민상541 판결 참조)가 있기는 하나 지적법 제23조[62]에 임야대장의 등록사항으로 소유자의 주소·성명이 규정되어 있어서 임야대장에 임야의 소유권자로 등재되어 있으면 소유권의 귀속에 관하여 추정을 받는다고 할 것이다. 따라서 이 사건 임야대장상의 피고 소유명의의 말소를 구하는 원고의 청구는 그 소익도 있고 그 이유도 있다고 설시하고 있다. 살피건대 위 원설시와 같이 비록 임야대장의 기재사항이 진실된 것으로 추정을 받는다 하더라도 이 경우의 추정은 증명력이 강한 증거자료가 된다는 의미를 가지고 있을 뿐이지 부동산등기부 등과 같은 비중의 추정력 즉, 입증책임의 전환까지 초래하는 추정력을 갖는다고는 당원이 해석하지 않는다. 따라서 위 원설시 전단과 같이 이러한 청구는 소익이 없다는 견해를 유지하는 바이므로 이와 반대취지에서 내린 원판결에는 소익의 법리를 오해하여 판결에 영향을 미친 위법이 있다 하여 원판결을 파기하고 민사소송법 제407조[현행 제437조] 제1호에 의하여 자판하는 바이다.

28173 판결).

56) 대법원 1979. 2. 27. 선고 78다913 판결. 그러나 지방자치단체의 조례상 공익사업에 따른 철거보상금지급의 대상인 건물에 대한 무허가건물대장상 건물주 명의말소청구는 소의 이익이 있다(대법원 1998. 6. 26. 선고 97다48937 판결).

57) 대법원 1992. 10. 27. 선고 92다756 판결.

58) 대법원 2012. 9. 13. 선고 2010다88699 판결.

59) 대법원 1980. 1. 29. 선고 79다1124 판결.

60) 대법원 2003. 10. 24. 선고 2003다13260 판결.

61) 대법원 2014. 2. 13. 선고 2011다74277 판결.

62) 현행 공간정보의 구축 및 관리 등에 관한 법률 제71조이다.

(3) 사건성이 있어야 한다. 법령·규칙 자체나,[63] 그 효력 유무,[64] 정관·규약 등의 무효확인[65] 등은 사건성이 없어 소익이 없다.

판 례 **법령·규칙의 소의 대상성(대법원 1992. 3. 10. 선고 91누12639 판결)**

행정청의 위법한 처분 등의 취소 또는 변경을 구하는 취소소송의 대상이 될 수 있는 것은 구체적인 권리의무에 관한 분쟁이어야 하고 일반적, 추상적인 법령이나 규칙 등은 그 자체로서 국민의 구체적인 권리의무에 직접적 변동을 초래케 하는 것이 아니므로 그 대상이 될 수 없다.

☞ 교통부장관이 1990. 11. 15. 교통부령 제938호로 자동차관리법시행규칙을 개정하였는데, 원고가 교통부장관을 피고로 하여 위 시행규칙의 취소를 구한 사안.

(4) 법원의 권한에 속해야 한다.

(가) 통치행위는 과거에 그 사법심사의 대상성을 부정하였으나,[66] 근래에는 국민의 기본권에 영향을 주는 경우, 기본권보장규정과 충돌하는 경우는 사법심사의 대상성을 인정한다.[67]

(나) 종교단체 내의 내부분쟁의 문제에 관하여, 판례는 목사·장로 등에 대한 정직·면직 결의는 종교단체 자체의 내부규제에 지나지 아니한다고 하여 원칙적으로 사법심사 대상성을 부정한다.[68] 그러나 그것이 현저히 불공정하고 내부의 절차규정에 전면 위배되거나 그 하자를 그대로 두면 현저히 정의관념에 반하는 경우에는 사법적 심사의 대상이 된다고 한다.[69]

나. 법률상 또는 계약상의 소제기 금지사유가 없을 것

(1) 법률상 소제기 금지 사유로는 중복소제기 금지(제259조), 재소금지(제267조 제2항)를 들 수 있다. 이에 대해서는 각 해당부분에서 상술한다.

(2) 계약상 소제기 금지 사유로는 부제소합의를 들 수 있다. 분쟁을 원만하게 종료하고 이에 관하여 장차 민·형사상 일체의 소송을 하지 않기로 합의하는 것이다. 이러한 부제소합의가 유효하기 위해서는 ① 당사자가 처분할 수 있는 권리 범위 내의 것으로서, ② 특정한 법률관계에 한정되어야 하며, ③ 그 합의시에 예상할 수 있는 상황에 관한 것이어

63) 대법원 1992. 3. 10. 선고 91누12639 판결.
64) 대법원 1992. 8. 18. 선고 92다13875, 13882, 13899 판결.
65) 대법원 2011. 9. 8. 선고 2011다38271 판결.
66) 대법원 1981. 4. 28. 선고 81도874 판결.
67) 대법원 2010. 12. 16. 선고 2010도5986 전원합의체 판결.
68) 대법원 2011. 10. 27. 선고 2009다32386 판결; 대법원 2014. 12. 11. 선고 2013다78990 판결.
69) 대법원 2006. 2. 10. 선고 2003다63104 판결.

야 한다.[70] ④ 특약 자체가 불공정한 방법으로 이루어져서도 아니 된다.[71] ⑤ 한편 부제소합의는 헌법상 재판청구권의 포기에 다름 아니므로, 그 합의 존재에 관한 당사자의 의사가 불명확하다면 가급적 소극적 입장에서 그 합의의 존재를 부정할 수밖에 없다.[72]

판 례 **부제소합의에 대한 의사해석(대법원 2019. 8. 14. 선고 2017다217151 판결)**

부제소합의는 소송당사자에게 헌법상 보장된 재판청구권의 포기와 같은 중대한 소송법상의 효과를 발생시키는 것이다. 이와 같이 그 합의의 존부 판단에 따라 당사자들 사이에 이해관계가 극명하게 갈리게 되는 소송행위에 관한 당사자의 의사를 해석할 때는 표시된 문언의 내용이 불분명하여 당사자의 의사해석에 관한 주장이 대립할 소지가 있고 나아가 당사자의 의사를 참작한 객관적·합리적 의사해석과 외부로 표시된 행위에 의하여 추단되는 당사자의 의사조차도 불분명하다면, 가급적 소극적 입장에서 그러한 합의의 존재를 부정할 수밖에 없다. 그리고 권리의무의 주체인 당사자 간에서의 부제소합의라도 그 당사자가 처분할 수 있는 특정된 법률관계에 관한 것으로서 그 합의 당시 각 당사자가 예상할 수 있는 상황에 관한 것이어야 유효하게 된다.

(3) 중재합의가 있는 경우에도 부제소합의에 준하여 소의 이익을 잃는다(중재 제9조). 다만 이는 항변사항으로서 본안에 관한 최초변론 전까지 항변을 제출해야 하는 시기적 제한이 있음은 앞서 살펴본 바이다.

다. 소제기 장애사유(특별구제절차)가 없을 것

법률에서 통상의 소보다 더 간이하고 경제적인 특별구제절차를 규정해 놓은 경우에도 소의 이익이 부정된다. 예컨대 ① 소송비용액확정절차(제110조)에 의하지 않고 신체감정비용 등 소송비용의 상환을 구하는 경우,[73] ② 집행절차에서 변상받지 못한 집행비용을 집행비용액확정절차에 의하지 않고 채무자를 상대로 직접 지급을 구하는 경우,[74] ③ 법원의 임시이사선임결정에 대한 불복을 비송사건절차법상 항고에 의하지 않고 소로써 임시이사선임취소를 구하는 것,[75] ④ 등기관의 직권사항인 부기등기의 말소를 구하거나,[76] 예고등기의 말소를 구하는 경우,[77] ⑤ 등기명의인의 동일성이 유지되는 범위 내에서 행하여

---

70) 대법원 1999. 3. 26. 선고 98다63988 판결; 대법원 2002. 2. 22. 선고 2000다65086 판결.

71) 대법원 1999. 5. 28. 선고 98다58825 판결.

72) 대법원 2019. 8. 14. 선고 2017다217151 판결.

73) 대법원 2000. 5. 12. 선고 99다68577 판결.

74) 대법원 1996. 8. 21.자 96그8 결정.

75) 대법원 1976. 10. 26. 선고 76다1771 판결.

76) 근저당권이나 가등기 이전의 부기등기가 있는 경우 피담보채무의 변제 등으로 등기의 말소를 구하려면 양수인을 상대로 주등기의 말소를 구해야 함은 앞서 살펴본 바이다(근저당권의 이전은 대법원 2000. 4. 11. 선고 2000다5640 판결, 가등기의 이전은 대법원 1994. 10. 21. 선고 94다17109 판결 참조).

77) 대법원 1974. 5. 28. 선고 74다150 판결.

진 등기명의인 표시변경등기에 잘못이 있는 경우 경정등기에 의하면 되는데, 이에 의하지 않고 등기명의인의 표시변경등기 말소청구를 한 경우,[78] ⑥ 법원의 촉탁에 의하지 않고 직접 당사자를 상대로 처분금지가처분등기의 말소등기절차이행을 구하거나,[79] 말소된 가처분기입등기의 회복등기절차의 이행을 구하는 경우,[80] ⑦ 공탁관의 처분에 대하여 공탁법상 항고로 불복하지 않고 국가를 상대로 민사소송으로 공탁금지급청구를 하는 경우,[81] ⑧ 상소하지 아니하여 판결이 확정된 후 별도의 소를 제기하는 경우[82] 등이다.

판 례 감정비용 등 소송비용상환방법(대법원 2000. 5. 12. 선고 99다68577 판결)

피해자가 법원의 감정명령에 따라 신체감정을 받으면서 그 감정을 위한 제반 검사비용으로 지출하였다는 금액은 예납의 절차에 의하지 않고 직접 지출하였다 하더라도 감정비용에 포함되는 것으로서 소송비용에 해당하는 것이고, 소송비용으로 지출한 금액은 소송비용확정의 절차를 거쳐 상환받을 수 있는 것이어서 이를 별도로 소구할 이익이 없다.

라. 동일 청구에 대하여 승소확정판결을 받지 않았을 것

(1) 원고가 이미 승소확정판결을 받았다면 같은 청구에 대한 새로운 소의 제기는 원칙적으로 소의 이익이 없다.[83] 이 경우 기판력의 본질에 관한 견해에 따라 설명을 달리하지만, 후소를 각하하여야 하는 결론은 동일하다. 다만 다시 승소판결을 얻어야 할 특별한 사정이 있는 경우, 즉 ① 확정판결의 원본이 멸실된 경우,[84] ② 소멸시효기간 도과에 임박하여 시효중단의 필요성이 있는 경우,[85] ③ 판결의 내용이 특정되지 아니하여 집행을 할 수 없는 경우[86] 등의 사유가 있는 때에는 예외적으로 후소의 소의 이익이 인정된다.

---

78) 대법원 2000. 5. 12. 선고 99다69983 판결.

79) 대법원 1982. 12. 14. 선고 80다1872, 1873 판결.

80) 대법원 2000. 3. 24. 선고 99다27149 판결.

81) 대법원 2013. 7. 25. 선고 2012다204815 판결.

82) 대법원 2002. 9. 4. 선고 98다17145 판결.

83) 대법원 2006. 12. 7. 선고 2004다54978 판결.

84) 대법원 1981. 3. 24. 선고 80다1888, 1889 판결.

85) 대법원 1998. 6. 12. 선고 98다1645 판결; 대법원 2018. 7. 19. 선고 2018다22008 전원합의체 판결. 그러나 기판력은 변론종결시를 기준으로 발생하므로, 전소의 변론종결 후에 발생한 변제, 상계, 면제 등과 같은 채권소멸사유는 후소의 심리대상이 되고, 따라서 채무자인 피고는 후소 절차에서 위와 같은 사유를 들어 항변할 수 있고 심리결과 그 주장이 인정되면 법원은 원고의 청구를 기각하여야 한다(대법원 2019. 1. 17. 선고 2018다24349 판결). 상세는 후술 기판력의 작용 부분 참조.

86) 대법원 1998. 5. 15. 선고 97다57658 판결.

판 례 **시효중단을 위한 재소의 소의 이익(대법원 2018. 7. 19. 선고 2018다22008 전원합의체 판결)**

[다수의견] 확정된 승소판결에는 기판력이 있으므로, 승소 확정판결을 받은 당사자가 그 상대방을 상대로 다시 승소 확정판결의 전소와 동일한 청구의 소를 제기하는 경우 그 후소는 권리보호의 이익이 없어 부적법하다. 하지만 예외적으로 확정판결에 의한 채권의 소멸시효기간인 10년의 경과가 임박한 경우에는 그 시효중단을 위한 소는 소의 이익이 있다. 나아가 이러한 경우에 후소의 판결이 전소의 승소 확정판결의 내용에 저촉되어서는 아니 되므로, 후소 법원으로서는 그 확정된 권리를 주장할 수 있는 모든 요건이 구비되어 있는지 여부에 관하여 다시 심리할 수 없다. 대법원은 종래 확정판결에 의한 채권의 소멸시효기간인 10년의 경과가 임박한 경우에는 그 시효중단을 위한 재소는 소의 이익이 있다는 법리를 유지하여 왔다. 이러한 법리는 현재에도 여전히 타당하다. 다른 시효중단사유인 압류·가압류나 승인 등의 경우 이를 1회로 제한하고 있지 않음에도 유독 재판상 청구의 경우만 1회로 제한되어야 한다고 보아야 할 합리적인 근거가 없다. 또한 확정판결에 의한 채무라 하더라도 채무자가 파산이나 회생제도를 통해 이로부터 전부 또는 일부 벗어날 수 있는 이상, 채권자에게는 시효중단을 위한 재소를 허용하는 것이 균형에 맞다.

(2) 화해조서, 인낙조서, 토지수용재결이 있음에도 불구하고 같은 내용의 새로운 소를 제기하는 것은 소의 이익이 없다. 그러나 집행력 있는 공정증서는 기판력이 없기 때문에 판결을 받기 위해 공정증서의 작성원인이 된 채무에 관하여 채무부존재확인의 소를 제기하는 것은 확인의 이익이 있다.[87]

판 례 **공정증서 원인채무에 대한 채무부존재확인소송(대법원 2013. 5. 9. 선고 2012다108863 판결)**

청구이의의 소는 집행권원이 가지는 집행력의 배제를 목적으로 하는 것으로서 판결이 확정되더라도 당해 집행권원의 원인이 된 실체법상 권리관계에 기판력이 미치지 않는다. 따라서 채무자가 채권자에 대하여 채무부담행위를 하고 그에 관하여 강제집행승낙문구가 기재된 공정증서를 작성하여 준 후, 공정증서에 대한 청구이의의 소를 제기하지 않고 공정증서의 작성원인이 된 채무에 관하여 채무부존재확인의 소를 제기한 경우, 그 목적이 오로지 공정증서의 집행력 배제에 있는 것이 아닌 이상 청구이의의 소를 제기할 수 있다는 사정만으로 채무부존재확인소송이 확인의 이익이 없어 부적법하다고 할 것은 아니다.

마. 신의칙위반의 소제기가 아닐 것[88]

판례는 학교법인의 이사직 사임 승인 후 이사로서의 직무수행의사 없이 금전을 지급받을 목적으로 제기한 이사회결의부존재확인의 소,[89] 부정한 목적을 위한 혼인무효심판청구,[90] 전국교직원노동조합 가입을 이유로 해임된 교사가 해고무효확인의 전소를 제기

87) 대법원 2013. 5. 9. 선고 2012다108863 판결.
88) 이를 권리보호자격의 요건으로 볼 수 없다는 견해도 있다(정영환, 406면; 한충수, 39면, 185면; 호문혁, 320면).
89) 대법원 1974. 9. 24. 선고 74다767 판결.
90) 대법원 1987. 4. 28. 선고 86므130 판결.

하였다가 이를 취하하고 정부의 구제방침에 따라 그 조합을 탈퇴하고 교사로 신규임용된 후 다시 제기한 해고무효확인의 후소[91] 등은 신의칙에 반하는 것으로서 허용될 수 없다고 보았다. 그리고 부제소합의에 반하는 소제기는 권리보호이익이 없고 신의성실의 원칙에도 어긋나는 것이라고 보았다.[92]

4. 이행의 소의 이익

가. 현재이행의 소

변론종결 전에 이행기가 도래하였으나 이행되지 않은 이행청구권의 존재를 주장하는 소이다. 소제기에 앞서 이행의무자에 대한 최고나 이행거절이 있을 것을 요하지 않지만, 원고가 소제기 전에 이행최고를 했더라면 피고가 임의이행을 하였을 가능성이 높았던 경우라면 승소한 원고에게 소송비용을 부담케 할 수도 있다(제99조). 현재이행의 소의 경우 원칙적으로 권리보호의 필요를 증명하지 않아도 되나, 다음의 경우에는 문제된다.

(1) 집행이 불가능하거나 현저히 곤란한 경우

원고가 이행청구권의 존재를 주장하는 것으로서 권리보호의 이익이 인정되고, 집행이 사실상 불가능하거나 현저히 곤란하다는 사정만으로 그 이익이 부정되지 않는다.[93] 판결절차는 분쟁의 관념적 해결절차로서 사실적·실질적 해결절차인 강제집행절차와는 별도로 독자적인 존재 의의를 갖는 것이고,[94] 이행판결의 집행권원을 보유하는 것은 피고에 대한 심리적 압박이 될 수 있기 때문이다. 판례는 계쟁물이 개성공업지구에 위치해 인도판결의 집행이 곤란한 경우에도 소의 이익을 부정하지 않았다.[95]

판 례 **집행불가능과 이행의 소, 의사의 진술을 명하더라도 법적 효과가 발생하지 않는 경우 소의 이익(대법원 2016. 9. 30. 선고 2016다200552 판결)**

판결절차는 분쟁의 관념적 해결절차로서 강제집행절차와는 별도로 독자적인 존재 의의를 갖는 것이므로 집행이 가능한지 여부는 이행의 소의 이익을 부정하는 절대적인 사유가 될 수 없다고 하더라도, 이행을 구하

91) 대법원 1996. 10. 15. 선고 96다12290 판결.

92) 대법원 2013. 11. 28. 선고 2011다80449 판결.

93) 대법원 2022. 1. 27. 선고 2018다259565 판결. 제3자를 위한 계약에서 요약자는 낙약자에 대하여 제3자에게 급부를 이행할 것을 요구할 수 있는 권리가 있는데, 이때 낙약자가 요약자의 이행청구에 응하지 아니하면 요약자는 낙약자에 대하여 제3자에게 급부를 이행할 것을 소로써 구할 이익이 있다.

94) 대법원 2016. 9. 30. 선고 2016다200552 판결.

95) 대법원 2016. 8. 30. 선고 2015다255265 판결.

는 아무런 실익이 없어 법률상 이익이 부정되는 경우까지 소의 이익이 인정된다고 볼 수는 없다. 특히 의사의 진술을 명하는 판결은 확정과 동시에 그러한 의사를 진술한 것으로 간주되므로(민사집행법 제263조 제1항), 의사의 진술이 간주됨으로써 어떤 법적 효과를 가지는 경우에는 소로써 구할 이익이 있지만 그러한 의사의 진술이 있더라도 아무런 법적 효과가 발생하지 아니할 경우에는 소로써 청구할 법률상 이익이 있다고 할 수 없다.

☞ 원고는 "피고는 이 판결 확정일로부터 1주 이내에 甲협의회에서 피고를 대표하는 위원들로 하여금 위 협의회 의장에게 회의의 소집을 요구하도록 하고, 소집된 회의에서 피고가 A의안에 찬성하는 의사를 표시하게 하라"는 취지의 청구를 하였으나, 법원은 원고가 승소판결을 받고 그 판결이 확정되어 피고의 의사의 진술이 간주되더라도 아무런 법적 효과가 발생하지 않으므로, 위 소는 소의 이익이 없어 부적법하다고 하였다.

판 례 **목적물이 개성공업지구에 있어서 집행이 곤란한 경우 소의 이익(대법원 2016. 8. 30. 선고 2015다255265 판결)**

이행의 소는 원칙적으로 원고가 이행청구권의 존재를 주장하는 것으로서 권리보호의 이익이 인정되고, 이행판결을 받아도 집행이 사실상 불가능하거나 현저히 곤란하다는 사정만으로 그 이익이 부정되는 것은 아니다. 따라서 원고가 개성공업지구에 위치한 이 사건 건물에 관한 인도청구의 소에서 승소하더라도 그 강제집행이 곤란하므로 소의 이익이 없다는 취지의 상고이유 주장도 받아들일 수 없다.

(가) 최종 등기명의자에 대한 패소확정 후 선순위자에 대한 등기말소청구

순차로 등기가 경료된 경우 후순위 등기명의자에 대한 말소청구가 패소확정되어 그 전순위 등기의 말소 실행이 불가능하더라도 전순위 등기의 말소를 구할 소의 이익이 있다고 했다.[96] 즉 A→B→C로 순차로 등기가 마쳐진 경우 C에 대해 이미 패소확정되었다고 하더라도 A, B에 대해 말소청구를 할 수 있다. 이 경우 A, B에 대해 승소해도 집행할 수 없으나 집행권원의 보유는 A, B에 대한 심리적 압박이 될 수 있기 때문이다.

판 례 **후순위 등기말소청구가 패소확정된 경우 전순위 등기말소를 구할 이익(대법원 2008. 6. 12. 선고 2007다36445 판결)**

순차로 경료된 등기들의 말소를 청구하는 소송은 권리관계의 합일적인 확정을 필요로 하는 필요적 공동소송이 아니라 통상공동소송이며, 이와 같은 통상공동소송에서는 공동당사자들 상호간의 공격방어방법의 차이에 따라 모순되는 결론이 발생할 수 있고, 이는 변론주의를 원칙으로 하는 소송제도 아래서는 부득이한 일로서 판결의 이유모순이나 이유불비가 된다고 할 수 없으며, 이 경우 후순위 등기에 대한 말소청구가 패소 확정됨으로써 그 전순위 등기의 말소등기 실행이 결과적으로 불가능하게 되더라도, 그 전순위 등기의 말소를 구할 소의 이익이 없다고는 할 수 없으므로, 이 점을 다투는 상고이유의 주장은 받아들일 수 없다.

---

96) 대법원 2008. 6. 12. 선고 2007다36445 판결.

(나) 가압류·가처분 또는 압류된 금전채권의 이행청구

채무자 乙의 제3채무자 丙에 대한 금전채권이 甲에 의하여 가압류·가처분 또는 압류된 경우에도 乙은 丙에 대한 이행의 소를 제기할 수 있다.[97] 만약 이행판결이 나더라도 丙은 집행기관에 (가)압류결정문을 제시하여 변제를 거부하거나(민집 제227조 제1항, 제296조 제3항), 공탁을 하여 집행단계에서 이를 저지할 수 있다(민집 제248조, 제297조).

판 례 금전채권이 가압류된 경우(대법원 2002. 4. 26. 선고 2001다59033 판결)

일반적으로 채권에 대한 가압류가 있더라도 이는 채무자가 제3채무자로부터 현실로 급부를 추심하는 것만을 금지하는 것일 뿐 채무자는 제3채무자를 상대로 그 이행을 구하는 소송을 제기할 수 있고 법원은 가압류가 되어 있음을 이유로 이를 배척할 수는 없는 것이 원칙이다. 왜냐하면 채무자로서는 제3채무자에 대한 그의 채권이 가압류되어 있다 하더라도 채무명의를 취득할 필요가 있고 또는 시효를 중단할 필요도 있는 경우도 있을 것이며 또한 소송 계속 중에 가압류가 행하여진 경우에 이를 이유로 청구가 배척된다면 장차 가압류가 취소된 후 다시 소를 제기하여야 하는 불편함이 있는데 반하여 제3채무자로서는 이행을 명하는 판결이 있더라도 집행단계에서 이를 저지하면 될 것이기 때문이다.

(다) 가압류·가처분된 소유권이전등기청구권의 이행청구

앞에서 금전채권이 가압류된 경우와 달리, 소유권이전등기청구권이 가압류된 경우에는 가압류의 해제를 조건으로 채무자가 제3채무자 상대의 이전등기청구를 해야 한다.[98] 소유권이전등기를 명하는 판결, 즉 의사의 진술을 명한 판결이 확정된 때에는 그 판결로 의사를 진술한 것으로 보므로(민집 제263조 제1항), 제3채무자가 집행단계에서 이를 저지할 수 없기 때문이다. 이러한 법리는 소유권이전등기청구권이 처분금지가처분된 경우에도 마찬가지이다.[99]

판 례 소유권이전등기청구권이 가압류·가처분된 경우(대법원 1999. 2. 9. 선고 98다42615 판결)

소유권이전등기청구권에 대한 압류나 가압류는 채권에 대한 것이지 등기청구권의 목적물인 부동산에 대한 것이 아니고, 채무자와 제3채무자에게 그 결정을 송달하는 외에 현행법상 등기부에 이를 공시하는 방법이 없는 것으로서, 당해 채권자와 채무자 및 제3채무자 사이에만 효력이 있을 뿐 압류나 가압류와 관계가 없는

---

97) 가압류의 경우(대법원 1989. 11. 24. 선고 88다카25038 판결; 대법원 2002. 4. 26. 선고 2001다59033 판결). 다만 압류 및 추심명령의 경우 채무자는 압류된 채권에 대한 이행의 소를 제기할 당사자적격을 상실함(대법원 2015. 5. 28. 선고 2013다1587 판결)은 앞서 살펴본 바이다.

98) 대법원 1992. 11. 10. 선고 92다4680 전원합의체 판결. 이때 제3채무자에게는 응소의무가 있으며, 만약 응소하지 아니하여 자백간주의 판결이 선고되면 제3채무자는 채권자에 대하여 불법행위를 구성한다고 본다(대법원 1999. 6. 11. 선고 98다22963 판결).

99) 대법원 1999. 2. 9. 선고 98다42615 판결.

제3자에 대하여는 압류나 가압류의 처분금지적 효력을 주장할 수 없게 되므로, 소유권이전등기청구권의 압류나 가압류는 청구권의 목적물인 부동산 자체의 처분을 금지하는 대물적 효력은 없고, 또한 채권에 대한 가압류가 있더라도 이는 채무자가 제3채무자로부터 현실로 급부를 추심하는 것만을 금지하는 것이므로 채무자는 제3채무자를 상대로 그 이행을 구하는 소송을 제기할 수 있고 법원은 가압류가 되어 있음을 이유로 이를 배척할 수는 없는 것이지만, 소유권이전등기를 명하는 판결은 의사의 진술을 명하는 판결로서 이것이 확정되면 채무자는 일방적으로 이전등기를 신청할 수 있고 제3채무자는 이를 저지할 방법이 없게 되므로 위와 같이 볼 수는 없고 이와 같은 경우에는 가압류의 해제를 조건으로 하지 않는 한 법원은 이를 인용하여서는 안되는 것이며, 가처분이 있는 경우도 이와 마찬가지로 그 가처분의 해제를 조건으로 하여야만 소유권이전등기절차의 이행을 명할 수 있다.

(2) 청구의 목적이 실현되었거나 실익이 없는 경우

(가) 소유권이전등기 소송계속 중 다른 원인에 의하여 원고 앞으로 소유권이전등기가 경료된 경우,[100] 근저당권설정등기의 말소등기 소송계속 중 그 근저당권설정등기가 말소된 경우,[101] 말소된 근저당권설정등기의 회복등기절차 이행과 그에 대한 승낙의 의사표시를 구하는 소송 도중에 근저당목적물이 경락된 경우,[102] 각 소의 이익이 없다.

판 례 근저당권말소회복등기소송 중 목적물이 경락(대법원 2014. 12. 11. 선고 2013다28025 판결)

부동산에 관하여 근저당권설정등기가 마쳐졌다가 등기가 위조된 관계서류에 기하여 아무런 원인 없이 말소되었다는 사정만으로는 곧바로 근저당권이 소멸하는 것은 아니지만, 부동산이 경매절차에서 매각되면 매각부동산에 존재하였던 저당권은 당연히 소멸하는 것이므로(민사집행법 제91조 제2항, 제268조 참조) 근저당권설정등기가 원인 없이 말소된 이후에 근저당목적물인 부동산에 관하여 다른 근저당권자 등 권리자의 신청에 따라 경매절차가 진행되어 매각허가결정이 확정되고 매수인이 매각대금을 완납하였다면, 원인 없이 말소된 근저당권도 소멸한다. 따라서 원인 없이 말소된 근저당권설정등기의 회복등기절차 이행과 회복등기에 대한 승낙의 의사표시를 구하는 소송 도중에 근저당목적물인 부동산에 관하여 경매절차가 진행되어 매각허가결정이 확정되고 매수인이 매각대금을 완납하였다면 매각부동산에 설정된 근저당권은 당연히 소멸하므로, 더 이상 원인 없이 말소된 근저당권설정등기의 회복등기절차 이행이나 회복등기에 대한 승낙의 의사표시를 구할 법률상 이익이 없게 된다.

(나) 건물이 전부 멸실된 경우에 그 건물에 대한 소유권이전등기청구[103]도 소의 이익이 없다.

---

100) 대법원 1996. 10. 15. 선고 96다11785 판결.
101) 대법원 2003. 1. 10. 선고 2002다57904 판결.
102) 대법원 2014. 12. 11. 선고 2013다28025 판결.
103) 대법원 1976. 9. 14. 선고 75다399 판결.

(다) 사해행위취소의 소송계속 중에 목적재산이 채무자에게 복귀된 경우[104]는 물론, 소제기 전에 목적재산이 채무자에게 복귀된 경우[105]에도 각 소의 이익이 없다.

판 례 **사해행위취소의 소송계속 중 또는 소제기 전 목적재산이 채무자에게 복귀(대법원 2015. 5. 21. 선고 2012다952 전원합의체 판결)**

채권자가 채무자의 부동산에 관한 사해행위를 이유로 수익자를 상대로 사해행위의 취소 및 원상회복을 구하는 소송을 제기한 후 소송계속 중에 사해행위가 해제 또는 해지되고 채권자가 사해행위의 취소에 의해 복귀를 구하는 재산이 벌써 채무자에게 복귀한 경우에는, 특별한 사정이 없는 한 사해행위취소소송의 목적은 이미 실현되어 더 이상 소에 의해 확보할 권리보호의 이익이 없어진다. 그리고 이러한 법리는 사해행위취소소송이 제기되기 전에 사해행위의 취소에 의해 복귀를 구하는 재산이 채무자에게 복귀한 경우에도 마찬가지로 타당하다.

(라) 의사의 진술을 명하는 판결은 그러한 의사의 진술이 있더라도 아무런 법적 효과가 발생하지 아니할 경우에는 소로써 구할 법률상 이익이 없다. 따라서 단체를 상대로 회의 소집을 요구하고 의안에 찬성할 것을 지시하는 의사의 진술을 구하는 것이나,[106] 유언집행자가가 상속인들을 상대로 유언내용에 따른 등기신청에 이의가 없다는 진술을 구하는 것,[107] 토지소유자를 상대로 수도 등 시설공사에 필요한 토지사용승낙을 구하는 것[108]의 법률상 이익이 없다.

(3) 일부청구의 경우

소액사건심판법의 적용을 받기 위하여 청구를 분할하여 그 일부만을 청구하는 경우는 소를 각하해야 하지만(소심 제5조의2), 그 외의 경우에는 민사소송이 처분권주의(제203조)에 기초하고 있는 점, 손해배상사건에서 감정결과에 따라 청구취지를 확장할 필요성이 있는 점 등을 고려하여, 원고가 소권을 남용하고 있음이 명백하지 않는 한 일부청구의 소의 이익을 긍정할 수 있다 할 것이다.

나. 장래이행의 소

제251조(장래의 이행을 청구하는 소) 장래에 이행할 것을 청구하는 소는 미리 청구할 필요가 있어야 제기할 수 있다.

---

104) 대법원 2008. 3. 27. 선고 2007다85157 판결.
105) 대법원 2015. 5. 21. 선고 2012다952 전원합의체 판결.
106) 대법원 2016. 9. 30. 선고 2016다200552 판결.
107) 대법원 2014. 2. 13. 선고 2011다74277 판결.
108) 대법원 2016. 12. 15. 선고 2015다247325 판결.

장래이행의 소는 변론종결시를 표준으로 하여 이행기가 장래에 도래하는 이행청구권을 주장하는 소이다. 아직 이행기가 도래하지 않은 이행청구권을 주장하는 것이기 때문에 원칙적으로 권리보호의 필요가 없다고 할 것이나, 채무자의 태도 등으로 보아 장차 이행기에 이르러도 채무자가 이행하지 않을 것임이 명백한 경우에는 미리 집행권원을 받아두었다가 이행기가 도래하면 즉시 집행할 수 있도록 할 필요가 있다. 이에 우리 법은 예외적으로 미리 청구할 필요가 있는 경우에 한하여 장래이행의 소를 허용하고 있다(제251조). 이러한 장래이행의 소는 의무자의 임의이행거부에 대비하기 위한 것이다. 그러나 무자력으로 인한 강제집행의 곤란에 대비하기 위한 것이 아니므로,[109] 강제집행이 곤란해질 우려가 있으면 장래이행의 소가 아니라 가압류·가처분 등 보전처분을 하여야 한다.

판 례 **채무자의 무자력으로 인한 강제집행곤란 대비 장래이행의 소 가부(대법원 2000. 8. 22. 선고 2000다25576 판결)**

장래의 이행을 청구하는 소는 미리 청구할 필요가 있는 경우에 한하여 제기할 수 있는바, 여기서 미리 청구할 필요가 있는 경우라 함은 이행기가 도래하지 않았거나 조건 미성취의 청구권에 있어서는 채무자가 미리부터 채무의 존재를 다투기 때문에 이행기가 도래되거나 조건이 성취되었을 때에 임의의 이행을 기대할 수 없는 경우를 말하고, 이행기에 이르거나 조건이 성취될 때에 채무자의 무자력으로 말미암아 집행이 곤란해진다던가 또는 이행불능에 빠질 사정이 있다는 것만으로는 미리 청구할 필요가 있다고 할 수 없다.

(1) 청구적격

청구권 발생의 기초관계가 존재하고 그러한 상태가 계속될 것이 확실히 예상되는 경우이어야 장래이행의 소의 대상이 될 수 있다.[110]

(가) 정지조건부·기한부·장래 발생할 청구권

1) 정지조건부청구권이나 장래 발생할 청구권이라도 그 발생의 기초가 되는 법률상·사실상 관계가 존재하고, 조건성취 등으로 그 청구권이 발생할 개연성이 충분한 경우에는 청구적격이 인정된다.[111] 기한부청구권의 경우도 마찬가지이다. 판례는 학교법인이 감독청의 허가 없이 기본재산에 관한 매매계약을 체결한 경우 매수인이 감독청의 허가를 조건으로 한 소유권이전등기청구를 긍정한다.[112] 그리고 향후 30년 동안 생존할 것을 조건으

---

109) 대법원 2000. 8. 22. 선고 2000다25576 판결.

110) 이 요건을 후술할 미리 청구할 필요 요건과 일체화하여 보더라도 무방하다고 보는 견해가 있다(전병서, 259면). 그러나 판례 중에는 이 요건과 미리 청구할 필요 요건을 구분하여 설시한 것들도 보이므로(예컨대 95누4902나 2022다286786 등 참조), 본 교재에서는 나누어 설시한다.

111) 대법원 1997. 11. 11. 선고 95누4902, 4919 판결.

112) 대법원 1998. 7. 24. 선고 96다27988 판결.

로 한 정기금청구,[113] 농지취득자격증명(농지매매증명) 발급을 조건으로 한 농지 소유권이전등기청구[114]도 허용한다.

2) 그러나 ① 토지거래허가구역 내의 토지에 대해 아직 허가를 받지 못한 경우 이를 유동적 무효라 하여, 허가를 받을 것을 조건으로 한 소유권이전등기청구를 불허하고,[115] 이를 피보전권리로 한 부동산처분금지가처분신청도 불허하며,[116] 다만 상대방에 대한 허가신청협력의무이행청구는 허용한다. ② 채권양도인으로부터 양도통지를 받은 다음 채무를 이행하라는 내용의 채권양수인의 채무자에 대한 양수금청구를 불허하고,[117] ③ 제권판결에 대한 취소판결의 확정을 조건으로 한 수표금청구도 불허한다.[118] ④ 최근 판례는 상가건물 임차인이 적법한 계약갱신요구권을 행사하여 임대차기간이 1년 넘게 남아 있고 임차인이 건물인도의무의 존부나 이행기도래 여부를 다투지 않았음에도 임대인이 임차인을 상대로 그 기간만료일이 도래하면 건물을 인도할 것을 구한 장래이행의 소를 부적법 각하하였다.[119]

판 례 **토지거래허가구역 내 토지에 관해 허가를 받을 것을 조건으로 한 소유권이전등기청구(대법원 1991. 12. 24. 선고 90다12243 전원합의체 판결)**

라. 규제지역 내의 토지에 대하여 거래계약이 체결된 경우에 계약을 체결한 당사자 사이에 있어서는 그 계약이 효력 있는 것으로 완성될 수 있도록 서로 협력할 의무가 있음이 당연하므로, 계약의 쌍방 당사자는 공동으로 관할 관청의 허가를 신청할 의무가 있고, 이러한 의무에 위배하여 허가신청절차에 협력하지 않는 당사자에 대하여 상대방은 협력의무의 이행을 소송으로써 구할 이익이 있다.

마. 규제지역 내에 있는 토지에 대하여 체결된 매매계약이 처음부터 허가를 배제하거나 잠탈하는 내용의 계약이 아니라 허가를 전제로 한 계약이라고 보여지므로 원심이 원고의 청구 중 피고에 대하여 토지거래허가신청절차의 이행을 구하는 부분을 인용한 것은 정당하지만, 허가가 있을 것을 조건으로 하여 소유권이전등기절차의 이행을 구하는 부분에 있어서는 위 "가"항의 법리와 같이 허가받기 전의 상태에서는 아무런 효력이 없어 권리의 이전 또는 설정에 관한 어떠한 이행청구도 할 수 없는 것이므로 원심이 이 부분 청구까지도 인용한 것은 같은 법상의 토지거래허가와 거래계약의 효력에 관한 법리를 오해하여 판결에 영향을 미친 위법을 저지른 것이라 하여 이를 파기한 사례.

---

113) 대법원 1967. 8. 29. 선고 67다1021 판결.

114) 대법원 1994. 7. 29. 선고 94다9986 판결. 이에 대하여 현행 농지법상 농지취득자격증명은 농지취득자에게 그 자격이 있다는 것을 증명하는 것일 뿐, 농지취득의 원인이 되는 법률행위(매매 등)의 효력발생요건이 아니므로(대법원 1998. 2. 27. 선고 97다49251 판결), 이를 장래이행의 소 긍정례로 드는 것은 부적절하다는 견해가 있다(김홍엽, 282면).

115) 대법원 1991. 12. 24. 선고 90다12243 전원합의체 판결.

116) 대법원 2010. 8. 26.자 2010마818 결정.

117) 대법원 1992. 8. 18. 선고 90다9452, 9469 판결.

118) 대법원 2013. 9. 13. 선고 2012다36661 판결.

119) 대법원 2023. 3. 13. 선고 2022다286786 판결.

판 례 **양도통지를 받은 다음 채무를 이행하라는 청구(대법원 1992. 8. 18. 선고 90다9452, 9469 판결)**

채권을 양수하기는 하였으나 아직 양도인에 의한 통지 또는 채무자의 승낙이라는 대항요건을 갖추지 못하였다면 채권양수인은 현재는 채무자와 사이에 아무런 법률관계가 없어 채무자에 대하여 아무런 권리주장을 할 수 없기 때문에 채무자에 대하여 채권양도인으로부터 양도통지를 받은 다음 채무를 이행하라는 청구는 장래이행의 소로서의 요건을 갖추지 못하여 부적법하다.

판 례 **계약갱신요구권을 행사한 임차인에 대한 건물인도청구(대법원 2023. 3. 13. 선고 2022다286786 판결)**

장래이행의 소가 적법하기 위해서는 청구권 발생의 기초가 되는 법률상·사실상 관계가 변론종결 당시 존재하여야 하고, 그 상태가 계속될 것이 확실히 예상되어야 하며, 미리 청구할 필요가 인정되어야만 한다. 그런데 장래이행의 소는 통상적인 이행의 소의 예외에 해당하는 것일 뿐 채무자의 무자력에 따른 강제집행의 곤란에 대비하기 위해 마련된 것이 아니다. 더구나, 쌍무계약관계의 이행기가 도래하지 않은 상태임에도 당사자 일방에 대하여 선제적으로 집행권원을 확보할 수 있게 하는 것은 자칫 계약관계의 균형이 상실되어 상대방 당사자의 계약상 권리가 침해될 수 있을 뿐만 아니라 장래의 이행기에 이르기까지 발생할 수 있는 계약상 다양한 변화를 반영하지 못함으로써 이행기 당시 쌍방 당사자의 권리의무관계와 집행권원이 모순·충돌되는 불합리한 결과를 초래할 수 있다. 따라서 장래이행의 소의 적법 여부는 엄격한 기준에 따라 신중하게 판단하여야 한다.

☞ 임대인(甲)이 2020. 10. 18. 임차인(乙)을 상대로 임대차계약이 2021. 3. 31. 기간만료로 종료될 것을 원인으로 "2021. 4. 1.이 도래하면 건물을 인도하라"는 소를 제기하였는데, 제1심은 乙이 적법한 계약갱신요구권을 행사하였다고 보아 甲의 청구를 기각하였음. 항소심에서 甲은 2022. 8. 9. 청구를 변경하여 주위적으로 단순이행청구로서 건물인도를 구하고, 예비적으로 "2024. 4. 1.이 도래하면 건물을 인도하라"는 장래이행청구를 하였음. 항소심은 주위적 청구를 기각하였으나 미리 청구할 필요가 있다고 보아 예비적 청구를 인용하였음. 그러나 대법원은 乙이 건물인도의무의 존부나 이행기도래 여부를 다툰 것으로 보이지 않고, 현재 존속 중이고 상당기간 지속되어야 할 임대차계약관계의 균형이 상실되고 계약종료 시점에 인정될 乙의 여러 권리가 침해될 가능성도 있다고 보아 미리 청구할 필요를 부정하여 항소심 판결 중 예비적 청구 부분을 파기·자판하여 부적법 각하하였음.

(나) 선이행청구

원고가 자신의 채무를 먼저 이행하여야만 비로소 그 이행청구를 할 수 있는 경우에 자신의 채무 이행을 조건으로 하는 이른바 선이행청구는 원칙적으로 허용되지 않는다. 다만 양도담보나 가등기담보 등의 경우에 채권자가 등기의 목적이나 피담보채무의 액수를 다투기 때문에 채무자가 변제하더라도 등기말소에 대한 채권자의 협력을 기대할 수 없는 경우에는 허용된다고 본다.[120)]

120) 대법원 1992. 1. 21. 선고 91다35175 판결.

판 례 **가등기의 목적이나 피담보채무의 액수를 다투는 경우(대법원 1992. 1. 21. 선고 91다35175 판결)**

채무자는 자신의 채무를 먼저 변제하여야만 비로소 그 채무를 담보하기 위하여 경료되었던 가등기 및 그 가등기에 기한 본등기의 말소나 새로운 소유권이전등기를 청구할 수 있는 것이기는 하지만, 채권자가 그 가등기 등이 채권담보의 목적으로 경료된 것임을 다툰다든지 피담보채무의 액수를 다투기 때문에 채무자가 채무를 변제하더라도 채권자가 위와 같은 소유권의 공시에 협력할 의무를 이행할 것으로 기대되지 않는 경우에는 미리 청구할 필요가 있다고 보아 채무의 변제를 조건으로 채권담보의 목적으로 경료된 가등기 및 그 가등기에 기한 본등기의 말소나 새로운 소유권이전등기를 청구하는 장래이행의 소를 허용하여야 할 것이다.

(2) 권리보호의 필요: 미리 청구할 필요

이행의무의 성질이나 의무자의 태도를 고려하여 미리 청구할 필요가 있어야 권리보호이익이 인정될 수 있다.

(가) 의무의 목적·성질

정기행위(민법 제545조)와 같이 일정한 시점에 이행하지 아니하면 계약의 목적달성이 불가능하거나, 이행을 지체하면 매우 중대한 손해가 발생할 경우에는 미리 청구할 필요가 있다.

(나) 계속적·반복적 이행의무

현재의 이행기 도래분에 대하여 채무자가 이행을 하지 않고 있는 이상 장래의 분에 대하여도 자진하여 이행하지 아니할 것이 명백히 예견되므로, 현재의 분과 합쳐서 미리 청구할 수 있다.[121] 이와 관련하여 장래의 계속적 불법행위에 따른 손해배상청구나 부당이득반환청구 가능성이 문제된다. 이를 인정하기 위해서는 원고가 주장하는 변론종결 후의 장래의 시점까지 침해(채무불이행사유 등)가 계속될 것이 변론종결 당시에 확정적으로 예정되어야 한다. 판례는 한때 장래의 부당이득반환청구를 부정하였으나, 1975년 전원합의체 판결로 이를 인정하기에 이르렀다.[122] 몇 가지 경우로 나눠 살핀다.

1) 점유자가 사인(私人)인 경우

사인이 토지를 무단점유하여 사용한 경우 그를 상대로 토지인도와 함께 "인도완료일까지"의 차임상당의 부당이득반환청구를 긍정한다.[123] 그러나 "특정일까지"의 부당이득반환청구는 피고의 의무불이행이 그때까지 계속된다는 것이 확실하다고 볼 수 없으므로 부

121) 대법원 1994. 9. 30. 선고 94다32085 판결.

122) 대법원 1975. 4. 22. 선고 74다1184 전원합의체 판결.

123) 대법원 1975. 4. 22. 선고 74다1184 전원합의체 판결. 건물의 무단점유의 경우 "건물 인도완료일까지"의 부당이득반환청구 역시 마찬가지(대법원 2018. 7. 26. 선고 2018다227551 판결).

정한다.[124] 한편 임대차계약에 따라 점유를 개시하였고 임대차계약이 종료된 후에는 동시이행항변권 또는 유치권 등 적법한 권원에 의한 점유를 하고 있는 자를 상대로 부당이득반환청구를 한 사안에서는 이른바 실질적 이득론을 들어 인도완료일까지의 장래 부당이득반환청구를 부정하기도 하였다.[125]

판 례 **적법한 권원에 의한 점유자를 상대로 한 장래 부당이득반환청구와 실질적 이득론(대법원 2002. 6. 14. 선고 2000다37517 판결)**

장래의 이행을 명하는 판결을 하기 위하여는 채무의 이행기가 장래에 도래하는 것뿐만 아니라 의무불이행사유가 그 때까지 존속한다는 것을 변론종결 당시에 확정적으로 예정할 수 있는 것이어야 하며 이러한 책임기간이 불확실하여 변론종결 당시에 확정적으로 예정할 수 없는 경우에는 장래의 이행을 명하는 판결을 할 수 없다 할 것인바, 앞에서 본 바와 같이 피고의 이 사건 1토지 및 이 사건 2토지 중 일부에 대한 각 점유는 동시이행항변권 또는 유치권의 행사에 따른 것이어서 적법한 것이기는 하나 피고가 위 각 토지를 그 본래의 목적에 따라 사용·수익함으로써 실질적인 이득을 얻고 있다는 이유로 임료 상당의 금원의 부당이득을 명하고 있는 이 사건의 경우, 피고가 원고들에게 이 사건 1, 2토지를 인도하지 아니하더라도 원심이 이행을 명한 '인도하는 날' 이전에 이 사건 1, 2토지의 사용·수익을 종료할 수도 있기 때문에 의무불이행사유가 '인도하는 날까지' 존속한다는 것을 변론종결 당시에 확정적으로 예정할 수 있는 경우에 해당한다고 단정할 수는 없다 할 것이어서 그 때까지 이행할 것을 명하는 판결을 할 수 없다 할 것이다.

☞ 피고가 소외 2로부터 논과 밭이었던 이 사건 토지들을 임차하여 이를 휴게소 설치용 대지로 사용할 것을 승낙받아 일부를 복토하고 그 위에 건물들을 지어 일부 건물에서 식당을 직접 경영하고 나머지 건물을 제3자에게 임대하여 카센타를 경영케 하는 등으로 위 토지들을 점유·사용하였는데, 소외 2로부터 위 토지들을 매수한 원고들이 위 임대차종료 후 건물철거, 토지인도 및 피고가 토지를 인도하는 날까지 임료 상당의 부당이득반환청구를 하자, 피고가 위 복토공사로 발생한 유익비상환채권과 건물매수청구권 행사로 발생한 매도대금채권의 동시이행항변권 또는 유치권의 행사를 한 사안. 원심은 피고가 토지를 인도하는 날까지 임료 상당의 금원을 부당이득으로 반환할 의무가 있다고 판단하였으나, 대법원은 이른바 실질적 이득론을 들어 '원심의 변론종결일 다음날부터의 장래의 이행을 명한 부분'을 파기환송하였음.

2) 점유자가 국가·지방자치단체인 경우

대체로 사인 소유의 토지 위에 도로가 조성되어 국가·지방자치단체가 도로관리의 주체로서 점유하는 경우를 위주로 논의되어 왔다. 이 경우 사권(私權)행사의 제한(도로법 제4조, 하천법 제4조 제2항)으로 인해 인도청구는 불가능하고,[126] 불법점유임을 들어 손해배상을 청구하거나 임료 상당의 부당이득반환을 청구할 수 있는데, 판례는 원고가 반환의무의 종료

124) 대법원 1991. 6. 28. 선고 90다카25277 판결은 토지 무단점유에 대한 것은 아니나, 그 취지 참조.

125) 대법원 2002. 6. 14. 선고 2000다37517 판결.

126) 이 점에서 인도청구와 함께 인도완료일까지 부당이득반환청구를 할 수 있는 私人의 무단점유사례와 구별된다.

시점을 어떻게 설정하느냐에 따라 장래 부당이득반환청구의 인정 여부를 달리 판단해왔다. 먼저 "특정일까지"의 부당이득반환청구는 부정하고,[127] "시가 토지를 매수할 때까지"의 부당이득반환청구 역시 불허하였으나,[128] "도로폐쇄에 의한 피고의 점유종료일 또는 토지소유자의 소유권상실일까지"의 부당이득반환청구는 긍정한 바 있다.[129] 그러나 최근 대법원은 "원고의 소유권상실일까지"라는 기재는 이행판결의 주문 표시로서 바람직하지 않다고 하였다.[130] 또 원고가 소유권을 상실하는 날 이전에 피고(지방자치단체)가 계쟁토지에 관한 점유를 종료할 수도 있으므로 피고의 의무불이행사유가 "원고가 소유권을 상실하는 날까지" 존속한다는 것을 변론종결 당시 확정적으로 예정할 수 있는 경우가 아니라고 하여 장래 부당이득반환청구를 부정한 판례도 있다.[131]

판 례 **특정일까지(대법원 1987. 9. 22. 선고 86다카2151 판결)**

장래의 이행을 명하는 판결을 하기 위하여는 채무의 이행기가 장래에 도래하는 것뿐만이 아니라 의무불이행사유가 그때까지 계속하여 존속한다는 것을 변론종결당시에 확정적으로 예정할 수 있는 것이어야 하며 이러한 책임기간이 불확실하여 변론종결 당시에 확정적으로 예정할 수 없는 경우에는 장래의 이행을 명하는 판결을 할 수 없는 것이다. 이 사건의 경우 이행을 명한 1990년까지라는 장래의 기간한정은 의무불이행의 사유가 그때까지 계속하여 존속한다는 보장이 성립되지 않는 불확실한 시점임을 부인할 수 없다. 그 시기 이전에 피고가 이 사건 토지를 수용하거나 도로폐쇄조치를 하여 점유사용을 그칠 수도 있고 원고가 위 토지를 계속하여 소유하지 못할 수도 있기 때문이다.

판 례 **시가 토지를 매수할 때까지(대법원 1991. 10. 8. 선고 91다17139 판결)**

위 "가"항의 경우 토지 소유자가 시를 상대로 "시가 위 토지를 매수할 때까지"로 기간을 정한 장래의 차임상당 부당이득반환정구는 장차 시가 위 토지를 매수하거나 수용하게 될는지 또는 그 시점이 언제 도래할지 불확실할 뿐만 아니라 시가 매수하거나 수용하지 아니하고 도로폐쇄조치를 하여 점유사용을 그칠 수도 있고 소유자가 위 토지를 계속하여 소유하지 못할 수도 있는 것이어서 위 장래의 기간 한정은 의무불이행의 사유가 그 때까지 계속하여 존속한다는 보장이 성립되지 아니 하는 불확실한 시점이라 아니할 수 없을 것이므로 이에 대한 장래의 이행을 명할 수는 없다.

127) 대법원 1987. 9. 22. 선고 86다카2151 판결.
128) 대법원 1991. 10. 8. 선고 91다17139 판결.
129) 대법원 1993. 3. 9. 선고 91다46717 판결; 대법원 1994. 9. 30. 선고 94다32085 판결.
130) 대법원 2019. 2. 14. 선고 2015다244432 판결.
131) 대법원 2023. 7. 27. 선고 2020다277023 판결.

판 례 **도로폐쇄에 의한 점유종료일 또는 토지소유자의 소유권상실일까지(대법원 1994. 9. 30. 선고 94다32085 판결)**

서울특별시가 사실심 변론종결 무렵까지 타인 소유의 토지들을 도로부지로 점유·사용하면서도 이에 대한 임료 상당의 부당이득금의 반환을 거부하고 있으며 그로 인한 계속적, 반복적 이행의무에 관하여 현재의 이행기 도래분에 대하여 그 이행을 하지 아니하고 있다면, 그 토지들에 개설된 도로의 폐쇄에 의한 서울특별시의 점유종료일 또는 그 토지소유자가 토지들에 대한 소유권을 상실하는 날까지의 이행기 도래분에 대하여도 서울특별시가 그 채무를 자진하여 이행하지 아니할 것이 명백히 예견되므로, 토지소유자로서는 장래에 이행기가 도래할 부당이득금 부분에 대하여도 미리 청구할 필요가 있다.

판 례 **'원고의 소유권 상실일까지'라는 기재의 타당성(대법원 2019. 2. 14. 선고 2015다244432 판결)**

사실심의 재판 실무에서 장래의 부당이득금의 계속적·반복적 지급을 명하는 판결의 주문에 '원고의 소유권 상실일까지'라는 표시가 광범위하게 사용되고 있다. 그러나 '원고의 소유권 상실일까지'라는 기재는 이행판결의 주문 표시로서 바람직하지 않다. 그 이유는 다음과 같다.

① '원고의 소유권 상실일까지'라는 기재는 집행문 부여기관, 집행문 부여 명령권자, 집행기관의 조사·판단에 맡길 수 없고, 수소법원이 판단해야 할 사항인 소유권 변동 여부를 수소법원이 아닌 다른 기관의 판단에 맡기는 형태의 주문이다.

② '원고의 소유권 상실일까지'라는 기재는 확정된 이행판결의 집행력에 영향을 미칠 수 없는 무의미한 기재이다.

③ '원고의 소유권 상실일'은 장래의 부당이득반환의무의 '임의 이행' 여부와는 직접적인 관련이 없으므로, 이를 기재하지 않더라도 장래의 이행을 명하는 판결에 관한 법리에 어긋나지 않는다.

(다) 의무자가 미리 의무의 존재를 다투는 경우

의무의 존재에 관한 다툼이 있어 이행기에 이르더라도 임의이행을 기대할 수 없음이 명백한 경우에는 미리 청구할 필요가 있다. 판례는 건물 매도인이 등기이전의무의 이행기 도래 이외의 사유를 들어 등기이전을 거부하는 경우,[132] 임차권의 양도인이 양수인으로부터 받은 매매대금을 공탁하며 위 양도계약의 무효를 주장하는 경우,[133] 어업권이전에 대해 관청의 인가가 내려졌음에도 피고가 어업권등록이전을 거부하고 있는 경우,[134] 주식의 소유자가 양도절차를 거부하고 있어 그 회사도 명의개서를 거부할 염려가 있는 경우,[135] 구상금채권의 존부에 관한 다툼이 있어 보험회사가 보험금을 지급하더라도 보증채무자들의 임의이행을 기대할 수 없는 경우[136] 등에서 미리 청구할 필요를 인정하였다.

---

132) 대법원 1970. 5. 12. 선고 70다344 판결.
133) 대법원 1993. 11. 9. 선고 92다43128 판결.
134) 대법원 1969. 12. 23. 선고 67다1664 판결.
135) 대법원 1972. 2. 22. 선고 71다2319 판결.

판 례 의무의 다툼이 있는 경우(대법원 2004. 1. 15. 선고 2002다3891 판결)

[1] 장래의 이행을 청구하는 소는 미리 청구할 필요가 있는 경우에 한하여 제기할 수 있는바, 여기서 미리 청구할 필요가 있는 경우라 함은 이행기가 도래하지 않았거나 조건 미성취의 청구권에 있어서는 채무자가 미리부터 채무의 존재를 다투기 때문에 이행기가 도래되거나 조건이 성취되었을 때에 임의의 이행을 기대할 수 없는 경우를 말한다.

[2] 이행보증보험계약에 있어서 구상금채권의 발생의 기초가 되는 법률상·사실상 관계가 변론종결 당시까지 존재하고 있고, 그러한 상태가 앞으로도 계속될 것으로 예상되며, 구상금채권의 존부에 대하여 다툼이 있어 보험자가 피보험자에게 보험금을 지급하더라도 보험계약자와 구상금채무의 연대보증인들의 채무이행을 기대할 수 없음이 명백한 경우 장래 이행보증보험금 지급을 조건으로 미리 구상금지급을 구하는 장래이행의 소가 적법하다고 본 사례.

(라) 현재이행의 소와 병합하여 제기하는 장래이행의 소

예컨대 원금을 구하면서 원금을 다 갚을 때까지의 지연손해금을 함께 청구하거나, 부동산의 인도를 구하면서 인도완료시까지의 차임상당의 금전을 함께 구하는 경우 등에 있어서, 주된 청구에 대한 다툼이 있는 이상 이행기에 이르러도 임의이행을 기대할 수 없으므로 허용된다.

한편 본래의 목적물(특정물·종류물 포함)의 인도청구(소유권이전등기청구 포함)를 하면서 장래 현품이 없어 그 집행이 불능에 이를 경우를 대비하여 대상청구를 병합하는 경우가 있다. 이는 인도판결이 집행불능에 이를 경우 다시 대상청구를 할 수밖에 없는데 이러한 소송불경제를 방지하기 위해 병합청구를 허용하고 있다. 이 경우 인도청구(급부청구)와 대상청구의 병합은 현재이행의 소와 장래이행의 소의 단순병합이 된다.[137]

(마) 형성의 소와 병합하여 제기하는 장래이행의 소

판례는 공유물분할청구와 병합하여 장래 분할물의 급부를 구할 수 없고,[138] 또 제권

136) 대법원 2004. 1. 15. 선고 2002다3891 판결.

137) 대법원 2011. 1. 27. 선고 2010다77781 판결. 이와 구별할 것이 특정물의 인도를 구하면서 변론종결 전에 그 물건의 매각·멸실·훼손 등의 이행불능으로 인한 청구기각을 염려하여 전보배상청구를 병합하는 것이 있는데, 이는 현재이행의 소와 현재이행의 소의 예비적 병합이 된다. 대법원 1972. 9. 26. 선고 72다1177 판결은 주위적으로 약속어음 1매의 반환을 구하고 예비적으로 만약 피고가 어음 추심사무 처리과정에서 위 약속어음을 분실하였다면 어음권면액 상당의 손해배상을 구하는 청구를 예비적 병합 관계로 처리하였다. 상세는 후술 청구의 병합 중 단순병합 부분 참조.

138) 대법원 1969. 12. 29. 선고 68다2425 판결. 이에 대하여 공유물분할판결은 그 확정으로써 곧바로 소유권이전의 효과가 발생하고(민법 제187조), 등기권리자가 위 확정판결을 첨부하여 단독으로 이전등기신청을 할 수 있을 뿐, 분할부분에 대해 별도의 이전등기청구를 해야 하는 것이 아니므로, 장래 분할물의 급부를 구하는 것은 미리 청구할 필요가 없는 것이 아니고 애초에 잘못된 청구로서 부적법한 것이므로, 이 판례를 형성의 소와 병합하여 제기하는 장래이행의 소의 불허사례로 드는 것은 타당하지 않다고 보는 견해가 있다(전원열, 248면). 김홍엽, 311면도 같은 취지이다.

판결에 대한 취소를 구하면서 이와 병합하여 수표금의 지급을 구할 수 없다고 하였다.[139] 그러나 판례는 양육자지정청구와 병합하여 제기하는 장래의 양육비지급청구를 허용한다.[140] 또 이혼소송과 병합하여 제기하는 재산분할청구를 허용하고, 법원이 이혼과 동시에 재산분할을 명하는 판결을 하고 있는데, 다만 그 경우 재산분할판결에 가집행선고를 붙일 수 없고,[141] 그 판결이 확정된 다음날부터 금전지급채무에 관한 이행지체책임을 지게 되며, 따라서 소송촉진 등에 관한 특례법 제3조 제1항 단서에 의하여 같은 조항 본문에 정한 이율이 적용되지 않는 것으로 보고 있다.[142] 사해행위를 일부취소하고 가액배상을 명하는 경우에도 동일한 취지의 판시를 하고 있다.[143]

5. 확인의 소의 이익

관념적으로 확인의 대상은 무한하다. 따라서 확인의 소에 의하는 것을 정당화시킬 적합한 이익이 존재하는 경우에 한하여 이를 허용할 수 있다. 즉 확인의 소에 있어서는 소의 이익의 관념이 소송대상의 확대 통제에 중요한 역할을 한다.

가. 청구적격

(1) 권리 또는 법률관계일 것

확인의 대상은 권리 또는 법률관계이어야 하기 때문에, 사실관계에 관한 확인의 소는 허용될 수 없다. 따라서 자연현상, 역사적 사실, 학설의 타당성 등은 확인의 대상이 될 수 없다. 그 예외가 증서의 신성 여부를 확인하는 소인데(제250조), 후술한다.

(2) 현재의 권리 또는 법률관계일 것

(가) 과거의 권리 또는 법률관계는 원칙적으로 확인의 대상이 될 수 없다. 만약 권리관계의 변동이 있는 경우라면 과거의 권리관계에 대한 확인을 구하는 것은 권리구제의 실효성 측면에서 문제가 있고, 또 과거의 권리관계가 현재까지 계속되는 경우라면 현재의 권리관계에 대한 확인청구가 가능하기 때문이다. 판례는 ① 과거의 특정시점을 기준으로

---

139) 대법원 2013. 9. 13. 선고 2012다36661 판결. 한편 제권판결에 대한 불복의 소와 불법행위로 인한 손해배상청구의 병합을 인정한 과거의 판례(대법원 1989. 6. 13. 선고 88다카7962 판결)도 있는데, 이는 장래이행청구가 아니라 수표가 무효로 되어 입은 현재의 손해에 대한 이행청구라는 점에서 앞의 판례와 구별된다는 견해(강현중, 790면)가 있다. 상세는 후술 청구의 병합 부분 참조.

140) 대법원 1988. 5. 10. 선고 88므92, 108 판결.

141) 대법원 1998. 11. 13. 선고 98므1193 판결.

142) 대법원 2001. 9. 25. 선고 2001므725, 732 판결; 대법원 2014. 9. 4. 선고 2012므1656 판결.

143) 대법원 2002. 6. 24. 선고 2000다3583 판결; 대법원 2009. 1. 15. 선고 2007다61618 판결.

채무액의 부존재확인을 구하는 청구의 확인의 이익을 부정하였다.[144] ② 저당권의 실행으로 이미 소멸된 근저당권의 피담보채권의 부존재 또는 경매절차의 무효확인을 구하는 청구 역시 확인의 이익이 없다고 보았다.[145] ③ 같은 이유로 특허권 소멸 후 권리범위확인을 구할 이익이 없다고 하였다.[146] ④ 이사해임결의 후 다시 개최된 이사회에서 종전 결의를 추인하거나 재차 해임결의를 한 경우 종전 이사회결의에 대한 무효확인을 구할 이익이 없다고 하였다.[147]

판 례 **저당권 소멸 후 경매절차무효확인청구(대법원 1993. 6. 29. 선고 92다43821 판결)**

저당권의 실행으로 이미 소멸된 근저당권의 피담보채권이 존재하지 아니한다거나 이미 종료된 임의경매절차의 무효확인을 구하는 청구는 과거의 권리 또는 법률관계에 대한 확인을 구하는 것에 지나지 않을 분만 아니라 경락인이 아닌 당사자를 상대로 그와 같은 확인판결을 얻는다고 한들 그 확인판결의 효력이 경락인에게 미칠 수 없는 이상 원고들의 권리 또는 법적 지위의 불안을 해소하는 유효, 적절한 수단이라고 볼 수 없으므로 확인의 이익이 있다고 할 수 없다.

판 례 **이사해임결의 후 추인 또는 재차해임된 경우 당초해임결의 무효확인청구(대법원 2018. 12. 27. 선고 2018다235071 판결)**

피고와 같은 비법인재단의 이사회에서 이사 해임결의가 있은 후 다시 개최된 이사회에서 종전 결의를 그대로 추인하거나 재차 해임결의를 한 경우에는, 당초 해임결의가 무효라고 할지라도 다시 개최된 이사회결의가 하자로 인하여 무효라고 인정되는 등의 특별한 사정이 없는 한 종전 이사회결의의 무효확인을 구하는 것은 과거의 법률관계 내지 권리관계의 확인을 구하는 것에 불과하여 권리보호의 요건을 결여한 것이라고 봄이 상당하다.

다만 다음과 같은 예외가 인정된다. ① 과거의 권리 또는 법률관계의 확인을 구하였지만 그 취지가 그에 기한 현재의 권리 또는 법률관계의 존부확인을 구하는 것으로 해석될 수 있는 경우이다. 예컨대 매매계약무효확인의 소,[148] 주식양도·양수계약 부존재·무효확인의 소[149]를 들 수 있다. 다음으로 ② 과거의 포괄적·기본적 법률관계이다. 즉 과거의 법률관계가 이해관계인들 사이에 분쟁의 전제가 되어 그에 대한 확인을 구하는 것이

144) 대법원 1996. 5. 10. 선고 94다35565, 35572 판결. 청구취지는 "~채무가 1992. 3. 19. 현재 금 11,748,547원 이외에는 존재하지 아니함을 확인한다."였다.

145) 대법원 1993. 6. 29. 선고 92다43821 판결. 근저당권이 말소된 후 근저당권의 피담보채무부존재확인의 소에 대해서도 같은 취지의 판시(대법원 2013. 8. 23. 선고 2012다17585 판결).

146) 대법원 2019. 1. 17. 선고 2017후1632, 1649 판결.

147) 대법원 2018. 12. 27. 선고 2018다235071 판결.

148) 대법원 1966. 3. 15. 선고 66다17 판결.

149) 대법원 1987. 7. 7. 선고 86다카2675 판결.

다수의 관련분쟁을 일거에 해결하는 유효·적절한 수단이 되는 경우이다.[150] 주로 신분관계, 회사관계, 행정소송관계에서 인정된다. 예컨대 i) 이혼 후 혼인관계무효확인,[151] 당사자 일방의 사망 후 검사 상대의 사실혼관계존부확인[152]에서 확인의 이익을 긍정하였다. ii) 2개월의 무급정직처분 무효확인의 소는 임금 미지급 처분의 실질을 갖는 징계처분의 무효 여부에 관한 다툼이라 보아 적법하다고 보았다.[153] iii) 기간을 정하여 임용된 교원이 임용기간 만료 전에 직위해제·면직처분을 받은 후 그 임용기간이 만료된 경우에는 위 직위해제·면직처분의 무효확인을 구할 이익이 없으나,[154] 파면·해임처분을 받은 후 그 임용기간이 만료된 경우에는 공직이나 교원으로 임용될 수 있는 법률상의 지위에 대한 위험이나 불안을 제거하기 위하여 파면·해임처분의 무효확인을 구할 이익이 있다고 하였다.[155] iv) 부당해고를 다투던 중 정년에 이르거나 근로계약기간이 만료하더라도 해고기간 중 임금을 받을 필요가 있다면 중앙노동위원회의 재심판정을 다툴 소의 이익이 있고,[156] v) 사립고등학교 학생이 정학 2일의 징계를 당한 후 학교법인을 상대로 제기한 징계무효확인의 소송계속 중 졸업하였다 하더라도 학교생활기록부 기재사항과 밀접하게 관련된 현재의 권리·법률상 지위에 대한 위험이나 불안을 제거하기 위하여 무효확인을 구할 이익이 있으며,[157] vi) 주주총회에서 감사로 선임되었음에도 회사가 감사임용계약의 체결을 거부하자 회사를 상대로 감사지위확인의 소를 제기하여 소송계속 중(파기환송 후 원심 심리 도중) 임기가 만료하고 후임 감사가 선임되었다 하더라도 확인의 이익이 있다고 하였다.[158] vii) 복수 노동조합 중 어느 한 노동조합은 다른 노동조합을 상대로 노동조합법

150) 대법원 2022. 6. 16. 선고 2022다207967 판결.

151) 대법원 2024. 5. 23. 선고 2020므15896 전원합의체 판결.

152) 대법원 1995. 3. 28. 선고 94므1447 판결.

153) 대법원 2010. 10. 14. 선고 2010다36407 판결.

154) 대법원 2000. 5. 18. 선고 95재다199 전원합의체 판결.

155) 대법원 1993. 7. 27. 선고 92다40587 판결.

156) 대법원 2020. 2. 20. 선고 2019두52386 전원합의체 판결. 비슷한 이유로, 사립학교 교원이 소청심사청구를 하여 해임처분의 효력을 다투던 중 형사판결 확정 등 당연퇴직사유가 발생하여 교원의 지위를 회복할 수 없더라도, 해임처분이 취소되거나 변경되면 해임처분일부터 당연퇴직사유 발생일까지의 기간에 대한 보수 지급을 구할 수 있는 경우에는 소청심사청구를 기각한 교원소청심사위원회 결정의 취소를 구할 법률상 이익이 있다고 하였다(대법원 2024. 2. 8. 선고 2022두50571 판결).

157) 대법원 2023. 2. 23. 선고 2022다207547 판결.

158) 대법원 2020. 8. 20. 선고 2018다249148 판결. 그러나 임기만료 후 이사가 피고 회사의 이사 지위에 있음의 확인을 구하는 소를 제기하였다가 소송계속 중 새로운 이사가 선임되자 자신의 임기가 만료된 때로부터 약 2년 4개월 동안 이사의 지위에 있었음에 대한 확인을 구하는 것으로 청구를 변경한 사안에서는, 이사로서 보수청구권을 가진다는 것만으로 과거 법률관계에 대한 확인을 구할 이익이 곧바로 긍정되는 것은 아니므로, 법원은 어떠한 법적분쟁이 존재하는지 및 과거의 기간에 대한 이사의 지위확인을 통해 그러한 분쟁들이 유효·적절하게 해결될 수 있는지 등에 대해 구체적인 심리나 석명이 필요하다고 하였다(대법원 2022. 6. 16. 선고 2022다207967 판결).

상 주체성과 자주성 등 실질적 요건 흠결을 들어 설립무효확인을 구하거나 노동조합으로서의 법적 지위 부존재확인을 구할 수 있다고 하였다.159)

판 례 **주식양도·양수계약 부존재·무효확인의 소(대법원 1987. 7. 7. 선고 86다카2675 판결)**

주식양도·양수계약의 부존재 또는 무효확인을 구하는 소는 과거의 법률행위인 주식양도계약 자체의 부존재 또는 무효확인을 구하는 것으로 볼 것이 아니라, 그 계약이 존재하지 아니하거나 무효임을 내세워 그 계약에 터잡아 이루어진 현재의 법률관계의 부존재 내지 무효의 확인을 구하는 취지라고 보아야 할 것이다.

판 례 **부당해고를 다투던 중 정년에 이르거나 근로계약이 만료한 경우(대법원 2020. 2. 20. 선고 2019두52386 전원합의체 판결)**

부당해고 구제명령제도에 관한 근로기준법의 규정 내용과 목적 및 취지, 임금 상당액 구제명령의 의의 및 법적 효과 등을 종합적으로 고려하면, 근로자가 부당해고 구제신청을 하여 해고의 효력을 다투던 중 정년에 이르거나 근로계약기간이 만료하는 등의 사유로 원직에 복직하는 것이 불가능하게 된 경우에도 해고기간 중의 임금 상당액을 지급받을 필요가 있다면 임금 상당액 지급의 구제명령을 받을 이익이 유지되므로 구제신청을 기각한 중앙노동위원회의 재심판정을 다툴 소의 이익이 있다고 보아야 한다. 상세한 이유는 다음과 같다.

① 부당해고 구제명령제도는 부당한 해고를 당한 근로자에 대한 원상회복, 즉 근로자가 부당해고를 당하지 않았다면 향유할 법적 지위와 이익의 회복을 위해 도입된 제도로서, 근로자 지위의 회복만을 목적으로 하는 것이 아니다. 해고를 당한 근로자가 원직에 복직하는 것이 불가능하더라도, 부당한 해고라는 사실을 확인하여 해고기간 중의 임금 상당액을 지급받도록 하는 것도 부당해고 구제명령제도의 목적에 포함된다.

② 부당한 해고를 당한 근로자를 원직에 복직하도록 하는 것과, 해고기간 중의 임금 상당액을 지급받도록 하는 것 중 어느 것이 더 우월한 구제방법이라고 말할 수 없다. 근로자를 원직에 복직하도록 하는 것은 장래의 근로관계에 대한 조치이고, 해고기간 중의 임금 상당액을 지급받도록 하는 것은 근로자가 부당한 해고의 효력을 다투고 있던 기간 중의 근로관계의 불확실성에 따른 법률관계를 정리하기 위한 것으로 서로 목적과 효과가 다르기 때문에 원직복직이 가능한 근로자에 한정하여 임금 상당액을 지급받도록 할 것은 아니다.

③ 근로자가 구제명령을 통해 유효한 집행권원을 획득하는 것은 아니지만, 해고기간 중의 미지급 임금과 관련하여 강제력 있는 구제명령을 얻을 이익이 있으므로 이를 위해 재심판정의 취소를 구할 이익도 인정된다고 봄이 타당하다.

④ 해고기간 중의 임금 상당액을 지급받기 위하여 민사소송을 제기할 수 있다는 사정이 소의 이익을 부정할 이유가 되지는 않는다.

⑤ 종래 대법원이 근로자가 구제명령을 얻는다고 하더라도 객관적으로 보아 원직에 복직하는 것이 불가능하고, 해고기간에 지급받지 못한 임금을 지급받기 위한 필요가 있더라도 민사소송절차를 통하여 해결할 수 있다는 등의 이유를 들어 소의 이익을 부정하여 왔던 판결들은 금품지급명령을 도입한 근로기준법 개정

159) 대법원 2021. 2. 25. 선고 2017다51610 판결.

취지에 맞지 않고, 기간제근로자의 실효적이고 직접적인 권리구제를 사실상 부정하는 결과가 되어 부당하다.

(나) 장래의 권리관계의 확인도 허용되지 않는다. 법률관계의 변동가능성이 크므로 권리구제의 실효성에 의문이 있기 때문이다. 예컨대 상속개시 전에 상속권확인, 아직 생존하고 있는 사람의 유언에 대한 무효확인은 부적법하다.

(3) 자기의 권리 또는 법률관계와 관련 있을 것

자기와 아무런 관련이 없는 권리관계는 원칙적으로 확인의 대상이 될 수 없으나, 타인간의 권리관계, 즉 당사자 일방과 제3자간, 또는 제3자 상호간이라 하여도 당사자의 권리관계에 대한 불안이나 위험을 제거할 수 있는 유효·적절한 수단이 되는 경우에는 확인의 이익이 있다.[160] 예컨대 제2번 저당권자가 제1번 저당권자와 담보물의 소유권자를 상대로 제1번 저당채무의 부존재확인을 구하는 경우(민법 제370조, 제214조)를 들 수 있는데, 만약 승소하는 경우 저당권 순위가 승진하기 때문이다. 판례는 근저당권자가 물상보증인을 상대로 피담보채권의 존부에 관한 확인을 구하는 것은 확인의 이익이 있고,[161] 보증보험계약이 체결된 후 보험금이 아직 지급되지 않은 상태에서 주계약의 당사자인 보험계약자와 피보험자 사이에 주계약에 따른 채무의 존부와 범위에 관한 다툼이 있는 경우, 보험계약자가 피보험자를 상대로 주계약에 따른 채무의 부존재확인을 구할 이익이 있다고 하였다.[162]

판 례 **근저당권자의 물상보증인 상대 피담보채권 존부확인(대법원 2004. 3. 25. 선고 2002다20742 판결)**

근저당권자가 근저당권의 피담보채무의 확정을 위하여 스스로 물상보증인을 상대로 확인의 소를 제기하는 것이 부적법하다고 볼 것은 아니며, 물상보증인이 근저당권자의 채권에 대하여 다투고 있을 경우 그 분쟁을 종국적으로 종식시키는 유일한 방법은 근저당권의 피담보채권의 존부에 관한 확인의 소라고 할 것이므로, 근저당권자가 물상보증인을 상대로 제기한 확인의 소는 확인의 이익이 있어 적법하다.

나. 권리보호의 이익(즉시확정의 법률상 이익)

(1) 법률상 이익

확인판결에 의하여 원고의 법률상의 지위에 영향을 줄 수 있는 경우이어야 하고, 단

160) 대법원 1994. 11. 8. 선고 94다23388 판결; 대법원 2017. 3. 15. 선고 2014다208255 판결.
161) 대법원 2004. 3. 25. 선고 2002다20742 판결.
162) 대법원 2022. 12. 15. 선고 2019다269156 판결.

지 반사적으로 받게 될 사실적·경제적 이익은 포함되지 않는다. 예컨대 주주는 회사의 재산관계에 대하여 법률상 이해관계가 아닌 단순한 사실상, 경제상 또는 일반적, 추상적인 이익관계를 가질 뿐이라고 하였고,[163] 약사에게 한약조제권이 인정됨으로써 한의사들의 영업상 이익이 감소되더라도 이는 사실상의 이익에 불과하다고 하였다.[164] 그리고 면허를 받아 어업권을 취득하기 전에는 법적으로 보호되는 어촌계의 업무구역이 없으므로 다른 어촌계를 상대로 업무구역의 확인을 구할 법률상 이익이 없다고 하였고,[165] 또한 담보가치가 감소되는 것을 막기 위해 담보권과 함께 지상권을 설정하는 소위 담보지상권의 경우에도, 지상권은 용익물권일 뿐, 담보물권이 아니므로, 지상권에 관한 피담보채무의 범위확인을 구하는 청구도 법률상 이익이 없어 부적법하다고 하였다.[166]

판 례 **면허취득 전 업무구역 확인 사안(대법원 2017. 7. 11. 선고 2017다216271 판결)**

시장·군수·구청장 등으로부터 면허를 받아 어업권을 취득하기 전이라면 법적으로 보호되는 어촌계의 업무구역이 존재한다고 할 수 없으므로, 설사 면허를 받게 될 업무구역의 경계에 관하여 다른 어촌계와 다툼이 있을 여지가 있다고 하더라도 그러한 사정만으로 원고의 현재의 권리 또는 법률상 지위에 어떠한 구체적인 불안이나 위험이 있다고 할 수 없다. 또한 시장·군수·구청장 등이 다른 어촌계의 업무구역과 중복된다는 등의 이유로 어업면허를 거부하거나 취소하는 등의 처분을 하는 경우에는 행정처분의 효력을 다투는 항고소송의 방법으로 처분의 취소 또는 무효확인을 구하는 것이 분쟁을 해결하는 데에 직접적인 수단이 되는 것이므로, 그와 별도로 민사상 다른 어촌계를 상대로 업무구역의 확인을 구하는 것은 원고의 법적 지위에 대한 불안·위험을 제거하는 데 가장 유효·적절한 수단이라고 보기도 어렵다.

판 례 **담보지상권과 확인의 이익(대법원 2017. 10. 31. 선고 2015다65042 판결)**

확인의 소에는 권리보호요건으로서 확인의 이익이 있어야 하고, 확인의 이익은 원고의 권리 또는 법률상의 지위에 현존하는 불안·위험이 있고 확인판결을 받는 것이 불안·위험을 제거하는 가장 유효·적절한 수단일 때에 인정된다. 지상권은 용익물권으로서 담보물권이 아니므로 피담보채무라는 것이 존재할 수 없다. 근저당권 등 담보권 설정의 당사자들이 담보로 제공된 토지에 추후 용익권이 설정되거나 건물 또는 공작물이 축조·설치되는 등으로 토지의 담보가치가 줄어드는 것을 막기 위하여 담보권과 아울러 설정하는 지상권을 이른바 담보지상권이라고 하는데, 이는 당사자의 약정에 따라 담보권의 존속과 지상권의 존속이 서로 연계

163) 대법원 2016. 7. 22. 선고 2015다66397 판결. 한편 주식회사의 채권자는 회사가 제3자와 체결한 계약이 자신의 권리나 법적지위를 구체적으로 침해하거나 이에 직접적으로 영향을 미치는 경우에는 그 계약의 무효확인을 구할 수 있으나, 그 계약으로 인하여 회사의 변제자력이 감소되어 그 결과 채권의 전부나 일부가 만족될 수 없게 될 뿐인 때에는 직접 그 계약의 무효확인을 구할 이익이 없다고 본다(대법원 2022. 6. 9. 선고 2018다228462, 228479 판결).

164) 대법원 1998. 3. 10. 선고 97누4289 판결.

165) 대법원 2017. 7. 11. 선고 2017다216271 판결.

166) 대법원 2017. 10. 31. 선고 2015다65042 판결.

되어 있을 뿐이고, 이러한 경우에도 지상권의 피담보채무가 존재하는 것은 아니다. 따라서 지상권설정등기에 관한 피담보채무의 범위 확인을 구하는 청구는 원고의 권리 또는 법률상의 지위에 관한 청구라고 보기 어려우므로, 확인의 이익이 없어 부적법하다.

(2) 현존하는 불안이나 위험

(가) 적극적 확인의 이익

자기의 권리 또는 법률관계가 다른 사람으로부터 부인당한 경우이다. 권리관계에 대하여 당사자 간에 아무런 다툼이 없는 경우에는 불안이 없으므로 원칙적으로 확인의 이익이 없다. 다만 당사자 간의 다툼이 없어도 ① 소멸시효의 완성단계에 이르렀거나,[167] ② 등기부나 가족관계등록부와 같은 공부상에 원고의 주장과 반대되는 기재가 있는 때는 법적 불안이 있는 것으로 본다.

이와 관련하여, 甲 소유의 토지에 제3자 명의의 보존등기가 경료되어 있는 경우 그 제3자에 대한 승소판결만으로도 위 보존등기를 말소하고 甲 명의의 보존등기를 신청할 수 있으므로, 이와 병합하여 제기한 국가 상대의 소유권확인청구는 확인의 이익이 없다.[168] 국가 상대의 토지소유권확인청구는 ⅰ) 그 토지가 미등기이고 대장상 등록명의자가 없거나 알 수 없는 경우이거나,[169] 대장상 등록명의자가 있더라도 그 소유자 기재의 권리추정력이 인정되지 아니하는 경우에 가능하다.[170] 그리고 ⅱ) 국가가 등기·등록명의자의 소유를 부인하고 국가소유를 주장하는 등 다툼이 있는 경우에도 국가 상대의 토지소유권확인청구가 가능하다.[171] 그러나 등기명의인의 기재가 실제와 다소 불일치하더라도 인격의 동일성이 인정되어 등기명의인의 표시경정등기가 가능한 경우에는 국가를 상대로 소유권확인을 구할 이익이 없다.[172]

판 례 **국가 상대 토지소유권확인청구(대법원 2010. 11. 11. 선고 2010다45944 판결)**

국가를 상대로 한 토지소유권확인청구는 그 토지가 미등기이고 토지대장이나 임야대장상에 등록명의자가 없

---

167) 시효중단을 위한 조치, 즉 재판상의 청구가 있다는 점에 대하여만 확인을 구하는 새로운 방식의 확인소송이 인정되는데, 이는 (이행의 소를 다시 제기하는) 종래의 경우와 달리 10년의 경과가 임박할 것을 요하지 않는다(대법원 2018. 10. 18. 선고 2015다232316 전원합의체 판결).

168) 대법원 1995. 9. 15. 선고 94다27649 판결.

169) 대법원 2009. 10. 15. 선고 2009다48633 판결.

170) 대법원 2010. 11. 11. 선고 2010다45944 판결.

171) 대법원 2019. 5. 16. 선고 2018다242246 판결.

172) 대법원 2016. 10. 27. 선고 2015다230815 판결.

거나 등록명의자가 누구인지 알 수 없을 때와 그 밖에 국가가 등기 또는 등록명의자인 제3자의 소유를 부인하면서 계속 국가 소유를 주장하는 등 특별한 사정이 있는 경우에 한하여 그 확인의 이익이 있다. 그리고 어느 토지에 관하여 등기부나 토지대장 또는 임야대장상 소유자로 등기 또는 등록되어 있는 자가 있는 경우에는 그 명의자를 상대로 한 소송에서 당해 부동산이 보존등기신청인의 소유임을 확인하는 내용의 확정판결을 받으면 소유권보존등기를 신청할 수 있는 것이므로 그 명의자를 상대로 한 소유권확인청구에 확인의 이익이 있는 것이 원칙이지만, 토지대장 또는 임야대장의 소유자에 관한 기재의 권리추정력이 인정되지 아니하는 경우에는 국가를 상대로 소유권확인청구를 할 수밖에 없다.

☞ 1975. 12. 31. 개정 지적법 시행 전에 소관청이 법적 근거 없이 행정 편의를 위하여 임의로 복구한 구 임야대장의 공유지연명부에 소유자로 기재되어 있다 하더라도 여기에 권리추정력을 인정할 수 없으므로, 대한민국을 상대로 토지소유권확인청구가 가능하다고 한 사안.

한편 국가를 상대로 미등기건물의 소유권확인청구는 원칙적으로 불가능하다.[173]

판 례 **국가 상대 건물소유권확인청구(대법원 1999. 5. 28. 선고 99다2188 판결)**

확인의 소는 분쟁 당사자 사이에 현재의 권리 또는 법률관계에 관하여 즉시 확정할 이익이 있는 경우에 허용되는 것이므로, 소유권을 다투고 있지 않은 국가를 상대로 소유권확인을 구하기 위하여는 그 판결을 받음으로써 원고의 법률상 지위의 불안을 제거함에 실효성이 있다고 할 수 있는 특별한 사정이 있어야 할 것인바, 건물의 경우 가옥대장이나 건축물관리대장의 비치·관리업무는 당해 지방자치단체의 고유사무로서 국가사무라고 할 수도 없는데다가 당해 건물의 소유권에 관하여 국가가 이를 특별히 다투고 있지도 아니하다면, 국가는 그 소유권 귀속에 관한 직접 분쟁의 당사자가 아니어서 이를 확인해 주어야 할 지위에 있지 않으므로, 국가를 상대로 미등기 건물의 소유권 확인을 구하는 것은 그 확인의 이익이 없어 부적법하다.

(나) 소극적 확인의 이익

권리가 없는 다른 사람이 이를 주장하여 나의 권리 또는 법률관계에 불안을 초래하는 경우이다.[174] 예컨대 보험계약의 당사자 사이에 채무의 존부나 범위에 관하여 다툼이 있는 경우 보험회사가 보험수익자를 상대로 소극적 확인의 소를 제기할 이익이 있다.[175] 그리고 일정한 요건 하 '유치권부존재확인의 소'가 인정되고 있는데, 이는 경우를 나눠 살핀다. ① 먼저 경매절차에서 유치권이 주장된 경우이다. 이에 따라 경매절차에서 저가매

173) 대법원 1999. 5. 28. 선고 99다2188 판결.

174) 따라서 채무자회생법 제251조에 따라 면책된 회생채권의 존부나 효력에 관해 아무런 다툼이 없다면 채무자는 회생채권자를 상대로 면책된 채무 자체의 부존재확인을 구할 이익이 없고(대법원 2019. 3. 14. 선고 2018다281159 판결), 이는 공사대금채무 등 금전채무의 부존재에 대하여 당사자 사이에 다툼이 없는 경우에도 마찬가지이다(대법원 2023. 6. 29. 선고 2021다277525 판결).

175) 대법원 2021. 6. 17. 선고 2018다257958, 257965 전원합의체 판결.

각으로 인해 배당액이 줄어들 위험이 있는 경우 저당권자는 유치권의 부존재확인을 구할 이익이 있다.[176] 이는 경매부동산의 소유자가 유치권부존재확인을 구하는 경우에도 마찬가지이다.[177] 이 경우 유치권의 피담보채권 중 일부만 유치권으로 대항할 수 있는 것이라면 법원은 일부패소판결을 한다.[178] 다만 경매절차에서 유치권이 주장되었으나 목적물이 매각되어 소유권을 상실하거나 근저당권이 소멸된 경우에는 더 이상 저가매각의 위험 및 그로 인해 배당액이 줄어들 위험이 없으므로 유치권부존재확인을 구할 법률상 이익이 없다.[179] ② 다음으로 경매절차에서 유치권이 주장되지 아니한 경우이다. 목적물이 매각되어 근저당권이 소멸하였더라도 채권자인 근저당권자는 유치권의 존재를 알지 못한 매수인으로부터 담보책임을 추급당할 우려가 있고, 이는 법률상 지위를 불안정하게 하는 것이므로 채권자인 근저당권자는 유치권부존재확인을 구할 법률상 이익이 있으나, 채무자가 아닌 소유자(예컨대 물상보증인)는 위와 같은 담보책임을 부담하지 않으므로 (채무를 승계하지 않는 한) 유치권부존재확인을 구할 법률상 이익이 없다.[180]

판 례 **유치권부존재확인의 소에서 일부패소판결(대법원 2016. 3. 10. 선고 2013다99409 판결)**

민사집행법 제268조에 의하여 담보권의 실행을 위한 경매절차에 준용되는 같은 법 제91조 제5항에 의하면 유치권자는 경락인에 대하여 피담보채권의 변제를 청구할 수는 없지만 자신의 피담보채권이 변제될 때까지 유치목적물인 부동산의 인도를 거절할 수 있어 경매절차의 입찰인들은 낙찰 후 유치권자로부터 경매목적물을 쉽게 인도받을 수 없다는 점을 고려하여 입찰하게 되고 그에 따라 경매목적 부동산이 그만큼 낮은 가격에 낙찰될 우려가 있다. 이와 같이 지가낙찰로 인해 경매를 신청한 근저당권자의 배당액이 줄어들거나 경매목적물 가액과 비교하여 거액의 유치권 신고로 매각 자체가 불가능하게 될 위험은 경매절차에서 근저당권자의 법률상 지위를 불안정하게 하는 것이므로 위 불안을 제거하는 근저당권자의 이익을 단순한 사실상·경제상의 이익이라고 볼 수는 없다. 따라서 근저당권자는 유치권 신고를 한 사람을 상대로 유치권 전부의 부존재뿐만 아니라 경매절차에서 유치권을 내세워 대항할 수 있는 범위를 초과하는 유치권의 부존재 확인을 구할 법률상 이익이 있고, 심리 결과 유치권 신고를 한 사람이 유치권의 피담보채권으로 주장하는 금액의 일부만이 경매절차에서 유치권으로 대항할 수 있는 것으로 인정되는 경우에는 법원은 특별한 사정이 없는 한 그 유치권 부분에 대하여 일부패소의 판결을 하여야 한다.

---

176) 대법원 2004. 9. 23. 선고 2004다32848 판결; 대법원 2011. 12. 22. 선고 2011다84298 판결.
177) 대법원 2020. 1. 16. 선고 2019다247385 판결.
178) 대법원 2016. 3. 10. 선고 2013다99409 판결.
179) 대법원 2020. 1. 16. 선고 2019다247385 판결.
180) 대법원 2020. 1. 16. 선고 2019다247385 판결.

판 례 **유치권이 주장되었으나 목적물이 매각된 경우 및 유치권이 주장되지 않은 경우 각 유치권 부존재확인의 소의 소익(대법원 2020. 1. 16. 선고 2019다247385 판결)**

[2] 근저당권자에게 담보목적물에 관하여 각 유치권의 부존재 확인을 구할 법률상 이익이 있다고 보는 것은 경매절차에서 유치권이 주장됨으로써 낮은 가격에 입찰이 이루어져 근저당권자의 배당액이 줄어들 위험이 있다는 데에 근거가 있고, 이는 소유자가 그 소유의 부동산에 관한 경매절차에서 유치권의 부존재 확인을 구하는 경우에도 마찬가지이다. 위와 같이 경매절차에서 유치권이 주장되었으나 소유부동산 또는 담보목적물이 매각되어 그 소유권이 이전되어 소유권을 상실하거나 근저당권이 소멸하였다면, 소유자와 근저당권자는 유치권의 부존재 확인을 구할 법률상 이익이 없다.

[3] 경매절차에서 유치권이 주장되지 아니한 경우에는, 담보목적물이 매각되어 그 소유권이 이전됨으로써 근저당권이 소멸하였더라도 채권자는 유치권의 존재를 알지 못한 매수인으로부터 민법 제575조, 제578조 제1항, 제2항에 의한 담보책임을 추급당할 우려가 있고, 위와 같은 위험은 채권자의 법률상 지위를 불안정하게 하는 것이므로, 채권자인 근저당권자로서는 위 불안을 제거하기 위하여 유치권 부존재 확인을 구할 법률상 이익이 있다. 반면 채무자가 아닌 소유자는 위 각 규정에 의한 담보책임을 부담하지 아니하므로, 유치권의 부존재 확인을 구할 법률상 이익이 없다.

(3) 불안제거에 유효·적절한 수단일 것

확인판결을 받는 것이 분쟁을 근본적으로 해결하는 가장 유효·적절한 수단이어야 한다.[181] 따라서 제3자가 피공탁자를 상대로 공탁금출급권 확인판결을 받는다 하더라도 직접 공탁금출급청구를 할 수 없으므로 원칙적으로 확인의 이익이 없다.[182] 보다 직접적인 구제수단이 있음에도 확인을 구하는 것은 중도반단적인 것에 불과하다. 따라서 다른 어촌계의 업무구역과 중복된다는 등의 이유로 어업면허를 거부당한 경우 항고소송을 제기하는 것이 분쟁해결의 직접적인 수단이고, 그와 별도로 민사상 다른 어촌계를 상대로 업무구역의 확인을 구하는 것은 원고의 법적 지위에 대한 불안·위험을 제거하는 데 가장 유효·적절한 수단이라고 보기 어렵다고 하였다.[183]

(가) 적극적 확인의 소

자기의 권리·법률상 지위를 상대방이 부인·위협·방해를 하는 경우 자기에게 권리·법률상 지위가 있다는 적극적 확인을 구해야 하고, 상대방이나 제3자에게 권리·법률상

---

181) 대법원 2017. 6. 29. 선고 2014다30803 판결.

182) 대법원 2016. 3. 24. 선고 2014다3122, 3139 판결. 왜냐하면 공탁물출급청구권자는 피공탁자(승계인 포함)이고, 피공탁자는 공탁서의 기재에 의하여 형식적으로 결정되므로, 실체법상의 채권자라고 하더라도 피공탁자로 지정되어 있지 않으면 공탁물출급청구권을 행사할 수 없기 때문이다(대법원 2006. 8. 25. 선고 2005다67476 판결). 다만 상대적 불확지공탁의 피공탁자 중 1인을 채무자로 하여 그의 공탁물출급청구권에 대한 채권압류 및 추심명령을 받은 추심채권자는 다른 피공탁자를 상대로 공탁물출급청구권의 확인을 구할 법률상 이익이 있다(대법원 2011. 11. 10. 선고 2011다55405 판결).

183) 대법원 2017. 7. 11. 선고 2017다216271 판결.

지위가 부존재한다는 소극적 확인을 구해서는 아니 된다.[184] 예컨대 토지의 일부 소유권 귀속에 관한 다툼이 있는 경우 그 부분에 관한 자기의 소유권확인을 구하지 않고 상대방 소유권 부존재의 확인을 구하는 것은 분쟁의 근본적인 해결방법이 아니고,[185] 전부명령에 의한 채권귀속의 다툼이 있는 경우 적극적으로 그 채권이 자신에게 귀속되었음의 확인을 구하지 않고 상대방에 대하여 제3채무자의 상대방에 대한 전부금채무 부존재의 확인을 구하는 것은 확인의 이익이 없다.[186]

(나) 당해 소송절차 내의 구제수단

당해 소송절차 내에서 재판을 받는 것이 예정되어 있음에도 불구하고 별소로 확인을 구하는 것은 허용되지 않는다. 예컨대 대리권(대표권)과 같은 소송요건의 존부는 당해 소송에서 또는 재심의 소를 통해 판단 받을 수 있으므로, 별소로 확인을 구하는 것은 허용되지 않는다.[187]

(다) 확인의 소의 보충성

이행의 소를 바로 제기할 수 있음에도 이행청구권 자체의 존재확인을 구하는 것은 권리구제의 실효성이나 분쟁해결의 종국성 측면에서 적절치 못하다.[188] 예컨대 명의개서를 청구할 수 있음에도 주주권확인을 구하는 것이나,[189] 손해배상청구를 할 수 있음에도 그 침해되는 권리의 존재확인을 구하는 것[190]은 각 확인의 이익이 없다. 판례는 근저당권설정자가 피담보채무의 부존재확인을 구함과 함께 그 근저당권설정등기의 말소를 구하는 경우, 말소를 구하는 것이 직접적인 수단이므로, 이와 별도로 피담보채무의 부존재확인청구는 확인의 이익이 없다고 하였다.[191]

판 례 **주주권확인의 소의 확인의 이익(대법원 2019. 5. 16. 선고 2016다240338 판결)**

甲이 乙 주식회사를 상대로 자신이 주주명부상 주식의 소유자인데 위조된 주식매매계약서에 의해 타인 앞으로 명의개서가 되었다며 주주권 확인을 구한 사안에서, 甲이 乙 회사를 상대로 직접 자신이 주주임을 증명하여 명의개서절차의 이행을 구할 수 있으므로, 甲이 乙 회사를 상대로 주주권 확인을 구하는 것은 甲의 권

184) 대법원 1995. 10. 12. 선고 95다26131 판결.
185) 대법원 2016. 5. 24. 선고 2012다87898 판결.
186) 대법원 2004. 3. 12. 선고 2003다49092 판결.
187) 대법원 1982. 6. 8. 선고 81다636 판결.
188) 대법원 2006. 3. 9. 선고 2005다60239 판결.
189) 대법원 2019. 5. 16. 선고 2016다240338 판결.
190) 대법원 1995. 12. 22. 선고 95다5622 판결.
191) 대법원 2000. 4. 11. 선고 2000다5640 판결.

리 또는 법률상 지위에 현존하는 불안·위험을 제거하는 유효·적절한 수단이 아니거나 분쟁의 종국적 해결 방법이 아니어서 확인의 이익이 없다고 한 사례.

판 례 **피담보채무 부존재확인과 함께 그 근저당권의 말소를 구한 경우(대법원 2000. 4. 11. 선고 2000다5640 판결)**

확인의 소는 원고의 권리 또는 법률상 지위에 현존하는 불안·위험이 있고 확인판결을 받는 것이 그 분쟁을 근본적으로 해결하는 가장 유효·적절한 수단일 때 허용되는바, 근저당권설정자가 근저당권설정계약에 기한 피담보채무가 존재하지 아니함의 확인을 구함과 함께 그 근저당권설정등기의 말소를 구하는 경우에 근저당권설정자로서는 피담보채무가 존재하지 않음을 이유로 근저당권설정등기의 말소를 구하는 것이 분쟁을 유효·적절하게 해결하는 직접적인 수단이 될 것이므로 별도로 근저당권설정계약에 기한 피담보채무가 존재하지 아니함의 확인을 구하는 것은 확인의 이익이 있다고 할 수 없다.

위와 같은 보충성의 법리는 형성의 소를 제기할 수 있는 경우에도 마찬가지로 적용된다. 예컨대 이혼청구를 할 수 있는데 이혼권의 존재확인을 구하는 것이나, 파산면책된 채무자가 집행권원을 갖고 있는 채권자에게 청구이의의 소를 제기하지 않고 면책확인을 구하는 경우에도 확인의 이익이 없다.[192]

판 례 **면책확인의 소의 확인의 이익(대법원 2017. 10. 12. 선고 2017다17771 판결)**

파산채무자에 대한 면책결정의 확정에도 불구하고 어떠한 채권이 비면책채권에 해당하는지 여부 등이 다투어지는 경우에 채무자는 면책확인의 소를 제기함으로써 권리 또는 법률상 지위에 현존하는 불안·위험을 제거할 수 있다. 그러나 면책된 채무에 관한 집행권원을 가지고 있는 채권자에 대한 관계에서 채무자는 청구이의의 소를 제기하여 면책의 효력에 기한 집행력의 배제를 구하는 것이 법률상 지위에 현존하는 불안·위험을 제거하는 유효적절한 수단이 된다. 따라서 이러한 경우에도 면책확인을 구하는 것은 분쟁의 종국적인 해결 방법이 아니므로 확인의 이익이 없어 부적법하다.

그러나 위와 같은 보충성의 법리가 절대적인 것은 아니다. 예컨대 i) 시효가 임박하였으나 현재 손해액수가 불분명하여 손해배상청구를 하기에 부적절하거나,[193] ii) 피고가 국가 또는 공공단체인 경우처럼 확인판결이 나면 피고의 임의이행을 기대할 수 있을 때에

---

192) 대법원 2017. 10. 12. 선고 2017다17771 판결.

193) 보상청구권의 금액이 확정되지 않은 상태에서 보상청구권의 존재 자체에 대한 다툼이 있는 경우 보상청구권확인청구의 즉시 확정의 이익을 긍정한 사례(대법원 1969. 3. 25. 선고 66다1298 판결), 보험금채권의 전제가 되는 손해배상액이 확정되지 않은 상태에서 보험회사가 보험금채권의 존재 자체를 다투면서 피해자에게 치료비 지급을 거절하고 있는 경우 보험금채권존재확인청구의 확인의 이익을 긍정한 사례(대법원 2005. 7. 14. 선고 2004다36215 판결).

는 예외적으로 확인의 이익이 인정될 수 있다. iii) 기본적인 권리로부터 파생된 청구권을 주장하여 이행의 소가 가능한 경우에도, 그 기본적인 권리 자체에 대한 확인의 소가 허용된다. 즉 소유권에 기한 건물인도청구가 가능한 경우에 그 인도청구권 발생의 기본이 되는 소유권확인의 소가 그것이다.194)

다. 증서의 진정 여부를 확인하는 소

제250조(증서의 진정 여부를 확인하는 소) 확인의 소는 법률관계를 증명하는 서면이 진정한지 아닌지를 확정하기 위하여서도 제기할 수 있다.

(1) 사실관계의 확인을 구하는 증서의 진정 여부를 확인하는 소가 인정되고 있다(제250조). 이는 서면의 진정 여부가 판결로 확정되면 이에 관해 당사자가 더 이상 다툴 수 없어 그 서면이 증명하는 법률관계에 관한 분쟁 자체의 해결에 도움이 되기 때문이다.195)

판 례 증서진부확인의 소 인정 취지(대법원 1991. 12. 10. 선고 91다15317 판결)

증서진부확인의 소는 서면이 그 작성명의자에 의하여 작성되었는가 그렇지 않으면 위조 또는 변조되었는가를 확정하는 소송으로서 이와 같이 서면의 진부라고 하는 사실의 확정에 대하여 독립의 소가 허용되는 것은 법률관계를 증명하는 서면의 진부가 판결로 확정되면 당사자 간에 있어서는 그 문서의 진부가 다투어지지 않는 결과 그 문서가 증명하는 법률관계에 관한 분쟁 자체도 해결될 가능성이 있거나 적어도 그 분쟁의 해결에 기여함이 크다는 이유에 의한 것이다.

(2) 법률관계를 증명하는 서면은 그 기재 내용으로부터 직접 일정한 현재의 법률관계의 존부 여부가 증명될 수 있는 문서를 가리키고, 단지 과거의 사실관계를 증명하는 서면은 이에 해당하지 않는다.196) 즉 분쟁과 관련된 처분문서는 이에 해당하나, 사실관계의 보고문서는 이에 해당하지 않는다. 어음·수표 등의 유가증권, 매매계약서, 임대차계약서, 차용증서 등은 이에 해당하나, 대차대조표나 회사결산보고서,197) 세금계산서,198) 영수증199)은 사실관계의 보고문서에 지나지 않는다고 본다.

(3) 진정 여부는 서면이 그 작성명의자에 의하여 작성된 것인가 아니면 위조·변조되

194) 대법원 1966. 1. 31. 선고 65다2157 판결; 대법원 1971. 5. 24. 선고 71다519 판결.
195) 대법원 1991. 12. 10. 선고 91다15317 판결.
196) 대법원 2001. 12. 14. 선고 2001다53714 판결.
197) 대법원 1967. 3. 21. 선고 66다2154 판결.
198) 대법원 2001. 12. 14. 선고 2001다53714 판결.
199) 대법원 2007. 6. 14. 선고 2005다29290 판결.

었는가를 말하는 것이지, 내용의 진정을 뜻하는 것은 아니다.

(4) 서면에 의하여 증명되는 법률관계에 대하여 당사자 간에 다툼이 없거나 법률관계가 소멸되면 확인의 이익이 없다.

(5) 어느 서면에 의하여 증명되어야 할 법률관계를 둘러싸고 이미 소가 제기되어 있는 경우에는 그 소송에서 분쟁을 해결하면 되므로 서면의 진정 여부를 가리는 확인의 소를 제기할 이익이 없다.200)

판 례 **영수증의 대상성, 이미 소가 제기된 경우 증서진부확인의 소의 소익(대법원 2007. 6. 14. 선고 2005다29290 판결)**

[2] 임대차계약금으로 일정한 금원을 받았음을 증명하기 위하여 작성된 영수증은 특별한 사정이 없는 한 임대차 등 법률관계의 성립 내지 존부를 직접 증명하는 서면이 아니므로 증서의 진정 여부를 확인하는 소의 대상이 될 수 없다고 한 사례.

[4] 어느 서면에 의하여 증명되어야 할 법률관계를 둘러싸고 이미 소가 제기되어 있는 경우에는 그 소송에서 분쟁을 해결하면 되므로 그와 별도로 그 서면에 대한 진정 여부를 확인하는 소를 제기하는 것은 특별한 사정이 없는 한 확인의 이익이 없다.

☞ 사실관계를 축약하면, 甲이 乙을 상대로 임대차계약서, 영수증, 이행각서 및 지불각서에 대해서 각 서면이 진정하지 아니하다는 확인을 구하였는데, 乙은 그 전에 이미 甲을 상대로 위 서면들을 증거로 하여 임대차계약과 관련된 금원지급을 구하는 소를 제기한 사안. 대법원은 영수증에 대해서는 대상적격 흠결, 나머지 서면에 대해서는 대상적격은 충족하나 권리보호이익이 없다는 이유로 甲의 乙에 대한 소 전체를 부적법하다고 보았음.

6. 형성의 소의 이익

가. 청구적격

형성권은 ① 취소권·해제권·상계권 등과 같이 당사자의 일방적인 의사표시에 의해 법률관계의 변동이 일어나는 경우와 ② 이혼, 주주총회결의의 취소 등과 같이 소제기를 통해 법원의 판결을 받아야 비로소 법률관계의 변동이 일어나는 경우가 있다. 후자를 형성소권이라 부르고, 이 형성소권이 형성의 소의 대상이 된다.

나. 권리보호의 이익(필요)

(1) 형성의 소는 원칙적으로 법률에 규정을 두고 있는 경우에 한하여 제기할 수 있

---

200) 대법원 2007. 6. 14. 선고 2005다29290 판결. 그러나 증서진부확인의 소가 제기된 후에 비로소 그 서면과 관련된 법률관계를 둘러싼 소가 제기된 경우에는 그로 인하여 증서진부확인의 소가 부적법하게 되는 것은 아니라고 하였다.

으며(형성의 소 법정주의),[201] 법률의 규정에 따라 소송을 제기한 경우에는 원칙적으로 소의 이익이 인정된다.[202]

(2) 예외적 권리보호이익이 부인되는 경우는 다음과 같다.

① 소송의 목적이 이미 실현된 경우: 예컨대 공유물 분할에 관한 협의가 성립된 후에 공유물분할청구를 한 경우[203]

② 소송목적의 실현이 불가능한 경우: 예컨대 청구이의의 소나 제3자이의의 소가 계속 중 강제집행이 종료된 경우[204]

③ 별도의 직접적 권리구제절차가 있는 경우: 예컨대 대집행이 완료된 후 손해배상청구를 할 수 있음에도 대집행계고처분이 위법함을 이유로 그 취소를 구하는 경우[205]

7. 소송상 취급

(1) 소의 이익은 소송요건의 하나로서 직권조사사항이고 본안판결의 요건이다. 따라서 그 흠이 있는 경우에는 소가 부적법하므로 판결로 각하하여야 한다.

(2) 다만 소의 이익에 흠결이 있다는 이유로 원고의 청구를 배척하면서 소를 각하하지 않고 청구를 기각하였다고 하더라도 그 청구의 본안에 대한 기판력이 발생하는 것은 아니므로, 주문의 표현을 들어 판결을 파기할 것은 아니라고 한다.[206]

제 3 절 소송물

Ⅰ. 서 설

1. 의 의

원·피고 및 법원의 동태적인 재판절차인 민사소송에 있어서, 판결은 양 당사자가 충

201) 대법원 1993. 9. 14. 선고 92다35462 판결; 대법원 2001. 1. 16. 선고 2000다45020 판결.

202) 예컨대 토지경계확정의 소는 인접한 토지의 경계가 불분명하여 그 소유자들 사이에 다툼이 있다는 것만으로 권리보호이익이 인정된다(대법원 2021. 8. 19. 선고 2018다207830 판결).

203) 대법원 1995. 1. 12. 선고 94다30348, 30355 판결.

204) 대법원 1996. 11. 22. 선고 96다37176 판결.

205) 대법원 1976. 1. 27. 선고 75누230 판결; 대법원 1993. 6. 8. 선고 93누6164 판결.

206) 대법원 1993. 7. 13. 선고 92다48857 판결.

분한 공방과정을 거친 후 내려져야 함이 바람직하다. 이를 위해서는 공방과 판결의 대상이 되는 객체가 명확히 특정될 필요가 있는 바, 이러한 심판의 대상을 강학상 소송물이라고 하며, 소송의 객체, 소송상의 청구 등으로 표현하기도 한다.

2. 소송물의 기능

(1) 소송절차적 측면에서 소송물은 i) 소를 제기할 당시에 토지관할·사물관할, 청구의 특정과 그 범위를 정할 때, ii) 절차의 진행과정에서는 청구의 병합, 청구의 변경, 중복소제기, 처분권주의의 위반인지를 정할 때, iii) 절차의 종결과정에서도 기판력, 재소금지의 범위를 정할 때 그 표준이 된다.

(2) 실체적 측면에서도 소송물은 재판상 청구에 따른 시효중단·기간준수의 효과를 따짐에 있어서 그 기준이 된다.

3. 소송물의 특징

(1) 처분권주의(제203조)의 요청 상 소송물을 특정할 책임은 원고에게 있다.

(2) 청구의 목적물 혹은 계쟁물 자체는 소송물이 아니다. 따라서 토지인도소송에 있어서 토지, 건물철거소송에 있어서 건물은 소송물이 아니다.

4. 법문의 규정

독일 ZPO에는 소송물을 가리키는 단어인 'streitgegenstand'가 자주 등장한다. 우리 민사집행법에는 제48조 제2항 단서, 제156조 제1항 단서, 제309조 제1항에서 소송물이라는 표현이 사용되고 있다. 그러나 우리 민사소송법에는 소송물이라는 표현이 없고, 대신 주문(제216조 제1항), 사건(제259조), 청구(제262조), 소(제267조 제2항), 소송목적(제25조 제2항, 제26조 제1항, 제27조, 제65조 제67조, 제79조 제1항, 제81조 내지 제83조 등) 등 다양한 표현으로 규정되어 있다.

II. 소송물에 관한 견해대립

1. 구실체법설(구소송물이론)

실체법상의 권리 또는 법률관계의 주장을 소송물로 보고, 실체법상의 권리·법률관계마다 소송물이 별개로 된다는 입장이다. 구실체법설에 따르면 A와 B, 이렇게 두 개의 실체법상의 권리가 있는 경우에 ① A와 B를 함께 주장하면 청구의 병합이고, ② A에서 B로 바꾸면 청구의 변경이며, ③ A에 관한 소송의 계속 중 B에 관한 새로운 소를 제기하여도 중복소송이 아니고, ④ A에 관한 소가 패소확정된 뒤에 B에 관한 새로운 소를 제기하여도 기판력에 저촉되지 않으며, ⑤ A에 관한 청구를 하였는데 B에 관하여 심판하면 처분권주의에 위배되는 것으로 본다.

2. 소송법설(신소송물이론)

신청(청구취지)만으로 또는 신청과 사실관계에 의해서 소송물이 구성된다는 입장이다. 실체법상의 권리·법률관계는 소송물의 요소가 아니고 소송물이 이유 있는가를 가리는데 전제가 되는 법률적 관점 내지는 공격방어방법에 지나지 않는다고 본다.

가. 이지설(이분지설(二分肢說), 이원설)

이지설은 신청(Antrag)과 사실관계(Sachverhalt)라는 두 가지 요소에 의해서 소송물이 구성된다는 견해이다. 사실관계[207]는 하나이지만 두 개의 청구권이 경합적으로 생겼을 때 소송물은 하나로 본다. 그러나 두 개의 사실관계에 기한 두 개의 청구권이 경합적으로 생겼을 때는 이와 달리 소송물은 두 개로 본다.

나. 일지설(일분지설(一分肢說), 일원설)

신청(Antrag) 만이 소송물의 구성요소라고 하여, 청구취지만으로 소송물의 동일성을 식별하는 견해이다. 따라서 소송물의 범위를 가장 넓게 본다. 청구취지에서 1개의 판결을 신청했으면 두 개의 권리(불법행위와 채무불이행에 기한 청구권)에 기하여 청구하든, 두 가지 사실관계(어음발행사실, 원인관계인 매매사실)에 기하여 청구하든 소송물은 1개이다. 물론 이 견해도 금전 또는 대체물지급청구에 있어서는 청구원인의 사실관계를 보충적으로 참작한다.

3. 그 외의 견해

가. 신실체법설

일정한 급부요구권과 같은 법적지위를 청구권으로 보고, 그 청구를 뒷받침하는 법규는 단순히 근거에 불과한 것으로 본다. 따라서 손해배상의 근거를 채무불이행과 불법행위

207) 다만 여기의 사실관계는 사회적·역사적으로 볼 때 1개라고 할 일련의 사실관계(Lebenssachverhalt) 또는 생활경과(Lebensvorgang)로서, 넓은 개념으로 본다(정동윤/유병현/김경욱, 283면).

로 구성하더라도 돈을 달라는 법적지위는 하나이므로 청구 역시 하나이고, 단지 그 근거만 여러 개인 것으로 보므로, 구실체법설과 달리 이를 청구권 경합으로 보지 않고, 청구법규의 경합에 불과한 것으로 본다.

나. 상대적 소송물설

소송물이 문제되는 각 경우에 따라 소송물의 동일성을 다르게 적용하는 견해이다. 이는 다시 ① 절차를 지배하는 원리에 따라 소송물을 다르게 구별하는 견해[208]와, ② 소송절차의 각 국면에 따라 소송물을 다르게 구별하는 견해[209]로 나뉜다.

다. 사실관계 일원설

신청을 소송물의 구성요소에서 배제하고 생활사실관계만으로 소송물의 동일성을 식별하고자 하는 견해이다. 청구원인사실 일지설, 핵심설 등으로 불리기도 한다. 즉 같은 생활사실관계를 둘러싸고 발생한 분쟁이라면 비록 신청이 다르더라도 소송물이 동일하다고 본다.

Ⅲ. 구체적인 소송물 판단

1. 판례의 기본태도

판례는 기본적으로 구실체법설(구소송물이론)의 입장에 서서, 청구원인에 의하여 특정되는 실체법상의 권리 또는 법률관계를 소송물로 보며,[210] 청구원인에 의하여 소송물의 동일성이 식별되는 것으로 본다.[211]

판 례 **소송물의 개념(대법원 2002. 2. 8. 선고 2001다17633 판결)**

민사소송에서 소송물이란 일반적으로 소송의 객체가 되는 심판의 대상으로서 실체법상의 권리나 법률관계를 의미하는바, 이 사건에서 소송물의 내용을 이루는 실체법상의 권리는 전자의 청구는 민법 제265조를 근거로 하고 있고, 후자의 청구는 민법 제263조를 근거로 하고 있으므로 양 청구는 독립된 소송물로 보아야 하고, 후자의 청구가 전자의 청구의 수량적 일부에 불과한 것은 아니다.

---

208) 이 견해는 변론주의가 지배하는 절차에서는 이지설을 따르고, 직권탐지주의가 지배하는 절차에서는 일지설을 따른다(Jauernig, §37 Ⅷ).

209) 이 견해는 기판력의 범위와 관련해서는 이지설을 따르고, 중복소송, 청구의 변경, 청구의 병합 등과 관련해서는 일지설을 따른다.

210) 대법원 2002. 2. 8. 선고 2001다17633 판결.

211) 대법원 1989. 3. 28. 선고 88다1936 판결; 대법원 2008. 9. 11. 선고 2005다9760, 9777 판결.

다만 판례는 구체적 타당성을 기하기 위하여 개별 사례에서 소의 목적, 청구권의 법적근거와 성질 등을 종합적으로 고려하여 소송물을 실질적으로 동일한 것으로 보기도 한다. 예컨대 진정명의회복을 위한 소유권이전등기청구와 소유권이전등기말소등기청구,[212] 부당이득반환청구와 파산채권확정청구[213] 등이 그것이다.

판 례 **진정명의회복을 위한 소유권이전등기청구 vs 소유권이전등기말소등기청구(대법원 2001. 9. 20. 선고 99다37894 전원합의체 판결)**

[다수의견] 진정한 등기명의의 회복을 위한 소유권이전등기청구는 이미 자기 앞으로 소유권을 표상하는 등기가 되어 있었거나 법률에 의하여 소유권을 취득한 자가 진정한 등기명의를 회복하기 위한 방법으로 현재의 등기명의인을 상대로 그 등기의 말소를 구하는 것에 갈음하여 허용되는 것인데, 말소등기에 갈음하여 허용되는 진정명의회복을 원인으로 한 소유권이전등기청구권과 무효등기의 말소청구권은 어느 것이나 진정한 소유자의 등기명의를 회복하기 위한 것으로서 실질적으로 그 목적이 동일하고, 두 청구권 모두 소유권에 기한 방해배제청구권으로서 그 법적 근거와 성질이 동일하므로, 비록 전자는 이전등기, 후자는 말소등기의 형식을 취하고 있다고 하더라도 그 소송물은 실질상 동일한 것으로 보아야 하고, 따라서 소유권이전등기말소청구소송에서 패소확정판결을 받았다면 그 기판력은 그 후 제기된 진정명의회복을 원인으로 한 소유권이전등기청구소송에도 미친다.

판 례 **부당이득반환청구 vs 파산채권확정청구(대법원 2013. 2. 28. 선고 2011다31706 판결)**

(전략) 그런데 환송 전 원심에서의 부당이득반환청구와 원심에서 교환적으로 변경된 파산채권확정청구는 어느 것이나 파산채권자가 자신이 보유하는 동일한 채권을 회수하기 위한 것으로서 실질적으로 그 목적이 동일하고, 부당이득반환청구라는 그 실체법상 법적 근거와 성질이 동일하며, 다만 파산절차의 개시라는 특수한 상황에 처하여 그 청구취지만을 이행소송에서 확인소송으로 변경한 것에 불과하여 양자의 소송물은 실질적으로 동일한 것으로 봄이 상당하다. 그렇다면 환송 전 원심판결의 예비적 청구 중 1,210,094,531원 및 그에 대한 법정이자와 지연손해금을 초과하는 부분이 원고 패소로 확정되었으므로 이와 실질적으로 동일한 소송물이라고 할 수 있는 파산채권확정청구에 대하여도 이와 다른 판단을 할 수 없고 이 부분 청구를 기각하여야 할 것이다. (후략)

2. 등기청구의 소송물

가. 소유권이전등기청구

판례는 이전등기청구사건에서 등기원인을 매매, 취득시효의 완성, 대물변제예약 등으로 달리 주장하는 것은 공격방법이 다른 것이 아니라 소송물이 다른 것으로 본다.[214]

212) 대법원 2001. 9. 20. 선고 99다37894 전원합의체 판결.
213) 대법원 2013. 2. 28. 선고 2011다31706 판결.
214) 매매 vs 취득시효완성(대법원 1981. 1. 13. 선고 80다204, 205 판결), 매매 vs 대물변제예약(대법원 1997. 4. 25.

판 례 **매매 소유권이전등기청구 vs 취득시효완성 소유권이전등기청구(대법원 1981. 1. 13. 선고 80다204, 205 판결)**

매매를 원인으로 한 소유권이전등기청구소송과 취득시효완성을 원인으로 한 소유권이전등기청구소송은 이전등기청구권의 발생원인을 달리하는 별개의 소송물이므로 전소의 기판력은 후소에 미치지 아니한다.

판 례 **매매 소유권이전등기청구 vs 대물변제예약 소유권이전등기청구(대법원 1997. 4. 25. 선고 96다32133 판결)**

대물변제예약에 기한 소유권이전등기청구권과 매매계약에 기한 소유권이전등기청구권은 그 소송물이 서로 다르므로 동일한 계약관계에 대하여 그 계약의 법적 성질을 대물변제의 예약이라고 하면서도 새로운 매매계약이 성립되었음을 인정하여 매매를 원인으로 한 소유권이전등기 절차를 이행할 의무가 있다고 하는 것은 위법하다.

나. 말소등기청구

(1) 등기원인의 무효에 따른 말소등기청구

판례는 등기원인의 무효에 따른 말소등기청구에서의 소송물은 말소등기청구권이고, 등기원인의 무효를 뒷받침하는 개개의 사유는 공격방어방법에 불과할 뿐이라고 한다.[215]

판 례 **등기원인의 무효에 따른 말소등기청구의 소송물(대법원 1999. 9. 17. 선고 97다54024 판결)**

말소등기 청구사건의 소송물은 당해 등기의 말소등기청구권이고, 그 동일성 식별의 표준이 되는 청구원인, 즉 말소등기청구권의 발생원인은 당해 '등기원인의 무효'라 할 것이며, 등기원인의 무효를 뒷받침하는 개개의 사유는 독립된 공격방어방법에 불과하여 별개의 청구원인을 구성한다고 볼 수 없다.

다만 판례 중에는 이중보존등기의 말소청구와 관련하여 전소에서 상속회복청구를 원인으로 후행 보존등기의 말소를 구하였다가 제척기간 경과로 패소확정판결을 받은 후 후소로 중복등기를 이유로 후행 보존등기의 말소를 구한 사례에서 청구원인이 달라 기판력에 저촉되지 않는다고 본 것도 있다.[216]

선고 96다32133 판결), 매매 vs 양도담보약정(대법원 1992. 3. 27. 선고 91다40696 판결).

215) 대법원 1993. 6. 29. 선고 93다11050 판결; 대법원 1999. 9. 17. 선고 97다54024 판결.

216) 대법원 2011. 7. 14. 선고 2010다107064 판결.

판 례 **이중보존등기 말소청구의 소송물(대법원 2011. 7. 14. 선고 2010다107064 판결)**

원고의 피상속인이 후행 보존등기가 중복등기에 해당하여 무효임을 주장하지 않고, 자신이 진정한 상속인이고 후행 보존등기로부터 상속을 원인으로 이루어진 소유권이전등기의 명의인은 진정한 상속인이 아니므로 그 소유권이전등기는 무효이고 그에 이어 이루어진 소유권이전등기도 무효라고 주장하여 소유권말소등기의 소를 제기하였다가 그 소가 상속회복청구의 소에 해당하고 제척기간이 경과하였다는 이유로 패소 판결이 확정되었다고 하더라도, 후행 보존등기가 중복등기에 해당하여 무효라는 이유로 말소등기를 구하는 원고의 후소는 패소 판결이 확정된 전소와 청구원인을 달리하는 것이어서 전소의 기판력에 저촉되지 않는다.

(2) 등기원인의 무효 이외의 다른 사유에 따른 말소등기청구

판례는 이 경우 각 소송물을 달리하는 별개의 청구로 본다. 따라서 말소등기청구를 ① 피담보채무 변제를 이유로 한 것과 원인무효를 이유로 한 것의 소송물이 다르다고 하고,[217] ② 소유권에 기한 방해배제청구권의 행사로서 한 것과 계약해제에 따른 원상회복으로 한 것의 소송물이 다르며,[218] ③ 사기에 의한 의사표시취소를 원인으로 근저당권설정등기의 말소를 구한 것과 피담보채무 부존재를 원인으로 말소를 구한 것 역시 소송물이 다르다고 하였다.[219]

판 례 **피담보채무 변제 vs 원인무효(대법원 1983. 3. 8. 선고 82다카1203 판결)**

담보목적으로 경료된 소유권이전등기의 피담보채무를 변제하였음을 이유로 하여 말소를 구하는 본소청구와 소유권이전등기가 원인무효임을 이유로 하여 말소를 구하는 전소청구는 소송물이 동일하다고 볼 수 없으므로 전소에 대한 확정판결의 기판력은 본소에 미치지 아니한다.

판 례 **소유권에 기한 방해배제 vs 계약해제 원상회복(대법원 1993. 9. 14. 선고 92다1353 판결)**

소유권에 기한 방해배제청구권의 행사로서 말소등기청구를 한 전소의 확정판결의 기판력이 계약해제에 따른 원상회복으로 말소등기청구를 하는 후소에 미치지 않는다고 한 사례.

3. 손해배상청구의 소송물

(1) 보통 파 종자를 옥파 종자라고 속여 손해를 보게 하였다는 이유로 불법행위에 의한 손해배상청구를 하였음에도 채무불이행으로 인한 손해배상의무를 인정한 것은 위법하

217) 대법원 1983. 3. 8. 선고 82다카1203 판결.
218) 대법원 1993. 9. 14. 선고 92다1353 판결.
219) 대법원 1986. 9. 23. 선고 85다353 판결.

다고 하여, 동일한 사실관계에 관한 채무불이행으로 인한 손해배상청구와 불법행위로 인한 손해배상청구는 소송물이 다르다고 본다.220)

(2) 생명·신체침해로 인한 손해배상청구소송에 있어서 적극적 손해, 소극적 손해, 정신적 손해(위자료) 등 수 개의 손해항목을 청구할 때, 판례는 손해항목마다 소송물이 별개라고 하여 손해3분설을 취한다.221)

(3) 불법행위에 의한 손해배상청구(전소)에서 예측하지 못하였던 후유증이 전소확정 후 새롭게 발생한 경우, 학설은 ① 전소의 청구를 전체손해액 중 일부를 청구한 것으로 보고 이 경우 일부임을 명시한 것으로 보아 전소판결의 기판력은 후소에 미치지 않으므로 추가청구의 별소가 허용된다는 견해(명시적 일부청구의제설), ② 후유증 손해는 전소 당시에는 전혀 예측할 수 없었고 변론종결 후에 발생한 새로운 공격방법으로 기판력의 시적 범위에 의해 차단되지 않아 허용된다는 견해(시적한계설)가 있으나, ③ 후유증에 의한 손해배상청구는 표준시 이후에 발생한 새로운 사유에 의한 손해로서 전소와 별개의 소송물을 구성한다는 견해(별개의 소송물설)222)가 타당하다고 본다. 판례도 후유증을 별개의 소송물로 보고 있다.223)

판 례 **후유증 발생과 소송물(대법원 2019. 12. 27. 선고 2019다260395 판결)**

甲은 유치원생이던 때에 乙이 피워놓은 불이 바지에 옮겨붙어 화염화상을 입었고, 이에 甲에게 발생한 외모 및 기능적 손실에 대한 향후치료비의 감정이 이루어졌으며, 이를 전제로 선행판결도 내려졌는데, 이후 甲이 골관절염 등으로 인한 추가적인 치료를 받게 되자 甲 등이 이는 선행소송의 변론종결 당시에는 예견할 수 없었던 새로운 손해라고 주장한 사안에서, 제반 사정에 비추어 甲에게 발생한 골관절염 등은 선행소송의 변론종결 후에 새로 발생한 증상으로, 甲 등으로서는 선행소송의 변론종결 당시 그로 인한 손해의 발생을 예견할 수 없었다고 보아야 하므로, 골관절염 등으로 인한 손해배상청구 부분은 선행판결의 기판력에 저촉되는 것이 아님에도, 이와 달리 본 원심판단에 법리오해의 잘못이 있다고 한 사례.

(4) 동일인 간의 수 개의 손해배상채권이라 하더라도 그 발생시기와 원인이 다르면 별개의 소송물이 된다.224)

220) 대법원 1963. 7. 25. 선고 63다241 판결.

221) 대법원 1976. 10. 12. 선고 76다1313 판결; 대법원 2002. 9. 10. 선고 2002다34581 판결 등.

222) 김홍엽, 324면; 이시윤, 257면; 정동윤/유병현/김경욱, 307면; 정영환, 455면; 한충수, 228면.

223) 대법원 1980. 11. 25. 선고 80다1671 판결; 대법원 2007. 4. 13. 선고 2006다78640 판결; 대법원 2019. 12. 27. 선고 2019다260395 판결.

224) 대법원 2017. 11. 23. 선고 2017다251694 판결.

판 례 **발생시기·원인이 다른 수 개의 손해배상청구권과 소송물(대법원 2017. 11. 23. 선고 2017다251694 판결)**

채권자가 동일한 채무자에 대하여 수 개의 손해배상채권을 가지고 있다고 하더라도 그 손해배상채권들이 발생시기와 발생원인 등을 달리하는 별개 채권인 이상 이는 별개 소송물에 해당하고, 그 손해배상채권들은 각각 소멸시효 기산일이나 채무자가 주장할 수 있는 항변이 다를 수도 있으므로, 이를 소송으로 청구하는 채권자로서는 손해배상채권별로 청구금액을 특정하여야 하고, 법원도 이에 따라 손해배상채권별로 인용금액을 특정하여야 하며, 이러한 법리는 채권자가 수 개의 손해배상채권들 중 일부만을 청구하고 있는 경우에도 마찬가지이다. 또한 민사소송에서 청구취지는 그 내용 및 범위가 명확히 알아볼 수 있도록 구체적으로 특정되어야 하고, 이의 특정 여부는 직권조사사항이므로 청구취지가 특정되지 않은 경우에는 법원은 피고의 이의 여부와 관계없이 직권으로 보정을 명하고, 이에 응하지 않을 때에는 소를 각하하여야 한다.

4. 일부청구의 소송물

일부청구를 한 경우에 전체를 소송물로 볼 것인지, 일부만 소송물이라고 볼 것인지가 문제된다. 학설로는 ① 그 일부임을 명시한 바 없었다 하여도 잔부와의 관계에서 일부청구부분만이 독립의 소송물로 된다는 견해(일부청구 긍정설),[225] ② 그 일부가 일정한 표준으로 특정되지 않는 한 일부청구에 불구하고 전부를 소송물로 제시한 것으로 보아야 하며, 일부청구는 단지 인용한도액을 획정한 것에 그친다는 견해(일부청구 부정설),[226] ③ 원고가 일부청구임을 명시한 경우에는 일부청구 부분만이 독립의 소송물로 되지만, 그렇지 않은 경우에는 전부를 소송물로 보아야 한다는 견해(명시설)[227]로 나뉜다. 판례는 일부청구임을 명시한 경우 기판력은 일부에 대해서 미치지만,[228] 명시하지 않은 경우 잔부청구에까지 미친다고 하여,[229] 소송물 특정에 있어서 명시설을 취하고 있다. 생각건대 일부청구시 피고의 수회 응소 부담, 심리의 비경제 등과 분할청구에 대한 원고의 처분권 존중을 조화시킬 수 있는 명시설이 타당하다고 할 것이다.

판 례 **명시설(대법원 1989. 6. 27. 선고 87다카2478 판결)**

[1] 불법행위의 피해자가 일부청구임을 명시하여 손해의 일부만을 청구하는 경우 그 명시방법으로는 반드시

---

225) 호문혁, 159면, 752면.

226) 손한기, 150면.

227) 김홍엽, 278면; 이시윤, 258면; 정동윤/유병현/김경욱, 311면; 정영환, 457면; 한충수, 228면.

228) 대법원 1989. 6. 27. 선고 87다카2478 판결; 대법원 2000. 2. 11. 선고 99다10424 판결; 대법원 2008. 12. 24. 선고 2008다51649 판결.

229) 대법원 2016. 7. 27. 선고 2013다96165 판결.

전체 손해액을 특정하여 그중 일부만을 청구하고 나머지 손해액에 대한 청구를 유보하는 취지임을 밝혀야 할 필요는 없고 일부청구하는 손해의 범위를 잔부청구와 구별하여 그 심리의 범위를 특정할 수 있는 정도의 표시를 하여 전체 손해의 일부로서 우선 청구하고 있는 것임을 밝히는 것으로 족하다.
[2] 불법행위의 피해자가 일부청구임을 명시하여 그 손해의 일부만을 청구한 경우 그에 대한 판결의 기판력은 청구의 인용 여부에 관계없이 청구의 범위에 한하여 미치고 잔부 청구에는 미치지 않는다.

5. 확인의 소의 소송물

확인의 소는 청구취지만으로 소송물의 동일성이 식별된다고 본다. 즉 청구취지에 기재된 권리 또는 법률관계의 주장으로 본다. 판례의 입장도 같다.[230] 따라서 예컨대 소유권확인의 소에서 소유권 취득원인에 해당하는 매매나 취득시효완성은 공격방법에 불과하다.

판 례 **소유권확인의 소의 소송물(대법원 1987. 3. 10. 선고 84다카2132 판결)**

(전략) 특정토지에 대한 소유권확인의 본안판결이 확정되면 그에 대한 권리 또는 법률관계가 그대로 확정되는 것이므로 그 사건의 변론종결 전에 그 확인원인이 되는 다른 사실이 있었다 하더라도 그 확정판결의 기판력은 거기까지도 미치는 것이다. 그러므로 같은 취지에서 원심이 그 증거에 의하여 소외 2가 원심판시 목록 5 기재 토지에 대하여 소송수계 전의 망 피고 1을 상대로 소유권확인청구소송을 제기하여 원고 승소의 판결을 받고 그 판결이 확정된 사실을 적법히 확정한 다음 피고가 비록 그 사건 변론종결 이전에 망 소외 1이 위 토지를 매수하였다거나 위 망 피고 1이 취득시효의 완성으로 소유권을 취득하였다 하더라도 그와 같은 사유만으로는 위 확정판결의 기판력을 배제할 수 없다고 판시한 조치에 주장하는 바와 같은 확정판결의 기판력에 관한 법리오해의 위법이 있다 할 수 없다.

6. 형성의 소의 소송물

판례는 이혼소송에서는 각 이혼사유마다,[231] 재심소송에서는 각 재심사유마다[232] 소송물이 별개라고 본다. 그리고 주주총회에서 수 개의 안건이 상정되어 각기 결의가 이루어진 경우 주주총회결의 취소소송의 제소기간 준수 여부를 각 안건에 대한 결의마다 별도로 판단해야 한다고 하여,[233] 소송물을 각 안건에 대한 결의마다 별개로 본다. 그러나 부존재하는 총회결의에 대해 무효확인을 구한 경우 이를 부존재확인의 의미로 무효확인

---

230) 대법원 1987. 3. 10. 선고 84다카2132 판결.
231) 대법원 1963. 1. 31. 선고 62다812 판결.
232) 대법원 1970. 1. 27. 선고 69다1888 판결.
233) 대법원 2010. 3. 11. 선고 2007다51505 판결.

을 구하는 것이라고 보아,[234] 소송물이 동일한 것처럼 판시한 것도 있다.

제 4 절 소의 제기

제1심 소송과정을 살펴보면 대체로, 소장의 제출→소장의 심사→소장부본의 송달, 답변서 제출의무의 고지→답변서 제출→변론(공방 및 증거조사)→판결의 순으로 이어진다. 소의 제기는 위 소송과정의 첫 번째 단계이다.

Ⅰ. 소제기의 방식

1. 소장제출주의

(1) 소제기는 소장이라는 서면을 작성하여 제1심법원에 제출하는 것이 원칙이다(제248조 제1항). 소정의 인지를 붙여야 한다(민인 제2조 제1항). 만약 납부한 인지액이 소정의 금액[235]에 미달하는 경우 소장의 접수를 보류할 수 있다(제248조 제2항). 소장이 접수되면 소장이 제출된 때에 소가 제기된 것으로 본다(제248조 제3항).

(2) 소장에는 필수적 기재사항인 당사자, 법정대리인, 청구취지, 청구원인을 기재하여야 하고(제249조 제1항), 원고 또는 대리인이 기명날인 또는 서명을 해야 한다(제249조 제2항, 제274조).

(3) 소장에는 첨부서류를 붙여야 하는데, ① 피고의 수만큼의 소장의 부본(민소규 제48조), ② 당사자가 제한능력자인 경우 법정대리인의, 법인 등인 경우 그 대표자의 각 자격증명서(가족관계증명서, 법인등기사항증명서 등)를 첨부해야 하고(민소규 제63조 제1항), ③ 부동산사건은 부동산등기사항증명서, 친족사건은 가족관계증명서, 어음·수표사건은 어음·수표의 각 사본 등을 첨부해야 하며, 그 외에도 증거로 될 문서 가운데 중요한 것의 사본을 첨부해야 한다(민소규 제63조 제2항).

2. 소장제출주의의 예외

소액사건에서는 구술제소·임의출석에 의한 제소가 가능하다(소심 제4조, 제5조).

---

234) 대법원 1983. 3. 22. 선고 82다카1810 전원합의체 판결.

235) 민사소송 등 인지법 제13조 제2항 각호의 금액인데, 구체적으로 소가 3천만 원 이하인 경우에는 1천 원, 소가 3천만 원 초과 5억 원 이하인 경우에는 1만 원, 소가 5억 원 초과인 경우에는 5만 원이다.

3. 소제기의 간주

독촉절차에 의한 지급명령에 대하여 채무자가 이의를 한 경우에는 지급명령신청을 한 때(제472조), 제소전화해가 불성립되었는데 당사자가 소제기신청을 한 경우에는 제소전화해신청을 한 때(제388조), 조정신청을 하였는데 조정을 하지 아니하기로 하는 결정이 있거나, 조정불성립으로 종결되거나, 조정갈음결정에 대해 이의신청이 있는 경우에는 조정신청을 한 때(민조 제36조), 각 소가 제기된 것으로 본다.

II. 소장의 기재사항

소장은 간결한 문장으로 분명하게 작성하여야 한다(민소규 제4조 제1항). A4 크기의 용지를 세워서 적어야 한다(같은 조 제2항). 법원은 제출자의 의견을 들어 변론기일 또는 변론준비기일에서 진술되지 아니하거나 불필요한 소송서류를 돌려주거나 폐기할 수 있다(같은 조 제3항).

1. 필수적 기재사항(제249조 제1항)

> **제249조(소장의 기재사항)** ① 소장에는 당사자와 법정대리인, 청구의 취지와 원인을 적어야 한다.

당사자와 법정대리인, 청구취지와 청구원인을 기재한다. 필수적 기재사항이 갖추어지지 않았는데도 보정하지 않으면 재판장은 명령으로 소장을 각하하여야 한다(제254조 제2항).

가. 당사자와 법정대리인

(1) 당사자가 자연인인 경우 성명과 주소를 기재하고, 법인인 경우 상호 또는 명칭과 본점 또는 주된 사무소의 소재지를 기재한다. 이것으로 부족할 경우 주민등록번호나 법인등록번호로 보충 가능하다. 민사소송규칙에서는 연락처(전화, 팩스, 전자우편주소 등)를 적게 하고 있다(민소규 제2조 제1항 제2호).

(2) 당사자가 제한능력자일 경우 법정대리인을 기재해야 하고, 당사자가 법인 등일 경우 대표자를 기재해야 한다.

나. 청구취지

청구취지는 판결을 구하는 내용을 간결, 명확하고 확정적으로 기재하여야 한다.

(1) 이행의 소에서 금전지급청구의 청구취지의 예를 들면 다음과 같다.

금전지급청구의 청구취지 기재례
1. 피고는 원고에게 100,000,000원 및 이에 대한 2023. 8. 5.부터 이 사건 소장 부본 송달일까지는 연 5%의, 그 다음날부터 다 갚는 날까지는 연 12%의 각 비율로 계산한 돈을 지급하라.
2. 소송비용은 피고가 부담한다.
3. 제1항은 가집행할 수 있다.

라는 판결을 구합니다.

(2) 확인의 소에서 청구취지는 「~ 부동산이 원고의 소유임을 확인한다.」와 같이 확인을 구하는 권리 또는 법률관계의 대상과 내용을 명확히 특정한다.

채무의 일부부존재확인청구의 경우 청구취지는 「원고의 피고에 대한 2023. 8. 6. 금전소비대차계약에 기한 채무는 3,000,000원을 초과하여서는 존재하지 아니함을 확인한다.」와 같다. 이 경우 법원의 심리결과,

① 원고의 채무가 500만 원인 경우의 주문: 「원고의 (중략) 채무는 5,000,000원을 초과하여서는 존재하지 아니함을 확인한다.」 → 일부 패소판결.[236]

② 원고의 채무가 200만 원인 경우의 주문: 「원고의 (중략) 채무는 3,000,000원을 초과하여서는 존재하지 아니함을 확인한다.」 → 전부 인용판결. 즉 원고의 청구를 전부 인용하는 데서 그쳐야지, 심리결과 밝혀진 200만 원을 초과하여서는 존재하지 아니함을 확인한다고 하면 처분권주의 위반이다.

판 례 **일부부존재확인청구에서 일정액을 초과하는 채무가 존재하는 경우 주문(대법원 1994. 1. 25. 선고 93다9422 판결)**

원고가 상한을 표시하지 않고 일정액을 초과하는 채무의 부존재의 확인을 청구하는 사건에 있어서 일정액을 초과하는 채무의 존재가 인정되는 경우에는, 특단의 사정이 없는 한, 법원은 그 청구의 전부를 기각할 것이 아니라 존재하는 채무부분에 대하여 일부패소의 판결을 하여야 한다.

(3) 형성의 소에서 청구취지는 「원고와 피고는 이혼한다.」와 같이 형성의 대상과 내용을 명확히 특정한다. 다만 형식적 형성의 소에서는 다소 완화되어 법원의 재량권행사의 기초가 나타나면 된다.

236) 대법원 1994. 1. 25. 선고 93다9422 판결.

다. 청구원인

(1) 청구원인은 소송물을 특정함에 필요한 사실관계, 즉 청구를 다른 것과 오인·혼동시키지 않을 정도의 사실을 식별할 정도로 기재해야 한다(식별설).[237] 판례는 채권양도의 사례에서 양도대상채권은 사회통념상 다른 채권과 구별하여 그 동일성을 인식할 수 있을 정도로 특정되어야 한다고 본다.[238]

(2) 금전지급청구의 청구원인의 기재 예시를 들면 다음과 같다.

「원고는 2023. 3. 24. 피고에게 1,000만 원을 변제기 2024. 3. 23., 이자 월 1.0%, 이자지급일 매월 말일로 정하여 대여하였습니다. 그렇다면 피고는 원고에게 위 1,000만 원 및 이에 대한 2023. 3. 24.부터 다 갚는 날까지 월 1%(또는 연 12%)의 비율로 계산한 돈을 지급할 의무가 있습니다.」

(3) 청구원인에는 구체적인 사실관계를 적으면 되고, 그에 대한 법률적 평가는 법원의 몫이다. "너는 사실을 말하라. 그러면 나는 권리를 주리라"는 법언은 이를 뜻한다. 만약 원고가 사용대차라고 표시했으나 사실관계는 임대차인 경우 법원은 임대차로 인정할 수 있다.[239] 이 경우 법원이 소송지휘권을 행사하여 석명을 통해 이를 명확히 바로잡을 필요가 있다 할 것이다.

2. 임의적 기재사항

기재하지 아니하여도 소장각하명령을 받지 않는 사항인 임의적 기재사항은 필수적 기재사항 외에 사건의 표시, 첨부서류의 표시, 작성한 날짜, 법원의 표시 등이다. 한편 소장에는 준비서면에 관한 규정을 준용하므로(제249조 제2항), 필수적 기재사항 이외에 준비서면의 기재사항을 적을 수 있다.

---

237) 김홍엽, 336면; 이시윤, 271면; 정영환, 478면; 호문혁, 108면. 이에 반하여 청구를 이유 있게 하는 모든 사실의 기재를 요하는 이유기재설도 있다.

238) 대법원 2013. 3. 14. 선고 2011다28946 판결.

239) 대법원 1994. 12. 2. 선고 93다31672 판결.

제 5 절 재판장등의 소장심사와 소제기 후의 조치

Ⅰ. 재판장등의 소장심사(제254조)

제254조(재판장등의 소장심사권) ① 소장이 제249조제1항의 규정에 어긋나는 경우와 소장에 법률의 규정에 따른 인지를 붙이지 아니한 경우에는 재판장은 상당한 기간을 정하고, 그 기간 이내에 흠을 보정하도록 명하여야 한다. 재판장은 법원사무관등으로 하여금 위 보정명령을 하게 할 수 있다.
② 원고가 제1항의 기간 이내에 흠을 보정하지 아니한 때에는 재판장은 명령으로 소장을 각하하여야 한다.
③ 제2항의 명령에 대하여는 즉시항고를 할 수 있다.
④ 재판장은 소장을 심사하면서 필요하다고 인정하는 경우에는 원고에게 청구하는 이유에 대응하는 증거방법을 구체적으로 적어 내도록 명할 수 있으며, 원고가 소장에 인용한 서증(書證)의 등본 또는 사본을 붙이지 아니한 경우에는 이를 제출하도록 명할 수 있다.

1. 의 의

소장이 접수되면 재판장은 소장의 적식, 즉 방식에 맞는지 여부를 심사한다. 재판장의 소장심사는 최선순위로 따져야 하므로, 소송요건의 구비 여부나 청구의 이유유무에 대한 판단보다 선행되어야 한다.

2. 심사의 대상

① 필수적 기재사항이 제대로 되어 있는지 여부, ② 인지를 제대로 붙였는지 여부가 주된 심사의 대상이다(제254조 제1항). 아울러 필요한 경우, ③ 증거방법의 기재, ④ 서증의 등본·사본 첨부 여부도 심사하여 그 제출을 명할 수 있다(제254조 제4항). 그러나 청구의 이유유무는 물론, 소송요건의 구비 여부도 심사의 대상이 아니다.[240] 따라서 소장에 대표자가 기재된 이상 그 표시에 잘못이 있다 하더라도 보정명령 후 그 불응을 이유로 소장각하명령을 할 수 없고, 판결로 소를 각하할 수 있을 뿐이다.[241]

---

240) 피고가 제소 전 사망한 경우(대법원 1973. 3. 20.자 70마103 결정).
241) 대법원 2013. 9. 9.자 2013마1273 결정.

3. 보정명령(제254조 제1항)

(1) 소장이 필수적 기재사항의 흠이 있거나 인지를 붙이지 아니한 경우 재판장은 상당한 기간을 정하여 그 기간 내에 흠을 보정하도록 명하여야 한다(제254조 제1항). 보정명령을 할 수 있는 기간은 제한이 없으므로, 변론이 개시된 뒤는 물론이고 상고심에서도 보정명령을 할 수 있다.[242] 재판장의 인지 등 보정명령에 대해서는 독립하여 이의신청이나 항고, 특별항고를 할 수 없다.[243]

판 례 인지보정명령에 대한 불복가능성(대법원 2012. 3. 27.자 2012그46 결정)

소장 또는 상소장에 관한 재판장의 인지보정명령은 민사소송법에서 일반적으로 항고의 대상으로 삼고 있는 같은 법 제439조 소정의 "소송절차에 관한 신청을 기각한 결정이나 명령"에 해당하지 아니하고, 또 이에 대하여 불복할 수 있음을 정하는 별도의 규정도 없으므로, 그 명령에 대하여는 이의신청이나 항고를 할 수 없다. 뿐만 아니라 인지보정명령에 따른 인지를 보정하지 아니하여 소장이나 상소장이 각하되면 이 각하명령에 대하여 즉시항고로 다툴 수 있으므로, 인지보정명령은 소장 또는 상소장의 각하명령과 함께 상소심의 심판을 받는 중간적 재판의 성질을 가지는 것으로서 민사소송법 제449조에서 특별항고의 대상으로 정하고 있는 "불복할 수 없는 명령"에도 해당하지 않는다고 할 것이다. 따라서 이 사건 특별항고는 특별항고의 대상이 될 수 없는 재판에 대한 것으로서 부적법하다.

(2) 인지보정명령에 응하여 인지를 현금으로 납부한 경우 그 납부를 한 때에 인지보정의 효과가 발생한다. 영수필확인서 등이 첨부된 보정서를 법원사무관등에게 제출하는 것은 그 납부사실을 확인케 하는 절차에 불과하므로, 납부서를 법원에 제출하지 않았더라도 보정의 효과를 부정할 수 없다.[244]

판 례 인지보정의 효력발생시기(대법원 2008. 8. 28.자 2008마1073 결정)

인지 등 보정명령에 따른 인지 등 상당액의 현금 납부에 관하여는 송달료 규칙 제3조에 정한 송달료 수납은행에 현금을 납부한 때에 인지 등 보정의 효과가 발생되는 것이고, 이 납부에 따라 발부받은 영수필확인서 등을 보정서 등 소송서류에 첨부하여 접수 담당 법원사무관 등에게 제출하고 또 그 접수 담당 법원사무관 등이 이를 소장 등 소송서류에 첨부하여 소인하는 등의 행위는 소송기록상 그 납부 사실을 확인케 하기 위한 절차에 불과하다. 그렇다면 앞서 본 바와 같이 재항고인이 원심재판장의 인지 보정명령에 따라 그 보정기간 안에 수납은행 중의 하나인 신한은행 법조타운 법원지점에 부족한 인지액을 납부한 이상 이로써 인지

242) 대법원 1969. 12. 26. 선고 67다1744, 1745, 1746 판결.
243) 대법원 2012. 3. 27.자 2012그46 결정.
244) 대법원 2008. 8. 28.자 2008마1073 결정.

보정의 효과가 발생하여 위 명령에 따른 보정이 제대로 이행되었다고 할 것이고, 재항고인이 위 납부서를 원심법원에 제출하지 아니하였다고 하여 그 보정의 효과를 부정할 수 없다.

(3) 재판장의 보정명령에 응한 경우 소장제출 취급시기를 언제로 볼 것인가 문제된다. 이에 대하여 ① 비록 청구의 내용이 불분명하더라도 청구의 의사는 소장제출시에 분명히 밝힌 것이므로 어느 경우나 소급시키는 것이 타당하다는 소장제출시설(소급시설)[245]과, ② 보정시설(비소급시설)이 있으나, ③ 부족인지 보정의 경우는 소장제출시에 소급하나, 청구의 내용 불분명을 보정한 경우에는 보정시로 보는 절충설[246]이 다수의 견해이다.

4. 소장각하명령(제254조 제2항)

가. 보정에 불응한 때

원고가 소장의 흠을 보정하지 않는 때 재판장은 명령으로 소장을 각하하여야 한다(제254조 제2항). 다만 원고가 인지를 미납하고 소송구조신청을 한 경우에는 소송구조신청에 대한 기각결정이 확정되기 전에는 인지 미납을 이유로 소장각하명령을 할 수 없다.[247]

나. 재판장의 소장각하권 행사의 시기

(1) 재판장이 언제까지 소장각하명령을 할 수 있는지 여부에 관하여 ① 소장부본송달시까지 소장각하명령을 할 수 있고, 그 이후에는 판결로 소를 각하해야 한다는 소송계속시설(소장부본송달시설)[248]과, ② 여유있는 심사를 위해 재판장의 소장각하명령은 변론개시시까지 행사할 수 있다는 변론개시시설[249]의 대립이 있다.

(2) 판례는 항소장각하명령에 관하여 항소장부본 송달 전까지만 가능하다고 하여,[250] 항소장에 관하여는 송달시설을 취한 것으로 보인다.

(3) 생각건대 소장부본이 송달된 후에는 피고가 관여하는 대립당사자 소송구조로 발전하기 때문에 더 이상 재판장의 소장각하명령으로 소송을 종료시킬 수는 없고 법원의 판결로 소를 각하해야 한다고 본다. 현행 실무의 태도도 같다.[251]

---

245) 호문혁, 111면.
246) 강현중, 352면; 이시윤, 275면; 전병서, 13면; 정동윤/유병현/김경욱, 96면.
247) 대법원 2008. 6. 2.자 2007무77 결정; 대법원 2018. 5. 4.자 2018무513 결정.
248) 강현중, 353면; 김홍엽, 341면; 전병서, 14면; 한충수, 251면; 호문혁, 112면.
249) 이시윤, 276면; 정동윤/유병현/김경욱, 97면; 정영환, 483면.
250) 대법원 1981. 11. 26.자 81마275 결정; 대법원 1995. 5. 3.자 95마337 결정; 대법원 2020. 1. 30.자 2019마5599, 5600 결정.
251) 법원실무제요 민사소송[Ⅱ], 640면.

5. 즉시항고(제254조 제3항)

재판장의 소장각하명령에 대하여는 즉시항고할 수 있다. 문제는 이렇게 즉시항고를 하며 보정을 할 수 있는지 여부이다. 판례는 소장각하명령이 성립한 후에 부족한 인지를 보정하였다 하더라도 위 각하명령이 위법한 것으로 되거나 재도의 고안에 의해 각하명령을 취소할 수 없다고 하여,[252] 소장의 적식 여부는 소장각하명령이 성립한 한 때를 기준으로 판단하고, 그 후의 보정을 허용하지 않는다.[253]

II. 소장부본의 송달(제255조)

제255조(소장부본의 송달) ① 법원은 소장의 부본을 피고에게 송달하여야 한다.
② 소장의 부본을 송달할 수 없는 경우에는 제254조제1항 내지 제3항의 규정을 준용한다.

소장의 적식이 인정되면 법원은 소장의 부본을 피고에게 바로 송달한다(제255조 제1항). 이는 피고에게 방어의 기회를 주고, 지연손해금의 법정이율이 소장부본의 송달 다음날부터 연 12%로 되므로 원고에게도 큰 도움이 되기 때문이다. 송달하고자 하는 소장부본이 송달불능이 된 경우에는 제254조 제1항을 준용하여 재판장이 원고에게 상당한 기간을 정하여 주소보정을 명하여야 하며, 불응하면 소장을 각하한다(제254조 제2항, 제255조 제2항).

III. 피고의 답변서제출의무(제256조)와 무변론판결(제257조)

1. 답변서제출의무

제256조(답변서의 제출의무) ① 피고가 원고의 청구를 다투는 경우에는 소장의 부본을 송달받은 날부터 30일 이내에 답변서를 제출하여야 한다. 다만, 피고가 공시송달의 방법에 따라 소장의 부본을 송달받은 경우에는 그러하지 아니하다.

252) 대법원 1968. 7. 29.자 68사49 전원합의체 결정; 대법원 1996. 1. 12.자 95두61 결정. 항소장각하명령의 경우도 마찬가지(대법원 2013. 7. 31.자 2013마670 결정).

253) 이러한 판례의 태도가 옳다는 견해가 있고(김홍엽, 342면), 항고심은 속심이므로 보정을 허용해야 한다는 견해도 있다(이시윤, 276면; 정동윤/유병현/김경욱, 97면; 정영환, 484면).

② 법원은 소장의 부본을 송달할 때에 제1항의 취지를 피고에게 알려야 한다.
③ 법원은 답변서의 부본을 원고에게 송달하여야 한다.
④ 답변서에는 준비서면에 관한 규정을 준용한다.

민사소송법은 집중심리제의 실효성 확보를 위해 피고의 답변서제출의무를 규정하였다. 피고가 원고의 청구를 다투는 경우에는 소장의 부본을 송달받은 날부터 30일 내에 답변서를 제출하여야 한다(제256조 제1항 본문). 다만 피고가 공시송달의 방법에 따라 소장의 부본을 송달받은 경우에는 그러하지 아니하다(제256조 제1항 단서). 법원은 소장의 부본을 송달할 때에 30일 내에 답변서 제출의무가 있음을 피고에게 알려야 한다(제256조 제2항).

2. 무변론판결

제257조(변론 없이 하는 판결) ① 법원은 피고가 제256조제1항의 답변서를 제출하지 아니한 때에는 청구의 원인이 된 사실을 자백한 것으로 보고 변론 없이 판결할 수 있다. 다만, 직권으로 조사할 사항이 있거나 판결이 선고되기까지 피고가 원고의 청구를 다투는 취지의 답변서를 제출한 경우에는 그러하지 아니하다.
② 피고가 청구의 원인이 된 사실을 모두 자백하는 취지의 답변서를 제출하고 따로 항변을 하지 아니한 때에는 제1항의 규정을 준용한다.
③ 법원은 피고에게 소장의 부본을 송달할 때에 제1항 및 제2항의 규정에 따라 변론 없이 판결을 선고할 기일을 함께 통지할 수 있다.

(1) 한편 민사소송법은 답변서제출의무에 대한 효과로서 피고가 답변서를 제출하지 않을 경우 변론 없이 원고의 청구를 인용하는 판결을 할 수 있도록 하였다(제257조 제1항). 다만 피고가 답변서를 제출하여도 청구의 원인사실에 대하여 모두 자백하는 취지이고 따로 항변을 제출하지 아니한 때에도 마찬가지로 무변론판결을 할 수 있다(제257조 제2항).

(2) 답변서가 제출되지 아니한 경우라도 예외적으로 공시송달사건(제256조 제1항 단서), 직권조사사항이 있는 사건, 판결선고기일까지 피고가 원고의 청구를 다투는 취지의 답변서를 제출한 사건(제257조 제1항 단서)은 무변론의 판결선고를 할 수 없다.

Ⅳ. 변론기일의 지정(제258조)

제258조(변론기일의 지정) ① 재판장은 제257조제1항 및 제2항에 따라 변론 없이 판결하는 경우 외에는 바로 변론기일을 정하여야 한다. 다만, 사건을 변론준비절차에 부칠 필요가 있는 경우에는 그러하지 아니하다.
② 재판장은 변론준비절차가 끝난 경우에는 바로 변론기일을 정하여야 한다.

(1) 재판장은 변론 없이 판결하는 경우 외에는 원칙적으로 바로 변론기일을 정하여야 한다(제258조 제1항 본문). 다만, 필요한 경우에는 변론기일을 지정하지 않고 사건을 변론준비절차에 회부할 수 있는데(제258조 제1항 단서), 재판장은 변론준비절차가 끝난 경우에 바로 변론기일을 정하여야 한다(제258조 제2항).

(2) 재판장은 답변서가 제출되면 바로 사건을 검토하여 가능한 최단기간 안의 날로 제1회 변론기일을 지정하여야 한다(민소규 제69조 제1항). 법원은 변론이 집중되도록 함으로써 변론이 가능한 한 속행되지 않도록 하여야 하고, 당사자는 이에 협력하여야 한다(민소규 제69조 제2항).

제 6 절 소송구조

Ⅰ. 서 설

(1) 소송제도의 이용은 유상이 원칙이다. 따라서 당사자가 소를 제기하는데 우선 소송목적물의 가액에 따른 인지대, 송달료, 변호사보수 등의 비용이 들고, 또 소송계속 중 증거조사비용 등이 추가로 든다. 그 결과 비용을 감당하기 힘든 경제적 약자는 현실적으로 소송제도를 이용하기 어려워, 헌법이 보장하고 있는 재판청구권, 그리고 이를 실현하기 위한 법원에의 access권은 요원한 권리로 전락하고 말 것이다. 이에 우리 민사소송법은 경제적 약자에게 재판을 받을 권리를 실질적으로 보장해주기 위해 소송구조제도를 마련하고 있다.

(2) 소송구조는 소송을 수행함에 있어서 필요한 비용을 감당할 수 없는 경제적 약자를 위해 그 비용을 유예·면제해주고 소송을 진행할 수 있도록 하는 제도이다.

II. 요 건

> **제128조(구조의 요건)** ① 법원은 소송비용을 지출할 자금능력이 부족한 사람의 신청에 따라 또는 직권으로 소송구조(訴訟救助)를 할 수 있다. 다만, 패소할 것이 분명한 경우에는 그러하지 아니하다.
> ② 제1항 단서에 해당하는 경우 같은 항 본문에 따른 소송구조 신청에 필요한 소송비용과 제133조에 따른 불복신청에 필요한 소송비용에 대하여도 소송구조를 하지 아니한다.
> ③ 제1항의 신청인은 구조의 사유를 소명하여야 한다.
> ⑤ 제1항에서 정한 소송구조요건의 구체적인 내용과 소송구조절차에 관하여 상세한 사항은 대법원규칙으로 정한다.

1. 소송비용을 지출할 자금능력이 부족할 것

가. 소송비용

소송수행을 위해 필요한 경비, 변호사선임료 등 일체의 비용을 의미한다.

나. 자금능력의 부족

이는 소송수행을 위해 필요경비를 지출하게 되면 가족의 경제생활에 지장을 주는 경우를 의미한다. 반드시 무자력자나 극빈자에 한하지는 않으나, 국민기초생활 보장법 상 수급자 등의 경우는 본 요건을 충족하는 것으로 보고 다른 요건의 심사만으로 소송구조 여부를 정할 수 있을 것이다.

2. 패소할 것이 분명한 경우가 아닐 것

(1) 본 요건은 소극적 요건이므로, 신청인이 승소의 가능성을 적극적으로 진술하고 소명하여야 하는 것은 아니고, 법원이 당시까지의 재판절차에서 나온 자료를 기초로 패소할 것이 명백하다고 판단할 수 있는 경우가 아니라면 그 요건은 구비되었다고 본다.[254] 여기서 패소할 것이 명백한 경우란 청구가 주장자체로 이유 없거나,[255] 공서양속에 반하는 경우 등을 의미한다.[256]

---

254) 대법원 2001. 6. 9.자 2001마1044 결정.

255) 예컨대 법률상 인정되지 않는 소송유형이거나 당사자적격이 없는 소송 등이 이에 해당할 것이다(대법원 2004. 6. 14.자 2004주1 결정).

256) 법원실무제요 민사소송[Ⅰ], 569면.

(2) 청구금액 중 극히 일부만 승소가능성이 있고 나머지 대부분은 패소가 분명하다면 소송 전체로서 구조요건을 갖추지 못한 것으로 보아 신청을 기각함이 타당하다.[257)]

(3) 항소심은 속심이므로, 제1심에서 패소하였다고 하여 항소심에서도 패소할 것이 분명하다고 추정되는 것은 아니므로, "제1심에서 패소한 당사자가 항소심에서 소송상구조를 신청하는 경우에도 신청인이 적극적으로 항소심에서 승소할 가능성을 진술하고 소명하여야 하는 것은 아니고, 법원은 신청인의 신청이유와 소명자료는 물론 본안소송에서의 소송자료 및 증거자료도 함께 종합하여 항소심에서 신청인이 패소할 것이 확실한지를 판단하여야 할 것이다"고 하였다.[258)]

그러나 상고심은 법률심이므로, 항소심에서 패소한 당사자가 상고심에서 소송상의 구조를 신청한 경우, "패소할 것이 명백한 경우가 아니라는 점에 관한 소명의 정도는 제1심이나 항소심에서 소송상의 구조를 신청하는 경우에 비하여 좀 더 구체적인 소명을 필요로 하는 것이라고 보아야 할 것이므로, 신청인이 상고심에서 소송상의 구조를 신청하려면, 자신이 항소심에서는 패소하였지만, 항소심판결에 법률상의 하자 등이 있어 그 판결이 취소될 개연성이 없지 않다는 점 등을 구체적으로 명시하여 그 사유를 소명하여야 한다"고 하였다.[259)]

(4) 패소할 것이 분명한 경우에는 구조신청 및 불복신청에 필요한 소송비용에 대해서도 소송구조를 하지 아니한다(제128조 제2항).[260)]

Ⅲ. 절 차

1. 신청 또는 직권

(1) 신청인이 구조의 사유를 소명하여야 하기 때문에(제128조 제3항), 신청인은 신청인 및 같이 사는 가족의 자금능력을 적은 서면[261)]을 붙여 소송구조신청서를 제출하여야 한다(민소규 제24조).

(2) 법원이 직권으로 소송구조를 할 수도 있다(제128조 제1항).

---

257) 법원실무제요 민사소송[Ⅰ], 569면.

258) 대법원 2001. 6. 9.자 2001마1044 결정.

259) 대법원 2001. 3. 8.자 2001카기38 결정.

260) 2023. 4. 18. 법률 제19354호로 개정되어 2023. 10. 19.부터 시행된 민사소송법에서 신설된 조항이다.

261) 이는 하나의 예시에 불과하므로, 신청인이 다른 방법으로 자금능력의 부족에 대한 소명을 하는 것이 가능하고, 법원이 자유심증으로 그 소명여부를 판단한다(대법원 2003. 5. 23.자 2003마89 결정; 대법원 2021. 5. 27.자 2021스576 결정).

2. 재판과 불복

제128조(구조의 요건) ④ 소송구조에 대한 재판은 소송기록을 보관하고 있는 법원이 한다.

제133조(불복신청) 이 절에 규정한 재판에 대하여는 즉시항고를 할 수 있다. 다만, 상대방은 제129조 제1항 제3호의 소송구조결정을 제외하고는 불복할 수 없다.

(1) 소송기록을 보관하고 있는 법원이 재판을 한다(제128조 제4항).

(2) 기각결정에 대해서는 즉시항고를 할 수 있으나(제133조 본문), 구조결정에 대해서는 소송비용의 담보면제에 관한 구조결정(제129조 제1항 제3호)을 제외하고는 불복할 수 없다(제133조 단서).

3. 자금능력 회복 등의 경우

제131조(구조의 취소) 소송구조를 받은 사람이 소송비용을 납입할 자금능력이 있다는 것이 판명되거나, 자금능력이 있게 된 때에는 소송기록을 보관하고 있는 법원은 직권으로 또는 이해관계인의 신청에 따라 언제든지 구조를 취소하고, 납입을 미루어 둔 소송비용을 지급하도록 명할 수 있다.

여기서 구조결정을 취소할 수 있는 법원은 소송기록을 보관하고 있는 법원이다. 따라서 상소심에서 소송구조결정을 한 경우 소송이 상소법원에 계속 중이면 상소법원이, 위 소송이 확정되어 소송기록이 제1심에 반환된 경우는 제1심법원이 구조결정의 취소재판을 관할한다.[262)]

Ⅳ. 효 과

1. 구조의 객관적 범위

가. 구조의 내용

제129조(구조의 객관적 범위) ① 소송과 강제집행에 대한 소송구조의 범위는 다음 각호와 같

262) 대법원 2017. 3. 28.자 2016마1844 결정.

> 다. 다만, 법원은 상당한 이유가 있는 때에는 다음 각호 가운데 일부에 대한 소송구조를 할 수 있다.
> 1. 재판비용의 납입유예
> 2. 변호사 및 집행관의 보수와 체당금(替當金)의 지급유예
> 3. 소송비용의 담보면제
> 4. 대법원규칙이 정하는 그 밖의 비용의 유예나 면제
> ② 제1항 제2호의 경우에는 변호사나 집행관이 보수를 받지 못하면 국고에서 상당한 금액을 지급한다.

(1) 위 변호사의 보수는 변호사가 소송구조를 받을 사람을 위하여 소송을 수행한 대가를 의미하고, 그 상대방을 위한 변호사보수는 포함하지 않는다.[263] 변호사의 기본보수액은 소송구조제도의 운영에 관한 예규에서 정하고 있다.[264]

(2) 체당금은 송달료, 감정료, 검증비용, 증인여비 등 당사자가 예납하는 돈이다.

(3) 소송구조는 위 비용 전부에 대해서뿐만 아니라 일부에 대해서도 이루어질 수 있다(제129조 제1항 단서).

나. 납입유예비용의 추심

> **제132조(납입유예비용의 추심)** ① 소송구조를 받은 사람에게 납입을 미루어 둔 비용은 그 부담의 재판을 받은 상대방으로부터 직접 지급받을 수 있다.
> ② 제1항의 경우에 변호사 또는 집행관은 소송구조를 받은 사람의 집행권원으로 보수와 체당금에 관한 비용액의 확정결정신청과 강제집행을 할 수 있다.
> ③ 변호사 또는 집행관은 보수와 체당금에 대하여 당사자를 대위(代位)하여 제113조 또는 제114조의 결정신청을 할 수 있다.

구조결정은 원칙적으로 비용면제가 아니라 지급유예이다. 추후 구조를 받은 자가 패소하여 종국판결에서 소송비용의 부담재판을 받았다면 이를 지급해야 한다. 만약 구조를 받은 자의 상대방이 패소하여 소송비용의 부담재판을 받았다면 국가가 상대방에 대해 직접 추심할 수 있다(제132조 제1항). 변호사와 집행관에게도 직접적인 추심권이 인정된다(제132조 제2항, 제3항).

263) 대법원 2017. 4. 7. 선고 2016다251994 판결.

264) 심급마다 100만 원을 원칙으로 하되, 이행권고결정, 지급명령, 자백사건, 구조결정이 취소된 사건 등의 경우는 1/2로 하고, 다만 소가나 소송의 경과와 기간, 사건의 난이도 등에 따라 재판장의 허가를 받아 기본보수액을 1배 범위에서 증액하거나 1/2 범위에서 감액할 수 있다(위 예규 제10조 내지 제11조의2).

2. 구조효력의 인적 범위

제130조(구조효력의 주관적 범위) ① 소송구조는 이를 받은 사람에게만 효력이 미친다.
② 법원은 소송승계인에게 미루어 둔 비용의 납입을 명할 수 있다.

소송구조결정은 일신전속적이므로 구조받은 사람에게만 그 효력이 미치고, 소송승계인에게는 미치지 않는다.

제 7 절 소제기의 효과

소가 제기되면 소송법상 ① 소송계속과 ② 이에 따른 중복소송금지의 효과가 발생하고, 실체법상 ③ 시효중단과 ④ 법률상의 기간준수의 효과가 발생한다.

Ⅰ. 소송계속

1. 의 의

(1) 소송계속은 특정한 청구에 대하여 법원에 판결절차가 현실적으로 존재하는 상태, 즉 특정 사건이 특정한 법원에서 판결절차로 심판되고 있는 상태를 의미한다. 이처럼 판결절차에 의하여 처리되는 상태에서 소송계속이 발생하므로, 판결절차가 아닌 강제집행절차, 가압류·가처분절차, 증거보전절차, 중재절차에 존재하고 있을 때에는 소송계속이 발생하지 않는다.

(2) 또한 판결절차가 현존하면 소송계속은 있는 것이고, 소송요건을 갖추지 못한 부적법한 소라도 소장부본이 송달되면 소송계속은 발생한다.[265)]

(3) 소송계속은 특정한 청구, 즉 소송물에 대하여 성립하는 것이므로, 공격방법을 이루는 선결적 법률관계, 방어방법으로 주장한 항변에 대하여서는 소송계속이 발생하지 않는다.

---

265) 대법원 1998. 2. 27. 선고 97다45532 판결. 따라서 같은 내용의 후소가 제기된 경우 후소의 변론종결시까지 전소가 취하·각하되어 소송계속이 소멸되지 아니하는 한 후소는 중복소송으로 부적법하게 된다.

2. 발생시기

소송계속의 발생시기는 소장제출시가 아니라 소장부본의 송달시로 본다.[266)]

판 례 **소송계속의 발생시기(대법원 1994. 11. 25. 선고 94다12517, 12524 판결)**

채권자대위소송의 계속 중 다른 채권자가 같은 채무자를 대위하여 같은 제3채무자를 상대로 법원에 출소한 경우 두 개 소송의 소송물이 같다면 나중에 계속된 소는 중복제소금지의 원칙에 위배하여 제기된 부적법한 소가 된다 할 것이고, 이 경우 전소와 후소의 판별기준은 소송계속의 발생시기 즉 소장이 피고에게 송달된 때의 선후에 의할 것이며, 비록 소제기에 앞서 가압류, 가처분 등의 보전절차가 선행되어 있다 하더라도 이를 기준으로 가릴 것은 아니다

3. 효 과

소송계속이 발생하면 중복소제기금지(제259조)의 효과가 발생하고, 또한 소송참가(제71조, 제81조, 제82조)와 소송고지(제84조)가 가능하며, 독립당사자참가(제79조), 중간확인의 소(제264조), 반소(제269조)를 제기할 수 있는 요건이 마련된다.

4. 종 료

소송계속은 판결의 확정에 의해 종료한다. 그 외에도 소의 취하·각하,[267)] 소의 취하간주, 청구의 포기·인낙조서나 화해조서의 작성, 이행권고결정·화해권고결정의 확정 등에 의하여 소송계속은 종료한다.

II. 중복소제기의 금지

제259조(중복된 소제기의 금지) 법원에 계속되어 있는 사건에 대하여 당사자는 다시 소를 제기하지 못한다.

---

266) 대법원 1994. 11. 25. 선고 94다12517, 12524 판결. 이에 반하여 소장제출시설을 취하는 견해로 한충수, 255면.

267) 대법원 2017. 11. 14. 선고 2017다23066 판결.

1. 의 의

법원에 계속되어 있는 사건에 대하여 당사자는 다시 소를 제기하지 못한다(제259조). 이를 중복소송금지, 중복소제기의 금지 또는 이중소송금지의 원칙이라고 한다. 같은 사건에 대하여 다시 소제기를 허용하는 것은 소송경제에 반하고, 전·후소 판결이 서로 모순·저촉될 우려가 있기 때문에 이를 금지하는 것이다.

2. 요 건

가. 전소의 계속 중 후소의 제기

(1) 전·후소의 판별 기준은 소송계속의 발생시기, 즉 소장부본이 피고에게 송달된 때의 선후에 의한다.[268)]

(2) 후소가 전소와 같은 법원에 제기될 필요는 없다. 그리고 후소가 반드시 독립의 소이거나 단일한 소일 것을 요하지 않으므로, 후소가 다른 청구와 병합되어 있거나 다른 소송에서 청구의 변경, 반소 또는 소송참가에 의하여 제기되어도 문제될 것이 없다. 다만 후소가 전소의 소송절차 내에서 반소로 제기된 경우는 판결의 모순·저촉 가능성이 없어 중복소송으로 보지 않는다.[269)]

(3) 후소 변론종결시를 기준으로 전소가 소송계속 중이어야 한다. 후소의 변론종결시까지 전소가 취하·각하 등에 의하여 소송계속이 소멸되면 후소는 중복소송이 아니다.[270)] 그러나 전소가 소송요건을 구비하지 못한 부적법한 소라 하더라도 후소의 변론종결시까지 전소가 취하·각하 등에 의하여 그 계속이 소멸되지 아니하면 후소는 중복소송에 해당한다.[271)] 한편 후소의 변론종결시에 전소가 본안판결의 확정으로 소송계속이 소멸되면 후소는 전소의 기판력을 받는다.[272)]

판 례 **소송요건 흠결의 부적법한 소송계속 중 후소제기와 중복소송(대법원 1998. 2. 27. 선고 97다45532 판결)**

중복제소금지는 소송계속으로 인하여 당연히 발생하는 소송요건의 하나로서, 이미 동일한 사건에 관하여 전

---

268) 대법원 1994. 11. 25. 선고 94다12517, 12524 판결.

269) 전병서, 283면; 정동윤/유병현/김경욱, 327면; 정영환, 493면.

270) 대법원 2021. 5. 7. 선고 2018다259213 판결.

271) 대법원 1998. 2. 27. 선고 97다45532 판결; 대법원 2021. 5. 13. 선고 2020다71690 판결.

272) 전원열, 88면; 주석 민사소송법(Ⅳ), 248면.

소가 제기되었다면 설령 그 전소가 소송요건을 흠결하여 부적법하다고 할지라도 후소의 변론종결시까지 취하·각하 등에 의하여 소송계속이 소멸되지 아니하는 한 후소는 중복제소금지에 위배하여 각하를 면치 못하게 되는바, 이와 같은 법리는 어느 채권자가 채무자를 대위하여 제3채무자를 상대로 제기한 채권자대위소송이 법원에 계속 중 다른 채권자가 같은 채무자를 대위하여 제3채무자를 피고로 하여 동일한 소송물에 관하여 소송을 제기한 경우에도 적용된다.

나. 당사자의 동일

(1) 원 칙

당사자가 같아야 한다. 전·후소 사이에 원·피고가 서로 바뀌어도 무방하다. 예컨대 甲의 乙에 대한 소유권확인청구 계속 중 乙의 甲에 대한 소유권부존재확인청구가 그것이다. 그러나 소송물이 동일하더라도 당사자가 다르면 전소와 후소가 동일사건이라고 할 수 없다. 예컨대 같은 건물에 대하여 甲이 乙을 상대로 제기한 소유권확인청구와 甲이 丙을 상대로 제기한 소유권확인청구는 같은 사건이 아니다.

(2) 예 외

전·후소의 당사자가 같지 않더라도 기판력의 확장으로 후소의 당사자가 전소의 판결의 효력을 받게 될 경우에는 같은 사건으로 취급된다. 따라서 사실심의 변론종결 후에 소송물을 양수한 승계인이 소송계속 중 별소를 제기한 경우(제218조 제1항), 선정당사자가 제기한 소송계속 중 선정자가 별소를 제기한 경우(제218조 제3항)는 같은 사건으로 취급된다. 이와 관련하여 아래의 몇 가지 경우가 문제된다.

(3) 채권자대위소송과 중복소송

통설, 판례는 채권자대위소송을 제3자의 소송담당 중 법정소송담당으로 보아,[273] 채권자가 법률상 권리귀속주체인 채무자와 함께 소송수행권을 가지는 것으로 이해한다.

(가) 채권자대위소송의 계속 중 채무자가 같은 내용의 후소 제기

이에 대하여 ① 채권자대위소송이 계속된 사실을 채무자가 안 경우에만 중복소송에 해당한다는 한정적 긍정설,[274] ② 채무자가 알았는지 여부를 불문하고 중복소송에 해당한다는 긍정설,[275] ③ 채권자대위소송을 하는 채권자는 채무자의 권리를 행사하는 것이

---

273) 판례는 당사자적격의 문제로 보고 있다(대법원 1992. 11. 10. 선고 92다30016 판결; 대법원 1994. 6. 24. 선고 94다14339 판결 등 참조).

274) 이시윤, 288면.

275) 강현중, 357면; 정동윤/유병현/김경욱, 321면; 정영환, 495면.

아니라 자신의 권리를 행사하는 것으로 보아 중복소송에 해당하지 않는다는 부정설[276]이 대립한다. 판례는 채무자가 대위소송 계속 사실을 알았는지 여부를 불문하고 중복소송으로 금지된다는 입장이다.[277] 대위소송 계속 사실을 알았을 경우에 한하여 기판력이 미친다고 한 기존 대법원 74다1664 전원합의체 판결[278]의 입장과의 구별을 요한다. 생각건대 중복소제기 금지는 판결의 모순·저촉을 사전에 예방하기 위한 제도로서 추후 판결의 효력이 미치는지 여부와 존재의의를 달리한다고 볼 수 있으므로 채무자의 知·不知를 불문하고 중복소송으로 보아야 할 것이다.

판 례 **채권자대위소송 계속 중 채무자의 소제기와 중복소송(대법원 1992. 5. 22. 선고 91다41187 판결)**

채권자가 채무자를 대위하여 제3채무자를 상대로 제기한 채권자대위소송이 법원에 계속 중 채무자와 제3채무자 사이에 채권자대위소송과 소송물을 같이하는 내용의 소송이 제기된 경우, 양 소송은 동일소송이므로 후소는 중복제소금지원칙에 위배되어 제기된 부적법한 소송이라 할 것이나, 이 경우 전소, 후소의 판별기준은 소송계속의 발생시기의 선후에 의할 것이다.

(나) 채무자 자신의 소송계속 중에 채권자대위소송의 제기

이에 대하여 ① 중복소송에 해당한다는 견해,[279] ② 채무자가 권리를 행사하지 않을 것이라는 대위권 행사요건 불비로 청구를 기각해야 한다는 견해[280]가 대립한다. 판례는 중복소송에 해당된다고 보았다.[281] 최근 판례는 채무자가 이미 권리를 행사한 것으로서 채권자의 당사자적격의 상실로 처리하기도 하였다.[282] 즉 이 경우 중복소송금지원칙 위반을 이유로 각하할 수도 있고, 채무자의 권리불행사의 요건 위반을 들어 당사자적격 흠결로 각하할 수도 있는바, 이들 사이에 특별한 우열 관계가 있다고 보이지 않으므로, 위 두 가지 이유 중 어느 것을 들어 각하하더라도 무방하다 할 것이다. 다만 판례는 채무자가 소를 제기하였으나 소각하판결을 받은 경우에는 채무자가 권리를 행사한 것으로 보지 않은 반면,[283] 채무자가 소를 제기한 후 소송계속 중 합의하고 소를 취하한 경우에는 합의

276) 호문혁, 153~154면. 이 견해는 전소가 변론종결 전이면 후소는 대위요건 흠결로 청구를 기각해야 하고, 전소가 변론종결 후이면 후소는 독립의 별소로 존속한다고 본다.

277) 대법원 1992. 5. 22. 선고 91다41187 판결.

278) 대법원 1975. 5. 13. 선고 74다1664 전원합의체 판결.

279) 강현중, 357면; 정영환, 495면.

280) 호문혁, 153면.

281) 대법원 1981. 7. 7. 선고 80다2751 판결.

282) 대법원 2009. 3. 12. 선고 2008다65839 판결.

283) 대법원 2018. 10. 25. 선고 2018다210539 판결. 이 판결의 전소는 채무자인 비법인사단이 사원총회의 결의

를 함으로써 채무자가 권리를 행사한 것으로 보아 후소인 채권자대위소송을 당사자적격을 흠결하여 부적법한 것으로 처리하였음에 주의할 필요가 있다.[284)]

판 례 **채무자의 소각하판결이 확정된 경우와 권리행사여부(대법원 2018. 10. 25. 선고 2018다210539 판결)**

채권자대위권은 채무자가 스스로 제3채무자에 대한 권리를 행사하지 아니하는 경우에 한하여 채권자가 자기의 채권을 보전하기 위하여 행사할 수 있는 것이어서, 채권자가 대위권을 행사할 당시에 이미 채무자가 그 권리를 재판상 행사하였을 때에는 채권자는 채무자를 대위하여 채무자의 권리를 행사할 수 없다. 그런데 비법인사단이 사원총회의 결의 없이 제기한 소는 소제기에 관한 특별수권을 결하여 부적법하고, 그 경우 소제기에 관한 비법인사단의 의사결정이 있었다고 할 수 없다. 따라서 비법인사단인 채무자 명의로 제3채무자를 상대로 한 소가 제기되었으나 사원총회의 결의 없이 총유재산에 관한 소가 제기되었다는 이유로 각하판결을 받고 그 판결이 확정된 경우에는 채무자가 스스로 제3채무자에 대한 권리를 행사한 것으로 볼 수 없다.

판 례 **채무자가 소제기 후 제3채무자와 합의를 하고 소취하한 경우와 권리행사여부(대법원 2016. 4. 12. 선고 2015다69372 판결)**

(전략) 乙은 피고를 상대로 이 사건 반소를 제기한 다음 피고와 상호 양보하여 민·형사상의 분쟁을 종료하기로 하는 내용의 이 사건 합의를 함으로써 피고에 대하여 이 사건 토지에 관한 소유권이전등기말소청구권을 행사하였다고 할 것이므로, 乙이 이미 이 사건 반소를 제기한 후에 원고가 乙을 대위하여 피고를 상대로 동일한 권리를 행사하며 제기한 이 사건 소는 당사자적격을 흠결하여 부적법하다고 할 것이다. 그럼에도 원심은 이 사건 반소가 취하되어 그 소송계속이 소급적으로 소멸하였으니 채무자인 乙이 권리를 행사하는 것으로 볼 수 없다는 등의 이유로 이 사건 소에 대한 원고의 당사자적격을 다투는 피고의 본안전 항변을 배척하고 본안에 관하여 판단하였다. 이러한 원심의 조치에는 채권자대위권의 행사요건에 관한 법리를 오해함으로써 판결 결과에 영향을 미친 위법이 있다. (후략)

(다) 채권자대위소송의 계속 중에 다시 다른 채권자가 채권자대위소송의 제기

이에 대하여 ① 기판력과의 일관성을 위해 대위소송이 계속된 사실을 채무자가 알았을 경우에 한하여 중복소송이 된다는 견해,[285)] ② 채무자의 知·不知를 불문하고 뒤의 다른 채권자의 소송은 중복소송이 된다는 견해,[286)] ③ 당사자가 다르고 각기 다른 대위권의 행사로서 소송물이 다르므로 중복소송이 아니라는 견해[287)]가 대립한다. 판례는 시간

없이 총유재산에 관한 소를 제기하였다는 이유로 소각하판결이 선고된 사안이다.

284) 대법원 2016. 4. 12. 선고 2015다69372 판결. 이 판결의 전소는 채무자가 소송계속 중 제3채무자와 합의를 하고 소를 취하한 사안인데, 대법원은 채무자가 소를 제기한 다음 제3채무자와 상호 양보하여 분쟁을 종료시키기로 하는 내용의 합의를 함으로써 제3채무자에 대하여 권리를 행사하였다고 보았다.

285) 이시윤, 288면.

286) 김홍엽, 356면; 정동윤/유병현/김경욱, 322면; 정영환, 495면.

287) 호문혁, 152면.

적으로 나중에 계속하게 된 소송은 중복제소금지의 원칙에 위배하여 제기된 부적법한 소송이 된다고 한다.[288] 생각건대 이 경우도 실질적으로는 같은 소송이므로 일률적으로 중복소송으로 보아야 할 것이다.

판 례 **대위소송계속 중 다른 채권자의 대위소송과 중복소송(대법원 1994. 2. 8. 선고 93다53092 판결)**

채권자대위소송이 이미 법원에 계속 중에 있을 때 같은 채무자의 다른 채권자가 동일한 소송물에 대하여 채권자대위권에 기한 소를 제기한 경우 시간적으로 나중에 계속하게 된 소송은 중복제소금지의 원칙에 위배하여 제기된 부적법한 소송이 된다.

(4) 추심금청구소송과 중복소송

채무자가 제3채무자를 상대로 제기한 이행의 소가 법원에 계속 중인데 압류채권자가 제3채무자를 상대로 추심의 소를 제기한 경우, 판례는 중복소송에 해당하지 않는다고 보았다.[289]

판 례 **채무자의 소송계속 중 압류채권자의 추심의 소제기와 중복소송(대법원 2013. 12. 18. 선고 2013다202120 전원합의체 판결)**

[다수의견]

(가) 채무자가 제3채무자를 상대로 제기한 이행의 소가 이미 법원에 계속되어 있는 상태에서 압류채권자가 제3채무자를 상대로 제기한 추심의 소의 본안에 관하여 심리·판단한다고 하여, 제3채무자에게 불합리하게 과도한 이중 응소의 부담을 지우고 본안 심리가 중복되어 당사자와 법원의 소송경제에 반한다거나 판결의 모순·저촉의 위험이 크다고 볼 수 없다.

(나) 압류채권자는 채무자가 제3채무자를 상대로 제기한 이행의 소에 민사소송법 제81조, 제79조에 따라 참가할 수도 있으나, 채무자의 이행의 소가 상고심에 계속 중인 경우에는 승계인의 소송참가가 허용되지 아니하므로 압류채권자의 소송참가가 언제나 가능하지는 않으며, 압류채권자가 채무자가 제기한 이행의 소에 참가할 의무가 있는 것도 아니다.

(다) 채무자가 제3채무자를 상대로 제기한 이행의 소가 법원에 계속되어 있는 경우에도 압류채권자는 제3채무자를 상대로 압류된 채권의 이행을 청구하는 추심의 소를 제기할 수 있고, 제3채무자를 상대로 압류채권자가 제기한 추심의 소는 채무자가 제기한 이행의 소에 대한 관계에서 민사소송법 제259조가 금지하는 중복된 소제기에 해당하지 않는다고 봄이 타당하다.

(5) 채권자취소소송과 중복소송

판례는 채권자취소소송의 계속 중 다른 채권자가 동일한 사해행위에 대하여 채권자

288) 대법원 1989. 4. 11. 선고 87다카3155 판결; 대법원 1994. 2. 8. 선고 93다53092 판결.
289) 대법원 2013. 12. 18. 선고 2013다202120 전원합의체 판결.

취소소송을 제기한 경우 이는 중복소송이 아니라고 한다.[290] 각 채권자는 채무자의 권리가 아니라 채권자 고유의 권리로서 채권자취소권을 행사하는 것으로 보기 때문이다.

판 례 **복수의 채권자취소소송과 중복소송(대법원 2003. 7. 11. 선고 2003다19558 판결)**

채권자취소권의 요건을 갖춘 각 채권자는 고유의 권리로서 채무자의 재산처분 행위를 취소하고 그 원상회복을 구할 수 있는 것이므로 각 채권자가 동시 또는 이시에 채권자취소 및 원상회복소송을 제기한 경우 이들 소송이 중복제소에 해당하는 것이 아니다.

한편 판례는 채권자가 채무자의 동일한 사해행위에 대해서 단지 보전하고자 하는 채권을 추가하거나 교환하는 것은 공격방어방법에 관한 주장을 변경하는 것에 불과할 뿐 소송물(청구) 자체를 변경하는 아니라고 보므로,[291] 채권자가 피보전채권을 달리하여 채권자취소의 소를 이중으로 제기하는 경우 중복소송에 해당할 가능성이 있다.

다. 청구(소송물)의 동일

제259조에 규정된 '사건'의 의미를 청구(소송물)로 파악한다. 그 동일성 범위와 관련하여 아래의 문제가 있다.

(1) 실체법상 권리 또는 법률관계가 다른 경우

소송물에 관한 구실체법설(구이론)에 의하면 청구원인을 이루는 실체법상의 권리 또는 법률관계가 다르면 동일사건이 아니라고 보나, 소송법설(신이론)은 법률적 관점이 다른 것에 불과하다고 보므로 동일사건으로 본다.

(2) 선결적 법률관계의 경우

전소의 선결적 법률관계가 후소의 소송물이 된 경우나 그 역의 경우에 후소가 중복소송으로 부적법하게 되는지 문제된다. 예컨대 소유권에 기한 말소등기청구 소송계속 중 소유권확인을 구한 경우나, 소유권확인의 소송계속 중 소유권에 기한 건물인도청구를 한 경우, 각 후소가 중복소송이 되는지 여부이다. 선결적 법률관계에 대해서는 소송계속이 발생하지 않으므로 통설은 중복소송으로 보지 않는다. 판례도 소유권에 기한 이행의 소계속 중 소유권확인을 구할 수 있다고 하여 같은 견해이다.[292]

---

290) 대법원 2003. 7. 11. 선고 2003다19558 판결.
291) 대법원 2012. 7. 5. 선고 2010다80503 판결. 이 판례에 대한 상세는 후술 공격방법의 복수 부분 참조.
292) 대법원 1966. 2. 15. 선고 65다2371 판결.

판 례 **전소의 선결적 법률관계(소유권)가 후소의 소송물이 된 경우와 중복소송(대법원 1966. 2. 15. 선고 65다2371 판결)**

소유권을 원인으로 하는 이행의 소가 계속 중인 경우에도 소유권 유무 자체에 관하여 당사자 사이에 분쟁이 있어 즉시확정의 이익이 있는 경우에는 그 소유권확인의 소를 아울러 제기할 수 있다.

(3) 일반적 항변의 경우

항변으로 주장된 권리에 대해서도 마찬가지이다. 피고가 전소에서 동시이행항변이나 유치권항변으로 반대채권을 제출하였는데 이를 별소로 청구하여도 중복소송에 해당되지 않는다. 항변에는 소송계속이 발생하지 않기 때문이다. 예컨대 甲이 乙을 상대로 한 매매에 기한 소유권이전등기청구소송에서 乙이 甲에 대한 잔금채권의 존재를 들어 동시이행항변을 하고, 이 소송계속 중 乙이 甲을 상대로 위 잔금청구를 별소로 구한 경우, 후소는 중복소송이 아니다.

(4) 상계항변의 경우

현재 계속 중인 소송에서 상계항변으로 주장한 채권을 별소 또는 반소로 청구(항변 선행형)하거나 그 역의 경우(별소 선행형)가 허용되는지가 문제된다. 이에 대하여 ① 상계항변은 소송물이 아니라 일종의 방어방법임을 들어 상계항변을 먼저 하든지 뒤에 하든지 모두 허용된다는 적극설,[293] ② 상계로 주장한 채권의 존부와 범위에 대한 판단에는 기판력이 생기므로(제216조 제2항) 판결의 모순·저촉의 염려로 인하여 허용될 수 없다는 소극설,[294] ③ 이미 계속 중인 소송에서 상계항변으로 제공된 반대채권에 관하여는 별도의 소제기를 금하고 기왕의 소송에서 석명권에 의하여 반소의 제기를 유도함이 타당할 것이라는 절충설(반소유도설)[295] 등의 대립이 있다. 판례는 별소 선행형 사안에서 이부, 이송 또는 변론의 병합 등을 시도하여 판결의 모순저촉을 방지하고 소송경제를 도모하는 것이 바람직하나, 그렇다고 하여 후소에서 상계항변이 허용되지 않는 것은 아니고,[296] 이는 항변 선행형 사안에서도 마찬가지라고 하였다.[297]

---

293) 김홍규/강태원, 313면; 김홍엽, 361면; 전원열, 93면; 한충수, 262면.

294) 강현중, 363면; 전병서, 282~283면.

295) 이시윤, 290면; 정동윤/유병현/김경욱, 326면; 정영환, 499면.

296) 대법원 2001. 4. 27. 선고 2000다4050 판결.

297) 대법원 2022. 2. 17. 선고 2021다275741 판결.

판 례 **상계항변과 중복소송(대법원 2022. 2. 17. 선고 2021다275741 판결)**

상계의 항변을 제출할 당시 이미 자동채권과 동일한 채권에 기한 소송을 별도로 제기하여 계속 중인 경우, 사실심의 담당재판부로서는 전소와 후소를 같은 기회에 심리·판단하기 위하여 이부, 이송 또는 변론병합 등을 시도함으로써 기판력의 저촉·모순을 방지함과 아울러 소송경제를 도모함이 바람직하나, 그렇다고 하여 특별한 사정이 없는 한 별소로 계속 중인 채권을 자동채권으로 하는 소송상 상계의 주장이 허용되지 않는다고 볼 수는 없다. 마찬가지로 먼저 제기된 소송에서 상계 항변을 제출한 다음 그 소송계속 중에 자동채권과 동일한 채권에 기한 소송을 별도의 소나 반소로 제기하는 것도 가능하다.

☞ 甲이 乙을 상대로 공사대금청구를 하자 乙이 하자보수에 갈음한 손해배상채권을 자동채권으로 하여 상계항변을 하였는데, 제1심은 乙의 상계항변을 배척하고 甲 전부 승소판결을 선고하였고, 항소심 계속 중 乙이 甲을 상대로 위 하자보수에 갈음한 손해배상청구를 별소로 제기한 후 위 상계항변을 철회한 사안. 대법원은 위 별소가 중복소송금지 및 재소금지에 반하지 않는다고 하였음.

생각건대 중복소송은 기판력과 존재의의를 달리하고, 이부·이송 또는 변론병합이 항상 가능한 것도 아니며, 반소유도시 처분권주의 위반 우려가 있고, 상고심에서는 반소가 불가능하며, 상계항변은 방어방법일 뿐 소송물이 아니므로, 적극설이 타당하다고 본다.

(5) 심판형식의 차이

(가) 동일권리에 관한 원고의 적극적 확인청구와 피고의 소극적 확인청구

이 경우 피고의 소극적 확인청구는 원고 청구의 기각을 구하는 이상의 의미가 없으므로 동일사건으로서 중복소송에 해당한다.

(나) 동일권리에 관한 확인청구와 이행청구

1) 반복형

① 甲이 乙을 상대로 대여금청구의 소송계속 중 별소로 대여금채권존재확인의 소를 제기한 경우, ② 또는 그 역으로 먼저 확인청구 후 이행청구를 한 경우, 각 후소가 중복소송인지 여부

아직 이에 대한 판례는 없고, 학설은 위 ①과 ② 모두 중복소송이라는 견해[298)]와 ①만 중복소송이라는 견해[299)]가 대립한다. 생각건대 이행의 소 계속 중 확인의 소를 제기한 경우는 이행청구에 확인청구가 포함된다고 볼 수 있으므로 뒤에 제기된 확인의 소는 중복소송에 해당하나, 그 역의 경우는 청구취지의 변경이 항상 가능한 것이 아니고 특히 전소가 상고심에 있을 때에는 청구의 변경이나 중간확인의 소제기가 불가능하다는 점에

298) 강현중, 361면; 전병서, 277면; 정동윤/유병현/김경욱, 324면.

299) 이시윤, 292면; 정영환, 497면.

비추어 뒤의 이행청구는 중복소송이 아니라고 할 것이다.

2) 대향형

① 甲이 乙을 상대로 대여금청구소송 계속 중 乙이 甲을 상대로 위 채무부존재확인청구를 한 경우 후소가 중복소송인지 여부

판례는 채권자가 채무인수자를 상대로 제기하는 채무이행청구소송(전소)과 채무인수자가 채권자를 상대로 제기한 원래 채무자의 채권자에 대한 채무부존재확인소송(후소)은 그 청구취지와 청구원인이 서로 다르므로 중복소송에 해당하지 않는다고 하면서도, 전소에서 청구기각의 판결을 구함으로써 원채무 부존재를 다툴 수 있으므로 후소는 확인의 이익이 없다고 하였다.300)

판 례 **이행 vs 확인 대향형(대법원 2001. 7. 24. 선고 2001다22246 판결)**

[1] 채권자가 채무인수자를 상대로 제기한 채무이행청구소송(전소)과 채무인수자가 채권자를 상대로 제기한 원래 채무자의 채권자에 대한 채무부존재확인소송(후소)은 그 청구취지와 청구원인이 서로 다르므로 중복제소에 해당하지 않는다.
[2] 채무인수자를 상대로 한 채무이행청구소송이 계속 중, 채무인수자가 별소로 그 채무의 부존재 확인을 구하는 것은 소의 이익이 없다고 본 사례.

② 위 사안의 역으로 채무부존재확인청구 후 상대방이 이행청구를 하는 경우 후소가 중복소송인지 여부

판례는 손해배상채무의 부존재확인의 소송계속 중 피고가 반소로 그 손해배상채무의 이행청구를 한 사례에서 반소가 중복소송이 아님을 전제로 본안판단을 하였다.301)

(다) 일부청구와 잔부청구

판례는 명시설을 취하여, 전소에서 명시적 일부청구를 한 경우 후소로 잔부청구를 하더라도 중복소송이 아니라고 본다.302) 다만 전소에서 청구취지 확장 등으로 용이하게 후소 청구를 할 수 있었음에도 불구하고 잔부청구를 별소로 제기하는 것은 소권남용에 해당할 여지가 있다고 하였다.303)

---

300) 대법원 2001. 7. 24. 선고 2001다22246 판결.
301) 대법원 1999. 6. 8. 선고 99다17401, 17418 판결. 상세는 후술 반소의 법적 성질 부분 참조.
302) 대법원 1985. 4. 9. 선고 84다552 판결.
303) 대법원 1996. 3. 8 선고 95다46319 판결.

판 례 **명시설(대법원 1985. 4. 9. 선고 84다552 판결)**

전 소송에서 불법행위를 원인으로 치료비청구를 하면서 일부만을 특정하여 청구하고 그 이외의 부분은 별도 소송으로 청구하겠다는 취지를 명시적으로 유보한 때에는 그 전소송의 소송물은 그 청구한 일부의 치료비에 한정되는 것이고 전 소송에서 한 판결의 기판력은 유보한 나머지 부분의 치료비에까지는 미치지 아니한다 할 것이므로 전 소송의 계속 중에 동일한 불법행위를 원인으로 유보한 나머지 치료비청구를 별도소송으로 제기하였다 하더라도 중복제소에 해당하지 아니한다.

판 례 **소권남용 가능성(대법원 1996. 3. 8. 선고 95다46319 판결)**

그리고 가사 원고 주장과 같이 위 종전소송에서의 청구가 일부청구라 하여도 이 사건 소송(1994. 4. 29. 소제기)이 위 종전소송의 사실심(항소심판결이 1995. 3. 24. 선고되었다)에 계속 중에 제기되었음이 기록상 명백한 이상, 원고는 위 종전소송에서 청구취지의 확장으로 용이하게 이 사건 소송의 청구를 할 수 있었는데도 별소로 잔부청구인 이 사건 청구를 하는 것은 소권남용에 해당되어 부적법한 것으로 각하를 면하지 못할 것이므로 원심과 같은 결론에 이르게 된다.

3. 효 과

가. 소각하판결

중복소제기금지는 소극적 소송요건으로서 직권조사사항이기 때문에,[304] 이에 해당하면 피고의 항변유무를 불문하고 판결로 후소를 부적법 각하하여야 한다.

나. 중복소송임을 간과한 판결

(1) 법원이 간과하고 본안판결을 하였을 때에는 상소로 다툴 수 있다. 그러나 판결이 확정되었을 때에는 중복소송이라는 것이 재심사유는 아니므로 재심으로 다툴 수는 없다. 당연무효의 판결도 아니다.[305]

(2) 다만 전소와 후소가 모두 확정되었으나 서로 모순·저촉이 되는 경우에는 소제기 선후에 관계없이 뒤에 확정된 판결이 재심사유가 된다(제451조 제1항 제10호).

304) 대법원 1990. 4. 27. 선고 88다카25274, 25281 판결.

305) 대법원 1995. 12. 5. 선고 94다59028 판결.

Ⅲ. 실체법상의 효과

1. 시효의 중단

가. 중단의 근거

소의 제기에 의한 시효중단의 근거는 권리자가 권리 위에 잠자지 않고 단호하게 권리를 행사하는 점에 근거를 찾는 권리행사설이 판례의 태도이다.[306)]

나. 소의 종류·형식과 시효중단

(1) 원칙적으로 소의 종류나 형식과 관계없이 시효중단의 효력이 발생한다. 가장 전형적인 경우는 이행의 소일 것이다. 채권자가 소를 제기한 경우뿐만 아니라, 채무자가 원고로서 청구이의의 소나 채무부존재확인의 소를 제기하였을 때 채권자가 피고로서 응소하여 권리를 주장하고 그것이 받아들여진 경우에도 재판상의 청구에 준하여 시효중단의 효력이 긍정된다.[307)] 물론 변론주의 원칙상 응소로 인한 시효중단의 주장은 하여야 한다.[308)] 이때 위 응소행위로 인한 시효중단의 효력은 피고가 현실적으로 권리를 행사하여 응소한 때에 발생한다.[309)] 그러나 그 경우에도 소가 각하 또는 취하되어 본안에서 권리주장에 대한 판단 없이 소송이 종료된 경우에는 최고로서의 효력만 인정되므로, 6월 내에 다른 시효중단의 조치를 취해야 응소시에 소급하여 시효중단의 효력이 인정된다.[310)] 한편 채무자가 아니라 제3취득자나 물상보증인이 제기한 소송에서 채권자가 응소하여 채무자에 대한 자신의 권리를 주장하는 것은 채무자에 대한 권리행사로 볼 수 없기 때문에 그로 인하여 시효가 중단되지 않는다.[311)]

판 례 **소각하·취하된 경우 피고의 응소의 최고로서의 효력(대법원 2019. 3. 14. 선고 2018두56435 판결)**

민법 제168조 제1호, 제170조 제1항에서 시효중단 사유의 하나로 규정하고 있는 재판상의 청구는, 권리자가 시효를 주장하는 자를 상대로 소로써 권리를 주장하는 경우뿐 아니라, 시효를 주장하는 자가 원고가 되어 소를 제기한 데 대하여 피고로서 응소하여 그 소송에서 적극적으로 권리를 주장하고 그것이 받아들여진

---

306) 대법원 2011. 11. 10. 선고 2011다54686 판결.
307) 대법원 1993. 12. 21. 선고 92다47861 전원합의체 판결.
308) 대법원 2010. 8. 26. 선고 2008다42416, 42423 판결.
309) 대법원 2012. 1. 12. 선고 2011다78606 판결.
310) 대법원 2019. 3. 14. 선고 2018두56435 판결.
311) 대법원 2004. 1. 16. 선고 2003다30890 판결.

경우도 포함한다. 권리자인 피고가 응소하여 권리를 주장하였으나 그 소가 각하되거나 취하되는 등의 사유로 본안에서 그 권리 주장에 관한 판단 없이 소송이 종료된 경우에도 민법 제170조 제2항을 유추적용하여 그때부터 6월 내에 재판상의 청구 등 다른 시효중단 조치를 취하면 응소 시에 소급하여 시효중단의 효력이 인정된다.

판 례 **물상보증인이 제기한 소송에서 응소와 시효중단(대법원 2004. 1. 16. 선고 2003다30890 판결)**

타인의 채무를 담보하기 위하여 자기의 물건에 담보권을 설정한 물상보증인은 채권자에 대하여 물적 유한책임을 지고 있어 그 피담보채권의 소멸에 의하여 직접 이익을 받는 관계에 있으므로 소멸시효의 완성을 주장할 수 있는 것이지만, 채권자에 대하여는 아무런 채무도 부담하고 있지 아니하므로, 물상보증인이 그 피담보채무의 부존재 또는 소멸을 이유로 제기한 저당권설정등기 말소등기절차이행청구소송에서 채권자 겸 저당권자가 청구기각의 판결을 구하고 피담보채권의 존재를 주장하였다고 하더라도 이로써 직접 채무자에 대하여 재판상 청구를 한 것으로 볼 수는 없는 것이므로 피담보채권의 소멸시효에 관하여 규정한 민법 제168조 제1호 소정의 '청구'에 해당하지 아니한다.

(2) 확인의 소가 제기된 경우에도 중단의 효력이 생긴다. 최근 판례는 전소 판결로 확정된 채권의 시효를 중단시키기 위한 조치, 즉 재판상의 청구가 있다는 점에 대하여만 확인을 구하는 형태의 새로운 방식의 확인소송을 허용하고 있다.[312] 재심의 소와 같은 형성의 소를 제기한 경우에도 시효중단의 효력이 발생한다.[313] 행정소송은 사권을 행사하는 것으로 볼 수 없으므로 사권에 대한 시효중단사유가 되지 못하나, 과세처분의 취소·무효확인청구의 소는 조세환급을 구하는 부당이득반환청구권의 소멸시효를 중단시킨다고 본다.[314] 물론 제소 전 사망자를 상대로 제기한 것과 같이 판결이 당연무효인 소의 제기로 인하여는 시효가 중단되지 않는다.[315]

판 례 **재판상의 청구가 있다는 점에 대하여만 확인을 구하는 형태의 새로운 방식의 확인소송 허용 여부(대법원 2018. 10. 18. 선고 2015다232316 전원합의체 판결)**

[다수의견] 종래 대법원은 시효중단사유로서 재판상의 청구에 관하여 반드시 권리 자체의 이행청구나 확인청

312) 대법원 2018. 10. 18. 선고 2015다232316 전원합의체 판결. 이는 (이행의 소를 다시 제기하는) 종래의 경우와 달리 10년의 경과가 임박할 것을 요하지 않는다. 또 전소와 소송물이 다르므로, 전소 변론종결 후 채무자(피고)가 변제 등을 통해 채권을 소멸 또는 감축을 시켰더라도 이러한 청구이의사유를 후소(확인소송)에서 제출할 수 없고, 제출하였다 하더라도 법원은 이에 대해 심리할 필요가 없으며, 채무자는 언제라도 별소로 청구이의의 소를 제기하여 위 사유에 관하여 심리를 받을 수 있다.

313) 대법원 1998. 6. 12. 선고 96다26961 판결.

314) 대법원 1992. 3. 31. 선고 91다32053 전원합의체 판결.

315) 대법원 2014. 2. 27. 선고 2013다94312 판결.

구로 제한하지 않을 뿐만 아니라, 권리자가 재판상 그 권리를 주장하여 권리 위에 잠자는 것이 아님을 표명한 것으로 볼 수 있는 때에는 널리 시효중단사유로서 재판상의 청구에 해당하는 것으로 해석하여 왔다. 이와 같은 법리는 이미 승소 확정판결을 받은 채권자가 그 판결상 채권의 시효중단을 위해 후소를 제기하는 경우에도 동일하게 적용되므로, 채권자가 전소로 이행청구를 하여 승소 확정판결을 받은 후 그 채권의 시효중단을 위한 후소를 제기하는 경우, 후소의 형태로서 항상 전소와 동일한 이행청구만이 시효중단사유인 '재판상의 청구'에 해당한다고 볼 수는 없다. 시효중단을 위한 이행소송은 다양한 문제를 야기한다. 그와 같은 문제들의 근본적인 원인은 시효중단을 위한 후소의 형태로 전소와 소송물이 동일한 이행소송이 제기되면서 채권자가 실제로 의도하지도 않은 청구권의 존부에 관한 실체 심리를 진행하는 데에 있다. 채무자는 그와 같은 후소에서 전소 판결에 대한 청구이의사유를 조기에 제출하도록 강요되고 법원은 불필요한 심리를 해야 한다. 채무자는 이중집행의 위험에 노출되고, 실질적인 채권의 관리·보전비용을 추가로 부담하게 되며 그 금액도 매우 많은 편이다. 채권자 또한 자신이 제기한 후소의 적법성이 10년의 경과가 임박하였는지 여부라는 불명확한 기준에 의해 좌우되는 불안정한 지위에 놓이게 된다. 위와 같은 종래 실무의 문제점을 해결하기 위해서, 시효중단을 위한 후소로서 이행소송 외에 전소 판결로 확정된 채권의 시효를 중단시키기 위한 조치, 즉 '재판상의 청구'가 있다는 점에 대하여만 확인을 구하는 형태의 '새로운 방식의 확인소송'이 허용되고, 채권자는 두 가지 형태의 소송 중 자신의 상황과 필요에 보다 적합한 것을 선택하여 제기할 수 있다고 보아야 한다.

다. 중단의 대상

(1) 원칙적으로 청구(소송물)로 주장된 권리에 한하여 시효중단의 효력이 미친다. 따라서 소송물이론에 따라 그 범위를 달리할 수 있다. 판례는 원칙적으로 구실체법설의 입장에 서서 복수의 채권 중 어느 하나만 청구한 경우 다른 채권에 대한 시효중단의 효력이 없다고 한다.[316] 그러나 소송법설에 의하면 이른바 청구권경합의 경우 위 판례와 결론을 달리한다. 다만 판례는 채권자대위소송 계속 중 원고가 피대위채권을 양수하여 양수금청구로 교환적 변경한 경우, 실질적으로 양 소송물이 동일하고, 이 경우의 원고를 권리 위에 잠자는 자로 볼 수 없으므로, 당초 채권자대위소송으로 인한 시효중단의 효력이 소멸하지 않고 양수금청구에도 미친다고 본다.[317]

판 례 **채권자대위소송계속 중 피대위채권을 양수하여 양수금청구로 변경한 경우 시효중단의 효력 (대법원 2010. 6. 24. 선고 2010다17284 판결)**

원고가 채권자대위권에 기해 청구를 하다가 당해 피대위채권 자체를 양수하여 양수금청구로 소를 변경한 사안에서, 이는 청구원인의 교환적 변경으로서 채권자대위권에 기한 구 청구는 취하된 것으로 보아야 하나, 그 채권자대위소송의 소송물은 채무자의 제3채무자에 대한 계약금반환청구권인데 위 양수금 청구는 원고가 위

316) 대법원 2001. 3. 23. 선고 2001다6145 판결.
317) 대법원 2010. 6. 24. 선고 2010다17284 판결.

계약금반환청구권 자체를 양수하였다는 것이어서 양 청구는 동일한 소송물에 관한 권리의무의 특정승계가 있을 뿐 그 소송물은 동일한 점, 시효중단의 효력은 특정승계인에게도 미치는 점, 계속 중인 소송에 소송목적인 권리 또는 의무의 전부나 일부를 승계한 특정승계인이 소송참가하거나 소송인수한 경우에는 소송이 법원에 처음 계속된 때에 소급하여 시효중단의 효력이 생기는 점, 원고는 위 계약금반환채권을 채권자대위권에 기해 행사하다 다시 이를 양수받아 직접 행사한 것이어서 위 계약금반환채권과 관련하여 원고를 '권리 위에 잠자는 자'로 볼 수 없는 점 등에 비추어 볼 때, 당초의 채권자대위소송으로 인한 시효중단의 효력이 소멸하지 않는다.

(2) 판례는 청구(소송물)가 아닌 공격방어방법으로 주장된 권리에 대해서는 원칙적으로 시효중단이 되지 않는다고 보면서도, 이를 완화하여, 소유권에 기한 목적물의 인도 내지 등기청구소송에서 소유권의 주장에 취득시효중단의 효력이 생김은 물론, 소유권이 침해된 경우 그 소유권에 기초를 둔 방해배제·손해배상·부당이득반환청구소송의 경우도 소유권에 취득시효중단의 효력이 생긴다고 본다.[318] 시효중단의 효력이 있는 청구를 기판력이 발생하는 청구(소송물)와 반드시 일치시킬 필요가 없다는 전제에서 비롯된 것이다.

라. 일부청구와 시효중단의 범위

예컨대 1억 원의 채권 중 6천만 원만 일부청구하는 경우, 나머지 4천만 원에 대해서도 시효중단이 되는지 문제된다. 이에 대하여 ① 명시 여부를 불문하고 시효중단의 효력은 실체로 청구한 그 일부에만 미친다고 하는 견해로써 잔부에 대해서는 별소를 제기하거나 청구취지 확장신청서를 법원에 제출한 때에 중단의 효력이 생긴다는 일부중단설, ② 일부청구시에는 권리 위에 잠자고 있지 않다는 점이 나타나고 있으므로, 명시 여부를 불문하고 권리관계 전부에 대해 시효중단의 효력이 미친다고 보는 전부중단설,[319] ③ 일부청구임을 명시한 경우는 그 한도에서 시효중단이 되지만, 일부청구임을 명시하지 아니한 경우에는 채권의 동일성의 범위에서 그 전부에 효력이 미친다고 보는 명시설[320]의 대립이 있다.

판례는 어떤 청구권 중 특정 가능한 일부에 대해서만 청구를 한 경우 나머지 부분에 대해서는 시효중단의 효력이 발생하지 않는다고 한다.[321] 그러나 일부청구하면서 소송진행결과에 따라 장차 청구금액을 확장할 뜻을 표시하고 당해소송 종료시까지 실제로 청구금액을 확장한 경우는 소제기시부터 채권전부에 대해 시효중단의 효력이 발생하고, 만약

318) 대법원 1995. 10. 13. 선고 95다33047 판결; 대법원 1997. 3. 14. 선고 96다55211 판결.
319) 손한기, 163~164면; 전병서, 287면; 정동윤/유병현/김경욱, 332면.
320) 김홍엽, 384면; 이시윤, 298면; 정영환, 507면.
321) 대법원 2012. 11. 15. 선고 2010두15469 판결.

당해소송의 종료시까지 청구금액을 확장하지 않았거나[322] 채권의 특정부분을 청구범위에서 명시적으로 제외한 경우에는[323] 그 나머지 부분 또는 명시적으로 제외된 부분에 대해서는 시효중단의 효력이 발생하지 않으나, 그 경우에도 당해 소송이 종료된 때부터 6월 내에 재판상의 청구 등 민법 제174조의 조치를 취하면 나머지 부분에 대한 시효가 중단된다고 한다.

판 례 **일부청구하면서 장차 청구금액 확장의 뜻을 표시한 후 실제 확장한 경우와 확장하지 않은 경우 시효중단의 효력(대법원 2020. 2. 6. 선고 2019다223723 판결)**

[1] 하나의 채권 중 일부에 관하여만 판결을 구한다는 취지를 명백히 하여 소송을 제기한 경우에는 소제기에 의한 소멸시효중단의 효력이 그 일부에 관하여만 발생하고, 나머지 부분에는 발생하지 아니하나, 소장에서 청구의 대상으로 삼은 채권 중 일부만을 청구하면서 소송의 진행경과에 따라 장차 청구금액을 확장할 뜻을 표시하고 당해소송이 종료될 때까지 실제로 청구금액을 확장한 경우에는 소제기 당시부터 채권 전부에 관하여 판결을 구한 것으로 해석되므로, 이러한 경우에는 소제기 당시부터 채권 전부에 관하여 재판상 청구로 인한 시효중단의 효력이 발생한다.

[2] 소장에서 청구의 대상으로 삼은 채권 중 일부만을 청구하면서 소송의 진행경과에 따라 장차 청구금액을 확장할 뜻을 표시하였으나 당해 소송이 종료될 때까지 실제로 청구금액을 확장하지 않은 경우에는 소송의 경과에 비추어 볼 때 채권 전부에 관하여 판결을 구한 것으로 볼 수 없으므로, 나머지 부분에 대하여는 재판상 청구로 인한 시효중단의 효력이 발생하지 아니한다. 그러나 이와 같은 경우에도 소를 제기하면서 장차 청구금액을 확장할 뜻을 표시한 채권자로서는 장래에 나머지 부분을 청구할 의사를 가지고 있는 것이 일반적이라고 할 것이므로, 다른 특별한 사정이 없는 한 당해 소송이 계속 중인 동안에는 나머지 부분에 대하여 권리를 행사하겠다는 의사가 표명되어 최고에 의해 권리를 행사하고 있는 상태가 지속되고 있는 것으로 보아야 하고, 채권자는 당해 소송이 종료된 때부터 6월 내에 민법 제174조에서 정한 조치를 취함으로써 나머지 부분에 대한 소멸시효를 중단시킬 수 있다.

2. 법률상의 기간준수

가. 의 의

(1) 소제기로 제척기간을 준수할 것이 요구된다. 여기서 ① 제척기간 중 제소기간인 경우로는 i) 민법상의 점유소송(민법 제204조 제3항, 제205조 제2항),[324] ii) 채권자취소소송(민법 제406조 제2항),[325] iii) 이혼에 따른 재산분할청구소송(민법 제839조의2 제3항),[326] iv) 친생부

---

322) 대법원 2020. 2. 6. 선고 2019다223723 판결.
323) 대법원 2021. 6. 10. 선고 2018다44114 판결; 대법원 2022. 5. 26. 선고 2020다206625 판결.
324) 제204조 제3항(대법원 2021. 8. 19. 선고 2021다213866 판결), 제205조 제2항(대법원 2016. 7. 29. 선고 2016다214483, 214490 판결).
325) 대법원 1980. 7. 22. 선고 80다795 판결.
326) 대법원 2022. 11. 10.자 2021스766 결정.

인의 소(민법 제847조), ⅴ) 상속회복청구소송(민법 제999조 제2항), ⅵ) 주주총회결의취소소송(상법 제376조) 등에서 소제기기간을 들 수 있다. 다음으로 ② 제척기간 중 제소기간이 아닌 경우로는 ⅰ) 매매예약완결권의 행사기간(민법 제564조), ⅱ) 수급인의 하자담보책임기간(민법 제670조) 등이 있다.[327)]

(2) 이러한 제척기간은 직권조사사항이라는 점에서, 항변사항인 시효기간과 다르다. 또한 중단의 법리가 적용되지 않는다는 점에서, 시효기간과 다르다.

나. 제척기간 도과의 효과

제척기간 중 제소기간을 도과하였다면 소송요건 흠결로 부적법하므로 소를 각하하여야 하고,[328)] 제소기간이 아닌 제척기간을 도과하였다면 권리가 소멸하므로 권리자의 청구를 기각하여야 한다.[329)]

다. 제척기간준수와 소송물

기간준수의 범위는 시효중단의 범위와 마찬가지로 원칙적으로 청구(소송물)에 대해서이다. 따라서 소송물이론에 따라 기간준수 여부를 달리할 수 있다. 예컨대 어느 한 취소사유를 들어 출소기간 내에 주주총회결의취소의 소를 제기한 경우, 구실체법설에 의하면 결의취소사유마다 소송물이 별개가 되므로 기간 도과 후에 새로운 사유를 주장할 수 없으나, 소송법설에 의하면 개개의 결의취소사유는 법률적 관점에 불과하므로 기간 도과 후에도 새로운 사유를 주장할 수 있게 될 것이다.

3. 효력발생 및 소멸시기

(1) 시효중단·기간준수의 효력은 소를 제기한 때, 즉 소장을 법원에 제출한 때에 발생하고, 피고의 경정·청구의 변경·중간확인의 소의 경우 해당 서면을 법원에 제출한 때에 발생한다(제265조). 소송계속의 경우와 달리 소장제출시로 보는 이유는 ① 법원이 피고에 대한 소장부본 송달을 지연시킴으로써 그 송달 전 시효가 완성되거나 출소기간이 도과해버리는 원고의 불이익을 막고, ② 피고가 고의로 송달을 받지 않아 송달불능이 되는 것을 막기 위함이다. 한편 지급명령이 소송으로 이행된 때에는 지급명령신청시에 시효중단

327) 수급인의 하자담보책임에 관한 기간(민법 제670조)은 제척기간으로서 재판상 또는 재판 외의 권리행사기간이며 재판상 청구를 위한 출소기간이 아니라고 한다(대법원 2000. 6. 9. 선고 2000다15371 판결).

328) 대법원 2010. 1. 14. 선고 2009다41199 판결.

329) 대법원 2019. 7. 25. 선고 2019다227817 판결은 원고의 매매예약완결권은 제척기간을 도과하여 행사되었으므로 소멸하였다고 보았고, 이에 파기환송심인 인천지방법원 2020. 7. 24. 선고 2019나63471 판결은 원고의 청구를 기각하였다.

의 효력이 생기고,[330] 가압류로 인한 시효중단은 가압류신청시로 소급한다.[331] 이송결정이 확정된 때에는 소송은 처음부터 이송받은 법원에 계속된 것으로 보므로(제40조 제1항), 처음 소제기에 의한 시효중단·기간준수의 효력이 그대로 유지된다.[332]

판 례 **지급명령과 시효중단(대법원 2015. 2. 12. 선고 2014다228440 판결)**

민사소송법 제472조 제2항은 "채무자가 지급명령에 대하여 적법한 이의신청을 한 경우에는 지급명령을 신청한 때에 이의신청된 청구목적의 값에 관하여 소가 제기된 것으로 본다"라고 규정하고 있는바, 지급명령 사건이 채무자의 이의신청으로 소송으로 이행되는 경우에 지급명령에 의한 시효중단의 효과는 소송으로 이행된 때가 아니라 지급명령을 신청한 때에 발생한다.

판 례 **가압류신청과 시효중단(대법원 2017. 4. 7. 선고 2016다35451 판결)**

민법 제168조 제2호에서 가압류를 시효중단 사유로 정하고 있지만, 가압류로 인한 시효중단의 효력이 언제 발생하는지에 관해서는 명시적으로 규정되어 있지 않다. 민사소송법 제265조에 의하면, 시효중단사유 중 하나인 '재판상의 청구'(민법 제168조 제1호, 제170조)는 소를 제기한 때 시효중단의 효력이 발생한다. 이는 소장 송달 등으로 채무자가 소제기 사실을 알기 전에 시효중단의 효력을 인정한 것이다. 가압류에 관해서도 위 민사소송법 규정을 유추적용하여 '재판상의 청구'와 유사하게 가압류를 신청한 때 시효중단의 효력이 생긴다고 보아야 한다. '가압류'는 법원의 가압류명령을 얻기 위한 재판절차와 가압류명령의 집행절차를 포함하는데, 가압류도 재판상의 청구와 마찬가지로 법원에 신청을 함으로써 이루어지고(민사집행법 제279조), 가압류명령에 따른 집행이나 가압류명령의 송달을 통해서 채무자에게 고지가 이루어지기 때문이다. 가압류를 시효중단사유로 규정한 이유는 가압류에 의하여 채권자가 권리를 행사하였다고 할 수 있기 때문이다. 가압류채권자의 권리행사는 가압류를 신청한 때에 시작되므로, 이 점에서도 가압류에 의한 시효중단의 효력은 가압류신청을 한 때에 소급한다.

(2) 시효중단·기간준수의 효력은 소의 취하·각하, 청구기각에 의하여 소급하여 소멸한다(민법 제170조 제1항). 다만 그 경우에도 6월 내에 재판상 청구, 압류 또는 가압류·가처분을 하면 최초의 소제기시에 중단된 것으로 본다(민법 제170조 제2항). 판례는 채권자대위소송으로 인한 시효중단의 효과가 채무자에게 미친다는 전제 하, 피보전채권 흠결로 소각하판결이 확정되어도 6월 내에 다른 채권자가 대위소송을 제기하면 최초의 대위소송 제기시에 시효가 중단되었다고 본다.[333]

---

330) 대법원 2015. 2. 12. 선고 2014다228440 판결.

331) 대법원 2017. 4. 7. 선고 2016다35451 판결.

332) 시효중단의 경우(대법원 2007. 11. 30. 선고 2007다54610 판결), 기간준수의 경우(대법원 1984. 2. 28. 선고 83다카1981 전원합의체 판결; 대법원 2022. 11. 17. 선고 2021두44425 판결).

333) 대법원 2011. 10. 13. 선고 2010다80930 판결.

판 례 **피보전채권 흠결로 소각하판결 확정 후 6월 내 다른 채권자의 대위소송과 시효중단(대법원 2011. 10. 13. 선고 2010다80930 판결)**

[1] 채권자대위권 행사의 효과는 채무자에게 귀속되는 것이므로 채권자대위소송의 제기로 인한 소멸시효 중단의 효과 역시 채무자에게 생긴다.

[2] 채권자 甲이 채무자 乙을 대위하여 丙을 상대로 부동산에 관하여 부당이득반환을 원인으로 한 소유권이전등기절차 이행을 구하는 소를 제기하였다가 피보전권리가 인정되지 않는다는 이유로 소각하판결을 선고받아 확정되었고, 그로부터 3개월 남짓 경과한 후에 다른 채권자 丁이 乙을 대위하여 丙을 상대로 같은 내용의 소를 제기하였다가 丙과 사이에 피보전권리가 존재하지 않는다는 취지의 조정이 성립되었는데, 또 다른 채권자인 戊가 조정 성립일로부터 10여 일이 경과한 후에 乙을 대위하여 丙을 상대로 같은 내용의 소를 다시 제기한 사안에서, 채무자 乙의 丙에 대한 위 부동산에 관한 부당이득반환을 원인으로 한 소유권이전등기청구권의 소멸시효는 甲, 丁, 戊의 순차적인 채권자대위소송에 따라 최초의 재판상 청구인 甲의 채권자대위소송 제기로 중단되었다고 본 원심판단을 정당하다고 한 사례.

제 8 절 소제기의 특수방식: 배상명령제도

1. 의 의

소송촉진 등에 관한 특례법 제25조 이하에서 배상명령제도를 규정하고 있다. 형사소송절차에서 유죄판결을 선고하면서 피고사건의 범죄행위로 인해 발생한 손해나 피고인과 피해자 사이의 합의된 손해배상액에 대해 피고인에게 그 배상을 명하는 것을 배상명령이라고 한다. 범죄의 피해자가 별도의 민사소송에 의할 때 발생할 수 있는 판결의 모순·저촉을 방지하고 분쟁의 1회적 해결을 도모하여 피해 회복에 만전을 기하기 위한 취지에서 인정되고 있다.

2. 요 건

가. 적극적 요건

(1) 제1심 또는 제2심의 형사공판절차에서 폭행, 상해, 재산죄, 강간, 추행 등 일정한 범죄에 대한 것일 것(소촉법 제25조 제1항 각호)

(2) 피고사건의 범죄행위로 인해 직접적인 물적(物的) 피해, 치료비 손해 및 위자료가 발생하였을 것(소촉법 제25조 제1항 본문)

나. 소극적 요건

(1) 다음의 어느 하나에 해당하지 않을 것(소촉법 제25조 제3항), 즉 i) 피해자의 성명·주소가 불분명, ii) 피해 금액의 불특정, iii) 피고인의 배상책임의 유무 또는 그 범위가 명백하지 아니한 경우, iv) 배상명령으로 인하여 공판절차가 현저히 지연될 우려가 있거나 형사소송절차에서 배상명령을 하는 것이 타당하지 아니하다고 인정되는 경우

(2) 발생한 피해에 관하여 다른 절차에 따른 손해배상청구가 법원에 계속 중이 아닐 것(소촉법 제26조 제7항)

3. 절 차

가. 신청의 방법

피해자나 상속인이 제1심 또는 제2심 공판의 변론이 종결될 때까지 사건이 계속된 법원에 신청할 수 있다. 이 경우 신청서에 인지를 붙이지 아니한다(소촉법 제26조 제1항). 아울러 신청서에 의하여 신청하는 것이 원칙이나(소촉법 제26조 제2항), 피해자가 증인으로 출석한 경우에는 말로써 신청할 수 있다(소촉법 제26조 제5항).

나. 신청의 효력

배상신청은 민사소송에서 소제기와 동일한 효력이 있다(소촉법 제26조 제8항). 따라서 시효중단·기간준수의 효력이 발생한다. 소송계속의 효과로 인해 그 뒤 별도의 손해배상청구의 소를 제기한 경우 후소가 중복소송(제259조)이 되는지 여부가 문제되는데, 배상명령은 집행력만 있을 뿐, 기판력이 없으므로, 함부로 후소를 중복소송으로 각하해서는 아니 될 것이다.[334)]

다. 신청의 취하

배상명령이 확정되기 전까지 신청인은 언제든지 신청을 취하할 수 있다(소촉법 제26조 제6항).

4. 배상명령

가. 배상명령 각하

법원은 배상신청이 부적법하거나, 그 신청이 이유 없거나, 배상명령을 함이 상당하지 아니하다고 인정하는 때에는 결정으로 배상신청을 각하하여야 한다(소촉법 제32조 제1항).

---

334) 이시윤, 304면; 정영환, 513면.

나. 배상명령의 선고

배상명령은 유죄판결의 선고와 동시에 한다(소촉법 제31조 제1항). 금전지급을 명하고, 배상의 대상과 금액을 유죄판결의 주문에 표시하여야 하되, 배상명령의 이유는 특히 필요하다고 인정되는 경우가 아니면 적지 아니한다(소촉법 제31조 제2항). 유죄판결서의 정본을 피고인과 피해자에게 지체 없이 송달하여야 한다(소촉법 제31조 제5항).

다. 불 복

유죄판결에 대한 상소가 제기된 경우에는 배상명령은 피고사건과 함께 상소심으로 이심된다(소촉법 제33조 제1항). 상소심에서 원심판결을 유지하는 경우에도 원심의 배상명령을 취소하거나 변경할 수 있다(소촉법 제33조 제4항). 피고인은 유죄판결에 대하여 상소를 제기하지 아니하고 배상명령에 대하여만 상소 제기기간에 즉시항고를 할 수도 있다(소촉법 제33조 제5항).

5. 배상명령의 효력

확정된 배상명령 또는 가집행선고가 있는 배상명령이 기재된 유죄판결서의 정본은 민사집행법에 따른 강제집행에 관하여 집행력 있는 민사판결 정본과 동일한 효력이 있다(소촉법 제34조 제1항). 그러나 기판력은 없다. 아울러 배상명령이 확정된 경우 피해자는 그 인용된 금액의 범위에서 다른 절차에 따른 손해배상을 청구할 수 없다(소촉법 제34조 제2항). 그리고 소송비용은 원칙적으로 국고의 부담으로 한다(소촉법 제35조).

6. 배상명령제도의 개선방안

피해자 구제에 만전을 기하기 위한 배상명령제도의 취지는 이해하지만, 실무상 구속사건에서 양형상의 이익을 보려는 피고인의 경우 배상명령신청에 대한 방어권을 포기할 수밖에 없으며, 역으로 유죄판결이 곧 배상명령으로 이어진다면 금전적 배상을 두려워 한 나머지 피고인이 피고사건에 대해 무리한 방어권행사를 할 수 있는 폐단이 발생할 수 있다. 배상명령제도를 인정하지 않는다고 하여 피해자의 금전적 피해회복의 길이 막히는 것이 아닌 만큼, 배상명령제도를 경미한 사건에 국한시킬 필요가 있다 할 것이다. 배상명령제도를 피고사건의 예외적인 절차로 간주하여야만 형사사건에서 피고인이 피고사건의 방어권행사에 집중할 수 있을 것이다.[335]

335) 이시윤, 305면.

제2장 변 론

제 1 절 변론 개설

Ⅰ. 변론의 의의

(1) 변론은 기일에 수소법원의 공개법정에서 양당사자가 말로 사실을 주장하고 증거를 제출하는 방법으로 소송을 심리하는 절차이다.

(2) 변론은 기일 내에서 함을 원칙으로 한다. 민사소송규칙 제17조의2에서 ① 당사자나 대리인은 기일 외에서 구술, 전화, 휴대전화 문자전송, 그 밖에 이와 유사한 방법으로 사실상 또는 법률상 사항에 대하여 진술하는 등 법령이나 재판장의 지휘에 어긋나는 절차와 방식으로 소송행위를 하여서는 아니 되고, ② 재판장은 제1항을 어긴 당사자나 대리인에게 주의를 촉구하고 기일에서 그 위반사실을 알릴 수 있다고 규정하고 있다.

Ⅱ. 변론의 종류

1. 필수적 변론

(1) 반드시 변론을 열어야 하며, 변론에서 행한 구술진술만이 재판의 자료로 참작되는 경우이다. 판결로 재판할 경우 원칙적으로 필수적 변론에 의해야 한다(제134조 제1항 본문).

(2) 예외적으로 무변론판결이 가능한 경우가 있다. 소송요건이나 상소요건에 보정할 수 없는 흠이 있는 경우(제219조, 제413조), 소액사건에서 소송기록에 의하여 청구가 이유 없음이 명백하여 기각판결을 내리는 경우(소심 제9조 제1항), 소송비용에 대한 담보제공의

결정을 받고도 담보를 제공하지 않아 소각하판결하는 경우(제124조), 피고가 소장부본을 송달받고 30일내에 답변서를 제출하지 아니한 경우(제256조, 제257조), 상고심판결을 하는 경우(제429조, 제430조) 등이 그 예이다.

2. 임의적 변론

(1) 법원의 재량에 의하여 임의적으로 변론을 열 수 있는 경우이다. 결정으로 완결할 사건은 신속한 처리를 필요로 하므로 임의적 변론에 의한다(제134조 제1항 단서). 가압류·가처분신청사건이 그 예이다.

(2) 변론을 열지 않는 경우 서면심리만으로 재판할 수 있으나, 법원은 당사자와 이해관계인, 그 밖의 참고인을 심문할 수도 있다(제134조 제2항). 여기서 심문(審問)은 당사자 등에게 적당한 방법으로 서면 또는 말로 진술의 기회를 주는 것으로서, 증인 등의 증거조사시에 물어보는 신문(訊問)과는 다르다.

(3) 임의적 변론기일에 불출석하더라도 기일의 해태문제가 생기지 아니하므로, 진술간주(제148조), 자백간주(제150조), 소취하간주(제268조)의 불이익을 받지 않는다.

제 2 절 심리에 관한 원칙

Ⅰ. 공개심리주의

1. 의 의

공개심리주의는 일반인에게 재판의 심리와 판결에 대한 방청을 허용하는 것을 의미한다(헌법 제109조 본문, 법조 제57조 제1항). 소송관여자 이외에는 공개하지 아니하는 밀행주의와 대립된다. 재판의 공개를 통해 사법부의 재판권 행사에 대한 국민의 신뢰를 높이고 공정한 재판을 담보하기 위한 것이다.

2. 내 용

(1) 여기서 재판은 실체적 권리관계를 확정하는 소송사건의 재판을 의미하고, 공개의 대상은 재판의 심리와 판결에 한한다. 따라서 재판의 합의, 수명법관에 의한 증거조사,[1)]

변론준비절차, 비송, 중재나 조정, 심리불속행사유, 상고이유서 부제출에 의한 상고기각판결, 변론 없이 결정으로 완결하는 절차[2]는 공개주의의 적용에서 제외된다.

(2) 다만 심리가 국가의 안전보장 또는 안녕질서를 방해하거나 선량한 풍속을 해할 염려가 있는 때에는 법원의 결정으로 공개하지 아니할 수 있다(헌법 제109조 단서, 법조 제57조 제1항 단서). 재판의 심리를 공개하지 아니할 때에는 그 이유를 밝혀야 한다(법조 제57조 제2항). 그러나 재판의 선고는 공개하여야 한다.

(3) 재판의 공개는 소송기록에 대하여도 적용되므로 당사자 또는 이해관계를 소명한 제3자는 소송기록의 열람·복사, 재판서·조서의 정본·등본·초본의 교부 또는 소송에 관한 사항의 증명서의 교부를 청구할 수 있다(제162조 제1항). 그러나 당사자의 사생활에 관한 중대한 비밀이나 영업비밀의 보호를 위해 일정한 제한이 가능하다(제163조). 한편 누구든지 권리구제·학술연구 또는 공익목적이 있으면 확정된 소송기록의 열람을 신청할 수 있다(제162조 제2항). 그리고 누구든지 확정사건의 판결서를 인터넷, 그 밖의 전산정보처리시스템을 통한 전자적 방법 등으로 열람 및 복사할 수 있는 것이 원칙이다(제163조의2).

3. 위반의 효과

공개심리주의를 위반한 판결은 절대적 상고이유가 된다(제424조 제1항 제5호). 그리고 변론의 공개 여부와 공개하지 아니한 경우의 이유는 변론조서의 필수적 기재사항이다(제153조 제6호).

II. 쌍방심리주의

1. 의 의

쌍방심리주의는 소송의 심리에 있어서 당사자 모두에게 진술할 기회를 부여해야 한다는 원칙이다. 당사자 측의 시각에서는 무기평등의 원칙 혹은 당사자대등주의라고도 한다. 일방의 말만 듣고 심리 판단할 경우 상대방 당사자에게 불의의 타격을 줄 수 있기 때문이다.

---

1) 대법원 1971. 6. 30. 선고 71다1027 판결.
2) 대법원 2006. 10. 27. 선고 2004다69581 판결.

2. 내 용

(1) 우리 법은 쌍방심리주의를 관철하기 위해 ① 판결절차에서 필수적 변론의 방식을 취하고 있고(제134조 제1항 본문), ② 소송절차의 중단·중지제도를 두고 있으며, ③ 대리인제도를 두고, 만약 그 흠결이 있는 경우 상소(제424조 제1항 제4호) 또는 재심(제451조 제1항 제3호)에 의하여 구제하고 있고, ④ 중요한 사실상 또는 법률상 쟁점에 관하여 의견을 진술할 기회를 부여하고 있다(민소규 제28조 제2항).

(2) 그러나 결정으로 완결할 사건에 있어서는 임의적 변론에 의하므로(제134조 제1항) 반드시 쌍방심리주의에 의하는 것이 아니다. 당사자를 대등하게 심리할 필요성이 낮은 강제집행절차도 마찬가지이다. 절차의 간이·신속이 요구되는 독촉절차, 가압류·가처분절차는 채권자의 신청만으로 재판한다는 점에서 일방심리주의에 의하지만, 이에 대한 채무자의 이의가 있으면 쌍방심리의 절차로 이행된다.

Ⅲ. 구술심리주의

1. 의 의

구술심리주의는 당사자 및 법원의 소송행위, 특히 변론과 증거조사를 모두 구술로 시행하고, 말로 한 내용만이 판결의 기초가 될 수 있다는 원칙이다.

2. 내 용

(1) 현행법은 구술심리주의를 원칙으로 하고 있다. 우선 당사자는 소송에 대하여 법원에서 변론하여야 한다고 규정하고 있는데(제134조 제1항), 이때 변론은 당사자가 말로 중요한 사실상 또는 법률상 사항에 대하여 진술하거나, 법원이 당사자에게 말로 해당사항을 확인하는 방식으로 한다고 하고 있다(민소규 제28조 제1항). 또한 변론준비기일에서는 당사자가 말로 변론의 준비에 필요한 주장과 증거를 정리하여 진술하거나, 법원이 당사자에게 말로 해당사항을 확인하여 정리하여야 한다고 규정하여(민소규 제70조의2) 구술심리주의에 의함을 명확히 하고 있다.

(2) 이에 따라 증인신문과 당사자신문 같은 증거조사에서도 증인과 당사자는 말로 진술하는 것을 원칙으로 하고 있고(제331조, 제373조), 또한 서면에 기재된 주장사실이라도 변

론에서 진술되어야 판단자료로 삼을 수 있다.[3] 판결은 기본이 되는 변론에 관여한 법관이 하여야 하고(제204조 제1항), 아울러 판결은 재판장이 판결원본에 따라 주문을 읽어 선고한다고 규정하여, 판결의 선고까지 구술주의에 의하고 있다(제206조). 결국 변론, 증거조사, 판결에 이르기까지 모든 절차에서 구술심리주의를 채택한 것이다.

3. 예 외

현행법은 서면심리주의를 통해 구술주의의 단점을 보완하고 있다. ① 우선 소제기, 상소, 재심, 소의 취하, 상소의 취하, 청구의 변경, 참가, 관할합의 등 중요한 소송행위에 대해서는 서면에 의하도록 하고 있다. ② 본안에 대한 사실심리와 무관한 상고심 절차와 결정으로 완결할 사건은 서면심리주의를 원칙으로 하고 있다. ③ 주장할 복잡한 사실관계를 요령있게 정리하여 예고하기 위하여 당사자에게 준비서면을 제출하도록 하고 있다(제273조). ④ 법원은 변론기일이나 변론준비기일에 재판자료의 망각을 막고 정리를 해두기 위하여 변론조서나 변론준비조서를 작성해야 하고(제152조, 제283조), 상급심의 재심사 편의를 위하여 하급심의 절차, 증거평가 판단 등을 심사하여 심급제도의 목적을 달성하도록 재판에는 재판서를 작성하도록 하였다(제208조, 제221조). ⑤ 법원은 증인과 증명할 사항의 내용 등을 고려하여 상당하다고 인정하는 때에는 출석 증언에 갈음하여 증언할 사항을 적은 서면을 제출하게 할 수 있다(제310조). 이는 증인의 출석의 부담을 덜어주기 위한 제도이다.

Ⅳ. 직접심리주의

1. 의 의

직접심리주의는 재판을 행하는 법관이 직접 당사자의 주장을 듣고 증거를 조사하여야 하는 주의로, 간접심리주의와 대비되는 개념이다. 직접심리주의는 법관으로 하여금 사건에 대하여 정확한 심증을 형성하게 하고 당사자로 하여금 증거에 관하여 직접적인 의견진술을 할 수 있도록 함으로써 공정한 재판을 달성하는데 기여한다. 그러나 해당 법관이 항상 심리에 참여하여야 하므로 소송경제상 난점이 있다.

3) 대법원 2001. 12. 14. 선고 2001므1728, 1735 판결.

2. 현행법의 태도

(1) 우리 민사소송법은 직접심리주의를 원칙으로 하고 있다. 판결은 그 기본이 되는 변론에 관여한 법관이 하여야 한다(제204조 제1항). 그리고 단독판사 또는 합의부의 법관의 과반수가 경질된 경우 종전의 신문한 증인에 대하여 당사자가 다시 신문을 신청한 때에는 법원은 그 신문을 해야 한다(제204조 제3항).[4] 이는 법관경질 후 직접 증인신문을 통하여 증거조사에 있어서 직접주의를 구현하기 위한 취지이다.

(2) 다만 직접주의가 가지고 있는 소송불경제를 보완하기 위해 간접주의를 보충적으로 병용하고 있다. 그 예로 ① 심리도중 법관이 바뀐 경우에는 종전의 변론결과를 당사자가 새로운 법관의 면전에서 진술하는 변론의 갱신절차를 두고 있다(제204조 제2항). ② 그리고 증거조사를 법정 내에서 실시하기 어려운 사정이 있는 때에는 수명법관, 수탁판사에게 증거조사를 시키고 그 결과를 기재한 조서를 판결자료로 하도록 하고 있다(제297조, 제298조). ③ 변론준비절차의 경우 진행의 효율성을 위해 재판장, 수명법관, 수탁판사가 주재하도록 하고 있다(제280조 제2항 내지 제4항).

3. 위반의 효과

직접심리주의에 위반하여 변론에 관여하지 않은 법관이 판결을 한 경우에는 법률에 의한 판결법원을 구성하지 아니한 때에 해당하므로 절대적 상고이유(제424조 제1항 제1호) 및 재심사유(제451조 제1항 제1호)가 된다.

Ⅴ. 처분권주의

1. 서 설

> **제203조(처분권주의)** 법원은 당사자가 신청하지 아니한 사항에 대하여는 판결하지 못한다.

가. 의 의

처분권주의는 절차의 개시, 심판의 대상과 범위 특정, 그리고 절차의 종결에 대하여

4) 그러나 판례는 예컨대 종전에 증인을 신문할 당시와 달리 현재는 당사자 사이에 다툼이 없어서 증명이 필요 없게 된 경우, 다른 증거들에 의해 이미 심증이 형성된 경우, 소송의 완결을 지연시킬 목적인 경우에는 제290조에 따라 재신문하지 않을 수 있다고 한다(대법원 1992. 7. 14. 선고 92누2424 판결).

당사자의 처분에 맡기는 입장이다. 이는 근대 자유주의·개인주의 이념에 따라 사인간의 생활관계에서 발생하는 분쟁에 대한 자치적 해결을 위한 것으로서 사적자치원칙의 소송법적 발현측면의 표현이라고 할 수 있다.

나. 구별개념

처분권주의는 소송물에 대한 처분의 자유를 뜻하므로, 소송자료의 수집에 있어서 당사자의 주도권을 인정하는 변론주의와 구별되고, 또한 소송절차의 적정한 진행과 정지를 함에 있어서 당사자의 주도권을 인정하는 당사자진행주의와도 구별된다. 즉 신청하지 않는 사항을 인정하면 처분권주의 위반이고, 주장하지 않는 사항을 인정하면 변론주의 위반이 되는 것이다.

2. 절차의 개시 측면

(1) 민사소송에 처분권주의가 적용되는 결과 절차의 개시는 당사자의 소제기를 요하며, 법원의 직권에 의해 개시되지 않는 것이 원칙이다. '신청 없으면 재판 없다'라는 법언은 이를 가리키는 것이다. 이는 상소심절차나 재심절차, 그리고 가압류·가처분 등 보전절차, 강제집행절차에서도 마찬가지이다.[5]

(2) 다만 주된 절차 내의 부수적 재판에 대해서는 법원이 직권으로 개시할 수 있는 예외가 있다. 예컨대 소송비용의 재판(제104조, 제107조 제1항), 소송구조(제128조 제1항), 판결의 경정(제211조 제1항), 가집행을 선고하는 재판(제213조) 등의 경우에는 법원의 직권으로 가능하다. 판례는 재판상 이혼의 경우에 당사자의 청구가 없더라도 법원이 직권으로 미성년자녀에 대한 친권자 및 양육자 지정을 하여야 한다고 했다.[6]

판 례 **법원의 직권에 의한 친권자 및 양육자 지정(대법원 2015. 6. 23. 선고 2013므2397 판결)**

이혼 과정에서 친권자 및 자녀의 양육책임에 관한 사항을 의무적으로 정하도록 한 민법 제837조 제1항, 제2항, 제4항 전문, 제843조, 제909조 제5항의 문언 내용 및 이혼과정에서 자녀의 복리를 보장하기 위한 위 규정들의 취지와 아울러, 이혼 시 친권자 지정 및 양육에 관한 사항의 결정에 관한 민법 규정의 개정 경위와 변천 과정, 친권과 양육권의 관계 등을 종합하면, 재판상 이혼의 경우에 당사자의 청구가 없다 하더라도 법원은 직권으로 미성년자인 자녀에 대한 친권자 및 양육자를 정하여야 하며, 따라서 법원이 이혼 판결을 선고하면서 미성년자인 자녀에 대한 친권자 및 양육자를 정하지 아니하였다면 재판의 누락이 있다.

5) 정동윤/유병현/김경욱, 363~364면.
6) 대법원 2015. 6. 23. 선고 2013므2397 판결.

3. 심판의 대상과 범위 측면

처분권주의에 따라 원고가 심판의 대상을 특정하여야 하고, 법원은 원고가 신청한 사항에 대하여 그 신청의 범위 내에서만 판단하여야 한다(제203조).[7] 따라서 신청한 것보다 적게 판결하는 것은 가능하지만, 별개의 사항에 대해서나,[8] 신청의 범위를 넘어서[9] 판결할 수는 없다. 이러한 법리는 상소심에서도 적용되므로, 피상소인의 부대상소가 없는 한 원판결을 상소인에게 불이익하게 변경할 수는 없다(제415조, 제431조).[10]

가. 심판의 대상: 질적 측면

(1) 소송물

법원은 원고가 심판을 구한 소송물에 대해서 판단을 해야 하고, 이와 별개의 소송물에 대해서 판단해서는 아니 된다. 그러나 이는 소송물의 동일성 식별범위를 어떻게 보느냐에 따라 결론을 달리할 것이다. 예컨대 청구권·형성권이 경합하는 경우에 구실체법설(구이론)은 실체법상 권리 또는 법률관계마다 소송물이 별개라고 보므로 법원은 원고가 구한 것과 다른 실체법상 권리에 대해 판단해서는 아니 된다.[11] 판례도 ① 이혼청구에 있어서는 이혼사유마다 소송물이 별개로 된다고 보므로,[12] 민법 제840조 제1호의 부정행위에 의한 이혼청구를 같은 조 제6호의 혼인을 계속하기 어려운 중대사유로 평가하여 이혼청구를 인용할 수 없다고 하고, ② 토지의 소유권 상실로 인한 손해배상청구에 대하여 당사자가 주장하지 아니한 소유권보존등기 말소등기절차 이행의무의 이행불능으로 인한 손해배상책임을 인정하는 것은 처분권주의 위반이라고 보았다.[13] 그러나 소송법설(신이론)은 원고가 주장하는 실체법상의 권리는 법률적 관점에 불과할 뿐 소송물이 아니라고 보므로, 법원이 원고가 구한 것과 다른 실체법상의 권리에 대해 판단하더라도 처분권주의 위반이 아니라고 본다.

---

7) 대법원 2013. 3. 14. 선고 2010다42624, 42631 판결. 따라서 유류분반환청구에서 법원은 유류분권리자가 특정한 대상과 범위를 넘어서 청구를 인용할 수 없다.

8) 대법원 2020. 1. 30. 선고 2015다49422 판결.

9) 대법원 2000. 6. 9. 선고 99다70983 판결.

10) 상세는 후술 불이익변경금지의 원칙 부분 참조.

11) 그러나 법조경합의 경우는 다르다. 예컨대 자동차손해배상보장법 제3조는 불법행위에 관한 민법 규정의 특별규정이므로 당사자가 주장을 하지 않더라도 법원은 민법에 우선하여 자동차손해배상보장법을 적용하여야 한다(대법원 1997. 11. 28. 선고 95다29390 판결).

12) 대법원 1963. 1. 31. 선고 62다812 판결; 대법원 2000. 9. 5. 선고 99므1886 판결.

13) 대법원 2012. 5. 17. 선고 2010다28604 전원합의체 판결. 이 판결에서 대법원은 물권적 청구권의 이행불능으로 인한 전보배상청구권이 인정되지 않는다고 하여, 애초 피고의 등기말소의무의 이행불능으로 인한 채무불이행책임을 논할 여지는 없다고 하였다.

판 례 **토지소유권 상실로 인한 손해배상청구 vs 말소등기절차 이행불능으로 인한 손해배상청구 (대법원 2012. 5. 17. 선고 2010다28604 전원합의체 판결)**

국가 명의로 소유권보존등기가 경료된 토지의 일부 지분에 관하여 甲 등 명의의 소유권이전등기가 경료되었는데, 乙이 등기말소를 구하는 소를 제기하여 국가는 乙에게 원인무효인 등기의 말소등기절차를 이행할 의무가 있고 甲 등 명의의 소유권이전등기는 등기부취득시효 완성을 이유로 유효하다는 취지의 판결이 확정되자, 乙이 국가를 상대로 손해배상을 구한 사안에서, 甲 등의 등기부취득시효 완성으로 토지에 관한 소유권을 상실한 乙이 불법행위를 이유로 소유권 상실로 인한 손해배상을 청구할 수 있음은 별론으로 하고, 애초 국가의 등기말소의무 이행불능으로 인한 채무불이행책임을 논할 여지는 없고, 또한 토지의 소유권 상실로 인한 손해배상을 구하는 乙의 청구에 대하여 당사자가 주장하지 아니한 소유권보존등기 말소등기절차 이행의무의 이행불능으로 인한 손해배상책임을 인정할 수 없음에도, 이와 달리 손해배상책임을 인정한 원심판결에 법리오해와 처분권주의 위반의 위법이 있다.

(2) 소의 종류와 순서

원고가 특정한 소의 종류(이행·확인·형성)에도 구속되므로, 법원은 원고가 확인청구를 한 경우에 같은 금액의 이행판결을 할 수 없다. 그리고 당사자가 정한 심판의 순서에도 구속되므로, 청구의 예비적 병합에서는 주위적 청구를 먼저 판단하여야 하며, 만약 이를 판단하지 않고 예비적 청구를 받아들이는 판결을 하였다면 이는 처분권주의 위반이다.

나. 심판의 범위: 양적 측면

(1) 양적 상한

원고는 심판의 범위를 명시하여야 하고, 법원은 그 상한을 넘어 판결할 수 없다.

(가) 인사사고에 의한 손해배상청구, 특히 적극적 손해, 소극적 손해, 위자료 등으로 손해를 구분하는 손해배상청구에서 문제가 되는데, 현재 판례는 손해3분설에 따라 각각의 손해항목에 처분권주의 위반 여부를 판단하므로,[14] 총액을 벗어나지 않았지만 각 손해항목을 초과인용하면 처분권주의 위반으로 본다.

(나) 원금청구와 이자청구(지연손해금 포함)는 별개의 소송물이므로[15] 원리금 합산 총액의 범위 내라도 원금청구액을 넘어선 원금의 인용은 허용되지 아니한다. 판례는 이자청구의 소송물은 원금·이율·기간의 3요소에 의해 정해진다고 보고, 위 3요소 중 어느 것도 원고가 주장하는 기준을 넘으면 처분권주의 위반이라 한다.[16] 그러나 약정이율에 따른 지연

14) 대법원 1976. 10. 12. 선고 76다1313 판결; 대법원 2001. 2. 23. 선고 2000다63752 판결.

15) 대법원 1989. 6. 13. 선고 88다카19231 판결; 대법원 2000. 2. 11. 선고 99다49644 판결; 대법원 2009. 6. 11. 선고 2009다12399 판결.

16) 대법원 1974. 5. 28. 선고 74다418 판결; 대법원 2012. 10. 11. 선고 2012다55198 판결.

손해금청구에 그보다 낮은 법정이율에 따른 지연손해금청구는 포함된 것으로 본다.17)

판 례 **이자청구는 원금청구와 별개의 소송물(대법원 2000. 2. 11. 선고 99다49644 판결)**

금전채무 불이행에 관한 특칙을 규정한 민법 제397조는 그 이행지체가 있으면 지연이자 부분만큼의 손해가 있는 것으로 의제하려는 데에 그 취지가 있는 것이므로 지연이자를 청구하는 채권자는 그만큼의 손해가 있었다는 것을 증명할 필요가 없는 것이나, 그렇다고 하더라도 채권자가 금전채무의 불이행을 원인으로 손해배상을 구할 때에 지연이자 상당의 손해가 발생하였다는 취지의 주장은 하여야 하는 것이지 주장조차 하지 아니하여 그 손해를 청구하고 있다고 볼 수 없는 경우까지 지연이자 부분만큼의 손해를 인용해 줄 수는 없는 것이다.

판 례 **이율의 초과(대법원 1974. 5. 28. 선고 74다418 판결)**

208,000원 및 이에 대한 1972. 6. 29.부터 완제일까지 연 5푼의 금원지급청구에 대하여 금 208,000원 및 이에 대한 1973. 4. 20.부터 연 6푼의 금원지급을 인용하면 처분권주의에 위반된다.

판 례 **기간의 초과(대법원 2012. 10. 11. 선고 2012다55198 판결)**

(전략) 원고가 이 사건 청구취지로서 1억 원 및 이에 대하여 2009. 4. 19.부터 다 갚는 날까지 연 30%의 비율에 의한 지연손해금의 지급을 구하였음이 명백함에도, 원심은 76,288,906원 및 이에 대하여 2008. 11. 1.부터 다 갚는 날까지 연 30%의 비율에 의한 금원의 지급을 명함으로써 원고가 청구하지 아니한 지연손해금을 인정하였음을 알 수 있는바, 원심의 이러한 조치에는 민사소송법 제203조가 정한 처분권주의를 위반한 위법이 있다.

판 례 **약정이율청구에 법정이율청구 포함(대법원 2017. 9. 26. 선고 2017다22407 판결)**

민법 제397조 제1항은 본문에서 금전채무불이행의 손해배상액을 법정이율에 의하도록 하고, 단서에서 '그러나 법령의 제한에 위반하지 아니한 약정이율이 있으면 그 이율에 의한다'고 정하고 있다. 민법 제397조 제1항 단서에서 약정이율이 있으면 이에 따르도록 한 것은 약정이율이 법정이율보다 높은 경우에 법정이율에 의한 지연손해금만으로 충분하다고 하면 채무자가 이행지체로 오히려 이익을 얻게 되는 불합리가 발생하므로, 이를 고려해서 약정이율에 의한 지연손해금을 인정한 것이다. 당사자 일방이 금전소비대차가 있음을 주장하면서 약정이율에 따른 이자의 지급을 구하는 경우, 특별한 사정이 없는 한 대여금채권의 변제기 이후의 기간에 대해서는 약정이율에 따른 지연손해금을 구하는 것으로 보아야 하고, 여기에는 약정이율이 인정되지 않는다고 하더라도 법정이율에 의한 지연손해금을 구하는 취지가 포함되어 있다고 볼 수 있다. 이는 채무자가 금전소비대차계약 공정증서의 집행력을 배제하기 위하여 제기한 청구이의의 소에서 채권자가 금전대여와 함께 약정이율에 따른 지연손해금을 주장한 경우에도 마찬가지이다.

17) 대법원 2017. 9. 26. 선고 2017다22407 판결.

(다) 일부청구와 과실상계의 문제 역시 처분권주의 논의에서 빠질 수 없다. 예컨대 1억 원의 손해 중 6천만 원만 청구하였는데, 이때 피해자의 과실이 40%인 경우, 과실상계를 할 때 전체손해액을 기준으로 할 것인가 아니면 일부청구금액을 기준으로 할 것인가의 문제이다. 이에 대하여 ① 외측설은 전체손해액을 기준으로 과실상계한 뒤에 남은 잔액이 청구액을 초과한 때에는 청구액의 한도에서 인용하고, 잔액이 청구액에 미달하면 잔액을 인용한다는 견해이다.[18] 위의 예에서 과실상계 후 남은 잔액은 6천만 원[=1억 원×(100−40)%]이다. 따라서 청구금액 6천만 원 전액을 인용할 수 있다. ② 안분설은 전체손해액이 아니라 일부청구금액을 기준으로 과실상계 한다는 견해이다.[19] 위의 예에서 과실상계 후 남은 잔액은 3,600만 원[=6천만 원×(100−40)%]이다. 따라서 6천만 원을 인용할 수 없고, 3,600만 원을 인용할 수 있다. 판례는 외측설을 취하고 있다.[20]

판 례 외측설(대법원 2008. 12. 24. 선고 2008다51649 판결)

일개의 손해배상청구권 중 일부가 소송상 청구되어 있는 경우에 과실상계를 함에 있어서는 손해의 전액에서 과실비율에 의한 감액을 하고 그 잔액이 청구액을 초과하지 않을 경우에는 그 잔액을 인용할 것이고 잔액이 청구액을 초과할 경우에는 청구의 전액을 인용하는 것으로 해석하여야 할 것이며, 이와 같이 풀이하는 것이 일부청구를 하는 당사자의 통상적 의사라고 할 것이고, 이러한 방식에 따라 원고의 청구를 인용한다고 하여도 처분권주의에 위배되는 것이라고 할 수는 없다.

(2) 일부인용

(가) 분량적 일부인용

① 예컨대 1억 원의 청구 중 4천만 원의 지급을 명할 수 있다. 채무의 일부부존재확인청구, 즉 300만 원을 초과하여서는 존재하지 아니함의 확인을 구했는데 법원의 심리결과 잔존채무가 500만 원으로 밝혀진 경우, 500만 원을 초과하여서는 존재하지 아니함을 확인하고, 나머지 청구를 기각하는 판결이 가능하다.[21] ② 부동산 전부에 대한 소유권확인청구에는 지분에 대한 소유권확인을 구하는 취지가 포함되어 있다고 보아야 하므로 인정되는 지분에 관한 일부승소판결이 가능하다.[22] ③ 甲이 乙, 丙에 대하여 부진정연대채무 관계에 있음을 전제로 연대하여 지급할 것을 구하였는데 乙과 丙에게 개별적 지급책임

---

18) 김홍규/강태원, 373면; 김홍엽, 411면; 전병서, 98면.

19) 이시윤, 322면은 일응 외측설이 타당하지만 잔부를 유보하고 명시적 일부청구를 한 경우까지 외측설을 따를 수 없다고 하여 이 한도 내에서 안분설을 따르고 있고, 호문혁, 394면도 마찬가지로 볼 수 있다.

20) 대법원 1976. 6. 22. 선고 75다819 판결; 대법원 2008. 12. 24. 선고 2008다51649 판결.

21) 대법원 1994. 1. 25. 선고 93다9422 판결. 상세는 전술한 소장의 기재사항 부분 참조.

22) 대법원 1995. 9. 29. 선고 95다22849, 22856 판결.

을 인정한 것은 처분권주의에 반한다고 보았다.[23] 부진정연대관계로 구하지 않았는데 피고들에게 연대하여(각자) 지급할 것을 명한 판결 역시 허용될 수 없다.[24]

판 례 **연대하여 지급 vs 개별적 지급(대법원 2014. 7. 10. 선고 2012다89832 판결)**

채권자 甲이 채무자 乙을 상대로 자신의 인수대금 채권을 행사하는 청구와 제3채무자 丙을 상대로 위 채권을 피보전채권으로 하여 乙의 채권을 대위행사하는 청구를 한 사안에서, 乙의 甲에 대한 채무와 丙의 乙에 대한 채무가 연대채무 또는 부진정연대채무의 관계가 아니지만, 甲이 두 채무가 부진정연대채무 관계에 있음을 전제로 연대하여 지급할 것을 구하였는데도 乙과 丙에게 개별적 지급책임을 인정한 원심판결에는 처분권주의에 관한 법리오해의 잘못이 있다.

☞ 원고가 피고들은 연대하여 2,520만 원 및 지연손해금을 지급할 것을 구하였는데, 법원은 원고에게 피고 乙은 6,200,000원, 피고 丙은 6,096,061원 및 각 이에 대한 지연손해금의 지급을 명한 사안.

(나) 단순이행청구에 대한 상환이행판결

원고가 매매를 원인으로 한 소유권이전등기청구를 하고 있는데 피고의 잔대금 지급과의 동시이행의 항변이 이유 있거나,[25] 또는 원고가 물건인도청구를 하고 있는데 피고의 유치권 항변이 이유 있을 때,[26] 원고의 반대의사표시가 없는 한 원고의 채무이행을 받음과 상환으로 피고의 채무이행을 명하는 것은 처분권주의 위반이 아니다.

(다) 건물매수청구권이 행사된 경우 상환이행판결

토지임대차에서 임대인이 임차인을 상대로 건물철거 및 토지인도청구의 소를 제기하였는데 임차인이 적법하게 건물매수청구권을 행사한 경우, 청구의 변경이 없어도 법원이 건물매매대금 지급과 상환으로 건물인도를 명하는 판결을 할 수 있는지 문제된다. 판례는 과거 건물철거 및 토지인도청구 속에 대금지급과 상환으로 건물명도를 구하는 취지가 포함되어 있다고 볼 수 없고, 소변경의 석명의무도 없다고 보았으나,[27] 1995년 전원합의체 판결로 석명의무 부분을 변경하여, 종전의 청구를 계속 유지할 것인지 아니면 대금지급과 상환으로 지상물의 명도를 청구할 의사가 있는지에 대해 법원의 석명의무가 있다고 하였다.[28]

---

23) 대법원 2014. 7. 10. 선고 2012다89832 판결.

24) 대법원 2013. 5. 9. 선고 2011다61646 판결.

25) 대법원 1979. 10. 10. 선고 79다1508 판결. 그러나 이러한 상환이행청구가 가능한 것은 원고의 청구 중에 대금지급과 상환으로 소유권이전등기를 받겠다는 취지가 포함된 경우에 한하므로, 원고의 청구가 자기의 반대급부의무가 없다는 취지임이 분명한 경우에는 상환이행판결을 할 수 없고 청구기각판결을 해야 한다 (대법원 1980. 2. 26. 선고 80다56 판결).

26) 대법원 1969. 11. 25. 선고 69다1592 판결; 대법원 2011. 12. 13. 선고 2009다5162 판결.

27) 대법원 1972. 5. 23. 선고 72다341 판결.

28) 대법원 1995. 7. 11. 선고 94다34265 전원합의체 판결.

판 례 **지상물매수청구권의 행사 시 처분권주의 및 석명의무(대법원 1995. 7. 11. 선고 94다34265 전원합의체 판결)**

나. 지상물매수청구권은 이른바 형성권으로서 그 행사로 임대인·임차인 사이에 지상물에 관한 매매가 성립하게 되며, 임차인이 지상물의 매수청구권을 행사한 경우에는 임대인은 그 매수를 거절하지 못하고, 이 규정은 강행규정이므로 이에 위반하는 것으로서 임차인에게 불리한 약정은 그 효력이 없다.

다. 토지임대차 종료시 임대인의 건물철거와 그 부지인도 청구에는 건물매수대금 지급과 동시에 건물명도를 구하는 청구가 포함되어 있다고 볼 수 없다.

라. '다'항의 경우에 법원으로서는 임대인이 종전의 청구를 계속 유지할 것인지, 아니면 대금지급과 상환으로 지상물의 명도를 청구할 의사가 있는 것인지(예비적으로라도)를 석명하고 임대인이 그 석명에 응하여 소를 변경한 때에는 지상물 명도의 판결을 함으로써 분쟁의 1회적 해결을 꾀하여야 한다. 그러므로 이와는 달리 이러한 경우에도 법원에게 위와 같은 점을 석명하여 심리하지 아니한 것이 위법이 아니라는 취지의 당원 1972. 5. 23. 선고 72다341 판결은 이로써 이를 변경한다.

(라) 채권자취소소송에서 원물반환청구와 가액배상판결

채권자취소소송에서 원물반환청구의 경우에 가액배상판결이 가능한지도 문제된다. 이에 대해 판례는 전부취소와 원상회복으로 물건 자체의 반환을 구하여도 일부취소와 가액배상을 명할 수 있다고 하였다.[29)]

판 례 **사해행위취소소송에서 가액배상(대법원 2001. 9. 4. 선고 2000다66416 판결)**

사해행위를 전부 취소하고 원상회복을 구하는 채권자의 주장 속에는 사해행위를 일부 취소하고 가액의 배상을 구하는 취지도 포함되어 있으므로, 채권자가 원상회복만을 구하는 경우에도 법원은 가액의 배상을 명할 수 있다.

(마) 현재이행의 소와 장래이행판결

피담보채무의 소멸을 이유로 (근)저당권설정등기의 말소[30)]나 (양도담보로 넘겨준) 소유권이전등기의 회복[31)]을 구하였는데 법원의 심리결과 원고의 채무가 아직 남아있는 경우, 원고의 청구 중에는 잔존 채무의 변제를 조건으로 등기말소를 구하는 취지도 포함되었다고 보아, 잔존 채무의 선이행을 조건으로 청구를 인용하여야 한다.

---

29) 대법원 2001. 6. 12. 선고 99다20612 판결; 대법원 2001. 9. 4. 선고 2000다66416 판결.

30) 대법원 2008. 4. 10. 선고 2007다83694 판결; 대법원 2023. 11. 16. 선고 2023다266390 판결.

31) 대법원 1981. 9. 22. 선고 80다2270 판결; 대법원 1996. 11. 12. 선고 96다33938 판결.

판 례 **잔존채무 선이행을 조건으로 한 등기회복판결(대법원 1996. 11. 12. 선고 96다33938 판결)**

채무자가 피담보채무 전액을 변제하였다고 하거나, 피담보채무의 일부가 남아 있음을 시인하면서 그 변제와 상환으로 담보목적으로 경료된 소유권이전등기의 회복을 구함에 대하여 채권자는 그 소유권이전등기가 담보목적으로 경료된 것임을 다투고 있는 경우, 채무자의 청구 중에는 만약 그 소유권이전등기가 담보목적으로 경료된 것이라면 소송 과정에서 밝혀진 잔존 피담보채무의 지급을 조건으로 그 소유권이전등기의 회복을 구한다는 취지까지 포함되어 있는 것으로 해석하여야 하고, 그러한 경우에는 장래이행의 소로서 미리 청구할 필요도 있다.

☞ 원고가, 이 사건 부동산에 관한 피고 명의의 소유권이전등기는 채권담보를 목적으로 경료한 것인데 그 피담보채무를 모두 변제하였으므로 위 양도담보계약의 해지 및 소유권이전등기를 구하고, 가사 피담보채무가 남아 있다 하더라도 그 원리금의 지급과 상환으로 소유권이전등기의 이행을 구한다고 주장하였으나, 원심이 청구를 모두 배척하자, 대법원이 위와 같은 이유를 들어 파기·환송하였음.

다. 제203조의 예외: 형식적 형성의 소

토지경계확정의 소에서 법원은 "A, B 양 토지의 경계를 구한다"는 신청에는 구속되나, "A, B 양 토지의 경계선은 X선이다"라는 신청에는 구속되지 아니하며, 법원 스스로 진실하다고 인정하는 Y선으로 경계를 확정할 수 있다.[32)] 공유물분할청구의 소에서도 법원은 분할방법에 관한 당사자의 신청에 구속되지 않는다.[33)]

4. 절차의 종결 측면

소송의 종료 여부에 대해서도 당사자의 자유가 인정된다. 즉 당사자에게는 소의 취하, 청구의 포기·인낙, 소송상화해 등이 인정된다. 그러나 직권탐지주의에 의하는 절차는 임의로 처분할 수 있는 권리관계가 아니기 때문에 일정한 범위 내에서 처분권주의가 제한을 받는다. 공공의 복지·이익이 강조되는 가사소송, 행정소송 등의 절차가 그것이다. 하지만 이러한 절차에서도 절차의 개시, 소송물의 특정은 당사자의 의사에 의해야 하며, 소 취하도 가능하다. 그러나 청구의 포기·인낙, 재판상화해는 성질상 허용될 수 없다.

5. 처분권주의 위반의 효과

가. 이의권 대상 여부

처분권주의의 위반은 판결의 내용에 관한 것이고 소송절차에 관한 것이 아니므로 이

32) 대법원 1993. 11. 23. 선고 93다41792, 41808 판결; 대법원 2021. 8. 19. 선고 2018다207830 판결.
33) 대법원 2015. 7. 23. 선고 2014다88888 판결.

의권(제151조)의 대상이 되지 않는다.

나. 상소 또는 재심 가부

처분권주의에 위반된 판결은 위법하므로 판결확정 전에는 상소에 의해 취소할 수 있다. 그러나 재심사유로 규정되어 있지 않으므로 판결확정 후에는 재심으로 다툴 수 없다. 당연무효의 판결도 아니다.

다. 하자치유

처분권주의에 반한 판결에 대해 피고가 항소한 경우 원고가 제1심에서 신청하지 아니한 사항을 항소심에서 부대항소를 통해 새롭게 신청하면 흠이 치유된다.

VI. 변론주의

1. 서 설

가. 의 의

변론주의는 소송자료의 수집·제출의 책임을 당사자에게 맡기고 법원은 당사자가 수집하여 변론에서 제출한 소송자료만을 재판의 기초로 삼아야 한다는 원칙이다. 여기서 소송자료는 사실과 증거를 포함하는 개념이다. 이러한 변론주의는 민사소송을 지배하는 대원칙임에도 불구하고 민사소송법에 직접적인 규정을 두고 있지 않다. 그러나 가사소송·행정소송의 직권탐지주의 규정(가소 제17조, 행소 제26조)을 통해 간접적으로 변론주의를 추단할 수 있다.

나. 구별개념

이러한 변론주의는, 소송자료의 수집·제출책임을 법원이 지게 하는 직권탐지주의와 구별되고, 절차의 개시, 심판의 대상 특정, 절차의 종결에 대하여 당사자에게 주도권을 주고 그의 처분에 맡기는 처분권주의와도 구별된다.

다. 근 거

변론주의의 근거에 대해 사적자치가 지배하는 민사소송의 본질에서 찾는 본질설,[34] 당사자에게 유리한 소송자료를 수집시키는 것이 진실발견에 유리한 수단이 된다는 수단

34) 강현중, 460면; 정동윤/유병현/김경욱, 372면; 정영환, 539면.

설,[35] 당사자가 제출한 소송자료만을 재판의 기초로 하는 것이 예상 밖의 판결을 막고 절차보장에 충실할 수 있다는 절차보장설, 변론주의의 근거는 어느 한 가지로 볼 수 없고 사적자치의 반영, 진실발견의 수단, 절차보장에 의한 공평한 재판 등 여러 가지로 파악하는 다원설[36] 등의 대립이 있다.

2. 변론주의의 내용

변론주의는 ① 당사자가 주장하지 아니한 사실을 재판의 기초로 삼을 수 없고(사실의 주장책임), ② 당사자 사이에 다툼이 없는 사실은 그대로 판결의 기초로 하여야 하며(자백의 구속력), ③ 당사자가 신청한 증거에 대해서만 조사해야 한다는 것(증거의 제출책임, 직권증거조사의 금지)을 그 내용으로 한다.

가. 사실의 주장책임

(1) 변론주의의 적용대상인 사실

(가) 변론주의는 주요사실에 대해서만 적용되고, 간접사실과 보조사실에는 적용되지 않기 때문에,[37] 간접사실 등은 변론에서 당사자의 주장이 없어도 또 주장과는 달리 증거로써 이를 인정할 수 있으며, 간접사실 등에 관하여 자백이 되어도 구속력이 없다. 따라서 주요사실과 간접사실·보조사실을 구별하는 것이 필요하다.

(나) 그 구별기준을 법규의 구조에서 찾아, 법률효과를 발생시키는 법규의 요건사실을 주요사실로 보고, 그 외의 사실은 간접사실로 보는 법규기준설이 종래 통설이다. 판례 역시 주요사실은 권리의 발생·변경·소멸이라는 법률효과를 발생시키는 실체법상의 구성요건 해당사실이라고 한다.[38] 실무상 요건사실이라고 부르는 대부분의 것이 이에 해당한다. 간접사실은 주요사실의 존부를 확인하는데 도움이 되는 사실로서,[39] 징빙(徵憑)이라고도 한다. 보조사실은 증거능력이나 증거력에 관계되는 사실로서 소송상으로 간접사실에 준하여 취급되는바, 예컨대 증인이 사기전과범이라는 사실, 서증이 위조되었다는 사실 등이 그것이다.

---

35) 한충수, 313면.

36) 이시윤, 327면. 호문혁, 404면도 사적자치의 원칙과 진실 발견을 변론주의의 근거로 들고 있어 다원설로 평가할 수 있다.

37) 대법원 2004. 5. 14. 선고 2003다57697 판결.

38) 대법원 1983. 12. 13. 선고 83다카1489 전원합의체 판결; 대법원 2018. 12. 27. 선고 2015다58440, 58457 판결.

39) 대법원 1994. 11. 4. 선고 94다37868 판결; 대법원 2002. 8. 23. 선고 2000다66133 판결.

판 례 **간접사실(대법원 1994. 11. 4. 선고 94다37868 판결)**

변론주의에서 일컫는 사실이라 함은, 권리의 발생소멸이라는 법률효과의 판단에 직접 필요한 주요사실만을 가리키는 것이고 그 존부를 확인하는 데 있어 도움이 됨에 그치는 간접사실은 포함하지 않는 것이다.

(다) 판례는 기본사실의 경위·내력 등을 간접사실로 보고 당사자의 주장 여부에 불구하고 법원이 증거에 의하여 자유롭게 인정할 수 있다고 본다. 이에 계약서 날인경위,[40] 부동산 매수경위,[41] 차량의 충격경위,[42] 중도금 지급경위,[43] 어느 재산이 종중재산으로 설정된 경위,[44] 취득시효의 기산일,[45] 어떤 시효기간이 적용되는지에 관한 주장[46] 등을 간접사실로 본다. 다만 소멸시효의 기산일은 주요사실로 보므로,[47] 당사자가 주장하는 때보다 앞이나 뒤의 날짜를 기산점으로 인정하면 변론주의에 위배된다.

판 례 **취득시효의 기산점(대법원 1994. 4. 15. 선고 93다60120 판결)**

취득시효완성으로 인한 소유권이전등기청구소송에 있어서, 전소에서의 대물변제를 받았다는 주장과 후소에서의 증여를 받았다는 주장은 모두 부동산을 소유의 의사로 점유한 것인지를 판단하는 기준이 되는 권원의 성질에 관한 주장으로서 이는 공격방어방법의 차이에 불과하고, 취득시효의 기산점은 법률효과의 판단에 관하여 직접 필요한 주요사실이 아니고 간접사실에 불과하여 법원으로서는 이에 관한 당사자의 주장에 구속되지 아니하고 소송자료에 의하여 진정한 점유의 시기를 인정하여야 하는 것이므로, 그러한 점유권원, 점유개시 시점과 그로 인한 취득시효완성일을 달리 주장한다고 하더라도, 그러한 주장의 차이를 가지고 별개의 소송물을 구성한다고 할 수 없다.

판 례 **어떤 시효기간이 적용되는지에 관한 주장(대법원 2017. 3. 22. 선고 2016다258124 판결)**

민사소송절차에서 변론주의 원칙은 권리의 발생·변경·소멸이라는 법률효과 판단의 요건이 되는 주요사실에 관한 주장·증명에 적용된다. 따라서 권리를 소멸시키는 소멸시효 항변은 변론주의 원칙에 따라 당사자의 주장이 있어야만 법원의 판단대상이 된다. 그러나 이 경우 어떤 시효기간이 적용되는지에 관한 주장은 권리의 소멸이라는 법률효과를 발생시키는 요건을 구성하는 사실에 관한 주장이 아니라 단순히 법률의 해석이나 적용에 관한 의견을 표명한 것이다. 이러한 주장에는 변론주의가 적용되지 않으므로 법원이 당사자의 주장에

40) 대법원 1971. 4. 20. 선고 71다278 판결.
41) 대법원 1977. 1. 11. 선고 76다2083 판결.
42) 대법원 1979. 7. 24. 선고 79다879 판결.
43) 대법원 1993. 9. 14. 선고 93다28379 판결.
44) 대법원 2007. 2. 22. 선고 2006다68506 판결.
45) 대법원 1994. 4. 15. 선고 93다60120 판결; 대법원 2015. 3. 20. 선고 2012다17479 판결.
46) 대법원 2017. 3. 22. 선고 2016다258124 판결.
47) 대법원 1995. 8. 25. 선고 94다35886 판결.

구속되지 않고 직권으로 판단할 수 있다. 당사자가 민법에 따른 소멸시효기간을 주장한 경우에도 법원은 직권으로 상법에 따른 소멸시효기간을 적용할 수 있다.

☞ A개발 주식회사와 펜션형 다가구주택 신축·분양 사업을 공동으로 운영한 원고가 피고에게 위 사업부지의 일부 토지를 매도한 후 매매잔대금의 지급을 구하자, 피고가 민법 제162조 제1항 소정의 10년의 소멸시효기간의 도과를 주장하였으나, 법원이 원고가 위 토지를 매도한 것은 상인이 영업을 위하여 한 행위로서 상법상 5년의 소멸시효기간을 적용한 사안.

판 례 **소멸시효의 기산일(대법원 1995. 8. 25. 선고 94다35886 판결)**

소멸시효의 기산일은 채무의 소멸이라고 하는 법률효과 발생의 요건에 해당하는 소멸시효 기간 계산의 시발점으로서 소멸시효 항변의 법률요건을 구성하는 구체적인 사실에 해당하므로 이는 변론주의의 적용 대상이고, 따라서 본래의 소멸시효 기산일과 당사자가 주장하는 기산일이 서로 다른 경우에는 변론주의의 원칙상 법원은 당사자가 주장하는 기산일을 기준으로 소멸시효를 계산하여야 하는데, 이는 당사자가 본래의 기산일보다 뒤의 날짜를 기산일로 하여 주장하는 경우는 물론이고 특별한 사정이 없는 한 그 반대의 경우에 있어서도 마찬가지이다.

(라) 한편 권리의 발생·변경·소멸의 근거규정이 명확하여 실체법상의 요건사실을 주요사실로 보는 위의 경우와 달리, 근거규정에 과실, 인과관계, 정당한 사유 등 일반조항(불특정개념)이 요건사실로 되어 있는 경우 무엇을 주요사실로 볼 것인지 견해가 대립한다. 먼저 ① 법규기준설은 일반조항의 경우에도 차이를 두지 않는다. 즉 법률효과를 발생시키는 법규의 요건사실을 주요사실로 보고, 그 외의 사실은 간접사실로 보므로, 과실이 주요사실이고, 음주·졸음·과속운전 등은 간접사실이 된다. 그러나 이 경우 원고가 피고의 음주사실을 주장했는데 법원이 과속사실로 과실을 인정해도 변론주의 위반으로 볼 수 없는 문제점이 있다. 이에 다음의 견해들은 일반조항의 경우에 차이를 둔다. 먼저 ② 준주요사실설은 주요사실을 법률효과를 발생시키는 법규의 직접 요건사실에 한정하지 않고, 일정한 경우 간접사실에까지 확대하여 이를 준주요사실로 보는 견해이다.[48] 이에 의하면 위의 예에서 과실을 추측케 하는 음주운전 등의 구체적 사실을 준주요사실로 보아 당사자의 주장 없이는 판결의 기초로 삼을 수 없다고 한다. 다음으로 ③ 주요사실설은 실체법상 요건사실과 소송법상 주요사실이 구별됨을 전제로, 위의 예에서 과실 자체는 요건사실이나, 그 자체가 주요사실은 아니고, 이를 구성하는 음주·과속운전 등의 구체적 사실을 주요사실로 보아 변론주의를 적용하자는 견해이다.[49] 생각건대 준주요사실이라는 별도의 개념을

48) 이시윤, 331면; 정동윤/유병현/김경욱, 378면; 정영환, 545면.
49) 김홍엽, 427면; 호문혁, 411면.

설정할 필요는 없다 할 것이고, 사실 자체가 요건사실로 규정되어 명확한 대부분의 경우에는 요건사실을 곧 주요사실로 볼 수 있지만, 사실에 대한 법적평가가 요건사실로 규정되어 불명확한 일반조항에서는 당사자가 과실 등 일반조항을 주장하는 것으로서 충분하지 않고 그에 해당하는 구체적인 사실, 즉 과속운전사실이나 음주운전사실을 주장해야 할 것이므로, 주요사실설이 타당하다고 본다.

(2) 변론에서의 주장

(가) 원 칙

주요사실은 당사자가 변론에서 주장하여야 한다. 원고는 청구원인사실(권리근거규정의 요건사실), 피고는 항변사실(반대규정의 요건사실), 즉 권리장애사실, 권리소멸사실, 권리저지사실을 주장하여야 한다. 당사자가 주장하지 않은 사실을 판결의 기초로 삼을 수 없다. 따라서 상계항변이 없거나[50] 시효완성의 항변이 없거나[51] 시효중단의 주장이 없는데도[52] 각그 사실을 인정할 수는 없다. 당사자가 주장하지 않으면 그 사실은 없는 것으로 취급되어 불이익한 판단을 받게 되는 위험을 주장책임이라고 한다.

(나) 주장공통의 원칙

다만 주장공통의 원칙에 따라 양 당사자 중 누구라도 변론에서 주장하면 되고,[53] 반드시 주장책임을 지는 당사자가 진술해야 하는 것은 아니다.[54] 따라서 원고가 주장해야 할 청구원인사실(요건사실)을 피고가 주장을 해도 그 주장이 있는 것으로 본다.

(다) 주장의 포함 문제

한편 주요사실에 대한 주장은 반드시 명시적이어야 하는 것은 아니고, 당사자의 주장 취지에 비추어 이러한 주장이 포함되어 있는 것으로 볼 수 있으면 족하다.[55] 판례는 명시적인 주장은 없었으나, 주장경과에 비추어 대리하여 계약을 체결한 사실,[56] 계속적 보증계약 및 근저당권 설정계약을 해지한 사실,[57] 공유물의 처분에 관하여 다른 공유자들이 사전동의한 사실[58] 등의 주장이 포함된 것으로 보았다. 그러나 판례는 주요사실이 서로

50) 대법원 2009. 10. 29. 선고 2008다51359 판결.
51) 대법원 2017. 3. 22. 선고 2016다258124 판결.
52) 대법원 2010. 8. 26. 선고 2008다42416, 42423 판결.
53) 대법원 1996. 9. 24. 선고 96다25548 판결.
54) 대법원 2002. 2. 26. 선고 2000다48265 판결; 대법원 2009. 6. 23. 선고 2007다26165 판결.
55) 대법원 1990. 6. 26. 선고 89다카15359 판결.
56) 대법원 1996. 2. 9. 선고 95다27998 판결.
57) 대법원 2002. 2. 26. 선고 2000다48265 판결.
58) 대법원 2008. 4. 24. 선고 2008다5073 판결.

다르므로 유권대리에 관한 주장 속에 표현대리의 주장이 포함되어 있다고 볼 수 없고,[59) 변제의 주장 가운데 상계주장이 포함되어 있다고 볼 수 없다고 본다.[60)

판 례 **유권대리주장 속에 표현대리주장 포함 여부(대법원 1983. 12. 13. 선고 83다카1489 전원합의체 판결)**

[1] 당사자가 변론에서 주장한 주요사실만이 심판의 대상이 되는 것으로서 여기서 주요사실이라 함은 법률효과를 발생시키는 실체법상의 구성요건 해당사실을 말한다.

[2] 유권대리에 있어서는 본인이 대리인에게 수여한 대리권의 효력에 의하여 법률효과가 발생하는 반면 표현대리에 있어서는 대리권이 없음에도 불구하고 법률이 특히 거래상대방 보호와 거래안전유지를 위하여 본래 무효인 무권대리행위의 효과를 본인에게 미치게 한 것으로서 표현대리가 성립된다고 하여 무권대리의 성질이 유권대리로 전환되는 것은 아니므로, 양자의 구성요건 해당사실 즉 주요사실은 다르다고 볼 수밖에 없으니 유권대리에 관한 주장 속에 무권대리에 속하는 표현대리의 주장이 포함되어 있다고 볼 수 없다.

(3) 사실자료와 증거자료의 구별[61)

(가) 원 칙

당사자가 주장하지 않은 사실이 증거조사 단계에서 밝혀지는 경우가 있다. 그런데 민사사건에서 사실자료와 증거자료는 구별된다.[62) 따라서 법원이 증거에 의하여 주요사실을 알았다고 하더라도 당사자가 변론에서 주장하지 않았다면 이를 기초로 심판할 수 없다. 예컨대 피고가 변제항변을 제출하지 않았는데 증인의 증언만으로 피고가 변제하였다고 인정할 수 없다.

(나) 구별의 완화(간접적 주장)

다만 판례는 사건의 타당한 해결을 위해 그 구별을 완화하려고 하는데, 변론에서 당사자가 직접적·명시적인 주장을 하지 않은 경우에도, 증인신청으로서 그에 관한 진술이 있었다고 볼 수 있거나,[63) 당사자가 법원에 서증을 제출하며 그 증명취지를 진술함으로써 서증에 기재된 사실을 주장하거나 그 밖에 당사자의 변론을 전체적으로 관찰하여 간접적

---

59) 대법원 1983. 12. 13. 선고 83다카1489 전원합의체 판결.

60) 대법원 2009. 10. 29. 선고 2008다51359 판결.

61) 이를 '소송자료와 증거자료의 구별'로 표시하기도 하는데, 변론주의에서 소송자료는 사실과 증거를 포함하는 개념인 점, 주장책임의 대상은 사실인 점 등을 고려하면, 증거자료와 구별되는 개념을 표시할 때 '사실자료'라고 함이 보다 정확하다 할 것이다.

62) 대법원 1964. 12. 29. 선고 64다1189 판결; 대법원 1981. 8. 11. 선고 81다262, 263 판결.

63) 대법원 1987. 9. 8. 선고 87다카982 판결; 대법원 1994. 10. 11. 선고 94다24626 판결; 대법원 1998. 2. 27. 선고 97다45532 판결.

으로 주장한 것으로 볼 수 있는 경우[64] 등에서 주장이 있는 것으로 본다. 생각건대 원칙적으로 사실자료와 증거자료는 구별되어야 하지만, 재판의 구체적 타당성 또는 진실발견의 견지에서 간접적 주장의 개념을 긍정함이 타당하다. 다만 변론주의와의 관계에서 문제가 될 수 있으므로, 당사자의 소송행위에 비추어 그 주장이 예견가능하고, 이로 인하여 상대방의 방어권행사에 지장을 초래할 우려가 없는 등 그 요건을 엄격히 할 필요가 있다.

판 례 **증인신청을 통한 간접적 주장(대법원 1994. 10. 11. 선고 94다24626 판결)**

원고는 소장 및 준비서면에서 원고가 소외인을 통하여 피고 등에게 금원을 대여하였다고 주장하고 있으나, 원고는 소외인을 증인으로 신청하여 소외인이 원고와 피고 등 사이의 금전거래를 중개하였음을 입증하고 있다면, 비록 원고가 그 변론에서 소외인이 피고 등을 대리하여 원고로부터 금원을 차용한 것이라고 진술한 흔적이 없다 하더라도 그 증인신청으로서 그 대리행위에 관한 간접적인 진술은 있었다고 보아야 할 것이므로, 법원이 소외인이 피고 등을 대리하여 원고로부터 금원을 차용한 것으로 판단하였다고 하여 이를 변론주의에 반하는 처사라고 비난할 수 없다.

판 례 **서증제출 또는 변론의 전체적 관찰을 통한 간접적 주장(대법원 2002. 6. 28. 선고 2000다62254 판결)**

법률상의 요건사실에 해당하는 주요사실에 대하여 당사자가 주장하지도 아니한 사실을 인정하여 판단하는 것은 변론주의에 위배된다고 할 것이나, 당사자의 주요사실에 대한 주장은 직접적으로 명백히 한 경우뿐만 아니라 당사자가 법원에 서증을 제출하며 그 입증취지를 진술함으로써 서증에 기재된 사실을 주장하거나 그 밖에 당사자의 변론을 전체적으로 관찰하여 간접적으로 주장한 것으로 볼 수 있는 경우에도 주요사실의 주장이 있는 것으로 보아야 한다.

나. 자백의 구속력

당사자 간에 다툼이 없는 주요사실은 증거조사 없이 그대로 판결의 기초로 해야 하는 구속력이 인정된다. 변론주의에 의하는 한 자백한 사실에 관해서는 법원의 사실인정권이 배제되기 때문이다. 따라서 당사자가 자백하였음에도 증거에 의하여 사실인정을 해서는 아니 되고, 반대심증을 얻었다 하더라도 자백에 반하는 사실인정을 하여서는 아니 된다. 그러나 현저한 사실에 반하는 자백은 구속력이 없다.[65]

다. 증거의 제출책임(직권증거조사의 금지)

당사자의 증거제출책임이 있기 때문에 법원은 당사자가 신청한 증거에 대해서만 증

64) 대법원 2002. 6. 28. 선고 2000다62254 판결; 대법원 2002. 11. 8. 선고 2002다38361, 38378 판결.
65) 대법원 1959. 7. 30. 선고 4291민상551 판결.

거조사를 한다. 관련 민사사건에서 인정된 사실관계라 하더라도 그 판결문 등 증거를 당해사건에서 제출한 바 없다면 재판부가 이를 법원에 현저한 사실로 보아 판단을 해서는 아니 된다.[66] 법원의 직권증거조사는 당사자가 신청한 증거에 의하여 심증을 얻을 수 없을 때에 예외적·보충적으로 할 수 있을 뿐이다(제292조).

3. 변론주의의 한계

변론주의는 주요사실에 관한 주장과 증거방법에만 적용되고, 주장된 사실관계에 관한 법적 판단과 제출된 증거의 가치평가는 법원의 전권에 속하는 것이므로, 법률의 해석이나 적용, 증거의 가치평가에 관한 당사자의 의견은 법원을 구속하지 못한다.[67] 또한 어떤 소멸시효기간이 적용되는지와 같은 단순한 법률상의 주장,[68] 그리고 사실판단의 전제가 되는 경험법칙[69] 등도 변론주의의 적용범위를 벗어난다. 간접사실과 보조사실도 법원이 자유롭게 인정 가능하다.

4. 변론주의의 보완·수정

가. 문제점

소송자료의 수집에 관하여 법원이 전혀 개입하지 않은 채 변론주의를 형식적으로 관철시킨다면, 소송수행능력의 불완전으로 인하여 승소할 사안인데도 패소하는 경우가 있을 수 있다. 그러므로 당사자 간의 실질적인 평등과 국민의 재판청구권을 보장하기 위하여 일정한 보완방법이 필요하다. 그 보완방법으로, ① 석명권 내지 지적의무(제136조), ② 대리인의 선임명령(제144조), ③ 직권증거조사(제292조), ④ 진실의무를 들 수 있다.

나. 당사자의 진실의무

(1) 의 의

변론주의에 의한다 하더라도 진실에 반하는 것으로 알고 있는 사실을 주장해서는 아니 되며, 진실에 부합하는 것으로 알고 있는 상대방의 주장을 다투어서는 아니 되는 의무

66) 대법원 2019. 8. 9. 선고 2019다222140 판결.

67) 대법원 2017. 11. 9. 선고 2015다44274 판결.

68) 민법상 10년의 소멸시효기간 적용 주장에 특별법상 5년의 시효기간을 적용한 사안(대법원 2008. 3. 27. 선고 2006다70929, 70936 판결), 어음법상 3년의 소멸시효기간 적용 주장에 직권으로 대여금채권에 관한 적법한 시효기간을 적용해야 한다고 한 사안(대법원 2013. 2. 15. 선고 2012다68217 판결), 민법상 10년의 소멸시효기간 적용 주장에 상법상 5년의 시효기간을 적용한 사안(대법원 2017. 3. 22. 선고 2016다258124 판결).

69) 대법원 1977. 4. 12. 선고 76다1124 판결.

를 말한다. 이에 대한 직접적인 규정은 없으나, 신의칙(제1조 제2항), 문서성립의 부인에 대한 제재(제363조), 거짓진술에 대한 제재(제370조) 규정을 근거로 진실의무의 존재를 긍정하고 있다.[70)]

(2) 기 능

진실의무를 위반하면 승소한 경우라도 상대방에 대한 소송비용의 부담, 소송사기로 인한 손해배상책임의 문제가 생길 수 있고, 또 사실인정에 있어서 변론전체의 취지(제202조)로서 위반자에게 불리한 영향을 줄 수 있다.

5. 변론주의의 예외

가. 직권탐지주의

직권탐지주의는 소송자료의 수집·제출 책임을 당사자가 아닌 법원에 맡기는 입장을 말한다.

(1) 내 용

사실의 직권탐지, 자백의 구속력 배제, 직권증거조사(주관적 증명책임의 배제), 공격방어방법 제출시기의 무제한(제147조, 제149조, 제285조 적용배제), 처분권주의의 제한 등을 그 내용으로 한다.

사실의 직권탐지와 관련하여, 당사자가 주장하지 않은 사실에 대해서도 법원은 직권으로 수집하여 이를 판결의 기초로 삼아야 하며, 이러한 한도에서 당사자의 변론은 법원의 직권탐지를 보완하는 역할을 하는데 그친다. 이 점은 판결의 기초가 될 사실·증거까지는 직권으로 탐지하지 않는 직권조사사항[71)]과 다른 점이다. 다만 직권탐지사항이라 하더라도 직권에 의한 사실의 수집의무는 무제한적인 것이 아니라 기록에 나타난 사실에 한한다는 점을 주의할 필요가 있다.[72)]

(2) 당사자의 절차권 보장

직권으로 탐지한 사실이나 증거를 곧바로 판결의 자료로 삼는다면 예상 밖의 불리한 재판이 될 수 있으므로, 이를 방지하기 위하여 미리 당사자에게 알려 그에 관한 의견진술

70) 김홍엽, 433면; 이시윤, 334면; 정동윤/유병현/김경욱, 384면; 정영환, 548면.
71) 대법원 1981. 6. 23. 선고 81다124 판결.
72) 대법원 1975. 5. 27. 선고 74누233 판결.

의 기회를 부여하여야 한다.

(3) 적용범위

재판권·재심사유[73]의 존재는 고도의 공익성으로 인해 직권탐지가 필요하고, 경험법칙·(외국)법규[74]·관습법 등은 법관이 직책상 규명해야 할 사항이기 때문에 직권탐지가 필요하다. 전속관할, 당사자능력 및 소송능력이 직권탐지사항인지에 대하여 견해의 대립이 있다.

나. 직권조사사항[75]

(1) 의 의

당사자의 신청이나 이의 유무에 관계없이 법원이 반드시 직권으로 조사하여 판단을 해야 할 사항이다. 직권조사사항은 항변사항에 대립되는 개념이다. 변론주의와 직권탐지주의가 아닌 제3의 입장, 또는 변론주의와 직권탐지주의의 중간지대라고 부르기도 한다.

(2) 구체적 내용

① 직권조사사항은 항변이 없어도 법원이 직권으로 문제삼아 판단한다는 것을 뜻하는 것이지, 판단의 기초될 사실과 증거에 관한 직권탐지의무까지는 없다. 그러므로 자료수집이라는 점에서는 변론주의가 적용된다. ② 직권조사사항은 재판상의 자백[76]이나 자백간주[77]의 대상이 될 수 없다는 점에서, 직권탐지주의와 유사하다. ③ 직권조사사항은 이의 유무에 관계없이 조사해야 하므로, 이의권의 포기(제151조)가 허용되지 아니한다. ④ 피고의 답변서 제출이 없어도 직권조사사항이 있는 경우 무변론판결을 할 수 없다(제257조 제1항 단서). ⑤ 제소기간 준수 여부 등에 의심이 드는 경우 직권증거조사를 할 수 있으나, 법원에 현출된 모든 소송자료를 살펴보아도 의심이 들지 않는 경우까지 직권증거조사를 하여야 하는 것은 아니다.[78]

(3) 적용범위

직권조사사항에 속하는 것으로는 소송요건[79] 또는 상소요건, 제척기간, 소송계속의

---

73) 대법원 1992. 7. 24. 선고 91다45691 판결.
74) 대법원 1981. 2. 10. 선고 80다2189 판결.
75) 상세는 전술 소송요건의 조사방법 부분 참조.
76) 대법원 2002. 5. 14. 선고 2000다42908 판결.
77) 대법원 1999. 2. 24. 선고 97다38930 판결.
78) 대법원 2007. 6. 28. 선고 2007다16113 판결; 대법원 2012. 4. 12. 선고 2011다110579 판결.
79) 대법원 1997. 7. 25. 선고 96다39301 판결; 대법원 2020. 1. 16. 선고 2019다247385 판결.

유무, 과실상계, 위자료의 액수, 신의성실의 원칙 또는 권리남용, 채권자대위소송에서 피보전채권의 존재,[80] 부제소합의[81] 등을 들 수 있다.

VII. 석명권

1. 서 설

> **第136조(석명권(釋明權)·구문권(求問權) 등)** ① 재판장은 소송관계를 분명하게 하기 위하여 당사자에게 사실상 또는 법률상 사항에 대하여 질문할 수 있고, 증명을 하도록 촉구할 수 있다.
> ④ 법원은 당사자가 간과하였음이 분명하다고 인정되는 법률상 사항에 관하여 당사자에게 의견을 진술할 기회를 주어야 한다.

가. 의 의

석명권은 소송관계를 분명하게 하기 위하여 당사자에게 질문하고 증명을 촉구하며 당사자가 간과하였음이 분명하다고 인정되는 법률상 사항에 관하여 의견을 진술할 기회를 주는 법원의 권능을 말한다. 즉 사실관계와 법률관계가 명료하게 되도록 법관이 영향력을 행사하는 것인데, 이러한 법관의 권한을 석명권이라고 한다. 동시에 석명권은 변론주의의 보충 및 수정을 위한 법원의 의무이기도 하다(석명의무).

나. 기 능

석명권은 소송자료의 수집에 법원이 협력함으로써 변론주의의 결함을 시정하고 실질적 당사자평등을 보장하는 역할을 한다. 나아가 당사자가 간과하였음이 분명한 법률상의 사항에 관하여 당사자에게 의견을 진술할 기회를 부여하여 예상 밖의 불리한 판결이 나는 것을 방지하는 역할도 한다.

2. 석명권의 범위

가. 소극적 석명

당사자의 주장이나 신청이 불분명·불완전·모순되는 경우 그것을 제거하기 위한 석명권을 자유롭게 행사할 수 있다. 이를 소극적 석명이라 한다.

---

80) 대법원 2015. 9. 10. 선고 2013다55300 판결.
81) 대법원 2013. 11. 28. 선고 2011다80449 판결.

나. 적극적 석명

(1) 법원이 석명권 행사를 통하여 새로운 신청이나 공격방어방법의 제출(주장과 증거신청)을 권유하는 것을 적극적 석명이라 하는데, 이것의 인정 여부가 문제된다. 학설은 대체로 일정한 범위 내에서 제한적으로 적극적 석명을 인정할 필요가 있다고 보고 있다.[82]

(2) 판례는 소극적 석명은 허용되지만, 새로운 신청이나 주장 또는 공격방어방법을 시사하여 그 제출을 권유하는 적극적 석명은 원칙적으로 변론주의에 위배되는 것으로서 석명권 행사의 한계를 일탈하는 것이라고 하였다.[83]

다만 판례는 ① 대지임대인이 임차인을 상대로 건물철거 및 대지인도 소송에서 임차인이 건물매수청구권을 행사한 경우 소변경의 석명,[84] ② 지적의무를 통한 적극적 석명의 경우,[85] ③ 손해배상의무가 인정될 경우에 배상액에 관한 증명촉구의 경우[86] 등에 있어서 적극적 석명을 허용하고 있다.

판 례 지적의무를 통한 적극적 석명(대법원 2017. 12. 22. 선고 2015다236820, 236837 판결)

민사소송법 제136조 제4항은 "법원은 당사자가 간과하였음이 분명하다고 인정되는 법률상 사항에 관하여 당사자에게 의견을 진술할 기회를 주어야 한다"라고 규정하고 있으므로, 당사자가 부주의 또는 오해로 인하여 명백히 간과한 법률상의 사항이 있거나 당사자의 주장이 법률상의 관점에서 보아 모순이나 불명료한 점이 있는 경우 법원은 적극적으로 석명권을 행사하여 당사자에게 의견 진술의 기회를 주어야 하고, 만일 이를 게을리 한 경우에는 석명 또는 지적의무를 다하지 아니한 것으로서 위법하다.

☞ 보험회사(원고)가 망인의 배우자(피고)를 상대로 채무부존재확인을 구하자, 피고가 원고를 상대로 보험금의 지급을 구하는 반소를 제기하였는데, 원고가 망인의 자녀 2명에 대한 피고추가신청을 하면서 가족관계증명서를 제출하였음에도 망인의 사망이 일반상해사망에 불해당한다는 주장만 하고 '피고의 상속분의 범위 내에서만 보험금을 청구할 수 있다'는 주장을 명시적으로 하지 않은 경우 이러한 법률상의 사항에 관한 지적의무가 있다고 한 사안.

3. 석명의 대상

가. 청구취지의 석명

(1) 청구취지가 분명하지 않거나, 특정되어 있지 않거나, 법률적으로 부정확·부당한

82) 김홍규/강태원, 395면; 김홍엽, 446면; 정영환, 552면.
83) 대법원 2000. 10. 10. 선고 2000다19526 판결; 대법원 2004. 3. 12. 선고 2001다79013 판결.
84) 대법원 1995. 7. 11. 선고 94다34265 전원합의체 판결.
85) 대법원 2017. 12. 22. 선고 2015다236820, 236837 판결.
86) 대법원 1997. 12. 26. 선고 97다42892, 42908 판결; 대법원 2010. 3. 25. 선고 2009다88617 판결; 대법원 2011. 7. 14. 선고 2010다103451 판결.

경우 원고의 진정한 소송목적을 석명할 필요가 있다. 예컨대 청구변경의 형태가 교환적인지 추가적인지 불분명하거나,[87] 토지의 위치와 경계 특정이 불가능한 도면을 인용한 청구취지의 기재 등으로 인해 청구취지가 특정되었다고 볼 수 없을 때[88] 등에서 각 석명이 필요하다.

(2) 그러나 이 경우에도 전혀 새로운 청구로의 변경을 석명하는 것은 허용될 수 없다. 다만 소송목적을 바꾸는 것이 아니고 지금까지의 소송자료와 법률상·논리상 예견가능성이 있는 경우, 예컨대 소송계속 중 회생절차가 개시된 경우 회생채권의 확정을 구하는 것으로 청구취지 변경을 석명하여야 하고,[89] 건물철거 및 대지인도 소송에서 임차인이 건물매수청구권을 행사한 경우 매매대금지급과 상환으로 건물인도를 구하는 것으로 청구취지 변경을 석명하여야 한다.[90]

판 례 **회생채권확정절차로 청구취지 변경(대법원 2015. 7. 9. 선고 2013다69866 판결)**

회생채무자에 대한 회생절차개시결정으로 중단된 소송절차가 수계된 경우에 법원이 종전의 청구취지대로 채무의 이행을 명하는 판결을 할 수는 없고, 만일 회생채권자가 이를 간과하여 청구취지 등을 변경하지 아니한 경우에는 법원은 원고에게 청구취지 등을 변경할 필요가 있다는 점을 지적하여 회생채권의 확정을 구하는 것으로 청구취지 등을 변경할 의사가 있는지를 석명하여야 한다.

나. 소송물의 특정을 위한 석명

예컨대 수 개의 손해배상채권을 갖고 있는 채권자가 그중 일부만 청구하면서 어느 채권에 대한 것인지 특정하지 아니한 경우에도 석명을 하여야 한다.[91]

다. 주장사실의 석명

(1) 불분명을 바로잡기 위한 석명

(가) 주장이 불분명한 경우, 예컨대 손해배상청구의 법률적 근거가 계약책임인지 불법행위책임인지 불명확한 경우 석명이 필요하다.[92]

(나) 주장이나 증거자료의 전후모순, 예컨대 말소등기청구에서 청구취지에서는 직접 이행을 구하고 청구원인에서는 채권자대위권행사로 구하는 경우 이를 지적하여 시정할

87) 대법원 2014. 6. 12. 선고 2014다11376, 11383 판결.
88) 대법원 2014. 3. 13. 선고 2011다111459 판결.
89) 대법원 2015. 7. 9. 선고 2013다69866 판결.
90) 대법원 1995. 7. 11. 선고 94다34265 전원합의체 판결.
91) 대법원 2007. 9. 20. 선고 2007다25865 판결.
92) 대법원 2009. 11. 12. 선고 2009다42765 판결.

기회를 주어야 한다.[93]

(다) 법률상 정리되지 않은 주장을 하는 경우, 예컨대 매매대금청구소송에서 피고의 승낙 없이 원고가 다른 물건을 가져갔으므로 원고의 청구에 응할 수 없다는 피고의 주장이 있다면 이것이 상계항변인가에 관하여 석명이 필요하다.[94]

(2) 소송자료 보충을 위한 석명

어떠한 법률효과를 주장하면서 요건사실 중 일부를 빠뜨린 경우, 예컨대 원고가 매매계약이 적법하게 해제되었다고 주장하면서 그 요건사실인 원고 자신의 채무이행제공과 상대방에 대한 이행의 최고를 하였다는 점을 빠뜨린 경우 이에 대해 석명하여야 한다.[95]

(3) 새로운 소송자료의 제출을 위한 석명

종전의 소송자료에 비추어 법률상·논리상 예견가능성이 있는 주장을 촉구하는 석명은 가능하나, 전혀 예견가능성이 없는 새로운 공격방어방법의 제출을 유도하는 석명은 허용되지 않는다. 따라서 추가변제를 할 것인지 여부,[96] 변제항변을 할 것인지 여부,[97] 취득시효주장을 할 것인지 여부,[98] 등기부취득시효의 주장 속에 점유취득시효의 주장이 함께 포함되어 있는 것인지 여부,[99] 유권대리에 관한 주장을 하는 당사자에게 표현대리에 관한 주장을 할 것인지 여부,[100] 시효중단의 재항변을 할 것인지 여부,[101] 이행지체 내지 수령지체의 책임이 있다는 주장 속에 상계항변이 포함된 것인지 여부[102] 등에 대해서는 석명의무가 없다.

라. 증명촉구

(1) 다툼 있는 사실에 대하여 증명이 안 된 경우 법원은 증명촉구의무를 지는데, 다만 소송정도로 보아 증명책임 있는 당사자의 무지·부주의·오해로 인하여 증명하지 않음이 명백한 경우에 한하므로, 본인소송인지 아니면 변호사가 대리하는 소송인지에 따라 증명촉구 여부가 달라질 수 있다.[103] 증명촉구는 증명책임이 있는 당사자의 주의를 환기시키는 것이기 때문에, 법원이 구체적으로 증명방법까지 지시하여 증거신청을 종용할 필요

93) 대법원 1999. 12. 24. 선고 99다35393 판결.
94) 대법원 1967. 10. 31. 선고 66다1814 판결.
95) 대법원 1963. 7. 25. 선고 63다289 판결.
96) 대법원 1990. 7. 10. 선고 90다카6825 판결.
97) 대법원 2001. 10. 9. 선고 2001다15576 판결.
98) 대법원 1981. 7. 14. 선고 80다2360 판결.
99) 대법원 1997. 3. 11. 선고 96다49902 판결.
100) 대법원 2001. 3. 23. 선고 2001다1126 판결.
101) 대법원 2010. 10. 28. 선고 2010다20532 판결.
102) 대법원 2004. 3. 12. 선고 2001다79013 판결.
103) 대법원 2014. 12. 11. 선고 2013다59531 판결.

는 없다.[104)]

(2) 실무상 손해배상책임은 인정되나 배상액에 관한 증명이 없는 경우 증명촉구가 문제되는데, 판례는 이 경우 청구를 배척해서는 아니 되고, 적극적으로 석명권을 행사하여 증명을 촉구할 의무가 있다고 한다.[105)] 그러나 법원의 증명촉구에 응하지 않거나 명백히 그 증명을 하지 않겠다는 의사를 표시한 경우는 청구를 배척할 수밖에 없을 것이다.[106)] 배상액의 증명이 어려운 점을 고려하여 우리 법은 손해발생사실은 인정되나 구체적인 손해액수 증명이 매우 어려운 경우 법원은 변론전체의 취지와 증거조사의 결과에 의하여 인정되는 모든 사정을 종합하여 상당하다고 인정되는 금액을 손해배상액수로 인정할 수 있음을 규정하고 있다(제202조의2).

4. 지적의무

가. 의 의

법원은 당사자가 간과하였음이 분명하다고 인정되는 법률상 사항에 관하여 당사자에게 의견을 진술할 기회를 주어야 한다(제136조 제4항). 독일 ZPO의 지적의무(Hinweispflicht)를 모델로 1990년 민사소송법 개정 시 신설한 것이다. 이를 시사의무(示唆義務) 또는 표명의무라고 부르기도 한다.[107)] 당사자가 전혀 예상하지 못하였던 법률적 관점에 기한 재판으로 당사자 일방이 불의의 타격을 받는 것을 방지하기 위함이다.[108)] 아울러 석명권이 권한인 동시에 의무임이 명백해졌으며,[109)] 제한적으로나마 적극적 석명을 입법화한 것이라는 평가를 받고 있다.[110)]

나. 제136조 제1항의 법률상 사항과의 관계

제1항과 제4항의 법률상 사항은 차이가 있는 것이 아니라는 견해가 있으나,[111)] 제4항

---

104) 대법원 1964. 11. 10. 선고 64다325 판결.

105) 대법원 2010. 3. 25. 선고 2009다88617 판결; 대법원 2011. 7. 14. 선고 2010다103451 판결; 대법원 2020. 3. 26. 선고 2018다301336 판결.

106) 대법원 1994. 3. 11. 선고 93다57100 판결.

107) 김홍엽, 450면; 전병서, 120면.

108) 대법원 2002. 1. 25. 선고 2001다11055 판결.

109) 김홍엽, 450면; 전병서, 120면; 이시윤, 346면. 이에 대하여 지적의무는 뜻밖의 재판을 방지하고 재판청구권(독일의 법적심문청구권) 보장을 위한 것으로서, 석명권 내지 석명의무와는 그 뿌리를 달리하는 것이므로, 종래의 석명의무를 법적 측면에서 확대하였다고 보는 것은 타당하지 않다고 보는 견해(호문혁, 434면)도 있다.

110) 정영환, 557면.

111) 김홍엽, 452면; 전원열, 282면; 한충수, 334면.

도입의 취지를 고려할 때 다음과 같은 차이가 있다고 본다.[112)]

(1) 제1항의 법률상의 사항은 같은 항에서 규율하는 사실상의 사항을 뒷받침하는 법률상의 문제로서, 사실주장의 법적 근거나 법적 효과, 즉 개개의 법률요건을 말한다. 예컨대 오랫동안 아무런 말이 없다가 이제 와서 무슨 청구를 하느냐고 피고가 소송에서 주장할 경우 원고의 권리가 시효로 소멸했다고 주장하는 것인지를 석명할 필요가 있다.

(2) 제4항의 법률상의 사항은 원고의 소송상 청구나 피고의 항변자체의 근거가 되는 법규범 내지 법적 관점, 즉 그 사건에 적용할 법규범을 말한다. 예컨대 손해배상청구의 원인이 불법행위인가 아니면 채무불이행인가에 대한 석명이다.[113)] 올바른 법적 관점의 시사를 의미한다.

판 례 **지적의무(시사의무)(대법원 2009. 11. 12. 선고 2009다42765 판결)**

[1] 민사소송법 제136조 제4항은 "법원은 당사자가 간과하였음이 분명하다고 인정되는 법률상 사항에 관하여 당사자에게 의견을 진술할 기회를 주어야 한다"고 규정하고 있으므로, 당사자가 부주의 또는 오해로 인하여 명백히 간과한 법률상의 사항이 있거나 당사자의 주장이 법률상의 관점에서 보아 모순이나 불명료한 점이 있는 경우 법원은 적극적으로 석명권을 행사하여 당사자에게 의견 진술의 기회를 주어야 하고, 만일 이를 게을리한 경우에는 석명 또는 지적의무를 다하지 아니한 것으로서 위법하다.

[2] 손해배상청구의 법률적 근거는 이를 계약책임으로 구성하느냐 불법행위책임으로 구성하느냐에 따라 요건사실에 대한 증명책임이 달라지는 중대한 법률적 사항에 해당하므로, 당사자가 이를 명시하지 않은 경우 석명권을 행사하여 당사자에게 의견 진술의 기회를 부여함으로써 당사자로 하여금 그 주장을 법률적으로 명쾌하게 정리할 기회를 주어야 함에도, 이러한 조치를 취하지 않은 채 손해배상청구의 법률적 근거를 불법행위책임을 묻는 것으로 단정한 뒤 증명이 부족하다는 이유로 청구를 받아들이지 않은 원심판결을 파기한 사례.

다. 내 용

(1) 간과하였음이 분명할 것

(가) 통상인의 주의력을 기준으로 소송목적에 비추어 당연히 변론에서 주장되었어야 할 법률상의 사항을 법률지식의 부족이나 부주의 또는 오해로 빠뜨린 경우이다. 예컨대 보험회사(원고)가 망인의 배우자(피고)를 상대로 채무부존재확인을 구하자, 피고가 원고를 상대로 보험금의 지급을 구하는 반소를 제기하였는데, 원고가 망인의 자녀 2명에 대한 피고추가신청을 하면서 가족관계증명서를 제출하였음에도 망인의 사망이 일반상해사망에 불해당한다는 주장만 하고 '피고의 상속분의 범위 내에서만 보험금을 청구할 수 있다'는

112) 손한기, 181면; 호문혁, 435면.

113) 대법원 2009. 11. 12. 선고 2009다42765 판결.

주장을 명시적으로 하지 않은 경우 이는 부주의 또는 오해로 명백히 법률상 사항을 간과한 것이라고 보았다.[114] 또 자기 앞으로 소유권을 표상하는 등기가 되어 있지 않았고 법률에 의하여 소유권을 취득하지도 않은 원고가 진정명의회복을 위한 소유권이전등기청구를 추가하는 소변경을 한 경우 이에 관한 지적의무가 있다고 하였다.[115]

(나) 다만 당사자의 법률지식 정도를 고려하여 간과 여부를 판단해야 할 것이므로, 본인소송은 변호사가 대리하는 소송에 비해 관대하게 판단할 수 있을 것이다.[116]

(2) 법률상 사항일 것

(가) 법률상 사항을 당사자가 부주의나 오해로 빠뜨리고 주장하지 않는 경우에 제136조 제4항이 적용된다. 따라서 당사자가 법률상 사항을 주장하였는데 그것이 불분명한 경우에는 제136조 제1항의 석명권의 대상이 될 뿐, 지적의무의 대상이 되지 않는다.[117]

(나) 판례는 손해배상청구의 법률적 근거가 계약책임인지 불법행위책임인지 원고가 명시하지 아니한 경우,[118] 구상금청구의 원인이 보험자대위권(상법 제682조)인가 아니면 출재채무자의 구상권(민법 제425조 제2항)인가 불분명한 경우,[119] 그리고 "피고는 원고가 담장 등 설치공사를 방해하는 일체의 행동을 하여서는 아니 된다"는 취지의 청구를 민법 제217조에 따라 하였으나 실질적으로 민법 제237조 제1항의 협력의무 이행청구로 볼 여지가 있는 경우[120] 등에서 지적의무가 있다고 하였다.

(다) 또한 판례는 제소기간 준수 여부,[121] 피고적격 유무,[122] 종중 대표자의 대표권 유무,[123] 비법인사단의 사원총회의 결의 유무,[124] 청구취지의 특정 여부,[125] 부제소합의 위배 여부,[126] 채권자대위소송에서 보전의 필요성의 부존재[127] 등 소송요건에 관하여 당사자 간 다툼이 없어 쟁점이 되지 않았는데 그 흠결을 이유로 소를 각하하고자 할 때 이

---

114) 대법원 2017. 12. 22. 선고 2015다236820, 236837 판결.
115) 대법원 2003. 1. 10. 선고 2002다41435 판결.
116) 이시윤, 346면; 정영환, 560면.
117) 정영환, 558면.
118) 대법원 2009. 11. 12. 선고 2009다42765 판결.
119) 대법원 2022. 4. 28. 선고 2019다200843 판결.
120) 대법원 2023. 4. 13. 선고 2021다271725 판결.
121) 대법원 2006. 1. 26. 선고 2005다37185 판결.
122) 대법원 1994. 10. 21. 선고 94다17109 판결.
123) 대법원 2022. 4. 14. 선고 2021다276973 판결.
124) 대법원 2022. 8. 25. 선고 2018다261605 판결.
125) 대법원 2014. 3. 13. 선고 2011다111459 판결.
126) 대법원 2013. 11. 28. 선고 2011다80449 판결.
127) 대법원 2014. 10. 27. 선고 2013다25217 판결.

에 대한 지적이 필요하다고 하였다. 그리고 당사자 간 명시적 다툼이 없어 쟁점이 되지 않았던 사항, 예컨대 경정결정 송달 여부,128) 유족보상금 수령요건129) 등에 관하여 석명하지 않고 이를 인정할 증거가 없다는 이유로 청구를 기각해서는 아니 된다고 하였다.

판 례 **종중의 대표권 흠결이 쟁점이 되지 않았던 경우 지적의무와 소각하(대법원 2022. 4. 14. 선고 2021다276973 판결)**

甲 종중이 乙을 상대로 소를 제기하면서 소장에 대표자 표시를 누락하였다가 제1심법원의 석명준비명령에 따라 대표자를 丙으로 기재한 서면을 제출하였으나, 소제기 당시 甲 종중의 대표자는 丙이 아니라 丁이었고, 그 후 甲 종중이 원심법원에 대표자를 丙에서 丁으로 정정하는 당사자표시정정신청서를 제출하면서 丙의 기존 소송행위를 추인하는 취지라고 주장한 사안에서, 丁에게 적법한 대표권이 있는지는 소송요건에 해당하므로 원심이 이를 의심할 만한 사정이 있다면 당사자들이 특별히 다투지 않더라도 이를 심리·조사할 의무가 있고, 원심 변론종결 당시까지 당사자 사이에 丁의 대표자 지위에 관해서 쟁점이 되지 않았으므로, 원심으로서는 당사자에게 이 부분에 관하여 증명이 필요함을 지적하고 적극적으로 석명권을 행사하여 당사자에게 의견진술의 기회를 부여할 의무가 있는데도, 이러한 조치를 전혀 취하지 않은 채 당사자표시정정신청서 제출 당시 丁에게 추인을 할 수 있는 적법한 대표권이 있다고 볼 증거가 부족하다는 이유로 소를 각하한 원심의 판단은 예상외의 재판으로 당사자 일방에게 뜻밖의 판결을 한 것으로서 석명의무를 다하지 않아 심리를 제대로 하지 않은 잘못이 있다고 한 사례.

(3) 재판의 결과에 영향이 있을 것

재판의 결과에 영향이 없는 부수적인 의견(방론)에까지 법원의 지적의무가 있는 것은 아니다.130)

(4) 의견진술의 기회를 줄 것

당사자가 간과한 법률적 관점에 대하여 법원은 적절한 방법으로 지적하여 당사자에게 의견을 진술할 기회를 주어야 한다. 당사자들이 엉뚱한 쟁점으로 불필요한 공방을 하는 것을 방지하기 위해 법원은 적절한 시기에 이를 지적할 필요가 있다.131)

라. 지적의무의 위반

(1) 지적의무를 위반한 채 변론을 종결하였는데 당사자가 그에 관한 주장·증명을 제출하기 위해 변론재개신청을 한 경우 법원은 변론재개의무가 있다고 했다.132)

---

128) 대법원 1994. 6. 10. 선고 94다8761 판결.
129) 대법원 1998. 9. 8. 선고 98다19509 판결.
130) 이시윤, 348면; 정영환, 559면.
131) 한충수, 334면; 호문혁, 444면.
132) 대법원 2010. 10. 28. 선고 2010다20532 판결.

(2) 지적의무를 위반한 판결의 경우 항소·상고의 대상이 된다. 다만 절대적 상고이유가 아니라 일반적 상고이유(제423조)가 되므로, 지적의무 위반이 원판결 결과에 영향을 미쳤을 것을 요한다.133)

5. 석명권의 행사

가. 주 체

> **제136조(석명권(釋明權)·구문권(求問權) 등)** ② 합의부원은 재판장에게 알리고 제1항의 행위를 할 수 있다.
> ③ 당사자는 필요한 경우 재판장에게 상대방에 대하여 설명을 요구하여 줄 것을 요청할 수 있다.

석명권은 소송지휘권의 일종이므로 재판장 또는 단독판사가 행사한다(제136조 제1항). 합의부원도 재판장에게 알리고 할 수 있다(제136조 제2항). 그러나 석명권은 법원의 권한이므로 당사자는 상대방에게 직접 석명을 구할 수 없고 필요한 경우에는 재판장에게 상대방에 대하여 설명을 요구하여 줄 것을 요청할 수 있는데(제136조 제3항), 이를 구문권(求問權)이라고 한다. 실무상 구석명신청서를 제출한다.

나. 행사방법

> **제137조(석명준비명령)** 재판장은 제136조의 규정에 따라 당사자에게 설명 또는 증명하거나 의견을 진술할 사항을 지적하고 변론기일 이전에 이를 준비하도록 명할 수 있다.

석명권은 변론 또는 변론준비절차(제286조)에서 행사할 수 있다. 필요한 경우 당사자에게 설명할 사항 등을 지적하고 변론기일 또는 변론준비기일 이전에 이를 준비하도록 명할 수 있는데(제137조, 제286조), 이를 석명준비명령이라고 한다.

다. 불응시의 조치

당사자에게 석명에 반드시 응할 법적 의무는 없으나, 불응하는 경우 주장책임·증명책임의 일반원칙에 따라 그것이 없는 것으로 취급되어 불이익한 재판을 받을 가능성이 크다. 즉 공격방어방법의 취지가 불분명함에도 당사자가 필요한 설명을 하지 않는 경우 각하될 수 있다(제149조 제2항).

---

133) 대법원 1995. 11. 14. 선고 95다25923 판결.

6. 석명의무의 위반과 상고이유

석명권은 법원의 권능이지만 의무이기도 하므로 법원이 석명의무를 위반한 경우 항소·상고로 다툴 수 있을 것이다. 이 경우 어느 범위까지 법원의 석명의무로 인정해 상고이유로 삼을 수 있는지 문제된다. ① 석명권과 석명의무의 범위가 일치한다는 전제 하 석명권을 행사하지 않은 것이 판결결과에 영향을 미칠 수 있는 한 모두 심리미진이고 상고이유가 된다는 적극설,[134] ② 석명권은 법원의 권능만 있고 의무는 없으므로 그 불행사는 상고이유가 되지 않는다는 소극설이 있으나, ③ 석명의무의 범위는 권능의 범위보다는 좁다고 볼 수 있으므로, 석명권의 불행사로 심리가 현저히 조잡하게 되었을 때 즉 석명권 불행사가 객관적 자의라고 할 정도일 때 상고이유가 된다고 보는 절충설[135]이 타당하다 할 것이다.

7. 석명처분(제140조)

제140조(법원의 석명처분) ① 법원은 소송관계를 분명하게 하기 위하여 다음 각호의 처분을 할 수 있다.
1. 당사자 본인 또는 그 법정대리인에게 출석하도록 명하는 일
2. 소송서류 또는 소송에 인용한 문서, 그 밖의 물건으로서 당사자가 가지고 있는 것을 제출하게 하는 일
3. 당사자 또는 제3자가 제출한 문서, 그 밖의 물건을 법원에 유치하는 일
4. 검증을 하고 감정을 명하는 일
5. 필요한 조사를 촉탁하는 일

② 제1항의 검증·감정과 조사의 촉탁에는 이 법의 증거조사에 관한 규정을 준용한다.

가. 의 의

법원은 변론 중의 석명권의 행사 외에도 소송관계를 분명하게 하기 위하여 일정한 처분을 할 수 있다고 규정하고 있는데(제140조 제1항), 이를 석명처분이라고 한다. 이것은 법원이 사건의 내용을 파악하기 위한 것으로서, 증거조사와는 다르므로, 법원이 석명처분으로 얻은 자료는 단지 변론전체의 취지로서 참작될 수 있을 뿐, 직접 증거자료가 될 수 없다. 이를 증거자료로 하기 위해서는 당사자가 증거로 원용하는 것이 필요하다.

---

134) 한충수, 327면; 호문혁, 430면. 단 호문혁, 430면은 적극설의 판결결과에 영향을 미치는 것과 절충설의 심리가 현저히 조잡은 구별의 실익이 없고 특별히 다른 내용도 아니라고 한다.

135) 김홍규/강태원, 391면; 김홍엽, 447면; 손한기, 178면; 이시윤, 339~340면; 정동윤/유병현/김경욱, 400면; 정영환, 562면.

나. 내 용

당사자본인 또는 법정대리인의 출석명령, 문서 기타 물건의 제출·유치, 검증을 하고 감정을 명하는 일, 필요한 조사를 촉탁하는 일 등이다.

Ⅷ. 적시제출주의

1. 의 의

> **제146조(적시제출주의)** 공격 또는 방어의 방법은 소송의 정도에 따라 적절한 시기에 제출하여야 한다.

(1) 적시제출주의는 당사자가 공격방어방법을 소송의 정도에 따라 적절한 시기에 제출하여야 한다는 것을 의미한다(제146조).

(2) 이와 비교하여 동시제출주의 또는 법정순서주의는 공격방어방법의 제출에 있어서 엄격한 순서를 정하여 그 순서를 놓치면 뒤에 보충제출을 허용하지 아니하고 실권되게 하는 것을 의미한다. 따라서 당사자는 실권되지 않기 위해 가정주장이나 가정항변을 할 수밖에 없고, 사건의 복잡화와 심리의 경직화라는 폐해를 낳았다. 이러한 폐단 극복을 위해 수시제출주의가 채택되었는데, 이는 공격방어방법을 변론종결시까지 자유롭게 제출할 수 있는 것을 의미한다. 우리나라도 2002년 개정 전 민사소송법에서 수시제출주의를 취하였는데, 제1심의 경시풍조가 나타나고 소송지연의 도구로 남용되는 폐해가 있었다.

(3) 적시제출주의는 법정순서주의와 수시제출주의를 절충한 것으로서, 법원이 적절한 실권효를 적용함으로써 소송의 지연과 제1심의 경시풍조를 막고 심리를 집중적으로 실시할 수 있는 이점이 있다. 우리 법은 적시제출주의의 실효성을 확보하기 위한 다음과 같은 제도를 두고 있다.

2. 재정기간제도(제출기간의 제한, 제147조)

> **제147조(제출기간의 제한)** ① 재판장은 당사자의 의견을 들어 한 쪽 또는 양 쪽 당사자에 대하여 특정한 사항에 관하여 주장을 제출하거나 증거를 신청할 기간을 정할 수 있다.
> ② 당사자가 제1항의 기간을 넘긴 때에는 주장을 제출하거나 증거를 신청할 수 없다. 다만, 당사자가 정당한 사유로 그 기간 이내에 제출 또는 신청하지 못하였다는 것을 소명한 경우에는

그러하지 아니하다.

가. 의 의

재정기간제도는 재판장이 당사자가 특정한 공격방어방법을 제출할 수 있는 기간을 정하고, 그 제출기간을 도과한 경우에는 원칙적으로 실권시키는 제도이다. 적시제출주의의 관철을 위한 사전유도책이라 할 수 있다.[136] 재정기간제도(제147조)는 변론준비절차에도 준용된다(제286조).

나. 재정기간

재판장은 당사자의 의견을 들어 한쪽 또는 양쪽 당사자에 대하여 특정한 사항에 관하여 주장제출·증거신청의 기간을 정할 수 있다(제147조 제1항). 당사자의 절차권을 보장하고, 그 기간이 부당하게 단기간으로 지정되는 것을 방지하기 위해 기간을 정하기에 앞서 당사자의 의견을 듣도록 하고 있다. 아울러 재판장은 주장제출·증거신청이 필요한 사항과 그 기간, 당사자 등을 명확하게 특정하여야 한다.

다. 실권효의 제재

(1) 만약 당사자가 재정기간을 넘긴 후에는 그 특정한 사항에 관하여 새로 주장을 제출하거나 증거를 신청할 수 없는 것이 원칙이다(제147조 제2항 본문).

(2) 다만 당사자가 정당한 사유로 그 기간 이내에 제출 또는 신청하지 못하였다는 것을 소명한 경우에는 예외로 한다(제147조 제2항 단서).

3. 실기한 공격방어방법의 각하(제149조 제1항)

제149조(실기한 공격·방어방법의 각하) ① 당사자가 제146조의 규정을 어기어 고의 또는 중대한 과실로 공격 또는 방어방법을 뒤늦게 제출함으로써 소송의 완결을 지연시키게 하는 것으로 인정할 때에는 법원은 직권으로 또는 상대방의 신청에 따라 결정으로 이를 각하할 수 있다.

가. 의 의

당사자의 고의 또는 중과실로 공격방어방법이 시기에 늦게 제출되어 소송의 완결을 지연시킬 것으로 인정되는 때 법원이 직권 또는 상대방의 신청에 의하여 그 공격방어방법

136) 이시윤, 352면.

을 각하시키는 것을 의미한다.

나. 각하요건

(1) 시기에 늦었을 것(실기)

(가) 시기에 늦었다는 것은 소송의 진행정도로 보아 적절한 시기에 제출할 수 있었음에도 이를 하지 않고 넘긴 경우를 말한다. 판례는 제1심에서도 주장할 수 있었던 유치권의 항변을 항소심 제4회 기일에 비로소 제출한 경우,[137] 제1심에서 피고의 변론재개신청을 받아들여 증명기회를 부여하였음에도 주장이 담긴 서면만 제출하였을 뿐 출석하지 않았고 소제기 후 19개월이 다 된 항소심 제1차 변론기일에서 감정신청을 한 경우,[138] 4차에 걸친 제1심 변론기일은 물론 항소심 1차 변론기일까지 하지 않다가 마지막 변론기일에 새로운 주장을 한 경우[139] 등을 실기한 것으로 보았다.

(나) 유일한 증거방법을 실기한 경우 각하할 수 있는지가 문제되나, 소송지연에 대한 제재라는 점에 비추어 유일한 증거방법이라고 해서 예외로 취급할 필요는 없다고 할 것이다.[140] 주류적 판례의 태도도 같다.[141]

(다) 항소심에서 새로운 공격방어방법이 제출된 경우, 시기에 늦었는지 여부를 항소심만을 표준으로 판단할 것인가, 아니면 제1, 2심을 통틀어 판단할 것인가 문제된다. 항소심이 속심구조이고 제149조가 총칙규정인 점을 고려할 때 항소심뿐만 아니라 제1심까지 통틀어 시기에 늦었는지를 판단해야 할 것이다.[142]

판 례 **'실기'의 기준(대법원 2017. 5. 17. 선고 2017다1097 판결)**

민사소송법 제149조에 정한 실기한 공격·방어방법이란 당사자가 고의 또는 중대한 과실로 소송의 정도에 따른 적절한 시기를 넘겨 뒤늦게 제출하여 소송의 완결을 지연시키는 공격 또는 방어의 방법을 말한다. 여기에서 적절한 시기를 넘겨 뒤늦게 제출하였는지를 판단함에는 새로운 공격·방어방법이 구체적인 소송의 진행정도에 비추어 당사자가 과거에 제출을 기대할 수 있었던 객관적 사정이 있었는데도 이를 하지 않은 것인지, 상대방과 법원에 새로운 공격·방어방법을 제출하지 않을 것이라는 신뢰를 부여하였는지 여부 등을 고려해야 한다. 항소심에서 새로운 공격·방어방법이 제출된 경우에는 특별한 사정이 없는 한 항소심뿐만 아니

---

137) 대법원 1962. 4. 4. 선고 4294민상1122 판결.

138) 대법원 2009. 6. 25. 선고 2009다24415 판결.

139) 대법원 2014. 5. 29. 선고 2011두25876 판결.

140) 김홍규/강태원, 409면; 김홍엽, 462면; 이시윤, 354면; 전병서, 303면; 정동윤/유병현/김경욱, 355면; 정영환, 581면.

141) 대법원 1968. 1. 31. 선고 67다2628 판결; 대법원 2009. 6. 25. 선고 2009다24415 판결.

142) 대법원 2017. 5. 17. 선고 2017다1097 판결.

라 제1심까지 통틀어 시기에 늦었는지를 판단해야 한다. 나아가 당사자의 고의 또는 중대한 과실이 있는지를 판단함에는 당사자의 법률지식과 함께 새로운 공격·방어방법의 종류, 내용과 법률구성의 난이도, 기존의 공격·방어방법과의 관계, 소송의 진행경과 등을 종합적으로 고려해야 한다.

(2) 공격방어방법일 것

각하의 대상은 공격방어방법, 즉 주장·부인·항변·증거신청 등이다. 그러나 소의 변경, 반소, 참가신청 등은 시기에 늦었다 하더라도 본조의 각하대상이 아니다.[143)]

(3) 고의·중과실이 있을 것

고의나 중과실의 유무를 판단함에 있어서는 법률지식의 정도와 공격방어방법의 종류를 고려해야 하므로,[144)] 본인소송과 변호사가 대리하는 소송은 달리 판단해야 하고, 출혈적인 상계항변이나 건물매수청구권의 행사, 가정항변의 행사 등의 조기제출을 기대할 수는 없다 할 것이다. 판례는 항소심에 이르러 동일한 쟁점에 대한 대법원의 첫 판결이 선고되자 이를 토대로 새로운 주장을 한 것은 당사자에게 고의·중과실이 있는 경우가 아니라고 하였다.[145)] 그러나 파기환송되기 전에 상계항변을 할 수 있음을 알고 있었으나 다른 주장으로 충분히 승산이 있다고 생각하여 의도적으로 상계항변을 하지 않았는데 환송 후에 비로소 상계항변을 제출한 것은 고의·중과실이 있는 것으로 보았다.[146)]

판 례 **파기환송 후 상계항변과 고의·중과실(대법원 2005. 10. 7. 선고 2003다44387, 44394 판결)**

(전략) 이 사건 환송 전 원심 소송절차에서 위와 같은 상계항변을 할 기회가 있었음에도 불구하고 이를 하지 않고 있다가, 2002. 2. 5. 이 사건이 대법원에서 파기환송된 후에야 비로소 하기에 이른 점, 위 근저당권의 피담보채무액수가 얼마인지, 근저당권이 설정되어 있는 토지의 가액이 얼마인지, 소외 6이 근저당권을 행사하지 않고 있는 이유는 무엇인지 등에 관하여 새롭게 조사할 경우 현저하게 소송이 지연될 우려가 있는 점 등에 비추어 피고의 위 상계항변은 실기한 공격방어방법에 해당하여 받아들일 수 없다고 판단하였다. 기록에 비추어 검토하여 보건대, 피고는 스스로 환송 전 원심에서 상계항변을 할 수 있음을 알고 있었지만 상고이유 제4점의 내용이 된 부제소합의의 주장으로 충분히 승산이 있다고 생각하여 상계항변을 하지 아니한 것이라고 주장함으로써 그 항변을 하지 아니한 것이 의도적이거나 또는 속단에 인한 것임을 자인하고 있는바, 이는 그 자체로 고의 또는 중대한 과실로 평가될 수 있는 점. (후략)

---

143) 제262조 제1항, 제269조 제1항, 제71조 등 각 조문에서 소송절차를 현저히 지연시키지 않을 것을 규정하고 있으므로 시기에 늦은 경우 불허된다 하더라도, 제149조의 각하대상은 아니라는 의미이다.

144) 대법원 2017. 5. 17. 선고 2017다1097 판결.

145) 대법원 2006. 3. 10. 선고 2005다46363 판결.

146) 대법원 2005. 10. 7. 선고 2003다44387, 44394 판결.

(4) 소송의 완결이 지연될 것

법률상 주장과 같이 별도의 증거조사가 필요하지 않거나,[147] 법원이 당사자의 공격방어방법에 대하여 각하결정을 하지 아니한 채 그 공격방어방법에 관한 증거조사까지 마쳤거나, 따로 심리·증거조사할 사항이 남아 있어 어차피 기일속행이 필요하고 그 속행기일 내에 심리를 마칠 수 있는 경우[148] 등에 있어서는 소송의 완결을 지연시킨다고 할 수 없다.

판 례 **기일을 속행하여 심리를 마친 경우와 소송완결지연(대법원 1999. 2. 26. 선고 98다52469 판결)**

법원은 당사자의 고의 또는 중대한 과실로 시기에 늦게 제출한 공격 또는 방어방법이 그로 인하여 소송의 완결을 지연하게 하는 것으로 인정될 때에는 이를 각하할 수 있고, 이는 독립된 결정의 형식으로 뿐만 아니라 판결이유 중에서 판단하는 방법에 의하여 할 수도 있으나, 법원이 당사자의 공격방어방법에 대하여 각하결정을 하지 아니한 채 그 공격방어방법에 관한 증거조사까지 마친 경우에 있어서는 더 이상 소송의 완결을 지연할 염려는 없어졌으므로, 그러한 상황에서 새삼스럽게 판결이유에서 당사자의 공격방어방법을 각하하는 판단은 할 수 없고, 더욱이 실기한 공격방어방법이라 하더라도 어차피 기일의 속행을 필요로 하고 그 속행기일의 범위 내에서 공격방어방법의 심리도 마칠 수 있거나 공격방어방법의 내용이 이미 심리를 마친 소송자료의 범위 안에 포함되어 있는 때에는 소송의 완결을 지연시키는 것으로 볼 수 없으므로, 이와 같은 경우에도 각하할 수 없다고 보아야 한다.

☞ 피고가 항소심 제1차 변론기일에 비로소 상계주장을 하고 제8차 변론기일에 그에 대한 서증을 제출하였으나, 항소심은 위 상계주장에 대한 심리를 포함하여 원고 측의 신체재감정 등 쌍방의 여러 가지 다른 주장 및 증명에 대한 심리를 위 제8차 변론기일까지 계속하여 왔으므로, 위 상계주장 및 그에 대한 증거조사로 인하여 소송완결지연을 인정하지 않았음.

다. 각하절차

각하는 법원의 직권 또는 상대방의 신청에 의한다(제149조 제1항). 각하 여부는 법원의 재량적 사항으로 볼 것이다. 각하는 독립된 결정 또는 종국판결의 이유 속에서 판단하면 된다. 독립된 결정으로 각하한 경우 이를 언제든지 취소할 수 있다(제222조). 각하결정에 대해 독립하여 항고할 수 없고, 종국판결에 대한 상소와 함께 불복하여야 한다(제392조). 그러나 각하신청이 배척된 경우에는 법원의 소송지휘에 관한 사항이므로 불복이 허용되지 않는다. 한편 각하되지 않는 경우라도 그로 인하여 소송을 지연시킨 당사자는 승소에도 불구하고 증가된 소송비용부담의 불이익을 입을 수도 있다(제100조).

---

147) 대법원 1992. 10. 27. 선고 92다28921 판결.

148) 대법원 1999. 2. 26. 선고 98다52469 판결; 대법원 2003. 4. 25. 선고 2003두988 판결.

4. 그 외의 실효성 확보방안

가. 변론준비기일 종결 후 공격방어방법(제285조)

변론준비기일에서 제출하지 않은 공격방어방법은 적절한 시기를 놓친 것으로 보아 원칙적으로 변론에서 제출할 수 없다. 실권효의 제재가 따르는 것이다.

나. 석명에 불응하는 공격방어방법의 각하(제149조 제2항)

당사자가 제출한 공격방어방법의 취지가 분명하지 아니한 경우 법원의 석명에도 불구하고 당사자가 필요한 설명을 하지 않거나 설명할 기일에 출석하지 않은 때에는 법원은 직권 또는 당사자의 신청에 의해 그 공격방어방법을 각하할 수 있다.

다. 중간판결의 내용과 저촉되는 주장의 제한(제201조, 제454조)

중간판결의 판단이 공격방어방법에 관한 것인 경우 중간판결의 기속력으로 인해 이미 판단된 공격방어방법을 당해 심급에서는 다시 제출할 수 없다.

라. 상고이유서제출기간 경과 후 새로운 상고이유의 제한(제427조, 제431조)

당사자가 상고이유서제출기간 내에 상고이유를 제출하지 않거나, 기간을 도과하여 새로운 상고이유를 제출한 경우, 상고법원은 원칙적으로 이를 고려하지 않는다.

마. 답변서제출의무와 방소항변

피고에게 소장부본을 송달받은 날부터 30일 이내에 답변서를 제출할 의무를 지우고 있다(제256조). 임의관할위반(제30조), 소송비용의 담보제공 흠결(제117조, 제118조), 중재합의 위반(중재 제9조 제2항)[149] 등의 방소항변을 본안에 관한 변론 전까지 제출하도록 하고 있다. 모두 적시제출주의를 실현하기 위한 것들이다.

5. 적시제출주의의 예외

적시제출주의는 변론주의가 적용되는 범위에 한정된다. 반면 직권탐지주의나 직권조사사항에 관하여는 각하를 통한 절차의 촉진보다 실체진실발견이 더 중요하므로 적시제출주의가 적용되지 않는다(제285조, 제434조, 가소 제12조).

---

149) 대법원 1996. 2. 23. 선고 95다17083 판결.

IX. 집중심리주의

1. 의 의

(1) 변론은 집중되어야 한다(제272조 제1항). 집중심리주의는 하나의 사건을 집중적으로 계속 심리하고 판결한 후 다음 사건을 같은 방법으로 심리하는 방식이다. 즉 소송의 초기 단계에서 쟁점을 정리하고 증거를 수집한 후 그 사건을 중심으로 집중적인 증인신문·당사자신문을 실시하는 심리방식이다. 사건단위로 집중심리를 하면 능률이 높아지고 구술주의와 직접주의의 장점을 살릴 수 있다.

(2) 이와 구별하여 병행심리주의가 있다. 같은 기일에 다수의 사건을 함께 심리하여 진행하는 방식이다. 집중심리주의와 병행심리주의는 전체적·수량적으로 소요되는 시간이 같을 수는 있으나, 심리의 집중 측면에서 집중심리주의가 효율성이 높다고 할 것이다.

2. 내 용

가. 소송자료의 조기 충실화와 사건의 분류

소장의 기재사항으로 청구를 뒷받침하는 구체적 사실, 피고 측의 항변에 대한 구체적인 진술, 증거방법을 적게 하고(민소규 제62조), 답변서에는 원고주장사실의 인정 여부, 항변, 증거방법 등을 구체적으로 적도록 하였다(민소규 제65조). 피고에게 소장부본을 송달받은 날부터 30일 이내에 답변서 제출의무를 부과하고(제256조 제1항), 만약 불이행하면 무변론판결로 종결하고(제257조 제1항), 답변서를 제출하면 바로 사건을 검토하여 가능한 최단기간 안의 날로 제1회 변론기일을 지정하도록 하였다(민소규 제69조 제1항).

나. 변론집중을 위한 쟁점정리절차

2008년 개정법은 모든 사건이 아니라 제258조 제1항 단서에 해당하여 변론준비절차에 부쳐진 사건에 대하여, 변론의 효율적이고 집중적인 실시를 위해 당사자의 주장과 증거를 정리할 수 있도록 하였다(제279조 이하). 변론준비절차를 거친 후에는 실권효의 제재가 따르므로(제285조), 가급적 변론준비절차에서 모든 공격방어방법을 제출을 유도하고 있는 것이다. 이를 토대로 쟁점을 정리하고 증거조사를 할 수 있게 함으로써 사건의 간소화를 이룰 수 있는 것이다. 이를 위해 재판장등과 당사자 사이에 변론의 준비와 진행, 변론에 필요한 시간, 준비서면의 제출횟수, 분량, 제출기간 등에 관한 협의를 할 수 있게 하였다(민소규 제70조 제3항 내지 제5항).

다. 1회 변론기일과 집중적인 증거조사

법원은 변론준비절차를 마친 경우에는 첫 변론기일을 거친 뒤 바로 변론을 종결할 수 있도록 하여야 하고 당사자는 이에 협력하여야 한다(제287조). 변론준비절차를 통해 쟁점을 정리하였으면 1회의 변론기일로 심리를 마치고 가급적 기일이 속행되는 것을 막는 집중심리주의를 채택한 것으로 볼 수 있다. 아울러 변론기일에서는 정리된 쟁점에 따라 증인신문과 당사자신문을 집중적으로 실시하여야 한다(제293조).

라. 계속심리주의

변론준비절차를 거친 사건의 경우 1회의 변론기일로 심리를 마치지 못하고 그 심리에 2일 이상이 소요되는 때에는 가능한 한 종결에 이르기까지 매일 변론을 진행하여야 한다(민소규 제72조 제1항). 이른바 계속심리주의를 채택한 것이다.

마. 임의적 변론준비절차와 집중심리주의

2008년 개정법 제258조 제1항은 변론기일을 지정토록 하여 원칙적 변론준비절차에서 예외적 변론준비절차로 변경하였다. 이에 따라 집중심리주의가 그만큼 약화되거나 훼손되었다고 평가하는 견해가 있다.[150]

X. 직권진행주의와 소송지휘권

1. 직권진행주의

(1) 민사소송절차는 법원과 당사자의 공동작업, 즉 일정한 원칙에 따라 역할과 책임을 분담하여 이루어진다. 이 경우 소송 운영의 주도권을 누구에게 줄 것인가 문제되는데, 당사자의 주도로 심리가 운영되는 것을 당사자주의(Parteiherrschaft)라고 하고, 이와 달리 법원이 주도하는 방식을 직권주의(Offizialmaxime)라고 한다.

(2) 소송 운영의 주도권을 누가 가질 것인가 하는 것은 각 시대의 이데올로기와 사회조류의 영향을 강하게 받는데, 그동안 직권주의와 당사자주의가 주기적으로 순환하면서 변화를 거듭해왔다. 18세기말 프러시아법에서는 절차의 진행과 심리의 내용면에서 모두 극단적인 직권주의를 취했다. 그러나 프랑스혁명 후 자유방임사상과 야경국가관이 등장하였고, 이에 기초한 1806년 프랑스 민사소송법과 이를 따른 1877년 제정 독일 민사소송

150) 이시윤, 359면; 정영환, 590면.

법은 절차의 진행과 심리의 내용면에서 모두 당사자주의를 택했다. 그런데 절차의 진행에서까지 당사자주의를 취하다 보니 소송절차의 현저한 지연 등 각종 폐해가 발생하였고, 이러한 국가의 방임으로는 더 이상 적정한 재판을 기할 수 없다는 점이 인식되었으며, 복지국가적 이념이 등장해, 절차의 진행 면에서 법원의 역할이 중시되고 직권주의가 강화되는 계기가 되었다. 이에 1895년 오스트리아 민사소송법과 그 후 개정된 독일 민사소송법은 소송절차의 진행 면에서 직권주의를 받아들였다.[151)]

(3) 우리나라의 현행 민사소송법은 당사자주의적 요소와 직권주의적 요소를 모두 갖추고 있다. 즉 절차의 진행 면에서는 원칙적으로 법원에 주도권이 있고(직권진행주의), 다만 당사자는 소송절차에 관한 이의권(제151조) 등을 통해 법원의 직권진행을 감시하고 있다. 반면 심리의 내용 면에서는 당사자에게 주도권이 부여되어 있기 때문에, 어떠한 대상에 관하여 법원의 심판을 받을지 여부는 당사자가 결정하여야 하고(처분권주의), 법원은 원칙적으로 당사자가 수집하여 제출한 소송자료를 재판의 기초로 삼아야 하나(변론주의), 다만 법원은 적정하고 공평한 재판을 통한 사회적 법치국가(Sozialer Rechtsstaat) 이념 실현을 위해 적절한 석명권을 행사할 수 있고, 가사소송이나 행정소송과 같이 판결의 효력이 제3자에게 미치는 예외적인 경우에는 법원에 의해 진실발견이 가능하도록 하고 있다(직권탐지주의).[152)]

2. 소송지휘권

가. 의 의

소송지휘권은 소송절차를 신속하고 원활하게 진행시켜 분쟁을 적정하게 해결하기 위하여 법원에게 인정된 소송의 주재권능이다. 즉 소송절차를 원활하게 진행하여 충실한 심리를 위해 소송지휘권이 인정되는 것이다. 이러한 소송지휘권은 법원의 권한인 동시에 책무이기도 하다.

나. 소송지휘권의 내용

소송지휘권의 대표적인 것은 다음과 같다. ① 절차의 진행 측면에서 기일의 지정·변경(제165조), 기간의 신축과 부가기간 부여(제172조), 소송절차의 속행(제244조), 소송절차의 중지(제246조) 등, ② 절차의 적법화 측면에서 관할위반의 이송(제34조 제1항), 소장·상소장의 각하(제254조, 제402조, 제425조), 소·상소의 각하(제219조, 제413조, 제425조) 등, ③ 심리의 정리 측면에서 이부(移部), 재량이송(제34조 제2항, 제35조), 변론의 제한·분리·병합(제141조), 변론의

151) 이시윤, 361면; 정동윤/유병현/김경욱, 362면; 정영환, 592면.
152) 강현중, 60~62면; 이시윤, 361면; 정동윤/유병현/김경욱, 362면.

재개(제142조) 등, ④ 심리의 집중 측면에서 재정기간의 결정(제147조), 실기한 공격방어방법 각하(제149조), 요약준비서면 제출명령(제278조), 변론준비절차 회부(제258조, 제279조) 등, ⑤ 기일의 소송행위 정리 측면에서 변론의 지휘(제135조) 등, ⑥ 소송관계의 정리 측면에서 석명권 및 지적의무 행사(제136조), 석명처분(제140조) 등, ⑦ 분쟁의 간편한 종결 측면에서 화해권고(제145조), 화해권고결정(제225조 제1항), 조정절차 회부(민조 제6조), 이행권고결정(소심 제5조의3 제1항) 등이 있다.

다. 소송지휘권의 주체 및 형식

소송지휘권의 주체는 원칙적으로 법원이다(제140조 내지 제145조). 그러나 변론이나 증거조사 중에는 재판장의 합의체를 대표하여 행사하고(제135조 내지 제137조, 제327조, 제329조 내지 제331조), 이러한 재판장의 조치에 대하여 당사자가 이의하면 합의체가 이에 대하여 재판한다(제138조). 실무상 '재판진행에 대한 이의'라고 한다. 수명법관 및 수탁판사도 수권된 사항을 처리하는데 있어서 소송지휘권을 갖는다(제165조 제1항 단서, 제332조).

라. 당사자의 신청권

소송지휘는 법원의 권한에 속하는 것이므로 당사자는 이에 대한 신청권이 없고, 만약 당사자가 심리의 진행 및 정리에 대하여 신청을 하여도 이는 법원의 소송지휘권의 발동을 촉구하는 행위에 지나지 않는다. 다만 당사자에게도 예외적으로 소송지휘를 구하는 신청을 인정하고 있는데, 심판의 편의에 의한 재량이송(제34조 제2항), 구문권(제136조 제3항), 실기한 공격방어방법의 각하(제149조), 중단절차의 수계(제241조) 등이 그 예이다.

3. 소송절차에 관한 이의권(제151조)

제151조(소송절차에 관한 이의권) 당사자는 소송절차에 관한 규정에 어긋난 것임을 알거나, 알 수 있었을 경우에 바로 이의를 제기하지 아니하면 그 권리를 잃는다. 다만, 그 권리가 포기할 수 없는 것인 때에는 그러하지 아니하다.

가. 의 의

소송절차에 관한 이의권은 법원이나 상대방 당사자의 소송행위가 소송법규에 위배되는 경우 이에 대해 이의하여 그 효력을 다툴 수 있는 소송상의 권능이다. 당사자주의의 산물로서 당사자에게 절차의 위배를 감시하는 권능을 부여하자는 취지에서 인정되는 것이다. 구법에서는 책문권(責問權)이라고 하였다.

나. 적용범위

(1) 이의권의 대상은 소송절차에 관한 규정에 어긋나는 행위들이다. 법원과 당사자의 소송행위의 방식·시기·장소 등에 관한 규정이 이의권의 대상이 된다. 예컨대 소의 제기, 청구변경의 방식, 소송참가의 방식, 소송고지의 방식, 증인신문의 장소, 변론기일의 통지, 증거조사의 방식 등이 있다. 따라서 소송행위의 내용, 소송상 주장의 당부 여부는 이의권의 대상이 되지 않는다.

(2) 그리고 소송절차에 관한 규정 중에서도 자유로운 처분이 가능한 임의규정 위배를 그 대상으로 한다.[153] 소송절차에 관한 규정이라도 훈시규정은 배제된다.[154] 사익규정 아닌 강행규정도 여기에서 배제되는데(제151조 단서), 예컨대 법원의 구성, 법관의 제척, 공개주의, 불변기간의 준수, 판결의 선고와 확정, 소송요건, 상소요건, 재심요건에 관한 규정들이다. 송달의 흠은 소장·답변서 등 소송서류의 송달의 흠만 대상이 되고, 상소기간의 기산점이 되는 판결정본의 송달에 관한 흠은 여기에 속하지 않는다.[155]

판 례 **훈시규정과 이의권(대법원 2008. 2. 1. 선고 2007다9009 판결)**

당사자는 법원 또는 상대방의 소송행위가 소송절차에 관한 규정을 위반한 경우 민사소송법 제151조에 의하여 그 소송행위의 무효를 주장하는 이의신청을 할 수 있고 법원이 당사자의 이의를 이유 있다고 인정할 때에는 그 소송행위를 무효로 하고 이에 상응하는 조치를 취하여야 하지만, 소송절차에 관한 규정 중 단순한 훈시적 규정을 위반한 경우에는 무효를 주장 할 수 없다. 민사소송법 제199조, 제207조 등은 모두 훈시규정이므로 법원이 종국판결 선고 기간 5월을 도과하거나 변론종결일로부터 2주 이내 선고하지 아니하였다 하더라도 이를 이유로 무효를 주장할 수는 없다.

판 례 **판결정본 송달의 하자와 이의권(대법원 1979. 9. 25. 선고 78다2448 판결)**

1. 피고에게 송달되는 판결정본을 원고가 집배인으로부터 수령하여 자기 처를 통하여 피고의 처에게 교부하고 다시 피고의 처가 이를 피고에게 교부한 경우에 위 판결정본의 피고에 대한 송달은 그 절차를 위배한 것이어서 부적법한 송달이다.
2. 불변기간인 항소 제기기간에 관한 규정은 성질상 강행규정이므로 그 기간 계산의 기산점이 되는 판결정본의 송달의 하자는 이에 대한 책문권의 포기나 상실로 인하여 치유될 수 없다.

---

153) 대법원 1972. 5. 9. 선고 72다379 판결.

154) 대법원 2008. 2. 1. 선고 2007다9009 판결.

155) 대법원 1979. 9. 25. 선고 78다2448 판결.

다. 이의권의 포기·상실

(1) 이의권의 포기는 소송절차에 관한 규정에 어긋난 소송행위가 생긴 경우에 당사자가 소송절차에 관한 불이익을 감수하고 이에 대한 이의를 하지 않겠다는 취지의 절차 이의권의 포기를 말한다. 포기는 법원에 대하여 당사자가 일방적으로 명시 또는 묵시의 의사표시로 한다. 소송 외에서 상대방에 대하여 포기하여도 그 효력은 없다. 이의권은 소송절차 위배가 있는 때에는 비로소 발생하기 때문에 사전포기는 있을 수 없다.

(2) 이의권의 상실은 소송절차에 관한 규정에 어긋난 것임을 알았거나 알 수 있었을 경우 바로 이의를 제기하지 않는 것에서 절차 이의권을 상실하게 되는 경우를 말한다(제151조). '바로'라 함은 이의를 할 수 있는 기회에 곧바로 이의를 하지 아니한 것을 뜻한다. 예컨대 당사자에 대한 기일통지서를 송달하지 아니한 채 기일을 열어 증거조사를 한 경우 그 다음 기일에 바로 이의하지 않고 변론했으면 바로 이의하지 아니한 것으로 되는 것이다.

(3) 이의권은 포기보다 상실의 경우가 더 많이 발생한다. 절차 이의권을 상실하면 하자있는 소송 행위는 완전히 유효하게 된다. 다만 법원의 행위로 당사자 쌍방 모두에게 이의권이 생긴 경우는 쌍방 모두가 이의권을 상실한 때에 흠이 치유된다.

제 3 절 변론의 준비

Ⅰ. 준비서면

1. 의 의

(1) 준비서면은 당사자가 변론 또는 변론준비기일에서 말로 진술하고자 하는 사실상·법률상 사항을 기일 전에 예고적으로 기재하여 법원에 제출하는 서면이다. 준비서면인지 여부는 표제가 아니라 서면의 내용에 의해 정해지는 것이므로, 소장이나 상소장에 공격방어방법이 기재되어 있으면 그 한도에서 준비서면의 성질을 갖게 되고(제249조 제2항, 제398조),[156] 표제를 준비서면이라 하면서 그 내용에 청구취지를 확장한 경우 준비서면이 아니라[157]

156) 대법원 1973. 11. 27. 선고 73다566 판결.

157) 소변경신청서(제262조), 반소장(제269조), 상소장, 부대상소장 등은 준비서면이 아니다(법원실무제요 민사소송[Ⅱ], 1091면).

청구취지변경신청으로서의 효력을 갖는다.[158]

(2) 준비서면의 기재내용이 소송자료가 되기 위해서는 변론에서 진술하는 것이 필요하다.[159] 당사자는 준비서면을 진술하지 않고 그 제출을 철회할 수도 있다. 실무상 변론종결 후에 제출하는 참고서면은 진술이 없으므로 소송자료가 될 수 없다.

(3) 준비서면은 ① 통상의 준비서면, ② 원고의 소장 등에 대하여 피고가 본안의 반대신청을 기재하여 처음 제출하는 서면인 답변서, ③ 수차례 준비서면을 제출하였다가 변론의 종결에 앞서 재판장의 명에 의해 쟁점과 증거의 정리결과를 요약한 요약준비서면(제278조)이 있다.

2. 준비서면의 기재사항

준비서면의 기재사항은 법정되어 있는데(제274조 제1항), 주된 것은 공격방어방법과 그에 대한 답변이다. 상대방이 제출한 증거방법에 대한 의견, 즉 증거인부도 준비서면에 기재하여 제출하도록 하였다(제274조 제2항). 분량은 원칙적으로 30쪽을 넘어서는 아니 된다(민소규 제69조의4).

3. 준비서면의 제출·교환

(1) 당사자는 원칙적으로 변론을 서면으로 준비하여야 한다(제272조 제1항). 다만 단독사건에서는 준비서면을 제출하지 않을 수도 있으나, 상대방이 준비하지 아니하면 진술할 수 없는 사항에 대해서는 그러지 아니하다(제272조 제2항).

(2) 제출된 준비서면은 법원을 통해 변론기일 전 상대방에게 송달된다. 만약 양쪽 당사자가 변호사를 소송대리인으로 선임한 경우에는 변호사들 사이의 송달 방법으로 준비서면을 교환할 수 있다(민소규 제47조). 준비서면은 기재사항에 대한 상대방의 준비기간을 두고 미리 제출되어야 하며, 법원은 상대방에게 그 부본을 송달하여야 한다(제273조). 새로운 공격방어방법을 포함한 준비서면은 기일 7일 전까지 상대방에게 송달될 수 있도록 적당한 시기에 제출되어야 한다(민소규 제69조의3). 전자소송의 활성화로 인해 제출 당일 송달받을 수 있다.

---

158) 대법원 2011. 1. 13. 선고 2009다105062 판결.
159) 대법원 1983. 12. 27. 선고 80다1302 판결.

4. 준비서면 제출·부제출의 효과

가. 제출의 효과

(1) 자백간주의 이익

준비서면을 제출하면 상대방이 불출석한 경우에도 이를 주장할 수 있고, 그 기재 부분에 대하여 상대방이 명백히 다투지 않은 것으로 되어 자백간주의 이익을 얻을 수 있다(제150조 제3항, 제1항).

(2) 진술간주의 이익

준비서면을 제출한 자가 불출석하더라도 그 기재사항에 대하여 진술이 있는 것으로 보는 진술간주의 이익을 얻을 수 있다(제148조 제1항).

(3) 실권효의 배제

변론준비절차 전에 준비서면을 제출한 경우에는 변론준비기일에 공격방어방법을 제출하지 않았더라도 실권되지 않고 변론에서 주장할 수 있다(제285조 제3항).

(4) 소취하 및 피고경정에 대한 동의권

피고가 본안에 관한 준비서면을 제출한 후에는 원고가 소를 취하하기 위해서는 피고의 동의를 얻어야 한다(제266조 제2항). 피고경정의 경우에도 종전의 피고가 본안에 관한 준비서면을 제출한 후에는 그 피고의 동의를 요한다(제260조 제1항 단서).

나. 부제출의 효과

(1) 무변론판결의 위험

피고가 답변서를 제출기한 내에 제출하지 않은 경우 무변론 원고승소판결을 할 수 있다(제257조 제1항).

(2) 예고 없는 사실주장의 금지

(가) 준비서면에 적지 아니한 사실은 상대방이 출석하지 아니한 때에는 변론에서 주장하지 못한다(제276조 본문). 그렇지 않으면 예고 없는 새로운 사실에 관하여 상대방의 반론기회 없이 자백간주가 되어 상대방에게 불리하기 때문이다. 다만 준비서면의 제출을 요하지 않는 단독사건에서는 그러하지 아니하다(제276조 단서).

(나) 여기에서 주장이 금지되는 사실에 주요사실·간접사실이 포함되나, 증거신청도 포함되어 금지되는지 여부에 관한 다툼이 있다. ① 증거신청도 사실인정에 중요한 영향을

미치므로 상대방에 대한 공평의 관념에서 증거신청이 허용되지 않는다고 보는 적극설[160]이 있으나, ② 증거신청 가운데 상대방이 능히 예상할 수 있는 경우에는 불공평하다고 볼 수 없으므로 이러한 경우에는 절차의 촉진을 위해 증거신청을 허용하여야 한다는 절충설[161]이 타당하다 할 것이다. 예컨대 1억 원의 매매대금청구소송에서 피고 乙이 결석한 변론기일에 원고 甲이 출석하여 소장과 준비서면에 기재하지 않은 매매계약서를 증거신청하였고, 법원이 증거조사 후 매매계약서의 내용에 따라 심증을 형성하여 甲의 청구인용판결을 한 경우, 매매대금청구소송에서 매매계약서의 제출은 필수적인 것으로서 상대방 乙이 능히 예상가능한 것이므로 절충설에 의하면 그 판결의 적법성이 인정되는 것이다.

(3) 변론준비절차의 종결

변론준비절차에서 재판장등이 준비서면의 제출을 명하였으나 당사자가 그 기간 내에 준비서면을 제출하지 아니한 경우 변론준비절차를 종결하여야 한다(제284조 제1항 제2호).

(4) 소송비용의 부담

준비서면으로 미리 예고하지 아니하였기 때문에 상대방이 즉시 답할 수 없어 기일이 속행되고 그로 인해 소송비용이 증가하였다면, 증가된 소송비용 부분을 승소한 당사자에게 부담시킬 수 있다(제100조).

II. 변론준비절차

1. 서 설

(1) 변론준비절차는 변론이 효율적이고 집중적으로 실시될 수 있도록 당사자의 주장과 증거를 정리하는 절차를 말한다(제279조 제1항).

(2) 2002년 개정법 전의 '준비절차'는 제도적 결함, 그 회부 여부가 임의적이었던 점 등으로 인해 변론준비에 충실함을 기할 수 없었고 그 활용률이 매우 저조하였다. 이에 2002년 개정법에서 '변론준비절차'가 도입되어 원칙적으로 모든 사건에 있어서 변론에 앞서 변론준비절차를 거치도록 하였다. 그러나 2008. 12. 26. 법률 제9171호로 개정된 제258조 제1항 본문에서는 피고의 답변서제출이 있으면 바로 변론기일을 지정하는 변론기일중심제로 바꿨다. 개정 전에는 원칙이 변론준비절차를 경유하는 것이고 예외가 변론기일로

160) 강현중, 436면; 한충수, 362면.
161) 김홍엽, 470면; 이시윤, 371면; 정영환, 607면.

직행하는 것인데, 위 개정으로 원칙이 예외로, 예외가 원칙으로 개편되었다. 이는 실무에서 6년의 시행 결과 변론기일이 아닌 변론준비절차가 절차의 중심이 되는 문제가 발생하였고 또한 본인소송에서는 그 취지와 달리 변론준비절차에서 효율적인 쟁점정리를 하지 못하는 문제가 있었기 때문이다.

2. 변론준비절차의 개시

가. 임의적 절차

제258조 제1항 본문에서 재판장은 무변론판결의 경우 외에는 바로 변론기일을 정하도록 하고, 동항 단서에서 필요한 경우에 한하여 사건을 변론준비절차에 부칠 수 있음을 규정하여, 변론준비절차의 개시가 임의적인 것으로 바뀌었다. 합의사건이나 단독사건을 가리지 않고 주장과 증거의 정리를 위해 필요하다고 인정하는 경우 변론준비절차에 회부할 수 있다.

나. 회부의 시기

재판장은 필요하다고 인정할 때 그의 회부명령으로 변론준비절차를 개시한다(제258조 제1항). 통상은 제1회 변론기일에 들어가기 전 복잡한 쟁점을 정리하기 위해 개시할 것이나, 일단 변론절차에 들어간 후라도 특별한 사정이 있는 때에는 변론준비절차에 회부할 수 있다(제279조 제2항). 예컨대 소의 변경, 반소의 제기, 소송참가 또는 새로운 공격방어방법의 제출 등으로 새로운 쟁점정리가 필요한 경우에 그러하다.

3. 변론준비절차의 진행

가. 진행법관

(1) 변론준비절차의 진행은 원칙적으로 재판장이 담당하나(제280조 제2항), 합의사건의 경우 재판장은 합의부원을 수명법관으로 지정하여 변론준비절차를 담당하게 할 수 있고(제280조 제3항), 또 필요하다고 인정하는 때 변론준비절차의 진행을 다른 판사에게 촉탁할 수도 있다(제280조 제4항).

(2) 주요 권한은 쟁점정리, 증거결정, 증거조사 등이다. 재판장등은 변론의 준비를 위하여 필요한 경우 증거결정을 할 수 있고(제281조 제1항), 증인신문과 당사자신문을 제외하고 쟁점정리를 위하여 필요한 범위 안에서 모든 증거조사를 할 수 있다(제281조 제3항). 합의부의 증거결정에 대해서 당사자는 이의할 수 있고, 이에 대하여 법원은 결정으로 재판한

다(제281조 제2항). 재판장등은 쟁점정리와 증거조사를 토대로 화해의 권고 및 화해권고결정을 할 수 있고(제145조, 제225조), 당사자도 재판장등의 면전에서 소의 취하, 청구의 포기·인낙, 화해를 할 수 있다.

(3) 그러나 재판장등은 소송지휘에 관한 재판을 할 수는 있으나, 판결을 할 수 없고, 이송결정, 참가의 허부결정 등과 같은 소송상의 재판도 할 수 없으며, 변론의 제한·분리·병합 역시 할 수 없다.

나. 서면에 의한 변론준비절차

(1) 기간을 정하여 준비서면, 그 밖의 서류를 제출·교환하게 하고 증거를 신청하는 방법으로 진행한다(제280조 제1항). 이러한 재정기간을 따르지 않았다고 하더라도 실권효의 제재를 받는 것은 아니고, 다만 변론준비절차를 종결당하는 불이익을 받는다(제284조 제1항 제2호).

(2) 서면에 의한 변론준비절차는 부쳐진 뒤 4월을 넘을 수 없다(제282조 제2항). 쟁점정리가 된 경우에는 변론으로 넘어갈 것이나(제258조 제2항), 그렇지 않은 경우에는 변론준비기일을 지정하여야 한다(제282조 제2항).

다. 변론준비기일

(1) 변론준비절차를 진행하는 동안 주장 및 증거의 정리가 필요하다고 인정하는 때에 양쪽 당사자를 출석하게 하여 최종적으로 쟁점과 증거를 정리하는 기일이다(제282조 제1항).

(2) 당사자는 변론준비기일이 끝날 때까지 변론의 준비에 필요한 주장과 증거를 정리하여 제출하여야 한다(제282조 제4항). 재판장등은 재정기간제도를 활용하여 당사자에게 제출기한 내 필요한 주장과 증거를 제출할 것을 명할 수 있다(제286조, 제147조).

(3) 법원사무관등은 원칙적으로 기일마다 조서를 작성하여야 한다(제283조). 변론준비기일은 변론준비절차에 부쳐진 뒤 6월이 지나기 전에 종결되어야 한다(제284조 제1항 제1호).

(4) 변론준비기일에서 당사자가 불출석한 경우 재판장등은 변론준비절차를 종결하여야 함이 원칙이다(제284조 제1항 제3호). 그러나 변론의 준비를 계속하여야 할 상당한 이유가 있는 때에는 종결하지 않고 변론준비기일을 속행할 수 있는데(제284조 제1항 단서), 이때 한쪽 당사자가 불출석한 경우에는 진술간주(제286조, 제148조), 자백간주(제286조, 제150조)의 법리가 준용되고, 만약 양쪽 당사자가 불출석한 경우에는 소의 취하간주(제286조, 제268조)의 법리가 준용된다. 다만 변론준비기일과 변론기일은 같은 종류의 기일이 아니어서 변론준비기일에서 불출석의 효과가 변론기일에까지 승계되지 않으므로, 변론준비기일에서 한 번, 변론기일에서 두 번 불출석하였더라도 소를 취하한 것으로 보지 않는다.[162]

---

162) 대법원 2006. 10. 27. 선고 2004다69581 판결.

(5) 변론준비기일과 변론기일은 구별된다. ① 변론준비기일의 결과는 변론에서처럼 바로 소송자료가 되지 않으며, 변론에 상정하여야 한다(제287조 제2항, 민소규 제72조의2). ② 변론준비기일은 비공개로 열릴 수 있기 때문에 변론기일과 달리 공개주의와 직접주의가 후퇴된다.[163] ③ 변론준비기일은 재판장등이 주재하는 것으로, 구성법관 전원이 관여하는 변론기일과 다르다. ④ 변론기일을 생략하고 변론준비기일로서 변론기일을 대체할 수 없다. ⑤ 변론준비기일은 준비절차에 부쳐진 뒤 6개월이 지나기 전에 종결되어야 한다(제284조 제1항 제1호).

(6) 재판장등은 상당하다고 인정하는 때에는 당사자의 신청을 받거나 동의를 얻어 비디오 등 중계장치에 의한 중계시설을 통하거나 인터넷 화상장치를 이용하여 변론준비기일을 열 수 있다(제287조의2 제1항). 코로나바이러스 등 감염병 확산에 따른 재판지연을 방지하고자 2020. 6. 1. 민사소송규칙 제70조 제6항으로 신설된 규정인데, 2021. 8. 17. 민사소송법에도 규정하여 2021. 11. 18.부터 시행하고 있다.

4. 변론준비절차의 종결

가. 종결의 원인

쟁점정리가 효율적으로 되었을 경우 종결한다. 다만 변론준비절차에 부쳐진 뒤 6월이 지난 때, 재정기간 내 준비서면을 제출하지 아니하거나 증거를 신청하지 아니한 때, 당사자가 출석하지 아니한 때에도 변론준비절차는 종결되나, 다만 변론의 준비를 계속하여야 할 상당한 이유가 있는 때에는 종결하지 않을 수도 있다(제284조 제1항).

나. 종결의 효과

(1) 실권효의 제재가 따른다. 즉 변론준비기일에 제출하지 아니한 공격방어방법의 제출권을 잃는다(제285조 제1항). 실권효는 항소심에서도 유지된다(제410조). 그러나 직권탐지주의에 의하는 절차, 변론준비기일을 열지 않고 서면에 의한 절차로 종결한 사건에 대해서도 적용되지 않는다.

(2) 다만, ① 그 제출로 인하여 소송을 현저히 지연시키지 아니하는 때, ② 중대한 과실 없이 변론준비절차에서 제출하지 못하였다는 것을 소명한 때, ③ 법원이 직권으로 조사할 사항인 때, ④ 소장 또는 변론준비절차 전에 제출한 준비서면에 적힌 사항은 뒤에 변론에서 제출할 수 있다(제285조 제1항 각호, 제3항).

163) 대법원 2006. 10. 27. 선고 2004다69581 판결.

5. 변론준비절차 후의 변론 운영

가. 변론에의 상정

변론준비절차 종결 후 재판장등은 변론기일을 지정하여야 하고(제258조 제2항), 당사자는 변론준비기일을 마친 뒤의 변론기일에서 변론준비기일의 결과를 진술하여야 한다(제287조 제2항). 이러한 변론에의 상정이 있어야 소송자료가 된다.

나. 원칙적 1회의 변론기일주의

법원은 변론준비절차를 마친 경우에는 첫 변론기일을 거친 뒤 바로 변론을 종결할 수 있도록 하여야 하며, 당사자는 이에 협력하여야 한다(제287조 제1항). 만약 그 심리에 2일 이상 소요되는 때에는 가능한 한 종결에 이르기까지 매일 변론을 진행하여야 하며, 특별한 사정이 있는 경우에도 가능한 최단기간 안의 날로 다음 변론기일을 지정하여야 한다(민소규 제72조 제1항). 이른바 1회의 변론기일주의와 계속심리주의이다.

다. 집중적인 증거조사

법원은 변론기일에 변론준비절차에서 정리된 결과에 따라서 바로 증거조사를 하여야 한다(제287조 제3항). 주로 집중적인 증인신문과 당사자신문을 의미한다.

제 4 절 변론의 내용

Ⅰ. 변론의 내용

원고가 본안의 신청을 하면 피고가 반대신청을 하여 다툰다. 그리고 원고가 본안신청을 뒷받침하기 위해 공격방법으로 법률상·사실상의 주장(진술)과 증거신청(증명)을 하고, 피고도 방어방법으로 법률상·사실상의 주장과 증거신청을 하는 순으로 변론이 이루어진다.

1. 본안의 신청과 반대신청

가. 의 의

본안의 신청은 당사자가 본안에 관한 종국판결을 구하는 진술을 일컫는다. 원고가 낸

소장의 청구취지에 따라 특정한 내용의 판결을 구하는 진술을 하고, 피고가 이에 대응하여 답변서에 의하여 소각하 또는 청구기각의 판결을 구하는 신청인 반대신청을 하면서 변론이 시작된다.

나. 내 용

(1) 신청은 당사자가 법원에 대하여 재판·증거조사·송달 등의 일정한 소송행위를 요구하는 것으로서, 의사통지의 성질을 갖는다.[164] 위 본안의 신청과 구별할 개념으로 소송상의 신청(소송절차에 관한 신청)이 있다. 예컨대 관할의 지정신청(제28조), 소송이송신청(제35조), 제척·기피신청(제44조), 공시송달신청(제194조), 기일지정신청(제268조 제2항) 등이 있다.

(2) 신청의 종류로는 변론재개신청(제142조),[165] 관할위반에 의한 이송신청(제34조 제1항)[166]과 같이 법원의 직권발동을 촉구하는 의미의 신청이 있으나, 대부분의 신청은 당사자의 신청권이 인정되는 사항에 관한 신청이다.

2. 공격방어방법

가. 의 의

변론주의에 의해 당사자는 본안의 신청을 뒷받침하기 위한 소송자료를 제출해야 하는데 이를 공격방어방법이라 한다. 즉 공격방법은 원고가 자기의 신청을 이유 있게 하기 위해 제출하는 소송자료이고, 방어방법은 피고가 원고의 신청을 배척하고 자신의 반대신청을 이유 있게 하기 위해 제출하는 소송자료를 말한다. 이러한 공격방어방법에서 중요한 것은 주장과 증거신청이다.

나. 주장(진술)

(1) 법률상의 주장

광의로는 법규의 존부·내용 또는 그 해석·적용에 관한 의견의 진술을 포함한다. 예컨대 외국법규나 자치단체의 조례, 신의칙이나 권리남용, 선량한 풍속의 개념 등의 진술이 그것이다. 협의로는 구체적인 권리관계의 존부에 관한 자기의 인식·판단의 보고인 진술이다. 예컨대 원고가 그 물건의 소유권자라든가, 피고에게 손해배상의무가 있다는 등의 진술이 그것이다. 이러한 법률상의 주장은 법원을 구속하지 못하고 단지 법관의 주의를 환기시킬 뿐이다. "법률은 법원이 안다"라는 법언은 이를 뜻한다. 따라서 변론주의의 적용

164) 정동윤/유병현/김경욱, 475면; 정영환, 624면.
165) 대법원 2005. 3. 11. 선고 2004다26997 판결.
166) 대법원 1993. 12. 6.자 93마524 전원합의체 결정.

대상이 되지 않고 법원이 직권으로 판단할 수 있다.[167)]

법률상의 주장에 대해 상대방이 인정하는 경우, 그 법률상의 주장이 소송물 자체인 경우(예컨대 원고의 대여금반환청구권을 피고가 인정하거나, 반대로 대여금반환청구권이 없음을 원고가 시인)에는 청구의 포기·인낙이 되고, 소송물의 존부의 전제가 되는 경우(예컨대 건물인도청구의 전제가 되는 원고의 소유권을 피고가 인정)에는 권리자백이 된다. 권리자백은 자백으로서 구속력이 없으나, 청구의 포기·인낙은 예외적으로 구속력이 인정된다(제220조). 한편 법률상의 주장에 대하여 상대방이 다투는 경우에는 그 법률상의 주장을 뒷받침할 구체적 사실을 주장해야 한다.

(2) 사실상의 주장

(가) 의 의

구체적인 사실의 존부에 대한 당사자의 지식이나 인식의 진술을 말한다. 사실은 주요사실, 간접사실, 보조사실로 구별된다. 주요사실은 변론주의하 주장책임의 원칙상 변론에서 주장된 바 없으면 판결의 기초로 삼을 수 없다.

(나) 철회가능성

당사자는 원칙적으로 사실심 변론종결시까지 사실상의 주장을 자유롭게 철회·정정할 수 있다. 다만 자백이 성립되면 원칙적으로 그 진술을 철회하지 못한다(제288조 단서).

(다) 예비적 주장과 판단 순서

사실상의 주장에는 조건·기한을 붙일 수 없다. 다만 1차적 주장이 배척될 것을 대비해 2차적 주장을 하는 이른바 예비적 주장은 소송내 조건이므로 허용된다. 예컨대 소유권확인청구를 하면서 원고가 1차적으로 매매, 2차적으로 시효취득을 주장하는 가정(예비적)주장,[168)] 그리고 대여금청구에서 피고가 1차적으로 변제항변, 2차적으로 소멸시효완성항변을 하는 가정(예비적)항변이 그것이다. 이 경우 법원은 심판순서에 구속되지 않고 어느 것을 선택하여 당사자를 승소시켜도 무방하다.[169)]

예외적으로 상계항변은 판단의 순서를 최후로 미루어야 한다. 기판력이 생기고(제216조 제2항), 피고의 반대채권(자동채권)을 희생시켜야 하는 출혈적 항변이기 때문이다. 판례도

167) 대법원 2013. 2. 15. 선고 2012다68217 판결.

168) 소유권확인의 소에서 소유권 취득원인에 해당하는 매매나 취득시효완성은 소송물이 아닌 공격방법에 불과하다(대법원 1987. 3. 10. 선고 84다카2132 판결).

169) 다만 이와 구별할 것이 청구(소송물)가 예비적으로 병합된 경우 주위적 청구에 대하여 먼저 심판함이 없이 예비적 청구를 받아들이는 판결은 처분권주의 위반이라는 점이다. 예컨대 매수인이 매도인을 상대로 1차적으로 유효한 매매임을 주장하며 소유권이전등기청구, 2차적으로 매매가 무효일 경우를 대비하여 기지급한 매매대금반환청구를 한 경우, 수소법원은 원고가 구한 순서대로 판단해야 한다.

상계항변은 그 수동채권의 존재가 확정되는 것을 전제로 행하여지는 예비적 항변이라 하였다.[170)]

(라) 상대방의 답변 태도(認否)

당사자의 사실상의 주장에 대해 상대방은 기본적으로 ① 자백, ② 침묵(자백한 것으로 간주됨, 자백간주, 제150조 제1항), ③ 부인, ④ 부지(부인으로 추정됨, 제150조 제2항) 등의 형태로 반응하게 된다. 즉 자백과 침묵은 다투지 않은 것으로 되고, 부인과 부지는 다툰 것으로 된다.

다. 증거신청(증명)

다툼이 있는 사실(부인·부지)에 대하여 증명이 필요하다.

3. 항 변

우선 크게 실체법상의 항변권과 소송법상의 항변으로 나눌 수 있다. 여기서 실체법상의 항변권은 상대방의 청구에 대한 이행거절권을 의미하는 것으로, 동시이행항변권, 보증인의 최고·검색항변권 등이 그 예이다. 그리고 소송법상의 항변은 피고가 원용하는 방어방법인 사실상의 주장을 의미하는 것으로, 이는 다시 소송절차에 관한 소송상의 항변(실체법상 효과에 관계없는 항변)과 실체관계에 관한 본안의 항변(실체법상의 효과에 관계있는 항변)으로 나뉜다.

가. 소송상의 항변

(1) 본안전 항변(방소항변)

소송요건의 흠이 있어 소가 부적합하다는 피고의 주장을 의미한다. 소송요건의 대부분은 법원의 직권조사사항이고, 피고의 주장을 기다려 고려할 사항이 아니므로, 이는 엄밀한 의미의 항변이 아니다. 따라서 본안전 항변은 법원의 직권발동을 촉구하는 의미밖에 없다. 예컨대 중복소송, 기판력 등의 항변이 그것이다. 그러나 임의관할 위반(제30조), 소송비용의 담보제공 흠결(제117조, 제118조), 중재합의 위반(중재 제9조 제2항)[171)]에 관한 항변은 피고의 주장을 기다려 하는 방소항변이므로 진정한 의미의 항변으로 볼 수 있다.

(2) 증거항변

상대방의 증거신청에 대해 예컨대 실기한 공격방어방법으로서 부적법하다고 주장하며 신청의 각하를 구하거나, 또는 증인이 사기전과가 여러 건 있는 등 거짓말을 잘 하는

---

170) 대법원 2013. 3. 28. 선고 2011다3329 판결.

171) 대법원 1996. 2. 23. 선고 95다17083 판결.

사람이므로 그 증언은 신빙성이 없어 증거력이 없다고 주장하며 증거조사 결과의 불채택을 구하는 것을 의미한다. 증거채부는 법원의 권한이고 증거력 유무도 법관의 자유심증에 속하므로, 증거항변도 엄밀한 의미의 항변으로 볼 수 없다.

나. 본안의 항변

(1) 의 의

본안의 항변은 원고의 청구를 배척하기 위하여 원고의 주장사실이 진실임을 전제로 이와 양립가능한 별개의 사항에 대해 피고가 하는 사실상의 주장을 말한다. 즉 원고가 권리근거규정의 요건사실, 즉 청구원인사실을 주장함에 대하여, 피고가 이를 인정하고 이와 양립가능한 권리반대규정의 요건사실, 즉 권리장애·소멸(멸각)·저지사유 등을 주장하는 것이다.

(2) 부인과의 구별

원고청구의 배척을 구한다는 점에서 항변은 부인과 같다. 하지만 그 답변 방식이 부인은 '아니다(nein)'임에 대하여, 항변은 '그렇다, 하지만(ja, aber)'인 점에서 차이가 있다.

(가) 부인의 종류

부인은 직접부인과 간접부인이 있다. 직접부인은 단순히 원고의 주장사실이 진실이 아니라고 부정하는 것이나, 간접부인은 원고의 주장사실과 양립되지 않는 별개의 사실을 진술하는 것을 말한다. 예컨대 원고가 소비대차로 금전을 대여하였다고 주장함에 대하여, 피고가 단순히 그러한 사실이 없다고 하는 진술은 직접부인이고, 금전을 받은 사실은 있으나 그것은 대여받은 것이 아니고 증여로 받았다는 진술은 간접부인이다.

(나) 간접부인과 항변의 구별

항변은 특히 간접부인과 그 답변구조가 유사하여 구별이 어려운 경우가 많다. 간접부인은 원고의 주장사실과 양립불가능한 별개의 사실을 진술하는 것임에 반하여, 항변은 원고의 주장사실이 진실임을 전제로 이와 양립가능한 별개의 사실을 진술하는 것이다. 위의 예에서 피고가 "대여가 아니라 증여를 받았다"는 진술은 간접부인이나, "대여를 받았으나 이미 변제하였다"는 진술은 항변이다.

(다) 부인과 항변의 구별 실익

① 증명책임의 분배의 원칙상 부인의 경우에는 원고가 증명책임을 부담하나, 항변의 경우에는 피고가 증명책임을 부담한다.[172] 위의 예에서 원고의 대여금 주장에 대해 피고

---

172) 대법원 1990. 5. 25. 선고 89다카24797 판결.

가 부인한 경우 원고가 차용증서 등을 통해 대여사실을 증명하여야 하나, 변제항변의 경우 피고가 영수증 등을 통해 변제사실을 증명하여야 한다.

판 례 **부인과 항변의 증명책임분배(대법원 1990. 5. 25. 선고 89다카24797 판결)**

원고들이 이사건 토지들에 관하여 부동산소유권이전등기등에관한특별조치법에 의하여 경료된 피고들의 피상속인 명의의 소유권보존등기 또는 소유권이전등기가 원인 무효인 등기라고 주장한 데 대하여, 피고들이 자기들의 피상속인이 그의 소유인 토지와 원고들의 피상속인 소유인 이사건 토지들을 교환하였다는 사실을 주장한 것은, 원고들의 주장사실을 적극적으로 부인한 것으로 볼 것이지 원고들의 주장에 대하여 항변을 제출한 것으로 볼 것은 아님에도 불구하고, 원심이 인용한 제1심 판결은 피고들의 위와 같은 주장을 항변으로 봄으로써 피고들의 피상속인 명의의 위 각 등기가 실체적 권리관계에 부합하는 것임을 입증할 책임이 피고들에게 있는 것처럼 잘못 판단하였으니 결국 원심판결에는 위 특별조치법에 의하여 경료된 등기의 추정력 및 입증책임에 관한 법리를 오해한 위법을 저지른 것이다.

② 원고의 청구를 인용하는 경우 판결이유의 설시에 있어서 부인은 이를 따로 판단할 필요가 없으나, 항변은 이를 배척하는 판단이 필요하다. 예컨대 항변의 경우 "피고가 … 항변하므로, 살피건대 … 이를 인정할 증거가 없으므로 위 항변은 이유 없다."고 설시한 후 원고청구를 인용하는 결론의 설시로 나아가야 한다. 항변을 판단하지 않은 경우 판단누락의 위법이 있게 된다.[173)]

③ 청구원인이 피고로부터 부인당하면 원고는 청구원인사실을 구체적으로 밝혀야 할 부담이 있으나, 피고가 항변을 한 경우에는 원고에게 이와 같은 부담이 없다.[174)]

(3) 항변의 종류

① 권리장애사실: 법률행위 무효사유(의사능력의 흠, 통정허위표시, 공서양속의 위반 등)

② 권리소멸(멸각)사실: 변제, 대물변제, 공탁, 상계, 경개, 면제, 혼동, 소멸시효완성, 취소권, 해제·해지권 등

③ 권리저지사실: 유치권, 보증인의 최고·검색의 항변권, 동시이행항변권 등

(4) 피고의 항변에 대한 원고의 태도

피고의 항변에 대해서 원고가 부인하거나 재항변을 할 수도 있다. 즉 원고는 ① 항변에 대해 부인하거나 법률상 이유 없음을 들어 다투거나, ② 항변에 대한 장애·소멸·저지 등 새로운 사유를 제출하며 항변효과에 대해 다툴 수 있다. 주의할 것은 이처럼 부인이나

173) 대법원 2017. 9. 12. 선고 2017다865 판결.

174) 이시윤, 390면.

항변은 피고만 하는 것이 아니라는 점이다.

<대여금청구 사례>

- 청구원인사실(요건사실): ① 소비대차계약 체결사실, ② 금전의 인도 사실, ③ 반환시기(변제기)의 도래사실[175]
- 항변: 소멸시효가 완성되었다는 피고의 주장
- 재항변: 가압류로 시효가 중단되었다는 원고의 주장
- 재재항변: 가압류가 취소되어 시효중단의 효력이 소멸하였다는 피고의 주장

<부동산 매수인의 소유권이전등기청구 사례>

- 청구원인사실(요건사실): 매매계약의 체결사실[176]
- 항변: 등기청구권이 10년의 소멸시효가 완성되었다는 피고의 주장
- 재항변: 부동산을 인도받아 계속 점유하였다는 원고의 주장[177]
- 재재항변: 인도받아 점유하였지만 현재는 점유를 상실하였다는 피고의 주장

4. 소송상 형성권 행사

가. 문제점

피고가 해제권·해지권·취소권·상계권 등 사법상의 형성권을 항변으로 주장하는 형태는 ① 소송 외에서 행사한 뒤 그 사법상의 효과를 소송상 진술하거나, ② 소송상으로 형성권의 행사와 동시에 항변으로 제출하는 경우가 있다. 전자는 이미 실체법상의 효과가 발생하였으므로 문제될 것이 없다. 그런데 후자의 경우에는 소가 취하·각하되거나, 항변이 실기한 공격방어방법으로 각하되거나, 소송이 화해·조정으로 종료되는 등 소송상으로 행사된 형성권에 대한 법원의 판단이 없는 경우 형성권 행사의 실체법상 효과가 어떻게 되는지 문제된다. 상계권을 예로 들면, 甲이 乙을 상대로 대여금 1,000만 원을 청구하였는데, 乙이 甲에 대한 매매대금 1,000만 원의 반대채권을 가지고 법정에서 상계권행사와 동시에 상계항변을 하였으나 실기하였다 하여 상계항변이 각하된 경우, 甲의 소구채권 1,000만 원은 소멸되지 않지만, 乙의 상계권행사의 실체법상 효과가 남아 반대채권 1,000만 원이 소멸되는지 문제되는 것이다.

---

175) 대주가 최고한 시점과 다른 반환시기의 약정사실을 차주가 주장하는 것은 항변이 아니라 부인에 해당한다.

176) 매매계약의 체결만으로 매수인의 소유권이전등기청구권이 발생하므로, 매수인이 대금을 지급하였다거나 목적물이 매도인의 소유라는 사실을 주장·증명할 필요는 없다.

177) 대법원 1999. 3. 18. 선고 98다32175 전원합의체 판결.

나. 학설의 대립

(1) 병존설(사법행위설)

형성권행사라는 상대방에 대한 사법상의 의사표시(사법행위)와 그러한 의사표시가 있었다는 법원에 대한 사실상의 진술(소송행위) 두 가지가 존재하는 것으로, 전자는 실체법에 의하여, 후자는 소송법에 의하여 규율된다는 견해이다. 따라서 상계항변이 각하되어도 이에 관계없이 위의 사례에서 乙의 1,000만 원의 반대채권은 사법상 상계권행사의 효과가 유효하게 남아 소멸되고 만다. 이는 乙의 반대채권만이 대가없이 없어지는 불합리한 결과가 생긴다.

(2) 양성설

사법행위와 소송행위의 두 가지 성질을 모두 가진 하나의 행위로 보는 견해이다. 따라서 상계항변이 각하되면 사법상 상계권행사의 효과도 소멸하므로, 乙의 반대채권은 소멸하지 않는다.

(3) 소송행위설

순수한 소송행위로서 전적으로 소송법의 규율을 받는다는 견해이다. 따라서 위 사례에서 상계권행사의 사법상의 효과는 애초에 발생하지 않았으므로, 乙은 여전히 반대채권의 권리자이다.

(4) 신병존설

기본적으로 병존설에 따르되, 특히 상계항변에 포함된 상계의 의사표시는 그 항변이 공격방어방법으로서 각하되지 않고 유효할 때만 그 사법상의 효과를 발생한다는 조건부 의사표시로 파악하여, 만약 상계항변이 각하되면 사법상의 효과도 없었던 것이 된다는 견해이다.[178] 따라서 위 사례에서는 조건의 미성취로 乙의 1,000만 원의 반대채권은 소멸하지 않는다.

다. 판례의 태도

대법원은 소제기로써 계약해제권을 행사한 후 그 소를 취하하였다고 하여도 해제권은 형성권이므로 그 행사의 사법상의 효력에는 아무런 영향이 없다고 하였으나,[179] 상계항변은 예비적 항변임에 비추어 소송상 상계의 의사표시에 의하여 확정적으로 효과가 발

---

178) 손한기, 210면; 이시윤, 393면; 전병서, 137면; 전원열, 324면; 정동윤/유병현/김경욱, 510면; 정영환, 638면.
179) 대법원 1982. 5. 11. 선고 80다916 판결.

생하는 것이 아니라 당해 소송에서 수동채권의 존재 등 상계에 관한 실질적 판단이 이루어지는 경우에 비로소 실체법상 상계의 효과가 발생한다고 하여,[180] 신병존설과 같은 입장이다. 또한 상계항변 후 조정이 성립되어 수동채권의 존재에 관하여 법원의 실질적 판단이 이루어지지 않고 소송이 종료한 경우에는 소송상 상계항변의 사법상 효과도 발생하지 않는다고 하여 같은 입장을 취하고 있다.[181]

판 례 **신병존설(조정성립의 경우)(대법원 2013. 3. 28. 선고 2011다3329 판결)**

소송상 방어방법으로서의 상계항변은 수동채권의 존재가 확정되는 것을 전제로 하여 행하여지는 일종의 예비적 항변으로서 당사자가 소송상 상계항변으로 달성하려는 목적, 상호 양해에 의한 자주적 분쟁해결수단인 조정의 성격 등에 비추어 볼 때, 당해 소송절차 진행 중 당사자 사이에 조정이 성립됨으로써 수동채권의 존재에 관한 법원의 실질적인 판단이 이루어지지 아니한 경우에는 그 소송절차에서 행하여진 소송상 상계항변의 사법상 효과도 발생하지 않는다고 봄이 타당하다. 한편 조정조서에 인정되는 확정판결과 동일한 효력은 소송물인 권리관계의 존부에 관한 판단에만 미친다고 할 것이므로, 소송절차 진행 중에 사건이 조정에 회부되어 조정이 성립한 경우 소송물 이외의 권리관계에도 조정의 효력이 미치려면 특별한 사정이 없는 한 그 권리관계가 조정조항에 특정되거나 조정조서 중 청구의 표시 다음에 부가적으로 기재됨으로써 조정조서의 기재내용에 의하여 소송물인 권리관계가 되었다고 인정할 수 있어야 한다.

☞ 乙이 甲을 상대로 7억 원의 손해배상청구를 하자(전소), 甲은 이를 다투는 한편 예비적으로 甲이 乙에 대하여 가지고 있는 장비공급계약에 따른 1억 5천만 원의 미지급대금채권을 자동채권으로 하여 상계항변을 하였는데, 소송계속 중 "甲이 乙에게 3억 원 및 지연손해금을 지급하며, 乙은 나머지 청구를 포기한다"는 내용의 조정이 성립되었음. 그 후 甲이 乙을 상대로 위 1억 5천만 원의 미지급대금청구를 하자(후소), 乙은 전소에서 甲의 상계항변으로 미지급대금채권이 소멸하였다고 주장하였으나, 대법원은 위와 같은 이유를 들어 甲의 상계항변의 사법상 효과가 발생하지 않는다고 보았음.

라. 검 토

소송행위설은 형성권 행사의 실체법상 효과를 전적으로 인정하지 않는 점에서, 양성설은 실체법상의 형성권이 절차법에 의해 효력을 잃는다는 점에서, 병존설은 소의 취하·각하 등으로 형성권 행사에 대한 판단 없이 소송이 종료된 경우에도 예외 없이 사법상의 효과가 남는다고 보는 점에서, 각 이론적 난점이 있다. 신병존설이 타당하다고 할 것이다.

---

180) 대법원 2014. 6. 12. 선고 2013다95964 판결.
181) 대법원 2013. 3. 28. 선고 2011다3329 판결.

II. 소송행위의 일반

1. 의 의

당사자의 소송행위의 개념을 어떻게 볼 것인가에 대하여 ① 그 요건과 효과 모두를 소송법에 규율하고 있는 행위가 소송행위라고 보는 요건 및 효과설,[182] ② 소송법상의 효과의 발생을 그 본래의 주요한 효과로 하는 행위만을 소송행위라고 보는 주요효과설[183]의 대립이 있다. 생각건대 요건 및 효과설은 소송행위의 개념을 좁게 인정하는 문제가 있으므로, 비록 주요한 효과의 개념적 추상성에도 불구하고 소송행위의 개념을 소송법에 비추어 합리적으로 해석할 수 있는 주요효과설이 타당하다 할 것이다.

2. 소송행위의 종류

가. 소송전·소송외·변론에서의 소송행위

소송전의 소송행위는 제소하기 전의 행위로서 관할의 합의, 소송위임, 중재합의 등이 있고, 소송외의 소송행위는 제소 후의 행위로서 선정당사자의 선정, 소취하계약, 불항소의 합의 등이 있다. 한편 변론에서의 소송행위는 본안의 신청과 반대신청, 공격방어방법의 제출이 있다.

나. 취효적 소송행위와 여효적 소송행위

법원의 개입 여부에 따라 취효적 소송행위와 여효적 소송행위로 구별할 수 있다. 취효적 소송행위란 법원의 일정한 행위가 개입되어야만 소송법상 효과가 발생하는 것으로서 신청, 주장, 증명(증거신청) 등이 있다. 반면 여효적 소송행위란 법원의 행위의 개입 없이 직접 소송법상 효과를 발생시키는 행위로서 소의 취하, 이의권의 포기, 소송고지 등의 소송행위를 말한다.

3. 소송상의 합의

가. 의 의

소송상의 합의(소송계약)는 현재 계속 중이거나 또는 장래 계속될 특정의 소송에 관하

182) 이시윤, 394면; 호문혁, 463면.

183) 김홍규/강태원, 424면; 김홍엽, 494면; 손한기, 212면; 전병서, 130면; 정동윤/유병현/김경욱, 484면; 정영환, 640면; 한충수, 380면.

여 직·간접적으로 일정한 영향을 미치는 법적 효과의 발생을 목적으로 하는 당사자 사이의 합의를 말한다.

나. 허용성(적법성)

(1) 명문규정이 있는 경우

명문규정이 있으면 당연히 허용된다. 예컨대 관할의 합의(제29조), 담보제공방법에 관한 합의(제122조 단서), 담보물변경의 합의(제126조 단서), 첫 기일변경의 합의(제165조 제2항), 불항소의 합의(제390조 제1항 단서), 중재합의(중재 제8조) 등이 있다.

(2) 명문규정이 없는 경우

명문규정이 없는 경우에도 소송상 합의를 일반적으로 허용할 것인가가 문제된다. 종전에는 편의소송이 금지된다는 것을 강조한 나머지 그 적법성을 부정하였다(부적법설). 그러나 현재에는 전속관할에 관한 합의, 증거력계약, 소송절차변경의 합의(예컨대 심급을 변경하거나, 행정소송사항을 민사소송절차에 의하기로 하는 합의) 등과 같이 공익에 직결되는 강행법규를 변경·배제하려는 합의는 무효로 보더라도, 당사자의 의사결정의 자유가 확보된 소송행위에 관한 계약은 적법하다고 본다(적법설). 판례도 소취하합의,[184] 부집행계약,[185] 일정한 요건하 부제소특약,[186] 불상소합의[187]의 유효성을 인정한다. 적법설에 의할 때에 그 법적 성질에 관하여는 견해가 대립된다.

다. 법적 성질

(1) 사법계약설

소송상의 사항에 관하여 약정에 따른 작위·부작위의무를 발생케 하는 사법상의 계약이라고 하는 견해이다. 이는 다시 ① 그 의무를 불이행한 경우에 그 의무의 이행을 소구하여 승소판결을 받아 강제집행을 할 수 있고, 만일 집행이 불가능한 경우는 손해배상을 청구할 수 있다는 견해(의무이행소구설)와, ② 의무를 불이행한 경우 그 이행의 소구나 손해배상청구보다는 상대방에게 항변권을 주어 구제할 수 있다는 견해(항변권발생설)[188]가 있다. 이에 따르면 소취하계약을 위반하여 소를 제기한 경우 피고의 항변이 있으면 법원은 권리보호이익이 없다는 이유로 소를 각하한다.

---

184) 대법원 1982. 3. 9. 선고 81다1312 판결.

185) 대법원 1996. 7. 26. 선고 95다19072 판결.

186) 대법원 1999. 3. 26. 선고 98다63988 판결; 대법원 2002. 2. 22. 선고 2000다65086 판결.

187) 대법원 2002. 10. 11. 선고 2000다17803 판결.

188) 김홍엽, 497면; 이시윤, 397면; 한충수, 378면.

(2) 소송계약설

소송에 관한 합의는 소송상의 사항에 관한 것이므로 여기에 사법상의 작위·부작위 의무가 발생할 여지가 없고, 직접적으로 소송법상의 효과를 발생케 하는 소송계약으로 보아야 한다는 견해이다.[189)]

(3) 발전적 소송계약설

소송상의 합의를 소송계약으로 보면서도 소송법상의 처분적 효과뿐만 아니라 의무부과적 효과, 즉 작위·부작위의무까지도 발생한다는 견해이다.[190)]

(4) 판례의 태도

판례는 ① 강제집행의 신청을 취하하기로 하는 계약은 사법상의 계약으로서 유효하나 이에 반하여 그 신청을 취하하지 않는다고 하여 직접 소송으로 그 취하를 청구할 수 없다고 하여,[191)] 사법계약설 중 의무이행소구설을 배척하였고, ② 부제소특약[192)]과 소취하계약[193)]을 어긴 경우에 권리보호의 이익이 없다고 하여 항변권발생설에 의하고 있다.

판 례 **부제소특약과 권리보호이익(대법원 1993. 5. 14. 선고 92다21760 판결)**

특정한 권리나 법률관계에 관하여 분쟁이 있어도 제소하지 아니하기로 합의한 경우 이에 위반하여 제기한 소는 권리보호의 이익이 없다.

판 례 **소취하계약과 권리보호이익(대법원 2005. 6. 10. 선고 2005다14861 판결)**

재판상 화해에 있어서 법원에 계속중인 다른 소송을 취하하기로 하는 내용의 화해조서가 작성되었다면 당사자 사이에는 법원에 계속중인 다른 소송을 취하하기로 하는 합의가 이루어졌다 할 것이므로, 다른 소송이 계속중인 법원에 취하서를 제출하지 않는 이상 그 소송이 취하로 종결되지는 않지만 위 재판상 화해가 재심의 소에 의하여 취소 또는 변경되는 등의 특별한 사정이 없는 한 그 소송의 원고에게는 권리보호의 이익이 없게 되어 그 소는 각하되어야 한다.

---

189) 김홍규/강태원, 430면; 손한기, 217면.
190) 전병서, 142면; 정동윤/유병현/김경욱, 491면; 정영환, 646면.
191) 대법원 1966. 5. 31. 선고 66다564 판결.
192) 대법원 1993. 5. 14. 선고 92다21760 판결.
193) 대법원 1982. 3. 9. 선고 81다1312 판결; 대법원 2005. 6. 10. 선고 2005다14861 판결. 항소취하의 합의에 대해서도 같은 태도이다(대법원 2018. 5. 30. 선고 2017다21411 판결).

(5) 검 토

사법계약설 중 의무이행소구설은 구제방법이 너무 간접적·우회적이고, 소송계약설은 소취하계약을 소취하 그 자체와 동일시하게 된다는 문제점이 있다. 발전적 소송계약설은 소송계약에서 작위·부작위의무까지 발생한다는 점에서 무리한 이론구성이라고 생각된다. 항변권발생설이 타당하다 할 것이다.

Ⅲ. 소송행위의 특질

1. 인적요건

소송행위를 유효하게 하기 위해서는 당사자능력·소송능력·변론능력을 갖추어야 하고, 법정대리권 및 소송대리권을 필요로 한다. 특히 소송행위에 민법상의 표현대리의 법리가 적용되는지 문제되나, 거래행위와 다른 소송행위에는 그 규정이 적용되지 않는다는 것이 판례의 태도이다.[194)]

2. 소송행위의 방식

소송행위는 변론주의 및 구술주의의 요청상 원칙적으로 변론절차에서 말로 해야 한다. 그리고 소송행위는 사법상의 법률행위와 달리 원칙적으로 법원에 대한 단독행위이므로, 상대방이 아니라 법원에 대하여 해야 한다.

3. 소송행위의 조건과 기한

소송행위는 원칙적으로 조건이나 기한과 같은 부관을 붙일 수 없다. 기한은 어떠한 경우에도 인정될 수 없다. 그러나 조건은 경우를 나눠 살펴보아야 한다. 원고의 청구를 피고가 인정할 것을 해제조건으로 하는 소의 제기와 같이 소송행위의 효력 여부가 소송외의 장래 발생할 불확실한 조건에 의존하는 소송외적 조건은 허용되지 않는다. 그러나 소송진행 중 주위적 주장이 배척될 것을 조건으로 하는 예비적 주장과 같은 소송내적 조건은 절차의 안정을 해할 우려가 없으므로 허용된다. 청구의 예비적 병합, 예비적 반소, 예비적 공동소송(제70조)이 그것이다.

---

194) 대법원 1994. 2. 22. 선고 93다42047 판결. 상세는 전술 무권대리인 부분 참조.

4. 소송행위의 철회와 의사의 하자 시 취소가부

가. 소송행위의 임의 철회

(1) 처분권주의와 변론주의가 적용되므로, 소송행위는 원칙적으로 상대방이 소송상의 지위를 취득하기 전에는 철회·정정·보충할 수 있다. 다만 사실자료와 증거신청의 철회는 원칙적으로 사실심의 변론종결시까지 가능하다.[195)]

(2) 그러나 당해 행위를 한 당사자에게 불리하거나 상대방에 일정한 법률상 지위가 형성된 소송행위, 즉 구속적 소송행위는 임의로 철회할 수 없다. 예컨대 재판상 자백의 취소, 피고가 응소한 후 소취하의 철회,[196)] 청구의 포기·인낙 또는 화해의 철회, 증거조사 개시 후 증거신청을 철회 등이 그러하다.

나. 소송행위의 하자와 민법규정 유추적용

반대설이 있으나,[197)] 소송행위는 내심의 의사보다 표시주의가 관철되어야 하므로,[198)] 구속적 소송행위에 착오 또는 사기·강박 등의 흠이 있어도 민법 제109조나 제110조에 의한 취소를 주장할 수 없다(유추적용 부정설, 재심규정 유추설).[199)] 판례도 같다.[200)]

판 례 **유추적용 부정설, 재심규정 유추설(대법원 1984. 5. 29. 선고 82다카963 판결)**

나. 원고의 소송대리인이 피고의 기망에 의하여 착오로 처분금지가처분신청을 취소하고 집행해제원을 제출하였다 하여도 소송행위에는 민법 제109조, 제110조의 규정이 적용될 여지가 없으므로 위 원고 대리인의 가처분신청취소가 사기, 강박 등 형사상 처벌을 받을 타인의 행위로 인한 것이라 하더라도 유효하다.

다. 소송행위가 사기, 강박 등 형사상 처벌을 받을 타인의 행위로 인하여 이루어졌다고 하여도 그 타인의 행위에 대하여 유죄판결이 확정되고 또 그 소송행위가 그에 부합되는 의사없이 외형적으로만 존재할 때에 한하여 민사소송법 제422조[현행 제451조] 제1항 제5호, 제2항의 규정을 유추해석하여 그 효력을 부인할 수 있다고 해석함이 상당하므로 타인의 범죄행위가 소송행위를 하는데 착오를 일으키게 한 정도에 불과할 뿐 소송행위에 부합되는 의사가 존재할 때에는 그 소송행위의 효력을 다툴 수 없다.

---

195) 대법원 1991. 10. 8. 선고 89누7801 판결; 대법원 1992. 2. 11. 선고 91누4126 판결 등 취지 참조.

196) 대법원 2000. 12. 8. 선고 98다22826 판결. 적법한 소취하의 서면이 제출된 이상 그 서면이 상대방에게 송달되기 전·후를 묻지 않고 이를 임의로 철회할 수 없다고 본 판례도 있다(대법원 1997. 6. 27. 선고 97다6124 판결).

197) 정동윤/유병현/김경욱, 498면; 호문혁, 468면.

198) 대법원 1983. 4. 12. 선고 80다3251 판결.

199) 김홍엽, 502면; 이시윤, 399면; 전원열, 316면; 정영환, 653면; 한충수, 383면.

200) 대법원 1984. 5. 29. 선고 82다카963 판결; 대법원 1997. 10. 10. 선고 96다35484 판결.

다. 소송절차 내에서 효력 부정

당해 소송절차 내에서 구속적 소송행위의 무효를 주장할 수 있는 예외가 있다.

(1) 먼저 제451조 제1항 제5호를 유추하는 경우이다(재심규정 유추설). 예컨대 다른 사람의 폭행이나 강요에 의하여 작성된 소취하서를 제출한 경우로서 형사책임이 수반되는 경우,[201] 피고 회사의 대표이사이던 자가 소송상대방과 공모하여 개인적으로 돈을 받기로 하고 항소취하한 경우[202] 등이다. 그러나 판례는 재심규정을 유추할 수 있다고 하면서도 ⅰ) 유죄판결의 확정, ⅱ) 그 소송행위에 부합되는 의사 없이 외형만의 존재 등 두 가지 요건을 모두 갖출 것을 요구하는데,[203] 이에 대하여 이론적 논거도 희박하고 구제의 폭을 지나치게 좁히므로 문제라고 하며 비판하는 견해가 있다.[204]

판 례 **강요·폭행으로 소취하(대법원 2001. 10. 26. 선고 2001다37514 판결)**

민법상의 법률행위에 관한 규정은 민사소송법상의 소송행위에는 특별한 규정이나 기타 특별한 사정이 없는 한 적용이 없는 것이므로, 소송행위인 소취하가 강박에 의하여 이루어진 것임을 이유로 이를 취소할 수는 없고, 다만 이 사건 소취하가 강박에 의한 것이라고 하여 그 효력을 부정하기 위하여는 적어도 이 사건 소취하서가 형사책임이 수반되는 타인의 강요와 폭행에 의하여 작성된 것이라는 사실이 입증되어야 할 것이다.

판 례 **회사 대표가 상대방과 공모하여 항소취하(대법원 2012. 6. 14. 선고 2010다86112 판결)**

재심대상판결 당시 피고 주식회사의 실질적 대표자이던 甲이 소송상대방과 공모하여 개인적으로 돈을 받기로 하고 제1심판결에 대한 항소를 취하한 사안에서, 甲이 항소를 취하한 행위에 대하여 업무상배임죄로 유죄판결을 받고 판결이 확정되었으므로 재심대상판결에는 민사소송법 제451조 제1항 제5호에 준하는 재심사유가 있다고 하면서도, 항소 취하의 효력을 인정하여 피고 회사의 재심청구를 기각한 원심판결에 법리오해의 위법이 있다고 한 사례.

(2) 다음으로 상대방의 동의가 있다면, 재판상의 자백의 취소,[205] 피고의 응소 후의 소의 취하(제266조 제2항), 증거조사 개시 후의 증거신청의 철회가 허용된다.

---

201) 대법원 1985. 9. 24. 선고 82다카312, 313, 314 판결; 대법원 2001. 10. 26. 선고 2001다37514 판결.

202) 대법원 2012. 6. 14. 선고 2010다86112 판결.

203) 대법원 1984. 5. 29. 선고 82다카963 판결.

204) 이시윤, 400면; 정동윤/유병현/김경욱, 497면; 정영환, 652면.

205) 대법원 1967. 8. 29. 선고 67다1216 판결; 대법원 1990. 11. 27. 선고 90다카20548 판결.

5. 소송행위 하자의 치유

가. 의 의

소송행위가 소송행위의 능력·방식·내용에 관한 절차규정에 위반하여 행해졌기 때문에 부적법하거나 무효인 경우이다. 소송행위가 후에 무효가 된다면 절차의 안정에 해가 되기 때문에 이를 막기 위해 하자의 제거·치유·전환이 인정되고 있다.

나. 하자의 제거

(1) 당사자는 원칙적으로 하자 없는 소송행위를 다시 함으로써 그 하자를 제거할 수 있다. 예컨대 법원이 송달을 다시 하거나 항소인이 다시 항소장을 제출하는 것이다. 다만 기간의 정함이 있는 경우는 이를 준수하여야 한다.

(2) 추인은 불완전한 소송행위를 사후에 확정적으로 유효하게 만드는 일방적 의사표시이다. 대리권의 흠은 본인에 의한 추인에 의하여 소급적으로 치유된다(제60조, 제97조). 따라서 추인에 의해 하자를 소급적으로 제거할 수 있다.

(3) 보정은 소송행위가 그 유효요건을 구비하지 못하고 있는 경우에 뒤에 이를 보충함으로써 이를 유효하게 하는 것이다(제254조, 제255조). 예컨대 부족인지의 보정 시에는 소장 제출 시에 소급해 적법한 소장이 제출된 것으로 보고, 청구내용의 불특정을 보정한 때에는 보정 시에 소장이 제출된 것으로 본다(절충설).[206]

다. 하자의 치유

하자의 치유란 하자 자체는 제거되지 않았으나 그에 따르는 무효의 효과가 더 이상 발생하지 아니하여 유효로 취급되는 경우를 말한다. 예컨대 재판의 확정에 의한 치유, 이의권의 포기·상실로 인한 치유(제151조) 등이 그것이다.

라. 무효행위의 전환

무효행위 전환이란 하자있는 소송행위가 유사한 소송법상의 효과를 발생하는 다른 소송행위의 요건을 갖춘 경우에 그 다른 소송행위로서의 효력을 인정함으로써 당사자가 의도한 목적을 달성하려고 하는 것이다. 예컨대 독립당사자참가신청이 부적법할 경우 보조참가신청으로의 전환,[207] 불복 불가능한 결정·명령에 대한 항고의 경우 특별항고로 보아 대법원에 기록송부,[208] 담보제공자의 담보취소신청을 기각한 원심의 결정에 대한 불

---

206) 상세는 전술 재판장등의 소장심사 부분 참조.

207) 대법원 1960. 5. 26. 선고 4292민상524 판결.

208) 대법원 1981. 8. 21.자 81마292 결정.

복을 특별항고사건으로 접수하였으나 이를 재항고사건으로 보고 판단,[209] 예외적으로 변론재개의무가 인정되는 경우 참고서면과 자료를 제출하였다면 이를 변론재개신청으로 선해[210] 등이 그것이다.

제 5 절 변론의 실시

Ⅰ. 변론의 경과

(1) 변론기일은 직권으로 또는 당사자의 신청에 따라 재판장이 지정하여 통지하는데(제165조, 제167조), 변론은 통지된 변론기일에 공개법정에서 행한다. 변론은 재판장이 지휘하는데, 기일은 사건과 당사자의 이름을 부름으로써 시작된다(제169조). 변론은 말로 중요한 사실상 또는 법률상 사항에 대하여 진술하거나, 법원이 당사자에게 말로 해당사항을 확인하는 방식으로 하고, 법원은 변론에서 당사자에게 중요한 사실상 또는 법률상 쟁점에 관하여 의견을 진술할 기회를 주어야 한다(민소규 제28조).

(2) 코로나바이러스 등 감염병 확산 방지를 위한 사회적 거리두기 정책에 따라 각급 법원에서 상당수 재판이 지연되는 사태가 발생하였는바, 이러한 재판지연을 막고 국민의 재판받을 권리 보장을 위해 비디오 등 중계장치 등에 의해 변론기일을 열 수 있는 규정을 마련하여 2021. 11. 18.부터 시행하고 있다(제287조의2 제2항). 인터넷 화상장치에 의해 변론준비기일을 열 수 있게 한 것(민소규 제70조 제6항)을 변론기일에까지 확대시행한 것이다.

제287조의2(비디오 등 중계장치 등에 의한 기일) ① 재판장·수명법관 또는 수탁판사는 상당하다고 인정하는 때에는 당사자의 신청을 받거나 동의를 얻어 비디오 등 중계장치에 의한 중계시설을 통하거나 인터넷 화상장치를 이용하여 변론준비기일 또는 심문기일을 열 수 있다.
② 법원은 교통의 불편 또는 그 밖의 사정으로 당사자가 법정에 직접 출석하기 어렵다고 인정하는 때에는 당사자의 신청을 받거나 동의를 얻어 비디오 등 중계장치에 의한 중계시설을 통하거나 인터넷 화상장치를 이용하여 변론기일을 열 수 있다. 이 경우 법원은 심리의 공개에 필요한 조치를 취하여야 한다.
③ 제1항과 제2항에 따른 기일에 관하여는 제327조의2 제2항 및 제3항을 준용한다.

209) 대법원 2011. 2. 21.자 2010그220 결정.
210) 대법원 2013. 4. 11. 선고 2012후436 판결.

II. 변론의 정리

법원은 변론의 제한·분리 또는 병합을 명하거나, 그 명령을 취소할 수 있다(제141조). 변론의 제한과 분리가 복잡한 사건을 단순화하여 소송지연을 막을 수 있는 수단인 반면, 변론의 병합은 흩어져 있는 관련사건을 하나의 절차로 합쳐서 일거에 해결하여 소송경제를 도모하기 위한 수단이다. 변론의 제한·분리·병합은 모두 소송지휘권의 행사로서 법원의 재량에 의하여 결정하며, 당사자는 이에 대해 불복할 수 없다.[211] 당사자의 신청은 단지 법원의 직권발동을 촉구하는 의미밖에 없다.

1. 변론의 제한

법원은 하나의 소에 여러 개의 청구가 병합되어 있거나 다수의 독립한 공격방어방법이 제출되어 쟁점정리가 어려울 때, 변론의 대상을 제한하려는 조치를 취할 수 있다. 예컨대 손해배상청구에서 책임원인과 손해액 두 가지 쟁점 중에 우선 책임원인에 한정하여 변론을 하는 경우를 들 수 있다.

2. 변론의 분리

(1) 하나의 소송절차에 청구가 수 개 병합된 경우 법원이 그중 일정한 청구에 대하여 별개의 소송절차로 심리하겠다고 결정하는 것을 변론의 분리라고 한다. 어느 청구가 다른 청구와 관련성이 없는 경우 또는 심리가 완결되어 먼저 판결하기에 성숙한 단계에 이른 경우 등에서 변론의 분리가 가능하다. 또한 수인의 피고 중 일부는 송달이 되었으나 일부는 송달불능인 경우 변론을 분리하여 심리를 진행할 수 있다. 이처럼 변론을 나눔으로써 복잡한 소송관계를 단순화하여 심리의 효율성을 제고할 수 있다.

(2) 다만 청구의 예비적·선택적 병합, 필수적 공동소송, 독립당사자참가, 예비적·선택적 공동소송의 경우에는 합일확정의 필요성이 있으므로 변론의 분리가 허용되지 않는다.

3. 변론의 병합

(1) 같은 법원에서 별개의 소송절차로 심리하고 있는 수 개의 청구를 하나의 소송절

---

211) 법원실무제요 민사소송[Ⅱ], 1007면.

차에서 심리할 것을 명하는 조치를 변론의 병합이라고 한다. 변론의 분리와 반대되는 것으로서, 이에 의하여 청구의 병합 또는 공동소송이 발생하게 된다. 따라서 동종의 소송절차로 심판될 수 있어야 하며(제253조), 각 청구 사이에 법률상의 관련성이 있을 것을 요한다. 공동소송의 주관적 요건(제65조)을 갖추었으면 이러한 관련성이 인정되는 것으로 본다.

(2) 병합된 후에는 변론과 증거조사를 공통으로 한다. 다만 병합 전에 각 사건에서 이루어진 증거조사의 결과가 병합 후에 그대로 증거자료가 될 수 있는지 문제된다. 생각건대 당사자의 절차보장이라는 측면에서, 병합 전후 당사자가 동일한 경우에는 원용 없이도 당연히 증거자료가 되지만, 병합으로 공동소송이 된 것과 같이 당사자가 다른 경우에는 당사자의 원용이 있어야 증거자료가 된다고 할 것이다.[212]

Ⅲ. 변론의 종결과 변론의 재개

1. 변론의 종결

(1) 법원은 당사자의 주장과 증명이 종국판결을 할 상태에 이르렀다고 인정되는 경우에는 변론을 종결한다. 실무에서는 재판장이 심리를 종결한다는 의미에서 '결심한다'라는 용어를 사용한다.

(2) 당사자 본인은 변론이 종결되기 전에 재판장의 허가를 받아 최종의견을 진술할 수 있다. 다만 변론에서 이미 충분한 의견진술의 기회를 가졌거나 그 밖의 특별한 사정이 있는 경우에는 그러하지 아니하다. 재판장은 최종진술을 할 당사자의 수나 진술시간 등을 제한할 수 있다(민소규 제28조의3).

2. 변론의 재개

(1) 변론의 재개는 변론종결 후 판결 선고 전에 심리미진 부분이 발견되거나, 당사자가 미처 주장 혹은 제출하지 못한 주요사실이나 증거를 발견하게 된 경우 등에서 법원이 종결된 변론을 재량에 의하여 다시 열도록 명하는 결정이다(제142조). 변론의 재개 여부는 법원의 재량에 의하여 법원의 직권사항이므로, 당사자의 변론재개신청은 법원의 직권발동을 촉구하는 의미밖에 없다.

(2) 예외적으로 ① 당사자가 책임질 수 없는 사유로 주장·증명의 기회를 갖지 못하

---

212) 김홍엽, 514면; 이시윤, 405면; 정동윤/유병현/김경욱, 515면; 정영환, 659면.

였고 주장·증명의 대상이 판결의 결과를 좌우할 수 있는 주요한(관건적) 요증사실에 해당하는 경우 등과 같이 재개하여 기회를 주지 아니한 채 패소판결을 하는 것이 절차적 정의에 반하는 경우에는 재개의무가 있다고 하였다.[213] ② 더 나아가 석명의무나 지적의무 등을 위반한 채 변론종결을 함으로써 사건의 적정·공정한 해결에 영향을 미칠 절차상의 위법이 있을 때도 재개의무가 있다고 하였다.[214]

판 례 **변론재개의무가 인정되는 경우(대법원 2021. 3. 25. 선고 2020다277641 판결)**

당사자가 변론종결 후 주장·증명을 제출하기 위하여 변론재개신청을 한 경우 당사자의 변론재개신청을 받아들일지 여부는 원칙적으로 법원의 재량에 속한다. 그러나 변론재개신청을 한 당사자가 변론종결 전에 그에게 책임을 지우기 어려운 사정으로 주장·증명을 제출할 기회를 제대로 갖지 못하였고, 그 주장·증명의 대상이 판결의 결과를 좌우할 수 있는 관건적 요증사실에 해당하는 경우 등과 같이, 당사자에게 변론을 재개하여 그 주장·증명을 제출할 기회를 주지 않은 채 패소의 판결을 하는 것이 민사소송법이 추구하는 절차적 정의에 반하는 경우에는 법원은 변론을 재개하고 심리를 속행할 의무가 있다. 또한 법원이 사실상 또는 법률상 사항에 관한 석명의무나 지적의무 등을 위반한 채 변론을 종결하였는데 당사자가 그에 관한 주장·증명을 제출하기 위하여 변론재개신청을 한 경우 등과 같이 사건의 적정하고 공정한 해결에 영향을 미칠 수 있는 소송절차상의 위법이 드러난 경우에는, 사건을 적정하고 공정하게 심리·판단할 책무가 있는 법원으로서는 그와 같은 소송절차상의 위법을 치유하고 그 책무를 다하기 위하여 변론을 재개하고 심리를 속행할 의무가 있다.

다만 판례는 위와 같은 예외적 요건을 갖추지 못하여 법원의 변론재개의무가 없는데도 변론이 재개될 것을 가정한 다음 그와 같이 가정적으로 재개된 변론기일에서 새로운 주장·증명을 제출할 경우 실기한 공격방어방법으로 각하당하지 않을 가능성이 있다는 사정만으로 법원의 변론재개의무가 생긴다고 할 수는 없다고 하였다.[215]

(3) 예외적으로 변론재개의무가 인정되는 경우, 당사자가 변론종결 후 추가로 주장·증명을 제출한다는 취지를 기재한 참고서면과 참고자료를 제출한 경우 이를 변론재개신청으로 선해할 수 있다고 하였다.[216]

판 례 **변론재개취지의 참고서면 제출과 변론재개신청(대법원 2013. 4. 11. 선고 2012후436 판결)**

당사자가 변론종결 후 주장·증명을 제출하기 위하여 변론재개신청을 한 경우 당사자의 변론재개신청을 받

213) 대법원 2022. 4. 14. 선고 2021다305796 판결.
214) 대법원 2021. 3. 25. 선고 2020다277641 판결.
215) 대법원 2010. 10. 28. 선고 2010다20532 판결.
216) 대법원 2013. 4. 11. 선고 2012후436 판결.

아들일지는 원칙적으로 법원의 재량에 속한다. 그러나 변론재개신청을 한 당사자가 변론종결 전에 그에게 책임을 지우기 어려운 사정으로 주장·증명을 제출할 기회를 제대로 얻지 못하였고, 그 주장·증명의 대상이 판결의 결과를 좌우할 수 있는 관건적 요증사실에 해당하는 경우 등과 같이, 당사자에게 변론을 재개하여 그 주장·증명을 제출할 기회를 주지 않은 채 패소의 판결을 하는 것이 민사소송법이 추구하는 절차적 정의에 반하는 경우에는 법원은 변론을 재개하고 심리를 속행할 의무가 있다. 또한 당사자가 변론종결 후 추가로 주장·증명을 제출한다는 취지를 기재한 서면과 자료를 제출하고 있다면 이를 위 주장·증명을 제출할 수 있도록 변론을 재개하여 달라는 취지의 신청으로 선해할 수도 있으므로, 당사자가 참고서면과 참고자료만을 제출하였을 뿐 별도로 변론재개신청서를 제출한 바는 없다는 사정만으로 이와 달리 볼 것은 아니다.

Ⅳ. 변론의 일체성

변론의 일체성은 변론을 수회의 기일에 걸쳐서 시행하였다고 하더라도 같은 기일에서 동시에 시행한 것처럼 소송자료로서 동일한 효력을 갖는다는 것을 의미한다. 즉 어느 시점의 변론이라도 소송자료로서 같은 효력을 갖게 된다.

Ⅴ. 변론조서

1. 의 의

변론조서는 변론의 경과를 명확히 하기 위하여 법원사무관등이 변론기일에 참여하여 기일마다 작성하는 보고문서이다(제152조).

2. 변론조서에 기재할 사항

가. 기재사항 일반

제152조(변론조서의 작성) ① 법원사무관등은 변론기일에 참여하여 기일마다 조서를 작성하여야 한다. 다만, 변론을 녹음하거나 속기하는 경우 그 밖에 이에 준하는 특별한 사정이 있는 경우에는 법원사무관등을 참여시키지 아니하고 변론기일을 열 수 있다.
② 재판장은 필요하다고 인정하는 경우 법원사무관등을 참여시키지 아니하고 변론기일 및 변론준비기일 외의 기일을 열 수 있다.
③ 제1항 단서 및 제2항의 경우에는 법원사무관등은 그 기일이 끝난 뒤에 재판장의 설명에 따라 조서를 작성하고, 그 취지를 덧붙여 적어야 한다.

나. 형식적 기재사항

> **제153조(형식적 기재사항)** 조서에는 법원사무관등이 다음 각호의 사항을 적고, 재판장과 법원사무관등이 기명날인 또는 서명한다. 다만, 재판장이 기명날인 또는 서명할 수 없는 사유가 있는 때에는 합의부원이 그 사유를 적은 뒤에 기명날인 또는 서명하며, 법관 모두가 기명날인 또는 서명할 수 없는 사유가 있는 때에는 법원사무관등이 그 사유를 적는다.
> 1. 사건의 표시
> 2. 법관과 법원사무관등의 성명
> 3. 출석한 검사의 성명
> 4. 출석한 당사자·대리인·통역인과 출석하지 아니한 당사자의 성명
> 5. 변론의 날짜와 장소
> 6. 변론의 공개 여부와 공개하지 아니한 경우에는 그 이유

(1) 형식적 기재사항으로 조서에는 반드시 제153조 제1호 내지 제6호의 사항(변론의 방식에 관한 사항)을 적어야 한다.

(2) 변론조서 중 제1호, 제2호, 제5호와 같은 중요사항을 빠뜨리면 조서전체가 무효가 되며, 재판장이나 법원사무관 등의 기명날인 또는 서명이 없는 조서도 무효로 된다.

다. 실질적 기재사항

> **제154조(실질적 기재사항)** 조서에는 변론의 요지를 적되, 특히 다음 각호의 사항을 분명히 하여야 한다.
> 1. 화해, 청구의 포기·인낙, 소의 취하와 자백
> 2. 증인·감정인의 선서와 진술
> 3. 검증의 결과
> 4. 재판장이 적도록 명한 사항과 당사자의 청구에 따라 적는 것을 허락한 사항
> 5. 서면으로 작성되지 아니한 재판
> 6. 재판의 선고

실질적 기재사항으로 당사자나 법원의 소송행위 및 증거조사의 결과를 기재해야 한다. 모든 사항을 적을 필요는 없고 변론의 요지를 기재하면 된다(제154조).

3. 조서의 기재방법

가. 통상의 방식

실무상 변론조서는 기본적 변론조서, 증거조사에 관한 조서(증인신문조서, 검증조서), 증

거목록으로 나뉜다. 기본적 변론조서에 증거조사에 관한 것을 기재할 때에는 증거조사에 관한 조서와 증거목록을 작성한 후 이를 인용 기재한다. 조서에는 서면, 사진, 그 밖에 법원이 적당하다고 인정한 것을 인용하고 소송기록에 붙여 이를 조서의 일부로 삼을 수 있다(제156조).

나. 조서에 갈음하는 녹음·속기

법원은 필요하다고 인정하는 경우 변론의 전부나 일부를 녹음하거나 속기하도록 명할 수 있다(제159조 제1항 전문). 특히 당사자가 녹음·속기를 신청하면 특별한 사정이 없는 한 이를 명하여야 한다(제159조 제1항 후문). 이러한 녹음테이프와 속기록은 조서의 일부로 삼는다(제159조 제2항). 민사소송규칙은 녹음테이프 외에도 녹화테이프·컴퓨터용 자기디스크·광디스크, 그 밖에 이와 비슷한 방법으로 음성·영상을 녹음·녹화하여 재생할 수 있는 매체를 이용하여 변론의 전부나 일부를 녹음·녹화하여 조서의 기재에 갈음할 수 있게 하였다(민소규 제37조 제1항).

4. 조서의 공개

조서는 관계인이 신청하면 그에게 읽어주거나 보여주어야 한다(제157조). 여기서 관계인은 당사자·소송대리인·보조참가인은 물론이고, 그 진술 부분에 관하여는 증인·감정인도 포함한다.[217] 본조는 기일 중 조서가 작성되는 것을 전제로 규정된 것인데, 실무상 기일 후 조서가 작성되고 있어서, 본조에 의한 신청권이 행사되는 예는 드물고, 대신 후술할 소송기록의 열람과 증명서의 교부청구(제162조)가 행사되고 있다.[218]

5. 조서에 대한 이의와 조서의 정정

조서에 적힌 사항에 대하여 관계인이 이의를 제기한 때에는 조서에 그 취지를 적어야 한다(제164조). 이의가 정당한 경우에는 조서의 기재를 정정한다. 이의가 없어도 조서 기재에 명백한 오류가 있는 경우에는 판결의 경정(제211조)에 준해 정정할 수 있다고 할 것이다.[219]

---

217) 법원실무제요 민사소송[Ⅱ], 1246면.

218) 법원실무제요 민사소송[Ⅱ], 1246면.

219) 김홍엽, 522면; 이시윤, 411면; 정동윤/유병현/김경욱, 519면; 정영환, 666면.

6. 조서의 증명력

제158조(조서의 증명력) 변론방식에 관한 규정이 지켜졌다는 것은 조서로만 증명할 수 있다. 다만, 조서가 없어진 때에는 그러하지 아니하다.

(1) 조서가 없어진 때를 제외하고는 변론방식에 관한 규정이 지켜졌다는 것은 조서로만 증명할 수 있다(제158조). 이에 대하여 다른 증거로서 증명하거나,[220] 반증을 들어 주장할 수 없다.[221] 여기서 변론방식이란 변론의 일시 및 장소, 변론의 공개유무, 관여법관, 당사자와 대리인의 출석 여부, 판결의 선고일자 등의 변론의 외형적 형식을 의미한다. 조서에 그 사실이 기재되어 있으면 그 사실을 있는 것으로 인정되고, 그 기재가 없으면 그 사실이 없는 것으로 인정된다. 즉 판결선고조서가 없으면 판결선고가 되었다고 할 수 없고, 판결문의 선고일자와 선고조서의 선고일자가 다르면 선고조서의 일자에 판결이 선고된 것이다.[222] 이는 변론방식에 관해서는 자유심증주의가 아니라 법정증거주의를 따르고 있음을 의미한다.

(2) 변론방식이 아닌 제154조의 실질적 기재사항 즉, 당사자의 변론의 내용, 자백, 증인의 선서나 진술내용 등은 법정증거력이 인정되지 않아 다른 증거나 반증을 들어 번복할 수 있다.[223] 다만 조서는 법원사무관등이 작성하고 재판장이 기명날인한 것이므로, 특별한 사정이 없는 한 그 내용이 진실한 것이라는 점에 관한 강한 증명력을 갖는다.[224]

판 례 조서의 강한 증명력(대법원 2001. 4. 13. 선고 2001다6367 판결)

변론조서에는 법원사무관 등이 변론의 요지를 기재하되 자백에 관한 사항은 특히 명확히 기재하여야 하며, 그 조서에는 재판장이 기명날인하고 이해관계인은 조서의 열람을 신청하고 이의를 제기할 수 있도록 되어 있음에 비추어(민사소송법 제143조 제1호, 제146조),[225] 변론의 내용이 조서에 기재되어 있을 때에는 다른 특별한 사정이 없는 한 그 내용이 진실한 것이라는 점에 관한 강한 증명력을 갖는다고 할 것이다.

---

220) 대법원 1963. 5. 16. 선고 63다151 판결.
221) 대법원 1965. 3. 23. 선고 64다1828 판결.
222) 대법원 1972. 2. 29. 선고 71다2770 판결.
223) 대법원 1953. 3. 12. 선고 4285민상102 판결.
224) 대법원 2001. 4. 13. 선고 2001다6367 판결.
225) 현행 민사소송법 제154조, 제157조이다.

VI. 소송기록의 열람 등

1. 의 의

소송기록은 특정사건에 관하여 법원이 작성하고 당사자 그 밖의 소송관계인이 법원에 제출한 서류 일체를 편철한 법원의 장부이다. 법원사무관등이 이를 보관하는데, 전자소송의 경우에는 전자기록의 형태로 되어 있다.

2. 소송기록의 열람 등

가. 열람·교부청구

(1) 당사자나 이해관계를 소명한 제3자는 소송기록의 열람·복사신청권, 재판서·조서의 정본·등본·초본의 교부 또는 소송에 관한 사항의 증명서의 교부를 법원사무관등에게 신청할 수 있다(제162조 제1항).

(2) 또한 누구든지 권리구제·학술연구 또는 공익목적으로 대법원규칙으로 정하는 바에 따라 법원사무관등에게 재판이 확정된 소송기록의 열람을 신청할 수 있다. 다만, 공개를 금지한 변론에 관련된 소송기록에 대하여는 그러하지 아니하다(제162조 제2항). 법원은 제2항에 따른 열람신청 시 당해 소송관계인이 동의하지 아니하는 경우에는 열람하게 하여서는 아니 된다(제162조 제3항).

(3) 소송기록을 열람·복사한 사람은 열람·복사에 의하여 알게 된 사항을 이용하여 공공의 질서 또는 선량한 풍속을 해하거나 관계인의 명예 또는 생활의 평온을 해하는 행위를 하여서는 아니 된다(제162조 제4항).

나. 비밀보호를 위한 열람 등의 제한

(1) 다만 소송기록 중에 사생활의 비밀이 적혀있고 제3자에게 열람을 허용하면 당사자의 사회생활에 지장이 클 우려가 있거나, 또는 영업비밀이 적혀있다는 소명이 있는 경우 법원은 당사자의 신청에 따른 결정으로 열람제한, 즉 비밀 기재부분의 열람 등을 신청할 수 있는 자를 당사자로 한정할 수 있다(제163조 제1항). 그리고 소송관계인의 생명 또는 신체에 대한 위해의 우려가 있다는 소명이 있는 경우 법원은 해당 소송관계인의 신청에 따른 결정으로 소송기록의 열람·복사·송달에 앞서 주소 등 개인정보 기재부분이 공개되지 아니하도록 보호조치를 할 수 있다(제163조 제2항).[226]

(2) 위 제1항 또는 제2항의 신청이 있는 경우 그 신청에 관한 재판이 확정될 때까지

제3자는 개인정보 또는 비밀 기재부분의 열람 등을 신청할 수 없다(제163조 제3항).

(3) 소송기록을 보관하고 있는 법원은 이해관계를 소명한 제3자의 신청에 따라 위 제1항 또는 제2항의 사유가 부존재하거나 소멸되었음을 이유로 위 결정을 취소할 수 있다(제163조 제4항). 이 취소결정은 확정되어야 효력을 가진다(제163조 제6항).

(4) 제1항 또는 제2항의 신청을 기각한 결정, 제4항의 신청에 관한 결정에 대하여는 즉시항고를 할 수 있다(제163조 제5항).

다. 판결서의 열람·복사

(1) 누구든지 판결이 선고된 사건의 판결서를 인터넷, 그 밖의 전산정보처리시스템을 통한 전자적 방법 등으로 열람 및 복사할 수 있다. 열람·복사의 대상이 되는 판결서는 확정되지 아니한 사건의 판결서를 포함하나,[227] 소액사건심판법이 적용되는 사건의 판결서, 심리불속행(상고심법 제4조) 및 상고이유서 부제출(제429조)에 따른 상고기각의 판결서는 포함되지 않는다. 다만 변론의 공개를 금지한 사건의 판결서로서 대법원규칙으로 정하는 경우 열람·복사를 전부 또는 일부 제한할 수 있다(제163조의2 제1항).

(2) 열람·복사의 대상이 되는 판결서는 대법원규칙으로 정하는 바에 따라 판결서에 기재된 문자열 또는 숫자열이 검색어로 기능할 수 있도록 제공되어야 한다(제163조의2 제2항).

(3) 법원사무관등이나 그 밖의 법원공무원은 열람·복사에 앞서 판결서에 기재된 성명 등 개인정보가 공개되지 아니하도록 보호조치를 하여야 하고(제163조의2 제3항), 만약 이러한 조치를 하였다면 고의 또는 중대한 과실로 인한 것이 아니면 열람 및 복사와 관련된 민·형사상 책임을 지지 아니한다(같은 조 제4항).

(4) 판결서를 열람 및 복사한 사람은 열람·복사에 의하여 알게 된 사항을 이용하여 공공의 질서 또는 선량한 풍속을 해하거나 관계인의 명예 또는 생활의 평온을 해하는 행위를 하여서는 아니 된다(같은 조 제4항, 제162조 제4항). 아울러 비밀보호를 위하여 열람 등이 제한될 수 있다(같은 조 제4항, 제163조).

---

226) 2023. 7. 11. 법률 제19516호로 개정되어 2025. 7. 12.부터 시행 예정인 민사소송법 제163조는 종전의 제2항 내지 제5항을 각 제3항 내지 제6항으로 하고 제2항을 신설하여, 법원이 비공개 보호조치를 할 수 있음을 규정하였다.

227) 종전에는 확정된 사건의 판결서만 열람·복사할 수 있도록 하였으나, 2020. 12. 8. 법률 제17568호로 개정되어 2023. 1. 1.부터 시행된 제163조의2에서 선고되기만 하면 확정여부를 불문하고 열람·복사할 수 있도록 하였다.

제 6 절 당사자의 결석(기일의 해태)

I. 서 설

(1) 당사자의 결석(기일의 해태)은 당사자가 적법한 기일통지를 받고도 필수적 변론기일에 출석하지 않거나, 출석하여도 변론하지 않은 경우이다. 즉 불출석, 출석무변론이다.

(2) 판결은 구술변론을 거쳐서 행함이 원칙이므로(제134조 제1항), 변론기일에 당사자가 결석하면 사건해결이 지연되고 소송제도의 기능이 마비된다. 민사소송법은 이에 따라 당사자의 결석에 대하여 진술간주(제148조 제1항), 자백간주(제150조 제3항), 소의 취하간주(제268조) 등의 효과를 규정하고 있는데, 이를 기일해태의 효과라고 한다. 법문에서는 '기일을 게을리 함에 따른 불이익'이라고 한다(제167조 제2항).

II. 당사자의 결석

1. 필수적 변론기일에 한정

임의적 변론에 있어서의 기일 불출석은 문제되지 않는다. 판결선고기일에는 당사자 쌍방이 결석해도 문제되지 않는다(제207조 제2항). 증거조사기일은 법정 외에서 한다는 특별한 사정이 없는 한 필수적 변론기일에 포함된다고 본다.[228] 그리고 변론준비기일에도 기일해태의 효과는 발생한다(제286조, 제148조, 제150조, 제258조).

2. 적법한 기일통지를 받고 불출석(제167조 제1항)

당사자가 적법한 기일통지를 받고 불출석한 경우라야 한다. 기일통지서의 송달불능·송달무효 상태에서 불출석한 경우는 기일해태가 아니다. 공시송달로 기일통지를 받고 불출석한 경우, 자백간주의 효과는 발생하지 않으나(제150조 제3항), 소취하간주와 진술간주의 효과는 일정한 경우 발생한다는 견해[229]와 발생하지 않는다는 견해[230]의 대립이 있다. 간이통지방법(전화·팩시밀리·보통우편·전자우편 등, 민소규 제45조)에 의한 기일통지의 경우에는 기

228) 대법원 1966. 1. 31. 선고 65다2296 판결.
229) 정영환, 672면.
230) 이시윤, 413면.

일해태의 불이익을 줄 수 없다(제167조 제2항).

3. 사건의 호명을 받고 변론이 끝날 때까지 불출석·출석무변론

(1) 당사자와 대리인 모두 법정에 나오지 않은 경우이다. 비록 당사자가 출석하였으나, ① 진술금지의 재판(제144조)을 받거나, 퇴정명령을 받은 경우, ② 임의로 퇴정한 경우에도 불출석으로 간주된다.

(2) 출석하였으나 변론하지 아니한 경우에도 기일의 해태로 된다. 피고가 청구기각의 판결만을 구하고 사실상의 진술을 하지 아니한 경우, 변론하였다고 볼 수 없다는 견해[231]가 있고, 항소심에서 자백간주 성립을 긍정하여 이에 동조하는 듯한 판례도 있으나,[232] 이 경우에도 변론한 것으로 보아야 한다는 견해[233]도 있다. 단순히 기일변경을 구한 데 그친 경우에도 변론하였다고 할 수 없다는 견해[234]와, 법원의 직권발동을 촉구하는 사실상의 진술을 한 것이므로 변론한 것으로 보아야 한다는 견해[235]의 대립이 있다.

Ⅲ. 양쪽 당사자의 결석

1. 서 설

제268조(양 쪽 당사자가 출석하지 아니한 경우) ① 양 쪽 당사자가 변론기일에 출석하지 아니하거나 출석하였다 하더라도 변론하지 아니한 때에는 재판장은 다시 변론기일을 정하여 양 쪽 당사자에게 통지하여야 한다.
② 제1항의 새 변론기일 또는 그 뒤에 열린 변론기일에 양 쪽 당사자가 출석하지 아니하거나 출석하였다 하더라도 변론하지 아니한 때에는 1월 이내에 기일지정신청을 하지 아니하면 소를 취하한 것으로 본다.
③ 제2항의 기일지정신청에 따라 정한 변론기일 또는 그 뒤의 변론기일에 양쪽 당사자가 출석하지 아니하거나 출석하였다 하더라도 변론하지 아니한 때에는 소를 취하한 것으로 본다.
④ 상소심의 소송절차에는 제1항 내지 제3항의 규정을 준용한다. 다만, 상소심에서는 상소를 취하한 것으로 본다.

231) 이시윤, 413면.
232) 대법원 1989. 7. 25. 선고 89다카4045 판결.
233) 정동윤/유병현/김경욱, 525면; 정영환, 673면; 한충수, 402면.
234) 이시윤, 413면.
235) 정동윤/유병현/김경욱, 525면; 정영환, 673면; 한충수, 402면.

소송지연을 방지하기 위하여 우리 민사소송법은 양쪽 당사자가 결석한 경우에 소의 취하간주를 규정하고 있다(제268조). 실무상 '쌍불취하'라고 한다.

2. 취하간주의 요건

가. 양쪽 당사자의 1회 결석

양쪽 당사자가 변론기일에 1회 불출석하거나 출석무변론이었을 것을 요한다(제268조 제1항). 이 경우 재판장은 반드시 속행기일을 정하여 양쪽 당사자에게 통지하여야 하며, 판결하기에 성숙하였더라도 변론을 종결하고 소송기록에 의하여 판결할 수 없다.[236]

나. 양쪽 당사자의 2회 결석

(1) 양쪽 당사자의 1회 결석 후의 새기일 또는 그 뒤의 기일에 불출석하거나 출석무변론이었을 것을 요한다. 2회 내지 3회 결석은 반드시 연속적일 필요는 없다.

(2) 그리고 같은 심급의 같은 종류의 기일에 2회 내지 3회 불출석할 것을 요한다. 따라서 제1심에서 1회, 항소심에서 1회와 같이 전 소송과정을 통해 2회 불출석한 경우나, 환송 전후에 걸쳐 2회 결석한 경우,[237] 또한 변론준비기일에서 1회, 변론기일에서 1회 불출석한 경우[238] 등에는 쌍불취하의 효과가 발생하지 않는다.

(3) 또한 같은 소가 유지되는 동안 2회 내지 3회 결석할 것을 요한다. 따라서 청구의 교환적 변경 전후 각 1회 결석한 경우는 2회 결석으로 볼 수 없다.[239]

다. 기일지정신청이 없거나 또는 기일지정신청 후의 양쪽 결석

(1) 양쪽 당사자가 2회 결석 후 그로부터 1월 내에 당사자가 기일지정신청을 하지 아니하면 소를 취하한 것으로 본다(제268조 제2항). 이 기간은 2회 결석한 변론기일로부터 기산한다.[240] 그리고 기일지정신청기간(1월)은 불변기간이 아니므로 기일지정신청의 추후보완은 허용될 수 없다.[241]

(2) 기일지정신청에 의하여 정한 기일이나 법원이 직권으로 정한 기일[242] 또는 그 후의 기일에 양쪽 당사자가 결석한 때에도 소를 취하한 것으로 본다(제268조 제3항). 결국

236) 김홍엽, 526면; 이시윤, 414면; 정영환, 680면. 반대: 정동윤/유병현/김경욱, 532면.
237) 대법원 1973. 7. 24. 선고 73다209 판결.
238) 대법원 2006. 10. 27. 선고 2004다69581 판결.
239) 김홍엽, 527면; 이시윤, 415면; 정동윤/유병현/김경욱, 533면; 정영환, 680면.
240) 대법원 1992. 4. 14. 선고 92다3441 판결.
241) 대법원 1992. 4. 21. 선고 92마175 판결.
242) 대법원 2002. 7. 26. 선고 2001다60491 판결.

양쪽 당사자가 모두 3회 결석하면 소취하간주의 효과가 생긴다.

3. 취하간주의 효과

가. 제1심에서의 효과

(1) 소취하간주의 효과는 법률상 당연히 발생하는 것이며, 법원이 재량으로 임의처리할 수 없다.[243)]

(2) 소의 취하간주는 원고의 의사에 의한 소의 취하와 그 효과가 같다. 따라서 소송계속이 소급적으로 소멸하고 소송은 종료된다. 소의 취하간주가 있음에도 이를 간과하고 본안판결을 한 경우 상급심은 소송종료선언을 하여야 한다.

나. 상소심에서의 효과

상소심에서 기일해태의 경우에는 상소를 취하한 것으로 본다(제268조 제4항). 이로써 상소심절차가 종결되고, 원판결이 그대로 확정된다. 따라서 제1심에서의 취하간주의 경우보다 상소인에게 불이익하다.

Ⅳ. 한쪽 당사자의 결석

1. 서 설

한쪽 당사자가 기일에 결석하는 경우에 ① 결석한 당사자에게 불리한 판결을 선고하고 후일 구제의 방법을 남기는 결석(缺席)판결주의, ② 결석한 당사자를 출석하여 진술 또는 자백한 것으로 보고 절차를 진행하는 대석(對席)판결주의가 있다. 우리 민사소송법은 대석판결주의를 취하고 있다.

2. 진술간주

> **제148조(한 쪽 당사자가 출석하지 아니한 경우)** ① 원고 또는 피고가 변론기일에 출석하지 아니하거나, 출석하고서도 본안에 관하여 변론하지 아니한 때에는 그가 제출한 소장·답변서, 그 밖의 준비서면에 적혀 있는 사항을 진술한 것으로 보고 출석한 상대방에게 변론을 명할 수 있다.

---

243) 대법원 1982. 10. 12. 선고 81다94 판결.

② 제1항의 규정에 따라 당사자가 진술한 것으로 보는 답변서, 그 밖의 준비서면에 청구의 포기 또는 인낙의 의사표시가 적혀 있고 공증사무소의 인증을 받은 때에는 그 취지에 따라 청구의 포기 또는 인낙이 성립된 것으로 본다.
③ 제1항의 규정에 따라 당사자가 진술한 것으로 보는 답변서, 그 밖의 준비서면에 화해의 의사표시가 적혀 있고 공증사무소의 인증을 받은 경우에, 상대방 당사자가 변론기일에 출석하여 그 화해의 의사표시를 받아들인 때에는 화해가 성립된 것으로 본다.

가. 의 의

한쪽 당사자가 변론기일에 불출석하거나 출석무변론인 경우 그가 제출한 소장·답변서, 그 밖의 준비서면에 기재된 사항을 진술한 것으로 보고 출석한 상대방에게 변론을 명할 수 있는데, 이를 진술간주라고 한다(제148조 제1항).

나. 요 건

(1) 원고 또는 피고가 변론기일에 불출석하거나 출석무변론이어야 한다. 여기의 변론기일은 첫 기일뿐만 아니라, 속행기일을 포함한다. 제1심기일뿐만 아니라 항소심기일도 포함하고, 파기환송후의 항소심기일도 포함한다. 또한 단독사건과 합의사건 모두 적용되고, 원·피고에게 공평하게 적용된다.

(2) 진술한 것으로 보는 서면은 소장·답변서, 그 밖의 준비서면이다. 명칭 여하에 불구하고 실질적으로 준비서면이면 그 기재사항은 진술된 것으로 본다.

다. 효 과

(1) 한쪽 당사자가 결석한 경우 그가 제출한 서면을 진술간주하고 변론을 진행할 것인지, 아니면 기일을 연기할 것인지는 법원의 재량이다. 그러나 출석한 당사자만으로 변론을 진행할 때에는 반드시 불출석한 당사자가 그때까지 제출한 준비서면에 기재한 사항을 진술한 것으로 보아야 한다.[244)]

판 례 **기일의 진행과 진술간주(대법원 2008. 5. 8. 선고 2008다2890 판결)**

민사소송법 제148조 제1항에서는 '원고 또는 피고가 변론기일에 출석하지 아니하거나, 출석하고서도 본안에 관하여 변론하지 아니한 때에는 그가 제출한 소장·답변서, 그 밖의 준비서면에 적혀 있는 사항을 진술한 것으로 보고 출석한 상대방에게 변론을 명할 수 있다'고 규정하고 있는바, 위 규정에 의하면, 변론기일에 한쪽 당사자가 불출석한 경우에 변론을 진행하느냐 기일을 연기하느냐는 법원의 재량에 속한다고 할 것이나,

244) 대법원 2008. 5. 8. 선고 2008다2890 판결.

출석한 당사자만으로 변론을 진행할 때에는 반드시 불출석한 당사자가 그 때까지 제출한 소장·답변서, 그 밖의 준비서면에 적혀 있는 사항을 진술한 것으로 보아야 한다고 할 것이다.

(2) 진술간주된다는 것 이외에는 당사자 쌍방이 출석한 것과 동일하게 취급된다. 따라서 진술간주되는 준비서면에서 원고의 주장사실을 자백한 경우에는 자백간주가 아니라 재판상 자백이 성립하고,[245] 진술간주되는 준비서면에서 상대방의 주장을 명백히 다투지 않은 경우에는 자백간주가 된다.

판 례 **자백취지의 준비서면과 재판상 자백(대법원 2015. 2. 12. 선고 2014다229870 판결)**

민사소송법 제288조의 규정에 의하여 구속력을 갖는 자백은 재판상의 자백에 한하는 것이고, 재판상 자백이란 변론기일 또는 변론준비기일에서 당사자가 하는 상대방의 주장과 일치하는 자기에게 불리한 사실의 진술을 말하는 것으로서, 법원에 제출되어 상대방에게 송달된 답변서나 준비서면에 자백에 해당하는 내용이 기재되어 있는 경우라도 그것이 변론기일이나 변론준비기일에서 진술 또는 진술간주되어야 재판상 자백이 성립한다.

라. 확대적용

(1) 불출석한 당사자가 진술한 것으로 보는 서면에 청구의 포기·인낙의 의사표시가 적혀 있고 공증사무소의 인증까지 받은 때에는 청구의 포기·인낙이 성립된 것으로 본다(제148조 제2항).

(2) 또한 불출석한 당사자가 제출한 서면에 화해의 의사표시가 적혀 있고 인증까지 받은 경우에 상대방 당사자가 출석하여 그 화해의 의사표시를 받아들인 때에는 재판상의 화해가 성립되는 것으로 본다(제148조 제3항).

마. 적용의 한계

변론관할이 생기려면 피고의 변론이나 진술이 현실적이어야 하므로, 답변서가 진술간주되더라도 변론관할이 생기지 않는다.[246] 그리고 서증은 법원 밖에서 조사하는 경우(제297조) 이외에는 당사자가 기일에 출석하여 현실적으로 제출하여야 하므로,[247] 서증이 첨부된 준비서면이 진술간주되더라도 증거신청의 효력이 없다.

---

245) 대법원 2015. 2. 12. 선고 2014다229870 판결.

246) 대법원 1980. 9. 26.자 80마403 결정.

247) 대법원 1991. 11. 8. 선고 91다15775 판결. 이에 대하여 주장과 증거신청 모두 공격방법으로서 같은데, 주장은 진술간주되는 반면 증거신청은 진술간주되지 않는다는 것으로서 기이하다는 비판이 있다(이시윤, 418면).

3. 자백간주(제150조 제3항)[248)]

> **제150조(자백간주)** ③ 당사자가 변론기일에 출석하지 아니하는 경우에는 제1항의 규정을 준용한다. 다만, 공시송달의 방법으로 기일통지서를 송달받은 당사자가 출석하지 아니한 경우에는 그러하지 아니하다.

가. 의 의

당사자 일방이 변론기일에 불출석한 경우에는 당사자가 변론에서 상대방의 주장사실을 명백히 다투지 아니한 경우와 같이 그 사실을 자백한 것으로 보는데(제150조 제3항, 제1항), 이를 자백간주라 한다. 변론주의 하에서는 당사자의 태도로 보아 다툴 의사가 없다고 인정되는 이상 증거조사를 생략하는 것이 타당하다고 본 것이다.

나. 요 건

한쪽 당사자의 불출석으로 자백간주가 되려면, ① 불출석한 당사자가 상대방의 주장사실을 다투는 답변서 그 밖의 준비서면을 제출하지 않아야 하고, ② 불출석한 당사자가 공시송달에 의하지 않은 기일통지를 받았어야 한다. 다만 제1심에서 공시송달로 진행되었으나 항소심에서 공시송달이 아닌 방법으로 송달받고도 다투지 아니한 경우에는 자백간주가 성립된다.[249)]

> **판 례** **자백간주와 공시송달(대법원 2018. 7. 12. 선고 2015다36167 판결)**
>
> 제1심에서 피고에 대하여 공시송달로 재판이 진행되어 피고에 대한 청구가 기각되었다고 하여도 피고가 원고 청구원인을 다툰 것으로 볼 수 없으므로, 원고가 항소한 항소심에서 피고가 공시송달이 아닌 방법으로 송달받고도 다투지 아니한 경우에는 민사소송법 제150조의 자백간주가 성립된다.

다. 효 과

자백간주가 성립되면 법원에 대한 구속력이 생기며, 법원은 그 사실을 판결의 기초로 삼지 않으면 안 된다(사실인정권의 배제). 다만 자백간주는 재판상의 자백과 달리 당사자에 대한 구속력이 생기지 않는다. 따라서 제1심에서 자백간주가 되었다 하여도 항소심의 변론종결 당시까지 이를 다투는 한 그 효과가 배제된다.[250)]

---

248) 여기서는 한쪽 당사자의 불출석에 대한 효과로서 제150조 제3항의 자백간주를 살피고, 자백간주 전체에 대한 상세는 후술 불요증사실 부분에서 살피기로 한다.

249) 대법원 2018. 7. 12. 선고 2015다36167 판결.

250) 대법원 1987. 12. 8. 선고 87다368 판결.

제 7 절 기일·기간 및 송달

Ⅰ. 기 일

1. 의 의

기일은 법원, 당사자, 그 밖의 소송관계인이 모여서 일정한 소송행위를 하기 위하여 정하여진 일시를 말한다. 쟁점과 증거를 정리하여 변론을 준비하기 위해 정해진 변론준비기일, 변론하기 위해 정해진 변론기일, 증거조사하기 위해 정해진 증거조사기일, 판결을 선고하기 위해 정해진 판결선고기일 등이 그 예이다.

2. 기일의 지정

기일은 법원의 직권 또는 당사자의 신청에 따라 재판장이 지정한다(제165조 제1항 본문). 다만 수명법관 또는 수탁판사가 신문하거나 심문하는 기일은 그 수명법관 또는 수탁판사가 지정한다(제165조 제1항 단서).

3. 기일지정신청

가. 의 의

기일지정신청은 심리의 계속을 위해 기일의 지정을 요구하는 당사자의 신청이다(제165조 제1항).

나. 종 류

(1) 신청권 없이 하는 경우로서, 법원이 사건을 심리하지 않고 오랫동안 방치할 때에 당사자가 기일지정신청을 할 수 있는데, 이는 법원의 변론기일 직권지정을 촉구하는 의미에서 하는 것이다.

(2) 신청권에 의해 하는 경우로서, ① 소송이 종료된 후 그 종료의 효력을 다투며(예컨대 소의 취하의 효력을 다투는 경우) 기일지정신청을 한 경우(민소규 제67조), ② 양쪽 당사자가 2회 결석한 때에 소·항소의 취하간주를 막기 위해 당사자가 1월 내에 기일지정신청을 하는 경우(제268조 제2항, 제4항) 등이 있다.

4. 기일의 변경

가. 의 의

기일의 변경은 기일을 개시하기 전에 그 지정을 취소하고 대신 새로운 기일을 지정하는 것을 말한다. 다음 기일을 정하지 않고 추후에 지정한다는 것을 알리는 추후지정(追定)은 원칙적으로 불가하다(민소규 제42조 제1항).

나. 변경 요건

(1) 첫 변론기일·변론준비기일에 관한 변경은 현저한 사유가 없는 경우라도 당사자들이 합의하면 이를 허가한다(제165조 제2항). 상대방과 합의가 없는 한 첫 기일이라도 그 변경의 허가 여부는 법원의 직권에 속한다.

(2) 첫 기일 이외의 변론기일·변론준비기일, 즉 속행기일은 첫 기일과 달리 현저한 사유가 있는 경우에 한하여 변경이 허용된다(제165조 제2항의 반대해석). 당사자의 합의가 있다 하더라도 특별한 사정이 없으면 변경이 허용되지 않는다(민소규 제41조). 위 현저한 사유란 부득이한 사유보다도 다소 넓은 개념으로서 당사자 한쪽이 출석하여 변론할 수 없는 합리적인 사유가 있는 때를 말한다. 당사자의 변론권에 대한 부당한 제한이 있는지 여부가 중요한 판단기준이 된다. 그러나 최초의 기일통지서가 제때에 송달되었음에도 뒤늦게 변론을 준비하거나 소송대리인을 선임하려는 것, 수인의 소송대리인 중 일부의 대리인에게만 변경의 사유가 생긴 것 등은 현저한 사유에 해당된다고 보기 어렵다 할 것이다.[251]

다. 변경 절차

기일변경신청을 하는 때에는 변경이 필요한 사유를 밝히고 그 사유를 소명하는 자료를 붙여야 한다(민소규 제40조). 재판장은 변경신청이 이유 있다고 인정되는 때에는 기일변경의 명령을 하고, 변경신청이 이유 없다고 인정되는 때에는 불허가한다. 허부재판은 재판장의 직권사항이므로 불복신청이 허용되지 않는다.

5. 기일의 통지 및 실시

가. 기일의 통지

(1) 기일은 기일통지서 또는 출석요구서를 송달하여 통지하는 것이 원칙이나, 당해사건으로 출석한 자에 대해서는 기일을 직접 고지하면 된다(제167조 제1항). 법원은 전화·팩시

251) 김홍엽, 532면; 호문혁, 365면; 주석 민사소송법(Ⅲ), 13면.

밀리·전자우편·보통우편 등 간이한 방법(민소규 제45조)에 따라 기일을 통지할 수 있는데, 이 경우 기일에 출석하지 아니한 당사자·증인 또는 감정인 등에 대하여 법률상의 제재, 그 밖에 기일을 게을리함에 따른 불이익을 줄 수 없다(제167조 제2항).

(2) 당사자에게 적법한 통지 없이 한 기일의 진행은 위법하다. 다만 그 당사자가 지체없이 이의하지 아니하면 이의권의 상실로 그 흠은 치유된다.[252)]

(3) 그러나 판결선고기일의 경우는 선고기일의 통지 없이 판결을 선고하여도 판결내용에 영향이 없기 때문에 상소이유로 되지 않는다. 판례는 적법한 기일통지를 받고도 한쪽 당사자가 출석하지 않은 기일에 판결선고기일을 고지한 때에는 그 기일에 불출석한 당사자에 대해서도 효력이 있는 것이고, 따라서 그 당사자에게 선고기일 소환장을 송달하지 않았다 하더라도 위법이 아니라고 하였다.[253)]

나. 기일의 실시

기일은 사건과 당사자의 이름을 부름으로써 시작된다(제169조). 기일에 당사자를 부르는 것은 당사자 본인을 부르면 되고, 그 대리인의 출석 여부까지 심리할 필요는 없다.[254)]

II. 기 간

1. 기간의 의의와 종류

(1) 기간은 일정한 시점으로부터 다른 시점까지의 시간의 경과를 말한다.

(2) 기간은 여러 관점에 따라 구별할 수 있다. 소송행위의 주체에 따른 고유기간(당사자 그 밖의 소송관계인의 소송행위에 관한 기간)과 직무기간(법원의 소송행위에 관한 기간)이 있고, 기간의 목적에 따라 행위기간(특정행위를 그 기간 내에 하고 후에는 못하는 기간)과 유예기간(특정행위를 할지에 대하여 유예를 두는 기간)이 있다. 고유기간을 기간의 근거에 따라 구분하여 법정기간(법률에 정해진 기간)과 재정기간(재판에 의하여 정해진 기간)이 있으며, 법정기간 내에서 불변기간(늘리거나 줄일 수 없는 기간)과 통상기간으로 구분할 수 있다.

(3) 불변기간은 늘이고 줄이는 신축을 할 수 없지만, 원거리에 있는 사람을 위한 부가기간을 정할 수 있고(제172조), 책임질 수 없는 사유로 불변기간을 도과한 경우에 추후보완이 인정된다(제173조).

---

252) 대법원 1984. 4. 24. 선고 82므14 판결.

253) 대법원 2003. 4. 25. 선고 2002다72514 판결.

254) 대법원 1970. 11. 24. 선고 70다1893 판결.

(4) 항소·상고기간(제396조 제2항, 제425조), 즉시항고기간(제444조 제2항), 재심기간(제456조 제2항), 화해권고결정이나 지급명령에 대한 이의신청기간(제226조 제2항, 제470조 제2항) 등이 불변기간의 예이다. 판례는 상고이유서제출기간(제427조),[255] 취하간주의 경우의 기일지정신청기간(제268조 제2항)[256]은 불변기간이 아니라고 본다.

판 례 **상고이유서제출기간(대법원 1981. 1. 28.자 81사2 결정)**

상고이유서 제출기간은 불변기간이 아니므로 추완신청의 대상이 될 수 없다.

판 례 **기일지정신청기간(대법원 1992. 4. 21.자 92마175 결정)**

민사소송법 제241조[현행 제268조] 제2항 소정의 1월의 기일지정신청기간은 불변기간이 아니어서 기일지정신청의 추완이 허용되지 않는다.

2. 기간의 계산

기간의 계산은 민법에 따른다(제170조). 따라서 기간을 시, 분, 초로 정한 때에는 즉시로부터 기산하지만(민법 제156조), 기간을 일, 주, 월 또는 연으로 정한 때에는 기간의 초일은 산입하지 않으므로 초일의 다음날부터 기산하되, 그 기간이 오전 영시로부터 시작하는 때에는 초일을 산입한다(민법 제157조). 기간의 말일이 토요일 또는 공휴일에 해당하는 때에는 기간은 그 익일로 만료된다(민법 제161조). 공휴일에는 임시공휴일, 신정의 공휴일도 포함된다.

3. 기간의 진행과 신축

제171조(기간의 시작) 기간을 정하는 재판에 시작되는 때를 정하지 아니한 경우에 그 기간은 재판의 효력이 생긴 때부터 진행한다.

제172조(기간의 신축, 부가기간) ① 법원은 법정기간 또는 법원이 정한 기간을 늘이거나 줄일 수 있다. 다만, 불변기간은 그러하지 아니하다.
② 법원은 불변기간에 대하여 주소 또는 거소가 멀리 떨어진 곳에 있는 사람을 위하여 부가기간(附加期間)을 정할 수 있다.
③ 재판장·수명법관 또는 수탁판사는 제1항 및 제2항의 규정에 따라 법원이 정한 기간 또는 자신이 정한 기간을 늘이거나 줄일 수 있다.

---

255) 대법원 1981. 1. 28.자 81사2 결정.

256) 대법원 1992. 4. 21.자 92마175 결정.

가. 기간의 진행

기간을 정하는 재판에 있어서 시작되는 때를 정하지 아니한 경우에 그 기간은 재판의 효력이 생긴 때로부터 진행한다(제171조). 소송절차의 중단 또는 중지는 기간의 진행을 정지시키며, 소송절차의 수계사실을 통지한 때 또는 소송절차를 다시 진행한 때부터 전체 기간이 새롭게 진행된다(제247조 제2항).

나. 기간의 신축

(1) 기간은 당사자 기타 소송관계인이 특정의 소송행위를 하거나 기일에 있어서 소송행위의 준비를 하기 위한 시간이므로, 그 길이가 부적당하다면 법정기간이나 재정기간이거나를 묻지 아니하고 법원이 이를 늘이거나 줄일 수 있다(제172조 제1항 본문, 제3항). 그러나 불변기간(제172조 제1항 단서), 소송행위의 추후보완기간(제173조 제2항), 공시송달기간(제196조 제3항, 신장은 허용), 상고이유서제출기간 등은 신축이 허용되지 않는다.

(2) 특히 불변기간은 주로 재판에 대한 불복신청기간으로서 사건처리의 신속·명확을 기하기 위하여 그 길이를 일정하게 할 필요가 있으므로 신축이 허용되지 않는 것이다. 다만 불변기간에 대해 부가기간을 정할 수 있다(제172조 제2항). 부가기간은 '주소 또는 거소가 멀리 떨어져 있는 사람'을 위하여 법원이 직권에 의한 결정으로 정한다. 법원이 부가기간을 정하면 본래의 기간과 부가기간이 일체가 되어 전체로서 불변기간이 된다. 불변기간이 경과한 뒤에는 부가기간을 정할 수 없다.

4. 불변기간의 부준수와 소송행위의 추후보완

제173조(소송행위의 추후보완) ① 당사자가 책임질 수 없는 사유로 말미암아 불변기간을 지킬 수 없었던 경우에는 그 사유가 없어진 날부터 2주 이내에 게을리 한 소송행위를 보완할 수 있다. 다만, 그 사유가 없어질 당시 외국에 있던 당사자에 대하여는 이 기간을 30일로 한다.
② 제1항의 기간에 대하여는 제172조의 규정을 적용하지 아니한다.

가. 기간의 부준수와 소송행위의 추후보완

불변기간을 해태한 경우 소권상실, 판결확정 등의 불이익을 입게 되므로 민사소송법은 그 불이익을 구제하기 위해 당사자가 책임질 수 없는 사유로 행위를 하지 못한 경우에는 하지 못한 행위를 추후에 할 수 있는 소송행위의 추후보완제도를 두고 있다(제173조).

나. 추후보완대상인 기간

법률로 불변기간으로 정해진 것에 한하며, 그 나머지 기간은 추후보완의 대상이 되지 않는 것이 원칙이다.[257]

다. 추후보완사유

당사자가 책임질 수 없는 사유로 말미암아 불변기간을 지킬 수 없어야 한다(제173조 제1항). 즉 귀책사유가 없어야 한다. 판례는 당사자가 책임질 수 없는 사유란 당사자가 그 소송행위를 하기 위하여 일반적으로 하여야 할 주의를 다하였음에도 불구하고 그 기간을 준수할 수 없었던 사유를 의미한다고 하였다.[258]

(1) 추후보완의 긍정례

(가) 판례는 ① 우편집배원으로부터 우편물전달을 부탁받은 자가 당사자에게 전달하지 않은 경우,[259] ② 무권대리인이 소송을 수행하고 판결정본을 송달받은 경우,[260] ③ 소송계속 중 피고가 입원하고 처는 병원에서 피고를 간병하였으며 자녀는 외가에 거주하여 가족 모두가 주소지에 거주하지 않았을 때 피고의 주소에 송달한 경우[261] 등에서 당사자가 책임질 수 없는 사유를 인정하였다.

(나) 공시송달에 의한 송달의 경우가 특히 문제된다. 판례는 소장부본과 판결정본 등이 처음부터 공시송달의 방법으로 송달되었다면 피고가 알았다고 보기 어려워 책임질 수 없는 사유에 해당하나,[262] 처음에는 송달이 되다가 나중에 송달불능으로 공시송달에 이른 경우에는 처음부터 공시송달로 진행된 경우와 달리 소송진행상황을 조사할 의무가 있기 때문에 책임질 수 없는 사유에 해당되지 아니한다고 본다.[263] 다만 판례는 피고가 소송계속 중 수감된 사안에서는 법원이 판결정본을 교도소장에게 송달하지 않고 피고 주소지로 공시송달을 한 것은 공시송달의 요건을 갖추지 못한 하자가 있으나 재판장의 명령에 따라 공시송달을 한 이상 송달의 효력은 있고, 다만 피고는 과실 없이 제1심판결의 송달을 알

257) 한편 상고이유서제출기간 및 재항고이유서제출기간은 불변기간은 아니나 그 도과에 의해 재판의 확정이라는 중대한 효과가 발생하므로 추후보완의 유추적용을 긍정해야 한다는 견해(강현중, 381면; 손한기, 232면; 이시윤, 428면; 전병서, 149면; 정동윤/유병현/김경욱, 680면; 정영환, 838면; 한충수, 412면)가 있으나, 판례는 반대이다(대법원 1970. 1. 27. 선고 67다774 판결; 대법원 1981. 1. 28.자 81사2 결정).

258) 대법원 2016. 1. 28. 선고 2013다51933 판결.

259) 대법원 1962. 2. 8. 선고 4293민상397 판결.

260) 대법원 1996. 5. 31. 선고 94다55774 판결.

261) 대법원 1991. 5. 28. 선고 90다20480 판결.

262) 대법원 2011. 4. 28. 선고 2010다98948 판결.

263) 대법원 1987. 3. 10. 선고 86다카2224 판결; 대법원 1998. 10. 2. 선고 97다50152 판결; 대법원 2017. 11. 14. 선고 2015다214011 판결.

지 못하여 책임을 질 수 없는 사유로 항소기간을 준수할 수 없었던 때에 해당하므로 그 사유가 없어진 후 2주일 내에 추완항소를 할 수 있다고 하였다.[264)]

판 례 **처음부터 공시송달로 진행된 경우와 추완사유(대법원 2011. 4. 28. 선고 2010다98948 판결)**

제1심, 원심 모두 피고에 대하여 소장 부본 및 변론기일 통지서 등 모든 서류를 공시송달의 방법으로 송달하고 피고가 출석하지 않은 상태에서 변론기일을 진행하여 1심이 원고의 청구를 일부 인용하는 판결을 선고하였고 이에 원고가 항소함으로써 원심도 추가로 원고의 청구를 일부 인용하는 판결을 선고한 경우, 피고로서는 제1심판결 중 피고 패소 부분에 대하여는 추후보완항소를, 원심판결 중 피고 패소 부분에 대하여는 상고나 추후보완상고를 각각 제기할 수 있다.

판 례 **소송진행 도중 공시송달에 이른 경우와 추완사유(대법원 2017. 11. 14. 선고 2015다214011 판결)**

민사소송법 제173조 제1항의 '당사자가 책임질 수 없는 사유'라고 함은 당사자가 그 소송행위를 하기 위하여 일반적으로 하여야 할 주의를 다하였음에도 불구하고 그 기간을 준수할 수 없었던 사유를 가리킨다. 소송의 진행 도중 소송서류의 송달이 불능하게 된 결과 부득이 공시송달의 방법에 의하게 된 경우에는 처음부터 공시송달의 방법에 의한 경우와는 달라서 당사자에게 소송의 진행 상황을 조사할 의무가 있는 것이므로, 당사자가 법원에 소송의 진행 상황을 알아보지 않았다면 과실이 없다고 할 수 없다. 이러한 의무는 당사자가 변론기일에 출석하여 변론을 하였는지 여부, 출석한 변론기일에서 다음 변론기일의 고지를 받았는지 여부나, 소송대리인을 선임한 바 있는지 여부를 불문하고 부담한다.

(다) 한편, 조정이 불성립되고 소송으로 이행되었는데 그 사이 피신청인이 이사를 하였음에도 주소변경신고를 하지 않은 상태에서 발송송달이나 공시송달로 소송이 진행된 사안에서, 판례는 이 경우 피신청인에게 소송의 진행상황을 조사할 의무가 있다고 할 수 없으므로 피신청인이 상소제기의 불변기간을 지키지 못하였다면 이는 당사자가 책임을 질 수 없는 사유로 말미암은 것에 해당한다고 보았다.[265)]

판 례 **조정불성립 후 발송송달·공시송달과 추완사유(대법원 2015. 8. 13. 선고 2015다213322 판결)**

조정이 성립되지 아니한 것으로 사건이 종결된 후 피신청인의 주소가 변경되었음에도 피신청인이 조정법원에 주소변경신고를 하지 않은 상태에서 민사조정법 제36조 제1항 제2호에 따라 조정이 소송으로 이행되었는데, 통상의 방법으로 변론기일통지서 등 소송서류를 송달할 수 없게 되어 발송송달이나 공시송달의 방법으로 송달한 경우에는 처음부터 소장 부본이 적법하게 송달된 경우와 달라서 피신청인에게 소송의 진행상황

264) 대법원 2022. 1. 13. 선고 2019다220618 판결.
265) 대법원 2015. 8. 13. 선고 2015다213322 판결.

을 조사할 의무가 있다고 할 수 없다. 따라서 피신청인이 이러한 소송의 진행상황을 조사하지 않아 상소제기의 불변기간을 지키지 못하였다면 이는 당사자가 책임질 수 없는 사유로 말미암은 것에 해당한다.

☞ 민사조정법은 민사조정절차와 민사소송절차를 구별하고 있는 점, 같은 법 제36조 제1항 제2호는 조정이 불성립된 경우 조정신청인이 다시 시간과 노력을 들여 별도로 소를 제기하여야 하는 번거로움을 덜어주어 조정신청인의 신속한 권리 구제를 도모하려는 데 그 취지가 있을 뿐, 민사조정절차를 민사소송절차와 동일하게 취급하려는 데 그 취지가 있다고 볼 수 없는 점, 위와 같이 소가 제기된 것으로 보는 경우에도 인지 차액분을 보정하여야 하고, 만약 보정하지 않으면 결정으로 조정신청서가 각하되므로, 조정이 불성립된 경우에 반드시 소송절차로 이행된다고 볼 수도 없는 점 등을 고려할 때, 조정 피신청인이 적법하게 조정신청서 부본 등을 송달받고 조정절차에 참여하였다고 하더라도, 조정이 성립하지 아니하였다면 피신청인으로서는 특별한 사정이 없는 한 소송절차가 진행된다는 점을 알지 못하였다고 봄이 타당하므로, 위의 경우 처음부터 소장 부본이 적법하게 송달된 경우와 달라서 피신청인에게 소송의 진행상황을 조사할 의무가 있다고 할 수 없다고 보았음.

(2) 추후보완의 부정례

(가) 판례는 소송대리인이나 그 보조인에게 고의·과실이 있는 경우,[266] 예컨대 ① 소송대리인이 판결정본을 송달받았는데 당사자에게 통지하지 아니한 경우나,[267] ② 상소제기의 위탁을 받은 자가 인지대 등을 받지 못하였다는 이유로 상소장 제출을 해태하여 상소기간을 넘긴 경우[268] 등을 당사자가 책임질 수 없는 사유로 보지 않았다.

판 례 **소송대리인의 고의·과실(대법원 1984. 6. 14. 선고 84다카744 판결)**

소송대리인이 판결정본의 송달을 받고도 당사자에게 그 사실을 알려 주지 아니하여 당사자가 그 판결정본의 송달사실을 모르고 있다가 상고제기 기간이 경과된 후에 비로소 그 사실을 알게 되었다 하더라도 이를 가리켜 당사자가 책임질 수 없는 사유로 인하여 불변기간을 준수할 수 없었던 경우에 해당한다고는 볼 수 없다.

판 례 **수임인(행정대서인)의 고의·과실(대법원 1991. 2. 12. 선고 90다16696 판결)**

행정대서인에게 상고장의 작성 및 제출을 위임하였으나 위 대서인이 상고장에 첨부하여야 할 소정의 인지대와 송달료를 지급하지 않는다는 이유로 이를 해태하여 상소기간을 도과하였고, 상고인은 위 대서인으로부터 그와 같은 사실의 통보를 받고서야 알게 된 경우는 당사자가 책임질 수 없는 사유로 인하여 불변기간을 준수할 수 없었던 경우에 해당하지 아니한다.

---

266) 대법원 1999. 6. 11. 선고 99다9622 판결.
267) 대법원 1984. 6. 14. 선고 84다카744 판결.
268) 대법원 1991. 2. 12. 선고 90다16696 판결.

(나) 또한 판례는 ① 원고가 교도소에 수감되어 있었다는 사정 역시 불변기간을 준수하지 못함에 책임질 수 없는 사유에 해당하지 않는다고 하였고,[269] ② 소송계속 중에 이사하면서 법원에 주소이전신고를 하지 아니한 경우에도 소송의 진행상태를 조사할 의무를 불이행한 과실로 보아 당사자의 책임을 부정할 수 없다고 하였다.[270]

판 례 소송계속 중 이사하고 주소이전신고 해태(대법원 1993. 6. 17.자 92마1030 결정)

[1] 소송의 진행도중 소송서류의 송달이 불능하게 된 결과 부득이 공시송달의 방법에 의하게 된 경우에는 처음부터 공시송달의 방법에 의한 경우와는 달라서 당사자는 소송의 진행상태를 조사할 의무가 있다 할 것이므로 당사자가 법원에 소송의 진행상태를 문의하지 않았다면 과실이 있다 할 것이다.
[2] 당사자가 이사를 하면서 법원에 주소이전신고를 하지 아니한 제1차적 과실이 인정되는 이상, 법원이 상고장각하명령을 종전의 주소지로 발송한 데 대하여 우편집배원이 당사자의 현주소를 추적할 수 있음에도 불구하고 이를 하지 않은 것이 불성실한 업무처리였다고 하더라도 당사자의 책임을 부정할 수 없다.

라. 추후보완절차

(1) 추후보완기간

(가) 소송행위의 추후보완은 그 장애사유가 없어진 날로부터 2주 이내에 해야 하고, 다만 그 사유가 없어질 당시 외국에 있던 당사자에 대하여는 이 기간을 30일로 한다(제173조 제1항). 위 추후보완기간은 불변기간이 아니므로 당사자가 책임질 수 없는 사유로 이를 도과하였다 하더라도 다시 추후보완을 인정할 수는 없다.[271]

(나) 장애사유가 없어진 때란 천재지변 그 밖의 책임질 수 없는 사유가 없어진 때이다. 다만 공시송달의 경우에는 단순히 판결이 있었던 사실을 안 때가 아니고, 나아가 판결이 공시송달의 방법으로 송달된 사실을 안 때이다.[272] 통상의 경우 당해사건기록의 열람 또는 새로이 판결정본을 영수한 때로부터 추후보완기간이 기산된다.[273]

---

269) 대법원 1992. 4. 14. 선고 92다3441 판결.
270) 대법원 1993. 6. 17.자 92마1030 결정.
271) 김홍엽, 543면; 이시윤, 431면; 민사소송법(Ⅲ), 45면.
272) 대법원 1994. 12. 13. 선고 94다24299 판결.
273) 대법원 2013. 1. 10. 선고 2010다75044 판결; 대법원 2019. 12. 12. 선고 2019다17836 판결. 한편 해외에 거주 중인 피고에 대한 소장부본, 판결정본 등이 공시송달의 방법으로 송달된 후 피고를 대신하여 재판기록을 열람·등사한 피고의 동생이 당해 사건에 관한 소송대리인이 아닌 경우, 재판기록을 열람·등사한 때에 추완사유가 종료되었다고 볼 수 없고 피고가 재판기록을 송부받아 소송의 진행 및 결과를 알게 된 때에 추완사유가 종료되었다고 보았다(대법원 2000. 9. 5. 선고 2000므87 판결).

판 례 공시송달에서 추완기간 2주의 기산점(대법원 2013. 1. 10. 선고 2010다75044 판결)

소장부본과 판결정본 등이 공시송달의 방법에 의하여 송달되었다면 특별한 사정이 없는 한 피고는 과실 없이 판결의 송달을 알지 못한 것이고, 이러한 경우 피고는 책임을 질 수 없는 사유로 인하여 불변기간을 준수할 수 없었던 때에 해당하여 그 사유가 없어진 후 2주일(그 사유가 없어질 당시 외국에 있었던 경우에는 30일) 내에 추완항소를 할 수 있다. 여기에서 '사유가 없어진 후'라고 함은 당사자나 소송대리인이 단순히 판결이 있었던 사실을 안 때가 아니고 나아가 그 판결이 공시송달의 방법으로 송달된 사실을 안 때를 가리키는 것으로서, 다른 특별한 사정이 없는 한 당사자나 소송대리인이 사건기록의 열람을 하거나 또는 새로이 판결정본을 영수한 때에 비로소 판결이 공시송달의 방법으로 송달된 사실을 알게 되었다고 보아야 한다.

그러나 당사자가 당해 판결이 있었던 사실을 알았고 사회통념상 그 경위에 대하여 당연히 알아볼 만한 특별한 사정이 있었다고 인정되는 경우에는 그 경위를 알아보는데 통상 소요되는 시간이 경과한 때에 그 판결이 공시송달의 방법으로 송달된 사실을 알게 된 것으로 추인하여 그 책임질 수 없는 사유가 소멸하였다고 본다.[274] 예컨대 제1심판결이 있었던 사실을 알게 되어 변호사에게 그 판결의 경위에 대해 설명하고 그 대처방안에 관하여 상담하였으며 추완항소제기에 필요한 해외거주증명서를 발급받은 경우,[275] 다른 소송의 재판절차에서 당해사건의 제1심판결문과 확정증명원이 첨부된 준비서면을 당사자가 직접 송달받은 경우[276]에는 특별한 사정을 인정할 수 있다고 보았다.

반면, 피고의 유체동산에 대한 압류집행이 이루어졌거나,[277] 제1심판결에 기하여 압류 및 추심명령을 받은 제3채무자(금융기관)로부터 채무자(피고)가 그 명령의 사건번호와 채권자만 기재되었을 뿐 제1심판결에 관한 내용의 언급이 없는 문자메시지를 받았거나,[278] 제1심법원이 피고에게 전화로 연락하여 소장부본 송달에 관한 내용 및 변론기일 등을 안내해주었거나,[279] 또는 소송서류를 송달하려는 집행관·제1심법원과 전화통화를 함으로써 소송계속 중인 사실을 알았다는 사정[280]만으로는 피고가 판결이 공시송달의 방법으로 송달된 사실을 알았다고 보기 어렵다고 한다. 그리고 다른 소송에서 선임된 소송대리인이 그 재판절차에서 당해사건의 제1심판결문과 확정증명원이 첨부된 준비서면을 송달받았다

274) 대법원 2021. 3. 25. 선고 2020다46601 판결; 대법원 2022. 10. 14. 선고 2022다247538 판결.

275) 대법원 2001. 1. 30. 선고 2000다21222 판결.

276) 대법원 2022. 4. 14. 선고 2021다305796 판결; 대법원 2022. 9. 7. 선고 2022다231038 판결.

277) 대법원 2019. 9. 9. 선고 2019다217179 판결.

278) 대법원 2021. 3. 25. 선고 2020다46601 판결. 원고로부터 채권추심을 의뢰받은 신용정보회사 직원이 피고에게 전화하여 "제1심판결에 기한 채권추심을 한다. 법적 조치를 취하면 불이익이 있으니 법원에 가서 알아보라"고 말한 경우도 같다(대법원 2019. 12. 12. 선고 2019다17836 판결).

279) 대법원 2021. 8. 19. 선고 2021다228745 판결.

280) 대법원 2021. 7. 8. 선고 2021다219949 판결.

는 사정만으로 이를 당사자가 직접 송달받은 경우와 동일하게 볼 수는 없다고 한다.[281]

판 례 **추심명령의 제3채무자로부터 문자메시지를 받은 사례(대법원 2021. 3. 25. 선고 2020다46601 판결)**

제1심법원이 소장부본과 판결정본 등을 공시송달의 방법으로 피고 甲에게 송달하였고, 그 후 원고 乙 주식회사가 제1심판결에 기하여 甲의 예금채권 등을 압류·추심하여 甲이 제3채무자인 丙 신용협동조합으로부터 '법원의 요청으로 계좌가 압류되었습니다.'는 내용과 채권압류 및 추심명령의 사건번호와 채권자가 기재된 문자메시지를 받았는데, 그로부터 2달이 지나 甲이 제1심판결정본을 영수한 후 추완항소를 제기한 사안에서, 甲이 丙 신용협동조합으로부터 계좌가 압류되었다는 내용과 채권압류 및 추심명령의 사건번호와 채권자만 기재되어 있을 뿐 제1심판결에 관한 내용이 전혀 언급되어 있지 않은 문자메시지를 받았다는 사정만으로는 제1심판결이 있었던 사실을 알았다거나 사회통념상 그 경위를 알아볼 만한 특별한 사정이 있었다고 보기 어려우므로, 다른 특별한 사정이 없는 한 甲이 제1심판결정본을 영수한 날로부터 2주일 내에 제기된 추완항소는 적법한데도, 이와 달리 본 원심판결에 대법원 판례에 상반되는 판단을 한 잘못이 있다고 한 사례.

판 례 **집행관·법원과 전화통화를 한 사례(대법원 2021. 7. 8. 선고 2021다219949 판결)**

제1심법원이 공시송달의 방법으로 피고에게 소장부본 등과 판결정본을 송달하였고, 그 후 피고가 판결정본을 발급받아 추후보완항소를 제기한 사안에서, 피고는 판결정본을 발급받은 날에서야 판결이 공시송달의 방법으로 송달된 사실을 알게 되었다고 보아야 하고, 소송서류를 송달하려는 집행관 또는 제1심법원과 전화통화를 함으로써 소송 계속 중인 사실을 알게 되었다고 하더라도 피고에게 책임질 수 없는 사유로 말미암아 불변기간인 항소기간을 지킬 수 없었다고 보는 것이 타당하다고 한 사례

판 례 **당해사건의 판결문을 다른 소송(관련사건)에서 선임된 소송대리인이 송달받은 사례(대법원 2022. 4. 14. 선고 2021다305796 판결)**

당사자가 다른 소송의 재판절차에서 송달받은 준비서면 등에 당해 사건의 제1심 판결문과 확정증명원 등이 첨부된 경우에는 그 시점에 제1심판결의 존재 및 공시송달의 방법으로 송달된 사실까지 알았다고 볼 것이지만, 다른 소송에서 선임된 소송대리인이 그 재판절차에서 위와 같은 준비서면 등을 송달받았다는 사정만으로 이를 당사자가 직접 송달받은 경우와 동일하게 볼 수는 없다.

☞ ① 甲이 乙을 상대로 제기한 소(당해사건)의 소장부본이 공시송달로 송달되어 변론이 진행된 후 2020. 9. 24. 甲의 승소판결이 선고되고 그 판결정본도 공시송달로 乙에게 송달되었음. ② 한편 丙과 대한민국 사이의 소송(관련사건)에 乙이 보조참가를 하였는데, 丙은 2020. 10. 27. 관련사건에 위 당해사건의 판결문을 서증으로 제출하였고 이는 관련사건에서 선임된 乙의 소송대리인에게 같은 날 송달되었음. ③ 甲은 丁과의 또 다른 사건(별도사건)에서 위 당해사건의 판결문을 서증으로 제출하였고, 丁이 2021. 1. 18. 乙에게 이메일로 이를 전달하여 乙이 알게 되었으며, 乙이 2021. 1. 27. 당해사건에 추완항소를 제기한 사안.

---

281) 대법원 2022. 4. 14. 선고 2021다305796 판결; 대법원 2022. 9. 7. 선고 2022다231038 판결.

(2) 추후보완신청 및 심리

(가) 추후보완신청은 그 사유가 있는 당사자가 해태된 소송행위를 본래의 방식으로 하면 된다. 예컨대 항소제기를 보완하려는 경우 실무상 추후보완항소장을 제출해 이를 밝히는 것이 보통이나, 단순히 항소장을 제출하여도 된다. 판례는 추후보완 문언을 기재하지 않았더라도 전체적인 취지에 비추어 그러한 주장이 있는 것으로 볼 수 있는 경우에는 당연히 그 사유에 대하여 심리·판단하여야 한다고 본다.[282]

(나) 추후보완사유의 유무는 소송요건으로서 법원의 직권조사사항이나,[283] 그와 관련된 사정, 즉 판결의 선고 및 송달 사실을 알지 못하여 자신이 책임질 수 없는 사유로 말미암아 불변기간을 지키지 못하게 되었다는 사정에 대해서는 소송절차를 추후보완하고자 하는 당사자 측에서 주장·증명하여야 한다.[284]

(다) 추후보완신청은 별도의 독립된 신청이 아니므로, 법원은 추후보완사유가 있으면 보완된 소송행위의 당부에 관한 판단을 하면 되고, 추후보완사유가 없으면 불변기간을 도과한 것이므로 이를 각하하는 재판(예컨대 항소각하판결)을 한다.

(3) 추후보완신청의 효력

추후보완신청은 확정판결의 기판력의 배제를 구한다는 점에서 재심의 소(제451조)나 정기금판결에 대한 변경의 소(제252조)와 결을 같이한다. 그러나 추후보완신청을 하는 것만으로는 불변기간의 도과에 따른 판결의 형식적 확정력이 곧바로 해소되지 않으므로, 추후보완상소의 경우 확정판결의 집행정지를 시키려면 제500조에 의한 별도의 집행정지결정을 받아야 한다.

Ⅲ. 송 달

1. 의 의

송달은 당사자 기타 소송관계인에게 소송상의 서류의 내용을 알 수 있는 기회를 주기 위하여 법정의 방식에 따라 하는 통지행위이며,[285] 재판권의 한 작용이다. 송달은 법률에 특별한 규정이 없으면 원칙적으로 법원이 직권으로 한다(제174조). 예외적으로 공휴

282) 대법원 2008. 2. 28. 선고 2007다41560 판결.
283) 대법원 1999. 4. 27. 선고 99다3150 판결.
284) 대법원 2012. 10. 11. 선고 2012다44730 판결; 대법원 2021. 4. 15. 선고 2019다244980, 244997 판결.
285) 대법원 2010. 4. 15. 선고 2010다57 판결.

일 등의 송달은 당사자의 신청에 의하고(제190조 제1항), 공시송달의 경우에는 직권으로 또는 당사자의 신청에 따라 한다(제194조 제1항, 제4항).

2. 송달사무처리기관

(1) 송달에 관한 사무는 원칙적으로 법원사무관등이 처리한다(제175조 제1항). 법원사무관등은 송달하는 곳의 지방법원에 속한 법원사무관등 또는 집행관에게 송달사무를 촉탁할 수 있다(제175조 제2항).

(2) 송달사무는 법원사무관등이 자기의 독립된 직무행위로서 행하는 것이 원칙이지만, 예외적으로 재판장이나 법원이 명령 또는 허가할 권한을 가지는 경우가 있는데, 지연을 피하기 위한 공시송달이 그 예이다(제194조 제3항).

3. 송달실시기관

(1) 송달실시기관은 원칙적으로 집행관과 우편집배원이다(제176조 제1항).

(2) 예외적으로 법원사무관등과 법정경위가 직접 송달실시기관이 되는 경우가 있다. 즉 법원사무관등이 해당사건에 출석한 사람에게 직접 교부송달할 수 있고(제177조), 우편송달(제187조), 공시송달(제195조), 전화 등을 이용한 송달(민소규 제46조)을 실시한다. 집행관에 의한 송달이 어려운 사정이 있는 경우 법정경위에 의한 송달이 가능하다(법조 제64조).

(3) 송달실시기관은 송달에 관한 저항을 받을 때에는 국가경찰공무원에게 원조를 요청할 수 있다(제176조 제3항).[286)]

(4) 송달을 증명하는 서류는 실무상 우편집배원은 송달통지서를, 집행관이나 법정경위는 송달보고서를 제출한다. 송달보고서는 송달사실에 대한 단순한 증거방법에 지나지 않으므로, 다른 증거에 의하여 송달의 유효성을 증명할 수 있다.[287)]

4. 송달서류

(1) 특별한 규정이 없으면 서류의 등본 또는 부본을 교부한다(제178조 제1항). 다만 기일통지서, 출석요구서의 송달은 원본에 의하고(제167조 제1항), 판결이나 경정결정의 송달은 정본에 의한다(제210조 제2항, 제211조 제2항). 다만 결정·명령의 경우는 그 등본을 송달하

286) 집행관의 강제집행 시 저항을 받는 경우 경찰 또는 국군의 원조를 요청할 수 있는 것과 구별을 요한다(민사집행법 제5조 제2항).

287) 대법원 1986. 2. 25. 선고 85누894 판결; 대법원 2000. 8. 22.자 2000모42 결정.

는 방법에 의하더라도 무방하고, 반드시 정본으로 송달하여야 하는 것은 아니다.[288)]

(2) 송달하여야 하는 소송서류를 법원에 제출하는 때에는 송달에 필요한 수의 부본을 함께 제출하여야 한다(민소규 제48조).

5. 송달받을 사람

가. 당사자와 법정대리인

송달을 받을 자는 원칙적으로 송달서류의 명의인인 당사자이다. 다만 그가 소송무능력자일 때에는 법정대리인에게 하여야 한다(제179조). 법인에 대한 송달은 그 대표자의 주소, 거소, 영업소 또는 사무소에서 하는 것이 원칙인데, 여기서 영업소 또는 사무소라 함은 당해 법인의 영업소 또는 사무소를 의미한다고 본다.[289)]

판 례 법인에 대한 송달(대법원 2003. 4. 25. 선고 2000다60197 판결)

법인인 소송당사자에게 법적효과가 발생할 소송행위는 그 법인을 대표하는 자연인의 행위이거나 그 자연인에 대한 행위이어야 할 것이므로 동 법인에게로 소장, 기일소환장 및 판결 등 서류는 그 대표자에게 송달하여야 하고, 그 송달은 법인 대표자의 주소, 거소, 영업소 또는 사무소에서 함이 원칙인데{구 민사소송법(2002. 1. 26. 법률 제6626호로 전문 개정되기 전의 것) 제170조 제1항}, 여기에서 '영업소 또는 사무소'라 함은 당해 법인의 영업소 또는 사무소를 말한다고 보아야 하므로, 그 대표자가 겸임하고 있는 별도의 법인격을 가진 다른 법인의 영업소 또는 사무소는 그 대표자의 근무처에 불과하다.

나. 소송대리인

송달받을 당사자가 소송을 위임한 경우에는 소송대리인에게 송달하여야 하지만, 그 경우에도 당사자 본인에게 한 서류의 송달은 적절타당하다고 할 수는 없으나 유효하다.[290)] 여러 사람이 공동대리를 하는 경우라도 그중 한 사람에게 송달하면 되나(제180조), 공동대리인이 송달받을 대리인 1인을 지명·신고한 때에는 그 대리인에게 송달하여야 한다(민소규 제49조). 다만 수인의 소송대리인이 있는 경우 제93조가 적용되고 제180조는 적용되지 않으므로 법원은 판결정본을 수인의 소송대리인에게 각각 송달하여야 하지만, 항소기간은 수인의 소송대리인 중 1인에게 최초로 판결정본이 송달되었을 때부터 기산된다.[291)]

---

288) 대법원 2003. 10. 14.자 2003마1144 결정.

289) 대법원 1997. 5. 19.자 97마600 결정; 대법원 2003. 4. 25. 선고 2000다60197 판결.

290) 대법원 1970. 6. 5.자 70마325 결정.

291) 대법원 2011. 9. 29.자 2011마1335 결정.

다. 법규상 송달영수권이 있는 자

군사용의 청사 또는 선박에 속하여 있는 사람에게 할 송달은 그 청사 또는 선박의 장에게 하고(제181조), 교도소·구치소 또는 국가경찰관서의 유치장에 체포·구속 또는 유치된 사람에 대한 송달은 교도소·구치소 또는 국가경찰관서의 장에게 하여야 한다(제182조). 따라서 송달에 있어서 일종의 법정대리인이라 할 수 있는 교도소장 등에게 하지 않고 수감자의 종전 주소에 한 송달은 무효이고, 이는 수소법원이 당사자의 수감사실을 몰랐거나 수감된 당사자가 송달대상서류의 내용을 알았다고 하더라도 마찬가지라고 한다.[292)]

판 례 수감자에 대한 송달(대법원 2021. 8. 19. 선고 2021다53 판결)

민사소송법 제182조는 교도소·구치소 또는 국가경찰관서의 유치장에 체포·구속 또는 유치된 사람에게 할 송달은 교도소·구치소 또는 국가경찰관서의 장에게 하도록 규정하고 있으므로, 수감된 당사자에 대한 송달을 교도소장 등에게 하지 않고 당사자의 종전 주소나 거소로 한 것은 부적법한 송달로서 무효이고, 이는 법원이 서류를 송달받을 당사자가 수감된 사실을 몰랐거나, 수감된 당사자가 송달의 대상인 서류의 내용을 알았다고 하더라도 마찬가지이다. 따라서 수감된 당사자에 대하여 민사소송법 제185조나 제187조에 따라 종전에 송달받던 장소로 발송송달을 하였더라도 적법한 송달의 효력을 인정할 수 없다.

라. 신고한 송달영수인

당사자·법정대리인 또는 소송대리인은 주소등 외의 장소(대한민국 안의 장소로 한정)를 송달받을 장소로 정하여 법원에 신고할 수 있는데, 이 경우 송달영수인을 정하여 신고할 수 있다(제184조). 여기의 송달영수인은 소송서류의 송달을 영수할 대리권만 있는 임의대리인의 지위를 갖는다.[293)]

6. 송달실시방법

가. 교부송달의 원칙

제178조(교부송달의 원칙) ① 송달은 특별한 규정이 없으면 송달받을 사람에게 서류의 등본

292) 대법원 1982. 12. 28. 선고 82다카349 전원합의체 판결; 대법원 2021. 8. 19. 선고 2021다53 판결. 다만 피고가 소송계속 중 수감된 사안에서 법원이 판결정본을 교도소장에게 송달하지 않고 피고 주소지로 공시송달을 한 것은 공시송달의 요건을 갖추지 못한 하자가 있으나 재판장의 명령에 따라 공시송달을 한 이상 송달의 효력은 있고, 다만 피고는 추완항소를 할 수 있다는 점은 앞서 살펴본 바이다(대법원 2022. 1. 13. 선고 2019다220618 판결).

293) 정동윤/유병현/김경욱, 690면; 정영환, 849면.

> 또는 부본을 교부하여야 한다.
> ② 송달할 서류의 제출에 갈음하여 조서, 그 밖의 서면을 작성한 때에는 그 등본이나 초본을 교부하여야 한다.

송달은 특별한 규정이 없으면 송달받을 사람에게 서류의 등본 또는 부본을 교부하여야 한다(제178조). 이를 교부송달의 원칙이라 한다.

(1) 송달장소

> **제183조(송달장소)** ① 송달은 받을 사람의 주소·거소·영업소 또는 사무소(이하 "주소등"이라 한다)에서 한다. 다만, 법정대리인에게 할 송달은 본인의 영업소나 사무소에서도 할 수 있다.
> ② 제1항의 장소를 알지 못하거나 그 장소에서 송달할 수 없는 때에는 송달받을 사람이 고용·위임 그 밖에 법률상 행위로 취업하고 있는 다른 사람의 주소등(이하 "근무장소"라 한다)에서 송달할 수 있다.
> ③ 송달받을 사람의 주소등 또는 근무장소가 국내에 없거나 알 수 없는 때에는 그를 만나는 장소에서 송달할 수 있다.
> ④ 주소등 또는 근무장소가 있는 사람의 경우에도 송달받기를 거부하지 아니하면 만나는 장소에서 송달할 수 있다.

(가) 주소등에서의 교부송달의 경우 송달받을 사람의 주소·거소·영업소 또는 사무소(이하 '주소등')에서 한다(제183조 제1항). 여기의 영업소 또는 사무소는 송달받을 사람 자신이 경영하는 영업소 또는 사무소를 의미한다.[294]

(나) 그런데 주소등의 장소를 알지 못하거나 그 장소에서 송달할 수 없는 때에는 송달받을 사람이 고용·위임 그 밖에 법률상 행위로 취업하고 있는 다른 사람의 주소등(이하 '근무장소')에서 송달할 수 있다(제183조 제2항). 다만 여기의 근무장소는 현실의 근무 장소로서 고용계약 등 법률상 행위로 취업하고 있는 지속적인 근무장소를 의미하므로, 다른 주된 직업을 가지고 있으면서 회사의 비상근 이사·감사 또는 사외이사의 직을 갖고 있는 사람에 대하여 그 회사의 본점은 이에 해당하지 않는다.[295]

---

294) 대법원 2004. 7. 21.자 2004마535 결정. 따라서 송달받을 사람의 근무장소는 이에 해당하지 않으며, 회사는 별도의 법인격을 갖기 때문에 송달받을 사람이 경영하는 회사의 사무실은 영업소·사무소가 아니라 근무장소에 지나지 않는다고 하였다. 한편 대법원 2014. 10. 30. 선고 2014다43076 판결은 선거사무소가 한시적 기간에만 설치·운영되는 곳이라 하더라도 어느 정도 반복해서 송달이 이루어질 것이라고 객관적으로 기대할 수 있으므로 제1항의 사무소에 해당한다고 하였다.

295) 대법원 2015. 12. 10. 선고 2012다16063 판결.

(다) 송달받을 사람의 주소등 또는 근무장소가 국내에 없거나 알 수 없는 때에는 그를 만나는 장소에서 송달할 수 있고, 또한 주소등 또는 근무장소가 있는 사람도 송달받기를 거부하지 아니하면 만나는 장소에서 송달할 수 있다(제183조 제3항, 제4항). 이를 출회송달(조우송달)이라고 한다.

(라) 당사자·법정대리인·소송대리인이 송달장소를 바꿀 때에는 변경의 신고의무가 있는데(제185조 제1항), 신고하지 아니하여 기록에 현출되어 있는 자료로[296] 달리 송달장소를 알 수 없는 경우에는 종전의 송달장소로 등기우편으로 발송(우편송달)할 수 있다(제185조 제2항, 민소규 제51조).

(2) 보충송달

> **제186조(보충송달)** ① 근무장소 외의 송달할 장소에서 송달받을 사람을 만나지 못한 때에는 그 사무원, 피용자(被用者) 또는 동거인으로서 사리를 분별할 지능이 있는 사람에게 서류를 교부할 수 있다.
> ② 근무장소에서 송달받을 사람을 만나지 못한 때에는 제183조제2항의 다른 사람 또는 그 법정대리인이나 피용자 그 밖의 종업원으로서 사리를 분별할 지능이 있는 사람이 서류의 수령을 거부하지 아니하면 그에게 서류를 교부할 수 있다.

송달장소에서 송달받을 자를 만나지 못한 경우에 다른 사람에게 대신 송달하는 보충송달이 가능하다. 판례는 보충송달은 송달장소에서 하는 경우에만 허용되므로, 송달장소가 아닌 곳, 즉 우체국 창구에서 송달받을 자의 동거자에게 송달서류를 교부한 것은 보충송달로서 부적법하다고 판시하였다.[297] 여기에는 ① 근무장소 외의 송달할 장소, 즉 본래의 주소등에서의 보충송달과 ② 근무장소에서의 보충송달이 있다.

(가) 본래의 주소등에서의 보충송달

본래의 주소등에서 송달받을 사람을 만나지 못하면 수령대행인 즉 사무원·피용자·동거인으로서 사리를 분별할 지능이 있는 사람에게 서류를 교부할 수 있다(제186조 제1항). 사무원 등에게 소송서류를 교부한 때에 송달의 효력이 생기고,[298] 송달받을 사람의 손에 들어갔는지 여부는 이미 발생한 송달의 효력에 영향을 미치지 않는다.

여기서 '사리를 분별할 지능'은 송달의 취지를 이해하고 영수한 서류를 송달을 받을 사람에게 교부하는 것을 기대할 수 있는 정도를 의미한다는 전제하, 8세 3개월인 초등학

---

296) 대법원 2018. 4. 12. 선고 2017다53623 판결.
297) 대법원 2001. 8. 31.자 2001마3790 결정.
298) 대법원 1984. 6. 26. 선고 84누405 판결; 대법원 1992. 2. 11. 선고 91누5877 판결.

교 2학년 남학생,[299)] 8세 9개월 남자 어린이[300)]의 수송달능력을 부인하였으나, 8세 10개월의 초등학교 3학년의 여학생[301)]은 송달영수에 관하여 사리를 분별할 지능이 있다고 하였다.

여기의 '사무원'이란 반드시 고용관계가 있을 필요는 없고, 평소 본인을 위해 사무 등을 보조하는 자이면 족하다고 한다.[302)] 아울러 최근에는 아파트의 경비원, 관리인의 경우도 오로지 경비업무나 관리업무만 맡긴 관계가 아니라 평소에 우편물을 수령해왔다면 송달수령권을 묵시적으로 위임했다고 볼 수 있다고 한다.[303)]

여기서 '동거인'이란 송달을 받을 사람과 동일한 세대에 속하여 생계를 같이하는 사람을 말한다. 따라서 같은 집에 거주하더라도 세대를 달리하는 임대인·임차인 관계에 있을 경우에는 동거인이라 할 수 없다.[304)] 그러나 그 경우에도 평소 등기우편물 등을 수령해온 관계에 있다면 송달수령의 권한을 인정할 수 있을 것이다.[305)] 그렇다고 반드시 법률상 친족관계에 있어야 하는 것은 아니므로, 이혼한 배우자라도 사정에 의하여 사실상 동일 세대에 소속되어 생활을 같이하고 있다면 여기에서 말하는 수령대행인으로서의 동거인이 될 수 있다.[306)] 그러나 법률상 배우자라고 하더라도 별거와 혼인공동체의 실체 소멸 등으로 보충송달을 받을 수 있는 지위를 인정할 수 없는 특별한 경우에는 송달의 효력에 관하여 심리·판단할 필요가 있다고 하였다.[307)]

판 례 **세대를 달리하는 자의 동거인 여부(대법원 1982. 9. 14. 선고 81다카864 판결)**

보충송달에 관한 민사소송법 제172조[현행 제186조] 제1항 소정의 동거자라 함은 송달을 받을 자와 동일한 세대에 속하여 생활을 같이하는 자를 말한다 할 것이므로 수송달자가 송달받을 자의 내연의 처의 조카로서 동일 송달장소에 거주한다 하더라도 세대를 달리하는 반대당사자의 아들이라면 이를 동거자로 볼 수 없고 따라서 특별한 사정이 없는 한 그에 대한 송달은 효력이 없다.

☞ 사실상의 처남·매부사이인 원고(처남)와 피고(매부)는 경기도 광주(이하 주소생략) 주소지에서 함께 살고 있는데, 원고의 피고에 대한 소유권이전등기말소청구의 제1심판결이 위 주소지로 송달되자 피고와 동일 세대를 이루어 동거 중이던 소외인(피고의 내연의 처의 조카이자 원고의 아들)이 이를 수령하였음. 항소

299) 대법원 2005. 12. 5.자 2005마1039 결정.
300) 대법원 2013. 1. 16. 선고 2012재다370 판결.
301) 대법원 1968. 5. 7.자 68마336 결정.
302) 대법원 2010. 10. 14. 선고 2010다48455 판결.
303) 대법원 2000. 7. 4. 선고 2000두1164 판결.
304) 대법원 1982. 9. 14. 선고 81다카864 판결.
305) 대법원 2011. 5. 13. 선고 2010다108876 판결.
306) 대법원 2000. 10. 28.자 2000마5732 결정; 대법원 2013. 4. 25. 선고 2012다98423 판결.
307) 대법원 2022. 10. 14. 선고 2022다229936 판결.

기간 도과 후에 그 송달사실을 알게 된 피고가 추완항소를 하였으나 원심은 유효한 송달로 보아 불변기간 도과로 항소를 각하하였으나, 대법원은 위와 같은 이유를 들어 송달의 효력을 부정하고 파기환송한 사안.

판 례 **이혼한 배우자의 동거인 여부(대법원 2013. 4. 25. 선고 2012다98423 판결)**

민사소송법 제186조 제1항에 의하면 근무장소 외의 송달할 장소에서 송달받을 사람을 만나지 못한 때에는 그 동거인 등으로서 사리를 분별할 지능이 있는 사람에게 서류를 교부하는 방법으로 송달할 수 있고, 여기에서 말하는 동거인이란 송달을 받을 사람과 동일한 세대에 속하여 생활을 같이하는 사람이기만 하면 되고 반드시 법률상 친족관계에 있어야 하는 것은 아니므로, 이혼한 배우자라도 사정에 의하여 사실상 동일 세대에 소속되어 생활을 같이하고 있다면 여기에서 말하는 수령대행인으로서의 동거인이 될 수 있다.

한편 동일한 수령대행인이 소송당사자 쌍방을 대신하여 소송서류를 동시에 송달받은 경우는 보충송달제도의 취지 및 쌍방대리금지 원칙에 반하므로, 소송당사자의 허락이 있다는 등의 특별한 사정이 없는 한, 그러한 보충송달은 무효라고 본다.[308)]

(나) 근무장소에서의 보충송달

근무장소에서 송달받을 사람을 만나지 못한 때 사용자 또는 사용자의 법정대리인이나 피용자 그 밖의 종업원으로서 사리를 분별할 지능이 있는 사람이 서류의 수령을 거부하지 아니하면 그에게 서류를 교부할 수 있다(제186조 제2항).

(3) 유치송달

제186조(유치송달) ③ 서류를 송달받을 사람 또는 제1항의 규정에 의하여 서류를 넘겨받을 사람이 정당한 사유 없이 송달받기를 거부하는 때에는 송달할 장소에 서류를 놓아둘 수 있다.

서류를 송달받을 사람 또는 본래의 주소등에서의 보충송달의 규정에 의하여 서류를 넘겨받을 사람이 정당한 사유 없이 송달받기를 거부하는 때에는 송달할 장소에 서류를 놓아둘 수 있는데(제186조 제3항), 이를 유치송달(遺置送達)이라 한다. 송달을 받을 본인, 대리인의 거부뿐만 아니라 제186조 제1항에서 말하는 사무원·피용자 또는 동거인의 거부도 포함된다. 그러나 근무장소에서 보충송달의 규정에 의하여 서류를 넘겨받을 사람이 송달받기를 거부하는 경우에는 유치송달을 할 수 없다.

308) 대법원 2021. 3. 11. 선고 2020므11658 판결. 같은 이유로, 본인과 수령대행인 사이에 당해 소송에 관하여 이해의 대립 내지 상반된 이해관계가 있는 때에도 보충송달을 할 수 없다(대법원 2016. 11. 10. 선고 2014다54366 판결).

나. 우편송달(발송송달)

제187조(우편송달) 제186조의 규정에 따라 송달할 수 없는 때에는 법원사무관등은 서류를 등기우편 등 대법원규칙이 정하는 방법으로 발송할 수 있다.
제185조(송달장소변경의 신고의무) ① 당사자·법정대리인 또는 소송대리인이 송달받을 장소를 바꿀 때에는 바로 그 취지를 법원에 신고하여야 한다.
② 제1항의 신고를 하지 아니한 사람에게 송달할 서류는 달리 송달할 장소를 알 수 없는 경우 종전에 송달받던 장소에 대법원규칙이 정하는 방법으로 발송할 수 있다.

〈민사소송규칙〉
제51조(발송의 방법) 법 제185조제2항과 법 제187조의 규정에 따른 서류의 발송은 등기우편으로 한다.

(1) 의 의

일정한 요건이 충족된 경우 법원에서 서류를 발송함으로써 송달된 것으로 보는 송달방법이다. 법문에는 우편송달이라고 규정되어 있으나, 집배원의 우편에 의한 송달과 구별하여 실무상 발송송달이라고 부른다.

(2) 요 건

(가) 우선 교부송달은 물론 보충송달·유치송달도 불가능한 경우(제187조)에 할 수 있다. 즉 송달받을 자의 주소 등 송달하여야 할 장소는 밝혀져 있으나 송달받을 자는 물론이고 그 사무원, 고용인, 동거인 등 보충송달을 받을 사람도 없거나 부재하여서 원칙적 송달방법인 교부송달은 물론이고 민사소송법 제186조에 의한 보충송달과 유치송달도 할 수 없는 경우에 할 수 있다.[309)]

(나) 다음으로 당사자등이 송달장소의 변경신고의무(제185조 제1항)를 이행하지 아니하여 송달장소를 알 수 없는 경우 종전에 송달받던 장소에 우편송달할 수 있다(제185조 제2항). 여기서 송달장소를 알 수 없는 경우란 적어도 기록에 현출되어 있는 자료로 송달장소를 알 수 없는 경우이다.[310)] 그리고 당사자가 송달장소로 신고한 바 있다 하더라도 그 송달장소에 송달된 바 없다면 여기의 종전에 송달받던 장소라고 볼 수 없다.[311)]

---

309) 대법원 2022. 3. 17. 선고 2020다216462 판결.
310) 대법원 2018. 4. 12. 선고 2017다53623 판결.
311) 대법원 2022. 3. 17. 선고 2020다216462 판결.

판 례 **달리 송달할 장소를 알 수 없는 경우(제185조 제2항)의 의미(대법원 2018. 4. 12. 선고 2017다53623 판결)**

민사소송법 제185조 제2항에서 말하는 '달리 송달할 장소를 알 수 없는 경우'라 함은 상대방에게 주소 보정을 명하거나 직권으로 주민등록표 등을 조사할 필요까지는 없지만, 적어도 기록에 현출되어 있는 자료로 송달할 장소를 알 수 없는 경우에 한하여 등기우편에 의한 발송송달을 할 수 있음을 뜻한다.

(3) 효 과

그 발송 시에 송달된 것으로 본다(제189조). 도달주의와 달리 발신주의를 취하게 됨으로써 현실적인 소송서류의 도달 여부나 도달시기 등을 불문하는 점에서 송달받을 사람에게 매우 불이익한 송달방법이다. 판례는 보충송달이나 유치송달을 함이 없이 바로 우편송달한 것은 무효인 송달이라 판시하였다.[312)]

다. 송달함 송달

제188조(송달함 송달) ① 제183조 내지 제187조의 규정에 불구하고 법원안에 송달할 서류를 넣을 함(이하 "송달함"이라 한다)을 설치하여 송달할 수 있다.
② 송달함을 이용하는 송달은 법원사무관등이 한다.
③ 송달받을 사람이 송달함에서 서류를 수령하여 가지 아니한 경우에는 송달함에 서류를 넣은 지 3일이 지나면 송달된 것으로 본다.
④ 송달함의 이용절차와 수수료, 송달함을 이용하는 송달방법 및 송달함으로 송달할 서류에 관한 사항은 대법원규칙으로 정한다.

교부송달·보충송달·유치송달·우편송달 등의 송달방법에 불구하고 법원 안에 송달함을 설치하여 여기에 송달할 서류를 넣는 방법의 송달을 할 수 있게 하였다(제188조 제1항). 사서함제도를 본받은 송달방법으로서, 대형로펌이나 소송사건이 많은 대기업 등이 활용할 것이다. 송달함 송달은 법원사무관등이 한다(제188조 제2항). 송달받을 사람이 송달함에서 서류를 수령해 가지 아니하는 경우에는 송달함에 서류를 넣은 지 3일이 지나면 송달된 것으로 본다(제188조 제3항). 송달함의 이용신청은 법원장 또는 지원장에게 서면으로 신청하여야 하는 등 그 송달절차에 관하여는 민사소송규칙 제52조에서 상세히 규정하고 있다.

라. 공시송달

제194조(공시송달의 요건) ① 당사자의 주소등 또는 근무장소를 알 수 없는 경우 또는 외국에

312) 대법원 1989. 10. 31.자 89마237 결정.

서 하여야 할 송달에 관하여 제191조의 규정에 따를 수 없거나 이에 따라도 효력이 없을 것으로 인정되는 경우에는 법원사무관등은 직권으로 또는 당사자의 신청에 따라 공시송달을 할 수 있다.
② 제1항의 신청에는 그 사유를 소명하여야 한다.
③ 재판장은 제1항의 경우에 소송의 지연을 피하기 위하여 필요하다고 인정하는 때에는 공시송달을 명할 수 있다.
④ 원고가 소권(항소권을 포함한다)을 남용하여 청구가 이유 없음이 명백한 소를 반복적으로 제기한 것에 대하여 법원이 변론 없이 판결로 소를 각하하는 경우에는 재판장은 직권으로 피고에 대하여 공시송달을 명할 수 있다.
⑤ 재판장은 직권으로 또는 신청에 따라 법원사무관등의 공시송달처분을 취소할 수 있다.

제195조(공시송달의 방법) 공시송달은 법원사무관등이 송달할 서류를 보관하고 그 사유를 법원게시판에 게시하거나, 그 밖에 대법원규칙이 정하는 방법에 따라서 하여야 한다.

제196조(공시송달의 효력발생) ① 첫 공시송달은 제195조의 규정에 따라 실시한 날부터 2주가 지나야 효력이 생긴다. 다만, 같은 당사자에게 하는 그 뒤의 공시송달은 실시한 다음 날부터 효력이 생긴다.
② 외국에서 할 송달에 대한 공시송달의 경우에는 제1항 본문의 기간은 2월로 한다.
③ 제1항 및 제2항의 기간은 줄일 수 없다.

(1) 의 의

공시송달은 법원사무관등이 송달할 서류를 보관하고 그 사유를 법원 게시판 등에 공개 게시하여 행하는 송달방법이다(제195조).

(2) 요 건

공시송달은 당사자의 주소등 또는 근무장소를 알 수 없는 경우[313] 또는 외국에서 하여야 할 송달에 관하여 제191조의 규정에 따를 수 없거나 이에 따라도 효력이 없을 것으로 인정되는 경우에 인정된다(공시송달의 보충성, 제194조 제1항). 그리고 원고가 소권(항소권 포함)을 남용하여 청구가 이유 없음이 명백한 소를 반복적으로 제기하여 법원이 변론 없이 판결로 소를 각하하는 경우에도 재판장은 직권으로 피고에 대하여 공시송달을 명할 수 있다(제194조 제4항).[314] 공시송달은 당사자나 당사자에 준하는 사람(보조참가인)에 대해서만 허용되고, 증인·감정인 등에 대한 출석요구는 이에 의할 수 없다.

313) 따라서 단순히 폐문부재인 경우에는 공시송달할 수 없고(대법원 2011. 10. 27.자 2011마1154 결정), 법인의 대표자가 사망한 후 달리 법인을 대표할 자가 정해지지 않아 법인에 대하여 송달할 수 없는 경우는 공시송달할 수 없다(대법원 1991. 10. 22. 선고 91다9985 판결).

314) 2023. 4. 18. 법률 제19354호로 개정되어 2023. 10. 19.부터 시행된 민사소송법에서 신설된 조항으로서, 소권남용 등으로 무변론 소각하판결을 하는 경우에 공시송달을 명할 수 있는 특칙을 마련한 것이다.

(3) 절 차

공시송달은 법원사무관등의 처분으로 한다(제194조 제1항). 다만 재판장은 직권으로 또는 신청에 따라 법원사무관등의 공시송달처분을 취소할 수 있다(제194조 제5항).

당사자가 공시송달신청을 하는 경우 송달받을 사람의 행방을 알 수 없다는 사유를 소명하여야 한다(제194조 제2항). 예컨대 주민등록말소자등본, 불거주확인서를 제출하거나, 집행관이 야간·휴일 특별송달을 하고 나서 밝혀진 결과인 이사불명·수취인불명 등의 사유를 소명하여야 한다.

법원의 직권에 의한 공시송달은 당사자의 신청을 기대할 수 없거나 소송의 지연을 피하기 위하여 필요하다고 인정하는 때에 할 수 있고(제194조 제3항), 원고가 소권을 남용하여 무변론 소각하판결을 하는 경우에도 할 수 있다(제194조 제4항).

(4) 방 법

공시송달은 법원사무관등이 송달서류를 보관하고 그 사유를 ① 법원게시판 게시, ② 관보·공보·신문 게재나, ③ 전자통신매체를 이용한 공시 중 하나의 방법으로 하여야 한다(제195조, 민소규 제54조 제1항).

(5) 효 력

(가) 첫 공시송달은 게시한 날부터 2주가 지나야 효력이 생기고, 같은 당사자에게 하는 그 뒤의 공시송달은 실시한 다음날부터 효력이 생긴다(제196조 제1항). 외국에서 할 송달에 대한 첫 공시송달의 경우에는 2월이 지나야 효력이 생긴다(제196조 제2항). 공시송달의 효력발생기간은 늘릴 수는 있으나, 줄일 수는 없다(제196조 제3항).

(나) 판례는 재판장이 공시송달을 명하여 공시송달을 한 이상 공시송달의 요건에 흠이 있어도 공시송달의 효력에는 영향이 없다고 하였다.[315] 따라서 공시송달이 무효임을 들어 재송달을 할 수 없고, 공시송달명령에 불복할 수도 없다.[316] 다만 잘못된 공시송달로 심리가 진행된 끝에 패소판결이 선고된 경우 송달받을 사람은 선택에 따라 추후보완항소(제173조) 또는 재심(제451조 제1항 제11호)을 통해 구제받을 수 있다.[317] 공시송달로 진행되어 피고가 책임질 수 없는 사유로 전소에 응소할 수 없었던 경우라 하더라도 항소기간의 도과로 판결이 형식적으로 확정되어 기판력이 발생하므로, 확정된 권리관계를 다투려면

315) 대법원 1984. 3. 15.자 84마20 전원합의체 결정; 대법원 2022. 1. 13. 선고 2019다220618 판결.
316) 대법원 1992. 10. 9. 선고 92다12131 판결.
317) 추후보완상소의 경우(대법원 2011. 10. 27.자 2011마1154 결정).

추완항소 등으로 전소의 기판력을 소멸시켜야 한다.[318)]

판 례 **신소가 허용되는 경우에도 추후보완항소를 제기하여 기판력을 배제하여야 하는지 여부 (대법원 2013. 4. 11. 선고 2012다111340 판결)**

시효중단 등 특별한 사정이 있어 예외적으로 확정된 승소판결과 동일한 소송물에 기한 신소가 허용되는 경우라 하더라도 신소의 판결이 전소의 승소 확정판결의 내용에 저촉되어서는 아니되므로, 후소 법원으로서는 그 확정된 권리를 주장할 수 있는 요건이 구비되어 있는지에 관하여 다시 심리할 수 없다. 따라서 피고가 후소에서 전소의 확정된 권리관계를 다투기 위하여는 먼저 전소의 승소 확정판결에 대하여 적법한 추완항소를 제기함으로써 그 기판력을 소멸시켜야 할 것인데, 이는 전소의 소장부본과 판결정본 등이 공시송달의 방법에 의하여 송달되어 피고가 그 책임질 수 없는 사유로 전소에 응소할 수 없었던 경우라고 하여 달리 볼 것이 아니다.

(다) 다만 이러한 공시송달에는 일정한 한계가 있는데, 공시송달을 받은 당사자에게 결석으로 인한 자백간주의 효력이 인정되지 않고, 답변서제출의무(제256조 제1항 단서), 변론준비절차, 외국판결의 승인규정 등이 적용되지 않는다. 그리고 화해권고결정·이행권고결정·지급명령의 송달은 공시송달에 의할 수 없다. 다만 금융기관의 대여금·구상금·보증금·그 양수금에 관한 지급명령의 경우 공시송달에 의한 지급명령이 가능하다(소촉법 제20조의2). 판례는 환경분쟁조정법에 의한 재정문서는 송달된 후 일정한 경우 재판상화해와 동일한 효력이 있으므로 당사자의 재판청구권을 보장하기 위해 재정문서의 정본의 송달은 공시송달에 의할 수 없다고 하였다.[319)]

마. 전자소송에서의 송달

(1) 전산정보처리시스템을 이용한 민사소송등의 진행에 동의한 등록사용자(전자소송동의자) 등에 대해서는 전산정보처리시스템에 의하여 전자적으로 송달할 수 있다(민소전자문서법 제11조 제1항). 소송대리인이 있는 경우에는 위 송달은 소송대리인에게 하여야 한다(같은 법 제11조 제2항). 이러한 전자적 송달은 법원사무관등이 송달할 전자문서를 전산정보처리시스템에 등재하고 그 사실을 송달받을 자에게 전자적으로 통지하는 방법으로 한다(같은 법 제11조 제3항).

(2) 이러한 전자적 송달은 송달받을 자가 등재된 전자문서를 확인한 때에 송달된 것으로 본다. 다만 그 등재사실을 통지한 날부터 1주 이내에 확인하지 아니하는 때에는 등재사실을 통지한 날부터 1주가 지난 날에 송달된 것으로 본다(민소전자문서법 제11조 제4항). 송달을

318) 대법원 2013. 4. 11. 선고 2012다111340 판결.
319) 대법원 2016. 4. 15. 선고 2015다201510 판결.

받을 자가 해당 문서를 확인하지 않고 송달을 기피하는 것을 방지하기 위한 규정이다.[320]

7. 송달의 하자

가. 하자 있는 송달의 효력

법정의 방식에 위배된 송달은 원칙적으로 무효이다.[321] 예컨대 송달받을 사람이 아닌 자에게 한 송달, 수령권자가 아닌 자에게 한 송달, 송달장소가 아닌 곳에서의 유치송달, 보충송달·유치송달을 해보지 않고 바로 우편송달을 한 경우 등이다.

나. 하자의 치유

(1) 이처럼 송달에 흠이 있다 하더라도 ① 송달받을 사람의 추인이나 ② 소송절차에 관한 이의권의 포기·상실로 치유될 수 있다(제151조). 예컨대 사망한 자에 대하여 실시한 송달에서 그 사망자의 상속인이 현실적으로 그 송달서류를 수령한 경우 하자가 치유된다.[322]

(2) 그러나 예컨대 상소기간의 기산점이 되는 판결정본의 송달과 같이 불변기간의 기산점과 관련된 송달에 위법이 있는 경우는 이의권의 포기·상실 대상이 아니다.[323] 특히 판결정본의 송달의 하자는 자백간주에 의한 판결편취에서 문제되는데, 판례는 판결정본이 피고의 허위주소에 송달된 것으로서 송달이 무효이므로 항소기간이 진행될 수 없다고 한다(항소설).[324]

제 8 절 소송절차의 정지

Ⅰ. 서 설

1. 의 의

(1) 소송절차의 정지는 소송계속 후 종료 전 당해 소송절차가 법률상 진행될 수 없는

---

320) 법원실무제요 민사소송[Ⅰ], 90면.
321) 대법원 2010. 4. 15. 선고 2010다57 판결.
322) 대법원 1998. 2. 13. 선고 95다15667 판결.
323) 대법원 2002. 11. 8. 선고 2001다84497 판결.
324) 대법원 1971. 6. 22. 선고 71다771 판결; 대법원 1993. 12. 28. 선고 93다48861 판결; 대법원 1994. 12. 22. 선고 94다45449 판결. 상세는 후술 판결의 편취 부분 참조.

상태로 되는 것을 말한다. 따라서 기일연기나 추후지정, 기일불출석 등으로 절차가 사실상 정지된 상태와는 구별된다.

(2) 정지제도는 당사자의 절차관여권을 보장하고 쌍방심문주의를 관철하기 위한 제도이다. 따라서 대석심리를 전제로 한 판결절차에 원칙적으로 적용되고, 판결절차에 준하는 절차, 즉 독촉절차, 제소전화해절차, 항고절차, 소송비용액확정절차 등에도 적용된다. 그러나 재판의 적정보다도 절차의 신속을 앞세우는 강제경매절차,[325] 임의경매절차,[326] 증거보전절차에는 준용되지 않는다. 한편 가압류·가처분절차에의 준용 여부에 대해서는 견해의 대립이 있다.[327]

2. 종 류

가. 중 단

중단은 당사자나 소송행위자에게 소송수행할 수 없는 사유가 발생한 경우에 새로운 소송수행자가 소송에 관여할 수 있을 때까지 법률상 당연히 절차의 진행을 정지하는 경우이다. 중단은 소송절차의 수계나 법원의 속행명령에 의해 해소된다.

나. 중 지

중지는 법원이나 당사자에게 소송을 진행할 수 없는 장애가 생겼거나 진행에 부적당한 사유가 발생하여 법률상 당연히(당연중지) 또는 법원의 결정(재판중지)에 의하여 절차가 정지되는 경우이다. 새로운 소송수행자로 교체되지 않고 수계가 없다는 점이 중단과 다른 점이다.

II. 소송절차의 중단

1. 중단사유

가. 당사자의 사망(제233조)

제233조(당사자의 사망으로 말미암은 중단) ① 당사자가 죽은 때에 소송절차는 중단된다. 이

325) 대법원 1970. 11. 24. 선고 70다1894 판결.

326) 대법원 1998. 10. 27. 선고 97다39131 판결.

327) 준용 긍정은 강현중, 406면; 정동윤/유병현/김경욱, 702면; 정영환, 862면. 준용 부정은 김홍엽, 575면; 이시윤, 446면; 한충수, 428면.

경우 상속인·상속재산관리인, 그 밖에 법률에 의하여 소송을 계속하여 수행할 사람이 소송절차를 수계(受繼)하여야 한다.
② 상속인은 상속포기를 할 수 있는 동안 소송절차를 수계하지 못한다.

(1) 중단요건으로 ① 소송계속 후 변론종결 전에 당사자가 사망할 것, ② 소송대리인이 없을 것, ③ 상속인이 있을 것, ④ 소송물인 권리·의무가 비일신전속적인 것으로서 상속의 대상이 될 것을 요한다.

(2) 공동소송에서 어느 한 공동소송인이 사망한 경우 소송절차가 어느 범위에서 중단될 것인지 문제된다. 이는 공동소송의 종류에 따라 다른데, 통상공동소송에서는 당해 사망한 당사자 측과 그 상대방 간에만 가분적으로 중단되는데 반하여, 필수적 공동소송에서는 당사자 전원에 대하여 중단되게 된다(제67조 제3항).

나. 법인의 합병(제234조)

제234조(법인의 합병으로 말미암은 중단) 당사자인 법인이 합병에 의하여 소멸된 때에 소송절차는 중단된다. 이 경우 합병에 의하여 설립된 법인 또는 합병한 뒤의 존속법인이 소송절차를 수계하여야 한다.

(1) 포괄승계가 이루어져야 중단된다. 법인이 합병에 의하여 소멸된 때에는 소송절차는 중단되나, 합병 이외 사유로 해산될 때에는 청산법인으로 존속하기 때문에 중단되지 않는다. 단순히 영업양도받은 것만으로는 중단되지 않고,[328] 법인 아닌 사단의 명칭만 변경되었을 뿐 그 실체가 동일한 경우에도 중단되지 않는다.[329]

(2) 그러나 법인의 권리·의무가 법률의 규정에 의하여 새로 설립된 법인에게 승계되는 경우에도 소송절차는 중단되고,[330] 비법인사단인 도시 및 주거환경정비법상의 조합설립추진위원회를 상대로 한 소송의 계속 중 조합이 설립되었다면 조합에 포괄승계가 이루어지므로 소송절차가 중단된다.[331]

다. 당사자 소송능력의 상실, 법정대리인의 사망·대리권의 소멸(제235조)

제235조(소송능력의 상실, 법정대리권의 소멸로 말미암은 중단) 당사자가 소송능력을 잃은

328) 대법원 1962. 9. 27. 선고 62다441 판결.
329) 대법원 1967. 7. 7.자 67마335 결정.
330) 대법원 1984. 6. 12. 선고 83다카1409 판결.
331) 대법원 2012. 4. 12. 선고 2009다22419 판결.

> 때 또는 법정대리인이 죽거나 대리권을 잃은 때에 소송절차는 중단된다. 이 경우 소송능력을 회복한 당사자 또는 법정대리인이 된 사람이 소송절차를 수계하여야 한다.

(1) 당사자는 변경되지 않지만 소송수행자가 교체되어야 하기 때문에 중단된다. 다만 법정대리인의 사망이나 대표권의 소멸은 상대방에게 통지하여야 효력이 있으므로(제63조, 제64조), 통지가 있어야 중단된다. 그러나 소송대리인의 사망, 소송대리권의 소멸의 경우에는 본인 스스로 소송행위를 할 수 있기 때문에 중단되지 않는다.

(2) 법정대리권 내지 대표권의 상실에는 법원의 가처분결정에 의하여 직무집행이 정지된 경우도 포함된다.[332]

라. 수탁자의 임무종료(제236조)

> **제236조(수탁자의 임무가 끝남으로 말미암은 중단)** 신탁으로 말미암은 수탁자의 위탁임무가 끝난 때에 소송절차는 중단된다. 이 경우 새로운 수탁자가 소송절차를 수계하여야 한다.

신탁법상 신탁재산에 관한 소송의 당사자인 수탁자의 임무가 종료된 경우에도 소송절차는 중단된다(제236조). 그러나 부동산 명의신탁자가 그 신탁을 해지한 것으로는 소송절차가 중단되지 않는다.[333]

마. 소송담당자의 자격상실·사망과 선정당사자 전원의 자격상실·사망(제237조)

> **제237조(자격상실로 말미암은 중단)** ① 일정한 자격에 의하여 자기 이름으로 남을 위하여 소송당사자가 된 사람이 그 자격을 잃거나 죽은 때에 소송절차는 중단된다. 이 경우 같은 자격을 가진 사람이 소송절차를 수계하여야 한다.
> ② 제53조의 규정에 따라 당사자가 될 사람을 선정한 소송에서 선정된 당사자 모두가 자격을 잃거나 죽은 때에 소송절차는 중단된다. 이 경우 당사자를 선정한 사람 모두 또는 새로 당사자로 선정된 사람이 소송절차를 수계하여야 한다.

(1) 남을 위하여 소송당사자가 된 자, 예컨대 파산관재인,[334] 회생관리인, 유언집행자 등이 자격을 상실하거나 사망한 경우 소송절차가 중단된다(제237조 제1항).[335] 그러나 자기

---

332) 대법원 1980. 10. 14. 선고 80다623, 624 판결.

333) 대법원 1966. 6. 28. 선고 66다689 판결.

334) 다만 공동파산관재인 중 일부가 자격을 상실한 경우에는 남아 있는 파산관재인에게 관리처분권이 귀속되고 소송절차는 중단되지 않으므로, 수계절차를 거칠 필요 없이 남아 있는 파산관재인이 소송행위를 할 수 있다(대법원 2008. 4. 24. 선고 2006다14363 판결).

335) 판례는 집합건물의 관리단이나 관리인으로부터 관리업무를 위탁받은 위탁관리업자도 이에 해당된다고 하

의 권리에 기초하는 소송담당자, 예컨대 채권자대위소송의 채권자, 채권질의 질권자, 주주대표소송의 주주, 채권추심명령을 받은 압류채권자 등이 그 자격을 상실하여도 소송절차가 중단되지 않는다고 본다.[336)]

(2) 선정당사자 모두가 자격을 상실하거나 사망한 경우에도 소송절차가 중단된다(제237조 제2항). 그러나 선정당사자 일부만 자격을 상실하거나 사망하여도 나머지 선정당사자가 소송을 수행할 수 있으므로 중단되지 않는다(제54조).

바. 파산선고(제239조) 및 파산해지(제240조)

제239조(당사자의 파산으로 말미암은 중단) 당사자가 파산선고를 받은 때에 파산재단에 관한 소송절차는 중단된다. 이 경우 「채무자 회생 및 파산에 관한 법률」에 따른 수계가 이루어지기 전에 파산절차가 해지되면 파산선고를 받은 자가 당연히 소송절차를 수계한다.

제240조(파산절차의 해지로 말미암은 중단) 「채무자 회생 및 파산에 관한 법률」에 따라 파산재단에 관한 소송의 수계가 이루어진 뒤 파산절차가 해지된 때에 소송절차는 중단된다. 이 경우 파산선고를 받은 자가 소송절차를 수계하여야 한다.

(1) 당사자가 파산선고를 받은 경우나 소송수계 후 파산절차가 해지된 경우 소송절차가 중단된다(제239조, 제240조). 예컨대 ① 채무의 존재를 다투는 소송계속 중 채무자에 대한 파산선고가 있는 때에는 소송절차가 중단되고,[337)] ② 채권자대위소송 계속 중 채무자에 대하여 파산선고가 있는 경우에도 소송절차가 중단되며,[338)] ③ 채권자취소소송 계속 중 채무자에 대하여 파산선고가 있거나 회생절차 개시결정이 있을 때에도 소송절차가 중단된다.[339)]

판 례 **채권자대위소송 계속 중 채무자의 파산선고(대법원 2013. 3. 28. 선고 2012다100746 판결)**

채권자대위소송에서 원고는 채무자에 대한 자신의 권리를 보전하기 위하여 채무자를 대위하여 자신의 명의

면서, 위탁관리업자가 구분소유자를 상대로 관리비청구소송을 수행하던 중 관리위탁계약이 종료되어 그 자격을 잃게 되면 소송절차는 중단되고, 같은 자격을 가진 새로운 위탁관리업자가 소송절차를 수계하거나 새로운 위탁관리업자가 없으면 관리단이나 관리인이 직접 소송절차를 수계하여야 한다고 하였다(대법원 2022. 5. 13. 선고 2019다229516 판결).

336) 강현중, 409면; 김홍엽, 580면; 이시윤, 448면; 정동윤/유병현/김경욱, 705면; 정영환, 866면; 호문혁, 380면; 주석 민사소송법(Ⅲ), 606면.

337) 대법원 2020. 6. 25. 선고 2019다246399 판결.

338) 대법원 2013. 3. 28. 선고 2012다100746 판결.

339) 파산선고(대법원 2022. 5. 26. 선고 2022다209987 판결), 회생개시결정(대법원 2014. 5. 29. 선고 2013다73780 판결).

로 채무자의 제3채무자에 대한 권리를 행사하는 것이므로, 그 지위는 채무자 자신이 원고인 경우와 마찬가지라고 볼 수 있다. 그런데 소송의 당사자가 파산선고를 받은 때에 파산재단에 관한 소송절차는 중단되고(민사소송법 제239조), 파산채권자는 파산절차에 의하지 아니하고는 파산채권을 행사할 수 없게 된다[채무자 회생 및 파산에 관한 법률(이하 '채무자회생법'이라 한다) 제424조]. 그리고 채무자가 파산선고 당시에 가진 모든 재산은 파산재단에 속하게 되고, 채무자는 파산재단을 관리 및 처분하는 권한을 상실하며 그 관리 및 처분권은 파산관재인에게 속하게 되므로(채무자회생법 제382조 제1항, 제384조), 채무자에 대한 파산선고로 채권자가 대위하고 있던 채무자의 제3자에 대한 권리의 관리 및 처분권 또한 파산관재인에게 속하게 된다. 한편 채무자회생법은 채권자취소소송의 계속 중에 소송의 당사자가 아닌 채무자가 파산선고를 받은 때에는 소송절차는 중단되고 파산관재인이 이를 수계할 수 있다고 규정하고 있는데(채무자회생법 제406조, 제347조 제1항), 채권자대위소송도 그 목적이 채무자의 책임재산 보전에 있고 채무자에 대하여 파산이 선고되면 그 소송 결과는 파산재단의 증감에 직결된다는 점은 채권자취소소송에서와 같다. 이와 같은 채권자대위소송의 구조, 채무자회생법의 관련 규정 취지 등에 비추어 보면, 민법 제404조의 규정에 의하여 파산채권자가 제기한 채권자대위소송이 채무자에 대한 파산선고 당시 법원에 계속되어 있는 때에는 다른 특별한 사정이 없는 한 민사소송법 제239조, 채무자회생법 제406조, 제347조 제1항을 유추 적용하여 그 소송절차는 중단되고 파산관재인이 이를 수계할 수 있다.

판 례 **채권자취소소송 계속 중 채무자의 회생개시결정(대법원 2014. 5. 29. 선고 2013다73780 판결)**

채권자취소소송의 계속 중 채무자에 대하여 개인회생절차 개시결정이 있었는데, 법원이 그 개인회생절차 개시결정사실을 알지 못한 채 채무자의 소송수계가 이루어지지 아니한 상태 그대로 소송절차를 진행하여 판결을 선고하였다면, 그 판결은 채무자의 개인회생절차 개시결정으로 소송절차를 수계할 채무자가 법률상 소송행위를 할 수 없는 상태에서 심리되어 선고된 것이므로 여기에는 마치 대리인에 의하여 적법하게 대리되지 아니하였던 경우와 마찬가지의 위법이 있다고 할 것이다.

(2) 소송계속 중 당사자 일방에 대해 회생절차개시결정이 있거나 파산선고가 있었음에도 법원이 이를 간과하고 내린 판결은 대리인에 의하여 적법하게 대리되지 않았던 경우와 마찬가지로 위법하나,[340] 이는 당연무효의 판결이 아니며, 대리권 흠결을 이유로 상소 또는 재심에 의하여 그 취소를 구할 수 있다.[341]

판 례 **파산선고로 인한 중단 간과판결의 효력(대법원 2020. 6. 25. 선고 2019다246399 판결)**

파산선고를 받은 자가 채권자를 상대로 채무의 존재를 다투는 소송은 파산재단에 속하는 재산에 관한 소송에 해당하므로 파산채무자에 대한 파산선고가 있는 때에는 채무자 회생 및 파산에 관한 법률 제347조에 따

340) 회생절차개시결정의 경우(대법원 2016. 12. 27. 선고 2016다35123 판결), 파산선고의 경우(대법원 2018. 4. 24. 선고 2017다287587 판결).

341) 대법원 2020. 6. 25. 선고 2019다246399 판결.

라 파산관재인 또는 상대방이 수계할 때까지 이에 관한 소송절차는 당연히 중단된다. 한편 이와 같은 소송절차의 중단사유를 간과하고 변론이 종결되어 판결이 선고된 경우 그 판결은 소송에 관여할 수 있는 적법한 수계인의 권한을 배제한 결과가 되어 절차상 위법하나 이를 당연무효라고 할 수는 없고, 대리인에 의하여 적법하게 대리되지 않았던 경우와 마찬가지로 대리권 흠결을 이유로 한 상소 또는 재심에 의하여 그 취소를 구할 수 있으며, 상소심에서 수계절차를 밟은 경우에는 위와 같은 절차상의 하자는 치유되고 그 수계와 상소는 적법한 것으로 된다.

2. 중단의 예외

가. 소송대리인이 있는 경우

제233조 내지 제237조에 규정된 중단사유 중의 하나가 발생하더라도 그 사유가 생긴 당사자 측에 소송대리인이 있는 경우에는 소송절차가 중단되지 않는다(제238조). 이 경우 수계절차를 밟지 아니하여도 소송대리인은 신당사자를 위하여 소송을 수행할 수 있고, 그 판결의 효력은 신당사자에게 미치며, 가령 신당사자를 잘못 표시하였다 하더라도 판결의 효력은 정당한 상속인에 대하여 미친다.[342]

나. 심급대리원칙과의 관계

(1) 소송대리인이 있다고 하여도 심급대리의 원칙상 그 심급의 판결정본이 소송대리인에게 송달되면 당해 소송대리인의 대리권은 소멸되고 원칙적으로 소송절차는 중단된다.[343] 이 경우 상소는 원칙적으로 수계절차를 밟아 중단을 해소한 후에 제기하면 된다.

판 례 **심급대리원칙과 소송절차중단(대법원 1996. 2. 9. 선고 94다61649 판결)**

당사자가 사망하였으나 그를 위한 소송대리인이 있는 경우에는 소송절차가 중단되지 아니하고, 그 소송대리인은 상속인들 전원을 위하여 소송을 수행하게 되어 그 사건의 판결은 상속인들 전원에 대하여 효력이 있다고 할 것이며, 다만 심급대리의 원칙상 그 판결정본이 소송대리인에게 송달된 때에는 소송절차가 중단된다.

(2) 한편 소송대리인에게 상소의 제기에 관한 특별한 수권(제90조 제2항 제3호)이 있다면 판결정본이 송달되어도 중단되지 않는다. 이러한 소송대리인이 상소를 제기하였다면 상소제기 시부터 소송절차가 중단되므로 이때는 상소심에서 적법한 수계절차를 거쳐야 중단이 해소된다.[344] 망인의 소송대리인에게 상소제기에 관한 특별수권이 있는데 상속인 중

342) 대법원 1992. 11. 5.자 91마342 결정.
343) 대법원 1996. 2. 9. 선고 94다61649 판결.
344) 대법원 2016. 9. 8. 선고 2015다39357 판결.

일부만 수계 및 항소한 경우 그에 따른 법률관계에 대하여 경우를 나눠 살펴본다.[345)]

(가) 먼저 상속인 중 일부가 소송수계를 하여 그들 명의로 판결이 선고되고 그 판결이 상소제기에 관한 특별수권을 가진 소송대리인에게 송달된 후 판결서에 표시된 상속인들이 항소를 제기한 경우이다. 즉 소송당사자인 망 A의 상속인으로 甲, 乙이 있음에도 상속인을 甲으로만 알고 그 명의로 소송수계를 하여 甲 명의로 판결이 선고되고 상소제기에 관한 특별수권이 있는 소송대리인에게 판결이 송달된 후 甲이 독자적으로 항소를 하여 형식적으로 乙에 대하여 항소기간이 도과한 경우이다. 이 경우에 상소기간의 도과로 乙에 대한 판결은 확정된다(확정설).[346)] 판례 역시 이 경우 乙에게도 판결의 효력이 미치고, 소송대리인에게 상소제기에 관한 특별수권이 있어 乙의 항소기간이 진행되므로, 乙의 항소기간 도과로 그 판결이 확정되었다고 보고 있다.[347)] 이에 대하여 누락된 상속인(乙)의 재판청구권을 침해하는 것으로서 극히 부당하다고 보면서, 乙에 대해서는 A가 사망한 시점에 절차가 중단된 상태라고 보는 것이 타당하다는 견해(중단설)가 있다.[348)] 생각건대 소송대리인이 있음에도 절차가 중단되었다고 보는 것은 제238조 명문의 규정에 반하고, 甲에게는 乙을 대리할 권한이 없으므로 甲의 항소가 乙에 대해서까지 효력이 미치는 것으로 확대해석할 수는 없으므로, 누락된 상속인 乙에 대해서 판결은 확정되고, 다만 추후보완항소를 통해 구제할 것이며, 그것이 어려울 때에는 손해배상청구 등 실체법적 해결을 도모할 수 밖에 없다 할 것이다.

판 례 **상속인이 항소한 경우 판결의 효력 및 항소의 효력(대법원 1992. 11. 5.자 91마342 결정)**

당사자가 사망하였으나 소송대리인이 있어 소송절차가 중단되지 아니한 경우 원칙적으로 소송수계라는 문제가 발생하지 아니하고 소송대리인은 상속인들 전원을 위하여 소송을 수행하게 되는 것이며 그 사건의 판결은 상속인들 전원에 대하여 효력이 있다 할 것이고, 이때 상속인이 밝혀진 경우에는 상속인을 소송승계인으로 하여 신당사자로 표시할 것이지만 상속인이 누구인지 모를 때에는 망인을 그대로 당사자로 표시하여도 무방하며, 가령 신당사자를 잘못 표시하였다 하더라도 그 표시가 망인의 상속인, 상속승계인, 소송수계인 등 망인의 상속인임을 나타내는 문구로 되어 있으면 잘못 표시된 당사자에 대하여는 판결의 효력이 미치지 아니하고 여전히 정당한 상속인에 대하여 판결의 효력이 미친다.

---

345) 이와 비교하여, i) 망인에게 소송대리인이 없는 경우에는 망인의 사망시에, ii) 소송대리인이 있더라도 상소제기에 관한 특별수권이 없는 경우에는 판결정본의 송달시에, 각각 수계절차를 밟지 않은 상속인의 소송관계가 중단된 채로 계속되어 있을 것이므로 문제될 것이 없다. 소송대리인에게 상소제기에 관한 특별수권이 있어 상소기간이 진행되는 경우에 비로소 수계절차를 밟지 않은 상속인에 대한 판결이 확정되는지 여부가 문제되는 것이다.

346) 김홍엽, 585면; 이시윤, 451면; 정동윤/유병현/김경욱, 707면; 정영환, 868면; 전원열, 308면.

347) 대법원 1992. 11. 5.자 91마342 결정.

348) 호문혁, 1022~1023면.

☞ 소송계속 중 피고가 사망(상속인 甲, 乙)하였으나 그를 위한 소송대리인(변호사 B)이 선임되어 있어 소송절차가 중단되지 아니한 채로 진행되다가 원고가 甲을 수계인으로 하는 수계신청을 하였고 제1심이 이를 받아들인 후 원고 일부승소판결을 하였는데, 이에 대해 甲이 항소를 하여 항소심 소송계속 중 원고가 乙에 대하여 추가로 수계신청을 하였으나 항소심이 수계신청을 기각한 사안. 대법원은, 제1심판결의 효력은 乙에 대하여도 효력이 있는데, 변호사 B에게 상소제기에 관한 특별수권이 있어 乙의 항소기간이 진행되므로, 乙에 대해서 항소기간 도과로 제1심판결이 확정되었다고 보아, 이에 대한 수계신청을 기각한 원심결정이 결론에 있어 타당하다고 하였음.

(나) 다음으로 위 사안에서 판결문에 표시된 甲이 항소한 것이 아니라 상소제기에 관한 특별수권을 가진 소송대리인이 甲의 이름으로 항소를 한 경우이다. 즉 제1심 소송계속 중 원고가 사망하자 공동상속인 중 甲만이 수계절차를 밟았고, 원고 패소의 제1심판결에 대해 상소제기에 관한 특별수권이 있는 망 원고의 소송대리인이 '망인의 소송수계인 甲'으로 표시하여 항소를 하였으며, 나머지 상속인들이 항소심에서 수계신청을 한 사안에서, 제1심판결의 효력은 당사자 표시의 잘못에도 불구하고 망인의 상속인들 전부에게 미치므로, 제1심판결 전부에 대해 항소가 제기된 것으로 보아야 하고, 따라서 항소제기의 효력도 상속인들 모두에게 미쳐, 항소심은 나머지 상속인들의 수계신청을 받아들여 그 부분 청구에 대해서도 심리판단하여야 한다고 했다.[349] 이 판례에 대해 타당성이 없다고 보는 견해도 있고,[350] 타당하다고 보는 견해도 있다.[351] 또한 이 판례는 앞의 91마342 결정보다는 나은 결과가 도출되었으나 상속인이 항소하느냐 아니면 망인의 소송대리인이 항소하느냐에 따라 결과가 달라지는 것이 타당한지에 대해서는 의문이 있다는 견해도 있다.[352] 생각건대 소송대리인이 있는 경우 소송절차가 중단되지 않는 점, 소송대리인은 상속인 모두를 위해 소송을 수행하는 것으로 볼 수 있는 점, 소송대리인이 항소를 제기한 경우 그 진의는 망인의 소송수계인으로 표시된 자뿐만 아니라 상속인 모두를 위하여 항소한 것으로 볼 수 있는 점 등을 고려할 때 위 판례의 태도는 타당하다 할 것이다. 최근 판례는 금전지급청구의 피고가 제1심 소송계속 중 사망하자 공동상속인(丙, 丁) 중 丙만 수계절차를

349) 대법원 2010. 12. 23. 선고 2007다22859 판결. 이 판결은 그 이유에서 "대법원 1992. 11. 5.자 91마342 결정은, 제1심에서 사망한 당사자의 지위를 당연승계한 상속인들 가운데 실제로 수계절차를 밟은 일부 상속인들이 제1심판결에 불복하여 스스로 항소를 제기하였으나 이들이 수계인으로 표시되지 아니한 나머지 상속인들의 소송을 대리할 아무런 권한도 갖고 있지 아니하였던 사안에 관한 것으로서, 망인의 소송상 지위를 당연승계한 상속인들 전원을 위하여 소송대리권을 가지는 망인의 소송대리인이 상소를 제기한 이 사건과는 그 사안을 달리한다."고 하여, 91마342 결정과 사안을 구별하고 있다.

350) 호문혁, 1022면.

351) 정영환, 869면.

352) 한충수, 809면.

밟아 丙만 소송수계인으로 표시된 제1심판결이 선고되자 상소제기에 관한 특별수권이 있는 망인의 소송대리인과 원고가 위 판결 중 각자 패소부분 전부에 대하여 항소를 제기하였고, 그 후로도 丁에 관하여는 수계절차 없이 항소심판결이 선고되어 확정된 사안에서, 항소를 제기한 자의 합리적 의사에 비추어 상속인들 모두에게 효력이 미치는 제1심판결 전부에 대해 항소가 제기된 것으로 보아야 하고, 丁에 관한 소송절차는 항소심에서 중단된 상태로 계속되어 있으므로 항소심 법원에 수계신청을 하면 되고, 위 항소심판결에 대한 경정을 통하여 丁을 당사자와 주문에 반영하도록 변경할 수는 없다고 하여,[353] 같은 입장을 재확인하였다.

판 례 **망인의 소송대리인이 항소한 경우 항소의 효력(대법원 2023. 8. 18.자 2022그779 결정)**

민사소송법 제95조 제1호, 제238조에 따라 소송대리인이 있는 경우에는 당사자가 사망하더라도 소송절차가 중단되지 않고 소송대리인의 소송대리권도 소멸하지 아니하는바, 이때 망인의 소송대리인은 당사자 지위의 당연승계로 인하여 상속인으로부터 새로이 수권을 받을 필요 없이 법률상 당연히 상속인의 소송대리인으로 취급되어 상속인들 모두를 위하여 소송을 수행하게 되는 것이고, 당사자가 사망하였으나 그를 위한 소송대리인이 있어 소송절차가 중단되지 않는 경우에 비록 상속인으로 당사자의 표시를 정정하지 아니한 채 망인을 그대로 당사자로 표시하여 판결하였다고 하더라도 그 판결의 효력은 망인의 소송상 지위를 당연승계한 상속인들 모두에게 미치는 것이므로, 망인의 공동상속인 중 소송수계절차를 밟은 일부만을 당사자로 표시한 판결 역시 수계하지 아니한 나머지 공동상속인들에게도 그 효력이 미친다.
심급대리의 원칙상 그 판결이 망인의 소송대리인에게 송달된 때 소송절차가 중단되나, 망인의 소송대리인에게 상소제기에 관한 특별수권이 부여되어 있는 경우에는, 그에게 판결이 송달되더라도 소송절차가 중단되지 아니한 채 상소기간은 진행하므로 상소제기 없이 상소기간이 지나가면 그 판결은 확정되고, 한편 망인의 소송대리인이나 상속인 또는 상대방 당사자에 의하여 적법하게 상소가 제기되면 그 판결이 확정되지 않는다. 그런데 당사자 표시가 잘못되었음에도 망인의 소송상 지위를 당연승계한 정당한 상속인들 모두에게 효력이 미치는 판결에 대하여 잘못된 당사자 표시를 신뢰한 망인의 소송대리인이나 상대방 당사자가 잘못 기재된 당사자 모두를 상소인 또는 피상소인으로 표시하여 상소를 제기한 경우에는, 상소를 제기한 자의 합리적 의사에 비추어 특별한 사정이 없는 한 정당한 상속인들 모두에게 효력이 미치는 위 판결 전부에 대하여 상소가 제기된 것으로 보는 것이 타당하다. 상소제기에 관한 특별수권이 부여되어 있는 망인의 소송대리인이 상소를 제기한 이후부터는 그 소송대리권이 소멸함에 따라 망인의 공동상속인 중 수계절차를 밟은 일부 상속인 외에 나머지 상속인에 대한 소송절차는 중단된 상태에 있으므로(민사소송법 제233조 제1항 참조), 위 나머지 상속인 또는 상대방이 소송절차가 중단된 상태에 있는 상소심법원에 소송절차의 수계신청을 할 수 있다.

353) 대법원 2023. 8. 18.자 2022그779 결정.

3. 중단의 해소

가. 수계신청

(1) 의 의

수계신청은 중단된 절차의 속행을 구하는 신청이다.

(2) 수계신청권자

중단사유가 있는 당사자 측의 신수행자뿐만 아니라, 상대방 당사자도 할 수 있다(제241조). 따라서 신수행자에 의해 임의로 수계되거나 상대방의 신청에 의해 강제수계가 되게 된다.

신수행자는 중단사유마다 법정되어 있는데, 당사자 사망의 경우는 상속인·상속재산관리인 등이 수계신청권자이며(제233조 제1항), 공동상속재산에 관한 소송은 필수적 공동소송관계가 아닌 이상 각 상속인이 개별적으로 수계신청할 수 있다.[354] 소송계속 중 당사자 일방이 사망하였는데 그에게 소송대리인이 없는 경우 공동상속인들 중 한 사람만이 수계절차를 밟아 판결을 받았다면 수계절차를 밟지 않은 다른 상속인의 소송관계는 중단된 채로 제1심에 계속되어 있는 것이다.[355]

판 례 공동상속인 중 일부만 수계한 경우(대법원 1994. 11. 4. 선고 93다31993 판결)

제1심 원고이던 甲이 소송계속 중 사망하였고 그의 소송대리인도 없었는데 그 공동상속인들 중 1인인 제1심 공동원고 乙만이 甲을 수계하여 심리가 진행된 끝에 제1심법원은 乙만을 甲의 소송수계인으로 하여 판결을 선고한 경우, 만일 甲을 수계할 다른 사람이 있음에도 수계절차를 밟지 않았다면 그에 대한 관계에서는 그 소송은 중단된 채로 제1심법원에 계속되어 있다고 보아야 한다.

법인 합병의 경우는 합병 후 설립된 법인이나 합병 후 존속법인이고(제234조), 소송능력의 상실, 법정대리권 소멸의 경우는 소송능력을 회복한 당사자 또는 법정대리인이며(제235조), 수탁자의 임무종료의 경우는 새로운 수탁자(제236조), 자격상실의 경우는 자격을 가진 사람이나 선정자, 새로운 선정당사자(제237조), 파산선고 또는 회생절차의 개시결정을 받은 경우는 파산관재인 또는 채권자(제239조), 파산절차 해지의 경우는 파산선고를 받은 사람(제240조)이 수계신청을 할 수 있다.

---

354) 대법원 1993. 2. 12. 선고 92다29801 판결.
355) 대법원 1994. 11. 4. 선고 93다31993 판결.

(3) 신청하여야 할 법원

수계신청은 중단 당시 소송이 계속된 법원에 하여야 한다(제243조 제2항). 한편 종국판결이 송달된 뒤에 중단된 경우에는 수계신청을 원심법원에 해야 하는지, 상소심법원에 해야 하는지 문제된다. 판례는 소송절차가 중단된 상태에서 제기된 상소는 부적법한 것이지만, 상소심법원에 수계신청을 하여 그 하자를 치유시킬 수 있다고 하였다.[356] 생각건대 우리 법이 상소장 원심제출주의를 취하고 있으므로(제397조 제1항, 제425조), 수계신청 역시 원칙적으로 원심법원에 해야 할 것이나, 중단사유 발생을 간과하여 수계신청을 하지 않고 상소를 하였는데 상대방이 이의 없이 응소하여 이의권의 포기상실로 하자가 치유된 경우와 같이 사건이 형식상 상소심에 이심되어 있는 경우에는 소송경제나 당사자의 편의를 위하여 상소심법원에 할 수 있다고 보는 것이 타당하다고 본다.[357]

(4) 수계신청절차

수계신청은 서면 또는 말로써 하며(제161조), 묵시의 수계도 긍정된다.[358] 수계신청이 있으면 법원은 상대방에게 이를 통지하여야 한다(제242조). 상대방에 대한 관계에서는 통지 시에 중단이 해소된다(제247조 제2항).

(5) 수계신청에 대한 재판

수계신청의 적법 여부는 법원의 직권조사사항으로 ① 이유가 없으면 결정으로 기각한다(제243조 제1항). 그리고 이 결정에 대해서는 통상항고를 할 수 있다(제439조). ② 수계신청이 이유 있으면 별도의 재판할 필요 없이 그대로 소송행위를 진행시키면 된다.[359]

나. 법원의 속행명령

법원은 당사자가 소송절차를 수계하지 아니하는 경우에 직권으로 소송절차를 계속하여 진행하도록 명할 수 있다(제244조). 이는 중단상태에서 사건이 방치되는 것을 막는데 그 취지가 있다. 중단 당시에 소송이 계속된 법원에서 속행명령을 한다. 속행명령은 중간적 재판이므로 독립하여 불복할 수 없다.

---

356) 대법원 1996. 2. 9. 선고 94다61649 판결.

357) 김홍엽, 590면; 정영환, 871면. 원심법원설을 취하는 견해로 이시윤, 452면; 전원열, 310면; 정동윤/유병현/김경욱, 709면.

358) 대법원 1955. 7. 7. 선고 4288민상53 판결.

359) 대법원 2006. 11. 23. 선고 2006재다171 판결.

Ⅲ. 소송절차의 중지

1. 당연중지(제245조)

천재지변 그 밖의 사고로 법원이 직무를 수행할 수 없을 경우에 소송절차는 그 사고가 소멸될 때까지 중지된다. 중지결정의 필요 없이 당연히 중지되고, 직무집행의 불능상태가 소멸되면 중지도 당연히 해소된다.

2. 재판에 의한 중지(제246조)

법원은 직무를 행할 수가 있으나 당사자가 법원에 출석하여 소송행위를 할 수 없는 장애사유가 발생한 경우(예컨대 전쟁 그 밖의 사유로 교통의 두절 등) 신청 또는 직권에 의한 법원의 결정으로 중지되며, 그 취소결정에 의해 중지가 해소된다.

3. 다른 절차와의 관계에서 진행이 부적당한 경우

예컨대 사건에 대하여 위헌심판제청을 한 경우(헌재 제42조 제1항),[360] 조정에 회부된 경우(민조규 제4조 제2항), 특허심결이 선결관계에 있는 경우(특허 제164조 제2항), 다른 민사사건이나 형사사건의 판결결과가 선결관계에 있는 경우 등이 있다. 이 경우 실무상 기일의 추후지정으로 처리하는 것이 일반적이다.

Ⅳ. 소송절차 정지의 효과

소송절차 정지 중에는 이미 변론종결된 경우의 판결의 선고를 제외하고,[361] 소송절차상 일체의 소송행위를 할 수 없다. 정지가 되면 기간은 그 진행을 개시하지 않고, 이미 진행 중의 기간도 그 진행을 멈추며,[362] 소송절차의 수계사실 통지 또는 속행한 때로부터 다시 전체기간이 새로이 진행된다(제247조). 이 점은 시효중단의 경우와 같다.

---

360) 대법원 1995. 3. 3. 선고 92다55770 판결.

361) 대법원 1989. 9. 26. 선고 87므13 판결.

362) 대법원 2012. 11. 15. 선고 2012다70012 판결.

판 례 **독촉절차의 이의신청기간 정지(대법원 2012. 11. 15. 선고 2012다70012 판결)**

독촉절차는 금전, 그 밖에 대체물이나 유가증권의 일정한 수량의 지급을 목적으로 하는 청구에 대하여 채권자로 하여금 간이·신속하게 집행권원을 얻을 수 있도록 하기 위한 특별소송절차로서(민사소송법 제462조), 그 성질에 어긋나지 아니 하는 범위에서 소에 관한 규정이 준용된다(민사소송법 제464조). 따라서 지급명령이 송달된 후 이의신청 기간 내에 회생절차개시결정 등과 같은 소송중단 사유가 생긴 경우에는 민사소송법 제247조 제2항이 준용되어 이의신청 기간의 진행이 정지된다.

1. 당사자의 소송행위

정지 중의 당사자의 행위는 원칙적으로 무효이나, 상대방이 아무런 이의를 하지 아니하여 이의권이 상실되면 유효하게 된다.[363] 정지제도는 당사자를 보호하기 위한 제도이기 때문에 정지 중의 소송행위라도 추인하면 유효하게 된다. 추인은 묵시적으로도 가능하다.[364] 예외적으로 소송절차 외에서 행하는 소송대리인의 선임, 해임, 소송구조신청은 유효하게 할 수 있다.

2. 법원의 소송행위

정지 중의 법원의 소송행위는 허용되지 않는다. 따라서 이에 위반한 법원의 재판은 상소로 불복할 수 있으며, 그 밖의 소송행위는 무효로 된다. 그러나 당사자의 이의권의 포기·상실로 하자가 치유된다.

3. 정지를 간과한 판결의 효력

변론종결하기에 앞서 정지가 되었음에도 간과한 채 변론을 종결하고 판결을 선고하면 위법하지만 당연무효라고 할 수는 없고, 이때는 대리권의 흠이 있는 경우에 준하여 판결이 확정 전이면 상소(제424조 제1항 제4호), 확정 후이면 재심(제451조 제1항 제3호)에 의하여 취소할 수 있다.[365]

---

363) 대법원 1955. 7. 7. 선고 4288민상53 판결.

364) 대법원 2016. 4. 29. 선고 2014다210449 판결.

365) 대법원 1995. 5. 23. 선고 94다28444 전원합의체 판결.

제3장
증 거

제 1 절 증거 개설

Ⅰ. 증거의 의의

재판은 '구체적 사실'을 소전제로 하고, '법규의 존부·해석'을 대전제로 하여, 결론인 법률효과, 즉 당사자가 주장하는 '권리관계의 유무'를 확정하는 구조로 진행된다. 따라서 구체적 사실의 확정이 요구되는데, 당사자 사이에 다툼이 없는 사실과 현저한 사실은 그대로 판결의 기초로 삼으면 되나, 다툼이 있는 사실은 증거조사를 통한 확정이 필요하다. 증거는 판결기초를 확정하기 위한 사실의 판단자료로서 중요한 의의를 지닌다.

Ⅱ. 증거의 개념

1. 증거의 의미

증거는 법규적용의 대상이 될 사실을 확정하기 위한 자료를 말한다. 증거라는 말은 증거방법·증거자료·증거원인 등 여러 가지 뜻으로 쓰인다.

2. 증거 관련 개념

가. 증거방법

증거방법은 법관이 그 오관의 작용에 의하여 조사할 수 있는 유형물(사람 또는 물건)을 말한다. 증거방법 중 증인·감정인·당사자본인은 인적 증거이고, 문서·검증물·그 밖의 증거(제374조)는 물적 증거이다.

나. 증거자료

증거자료는 법관이 증거방법의 조사를 통하여 얻은 내용을 말한다. 증언, 감정결과, 당사자신문결과, 문서의 기재내용, 검증결과, 그 밖의 증거의 조사결과가 그것이다. 이 외에 조사촉탁결과(제294조)도 증거자료가 된다.

다. 증거원인

증거원인은 법관의 심증형성의 원인이 된 자료나 상황을 뜻한다. 즉 변론 전체의 취지 및 증거조사의 결과(증거자료)가 이에 해당한다(제202조).

라. 증거능력과 증거력

(1) 증거능력은 유형물이 증거방법으로서 증거조사의 대상이 될 수 있는 자격을 말한다. 형사소송에서는 증거능력을 제한하고 있지만, 민사소송의 경우 원칙적으로 증거능력의 제한이 없다. 그러나 당사자와 법정대리인은 증인능력이 없고(제367조, 제372조), 대리권은 서면으로 증명해야 하므로(제58조, 제89조) 대리권에 관한 다른 증거는 증거능력이 없다. 그 외에도 기피당한 감정인은 감정인능력을 상실하며(제336조, 제337조), 선서하지 않은 감정인에 의한 신체감정결과는 증거능력이 없다.

(2) 증거력은 증거자료가 요증사실의 인정에 기여하는 정도를 말한다. 이는 어느 정도 법관에게 확신을 심어주는가를 말하며, 증거가치 또는 증명력이라고도 한다.

마. 위법하게 수집한 증거방법

무단녹음, 사설탐정이 수집한 정보, 몰래카메라·드론 등에 의한 무단촬영물 등의 증거능력이 문제된다. 판례는 자유심증주의를 이유로 상대방 몰래 녹음한 녹음테이프의 증거능력이 없다고 단정할 수 없다고 하였다.[1] 그러나 한편 판례는 몰래 지속적으로 사진촬영을 하는 등 증거를 위법하게 수집한 경우 그 행위가 불법행위를 구성하여 손해배상책임을 진다고 하였다.[2]

판 례 **몰래 녹음한 테이프의 증거능력(대법원 1999. 5. 25. 선고 99다1789 판결)**

[1] 자유심증주의를 채택하고 있는 우리 민사소송법하에서 상대방 부지 중 비밀리에 상대방과의 대화를 녹

1) 대법원 1999. 5. 25. 선고 99다1789 판결.
2) 대법원 2006. 10. 13. 선고 2004다16280 판결.

음하였다는 이유만으로 그 녹음테이프가 증거능력이 없다고 단정할 수 없고, 그 채증 여부는 사실심 법원의 재량에 속하는 것이며, 녹음테이프에 대한 증거조사는 검증의 방법에 의하여야 한다.

[2] 당사자 일방이 녹음테이프를 증거로 제출하지 않고 이를 속기사에 의하여 녹취한 녹취문을 증거로 제출하고 이에 대하여 상대방이 부지로 인부한 경우, 법원은 녹음테이프의 검증을 통하여 대화자가 진술한 대로 녹취되었는지 확인하여야 할 것이나, 그 녹취문이 오히려 상대방에게 유리한 내용으로 되어 있다면 그 녹취 자체는 정확하게 이루어진 것으로 보이므로 녹음테이프 검증 없이 녹취문의 진정성립을 인정할 수 있다고 본 사례.

판 례 **몰래 지속적 사진촬영 행위의 불법행위성(대법원 2006. 10. 13. 선고 2004다16280 판결)**

(전략) 원심이 적법하게 인정한 사실에 의하면, 피고 신동아화재해상보험 주식회사의 직원들인 피고 2, 피고 3이 원고들이 피고 신동아화재해상보험 주식회사를 상대로 제기한 손해배상청구소송에서 원고 1, 원고 2의 후유장해 정도에 대한 증거자료를 수집할 목적으로 원고들 몰래 원고들의 사진을 촬영하여 법원에 제출하였는데, 그 사진의 내용은 원고들이 일상생활에서 장해부위를 사용하는 모습으로서 원고들의 아파트 주차장, 직장의 주차장, 차량수리업소의 마당, 원고 3의 어린이집 주변 도로 등 일반인의 접근이 허용된 공개된 장소에서 촬영한 것이며, 위 피고들은 위 사진을 촬영하기 위하여 원고들을 몰래 지켜보거나 미행하고 때에 따라서는 차량으로 뒤따라가 사진을 촬영하였음을 알 수 있다. 위와 같은 위 피고들의 행위는 특정의 목적을 가지고 의도적·계속적으로 주시하고 미행하면서 사진을 촬영함으로써 원고들에 관한 정보를 임의로 수집한 것이어서, 비록 그것이 공개된 장소에서 민사소송의 증거를 수집할 목적으로 이루어졌다고 하더라도 초상권 및 사생활의 비밀과 자유의 보호영역을 침범한 것으로서 불법행위를 구성한다고 할 것이다. 원심이 이 부분에 관하여 같은 결론에 이른 판단은 정당하다. (후략)

Ⅲ. 증거의 종류

1. 직접증거와 간접증거

이는 주요사실과의 관련성에 따른 분류이다.

(1) 직접증거는 주요사실의 존부를 직접 증명하는 증거를 말한다. 소송에서 판단할 법률효과나 발생요건사실의 진위를 직접적으로 증명하는 증거를 말하는 것이다. 예컨대 계약의 존부를 증명하는 계약서 등이 그것이다.

(2) 간접증거는 주요사실의 존부를 확인하는데 도움이 되는 사실(간접사실)이나 증거능력과 증거력에 관계있는 사실(보조사실)의 존부에 관한 증거를 말한다. 알리바이를 증명해 줄 증인의 정황증언 등이다. 손해액 증명 곤란 시 간접증거들을 종합하여 손해액을 인정할 수 있다.[3)]

---

3) 대법원 2007. 11. 29. 선고 2006다3561 판결.

판 례 **간접증거들에 의한 손해액 인정(대법원 2007. 11. 29. 선고 2006다3561 판결)**

불법행위로 인한 손해배상청구소송에서 재산적 손해의 발생사실은 인정되나 구체적인 손해의 액수를 증명하는 것이 사안의 성질상 곤란한 경우, 법원은 증거조사의 결과와 변론 전체의 취지에 의하여 밝혀진 당사자들 사이의 관계, 불법행위와 그로 인한 재산적 손해가 발생하게 된 경위, 손해의 성격, 손해가 발생한 이후의 여러 정황 등 관련된 모든 간접사실들을 종합하여 손해의 액수를 판단할 수 있는 것이고, 이러한 법리는 자유심증주의하에서 손해의 발생사실은 입증되었으나 사안의 성질상 손해액에 대한 입증이 곤란한 경우 증명도·심증도를 경감함으로써 손해의 공평·타당한 분담을 지도 원리로 하는 손해배상제도의 이상과 기능을 실현하고자 함에 그 취지가 있는 것이지, 법관에게 손해액의 산정에 관한 자유재량을 부여한 것은 아니므로, 법원이 위와 같은 방법으로 구체적 손해액을 판단함에 있어서는, 손해액 산정의 근거가 되는 간접사실들의 탐색에 최선의 노력을 다해야 하고, 그와 같이 탐색해 낸 간접사실들을 합리적으로 평가하여 객관적으로 수긍할 수 있는 손해액을 산정해야 할 것이다.

2. 본증, 반증과 반대사실의 증거

이는 증명책임의 소재를 기준으로 한 분류이다.

(1) 본증은 자기에게 증명책임이 있는 사실을 증명하기 위해 제출하는 증거이고, 반증은 상대방이 증명책임을 지는 사실을 부정하기 위하여 제출하는 증거를 말한다.[4] 본증의 경우 증명사실이 진위불명일 경우 패소를 면치 못하므로 법관으로 하여금 확신이 들게 하여야 하지만, 반증의 경우에는 요증사실의 존재가 확실하지 못하다는 심증 즉 요증사실에 대하여 법관의 의심을 품게 하면 된다. 예컨대 대여금청구소송에 있어서 원고는 그 권리발생사실에 대하여 본증으로서 법관에게 확신이 들게 하여야 승소할 수 있으나, 피고는 반증으로서 계약체결사실에 의문이 들게 하여 법관의 확신을 동요시키면 된다.

(2) 반증은 반대사실의 증거와 구별하여야 한다. 반대사실의 증거는 법률상 추정을 번복시키기 위해 추정된 사실에 반대되는 사실을 증명하기 위해 제출하는 증거이다. 예컨대 아내가 혼인 중에 임신한 자녀는 남편의 자녀로 추정하는데(민법 제844조 제1항), 이러한 추정을 번복할 수 있는 반대사실로서 부부가 장기간 별거하였다는 사실은 반대사실의 증거라 할 것이다.[5] 반대사실의 증거는 자신이 증명책임을 지는 반대사실에 대해 증거를 제출하는 것이므로, 반증이 아니라 본증이다.

---

4) 반증과 구별할 것이 방증(傍證)이 있는데 이는 어느 사실을 간접적으로 뒷받침하는 증거를 뜻한다.

5) 대법원 1983. 7. 12.자 82므59 결정.

3. 엄격한 증명과 자유로운 증명

이는 증거조사절차에 있어서 법률규정을 지켜야 하는지 여부에 따른 구별이다.

(1) 엄격한 증명은 법률에 정하여진 증거방법에 의하여 법률로 정해진 절차에 의하여 행해지는 증명을 말한다. 즉 민사소송법에서 정한 증거방법에 의하여, 그리고 공개주의, 직접주의, 구술주의 등의 엄격한 증거조사절차에 의하여 증명하는 것이다. 소송목적인 권리 또는 법률관계의 주장에 대한 존부를 판단함에 필요한 사실에 관해서는 엄격증명에 의할 것이다.

(2) 자유로운 증명은 증거방법이나 절차에 있어서 법률규정의 구속을 받지 않는 증명이다. 예컨대 판결절차에 있어서의 직권탐지사항, 비송사건절차에서의 요증사실, 섭외사건에 관하여 적용할 준거외국법,[6] 난민신청자가 제출한 외국 공문서,[7] 전문적인 경험법칙 등은 자유로운 증명으로 족하다고 할 수 있다.

4. 증명과 소명

이는 법관의 심증정도에 따른 구별이다.

(1) 증명은 법관이 요증사실에 대하여 고도의 개연성 즉 확신을 얻은 상태 또는 확신을 얻도록 하는 증거제출행위를 말한다(십중팔구는 그러할 것이라는 심증). 증명의 대상은 청구를 뒷받침하는 사실, 외국법 내지 관습법, 소송요건 등이다.

(2) 소명은 법관이 요증사실에 대하여 저도의 개연성 다시 말해 일응 확실할 것이라고 추측을 얻은 상태 또는 그러한 상태에 이르도록 하는 증거제출행위를 말한다(50~60% 정도는 맞을 것이라는 심증). 증명은 고도의 개연성이 요구되는 반면에 소명은 신속한 처리가 필요하므로 소명방법은 즉시성이 있어야 한다. 소명은 법률에 특별히 규정한 경우에 한하는데, 기피이유(제44조 제2항), 보조참가이유(제73조 제1항), 가압류·가처분(민집 제279조 제2항, 제301조) 등이 그 예이다.

6) 대법원 1992. 7. 28. 선고 91다41897 판결.
7) 대법원 2016. 3. 10. 선고 2013두14269 판결.

제 2 절 증명의 대상

I. 다툼이 있는 사실

(1) 증명하여야 할 사실에는 외계의 사실뿐만 아니라 내심의 사실(예컨대 知·不知, 고의·과실, 선의·악의)도 포함된다. 과거의 사실도 증명이 필요한 경우가 있다. 그러나 사실에 대한 가치평가는 증명의 대상이 아니다. 법관의 전권사항이기 때문이다. 따라서 의사표시의 해석이나 선량한 풍속에 반하는지 여부 등은 증명할 필요가 없다.

(2) 원칙적으로 증명의 대상이 되는 것은 주요사실이지만, 주요사실을 증명하기 어려운 경우 간접사실과 보조사실을 통해 주요사실을 간접적으로 추인할 수밖에 없으므로 그 한도에서 간접사실과 보조사실도 증명의 대상이 된다. 예컨대 알리바이를 증명한다거나 서증이 위조되었거나 증인이 전에 위증죄로 처벌받았거나 당사자와 원수지간이라는 사실을 증명하는 것이다. 간접사실과 보조사실의 증명 여부는 주요사실과의 관련성에 의해 정해지는바, 간접사실이나 보조사실을 다투어도 주요사실과 관계가 없는 경우에는 증거조사를 할 필요가 없다.

(3) 다툼이 있는 사실로서 판결결과에 영향이 있는 사실만 증거조사의 대상이 된다. 따라서 도박자금의 반환청구와 같이 주장 자체로 이유가 없는 경우는 증거조사해도 판결주문에 영향이 없기 때문에 증명을 요하지 않고, 곧바로 청구기각하면 된다.

II. 경험법칙

(1) 경험법칙은 일상생활의 경험에서 얻어진 사물에 관한 지식이나 법칙을 의미한다.[8] 즉 같은 종류에 대한 반복된 경험을 통해 얻은 일반상식이다. 판례는 개인사업 종사자의 가동연한,[9] 일용근로자의 가동일수[10] 등 다양한 부분에서 경험법칙을 활용하고 있다.

(2) 경험법칙은 법규에 준하므로 증명의 대상이 아니라고 할 것이지만, 고도의 전문지식에 속하여 법관이 알지 못하는 경험법칙은 부득이하게 증명할 필요가 있다고 본다.

---

8) 대법원 1992. 7. 24. 선고 92다10135 판결.

9) 대법원 1992. 7. 24. 선고 92다10135 판결. 최근 대법원은 우리나라의 사회적·경제적 구조와 생활여건이 급속하게 향상·발전된 점을 고려하여, 육체노동자의 가동연한을 만 60세를 넘어 만 65세까지도 가동할 수 있다고 보는 것이 경험칙에 합당하다고 보았다(대법원 2019. 2. 21. 선고 2018다248909 전원합의체 판결).

10) 대법원 1992. 12. 8. 선고 92다26604 판결.

(3) 경험법칙의 인정을 그르쳤거나 그 적용을 잘못한 경우, 이를 사실문제로 보아 사실심의 전권에 속한다고 볼 것인지, 아니면 법령위반으로 보아 상고이유가 된다고 볼 것인지 문제된다. 이에 대하여 사실문제설[11]과 법률문제설[12]이 대립하나, 판례는 경험칙에 어긋나는 것을 사실인정의 과정에서 채증법칙을 위배한 위법이 있다고 하거나,[13] 경험칙에 위배하여 사실을 확정한 위법이 있다고 하거나,[14] 경험칙 위배 및 심리미진으로 사실을 오인하여 판결 결과에 영향을 미친 위법이 있다고 하거나,[15] 논리와 경험의 법칙에 반하여 자유심증주의의 한계를 벗어난 잘못이 있다고 하여,[16] 법령위배처럼 상고이유가 된다고 보아 법률문제설을 취하고 있다.

Ⅲ. 법 규

(1) 법규의 존부와 해석에 관한 판단은 법관의 전권사항이자 책무이므로 당사자가 이를 증명할 필요가 없는 것이 원칙이다. 그러나 외국법, 조례, 관습법, 구법 등에 관하여 법관이 모르고 있을 경우에는 당사자가 증명할 필요가 있다 할 것이다. 이 경우 법원이 권한으로 그 내용을 조사하여야 하는데, 법원이 합리적이라고 판단하는 방법에 의해 조사하면 충분하고, 반드시 감정인의 감정이나 전문가의 증언 또는 공무소 등에 감정을 촉탁하거나 사실조회를 하는 등의 방법만에 의할 필요는 없으며,[17] 자유로운 증명으로 족하다.[18]

(2) 법원이 증거조사를 하여도 외국법의 존부와 그 내용을 알 수 없는 경우의 처리에 관하여, ① 국내법규를 적용할 수밖에 없다는 견해(국내법적용설),[19] ② 외국법을 적용할 수 없으므로 청구기각할 수밖에 없다는 견해(청구기각설), ③ 조리에 따라야 한다는 견해(조리설)[20]가 있으나, ④ 조리에 의할 수밖에 없으나 그 조리의 내용은 외국법질서와 가장 유사하다고 생각될 수 있는 법에 의해 유추될 수 있다는 견해(유사법적용설에 의해 보충된 조리설)[21]가

11) 강현중, 492면; 김홍규/강태원, 509면; 호문혁, 499면.
12) 김홍엽, 606면; 정동윤/유병현/김경욱, 553면; 정영환, 701면; 한충수, 455면.
13) 대법원 1970. 10. 23. 선고 70누117 판결; 대법원 1990. 3. 27. 선고 89다카18464 판결.
14) 대법원 1971. 11. 15. 선고 71다2070 판결.
15) 대법원 2003. 1. 24. 선고 2002다64377 판결.
16) 대법원 2021. 3. 11. 선고 2018다285106 판결.
17) 대법원 1990. 4. 10. 선고 89다카20252 판결.
18) 대법원 1992. 7. 28. 선고 91다41897 판결.
19) 강현중, 493면; 이시윤, 465면.
20) 정영환, 702면.
21) 김홍엽, 607면; 정동윤/유병현/김경욱, 554면.

타당하다고 생각한다. 판례는 과거 국내법적용설[22]을 취하기도 했으나, 현재는 조리설[23] 또는 유사법적용설에 의해 보충된 조리설[24]에 의하고 있다고 평가된다.[25]

판 례 **조리설(대법원 2021. 7. 8. 선고 2017다218895 판결)**

외국적 요소가 있는 법률관계에 적용될 외국법규의 내용을 확정하고 그 의미를 해석할 때는 외국법이 그 본국에서 현실로 해석·적용되고 있는 의미와 내용에 따라 해석·적용하여야 하고, 소송과정에서 적용될 외국법규에 흠결이 있거나 그 존재에 관한 자료가 제출되지 아니하여 그 내용의 확인이 불가능한 경우 법원으로서는 법원에 관한 민사상의 대원칙에 따라 외국 관습법에 의할 것이며, 외국 관습법도 그 내용의 확인이 불가능하면 조리에 의하여 재판할 수밖에 없다.

판 례 **유사법적용설에 의해 보충된 조리설(대법원 2000. 6. 9. 선고 98다35037 판결)**

섭외적 사건에 관하여 적용될 외국법규의 내용을 확정하고 그 의미를 해석함에 있어서는 그 외국법이 그 본국에서 현실로 해석·적용되고 있는 의미·내용대로 해석·적용되어야 하는 것인데, 소송과정에서 적용될 외국법규에 흠결이 있거나 그 존재에 관한 자료가 제출되지 아니하여 그 내용의 확인이 불가능한 경우 법원으로서는 법원에 관한 민사상의 대원칙에 따라 외국 관습법에 의할 것이고, 외국 관습법도 그 내용의 확인이 불가능하면 조리에 의하여 재판할 수밖에 없는바, 그러한 조리의 내용은 가능하면 원래 적용되어야 할 외국법에 의한 해결과 가장 가까운 해결 방법을 취하기 위해서 그 외국법의 전체계적인 질서에 의해 보충 유추되어야 하고, 그러한 의미에서 그 외국법과 가장 유사하다고 생각되는 법이 조리의 내용으로 유추될 수도 있을 것이다.

제 3 절 불요증사실

Ⅰ. 서 설

제288조(불요증사실) 법원에서 당사자가 자백한 사실과 현저한 사실은 증명을 필요로 하지 아니한다. 다만, 진실에 어긋나는 자백은 그것이 착오로 말미암은 것임을 증명한 때에는 취소할 수 있다.

---

22) 대법원 1988. 2. 9. 선고 87다카1427 판결.

23) 대법원 2003. 1. 10. 선고 2000다70064 판결; 대법원 2021. 7. 8. 선고 2017다218895 판결.

24) 대법원 2000. 6. 9. 선고 98다35037 판결.

25) 정동윤/유병현/김경욱, 554면; 정영환, 702면.

(1) 불요증사실은 민사소송법상 개념으로, 우선 당사자 간에 다툼이 없는 사실(재판상의 자백, 자백간주)이 있다. 당사자 사이에서 다툼이 있는 사실은 원칙적으로 증명을 요하지만, 법원에서 당사자가 자백한 사실 및 자백한 것으로 간주되는 사실은 변론주의의 요청에 따라 증명을 필요로 하지 아니한다.

(2) 그리고 현저한 사실 역시 불요증사실이다. 이는 증거에 의한 인정의 필요성이 문제되지 않는 경우로서, 직권탐지주의에 의한 절차에서도 적용된다(가소 제12조).

(3) 이외에 법률상의 추정을 받는 사실도 적극적 증명을 요하지 않고 판결의 기초로 되는 경우이므로 그러한 의미에서 불요증사실로 보는 견해가 있다.[26] 이에 대하여 추정되는 사실에 대해서는 증명할 필요가 없으나 추정의 전제되는 사실에 대해서는 증명이 필요하므로, 전혀 증명이 불필요한 불요증사실로 보기는 어렵고, 증명책임의 경감으로 보는 것이 타당하다는 견해도 있다.[27]

II. 재판상의 자백

1. 의 의

재판상의 자백은 소송당사자가 변론이나 변론준비기일에서 상대방의 주장과 일치하고 자기에게 불리한 사실을 진술하는 것을 의미한다. 따라서 소송 외에서 상대방이나 제3자에 대하여 하는 재판 외의 자백은 여기에 포함되지 않는다. 재판상의 자백은 변론주의에 의한 소송절차에 한하며, 직권탐지주의나 직권조사사항에 대하여는 적용되지 않는다.

2. 요 건

가. 구체적 사실을 대상으로 할 것(자백의 대상)

(1) 자백은 원칙적으로 상대방의 사실상 진술에 대해 성립한다. 따라서 자기에게 불리한 상대방의 법률상의 진술 또는 의견은 원칙적으로 자백의 대상이 되지 않는다. 그리고 사실의 진술이므로 법률심인 상고심에서는 자백을 할 수 없고, 취소도 되지 않는다.

(2) 당사자가 소송의 변론이나 변론준비절차에서 자기에게 불리한 권리관계나 법률효과의 존부에 대한 상대방의 진술을 인정하는 것을 '권리자백'이라고 한다. 이에 해당하는 법률상의 진술로서 i) 법규의 존부·해석에 관한 진술, ii) 사실에 대한 평가적 판단,

26) 이시윤, 466면.

27) 강현중, 494면; 정동윤/유병현/김경욱, 555면; 정영환, 703면.

iii) 법률적 사실의 진술, iv) 선결적 법률관계에 관한 자백, v) 소송물인 권리관계 자체에 대한 불리한 진술이 문제된다.

(가) 위 i)은 법원이 그 직책상 스스로 판단·해석하여야 할 전권사항이므로, 자백의 대상이 아니다.

(나) 위 ii)와 관련하여 과실, 정당한 사유, 선량한 풍속위반, 의사표시의 해석이나 법적 성질 등의 진술은 권리자백의 대상이지만 재판상의 자백의 대상이 될 수 없다. 판례도 예컨대, 매매계약이 원고에 의해 해제되었다고 자백한 경우,[28] 당사자가 채권계약인 특수한 무명계약을 가리켜 물권계약인 질권설정계약의 취지로 자인한 경우,[29] 법률상 유효한 유언이 아닌 것을 유언이라고 시인한 경우,[30] 법률상 혼인 외의 자가 아닌 것을 혼인 외의 자라고 시인한 경우,[31] 법정변제충당순서에 대한 불리한 진술을 한 경우,[32] 월급금액으로 정한 통상임금을 시간급금액으로 산정하는 방법에 관하여 당사자가 주장을 한 경우,[33] 기술적표장(성질표시표장)에 해당하는지 여부 및 상표등록을 받을 수 없는 상표와 동일·유사한 상표인지 여부에 관한 불리한 진술을 한 경우,[34] 매매계약이 이행불능에 해당한다는 주장을 한 경우[35] 등에서 권리자백에 해당할 뿐이므로 법원을 구속하지 못한다고 하였다.

판 례 법정변제충당순서에 관한 진술(대법원 1998. 7. 10. 선고 98다6763 판결)

법정변제충당의 순서를 정함에 있어 기준이 되는 이행기나 변제이익에 관한 사항 등은 구체적 사실로서 자백의 대상이 될 수 있으나, 법정변제충당의 순서 자체는 법률 규정의 적용에 의하여 정하여지는 법률상의 효과여서 그에 관한 진술이 비록 그 진술자에게 불리하더라도 이를 자백이라고 볼 수는 없다.

판 례 통상임금 산정방법에 관한 자백(대법원 2014. 8. 28. 선고 2013다74363 판결)

자백이라 함은 소송당사자가 자신에게 불리한 사실을 인정하는 진술을 말하는 것으로서 월급 금액으로 정한 통상임금을 시간급 금액으로 산정하는 방법에 관한 당사자의 주장은 자백의 대상이 되는 사실에 관한 진술이라 할 수 없다.

---

28) 대법원 1982. 4. 27. 선고 80다851 판결.
29) 대법원 1962. 4. 26. 선고 4294민상1071 판결.
30) 대법원 2001. 9. 14. 선고 2000다66430 판결.
31) 대법원 1981. 6. 9. 선고 79다62 판결.
32) 대법원 1998. 7. 10. 선고 98다6763 판결.
33) 대법원 2014. 8. 28. 선고 2013다74363 판결.
34) 대법원 2000. 12. 22. 선고 2000후1542 판결; 대법원 2006. 6. 2. 선고 2004다70789 판결.
35) 대법원 1990. 12. 11. 선고 90다7104 판결.

판 례 **상표등록요건 및 상표등록을 받을 수 없는 상표 해당 여부에 관한 자백(대법원 2006. 6. 2. 선고 2004다70789 판결)**

등록상표가 구 상표법(2004. 12. 31. 법률 제7290호로 개정되기 전의 것, 이하 같다) 제6조 제1항 제3호의 '상품의 산지·품질·원재료·효능·용도·수량·형상·가격·생산방법·가공방법·사용방법 또는 시기를 보통으로 사용하는 방법으로 표시한 표장만으로 된 상표'인지 여부 및 같은 법 제7조 제1항 제12호의 '국내 또는 외국의 수요자 간에 특정인의 상품을 표시하는 것이라고 현저하게 인식되어 있는 상표와 동일 또는 유사한 상표'인지 여부는 모두 법적 판단에 관한 사항으로서 자백의 대상이 될 수 없다.

(다) 위 iii)과 관련하여 매매·소비대차·임대차 등과 같이 상식적으로 널리 알려진 법률상의 개념을 사용하여 사실상 진술을 한 경우 자백으로서의 구속력을 인정해야 할 것이다. 판례는 토지구획정리사업법부칙 제2항 해당 토지인 사실은 다툼이 없다고 한 당사자의 진술 안에는 위 토지가 공공에 공용되는 하천임을 전제로 하는 사실상의 진술도 포함된 것으로 보아 그 취지의 자백이 인정된다고 하였다.[36)]

(라) 위 iv)와 관련하여 선결적 법률관계에 관한 자백으로서 예컨대, 甲이 乙을 상대로 한 소유권에 기한 이전등기말소청구소송에서 甲주장의 소유권을 乙이 시인하는 경우에 판례는 이를 재판상의 자백으로 보았다.[37)] 다만 소유권귀속에 관한 다툼 등 사실에 대한 법적 추론의 결과에 대하여 다툼이 있을 수 있는 경우에는 권리자백으로 본다.[38)]

판 례 **소유권을 인정하는 진술(대법원 2007. 5. 11. 선고 2006다6836 판결)**

소유권을 선결문제로 하는 소송에 있어서 피고가 원고 주장의 소유권을 인정하는 진술은 그 소전제가 되는 소유권의 내용을 이루는 사실에 대한 진술로 볼 수 있으므로 재판상 자백이라 할 것이나, 이는 사실에 대한 법적 추론의 결과에 대하여 의문의 여지가 없는 단순한 법개념에 대한 자백의 경우에 한하여 인정되는 것이고, 추론의 결과에 대한 다툼이 있을 수 있는 경우에는 이른바 권리의 자백으로서 법원이 이에 기속을 받을 이유는 없다.

☞ 도급계약에 따라 甲의 토지 위에 공사업자 乙이 자신의 노력과 비용으로 건물을 신축한 후 丙에게 임대해주자, 소유권보존등기를 경료한 甲이 丙을 상대로 소유권에 기한 인도청구를 한 사안에서, 대법원은, 소장에서 위 건물이 자기 소유라는 甲의 주장은 甲과 乙 사이의 도급계약에 기한 소유권귀속의 문제는 거론되지 않은 상태에서 위 건물의 보존등기가 甲 명의로 되어 있으므로 甲의 소유라는 주장에 불과하고, 따라서 피고 丙이 답변서를 통해 자백한 소유권의 내용을 이루는 사실 역시 甲이 등기부상 소유명의자라는 점에 그칠 뿐 乙과 체결한 도급계약의 해석상 甲이 건물의 소유자라는 점에 대한 자백까지 포함

36) 대법원 1984. 5. 29. 선고 84다122 판결.
37) 대법원 1989. 5. 9. 선고 87다카749 판결.
38) 대법원 2007. 5. 11. 선고 2006다6836 판결.

하는 것은 아니며, 그 후 피고 丙은 궁극적으로 위 건물의 소유권은 원시취득자인 乙에게 있다고 주장하였으므로, 피고 丙의 위 건물의 소유권귀속에 관한 자백은 권리자백에 불과하다고 하였음.

(마) 위 ⅴ)와 관련하여 소송물인 권리관계 자체에 대한 불리한 진술도 광의의 권리자백으로 볼 수 있으나, 이에 대해서는 청구의 포기·인낙의 효력이 생긴다(제220조).

(3) 자백의 대상은 주요사실에 한하고, 간접사실과 보조사실은 그 대상이 되지 않는다. 간접사실이나 보조사실에 대해 자백을 인정하면 법원에 대한 구속력(사실판단권 배제)이 인정되어 주요사실을 판단함에 있어서 법관의 자유심증을 제약하기 때문이다. 판례도 자백의 대상은 법률적용의 전제가 되는 주요사실에 한정되고, 사실에 대한 법적 판단이나 평가 또는 적용할 법률이나 법적 효과는 그 대상이 되지 않는다고 했다.[39]

판 례 준거법 내지 법적 판단에 대한 자백(대법원 2016. 3. 24. 선고 2013다81514 판결)

일반적으로 법원에서 당사자가 자백한 사실은 증명을 필요로 하지 아니하고(민사소송법 제288조), 자백이 성립된 사실은 법원을 기속한다. 그러나 이는 법률적용의 전제가 되는 주요사실에 한정되고, 사실에 대한 법적 판단이나 평가 또는 적용할 법률이나 법적 효과는 자백의 대상이 되지 아니한다. 기록에 의하면, 원고는 이 사건 운송계약이 몬트리올 협약의 적용대상이라고 주장하였고, 피고도 제1심 제6차 변론기일에 "이 사건 몬트리올 협약 내용 중 책임제한 적용에 대해서는 이의가 없다"라고 진술한 바가 있다. 그러나 이는 사건에 적용할 준거법 내지 법적 판단 사항에 대한 의견에 해당할 뿐 민사소송법에서 불요증사실로 규정한 자백의 대상에 관한 진술이라고는 할 수 없다.

다만 주로 손해배상실무에서는 주요사실과 간접사실의 엄격한 구별을 지양하고 다툼없는 사실로 정리하는 경향이 있는데,[40] 예컨대 소극적 손해의 산정기준이 되는 피해자의 직업,[41] 피해자의 사고당시의 수입,[42] 피해자의 생계비,[43] 노동능력상실비율과 후유장애등급[44] 등은 자백의 대상이 된다고 본다. 또한 판례는 문서의 성립에 관한 자백은 보조사실에 관한 자백이지만 그 취소에 관하여는 주요사실의 자백취소와 동일하게 처리해야 하므로 문서의 진정성립을 인정한 당사자는 자유롭게 이를 철회할 수 없다고 하였다.[45]

---

39) 대법원 2016. 3. 24. 선고 2013다81514 판결.
40) 주석 민사소송법(Ⅴ), 111면.
41) 대법원 1980. 3. 25. 선고 80다68 판결.
42) 대법원 1998. 5. 15. 선고 96다24668 판결.
43) 대법원 1990. 2. 27. 선고 89다카19580 판결.
44) 대법원 2006. 4. 27. 선고 2005다5485 판결.
45) 대법원 2001. 4. 24. 선고 2001다5654 판결.

판 례 **노동능력상실비율과 후유장애등급에 관한 자백(대법원 2006. 4. 27. 선고 2005다5485 판결)**

인신사고로 인한 손해배상청구사건에 있어 노동능력상실 비율이 자백의 대상이 된다는 점에 견주어 볼 때, 그에 상응하는 구 자동차손해배상 보장법 시행령(1999. 6. 30. 대통령령 제16463호로 개정되기 전의 것) 제3조 제1항 제3호 [별표 2]의 후유장해등급 역시 자백의 대상이 된다고 봄이 상당하다.

판 례 **문서의 진정성립에 관한 자백의 취소(대법원 2001. 4. 24. 선고 2001다5654 판결)**

문서의 성립에 관한 자백은 보조사실에 관한 자백이기는 하나 그 취소에 관하여는 다른 간접사실에 관한 자백취소와는 달리 주요사실의 자백취소와 동일하게 처리하여야 할 것이므로 문서의 진정성립을 인정한 당사자는 자유롭게 이를 철회할 수 없다고 할 것이고, 이는 문서에 찍힌 인영의 진정함을 인정하였다가 나중에 이를 철회하는 경우에도 마찬가지이다.

나. 자기에게 불리한 사실의 진술(자백의 내용)

불리한 사실의 의미에 관하여, ① 증명책임이 상대방에게 있는 사실이라고 보는 견해(증명책임설)[46]와, ② 그 사실을 바탕으로 패소할 가능성이 있으면 불리한 사실로 보는 견해(패소가능성설)[47]의 대립이 있다. 판례는 소유권확인의 소에서 원고측 명의의 소유권이전등기 경료사실은 원고가 증명책임을 지는 것인데, 등기를 경료하지 않았음을 원고가 자인하고 이를 피고가 원용하면 자백이 성립한다고 보아 패소가능성설을 취하고 있다.[48] 패소가능성설에 의하면 자기에게 증명책임이 있는 사실까지도 자백의 대상이 되므로 자백의 범위가 넓어지는 면은 있으나, 금반언 및 자기책임의 원칙상 패소가능성설이 타당하다 할 것이다.

다. 상대방의 주장과 일치되는 진술(자백의 모습)

(1) 자백은 상대방의 주장사실과 일치되는 진술이어야 한다. 시간적 선후는 불문하므로 선행자백도 가능하다. 선행자백은 상대방이 원용을 하기 전에는 자백이 아니기 때문에 그 진술을 자유롭게 철회할 수 있다. 판례는 일단 자기에게 불리한 사실을 진술한 당사자도 그 후 그 상대방의 원용이 있기 전에는 그 자인한 진술을 철회하고 이와 모순된 진술을 자유로이 할 수 있다고 하였다.[49] 다만 당사자 일방이 한 진술에 표현상의 잘못이 있고, 그 잘못이 분명한 경우에는 상대방이 이를 원용하였다고 하더라도 자백이 성립하지

46) 이시윤, 469면; 전병서, 369면.

47) 강현중, 498면; 김홍규/강태원, 511면; 정동윤/유병현/김경욱, 560면; 정영환, 707면; 호문혁, 504면.

48) 대법원 1993. 9. 14. 선고 92다24899 판결.

49) 대법원 1993. 4. 13. 선고 92다56438 판결; 대법원 2016. 6. 9. 선고 2014다64752 판결.

않는다고 하였다.[50)]

판 례 **선행자백의 성립요건 및 상대방의 원용 전 철회가부(대법원 2016. 6. 9. 선고 2014다64752 판결)**

재판상 자백의 일종인 이른바 선행자백은 당사자 일방이 자진하여 자기에게 불리한 사실상의 진술을 한 후 상대방이 이를 원용함으로써 사실에 관하여 당사자 쌍방의 주장이 일치함을 요하므로 일치가 있기 전에는 전자의 진술을 선행자백이라 할 수 없고, 따라서 일단 자기에게 불리한 사실을 진술한 당사자도 그 후 상대방의 원용이 있기 전에는 자인한 진술을 철회하고 이와 모순되는 진술을 자유로이 할 수 있으며 이 경우 앞의 자인사실은 소송자료에서 제거된다.

판 례 **표현상의 잘못이 분명한 경우 선행자백 성립 가부(대법원 2018. 8. 1. 선고 2018다229564 판결)**

자백은 당사자가 자기에게 불이익한 사실을 인정하는 진술로서 상대방 당사자의 진술내용과 일치하거나 상대방 당사자가 이를 원용하는 경우에 성립하는 것이고, 상대방이 이를 원용하지 아니하여 당사자 쌍방의 주장이 일치된 바 없다면 이를 자백(선행자백)이라고 볼 수 없다. 그리고 당사자 일방이 한 진술에 잘못된 계산이나 기재, 기타 이와 비슷한 표현상의 잘못이 있고, 잘못이 분명한 경우에는 비록 상대방이 이를 원용하였다고 하더라도 당사자 쌍방의 주장이 일치한다고 할 수 없으므로 자백(선행자백)이 성립할 수 없다.

☞ 원고(보험회사)가 채무부존재확인을 구하며 피고의 일실수입을 22,113,573원이라고 주장하면서도 피고의 입원치료 기간을 2005. 8. 4.부터 2016. 2. 8.까지로 진술하였고, 원심은 위 진술을 자백으로 처리하였으나, 대법원은 피고가 2005. 8. 4.부터 2006. 2. 8.까지 약 6개월간 계속해서 입원치료를 받았을 뿐인 점, 피고의 입원치료 기간을 2016. 2. 8.까지로 하여 일실수입을 산정할 경우 원고가 주장하는 일실수입손해 22,113,573원을 초과함이 계산상 명백한 점, '2016. 2. 8.'은 '2006. 2. 8.'과 연도만 다른 점 등을 종합적으로 고려하여, 피고의 입원 기간을 '2016. 2. 8.'이라고 기재한 것은 '2006. 2. 8.'의 오기로 볼 여지가 크고, 이 경우에는 당사자 쌍방의 주장이 일치된 바 없으므로 원고가 피고의 입원치료 기간을 2016. 2. 8.까지로 진술하였다고 하더라도 위 진술에 관하여 선행자백이 성립한 것으로 볼 수 없다고 하였다.

(2) 상대방의 주장과 일치하면 되고, 전부 일치할 필요는 없다. 자백은 가분성이 있으므로 일치하는 한도 내에서 자백이 된다. 일부자백의 경우로는 이유부부인과 제한부자백이 있다. 이유부부인은 상대방의 주장사실에 대해 적극적으로 이유를 대면서 부인하는 경우를 말한다. 예컨대 돈을 빌려주었다는 주장에 대하여 빌린 것이 아니라 증여받은 것이라 주장하는 것이다. 이때 돈이 오고 갔다는 사실에 대하여 재판상 자백이 성립한다. 반면 제한부자백은 항변의 일종으로서 상대방의 주장사실을 전면적으로 인정하면서 양립가능한 별개의 사실을 주장하는 것인데, 상대방의 주장과 일치하는 한도 내에서는 자백이 된

50) 대법원 2018. 8. 1. 선고 2018다229564 판결.

다. 예컨대 돈을 빌렸으나 이미 변제했다고 하는 경우에는 돈을 빌린 사실은 자백이 성립한다.

라. 변론 또는 변론준비기일에서 소송행위로서 진술할 것(자백의 형식)

(1) 자백은 소송의 변론이나 변론준비기일에서 진술하는 것이나, 상대방의 주장사실을 자백하는 취지의 서면이 진술간주되어도 재판상의 자백의 효력이 생긴다.[51] 자백의 의사를 추론할 수 있는 행위를 통한 묵시적 자백도 가능하나, 상대방의 주장에 단순히 침묵하거나 불분명한 진술을 하는 것만으로는 부족하다.[52]

판 례 **침묵하거나 불분명한 진술을 한 경우 재판상 자백 성립 여부(대법원 2021. 7. 29. 선고 2018다267900 판결)**

가. 재판상의 자백은 변론기일 또는 변론준비기일에서 상대방의 주장과 일치하면서 자신에게는 불리한 사실을 진술하는 것을 말한다. 자백은 명시적인 진술이 있는 경우에 인정되는 것이 보통이지만, 자백의 의사를 추론할 수 있는 행위가 있으면 묵시적으로 자백을 한 것으로 볼 수도 있다. 다만 상대방의 주장에 단순히 침묵하거나 불분명한 진술을 하는 것만으로는 자백이 있다고 인정하기에 충분하지 않다. (중략)

다. 그러나 기록에 따르면, 피고는 자신이 하나은행에 직접 변제한 액수가 560,271,882원 또는 580,271,882원이라고 하면서 다소 불분명한 주장을 하고 있을 뿐 이 사건 각 근저당권의 피담보채권액에 관해서는 명확하게 진술하지 않았다는 것을 알 수 있다. 이러한 사정을 기록과 위에서 본 법리에 비추어 보면, 피고가 이 사건 각 근저당권의 피담보채권액이 580,271,882원이라는 사실에 관해서 재판상의 자백을 하였다고 볼 수 없다.

(2) 자백은 법원에 대한 소송행위로서 조건을 붙일 수 없다. 그리고 자백은 소송행위로서의 진술이므로 소송자료가 된다. 따라서 당사자본인신문에서 원고의 주장사실과 일치되는 진술을 하여도 이는 증거자료에 그치므로 자백으로 되지 않는다.[53]

3. 효 력

가. 내용과 범위

일단 자백이 성립되면 그 내용은 증명을 필요로 하지 않는다(제288조). 자백의 구속력은 변론주의에 의하여 심리되는 소송절차에 한하여 미치며, 직권탐지주의나 직권조사사항,[54]

---

51) 대법원 2015. 2. 12. 선고 2014다229870 판결.
52) 대법원 2021. 7. 29. 선고 2018다267900 판결.
53) 대법원 1978. 9. 12. 선고 78다879 판결.
54) 대법원 2002. 5. 14. 선고 2000다42908 판결.

재심사유[55]에는 미치지 않는다.

나. 법원에 대한 구속력(사실인정권의 배제)

(1) 자백은 법원의 사실인정권을 배제한다. 법원은 자백한 사실이 진실인지 여부를 증거조사할 필요가 없다. 즉 자백이 허위라는 반대심증을 얻었어도 자백에 반하여 사실을 인정할 수 없고, 자백한 사실을 인정해야 한다. 변론주의의 발현에 따른 이유에서이다.

(2) 다만 판례는 현저한 사실에 반하는 자백에는 구속력이 없다고 본다.[56] 이러한 경우에도 자백의 구속력을 인정하는 것은 변론주의의 형식적 적용에 불과하며 재판의 위신을 저하시킬 것이 분명하기 때문이다.

다. 당사자에 대한 구속력(자백취소의 제한)

일단 자백이 성립되면 자백한 당사자는 임의로 취소[57]할 수 없다. 이 점에서 재판상의 자백은 당사자에 대한 구속력이 없는 자백간주와 구별된다.

(1) 예외적으로 취소가 허용되는 경우는 다음과 같다.

① 상대방의 동의가 있을 때. 즉 종전의 자백과 배치되는 내용의 주장을 하고 이에 대하여 상대방이 이의를 제기함이 없이 그 주장내용을 인정한 때에는 종전의 자백은 취소되고 새로운 자백이 성립된 것으로 볼 수 있다.[58] 다만 자백취소에 대하여 상대방이 이의를 제기하고 있지 않다는 점만으로는 그 취소에 동의하였다고 볼 수는 없다.[59]

② 자백이 제3자의 형사상 처벌을 받을 행위에 의하여 이루어 진 때(제451조 제1항 제5호).

③ 자백이 진실에 반하고 착오로 인한 것임을 증명한 때(제288조 단서). 이 경우 ⅰ) 자백의 취소 주장은 묵시적으로도 할 수 있고,[60] ⅱ) 취소하려면 반진실과 착오를 모두 증명해야 하며, 반진실의 증명만으로 착오로 인한 자백으로 추정되지 않는다.[61] ⅲ) 그러나 반진실이 증명된 경우라면 변론전체의 취지에 의하여 그 자백이 착오로 인한 것임을 인정할 수 있다.[62]

---

55) 대법원 1992. 7. 24. 선고 91다45691 판결.

56) 대법원 1959. 7. 30. 선고 4291민상551 판결.

57) 용어사용에 관하여 자백의 철회와 취소를 혼용하고 있으나, '자백의 철회'는 정확한 용어가 아니며, '자백의 취소' 또는 '자백이 되는 진술의 철회'라고 부르는 것이 옳다는 견해가 있다(김홍엽, 620면).

58) 대법원 1990. 11. 27. 선고 90다카20548 판결.

59) 대법원 1994. 9. 27. 선고 94다22897 판결.

60) 대법원 2001. 4. 13. 선고 2001다6367 판결.

61) 대법원 1994. 9. 27. 선고 94다22897 판결.

62) 대법원 2004. 6. 11. 선고 2004다13533 판결.

판 례 **반진실로 착오가 추정되는지 여부(대법원 1994. 9. 27. 선고 94다22897 판결)**

자백을 취소하는 당사자는 그 자백이 진실에 반한다는 것 외에 착오로 인한 것임을 아울러 증명하여야 하고, 진실에 반하는 것임이 증명되었다고 하여 착오로 인한 자백으로 추정되지는 아니한다.

판 례 **변론전체의 취지에 의하여 착오 인정 가부(대법원 2004. 6. 11. 선고 2004다13533 판결)**

재판상의 자백에 대하여 상대방의 동의가 없는 경우에는 자백을 한 당사자가 그 자백이 진실에 부합되지 않는다는 것과 자백이 착오에 기인한다는 사실을 증명한 경우에 한하여 이를 취소할 수 있으나, 이때 진실에 부합하지 않는다는 사실에 대한 증명은 그 반대되는 사실을 직접증거에 의하여 증명함으로써 할 수 있지만 자백사실이 진실에 부합하지 않음을 추인할 수 있는 간접사실의 증명에 의하여도 가능하다고 할 것이고, 또한 자백이 진실에 반한다는 증명이 있다고 하여 그 자백이 착오로 인한 것이라고 추정되는 것은 아니지만 그 자백이 진실과 부합되지 않는 사실이 증명된 경우라면 변론의 전취지에 의하여 그 자백이 착오로 인한 것이라는 점을 인정할 수 있다.

(2) 자백이 실효되는 경우도 있다. ① 자백이 성립한 후 청구의 교환적 변경으로 구 청구에서 자백의 대상이었던 주장사실이 철회된 경우와,[63] ② 소송대리인의 자백을 당사자가 경정한 때(제94조) 등이 그것이다.

판 례 **자백성립 후 청구의 교환적 변경(대법원 1997. 4. 22. 선고 95다10204 판결)**

피고가 제1심에서 대상 토지의 소유권 일부 이전등기가 아무런 원인 없이 이루어졌다는 원고의 주장사실을 인정함으로써 자백이 성립된 후, 소변경신청서에 의하여 그 등기가 원인 없이 이루어졌다는 기존의 주장사실에 배치되는 명의신탁 사실을 주장하면서 청구취지 및 청구원인을 명의신탁해지를 원인으로 하는 소유권 이전등기를 구하는 것으로 교환적으로 변경함으로써 원래의 주장사실을 철회한 경우, 이미 성립되었던 피고의 자백도 그 대상이 없어짐으로써 소멸되었고, 나아가 그 후 그 피고가 위 자백내용과 배치되는 주장을 함으로써 그 진술을 묵시적으로 철회하였다고 보여지는 경우, 원고들이 이를 다시 원용할 수도 없게 되었고, 원고들이 원래의 원인무효 주장을 예비적 청구원인 사실로 다시 추가하였다 하여 자백의 효력이 되살아난다고 볼 수도 없다.

Ⅲ. 자백간주

1. 의 의

자백간주(의제자백)는 당사자가 명백히 자백을 한 경우가 아니더라도, 상대방의 주장사

63) 대법원 1997. 4. 22. 선고 95다10204 판결.

실을 변론에서 명백히 다투지 않거나(제150조 제1항), 당사자 한쪽이 공시송달 아닌 기일통지를 받고도 상대방의 주장사실을 다투는 답변서·준비서면을 제출하지 않고 기일에 불출석하거나(제150조 제3항), 피고가 소장부본을 송달받고도 30일 내에 답변서를 제출하지 않은 경우(제257조 제1항) 그 사실을 자백한 것으로 보는 것이다. 이는 당사자의 태도로 보아 다툴 의사가 없다고 인정되는 경우에는 증거조사를 생략하는 것이 타당하다고 본 것으로, 변론주의에 근거를 둔 것이다.

2. 인정범위

(1) 자백간주는 변론주의가 적용되는 영역이면 변론절차뿐만 아니라 변론준비절차에서도 인정된다(제286조, 제150조 제1항, 제3항).

(2) 자백간주도 자백의 일종이므로 사실의 주장에 관하여서만 인정되고, 권리자백이나 청구의 포기·인낙에는 인정되지 않는다.

(3) 법원의 직권조사사항,[64] 재심사유,[65] 법률상 주장[66]에는 자백간주가 인정되지 아니한다. 행정소송에서도 변론주의가 적용되는 부분에서는 자백간주가 적용되나,[67] 직권탐지주의가 적용되는 부분(행소 제26조, 가소 제12조, 제17조)에서는 그 적용이 없다.[68]

3. 성립사유

가. 명백히 다투지 않은 경우

제150조(자백간주) ① 당사자가 변론에서 상대방이 주장하는 사실을 명백히 다투지 아니한 때에는 그 사실을 자백한 것으로 본다. 다만, 변론 전체의 취지로 보아 그 사실에 대하여 다툰 것으로 인정되는 경우에는 그러하지 아니하다.
② 상대방이 주장한 사실에 대하여 알지 못한다고 진술한 때에는 그 사실을 다툰 것으로 추정한다.

(1) 당사자가 변론에서 상대방이 주장하는 사실을 명백히 다투지 아니한 때에는 그 사실을 자백한 것으로 본다. 판례는 피고가 청구기각만 구하고 사실에 대해서는 다음에

64) 대법원 1999. 2. 24. 선고 97다38930 판결.
65) 대법원 1992. 7. 24. 선고 91다45691 판결.
66) 대법원 1973. 10. 10. 선고 73다907 판결.
67) 대법원 2000. 12. 22. 선고 2000후1542 판결.
68) 김홍엽, 622면.

다투겠다고 하는 소위 형식적 답변서만 제출한 경우는 명백히 다툰 것으로 볼 수 없다고 하여 자백간주 성립을 긍정한다.[69]

(2) 그러나 변론전체의 취지로 보아 그 사실에 대하여 다툰 것으로 인정되는 경우에는 자백간주가 성립하지 않는데, 판례는 여기서 다투었다고 볼 것인지는 변론종결 당시까지 당사자가 한 주장 취지와 소송의 경과를 전체적으로 종합해서 판단해야 한다고 본다.[70] 한편 부지의 답변은 다툰 것으로 추정한다.

나. 한쪽 당사자의 불출석

> **제150조(자백간주)** ③ 당사자가 변론기일에 출석하지 아니하는 경우에는 제1항의 규정을 준용한다. 다만, 공시송달의 방법으로 기일통지서를 송달받은 당사자가 출석하지 아니한 경우에는 그러하지 아니하다.

당사자가 ① 변론이나 변론준비기일에 출석하지 아니하고, ② 불출석한 당사자가 상대방의 주장사실을 다투는 답변서 기타 준비서면을 제출하지 않아야 하며, ③ 그 당사자가 공시송달에 의하지 않은 적법한 기일통지서를 받았음에도 불구하고 불출석한 경우이어야 자백간주가 성립한다. 즉 공시송달에 의한 경우는 당사자가 기일을 현실적으로 모르고 있었을 것인데, 그럼에도 불구하고 자백한 것으로 보는 것은 당사자에게 너무 가혹하기 때문에 공시송달에 의한 자백간주를 인정하지 않는 것이다. 이와 구별할 것이 일단 자백간주의 효력이 발생한 후 송달불능으로 공시송달을 하게 되었더라도 이미 발생한 자백간주의 효력이 상실하는 것이 아니라는 점이다.[71]

다. 답변서 부제출

> **제256조(답변서의 제출의무)** ① 피고가 원고의 청구를 다투는 경우에는 소장의 부본을 송달받은 날부터 30일 이내에 답변서를 제출하여야 한다. 다만, 피고가 공시송달의 방법에 따라 소장의 부본을 송달받은 경우에는 그러하지 아니하다.
> ② 법원은 소장의 부본을 송달할 때에 제1항의 취지를 피고에게 알려야 한다.
>
> **제257조(변론 없이 하는 판결)** ① 법원은 피고가 제256조 제1항의 답변서를 제출하지 아니한 때에는 청구의 원인이 된 사실을 자백한 것으로 보고 변론 없이 판결할 수 있다. 다만, 직권으로 조사할 사항이 있거나 판결이 선고되기까지 피고가 원고의 청구를 다투는 취지의 답변서를

69) 대법원 1989. 7. 25. 선고 89다카4045 판결.
70) 대법원 2022. 4. 14. 선고 2021다280781 판결.
71) 대법원 1988. 2. 23. 선고 87다카961 판결.

> 제출한 경우에는 그러하지 아니하다.
> ② 피고가 청구의 원인이 된 사실을 모두 자백하는 취지의 답변서를 제출하고 따로 항변을 하지 아니한 때에는 제1항의 규정을 준용한다.

소장부본을 송달받은 피고가 30일 이내에 답변서를 제출하지 않은 경우 청구의 원인 사실을 자백한 것으로 보고 무변론 원고승소판결을 할 수 있다. 피고가 청구의 원인 사실을 모두 자백하는 취지의 답변서를 제출하고 따로 항변하지 아니한 때에도 마찬가지이다.

4. 효 력

자백간주가 성립되면 그 효과로서 법원에 대한 구속력이 생겨 법원은 그 사실을 판결의 기초로 삼아야 한다(사실인정권의 배제).[72] 그러나 재판상 자백과는 달리 당사자에 대한 구속력은 생기지 않으므로, 자백간주가 되었다고 하더라도 당사자가 그 뒤의 사실심에서 그 사실을 다툼으로서 자백간주의 효과를 번복할 수 있다. 따라서 제1심에서 자백간주가 있었다고 하더라도 항소심의 변론종결시까지 이를 다투는 한 그 효과가 배제된다.[73] 다만 이 경우 제149조(실기한 공격방어방법의 각하)와 제285조(준비절차종결의 효과)의 제약이 따를 수 있다.

Ⅳ. 현저한 사실

1. 의 의

(1) 현저한 사실은 법관이나 일반인이 명확하게 인식하고 있어서 증거에 의하여 그 존부를 인정할 필요가 없을 정도의 객관성이 담보되어 있는 사실이다.

(2) 현저한 사실이 주요사실일 경우 주장이 필요한지 여부에 관하여, 반대견해는 있으나(주장불요설),[74] 현저한 사실은 불요증사실이지만(제288조) 변론주의가 적용되므로 예상 밖의 재판으로부터 상대방 보호를 위해 그것이 주요사실인 한 당사자의 주장이 있어야 판결의 기초로 할 수 있다고 볼 것이다(주장필요설).[75] 판례는 당사자가 주장하지 않았음에

---

72) 대법원 1962. 9. 27. 선고 62다342 판결.
73) 대법원 1987. 12. 8. 선고 87다368 판결.
74) 김홍규/강태원, 521~523면; 정동윤/유병현/김경욱, 568면.
75) 강현중, 503면; 김홍엽, 624면; 이시윤, 476면; 전병서, 377면; 정영환, 717면; 호문혁, 514면.

도 다른 판결에서 인정한 사실관계를 현저한 사실로 인정한 것은 변론주의를 위반한 것이라고 했다.[76]

2. 공지의 사실

(1) 공지의 사실은 통상의 지식과 경험을 가진 일반인이 믿어 의심하지 않을 정도로 알려진 사실을 말한다. 예컨대 역사적으로 유명한 사건, 천재지변 그 밖에 신문 등에서 사회이목을 집중시킨 사실과 같은 것이다.

(2) 공지의 사실을 불요증사실로 한 이유는 필요한 경우 언제든지 그 진실 여부를 조사할 수 있기 때문이다.

(3) 공지인 점에 대한 반증이 가능하고, 공지사실의 진실성에 관한 다툼이 가능하다.

3. 법원에 현저한 사실

(1) 법원에 현저한 사실은 법관이 직무상 경험으로 알고 있는 사실로서 그 사실의 존재에 관하여 명확한 기억을 하고 있거나 또는 기록 등을 조사하여 곧바로 그 내용을 알 수 있는 사실이다. 예컨대 직종별 임금실태조사보고서와 한국직업사전의 존재 및 기재내용,[77] 농촌일용노임, 건설물가, 정부노임단가, 한국인의 생명표에 의한 남녀별 각 연령별 기대여명[78] 등이 그것이다.

(2) 그러나 법원에서 처리된 사건이라고 해서 모두 현저한 사실이 되는 것은 아니다. 판례는 일방 당사자와 제3자 사이에 있었던 민사소송의 확정판결의 존재를 넘어서 그 판결의 이유를 구성하는 사실관계들까지 법원에 현저한 사실로 볼 수는 없다고 하면서, 다른 하급심판결의 판결문 등이 증거로 제출된 적이 없고 당사자들도 이에 관하여 주장한 바 없음에도 다른 하급심판결 이유 중 일부 사실관계를 현저한 사실로 보고 그대로 인정한 것은 법리오해의 위법이 있다고 하였다.[79] 또한 법관이 직무외에서 사적으로 알고 있는 사실(법관의 사지(私知))은 진실성을 담보할 수 없기 때문에 현저한 사실에 해당하지 않음은 물론이다.

---

76) 대법원 2010. 1. 14. 선고 2009다69531 판결.
77) 대법원 1996. 7. 18. 선고 94다20051 전원합의체 판결.
78) 대법원 1999. 12. 7. 선고 99다41886 판결.
79) 대법원 2019. 8. 9. 선고 2019다222140 판결.

제 4 절 증거조사

Ⅰ. 증거조사의 개시

1. 의 의

증거조사는 법관의 심증형성을 위해 법에서 정한 절차에 따라 인적·물적 증거방법을 조사하여 오관을 통해 그 내용을 인식하는 법원의 소송행위이다. 변론주의가 지배하는 민사소송절차에서는 당사자들이 증거를 수집하여 이를 제출할 책임이 있다. 현행법상 증거조사는 당사자의 신청에 의하여 함이 원칙이고, 증거조사를 신청한 당사자의 활동이 소송법상 만족스럽지 못하면 법원은 석명권을 발동하여 증명을 촉구할 수 있으며, 직권에 의한 증거조사를 할 수 있다(제292조).

2. 당사자의 증거신청

가. 신청의 방식

변론주의 하에서는 증거조사는 당사자의 신청에 의하는 것이 원칙이고, 예외적으로 법원이 직권으로 증거조사를 한다. 증거신청은 서면 또는 말로 할 수 있다(제161조). 증거신청서는 인지를 붙일 필요가 없다. 다만 비용을 요하는 경우에는 비용을 예납하게 할 수 있다(제116조 제1항, 민소규 제77조). 비용을 미리 내지 아니한 때에는 법원은 증거조사를 하지 아니할 수 있다(제116조 제2항). 증거를 신청할 때에는 증명할 사실(증명사항), 특정의 증거방법, 증명취지를 구체적으로 밝혀야 한다(민소규 제74조).

나. 신청의 시기

증거신청은 소송의 정도에 따라 적절한 시기에 제출하여야 하는 것이 원칙이다(적시제출주의). 구체적으로 다음과 같다.

(1) 소장과 답변서 제출시의 증거신청

소장 제출시 청구원인을 명확히 하고 증명에 필요한 증거방법을 함께 제출하여야 하는데, 증거로 될 문서 가운데 중요한 것의 사본을 붙여야 한다(민소규 제63조 제2항). 소장에서 서증을 인용한 때에는 그 서증의 등본 또는 사본을 붙여서 제출해야 하다(제254조 제4항 참조). 답변서를 제출하는 경우 자기의 주장을 증명하기 위한 증거방법과 상대방의 증거방법에 대한 의견을 함께 적어야 하고, 답변사항에 관한 중요한 서증이나 답변서에 인용한 문서의 사본 등을 붙여야 한다(제256조 제4항, 제274조 제2항, 제275조, 민소규 제65조).

(2) 기일 전과 변론준비절차에서의 증거신청

기일 전에도 증거신청이 가능하다(제289조 제2항). 변론준비절차에 회부된 경우 재판장이 정한 기간 안에 증거를 신청하여야 한다(제280조 제1항).

(3) 변론기일에서의 증거신청

2008년 개정법에서 바로 변론기일을 지정하도록 하였기 때문에(제258조 제1항), 종전과 달리 증거신청의 대부분이 변론기일에서 이루어질 가능성이 크다. 변론기일에서 쟁점과 증거 정리 후에 집중적인 증거조사가 이루어질 수 있도록 증인의 일괄신청 등이 이루어져야 한다. 변론준비절차를 거친 경우에는 증거방법을 일괄상정하여 집중적인 증거조사를 하여야 한다.

다. 상대방의 진술기회 보장

당사자권의 보장을 위하여 증거신청이 있으면 법원은 상대방에게 의견진술의 기회를 주어야 한다(제274조 제1항 제5호, 제283조). 상대방에게 의견진술의 기회를 주면 되고, 실제로 상대방이 의견을 주장할 필요는 없다.[80] 의견진술의 기회를 주었음에도 의견 제출이 없으면 이의권(제151조)의 포기·상실로 절차의 흠이 치유된다.

라. 증거신청의 철회

증거조사의 신청은 증거조사가 실시되기 전에는 상대방의 동의 없이 언제든지 철회할 수 있으나,[81] 일단 증거조사의 실시에 들어가면 증거공통의 원칙상 상대방에게도 이해관계가 생기므로 상대방의 동의가 필요하다. 그러나 증거조사가 완료된 후에는 증거조사의 목적이 달성되었기 때문에 철회할 수 없다.

3. 증거의 채부결정

가. 서 설

법원은 증거조사를 할 수 있을지, 언제 할 수 있을지 알 수 없는 경우에는 그 증거를 조사하지 아니할 수 있다(제291조). 또한 적법한 증거신청이라도 필요하지 아니 하다고 인

---

80) 대법원 1989. 3. 14. 선고 88누1844 판결.
81) 대법원 1971. 3. 23. 선고 70다3013 판결.

정한 것은 조사하지 아니할 수 있다(제290조 본문). 신청한 증거에 대한 채택 여부는 원칙적으로 법원의 직권에 속하는 재량사항이나,[82] 그것이 당사자가 주장하는 사실에 대한 유일한 증거일 때에는 그러하지 아니하다(제290조 단서).

나. 유일한 증거

(1) 의의 및 취지

유일한 증거는 당사자가 신청한 증거가 주요사실에 관하여 유일한 것으로서, 그 증거를 조사하지 않으면 주요사실의 증명방법이 없는 경우를 의미한다. 유일한 증거를 불채택하는 경우 법원 스스로 증명의 방법을 막아놓고 주장을 배척하는 것이어서 쌍방심문주의에 반한다.

(2) 요 건

(가) 유일한 것인지 여부는 쟁점단위로 판단해야 하므로, 사건 전체로 보아 수 개의 증거가 있어도 어느 특정 쟁점에 관하여는 하나도 조사하지 아니하면 유일한 증거를 각하한 것이 된다. 그리고 유일한지 여부는 전 심급을 통하여 판단한다.

(나) 유일한 것이 주요사실에 관한 증거 즉 직접증거에 한하므로, 간접사실이나 보조사실에 대한 증거는 포함되지 않는다.[83]

(다) 유일한 증거는 자기에게 증명책임이 있는 사항에 대한 증거이기 때문에 본증에 한하는 것이고, 반증은 해당되지 않는다는 것이 판례의 태도이다.[84]

판 례 **반증과 유일한 증거(대법원 1998. 6. 12. 선고 97다38510 판결)**

민사소송법 제263조[현행 제290조] 단서가 규정하는 유일한 증거라 함은 당사자가 입증책임이 있는 사항에 관한 유일한 증거를 말하는 것인바, 유언의 존재 및 내용이 입증사항인 이상 유서에 대한 필적과 무인의 감정은 반증에 불과하여 유일한 증거에 해당하지 않는다.

(라) 판례는 구법 하에서 당사자본인신문은 그 보충성에 비추어 유일한 증거가 아니라고 하였으나,[85] 2002년 개정법에서 보충성이 폐지되었으므로 지금은 유일한 증거가 될

---

82) 대법원 1991. 7. 26. 선고 90다19121 판결.

83) 김홍엽, 632면; 이시윤, 483면; 정동윤/유병현/김경욱, 615면; 정영환, 726면. 이에 대하여 공해소송이나 의료과오소송에서 간접증거도 유일한 증거에 포함시켜야 한다는 견해(한충수, 497면)가 있다.

84) 대법원 1998. 6. 12. 선고 97다38510 판결. 이에 대하여 반증의 경우에도 유일한 증거의 법리가 적용되어야 한다는 견해(김홍규/강태원, 541면; 이시윤, 483면; 한충수, 497면)가 있다.

85) 대법원 2000. 11. 24. 선고 99두3980 판결.

수 있다고 할 것이다.

(3) 유일한 증거의 취급

유일한 증거의 경우 증거조사를 거부할 수 없을 뿐, 그 내용을 반드시 채택하여야 하는 것은 아니다.[86] 자유심증주의 원칙상 당연하다. 다만 예외적으로 유일한 증거라 하더라도 증거신청이 부적법하거나, 시기에 늦었거나(제147조, 제149조), 증명하고자 하는 사실이 소송의 결과에 영향이 없다고 판단되거나, 언제 조사할 수 있을지 알 수 없는 경우이거나, 최종변론기일에서 당사자가 증거방법이 없다고 진술한 경우 등은 조사하지 아니할 수 있다 할 것이다.[87]

다. 증거결정

증거채부는 결정의 형식으로 한다. 여기에는 증거신청을 채택하는 증거결정, 증거신청을 배척하는 각하결정, 그리고 보류 등 세 가지가 있다. 증거신청을 채택하는 경우에는 반드시 증거결정을 명시적으로 할 필요는 없고, 증거조사의 일시·장소를 고지하면 된다. 증거의 채부결정은 소송지휘의 재판이므로 어느 때나 취소변경할 수 있으며(제222조), 독립한 불복신청은 허용되지 않는다.[88]

라. 직권증거조사

변론주의가 적용되는 민사소송에서는 증거자료의 수집과 제출책임이 원칙적으로 당사자에게 있으므로, 법원의 직권증거조사는 보충적이고 예외적일 수밖에 없다(제292조). 다만 소액사건과 증권관련 집단소송에서는 필요한 때에는 법원은 언제든지 직권증거조사를 할 수 있다(소심 제10조 제1항, 증집 제30조). 조사의 촉탁(제294조), 당사자신문(제367조), 감정의 촉탁(제341조) 등의 경우에 직권증거조사가 가능하다.

4. 증거조사의 실시

가. 서 설

민사소송법은 증인·감정인·당사자본인·문서·검증물·그 밖의 증거, 이렇게 6가지의 증거방법을 규정하고 있다. 조사는 원칙적으로 집중심리, 직접심리, 공개심리 원칙에 의하여 행해진다.

---

86) 대법원 1966. 6. 28. 선고 66다697 판결.

87) 김홍엽, 633면; 이시윤, 483면; 정영환, 726면.

88) 대법원 1989. 9. 7.자 89마694 결정.

나. 직접심리주의

(1) 증거조사는 직접심리주의의 요청에 의하여 수소법원의 법정에서 변론기일에 행하는 것이 원칙이다. 변론준비절차를 거친 경우에는 변론기일에 변론준비절차에서 정리된 결과에 따라서 바로 증거조사하여야 한다(제287조). 민사소송법은 증인신문과 당사자신문은 당사자의 주장과 증거를 정리한 뒤에 집중적으로 하여야 한다고 규정하여(제293조), 변론기일이 동시에 증거조사기일이 되도록 하였다.

(2) 직접심리주의의 예외는 다음과 같다.

첫째, 기일 전의 증거조사로, 민사소송법은 변론기일 전에도 증거조사를 할 수 있도록 하였다(제289조 제2항). 그러나 증인신문과 당사자본인신문은 기일전의 조사에서 원칙적으로 제외된다(제281조 제3항 단서).

둘째, 법원 밖에서의 증거조사로, 수소법원은 필요하다고 인정할 때에는 법원 밖에서 현장검증, 임상신문,[89] 서증조사 등 증거조사를 할 수 있는데, 이 경우 수소법원은 합의부원인 수명법관에게 명하거나 다른 지방법원의 수탁판사에게 촉탁할 수 있다(제297조 제1항). 특히 수명법관·수탁판사에 의한 증인신문은 ① 증인이 정당한 사유로 수소법원에 출석하지 못하는 때, ② 증인이 출석하려면 지나치게 많은 비용 또는 시간을 필요로 하는 때, ③ 그 밖에 상당한 이유가 있는 경우로서 당사자가 이의를 제기하지 아니하는 때 등에 할 수 있다(제313조).

셋째, 법원은 공공기관·학교·그 밖의 단체·개인 또는 외국의 공공기관에게 그 업무에 속하는 사항에 관하여 필요한 조사 또는 보관 중인 문서의 등본·사본의 송부를 촉탁할 수 있다(제294조). 외국에서 시행할 증거조사는 그 나라에 주재하는 대한민국 대사·공사·영사 또는 그 나라의 관할 공공기관에 촉탁한다(제296조).

다. 당사자의 참여

당사자는 증거조사에 참여할 권한이 있으므로 증거조사의 기일 및 장소는 당사자에게 통지하여 출석할 기회를 주어야 한다(제169조, 제297조 제2항). 그러나 증거조사기일에 당사자가 출석하지 않더라도 증거조사를 시행할 수 있다(제295조).

라. 조서의 작성

증거조사의 절차 및 결과는 증거조사가 변론기일·변론준비기일에 실시된 경우에는 변론조서 또는 변론준비기일조서에 기재하여야 하고(제154조 제2호, 제3호), 변론기일 외의 독

89) 예컨대 교도소 수감자에 대하여 해당 교도소 내에서 증인신문하는 것과 같은 현장 증인신문이다(정영환, 730면).

립한 증거조사기일에 실시된 경우에는 그 기일의 조서에 기재하여야 한다(제160조).

II. 증인신문

1. 서 설

가. 의 의

증인은 소송절차에서 법원으로부터 과거의 경험한 사실을 법원에 보고할 것을 명령받은 당사자 이외의 제3자다. 증인이 진술해야 할 사항은 과거의 구체적 사실에 관한 것이어야 하고, 현재의 사실 및 법규·관습·경험법칙은 여기에 포함되지 아니한다. 특별한 학식과 경험에 의하여 얻은 과거의 구체적 사실을 보고하는 감정증인도 증인에 해당하므로 그 조사절차는 증인신문절차에 의한다(제340조).

나. 증인능력

당사자 및 법정대리인, 그리고 법정대리인에 준하여 취급되는 법인의 대표자, 법인 아닌 사단·재단의 대표자 또는 관리인은 당사자신문절차에 의하므로 증인능력이 없다(제367조, 제372조, 제64조). 그 이외의 자는 모두 증인능력이 있다. 의사능력 있는 소송무능력자, 당사자의 친족도 증인능력이 있다.[90] 다만 판례는 당사자나 법정대리인을 증인으로 신문한 경우에는 위법하지만, 당사자가 지체 없이 이의하지 아니하면 하자가 치유되어 그 증언을 증거로 채택할 수 있다고 하였다.[91]

다. 증인의 신청과 채부 결정

〈민사소송규칙〉
제75조(증인신문과 당사자신문의 신청) ① 증인신문은 부득이한 사정이 없는 한 일괄하여 신청하여야 한다. 당사자신문을 신청하는 경우에도 마찬가지이다.
② 증인신문을 신청하는 때에는 증인의 이름·주소·연락처·직업, 증인과 당사자의 관계, 증인이 사건에 관여하거나 내용을 알게 된 경위, 증인신문에 필요한 시간 및 증인의 출석을 확보하기 위한 협력방안을 밝혀야 한다.

(1) 당사자의 주장과 증거를 정리한 뒤 집중적인 증인신문을 하여야 하므로(제293조), 당사자는 필요한 증인을 일괄신청하여야 하고(민소규 제75조 제1항), 이에 대하여 법원도 일

90) 법원실무제요 민사소송[Ⅲ], 1336면; 주석 민사소송법(Ⅴ), 212면.
91) 대법원 1977. 10. 11. 선고 77다1316 판결.

괄채부결정을 하는 것이 타당하다.

(2) 증인신청을 한 당사자는 법원이 정한 기한까지 상대방의 수에 3(합의부는 4)을 더한 통수의 증인신문사항을 적은 서면을 제출하여야 한다(민소규 제80조 제1항 본문). 법원사무관등은 위 증인신문사항 1통을 증인신문기일 전에 상대방에게 송달하여야 한다(민소규 제80조 제2항).

2. 증인의무

증인의무는 국가기관인 법원에 대한 공법상의 의무이다(제303조). 소송당사자에 대한 의무가 아니다. 사인은 법원의 적정한 심판에 협력해야 할 의무가 있다. 그러나 우리 민사소송법은 일정한 공무에 종사하는 공무원을 증인으로 신문할 때에는 직무가 기밀에 관한 사항에 대해서는 일정한 기관의 동의를 요하는 것으로 하였다(제304조, 제305조, 제306조). 증인의무는 아래와 같이 출석의무, 선서의무, 증언의무가 있다.

가. 출석의무

(1) 출석요구를 받은 증인은 그 지정된 일시·장소에 출석할 의무가 있다. 증인이 출석 요구를 받고 기일에 출석할 수 없을 경우에는 바로 그 사유를 밝혀 신고하여야 한다(민소규 제83조). 출석요구를 하지 않는 경우도 있는데, 실무상 당사자가 임의로 데리고 나오는 대동증인(帶同證人)도 있고, 법정에 임의로 출석한 자를 당사자가 그 자리에서 증인신청하여 채택한 재정증인(在廷證人)도 있다.

(2) 증인이 정당한 사유 없이 출석하지 아니한 때에 법원은 결정으로 증인에게 이로 말미암은 소송비용을 부담하도록 명하고 500만 원 이하의 과태료에 처한다(제311조 제1항). 법원은 증인이 과태료의 제재를 받고도 정당한 사유 없이 다시 출석하지 아니한 때에는 결정으로 증인을 7일 이내의 감치에 처한다(제311조 제2항). 위 결정에 대하여는 즉시항고를 할 수 있다(제311조 제8항). 감치의 재판을 받은 증인이 감치의 집행 중에 증언을 한 때에는 법원은 바로 감치결정을 취소하고 그 증인을 석방하도록 명하여야 한다(제311조 제7항). 감치재판절차는 수소법원의 감치재판개시결정에 따라 개시되는데, 감치사유가 발생한 날로부터 20일이 지난 때에는 그 개시결정을 할 수 없다(민소규 제86조 제2항). 한편 법원은 정당한 사유 없이 출석하지 아니한 증인을 구인하도록 명할 수 있는데, 이 경우에는 형사소송법의 구인에 관한 규정을 준용한다(제312조).

나. 선서의무

(1) 재판장은 증인에게 신문에 앞서 선서를 하게 하여야 하며, 특별한 사유가 있는

때에 한하여 신문한 뒤에 선서하게 할 수 있다(제319조). 재판장은 선서에 앞서 증인에게 선서의 취지를 밝히고, 위증의 벌에 대하여 경고하여야 한다(제320조).

(2) 선서는 선서서에 따라서 해야 하는데(제321조 제1항), 선서서에는 "양심에 따라 숨기거나 보태지 아니하고 사실 그대로 말하며, 만일 거짓말을 하면 위증의 벌을 받기로 맹세합니다"라고 적어야 한다(제321조 제2항). 재판장은 증인으로 하여금 선서서를 소리내어 읽고 기명날인 또는 서명하게 하며, 증인이 선서서를 읽지 못하거나 기명날인 또는 서명을 하지 못하는 경우 참여한 법원사무관등이나 그 밖의 법원공무원으로 하여금 이를 대신하게 한다(제321조 제3항). 증인은 일어서서 엄숙하게 선서하여야 한다(제321조 제4항).

(3) 16세 미만의 사람, 선서의 취지를 이해하지 못하는 사람은 선서능력이 없다(선서무능력자, 제322조). 증인이 자기 또는 증언거부권(제314조 각호)에 규정된 어느 한 사람과 현저한 이해관계가 있는 사항에 관하여 신문을 받을 때에는 선서를 거부할 수 있고(제324조), 증언거부권이 있는 증인으로서 증언을 거부하지 아니한 사람을 신문할 때에는 선서를 시키지 아니할 수 있다(선서의 면제, 제323조). 한편 이러한 선서거부 예외사유에 해당하지 아니함에도 선서거부를 한 경우에는 소송비용부담의 재판과 500만 원 이하의 과태료의 제재를 받고, 이에 대하여 즉시항고를 할 수 있다(제326조). 출석의무의 불이행과 달리 감치 준용 규정은 없다. 한편 증언거부권·선서거부권 고지에 관한 명문의 규정이 없으므로, 법원이 이를 증인에게 고지하지 아니하더라도 위법이 아니고,[92] 형사상 위증죄의 성립에 방해되지 않는다.[93]

판 례 **증언거부권의 고지와 위증죄(대법원 2011. 7. 28. 선고 2009도14928 판결)**

형사소송법은 증언거부권에 관한 규정(제148조, 제149조)과 함께 재판장의 증언거부권 고지의무에 관하여도 규정하고 있는 반면(제160조), 민사소송법은 증언거부권 제도를 두면서도(제314조 내지 제316조) 증언거부권 고지에 관한 규정을 따로 두고 있지 않다. (중략) 그렇다면 민사소송절차에서 재판장이 증인에게 증언거부권을 고지하지 아니하였다 하여 절차위반의 위법이 있다고 할 수 없고, 따라서 적법한 선서절차를 마쳤는데도 허위진술을 한 증인에 대해서는 달리 특별한 사정이 없는 한 위증죄가 성립한다고 보아야 한다.

다. 증언의무

(1) 증인은 신문에 대하여 증언할 의무가 있다. 재판장은 필요하다고 인정한 때에는 증인에게 문자를 손수 쓰게 하거나 그 밖의 필요한 행위를 하게 할 수 있다(제330조).

---

92) 대법원 1971. 4. 30. 선고 71다452 판결.

93) 대법원 2011. 7. 28. 선고 2009도14928 판결.

(2) 증인은 그 증언이 증인의 친족 또는 이러한 관계에 있었던 사람, 증인의 후견인 또는 증인의 후견을 받는 사람에 해당하는 사람이 공소제기 되거나 유죄판결을 받을 염려가 있는 사항 또는 자기나 그들에게 치욕이 될 사항에 관한 것인 때에는 증언을 거부할 수 있다(제314조). 또한 증인은 변호사·변리사·공증인·공인회계사·세무사·의료인·약사, 그 밖에 법령에 따라 비밀을 지킬 의무가 있는 직책 또는 종교의 직책에 있거나 이러한 직책에 있었던 사람이 직무상 비밀에 속하는 사항에 대하여 신문을 받을 때, 기술 또는 직업의 비밀에 속하는 사항에 대하여 신문을 받을 때에 해당하면 증언을 거부할 수 있다(제315조 제1항).

단 증인이 비밀을 지킬 의무가 면제된 경우에는 적용하지 아니한다(제315조 제2항). 수소법원은 당사자를 심문하여 증언거부가 옳은 지를 재판하며(제317조 제1항), 당사자 또는 증인은 위 재판에 대하여 즉시항고를 할 수 있다(제317조 제2항). 한편 증언거부에 정당한 이유가 없다고 한 재판이 확정된 뒤에 증인이 증언을 거부한 때에는 소송비용부담과 500만원 이하의 과태료의 제재를 받고, 이에 대하여 즉시항고를 할 수 있다(제318조).

3. 증인신문에 갈음하는 서면

증인은 법정에 출석하여 선서하고 구술로 신문하는 것이 원칙이나, 아래와 같은 예외도 있다.

가. 증인진술서의 제출

법원은 효율적인 증인신문을 위하여 필요하다고 인정하는 때에는 증인을 신청한 당사자에게 증인진술서를 제출하게 할 수 있는데, 증인진술서에는 증언할 내용을 그 시간순서에 따라 적고, 증인이 서명날인하여야 한다(민소규 제79조 제1항, 제2항). 이 증인진술서는 증거방법으로서 서증으로 취급되고, 주변사실이나 정황 등을 이 증인진술서로 대체할 수 있으나, 이를 주신문에 갈음하여 주신문을 전면적으로 생략하는 것은 허용될 수 없다.

나. 서면에 의한 증언

(1) 법원은 증인과 증명할 사항의 내용 등을 고려하여 상당하다고 인정하는 때에는 출석·증언에 갈음하여 증언할 사항을 적은 서면을 제출하게 할 수 있다(제310조 제1항). 증언에 갈음하는 절차로서 반대신문권 보장의 필요성이 크지 않을 때 행할 수 있다. 예컨대 진단서의 진정성립을 위해 작성자인 의사를 증인으로 불러야 하거나, 증인이 중환자 또는 외국에 거주하여 출석이 어려운 사정, 또는 증인에게 신빙성 있는 진술을 기대할 수 있어

굳이 반대신문이 필요치 않은 경우 등에서 의미가 있다. 다만 법원은 상대방의 이의가 있거나 필요하다고 인정하는 때에는 위 증인으로 하여금 출석·증언하게 할 수 있다(제310조 제2항).

(2) 앞의 증인진술서와 위 서면에 의한 증언은 다음과 같은 차이가 있다. ① 전자는 서증이나, 후자는 증언이다. ② 제출대상자가 전자는 당사자이나, 후자는 증인이다. ③ 전자는 신문에 앞서 제출하는 것으로서 그 후에 증인의 출석과 증언이 필요하지만, 후자는 출석과 증언에 갈음하는 절차이다.

다. 공증인법상 선서인증

2009년 개정 공증인법은 선서인증을 도입하였다. 즉 촉탁인이 공증인 앞에서 사서증서에 적힌 내용이 진실함을 선서하고 서명 또는 날인한 경우 공증인이 이를 확인하여 선서 사실을 증서에 적게 하는 것이다(공증인법 제57조의2 제1항). 이러한 선서인증은 본인이 직접 하여야지 대리인을 내세울 수 없고(같은 조 제3항), 그 내용이 거짓인 경우 위증죄가 아니라 과태료의 제재를 받을 수 있다(같은 조 제4항). 안타깝게도 실무에서 이 제도의 활용도는 매우 낮다.

4. 증인신문절차

가. 개　관

증인신문절차는 우선 증인의 출석요구를 하여야 하는데, 증인신문은 원칙적으로 당사자의 신청에 의한다(제289조, 제308조). 증인신문의 신청을 채택한 때에는 재정증인을 제외하고 출석요구서를 증인이 출석할 날로부터 2일 전에 송달한다(민소규 제81조 제2항). 재판장은 증인으로부터 주민등록증 등 신분증을 제시받거나 그 밖의 적당한 방법으로 증인임이 틀림없음을 확인하여야 한다(인정신문, 민소규 제88조). 인정신문이 끝나면 재판장은 증인에게 선서 전에 선서의 취지를 알리고, 위증의 벌을 경고한 후 선서의 방식(제321조)에 의하여 선서를 하도록 한다.

나. 구술진술

신문은 원칙적으로 구술방식으로 한다. 다만 예외적으로 재판장의 허가가 있는 때에 한하여 서류에 의하여 진술할 수 있다(제331조 단서). 서류에 의한다 함은 서류의 숫자·수량·문구 등을 보면서 진술할 수 있다는 것을 말한다.[94] 또 다른 예외로 서면에 의한 증언(제310조)

94) 정영환, 742면.

이 있음은 앞서 보았다.

다. 격리신문

(1) 같은 기일에 2인 이상의 증인을 신문할 때에는 원칙적으로 따로 따로 신문하여야 하므로 신문하지 아니한 증인은 법정에서 나가도록 명해야 한다(제328조 제1항, 같은 조 제2항 본문). 다른 증인의 증언에 의해 증언이 오염되는 것을 방지하고자 하는 취지이다. 다만 필요하다고 인정한 때에는 신문할 증인을 법정 안에 머무르게 할 수 있다(재정신문, 제328조 제2항 단서).

(2) 한편 법정 안에 있는 특정인 앞에서는 충분히 진술하기 어려운 현저한 사유가 있는 때에는 재판장은 당사자의 의견을 들어 그 증인이 진술하는 동안 그 사람을 법정에서 나가도록 명할 수 있다(민소규 제98조). 증인이 아닌 재정인도 격리시킬 수 있도록 한 것인데, 여기에는 당사자와 법정대리인뿐만 아니라 방청인도 해당될 수 있다.[95]

라. 교호신문

(1) 원칙적 교호신문

증인신문은 주신문(증인신문의 신청을 한 당사자의 신문) → 반대신문(상대방의 신문) → 재주신문(증인신문을 한 당사자의 재신문)의 순으로 진행되고, 그 이후의 재반대신문과 재재주신문 등은 재판장의 허가를 얻은 경우에 한하여 허용되며, 재판장은 당사자에 의한 신문이 끝난 다음에 신문하는 것이 원칙이다(제327조 제1항, 제2항, 민소규 제89조 제2항). 이를 교호신문이라고 한다.

(2) 예외적 직권신문

우리 민사소송법은 사건의 타당한 해결을 위해 법원의 직권신문을 인정하고 있다. 즉 재판장은 위 순서에도 불구하고 언제든지 개입신문을 할 수 있고(제327조 제3항), 합의부원은 재판장에게 알리고 보충신문 또는 개입신문을 할 수 있다(제327조 제6항). 또한 우리 법은 교호신문제도를 완화하여 재판장이 알맞다고 인정하는 때에는 당사자의 의견을 들어 위 신문의 순서를 바꿀 수 있도록 하였다(제327조 제4항). 그리고 당사자의 신문이 중복되거나 쟁점과 관계가 없는 사항에 관한 신문이거나 그 밖에 필요한 사정이 있는 때에 재판장은 당사자의 신문을 제한할 수 있다(제327조 제5항).

(3) 주신문

주신문은 증명할 사항과 이에 관련된 사항에 관하여 한다(민소규 제91조 제1항). 직접신

95) 이시윤, 499면; 정영환, 745면.

문이라고도 한다. 주신문에서는 원칙적으로 유도신문을 하여서는 아니 된다(민소규 제91조 제2항 본문). 허위증언을 유도하는 것을 방지하기 위함이다. 그러나 실질적인 신문에 앞서 미리 밝혀둘 필요가 있는 준비사항에 관한 것이거나, 증인이 주신문을 하는 사람에게 적의 또는 반감을 보이거나, 증인이 종전 진술과 상반되는 진술을 하거나, 그 밖에 특별한 사정이 있는 경우에는 유도신문이 허용된다(민소규 제91조 제2항 단서).

(4) 반대신문

반대신문은 주신문에 나타난 사항과 이에 관련된 사항에 관하여 한다(민소규 제92조 제1항). 증인은 대부분 반대신문자에게 적대적일 것이므로 반대신문에서 필요한 때에는 유도신문을 할 수 있다(민소규 제92조 제2항). 다만 재판장은 유도신문의 방법이 상당하지 아니하다고 인정하는 때에는 제한할 수 있다(민소규 제92조 제3항). 반대신문의 기회에 주신문에 나타나지 아니한 새로운 사항에 관하여 신문하고자 하는 때에는 재판장의 허가를 받아야 하고, 그 신문은 주신문으로 본다(민소규 제92조 제4항, 제5항).

(5) 재주신문

재주신문은 반대신문에 나타난 사항과 이와 관련된 사항에 관하여 한다(민소규 제93조 제1항). 재주신문은 주신문의 예에 따르므로(민소규 제93조 제2항) 원칙적으로 유도신문이 금지된다. 또한 반대신문에 나타나지 아니한 새로운 사항에 관하여 신문하고자 하는 때에는 재판장의 허가를 받아야 하고, 그 신문은 주신문으로 본다(민소규 제93조 제3항, 제92조 제4항, 제5항).

(6) 보충신문·개입신문

재판장은 원칙적으로 당사자에 의한 신문이 끝난 뒤에 신문할 수 있다(제327조 제1항, 제2항). 이를 보충신문이라고 한다. 그러나 재판장은 위 규정에 불구하고 당사자에 의한 신문 도중 언제든지 신문할 수 있는데(제327조 제3항), 이를 개입신문이라고 한다.

마. 비디오 등 중계장치에 의한 신문

제327조의2(비디오 등 중계장치에 의한 증인신문) ① 법원은 다음 각 호의 어느 하나에 해당하는 사람을 증인으로 신문하는 경우 상당하다고 인정하는 때에는 당사자의 의견을 들어 비디오 등 중계장치에 의한 중계시설을 통하거나 인터넷 화상장치를 이용하여 신문할 수 있다.
1. 증인이 멀리 떨어진 곳 또는 교통이 불편한 곳에 살고 있거나 그 밖의 사정으로 말미암아 법정에 직접 출석하기 어려운 경우

2. 증인이 나이, 심신상태, 당사자나 법정대리인과의 관계, 신문사항의 내용, 그 밖의 사정으로 말미암아 법정에서 당사자 등과 대면하여 진술하면 심리적인 부담으로 정신의 평온을 현저하게 잃을 우려가 있는 경우
② 제1항에 따른 증인신문은 증인이 법정에 출석하여 이루어진 증인신문으로 본다.
③ 제1항에 따른 증인신문의 절차와 방법, 그 밖에 필요한 사항은 대법원규칙으로 정한다.

본조에 따른 증인신문의 절차와 방법 등에 대해서는 민사소송규칙 제95조의2에서 정하고 있는데, 영상기일의 실시에 관한 같은 규칙 제73조의3을 준용하고 있다.

바. 재판장의 지휘와 당사자의 이의신청

(1) 재판장은 신문 전체에 대한 지휘권을 행사한다. 증인신문은 개별적이고 구체적으로 하여야 하고(민소규 제95조 제1항), 재판장은 증인을 모욕하거나 증인의 명예를 해치는 신문 등을 제한할 수 있다(같은 조 제2항). 또한 재판장은 필요하다고 인정한 때에는 증인 서로의 대질을 명할 수 있다(대질신문, 제329조).

(2) 증인신문에 관한 재판장의 명령 또는 조치에 대하여 당사자는 그 이유를 구체적으로 밝혀 그 명령 또는 조치가 있은 후 바로 이의신청을 할 수 있고, 법원은 이에 대하여 바로 결정으로 재판하여야 한다(민소규 제97조). 이러한 결정은 소송지휘에 관한 재판이므로 독립하여 불복이 허용되지 않고, 종국판결에 대한 상소를 하면서 함께 다툴 수 있다.

Ⅲ. 감 정

1. 서 설

가. 의 의

감정은 법관의 판단능력을 보충하기 위하여 특별한 학식과 경험을 가진 자에게 그 전문적 지식이나 경험법칙 또는 이를 이용하여 내린 판단을 보고시키는 증거조사이다. 감정인은 위 사항에 관한 법관의 지식을 보충하는 사람으로서 법관의 보충적인 지위를 가진다(예컨대 감정평가사, 컴퓨터전문가, 외국법전문가 등).

나. 구별개념

감정은 인증에 해당한다. 따라서 법원의 명령에 의해 감정인이 감정결과를 보고한 감정서는 서증이 아니다. 그러나 당사자가 소송 외에서 전문가에게 직접 의뢰하여 작성된

감정의견서를 법원에 증거로 제출하는 경우가 있는데, 이는 서증으로서 합리적이라고 인정되면 사실인정의 자료로 할 수 있다.[96] 이를 실무상 사감정(私鑑定)이라고 한다. 다만 판례는 이것이 법원의 감정 못지않게 공정하고 신뢰성 있는 전문가에 의하여 행하여진 것이 아니라고 의심할 사정이 있거나 그 의견이 법원의 합리적 의심을 제거할 수 있는 정도가 되지 아니하는 경우에는 이를 쉽게 채용하여서는 아니 된다고 하였다.[97]

다. 특 징

감정인은 증인과 마찬가지로 인증이다. 그러나 증인은 구체적인 사건과 관련하여 과거의 경험사실을 보고하는 사람이므로 대체성이 없음에 반하여, 감정인은 전문적 경험지식에 대한 판단을 보고하는 사람이므로 대체성이 있다는 차이가 있다.

2. 감정의무

감정에 필요한 학식과 경험이 있는 사람은 감정할 의무를 진다(제334조 제1항). 그러나 증언거부권과 선서거부권이 있는 사람과 선서무능력자는 감정인이 될 수 없다(제334조 제2항). 한편 감정인이 정당한 사유 없이 출석하지 아니한 때에는 소송비용의 부담과 500만 원 이하의 과태료에 처할 수 있으나, 증인과 달리 감치처분이나 구인을 할 수는 없다(제333조 단서).

3. 감정절차

(1) 감정절차는 원칙적으로 증인신문을 준용하므로(제333조, 민소규 제104조) 원칙적으로 당사자의 신청에 의하나, 법원이 직권으로 감정을 명할 수도 있다(제292조). 감정을 신청하는 때에는 감정을 구하는 사항을 적은 서면을 함께 제출해야 하며, 법원은 이를 상대방에게 송달하고, 이를 받은 상대방이 의견이 있는 때에는 의견을 적은 서면을 법원에 제출할 수 있다(민소규 제101조). 감정인은 법원이 지정하므로(제335조), 당사자가 감정인을 지정하여 신청할 필요는 없고, 그것이 표시되더라도 법원은 이에 구속되지 않으며, 이는 단지 법원에 추천하는 이상의 의미가 될 수 없다. 감정인이 성실하게 감정할 수 없는 사정이 있는 때에 당사자는 그를 기피할 수 있으나, 감정사항에 관한 진술이 이루어진 뒤에는 원칙적으로 기피하지 못한다(제336조).

(2) 법원은 필요하다고 인정하는 경우에는 공공기관·학교, 그 밖에 상당한 설비가 있

96) 대법원 2002. 12. 27. 선고 2000다47361 판결. 법원의 착오로 선서를 누락한 감정인이 작성한 감정 결과의 서면을 당사자가 서증으로 제출한 경우 역시 마찬가지이다(대법원 2006. 5. 25. 선고 2005다77848 판결).

97) 대법원 2010. 5. 13. 선고 2010다6222 판결.

는 단체 또는 외국의 공공기관에 감정을 촉탁할 수 있다(제341조). 감정촉탁은 개인이 아니라 단체에 대해서 하는 것이다. 감정촉탁의 경우에는 선서의무가 면제된다(제341조 제1항 후단).

(3) 감정인을 신문함에 있어서 재판장이 신문하되, 합의부원은 재판장에게 알리고 신문할 수 있고, 당사자도 재판장에게 알리고 신문할 수 있다(제339조의2). 아울러 감정인이 법정에 직접 출석하기 어려운 특별한 사정이 있거나 외국에 거주하는 경우에는 비디오 등 중계장치에 의해 감정인을 신문할 수도 있다(제339조의3).

(4) 감정인은 감정을 위하여 필요한 경우에는 법원의 허가를 받아 남의 토지, 주거, 관리 중인 가옥, 건조물, 항공기, 선박, 차량, 그 밖의 시설물 안에 들어갈 수 있으며, 이 경우 저항을 받을 때에는 감정인은 국가경찰공무원에게 원조를 요청할 수 있다(제342조).

(5) 감정의견의 보고는 변론기일 또는 감정인신문기일에서는 말로 하고, 기일 외에서는 서면으로 하는데, 실무상 주로 기일 외에서 감정서의 제출로 하고 있다.

4. 감정결과의 채택 여부

(1) 실무상 당사자가 감정결과를 원용한다는 진술을 하는 것이 일반적이지만, 판례는 당사자가 원용하지 않는 경우에도 증거자료로 사용할 수 있다고 한다.[98)]

(2) 법관은 자유심증에 의하여 감정결과를 현실적으로 증거로 채택하여 사실인정의 자료로 할 것인지 여부를 판단한다(제202조).[99)] 따라서 감정결과에 대한 평가, 재감정 여부 등은 법원의 자유재량사항이다. 다만 판례는 감정인의 감정결과는 그 감정방법 등이 경험칙에 반하거나 합리성이 없는 등 현저한 잘못이 없는 한 이를 존중해야 한다고 했다.[100)] 감정결과에 오류가 있다면 나머지 감정결과 부분만을 증거로 채택하여 사용 가능하다.

(3) 동일한 사항에 관하여 상이한 여러 개의 감정결과가 있을 때 그 감정방법 등이 논리와 경험칙에 반하거나 합리성이 없다는 등의 잘못이 없는 한, 그중 어느 감정 결과를 채택할 것인지는 원칙적으로 사실심법원의 전권에 속한다.[101)] 또 감정은 법관이 특별한 지식·경험을 이용하는 데 불과한 것이므로, 그 결과에 의료과오의 유무나 노동능력상실률 등에 관한 견해가 포함되어 있더라도 법원은 그 견해에 구속되지 아니한다.[102)]

---

98) 대법원 1994. 8. 26. 선고 94누2718 판결.

99) 대법원 2002. 6. 28. 선고 2001다27777 판결.

100) 대법원 2019. 3. 14. 선고 2018다255648 판결. 신체감정촉탁에 의한 여명감정결과의 증명력(대법원 2002. 11. 26. 선고 2001다72678 판결), 무인감정결과의 증명력(대법원 1999. 4. 9. 선고 98다57198 판결), 항공기 소음에 관한 감정결과의 증명력(대법원 2010. 11. 25. 선고 2007다74560 판결).

101) 대법원 2018. 10. 12. 선고 2016다243115 판결; 대법원 2020. 4. 9. 선고 2016다32582 판결.

102) 대법원 1987. 10. 13. 선고 87다카1613 판결; 대법원 2010. 2. 25. 선고 2009다75574 판결; 대법원 2019. 5.

Ⅳ. 당사자신문

1. 서 설

가. 의 의

당사자신문은 소송의 주체인 당사자본인을 증거방법으로 하여, 마치 증인과 같이 그가 경험한 사실에 대해 진술하게 하는 증거조사를 말한다.

나. 법적 성질

(1) 당사자신문절차에서 당사자의 진술은 증거자료일 뿐, 소송자료가 아니다.[103] 따라서 상대방의 주장과 일치하더라도 재판상 자백이 될 수 없다.[104]

(2) 법원의 석명에 대해 당사자가 진술하는 것은 주장의 보충으로서 소송자료에 해당할 뿐, 증거자료 수집을 위한 당사자신문과 구별된다.

(3) 소송제한능력자도 당사자신문의 대상이 된다(제372조 단서). 당사자의 법정대리인이나 (법인이 당사자인 경우) 대표자도 이 절차로 신문한다(제372조, 제64조).

2. 보충성의 폐지

가. 증거방법으로서의 보충성

(1) 종전의 태도

> **〈구 민사소송법(2002년 개정 전의 것)〉**
> **제339조(당사자신문의 보충성)** 법원은 증거조사에 의하여 심증을 얻지 못한 때에는 직권 또는 당사자의 신청에 의하여 당사자 본인을 신문할 수 있다. 이 경우에는 당사자에게 선서를 하게 할 수 있다.

구법은 다른 증거방법에 의하여 법원이 심증을 얻지 못한 경우에 한하여 당사자본인신문이 허용된다고 하였다(구법 제339조). 이른바 증거방법으로서의 보충성을 채택하였던 것이다. 사건의 직접적 이해관계인인 당사자에게 공정한 진술을 기대하기 어렵다는 점, 당사자에게 제재로서 진술을 강요하는 것이 가혹하다는 점 등을 근거로 하였다.

---

30. 선고 2015다8902 판결.
103) 대법원 1981. 8. 11. 선고 81다262, 263 판결.
104) 대법원 1978. 9. 12. 선고 78다879 판결.

(2) 2002년 개정법의 태도

> **第367조(당사자신문)** 법원은 직권으로 또는 당사자의 신청에 따라 당사자 본인을 신문할 수 있다. 이 경우 당사자에게 선서를 하게 하여야 한다.

법원의 심증과 관계없이 소송의 어느 단계에서도 당사자신문을 할 수 있도록 그 보충성을 폐지하였다. 아울러 이 경우 당사자도 신문 전 선서하도록 하였다. 사건의 진상을 가장 잘 아는 사람은 당사자본인이라는 점, 당사자신문에서의 진술은 상대방의 주장을 무너뜨리는 자료가 된다는 점, 증인 진술에 대한 모순을 제거하는 공격방법으로서 충분히 의의가 있다는 점 등을 고려할 때, 증거방법으로서의 보충성을 폐지한 개정법의 태도는 타당하다 할 것이다.

나. 증거력으로서의 보충성

(1) 종전 판례는 "다른 증거없이 원고본인신문결과만으로는 원고주장의 사실을 인정할 수 없다"고 판시하여,[105] 당사자신문결과의 보충적 증거력을 인정하였다. 위 판시에 대해 ① 증거방법으로서의 보충성이 곧 증거력의 자유평가를 뜻하는 자유심증주의의 예외는 아니라는 점, ② 일단 적법하게 신문한 이상 그 증거가치에 대해서는 법관의 자유심증에 일임해야 한다는 점, ③ 사실관계를 잘 아는 사람이 당사자이므로 당사자신문의 활용은 진실파악과 소송의 원활화에 도움이 된다는 점, ④ 효율적 쟁점정리와 화해 촉진을 위하여 당사자신문을 적극 활용할 필요가 있다는 점 등을 근거로 하는 비판이 유력하였다.

(2) 2002년 개정법에서 당사자신문의 보충성이 폐지되었으므로, 증거력으로서의 보충성까지 확대해석하였던 종전 판례는 더 이상 유지될 수 없으며, 따라서 당사자신문은 다른 증거방법과 우열의 차이가 없으므로 당사자신문결과만으로 주요사실을 인정할 수 있다.

3. 절 차

증인신문절차의 규정이 대부분 준용된다(제373조, 민소규 제119조). 다만 당사자신문은 증인신문과 다음과 같은 차이가 있다.

(1) 증인신문은 신청에 의하지만, 당사자신문은 신청 외에 직권으로도 할 수 있다(제367조).

105) 대법원 1983. 6. 14. 선고 83다카95 판결.

(2) 당사자신문에서도 출석·선서·진술의무를 지지만(제369조), 증인처럼 구인·과태료·감치 등으로 그 이행이 강제되지 않는다.

(3) 당사자신문에서 당사자가 정당한 사유 없이 출석·선서·진술을 거부한 때에는 신문사항에 관한 상대방의 주장을 진실한 것으로 인정할 수 있다(제369조). 여기서 출석할 수 없는 정당한 사유란 법정에 나올 수 없는 질병, 교통기관의 두절, 관혼상제, 천재지변 등을 말한다고 할 것이고, 그러한 정당한 사유의 존재는 그 불출석 당사자가 이를 주장·증명하여야 한다.[106] 그 효과로서 법원이 진실한 것으로 인정할 수 있는 것은 신문사항에 포함된 사실일 뿐, 곧바로 상대방 당사자의 요건사실에 관한 주장을 진실한 것으로 인정할 수 있다는 뜻은 아니다.[107]

(4) 당사자신문에서 선서 후 허위진술을 하여도 위증죄가 아니라 법원의 결정으로 500만 원 이하 과태료의 처분을 받는다(제370조 제1항). 위 결정에 대해서는 즉시항고할 수 있다(제370조 제2항). 당사자가 증인으로 선서하고 증언하였더라도 증인능력이 없으므로 위증죄의 주체가 될 수 없다.[108]

(5) 당사자신문할 자를 증인으로 조사하였다 하더라도 지체없이 이의하지 않으면 이의권의 포기·상실로 그 하자가 치유된다.[109]

Ⅴ. 서 증

1. 서 설

(1) 서증은 문서를 열람하여 그에 기재된 의미 내용을 증거자료로 얻기 위한 증거조사를 말한다. 서증은 가장 확실한 증거방법으로 평가된다.

(2) 민사소송법상 문서는 광의로는 각인이 깨달을 수 있는 기호에 의하여 사상을 표시하는 일체의 것을 의미하는데, 협의의 문서 외에 징표로 삼기 위하여 조성된 물건, 즉 기념물·계표 등을 포함한다. 협의로는 보통의 문자 또는 이에 대용되는 특수한 부호에 의하여 사상을 표시하는 물체를 말한다.

(3) 서증은 문서의 기재내용을 증거자료로 하는 것이기 때문에, 문서의 외형존재 자체를 증거자료로 하는 경우는 서증이 아니라 검증이다. 따라서 위조된 서류라는 취지로

---

106) 대법원 2010. 11. 11. 선고 2010다56616 판결.
107) 대법원 1990. 4. 13. 선고 89다카1084 판결.
108) 대법원 2012. 12. 13. 선고 2010도14360 판결.
109) 대법원 1977. 10. 11. 선고 77다1316 판결.

그 서류를 제출한 경우는 서증이 아니고 검증물이다.[110] 또한 당해 소송에서 증거조사의 결과를 기재한 문서(증인신문조서, 검증조서, 감정서 등)는 다시 서증의 대상이 되는 것이 아니나, 다른 소송사건의 각 조서는 서증의 대상이 된다.[111]

2. 문서의 종류

가. 공문서와 사문서

(1) 문서는 작성주체에 따라 공무원이 직무권한 내의 사항에 관해 직무상 법정방식에 따라 작성한 문서인 공문서와 그 외의 문서인 사문서로 나뉜다. 특히 공무원이 작성한 문서라 하더라도 직무권한 내의 사항이 아니거나 개인자격에서 작성한 것은 공문서가 아니다. 공문서와 사문서는 형식적 증거력을 인정함에 있어서 구별의 실익이 있다.

(2) 사문서에 공무원이 그 권한에 의하여 직무상의 사항을 부기하는 일이 있는데, 이것은 사문서와 공문서가 병존하는 형태의 문서, 즉 공사병존문서라 할 수 있다. 예컨대 내용증명우편의 경우 증명부분은 공문서이나 기타 우편의 내용은 사문서인데, 이 경우에 공문서 부분의 성립으로 사문서부분의 진정성립을 추정할 수는 없고,[112] 각각 따로 해야 한다.

나. 처분문서와 보고문서

(1) 처분문서는 증명하려고 하는 법률상의 행위가 그 문서 자체에 의하여 이루어진 문서를 말한다.[113] 예컨대 판결서,[114] 행정처분서, 계약서,[115] 차용증서[116] 등이다.

반면 보고문서는 작성자가 듣고 보고 느끼고 판단한 바를 기재한 문서이다. 예컨대 상업장부, 확인서, 가족관계증명서, 진단서, 이력서, 편지, 일기, 병상일지 등이다. 어떤 문서의 내용이 작성자 자신의 법률행위에 관한 것이라 하더라도 그 법률행위를 외부적 사실로서 보고·기술하고 있거나 그에 관한 의견이나 감상을 기재한 것은 보고문서이다.[117]

---

110) 대법원 1992. 7. 10. 선고 92다12919 판결.

111) 이시윤, 506면; 정영환, 753면.

112) 대법원 1989. 9. 12. 선고 88다카5836 판결; 대법원 2018. 4. 12. 선고 2017다292244 판결.

113) 대법원 1997. 5. 30. 선고 97다2986 판결.

114) 판결서는 판결이 있었던가 또 어떠한 내용의 판결이 있었던가의 사실을 증명하기 위한 한도에서 처분문서이나, 판결서 중에서 한 사실판단을 이용하는 경우에는 보고문서의 성질도 지닌다고 하였다(대법원 1980. 9. 9. 선고 79다1281 전원합의체 판결).

115) 부동산 교환계약의 처분문서는 그 부동산교환계약서일 뿐이고 교환계약상의 등록의무를 이행하기 위하여 사후에 형식적으로 작성된 임차권 양도계약서(ASSIGNMENT OF LEASE)는 교환계약에 대한 처분문서가 아니라고 하였다(대법원 1997. 5. 30. 선고 97다2986 판결).

116) 대법원 1991. 10. 22. 선고 91다25468 판결.

117) 대법원 2010. 5. 13. 선고 2010다6222 판결. 따라서 甲이 작성한 "丙과 체결된 이 사건 계약은 甲이 직접

(2) 이것은 실질적 증거력을 인정함에 있어서 구별의 실익이 있다. 보고문서와 달리 처분문서는 그 형식적 증거력이 인정되면 실질적 증거력이 사실상 추정된다.[118]

다. 원본·정본·등본·초본

(1) 원본은 사실 또는 법률관계를 최초에 확정적으로 기술한 원문서를 말한다. 등본은 원본전체의 사본을 말하며, 초본은 원본일부의 사본이다. 정본은 특히 정본이라고 표시한 등본인데, 재판 또는 이에 준하는 효력을 가지는 문서와 같이 원본을 보존하고 이와 같은 효력이 있는 것을 외부에 교부해야 할 경우에 쓰이는 것으로서(예컨대 민사판결정본), 법률상 원본과 동일한 효력을 갖는다. 또한 등본 중에서 공증의 권한을 가지는 공무원이 원본과 상위 없다는 문구를 부기하여 작성한 등본을 인증등본이라 한다.

(2) 법원에 문서를 제출하거나 보낼 때에는 원본, 정본 또는 인증이 있는 등본으로 하여야 한다(제355조 제1항).

3. 문서의 증거능력과 증거력

가. 문서의 증거능력

문서의 증거능력은 문서가 증거조사의 대상이 될 수 있는 자격을 말한다. 민사소송에서는 원칙적으로 증거능력에 제한이 없다. 따라서 소제기 후 계쟁사실에 관하여 작성된 문서,[119] 서증의 사본,[120] 형사사건의 각종조서도 증거능력이 부인되지 않는다.

나. 문서의 증거력

문서의 증거력은 문서의 내용이 요증사실의 인정에 기여하는 정도, 즉 증거로서 얼마나 효용이 있는가에 대한 구체적 효과를 말한다. 증거가치 또는 증명력으로 표현하기도 한다. 문서는 위·변조의 가능성이 상존하는 만큼 우선 그 문서가 작성자의 의사에 의하여 작성된 것임이 밝혀져야 하고, 이러한 형식적 증거력, 즉 진정성립이 인정된 다음 요증사실에 대한 증거로서의 유용성, 즉 실질적 증거력을 판단해야 한다.[121]

계약을 해야 하는데 甲이 바빠서 乙에게 심부름을 시킨 것이다"라는 취지의 서면은, 계약체결경위에 관한 甲의 기억 또는 관념을 기재한 것일 뿐, 증명하고자 하는 법률행위가 위 서면에 의하여 이루어진 것이 아니므로 처분문서가 아니라 보고문서이다.

118) 대법원 1981. 6. 9. 선고 80다442 판결; 대법원 2021. 12. 10. 선고 2021다266532 판결.

119) 대법원 1992. 4. 14. 선고 91다24755 판결.

120) 대법원 1996. 3. 8. 선고 95다48667 판결; 대법원 2002. 8. 23. 선고 2000다66133 판결.

121) 대법원 1997. 4. 11. 선고 96다50520 판결; 대법원 2015. 11. 26. 선고 2014다45317 판결.

4. 문서의 형식적 증거력

가. 의 의

(1) 문서가 작성명의인의 의사에 기해 작성된 것을 문서의 진정성립이라 한다. 그리고 진정성립이 인정된 문서는 원칙적으로 형식적 증거력이 있다. 여기서 진정이라 함은 그 작성명의인의 의사에 기하여 작성된 것을 말할 뿐이고, 그 문서의 기재내용이 객관적으로 진실하다는 것은 아니다. 즉 작성의 진정을 의미하지, 내용의 진정을 의미하지 않는다. 내용진실의 측면은 문서의 실질적 증거력의 문제이다.

(2) 문서가 작성명의인의 의사에 기해 이루어지면 되므로, 반드시 그의 자필로 작성할 것을 요하지 않고, 그의 승낙 하에 다른 사람이 대신 적어도 된다. 판례는 문서작성자의 날인이 되어 있지 않더라도 그 문서의 진정성립이 추정될 수 있다고 한다.[122)]

나. 성립의 인부

(1) 통상 ① 명의인이 문서를 작성한 적이 있는가, ② 서명·날인·무인한 적이 있는가, ③ 명의인의 인영(도장)이 맞는가를 확인한다.[123)] 성립의 인부과정에서 상대방의 태도는 성립인정, 침묵, 부인, 부지 등 4가지를 들 수 있다. 성립의 인부는 변론에서 구술로 하는 것이 원칙이나, 준비서면으로 할 수도 있고(제274조 제2항), 변론준비절차에서도 할 수 있다(제281조 제3항).

판 례 **성립의 인부(대법원 1972. 6. 27. 선고 72다857 판결)**

사문서에 본인 또는 그 대리인의 서명이나 날인이 있는 때에는 피고가 부지라고 다투는 것만으로는 그 증거력을 배척할 것이 아니고 사문서 중의 피고명의의 기재가 피고 자신의 서명인지 아닌지 또는 그 명하의 인영이 진정한 것인지의 여부를 석명하여 이에 대한 심리를 하여야 한다.

(2) 성립인정 또는 침묵한 경우 재판상의 자백이나 자백간주의 법리가 적용된다. 따라서 법원에 대한 구속력이 있어 그 형식적 증거력을 인정하여야 한다. 그 취소에 있어서도 주요사실의 자백취소와 동일하게 처리하여야 한다는 것이 판례의 태도이다.[124)] 그러나 실질적 증거력에 관하여는 재판상 자백이 성립하지 않는다.

(3) 한편 부인 또는 부지로 답하면 다툰 것이 되므로 증명의 대상이 되며 제출자가

---

122) 대법원 1994. 10. 14. 선고 94다11590 판결.
123) 대법원 1972. 6. 27. 선고 72다857 판결.
124) 대법원 2001. 4. 24. 선고 2001다5654 판결; 대법원 2019. 7. 11. 선고 2015다47389 판결.

증명책임을 진다.125)

(가) 문서의 진정성립을 부인하는 때에는 단순부인은 허용되지 않고 그 이유를 구체적으로 밝혀야 한다(민소규 제116조). 본인 명의의 문서에 대해서는 부지라고 할 수 없고 성립인정 또는 부인을 해야 한다.126) 그러나 제3자 명의의 문서에 대해서는 부지라고 할 수 있다. 당사자나 그 대리인이 고의나 중대한 과실로 진실에 어긋나게 문서의 진정을 다툰 때에는 법원은 결정으로 200만 원 이하의 과태료에 처한다(제363조).

(나) 문서의 진정성립에 관한 증명방법에는 제한이 없으므로,127) 필적 또는 인영을 대조하여 증명할 수 있고(제359조), 변론전체의 취지만으로 그 성립을 인정할 수도 있다.128) 다만 우리 법은 아래와 같이 추정규정을 두어 증명의 어려움을 해소하고 있다.

다. 공문서의 진정 추정

> **제356조(공문서의 진정의 추정)** ① 문서의 작성방식과 취지에 의하여 공무원이 직무상 작성한 것으로 인정한 때에는 이를 진정한 공문서로 추정한다.
> ② 공문서가 진정한지 의심스러운 때에는 법원은 직권으로 해당 공공기관에 조회할 수 있다.
> ③ 외국의 공공기관이 작성한 것으로 인정한 문서에는 제1항 및 제2항의 규정을 준용한다.

공문서는 진정성립이 전면적으로 추정되나(제356조 제1항), 위조·변조 등 특별한 사정이 있다고 볼 만한 반증이 있으면 그 추정은 깨진다.129) 공문서가 진정한지 의심스러운 때에는 법원은 직권으로 해당 공공기관에 조회할 수 있다(제356조 제2항). 외국의 공공기관이 작성한 것으로 인정한 공문서도 마찬가지이다(제356조 제3항).130)

판 례 **공문서의 진정성립 추정과 복멸(대법원 2018. 4. 12. 선고 2017다292244 판결)**

민사소송법 제356조 제1항은 문서의 작성방식과 취지에 의하여 공무원이 직무상 작성한 것으로 인정한 때에는 이를 진정한 공문서로 추정한다고 규정하고 있으나, 위조 또는 변조 등 특별한 사정이 있다고 볼 만한 반증이 있는 경우에는 위와 같은 추정은 깨어진다.

---

125) 대법원 1994. 11. 8. 선고 94다31549 판결.
126) 대법원 1964. 9. 22. 선고 64다447 판결; 김홍엽, 654면; 이시윤, 509면; 정영환, 757면.
127) 대법원 1992. 11. 24. 선고 92다21135 판결.
128) 대법원 1993. 4. 13. 선고 92다12070 판결.
129) 대법원 2018. 4. 12. 2017다292244 판결.
130) 대법원 2016. 3. 10. 선고 2013두14269 판결.

라. 사문서의 진정성립과 2단계의 추정법리

제357조(사문서의 진정의 증명) 사문서는 그것이 진정한 것임을 증명하여야 한다.

제358조(사문서의 진정의 추정) 사문서는 본인 또는 대리인의 서명이나 날인 또는 무인(拇印)이 있는 때에는 진정한 것으로 추정한다.

(1) 사문서는 원칙적으로 거증자가 진정성립을 증명해야 하지만(제357조), 본인 또는 대리인의 서명·날인 또는 무인이 있는 때에는 진정성립이 추정된다(제358조).

(2) 판례는 사문서에 날인된 작성명의인의 인영이 그의 인장에 의하여 현출된 것이라면 특단의 사정이 없는 한 그 인영의 진정성립, 즉 날인행위가 작성명의인의 의사에 기한 것임이 추정(1단계의 추정)되고, 일단 인영의 진정성립이 추정되면 제358조에 의하여 그 문서전체의 진정성립이 추정(2단계의 추정)된다고 하여, 사문서의 2단계의 추정법리를 인정하고 있다.[131] 즉 인영이 진짜 → 의사에 기하여 날인한 것으로 추정(1단계의 추정) → 문서 전체의 진정성립의 추정(2단계의 추정)이다.

판 례 **사문서의 2단계의 추정법리(대법원 2010. 7. 15. 선고 2009다67276 판결)**

문서에 날인된 작성명의인의 인영이 작성 명의인의 인장에 의하여 현출된 인영임이 인정되는 경우에는 특단의 사정이 없는 한 그 인영의 성립 즉 날인행위가 작성명의인의 의사에 기하여 진정하게 이루어진 것으로 추정되고 일단 인영의 진정성립이 추정되면 민사소송법 제358조의 규정에 의하여 그 문서전체의 진정성립까지 추정된다고 할 것이므로, 원심이 소외 1, 소외 2의 인감도장이 날인된 갑 제4, 5, 10호증에 대하여 문서전체의 진정성립을 인정하고, 원고와 소외 1 사이에 소외 2와 소외 1의 원고에 대한 판시와 같은 채무를 담보하기 위한 이 사건 양도담보약정이 있었다고 인정한 것은 옳고, 거기에 상고이유에서 주장하는 채증법칙 위배 및 법률행위의 해석에 관한 법리오해 등의 잘못이 없다.

(가) 그중 1단계의 추정은 사실상의 추정이므로, 인영의 진정성립을 다투는 자가 반증을 들어 날인행위가 작성 명의인의 의사에 따른 것임에 관하여 법원으로 하여금 의심을 품게 할 수 있는 사정을 증명하면 그 추정은 깨진다.[132] 즉 날인행위가 작성명의인 이외의 자에 의하여 이루어지거나 작성명의인의 의사에 반하여 이루어진 것임이 밝혀진 경우 위 추정은 깨진다. 이 경우 문서제출자는 그 날인행위가 작성명의인으로부터 위임받은 정당한 권원에 의한 것이라는 사실까지 증명할 책임이 있다.[133]

131) 대법원 2010. 7. 15. 선고 2009다67276 판결.
132) 대법원 1997. 6. 13. 선고 96재다462 판결; 대법원 2013. 8. 22. 선고 2012다94728 판결.
133) 대법원 2003. 4. 8. 선고 2002다69686 판결; 대법원 2009. 9. 24. 선고 2009다37831 판결.

판 례 **1단계의 추정은 사실상의 추정(대법원 2013. 8. 22. 선고 2012다94728 판결)**

사문서에 날인된 작성 명의인의 인영이 그의 인장에 의하여 현출된 것이라면 특별한 사정이 없는 한 그 인영의 진정성립이 추정되고, 일단 인영의 진정성립이 추정되면 민사소송법 제358조에 따라 그 문서 전체의 진정성립이 추정되나, 그와 같은 인영의 진정성립, 즉 날인행위가 작성 명의인의 의사에 따른 것이라는 추정은 사실상의 추정이므로, 인영의 진정성립을 다투는 자가 반증을 들어 날인행위가 작성 명의인의 의사에 따른 것임에 관하여 법원으로 하여금 의심을 품게 할 수 있는 사정을 증명하면 그 진정성립의 추정은 깨진다. 그리고 처분문서는 진정성립이 인정되면 그 기재 내용을 부정할 만한 분명하고도 수긍할 수 있는 반증이 없는 이상 문서의 기재 내용에 따른 의사표시의 존재와 내용을 인정하여야 한다는 점을 감안하면 처분문서의 진정성립을 인정함에 있어서는 신중하여야 한다.

(나) 다음으로 2단계의 추정, 즉 제358조의 추정은 법률상의 추정이 아니라, 유사적 추정으로 증거법칙적 추정이다.[134] 이처럼 사문서의 2단계의 추정이 인정되면 완성문서로서 진정성립이 추정되고, 그 문서의 전부 또는 일부가 미완성상태에서 서명·날인만 먼저 되었다는 사정은 이례에 속하므로 완성문서로서 진정성립의 추정력을 뒤집으려면 그럴 만한 합리적 이유와 뒷받침할 간접반증 등의 증거가 필요하다.[135]

판 례 **완성문서로서 추정과 그 복멸방법(대법원 2011. 11. 10. 선고 2011다62977 판결)**

사문서는 본인 또는 대리인의 서명이나 날인 또는 무인이 있는 때에는 진정한 것으로 추정되므로(민사소송법 제358조), 사문서 작성명의인이 스스로 당해 사문서에 서명·날인·무인하였음을 인정하는 경우, 즉 인영 부분 등의 성립을 인정하는 경우에는 반증으로 그러한 추정이 번복되는 등 다른 특별한 사정이 없는 한 문서 전체에 관한 진정성립이 추정되고, 인영 부분 등의 진정성립이 인정된다면 다른 특별한 사정이 없는 한 당해 문서는 전체가 완성되어 있는 상태에서 작성명의인이 그러한 서명·날인·무인을 하였다고 추정할 수 있으며, 그 당시 문서의 전부 또는 일부가 미완성된 상태에서 서명·날인만을 먼저 하였다는 등의 사정은 이례에 속한다고 할 것이므로 완성문서로서 진정성립의 추정력을 뒤집으려면 그럴만한 합리적인 이유와 이를 뒷받침할 간접반증 등의 증거가 필요하다.

마. 백지문서에 날인 등이 된 경우

(1) 사문서에 서명·날인·무인이 있는 경우 완성문서로서의 진정성립이 추정되므로,[136] 백지문서, 즉 문서의 전부 또는 일부가 미완성 상태에서 날인 등을 먼저 했다고 한다면 이를 주장하는 자가 이러한 사정에 대해 증명해야 한다.

---

134) 김홍엽, 658면; 한충수, 521면. 이에 대하여 법률상 추정으로 보는 견해(호문혁, 592면), 사실상 추정으로 보는 견해(강현중, 573면)가 있다.

135) 대법원 2011. 11. 10. 선고 2011다62977 판결.

136) 대법원 2011. 11. 10. 선고 2011다62977 판결.

(2) 판례는 먼저 내용기재가 이루어진 뒤에 인영이 압날된 경우에만 문서의 진정성립 추정의 법리가 적용되는 것이고, 백지보충문서, 즉 작성명의인의 날인만 있고 내용이 백지로 된 문서를 교부받아 후일 작성명의인 아닌 다른 사람이 보충한 경우는 그러하지 아니하다고 본다.[137] 따라서 만일 완성문서로서의 진정성립이 깨지고 다른 사람에 의하여 보충되었다는 것이 밝혀진 경우라면 그 미완성부분이 정당한 권원에 의하여 보충되었다는 점에 관하여 그 문서의 진정성립을 주장하는 자 또는 문서제출자에게 증명책임이 있고,[138] 그 문서가 위임장이라면 수임인에게 보충 권한의 증명책임이 있다고 본다.[139] 이에 대해 백지날인 문서를 교부한 것이 틀림없다면 백지보충권을 준 것으로 보아 문서의 진정성립을 추정해도 될 것이라 하여 판례에 반대하는 견해가 있으나,[140] 백지문서에 날인한 경우를 완성문서에 날인한 경우와 동일하게 볼 수는 없을 것이므로 추정의 범위를 넓힐 수 없다는 점에서 판례의 태도가 타당하다고 본다.[141]

판 례 **백지문서의 진정성립(대법원 2000. 6. 9. 선고 99다37009 판결)**

문서에 날인된 작성명의인의 인영이 작성명의인의 인장에 의하여 현출된 것임이 인정되는 경우에는 특단의 사정이 없는 한 그 인영의 진정성립 및 그 문서 전체의 진정성립까지 추정되는 것이기는 하나, 이는 어디까지나 먼저 내용기재가 이루어 진 뒤에 인영이 압날된 경우에만 그러한 것이며 작성명의인의 날인만 되어 있고 그 내용이 백지로 된 문서를 교부받아 후일 그 백지 부분을 작성명의자가 아닌 자가 보충한 문서의 경우에 있어서는 문서제출자는 그 기재 내용이 작성명의인으로부터 위임받은 정당한 권원에 의한 것이라는 사실을 입증할 책임이 있으며, 이와 같은 법리는 그 문서가 처분문서라고 하여 달라질 것은 아니다.

판 례 **백지문서 보충 권한의 증명책임(대법원 2003. 4. 11. 선고 2001다11406 판결)**

인영 부분 등의 진정성립이 인정되는 경우, 그 당시 그 문서의 전부 또는 일부가 미완성된 상태에서 서명날인만을 먼저 하였다는 등의 사정은 이례에 속한다고 볼 것이므로 완성문서로서의 진정성립의 추정력을 뒤집으려면 그럴 만한 합리적인 이유와 이를 뒷받침할 간접반증 등의 증거가 필요하다고 할 것이고, 만일 그러한 완성문서로서의 진정성립의 추정이 번복되어 백지문서 또는 미완성 부분을 작성 명의자가 아닌 자가 보충하였다는 등의 사정이 밝혀진 경우라면, 다시 그 백지문서 또는 미완성 부분이 정당한 권한에 기하여 보충되었다는 점에 관하여는 그 문서의 진정성립을 주장하는 자 또는 문서제출자에게 그 입증책임이 있다.

137) 대법원 2000. 6. 9. 선고 99다37009 판결.
138) 대법원 2003. 4. 11. 선고 2001다11406 판결.
139) 대법원 2013. 8. 22. 선고 2011다100923 판결.
140) 이시윤, 511면.
141) 김홍엽, 661면; 한충수, 521면.

판 례 **백지위임장의 보충 권한의 증명책임(대법원 2013. 8. 22. 선고 2011다100923 판결)**

(전략) 특히 위임장 등에 기재된 내용 중 일부가 백지인 상태로 교부된 후 수임인이 그 위임사항의 내용을 보충하여 기재한 경우라면 그것이 정당하게 위임받은 권한에 의하여 보충된 것이라는 점 역시 수임인이 증명할 책임이 있다. 따라서 채권자가 본인 겸 채무자의 대리인으로서 금전소비대차계약 공정증서의 작성을 촉탁할 경우 채무자가 그 촉탁에 관하여 대리권을 수여하는 위임장을 교부한 사실이 있다는 것만으로, 그 위임장에 기재된 채무의 금액이나 이율, 변제기 등에 대하여 사전에 그 내용대로 합의한 사실이 있다거나 채권자가 보충할 권한을 위임받았다고 쉽게 인정할 것은 아니고, 특히 백지보충된 부분이 정당한 보충권한에 의하여 기재된 것이라는 점은 채권자가 별도로 증명하여야 한다.

한편 판례는 백지약속어음의 보충권 수여에 관하여, 보충권을 줄 의사로 발행한 것이 아니라는 점, 즉 백지어음이 아니고 불완전어음으로서 무효라는 점에 관한 증명책임이 발행인에게 있다고 본다.[142] 앞서 언급한 일반적 백지문서와 달리 백지어음은 원칙적으로 어음수취인이나 소지인의 보충권이 전제된 것임을 고려한 취지로 볼 것이다.[143]

바. 인장이 도용된 경우

(1) 인장도용·강박날인의 문서라는 항변, 즉 자신의 인장은 맞지만 도용당해 위조된 문서라거나 강박에 의해 어쩔 수 없이 날인한 문서라고 증거항변하는 경우인데, 판례는 도용·강박에 대한 증명책임은 항변자에게 있으므로, 항변자가 증명하지 못하면 진정성립이 추정된다고 한다.[144] 일부변조의 경우에도 항변자에게 변조에 대한 증명책임이 있다.[145]

판 례 **인장도용의 항변 증명책임(대법원 1976. 7. 27. 선고 76다1394 판결)**

서증에 대한 인부로서 원고는 부지라 하고 원고의 인장이 도용 위조된 것이라고 항변하는 경우에는 다른 특별한 사정이 없는 한 그 날인행위도 원고가 한 것으로 추정되는 것이라 할 것이므로 원고 측에서 그것이 도용된 것이라는 점에 관하여 입증하여야 하고 이러한 입증이 없을 때에는 위 서증의 진정성립이 추정된다 할 것이다.

(2) 만약 날인행위가 작성명의인 이외의 자에 의하여 이루어지거나 작성명의인의 의사에 반하여 또는 의사에 기하지 않고 이루어진 것임이 밝혀진 경우에는 진정성립 추정이

142) 대법원 1984. 5. 22. 선고 83다카1585 판결; 대법원 2001. 4. 24. 선고 2001다6718 판결.
143) 김홍엽, 661면; 전원열, 432면.
144) 대법원 1976. 7. 27. 선고 76다1394 판결; 대법원 2000. 10. 13. 선고 2000다38602 판결.
145) 대법원 1995. 11. 10. 선고 95다4674 판결.

깨지는데,[146] 이때는 그 날인행위가 작성명의인으로부터 위임받은 정당한 권원에 의한 것임을 문서제출자가 증명할 책임이 있다.[147]

5. 문서의 실질적 증거력

가. 의 의

(1) 실질적 증거력은 문서의 내용이 요증사실을 증명할 수 있는 능력, 즉 요증사실에 대한 증거가치를 의미한다. 이는 형식적 증거력의 존재를 전제로 하므로, 우선 그 문서가 작성명의인의 의사에 기하여 작성되었는가(진정성립)를 판단하고(형식적 증거력), 그것이 확인되면 다음으로 그 문서의 내용이 어느 정도 신빙성이 있는가(내용의 진정)를 판단한다(실질적 증거력).[148]

(2) 실질적 증거력의 판단은 법관의 자유심증에 일임되어 있으므로, 이에 관하여는 재판상의 자백이 성립하지 않는다.

나. 처분문서의 실질적 증거력

(1) 처분문서의 경우 그 진정성립이 인정되면 특별한 사정이 없는 한 그 기재된 법률행위의 존재 및 내용을 인정하여야 한다.[149] 그러나 이러한 실질적 증거력 추정은 강력한 사실상의 추정일 뿐, 반증의 여지없는 완전한 증명력이 아니므로, 그 기재내용을 부인할 만한 분명하고도 수긍할 수 있는 반증이 인정될 경우에는 그 기재내용과 다른 사실을 인정할 수 있다.[150]

판 례 **처분문서의 실질적 증거력 사실상의 추정(대법원 2010. 11. 11. 선고 2010다56616 판결)**

처분문서의 진정성립이 인정되는 이상 법원은 그 문서의 기재 내용에 따른 의사표시의 존재 및 내용을 인정하여야 하나, 그 기재 내용을 부인할 만한 분명하고도 수긍할 수 있는 반증이 인정될 경우에는 그 기재 내용과 다른 사실을 인정할 수 있다.

특히 처분문서 가운데 예금계약서의 실질적 증거력은 금융실명거래 및 비밀보장에 관한 법률상 다른 서증의 경우보다 더욱 강화될 필요가 있다. 이에 판례는 실명확인절차

146) 대법원 1997. 6. 13. 선고 96재다462 판결.
147) 대법원 2003. 4. 8. 선고 2002다69686 판결; 대법원 2009. 9. 24. 선고 2009다37831 판결.
148) 대법원 1997. 4. 11. 선고 96다50520 판결; 대법원 2015. 11. 26. 선고 2014다45317 판결.
149) 대법원 1988. 12. 13. 선고 87다카3147 판결; 대법원 1997. 4. 11. 선고 96다50520 판결.
150) 대법원 2010. 11. 11. 선고 2010다56616 판결.

를 거친 예금명의자를 예금계약의 당사자로 보는 것이 경험칙에 합당하고, 다만 예금명의자가 아닌 출연자 등을 당사자로 볼 수 있으려면 예금명의자의 예금반환청구권을 배제하고 출연자 등에게 예금반환청구권을 귀속시키겠다는 명확한 의사의 합치가 있는 극히 예외적인 경우로 제한되어야 하는데, 이러한 의사의 합치는 실명확인절차를 거쳐 작성된 예금계약서 등의 증명력을 번복하기에 충분할 정도의 명확한 증명력을 가진 구체적이고 객관적인 증거에 의하여 매우 엄격하게 인정하여야 한다고 하였다.[151)]

(2) 그 추정의 범위는 처분문서에 기재된 법률행위의 존재와 내용에 한한다. 따라서 법률행위의 해석이나 당사자의 의사해석에는 그 추정력이 미치지 않고, 이는 여러 사정을 종합하여 경험칙과 논리칙에 의해 법관의 자유심증에 따라 합리적으로 해석하여야 한다.[152)]

판 례 처분문서에 나타난 당사자의 의사해석 (대법원 2019. 5. 30. 선고 2016다221429 판결)

당사자 사이에 계약의 해석을 둘러싸고 다툼이 있어 처분문서에 나타난 당사자의 의사해석이 문제 되는 경우에는 문언의 내용, 약정이 이루어진 동기와 경위, 약정으로 달성하려는 목적, 당사자의 진정한 의사 등을 종합적으로 고찰하여 논리와 경험칙에 따라 합리적으로 해석하여야 한다.

다. 보고문서의 실질적 증거력

보고문서의 경우 작성자의 신분이나 작성의 목적 등 제반사정을 고려하여 법관의 자유심증으로 그 실질적 증거력을 결정한다. 다만 보고문서 중 공문서의 경우에는 그 기재내용의 진실성을 판례가 추정하는 경우가 많다. 예컨대 등기부에 기재된 권리 및 등기원인과 그 절차의 적법성 추정,[153)] 가족관계등록부(구 호적부)에 기재된 사실의 진실 추정,[154)] 지적공부에 기재된 토지의 소재·지번·지목 등이 특별한 사정이 없는 한 진실이라는 추정[155)] 등이 그것이다. 아울러 확정된 민·형사판결에서 인정된 사실은 유력한 증거자료가 되므로 합리적 이유설시 없이 배척할 수 없다.[156)] 특히 변론조서의 경우에는 변론방식에 관한 규정의 준수 여부를 조서로만 증명할 수 있도록 법정되어 있다(제158조).

151) 대법원 2009. 3. 19. 선고 2008다45828 전원합의체 판결.
152) 대법원 2019. 5. 30. 선고 2016다221429 판결; 대법원 2018. 12. 28. 선고 2018다260732 판결.
153) 권리의 적법추정(대법원 1979. 6. 26. 선고 79다741 판결), 등기원인의 적법추정(대법원 1997. 9. 30. 선고 95다39526 판결), 등기절차의 적법추정(대법원 2002. 2. 5. 선고 2001다72029 판결).
154) 대법원 1994. 6. 10. 선고 94다1883 판결; 대법원 2020. 1. 9.자 2018스40 결정.
155) 대법원 2010. 7. 8. 선고 2010다21757 판결.
156) 대법원 1998. 2. 24. 선고 97다49053 판결; 대법원 2000. 9. 8. 선고 99다58471 판결; 대법원 2010. 5. 13. 선고 2009다38612 판결.

6. 서증신청의 절차

서증신청은, ① 신청자가 가지고 있는 문서의 경우 직접제출할 수 있고(직접제출), ② 상대방이나 제3자가 가진 것으로서 제출의무 있는 것은 그 소지인에 대한 제출명령을 신청할 수 있으며(문서제출명령), ③ 소지자에게 제출의무가 없는 것은 문서송부촉탁을 신청할 수 있고(문서송부촉탁), ④ 이마저도 곤란한 문서에 대해서는 문서소재지에서 서증조사를 신청할 수 있다(소재지(현장) 서증조사).

가. 문서의 직접제출

(1) 신청자가 가지고 있는 문서는 법원에 직접 제출하여 신청한다(제343조 전단). 변론 또는 변론준비기일에서 현실적으로 제출해야 하며, 준비서면에 문서가 첨부되었더라도 준비서면이 진술간주(제148조)된 경우에는 제출한 것으로 보지 않는다.[157] 실무상 변론에서 준비서면을 진술하면서 첨부된 서증(예컨대 갑 제7호증부터 갑 제12호증까지)을 제출한다고 재판부에 말한다.

(2) 문서는 원본·정본·인증등본을 제출하여야 한다(제355조 제1항). 이를 원본제출의 원칙이라고 한다. 다만 원본을 분실·선의로 훼손한 경우, 문서제출명령에 응할 의무 없는 제3자가 원본을 소지한 경우, 원본의 양이 방대한 경우 등 원본제출이 불가능·비실제적인 상황이라면 사본을 증거로 신청할 수 있는데, 이 경우 해당 서증 신청자가 원본 부제출에 대한 정당성이 되는 구체적 사유를 주장·증명하여야 한다.[158] 사본제출에 대한 증거조사는 경우를 나눠 판단한다. 먼저 ① 사본을 원본에 갈음하여 제출한 경우, 판례는 원본의 존재와 성립의 진정에 관하여 다툼이 없고 사본을 원본의 대용으로 하는데 이의가 없는 경우에는 사본에 의한 증거신청을 허용하여,[159] 원본이 제출된 것과 동일하게 본다. 따라서 다툼이 있고 이의가 있는 경우에는 사본으로 원본을 대신할 수 없다. 다음으로 ② 사본 자체를 원본으로 제출한 경우, 판례는 그 사본이 독립한 서증이 되는 것이나, 그에 의해 원본이 제출된 것으로 되는 것은 아니고, 사본과 같은 원본이 존재하고 또 그 원본이 진정하게 성립하였음이 증명되지 않는 한 그와 같은 내용의 사본이 존재한다는 것 이상의 증거가치는 없다고 보고 있다.[160]

---

157) 대법원 1991. 11. 8. 선고 91다15775 판결.
158) 대법원 2002. 8. 23. 선고 2000다66133 판결.
159) 대법원 1996. 3. 8. 선고 95다48667 판결.
160) 대법원 2010. 1. 29.자 2009마2050 결정.

판 례 **사본을 원본에 갈음하여 제출(대법원 1996. 3. 8. 선고 95다48667 판결)**

문서의 제출 또는 송부는 원본, 정본 또는 인증등본으로 하여야 하는 것이므로 원본, 정본 또는 인증등본이 아니고 단순한 사본만에 의한 증거의 제출은 정확성의 보증이 없어 원칙적으로 부적법하고, 다만 이러한 사본의 경우에도 원본의 존재와 원본의 성립의 진정에 관하여 다툼이 없고 그 정확성에 문제가 없기 때문에 사본을 원본의 대용으로 하는 데 관하여 상대방으로부터 이의가 없는 경우에는, 민사소송법 제326조 제1항의 위법에 관한 책문권의 포기 혹은 상실이 있다고 하여 사본만의 제출에 의한 증거의 신청도 허용된다고 할 것이나, 원본의 존재 및 원본의 성립의 진정에 관하여 다툼이 있고 사본을 원본의 대용으로 하는 데 대하여 상대방으로부터 이의가 있는 경우에는 사본으로써 원본을 대신할 수 없다.

판 례 **사본을 원본으로 제출(대법원 2010. 1. 29.자 2009마2050 결정)**

문서의 제출은 원본으로 하여야 하는 것이므로, 원본이 아니고 단순한 사본만에 의한 증거의 제출은 정확성의 보증이 없어 원칙적으로 부적법하므로, 원본의 존재 및 원본의 성립의 진정에 관하여 다툼이 있고 사본을 원본의 대용으로 하는데 대하여 상대방으로부터 이의가 있는 경우에는 사본으로써 원본을 대신할 수 없으며, 반면에 사본을 원본으로서 제출하는 경우에는 그 사본이 독립한 서증이 되는 것이나 그 대신 이에 의하여 원본이 제출된 것으로 되지는 아니하고, 이 때에는 증거에 의하여 사본과 같은 원본이 존재하고 또 그 원본이 진정하게 성립하였음이 인정되지 않는 한 그와 같은 내용의 사본이 존재한다는 것 이상의 증거가치는 없다.

(3) 재판장은 증거설명서의 제출을 명할 수 있다(민소규 제106조 제1항). 원고가 제출하는 서증은 갑호증, 피고는 을호증, 독립당사자참가인은 병호증으로 구별하여, 제출순서에 따라 번호를 붙인다(민소규 제107조 제2항). 같은 부호를 사용하는 사람이 여럿인 경우 앞의 부호 옆에 가, 나 등의 가지부호를 붙일 수 있다(민소규 제107조 제3항). 예컨대 피고가 여럿일 경우 '을가 제2호증', '을나 제3호증'과 같다.

(4) 서증과 증명할 사실 사이에 관련성이 없거나, 이미 제출된 증거와 동일 유사한 취지의 문서 등의 경우 법원은 서증을 채택하지 않거나 채택결정을 취소할 수도 있다(민소규 제109조).

나. 문서제출명령

아래에서 별도의 목차로 살핀다.

다. 문서의 송부촉탁

(1) 제출의무 없는 문서에 대해서는 그 소지자에 대해 문서송부를 촉탁할 것을 신청하는 방법으로 서증신청을 한다(제352조). 국가기관, 학교, 병원 등이 보관하고 있는 서류를 법원으로 보내달라고 할 때 많이 쓰인다. 촉탁을 받은 사람은 정당한 사유가 없는 한 이

에 협력할 의무가 있으며, 만약 이에 응할 수 없는 사정이 있는 경우 그 사유를 법원에 통지하여야 한다(제352조의2).

(2) 송부된 문서 중에서 필요한 것은 서증으로 제출하여야 한다(민소규 제115조). 공문서가 아니라 사문서의 경우는 송부촉탁에 의하여 송부되었다는 사유만으로 당연히 증거력이 인정되는 것은 아니고, 그 진정성립이 인정되어야 한다.[161]

라. 문서가 있는 장소에서의 서증조사

예컨대 수사기록 등 문서의 송부촉탁도 어려운 문서에 대해서는 법원이 그 문서가 있는 장소에 가서 서증조사해줄 것을 신청하는 방법으로 서증신청을 할 수 있다(민소규 제112조). 종전에는 문서소재지에 가서 기록검증의 방법으로 조사하였으나, 현재는 법원 밖에서의 증거조사 방식으로 한다(제297조). 즉 법원은 수명법관 또는 수탁판사에게 위 증거조사를 하게 할 수 있다.

7. 문서제출명령

가. 의 의

상대방 또는 제3자가 가지고 있는 문서로서 제출의무 있는 것은 그 소지인에 대해 제출명령을 구하는 방식으로 서증신청을 한다(제343조 후단). 증거의 구조적 편재현상에 오는 당사자 사이의 실질적 불평등을 해소하고자 제출명령제도를 두고 있는데, 이를 통해 증거개시제도(discovery)와 유사한 효과를 얻을 수 있고, 쟁점 및 증거 정리를 하여 집중심리주의의 실효성을 확보할 수 있다.

나. 요 건

(1) 제출의무 있는 문서일 것(제344조 제1항)

① 당사자가 소송에서 인용한 문서(인용문서),[162] ② 신청자가 문서소지자에게 인도·열람을 청구할 수 있는 사법상의 권리가 있는 문서(인도·열람문서), ③ 신청자의 이익을 위해 작성된 문서이거나(이익문서), 신청자와 문서소지자 사이의 법률관계에 관해 작성된 문서(법률관계문서)의 경우 제출의무가 있다. 다만 위 이익문서, 법률관계문서의 경우에 있어서 i) 공무원의 직무상 비밀이 적혀 있는 문서로서 동의를 받지 아니한 문서, ii) 문서

161) 대법원 1974. 12. 24. 선고 72다1532 판결.

162) 인용문서가 공무원이 직무와 관련하여 보관하거나 가지고 있는 문서로서 공공기관의 정보공개에 관한 법률 제9조에서 정하고 있는 비공개대상정보에 해당하더라도 원칙적으로 문서제출의무를 부담한다(대법원 2017. 12. 28.자 2015무423 결정).

소지자나 근친자에게 형사소추·치욕이 될 증언거부사유가 적혀있는 문서, iii) 직무상 비밀이 적혀 있고 비밀을 지킬 의무가 면제되지 아니한 문서는 그 제출을 거부할 수 있다.

(2) 일반의무로의 확장(제344조 제2항)

제344조 제1항에 규정된 문서 외에도 문서소지자는 원칙적으로 제출의무가 있는 것으로 규정하여, 문서제출의무를 일반의무로 확장하였다. 그러나 공무원 또는 공무원이었던 자가 직무상 보관하거나 가지고 있는 문서는 일반적 제출의무의 대상에서 제외하였다. 그리고 i) 문서소지자나 근친자에게 형사소추·치욕이 될 증언거부사유가 적혀있는 문서, 직무상 비밀이 적혀 있고 비밀을 지킬 의무가 면제되지 아니한 문서, ii) 오로지 문서소지인이 이용하기 위한 문서는 제출을 거부할 수 있다.

다. 신 청

문서제출명령신청은 문서의 표시, 취지, 문서를 가진 사람, 증명할 사실, 문서제출의무의 원인을 밝힌 서면으로 신청하여야 한다(제345조, 민소규 제110조). 그런데 문서소지인이 어떠한 문서를 소지하고 있는지 알 수 없으므로 문서를 특정하는 것이 실무상 매우 어렵다. 이에 신청인이 문서의 취지나 문서로 증명할 사실을 개괄적으로 적어내면 법원이 상대방 당사자에게 관련문서에 관하여 그 표시와 취지 등을 적어 내도록 명할 수 있게 하였다(제346조). 이른바 문서목록제출명령의 문서정보공개제도로서, 모색적 증명제도를 도입한 것으로 평가되며, 문서의 분량이 방대할 경우나 현대형 소송 등에서 유용하게 사용될 수 있다.

라. 심리와 재판

(1) 신청이 있으면 법원은 제출의무와 소지사실에 대해 심리하여 그 허가 여부를 결정한다. 판례는 상대방에게 문서제출신청서를 송달하는 등 문서제출신청이 있음을 알림으로써 그에 관한 의견을 진술할 기회를 부여하고, 그 결과에 따라 당해 문서의 존재와 소지 여부, 당해 문서가 서증으로 필요한지 여부, 문서제출신청의 상대방이 민사소송법 제344조에 따라 문서제출의무를 부담하는지 여부 등을 심리한 후, 그 허가 여부를 판단하여야 한다고 본다.[163] 문서소지인이 당사자이면 변론 또는 변론준비절차에서 심리하면 되지만, 제3자이면 심문하여야 한다(제347조 제3항).

(2) 문서제출명령을 하기 위해서는 문서의 존재와 소지가 증명되어야 하는데, 이에 관한 증명책임은 원칙적으로 신청인에게 있다.[164]

---

163) 대법원 2009. 4. 28.자 2009무12 결정.

164) 대법원 2008. 4. 14.자 2007마725 결정.

(3) 법원은 문서제출명령신청에 정당한 이유가 있다고 인정한 때에는 결정으로 그 소지인에게 제출을 명할 수 있다(제347조 제1항). 일부에 대해서만 이유 있을 때에는 일부 제출명령을 한다(제347조 제2항). 법원은 제출명령신청의 대상이 된 문서가 서증으로서 필요하지 않다고 판단하거나 대상 문서로 증명하고자 하는 사항이 청구와 직접 관련이 없다고 판단하는 경우 제출명령신청을 받아들이지 않을 수 있다.[165] 아울러 동영상 파일은 검증의 대상으로서 문서제출명령의 대상이 될 수 없다고 한다.[166]

(4) 문서제출의 신청에 관한 결정에 대하여는 즉시항고를 할 수 있다(제348조).

(5) 문서제출명령에 따라 법원에 문서를 제출할 때에는 원본, 정본 또는 인증등본으로 하여야 한다(제355조 제1항). 전자기록사건에서 문서제출명령을 받은 자가 제출할 문서를 전자데이터 또는 전자문서로 가지고 있는 경우 전자소송시스템을 이용하여 전송하여야 하고, 법원은 제출할 문서가 전자데이터 또는 전자문서가 아닌 경우에는 이를 전자문서로 변환하여 전송하여 줄 것을 요청할 수 있다(민소전자문서규칙 제37조). 이는 문서송부촉탁이나 조사·송부의 촉탁의 경우에도 마찬가지이다.[167]

마. 비공개심리절차

법원은 문서가 제344조의 제출의무 있는 문서인지 여부를 판단하기 위해 필요한 경우 문서소지인에게 문서를 제시하도록 명할 수 있는데(문서제시명령), 그 경우 그 문서를 다른 사람이 보지 못하게 비밀심리절차에 의하도록 하였다(제347조 제4항). 이른바 미국의 in-camera proceeding을 도입한 것이다. 이 경우 필요하다고 인정하는 때에는 제시받은 문서를 법원이 일시적으로 맡아둘 수도 있다(민소규 제111조 제1항).

바. 부제출·훼손 등에 대한 효과

(1) 당사자에 대한 효과

당사자가 문서제출명령, 일부제출명령, 비밀심리를 위한 문서제시명령을 받고도 이에 응하지 않은 경우 법원은 문서의 기재에 대한 상대방의 주장을 진실한 것으로 인정할 수 있다(제349조). 사용방해의 목적으로 제출의무가 있는 문서를 훼손하여 버리거나 이를 사용할 수 없게 한 때에도 같다(제350조).[168] 여기서 진실로 인정할 수 있다는 것의 의미에

---

165) 대법원 2016. 7. 1.자 2014마2239 결정.

166) 대법원 2010. 7. 14.자 2009마2105 결정.

167) 법원실무제요 민사소송[Ⅲ], 1476면, 1547면.

168) 판례는 상대방의 사용방해 목적 없이 문서가 훼손된 경우라 하더라도 훼손된 부분에 잔존 부분과 상반되는 내용의 기재가 있을 가능성이 인정되어 문서 전체의 취지가 문서제출자의 주장에 부합한다는 확신을 할 수 없게 된다면 이로 인한 불이익은 훼손된 문서제출자에게 돌아간다고 한다(대법원 2015. 11. 17. 선고 2014다81542 판결).

대해 견해가 나뉜다. ① 자유심증설은 그 문서에 의해 증명할 사실이 직접적으로 증명된 것은 아니고, 이는 법원의 자유심증에 의해야 한다고 하고,[169] ② 법정증거설은 증명할 사실 자체를 진실한 것으로 인정할 수 있다고 보며,[170] ③ 절충설은 기본적으로 자유심증설에 의하나, 증거의 구조적 편재가 심한 현대형 소송 등과 같이 문서가 상대방의 지배영역에 있어 거증자가 문서의 구체적 내용을 특정할 수 없고 다른 증거에 의한 증명이 현저히 곤란한 경우에는 그 문서에 의해 증명할 사실이 직접 증명된 것으로 본다.[171] 판례는 상대방의 그 문서에 관한 주장 즉, 문서의 성질, 내용, 성립의 진정 등에 관한 주장을 진실한 것으로 인정할 수 있다는 것이지, 그 문서에 의하여 증명하고자 하는 상대방의 주장사실이 바로 증명되었다고 볼 수는 없다고 하여,[172] 자유심증설을 취하고 있다.

판 례 **자유심증설(대법원 2007. 9. 21. 선고 2006다9446 판결)**

당사자가 법원으로부터 문서제출명령을 받았음에도 불구하고 그 명령에 따르지 아니한 때에는 법원은 상대방의 그 문서에 관한 주장, 즉 문서의 성질, 내용, 성립의 진정 등에 관한 주장을 진실한 것으로 인정할 수 있음은 별론으로 하고, 그 문서들에 의하여 입증하려고 하는 상대방의 주장사실이 바로 증명되었다고 볼 수는 없으며, 그 주장사실의 인정 여부는 법원의 자유심증에 의하는 것이다.

생각건대 문서가 제출되지 않았음에도 그 기재에 관한 당사자의 주장만으로 요증사실을 인정하기 어렵다는 점에서 자유심증설은 한계가 있고, 법정증거설은 제출명령을 받고 제출한 경우보다 오히려 제출하지 않은 경우에 더 강력한 효과가 발생하므로 증명책임의 원칙과의 관계에서 문제가 있다. 자유심증과 문서제출명령의 실효성 확보를 조화할 수 있는 절충설이 타당하다고 본다.

(2) 제3자에 대한 효과

제3자가 제출명령을 받고도 불응한 경우, 제출명령 신청인의 주장을 진실한 것으로 인정할 수는 없고, 500만 원 이하의 과태료의 제재를 받는다(제351조).[173]

---

169) 김홍엽, 678면; 정동윤/유병현/김경욱, 655면; 호문혁, 601면.

170) 한충수, 530면.

171) 이시윤, 520면; 정영환, 771면.

172) 대법원 2007. 9. 21. 선고 2006다9446 판결.

173) 판례는 법원의 통신사실확인자료(원고의 휴대전화번호에 대한 약 1년간의 통화내역)의 제출명령을 받은 전기통신사업자가 자료제출을 거부하자 그 제재로 과태료를 부과한 사건에서, 법원의 문서제출명령에 대해 전기통신사업자는 응할 의무가 있으며, 통신비밀보호법 제3조 제1항 본문을 들어 자료제출을 거부하는 것에는 정당한 사유가 있다고 볼 수 없다고 하였다(대법원 2023. 7. 17.자 2018스34 전원합의체 결정).

사. 제출된 문서의 서증제출

제출명령에 의하여 법원에 제출된 문서를 증거로 삼기 위해서는 당사자가 이를 서증으로 제출하여야 한다(민소규 제115조).

VI. 검 증

1. 서 설

(1) 검증은 법관이 직접 오관의 작용에 의하여 사물의 성상(性狀)을 검사하여 그 결과를 증거자료로 삼는 증거조사이다. 검증의 대상이 되는 증거방법을 검증물이라고 한다.

(2) 녹음·녹화테이프, 컴퓨터용 자기디스크·광디스크, 그 밖에 이와 비슷한 방법으로 음성이나 영상을 녹음 또는 녹화하여 재생할 수 있는 매체에 대한 증거조사는 이를 재생하여 검증하는 방법으로 한다(제374조, 민소규 제121조 제2항). 판례도 동영상 파일은 검증의 방법으로 증거조사를 하여야 하므로 문서제출명령의 대상이 될 수는 없다고 하였다.[174)]

(3) 서증은 문서의 기재내용을 증거자료로 하는 것이기 때문에, 문서의 외형존재 자체를 증거자료로 하는 경우는 서증이 아니라 검증이다. 따라서 위조된 서류라는 취지로 그 서류를 제출한 경우는 서증이 아니고 검증물이다.[175)]

판 례 위조문서의 취지로 제출(대법원 1992. 7. 10. 선고 92다12919 판결)

일방 당사자가 증거서류를 제출한 취지가 그 서류가 위조되었다는 사실을 입증하기 위한 것일 뿐, 거기에 기재된 사상이나 내용을 증거로 하려는 것이 아니어서 서증으로 제출한 것이 아님을 알 수 있는데도 상대방이 그 서류의 진정성립을 인정하였다는 이유로 그 진정성립에 다툼이 없다고 판단하고 그 기재에 의하여 상대방 당사자의 주장사실을 인정한 원심판결에 당사자의 주장을 오인하고 증거 없이 사실을 인정한 위법이 있다 하여 이를 파기한 사례.

2. 검증의 신청

원칙적으로 신청에 의하여 검증절차가 개시된다(제364조). 신청의 방법에 관하여는 서증의 신청에 대한 규정이 준용되므로(제366조 제1항, 제343조, 제352조), 신청자가 가지고 있는

174) 대법원 2010. 7. 14.자 2009마2105 결정.
175) 대법원 1992. 7. 10. 선고 92다12919 판결.

검증물의 경우 직접제출할 수 있고(검증물의 직접제출), 상대방이나 제3자가 가진 것으로서 제출의무 있는 것은 그 소지인에 대한 제출명령을 신청할 수 있으며(검증물제출명령), 소지자에게 제출의무가 없는 것은 송부촉탁을 신청할 수 있다(검증물송부촉탁).

3. 검증의 실시

가. 검증수인의무

명문의 규정은 없으나, 해석상 당사자나 제3자는 정당한 사유가 있는 경우를 제외하고는 부동산에 출입, 혈액의 채취, 신체검사 등 검증절차를 참아야 할 검증수인의무가 있는데, 이는 증인의무나 문서제출의무와 같이 공법상의 일반적 의무로 해석된다.[176] 법원은 검증을 위하여 필요한 경우에는 남의 토지, 주거, 관리 중인 가옥 등에 들어갈 수 있고, 만약 저항을 받을 때에는 국가경찰공무원에게 원조를 요청할 수 있다(제366조 제3항, 제342조).

나. 검증수인의무 위반의 효과

당사자가 검증수인의무를 위반한 때에는 문서제출의무위반의 경우와 같이 검증물의 존재·형상 등에 관한 검증신청자의 주장을 진실한 것으로 인정할 수 있다(제366조 제1항, 제349조). 그러나 제3자가 위반한 때에는 법원은 결정으로 200만 원 이하의 과태료에 처하는데, 이 결정에 대해서는 즉시항고할 수 있다(제366조 제2항).

Ⅶ. 그 밖의 증거

제374조(그 밖의 증거) 도면·사진·녹음테이프·비디오테이프·컴퓨터용 자기디스크, 그 밖에 정보를 담기 위하여 만들어진 물건으로서 문서가 아닌 증거의 조사에 관한 사항은 제3절 내지 제5절의 규정에 준하여 대법원규칙으로 정한다.

〈민사소송규칙〉

제120조(자기디스크등에 기억된 문자정보 등에 대한 증거조사) ① 컴퓨터용 자기디스크·광디스크, 그 밖에 이와 비슷한 정보저장매체(다음부터 이 조문 안에서 이 모두를 "자기디스크등"이라 한다)에 기억된 문자정보를 증거자료로 하는 경우에는 읽을 수 있도록 출력한 문서(다음부터 이 조문 안에서 "출력문서"라고 한다)를 제출할 수 있다.
② 자기디스크등에 기억된 문자정보를 증거로 하는 경우에 증거조사를 신청한 당사자는 법원이 명하거나 상대방이 요구한 때에는 자기디스크등에 입력한 사람과 입력한 일시, 출력한 사람

176) 김홍엽, 683면; 이시윤, 523면; 정동윤/유병현/김경욱, 657면; 정영환, 774면.

과 출력한 일시를 밝혀야 한다.
③ 자기디스크등에 기억된 정보가 도면·사진 등에 관한 것인 때에는 제1항과 제2항의 규정을 준용한다.

제121조(음성·영상자료 등에 대한 증거조사) ① 녹음·녹화테이프, 컴퓨터용 자기디스크·광디스크, 그 밖에 이와 비슷한 방법으로 음성이나 영상을 녹음 또는 녹화(다음부터 이 조문 안에서 "녹음등"이라 한다)하여 재생할 수 있는 매체(다음부터 이 조문 안에서 "녹음테이프등"이라 한다)에 대한 증거조사를 신청하는 때에는 음성이나 영상이 녹음등이 된 사람, 녹음등을 한 사람 및 녹음등을 한 일시·장소를 밝혀야 한다.
② 녹음테이프등에 대한 증거조사는 녹음테이프등을 재생하여 검증하는 방법으로 한다.
③ 녹음테이프등에 대한 증거조사를 신청한 당사자는 법원이 명하거나 상대방이 요구한 때에는 녹음테이프등의 녹취서, 그 밖에 그 내용을 설명하는 서면을 제출하여야 한다.

제122조(감정 등 규정의 준용) 도면·사진, 그 밖에 정보를 담기 위하여 만들어진 물건으로서 문서가 아닌 증거의 조사에 관하여는 특별한 규정이 없으면 제3절 내지 제5절의 규정을 준용한다.

1. 의 의

과학기술의 발전에 따라 새롭게 등장한 저장매체들에 대한 증거조사절차를 규정하기 위해 2002년 개정법에서 신설된 조항이다. 제374조는 증거조사절차에 관한 구체적인 내용을 대법원규칙으로 정하도록 하였는데, 이는 기술의 발전에 따른 앞으로의 새로운 저장매체의 등장에 탄력적으로 대처하기 위함이다. 이러한 증거의 조사방법은 민사소송규칙과 더불어 민사소송 등에서의 전자문서 이용 등에 관한 법률(이하 '민소전자문서법')에서 규정하고 있는데, 차례로 살펴본다.

2. 조사방법

가. 민사소송규칙상의 규율

(1) 문자정보에 대한 증거조사(민소규 제120조)

컴퓨터용 자기디스크·광디스크, 그 밖에 이와 비슷한 정보저장매체(이하 "자기디스크등")에 기억된 문자정보를 증거자료로 하는 경우에는 읽을 수 있도록 출력한 문서(이하 "출력문서")를 제출할 수 있다. 출력문서의 진정성립과 내용의 정확성을 담보하기 위하여, 증거조사를 신청한 당사자는 법원이 명하거나 상대방이 요구한 때에는 자기디스크등에 입력한 사람과 입력한 일시, 출력한 사람과 출력한 일시를 밝혀야 한다. 자기디스크등에 기억된 정보가 도면·사진 등에 관한 것인 때에도 도면·사진을 출력하여 제출할 수 있다.

(2) 음성·영상자료에 대한 증거조사(민소규 제121조)

녹음·녹화테이프, 컴퓨터용 자기디스크·광디스크, 그 밖에 이와 비슷한 방법으로 음성이나 영상을 녹음·녹화(이하 "녹음등")하여 재생할 수 있는 매체(이하 "녹음테이프등")에 대한 증거조사를 신청하는 때에는 음성이나 영상이 녹음등이 된 사람, 녹음등을 한 사람 및 녹음등을 한 일시·장소를 밝혀야 한다. 이에 대한 증거조사는 녹음테이프등을 재생하여 검증하는 방법으로 한다. 위 증거조사를 신청한 당사자는 법원이 명하거나 상대방이 요구한 때에는 녹음테이프등의 녹취서, 그 밖에 그 내용을 설명하는 서면을 제출하여야 한다.

판례는 동영상 파일은 검증의 방법으로 증거조사를 하여야 하므로 문서제출명령의 대상이 될 수는 없고, 사진의 경우에는 그 형태, 담겨진 내용 등을 종합하여 감정·서증·검증의 방법 중 가장 적절한 증거조사 방법을 택하여 이를 준용하여야 한다고 보았다.177)

판 례 **동영상 파일(대법원 2010. 7. 14.자 2009마2105 결정)**

민사소송법 제344조 제1항 제1호, 제374조를 신청 근거 규정으로 기재한 동영상 파일 등과 사진의 제출명령신청에 대하여, 동영상 파일은 검증의 방법으로 증거조사를 하여야 하므로 문서제출명령의 대상이 될 수는 없고, 사진의 경우에는 그 형태, 담겨진 내용 등을 종합하여 감정·서증·검증의 방법 중 가장 적절한 증거조사 방법을 택하여 이를 준용하여야 함에도, 제1심법원이 사진에 관한 구체적인 심리 없이 곧바로 문서제출명령을 하고 검증의 대상인 동영상 파일을 문서제출명령에 포함시킨 것이 정당하다고 판단한 원심의 조치에는 문서제출명령의 대상에 관한 법리를 오해한 잘못이 있다고 한 사례.

(3) 도면·사진 등에 대한 증거조사(민소규 제122조)

도면·사진, 그 밖에 정보를 담기 위하여 만들어진 물건으로서 문서가 아닌 증거의 조사에 관하여는 특별한 규정이 없으면 감정·서증·검증의 규정을 준용한다.

나. 민소전자문서법의 규율

(1) 컴퓨터 등 정보처리능력을 가진 장치에 의하여 전자적인 형태로 작성되거나 변환되어 송신·수신 또는 저장되는 정보를 전자문서라고 한다(같은 법 제2조 제1호). 현재 민사소송절차에서 널리 활용되고 있는 전자소송에서는 소장, 준비서면, 증거자료 등이 전자문서로 제출되고 있다.

(2) 이러한 전자문서의 증거조사는 각 증거방법에 따라 ⅰ) 문자, 그 밖의 기호, 도면·사진 등에 관한 정보는 전자문서를 모니터, 스크린 등을 이용하여 열람하는 방법, ⅱ)

177) 대법원 2010. 7. 14.자 2009마2105 결정.

음성이나 영상정보는 전자문서를 청취하거나 시청하는 방법에 의한다(같은 법 제13조 제1항). 그리고 그 성질에 반하지 아니하는 범위에서 민사소송법상 감정·서증·검증의 규정을 준용한다(같은 조 제2항).

Ⅷ. 조사·송부의 촉탁(사실조회)

> **제294조(조사의 촉탁)** 법원은 공공기관·학교, 그 밖의 단체·개인 또는 외국의 공공기관에게 그 업무에 속하는 사항에 관하여 필요한 조사 또는 보관중인 문서의 등본·사본의 송부를 촉탁할 수 있다.

1. 의 의

조사·송부의 촉탁은 법원이 공공기관·학교, 그 밖의 단체·개인 또는 외국의 공공기관에게 그 업무에 속하는 사항에 관하여 필요한 조사 또는 보관중인 문서의 등본·사본의 송부를 촉탁하는 증거조사절차를 의미한다. 실무상 '사실조회'라고 한다. 그 용어에 있어서 문서송부촉탁(제352조)과 구별을 요한다.

2. 내 용

(1) 구법에서는 개인에 대해서는 촉탁할 수 있는 근거규정이 없었으나, 특수한 분야의 개인전문가에게도 촉탁을 할 필요가 있다는 점을 고려하여 2002년 개정법에서 개인도 사실조회의 대상에 추가하였다.

(2) 또한 구법에서는 조사를 촉탁할 수 있다고 하였으나, 2002년 개정법은 보관중인 문서의 등본·사본의 송부까지도 촉탁할 수 있도록 확대하였다.

(3) 이러한 조사의 촉탁은 당사자의 신청에 의해서뿐만 아니라 법원이 직권으로도 할 수 있다(제140조 제1항 제5호). 조사·송부의 촉탁은 촉탁의 상대방이 비교적 쉽게 조사하거나 회신할 수 있는 사실에 대해 활용하고, 만약 촉탁상대방의 특별한 지식경험이나 전문적인 식견이 필요한 경우에는 감정촉탁의 방법에 의하거나 전문심리위원제도를 이용함이 타당하다 할 것이다.[178)]

---

178) 김홍엽, 688면; 이시윤, 528면.

3. 회신자료의 증거사용

실무상 감정결과, 사실조회회신자료를 증거로 사용하기 위해서 당사자의 추가적인 서증제출이 필요 없다.[179] 이와 비교하여, 문서제출명령·과세정보제출명령·금융거래정보제출명령의 각 회신, 문서송부촉탁·인증등본송부촉탁의 각 회신을 증거로 사용하기 위해서는 당사자의 서증제출을 요하고 있다(민소규 제115조).[180]

Ⅸ. 증거보전

1. 의 의

(1) 증거보전은 미리 증거조사를 하지 아니하면 그 증거를 사용하기 곤란한 사정이 있는 경우에 당사자의 신청에 따라 미리 증거조사를 하여 그 결과를 확보해두는 절차이다(제375조).

(2) 예컨대 증인이 죽음에 임박하였거나, 검증물의 멸실 또는 변경의 우려가 있는 경우 소송절차 내에서 본래의 증거조사의 기일까지 기다려서는 그 목적을 달성하기 불가능하거나 현저히 곤란할 것이다. 이때 소송계속 전후를 불문하고(제376조) 증거보전절차를 이용하여 그 실효성을 확보할 수 있다(증거보전기능).

(3) 미국과 같이 변론 전 증거수집절차(pretrial discovery)가 없는 우리 민사소송실무에서 이 제도의 적절한 활용은 소송 전 증거수집제도의 기능을 할 수 있다(증거개시기능).

2. 요 건

(1) 증거보전의 필요성이 있어야 한다. 즉 미리 증거조사를 하지 아니하면 장래 그 증거방법을 사용하기 곤란할 사정이 있어야 한다(제375조). 예컨대 증인이 중병에 들어 죽음에 임박하였거나 해외로 도피하려 하는 경우, 검증의 대상이 되는 물건이 현상변경의 가능성이 있는 경우 등을 들 수 있다. 그러나 증권관련 집단소송에서는 위와 같은 사정이 있지 아니한 경우에도 필요하다고 인정할 때에는 당사자의 신청에 따라 법원이 증거조사를 할 수 있다(증집 제33조).

(2) 위와 같은 증거보전사유에 대해서는 소명이 필요하다(제377조 제2항).

---

179) 이시윤, 528면; 정영환, 782면; 법원실무제요 민사소송[Ⅲ], 1543면; 주석 민사소송법(Ⅴ), 169면.
180) 법원실무제요 민사소송[Ⅲ], 1465~1466면, 1471~1472면; 주석 민사소송법(Ⅴ), 467면, 505면.

3. 절 차

(1) 원칙적으로 증거보전사유에 관한 소명자료를 붙인 서면에 의한 신청에 의해 개시된다(민소규 제124조). 예외적으로 소송계속 중 법원의 직권으로 개시될 수도 있다(제379조).

(2) 증거보전절차는 증거방법의 종류에 따라 통상의 증거조사의 규정에 따른다(제375조).

(3) 소송계속 중에는 그 증거를 사용할 심급의 법원에 하여야 하지만, 소제기 전이나 또는 소제기 후라도 급박한 경우에는 증거방법의 소재지를 관할하는 지방법원에 하여야 한다(제376조).

(4) 소송계속 후 증거보전을 한 경우 그 기록을 증거조사를 마친 후 2주 안에 본안소송의 기록이 있는 법원에 보내야 하고(민소규 제125조 제1항), 소송계속 전 증거보전을 한 경우 본안소송 계속 법원의 송부요청을 받은 날부터 1주 안에 기록을 보내야 한다(민소규 제125조 제2항).

(5) 증거보전의 결정에 대하여는 불복할 수 없다(제380조). 그러나 신청기각결정에 대하여 통상항고(제439조)는 가능하다.[181]

4. 효 과

(1) 증거보전에 의한 증거조사결과는 변론에 제출됨으로써 본소송에서 실시한 증거조사결과와 같은 효력을 갖는다. 다만 증거보전절차에서 신문한 증인을 당사자가 변론에서 다시 신문하고자 신청한 때에는 법원은 그 증인을 신문하여야 한다(제384조). 직접주의를 관철하고자 하는 규정이다.

(2) 증거보전에 관한 비용은 소송비용의 일부로 한다(제383조).

제 5 절 자유심증주의

Ⅰ. 서 설

제202조(자유심증주의) 법원은 변론 전체의 취지와 증거조사의 결과를 참작하여 자유로운 심

181) 김홍엽, 692면; 이시윤, 530면; 정영환, 785면.

증으로 사회정의와 형평의 이념에 입각하여 논리와 경험의 법칙에 따라 사실주장이 진실한지 아닌지를 판단한다.

(1) 자유심증주의는 법원이 증거법칙의 제약을 받지 않고 변론 전체의 취지와 증거조사의 결과를 참작하여 형성된 자유로운 심증으로 주요사실의 진실 여부를 판단하는 원칙이다(제202조). 이에 반하여 법정증거주의는 증거능력이나 증거력을 법률로 정해놓고 법원이 사실인정을 함에 있어서 반드시 이에 구속되는 원칙이다.

(2) 법정증거주의는 법관의 자의를 방지할 수 있는 장점이 있다. 그러나 복잡다단한 현대사회에서 모든 사실과 증거법칙을 유형화하여 법률로 규정할 수는 없다. 오히려 사실의 진실 여부를 그르칠 위험이 있다. 이에 우리 법은 법관의 양식을 믿고 그의 자유로운 판단에 맡기는 자유심증주의를 채택하고 있다(제202조).

II. 증거원인

변론 전체의 취지와 증거조사의 결과가 민사소송에서 증거원인으로서 심증형성의 자료가 된다.

1. 변론 전체의 취지

가. 의의 및 내용

변론 전체의 취지는 증거조사의 결과를 제외한 일체의 소송자료로서 당사자의 주장 내용, 태도 기타 변론과정에서 얻은 인상 등 변론에서 나타난 일체의 사항을 말한다.[182] 예컨대 당사자나 법정대리인의 주장이 앞뒤가 모순된다거나, 간단한 질문에 얼굴을 붉히거나 땀을 흘리는 등의 태도, 문서제출명령에 불응하는 등 증거조사에 비협력적인 태도 등이 변론 전체의 취지로서 참작된다.

나. 증거원인으로서의 독자성 여부

(1) 변론 전체의 취지만으로 당사자 사이의 다툼 있는 사실을 인정할 수 있는지 여부가 문제된다. 이에 대하여 ① 변론 전체의 취지만으로 인정 가능하다는 독립적 증거원인

182) 대법원 1962. 4. 12. 선고 4294민상1078 판결; 대법원 1983. 7. 12. 선고 83다카308 판결; 대법원 2013. 8. 22. 선고 2012다94728 판결.

설[183]과 ② 변론 전체의 취지만으로는 인정할 수 없고 다른 증거원인과 함께 사실인정을 할 수 있을 뿐이므로 독자적인 증거원인이 될 수 없다는 보충적 증거원인설[184]의 대립이 있다.

(2) 판례는 ① 주요사실의 인정 여부가 문제된 사안에서는 "변론의 취지가 사실인정의 한 자료가 될 수 있음은 물론이나, 증거로서의 변론의 취지는 보충적 효력이 그치는 것에 불과하여 변론의 취지만으로는 사실인정의 자료로 할 수 없다"고 하여,[185] 증거원인으로서의 독립성을 부정하고 있으나, ② 보조사실에 관한 ⅰ) 문서의 진정성립,[186] ⅱ) 자백의 취소요건으로서의 착오[187]의 경우에는 변론 전체의 취지만으로 인정 가능하다고 한다.

(3) 변론 전체의 취지가 증거원인으로서 심증형성의 자료가 되는 것은 맞지만, 이것만으로 모든 사실인정을 가능케 한다면 증거조사를 하지 않고 법관의 자의에 의한 사실인정을 할 가능성이 있다. 이는 원님재판에 다름아닌 것으로, 현대의 민사재판과 맞지 않다. 보충적 증거원인설이 타당하다 할 것이다.

2. 증거조사의 결과

증거조사의 결과는 법원이 적법한 증거조사를 통해 얻은 증거자료를 의미한다. 여기에는 증언, 감정결과, 당사자신문결과, 문서의 기재내용, 검증결과, 그 밖의 증거조사결과가 있다.

가. 증거방법의 무제한

자유심증주의에 의하는 한 증거방법·능력에 제한이 없다. 판례는 소제기 후 계쟁사실에 대해 작성된 문서,[188] 위법하게 수집된 증거,[189] 서증의 사본[190] 등의 경우에도 증거능력이 있다고 하였다.

나. 증거력의 자유평가

자유심증주의는 증거조사의 결과 얻은 증거자료의 증거력 평가 역시 법관의 자유로운 판단에 맡긴다. 따라서 직접증거와 간접증거 사이에, 서증과 인증 사이에 증거력의 우

---

183) 강현중, 510면; 정영환, 791면; 호문혁, 520면.
184) 김홍엽, 694면; 이시윤, 532면; 한충수, 472면.
185) 대법원 1983. 9. 13. 선고 83다카971 판결; 대법원 1984. 12. 26. 선고 84누329 판결.
186) 대법원 1987. 7. 21. 선고 87므16 판결.
187) 대법원 2004. 6. 11. 선고 2004다13533 판결.
188) 대법원 1992. 4. 14. 선고 91다24755 판결.
189) 대법원 1999. 5. 25. 선고 99다1789 판결.
190) 대법원 1996. 3. 8. 선고 95다48667 판결; 대법원 2002. 8. 23. 선고 2000다66133 판결.

열이 없다. 판례는 "처분문서라 하더라도 그 기재 내용과 다른 특별한 명시적, 묵시적 약정이 있는 사실이 인정될 경우에는 그 기재 내용의 일부를 달리 인정할 수 있고, 또 작성자의 법률행위 해석에 있어서도 경험칙과 논리법칙에 어긋나지 않는 범위 내에서 자유로운 심증으로 판단할 수 있다"고 보았고,[191] 관련 민·형사 확정판결에서 인정된 사실은 유력한 증거자료가 되나, 당해 민사재판에 제출된 다른 증거에 비추어 이를 그대로 채용할 수 없는 경우에는 배척할 수 있다고 보았다.[192]

판 례 **관련 확정판결에서 인정된 사실의 증명력과 그 예외(대법원 2005. 1. 13. 선고 2004다19647 판결)**

민사재판에 있어서 이와 관련된 다른 민·형사사건 등의 확정판결에서 인정된 사실은 특별한 사정이 없는 한 유력한 증거자료가 되는 것이나, 다른 한편 당해 민사재판에서 제출된 다른 증거내용에 비추어 관련 민·형사사건의 확정판결에서의 사실 판단을 그대로 채용하기 어렵다고 인정될 경우에는 이를 배척할 수 있다.

다. 증거공통의 원칙

(1) 증거공통의 원칙은 증거조사의 결과에 대한 증거력의 평가는 증거제출자에게 유리하게도 불리하게도 평가할 수 있다는 원칙이다. 즉 어느 당사자에 의하여 제출된 증거인지 그리고 상대방이 이를 원용하는지 여부를 불문하고 당사자 어느 쪽의 유리한 사실인정 증거로 할 수 있는 것이다.[193] 따라서 일단 증거조사가 개시된 뒤에는 상대방의 동의 없이 그 증거신청의 철회가 허용되지 않는다. 상대방에게 유리한 자료가 나올 수도 있기 때문이다.

(2) 증거공통의 원칙은 대립당사자 간에 적용되고, 또한 필수적 공동소송인 간에도 적용된다. 그러나 통상공동소송인 간에도 적용되는지 여부가 문제되는데, 병합심리에 의하는 한 통상공동소송인 간에도 적용될 수 있으나,[194] 공동소송인 사이에 이해가 상반되거나, 공동소송인 중 1인이 자백한 경우에는 적용되지 않는다고 본다.[195]

---

191) 대법원 1996. 4. 12. 선고 95다45125 판결.
192) 대법원 2005. 1. 13. 선고 2004다19647 판결.
193) 대법원 1987. 11. 10. 선고 87누620 판결; 대법원 2004. 5. 14. 선고 2003다57697 판결.
194) 강현중, 843면; 이시윤, 740면; 정동윤/유병현/김경욱, 1047면; 정영환, 941면; 한충수, 711면.
195) 상세는 후술 공동소송인독립의 원칙의 수정 부분 참조.

III. 자유심증의 정도

1. 확신의 정도

사실을 인정하기 위해서는 소명으로는 부족하고 증명에 이르러야 하며, 증명은 심증이 확신에 이른 것을 의미하는데, 여기서의 확신은 의심에 침묵을 명할 정도의 정확성을 뜻한다. 그러나 이것이 자연과학이나 수학에서 말하는 절대적 정확성까지 요구하는 것은 아니다. 즉 민사소송에서 증명은 논리적 증명이 아니라 통상인이라면 의심을 품지 않을 정도의 확신인 역사적 증명이면 되므로, 십중팔구는 그러할 것이라는 확신이 있으면 된다. 요컨대 자유심증의 정도는 객관적으로는 고도의 개연성, 주관적으로는 법관의 확신을 요구하는 것이다.[196)]

판 례 **확신의 정도(대법원 2012. 4. 13. 선고 2011다1828 판결)**

여기서의 증명은 법관의 심증이 확신의 정도에 달하게 하는 것을 말하며, 그 확신이란 자연과학이나 수학의 증명과 같이 반대의 가능성이 없는 절대적 정확성을 말하는 것은 아니지만 통상인의 일상생활에 있어 진실하다고 믿고 의심하지 아니할 정도의 고도의 개연성을 말하는 것이고, 막연한 의심이나 추측을 하는 정도에 이르는 것만으로는 부족하다.

2. 자의금지

(1) 자유심증에 의한 판단은 형식적·법률적인 증거규칙으로부터의 해방을 뜻할 뿐, 법관의 자의적 판단을 용인하는 것은 아니다. 여전히 증거에 의하고, 사회정의와 형평의 이념에 입각하여 논리칙과 경험칙에 따라 사실 주장의 진실 여부를 판단하여야 한다. 이는 사실인정이 사실심의 전권에 속하더라도 마찬가지이다.[197)]

판 례 **사실심의 전권사항인 사실인정에 있어서 자의금지(대법원 2020. 8. 27. 선고 2017다211481 판결)**

민사소송법 제202조가 선언하고 있는 자유심증주의는 형식적, 법률적인 증거규칙으로부터의 해방을 뜻할 뿐 법관의 자의적인 판단을 용인한다는 것이 아니다. 법관은 적법한 증거조사절차를 거쳐 증거능력 있는 증거에 의하여 사회정의와 형평의 이념에 입각하여 논리와 경험의 법칙에 따라 사실 주장의 진실

---

196) 대법원 2010. 10. 28. 선고 2008다6755 판결; 대법원 2012. 4. 13. 선고 2011다1828 판결.

197) 대법원 2017. 3. 9. 선고 2016두55933 판결; 대법원 2020. 8. 27. 선고 2017다211481 판결.

여부를 판단하여야 하고, 비록 사실의 인정이 사실심의 전권에 속한다고 하더라도 이와 같은 제약에서 벗어날 수 없다.

(2) 자의금지와 관련하여, 판결이유에서 증거 채부의 이유에 대한 심증형성의 경로를 명시해야 하는지 문제된다. 판례는 ① 자유심증주의 하에서 증거가치에 대한 판단은 논리와 경험칙에 반하지 아니하는 한 사실심법원의 전권에 속하는 사항이고, 일반적으로 사실심법원이 그 자유심증에 의하여 증거가치를 판단함에 있어 이를 취사한다는 뜻을 설시하면 충분하고 증거가치 판단의 이유까지 설시할 필요는 없다고 하면서도,[198] ② 다만 ⅰ) 성립의 진정이 인정되는 처분문서의 증거력 배척,[199] ⅱ) 공문서의 진정성립을 부정,[200] ⅲ) 이미 확정된 관련 민사사건에서 인정한 사실과 다른 사실을 인정,[201] ⅳ) 불리한 사실을 시인하는 취지로 날인까지 한 서신의 증명력 배척,[202] ⅴ) 잔금 전 등기를 경료해주는 것과 같이 극히 이례에 속하는 사실을 인정할 때[203] 등에 있어서는 이유설시를 요하고 있다.

Ⅳ. 사실인정의 위법과 상고

(1) 증거의 채부와 사실인정은 사실심의 전권사항인데, 원심판결이 적법하게 확정한 사실은 상고법원을 기속하므로(제432조), 법률심인 상고심에서 이를 문제삼을 수 없음이 원칙이다.

(2) 그러나 적법한 증거조사를 거친 증거능력 있는 적법한 증거에 의하지 않은 사실인정,[204] 논리칙·경험칙에 현저히 위배된 사실인정 등은 자유심증주의의 내재적 한계를 벗어난 것으로서 상고이유(제423조)가 된다 할 것이다.

---

198) 대법원 1998. 12. 8. 선고 97므513, 520, 97스12 판결.
199) 대법원 1990. 11. 27. 선고 88다카12759, 12766 판결.
200) 대법원 1986. 6. 10. 선고 85다카180 판결.
201) 대법원 2009. 9. 24. 선고 2008다92312, 92329 판결.
202) 대법원 1993. 5. 11. 선고 92다3823 판결.
203) 대법원 1996. 10. 25. 선고 96다29700 판결.
204) 대법원 1982. 8. 24. 선고 82다카317 판결; 대법원 2018. 12. 27. 선고 2015다58440, 58457 판결.

V. 자유심증주의의 예외

1. 증거방법·증거력의 법정

가. 내 용

법관의 자유심증에 의하지 않고 예외적으로 증거방법이나 증거력 등을 법이 정해놓고 있는 경우가 있다. ① 대리권의 존재를 서면으로 증명하는 것(제58조 제1항, 제89조 제1항)과 같은 증거방법의 제한, ② 당사자와 법정대리인의 증인능력을 부정하는 것(제367조, 제372조)과 같은 증거능력의 제한, ③ 공문서와 사문서의 진정성립 추정규정(제356조, 제358조)과 같은 증거력 자유평가의 제한 등이 그 예이다.

나. 증명방해

증명방해는 증명책임을 부담하지 않는 당사자가 고의나 과실에 의하여 증명책임을 부담하는 당사자의 증명을 불가능 또는 곤란케 하는 것을 의미한다. 예컨대 증인출석방해, 진료기록 변조가필이나 훼손, 문서제출명령에 불응, 현장검증 방해행위, 수검명령에 불응 등이 그것이다. 그러나 판례는 증거자료에의 접근이 훨씬 용이한 일방 당사자가 상대방의 증명활동에 협력하지 않는다고 하여 상대방의 증명을 방해하는 것이라고 단정할 수 없다고 하였다.[205]

(1) 명문의 규정이 있는 경우

제349조와 제350조에서는 당사자가 문서제출명령에 따르지 않거나 사용방해 목적으로 훼손 등의 행위를 한 경우 법원은 그 문서의 기재에 대한 상대방의 주장을 진실한 것으로 인정할 수 있다고 하였다.[206]

(2) 명문의 규정이 없는 경우

신의칙상 그 제재를 면할 수 없다고 본다. 판례는 의사 측의 진료기록 변조가필행위는 증명방해 행위에 해당한다고 보면서, 자유심증에 따라 의사 측에 불리한 평가를 할 수 있다고 하였으나,[207] 그로 인하여 증명책임이 전환되거나 곧바로 상대방의 주장사실이 증명되었다고 볼 수는 없다고 하여,[208] 자유심증설을 따랐다.

---

205) 대법원 1996. 4. 23. 선고 95다23835 판결.
206) 그 의미 및 효과에 대한 상세는 전술 문서제출명령 관련부분 참조.
207) 대법원 2014. 11. 27. 선고 2012다11389 판결.
208) 대법원 2010. 5. 27. 선고 2007다25971 판결.

2. 증거계약

소송에서 사실확정에 관한 당사자 간의 합의를 증거계약이라고 한다. 명문의 규정이 없는 소송계약의 일종이다.

가. 자백계약

특정한 주요사실에 관하여 서로 다투지 않기로 하는 약정이다. 예컨대 매매대금청구소송에서 매매계약체결사실을 다투지 않기로 하는 것이다. 변론주의 하 당사자의 자백이 성립하므로, 자백계약 역시 원칙적으로 허용된다. 다만 권리자백계약이나 간접사실에 대한 자백계약은 효력이 없다 할 것이다.[209)]

나. 증거제한계약

특정한 사실의 증명을 예컨대 서증 이외에 다른 증거방법을 사용하지 않기로 하는 합의이다. 변론주의하 증거제출책임이 당사자에게 있으므로 증거제한계약도 허용되나, 우리법은 보충적으로 직권증거조사(제292조)를 규정하고 있으므로 법원이 직권으로 증거조사를 하는 한도 내에서 증거제한계약은 효력을 잃는다고 본다.[210)]

다. 중재감정계약

예컨대 사고의 원인을 전문가인 제3자의 판정에 맡기기로 하는 것과 같이 처분할 수 있는 법률관계에 관하여 주요사실의 인정을 제3자에게 맡기는 중재감정계약도 허용된다. 다만 당사자의 합의에 의하여 지명된 감정인의 감정의견에 따라 보상금을 지급하기로 약정하였다고 하더라도 당사자의 약정 취지에 반하는 감정이 이루어졌다든가 감정의견이 명백히 신빙성이 없다고 판단되는 등 특별한 사정이 있다면 당사자가 감정 결과에 따라야 하는 것은 아니고, 이 경우 수소법원은 다른 합리성이 있는 전문적 의견을 보충자료로 삼아 분쟁사안을 판단하여야 한다고 하므로,[211)] 이러한 한도 내에서 중재감정계약은 효력을 잃는다고 할 것이다.

라. 증거력계약

예컨대 어느 서증을 진실한 것으로 하거나, 소명만 있으면 사실이 증명된 것으로 인정하기로 하는[212)] 이른바 증거력계약은 법관의 자유로운 증거력평가의 제약이 되므로 무

---

209) 김홍엽, 705면; 이시윤, 540면; 정영환, 801면.

210) 김홍엽, 705면; 이시윤, 540면; 정영환, 801면.

211) 대법원 2011. 11. 24. 선고 2011다9426 판결.

212) 서울지방법원 1996. 6. 13. 선고 94가합30633 판결.

효이다.

마. 증명책임계약

예컨대 소송해보고 진위불명에 이를 때에는 피고가 패소하는 것으로 하는 합의와 같은 증명책임계약은 사실확정의 방법에 관한 것이 아니므로 증거계약이 아니다. 판례는 처분할 수 있는 권리관계, 예컨대 공제약관의 규정에 의하여 고지의무 위반이 공제사고의 발생에 영향을 미쳤다는 사실에 대한 증명책임을 피고에게 있는 것으로 하자는 당사자 간의 특약이 있다면 특별한 사정이 없는 한 그에 따라야 한다고 판시하였다.[213] 다만 소제기 등과 관련된 약관의 내용 중 상당한 이유 없이 증명책임을 고객에게 부담시키는 약관조항은 무효로 본다고 하였다(약관법 제14조 제2호).

제 6 절 증명책임

Ⅰ. 서 설

1. 의 의

(1) 증명책임은 요증사실의 존부가 확정되지 않았을 때, 즉 진위불명의 상태에 놓였을 때, 그 사실이 존재하지 않는 것으로 취급되어 법률판단을 받게 되는 당사자일방의 불이익을 뜻한다. 이를 '객관적 증명책임'이라고 하는데, 환언하면 어느 사실의 존부에 대해 증거조사를 하였으나 증거가 없을 경우 패소할 위험을 말한다. 예컨대 대여금청구사건에서 금전대여 여부가 불명인 경우 금전대여사실이 없는 것으로 보아 증명책임을 지는 원고에게 불리한 판결을 할 것이며, 만약 변제 여부가 불명인 경우 변제사실이 없는 것으로 보아 증명책임을 지는 피고에게 불리한 판결을 하는 것이다.

(2) 객관적 증명책임은 심리의 최종단계에 이르러 진위불명일 때 누가 불이익을 부담하느냐에 관한 결과책임이다. 이는 직권탐지주의하에서도 문제될 수 있기 때문에, 객관적 증명책임은 변론주의뿐만 아니라 직권탐지주의가 적용되는 절차 등 모든 절차에서 문제된다.

213) 대법원 1997. 10. 28. 선고 97다33089 판결.

2. 주관적 증명책임과의 구별

위와 같은 패소의 위험으로 인해, 증명책임을 지는 자는 승소를 위해서 증명책임을 지는 사실에 대해 증거를 제출해야 하는 당사자의 행위책임을 부담한다. 이를 '주관적 증명책임'이라고 한다. 변론주의의 내용 중 증거제출책임을 의미하는 것이다. 주관적 증명책임은 심리의 개시단계에서부터 따지는 행위책임으로, 변론주의의 내용이기 때문에, 직권탐지주의가 적용되는 절차에서는 그 적용이 없다.

II. 증명책임의 분배

요증사실의 진위 여부가 불명인 경우 당사자 중 누구에게 불이익을 돌릴 것인가의 문제인데, 실무에서 어느 요증사실에 대해 100% 증명한다는 것은 매우 어렵고, 특히 당사자소송에서는 더욱 그러한바, 증명책임이 누구에게 있는가에 따라 그 소송의 승패가 좌우되므로, 증명책임의 분배는 매우 중요한 문제라고 할 것이다. 예컨대 불법행위로 인한 손해배상청구에서 심리결과 가해자의 과실에 대한 심증이 반반일 때, 증명책임이 원고에게 있으면 원고가 패소할 것이나, 피고에게 있으면 피고에게 불이익하게 판단하게 될 것이다.

1. 법률요건분류설에 따른 분배

가. 분배기준

요증사실분류설, 주장자증명책임설이 있었으나, 현재는 법규의 구조에서 증명책임의 분배를 정하는 법률요건분류설[214]이 통설, 판례이다. 법률요건분류설에 따르면 각 당사자는 자기에게 유리한 법규의 요건사실의 존부에 대한 증명책임을 부담한다.

나. 소송요건의 존부

직권조사사항인 소송요건은 원고에게 증명책임이 있다.[215] 소송요건의 존재로 인해 본안판결을 받는 것이 원고에게 유리하다고 보기 때문이다.

---

214) 김홍엽, 711면; 호문혁, 559면.
215) 대법원 1997. 7. 25. 선고 96다39301 판결.

판 례 **소송요건의 존부에 관한 증명책임(대법원 1997. 7. 25. 선고 96다39301 판결)**

[1] 제소단계에서의 소송대리인의 대리권 존부는 소송요건으로서 법원의 직권조사사항이다.
[2] 직권조사사항에 관하여도 그 사실의 존부가 불명한 경우에는 입증책임의 원칙이 적용되어야 할 것인바, 본안판결을 받는다는 것 자체가 원고에게 유리하다는 점에 비추어 직권조사사항인 소송요건에 대한 입증책임은 원고에게 있다.
[3] 원고가 소재가 불명인 것으로 판명된 상태에서 원고의 소송대리인에 의하여 소가 제기되었고, 원고가 소송과정에서 어떠한 조치를 취한 바도 없으며, 송달 또한 공시송달의 방법에 의하여 이루어졌다면, 원고 명의로 소를 제기한 소송대리인이 원고로부터 적법하게 소송대리권을 수여받은 바 없었다고 할 것이므로, 이와 같은 경우 당해 소는 대리권이 흠결된 소송대리인에 의하여 제기된 부적법한 소로서 각하되어야 한다고 한 사례.

다. 본안의 요건사실의 존부

(1) 권리의 존재를 주장하는 자는 자기에게 유리한 권리근거규정의 요건사실(권리발생사실, 청구원인사실)에 대해 증명책임을 진다.[216)]

(2) 권리의 존재를 다투는 상대방은 자기에게 유리한 권리반대규정의 요건사실(반대사실, 항변사실)에 대해 증명책임을 진다. 권리반대규정의 요건사실에는 i) 불공정한 법률행위, 통정허위표시 등 법률행위 무효사유에 해당하는 권리장애규정의 요건사실, ii) 변제, 취소, 해제, 상계 등 권리소멸규정의 요건사실, iii) 동시이행항변, 유치권의 존재 등 권리저지규정의 요건사실이 있다.

라. 소극적 확인소송 등의 경우

통상적으로는 권리를 주장하는 자가 원고로서 소를 제기하고, 원고의 주장을 다투는 자가 그 상대방일 것이므로, 위에서 언급한 바와 같이 원고가 권리근거규정의 요건사실에 대한 증명책임을 지고, 피고가 권리반대규정의 요건사실에 대한 증명책임을 질 것이다. 그러나 예컨대 권리부존재확인소송[217)]이나 청구이의의 소,[218)] 배당이의의 소[219)] 등과 같이 권리자와 의무자가 뒤바뀌어 있는 소송에서는 피고가 채권의 발생원인사실에 대해

216) 대법원 2012. 1. 27. 선고 2011다88344 판결. 따라서 대여금청구에서 대여사실에 대한 증명책임은 원고에게 있는데, 제1심에서 원고의 청구가 인용되고 기록이 폐기된 후에 추후보완항소가 제기되었다고 하더라도 증명책임이 전환되는 것은 아니며, 법원은 폐기된 종전 증거를 대체할 다른 증거가 있는지, 항소심에서 대체증거를 제출하는 것이 용이한지, 용이하지 않다면 그 이유가 무엇인지 등을 하나의 판단 자료로 삼을 수 있고, 원고에게는 충분한 증명의 기회가 주어져야 한다고 하였다(대법원 2022. 10. 14. 선고 2022다229936 판결).

217) 대법원 2016. 3. 10. 선고 2013다99409 판결.

218) 대법원 2010. 6. 24. 선고 2010다12852 판결.

219) 대법원 2007. 7. 12. 선고 2005다39617 판결.

증명할 책임이 있고, 원고가 그 권리발생의 장애나 소멸사유에 해당하는 사실을 증명할 책임이 있다.

판 례 **유치권부존재확인의 소 증명책임(대법원 2016. 3. 10. 선고 2013다99409 판결)**

소극적 확인소송에서는 원고가 먼저 청구를 특정하여 채무발생원인 사실을 부정하는 주장을 하면 채권자인 피고는 권리관계의 요건사실에 관하여 주장·증명책임을 부담하므로, 유치권 부존재 확인소송에서 유치권의 요건사실인 유치권의 목적물과 견련관계 있는 채권의 존재에 대해서는 피고가 주장·증명하여야 한다.

판 례 **청구이의의 소 증명책임(대법원 2010. 6. 24. 선고 2010다12852 판결)**

확정된 지급명령의 경우 그 지급명령의 청구원인이 된 청구권에 관하여 지급명령 발령 전에 생긴 불성립이나 무효 등의 사유를 그 지급명령에 관한 이의의 소에서 주장할 수 있고, 이러한 청구이의의 소에서 청구이의 사유에 관한 증명책임도 일반 민사소송에서의 증명책임 분배의 원칙에 따라야 한다. 따라서 확정된 지급명령에 대한 청구이의소송에서 원고가 피고의 채권이 성립하지 아니하였음을 주장하는 경우에는 피고에게 채권의 발생원인 사실을 증명할 책임이 있고, 원고가 그 채권이 통정허위표시로서 무효라거나 변제에 의하여 소멸되었다는 등 권리 발생의 장애 또는 소멸사유에 해당하는 사실을 주장하는 경우에는 원고에게 그 사실을 증명할 책임이 있다.

판 례 **배당이의의 소 증명책임(대법원 2007. 7. 12. 선고 2005다39617 판결)**

배당이의소송에 있어서의 배당이의사유에 관한 증명책임도 일반 민사소송에서의 증명책임 분배의 원칙에 따라야 하므로, 원고가 피고의 채권이 성립하지 아니하였음을 주장하는 경우에는 피고에게 채권의 발생원인사실을 입증할 책임이 있고, 원고가 그 채권이 통정허위표시로서 무효라거나 변제에 의하여 소멸되었음을 주장하는 경우에는 원고에게 그 장애 또는 소멸사유에 해당하는 사실을 증명할 책임이 있다.

2. 새로운 견해의 등장

(1) 공해소송, 의료과오소송 등과 같은 소위 현대형소송에서는 증거가 주로 큰 관청이나 기업, 병원 등에 있고 상대방은 아무런 증거를 갖고 있지 않는 경우가 많은 등 증거의 구조적 편재가 심하다. 이러한 경우에도 법률요건분류설을 관철하면 예컨대 손해배상청구의 증명책임을 지는 개인으로서는 증명곤란의 사태가 발생하여 패소할 수밖에 없는 난점이 있다. 당사자가 대등해지기 위해서는 궁극적으로 discovery제도의 전면적 도입이 필요하겠지만, 현재의 법체제하 법률요건분류설의 난점을 극복하기 위해 여러 이설들을 살펴볼 필요가 있다.

(2) 이에 증명책임분배에 있어서 법률요건분류설을 과감히 버리고, ① 누구의 지배

영역에 속하느냐 하는 실질적 근거를 기준으로 하는 위험영역설, ② 증거와의 거리, 증명의 난이, 금반언, 개연성, 실체법의 입법취지 등을 종합적인 기준으로 하는 증거거리설, ③ 각 당사자는 보다 개연성이 적은 사실에 대한 증명책임을 부담한다는 개연성설이 등장하였다. ④ 그러나 위에서 말하는 새로운 견해들은 위험영역의 한계가 모호하고, 증거와의 거리가 각 당사자에게 균등한 경우에 문제가 있으며, 개연성은 증거가치의 평가, 즉 심증형성의 과정에서 고려할 사항으로, 증명책임을 가리는 기준으로는 사용해서는 아니 된다는 비판이 있다. 이에 법률요건분류설을 기본적으로 취하되, 증거의 구조적 편재 등으로 인해 법률요건분류설을 형식적으로 적용하면 그 타당성이 현저히 결여될 경우에는 이를 보충·수정하는 원리로 위에서 말한 새로운 견해를 받아들일 필요가 있다는 수정법률요건분류설[220]이 있다. 판례는 의료과오소송에서 설명의무 이행의 증명책임을 피해자가 아닌 의사에게 돌렸는데,[221] 손해배상청구의 다른 요건들의 증명책임과 비교해볼 때 수정법률요건분류설을 취한 것으로 평가할 수 있을 것이다.

Ⅲ. 증명책임의 전환

1. 입법에 의한 전환

입법에 의하여 증명책임분배의 일반원칙에 대한 수정을 가하는 경우이다. 예컨대 일반적인 불법행위로 인한 손해배상청구에서 과실은 권리근거규정의 요건사실이므로 가해자에게 과실이 있음을 피해자가 증명하여야 하지만, 민법 제759조, 자동차손해배상보장법 제3조, 제조물책임법 제4조 제1항과 같은 특별규정에서는 가해자에게 과실이 없음에 대한 증명책임을 부담시키고 있다.

2. 해석에 의한 전환

판례는 원칙적으로 해석에 의한 증명책임의 전환은 인정하지 않고, 다만 의료과오소송에서 의사의 설명의무에 대한 증명책임[222] 등에서 매우 제한적으로 인정하고 있다.

---

220) 이시윤, 547면; 정영환, 811면.

221) 대법원 2007. 5. 31. 선고 2005다5867 판결.

222) 대법원 2007. 5. 31. 선고 2005다5867 판결.

Ⅳ. 증명책임의 완화

증명이 곤란한 경우 형평의 이념적 차원에서 증명책임의 일반원칙을 완화하여 증명을 용이하게 하려는 것을 의미한다.

1. 법률상의 추정

가. 의의 및 종류

(1) 추정은 어느 사실(전제사실)에서 다른 사실(추정사실)을 추인하는 것을 말한다. 즉 전제사실 → 추정사실의 구조이다. 이러한 추정에는 '사실상의 추정'과 '법률상의 추정'이 있다.

(2) 사실상의 추정은 전제사실로부터 일반 경험법칙을 이용하여 추정하는 것이다. 예컨대 채권자가 채무자에게서 교부받은 지불각서와 같은 채권증서를 다시 채무자에게 반환하였다면 채권이 변제 등의 사유로 소멸하였다고 추정할 수 있는 것이다.[223] 이러한 추정은 추정사실의 진실 여부에 의심을 품게 할 반증으로 복멸된다.

(3) 법률상의 추정은 전제사실로부터 법규화된 경험법칙, 즉 추정규정을 적용하여 행하는 것이다. 이 추정은 추정사실이 진실이 아니라는 반대사실의 증거(본증)를 적극적으로 제출해야 복멸될 수 있다. 법률상의 추정은 다시 '사실추정'과 '권리추정'으로 나뉜다.

사실추정은 법률에 '전제사실이 있을 때 추정사실이 있는 것으로 추정한다'고 규정된 경우이다. 예컨대 동시사망의 추정(민법 제30조), 점유계속의 추정(민법 제198조), 부의 친생자 추정(민법 제844조) 등이 그것이다.

권리추정은 법률에 '전제사실이 있을 때 추정권리가 있는 것으로 추정한다'고 규정된 경우이다. 전제사실에 의해 법률상 추정되는 것이 사실이 아니라 권리 또는 법률효과인 경우이다. 예컨대 점유자 권리의 적법의 추정(민법 제200조), 명의자의 특유재산의 추정과 귀속불명재산의 부부공유추정(민법 제830조)[224] 등이 그것이다.

나. 효 과

(1) 증명책임을 지는 당사자의 증명주제의 선택

추정규정이 있는 경우에도 증명책임을 지는 당사자는 직접 추정사실을 증명할 수도 있다. 그러나 대개 그보다는 증명이 쉬운 전제사실을 증명할 것이다.[225] 이로써 증명책임

223) 대법원 2011. 11. 24. 선고 2011다74550 판결.

224) 대법원 2013. 10. 31. 선고 2013다49572 판결.

225) 예컨대 동시사망의 추정(민법 제30조)을 번복하기 위하여, 2인 이상이 각각 다른 시각에 사망하였다는

이 완화되는 효과를 누린다.

(2) 상대방에 대한 효과

이에 대해 상대방은 법률상 추정된 사실이 부존재한다는 것을 반대사실의 증거를 통해 적극적으로 증명함으로써 추정을 번복할 수 있다. 이러한 측면에서 증명책임이 상대방에게 전환되는 효과가 발생하는 것이다.

다. 등기의 추정력

법률의 규정은 없지만, 판례는 부동산등기는 권리추정력이 있으므로 이를 다투는 측에서 그 무효사유를 주장·증명하지 못하는 한 그 등기를 무효로 볼 수 없다고 하여, 법률상 추정 중 권리추정으로 보고 있다. 판례는 부동산등기에 강한 추정력을 부여하는데, 권리의 적법추정, 등기원인의 적법추정, 등기절차의 적법추정, 나아가 대리권의 존재까지 추정한다.[226]

판 례 **권리의 적법추정(대법원 1979. 6. 26. 선고 79다741 판결)**

부동산에 관한 소유권이전등기는 권리의 추정력이 있으므로, 이를 다투는 측에서 그 무효사유를 주장·입증하지 아니하는 한, 등기원인 사실에 관한 입증이 부족하다는 이유로 그 등기를 무효라고 단정할 수 없다.

판 례 **등기원인의 적법추정(대법원 1997. 9. 30. 선고 95다39526 판결)**

부동산등기는 그것이 형식적으로 존재하는 것 자체로부터 적법한 등기원인에 의하여 마쳐진 것으로 추정되고, 등기명의자가 등기부에 기재된 것과 다른 원인으로 등기 명의를 취득하였다고 주장하고 있지만 그 주장 사실이 인정되지 않는다 하더라도 그 자체로 등기의 추정력이 깨어진다고 할 수 없으므로, 그와 같은 경우에도 등기가 원인 없이 마쳐진 것이라고 주장하는 쪽에서 그 무효 사유를 주장·입증할 책임을 지게 된다.

판 례 **등기절차의 적법추정(대법원 2002. 2. 5. 선고 2001다72029 판결)**

어느 부동산에 관하여 등기가 경료되어 있는 경우 특별한 사정이 없는 한 그 원인과 절차에 있어서 적법하게 경료된 것으로 추정된다.

점에 대해 법원에 확신을 줄 수 있는 본증을 제출할 수도 있으나, 전제사실 즉 동일한 위난으로 인한 사망이 아니라는 점에 대해 법원의 확신을 흔들리게 하는 반증을 제출할 수도 있다(대법원 1998. 8. 21. 선고 98다8974 판결).

226) 권리의 경우(대법원 1979. 6. 26. 선고 79다741 판결), 등기원인의 경우(대법원 1997. 9. 30. 선고 95다39526 판결), 등기절차의 경우(대법원 2002. 2. 5. 선고 2001다72029 판결), 대리권의 존재의 경우(대법원 2009. 9. 24. 선고 2009다37831 판결).

판 례 **대리권의 존재 추정(대법원 2009. 9. 24. 선고 2009다37831 판결)**

소유권이전등기가 전 등기명의인의 직접적인 처분행위에 의한 것이 아니라 제3자가 그 처분행위에 개입된 경우 현 등기명의인이 그 제3자가 전 등기명의인의 대리인이라고 주장하더라도 현 소유명의인의 등기가 적법히 이루어진 것으로 추정되므로, 그 등기가 원인무효임을 이유로 그 말소를 청구하는 전 소유명의인으로서는 반대사실, 즉 그 제3자에게 전 소유명의인을 대리할 권한이 없었다든가 또는 제3자가 전 소유명의인의 등기서류를 위조하는 등 등기절차가 적법하게 진행되지 아니한 것으로 의심할 만한 사정이 있다는 등의 무효사실에 대한 증명책임을 진다.

라. 유사적 추정

법규정에 추정이라는 표현을 사용하였지만, 엄격한 의미의 법률상의 추정으로 볼 수 없는 경우이다. 다음의 세 가지가 있다.

(1) 잠정적 진실

전제사실 없이 추정사실을 추정하는 경우이다. 예컨대 민법 제197조 제1항은 "점유자는 소유의 의사로 선의, 평온 및 공연하게 점유한 것으로 추정한다"고 규정하고 있는데, 어떠한 점유자가 아니라 모든 점유자를 그렇게 추정한다는 말이다. 무전제 혹은 무조건의 추정이라 할 수 있다.

(2) 의사추정

구체적인 사실로부터의 추정이 아니라, 법규에서 의사표시의 내용을 추정한 것이다. 예컨대 기한은 채무자의 이익을 위한 것으로 추정한다거나(민법 제153조 제1항), 위약금 약정은 손해배상액의 예정으로 추정하는 것이다(민법 제398조 제4항). 추정이 아니라 해석규정이다.

(3) 증거법칙적 추정

실체법상 요건사실 또는 법률효과와 관련 없는 추정이다. 예컨대 문서의 진정성립추정(제356조, 제358조)이 그것이다.

2. 일응의 추정과 간접반증

가. 일응의 추정

(1) 의 의

일응(一應)의 추정은 사실상의 추정의 한가지로서, 고도의 개연성 있는 경험칙을 이용하여 간접사실(전제사실)로부터 주요사실(추정사실)을 추정하는 것을 의미한다. 경험칙 가운데서도 십중팔구는 그럴 것이라는 높은 신뢰도의 경험법칙을 적용한 사실상의 추정이다. 일단(一旦)의 증명이라고도 하며, 추정된 사실은 증명된 것에 다름 아니므로 표현증명이라 부르기도 한다. 예컨대 차량이 인명사고를 낸 경우 차량이 인도에 돌진한 사실을 증명하였다면 운전자의 과실이 일응 추정된다는 것이다.

(2) 기 능

이러한 일응의 추정은 주로 불법행위에 있어서 인과관계나 과실 인정의 경우에 적용되고, 또 흔히 되풀이되어 일어날 수 있는 정형적 사상경과가 문제되는 경우에 적용될 수 있다. 예컨대 자동차가 인도로 돌진하여 사고를 낸 경우, 의사가 개복수술 후 메스나 튜브를 인체 속에 놓고 봉합한 경우 등에서 운전자나 의사의 각 과실 및 인과관계를 인정하는 전형적인 사태의 진행이라 할 수 있다.

나. 간접반증

(1) 의 의

간접반증은 주요사실에 대해 일응의 추정이 발생한 경우, 그 추정의 전제사실과 양립 가능한 별개의 간접사실을 증명하여 일응의 추정을 복멸하기 위한 증명활동을 말한다. 예컨대 앞의 예에서 차량의 인도돌진사실의 증명으로 인해 운전자에게 과실이 있음이 일응 추정된 경우, 운전자가 위 인도돌진사실과 별개의 양립가능한 뒷차충격사실을 증명함으로써 과실의 추정을 뒤집을 수 있는 것이다. 뒷차의 충격으로 인해 어쩔 수 없이 인도에 진입할 수밖에 없었다는 특단의 사정을 증명하는 것을 간접반증이라고 한다. 전형적 사태진행의 예외적 사실을 증명하는 것이다.[227]

(2) 성 질

간접반증은 주요사실에 대한 추정을 뒤집는 것으로서, 주요사실에 대해서는 반증이나, 피고가 드는 간접사실에 대해서는 본증이 되기 때문에, 그 간접사실에 대하여 법관으로 하여금 확신이 들게 증명하여야 한다.

(3) 기 능

구조적으로 증거가 편재되어 있는 이른바 현대형 소송에서 인과관계의 증명책임을 완화하기 위한 방법으로 간접반증이 사용될 수 있다. 이는 항목을 바꾸어 자세히 설명한다.

---

227) 이시윤, 553면.

3. 현대형 소송에서 증명책임

가. 공해소송

(1) 공해소송에서 판례는 과거 인과관계에 관하여 당해행위가 없었더라면 결과가 발생하지 아니하였으리라는 정도의 개연성, 즉 침해행위와 손해와의 사이에 인과관계가 존재하는 상당정도의 가능성이 있다는 증명을 하면 된다고 하여,[228] 개연성설을 취한 것으로 평가받았다.

(2) 그러나 그 후 유해한 원인물질이 배출되어 피해물건에 도달되었고, 그 후 피해가 발생하였음이 증명된 이상, 유해물질의 배출과 손해발생 사이의 인과관계가 일응 증명되었다고 보고, 가해자 측에서 원인물질의 무해함을 증명하지 못하는 한 그 책임을 면할 수 없다고 하여,[229] 간접반증에 의한 증명책임을 분담시키고 있다.

판 례 **공해소송에서 간접반증(대법원 1984. 6. 12. 선고 81다558 판결)**

가. 일반적으로 불법행위로 인한 손해배상청구사건에 있어서 가해행위와 손해발생 간의 인과관계의 입증책임은 청구자인 피해자가 부담하나, 수질오탁으로 인한 이 사건과 같은 공해로 인한 손해배상청구 소송에 있어서는 기업이 배출한 원인물질이 물을 매체로 간접적으로 손해를 끼치는 수가 많고 공해문제에 관하여는 현재의 과학수준으로 해명할 수 없는 분야가 있기 때문에 가해행위와 손해발생 간의 인과관계의 고리를 모두 자연과학적으로 증명하는 것은 곤란 내지 불가능한 경우가 대부분이므로 피해자에게 사실적 인과관계의 존재에 관한 엄밀한 과학적 증명을 요구함은 공해의 사법적 구제의 사실상 거부가 될 우려가 있는 반면에 가해기업은 기술적 경제적으로 피해자 보다 원인조사가 훨씬 용이할 뿐 아니라 그 원인을 은폐할 염려가 있어, 가해기업이 배출한 어떤 유해한 원인물질이 피해물건에 도달하여 손해가 발생하였다면 가해자측에서 그 무해함을 입증하지 못하는 한 책임을 면할 수 없다고 봄이 사회형평의 관념에 적합하다.

나. 수질오탁으로 인한 공해소송인 이 사건에서 (1) 피고공장에서 김의 생육에 악영향을 줄 수 있는 폐수가 배출되고, (2) 그 폐수 중 일부가 유류를 통하여 이사건 김양식장에 도달하였으며, (3) 그 후 김에 피해가 있었다는 사실이 각 모순없이 증명된 이상 피고공장의 폐수배출과 양식 김에 병해가 발생함으로 말미암은 손해간의 인과관계가 일응 증명되었다고 할 것이므로, 피고가 (1) 피고 공장폐수 중에는 김의 생육에 악영향을 끼칠 수 있는 원인물질이 들어 있지 않으며, (2) 원인물질이 들어 있다 하더라도 그 해수 혼합률이 안전농도 범위 내에 속한다는 사실을 반증을 들어 인과관계를 부정하지 못하는 한 그 불이익은 피고에게 돌려야 마땅할 것이다.

---

228) 대법원 1974. 12. 10. 선고 72다1774 판결.

229) 대법원 1984. 6. 12. 선고 81다558 판결; 대법원 2004. 11. 26. 선고 2003다2123 판결; 대법원 2012. 1. 12. 선고 2009다84608, 84615, 84622, 84639 판결 등 다수.

나. 의료과오소송

(1) 과실 및 인과관계

의사의 과실 및 인과관계에 대해 판례는 의사에게 증명책임을 전환시키지 않고 일응의 추정과 간접반증에 따라 그 분담을 정하고 있다. 즉 환자 측이 의료행위 당시 의료수준에서 통상의 의료인에게 요구되는 진료상의 과실 행위의 존재를 증명하고, 그 과실이 환자 측의 손해발생 개연성이 있다는 점을 증명한 경우에는, 진료상 과실과 손해 사이의 인과관계를 추정하여 인과관계의 증명책임을 완화하는 것이 타당하고, 한편 그 경우에도 의료행위를 한 측에서 환자 측의 손해가 진료상 과실로 인하여 발생한 것이 아님을 증명하여 추정을 번복시킬 수 있다고 한다.[230] 그러나 개연성이 담보되지 않은 사정을 가지고 과실 및 인과관계를 추정함으로써 결과적으로 의사에게 무과실의 증명책임을 지우는 것까지 허용되는 것은 아니라고 한다.[231]

판 례 **의료과오소송에서 과실·인과관계와 간접반증(대법원 2023. 8. 31. 선고 2022다219427 판결)**

진료상 과실로 인한 손해배상책임이 성립하기 위해서는 다른 경우와 마찬가지로 손해가 발생하는 것 외에 주의의무 위반, 주의의무 위반과 손해 사이의 인과관계가 인정되어야 한다.

그러나 의료행위는 고도의 전문적 지식을 필요로 하는 분야로서 환자 측에서 의료진의 과실을 증명하는 것이 쉽지 않고, 현대의학지식 자체의 불완전성 등 때문에 진료상 과실과 환자 측에게 발생한 손해(기존에 없던 건강상 결함 또는 사망의 결과가 발생하거나, 통상적으로 회복가능한 질병 등에서 회복하지 못하게 된 경우 등) 사이의 인과관계는 환자 측뿐만 아니라 의료진 측에서도 알기 어려운 경우가 많다.

이러한 증명의 어려움을 고려하면, 환자 측이 의료행위 당시 임상의학 분야에서 실천되고 있는 의료수준에서 통상의 의료인에게 요구되는 주의의무의 위반 즉 진료상 과실로 평가되는 행위의 존재를 증명하고, 그 과실이 환자 측의 손해를 발생시킬 개연성이 있다는 점을 증명한 경우에는, 진료상 과실과 손해 사이의 인과관계를 추정하여 인과관계 증명책임을 완화하는 것이 타당하다. 여기서 손해 발생의 개연성은 자연과학적, 의학적 측면에서 의심이 없을 정도로 증명될 필요는 없으나, 해당 과실과 손해 사이의 인과관계를 인정하는 것이 의학적 원리 등에 부합하지 않거나 해당 과실이 손해를 발생시킬 막연한 가능성이 있는 정도에 그치는 경우에는 증명되었다고 볼 수 없다.

한편 진료상 과실과 손해 사이의 인과관계가 추정되는 경우에도 의료행위를 한 측에서는 환자 측의 손해가 진료상 과실로 인하여 발생한 것이 아니라는 것을 증명하여 추정을 번복시킬 수 있다.

(2) 의사의 설명의무

판례는 질병의 증상, 치료방법의 내용 및 필요성, 발생이 예상되는 위험 등에 관하여

230) 대법원 2023. 8. 31. 선고 2022다219427 판결.
231) 대법원 2004. 10. 28. 선고 2002다45185 판결; 대법원 2023. 10. 12. 선고 2021다213316 판결.

설명의무를 이행한 데 대한 증명책임이 특별한 사정이 없는 한 환자 측이 아닌 의사 측에 있다고 한다.[232)]

판 례 의료과오소송에서 설명의무의 증명책임(대법원 2007. 5. 31. 선고 2005다5867 판결)

설명의무는 침습적인 의료행위로 나아가는 과정에서 의사에게 필수적으로 요구되는 절차상의 조치로서, 그 의무의 중대성에 비추어 의사로서는 적어도 환자에게 설명한 내용을 문서화하여 이를 보존할 직무수행상의 필요가 있다고 보일 뿐 아니라, 응급의료에 관한 법률 제9조, 같은 법 시행규칙 제3조 및 [서식] 1에 의하면, 통상적인 의료행위에 비해 오히려 긴급을 요하는 응급의료의 경우에도 의료행위의 필요성, 의료행위의 내용, 의료행위의 위험성 등을 설명하고 이를 문서화한 서면에 동의를 받을 법적 의무가 의료종사자에게 부과되어 있는 점, 의사가 그러한 문서에 의해 설명의무의 이행을 입증하기는 매우 용이한 반면 환자측에서 설명의무가 이행되지 않았음을 입증하기는 성질상 극히 어려운 점 등에 비추어, 특별한 사정이 없는 한 의사측에 설명의무를 이행한 데 대한 증명책임이 있다고 해석하는 것이 손해의 공평·타당한 부담을 그 지도원리로 하는 손해배상제도의 이상 및 법체계의 통일적 해석의 요구에 부합한다.

다. 제조물책임소송

제조물책임법은 면책사유의 증명책임을 제조업자에게 지우고 있다(제조물책임법 제4조 제1항). 판례 역시 소비자 측에서 일응 제품에 하자가 있었던 것으로 추단할 수 있는 사실과 제품이 정상적인 용법에 따라 사용되다가 손해가 발생한 점을 증명하면, 제조업자 측에서 손해가 제품의 하자가 아닌 다른 원인으로 발생한 것임을 증명하지 못하는 이상, 제품에 존재하는 하자로 인해 손해가 발생하였다고 추정한다고 하여,[233)] 간접반증이론을 취하고 있다고 평가받는다.

판 례 제조물책임소송에서 간접반증(대법원 2013. 9. 26. 선고 2011다88870 판결)

고도의 기술이 집약되어 대량으로 생산되는 제품에 성능 미달 등의 하자가 있어 피해를 입었다는 이유로 제조업자 측에게 민법상 일반 불법행위책임으로 손해배상을 청구하는 경우에, 일반 소비자로서는 제품에 구체적으로 어떠한 하자가 존재하였는지, 발생한 손해가 하자로 인한 것인지를 과학적·기술적으로 증명한다는 것은 지극히 어렵다. 따라서 소비자 측으로서는 제품이 통상적으로 지녀야 할 품질이나 요구되는 성능 또는 효능을 갖추지 못하였다는 등 일응 제품에 하자가 있었던 것으로 추단할 수 있는 사실과 제품이 정상적인 용법에 따라 사용되었음에도 손해가 발생하였다는 사실을 증명하면, 제조업자 측에서 손해가 제품의 하자가 아닌 다른 원인으로 발생한 것임을 증명하지 못하는 이상, 제품에 하자가 존재하고 하자로 말미암아 손해가 발생하였다고 추정하여 손해배상책임을 지울 수 있도록 증명책임을 완화하는 것이 손해의 공평·타당한 부

232) 대법원 2007. 5. 31. 선고 2005다5867 판결.

233) 대법원 2013. 9. 26. 선고 2011다88870 판결; 대법원 2011. 9. 29. 선고 2008다16776 판결 등 다수.

담을 지도 원리로 하는 손해배상제도의 이상에 맞다.

Ⅴ. 주장책임

1. 의 의

(1) 변론주의하 주요사실은 당사자에 의해 주장되어야 비로소 소송자료가 되어 판결의 기초로 삼을 수 있다. 따라서 당사자가 주요사실을 주장하지 않으면 그 사실이 없는 것으로 되어 유리한 법률효과의 발생이 인정되지 않을 위험 또는 불이익을 부담하는데, 이를 주장책임이라고 한다.

(2) 이러한 주장책임은 변론주의하에서만 적용된다. 그러나 객관적 증명책임은 변론주의뿐만 아니라 직권탐지주의하에서도 발생하는 문제임은 앞서 살펴보았다.

2. 분배의 기준

(1) 원칙적으로 증명책임의 분배 기준과 일치한다. 법률요건분류설에 의하는 한, 권리자가 의무자에 대해 권리를 주장하는 통상적인 소송에서 ⅰ) 권리근거규정의 요건사실, 즉 청구원인사실은 원고가, ⅱ) 권리장애·소멸·저지규정과 같은 권리반대규정의 요건사실, 즉 항변사실은 피고가 각 주장책임을 진다.

(2) 다만 권리자와 의무자가 바뀌어 있는 소극적확인소송, 청구이의의 소, 배당이의의 소 등에서는, 채무자인 원고가 먼저 채무발생원인사실을 부정하는 주장을 하면, 채권자인 피고가 권리관계의 요건사실에 대한 주장책임을 부담한다.

(3) 주장책임과 증명책임이 불일치하는 경우로는 ⅰ) 무권대리인의 책임(민법 제135조), ⅱ) 금전채무불이행으로 인한 손해배상(민법 제397조 제2항)이 있다.

Ⅵ. 증명책임 없는 당사자의 사안해명의무

1. 의 의

문서제출의무(제344조)에서처럼, 증명책임을 지지 않는 당사자가 예외적으로 증거제출을 하여야 할 경우가 있다. 이러한 법규정을 유추하여 증명책임을 지지 않는 당사자에게 포괄적인 사안해명의무를 인정해야 한다는 견해가 있다. 양 당사자 사이의 실질적 평등을 실현하고자 하는 취지이다.

2. 인정 여부

(1) 이를 인정하면 증명책임을 지는 당사자의 증거제출책임을 부정하는 결과가 되므로, 원칙적으로 포괄적 사안해명의무를 인정할 수는 없다 할 것이다. 판례도 증거자료에의 접근이 훨씬 용이한 일방 당사자가 상대방의 증명활동에 협력하지 않는다고 하여 상대방의 증명을 방해하는 것이라고 단정할 수 없다고 하여,[234] 이를 인정하지 않고 있다.

(2) 그러나 공해소송, 의료과오소송, 제조물책임소송 등 이른바 현대형 소송에서는 구조적으로 증거가 편재되어 있으므로, 이를 시정하기 위해 증명책임 없는 당사자에게 제한적으로 사안해명의무를 부담시킴이 타당하다 할 것이다.[235]

---

234) 대법원 1996. 4. 23. 선고 95다23835 판결.

235) 강현중, 520면; 김홍엽, 729면; 이시윤, 559면; 정영환, 827면.

제 4 편

소송의 종료

제1장 종료원인 일반

Ⅰ. 소송종료사유

① 소송은 통상 법원의 종국판결에 의해 종료된다. ② 그런데 민사소송은 처분권주의에 기초하고 있으므로 당사자의 의사에 의해서도 종료된다. 예컨대 '소의 취하', '청구의 포기·인낙', '재판상화해'에 의한 종료 등이 그것이다. ③ 그 밖에 당사자 대립구조가 소멸하는 경우에도 소송이 종료되는데, 예컨대 ⅰ) 소송계속 중에 당사자 일방이 상대방의 지위를 포괄적으로 승계(예컨대 상속, 합병)한 경우와 같이 당사자의 지위가 혼동된 경우, ⅱ) 이혼소송 중 당사자 일방이 사망한 경우[1]와 같이 일신전속적 법률관계이어서 성질상 승계가 허용되지 않는 경우 등을 들 수 있다.

Ⅱ. 소송종료선언

1. 개 념

소송종료선언은 계속 중이던 소송이 확정적으로 종료되었음을 종국판결로 선고하는 것이다. 사건 완결의 확인적 성격을 지닌 소송판결에 해당한다. 판례상 발전되어온 우리 특유의 제도인데, 2002년부터 민사소송규칙 제67조, 제68조에서 규정하고 있다.

1) 대법원 1982. 10. 12. 선고 81므53 판결.

2. 소송종료선언을 하는 경우

가. 기일지정신청에 의한 소송종료선언

(1) 확정판결에 의하지 않고 소송이 종료되었는데, 그 소송종료의 효과가 부존재·무효라고 다투면서 당사자가 기일지정신청을 하는 경우가 있다. 이때 법원은 소송이 유효하게 종료되었는지 여부에 대해 변론을 열어 심리하여야 한다. 그 결과 만약 기일지정신청이 이유 있다고 인정되면 본안심리를 계속 진행하고 중간판결이나 종국판결의 이유 속에서 그 판단을 표시하여야 한다. 그러나 그 소송종료의 처리가 타당하다고 인정되면 기일지정신청을 기각해서는 아니 되고 종국판결로 소송종료선언을 하는데, 이때의 판결주문은 "이 사건은 2025. 3. 4. 소취하로 종료되었다"와 같이 기재한다.

(2) 기일지정신청에 의한 소송종료선언은 다음과 같은 경우에 한다.

(가) 소 또는 상소취하의 효력에 관하여 다툼이 있는 경우이다. 예컨대 사기로 인한 소취하를 주장하며 그 효력을 다투는 경우 당사자는 별소를 제기할 수는 없고 기일지정신청을 할 수 있는데, 여기서 기일지정신청이 이유 없다고 인정되는 경우 종국판결로 소송종료선언을 하여야 한다(민소규 제67조 제1항 내지 제3항).

(나) 청구의 포기·인낙, 화해의 효력에 관하여 다툼이 있는 경우이다. 판례는 청구의 포기·인낙, 화해의 하자는 확정판결의 당연무효사유와 같은 사유가 없는 한 재심사유가 있을 때에 재심에 준하는 절차로써만 다툴 수 있을 뿐, 기일지정신청으로 다툴 수 없다고 한다.[2] 따라서 만약 조서의 당연무효사유를 주장하며 기일지정신청을 한 때에 심리결과 당연무효사유가 존재하지 아니하면 소송종료선언을 하여야 한다.[3]

판 례 **화해조서·조정조서 효력다툼을 위한 기일지정신청과 소송종료선언(대법원 2001. 3. 9. 선고 2000다58668 판결)**

재판상의 화해를 조서에 기재한 때에는 그 조서는 확정판결과 동일한 효력이 있고 당사자 간에 기판력이 생기는 것이므로 확정판결의 당연무효 사유와 같은 사유가 없는 한 재심의 소에 의하여만 효력을 다툴 수 있는 것이나, 당사자 일방이 화해조서의 당연무효 사유를 주장하며 기일지정신청을 한 때에는 법원으로서는 그 무효사유의 존재 여부를 가리기 위하여 기일을 지정하여 심리를 한 다음 무효사유가 존재한다고 인정되지 아니한 때에는 판결로써 소송종료선언을 하여야 하고, 이러한 이치는 재판상 화해와 동일한 효력이 있는 조정조서에 대하여도 마찬가지라 할 것이다.

---

2) 대법원 1990. 3. 17.자 90그3 결정. 제소전화해조서의 경우도 마찬가지(대법원 2002. 12. 6. 선고 2002다44014 판결).

3) 재판상의 화해 조서의 경우(대법원 2000. 3. 10. 선고 99다67703 판결), 조정조서의 경우(대법원 2001. 3. 9. 선고 2000다58668 판결).

(다) 소송계속 중 당사자 대립구조가 소멸하는 경우도 상정할 수 있다. 우선 소송계속 중 당사자 일방의 지위를 상속·합병 등에 의하여 상대방이 승계하게 된 때에는 당사자 지위의 혼동에 의하여 소송은 종료한다. 또 당사자 일방이 소송계속 중 사망하였을 때에 일신전속적인 법률관계는 누구에게 승계되지 않고 종료된다. 예컨대 이혼소송,[4] 친생자관계부존재확인소송,[5] 이사의 지위에서 하는 소송[6] 등이 그것이다. 따라서 이 점에 대해 다툼이 있어 기일지정신청을 한 경우에는 소송이 종료되었음을 명확하게 하는 의미에서 소송종료선언을 한다.

판 례 **이사의 사망과 주주총회결의취소소송의 종료(대법원 2019. 2. 14. 선고 2015다255258 판결)**

이사가 그 지위에 기하여 주주총회결의의 취소의 소를 제기하였다가 소송 계속 중에 사망하였거나 사실심 변론종결 후에 사망하였다면, 그 소송은 이사의 사망으로 중단되지 않고 그대로 종료된다. 이사는 주식회사의 의사결정 기관인 이사회의 구성원이고, 의사결정 기관 구성원으로서의 지위는 일신전속적인 것이어서 상속의 대상이 되지 않기 때문이다.

나. 소송이 종료되었음을 간과한 경우에 하는 소송종료선언

(1) 소의 취하(취하간주),[7] 청구의 포기·인낙,[8] 화해(조정), 화해권고결정에 대한 이의신청기간의 도과[9] 등에 의하여 소송종료의 효과가 발생되었는데도 법원이 이를 간과하고 소송심리를 진행하여 심판을 한 경우, 직권으로 소송종료선언을 해야 한다.

(2) 판결의 일부가 분리 확정된 경우에도 마찬가지이다. 예컨대 원고의 청구가 일부인용된 환송 전 원심판결에 대하여 피고만이 상고하여 상고심에서 피고 패소부분을 파기환송한 경우, 환송 전 원심판결 중 원고 패소부분은 상고심판결 선고와 동시에 확정되었으므로 환송 후 원심이 심리할 수 없는데, 그럼에도 이 부분을 심리·판단하였다면 소송종료선언을 하여야 한다.[10] 그리고 통상공동소송에서 공동소송인 중 일부만 불복한 경우 불복한 부분만 항소심으로 이심되고 심판의 대상이 되는데, 불복하지 않은 당사자의 부분도 이심된 것으로 보고 항소심이 판단한 경우 상고심은 그 부분을 파기하고 소송종료선언을 해야 한다.[11]

---

4) 대법원 1982. 10. 12. 선고 81므53 판결; 대법원 1994. 10. 28. 선고 94므246, 253 판결.
5) 대법원 2018. 5. 15. 선고 2014므4963 판결.
6) 대법원 2019. 2. 14. 선고 2015다255258 판결.
7) 청구의 교환적 변경으로 구청구가 취하된 경우도 포함(대법원 2003. 1. 24. 선고 2002다56987 판결).
8) 대법원 1962. 6. 14.자 62마6 결정.
9) 대법원 2010. 10. 28. 선고 2010다53754 판결
10) 대법원 2020. 3. 26. 선고 2018다221867 판결.
11) 대법원 2012. 9. 27. 선고 2011다76747 판결.

(3) 소송탈퇴의 경우도 마찬가지인데, 승계참가인의 참가신청 후 피참가인이 상대방의 동의를 받아 소송에서 탈퇴하였음에도 이를 간과하고 진행한 경우 피참가인과 상대방 사이의 소송관계는 적법하게 종료되었다고 보아 소송종료선언을 해야 한다.[12)]

판 례 **소송탈퇴 간과(대법원 2011. 4. 28. 선고 2010다103048 판결)**

[1] 민사소송법 제95조 제1호, 제238조에 따라 소송대리인이 있는 경우에는 당사자가 사망하더라도 소송절차가 중단되지 않고 소송대리인의 소송대리권도 소멸하지 않으며, 이때 망인의 소송대리인은 당사자 지위의 당연승계로 인하여 상속인에게서 새로이 수권을 받을 필요 없이 법률상 당연히 상속인의 소송대리인으로 취급되어 상속인들 모두를 위하여 소송을 수행하게 되는 것이고, 당사자가 사망하였으나 그를 위한 소송대리인이 있어 소송절차가 중단되지 않는 경우에 비록 상속인으로 당사자의 표시를 정정하지 아니한 채 망인을 그대로 당사자로 표시하여 판결하였다고 하더라도 그 판결의 효력은 망인의 소송상 지위를 당연승계한 상속인들 모두에게 미치는 것이다. 한편 소송이 종료되었음에도 이를 간과하고 심리를 계속 진행한 사실이 발견된 경우 법원은 직권으로 소송종료선언을 하여야 한다.

[2] 소송계속 중 사망한 甲에게서 소송탈퇴에 관한 특별수권을 받은 소송대리인은, 승계참가인 乙이 승계참가신청을 하자 소송탈퇴를 신청하였고 상대방 측 소송대리인이 위 탈퇴에 동의하였는데, 乙이 소송물과 관련한 甲의 재산을 단독으로 상속하게 되었다면서 소송수계신청을 하였고 이후 乙은 승계참가신청취하서를 제출하여 상대방 측 소송대리인이 위 취하에 동의한 사안에서, 甲의 소송대리인이 한 소송탈퇴신청은 상속인들 모두에게 그 효력이 미치므로 甲과 상대방 사이의 소송관계, 즉 甲의 상속인들과 상대방 사이의 소송관계는 소송탈퇴로 적법하게 종료되었고 乙의 소송수계신청은 이미 종료된 소송관계에 관한 것이어서 이유 없음이 명백하고, 한편 乙과 상대방 사이의 소송관계도 승계참가신청취하와 상대방의 이에 대한 동의로 적법하게 종료되었다고 한 사례.

3. 효 력

(1) 소송종료선언은 사건완결의 확인적 성질을 가진 종국판결이며, 청구인용·기각과 같은 본안판결이 아니라 소송판결에 해당한다. 이에 대하여 상소가 허용된다.

(2) 소송종료선언의 판결에서는 소송비용에 관한 재판을 하여야 한다. 즉 이유 없는 기일지정신청의 경우는 기일지정신청 후의 소송비용에 관하여, 그리고 법원의 소송종료 간과 진행의 경우는 소송종료 후의 소송비용에 대하여 재판한다. 그러나 당사자 대립구조 소멸의 경우는 편면적 구조로 바뀌게 되므로 소송비용 부담자를 정할 것은 아니다.[13)]

---

12) 대법원 2011. 4. 28. 선고 2010다103048 판결; 대법원 2014. 10. 27. 선고 2013다67105, 67112 판결.

13) 이시윤, 565면; 정영환, 1103면.

제2장
당사자의 행위에 의한 종료

당사자에게 소송물에 대한 자유로운 처분권을 부여하고 있으므로(제203조), 판결에 의하지 않고 소송이 종료되는 경우가 있다. ① 소의 취하, ② 청구의 포기·인낙, ③ 재판상 화해 및 화해에 준하는 조정이 그 예이다. 이 경우 납부한 인지액의 절반을 환급받을 수 있다(민인 제14조 제1항).

제 1 절 소의 취하

Ⅰ. 서 설

소의 취하는 소를 제기한 자가 법원에 대해 요구한 심판의 일부 또는 전부를 철회하는 소송상의 의사표시를 말한다(제266조). 판결에 의하지 않는 소송종료원인의 하나로서, 소의 취하에 의하여 소송계속은 소급적으로 소멸하고(제267조 제1항), 소송은 종료된다.

Ⅱ. 구별개념

1. 청구의 포기, 청구의 감축, 공격방법의 철회

(1) 소의 취하는 제기된 소를 소급적으로 철회하는 진술이나, 청구의 포기는 자신의 청구가 이유 없음을 스스로 인정하는 진술이다. 그 효과 측면에서, 소의 취하가 확정된 소

각하판결이라면, 청구의 포기는 확정된 청구기각판결에 해당한다.[1)]

(2) 소의 취하는 소의 전부나 일부에 대하여 하거나 가분청구의 일부분에 대하여도 할 수 있다. 한편 손해배상금으로 1억 원을 구하다가 5천만 원으로 바꾼 경우와 같은 청구의 감축이 소의 일부 취하인지 청구의 일부포기인지 문제되나, 원고의 의사에 의해 정해야 할 것이고, 불분명한 경우에는 원고에게 보다 덜 불리한 소의 일부취하로 보아야 할 것이다.[2)] 판례도 같은 입장이다.[3)]

(3) 소의 일부 취하는 청구(소송물) 자체에 대한 처분이라는 점에서, 청구를 이유 있게 하는 법률적 관점에 불과한 공격방법의 일부철회와는 구별된다. 그 식별 범위에 관해서는 소송물이론의 검토가 필요할 것이다.

2. 상소의 취하

상소의 취하는 상소만 취하하는 것으로 원판결을 유지시키는 것이며 이에 따라 원판결이 확정된다. 상소심에서의 소의 취하는 이미 행한 모든 판결을 실효케 한다는 점에서 상소의 취하와 구별된다. 피상소인이 응소하였더라도 그의 동의 없이 상소의 취하가 가능하다는 점(제393조 제2항)에서 소의 취하와 다르다.

3. 소취하계약

(1) 소송 외에서 계쟁권리에 관한 화해와 함께 원고가 피고에 대하여 소를 취하하기로 한 약정을 소취하계약 또는 소취하합의라고 한다. 소송 외에서 당사자가 합의한다는 점에서, 원고의 법원에 대한 일방적 소송행위인 소취하와 구별된다.

(2) 소취하합의의 법적 성격과 관련하여 학설이 대립하고 있는바, ① 소송계약설은 소송에 관한 합의가 소송절차 내에서 행해진 경우에는 법원은 직권으로 소송종료선언을 해야 하고 소송 외에서 행해진 경우에는 당사자의 주장을 기다려서 소송법상 효과가 발생한다고 한다. ② 사법계약설 가운데 i) 의무이행소구설은 불이행시에 그 의무이행을 소구하여 승소판결에 의하여 강제집행이나 손해배상을 청구할 수 있다고 하는 반면, ii) 항변권발생설은 피고가 계약의 존재를 항변으로 주장할 수 있고 법원은 권리보호이익이 없다는 이유로 소를 각하하게 된다고 한다. 항변권발생설이 다수설 및 판례의 태도이다.[4)]

---

1) 정영환, 1105면.

2) 김홍엽, 947면; 이시윤, 567면; 정영환, 1106면. 반대: 호문혁, 865면.

3) 대법원 1993. 9. 14. 선고 93누9460 판결; 대법원 2004. 7. 9. 선고 2003다46758 판결.

4) 대법원 1982. 3. 9. 선고 81다1312 판결; 대법원 2005. 6. 10. 선고 2005다14861 판결. 상세는 전술 소송상의

Ⅲ. 소취하의 요건

1. 소취하의 대상

원고는 모든 소송물에 대하여 자유롭게 취하할 수 있다. 따라서 가사소송·행정소송·선거소송 등 자유롭게 처분할 수 없는 소송물에 대하여도 그 취하가 가능하다.

2. 소취하의 시기

> **제266조(소의 취하)** ① 소는 판결이 확정될 때까지 그 전부나 일부를 취하할 수 있다.

원고는 판결이 확정될 때까지 소를 취하할 수 있다(제266조 제1항). 종국판결이 선고된 뒤에도 할 수 있다. 즉 판결선고나 판결송달 후 상소의 제기 전이라도 할 수 있고, 상급심에서도 할 수 있는데, 다만 재소금지의 제재가 따른다(제267조 제2항).

3. 소송행위로서 유효한 요건을 갖출 것

(1) 소송행위이므로 소를 취하하기 위해서는 소송능력이 있어야 한다. 대리인에 의한 경우 대리인은 대리권 및 특별수권이 있어야 한다(제56조 제2항, 제90조 제2항). 또한 유사필수적 공동소송에서는 단독으로 취하할 수 있으나, 고유필수적 공동소송에는 공동소송인 전원이 공동으로 취하하지 않으면 안 된다.

(2) 취하는 여효적 소송행위이므로, 소취하서가 상대방에게 송달되기 전·후를 불문하고 임의로 철회할 수 없고,[5] 피고의 동의로 취하의 효력이 생긴 뒤에는 원칙적으로 철회가 허용되지 않는다. 또 정지조건이든 해제조건이든 조건을 붙여서는 아니 된다.

(3) 특히 착오 또는 사기·강박 등의 하자 있는 의사표시에 의한 소의 취하의 경우, 민법상의 취소와 같이 보아야 할 것인지에 대해 소송행위의 특성과 관련하여 문제된다. 판례는 소송행위는 일반 사법상의 행위와는 달리 내심의 의사보다 그 표시를 기준으로 하여 그 효력 유무를 판정할 수밖에 없으므로 소취하 의사표시는 민법 제109조, 제110조에 의하여 취소할 수 없다.[6] 다만 소의 취하가 형사상 처벌받을 다른 사람의 행위로 말미암

합의 부분 참조.

5) 대법원 1997. 6. 27. 선고 97다6124 판결.

6) 대법원 2004. 7. 9. 선고 2003다46758 판결.

아 이루어진 때에는 예외적으로 제451조 제1항 제5호의 재심사유에 해당할 경우 이를 유추적용하여 그 무효·취소를 주장할 수 있는데,[7] 판례는 위 타인의 행위에 대하여 유죄판결이 확정되고 또 그 소송행위가 그에 부합하는 의사 없이 외형적으로만 존재할 때에 한하여 그 소송행위의 효력을 부인할 수 있다고 한다.[8]

4. 피고의 동의

제266조(소의 취하) ② 소의 취하는 상대방이 본안에 관하여 준비서면을 제출하거나 변론준비기일에서 진술하거나 변론을 한 뒤에는 상대방의 동의를 받아야 효력을 가진다.
⑥ 소취하의 서면이 송달된 날부터 2주 이내에 상대방이 이의를 제기하지 아니한 경우에는 소취하에 동의한 것으로 본다. 제3항 단서의 경우에 있어서, 상대방이 기일에 출석한 경우에는 소를 취하한 날부터, 상대방이 기일에 출석하지 아니한 경우에는 제5항의 등본이 송달된 날부터 2주 이내에 상대방이 이의를 제기하지 아니하는 때에도 또한 같다.

가. 동의가 필요한 경우

(1) 소취하는 상대방이 본안에 관하여 응소, 즉 ① 준비서면을 제출하거나 ② 변론준비기일에서 진술하거나 ③ 변론을 한 뒤에는 상대방의 동의를 받아야 효력을 가진다(제266조 제2항). 소취하는 원고의 법원에 대한 단독의 의사표시지만, 피고가 본안에 대하여 응소를 한 뒤에는 피고에게 청구기각판결을 얻을 이익이 생겼기 때문에 이를 고려하여 피고의 동의가 없으면 소를 취하할 수 없게 한 것이다.

(2) 본안에 관한 응소이어야 하므로, 이 단계에 이르지 않고 피고가 실체사항이 아닌 절차사항인 기일변경에의 동의, 소송이송신청에 그친 때에는 소의 취하에 피고의 동의가 필요하지 않다.

(3) 반소는 본소의 청구 또는 방어방법과 서로 관련되어 있는 것이므로 본소의 취하 후에 반소를 취하함에 원고의 동의를 요하지 않는다(제271조).

(4) 본안에 관한 응소와 관련하여 피고가 주위적으로 소각하판결을 구하고 예비적으로 청구기각판결을 구한 경우에도 피고의 동의가 필요한지 문제되는데, 판례는 청구기각의 본안판결을 구하는 것은 예비적 청구에 그치므로 피고의 동의가 필요하지 않다고 본다.[9] 피고가 본안전 항변으로 소각하를 구함과 동시에 본안에 관하여 청구기각을 구한

---

7) 대법원 2012. 6. 14. 선고 2010다86112 판결.
8) 대법원 1984. 5. 29. 선고 82다카963 판결. 상세는 전술 소송행위의 특질 부분 참조.
9) 대법원 1968. 4. 23. 선고 68다217, 218 판결.

경우에도 원고는 피고의 동의 없이 소를 취하할 수 있다고 한다.[10)]

판 례 **피고가 소각하 및 청구기각을 동시에 구한 경우 원고의 소취하에 피고의 동의 요부 (대법원 2010. 7. 22. 선고 2009므1861, 1878 판결)**

피고가 단지 본안 전 항변을 제출하면서 소 각하의 판결을 구한 데 그친 경우에는 본안에 관하여 응소한 것으로 볼 수 없어 원고는 피고의 동의 없이 소를 취하할 수 있고, 피고가 본안 전 항변으로 소 각하를, 본안에 관하여 청구기각을 각 구한 경우에도 본안에 관하여 청구기각을 구하는 것은 본안 전 항변이 이유 없을 때를 대비하여 예비적으로 구하는 것이므로 원고는 피고의 동의 없이 소를 취하할 수 있다고 보아야 한다.

(5) 한편 보전소송은 보전처분이 발령된 후에도 신청취하가 가능한데, 보전소송은 변론을 열어 재판을 하더라도 통상의 소송과 같은 실질적 확정력이 없으므로 그 취하에 상대방의 동의는 필요 없다.[11)] 또한 소송비용액확정신청은 이미 소송비용부담재판에 의하여 확인된 권리의무의 구체적 범위를 확정하는 사후적·부수적 절차에 불과하므로 피신청인이 계산내역을 다투었다 하더라도 신청인은 피신청인의 동의 없이 취하할 수 있다.[12)] 그리고 가사비송절차가 준용하는 비송사건절차법은 제266조 제2항의 규정을 준용하지 않으므로, 마류 가사비송사건인 이혼에 따른 재산분할심판청구를 취하함에 있어서도 상대방의 동의를 요하지 않는다.[13)]

나. 동의의 방식

(1) 취하에 대한 상대방의 동의도 법원에 대하여 서면이나 말로써 한다. 다만, 동의가 없고 피고의 태도가 불명한 때에는 소송절차의 불안정 상태를 방치하여서는 아니 되므로 동의간주 규정을 두고 있다. 즉 소취하의 서면이 송달된 날부터 2주 이내, 원고가 변론 또는 변론준비기일에서 말로 취하한 경우 상대방이 그 기일에 출석한 경우에는 소를 취하한 날부터 2주 이내, 상대방이 기일에 출석하지 아니한 경우에는 조서등본이 송달된 날로부터 2주 이내에 각 이의를 제기하지 아니하면 소의 취하에 동의한 것으로 본다(제266조 제6항).

(2) 소취하에 대한 피고의 동의도 소송행위이므로 소송능력을 갖추어야 한다. 대리인이 동의함에 있어서는 특별수권이 필요한지에 대해서 견해가 대립되나, 판례는 "소취하에 대한 소송대리인의 동의는 민사소송법 제90조 제2항 소정의 특별수권사항이 아닐 뿐 아니라, 소송대리인에 대하여 특별수권사항인 소취하를 할 수 있는 대리권을 부여한 경우에

10) 대법원 2010. 7. 22. 선고 2009므1861, 1878 판결.
11) 법원실무제요 민사집행[Ⅴ], 89면.
12) 대법원 2015. 9. 11.자 2014마909 결정.
13) 대법원 2023. 11. 2. 선고 2023므12218 판결.

도 상대방의 소취하에 대한 동의권도 포함되어 있다고 봄이 상당하므로 그 같은 소송대리인이 한 소취하의 동의는 소송대리권의 범위 내의 사항으로서 본인에게 그 효력이 미친다"고 판시하여,[14] 동의에 대한 특별수권을 요하지 않는다는 입장이다.

다. 동의의 효력

(1) 피고의 동의에 의하여 확정적으로 소취하의 효과가 발생하고, 피고가 동의하지 않으면 소취하의 효력이 발생하지 않는다. 따라서 일단 피고가 동의를 거절하여 놓고 그 뒤에 이를 철회하며 동의한다고 하여도 소취하의 효력이 생기지 아니한다.[15] 이 경우에는 동의할 대상이 없어졌기 때문이다.

(2) 소의 일부취하의 경우 피고의 동의 여부에 따라 심판범위를 확정하여 재판을 하여야 하기 때문에, 만약 피고의 동의 여부가 결정되지 아니한 상태에서는 재판진행을 해서는 아니 된다.[16]

IV. 소취하의 방법

第266조(소의 취하) ③ 소의 취하는 서면으로 하여야 한다. 다만, 변론 또는 변론준비기일에서 말로 할 수 있다.
④ 소장을 송달한 뒤에는 취하의 서면을 상대방에게 송달하여야 한다.
⑤ 제3항 단서의 경우에 상대방이 변론 또는 변론준비기일에 출석하지 아니한 때에는 그 기일의 조서등본을 송달하여야 한다.

(1) 소의 취하는 법원에 대한 일방적 의사표시로서 원칙적으로 서면으로 하여야 하므로(제266조 제3항 본문), 일반적으로 소취하서를 제출한다. 다만 변론 또는 변론준비기일에서는 말로 할 수도 있다(제266조 제3항 단서).

(2) 소장부본 송달 뒤에는 소취하서를 상대방에게 송달하여야 한다(제266조 제4항). 취하의 진술은 조서에 기재되며, 원고가 변론 또는 변론준비기일에서 말로 소를 취하하였는데 상대방이 결석한 때에는 조서등본을 송달하여야 한다(제266조 제5항). 이는 상대방에게 취하에 동의할 것이냐의 여부를 촉구하고 불필요한 준비를 하지 않도록 배려하는 취지이다.

---

14) 대법원 1984. 3. 13. 선고 82므40 판결.
15) 대법원 1969. 5. 27. 선고 69다130, 131, 132 판결.
16) 대법원 2005. 7. 14. 선고 2005다19477 판결.

V. 소취하의 효과

1. 소송계속의 소급적 소멸(제267조 제1항)

> **제267조(소취하의 효과)** ① 취하된 부분에 대하여는 소가 처음부터 계속되지 아니한 것으로 본다.

가. 소송계속의 소급적 소멸

소의 취하에 의하여 소송계속은 소급적으로 소멸한다. 즉 취하된 부분에 대하여는 소가 처음부터 계속되지 아니한 것으로 본다. 따라서 소송은 그 이상 진행할 수도 없고, 소송계속을 전제로 이미 행한 당사자의 변론관할의 효과, 보조참가, 소송고지, 공격방어방법의 제출이나 법원의 증거 조사 또는 재판 등 모든 소송행위는 실효된다. 그러나 이미 제기된 독립당사자참가[17]나 반소[18] 등 소송중의 소는 본소의 취하에 불구하고 원칙적으로 아무런 영향을 받지 아니한다.

나. 소송절차에 결부된 사법행위의 문제

(1) 소송절차에 결부된 사법상의 효과는 소의 취하에 의하여 어떠한 영향을 받는가의 문제가 있다. 소의 제기에 의한 시효중단의 효과는 소급적으로 소멸하고(민법 제170조), 기간준수의 효과도 소멸한다고 해석된다.[19]

(2) 문제는 소장이나 답변서, 준비서면의 기재 또는 진술을 통해 변론에 공격방어방법의 전제로서 행한 사법상의 법률행위가 소의 취하에 의하여 소멸되는지 여부이다. 예컨대 소송계속 중 피고가 해제·해지, 취소 또는 상계의 의사표시를 하였는데 원고가 소를 취하하였다면 그러한 피고의 사법행위가 없던 것이 되는가 아니면 그대로 남는가. 이에 대하여 ① 병존설(사법행위설), ② 양성설, ③ 소송행위설, ④ 신병존설의 대립이 있다. 판례는 상계항변이 예비적 항변임에 비추어 소송상 상계의 의사표시에 의하여 확정적으로 효과가 발생하는 것이 아니라 당해 소송에서 수동채권의 존재 등 상계에 관한 실질적 판단이 이루어지는 경우에 비로소 실체법상 상계의 효과가 발생한다고 하여 신병존설과 같은 입장이다.[20] 또한 조정으로 사건이 끝날 경우에 조정조서에 상계내용이 없으면 상계의 사

---

17) 대법원 1991. 1. 25. 선고 90다4723 판결.
18) 대법원 1970. 9. 22. 선고 69다446 판결.
19) 김홍엽, 740면; 정동윤/유병현/김경욱, 728면; 정영환, 1112면.
20) 대법원 2014. 6. 12. 선고 2013다95964 판결.

법상의 효과가 발생하지 않는다고 하여 역시 같은 입장을 취하고 있다.[21] 그러나 소송상 해제의 항변을 한 경우, 그 소를 취하하였다고 하여도 해제권은 형성권이므로 그 사법상의 행사의 효력에는 영향이 없다고 하였다.[22] 생각건대 상계는 수동채권이 확정되는 것을 전제로 행해지는 예비적 항변이므로 소가 취하되면 상계의 효력이 소멸한다고 할 것이지만, 그 밖의 사법행위, 즉 해제·해지, 취소는 소의 취하와 관련이 없다고 보므로 신병존설이 타당하다.[23]

다. 소송비용부담과 인지환급

(1) 종국판결의 주문에서 소송비용의 부담에 관한 기재가 된 경우와 달리, 소가 취하된 경우에는 이에 관해 아무런 기재가 없다. 따라서 법원은 당사자의 신청에 의한 결정으로 소송비용액수와 부담자를 정해야 한다(제114조).

(2) 한편 소가 취하된 경우 납부한 인지액의 절반을 환급받을 수 있다(민인 제14조 제1항). 다만 하나의 청구 중 일부를 감축한 경우에는 위 인지환급사유에 해당하지 않는다.[24]

2. 재소의 금지(제267조 제2항)

> **제267조(소취하의 효과)** ② 본안에 대한 종국판결이 있은 뒤에 소를 취하한 사람은 같은 소를 제기하지 못한다.

가. 서 설

본안에 대한 종국판결이 있은 뒤에 소를 취하한 사람이 다시 자유롭게 동일한 내용의 소를 제기할 수 있다는 태도를 관철하면 법원이 그때까지 사안의 심리를 위하여 기울인 노력은 수포로 돌아가게 된다. 따라서 소의 취하로 인하여 그동안 판결에 들인 법원의 노력이 무용화되고 종국판결이 당사자에 의하여 농락당하는 것을 방지하기 위한 제재적 취지에서 재소금지를 규정하고 있다.

나. 요 건

(1) 당사자의 동일

(가) 다시 소를 제기할 수 없는 자는 전소의 원고만이고, 피고는 그 제한을 받지 않는

21) 대법원 2013. 3. 28. 선고 2011다3329 판결.
22) 대법원 1982. 5. 11. 선고 80다916 판결.
23) 상세는 전술 소송상 형성권 행사 부분 참조.
24) 대법원 2012. 4. 13.자 2012마249 결정.

다. 원고와 동일시되는 원고의 일반승계인도 재소금지의 효과를 받는다. 그런데 특정승계인도 포함되는지 여부에 대해 견해의 대립이 있다. 재소금지는 기판력처럼 법적안정성을 위한 것이 아니라 소권남용에 대한 제재이므로 전소의 취하를 알면서 승계하였다는 등의 특별한 사정이 없는 한 특정승계인에게는 그 효력이 미치지 않는다는 견해[25]가 있으나, 재소금지의 제재적 기능 강화를 위해서는 특정승계인을 포함시켜야 할 것이다.[26] 판례는 변론종결 후의 특정승계인도 재소금지의 효과를 받는다고 한다.[27]

판 례 특정승계인 포함 여부(대법원 1981. 7. 14. 선고 81다64, 65 판결)

민사소송법 제240조[현행 제267조] 제2항 소정의 "소를 취하한 자"에는 변론종결 후의 특정승계인을 포함하나 "동일한 소"라 함은 권리보호의 이익도 같아야 하므로 이 건 토지의 전소유자가 피고를 상대로 한 전소와 본건 소는 소송물인 권리관계는 동일하다 할지라도 위 전소의 취하 후에 이 건 토지를 양수한 원고는 그 소유권을 침해하고 있는 피고에 대하여 그 배제를 구할 새로운 권리보호의 이익이 있다고 할 것이니 위 전소와 본건 소는 동일한 소라고 할 수 없다.

(나) 전소의 원고와 재소하는 원고가 다르더라도 기판력을 받는 관계이면 재소금지의 효과를 받는다. 예컨대 소를 취하한 자가 선정당사자일 때에는 선정자도 재소금지의 효과를 받는다(제218조 제3항). 또한 소를 취하한 자가 채권자대위소송을 한 채권자일 때에는 대위소송이 제기된 것을 채무자가 알게 된 이상 채무자는 재소금지의 효과를 받는다는 것이 다수설,[28] 판례이다.[29]

판 례 채권자대위소송과 재소금지(대법원 1996. 9. 20. 선고 93다20177 판결)

채권자대위권에 의한 소송이 제기된 사실을 피대위자가 알게 된 이상, 그 대위소송에 관한 종국판결이 있은 후 그 소가 취하된 때에는 피대위자도 민사소송법 제240조[현행 제267조] 제2항 소정의 재소금지규정의 적용을 받아 그 대위소송과 동일한 소를 제기하지 못한다.

---

25) 이시윤, 575면; 한충수, 556~557면; 호문혁, 807면.

26) 강현중, 636면; 김홍엽, 741면; 정동윤/유병현/김경욱, 730면; 정영환, 1115면.

27) 대법원 1981. 7. 14. 선고 81다64, 65 판결.

28) 강현중, 636면; 김홍엽, 742면; 이시윤, 575면; 정동윤/유병현/김경욱, 731면; 정영환, 1116면. 이에 반하여 채권자대위소송의 법적 성질을 법정소송담당이 아닌 채권자 고유의 권리로 보아 재소금지의 효력이 채무자에게 미치지 않는다고 보는 견해도 있다(호문혁, 808면). 생각건대 앞서 채권자대위소송의 법적 성질을 채권자가 채무자와 함께 소송수행권을 행사하는 법정소송담당으로 보았고, 대위소송이 제기된 사실을 채무자가 안 이상 참가 등을 통해 패소를 막을 수 있는 등 절차권이 보장된 것으로 볼 수 있으며, 채무자가 안 경우에 한하여 대위소송의 기판력이 채무자에게 미치는 것과의 균형상 위 다수설·판례의 태도가 타당하다 할 것이다.

29) 대법원 1996. 9. 20. 선고 93다20177 판결.

(2) 소송물의 동일

(가) 소송물이론에 따라 동일성 식별범위가 달라진다. 구실체법설에 의하면 실체법상의 권리 또는 법률관계를 달리하면 소송물도 다르다고 본다. 그러나 소송법설에 의하면 동일성 식별범위가 보다 넓어질 것이다. 판례는 소유권에 기한 방해금지청구와 점유권에 기한 방해금지청구는 소송물이 다르고,[30] 소유권에 기한 인도청구와 약정에 의한 인도청구 역시 소송물이 달라서,[31] 각 후소는 재소금지에 저촉되지 않는다고 하였다. 또한 부정경쟁행위를 원인으로 한 손해배상청구 등을 항소심에서 철회한 후, 같은 부정경쟁행위를 원인으로 전소에서 청구하지 아니하였던 기간에 해당하는 손해배상청구 등을 한 경우 소송물이 같지 아니하여 재소금지의 원칙에 저촉되지 않는다고 하였다.[32]

(나) 전소의 소송물이 후소의 선결관계일 때도 소송물이 동일하다고 볼 수 있는지 문제된다. 예컨대 전소가 원본채권이고 후소가 이자채권일 때이다. 이 경우 전소와 후소가 비록 소송물은 다르지만 동일한 소로 보아 재소금지원칙의 적용을 받는다는 것이 판례의 태도이다.[33]

판 례 전소의 소송물이 후소의 선결관계(대법원 1989. 10. 10. 선고 88다카18023 판결)

민사소송법 제240조[현행 제267조] 제2항의 규정은 임의의 소취하에 의하여 그때까지의 국가의 노력을 헛수고로 돌아가게 한 자에 대한 제재적 취지에서 그가 다시 동일한 분쟁을 문제삼아 소송제도를 농락하는 것과 같은 부당한 사태의 발생을 방지할 목적에서 나온 것이므로 여기에서 동일한 소라 함은 반드시 기판력의 범위나 중복제소금지의 경우의 그것과 같이 풀이할 것은 아니고, 따라서 당사자와 소송물이 동일하더라도 재소의 이익이 다른 경우에는 동일한 소라고 할 수 없는 반면, 후소가 전소의 소송물을 선결적 법률관계 내지 전제로 하는 것일 때에는 비록 소송물은 다르지만 본안의 종국판결후에 전소를 취하한 자는 전소의 목적이었던 권리 내지 법률관계의 존부에 대하여는 다시 법원의 판단을 구할 수 없는 관계상 위 제도의 취지와 목적에 비추어 후소에 대하여도 동일한 소로서 판결을 구할 수 없다고 풀이함이 상당하다.

☞ 학교법인이 위법한 면직처분을 하였다고 주장하며 학교법인을 상대로 면직처분무효확인을 구함과 아울러 면직 이후의 봉급액지급청구의 소를 제기하였다가 면직처분이 적법·유효하다는 이유로 패소판결을 받고 항소하여 항소심 계속 중 소를 취하하였으나, 그 후 다시 면직처분이 당연무효임을 전제로 면직이후의 봉급액 상당액의 손해를 입었다고 주장하며 주위적으로 위 금원 상당의 손해배상청구를, 예비적으로 위 금원 상당의 부당이득반환청구를 한 사안.

---

30) 대법원 1965. 6. 29. 선고 65다434 판결.

31) 대법원 1991. 1. 15. 선고 90다카25970 판결.

32) 대법원 2009. 6. 25. 선고 2009다22037 판결.

33) 대법원 1989. 10. 10. 선고 88다카18023 판결; 대법원 2023. 3. 16. 선고 2022두58599 판결. 이와 견해를 같이 하는 것이 다수설이나(강현중, 636면; 김홍엽, 744면; 정동윤/유병현/김경욱, 731면; 정영환, 1117면), 이 경우는 선결문제의 한도 내에서 전소의 기판력 있는 판단에 구속되면 되지 후소의 제기 자체를 금지시켜서는 아니 된다고 하여 반대하는 견해도 있다(이시윤, 576면; 한충수, 557면; 호문혁, 810면).

(다) 이와는 반대로 전소의 선결관계가 후소의 소송물인 경우, 예컨대 전소가 이자채권이고 후소가 원본채권인 경우는 재소금지의 효과를 받지 않는다고 본다.[34] 한편 전소의 소송물 속에 후소의 소송물이 포함된 경우 판례는 재소금지의 효과를 받는다고 한다.[35]

판 례 **전소의 소송물 속에 후소의 소송물이 포함(대법원 1958. 3. 6. 선고 4290민상784 판결)**

자경농지를 원인으로 하는 토지인도 청구에는 당연히 그 경작권의 확인청구도 포함되었다 할 것이므로 위의 토지인도청구의 소를 제기하여 본안판결을 받은 후 그 소를 취하한 자는 이후 경작권확인 청구의 소를 제기하지 못한다.

(3) 권리보호이익의 동일

후소가 전소와 권리보호이익[36]을 달리 할 때에는 재소금지의 원칙에 저촉되지 않는다. 소권의 부당한 박탈을 방지하기 위한 취지이다. 따라서 토지거래허가 전 항소심에서 교환적 변경으로 소유권이전등기청구의 소가 취하된 후 토지거래허가를 받은 경우,[37] 피고가 소유권침해를 중지하여 소를 취하하였는데 재침해한 경우,[38] 피고가 소취하의 전제조건인 약정을 위반하여 약정이 해제 또는 실효되는 사정변경이 생긴 경우[39] 등은 권리보호이익을 달리하여 재소가 허용된다고 본다. 최근 판례는 甲의 乙에 대한 정산금채권에 대하여 甲의 채권자 丙이 압류 및 추심명령을 받아 乙을 상대로 추심금청구의 소를 제기하였다가 항소심에서 소를 취하하였는데, 그 후 甲의 다른 채권자 丁이 다시 압류 및 추심명령을 받아 乙을 상대로 추심금청구의 소를 제기한 사안에서, 丁에게는 새로운 권리보호이익이 발생한 것으로 보았다.[40] 또한 집합건물의 공용부분·대지를 무단점유하는 사람에 대한 부당이득반환청구는 관리단이 하거나 구분소유자가 각각 할 수 있는데, 관리단이 제기하여 판결이 확정되었다면 그 효력은 구분소유자에게도 미치고, 그 역의 경우도 효력이 미치나, 관리단의 소송은 구분소유자 공동이익을 위한다는 점에서 각 구분소유자의 소

---

34) 강현중, 637면; 김홍엽, 745면; 주석 민사소송법(Ⅳ), 360면.

35) 대법원 1958. 3. 6. 선고 4290민상784 판결. 이 판례를 근거로 취지를 같이 하는 견해도 있으나(이시윤, 576면; 정동윤/유병현/김경욱, 731면), 재소금지의 효과를 받는다는 결론은 같이 하지만 위 판례의 논지에 의문을 제기하는 견해도 있고(주석 민사소송법(Ⅳ), 361면), 위 판례를 근거로 드는 것에 반대하며 전소의 소송물 속에 후소의 소송물이 포함된 상황은 상정하기 어렵다고 보는 견해도 있다(한충수, 558면).

36) 다만 여기서의 권리보호이익은 소의 이익에서 말하는 권리보호이익과 동일한 의미가 아니라(김일룡, 618면; 전원열, 573면; 호문혁, 811면), 다시 소제기를 필요로 하는 정당한 사정을 의미한다 할 것이다(김홍엽, 746면). 즉 유무(有無)의 문제가 아니라 이동(異同)의 문제라 할 것이다.

37) 대법원 1997. 12. 23. 선고 97다45341 판결.

38) 대법원 1981. 7. 14. 선고 81다64, 65 판결.

39) 대법원 1993. 8. 24. 선고 93다22074 판결; 대법원 2000. 12. 22. 선고 2000다46399 판결.

40) 대법원 2021. 5. 7. 선고 2018다259213 판결.

송과 목적이 다르므로, 가사 구분소유자가 부당이득반환청구의 소를 제기하였다가 종국판결 선고 후 소를 취하하였다 하더라도 그 후 관리단이 부당이득반환청구의 소를 제기한 경우 새로운 권리보호이익이 발생한 것으로 보았다.[41]

판 례 토지거래허가와 권리보호이익(대법원 1997. 12. 23. 선고 97다45341 판결)

민사소송법 제240조[현행 제267조] 제2항 소정의 재소금지원칙이 적용되기 위하여는 소송물이 동일한 외에 권리보호의 이익도 동일하여야 할 것인바, 매수인이 매도인을 상대로 부동산에 관하여 매매를 원인으로 한 소유권이전등기절차 이행의 소를 제기하여 승소판결을 받았지만, 항소심에서 매매에 따른 토지거래허가신청절차의 이행을 구하는 소로 변경하여 당초의 소는 종국판결 선고 후 취하된 것으로 되었다 하더라도, 그 후 토지거래허가를 받고 나서 다시 소유권이전등기절차의 이행을 구하는 것은 취하된 소와 권리보호의 이익이 달라 재소금지원칙이 적용되지 않는다.

판 례 다른 채권자의 추심금소송과 권리보호이익(대법원 2021. 5. 7. 선고 2018다259213 판결)

甲 주식회사가 乙 등에 대하여 가지는 정산금 채권에 대하여 甲 회사의 채권자 丙이 채권압류 및 추심명령을 받아 乙 등을 상대로 추심금 청구의 소를 제기하였다가 항소심에서 소를 취하하였는데, 그 후 甲 회사의 다른 채권자 丁 등이 위 정산금 채권에 대하여 다시 채권압류 및 추심명령을 받아 乙 등을 상대로 추심금 청구의 소를 제기한 사안에서, 丙이 선행 추심소송에서 패소판결을 회피할 목적 등으로 종국판결 후 소를 취하하였다거나 丁 등이 소송제도를 남용할 의도로 소를 제기하였다고 보기 어려운 사정 등을 감안할 때, 丁 등은 선행 추심소송과 별도로 자신의 甲 회사에 대한 채권의 집행을 위하여 위 소를 제기한 것이므로 새로운 권리보호이익이 발생한 것으로 볼 수 있어 재소금지 규정에 반하지 않는다고 본 원심판결이 정당하다고 한 사례.

(4) 본안에 대한 종국판결 선고 후 소취하

(가) 본안에 대한 종국판결 선고 후에 소취하[42]가 있어야 한다. 따라서 소송판결, 즉 소각하판결이나 소송종료선언 후 소취하한 경우, 혹은 당연무효인 판결[43] 선고 후 소취하의 경우 재소금지의 효과를 받지 않는다. 또한 종국판결 선고 전에 소를 취하한 경우라면 법원이 이를 간과하고 종국판결을 선고하였다 하더라도 재소금지의 효과를 받지 않고 뒤에 동일한 소를 제기할 수 있다.

(나) 한편 전소에서 상계항변을 제출하여 제1심의 본안판단을 받은 후 항소심에서 상

---

41) 대법원 2022. 6. 30. 선고 2021다239301 판결.

42) 원고는 소를 취하하고 피고는 이에 동의한다는 내용의 화해권고결정이 확정되어 소송이 종결된 경우도 포함된다(대법원 2021. 7. 29. 선고 2018다230229 판결).

43) 대법원 1968. 1. 23. 선고 67다2494 판결.

계항변을 철회한 경우, 이는 소를 취하한 것이 아니라 소송상 방어방법의 철회에 불과하여 재소금지원칙이 적용되지 않으므로, 그 자동채권과 동일한 채권에 기한 소송을 별도로 제기할 수 있다.[44)]

판 례 **상계항변 철회와 재소금지(대법원 2022. 2. 17. 선고 2021다275741 판결)**

민사소송법 제267조 제2항은 "본안에 대한 종국판결이 있은 뒤에 소를 취하한 사람은 같은 소를 제기하지 못한다"라고 정하고 있다. 이는 소취하로 그동안 판결에 들인 법원의 노력이 무용해지고 다시 동일한 분쟁을 문제 삼아 소송제도를 남용하는 부당한 사태를 방지할 목적에서 나온 제재적 취지의 규정이다. 그런데 상대방이 본안에 관하여 준비서면을 제출하거나 변론준비기일에서 진술 또는 변론을 한 뒤에는 상대방의 동의를 받아야 효력을 가지는 소의 취하와 달리 소송상 방어방법으로서의 상계 항변은 그 수동채권의 존재가 확정되는 것을 전제로 하여 행하여지는 일종의 예비적 항변으로서 상대방의 동의 없이 이를 철회할 수 있고, 그 경우 법원은 처분권주의의 원칙상 이에 대하여 심판할 수 없다. 따라서 먼저 제기된 소송의 제1심에서 상계 항변을 제출하여 제1심판결로 본안에 관한 판단을 받았다가 항소심에서 상계 항변을 철회하였더라도 이는 소송상 방어방법의 철회에 불과하여 민사소송법 제267조 제2항의 재소금지 원칙이 적용되지 않으므로, 그 자동채권과 동일한 채권에 기한 소송을 별도로 제기할 수 있다.

☞ 甲이 乙을 상대로 공사대금청구를 하자 乙이 하자보수에 갈음한 손해배상채권을 자동채권으로 하여 상계항변을 하였는데, 제1심은 乙의 상계항변을 배척하고 甲 전부 승소판결을 선고하였고, 항소심 계속 중 乙이 甲를 상대로 위 하자보수에 갈음한 손해배상청구를 별소로 제기한 후 위 상계항변을 철회한 사안. 대법원은 위 별소가 중복소송금지 및 재소금지에 반하지 않는다고 하였음.

(다) 항소심에서의 소의 교환적 변경이 있은 후 다시 구소를 제기할 수 있는가. 판례는 소의 교환적 변경을 구청구 취하와 신청구 추가의 결합으로 보므로, 항소심에서 교환적 변경은 본안에 대한 종국판결 선고 후의 구청구의 취하가 되고, 따라서 그 뒤 다시 교환적 변경 내지 소제기를 통해 본래의 구청구를 되살리면 재소금지의 효력을 받아 부적법하다고 본다.[45)]

판 례 **항소심에서 교환적 변경과 재소금지(대법원 1987. 11. 10. 선고 87다카1405 판결)**

소의 교환적 변경은 신청구의 추가적 병합과 구청구의 취하의 결합형태로 볼 것이므로 본안에 대한 종국판결이 있은 후 구청구를 신청구로 교환적 변경을 한 다음 다시 본래의 구청구로 교환적 변경을 한 경우에는 종국판결이 있은 후 소를 취하하였다가 동일한 소를 다시 제기한 경우에 해당하여 부적법하다.

---

44) 대법원 2022. 2. 17. 선고 2021다275741 판결.

45) 대법원 1987. 6. 9. 선고 86다카2600 판결; 대법원 1987. 11. 10. 선고 87다카1405 판결.

다. 효 과

재소금지원칙에 저촉되는지 여부는 직권조사사항이다. 후소가 재소금지원칙에 저촉될 경우 소제기 금지사유에 해당되어 소의 이익 흠결로 소각하판결을 해야 한다. 그리고 재소금지의 효과는 소송법상의 효과에 그치고 실체법상의 권리관계에 영향을 주는 것은 아니므로, 재소금지의 효과를 받는 권리관계라고 하여 실체법상으로도 권리가 소멸하는 것은 아니고,[46] 자연채무가 된다.[47] 재소임을 간과하고 본안판결을 한 경우 그 판결은 무효라고 할 수는 없지만 상소의 대상이 될 것이다. 다만 재심사유로 규정되어 있지 아니하므로 재심으로 다툴 수는 없을 것이다.

VI. 소취하의 간주

다음의 경우에 소취하로 간주된다. ① 기일에 당사자 쌍방이 출석하지 않거나 출석하더라도 변론하지 않아 새로 지정한 다음 기일 또는 그 후의 기일에 다시 결석하거나 출석해도 변론하지 않은 때에는 1월 이내에 기일지정신청을 하지 않는 한 소의 취하가 있는 것으로 본다(제268조). ② 피고의 경정이 있는 경우 종전 피고에 대한 소는 취하된 것으로 본다(제261조 제4항). ③ 법원의 화재나 사변 기타 재난으로 인해 소송기록이 멸실된 경우 6개월 내에 소장부본 및 사건의 계속을 소명할 자료를 제출하지 않으면 소의 취하로 본다(법원재난에 기인한 민형사사건 임시조치법 제2조, 제3조). ④ 증권관련 집단소송에서 소송절차의 중단 후 1년 이내에 소송수계신청이 없으면 소가 취하된 것으로 본다(증집 제24조 제3항).

VII. 소취하의 효력을 다투는 절차

〈민사소송규칙〉
제67조(소취하의 효력을 다투는 절차) ① 소의 취하가 부존재 또는 무효라는 것을 주장하는 당사자는 기일지정신청을 할 수 있다.
② 제1항의 신청이 있는 때에는 법원은 변론을 열어 신청사유에 관하여 심리하여야 한다.
③ 법원이 제2항의 규정에 따라 심리한 결과 신청이 이유 없다고 인정하는 경우에는 판결로 소

---

46) 대법원 1989. 7. 11. 선고 87다카2406 판결; 대법원 2023. 1. 12. 선고 2022다266874 판결.

47) 따라서 원고는 임의변제수령, 담보권실행, 상계권행사 등을 할 수 있다(김홍엽, 748면; 이시윤, 578면; 정동윤/유병현/김경욱, 733면; 정영환, 1120면).

> 송의 종료를 선언하여야 하고, 신청이 이유 있다고 인정하는 경우에는 취하 당시의 소송정도에 따라 필요한 절차를 계속하여 진행하고 중간판결 또는 종국판결에 그 판단을 표시하여야 한다.

소취하의 존부 또는 효력에 대하여 당사자 간에 다툼이 있는 경우, 소취하의 무효확인 등 별소로 다툴 수 없고, 당해 소송절차 내에서 해결해야 한다. 즉 당해 소송에서 기일지정신청을 하면 법원은 반드시 변론을 열어 신청이유를 심리하고,[48] 그 결과 소의 취하가 유효라고 인정되면 종국판결로 소송종료선언을 하며, 만약 소의 취하가 무효임이 판명되면 취하당시의 소송정도에 따른 절차를 속행하고 이에 대한 사정을 중간판결(제201조)이나 종국판결의 이유 속에서 표시하여야 한다.

제 2 절 청구의 포기·인낙

Ⅰ. 서 설

1. 의 의

청구의 포기는 변론기일 또는 변론준비기일에 원고가 자기의 소송상 청구가 이유 없음을 스스로 인정하는 법원에 대한 일방적 의사표시이고, 인낙은 변론기일 또는 변론준비기일에 피고가 소송상 청구가 이유 있음을 스스로 인정하는 법원에 대한 일방적 의사표시이다. 양자 모두 법원에 대한 진술이고, 법원이 이러한 진술을 조서에 적으면 확정판결과 같은 효력이 있으며(제220조), 이로써 소송이 종료된다.

2. 구별개념

(1) 청구의 포기·인낙과 자백은 소송상의 청구에 대한 직접적이고 무조건의 불리한 진술이라는 점에서 같다. 다만 그것이 소송물 자체에 대한 것이면 청구의 포기·인낙이고, 공격방어방법에 대한 것이면 자백이다.

---

48) 이 절차에서 소취하 과정에 흠이 있어 소취하의 효력을 부정할 수 있는지 여부가 문제되는 것이다. 이때 민법 제109조, 제110조를 유추적용할 수는 없고, 형사상 처벌받을 타인의 행위로 말미암은 경우에 제451조 제1항 제5호를 유추적용하여 효력을 부정할 수 있음은 앞서 살펴본 바이다.

(2) 양보하여 소송을 종료시킨다는 점에서 청구의 포기·인낙은 화해와 공통점이 있다. 다만 청구의 포기·인낙은 한쪽 당사자가 전면적 양보를 하는 단독행위임에 반해, 화해는 양쪽 당사자가 상호 양보한 끝에 소송을 종료시키는 합의라는 점에 차이가 있다.

(3) 원고의 행위에 의해 소송을 종료시킨다는 점에서 청구의 포기는 소의 취하와 공통점이 있다. 그러나 ① 소의 취하는 소송계속이 소급적으로 소멸하나(제267조 제1항), 청구의 포기는 청구기각판결과 같은 효력이 있다(제220조). ② 본안에 대한 종국판결선고 후에 소가 취하되면 재소금지의 효력을 받으나(제267조 제2항), 그 외의 시점에 소가 취하된 경우 재소에 아무런 제한이 없다. 그런데 청구의 포기가 있는 경우에는 기판력이 생기기 때문에 어느 때나 새로운 소의 제기는 허용되지 않는다. ③ 피고가 응소한 뒤에는 피고의 동의를 받아야 소취하의 효력이 있지만(제266조 제2항), 청구의 포기에는 상대방의 승낙이 필요 없다. ④ 직권탐지주의에 의하는 소송절차에서도 소의 취하는 허용되나, 청구의 포기는 허용되지 않는다.

II. 법적 성질

(1) 학설로는 ① 사법행위설, ② 소송행위설,[49] ③ 사법행위와 소송행위의 성질을 겸유한다는 양성설의 대립이 있다. 이러한 견해의 대립은 청구의 포기·인낙에 착오나 사기·강박 등 민법상 의사표시의 하자가 있는 경우 그 무효·취소를 주장할 수 있는가와 관련하여 문제된다. 사법행위설이나 양성설은 민법 규정의 적용을 인정하여 준재심에 의하지 아니하고 바로 기일지정신청을 할 수 있다고 본다. 하지만 소송행위설은 민법 규정의 적용을 인정하지 않고 청구의 포기·인낙에 대하여 원칙적으로 준재심에 의한 구제만을 인정할 뿐이다. 소송행위설이 통설이다. 판례의 태도 역시 같다.[50]

판 례 **청구의 인낙 법적 성질(대법원 2022. 3. 31. 선고 2020다271919 판결)**

청구의 인낙은 피고가 원고의 주장을 승인하는 소위 관념의 표시에 불과한 소송상 행위로서 이를 조서에 기재한 때에는 확정판결과 동일한 효력이 발생되어 그로써 소송을 종료시키는 효력이 있을 뿐이고, 실체법상 채권·채무의 발생 또는 소멸의 원인이 되는 법률행위라 볼 수 없다.

☞ 乙의 甲에 대한 차용금채무를 丙이 연대보증하였고, 甲이 丙을 상대로 보증금의 지급을 구하여 승소확정

49) 김홍규/강태원 614~615면; 김홍엽, 753면; 이시윤, 583면; 정동윤/유병현/김경욱, 739면; 정영환, 1128면; 호문혁, 839면.

50) 대법원 1957. 3. 14. 선고 4289민상439 판결; 대법원 2022. 3. 31. 선고 2020다271919 판결.

판결을 받았는데, 그 후 乙과 丙이 공동원고로 甲을 상대로 위 차용금 및 보증금 채무부존재확인의 소를 제기하였고, 甲이 乙의 청구를 인낙하자, 원심은 위 청구인낙으로 인하여 乙의 甲에 대한 주채무가 소멸하였고 그에 따라 丙의 연대보증채무도 함께 소멸하였다고 보아 丙의 청구를 인용하였으나, 대법원이 이를 파기·환송한 사안.

(2) 생각건대 청구의 포기·인낙은 소송의 종료하는 소송법적 효과를 직접 목적으로 하는 것이고, 민사소송법 역시 포기·인낙조서에 확정판결과 동일한 효력을 인정하고 있으며(제220조), 준재심으로만 그 흠을 다툴 수 있게 한 점(제461조)을 고려할 때, 소송행위설이 타당하다고 본다.

Ⅲ. 요 건

1. 당사자에 관한 요건

청구의 포기·인낙은 소송행위이므로 소송행위 일반의 요건으로 당사자능력, 소송능력이 요구된다. 특히 대리인에 의하는 경우에는 특별한 권한수여가 필요하다(제56조 제2항, 제90조 제2항). 필수적 공동소송에서는 공동소송인 전원이 같이 포기·인낙을 하지 않으면 무효이고(제67조 제1항), 독립당사자참가소송에서는 참가인이 반대하지 않아야 유효하다(제79조 제2항, 제67조 제1항). 또한 형사상 처벌받을 타인의 행위에 의하여 행해진 것이 아니어야 한다(제451조 제1항 제5호).

2. 소송물에 관한 요건

가. 소송물의 처분이 자유로울 것

(1) 청구의 포기·인낙은 처분권주의의 발현으로 인정되는 소송행위이므로 당사자가 자유롭게 소송물을 처분할 수 있어야 한다. 따라서 가사소송, 행정소송 등 소송물의 처분이 자유롭지 않은 절차에서는 원칙적으로 청구의 포기·인낙을 할 수 없다. 회사법상 주주총회결의의 하자를 다투는 소나 회사합병무효의 소의 경우 청구의 인낙은 불가하나,[51] 청구의 포기는 가능하다고 본다.[52]

51) 대법원 1993. 5. 27. 선고 92누14908 판결; 대법원 2004. 9. 24. 선고 2004다28047 판결.

52) 김홍규/강태원, 616면; 김홍엽, 756면; 정동윤/유병현/김경욱, 740면; 정영환, 1130면.

(2) 예비적 청구는 주위적 청구의 당부를 먼저 판단하여 그것이 이유 없을 때에만 심리할 수 있고, 예비적 청구만 분리하여 심리하거나 일부판결을 할 수 없으므로, 예비적 청구만을 대상으로 한 인낙은 효력이 발생하지 않는다는 것이 판례의 태도이다.[53)]

나. 청구의 특정

청구의 포기·인낙을 함에는 청구가 그 취지 및 원인에 있어서 특정되어 있어야 한다. 그렇지 아니하면 청구의 포기나 인낙의 대상에 흠이 있는 것으로 되어 효력이 발생하지 않는다.

다. 위법한 청구가 아닐 것

(1) 예컨대 물권법정주의에 반하는 소작권확인청구와 같이 법률효과 자체가 현행법상 허용되지 않는다면 인낙은 인정되지 않는다.

(2) 다만 예컨대 도박채권을 원인으로 한 금전지급청구와 같이 법률효과 내지 청구 자체는 허용되는 것이지만 청구의 이유가 선량한 풍속 기타 사회질서에 위반되어 법률상 허용되지 않거나 불법한 원인에 기한 경우에 그 청구가 인낙의 대상이 될 수 있는가 문제된다. ① 이 경우 만일 인낙이 가능하다고 하면 강행법규위반의 권리행사와 실현에 국가가 협력하는 셈이 되므로 그러한 인낙은 무효라는 견해[54)]와, ② 청구원인에 대한 법원의 판단권 배제가 인낙의 취지이며 이를 인정하여도 제3자의 지위에 영향을 주지 않으므로 그러한 인낙이 허용된다는 견해[55)]가 대립된다. 판례는 농지개혁법상의 농지소재지 관서의 증명이 없더라도 농지매매를 원인으로 한 소유권이전등기청구의 인낙을 기재한 조서는 무효가 아니라고 하였다.[56)] 생각건대 이러한 청구의 인낙을 허용하는 것은 선량한 풍속 기타 사회질서 위반행위의 뒤처리를 도와주는 것이어서 법원의 역할 포기에 다름 아니므로, 그러한 인낙을 허용할 수 없다는 견해가 타당하다 할 것이다.

Ⅳ. 시기와 방식

(1) 청구의 포기·인낙은 판결이 확정되기까지 언제나 가능하다. 항소심은 물론 상고심에서도 할 수 있다.

---

53) 대법원 1995. 7. 25. 선고 94다62017 판결.

54) 강현중, 644면; 김홍규/강태원, 616면; 손한기, 315면; 전병서, 466면; 정동윤/유병현/김경욱, 741면; 정영환, 1131면; 호문혁, 841면.

55) 김홍엽, 757면; 이시윤, 585면; 전원열, 593면.

56) 대법원 1969. 3. 25. 선고 68다2024 판결.

(2) 법원에 대한 단독행위이므로 상대방이 출석하지 않아도 가능하고 상대방의 승낙을 요하지도 않는다. 청구의 포기·인낙은 변론기일 또는 변론준비기일에 말로 함이 원칙이다. 다만 제148조 제1항의 규정에 따라 당사자가 진술한 것으로 보는 답변서, 그 밖의 준비서면에 청구의 포기 또는 인낙의 의사표시가 적혀있고 공증사무소의 인증을 받은 때에는 그 취지에 따라 청구의 포기 또는 인낙이 성립된 것으로 본다(제148조 제2항).

(3) 포기·인낙이 요건을 구비한 경우에 법원은 그 기일의 조서에는 청구의 포기·인낙이 있다는 취지만을 적고, 별도의 용지에 제153조에 규정된 사항과 청구의 포기·인낙의 취지 및 청구의 취지와 원인을 적은 청구의 포기·인낙의 조서를 따로 작성하여야 한다(민소규 제31조). 그리고 1주 안에 그 조서의 정본을 당사자에게 송달하여야 한다(민소규 제56조).

Ⅴ. 효 과

1. 소송종료효

소송상 청구 중에서 포기나 인낙이 된 부분의 소송은 종료된다. 포기·인낙을 간과하고 심리가 속행된 경우에는 당사자의 이의신청 또는 직권으로 소송종료선언을 한다. 포기나 인낙을 한 당사자는 패소자로서 소송비용을 부담하는 것이 원칙이며(제114조 제2항, 제98조), 그 액수에 대해서는 따로 결정으로 재판한다.

2. 확정판결과 같은 효력

제220조(화해, 청구의 포기·인낙조서의 효력) 화해, 청구의 포기·인낙을 변론조서·변론준비기일조서에 적은 때에는 그 조서는 확정판결과 같은 효력을 가진다.

포기·인낙의 조서는 확정판결과 같은 효력이 있으므로(제220조), 기판력이 발생한다. 이행청구에 관한 인낙조서는 집행력이, 형성청구에 관한 인낙조서는 형성력이 발생한다. 그러나 포기조서는 기판력만 발생하고, 집행력이나 형성력은 발생하지 않는다.

3. 하자를 다투는 방법

청구의 포기·인낙은 여효적 소송행위로서 원칙적으로 철회가 불가능하다. 그러나 포기·인낙조서 작성 전이라면 자백의 취소에 준하여 상대방의 동의를 얻거나 진실에 어긋나고 착오로 말미암은 것을 이유로 철회할 수 있다.[57] 반면에 작성 후라면 청구의 인낙은 소송행위로서 인낙조서에 기판력이 인정되고(제220조), 준재심의 소를 제기할 수 있다고 규정되어 있으므로(제461조), 확정된 조서의 당연무효사유가 없는 한,[58] 재심사유에 해당되는 하자가 있을 경우에만 준재심의 소로 다툴 수 있고, 기일지정신청이나 인낙무효확인의 소는 부적법하다 할 것이다.

4. 청구의 인낙과 해제

인낙의 불이행으로 인한 손해배상청구 및 해제 가부와 관련하여, 인낙은 소송행위로서 이를 조서에 기재할 때에는 확정판결과 동일한 효력이 발생되어 소송을 종료시키는 효력이 있을 뿐, 실체법상 채권·채무 발생의 원인이 되는 법률행위라고 볼 수 없으므로, 인낙의 불이행 또는 이행불능을 이유로 손해배상청구권이 발생하는 것이 아니고, 인낙조서상의 의무불이행을 이유로 계약해제의 법리가 적용이 될 여지가 없다 할 것이다.[59]

제 3 절 재판상화해

Ⅰ. 서 설

재판상화해는 소송계속 후 수소법원 앞에서 하는 '소송상화해'와 소제기 전에 지방법원 단독판사 앞에서 하는 '제소전화해'로 나뉜다. 소송계속의 여부에 따른 구분이다. 또한 화해권고결정을 제225조 이하에서 규정하고 있는데, 함께 설명한다.

---

57) 김홍엽, 760면; 이시윤, 587면; 정영환, 1134면.

58) 조서의 당연무효사유(예컨대 재판권흠결, 제소 전 피고의 사망)를 주장하며 기일지정신청을 한 경우, 심리결과 당연무효사유가 없으면 소송종료선언을 한다.

59) 이시윤, 587면; 정영환, 1135면.

II. 소송상화해

1. 개 념

가. 의 의

소송상화해는 소송계속 중 양쪽 당사자가 소송물인 권리관계의 주장을 서로 양보하여 소송을 종료시키기로 하는 기일에 있어서의 합의를 말한다. 화해는 판결에 비해 신속한 분쟁해결이 가능하고, 적은 비용으로 관련당사자 및 관련분쟁을 일거에 해결하여 포괄적 분쟁해결이 가능하다는 장점이 있다. 그러나 상호 양보를 전제로 하므로 법률에 따른 분쟁해결 측면에서는 문제가 있고, 화해의 지나친 강조는 헌법상 보장된 재판청구권을 제약하는 것이 되므로, 적절한 조화가 필요하다고 본다.

나. 구별개념

(1) 소송상화해는 계속 중인 재판기일에서 하여야 하므로, 기일 외에서 하는 재판외의 화해(화해계약)와 구별된다. 재판외의 화해에는 소송법상 효과가 발생하지 않는다.

(2) 화해는 쌍방이 양보할 것을 요하기 때문에, 한쪽만 양보하여 한쪽이 다른 쪽의 주장을 전면적으로 인정하는 경우는 화해가 아니라 청구의 포기·인낙에 해당한다.

2. 법적 성질

소송상화해의 법적 성질에 관하여는 견해의 대립이 있는데, 이는 i) 민법의 관련규정 적용 여부, ii) 기판력의 인정 여부, iii) 부관의 허용 여부와 관련하여 차이가 생기게 된다.

가. 학 설

(1) 사법행위설

소송상화해는 민법상 화해계약과 동일하나 소송계속 중 법관의 면전에서 행하여진다는 등의 차이가 있다고 보는 견해이다. 따라서 화해의 창설적 효력(민법 제732조)을 인정하고 실체법상 무효·취소 등 규정의 적용을 인정한다. 또한 부관 역시 허용된다고 본다. 그리고 논리필연적으로 기판력부정설과 연결된다.

(2) 소송행위설

민법상 화해계약과 달리 그 본질은 소송행위로서 소송법의 원칙에 따라 규율되고 민법상의 화해계약에 관한 규정의 적용이 배제된다는 견해이다.[60] 따라서 민법상 관련규정 적용이 배제되고, 부관도 허용될 수 없으며, 무제한 기판력설과 연결된다.

(3) 양행위병존설

민법상 화해계약과 소송행위가 병존하는 2개의 행위로서, 각각 독립적으로 실체법과 소송법의 지배를 받는다고 보는 견해이다.

(4) 양행위경합설(양성설)

사법행위와 소송행위가 경합된 하나의 행위로, 법원에 대한 관계에서는 화해의 내용에 관하여 진술하고 조서에 기재함으로써 소송이 종료되며 이점에 있어서는 소송법의 적용을 받지만, 당사자 간의 관계에서는 화해의 내용에 대한 진술이 민법상의 화해계약인 것으로 보는 견해이다.[61] 제한적 기판력설과 연결되는 것만 제외하고는 사법행위설과 유사하다.

나. 판례의 태도

판례는 "소송상의 화해는 판결의 대용으로서 소송물인 법률관계를 확정하는 효력이 있으므로 순연한 소송행위로 볼 것"이라 하고,[62] 또 "소송상의 화해는 소송행위로서 사법상의 화해와는 달리 사기나 착오를 이유로 취소할 수는 없다"고 판시하여,[63] 기본적으로 소송행위설에 의하고 있다. 다만 재판상화해가 실효조건의 성취로 실효되거나 준재심에 의하여 취소된 경우에는 화해가 없었던 상태로 돌아가므로 화해 성립 전의 법률관계를 다시 주장할 수 있다고 하여,[64] 실효조건부 화해의 효력을 긍정하였다.

다. 검 토

사법행위설은 민법상의 화해계약에 소송종료효가 따르는 것을 설명하기 곤란하다. 소송행위설은 사법상의 분쟁해결 의사를 도외시한 점, 화해에 조건과 기한 등 부관을 붙일 수 없는 점, 화해에 실체법상 무효 또는 취소사유가 있어도 영향이 없는 점, 강행법규를 위반하거나 반사회질서의 법률행위도 화해를 하게 되면 무제한 기판력설과 연결되어 다시 다툴 수 없으므로 화해가 탈법수단으로 악용되는 점 등에서 문제가 있다. 양행위병존설은 하나의 행위를 두 개의 행위로 의제하는 점에서 기교적이다. 생각건대 소송상화해를 민법상 화해계약으로써 창설적 효력(민법 제732조)이 인정되는 사법행위와 민사소송법상

---

60) 김홍규/강태원, 600면; 김홍엽, 762면; 한충수, 567~568면

61) 강현중, 651면; 손한기, 319면; 이시윤, 592면; 정동윤/유병현/김경욱, 749면; 정영환, 1142면; 호문혁, 822면.

62) 대법원 1962. 5. 31. 선고 4293민재6 판결.

63) 대법원 1979. 5. 15. 선고 78다1094 판결.

64) 대법원 1965. 3. 2. 선고 64다1514 판결; 대법원 1996. 11. 15. 선고 94다35343 판결.

확정판결로써 소송종료효(제220조)가 있는 소송행위가 경합된 하나의 행위로 보는 양행위 경합설(양성설)이 타당하다 할 것이다.

3. 요 건

가. 당사자에 관한 요건

화해하는 당사자가 실재하고, 소송능력이 있어야 한다. 특히 대리인에 의하는 경우에는 특별한 권한수여가 필요하다(제56조 제2항, 제90조 제2항). 필수적 공동소송에서는 공동소송인 전원이 같이 화해를 하여야 하고(제67조 제1항), 독립당사자참가소송에서는 참가인이 반대하지 않아야 유효하다(제79조 제2항, 제67조 제1항). 또한 형사상 처벌받을 타인의 행위에 의하여 행해진 것이 아니어야 한다(제451조 제1항 제5호).

나. 소송물에 관한 요건

(1) 변론주의에 의하는 절차

(가) 화해의 대상인 권리관계는 사적이익에 관한 것으로서 자유롭게 처분할 수 있는 것이어야 하므로, 당사자가 임의처분할 수 없는 사항을 대상으로 한 화해는 무효이고, 이는 조정도 마찬가지이다.[65] 특히 형성판결의 효력을 당사자의 합의로 창설할 수 없으므로, 예컨대 재심의 소에서 '재심대상판결 및 제1심판결을 각 취소한다'는 내용의 조정이나,[66] 청구이의의 소에서 '집행권원에 기한 강제집행을 불허한다'는 내용의 화해권고결정[67]은 모두 무효이다.

(나) 가사소송사건에 있어서는 화해가 원칙적으로 허용되지 않는다. 판례는 친생자관계의 존부확인과 같이 현행 가사소송법상의 가류 가사소송사건에 해당하는 청구는 성질상 당사자가 임의로 처분할 수 없는 사항을 대상으로 하는 것으로, 이에 관하여 조정이나 재판상화해가 성립하더라도 효력이 없다고 하였고,[68] 인지청구권은 본인의 일신전속적인 신분관계상의 권리로서 포기할 수 없고 포기하였다 하더라도 그 효력이 발생할 수 없는 것이므로 비록 인지청구권을 포기하기로 하는 화해가 재판상 이루어지고 그것이 화해조항에 표시되었다 할지라도 동 화해는 그 효력이 없다고 하였다.[69] 다만 임의로 처분할 수

---

65) 대법원 2012. 9. 13. 선고 2010다97846 판결.

66) 대법원 2012. 9. 13. 선고 2010다97846 판결.

67) 대법원 2022. 6. 7.자 2022그534 결정. 청구이의의 소에서 '지급명령정본에 기한 강제집행은 ~원을 넘는 범위에 한하여 이를 불허한다'는 내용의 조정갈음결정 역시 마찬가지(대법원 2023. 11. 9. 선고 2023다256577 판결).

68) 대법원 2007. 7. 26. 선고 2006므2757, 2764 판결.

69) 대법원 1987. 1. 20. 선고 85므70 판결.

있는 사항인 이혼사건이나 파양사건 등에는 예외적으로 허용된다고 본다.

(다) 주주총회결의의 하자를 다투는 소에서 그 결의의 부존재·무효를 확인하는 내용의 화해를 할 수 없다.70) 다만 주주의 대표소송에서는 법원의 허가를 얻어야 재판상화해를 할 수 있다(상법 제403조 제6항).

(2) 소송요건의 흠

제소전화해가 인정되는 점에 비추어 소송요건에 흠이 있더라도 원칙적으로 화해가 허용된다. 이 점에서 청구의 포기·인낙과 다르다.

(3) 강행법규 위반

화해의 내용이 강행법규나 사회질서에 반하여서는 아니 된다.71) 다만 판례는 화해의 내용이 강행법규에 반하더라도 무효가 아닌 것으로 보며,72) 민법 제607조, 제608조에 반한다거나 통정허위표시로서 무효의 주장을 할 수 없다고 한다.73)

(4) 조건부화해 가능성

판례는 소송상화해의 법적 성질을 소송행위로 보면서도, 예컨대 제3자의 이의가 있으면 화해의 효력이 실효된다는 이른바 실효조건부 화해를 인정하고 있다.74)

판 례 실효조건부 화해(대법원 1996. 11. 15. 선고 94다35343 판결)

재판상 화해가 실효조건의 성취로 실효되거나 준재심에 의하여 취소된 경우에는 화해가 없었던 상태로 돌아가므로 화해 성립 전의 법률관계를 다시 주장할 수 있다.

다. 시기와 방식에 관한 요건

(1) 화해는 소송계속 중 어느 때나 가능하다. 상고심에서도 화해를 할 수 있다.

(2) 화해는 원칙적으로 기일에 양쪽 당사자가 출석하여 말로 진술하여야 한다. 다만 불출석한 당사자가 제출하여 진술간주되는 답변서, 그 밖의 준비서면에 화해의 의사표시가 적혀 있고 공증사무소의 인증을 받은 경우에, 상대방 당사자가 변론기일에 출석하여

---

70) 대법원 2004. 9. 24. 선고 2004다28047 판결. 그러한 내용의 조정도 할 수 없다.

71) 이시윤, 593면; 정동윤/유병현/김경욱, 750면; 정영환, 1145면.

72) 대법원 1975. 11. 11. 선고 74다634 판결; 대법원 2002. 12. 6. 선고 2002다44014 판결.

73) 대법원 1991. 4. 12. 선고 90다9872 판결.

74) 대법원 1965. 3. 2. 선고 64다1514 판결; 대법원 1996. 11. 15. 선고 94다35343 판결. 이에 대하여 소송행위가 조건에 친하지 않은 점을 도외시한 판결이라는 비판이 있다(이시윤, 594면).

그 화해의 의사표시를 받아들인 때에는 화해가 성립된 것으로 보는 이른바 서면화해제도를 인정하고 있다(제148조 제3항).

4. 효 과

가. 소송종료효

화해조서가 작성되면 그 조서는 확정판결과 같은 효력이 있기 때문에(제220조) 그 범위에서 소송은 당연히 종료된다.

나. 기판력

화해조서에 기판력을 인정할 수 있는지 여부가 문제된다. 제220조와 제461조의 해석과 연결되어 문제된다.

(1) 이에 대하여 ① 기판력 부정설은 소송종료효와 집행력을 인정할 뿐 기판력을 인정할 수 없다고 한다.[75] ② 무제한 기판력설은 확정판결과 마찬가지로 모든 경우에 화해조서에 기판력을 인정하며, 화해의 성립과정상의 흠이 있더라도, 그것이 재심사유에 해당될 경우에 한하여 재심절차에 따른 구제를 받는 것은 별론, 그 외에는 무효를 주장할 수 없다는 입장이다.[76] 제220조와 제461조의 규정에 충실한 입장이라 할 수 있다. ③ 제한적 기판력설은 소송상화해에 실체법상 하자가 없는 경우에만 제한적으로 제220조에 의해 기판력이 생기고 제461조에 의한 준재심의 소를 제기할 수 있다는 입장이다.[77] 이에 의하면 실체법상의 하자가 있을 때에는 무효임을 전제로 기일지정신청이나 화해무효확인청구로 구제받을 수 있다.

(2) 판례는 화해가 조서에 기재된 때에는 확정판결과 동일한 효력이 있어 당사자 사이에 기판력이 생기는 것이므로 확정판결의 당연무효사유와 같은 사유가 없는 한 (준)재심의 소에 의해서만 그 효력을 다툴 수 있다고 하여 무제한 기판력설을 취하고 있다.[78]

(3) 생각건대 앞서 소송상화해를 사법행위와 소송행위가 경합된 하나의 행위로 보는 양행위경합설(양성설)을 취하였는바, 이에 의할 때 소송상화해에 실체법상 하자가 있는 경우에는 기판력의 발생을 제한하여 준재심이 아닌 기일지정신청 또는 화해무효확인청구로 다툴 수 있게 함이 타당하다. 이로써 화해가 탈법수단으로 악용되는 것을 막을 수 있다.

---

75) 정동윤/유병현/김경욱, 755면.

76) 김일룡, 630면; 김홍규/강태원, 606면; 김홍엽, 773면; 한충수, 572면; 호문혁, 830면.

77) 강현중, 658면; 손한기, 323면; 이시윤, 597면; 전병서, 474면.

78) 제소전화해(대법원 2002. 12. 6. 선고 2002다44014 판결), 소송상화해(대법원 2000. 3. 10. 선고 99다67703 판결).

제한적 기판력설을 따르기로 한다.

다. 집행력 및 형성력

(1) 이행의무를 화해조서의 내용으로 할 때에는 집행력을 갖는다(민집 제56조 제5호).

(2) 판례는 화해가 이루어지면 종전의 법률관계를 바탕으로 한 권리·의무관계는 소멸하고 화해에 따른 새로운 법률관계가 형성된다고 하여 창설적 효력을 인정하고 있다.[79] 따라서 화해조서가 법률관계의 발생·변경·소멸을 내용으로 할 때에는 형성력을 갖는다.[80] 다만 화해의 창설적 효력은 당사자가 서로 양보하여 합의한 사항에 한하여 미칠 뿐, 그 외의 사항에 대해서는 미치지 아니하는데, 이러한 법리는 조정의 경우도 마찬가지이다.[81] 아울러 판례는 공유토지에 관한 현물분할의 협의가 성립되어 조정조서에 기재된 경우 판결에 의한 분할과 달리 형성력을 부정한다.[82]

판 례 화해·조정의 효력 범위(대법원 2019. 4. 25. 선고 2017다21176 판결)

재판상의 화해는 확정판결과 같은 효력이 있고(민사소송법 제220조), 사법상의 화해계약은 창설적 효력을 가져(민법 제732조) 화해가 이루어지면 종전의 법률관계를 바탕으로 한 권리의무관계는 소멸한다. 그렇지만 화해의 창설적 효력이 미치는 범위는 당사자가 서로 양보를 하여 확정하기로 합의한 사항에 한하며, 당사자가 다툰 사실이 없거나 화해의 전제로서 서로 양해하고 있는 데 지나지 아니한 사항에 관하여는 그러한 효력이 생기지 아니한다. 그리고 이러한 법률관계는 민사조정법 제29조에 의하여 재판상의 화해와 동일한 효력이 인정되는 민사조정법상의 조정의 경우에도 마찬가지로 적용된다.

라. 하자를 다투는 방법

(1) 화해조서는 확정판결과 같은 효력이 있기 때문에 화해조서에 명백한 오류가 있을 때에는 판결에 준하여 경정(제211조)이 허용된다.[83]

(2) 판례는 소송상화해에 확정판결의 당연무효사유와 같은 하자가 있는 경우는 기일지정신청을 하여 다툴 수 있고,[84] 그 외의 하자가 있을 경우 그 하자가 재심사유에 해당될 때에 한하여 준재심의 소로 다툴 수 있을 뿐,[85] 이외에는 그 무효를 주장할 수 없다고

79) 대법원 2008. 2. 1. 선고 2005다42880 판결.
80) 김홍엽, 775면; 정동윤/유병현/김경욱, 753면; 정영환, 1153면; 호문혁, 831면.
81) 대법원 2019. 4. 25. 선고 2017다21176 판결.
82) 대법원 2013. 11. 21. 선고 2011두1917 전원합의체 판결. 즉 민법 제187조 소정의 판결로 보지 않으므로, 등기를 마침으로써 비로소 물권변동의 효과가 발생한다고 본다.
83) 대법원 1960. 8. 12. 선고 4293민재항200 판결.
84) 대법원 2000. 3. 10. 선고 99다67703 판결; 대법원 2001. 3. 9. 선고 2000다58668 판결.
85) 대법원 1990. 3. 17.자 90그3 결정.

본다.[86] 판례는 무제한 기판력설을 취하기 때문이다. 이는 조정조서의 경우에도 마찬가지이다.[87]

(3) 화해조서상의 의무를 불이행한 경우 이를 이유로 화해를 해제할 수 있는지 여부가 문제된다. 판례는 소송상의 화해가 사법상의 화해계약이 아니므로, 이를 전제로 한 해제 자체가 허용되지 않는다는 태도이다.[88] 이는 조정조서의 경우도 같다.[89]

판 례 **화해·조정의 해제 가부(대법원 2012. 4. 12. 선고 2011다109357 판결)**

재판상의 화해를 조서에 기재한 때에는 그 조서는 확정판결과 동일한 효력이 있고 당사자 간에 기판력이 생기는 것이므로 확정판결의 당연무효 사유와 같은 사유가 없는 한 준재심의 소에 의하여만 효력을 다툴 수 있고, 화해조항에서 정한 의무를 이행하지 아니하였음을 이유로 재판상 화해의 해제를 주장하는 것과 같은 화해조서의 취지에 반하는 주장을 할 수 없으며, 이러한 이치는 재판상 화해와 동일한 효력이 있는 조정조서에 대하여도 마찬가지라 할 것이다.

5. 화해권고결정

가. 의 의

화해권고결정은 수소법원 등이 소송계속 중인 사건에 대하여 직권으로 당사자의 이익, 그 밖의 모든 사정을 참작하여 청구의 취지에 어긋나지 않는 범위 안에서 결정을 하고, 이를 송달받은 당사자가 2주 이내에 이의신청을 하지 않으면 재판상화해가 성립한 것으로 보는 제도이다. 구법상 수소법원 등이 제145조의 화해권고만 할 수 있었던 것을 재판상화해의 활성화를 위해 확대하여 제225조 이하에서 규정한 것으로서, 조정갈음결정과 유사한 취지이다.

나. 수소법원 등의 결정

제225조(결정에 의한 화해권고) ① 법원·수명법관 또는 수탁판사는 소송에 계속중인 사건에 대하여 직권으로 당사자의 이익, 그 밖의 모든 사정을 참작하여 청구의 취지에 어긋나지 아니하는 범위안에서 사건의 공평한 해결을 위한 화해권고결정(和解勸告決定)을 할 수 있다.

법원 등이 직권으로 화해권고결정을 할 수 있다. 소송계속 후 판결선고 전까지 어느

86) 대법원 2002. 12. 6. 선고 2002다44014 판결.
87) 대법원 2014. 3. 27. 선고 2009다104960, 104977 판결.
88) 대법원 1962. 2. 15. 선고 4294민상914 전원합의체 판결.
89) 대법원 2012. 4. 12. 선고 2011다109357 판결.

시점에서도 가능하고, 별도의 기일지정을 요하지도 않는다.[90] 변론준비절차에서도 가능하다(제286조). 실무상 변론을 종결하면서 판결선고기일을 넉넉하게 잡고 그 사이에 화해권고결정을 하여 당사자 간 원만한 분쟁해결을 도모하기도 하고, 또는 판결선고기일을 추정하고 화해권고결정을 하여 양 당사자에게 송달한 후 만약 당사자가 이의신청을 하면 비로소 선고기일을 지정하고 판결을 선고하기도 한다.

다. 결정서 송달

> **제225조(결정에 의한 화해권고)** ② 법원사무관등은 제1항의 결정내용을 적은 조서 또는 결정서의 정본을 당사자에게 송달하여야 한다. 다만, 그 송달은 제185조제2항·제187조 또는 제194조에 규정한 방법으로는 할 수 없다.

법원사무관등이 결정서 정본 등을 당사자에게 송달하여야 하는데, 그 송달은 우편송달(제185조 제2항, 제187조), 공시송달(제194조)로는 할 수 없다.

라. 당사자의 이의신청

(1) 당사자는 화해권고결정에 대하여 그 조서 또는 결정서의 정본을 송달받은 날부터 2주 이내에 이의를 신청할 수 있는데, 그 정본이 송달되기 전에도 이의를 신청할 수 있다(제226조 제1항). 위 기간은 불변기간으로 한다(제226조 제2항).

(2) 이의신청서를 화해권고결정을 한 법원에 제출함으로써 한다(제227조 제1항). 제출한 서면에 이의한다는 취지가 나타나면 되고, 서면의 명칭은 문제되지 않는다.[91] 법원은 이의신청의 상대방에게 이의신청서의 부본을 송달하여야 한다(제227조 제4항).

(3) 이의신청을 한 당사자는 그 심급의 판결이 선고될 때까지 상대방의 동의를 얻어 이의신청을 취하할 수 있다(제228조 제1항). 이의신청권은 그 신청전까지 서면으로 포기할 수 있는데, 이 서면은 상대방에게 송달하여야 한다(제229조).

(4) 법원·수명법관 또는 수탁판사는 이의신청이 법령상의 방식에 어긋나거나 신청권이 소멸된 뒤의 것임이 명백한 경우에는 그 흠을 보정할 수 없으면 결정으로 이를 각하하여야 하는데, 이 결정에 대하여는 즉시항고를 할 수 있다(제230조).

(5) 이의신청이 적법한 때에는 소송은 화해권고결정 이전의 상태로 돌아가고 그 이전에 행한 소송행위는 그대로 효력을 가지며, 이 경우 화해권고결정은 그 심급에서 판결이 선고된 때에는 그 효력을 잃는다(제232조).

---

90) 법원실무제요 민사소송[Ⅲ], 1619면; 주석 민사소송법(Ⅲ), 556면.

91) 대법원 2011. 4. 14. 선고 2010다5694 판결.

마. 화해권고결정의 효력

제231조(화해권고결정의 효력) 화해권고결정은 다음 각호 가운데 어느 하나에 해당하면 재판상 화해와 같은 효력을 가진다.
1. 제226조제1항의 기간 이내에 이의신청이 없는 때
2. 이의신청에 대한 각하결정이 확정된 때
3. 당사자가 이의신청을 취하하거나 이의신청권을 포기한 때

화해권고결정 송달 후 위 각호의 사유가 있으면 화해권고결정은 재판상화해와 같은 효력을 갖고(제231조), 화해조서가 작성되면 확정판결과 같은 효력이 있는데(제220조), 이러한 효력은 소송물인 권리관계의 존부에 관한 판단에만 미친다.[92] 그리고 기판력은 그 확정시를 기준으로 하여 발생한다.[93] 판례는 화해권고결정에 창설적 효력이 있으나, 그렇다고 하여 물권적 청구권이 채권적 청구권으로 바뀌는 것은 아니라고 한다.[94]

판 례 **화해권고결정의 효력 범위(대법원 2017. 4. 13. 선고 2016다274966 판결)**

화해권고결정에 대하여 소정의 기간 내에 이의신청이 없으면 그 화해권고결정은 재판상화해와 같은 효력을 가지는데(민사소송법 제231조), 재판상화해는 확정판결과 동일한 효력이 있으며 당사자 간의 사법상의 화해계약이 그 내용을 이루는 것이면 화해는 창설적 효력을 가져 화해가 이루어지면 종전의 법률관계를 바탕으로 한 권리의무관계는 소멸하나, 재판상화해의 창설적 효력이 미치는 범위는 당사자가 서로 양보를 하여 확정하기로 합의한 사항에 한하며, 당사자가 다툰 사실이 없었던 사항은 물론 화해의 전제로서 서로 양해하고 있는 데 지나지 않은 사항에 관하여는 그러한 효력이 생기지 않는다. 화해권고결정에 인정되는 확정판결과 동일한 효력은 소송물인 권리관계의 존부에 관한 판단에만 미친다고 할 것이므로, 소송절차 진행 중에 사건이 화해권고결정에 의하여 종결된 경우 소송물 이외의 권리관계에도 그 화해권고결정의 효력이 미치려면 특별한 사정이 없는 한 그 권리관계가 화해권고결정사항에 특정되거나 그 결정문 중 청구의 표시 다음에 부가적으로 기재됨으로써 화해권고결정의 기재내용에 의하여 소송물인 권리관계가 되었다고 인정할 수 있어야 한다.

판 례 **창설적 효력(대법원 2012. 5. 10. 선고 2010다2558 판결)**

소유권에 기한 물권적 방해배제청구로서 소유권등기의 말소를 구하는 소송이나 진정명의 회복을 원인으로 한 소유권이전등기절차의 이행을 구하는 소송 중에 그 소송물에 대하여 화해권고결정이 확정되면 상대방은

92) 대법원 2017. 4. 13. 선고 2016다274966 판결.
93) 대법원 2012. 5. 10. 선고 2010다2558 판결.
94) 대법원 2012. 5. 10. 선고 2010다2558 판결.

여전히 물권적인 방해배제의무를 지는 것이고, 화해권고결정에 창설적 효력이 있다고 하여 그 청구권의 법적 성질이 채권적 청구권으로 바뀌지 아니한다.

Ⅲ. 제소전화해

1. 의 의

제소전화해는 당사자의 신청에 따라 소제기 전에 지방법원 단독판사 앞에서 행하는 화해를 말한다. 제소전화해는 소송을 예방하기 위해 미리 행하는 화해인 점에서 소송계속 후에 이루어지는 소송상화해와 구별된다. 그러나 법적 성질, 요건, 효력 등은 대체로 소송상화해의 법리를 따른다.

2. 운영상의 문제점

(1) 제소전화해는 현존하는 민사상 다툼의 해결보다는 실무상 미리 다툼없는 사실을 조서에 기재하여 재판상화해를 성립시켜 집행권원을 만들어두기 위한 목적에서 운영되고 있는데, 이는 법원이 공증적 역할을 하는 것에 다름 아니다. 또한 제소전화해는 공정증서로 만들 수 없었던[95] 임대차건물의 인도청구에 있어서 공정증서의 대용물로 널리 활용되었는데, 건물주가 계약서를 기반으로 화해조서를 받아놓고 추후 인도판결 없이 쉽게 인도집행을 할 수 있는 수단으로 이용되었던 것이다. 뿐만 아니라 경제적 강자인 금전채권자가 유리한 집행권원을 만들기 위한 수단으로도 악용되어왔다. 이는 우리 판례가 제소전화해조서에 무제한 기판력설을 취하는 점을 악용한 것으로서 탈법행위를 합법화시키고 뒤에 재판으로 다투는 길을 봉쇄하는 방편으로 이용되었던 것이다.[96]

(2) 2013년 공증인법이 개정되어 현재는 건물·토지 등의 인도공증이 가능하게 되었다(공증인법 제56조의3).

〈공증인법〉
제56조의3(건물·토지·특정동산의 인도 등에 관한 법률행위의 공증 등) ① 공증인은 건물이나

95) 민사집행법 제56조 제4호는 일정한 금액의 지급 등을 목적으로 하는 청구에 관하여 작성된 공정증서가 집행권원이 됨을 규정하고 있다.

96) 김홍엽, 780면; 이시윤, 601면; 정동윤/유병현/김경욱, 762면; 정영환, 1159면.

토지 또는 대통령령으로 정하는 동산의 인도 또는 반환을 목적으로 하는 청구에 대하여 강제집행을 승낙하는 취지를 기재한 공정증서를 작성할 수 있다. 다만, 임차건물의 인도 또는 반환에 관한 공정증서는 임대인과 임차인 사이의 임대차 관계 종료를 원인으로 임차건물을 인도 또는 반환하기 전 6개월 이내에 작성되는 경우로서 그 증서에 임차인에 대한 금원 지급에 대하여도 강제집행을 승낙하는 취지의 합의내용이 포함되어 있는 경우에만 작성할 수 있다.
② 제1항에 따른 공정증서 작성을 촉탁할 때에는 어느 한 당사자가 다른 당사자를 대리하거나 어느 한 대리인이 당사자 쌍방을 대리하지 못한다.
③ 제1항에 따른 공정증서는 「민사집행법」 제56조에도 불구하고 강제집행의 집행권원으로 본다.
④ 제3항에 따라 집행권원으로 보는 증서에 대한 집행문은 그 증서를 보존하는 공증인이 그 공증인의 사무소가 있는 곳을 관할하는 지방법원 단독판사의 허가를 받아 부여한다. 이 경우 지방법원 단독판사는 허가 여부를 결정하기 위하여 필요하면 당사자 본인이나 그 대리인을 심문할 수 있다.

3. 화해신청

제385조(화해신청의 방식) ① 민사상 다툼에 관하여 당사자는 청구의 취지·원인과 다투는 사정을 밝혀 상대방의 보통재판적이 있는 곳의 지방법원에 화해를 신청할 수 있다.
② 당사자는 제1항의 화해를 위하여 대리인을 선임하는 권리를 상대방에게 위임할 수 없다.
③ 법원은 필요한 경우 대리권의 유무를 조사하기 위하여 당사자본인 또는 법정대리인의 출석을 명할 수 있다.
④ 화해신청에는 그 성질에 어긋나지 아니하면 소에 관한 규정을 준용한다.

가. 관 할

당사자는 상대방의 보통재판적이 있는 곳의 지방법원에 화해를 신청할 수 있다(제385조 제1항). 액수에 상관없이 지방법원 단독판사의 직분관할에 속한다(법조 제7조 제4항). 다만 시·군법원 사건은 시·군법원판사가 담당한다(법조 제34조 제1항 제2호).

나. 대 상

당사자가 임의로 처분할 수 있는 권리관계에 대해 신청하여야 한다. 법문상 '민사상 다툼에 관하여'라는 것(제385조 제1항)의 의미와 관련하여, 현실분쟁설[97]과 장래분쟁설[98]의 대립이 있다. 생각건대 제385조 제1항 법문에 충실한 것은 현실분쟁설이나, 이에 의하면 제소전화해의 대상이 매우 제한적이어서 제도의 이용률이 매우 낮아질 수밖에 없고,

97) 김홍엽, 781면; 이시윤, 602면; 호문혁, 836면.
98) 정동윤/유병현/김경욱, 763면; 정영환, 1161면; 한충수, 577면.

장래에 발생 가능성이 있는 분쟁에 대해 제소전화해를 하고 있는 현재의 실무태도와도 맞지 않으며, 분쟁 발생 예방가능성이라는 제소전화해의 순기능을 과소평가하는 것이라 할 것이므로, 민사상 다툼의 의미를 넓게 보아 장래 분쟁의 발생가능성이 있는 경우에도 그 대상으로 보는 장래분쟁설을 따른다.

다. 신청방식

신청은 청구의 취지·원인과 다투는 사정을 밝혀(제385조 제1항) 말 또는 서면으로 한다(제161조). 화해를 신청할 때 소장의 5분의 1에 해당하는 인지를 내야 한다(민인 제7조 제1항). 화해신청에는 그 성질에 어긋나지 아니하면 소에 관한 규정을 준용한다(제385조 제4항).

4. 절 차

(1) 화해신청에 흠결이 있는 경우 법원은 결정으로 이를 각하한다. 신청인은 이에 대해 항고할 수 있다(제439조).

(2) 화해신청이 적법한 경우 법원은 화해기일을 정하여 신청인과 상대방에게 통지한다. 기일에 당사자 양쪽이 출석하면 법원은 화해를 권고할 것이며, 그 결과 화해가 성립하면 그 내용을 조서에 기재하게 된다(제386조). 화해가 성립하지 않은 때에는 법원사무관등은 그 사유를 조서에 기재하여야 하며(제387조 제1항), 신청인 또는 상대방이 기일에 출석하지 아니한 때에는 화해가 성립하지 않은 것으로 볼 수 있다(제387조 제2항). 법원사무관등은 화해불성립조서 등본을 당사자에게 송달하여야 한다(제387조 제3항). 화해가 불성립이 된 때에는 당사자는 소제기신청을 할 수 있으며(제388조 제1항), 적법한 소제기신청이 있을 때에는 화해신청을 한 때에 소가 제기된 것으로 본다(제388조 제2항).

(3) 화해비용은 화해가 성립된 경우에는 특별한 합의가 없으면 당사자들이 각자 부담하고, 화해불성립의 경우에는 신청인이 부담하나, 다만 소제기신청이 있는 때에는 화해비용을 소송비용의 일부로 본다(제389조).

5. 제소전화해조서의 효력

가. 확정판결과 같은 효력

제소전화해조서도 확정판결과 같은 효력을 가지므로(제220조), 기판력·집행력이 있다. 판례는 제소전화해조서는 기판력이 발생하므로, 제소전화해의 흠 역시 재심사유에 해당하는 경우에 한하여 준재심의 소에 의하여 취소되지 않은 이상, 그 제소전화해에 의해

확정된 법률관계를 부인할 수 없다고 한다.[99)]

판 례 **제소전화해조서의 기판력(대법원 2002. 12. 6. 선고 2002다44014 판결)**

[2] 제소전 화해조서는 확정판결과 같은 효력이 있어 당사자 사이에 기판력이 생기는 것이므로, 원고가 피고에게 토지에 관하여 신탁해지를 원인으로 한 소유권이전등기절차를 이행하기로 한 제소전 화해가 준재심에 의하여 취소되지 않은 이상, 그 제소전 화해에 기하여 마쳐진 소유권이전등기가 원인무효라고 주장하며 말소등기절차의 이행을 청구하는 것은 제소전 화해에 의하여 확정된 소유권이전등기청구권을 부인하는 것이어서 그 기판력에 저촉된다.

[5] 제소전 화해조서는 확정판결과 동일한 효력이 있어 당사자 사이에 기판력이 생기는 것이므로, 거기에 확정판결의 당연무효 사유와 같은 사유가 없는 한 설령 그 내용이 강행법규에 위반된다 할지라도 그것은 단지 제소전 화해에 하자가 있음에 지나지 아니하여 준재심절차에 의하여 구제받는 것은 별문제로 하고 그 화해조서를 무효라고 주장할 수는 없다.

나. 창설적 효력

판례는 제소전화해는 재판상화해로서 확정판결과 동일한 효력이 있고 창설적 효력을 가지는 것이므로 화해가 이루어지면 종전의 법률관계를 바탕으로 한 권리·의무관계는 소멸한다고 판시하였다.[100)]

다. 화해조서 취소의 효과

판례는 준재심의 소에 의하여 제소전화해를 취소하는 준재심 판결이 확정된 경우 부활될 소송이 없음은 물론 그 화해절차는 화해가 성립되지 아니한 것으로 되어 그 제소전화해에 의해 생긴 법률관계가 처음부터 없었던 것과 같이 되는 것뿐이라고 한다.[101)]

99) 대법원 2002. 12. 6. 선고 2002다44014 판결.
100) 대법원 1992. 5. 26. 선고 91다28528 판결.
101) 대법원 1996. 3. 22. 선고 95다14275 판결.

제3장 종국판결에 의한 종료

제 1 절 재판 일반

Ⅰ. 재판의 의의

(1) 고유의 의미의 재판은 소송사건에 관한 심판의 요구에 대해 법원이 하는 그 적부의 판단 또는 그 주장의 당부에 관한 공권적 판결을 뜻하나, 민사소송법상의 재판은 이것보다는 넓은 의미로서 재판기관, 즉 법원·재판장·수명법관 또는 수탁판사가 소송에 관여하여 하는 판단 또는 의사표시행위를 말한다. 가사비송사건에서는 재판을 심판으로 한다(가소 제39조).

(2) 헌법 제27조는 '법관'에 의한 재판을 규정하고 있으므로, 재판은 법관의 행위이고, 따라서 법관 이외의 사법기관인 사법보좌관·법원사무관·집행관의 행위와 구별된다. 이러한 기관도 일정한 법률판단을 하는 경우가 있으나(예컨대 경매개시결정, 집행문부여 등), 이는 처분이라고 하여 재판과 구별된다. 중재인의 중재판정도 재판이 아니다(중재 제29조).

Ⅱ. 재판의 종류

1. 판결·결정·명령

재판은 그 형식을 기준으로 판결·결정·명령으로 분류할 수 있다. 판결이 가장 중요하므로 우리법도 판결을 중심으로 규정하고 있으며, 결정·명령은 그 성질에 반하지 않는 한 판결에 관한 규정을 준용한다(제224조 제1항).

(1) 판결은 종국재판의 원칙적 형식으로서, 필수적 변론절차를 거쳐야 하며(제134조 제1항. 예외적으로 제124조, 제219조, 제257조, 제413조, 제429조, 제430조), 판결서를 작성하여 법관이 서명날인하여야 하고(제208조),[1] 엄격한 고지방법인 선고(제205조)에 의하여 그 효력이 생기게 하는 법원의 재판이다. 법원도 일단 판결을 내리면 그에 기속된다. 판결에 대한 불복은 항소 또는 상고의 방법에 의한다.

(2) 결정은 재판의 주체가 법원인 점은 판결과 같으나, 임의적 변론 또는 서면심리에 의하여 결정의 형식으로 재판하여 그 재판을 상당한 방법으로 고지함으로써 효력을 발생하는 재판을 말한다(제221조). 명령은 법원이 아닌 법관에 의한 재판을 말한다.[2] 결정과 명령은 재판서를 작성하는 경우에도 이유를 적는 것을 생략하고, 법관의 서명은 기명으로 갈음할 수도 있다(제224조 제1항 단서). 결정과 명령에 대한 불복방법은 원칙적으로 항고, 재항고, 특별항고이지만,[3] 동일 심급 내의 불복방법으로 이의가 인정되는 경우도 있다.

(3) 판결과 결정은 법원의 재판이고, 명령은 재판장·수명법관·수탁판사 등 법관의 재판이다. 다만 문서제출명령·압류명령·추심명령·전부명령 등은 명칭은 명령이나 법원의 재판이기 때문에 성질은 결정이다.

(4) 판결은 중요사항, 특히 소송에 대한 종국적·중간적 판단을 대상으로 하나, 결정·명령은 소송절차의 부수적인 파생사항, 강제집행사항, 가압류·가처분사건, 비송사건 등을 대상으로 한다.

(5) 판결은 선고시에 성립하나, 결정과 명령은 그 원본이 법원사무관등에게 교부되었을 때 성립하고, 당사자에게 고지시에 성립하는 것이 아니다.[4]

2. 종국적 재판과 중간적 재판

민사재판은 사건의 완결 여부에 따라 종국적 재판과 중간적 재판으로 분류할 수 있다.

(1) 종국적 재판은 사건을 처리함에 있어서 종국적 판단을 하여 어느 심급의 절차를 완결하는 재판이다. 종국적 재판은 다시 소송의 목적 자체에 따라 본안재판과 본안 전의 재판으로 구별된다. 본안재판은 당사자가 심판을 구하는 사항에 관하여 주장당부를 판단하는 것이며, 이를 실체상의 재판이라고 한다. 본안 전의 재판은 당사자가 심판을 구하는

1) 참고로 결정·명령은 기명·날인이면 된다(제224조 제1항 단서).
2) 재판장이 하는 소장각하명령, 석명준비명령, 기일의 지정 등이 그 예이다.
3) 그러나 위헌제청신청 기각결정에 대해서는 헌법재판소에 헌법재판소법 제68조 제2항에 의한 헌법소원심판을 청구할 수 있을 뿐, 민사소송에 의한 항고, 재항고, 특별항고를 할 수 없다(대법원 2015. 1. 6.자 2014그247 결정).
4) 대법원 2014. 10. 8.자 2014마667 전원합의체 결정.

사항에 관하여는 심리하지 않은 채 그 신청을 배척하는 재판이다. 이를 형식상의 재판이라고 하는데, 소송요건의 흠결로 인하여 소 또는 상소를 부적법 각하하는 소송판결이다.

(2) 중간적 재판은 심리 중에 부수·파생하는 문제를 처리하기 위한 재판이다. 판결로 하면 중간판결이다. 결정·명령으로 하는 예는 실기한 공격방어방법의 각하결정(제149조), 청구변경의 허가결정(제263조), 속행명령(제244조), 인지보정명령(제254조 제1항) 등이다. 중간적 재판은 별도의 규정이 없는 한 독립하여 불복할 수 없고, 종국적 재판과 함께 불복할 수 있다(제392조).

3. 명령적·확인적·형성적 재판

재판의 내용 및 효력에 따라 명령적·확인적·형성적 재판으로 분류할 수 있다.

(1) 명령적 재판은 당사자 또는 제3자에게 일정한 행위 또는 부작위를 명하는 재판이다. 예컨대 이행판결, 담보제공결정, 문서제출명령, 압류명령 등이다.

(2) 확인적 재판은 현재의 권리·법률관계의 존부 또는 증서의 진부를 확정하는 재판이다. 예컨대 확인판결, 중간확인판결, 청구 또는 상소기각판결, 제척의 결정, 소송비용액확정결정 등이 있다.

(3) 형성적 재판은 법률관계의 발생·변경·소멸을 선언하는 재판이며, 이에 의하여 법률관계를 형성하거나 새로운 법률상태를 창설하는 효과가 생긴다. 예컨대 형성판결, 상소심의 취소판결, 관할지정의 결정, 소송대리의 허가결정, 변론의 제한·분리·병합 또는 그 취소의 결정, 중단된 소송절차의 속행명령, 전부명령, 경락허가결정 등이다.

제2절 판 결

Ⅰ. 판결의 종류

1. 중간판결

가. 의 의

중간판결은 그 심급에서 사건의 전부 또는 일부를 완결하는 재판인 종국판결을 하기에 앞서 종국판결의 전제가 되는 개개의 쟁점을 미리 정리·판단하여 종국판결을 준비하는 재판을 의미한다.[5)] 판례는 과거 상소심의 환송판결이나 이송판결을 중간판결로 보았으나, 견해를 변경하여 지금은 그 심급을 이탈시키는 종국판결로 보고 있다.[6)]

나. 중간판결사항

중간판결은 독립된 공격방어방법, 중간의 다툼, 원인판결, 재심요건과 재심사유에 대하여 할 수 있다.

(1) 독립된 공격방어방법은 변제, 대물변제, 상계, 소멸시효완성 등과 같이 다른 것과 분리하여 그 하나만으로 본안의 신청을 유지 또는 배척하기에 충분한 것을 말한다.

(2) 중간의 다툼은 본안의 판단에 앞서서 판단하여야 할 소송절차상의 문제에 관한 다툼, 즉 소송요건이나 상소요건 등과 같이 이를 해결하지 않으면 청구 그 자체에 대한 판단에 들어갈 수 없는 것을 말한다.

(3) 원인판결은 청구의 원인과 액수에 관하여 다툼이 있는 경우 우선 청구의 원인을 긍정하는 때에는 중간판결을 해두는 것을 말한다(제201조 제2항).

(4) 재심요건과 재심사유는 재심의 소의 적법요건 및 재심사유의 유무에 관한 심판과 본안심판을 분리하여 전자를 먼저 심리하되, 이때에 재심사유 등이 있다고 인정한 경우에는 그에 관한 쟁점만 중간판결을 한 뒤에 본안에 관한 심리·재판을 한다(제454조). 위 중간의 다툼의 한 예에 속한다고 볼 수도 있다.

다. 효 력

(1) 중간판결이 선고되면 그 판결을 한 법원은 이에 구속되므로, 반드시 그 주문에 표시된 판단을 전제로 하여 종국판결을 하여야 한다. 만약 중간판결의 판단이 잘못된 것이라 하더라도 이에 저촉되는 판단을 할 수 없다.[7)]

(2) 다만 중간판결의 변론종결 후에 새로 발생한 사유를 주장하는 것은 가능하다.[8)] 그리고 중간판결의 기속력은 당해심급에만 한정이 되기 때문에, 상급심에서는 실기한 것이 아니라면 새로운 공격방어방법의 제출이 가능하다.

(3) 중간판결의 경우 기속력만 있고 기판력과 집행력은 발생하지 않는다. 따라서 집행권원의 효력은 존재하지 않는다.

(4) 중간판결에 대해서는 독립하여 상소할 수 없고, 종국판결과 함께 상소하여야 한

---

5) 대법원 2011. 9. 29. 선고 2010다65818 판결.

6) 항소심(제418조)의 경우(대법원 1981. 9. 8. 선고 80다3271 전원합의체 판결), 상고심의 경우(대법원 1995. 2. 14. 선고 93재다27, 34 전원합의체 판결).

7) 대법원 2011. 9. 29. 선고 2010다65818 판결.

8) 김홍엽, 788면; 이시윤, 610면; 정영환, 1181면.

다(제392조). 종국판결이 아니므로 소송비용에 대한 재판을 해서는 아니 된다(제104조).

2. 종국판결

가. 의 의

(1) 종국판결은 소 또는 상소에 의하여 계속된 사건의 전부 또는 일부를 그 심급에서 완결하는 판결이다(제198조). 본안판결, 소각하판결, 소송종료선언이 그 예이다. 또한 전술한 바와 같이 상급심의 환송·이송판결 역시 종국판결로 본다.[9)]

(2) 종국판결은 사건을 완결하는 범위에 따라 전부판결, 일부판결, 추가판결로 나뉘고, 판단의 대상이 소의 적법요건인가 청구의 이유유무인가에 따라 소송판결과 본안판결로 나뉜다.

나. 전부판결

(1) 전부판결은 같은 소송절차에서 심판되는 사건의 전부를 동시에 완결시키는 종국판결이다. 제200조 제2항의 반대해석상 청구의 병합(제253조), 반소(제269조), 변론의 병합(제141조) 등과 같이 1개의 소송절차에서 수 개의 청구가 병합심리되어 그 수 개의 청구에 대해 동시에 1개의 판결을 한 경우에도 1개의 전부판결로 본다.

(2) 전부판결은 1개의 판결이기 때문에 청구 중 일부에 대해 상소를 하면 나머지 청구에도 효력이 미쳐 판결 전체에 대한 확정차단효와 이심의 효력이 발생한다. 따라서 전부판결 중 원고 일부승소·일부패소의 경우에 패소부분에 대한 상소의 효력은 승소부분에도 미친다.[10)]

다. 일부판결

(1) 일부판결은 같은 소송절차에 의해 심판되는 사건의 일부를 다른 부분과 분리하여 먼저 완결시키는 종국판결이다(제200조 제1항). 일부판결은 복잡한 쟁점을 정리하여 집중적인 소송심리를 할 수 있고 이에 의하여 당사자의 신속한 권리구제에 도움을 준다는 장점이 있으나, 독립하여 상소하는 경우 심급이 달라져 심리의 불편함을 초래하고 재판의 모순·저촉 가능성이 있다는 단점이 있다.

(2) 일부판결이 허용되는 예는 ① 병합[11)]된 수 개의 청구 중 어느 하나의 청구, ② 가

---

9) 항소심의 경우(대법원 1981. 9. 8. 선고 80다3271 전원합의체 판결), 상고심의 경우(대법원 1995. 2. 14. 선고 93재다27, 34 전원합의체 판결).

10) 상세는 후술 상소불가분의 원칙 부분 참조.

11) 여기서의 병합은 주로 객관적으로는 단순병합, 주관적으로는 통상공동소송일 것이다.

분적 청구 중 액수가 확정된 부분, ③ 변론이 병합된 청구 중 어느 하나의 청구, ④ 병합된 본소와 반소 가운데 어느 하나의 청구 등이다(제200조 제2항).

(3) 일부판결을 할 것인가의 여부는 법원의 재량에 속한다(제200조). 그러나 일부판결과 잔부판결 간에 내용상 모순이 생길 염려가 있을 때에는 일부판결이 허용될 수 없는데, ① 선택적 병합,[12] 예비적 병합,[13] ② 본소와 반소의 소송물이 동일한 법률관계이거나,[14] 동일한 형성청구인 경우,[15] ③ 필수적 공동소송, 독립당사자참가,[16] 공동소송참가, 예비적·선택적 공동소송[17] 등 합일확정소송 등이 그것이다.

(4) 법원이 의도적으로 일부판결을 한 경우, 나머지 부분은 당해 심급에서 심리를 계속하여 사건을 완결하는 판결을 하는데, 이를 잔부판결이라 한다.

라. 재판의 누락과 추가판결

(1) 추가판결은 법원이 심리한 사건 전부에 대해 재판할 의사였지만 실수로 청구의 일부에 대하여 재판을 누락한 경우 후에 그 누락된 부분에 대하여 하는 종국판결을 말한다(제212조). 예컨대 반소가 제기되었음에도 본소만 판단하고 반소에 관한 판단을 빠뜨린 경우,[18] 지연손해금청구를 확장하였음에도 이 부분에 대한 판단을 빠뜨린 경우,[19] 이혼판결을 하면서 직권으로 정해야 하는 미성년자인 자녀에 대한 친권자 및 양육자를 정하지 않은 경우[20] 등에서, 빠뜨린 부분에 대하여 하는 재판을 의미한다.

(2) 재판의 누락은 ① 이를 모르고 한 경우이므로, 법원이 의도적으로 일부판결을 하고 후에 나머지 부분에 대하여 하는 잔부판결과 구별되고, ② 주문 판단의 대상인 청구의 일부에 대한 재판을 빠뜨린 경우이므로, 이유 중 판단의 대상인 공격방어방법에 대한 판단누락, 즉 이유누락과 구별된다(제451조 제1항 제9호).

(3) 판례는 주문의 기재를 기준으로 재판의 누락 여부를 판단하는데, 판결이유에 청구가 이유 없다고 설시되어 있더라도 주문에 그 설시가 없으면 재판의 누락으로 보고,[21] 주문에 전부에 대한 판단이 기재되어 있으면 이유 중 청구의 일부에 대한 판단이 빠져 있

---

12) 대법원 1998. 7. 24. 선고 96다99 판결.
13) 대법원 2000. 11. 16. 선고 98다22253 전원합의체 판결.
14) 예컨대 원고와 피고가 각 본소와 반소로 같은 부동산에 관한 소유권확인을 구하는 경우.
15) 예컨대 원고와 피고가 각 본소와 반소로 동일한 이혼을 구하는 경우.
16) 대법원 1991. 3. 22. 선고 90다19329, 19336 판결.
17) 대법원 2018. 2. 13. 선고 2015다242429 판결.
18) 대법원 1989. 12. 26. 선고 89므464 판결.
19) 대법원 1996. 2. 9. 선고 94다50274 판결.
20) 대법원 2015. 6. 23. 선고 2013므2397 판결.
21) 대법원 2017. 12. 5. 선고 2017다237339 판결.

더라도 재판의 누락으로 보지 않는다.[22] 즉 청구취지와 비교하여 주문에서 대답이 없으면 재판의 누락이 된다.

판 례 **이유에 판단이 있으나 주문에 설시가 누락된 경우(대법원 2017. 12. 5. 선고 2017다237339 판결)**

판결에는 법원의 판단을 분명하게 하기 위하여 결론을 주문에 기재하도록 되어 있어 재판의 누락이 있는지 여부는 주문의 기재에 의하여 판정하여야 하므로, 판결 이유에 청구가 이유 없다고 설시되어 있더라도 주문에 그 설시가 없으면 특별한 사정이 없는 한 재판의 누락이 있다고 보아야 하며, 재판의 누락이 있으면 그 부분 소송은 아직 원심에 계속 중이어서 상고의 대상이 되지 아니하므로, 그 부분에 대한 상고는 불복의 대상이 존재하지 아니하여 부적법하다.

판 례 **주문에 기재가 있으나 이유에 판단이 빠진 경우(대법원 2003. 5. 30. 선고 2003다13604 판결)**

재판의 탈루가 있는지 여부는 우선 주문의 기재에 의하여 판정하여야 하고, 주문에 청구의 전부에 대한 판단이 기재되어 있으나 이유 중에 청구의 일부에 대한 판단이 빠져 있는 경우에는 이유를 붙이지 아니한 위법이 있다고 볼 수 있을지언정 재판의 탈루가 있다고 볼 수는 없는바, 청구를 기각하는 판결의 경우 주문에 청구 전부에 대한 판단이 기재되어 있는지 여부는 청구취지와 판결이유의 기재를 참작하여 판단하여야 한다.

(4) 재판의 누락이 있는 경우 누락된 청구부분은 그 법원에 계속되어 있기 때문에(제212조 제1항), 그 법원이 직권 또는 당사자의 신청에 의해 추가판결로 처리해야 하지, 상소의 대상이 될 수 없다.[23] 그러나 일부판결이 허용되지 않는 소송, 예컨대 선택적·예비적 병합청구, 독립당사자참가, 예비적·선택적 공동소송 등에서는 재판의 누락(제212조)이 있을 수 없으므로, 누락된 부분이 있다면 추가판결로 시정할 수는 없고,[24] 이를 판단누락으로 보아 상소(제424조 제1항 제6호) 또는 재심(제451조 제1항 제9호)으로 다투어야 한다.

(5) 재판의 누락이 있는 종전판결과 추가판결은 각 별개의 판결이다. 따라서 상소기간도 각 별도로 진행한다. 다만 종전판결의 기속력 때문에 추가판결 선고시 그 결과를 토대로 삼아야 한다.

마. 소송판결과 본안판결

(1) 소송판결은 소송요건이나 상소요건에 흠이 있는 경우 소·상소를 부적법 각하하

22) 대법원 2003. 5. 30. 선고 2003다13604 판결.
23) 대법원 2017. 12. 5. 선고 2017다237339 판결.
24) 선택적 병합의 경우(대법원 2010. 5. 27. 선고 2009다12580 판결), 예비적 병합의 경우(대법원 2000. 11. 16. 선고 98다22253 전원합의체 판결), 독립당사자참가의 경우(대법원 1981. 12. 8. 선고 80다577 판결), 예비적·선택적 공동소송의 경우(대법원 2008. 3. 27. 선고 2005다49430 판결).

는 판결이다. 소송종료선언도 성질상 소송판결에 속한다.

(2) 본안판결은 청구의 실체법상 이유유무에 대한 종국판결로서, 청구의 전부·일부에 대하여 인용·기각하는 판결이다. 이는 소의 유형에 따라 이행판결, 확인판결, 형성판결로 구분된다.

(3) 소송판결은 본안판결과 달리, ① 변론 없이 소·항소를 각하할 수 있으므로(제219조, 제413조), 필수적 변론의 원칙이 적용되지 않고, ② 각하사유가 아님에도 잘못 판단한 경우 원칙적으로 상소심의 필수적 환송사유가 되며(제418조), ③ 소송판결이 확정되어 기판력이 생긴 경우에도 그 흠을 보정하면 다시 소를 제기할 수 있다.[25)]

II. 판결의 성립

1. 판결내용의 확정

(1) 법원이 판결을 선고하려면 우선 판결내용을 확정하여야 한다. 판결내용이 확정된 것을 판결이 성립되었다고 말한다. 판결의 내용은 직접심리주의의 요청으로 인해 변론에 관여한 법관이 정해야 한다(제204조 제1항). 따라서 변론종결 후 판결내용이 확정되기 전에 법관이 바뀐 경우에는 변론을 재개(제142조)하여 당사자에게 종전의 변론결과를 진술시키고(변론의 갱신, 제204조 제2항) 판결하여야 한다.

(2) 단독판사의 경우에는 판결원본이 작성된 때에 판결내용이 확정된 것으로 본다. 합의부의 경우에는 반드시 합의를 거쳐야 하므로 합의할 때에 판결내용이 확정된다. 이 심판의 합의는 공개되지 아니한다(법조 제65조).

(3) 합의법원의 의결은 과반수 의견에 의하되, 액수에 관하여 3개 이상의 설로 나뉘어 각각 과반수에 이르지 못할 때에는 과반수에 이르기까지 최다액의 의견의 수에 차례로 소액의 의견의 수를 더하여 그중 최소액의 의견에 의한다(법조 제66조 제2항 제1호). 대법원 전원합의체에서 의견이 2개의 설로 나뉘어 각 설이 과반수에 이르지 못할 때에는 원심재판을 변경할 수 없다(법조 제66조 제3항). 합의의 내용은 비밀이지만, 대법원 판결서에는 합의에 관여한 대법관이 반드시 그 의견을 표시해야 한다(법조 제15조).

---

25) 예컨대 자연부락이 비법인사단으로서 당사자능력에 흠이 있다는 이유로 소각하판결이 내려졌으나 그 후 당사자능력을 갖춘 경우에는 종전 소송판결의 기판력을 받지 않고 적법한 소로 취급된다(대법원 2003. 4. 8. 선고 2002다70181 판결).

2. 판결원본의 작성

판결이 확정되면 법원은 판결원본을 작성해야 한다(제206조). 변론 중에 한 결정·명령은 조서에 기재함으로써 족하며, 원본작성을 필요로 하지 않는다(제154조 제5호). 판결에는 다음의 사항을 기재하고 판결한 법관이 서명날인하여야 한다(제208조 제1항). 만약 서명날인함에 지장이 있는 때에는 다른 법관이 판결에 그 사유를 적고 서명날인하여야 한다(제208조 제4항). 서명날인이 없으면 판결원본이 아니므로 그에 기한 선고는 효력이 없다.

가. 당사자와 법정대리인

당사자와 법정대리인을 표시하여야 한다. 대체로 성명과 주소를 기재하여 특정한다. 참가인도 당사자에 포함되므로 표시해야 한다. 소송대리인은 법정기재사항은 아니나,[26] 판결서 송달의 필요상 이를 기재하는 것이 보통이다.

나. 주 문

판결주문은 판결의 결론부분으로서 청구취지에 대응하는 것이다. 주문은 간결·명확해야 하고 또 주문 자체에 의하여 그 내용이 특정될 수 있어야 한다.[27] 판결주문의 명확성의 요청은 주문이 곧 강제집행의 기초가 되고 또한 기판력의 객관적 범위를 정하는 기준(제216조)이 되기 때문이다. 판결주문의 특정 여부는 직권조사사항이다.[28] 그 밖에 소송비용의 재판, 가집행의 선고 또는 그 면제의 선고 등이 기재된다.

다. 청구의 취지 및 상소의 취지

청구의 취지와 상소의 취지는 필수적 기재사항은 아니나,[29] 실무상으로는 기재하는 것이 일반적이다. 이는 심판의 대상과 범위를 명백히 하여 소송물을 명확히 밝히고, 이에 따라 기판력의 객관적 범위를 파악할 수 있게 하기 위한 것이다.

라. 이 유

(1) 이유는 주문을 이끌어낸 판단의 과정을 쓴다. 모든 이유를 반드시 기재하는 것이 아니라 주문의 정당함을 인정할 수 있는 한도 내에서 당사자의 주장과 그 밖의 공격방어방법에 관한 판단을 표시해야 한다(제208조 제2항). 청구원인과 항변 등을 종합하여 사실을 확정하고 여기에 법률을 적용하여 주문에 도달한 경로를 명확히 하여야 한다.

---

26) 대법원 1963. 5. 9. 선고 63다127 판결.
27) 대법원 2018. 2. 28. 선고 2017다270916 판결.
28) 대법원 2020. 5. 14. 선고 2019므15302 판결.
29) 대법원 1964. 6. 23. 선고 63다1014 판결.

(2) 이유를 명시하지 않거나 이유에 모순이 있는 때에는 절대적 상고이유가 되며(제424조 제1항 제6호), 판결에 영향을 미칠 중요사항에 관한 판단누락은 재심사유가 된다(제451조 제1항 제9호). 그러나 당사자가 주장한 사항에 대한 판단이 없더라도 판결이유의 전반적인 취지에 비추어 그 주장을 인용 또는 배척하였음을 알 수 있다면 판단누락으로 볼 수 없다.[30]

판 례 판결서의 이유(대법원 2008. 7. 10. 선고 2006재다218 판결)

판결서의 이유에는 주문이 정당하다는 것을 인정할 수 있을 정도로 당사자의 주장, 그 밖의 공격방어 방법에 관한 판단을 표시하면 되고 당사자의 모든 주장이나 공격방어방법에 관하여 판단할 필요가 없다(민사소송법 제208조). 따라서 상고법원의 판결에 당사자가 상고이유로 주장한 사항에 대한 구체적·직접적인 판단이 표시되어 있지 않았더라도 판결 이유의 전반적인 취지에 비추어 그 주장을 인용하거나 배척하였음을 알 수 있는 정도라면 판단누락이라고 할 수 없고, 설령 실제로 판단을 하지 아니하였다고 하더라도 그 주장이 배척될 경우임이 분명한 때에는 판결 결과에 영향이 없어 판단누락의 위법이 있다고 할 수 없다.

(3) 다만 현행 민사소송법은 집중심리와 소송경제를 위하여 이유기재에 관한 특례를 인정하였다. 이유기재를 간략화할 수 있는 경우로서는 ① 단독·합의부사건을 막론하고 제1심판결에서 무변론판결(제257조), 자백간주에 의한 판결(제150조 제3항), 공시송달에 의한 판결[31]에 있어서는, 청구를 특정함에 필요한 사항과 상계항변의 판단에 관한 사항(제216조 제2항)만을 간략하게 표시하면 된다(제208조 제3항). 그리고 이유기재의 생략이 가능한 경우는 ② 소액사건의 판결(소심 제11조의2),[32] ③ 상고심리불속행·상고이유서 부제출에 의한 상고기각판결(상고심법 제5조 제1항), ④ 배상명령, 결정·명령 등에서는 이유기재를 아니할 수 있다. 또한 ⑤ 항소심판결에 이유를 기재할 때 제1심판결을 인용할 수 있다(제420조 본문). 다만 제1심판결이 이유기재를 간략히 한 경우에는 그러하지 아니하다(제420조 단서).

마. 변론을 종결한 날짜

판결서에는 변론을 종결한 날짜를 기재하여야 한다. 이는 기판력의 시적 범위의 표준시가 된다. 무변론판결의 경우에는 판결을 선고하는 날짜를 기재한다.

---

30) 대법원 2008. 7. 10. 선고 2006재다218 판결; 대법원 2019. 10. 17. 선고 2018다300470 판결.

31) 제1심에서 공시송달 판결을 하는 경우 제208조 제3항 제3호에 따라 간략히 기재할 수 있으나, 항소심에서 공시송달 판결을 하는 경우는 그와 같이 간략히 기재할 수 없고, 제208조 제2항에 따라 주문이 정당하다는 것을 인정할 수 있을 정도로 당사자의 주장과 그 밖의 공격방어방법에 관한 판단을 표시하여야 한다(대법원 2021. 2. 4. 선고 2020다259506 판결).

32) 다만 2023년 개정법 제11조의2 제3항은 이유기재 생략에 대한 예외를 두어 시행하고 있다.

바. 법 원

법원은 판결을 한 법관이 소속한 관서로서의 법원을 의미한다. 판결서의 첫머리에 법원을 기재한다. 실무상 합의부의 경우에는 소속부까지 기재하고 있다.

3. 판결의 선고

(1) 판결은 모두 선고를 요하며, 선고에 의하여 판결은 대외적으로 성립하고 효력이 발생한다(제205조). 그러나 심리불속행, 상고이유서 부제출에 의한 상고기각 판결은 송달로써 효력이 발생한다(상고심법 제5조 제2항).

(2) 선고절차로서 판결의 선고는 공개된 법정에서 재판장이 주문을 읽어 선고하며, 필요한 때에 이유를 간략히 설명할 수 있다(제206조).

(3) 판결은 소가 제기한 날부터 5월 이내에 선고하고, 다만 항소심 및 상고심에서는 기록을 송부받은 날부터 각 5월 이내에 선고한다(제199조). 판결은 변론이 종결된 날부터 2주 이내에 선고하여야 하며, 복잡한 사건이나 그 밖의 특별한 사정이 있는 때에도 변론이 종결된 날부터 4주를 넘겨서는 아니 된다(제207조 제1항). 그러나 판례는 제199조 및 제207조를 훈시규정으로 본다.[33]

4. 판결의 송달

판결서는 선고한 뒤에 바로 법원사무관등에게 교부하여야 하고(제209조), 법원사무관등은 판결서를 받은 날부터 2주 이내에 정본으로 당사자에게 송달하여야 한다(제210조). 여기의 2주일의 송달기간도 훈시규정으로 본다. 상소기간은 당사자가 판결서를 송달받은 날로부터 기산한다(제396조, 제425조). 판결정본을 송달하는 때에는 당사자에게 상소기간과 상소장을 제출할 법원을 고지해 주어야 한다(민소규 제55조의2). 전자소송의 경우 판결정본의 송달 사실을 전자우편(이메일)과 휴대전화(문자메시지)로 통지하고, 송달받을 자가 등재된 전자문서를 확인한 때에 송달된 것으로 보는데, 만약 등재사실을 통지한 날부터 1주 이내에 확인을 하지 않으면 통지한 날부터 1주가 지난 날에 송달된 것으로 본다(민소전자문서법 제11조 제4항). 이 경우 등록사용자에게 통지한 날의 다음날부터 기산하여 7일이 지난 날의 오전 0시에 판결문이 송달된 것으로 보므로, 상소기간은 송달의 효력이 발생한 당일부터 초일을 산입하여 2주가 되는 날에 만료된다는 점을 주의해야 한다.[34]

---

33) 대법원 2008. 2. 1. 선고 2007다9009 판결.

34) 대법원 2014. 12. 22. 선고 2014다229016 판결.

판 례 **전자소송 등록사용자가 판결문 송달확인을 하지 않은 경우 상소기간 기산(대법원 2014. 12. 22. 선고 2014다229016 판결)**

'민사소송 등에서의 전자문서 이용 등에 관한 법률' 제11조는 전자적 송달은 법원사무관 등이 송달할 전자문서를 전산정보처리시스템에 등재하고 그 사실을 송달받을 자에게 전자적으로 통지하는 방법으로 하며(제3항), 이 경우 송달받을 자가 등재된 전자문서를 확인한 때에 송달된 것으로 보되, 그 등재사실을 통지한 날부터 1주 이내에 확인하지 아니한 때에는 등재사실을 통지한 날부터 1주가 지난 날에 송달된 것으로 본다(제4항)고 규정하고, 민법 제157조는 기간을 일, 주, 월 또는 연으로 정한 때에는 기간의 초일은 산입하지 아니하되, 그 기간이 오전 영시로부터 시작하는 때에는 초일을 산입한다고 규정하며, 민사소송법 제170조는 기간의 계산은 민법에 따르도록 규정하고 있다. 따라서 판결 선고 후 판결문을 전자문서로 전산정보처리시스템에 등재하고 그 사실을 전자적으로 통지하였지만 등록사용자가 판결문을 1주 이내에 확인하지 아니한 경우 판결문 송달의 효력이 발생하는 시기는 등재사실을 등록사용자에게 통지한 날의 다음 날부터 기산하여 7일이 지난 날의 오전 영시가 되고, 상소기간은 민법 제157조 단서에 따라 송달의 효력이 발생한 당일부터 초일을 산입해 기산하여 2주가 되는 날에 만료한다.

☞ 전자소송으로 진행된 항소심판결문의 전산정보처리시스템 등재사실이 2014. 9. 24. 전자우편과 휴대전화로 상고인에게 통지되었으나 그로부터 1주 이내에 상고인이 판결문을 확인하지 않았고, 상고인은 2014. 10. 16.에 상고장을 제출한 사안에서, 대법원은, 항소심판결문의 상고인에 대한 송달 효력이 발생한 시기는 전자우편 등으로 등재사실이 통지된 날의 다음 날부터 기산하여 7일이 지난 2014. 10. 2.의 오전 영시가 되고, 상고기간은 2014. 10. 2. 당일부터 기산하여 14일이 되는 2014. 10. 15. 만료하므로, 2014. 10. 16. 제출된 위 상고장은 상고기간을 도과한 것으로서 그 흠결을 보정할 수 없다고 보았음.

Ⅲ. 판결의 효력

1. 서 설

판결이 선고되면 이를 선고한 법원을 구속하는 기속력(자기구속력)이 발생하고, 판결이 확정되면 당사자가 더 이상 취소를 요구할 수 없게 하는 형식적 확정력, 후소의 법원과 당사자가 확정판결의 내용을 다툴 수 없게 하는 실질적 확정력(기판력), 기타 집행력·형성력 등의 효력이 발생한다.

2. 기속력(자기구속력)

가. 서 설

(1) 기속력은 판결이 일단 선고되면 선고한 법원도 자신의 판결에 구속되어 그의 판

결을 스스로 변경하거나 철회할 수 없는 효력을 말한다. 기속력은 자신에 대한 구속력을 의미하지만, 다른 법원에 대한 구속력을 의미하기도 한다. 기속력은 판결의 확정을 기다리지 않고 선고와 동시에 발생한다(제205조).

(2) 그러나 예외가 있다. 결정·명령에 대해 항고한 경우 법원이 재도의 고안에 의하여 경정할 수 있고(제446조), 소송의 지휘에 관한 결정과 명령은 법원이 언제든지 취소할 수 있는데(제222조), 이러한 범위 내에서 기속력은 배제된다. 또한 우리 법은 일정한 경우 판결의 경정(제211조)을 인정하여 기속력을 완화하고 있다.

나. 판결의 경정

(1) 의 의

판결의 경정은 판결에 잘못된 계산이나 기재, 그 밖에 이와 비슷한 잘못이 있음이 분명한 때에 법원이 직권으로 또는 당사자의 신청에 따라 결정으로 잘못을 바로 잡는 것을 말한다(제211조). 일단 선고된 판결에 대하여 그 내용을 실질적으로 변경하지 않는 범위 내에서 그 표현상의 잘못, 기재 잘못, 계산착오 등을 법원 스스로가 정정하여 강제집행이나 가족관계등록부의 정정 또는 등기의 기재 등 이른바 광의의 집행에 지장이 없도록 하자는 데 그 취지가 있다.[35] 판결의 경정은 청구의 포기·인낙조서, 화해조서뿐만 아니라(제220조, 제211조), 조정조서,[36] 결정·명령의 경우도 준용된다(제224조).

(2) 요 건

판결에 잘못된 계산이나 기재, 그 밖의 이와 비슷한 표현상의 잘못이 있고 또 그것이 분명한 경우이어야 한다. 따라서 판단내용의 잘못이나 판단누락은 경정사유가 아니다.[37] 법원의 과오든 당사자의 청구의 오류로 생긴 것이든 가리지 않는다.[38] 분명한 잘못인가의 여부는 판결서의 기재 자체뿐만 아니라 소송의 모든 과정에서 나타난 자료 등과 대비하여 판단하여야 하고,[39] 경정대상인 판결 이후에 제출된 자료도 참작할 수 있다.[40]

판례상 경정이 허용된 예로는 ① 조정조서에 첨부된 도면이 대한지적공사에서 측량한 측량성과도가 아니라는 이유로 수리가 거부되어 조정조서 집행이 곤란해진 경우,[41]

---

35) 대법원 2020. 3. 16.자 2020그507 결정.
36) 대법원 2012. 2. 10.자 2011마2177 결정.
37) 대법원 1969. 12. 30.자 67주4 결정.
38) 대법원 1992. 3. 4.자 92그1 결정.
39) 대법원 2012. 10. 25.자 2012그249 결정.
40) 대법원 2000. 5. 24.자 98마1839 결정.
41) 대법원 2012. 2. 10.자 2011마2177 결정.

② 손해액 산정에서 중간이자를 부당하게 과다 공제한 계산상의 착오,[42] ③ 사실심 변론종결 전에 토지가 분할되었는데 그 내용이 변론에 드러나지 않은 채 원고의 청구가 인용된 후 분할된 토지에 관한 표시로의 경정,[43] ④ 지적법상 허용되지 않는 제곱미터 미만의 단수를 존치시킴으로써 판결의 집행이 곤란하게 된 경우,[44] ⑤ 판결서의 당사자 표시에 있어서 주소를 누락한 경우,[45] ⑥ 별지 목록을 누락한 경우[46] 등이 있다.

판 례 **토지의 분할과 판결의 경정(대법원 2020. 3. 16.자 2020그507 결정)**

[2] 판결에 잘못된 계산이나 기재 그 밖에 이와 비슷한 잘못이 있는 것이 명백한 때 하는 경정결정은, 일단 선고된 판결에 대하여 그 내용을 실질적으로 변경하지 않는 범위에서 표현상의 기재 잘못이나 계산의 착오 또는 이와 유사한 잘못을 법원 스스로 결정으로써 정정 또는 보충하여 강제집행이나 등기의 기재 등 이른바 광의의 집행에 지장이 없도록 하자는 데 그 취지가 있다. 경정이 가능한 잘못에는 그것이 법원의 과실로 생긴 경우뿐만 아니라 당사자의 청구에 잘못이 있어 생긴 경우도 포함된다. 경정결정을 할 때에는 소송의 모든 과정에 나타난 자료는 물론 경정대상인 판결 이후에 제출된 자료도 다른 당사자에게 아무런 불이익이 없는 경우나 이를 다툴 수 있는 기회가 있었던 경우에는 소송경제상 이를 참작하여 그 잘못이 명백한지 여부를 판단할 수 있다.

[3] 토지에 관한 소유권이전등기절차의 이행을 구하는 소송 중 사실심 변론종결 전에 토지가 분할되었는데도 그 내용이 변론에 드러나지 않은 채 토지에 관한 원고 청구가 인용된 경우에 판결에 표시된 토지에 관한 표시를 분할된 토지에 관한 표시로 경정해 달라는 신청은 특별한 사정이 없는 한 받아들여야 한다.

그러나 판례는 ① 부동산등기의 이전·말소를 명하는 판결에서 당사자의 등기부상 주소를 표시하지 않은 경우,[47] ② 판결서에 피고의 주민등록번호가 기재되지 않은 경우[48] 등은 경정사유로 보지 않았다.

(3) 절 차

당사자의 신청 또는 직권에 의하여 언제든지 할 수 있다. 상소제기 후나 판결확정 후에도 할 수 있다. 판결의 경정결정은 원칙적으로 당해 판결을 한 법원이 하여야 하지만 상소심법원도 할 수 있다.[49] 다만 하급심에서 판결이 확정된 부분에 대해서는 그 부분에

---

42) 대법원 2007. 7. 26. 선고 2007다30317 판결.
43) 대법원 2020. 3. 16.자 2020그507 결정.
44) 대법원 1996. 10. 16.자 96그49 결정; 대법원 1999. 12. 23.자 99그74 결정.
45) 대법원 1995. 6. 19.자 95그26 결정.
46) 대법원 1970. 4. 28. 선고 70다322 판결; 대법원 1980. 7. 8.자 80마162 결정.
47) 대법원 1992. 5. 27.자 92그6 결정; 대법원 1994. 8. 16.자 94그17 결정.
48) 대법원 2022. 3. 29.자 2021그713 결정; 대법원 2022. 9. 29.자 2022그637 결정.
49) 대법원 1984. 9. 17.자 84마522 결정.

관한 소송기록이 상급법원에 있다고 하더라도 상급법원이 그 부분에 대한 심판권이 없으므로 경정할 수 없다.[50] 따라서 통상공동소송에서 상소를 하지 않은 당사자의 확정된 원심판결부분에 대해서는 상소심이 경정할 권한이 없다.[51] 그리고 경정은 원칙적으로 결정으로 하나, 판결로 경정하였다고 하여 위법이라고 할 수 없다.[52]

경정신청에 대하여 부적법 각하한 결정에 대하여는 통상의 항고가 가능하다(제439조). 그러나 경정신청에 대한 기각결정에 대하여 불복신청을 할 수 없고, 특별항고(제449조)만 허용될 뿐이다.[53] 한편 경정결정에 대하여는 즉시항고할 수 있으나, 판결에 대한 적법한 항소가 있는 때에는 즉시항고할 수 없다(제211조 제3항).

(4) 효 력

경정결정은 당초의 판결과 일체가 되어 당초의 판결선고시(결정의 경우에는 그 효력발생시)에 소급하여 효력이 발생한다.[54] 다만 채권가압류나 추심명령 등에서 제3채무자의 입장에서 볼 때 그 경정결정이 당초의 결정의 동일성을 실질적으로 변경한 것이라고 인정되는 경우에는 경정결정이 제3채무자에게 송달된 때에 비로소 경정된 내용의 결정의 효력이 발생한다.[55] 상소기간은 경정이 있다고 하여 이에 영향을 받지 않고, 당초의 판결이 송달된 날로부터 진행한다. 다만 경정에 의해 상소이유가 발생하였다면 추후보완상소(제173조)의 문제가 생길 수 있다.[56]

판 례 **채권압류 및 추심명령에 대한 경정결정의 효력(대법원 2017. 1. 12. 선고 2016다38658 판결)**

채권압류 및 추심명령은 제3채무자를 심문하지 않은 채 이루어지고 제3채무자에게 송달함으로써 효력이 생긴다. 그 후 채권압류 및 추심명령의 경정결정이 확정되는 경우 당초의 채권압류 및 추심명령은 경정결정과 일체가 되어 처음부터 경정된 내용의 채권압류 및 추심명령이 있었던 것과 같은 효력이 있으므로, 원칙적으로 당초의 결정이 제3채무자에게 송달된 때에 소급하여 경정된 내용으로 결정의 효력이 있다. 그런데 직접 당사자가 아닌 제3채무자는 피보전권리의 존재와 내용을 모르고 있다가 결정을 송달받고 비로소 이를 알게 되는 것이 일반적이기 때문에 당초의 결정에 잘못된 계산이나 기재, 그 밖에 이와 비슷한 잘못이 있음이 객관적으로는 명백하더라도 제3채무자의 입장에서는 당초의 결정 자체만으로 잘못된 계산이나 기재, 그 밖에

---

50) 대법원 1992. 1. 29.자 91마748 결정.

51) 대법원 2007. 5. 10.자 2007카기35 결정; 대법원 2008. 10. 21.자 2008카기172 결정.

52) 대법원 1967. 10. 31. 선고 67다982 판결.

53) 대법원 1986. 11. 7.자 86마895 결정; 대법원 1995. 7. 12.자 95마531 결정.

54) 대법원 1998. 2. 13. 선고 95다15667 판결.

55) 채권가압류 사안(대법원 1999. 12. 10. 선고 99다42346 판결), 채권압류 및 추심명령 사안(대법원 2017. 1. 12. 선고 2016다38658 판결).

56) 김홍엽, 806면; 이시윤, 625면.

이와 비슷한 잘못이 있다는 것을 알 수 없는 경우가 있다. 이러한 경우에도 일률적으로 채권압류 및 추심명령의 경정결정이 확정되면 당초의 채권압류 및 추심명령이 송달되었을 때에 소급하여 경정된 내용의 채권압류 및 추심명령이 있었던 것과 같은 효력이 있다고 하게 되면 순전히 타의에 의하여 다른 사람들 사이의 분쟁에 편입된 제3채무자를 보호한다는 견지에서 타당하지 않다. 그러므로 제3채무자의 입장에서 볼 때 객관적으로 경정결정이 당초의 채권압류 및 추심명령의 동일성을 실질적으로 변경한 것이라고 인정되는 경우에는 경정결정이 제3채무자에게 송달된 때에 비로소 경정된 내용의 채권압류 및 추심명령의 효력이 생긴다.

3. 형식적 확정력(당사자에 의한 취소불가능성)

가. 의 의

판결을 한 법원은 기속력에 의하여 그 판결을 취소·변경할 수 없으나, 당사자가 상소를 하면 상급법원에 의해 취소·변경될 가능성이 있게 된다. 이와 같이 판결이 상소를 통한 불복이 불가능하게 된 상태를 판결의 형식적 확정이라고 하고, 이렇게 확정된 상태에서 판결의 취소불가능성을 형식적 확정력이라고 한다. 형식적 확정력은 상소의 추후보완(제173조 제1항) 또는 재심(제451조)에 의하여 제거될 수 있다.

나. 판결의 확정시기

(1) 판결은 ① 우선 더 이상 상소할 수 없는 예컨대 상고심판결, 제권판결(제490조 제1항), 불상소의 합의가 있는 때에는 판결선고와 동시에 확정이 된다. ② 상소기간 내에 상소를 제기하지 않고 도과시킨 때, 상소를 제기하였으나 상소를 취하한 때,[57] 상소를 제기하였으나 상소각하판결 또는 상소장각하명령이 있는 때에는 상소기간의 만료시에 확정된다. ③ 상소기간 경과 전에 상소권을 가진 당사자가 이를 포기(제394조, 제425조)한 경우에는 포기시에 확정된다. ④ 상소가 제기되면 확정이 차단되나(제498조), 상소기각판결이 확정된 때에 원판결이 확정된다.

판 례 **항소취하와 판결의 확정(대법원 2016. 1. 14. 선고 2015므3455 판결)**

항소의 취하가 있으면 소송은 처음부터 항소심에 계속되지 아니한 것으로 보게 되나(민사소송법 제393조 제2항, 제267조 제1항), 항소취하는 소의 취하나 항소권의 포기와 달리 제1심 종국판결이 유효하게 존재하므로, 항소기간 경과 후에 항소취하가 있는 경우에는 항소기간 만료 시로 소급하여 제1심판결이 확정되나, 항소기간 경과 전에 항소취하가 있는 경우에는 판결은 확정되지 아니하고 항소기간 내라면 항소인은 다시 항소의 제기가 가능하다.

---

57) 대법원 2016. 1. 14. 선고 2015므3455 판결.

(2) '일부불복'의 경우 불복하지 않은 부분의 확정시기가 문제된다. 예컨대 원고가 1,000만 원을 청구하였는데 700만 원 부분은 인용되고, 300만 원 부분은 기각되자, 원고가 자기의 패소부분(300만 원)만을 불복상소하고 피고는 상소·부대상소하지 않은 경우, 원고의 승소부분(700만 원)은 언제 확정되는지의 문제이다. 이에 대하여 ① 상소불가분의 원칙에 따라 판결전부가 확정차단 되지만, 상대방 당사자의 부대상소가 허용될 수 없는 시기에 이르면 불복하지 않은 부분은 확정된다는 견해(변론종결시설)[58]가 있다. 이에 따르면 항소심에서는 항소심의 변론종결시(제403조), 상고심에서는 상고이유서 제출기간의 도과시가 각 확정시가 된다. ② 변론종결 후 변론이 재개되는 경우를 고려하여, 선고시에 확정된다는 견해(선고시설)[59]가 있다. 판례는 선고시설을 취하여 항소심은 항소심판결의 선고시, 상고심은 상고심판결의 선고시에 확정되는 것으로 본다.[60] 선택적·예비적 병합의 경우는 상호관련성으로 인해 전부 이심되고 전부 상소심의 심판대상이 되므로, 일부불복의 경우 확정시기는 주로 단순병합이나 가분적 청구에서 문제될 것인데, 항소심의 경우 변론종결 후에도 다시 재개되는 경우가 있고 이 경우 변론종결시설에 의하면 확정을 번복하게 되어 법적 안정성 측면에서 문제가 된다. 따라서 불복 불가능성과 법적 안정성을 동시에 고려하는 선고시설이 타당하다 할 것이다.[61]

다. 판결의 확정증명

판결이 확정되면 상급심에서 소송이 완결된 경우라도 소송기록은 제1심법원에서 보존하게 되므로(제421조, 제425조), 당사자가 판결확정증명서를 신청한 때에는 제1심법원의 법원사무관등이 기록에 따라 내어주는 것이 원칙이다(제499조 제1항). 그러나 소송기록이 상급심에 있는 때에는 상급법원의 법원사무관등이 그 확정부분에 대하여만 증명서를 내어준다(제499조 제2항).

라. 소송의 종료

판결이 형식적으로 확정되면 소송은 종국적으로 종료되고, 이에 의하여 판결의 내용적 효력인 기판력, 집행력, 형성력 등이 생기게 된다.

---

58) 이시윤, 626면.

59) 강현중, 690면; 김홍엽, 808면; 정동윤/유병현/김경욱, 796면; 정영환, 1202면.

60) 항소심의 경우(대법원 2008. 3. 14. 선고 2006다2940 판결; 대법원 2020. 3. 26. 선고 2018다221867 판결), 상고심의 경우(대법원 2001. 12. 24. 선고 2001다62213 판결).

61) 상세는 후술 청구의 병합(소의 객관적 병합) 부분 참조.

4. 기판력

아래에서 별도의 항목으로 설명한다.

5. 판결의 그 밖의 효력

가. 집행력

(1) 집행력은 판결 등으로 명한 이행의무를 강제집행절차에 의하여 실현할 수 있는 효력을 말한다. 집행력은 원칙적으로 이행판결이 확정되어야 발생하나, 확정 전이라도 가집행선고가 있으면 집행력이 발생한다.

(2) 집행력이 있는 재판은 이행판결만 해당하고, 확인판결과 형성판결은 소송비용의 재판부분에 한하여 집행력이 발생한다. 더 나아가 확정판결과 동일한 효력이 있는 각종조서(인낙조서, 화해조서, 조정조서 등), 지급명령, 항고로만 불복할 수 있는 결정·명령, 배상명령(소촉법 제34조), 이행권고결정, 화해권고결정도 확정되면 집행력이 있다.

(3) 공정증서는 공증인이 공증인법 기타 법령에 의하여 법률행위, 그 밖의 사권에 관한 사실에 대하여 작성한 증서를 말하는데, 이러한 공정증서 중 공증인이 일정한 금액의 지급이나 대체물 또는 유가증권의 일정한 수량의 급여를 목적으로 하는 청구에 관하여 작성한 공정증서로서 채무자가 강제집행을 승낙한 취지가 적혀있는 것은 집행력이 발생하여 집행권원이 된다(민집 제56조 제4호).

(4) 집행력의 주관적·객관적·시적 범위는 기판력에 준하는 것이 원칙이다.[62]

나. 형성력

형성력은 형성판결의 확정에 의하여 판결내용대로 새로운 법률관계를 발생하거나 종래의 법률관계를 변경·소멸시키는 효력을 말한다. 형성력은 형성판결의 확정시에 발생하며, 당사자뿐만 아니라 일반 제3자에게도 그 효력이 미친다. 가사소송(가소 제21조), 회사소송(상법 제190조, 제240조, 제376조, 제380조, 제446조, 제552조) 및 행정소송(행소 제29조)에서는 청구를 인용하는 형성판결의 대세적 효력을 인정하고 있는 규정이 있다.

다. 법률요건적 효력

법률요건적 효력은 민법 기타 법률에서 판결의 존재를 요건사실로 하여 일정한 법률

---

62) 그러나 판례는 채권자대위소송 확정판결의 기판력이 채무자에게 미치는 경우가 있으나 집행력은 원·피고 간에 생기는 것이고 원고와 채무자 사이에는 생기지 않는다고 한다(대법원 1979. 8. 10.자 79마232 결정). 따라서 위 확정판결을 집행권원으로 하여 채무자가 제3채무자에 대해 집행할 수는 없다.

효과를 발생시키는 효력을 말한다. 예컨대 재판상의 청구로 인하여 중단된 시효가 재판이 확정된 때로부터 새로 진행하는 효과가 발생하는 것(민법 제178조 제2항), 단기소멸시효에 걸리는 채권이라도 판결에 의하여 확정되면 그 소멸시효는 10년으로 되는 효과가 발생하는 것(민법 제165조 제1항), 판결에 의한 부동산물권취득은 등기를 요하지 않는 것(민법 제187조) 등이다. 또한 소송법상 참가적 효력도 법률요건적 효력에 해당하는데, 피참가인의 확정판결이 존재하면 참가인에게도 판결의 효력이 미치는 것이다(제77조).

라. 반사적 효력

(1) 반사적 효력은 소송법상 판결의 효력이 반사적으로 실체관계에 유·불리하게 영향을 미쳐 당사자와 실체법상 의존관계에 있는 제3자에게 이익·불이익을 미치는 효과를 말한다. 예컨대 채권자와 주채무자 사이의 소송에서 주채무자가 승소확정판결을 받은 경우 보증채무의 부종성(민법 제430조)에 의해 보증인도 위 판결을 원용하여 보증채무의 이행을 거절할 수 있는 것을 들 수 있다. 반사적 효력의 인정 여부에 대해서는 이를 인정하는 견해[63]와 인정할 수 없거나 좀 더 지켜보아야 한다는 견해[64]가 대립한다.

(2) 채무자와 제3채무자 사이에 소가 제기되어 채무자가 패소확정판결을 받은 경우 그 판결의 효력은 그 후 채권자가 채무자를 대위하여 제3채무자를 상대로 제기한 소송에 미치는데, 이를 반사적 효력으로 설명하는 견해도 있고,[65] 기판력의 확장으로 보는 견해도 있다.[66] 판례는 확정판결의 효력, 즉 기판력이 미치는 것으로 표현하고 있다.[67]

Ⅳ. 기판력 일반

1. 기판력의 의의

(1) 기판력은 확정된 판결의 내용이 갖는 후소에 대한 구속력을 말한다. 즉 확정판결을 통하여 청구에 대한 판단이 이루어지면, 후소에서 동일한 사항이 문제되더라도 당사자는 그에 반하여 되풀이하여 다툴 수 없고(不可爭), 법원도 그와 모순저촉되는 판결을 해서는 아니 된다(不可反)는 효력이다. 이렇게 확정판결의 판단에 부여되는 구속력을 기판력 또는 실체(질)적 확정력이라고 한다. 기판력은 법적 안정성과 절차보장에 그 근거를 두고 있다.

63) 이시윤, 674면; 정영환, 1288면.
64) 김홍엽, 894면; 정동윤/유병현/김경욱, 866면.
65) 강현중, 771면; 이시윤, 673면.
66) 정동윤/유병현/김경욱, 867면; 정영환, 1287면.
67) 대법원 1979. 3. 13. 선고 76다688 판결.

(2) 기속력과 형식적 확정력은 당해 소송절차 내에서, 전자는 법원에 대한, 후자는 당사자에 대한 구속력으로서 문제된다. 그러나 기판력은 청구, 즉 소송물에 대한 판단의 효력으로서, 뒤에 별도로 제기되는 소송에서 법원 및 당사자에 대한 구속력으로서 문제된다.

(3) 기판력은 직권조사사항에 해당하므로, 전소 확정판결의 존부는 당사자 주장이 없더라도 법원이 직권으로 조사·판단해야 하고, 사실심 변론종결시까지 당사자가 주장하지 아니하였더라도 상고심에서 새롭게 주장·증명할 수 있다.[68] 그리고 당사자 간의 합의에 의하여 기판력을 부여하거나 취소·소멸시킬 수 없다.[69]

(4) 전소 확정판결과 모순저촉되는 판결은 무효는 아니나, 상소로써 다툴 수 있으며, 그것이 확정되었을 때 재심에 의하여 취소할 수 있다(제451조 제1항 제10호).

2. 기판력의 본질

가. 견해의 대립

기판력의 본질에 관하여 크게 실체법설과 소송법설이 대립한다. 실체법설은 판결이 실체법상의 권리관계의 변동을 가져오는 것으로 이해하고, 소송법설은 기판력의 본질을 실체관계의 변동과는 관계없이 오로지 소송법상의 효과로서 후소법원을 구속하는 효력으로 이해한다. 소송법설 내에서 다시 모순금지설과 반복금지설이 대립한다.

(1) 모순금지설은 기판력을 재판의 통일을 기하기 위해 후소법원이 전소의 확정판결과 모순된 판단을 금지시키는 구속력으로 이해한다.[70] 모순되는지 여부를 판단하기 위해 심리가 필요하다. 이 견해는 기판력을 독자적인 소송요건으로 보지 않고, 소의 이익이라는 소송요건에 흡수시킨다. 따라서 승소한 원고는 이미 권리보호를 받았기 때문에 다시 후소를 제기하는 것은 소의 이익이 없어 부적법 각하하여야 하지만, 패소한 원고의 경우는 소의 이익 흠결은 아니나 전소 판결과 모순판단을 해서는 아니 되는 구속력으로 인해 청구기각을 하게 된다.

(2) 반복금지설은 기판력의 본질을 분쟁해결의 일회성 내지 일사부재리의 요청 하에 후소법원에 대하여 다시 변론이나 재판을 하는 것을 금지하는 구속력으로 이해한다.[71] 따라서 심리가 불필요하다. 기판력 자체가 소의 이익과 무관한 독자적인 소극적 소송요건

68) 대법원 1989. 10. 10. 선고 89누1308 판결; 대법원 2011. 5. 13. 선고 2009다94384, 94391, 94407 판결.

69) 따라서 제1화해가 성립한 후 그와 모순·저촉되는 제2화해가 성립하였다 하더라도 그로 인하여 제1화해가 당연히 실효·변경된다고 볼 수 없다(대법원 1994. 7. 29. 선고 92다25137 판결).

70) 김홍엽, 814면; 한충수, 605면; 호문혁, 740면.

71) 강현중, 703면; 손한기, 341면; 이시윤, 629면; 정동윤/유병현/김경욱, 803면; 정영환, 1208면.

이 되어 전소의 승패를 불문하고 후소는 소각하판결을 하게 된다.

나. 판례의 태도

판례는 전소에서 인용된 부분은 권리보호이익이 없어 각하해야 하고, 전소에서 기각된 부분은 후소에서 기각해야 한다고 한다.[72] 이러한 판례의 태도에 대해서는 대체로 모순금지설의 입장을 취한 것으로 평가한다.

판 례 모순금지설(대법원 2009. 12. 24. 선고 2009다64215 판결)

(전략) 피고들의 점유 부분이 전소의 변론종결 당시와 동일하다면, 원고의 이 사건 청구 중 이 사건 소제기일 전까지의 기간에 해당하는 부분은 확정판결이 있었던 전소와 소송물이 동일하여 그 확정판결의 기판력이 미친다고 할 것이어서, 그중 전소의 확정판결에서 원고가 승소한 부분(전소에서 원고의 청구가 인용된 금액에 해당하는 부분)에 해당하는 부분은 권리보호의 이익이 없고, 이를 초과하는 부분은 전소의 확정판결의 기판력에 저촉되는 것이어서 받아들일 수 없는 것이고, (후략)

3. 기판력의 작용

전소판결의 기판력이 후소에 작용하려면 ① 전소와 후소의 소송물이 동일하거나, ② 전소의 소송물에 대한 판단이 후소의 선결관계에 해당하거나, ③ 전소와 후소의 소송물이 모순관계에 있는 경우이어야 한다.

가. 소송물의 동일

(1) 전·후소 소송물이 동일한 때에는 전소판결의 기판력이 후소에 작용한다. 이 경우 모순금지설은 승소한 원고의 후소는 소의 이익이 없어 각하하여야 하지만, 패소한 원고의 후소는 소의 이익 흠결은 아니나 전소와 모순된 판단을 할 수 없으므로 청구기각을 하여야 한다고 본다. 그러나 반복금지설은 기판력을 독자적인 소극적 소송요건으로 보므로 전소의 승·패소를 불문하고 소송요건 흠결로 각하하여야 한다고 본다.

(2) 다만 다시 승소판결을 얻어야 할 특별한 사정, 즉 ① 확정판결의 원본이 멸실된 경우,[73] ② 소멸시효기간 도과에 임박하여 시효중단의 필요성이 있는 경우,[74] ③ 판결의

72) 대법원 1989. 6. 27. 선고 87다카2478 판결; 대법원 2009. 12. 24. 선고 2009다64215 판결.

73) 대법원 1981. 3. 24. 선고 80다1888, 1889 판결.

74) 대법원 1998. 6. 12. 선고 98다1645 판결. 그러나 이렇게 후소가 허용되는 경우에도 후소의 판결이 전소의 승소 확정판결의 내용에 저촉되어서는 아니 되므로, 후소 법원으로서는 그 확정된 권리를 주장할 수 있는 모든 요건이 구비되어 있는지 여부에 관하여 다시 심리할 수 없다(대법원 2018. 7. 19. 선고 2018다22008 전원합의체 판결). 그러나 기판력은 변론종결시를 기준으로 발생하므로, 전소의 변론종결 후에 발생한 변제, 상계, 면제 등과 같은 채권소멸사유는 후소의 심리대상이 되고, 따라서 채무자인 피고는 후소 절차에서 위

내용이 특정되지 아니하여 집행을 할 수 없는 경우[75] 등의 사유가 있는 때에는 후소의 제기가 가능하다.

나. 후소의 선결관계

(1) 전소의 소송물에 대한 판단이 후소의 선결관계로 되는 때에도 기판력이 작용하여 후소 법원은 그와 모순되는 판단을 할 수 없다. 다만 이 경우는 전·후소 소송물이 동일한 경우가 아니므로, 선결문제의 한도 내에서 전소의 기판력 있는 판단에 구속되어 이를 전제로 심판하면 되고, 후소를 각하해야 하는 것은 아니다.

(2) 전소의 소송물이 후소 청구의 선결문제로 되는 예는, ① 원고가 소유권확인을 구하여 확정판결을 받은 후 다시 같은 피고를 상대로 소유권에 기한 이전등기를 구한 경우,[76] ② 배당이의의 소에서 패소의 확정판결을 받은 후 다시 상대방에 대하여 위 배당이의판결에서 확정된 배당액이 부당이득이라는 이유로 그 반환청구의 소를 제기한 경우,[77] ③ 원금채권의 지급을 구하여 패소의 확정판결을 받은 후 다시 원금의 존재를 전제로 전소 변론종결 후의 지연손해금 부분의 청구를 하는 경우[78] 등을 들 수 있다. 여기에서 각 후소는 기판력에 저촉되어 전소와 다른 판단을 할 수 없다.

판 례 **소유권확인의 소 확정 후 소유권에 기한 이전등기(진정명의회복을 원인으로 한 소유권이전등기)청구(대법원 1994. 12. 27. 선고 94다4684 판결)**

확정된 전소의 기판력 있는 법률관계가 후소의 소송물 자체가 되지 아니하여도 후소의 선결문제가 되는 때에는 전소의 확정판결의 판단은 후소의 선결문제로서 기판력이 작용한다고 할 것이므로, 소유권확인청구에 대한 판결이 확정된 후 다시 동일 피고를 상대로 소유권에 기한 물권적 청구권을 청구원인으로 하는 소송을 제기한 경우에는 전소의 확정판결에서의 소유권의 존부에 관한 판단에 구속되어 당사자로서는 이와 다른 주장을 할 수 없을 뿐만 아니라, 법원으로서도 이와 다른 판단을 할 수 없는 것이다.

와 같은 사유를 들어 항변할 수 있고 심리결과 그 주장이 인정되면 법원은 원고의 청구를 기각하여야 한다(대법원 2019. 1. 17. 선고 2018다24349 판결). 다만 채무자는 위 청구이의사유를 후소의 변론종결시까지 빠짐없이 제출해야 하는데, 만약 그렇지 않으면 전소와 동일한 내용의 후소판결이 선고될 것이고 그 기판력이 후소의 변론종결시를 기준으로 발생하게 되어 채무자는 더 이상 청구이의사유를 들어 집행을 저지할 수 없게 된다. 이러한 문제점을 해결하기 위해 시효중단을 위한 새로운 방식의 확인소송이 인정되고 있는데, 이에 의하면 전소(이행소송)와 후소(확인소송)의 소송물이 다르므로, 후소에서 채무자는 청구이의사유를 제출할 수 없고 법원도 이에 관해 심리하지 않으며, 채무자는 어느 때나 별소로 청구이의의 소를 제기하여 위 사유를 심리 받고 집행을 저지할 수 있게 된다(대법원 2018. 10. 18. 선고 2015다232316 전원합의체 판결).

75) 대법원 1998. 5. 15. 선고 97다57658 판결.

76) 대법원 1994. 12. 27. 선고 94다4684 판결.

77) 대법원 2000. 1. 21. 선고 99다3501 판결.

78) 대법원 1976. 12. 14. 선고 76다1488 판결.

판 례 배당이의의 소 패소확정 후 부당이득반환청구(대법원 2000. 1. 21. 선고 99다3501 판결)

[1] 채권자가 제기한 배당이의의 소의 본안판결이 확정된 때에는 이의가 있었던 배당액에 관한 실체적 배당수령권의 존부의 판단에 기판력이 생긴다.

[2] 배당이의의 소에서 패소의 본안판결을 받은 당사자가 그 판결이 확정된 후 상대방에 대하여 위 본안판결에 의하여 확정된 배당액이 부당이득이라는 이유로 그 반환을 구하는 소송을 제기한 경우에는, 전소인 배당이의의 소의 본안판결에서 판단된 배당수령권의 존부가 부당이득반환청구권의 성립 여부를 판단하는 데에 있어서 선결문제가 된다고 할 것이므로, 당사자는 그 배당수령권의 존부에 관하여 위 배당이의의 소의 본안판결의 판단과 다른 주장을 할 수 없고, 법원도 이와 다른 판단을 할 수 없다.

(3) 전소의 소송물이 후소의 항변사유가 되는 경우에도 역시 기판력이 작용한다. 예컨대 甲이 토지를 매수하였음을 전제로 乙을 대위하여 丙을 상대로 취득시효완성을 원인으로 소유권이전등기청구를 하였다가 피보전채권의 부존재를 이유로 소각하판결을 선고받고 확정되었는데, 그 후 丙이 甲을 상대로 제기한 토지인도소송에서 甲이 다시 위와 같은 권리(乙을 대위하여 丙을 상대로 시효완성을 원인으로 한 소유권이전등기절차의 이행을 구할 권리)가 있음을 항변사유로서 주장하는 것은 기판력에 저촉되어 허용될 수 없다.[79)]

(4) 다만 판례는 채무부존재확인에 관한 판결의 기판력은 채무부존재를 원인으로 한 말소등기청구의 존부에 관한 소송에 미치지 않는다고 하였다.[80)] 예외적인 판례로서 비판이 많다.[81)]

판 례 채무부존재확인판결 확정 후 말소등기청구(대법원 1980. 9. 9. 선고 80다1020 판결)

원고는 원고가 피고를 상대하여 제기한 채무부존재확인청구사건(서울민사지방법원 77가합1996 사건)이 원고승소로 확정된 점을 들고 기판력 운운하고 있으나 채권, 채무의 존부와 그 채권, 채무 관계를 원인으로 한 등기의 말소청구권의 존부는 별개의 소송물이라 할 것이므로 채무부존재 확인의 확정판결의 기판력이 본건 등기말소 청구에 미칠 수 없음은 자명한 바이니 (후략)

☞ 甲, 乙(甲의 처), 丙(원고의 처)이 공모하여 원고의 인장을 도용, 관계서류를 위조한 다음 甲이 원고를 가장하여 피고로부터 금원을 차용하고 그 담보로 위에서 위조된 서류들을 사용하여 이 사건 부동산에 관한 피고 명의의 가등기를 경료하고 위 차용금을 변제하지 아니할 때에는 소유권이전의 본등기를 경료하기로 하는 제소전화해를 하여 그에 기해 피고 명의의 소유권이전등기가 경료되자, 원고가 피고를 상대로 채무부존재확인의 소를 제기하여 승소판결이 확정된 후, 다시 피고를 상대로 위 채무부존재를 원인으로 한 말소등기청구를 한 사안.

---

79) 대법원 2001. 1. 16. 선고 2000다41349 판결.

80) 대법원 1980. 9. 9. 선고 80다1020 판결.

81) 이시윤, 631면; 정영환, 1213면.

다. 모순관계

(1) 전·후소의 소송물이 정면으로 반대되는 모순(矛盾)관계일 때에는 전소판결의 기판력이 후소에 작용한다. 비록 소송물이 동일하지는 않더라도 후소에서 전소와 다른 판단을 함으로써 전소 확정판결의 효과를 침해할 수 있기 때문이다.

(2) 모순관계에 해당하여 기판력이 미치는 예로 원고의 소유권확인판결이 확정된 후 같은 물건에 대한 피고의 소유권확인청구를 들 수 있다. 이 경우 후소를 허용한다면 일물일권주의에 반하게 될 것이다. 판례는 ① 甲·乙 간의 확정판결에 따라 甲 앞으로 소유권이전등기가 경료된 후 乙이 다시 甲을 상대로 그 소유권이전등기의 말소를 구하는 경우,[82] ② 甲과 乙의 제소전화해에 기하여 甲 앞으로 소유권이전등기가 경료되었는데, 이를 원인무효라고 주장하며 乙이 甲을 상대로 말소등기절차의 이행을 구하거나 또는 이에 갈음하여 진정명의회복을 위한 소유권이전등기를 구하는 경우,[83] 또는 乙의 채권자 丙이 乙을 대위하여 甲을 상대로 말소를 구하는 경우,[84] ③ 甲종중이 명의수탁자인 乙을 상대로 증여를 원인으로 소유권이전등기청구를 하여 승소확정판결에 따라 등기를 마쳤는데, 丙종중이 위 증여가 무효라고 주장하며 乙을 대위하여 甲종중을 상대로 위 등기의 말소를 구하는 경우[85] 등에서, 각 후소는 전소의 기판력에 저촉된다고 하였다.

판 례 **소유권이전등기를 명하는 제소전화해 확정 후 진정명의회복을 원인으로 한 소유권이전등기청구(대법원 2002. 12. 6. 선고 2002다44014 판결)**

[1] 전, 후 양소의 소송물이 동일하지 않다고 하더라도, 후소의 소송물이 전소에서 확정된 법률관계와 모순되는 정반대의 사항을 소송물로 삼았다면 이러한 경우에는 전소 판결의 기판력이 후소에 미친다.

[2] 제소전화해 조서는 확정판결과 같은 효력이 있어 당사자 사이에 기판력이 생기는 것이므로, 원고가 피고에게 토지에 관하여 신탁해지를 원인으로 한 소유권이전등기절차를 이행하기로 한 제소전화해가 준재심에 의하여 취소되지 않은 이상, 그 제소전화해에 기하여 마쳐진 소유권이전등기가 원인무효라고 주장하며 말소등기절차의 이행을 청구하는 것은 제소전화해에 의하여 확정된 소유권이전등기청구권을 부인하는 것이어서 그 기판력에 저촉된다.

[3] 진정한 등기명의의 회복을 위한 소유권이전등기청구는 이미 자기 앞으로 소유권을 표상하는 등기가 되어 있었거나 법률에 의하여 소유권을 취득한 자가 진정한 등기명의를 회복하기 위한 방법으로 현재의 등기명의인을 상대로 그 등기의 말소를 구하는 것에 갈음하여 허용되는 것인데, 말소등기에 갈음하여 허용되는 진정명의회복을 원인으로 한 소유권이전등기청구권과 무효등기의 말소등기청구권은 어느 것이나

82) 대법원 1987. 3. 24. 선고 86다카1958 판결; 대법원 1996. 2. 9. 선고 94다61649 판결.
83) 대법원 2002. 12. 6. 선고 2002다44014 판결.
84) 대법원 2000. 7. 6. 선고 2000다11584 판결.
85) 대법원 2014. 3. 27. 선고 2013다91146 판결.

진정한 소유자의 등기명의를 회복하기 위한 것으로서 실질적으로 그 목적이 동일하고, 두 청구권 모두 소유권에 기한 방해배제청구권으로서 그 법적 근거와 성질이 동일하므로, 비록 전자는 이전등기, 후자는 말소등기의 형식을 취하고 있다고 하더라도 그 소송물은 실질상 동일한 것으로 보아야 한다.

[4] 제소전화해에 기하여 경료된 소유권이전등기의 말소등기청구에 갈음한 진정명의회복을 원인으로 한 소유권이전등기청구가 실질적으로는 말소등기청구와 소송물이 동일하다는 이유로 제소전화해의 기판력에 저촉되어 허용되지 않는다고 한 사례.

판 례 **소유권이전등기를 명하는 제소전화해 확정 후 다른 채권자가 종전 소유자를 대위하여 위 소유권이전등기말소청구(대법원 2000. 7. 6. 선고 2000다11584 판결)**

부동산 소유 명의자에 대하여 소유권이전등기청구권 또는 소유권이전등기말소등기청구권을 가지는 자가 아직 그 등기를 경료하지 않고 있는 사이에 위 부동산 소유 명의자가 제3자와 그 부동산에 관한 소유권이전등기절차를 이행하기로 하는 제소전화해를 하고 그 화해조서에 의하여 위 제3자 앞으로 소유권이전등기가 경료된 경우에는 그 화해조서가 당연무효이거나 준재심절차에 의하여 취소되지 않는 한 종전의 소유 명의자에 대하여 위 등기청구권을 가지는 자가 이를 보전하기 위하여 그를 대위하여 위 제3자 명의의 위 소유권이전등기가 원인무효임을 이유로 말소를 구하는 것은 화해조서의 기판력에 저촉되어 부적법하고, 나아가 위 제3자 명의의 위 소유권이전등기에 기하여 경료된 다른 등기의 말소를 구하는 것도 마찬가지로 부적법하다.

(3) 그러나 ① 甲과 乙의 소유권이전등기말소등기청구소송에서 甲이 승소확정판결을 받았는데 후에 乙이 전소와는 별개의 청구원인에 기하여 소유권이전등기청구를 한 경우 후소는 전소의 기판력에 저촉되지 않는다고 하였고,[86] ② 채무자와 수익자 사이의 소송의 확정판결에 의해 수익자 앞으로 소유권이전등기가 경료된 후, 채권자가 제기한 사해행위취소소송을 통해 소유권이전등기가 말소되더라도 후소가 전소의 기판력에 저촉되는 것은 아니라고 하였으며,[87] ③ 가등기에 기한 본등기절차의 이행을 명하는 판결이 확정되었는데 후소로써 위 가등기만의 말소를 구하는 것은 전소판결의 기판력에 저촉되지 않는다고 하였다.[88]

판 례 **원인무효 소유권이전등기말소를 명하는 판결확정 후 다른 새로운 원인에 의한 소유권이전등기청구(대법원 1995. 6. 13. 선고 93다43491 판결)**

확정판결의 기판력은 소송물로 주장된 법률관계의 존부에 관한 판단 그 자체에만 미치는 것이고 전소와 후소가 그 소송물이 동일한 경우에 작용하는 것이므로, 부동산에 관한 소유권이전등기가 원인무효라는 이유로 그 등기의 말소를 명하는 판결이 확정되었다고 하더라도 그 확정판결의 기판력은 그 소송물이었던 말소등기

86) 대법원 1995. 6. 13. 선고 93다43491 판결.
87) 대법원 2017. 4. 7. 선고 2016다204783 판결.
88) 대법원 1995. 3. 24. 선고 93다52488 판결.

청구권의 존부에만 미치는 것이므로, 그 소송에서 패소한 당사자도 전소에서 문제된 것과는 전혀 다른 청구원인에 기하여 상대방에 대하여 소유권이전등기청구를 할 수 있다.

☞ 甲이 乙의 등기는 위조서류에 의한 원인무효의 소유권보존등기에 터잡은 것으로서 무효라고 주장하며 乙을 상대로 말소등기청구의 소를 제기하자, 乙은 甲의 위 주장을 인정하고 甲으로부터 계쟁토지를 다시 매수한 후 위 소송에서 전혀 다투지 아니하여 자백간주로 甲 승소판결이 확정되었음. 그 후 乙의 상속인들이 甲을 상대로 전소와는 전혀 별개의 청구원인인 위 매매를 원인으로 한 소유권이전등기청구의 소를 제기한 사안.

판 례 사해행위취소소송과 모순관계(대법원 2017. 4. 7. 선고 2016다204783 판결)

[1] 무자력상태의 채무자가 소송절차를 통해 수익자에게 자신의 책임재산을 이전하기로 하여, 수익자가 제기한 소송에서 자백하는 등의 방법으로 패소판결 또는 그와 같은 취지의 화해권고결정 등을 받아 확정시키고, 이에 따라 수익자 앞으로 책임재산에 대한 소유권이전등기 등이 마쳐졌다면, 이러한 일련의 행위의 실질적인 원인이 되는 채무자와 수익자 사이의 이전합의는 다른 일반채권자의 이익을 해하는 사해행위가 될 수 있다.

[2] 채권자가 사해행위의 취소와 함께 수익자 또는 전득자로부터 책임재산의 회복을 명하는 사해행위취소의 판결을 받은 경우 수익자 또는 전득자가 채권자에 대하여 사해행위의 취소로 인한 원상회복 의무를 부담하게 될 뿐, 채권자와 채무자 사이에서 취소로 인한 법률관계가 형성되는 것은 아니다. 따라서 위와 같이 채무자와 수익자 사이의 소송절차에서 확정판결 등을 통해 마쳐진 소유권이전등기가 사해행위취소로 인한 원상회복으로써 말소된다고 하더라도, 그것이 확정판결 등의 효력에 반하거나 모순되는 것이라고는 할 수 없다.

4. 기판력 있는 재판

가. 확정된 종국판결

(1) 종국판결(중간판결은 제외된다)이 확정되면 기판력이 발생한다. 그러나 종국판결이라도 사망자를 당사자로 한 판결과 같이 당연무효인 판결에는 기판력이 없다.

(2) 소송판결은 소송요건의 흠결로 소가 부적법하다는 판단에 기판력이 발생한다. 따라서 소송요건의 흠으로 소각하판결을 받은 후에 그 흠을 그대로 둔 채 다시 소제기하면 전소판결의 기판력에 의해 후소는 각하된다. 그러나 그 흠결을 보완하여 다시 소제기하는 경우는 기판력에 저촉되지 아니한다.[89] 한편 소송판결의 기판력은 소송물인 권리 또는 법률관계의 존부에는 미치지 않는다.

---

89) 대법원 1994. 6. 14. 선고 93다45015 판결; 대법원 2003. 4. 8. 선고 2002다70181 판결. 보상금지급결정에 동의한 경우 재판상화해가 성립된 것으로 본다는 조항을 근거로 소각하판결이 확정되었으나 그 후 위 조항에 대해 위헌결정이 내려진 경우도 흠결이 보완된 것으로 본다(대법원 2023. 2. 2. 선고 2020다270633 판결).

판 례 **당사자능력 흠결을 보완(대법원 2003. 4. 8. 선고 2002다70181 판결)**

[1] 소송판결의 기판력은 그 판결에서 확정한 소송요건의 흠결에 관하여 미치는 것이지만, 당사자가 그러한 소송요건의 흠결을 보완하여 다시 소를 제기한 경우에는 그 기판력의 제한을 받지 않는다.

[2] 종전 소송에서 당사자능력의 흠결을 이유로 소각하 판결을 받은 자연부락이 그 후 비법인사단으로서 당사자능력을 갖춘 것으로 볼 여지가 있다는 이유로 종전 소송판결의 기판력과의 저촉을 인정하지 않은 사례.

나. 결정 · 명령

(1) 실체관계를 종국적으로 판단하는 내용의 결정 · 명령에는 기판력이 발생한다. 예컨대 화해권고결정(제231조),[90] 조정에 갈음하는 결정(민조 제34조 제4항), 소송비용액의 확정결정(제110조),[91] 간접강제를 위한 배상금 지급결정(민집 제261조) 등이 이에 해당한다.

(2) 그러나 소송지휘에 관한 결정 · 명령(제222조)이나 집행정지결정(제500조, 제501조),[92] 비송사건에 관한 결정 등에는 기판력이 인정되지 않는다. 또한 확정된 지급명령에는 기판력이 인정되지 않으며,[93] 확정된 이행권고결정 역시 기판력이 인정되지 않는다.[94] 민사집행법 제58조 제3항, 소액사건심판법 제5조의8 제3항에서 민사집행법 제44조 제2항의 규정을 적용하지 않는 것이 그 이유 중 하나라 할 것이다.

판 례 **지급명령에 기판력 인정 여부(대법원 2009. 7. 9. 선고 2006다73966 판결)**

구 민사소송법(2002. 1. 26. 법률 제6626호로 전문 개정되기 전의 것) 제505조 제2항은 확정판결에 대한 청구이의는 그 원인이 변론종결 후에 생긴 때에 한하여 할 수 있다고 규정하고 있으나, 같은 법 제521조 제2항은 지급명령에 대한 청구에 관한 이의의 주장은 위 법 제505조의 제한에 따르지 아니한다고 규정하고 있으므로, 확정된 지급명령에 대한 청구이의의 소에 있어서는 지급명령 발령 이후의 그 청구권의 소멸이나 청구권의 행사를 저지하는 사유뿐만 아니라 지급명령 발령 전의 청구권의 불성립이나 무효 등도 그 이의사유가 된다. 한편, 현행 민사소송법 제474조는 확정된 지급명령은 확정판결과 같은 효력을 가진다고 규정하고 있으나, 확정판결에 대한 청구이의 이유를 변론이 종결된 뒤(변론 없이 한 판결의 경우에는 판결이 선고된 뒤)에 생긴 것으로 한정하고 있는 민사집행법 제44조 제2항과는 달리 민사집행법 제58조 제3항은 지급명령에 대한 청구에 관한 이의의 주장에 관하여는 위 제44조 제2항의 규정을 적용하지 아니한다고 규정하고 있으므로, 현행 민사소송법에 의한 지급명령에 있어서도 지급명령 발령 전에 생긴 청구권의 불성립이나 무효 등의 사유를 그 지급명령에 관한 이의의 소에서 주장할 수 있다. 이러한 의미에서 구 민사소송법뿐만 아니라 현행 민사소송법에 의한 지급명령에도 기판력은 인정되지 아니한다.

---

90) 대법원 2012. 5. 10. 선고 2010다2558 판결.

91) 대법원 2002. 9. 23.자 2000마5257 결정.

92) 대법원 1987. 2. 11.자 86그154 결정.

93) 대법원 2009. 7. 9. 선고 2006다73966 판결; 대법원 2002. 2. 22. 선고 2001다73480 판결.

94) 대법원 2009. 5. 14. 선고 2006다34190 판결.

판 례 **이행권고결정에 기판력 인정 여부(대법원 2009. 5. 14. 선고 2006다34190 판결)**

소액사건심판법 제5조의7 제1항은 이행권고결정에 관하여 피고가 일정한 기간 내 이의신청을 하지 아니하거나 이의신청에 대한 각하결정이 확정된 때 또는 이의신청이 취하된 때에는 그 이행권고결정은 확정판결과 같은 효력을 가진다고 규정하고 있다. 그러나 확정판결에 대한 청구이의 이유를 변론이 종결된 뒤(변론 없이 한 판결의 경우에는 판결이 선고된 뒤)에 생긴 것으로 한정하고 있는 민사집행법 제44조 제2항과는 달리, 소액사건심판법 제5조의8 제3항은 이행권고결정에 대한 청구에 관한 이의의 주장에 관하여는 위 민사집행법 규정에 의한 제한을 받지 아니한다고 규정하고 있으므로, 확정된 이행권고결정에 관하여는 그 결정 전에 생긴 사유도 청구에 관한 이의의 소에서 주장할 수 있다. 이에 비추어 보면 위 소액사건심판법 규정들의 취지는 확정된 이행권고결정에 확정판결이 가지는 효력 중 기판력을 제외한 나머지 효력인 집행력 및 법률요건적 효력 등의 부수적 효력을 인정하는 것이고, 기판력까지 인정하는 것은 아니다.

다. 확정판결과 동일한 효력이 있는 것

(1) 청구의 포기·인낙조서 및 화해조서(제220조), 조정조서(민조 제29조, 가소 제59조), 중재판정(중재 제35조) 등에도 기판력이 인정된다.

(2) 그러나 판례는 개인회생채권자표에 기재한 경우 개인회생채권자 전원에 대하여 확정판결과 동일한 효력이 있다고 규정하고 있으나(채무자회생법 제603조 제3항), 여기에서 효력은 기판력이 아닌 확인적 효력에 불과하다고 본다.[95] 공정증서 역시 집행력은 있으나 기판력은 없다.[96]

판 례 **공정증서의 효력(대법원 1992. 4. 14. 선고 92다169 판결)**

공증인가 합동법률사무소가 구 간이절차에의한민사분쟁사건처리특례법 제4조(1985. 9. 14. 법률 제3790호로 삭제)에 의하여 작성한 약속어음 공정증서는 채무명의로서 집행력은 있으나 확정판결과 같은 기판력은 없다.

라. 외국법원의 확정재판 등

(1) 외국법원의 확정판결 또는 이와 동일한 효력이 인정되는 재판은 우리나라에서 승인될 수 있으면 기판력이 발생한다. 외국판결이 승인되려면 ① 외국법원의 판결이 확정되고, ② 외국판결이 제217조 제1항 각호, 즉 국제재판관할권의 존재, 송달의 적법성, 공서양속, 상호보증의 요건을 구비하여야 한다. 구체적으로 ⅰ) 대한민국의 법령 또는 조약에 따른 국제재판관할의 원칙상 그 외국법원의 국제재판관할권이 인정될 것(제1호), ⅱ) 패소

95) 대법원 2017. 6. 19. 선고 2017다204131 판결.
96) 대법원 1992. 4. 14. 선고 92다169 판결.

한 피고가 소장 또는 이에 준하는 서면 및 기일통지서나 명령을 적법한 방식에 따라 방어에 필요한 시간여유를 두고 송달받았거나(공시송달이나 이와 비슷한 송달은 제외),[97] 송달받지 아니하였더라도 소송에 응하였을 것(제2호), iii) 그 확정재판등의 승인이 대한민국의 선량한 풍속이나 그 밖의 사회질서에 어긋나지 아니할 것(제3호),[98] iv) 상호보증이 있을 것(제4호) 등의 요건을 충족하여야 한다. 이는 법원의 직권조사사항이다(제217조 제2항).

(2) 특히 위 제3호 요건과 관련하여 2014년 개정 민사소송법은 제217조의2를 신설하여 소위 징벌적 손해배상과 같이 외국판결의 배상액이 과다한 경우 그 승인범위를 제한할 수 있도록 하였다. 즉 법원은 손해배상에 관한 확정재판 등이 대한민국의 법률 또는 대한민국이 체결한 국제조약의 기본질서에 현저히 반하는 결과를 초래할 경우에는 해당 확정재판 등의 전부 또는 일부를 승인할 수 없도록 하고(제1항),[99] 이를 심리할 때 외국법원이 인정한 손해배상의 범위에 변호사보수를 비롯한 소송과 관련된 비용과 경비가 포함되는지와 그 범위를 고려하도록 하였다(제2항).

Ⅴ. 기판력의 범위

1. 기판력의 시적 범위

가. 의 의

(1) 기판력이 어느 시점의 권리관계의 존부에 관하여 생기는 것인가의 문제가 곧 기판력의 시적 범위의 문제이다. 당사자는 사실심 변론종결시까지 소송자료를 제출할 수 있고, 종국판결도 그때까지 제출한 자료를 기초로 하는 것이므로, 기판력은 사실심 변론종결시를 표준으로 하여 그 시점에서의 권리 또는 법률관계의 존부에 관하여 생긴다고 본다.[100] 이는 변론종결 후의 승계인에게 기판력을 미치게 하는 제218조 제1항의 규정이나

---

97) 최근 판례는 제186조 제1항, 제2항의 보충송달은 여기의 적법한 송달에 해당한다고 보았다(대법원 2021. 12. 23. 선고 2017다257746 전원합의체 판결).

98) 대법원 2012. 5. 24. 선고 2009다22549 판결. 우리나라 국민이 일본기업을 상대로 일본국 법원에 강제징용 불법행위 손해배상청구를 하여 패소확정판결을 받았음에도 우리나라 법원에 같은 소를 제기한 사안에서, 일본판결은 우리 헌법가치와 정면으로 충돌하는 것이어서 이를 승인할 수 없다고 하였다.

99) 최근 판례는 원고가 입은 손해의 수배의 지급을 명하는 외국판결이 손해배상의 원인으로 삼은 행위(예컨대 불공정거래행위)가 우리나라에서 손해전보의 범위를 초과하는 손해배상을 허용하는 개별 법률(예컨대 실제 손해액의 3배 내에서 손해배상을 허용하는 법조항을 두고 있는 공정거래법)의 규율 영역에 속하는 경우에는 그 외국판결을 승인하는 것이 손해배상 관련 법률의 기본질서에 위배되어 허용될 수 없는 정도라고 보기 어렵다고 하였다(대법원 2022. 3. 11. 선고 2018다231550 판결).

100) 대법원 1961. 12. 14. 선고 4293민상837 판결; 대법원 1995. 9. 29. 선고 94다46817 판결.

변론종결 후에 생긴 이의사유에 한하여 청구이의의 소를 제기할 수 있게 한 민사집행법 제44조 제2항의 규정에 비추어 볼 때 그러하다.

(2) 다만 무변론판결의 경우는 선고시가 표준시가 된다. 판례는 화해권고결정의 기판력은 그 확정시를 기준으로 하여 발생한다고 본다.[101)]

나. 표준시 전에 존재한 사유: 실권효(차단효)

(1) 당사자는 전소의 표준시 이전에 존재하였으나 제출하지 않은 공격방어방법을 그 뒤에 후소에 제출하여 전소에서 확정된 권리관계와 다른 판단을 구할 수 없다. 즉 표준시 전에 주장하였거나 주장할 수 있었던 모든 공격방어방법의 제출권을 상실한다. 이러한 기판력의 작용을 실권효 또는 차단효라 한다. 표준시 전에 존재한 공격방어방법을 당사자가 알지 못하였거나 알지 못한 데 과실이 있는지 여부를 불문하므로,[102)] 그 당시 당사자가 알 수 있었거나 또는 알고서 이를 주장하지 않았던 사항에 한해서만 기판력이 미친다고 볼 수 없다.[103)]

판 례 **당사자의 부지·과실유무와 차단효(대법원 2014. 3. 27. 선고 2011다49981 판결)**

확정판결의 기판력은 소송물로 주장된 법률관계의 존부에 관한 판단에 미치는 것이므로 동일한 당사자 사이에서 전소의 소송물과 동일한 소송물에 대한 후소를 제기하는 것은 전소 확정판결의 기판력에 저촉되어 허용될 수 없다. 또한 동일한 소송물에 대한 후소에서 전소 변론종결 이전에 존재하고 있던 공격방어방법을 주장하여 전소 확정판결에서 판단된 법률관계의 존부와 모순되는 판단을 구하는 것은 전소 확정판결의 기판력에 반하는 것이고, 전소에서 당사자가 그 공격방어방법을 알지 못하여 주장하지 못하였는지 나아가 그와 같이 알지 못한 데 과실이 있는지는 묻지 아니한다.

☞ 甲이 토지거래허가구역 내 토지를 매수한 후 매도인 乙을 상대로 소유권이전등기청구를 하여 기각판결을 받고 확정되었는데(전소), 변론종결 전에 이미 위 토지가 허가구역에서 해제되었음에도 甲이 이를 주장하지 아니하여 법원이 위 토지가 토지거래허가구역 내에 위치하고 있음을 전제로 판결을 한 것임. 그 후 甲이 다시 乙을 상대로 소유권이전등기청구를 하였는데(후소), 법원은 甲이 위 토지가 토지거래허가구역에서 해제된 사실을 알지 못하여 전소에서 주장하지 못하였다고 하더라도 후소에서 이를 주장하여 전소 법률관계의 존부와 모순되는 판단을 구하는 것은 전소 확정판결의 기판력에 반한다고 하였음.

(2) 다만 판례는 판결의 집행자체가 불법인 경우는 변론종결 전의 사유를 들어 청구이의의 소를 제기하여 그 집행을 막을 수 있고,[104)] 한정승인을 하였으나 변론종결 전에

---

101) 대법원 2012. 5. 10. 선고 2010다2558 판결.

102) 대법원 2014. 3. 27. 선고 2011다49981 판결; 대법원 2014. 3. 27. 선고 2011다79968 판결.

103) 대법원 2022. 7. 28. 선고 2020다231928 판결.

104) 대법원 1984. 7. 24. 선고 84다카572 판결.

그 사실을 주장하지 않은 경우에는 책임의 범위가 현실적인 심판대상으로 등장하지 않아 그에 관한 기판력이 미치지 않으므로 후에 이를 들어 청구이의의 소를 제기할 수 있으며,[105] 개인채무자가 면책결정이 확정되었음에도 변론종결시까지 면책사실을 주장하지 않은 경우에도 후에 이를 들어 청구이의의 소를 제기할 수 있다고 하였다.[106] 그러나 상속포기는 상속에 의한 채무의 존재자체가 문제되는 경우이므로, 상속포기를 하였음에도 변론종결 전에 그 사실을 주장하지 않았다면 후에 이를 들어 청구이의의 소를 제기하는 것은 전소의 기판력에 저촉되어 허용될 수 없다고 한다.[107]

판 례 **한정승인의 경우(대법원 2006. 10. 13. 선고 2006다23138 판결)**

채권자가 피상속인의 금전채무를 상속한 상속인을 상대로 그 상속채무의 이행을 구하여 제기한 소송에서 채무자가 한정승인 사실을 주장하지 않으면 책임의 범위는 현실적인 심판대상으로 등장하지 아니하여 주문에서는 물론 이유에서도 판단되지 않으므로 그에 관하여 기판력이 미치지 않는다. 그러므로 채무자가 한정승인을 하고도 채권자가 제기한 소송의 사실심 변론종결시까지 그 사실을 주장하지 아니하여 책임의 범위에 관한 유보가 없는 판결이 선고되어 확정되었다고 하더라도, 채무자는 그 후 위 한정승인 사실을 내세워 청구에 관한 이의의 소를 제기할 수 있다.

판 례 **상속포기의 경우(대법원 2009. 5. 28. 선고 2008다79876 판결)**

채무자가 한정승인을 하였으나 채권자가 제기한 소송의 사실심 변론종결시까지 이를 주장하지 아니하는 바람에 책임의 범위에 관하여 아무런 유보 없는 판결이 선고·확정된 경우라 하더라도 채무자가 그 후 위 한정승인 사실을 내세워 청구에 관한 이의의 소를 제기하는 것이 허용되는 것은, 한정승인에 의한 책임의 제한은 상속채무의 존재 및 범위의 확정과는 관계없이 다만 판결의 집행 대상을 상속재산의 한도로 한정함으로써 판결의 집행력을 제한할 뿐으로, 채권자가 피상속인의 금전채무를 상속한 상속인을 상대로 그 상속채무의 이행을 구하여 제기한 소송에서 채무자가 한정승인 사실을 주장하지 않으면 책임의 범위는 현실적인 심판대상으로 등장하지 아니하여 주문에서는 물론 이유에서도 판단되지 않는 관계로 그에 관하여는 기판력이 미치지 않기 때문이다. 위와 같은 기판력에 의한 실권효 제한의 법리는 채무의 상속에 따른 책임의 제한 여부만이 문제되는 한정승인과 달리 상속에 의한 채무의 존재 자체가 문제되어 그에 관한 확정판결의 주문에 당연히 기판력이 미치게 되는 상속포기의 경우에는 적용될 수 없다.

다. 표준시 후에 생긴 새로운 사유: 사정변경

(1) 변론종결 후에 새롭게 발생한 사유는 기판력의 시적 범위에 의해 차단되지 않는

105) 대법원 2006. 10. 13. 선고 2006다23138 판결.
106) 대법원 2022. 7. 28. 선고 2017다286492 판결.
107) 대법원 2009. 5. 28. 선고 2008다79876 판결.

다. 즉 실권효가 미치지 않으므로 기판력에 의해 확정된 법률효과를 다툴 수 있다.[108] 따라서 신소제기가 가능하고, 전소의 판결에 기하여 강제집행을 받게 된 경우에는 변론종결 후에 발생한 사유인 변제, 면제, 소멸시효 등에 의해 집행채권이 이미 소멸되었음을 주장하여 청구이의의 소(민집 제44조)를 제기하여 그 집행을 막을 수 있다. 그리고 ① 정지조건 미성취로 청구기각 되었으나 변론종결 후에 조건이 성취된 경우,[109] ② 기한미도래를 이유로 청구기각 되었으나 변론종결 후 기한이 도래한 경우, ③ 피담보채무의 미변제를 이유로 청구기각 되었으나 그 후 채무가 모두 변제된 경우, 또는 장래 잔존 피담보채무의 변제를 조건으로 소유권의 회복을 청구하는 경우,[110] ④ 소유권확인청구에서 공동상속인에 해당한다는 이유로 상속분에 대해서만 인용하고 나머지 청구가 기각되었으나, 뒤에 상속재산분할협의에 의해 나머지 상속분에 관한 소유권을 취득한 경우[111] 등에서 원고는 각 새로운 소제기를 할 수 있다.

판 례 **정지조건의 성취(대법원 2002. 5. 10. 선고 2000다50909 판결)**

일반적으로 판결이 확정되면 법원이나 당사자는 확정판결에 반하는 판단이나 주장을 할 수 없는 것이나, 이러한 확정판결의 효력은 그 표준시인 사실심 변론종결시를 기준으로 하여 발생하는 것이므로, 그 이후에 새로운 사유가 발생한 경우까지 전소의 확정판결의 기판력이 미치는 것은 아니므로, 전소에서 정지조건 미성취를 이유로 청구가 기각되었다 하더라도 변론종결 후에 그 조건이 성취되었다면, 이는 변론종결 후의 취소권이나 해제권과 같은 형성권 행사의 경우와는 달리 동일한 청구에 대하여 다시 소를 제기할 수 있다.

판 례 **나머지 상속분의 소유권을 취득(대법원 2011. 6. 30. 선고 2011다24340 판결)**

소유권확인청구의 소송물은 소유권 자체의 존부이므로, 전소에서 원고가 소유권을 주장하였다가 패소 판결이 확정되었다고 하더라도, 전소 변론종결 후에 소유권을 새로이 취득하였다면 전소의 기판력이 소유권확인을 구하는 후소에 미칠 수 없는데, 상속재산분할협의가 전소 변론종결 후에 이루어졌다면 비록 상속재산분할의 효력이 상속이 개시된 때로 소급한다 하더라도, 상속재산분할협의에 의한 소유권 취득은 전소 변론종결 후에 발생한 사유에 해당한다. 따라서 전소에서 원고가 단독상속인이라고 주장하여 소유권확인을 구하였으나 공동상속인에 해당한다는 이유로 상속분에 해당하는 부분에 대해서만 원고의 청구를 인용하고 나머지 청구를 기각하는 판결이 선고되어 확정되었다면, 전소의 기판력은 전소 변론종결 후에 상속재산분할협의에 의해 원고가 소유권을 취득한 나머지 상속분에 관한 소유권확인을 구하는 후소에는 미치지 않는다.

108) 대법원 1995. 9. 29. 선고 94다46817 판결.
109) 대법원 2002. 5. 10. 선고 2000다50909 판결.
110) 대법원 2014. 1. 23. 선고 2013다64793 판결.
111) 대법원 2011. 6. 30. 선고 2011다24340 판결.

(2) 한편 변론종결 후 발생한 사유는 표준시 이후에 발생한 사실자료에 한정되므로, ① 법률의 변경이나 판례의 변경,[112] 판례의 기초가 된 행정처분의 변경,[113] ② 판결의 전제가 된 법률에 관한 헌법재판소의 위헌결정,[114] ③ 기존의 사실관계에 대한 새로운 증거자료가 있다거나 새로운 법적 평가 또는 그와 같은 법적 평가가 담긴 다른 판결이 존재한다는 등의 사정[115] 등은 변론종결 후의 사유에 포함되지 않는다.

판 례 **법률의 변경(대법원 2019. 8. 29. 선고 2019다215272 판결)**

[2] 확정판결의 기판력에 의하여 당사자는 확정판결과 동일한 소송물에 기하여 신소를 제기할 수 없는 것이 원칙이나, 시효중단 등 특별한 사정이 있는 경우에는 예외적으로 신소가 허용된다. 그러나 이러한 경우에도 신소의 판결이 전소의 승소확정판결의 내용에 저촉되어서는 안되므로, 후소 법원으로서는 그 확정된 권리를 주장할 수 있는 모든 요건이 구비되어 있는지에 관하여 다시 심리할 수 없다. 다만 전소의 변론종결 후에 새로 발생한 변제, 상계, 면제 등과 같은 채권소멸사유는 후소의 심리대상이 되어 채무자인 피고는 후소 절차에서 위와 같은 사유를 들어 항변할 수 있으나, 법률이나 판례의 변경은 전소 변론종결 후에 발생한 새로운 사유에 해당한다고 할 수 없다.

[3] 승소판결이 확정된 후 소송촉진 등에 관한 특례법(이하 '소송촉진법'이라고 한다)의 변경으로 소송촉진법에서 정한 지연손해금 이율이 달라졌다고 하더라도 그로 인하여 선행 승소확정판결의 효력이 달라지는 것은 아니고, 확정된 선행판결과 달리 변경된 소송촉진법상의 이율을 적용하여 선행판결과 다른 금액을 원고의 채권액으로 인정할 수 있는 것도 아니다.

판 례 **새로운 법적 평가가 담긴 다른 판결이 존재하고 변론종결 후 피고 측 승계가 있는 경우 (대법원 1991. 3. 27. 선고 91다650, 667 판결)**

원고가 피고 甲을 상대로 소유권에 기하여 건물철거 및 대지인도청구소송을 제기한 결과, 원고가 대지의 실질적인 소유자가 아니라는 이유로 청구기각 판결이 선고되어 확정되었고 위 패소확정된 사건의 변론종결 이후에 피고 乙이 피고 甲으로부터 위 건물을 매수하였다면 피고 乙은 그의 지위를 승계한 변론종결후의 승계인에 해당하므로, 원고가 다시 피고 乙을 상대로 소유권에 기하여 위 건물의 철거와 그 대지의 인도를 청구하는 이 사건 소는 비록 그 사이에 원고가 피고 甲을 상대로 위 대지에 관한 소유권확인소송을 제기하여 승소판결을 받아 확정되었고, 위 패소확정된 사건의 판결이 선고된 때로부터 10여 년이 지났다고 하여 그 판결의 기판력을 배제하여야 할 만한 사정변경이 있다고 볼 수도 없으므로 위 패소확정판결의 기판력에 저촉되어 기각되어야 할 것이다.

---

112) 대법원 2019. 8. 29. 선고 2019다215272 판결.

113) 대법원 1998. 7. 10. 선고 98다7001 판결.

114) 대법원 1995. 1. 24. 선고 94다28017 판결.

115) 대법원 1991. 3. 27. 선고 91다650, 667 판결; 대법원 1997. 1. 24. 선고 96다32706 판결; 대법원 2016. 8. 30. 선고 2016다222149 판결.

판 례 새로운 법적 평가가 담긴 다른 판결의 존재(대법원 2016. 8. 30. 선고 2016다222149 판결)

[1] 확정판결의 기판력은 전소의 변론종결 전에 당사자가 주장하였거나 주장할 수 있었던 모든 공격방어방법에 미치고, 다만 변론종결 후에 새로 발생한 사유가 있어 전소 판결과 모순되는 사정 변경이 있는 경우에는 기판력의 효력이 차단된다. 그리고 여기에서 변론종결 후에 발생한 새로운 사유란 새로운 사실관계를 말하는 것일 뿐 기존의 사실관계에 대한 새로운 증거자료가 있다거나 새로운 법적 평가 또는 그와 같은 법적 평가가 담긴 다른 판결이 존재한다는 등의 사정은 포함되지 아니한다.

[2] 甲 등이 乙 주식회사와 甲 등 소유의 토지 위에 아파트를 신축하되 일부 세대를 공사대금 명목으로 乙 회사에 대물변제하기로 약정하고, 아파트 개별 세대에 관하여 甲 등 각자를 1/5 지분 소유권자로 하여 소유권보존등기를 마친 상태에서 乙 회사로부터 아파트를 분양받아 점유하고 있는 丙을 상대로 소유권에 기한 방해배제청구로서 건물인도를 구하는 소(이하 '제1차 인도소송'이라 한다)를 제기하였으나, 丙이 분양에 관한 처분권한을 가진 乙 회사와 매매계약을 체결하여 아파트를 매수하였으므로 이를 점유할 정당한 권원이 있다는 이유로 패소판결이 선고되어 확정되었는데, 그 후 乙 회사가 丙을 상대로 매매계약의 무효 확인을 구하는 소(이하 '무효확인 소송'이라 한다)를 제기하여 매매계약이 乙 회사를 대리할 정당한 권한이 있는 사람에 의하여 체결되었다는 증거가 없어 무효라는 취지의 판결이 선고되어 확정되자, 다시 甲 등이 丙을 상대로 공유물에 대한 보존행위로서 건물인도를 구하는 소(이하 '제2차 인도소송'이라 한다)를 제기한 사안에서, 제1차 인도소송과 제2차 인도소송의 소송물은 모두 소유권에 기한 방해배제를 구하는 건물인도 청구권으로 동일하고, 매매계약이 정당한 권한이 있는 사람에 의하여 체결되어 丙이 아파트를 점유할 정당한 권원이 있는지는 제1차 인도소송의 변론종결 전에 존재하던 사유로 甲 등이 제1차 인도소송에서 공격방어방법으로 주장할 수 있었던 사유에 불과하고 그에 대한 법적 평가가 담긴 무효확인 소송의 확정판결이 제1차 인도소송의 변론종결 후에 있었더라도 이를 변론종결 후에 발생한 새로운 사유로 볼 수도 없으므로, 제2차 인도소송은 제1차 인도소송의 확정판결의 기판력에 저촉되어 허용될 수 없다고 한 사례.

(3) 그리고 장래이행판결에서 전소표준시의 예측과 달리 후에 그 액수산정의 기초가 된 사정에 현저한 변경이 생겨 전소판결을 그대로 둘 경우 형평에 반하는 특별한 사정이 생겼다면, 전소를 명시적 일부청구로 간주하여 원고가 그 차액을 후소로 새로 청구하여도 기판력에 저촉되지 아니한다고 하였다.[116] 한편 손해배상사건에서 재판시점에 예상치 못했던 후유증이 발생한 경우 이는 별개의 소송물이므로 기판력에 저촉되지 않는다고 하였다.[117]

라. 표준시 전에 발생한 형성권을 표준시 후에 행사

(1) 문제점

전소의 변론종결 전에 발생한 취소권, 해제권, 상계권, 건물매수청구권, 백지보충권

116) 대법원 1993. 12. 21. 선고 92다46226 전원합의체 판결.
117) 대법원 2007. 4. 13. 선고 2006다78640 판결.

등 사법상 형성권을 행사하지 않고 있다가 변론종결 후에 비로소 행사하며 청구이의의 소(민집 제44조)나 채무부존재확인의 소로써 확정판결의 효력을 다툴 수 있는지 여부가 문제된다. 특히 상계권이 문제되는데, 예컨대 甲이 乙을 상대로 한 대여금청구소송에서 乙은 甲에 대해 같은 금액의 손해배상금 반대채권이 있었음에도 이를 행사하지 않아 甲이 승소 확정판결을 받고 집행하려 하자, 뒤늦게 乙이 위 집행을 막고자 상계권을 행사하며 청구이의의 소를 제기할 수 있는지 여부이다.

(2) 견해의 대립

이에 대하여 ① 모든 형성권이 실권되지 않는다고 보는 비실권설,[118] ② 다른 형성권은 실권되지만 상계권만은 실권되지 않는다는 상계권비실권설,[119] ③ 상계권이 있음을 알면서도 불행사하였으면 실권되지만 몰랐다면 달리 보아야 한다는 제한적상계권실권설,[120] ④ 모든 형성권은 실권된다고 보는 실권설의 대립이 있다.

(3) 판례의 태도

판례는 취소권 또는 해제권은 실권된다고 하고,[121] 백지보충권도 실권된다고 한다.[122] 그러나 상계권의 경우는 변론종결 전에 자동채권의 존재를 알았는가 몰랐는가에 관계없이 적법한 청구이의사유로 된다고 하고,[123] 임대인이 제기한 토지인도 및 건물철거청구소송에서 임차인이 건물매수청구권을 행사하지 아니하고 임차인 패소판결이 확정되었다 하더라도 건물철거가 집행되지 않은 이상 임차인이 건물매수청구권을 행사할 수 있다고 하였다.[124] 요컨대 판례는 상계권 및 건물매수청구권을 제외한 나머지 형성권은 실권된다는 입장이다.

판 례 　취소권·해제권의 행사(대법원 1979. 8. 14. 선고 79다1105 판결)

확정된 법률관계에 있어 동 확정판결의 구두변론종결전에 이미 발생하였던 취소권(또는 해제권)을 그 당시에 행사하지 않음으로 인하여 취소권자(또는 해제권자)에게 불리하게 확정되었다 할지라도 확정후 취소권(또는 해제권)을 뒤늦게 행사함으로써 동 확정의 효력을 부인할 수는 없게 되는 것이다.

---

118) 호문혁, 771면.
119) 김홍엽, 843면; 손한기, 348면; 정동윤/유병현/김경욱, 821면; 정영환, 1235면; 한충수, 613~614면.
120) 이시윤, 644면.
121) 대법원 1979. 8. 14. 선고 79다1105 판결.
122) 대법원 2008. 11. 27. 선고 2008다59230 판결.
123) 대법원 1998. 11. 24. 선고 98다25344 판결.
124) 대법원 1995. 12. 26. 선고 95다42195 판결.

판 례 **백지보충권의 행사(대법원 2008. 11. 27. 선고 2008다59230 판결)**

약속어음의 소지인이 어음요건의 일부를 흠결한 이른바 백지어음에 기하여 어음금 청구소송(이하 '전소'라고 한다)을 제기하였다가 위 어음요건의 흠결을 이유로 청구기각의 판결을 받고 위 판결이 확정된 후 위 백지 부분을 보충하여 완성한 어음에 기하여 다시 전소의 피고에 대하여 어음금 청구소송(이하 '후소'라고 한다)을 제기한 경우에는, 원고가 전소에서 어음요건의 일부를 오해하거나 그 흠결을 알지 못했다고 하더라도, 전소와 후소는 동일한 권리 또는 법률관계의 존부를 목적으로 하는 것이어서 그 소송물은 동일한 것이라고 보아야 한다. 그리고 확정판결의 기판력은 동일한 당사자 사이의 소송에 있어서 변론종결 전에 당사자가 주장하였거나 주장할 수 있었던 모든 공격 및 방어방법에 미치는 것이므로, 약속어음의 소지인이 전소의 사실심 변론종결일까지 백지보충권을 행사하여 어음금의 지급을 청구할 수 있었음에도 위 변론종결일까지 백지 부분을 보충하지 않아 이를 이유로 패소판결을 받고 그 판결이 확정된 후에 백지보충권을 행사하여 어음이 완성된 것을 이유로 전소 피고를 상대로 다시 동일한 어음금을 청구하는 경우에는, 위 백지보충권 행사의 주장은 특별한 사정이 없는 한 전소판결의 기판력에 의하여 차단되어 허용되지 않는다.

판 례 **상계권의 행사(대법원 1998. 11. 24. 선고 98다25344 판결)**

당사자 쌍방의 채무가 서로 상계적상에 있다 하더라도 그 자체만으로 상계로 인한 채무소멸의 효력이 생기는 것은 아니고, 상계의 의사표시를 기다려 비로소 상계로 인한 채무소멸의 효력이 생기는 것이므로, 채무자가 채무명의인 확정판결의 변론종결 전에 상대방에 대하여 상계적상에 있는 채권을 가지고 있었다 하더라도 채무명의인 확정판결의 변론종결 후에 이르러 비로소 상계의 의사표시를 한 때에는 민사소송법 제505조[125] 제2항이 규정하는 '이의원인이 변론종결 후에 생긴 때'에 해당하는 것으로서, 당사자가 채무명의인 확정판결의 변론종결 전에 자동채권의 존재를 알았는가 몰랐는가에 관계없이 적법한 청구이의 사유로 된다.

판 례 **건물매수청구권의 행사(대법원 1995. 12. 26. 선고 95다42195 판결)**

건물의 소유를 목적으로 하는 토지 임대차에 있어서, 임대차가 종료함에 따라 토지의 임차인이 임대인에 대하여 건물매수청구권을 행사할 수 있음에도 불구하고 이를 행사하지 아니한 채, 토지의 임대인이 임차인에 대하여 제기한 토지인도 및 건물철거청구 소송에서 패소하여 그 패소판결이 확정되었다고 하더라도, 그 확정판결에 의하여 건물철거가 집행되지 아니한 이상 토지의 임차인으로서는 건물매수청구권을 행사하여 별소로써 임대인에 대하여 건물매매대금의 지급을 구할 수 있다.

(4) 검 토

무효사유도 실권효가 미치는데 그보다 효력이 약한 취소·해제사유가 실권되지 않는다는 것은 균형에 맞지 않으므로 비실권설은 부당하다. 상계권의 경우 반대채권이 소멸하는 출혈적 항변이라는 점, 상계항변은 수동채권에 내재하는 흠을 주장하는 것이 아닌 점,

125) 현행 민사집행법 제44조이다.

수동채권이 확정되더라도 상계권을 행사할 수 있고, 이를 인정하더라도 채권자에게 손해가 없는 점, 상계권 행사의 자유를 인정한 실체법의 취지 등을 고려할 때 상계권은 실권되지 않는다고 보아야 한다. 제한적 상계권실권설은 상계권 행사자의 주관적 인식 여부에 따라 달라진다는 측면에서 불명료한 점이 있다. 상계권비실권설이 타당하다 할 것이다. 건물매수청구권도 상계권과 같이 볼 것이다.

마. 표준시 전의 권리관계

기판력은 표준시의 권리관계를 확정하는 것이므로, 표준시 전의 권리관계에 대해서는 기판력이 발생하지 않는다. 판례는 원본채권이 변론종결당시에 부존재하여 청구기각된 경우에도 변론종결 전에는 그 원본채권이 존재하였음을 전제로 그 종결 전날까지의 이자청구는 가능하다고 하였다.[126] 예컨대 패소한 전소 원금청구의 변론종결일이 2019. 10. 1.이고, 원금채권의 존재를 전제로 2017. 1. 1.부터 2022. 12. 31.까지의 이자를 다시 후소로 청구한 경우, 2019. 10. 1.부터 2022. 12. 31.까지의 이자분에 대해서는 전소 기판력이 미치지만, 2017. 1. 1.부터 2019. 9. 30.까지의 이자분에 대해서는 청구가 가능하다.

판 례 **전소 표준시 전 원금부분에 대한 지연손해금(이자)청구(대법원 1976. 12. 14. 선고 76다1488 판결)**

확정판결의 기판력은 사실심의 최종변론종결 당시의 권리관계를 확정하는 것이므로, 원고의 청구 중 확정판결의 사실심 변론종결시 후의 이행지연으로 인한 손해배상(이자) 청구부분은 그 선결문제로서 확정판결에 저촉되는 금원에 대한 피고의 지급의무의 존재를 주장하게 되어 논리상 확정판결의 기판력의 효과를 받게 되는 것이라고 할 것이나 그 외의 부분(변론종결당시까지의 분)의 청구는 확정판결의 기판력의 효과를 받지 않는다.

바. 정기금판결에 대한 변경의 소(제252조)

제252조(정기금판결과 변경의 소) ① 정기금(定期金)의 지급을 명한 판결이 확정된 뒤에 그 액수산정의 기초가 된 사정이 현저하게 바뀜으로써 당사자 사이의 형평을 크게 침해할 특별한 사정이 생긴 때에는 그 판결의 당사자는 장차 지급할 정기금 액수를 바꾸어 달라는 소를 제기할 수 있다.
② 제1항의 소는 제1심 판결법원의 전속관할로 한다.

---

126) 대법원 1976. 12. 14. 선고 76다1488 판결. 이 판례의 문구를 보면, 사실심 변론종결시 '후'의 부분은 기판력에 저촉되나 변론종결'당시'까지의 부분은 기판력의 효과를 받지 않는다고 되어 있어, 변론종결'당일'에 관한 지연손해금(이자) 부분은 기판력에 저촉되지 않는다고 해석될 여지가 있으나, 변론종결'당일'의 원금채권의 부존재가 확정된 것이므로 변론종결'당일'부터의 지연손해금 부분은 기판력에 저촉되고, 변론종결'전일'까지의 지연손해금 부분이 기판력에 저촉되지 않는다고 봄이 타당하다 할 것이다(이시윤, 645면; 전병서 494면).

(1) 의의 및 법적 성질

(가) 정기금판결에 대한 변경의 소는 정기금의 지급을 명하는 장래이행판결이 확정된 뒤에 그 액수산정의 기초가 된 사정이 현저하게 바뀐 경우에 장차 지급할 정기금 액수의 변경을 요구하는 소이다. 앞서 살펴본 현저한 사정변경의 예, 즉 장래의 토지 임료에 상당하는 부당이득금의 지급을 명한 판결이 확정된 후 그 임료가 8배 이상 상승하자 전소의 원고가 그 차액을 추가로 청구한 사안에서, 법원은 전소의 청구를 명시적 일부청구로 의제하여 전소 판결의 기판력이 후소에 미치지 않는다고 보았는데,[127] 이 판결에 대해서 이론구성에 무리가 있고 해석론의 한계를 벗어난다는 비판이 있었다.[128] 이에 그와 같은 이론구성을 하지 않고도 같은 결론을 도출하기 위해 변경의 소를 입법화한 것이다.

(나) 변경의 소는 확정판결의 변경을 목적으로 하는 소송법상의 형성의 소이다. 단순한 집행력의 변경을 목적으로 하는 것이 아니라 기판력의 변경을 목적으로 한다. 아울러 청구내용에 따라 이행의 소의 성질도 갖는다.[129]

(2) 구별개념

변경의 소는 판결확정 후 권리발생사실에 사정변경이 생겨 판결을 변경하려는 것임에 반하여, 청구이의의 소(민집 제44조)는 판결확정 후 권리소멸(멸각) 또는 저지사유가 생겨 판결의 효력을 배제시키려는 것이다. 따라서 판결확정 후 변제·공탁·시효완성이나 기한의 유예 등이 있는 경우 이는 변경의 소가 아니라 청구이의의 사유가 된다.

(3) 소송요건

(가) 정기금판결의 당사자 또는 기판력이 미치는 제3자가 제기할 것

이처럼 원고적격에 제한을 두는 이유는 변경의 소는 확정된 정기금판결의 기판력을 현저한 사정변경을 이유로 배제하는 것을 목적으로 하는 예외적인 것이기 때문이다. 따라서 예컨대 토지의 소유자가 무단점유자를 상대로 차임 상당의 부당이득반환청구의 소를 제기하여 토지인도시까지의 장래이행판결을 받고 확정된 경우, 위 부당이득반환청구권은 채권적 청구권이므로 전소의 변론종결 후 토지 소유권을 취득한 자는 제218조 제1항의 승계인이 아니기 때문에 변경의 소를 제기할 수 없다.[130] 다시 부당이득반환청구의 소를 제기할 수밖에 없다.

---

127) 대법원 1993. 12. 21. 선고 92다46226 전원합의체 판결.

128) 이시윤, 646면.

129) 김홍엽, 849면; 이시윤, 646면; 전원열, 522면; 정동윤/유병현/김경욱, 825면; 정영환, 1238면; 호문혁, 790면.

130) 대법원 2016. 6. 28. 선고 2014다31721 판결. 상세는 후술 기판력의 주관적 범위 부분 참조.

판 례 **부당이득반환을 명하는 정기금판결 확정 후 토지를 매수한 자의 변경의 소제기 가부 (대법원 2016. 6. 28. 선고 2014다31721 판결)**

민사소송법 제252조 제1항은 "정기금의 지급을 명한 판결이 확정된 뒤에 그 액수 산정의 기초가 된 사정이 현저하게 바뀜으로써 당사자 사이의 형평을 크게 침해할 특별한 사정이 생긴 때에는 그 판결의 당사자는 장차 지급할 정기금 액수를 바꾸어 달라는 소를 제기할 수 있다"라고 규정하고 있다. 이러한 정기금판결에 대한 변경의 소는 정기금판결의 확정 뒤에 발생한 현저한 사정변경을 이유로 확정된 정기금판결의 기판력을 예외적으로 배제하는 것을 목적으로 하므로, 확정된 정기금판결의 당사자 또는 민사소송법 제218조 제1항에 의하여 확정판결의 기판력이 미치는 제3자만 정기금판결에 대한 변경의 소를 제기할 수 있다. 한편 토지의 소유자가 소유권에 기하여 토지의 무단 점유자를 상대로 차임 상당의 부당이득반환을 구하는 소송을 제기하여 무단 점유자가 점유 토지의 인도 시까지 매월 일정 금액의 차임 상당 부당이득을 반환하라는 판결이 확정된 경우, 이러한 소송의 소송물은 채권적 청구권인 부당이득반환청구권이므로, 소송의 변론종결 후에 토지의 소유권을 취득한 사람은 민사소송법 제218조 제1항에 의하여 확정판결의 기판력이 미치는 변론을 종결한 뒤의 승계인에 해당한다고 볼 수 없다. 따라서 토지의 전 소유자가 제기한 부당이득반환청구소송의 변론종결 후에 토지의 소유권을 취득한 사람에 대해서는 소송에서 내려진 정기금 지급을 명하는 확정판결의 기판력이 미치지 아니하므로, 토지의 새로운 소유자가 토지의 무단 점유자를 상대로 다시 부당이득반환청구의 소를 제기하지 아니하고, 토지의 전 소유자가 앞서 제기한 부당이득반환청구소송에서 내려진 정기금판결에 대하여 변경의 소를 제기하는 것은 부적법하다.

(나) 정기금의 지급을 명한 판결일 것

장래 일정한 시점까지 매년 또는 매월 정기적으로 금전을 지급할 것을 명하는 판결이어야 한다. 정기금 방식의 배상판결은 물론, 정기금 방식의 임금·이자지급판결 등도 해당하고, 토지나 건물의 무단점유자에 대하여 인도시까지 매월 차임 상당의 장래 부당이득 또는 손해배상을 명한 판결도 이에 해당한다.

정기금의 지급을 명한 전소와 변경의 소는 그 소송물이 동일하다고 본다.[131] 따라서 예상치 못한 후유증에 의한 확대손해의 발생은 전소와 별개의 소송물이 되므로,[132] 변경의 소의 대상이 될 수 없고, 별소를 제기해야 한다.[133] 이와 비교하여 임료의 현격한 상승에 따른 사정변경의 경우는 과거 명시적 일부청구의제설을 취한 판례[134]가 있지만, 변경의 소제기가 가능하다고 본다.

(다) 정기금의 지급을 명하는 판결이 확정되었을 것

따라서 미확정판결에서는 변경의 소를 제기할 수 없고, 상소를 통해 원판결의 취소변

131) 김홍엽, 849면; 이시윤, 647면; 전원열, 523면; 정영환, 1238면. 반대: 호문혁, 790면.
132) 대법원 1980. 11. 25. 선고 80다1671 판결.
133) 김홍엽, 851면; 이시윤, 647면. 반대: 정영환, 1239면.
134) 대법원 1993. 12. 21. 선고 92다46226 전원합의체 판결.

경이 가능하다. 확정판결과 동일한 효력이 있는 각종 조서(인낙조서, 화해조서, 조정조서 등)나 화해권고결정에도 변경의 소가 유추적용된다고 본다.[135]

(4) 본안요건

판결확정 뒤에 정기금 액수산정의 기초가 된 사정이 현저하게 바뀌었을 것을 요한다.[136] 현저한 사정변경으로 인해 전소판결을 그대로 둘 경우 당사자 사이의 형평을 침해할 특별한 사정이 생긴 경우를 말한다. 판례는 공시지가가 2.2배 상승하고 ㎡당 연임료가 약 2.9배 상승한 것만으로는 이에 해당하지 않고,[137] 단순히 종전 확정판결의 결론이 위법·부당하다는 사정 역시 이에 해당하지 않는다고 하였다.[138]

판 례 **공시지가 및 임료 2~3배 상승(대법원 2009. 12. 24. 선고 2009다64215 판결)**

점유 토지의 인도시까지 정기금의 지급을 명하는 판결이 확정된 뒤에 그 판결의 변경을 구하는 취지의 소가 제기된 사안에서, 전소의 변론종결일 후 후소의 원심변론종결 당시까지 점유토지의 공시지가가 2.2배 상승하고 ㎡당 연임료가 약 2.9배 상승한 것만으로는, 전소의 확정판결 후에 그 액수 산정의 기초가 된 사정이 현저하게 바뀜으로써 당사자 사이의 형평을 크게 침해할 특별한 사정이 생겼다고 할 수 없으므로, 그 정기금의 증액 지급을 구할 수 없다고 한 사례.

판 례 **종전판결의 결론이 위법·부당(대법원 2016. 3. 10. 선고 2015다243996 판결)**

민사소송법 제252조 제1항은 "정기금의 지급을 명한 판결이 확정된 뒤에 그 액수산정의 기초가 된 사정이 현저하게 바뀜으로써 당사자 사이의 형평을 크게 침해할 특별한 사정이 생긴 때에는 그 판결의 당사자는 장차 지급할 정기금 액수를 바꾸어 달라는 소를 제기할 수 있다"라고 규정하고 있다. 이러한 정기금판결에 대한 변경의 소는 판결 확정 뒤에 발생한 사정변경을 요건으로 하므로, 단순히 종전 확정판결의 결론이 위법·부당하다는 등의 사정을 이유로 본조에 따라 정기금의 액수를 바꾸어 달라고 하는 것은 허용될 수 없다.

☞ 토지의 소유자가 무단점유자를 상대로 부당이득반환청구를 하였는데, 제1심은 지목을 도로로 보고 월차임을 190만 원으로 인정한 뒤, 무단점유시부터 2007. 10. 2.까지는 월 190만 원의 비율로 산정한 일시금을, 그 다음날부터 점유종료일까지는 월 190만 원의 비율에 의한 정기금의 지급을 명하였다. 원고가 항소하였으나, 위 정기금 지급을 명한 부분에 대한 항소취지를 누락하였다. 항소심은 지목을 대지로 보고 월차임을 570만 원으로 인정한 뒤, 위 불복한 일시금 부분에 대해서는 인용을 하였으나, 정기금 부분에 대해서는 항소가 없었다는 이유로 취소·변경하지 않았다. 원·피고 쌍방이 상고하였으나 상고기각으로

135) 김홍엽, 851면; 이시윤, 648면; 정영환, 1239면.

136) 이를 소의 적법요건으로 보는 견해(정영환, 1240면)도 있으나, 이유구비요건 즉 본안요건으로 봄이 타당하다(이시윤, 648면; 정동윤/유병현/김경욱, 827면; 호문혁, 792면; 주석 민사소송법(Ⅳ), 168면).

137) 대법원 2009. 12. 24. 선고 2009다64215 판결.

138) 대법원 2016. 3. 10. 선고 2015다243996 판결.

확정되었다. 그 후 원고가 종전소송에서 정기금 부분에 대한 항소취지를 누락하지 않았다면 월 570만 원의 비율에 의한 취지의 판결이 선고되었을 가능성이 있다고 주장하며 변경의 소를 제기한 사안이다.

(5) 소제기 절차

전속관할인 제1심 판결법원에 소를 제기해야 한다(제252조 제2항). 소장에는 변경을 구하는 확정판결의 사본을 첨부해야 한다(민소규 제63조 제3항). 정기금판결의 강제집행절차가 완료된 뒤에는 그 감액을 구할 권리보호의 이익이 없다. 변경의 소를 제기한다 하더라도 정기금판결의 강제집행이 정지되는 것은 아니며, 별도의 집행정지신청을 통해 결정을 받아야 한다(제500조, 제501조).

(6) 심리범위

변경의 소의 심리는 사정변경의 한도 내에서 종전판결의 액수 변경을 위한 심리만 가능하고, 변경된 사정과 무관한 사실에 대해서는 종전판결의 판단에 구속된다고 본다.[139)]

(7) 판 결

변경의 소를 인용할 때 법원은 원판결을 증액 또는 감액으로 변경하는 주문을 내면 된다. 소제기 시점을 기준으로 장차 지급할 정기금의 액수만 변경의 대상이 된다고 본다. 따라서 종전판결은 여전히 집행권원이 되고, 변경의 소 판결은 변경의 소제기 후 변경된 한도 내에서만 집행권원이 된다.[140)]

2. 기판력의 객관적 범위

가. 의 의

판결서에 표시된 판단 중 어느 사항에 관한 판단에 기판력이 발생하는가의 문제가 기판력의 객관적 범위의 문제이다. 기판력의 물적 범위라고 부르기도 한다.

나. 주문의 판단

제216조(기판력의 객관적 범위) ① 확정판결(確定判決)은 주문에 포함된 것에 한하여 기판력(旣判力)을 가진다.

---

139) 이시윤, 648면; 정영환, 1242면.
140) 주석 민사소송법(Ⅳ), 170면.

판결주문이 곧 당사자의 소송목적에 대한 결론이고 주된 관심사이므로 이 점의 판단에 기판력을 인정하는 것이 당사자의 의사에 부합하기 때문에 위 규정을 두고 있다. 따라서 소송판결의 경우에는 소송요건의 흠에 관한 판단에만, 본안판결의 경우에는 소송물인 권리관계의 존부에 관한 판단에만 기판력이 발생한다. 다만 주문은 간결하기 때문에 판결이유를 참작해서 소송판결의 경우 어떠한 소송요건의 흠결에 관한 것인가를, 본안판결의 경우 어떠한 소송물에 관한 판단인가를 가려야 한다.

(1) 동일 소송물의 범위

기판력은 소송물인 권리관계의 존부 판단에 미치기 때문에 기판력의 저촉 여부를 판단하기 위해서는 전·후소의 소송물이 동일한지 여부를 가려야 한다.

(가) 청구취지가 다른 때

원칙적으로 소송물이 다르다. 이점은 소송물이론에 따른 차이가 없다. 예컨대 판례는 1필의 토지의 일부인 특정부분(2,434평 중 1,500평)에 대한 소유권이전등기청구와 그 1필 전체 토지 중 일정 지분(2,434분의 1,500)에 대한 소유권이전등기청구는 소송물이 다르다고 한다.[141] 그리고 물건에 대한 인도청구권과 같은 물건에 대한 불법점유를 원인으로 한 손해배상청구권 역시 소송물이 다르다고 한다.[142]

다만 판례는 청구취지가 달라도 구체적 타당성을 기하기 위하여 개별 사례에서 소의 목적, 청구권의 법적 근거, 성질 등을 종합적으로 고려하여 소송물을 실질적으로 동일한 것으로 보기도 한다. 예컨대 진정명의회복을 위한 소유권이전등기청구와 소유권이전등기말소등기청구,[143] 부당이득반환청구와 파산채권확정청구[144] 등이 그것이다.

(나) 청구취지는 같고 청구원인을 이루는 실체법상의 권리만 다른 때

예컨대 같은 교통사고로 발생한 손해의 배상을 청구함에 있어 그 법률구성을 불법행위책임과 채무불이행책임으로 하는 경우와 같이, 청구취지와 사실관계는 같은데 실체법상의 권리가 다른 경우이다. 구이론은 소송물이 서로 다르다고 보나, 신이론은 이지설, 일지설 모두 소송물이 같다고 본다.

판례는 동일한 사실관계에서 발생한 손해의 배상을 목적으로 하는 경우에도 채무불이행을 원인으로 하는 배상청구와 불법행위를 원인으로 한 배상청구는 청구원인을 달리하

141) 대법원 1995. 4. 25. 선고 94다17956 전원합의체 판결.
142) 대법원 2019. 10. 17. 선고 2014다46778 판결.
143) 대법원 2001. 9. 20. 선고 99다37894 전원합의체 판결.
144) 대법원 2013. 2. 28. 선고 2011다31706 판결.

는 별개의 소송물이라고 하였다.[145] 또한 판례는 대지의 불법점유로 인한 임료 상당의 손해배상청구와 같은 대지의 임료 상당의 부당이득반환청구 역시 소송물이 다르다고 본다.[146]

판 례 **채무불이행 손해배상청구 vs 불법행위 손해배상청구(대법원 2021. 6. 24. 선고 2016다210474 판결)**

채무불이행책임과 불법행위책임은 각각 요건과 효과를 달리하는 별개의 법률관계에서 발생하는 것이므로 하나의 행위가 계약상 채무불이행의 요건을 충족함과 동시에 불법행위의 요건도 충족하는 경우에는 두 개의 손해배상청구권이 경합하여 발생하고, 권리자는 위 두 개의 손해배상청구권 중 어느 것이든 선택하여 행사할 수 있다. 다만 동일한 사실관계에서 발생한 손해의 배상을 목적으로 하는 경우에도 채무불이행을 원인으로 하는 배상청구와 불법행위를 원인으로 한 배상청구는 청구원인을 달리하는 별개의 소송물이므로, 법원은 원고가 행사하는 청구권에 관하여 다른 청구권과는 별개로 그 성립요건과 법률효과의 인정 여부를 판단하여야 한다. 계약 위반으로 인한 채무불이행이 성립한다고 하여 그것만으로 바로 불법행위가 성립하는 것은 아니다.

판 례 **손해배상청구 vs 부당이득반환청구(대법원 1991. 3. 27. 선고 91다650, 667 판결)**

대지의 불법점유로 인한 임료 상당의 손해배상청구소송은 대지의 임료에 상당하는 부당이득의 반환을 청구한 전소와는 청구원인이나 소송물이 다른 별개의 소로서 전소의 기판력에 저촉된다고 볼 수 없다.

(다) 청구취지는 같고 청구원인을 이루는 사실관계가 다른 때

예컨대 1억 원의 금전지급을 구함에 있어서 전소에서는 매수인이 발행해 준 어음에 기해 어음금으로 청구하여 패소한 후, 후소에서 어음발행의 원인관계인 매매대금으로 같은 금액의 금전지급을 청구하였을 때와 같이, 청구취지는 같은데 전·후소 사실관계가 다른 경우이다. 구이론과 이지설은 소송물이 서로 다르다고 보나, 일지설은 소송물이 같다고 본다.

판례는 구이론의 입장에서 어음금청구와 원인채권의 청구는 소송물이 서로 다르다고 본다.[147]

판 례 **어음 vs 원인(대법원 1976. 11. 23. 선고 76다1391 판결)**

이미 존재하는 금전대차등 채권채무에 관하여 그 채무자가 발행한 약속어음은 특별한 사정이 없는 한 그 채무의 확보 또는 그 지급을 위하여 발행한 것이라 할 수 있고 그 경우 채권자는 수표상의 권리와 일반채권의

---

145) 대법원 2021. 6. 24. 선고 2016다210474 판결.

146) 대법원 1991. 3. 27. 선고 91다650, 667 판결; 대법원 2013. 9. 13. 선고 2013다45457 판결.

147) 대법원 1976. 11. 23. 선고 76다1391 판결.

그 어느 것이나 행사할 수 있는 것이라 할 것인바 수표상의 권리가 시효 따위로 인하여 소멸하였다 하여 다른 일반채권도 당연히 소멸하는 것이 아니다.

(라) 공격방어방법이 다를 때

공격방어방법은 법률적 관점에 불과하기 때문에 소송물이 다른 경우가 아니다. 따라서 공격방어방법만 달리하는 후소는 전소의 기판력에 저촉된다. 이와 관련하여 판례는 등기원인의 무효에 따른 말소등기청구에서 등기원인의 무효를 뒷받침하는 개개의 사유를 달리 주장하여도 이는 공격방법의 차이에 불과하다고 했다.[148] 또 사해행위취소소송에서 피보전채권을 추가하거나 교환하는 것은 공격방법에 관한 주장을 변경하는 것일 뿐이지 소송물 또는 청구 자체를 변경하는 것이 아니라고 했고,[149] 부당이득반환청구에서 법률상 원인 없는 사유를 계약의 불성립, 무효, 취소 등으로 주장하는 것은 공격방법에 지나지 않는다고 하였다.[150]

(2) 일부청구

가분채권의 일부청구에 대한 판결의 기판력이 잔부청구에 미치는지 여부가 문제된다. 예컨대 1억 원의 금전채권 중 6,000만 원만 먼저 청구하여 판결이 확정된 경우, 나머지 4,000만 원에 대하여도 전소 판결의 기판력이 미쳐 소제기를 할 수 없는지 여부이다. 이에 대하여 ① 일부청구부분만이 독립의 소송물로 된다는 견해(일부청구 긍정설),[151] ② 그 일부가 일정한 표준으로 특정되지 않는 한 일부청구에 불구하고 전부를 소송물로 제시한 것으로 보아야 하며, 일부청구는 단지 인용한도액을 획정한 것에 그친다는 견해(일부청구 부정설)[152]가 있으나, ③ 원고가 일부청구임을 명시한 경우에는 일부청구 부분만이 독립의 소송물로 되지만, 그렇지 않은 경우에는 전부를 소송물로 보아야 한다는 견해(명시설)[153]가 일부청구 시 피고의 수회 응소 부담, 심리의 비경제 등과 분할청구에 대한 원고의 처분권 존중을 조화시킬 수 있으므로 타당하다 할 것이다.

판례는 일부청구임을 명시한 경우 기판력은 일부에 대해서 미치지만,[154] 명시하지

148) 대법원 1999. 9. 17. 선고 97다54024 판결. 상세는 전술한 소송물편 참조.
149) 대법원 2003. 5. 27. 선고 2001다13532 판결; 대법원 2012. 7. 5. 선고 2010다80503 판결.
150) 대법원 2000. 5. 12. 선고 2000다5978 판결; 대법원 2022. 7. 28. 선고 2020다231928 판결. 상세는 후술 청구의 병합 구별개념 부분 참조.
151) 호문혁, 752면.
152) 손한기, 126면, 362면.
153) 이시윤, 652면; 전원열, 528면; 정동윤/유병현/김경욱, 315면; 정영환, 1250면; 한충수, 624면.
154) 대법원 1986. 12. 23. 선고 86다카536 판결; 대법원 1989. 6. 27. 선고 87다카2478 판결; 대법원 2000. 2. 11.

않은 경우 잔부청구에까지 미친다고 하여,[155] 명시설을 취하고 있다.

판 례 일부청구와 기판력(대법원 2016. 7. 27. 선고 2013다96165 판결)

가분채권의 일부에 대한 이행청구의 소를 제기하면서 나머지를 유보하고 일부만을 청구한다는 취지를 명시하지 아니한 이상 확정판결의 기판력은 청구하고 남은 잔부청구에까지 미치는 것이므로, 나머지 부분을 별도로 다시 청구할 수는 없다. 그러나 일부청구임을 명시한 경우에는 일부청구에 대한 확정판결의 기판력은 잔부청구에 미치지 아니하고, 이 경우 일부청구임을 명시하는 방법으로는 반드시 전체 채권액을 특정하여 그중 일부만을 청구하고 나머지에 대한 청구를 유보하는 취지임을 밝혀야 할 필요는 없으며, 일부청구하는 채권의 범위를 잔부청구와 구별하여 심리의 범위를 특정할 수 있는 정도의 표시를 하여 전체 채권의 일부로서 우선 청구하고 있는 것임을 밝히는 것으로 충분하다. 그리고 일부청구임을 명시하였는지 판단할 때에는 소장, 준비서면 등의 기재뿐만 아니라 소송의 경과 등도 함께 살펴보아야 한다.

다. 이유 중의 판단

제216조 제1항의 반대해석으로, 주문이 아닌 판결이유 중 판단된 ① 사실관계, ② 선결적 법률관계, ③ 항변, ④ 법률판단 등에 대해서는 기판력이 발생하지 않는다. 이는 만약 판결이유 중 판단에까지 기판력이 인정되면 그 범위가 지나치게 넓어져, 그만큼 오류 시정의 기회가 적어지고 당사자에게 예상치 못한 불이익을 입힐 수 있기 때문이다. 이유 중 판단에 기판력을 얻기 위해서는 중간확인의 소(제264조)를 제기해야 한다.

(1) 사실관계

판결이유 중에서 판단된 사실관계에 대해서는 기판력이 발생하지 않는다. 판례는 이유 중에서 판단된 채권의 양도사실,[156] 대리권의 유무에 관한 사실인정[157] 등에 대해서 기판력이 발생하지 않는다고 했다.

(2) 선결적 법률관계

(가) 소송물의 존부 판단의 전제가 되는 선결적 법률관계에 대한 판단에 대해서도 기판력이 발생하지 않는다.[158] 예컨대 이자지급청구의 판결이유에서 원금채권의 존부에

선고 99다10424 판결; 대법원 2008. 12. 24. 선고 2008다51649 판결.

155) 대법원 1993. 6. 25. 선고 92다33008 판결; 대법원 2016. 7. 27. 선고 2013다96165 판결.

156) 대법원 1990. 8. 9.자 89마525 결정.

157) 대법원 1970. 9. 29. 선고 70다1759 판결.

158) 대법원 1987. 6. 9. 선고 86다카2756 판결. 따라서 매매계약의 무효·해제를 원인으로 한 매매대금반환청구에 대한 인낙조서의 기판력은 매매대금반환청구권의 존부에 대해 발생할 뿐 그 전제인 매매계약의 무효·해제 여부에 대해서는 발생하지 않으므로, 후소인 매매계약에 기한 소유권이전등기청구의 소에 미치지 않고(대법원 2005. 12. 23. 선고 2004다55698 판결), 농지분배처분을 원인으로 하는 소유권이전등기청

관한 판단을 하여도 여기에는 기판력이 발생하지 않으므로 원금의 지급을 구하는 후소에서 원금의 존부를 다시 다툴 수 있다. 또 소유권에 기한 말소등기청구의 기판력은 말소등기청구권에만 발생할 뿐, 그 전제가 되는 소유권의 존부에는 미치지 않으므로, 다시 후소로 소유권확인을 구할 수 있다.159) 따라서 이러한 선결적 법률관계에 대해 기판력을 발생시키려면 중간확인의 소(제264조)를 제기하여야 한다.

판 례 **소유권에 기한 말소등기청구 판결확정 후 소유권확인(대법원 2002. 9. 24. 선고 2002다11847 판결)**

확정판결의 기판력은 소송물로 주장된 법률관계의 존부에 관한 판단의 결론에만 미치고 그 전제가 되는 법률관계의 존부에까지 미치는 것은 아니므로, 계쟁 부동산에 관한 피고 명의의 소유권이전등기가 원인무효라는 이유로 원고가 피고를 상대로 그 등기의 말소를 구하는 소송을 제기하였다가 청구기각의 판결을 선고받아 확정되었다고 하더라도, 그 확정판결의 기판력은 소송물로 주장된 말소등기청구권이나 이전등기청구권의 존부에만 미치는 것이지 그 기본이 된 소유권 자체의 존부에는 미치지 아니하고, 따라서 원고가 비록 위 확정판결의 기판력으로 인하여 계쟁 부동산에 관한 등기부상의 소유 명의를 회복할 방법은 없게 되었다고 하더라도 그 소유권이 원고에게 없음이 확정된 것은 아닐 뿐만 아니라, 등기부상 소유자로 등기되어 있지 않다고 하여 소유권을 행사하는 것이 전혀 불가능한 것도 아닌 이상, 원고로서는 그의 소유권을 부인하는 피고에 대하여 계쟁 부동산이 원고의 소유라는 확인을 구할 법률상 이익이 있으며, 이러한 법률상의 이익이 있는 이상에는 특별한 사정이 없는 한 소유권확인 청구의 소제기 자체가 신의칙에 반하는 것이라고 단정할 수 없는 것이다.

(나) 그런데 이러한 경우 판결의 모순·저촉이 발생할 수 있으므로 이를 방지하기 위해 판결이유 중 판단에 구속력을 인정할 수 있는지 여부에 대해 견해가 대립하고 있다. 우선 독일에서는 ① 전·후소의 목적 및 법률효과 사이에 의미관련이 성립되면 전소의 이유 중의 판단에 기판력을 인정할 것이라는 의미관련론, ② 소유권에 기한 말소등기청구와 소유권확인청구와 같이 전·후소의 경제적 가치가 동일하다면 전소의 이유 중 판단에 대해서도 기판력을 인정해야 한다는 경제적 가치 동일론이 있고, 일본에서는 ③ 이유 중의 판단이라 할지라도 그것이 중요한 쟁점이 되어 당사자가 주장·증명하고 법원이 실질적 심리를 한 경우에는 그 쟁점에 대한 법원의 판단에 구속력을 인정해야 한다는 쟁점효이론이 있다.160) 한편 우리나라에서는 ④ 주문중심의 현행 민사소송법의 이론체계와 조화하기

구의 패소확정판결의 기판력은 소유권이전등기청구권의 존부에 대해 발생할 뿐 농지분배처분의 무효 내지 수분배권의 존부에 대해서는 발생하지 않으므로, 후소인 수분배권 상실에 따른 손해배상청구의 소에 미치지 않는다(대법원 2021. 4. 8. 선고 2020다219690 판결).

159) 대법원 2002. 9. 24. 선고 2002다11847 판결.

160) 新堂幸司, 718~732頁.

어려워 쟁점효를 인정하는 것은 부적절하고, 대신 신의칙의 파생인 선행행위와 모순되는 거동 금지에 따라 후소를 불허할 것이라는 신의칙설[161]이 있고, ⑤ 그 외에 전소의 판단이 후소에 유력한 증거자료로서의 효력이 생기므로 합리적인 이유설시 없이 배척할 수 없다고 하는 증명효설[162]도 있다.

이에 관하여 판례는 원고가 적법한 양도담보권자라는 전제하에 농지인도청구가 인용되었는데 그 후 피고가 원고를 상대로 원고는 적법한 양도담보권자가 될 수 없다고 주장하며 말소등기청구를 한 사안에서, 소송물이 상이하므로 기판력에 저촉되지 않는다고 하여 쟁점효이론을 배척하였고,[163] 이미 확정된 관련 민사사건에서 인정된 사실은 유력한 증거가 되므로 합리적인 이유를 제시하지 않고 이를 배척할 수 없다고 하여 증명효설을 취하고 있다.[164]

판 례 **쟁점효이론 배척(대법원 1979. 2. 13. 선고 78다58 전원합의체 판결)**

농지개량조합이 원고가 되어 위 조합이 농지에 관한 적법한 양도담보권자라는 전제에서 농지인도청구등을 인용한 전소의 확정판결과 전소의 피고가 원고가 되어 위 조합이 이 사건 농지부분에 대하여 양도담보권자가 될 수 없다하여 소유권이전등기의 말소를 청구한 후소와는 그 소송물이 상이하므로 기판력에 저촉하지 아니한다.

판 례 **증명효설(대법원 2020. 7. 9. 선고 2020다208195 판결)**

민사재판에서 다른 민사사건 등의 판결에서 인정된 사실에 구속받는 것은 아니라고 할지라도 이미 확정된 관련 민사사건에서 인정된 사실은 특별한 사정이 없는 한 유력한 증거가 되므로 합리적인 이유를 제시하지 않고 이를 배척할 수 없다.

(3) 항 변

피고의 항변은 판결이유 속에서 판단되는데, 그 항변이 판결의 기초가 되었다 하더라도 항변에는 기판력이 발생하지 않는다. 따라서 건물철거 및 토지인도청구에서 피고의 법정지상권 항변, 물건인도청구에서 피고의 유치권 항변 등이 받아들여졌다 하더라도 항변에 관한 판단에는 기판력이 발생하지 않는다. 상환이행판결의 경우에도 동시이행항변으

---

161) 김홍엽, 862면; 이시윤, 656면; 정동윤/유병현/김경욱, 842면; 정영환, 1259면.

162) 호문혁, 763면.

163) 대법원 1979. 2. 13. 선고 78다58 전원합의체판결.

164) 대법원 2020. 7. 9. 선고 2020다208195 판결. 그러나 판례는 당해 민사재판에서 제출된 다른 증거내용에 비추어 관련 민·형사사건의 확정판결에서의 사실판단을 그대로 채용하기 어렵다고 인정될 경우에는 이를 배척할 수 있다고 한다(대법원 1997. 3. 14. 선고 95다49370 판결; 대법원 2010. 8. 19. 선고 2010다26745, 26752 판결).

로 제출한 반대채권의 존재 및 액수에는 기판력이 발생하지 않으나,[165] 동시이행의 조건이 붙어있다는 점에 관하여는 기판력이 생기므로, 자신이 동시이행관계에 있는 반대의무의 이행을 하지 아니하더라도(즉 무조건의) 상대방의 이행의무가 있다는 내용의 주장은 기판력에 저촉된다고 하였다.[166]

다만 예외적으로 피고의 항변에 기판력을 인정하는 경우가 상계항변(제216조 제2항)인데, 이에 대해서는 아래 별도의 항목으로 설명한다.

(4) 법률판단

판결이유 속에서 표시된 법률판단에도 기판력이 생기지 않는다. 따라서 부동산매매에 관한 손해배상청구소송에서 매매계약 유효성에 대한 판단,[167] 소유권(공유지분권)에 기한 말소등기청구소송에서 당사자가 부동산의 소유권(공유지분권)을 취득한 것이 아니라는 법률적 판단[168] 부분에는 기판력이 생기지 않는다.

라. 상계항변

> **제216조(기판력의 객관적 범위)** ② 상계를 주장한 청구가 성립되는지 아닌지의 판단은 상계하자고 대항한 액수에 한하여 기판력을 가진다.

(1) 의 의

피고가 상계항변을 한 경우 판결이유 속에서 그 자동채권의 존부에 대한 판단을 하지만, 상계하자고 대항한 액수에 한하여 기판력이 발생한다(제216조 제2항). 상계항변은 소구채권과 무관한 반대채권(자동채권)을 가지고 하는 것으로서, 만약 이에 대하여 기판력을 인정하지 않으면 상계항변을 한 피고가 반대채권을 다시 행사할 수 있고, 이 경우 앞서 상계주장에 대한 판단을 전제로 이루어진 소구채권에 대한 판결이 의미를 잃게 되기 때문이다.[169] 즉 같은 채권의 이중행사를 막고, 원고의 전소판결이 무의미하게 될 우려를 방지한다는 점에 상계항변의 기판력 인정 취지가 있다. 다만 여기서의 상계는 민법 제492조 이하에서 규정된 단독행위로서의 상계를 의미하지, 상계정산합의는 포함되지 않는다.[170]

---

165) 대법원 2021. 8. 12. 선고 2021다215497 판결.

166) 대법원 1975. 5. 27. 선고 74다2074 판결; 대법원 1996. 7. 12. 선고 96다19017 판결.

167) 대법원 1978. 10. 10. 선고 78다1534 판결.

168) 대법원 1970. 9. 29. 선고 70다1759 판결.

169) 대법원 2005. 7. 22. 선고 2004다17207 판결; 대법원 2018. 8. 30. 선고 2016다46338, 46345 판결; 대법원 2022. 2. 17. 선고 2021다275741 판결.

170) 대법원 2014. 4. 10. 선고 2013다54390 판결.

판 례 **상계항변의 기판력 인정 취지(대법원 2005. 7. 22. 선고 2004다17207 판결)**

민사소송법 제216조 제2항에서 판결 이유 중의 판단임에도 불구하고 상계 주장에 관한 법원의 판단에 기판력을 인정한 취지는, 만일 이에 대하여 기판력을 인정하지 않는다면, 원고의 청구권의 존부에 대한 분쟁이 나중에 다른 소송으로 제기되는 반대채권의 존부에 대한 분쟁으로 변형됨으로써 상계 주장의 상대방은 상계를 주장한 자가 그 반대채권을 이중으로 행사하는 것에 의하여 불이익을 입을 수 있게 될 뿐만 아니라 상계 주장에 대한 판단을 전제로 이루어진 원고의 청구권의 존부에 대한 전소의 판결이 결과적으로 무의미하게 될 우려가 있게 되므로, 이를 막기 위함이라고 보인다.

(2) 자동채권에 관한 요건

자동채권의 존부에 관하여 실질적인 판단을 한 경우에 한하여 기판력이 발생한다. 따라서 ① 상계항변이 시기에 늦게 제출되어 각하된 경우(제149조), ② 성질상 상계가 허용되지 않거나(민법 제496조, 제492조 제1항 단서 등),[171] ③ 상계부적상(민법 제492조 제1항 본문)으로 배척된 경우에는 기판력이 발생하지 않는다.

(3) 수동채권에 관한 요건

(가) 수동채권이 소구채권이거나 그와 실질적으로 동일하다고 보이는 경우(예컨대 원고가 상계를 주장하면서 청구이의의 소를 제기하는 경우)로서, 자동채권과 수동채권을 기판력의 관점에서 동일하게 취급할 필요성이 있어야 한다.[172] 따라서 수동채권이 항변에 행사된 채권인 경우, 즉 피고가 동시이행항변으로 어느 채권을 주장함에 대하여 원고가 이를 배척하기 위해 상계의 재항변을 하는 경우에는 이 상계 주장에 관한 판단에 기판력이 발생하지 않는다.[173]

판 례 **상계주장에 대한 판단에 기판력 인정 요건(대법원 2018. 8. 30. 선고 2016다46338, 46345 판결)**

[2] 상계 주장에 관한 판단에 기판력이 인정되는 경우는, 상계 주장의 대상이 된 수동채권이 소송물로서 심판되는 소구채권이거나 그와 실질적으로 동일하다고 보이는 경우(가령 원고가 상계를 주장하면서 청구이의의 소를 제기하는 경우 등)로서 상계를 주장한 반대채권(자동채권)과 그 수동채권을 기판력의 관점에서 동일하게 취급하여야 할 필요성이 인정되는 경우를 말한다.

[3] 소송상 방어방법으로서의 상계항변은 통상 수동채권의 존재가 확정되는 것을 전제로 하여 행하여지는 일종의 예비적 항변으로서, 소송상 상계의 의사표시에 의해 확정적으로 그 효과가 발생하는 것이 아니라

171) 대법원 1975. 10. 21. 선고 75다48 판결.

172) 대법원 2018. 8. 30. 선고 2016다46338, 46345 판결.

173) 대법원 2005. 7. 22. 선고 2004다17207 판결.

당해 소송에서 수동채권의 존재 등 상계에 관한 법원의 실질적 판단이 이루어지는 경우에 비로소 실체법상 상계의 효과가 발생한다. 따라서 원고의 소구채권 자체가 인정되지 않는 경우 더 나아가 피고의 상계항변의 당부를 따져볼 필요도 없이 원고 청구가 배척될 것이므로, '원고의 소구채권 그 자체를 부정하여 원고의 청구를 기각한 판결'과 '소구채권의 존재를 인정하면서도 상계항변을 받아들인 결과 원고의 청구를 기각한 판결'은 민사소송법 제216조에 따라 기판력의 범위를 서로 달리하고, 후자의 판결에 대하여 피고는 상소의 이익이 있다.

[4] 확정된 판결의 이유 부분의 논리구조상 법원이 당해 소송의 소송물인 수동채권의 전부 또는 일부의 존재를 인정하는 판단을 한 다음 피고의 상계항변에 대한 판단으로 나아가 피고가 주장한 반대채권(또는 자동채권, 이하 '반대채권'이라고만 한다)의 존재를 인정하지 않고 상계항변을 배척하는 판단을 한 경우에, 그와 같이 반대채권이 부존재한다는 판결이유 중의 판단의 기판력은 특별한 사정이 없는 한 '법원이 반대채권의 존재를 인정하였더라면 상계에 관한 실질적 판단으로 나아가 수동채권의 상계적상일까지의 원리금과 대등액에서 소멸하는 것으로 판단할 수 있었던 반대채권의 원리금 액수'의 범위에서 발생한다고 보아야 한다. 그리고 이러한 법리는 피고가 상계항변으로 주장하는 반대채권의 액수가 소송물로서 심판되는 소구채권의 액수보다 더 큰 경우에도 마찬가지로 적용된다.

[5] 피고가 상계항변으로 2개 이상의 반대채권(또는 자동채권, 이하 '반대채권'이라고만 한다)을 주장하였는데 법원이 그중 어느 하나의 반대채권의 존재를 인정하여 수동채권의 일부와 대등액에서 상계하는 판단을 하고, 나머지 반대채권들은 모두 부존재한다고 판단하여 그 부분 상계항변은 배척한 경우에, 수동채권 중 위와 같이 상계로 소멸하는 것으로 판단된 부분은 피고가 주장하는 반대채권들 중 그 존재가 인정되지 않은 채권들에 관한 분쟁이나 그에 관한 법원의 판단과는 관련이 없어 기판력의 관점에서 동일하게 취급할 수 없으므로, 그와 같이 반대채권들이 부존재한다는 판단에 대하여 기판력이 발생하는 전체 범위는 위와 같이 상계를 마친 후의 수동채권의 잔액을 초과할 수 없다고 보아야 한다. 그리고 이러한 법리는 피고가 주장하는 2개 이상의 반대채권의 원리금 액수의 합계가 법원이 인정하는 수동채권의 원리금 액수를 초과하는 경우에도 마찬가지로 적용된다. 이때 '부존재한다고 판단된 반대채권'에 관하여 법원이 그 존재를 인정하여 수동채권 중 일부와 상계하는 것으로 판단하였을 경우를 가정하더라도, 그러한 상계에 의한 수동채권과 당해 반대채권의 차액 계산 또는 상계충당은 수동채권과 당해 반대채권의 상계적상의 시점을 기준으로 하였을 것이고, 그 이후에 발생하는 이자, 지연손해금 채권은 어차피 그 상계의 대상이 되지 않았을 것이므로, 위와 같은 가정적인 상계적상 시점이 '실제 법원이 상계항변을 받아들인 반대채권'에 관한 상계적상 시점보다 더 뒤라는 등의 특별한 사정이 없는 한, 앞에서 본 기판력의 범위의 상한이 되는 '상계를 마친 후의 수동채권의 잔액'은 수동채권의 '원금'의 잔액만을 의미한다고 보아야 한다.

판 례 **수동채권이 항변에 행사된 경우(대법원 2005. 7. 22. 선고 2004다17207 판결)**

상계 주장에 관한 판단에 기판력이 인정되는 경우는, 상계 주장의 대상이 된 수동채권이 소송물로서 심판되는 소구채권이거나 그와 실질적으로 동일하다고 보이는 경우(가령 원고가 상계를 주장하면서 청구이의의 소송을 제기하는 경우 등)로서 상계를 주장한 반대채권과 그 수동채권을 기판력의 관점에서 동일하게 취급하여야 할 필요성이 인정되는 경우를 말한다고 봄이 상당하므로 만일 상계 주장의 대상이 된 수동채권이 동시이행항변에 행사된 채권일 경우에는 그러한 상계 주장에 대한 판단에는 기판력이 발생하지 않는다고 보아야 할 것인바, 위와 같이 해석하지 않을 경우 동시이행항변이 상대방의 상계의 재항변에 의하여 배척된 경우에 그 동시이행항변에 행사된 채권을 나중에 소송상 행사할 수 없게 되어 민사소송법 제216조가 예정하고 있는 것과 달리 동시이행항변에 행사된 채권의 존부나 범위에 관한 판결 이유 중의 판단에 기판력이 미치는 결과에 이르기 때문이다.

(나) 한편 판례는 피고가 소송상 상계항변을 하자 그 자동채권을 소멸시키기 위하여 원고가 소송상 상계의 재항변을 하는 것은 허용될 수 없다고 한다.[174] 이러한 법리는 2개의 청구채권 중 피고가 1개의 채권을 수동채권으로 삼아 소송상 상계항변을 하자, 원고가 다시 청구채권 중 다른 1개의 채권을 자동채권으로 소송상 상계의 재항변을 하는 경우에도 마찬가지로 적용된다고 한다.[175]

판 례 **피고의 상계항변에 대한 원고의 상계재항변 가부(대법원 2014. 6. 12. 선고 2013다95964 판결)**

소송상 방어방법으로서의 상계항변은 통상 수동채권의 존재가 확정되는 것을 전제로 하여 행하여지는 일종의 예비적 항변으로서 소송상 상계의 의사표시에 의해 확정적으로 효과가 발생하는 것이 아니라 당해 소송에서 수동채권의 존재 등 상계에 관한 법원의 실질적 판단이 이루어지는 경우에 비로소 실체법상 상계의 효과가 발생한다. 이러한 피고의 소송상 상계항변에 대하여 원고가 다시 피고의 자동채권을 소멸시키기 위하여 소송상 상계의 재항변을 하는 경우, 법원이 원고의 소송상 상계의 재항변과 무관한 사유로 피고의 소송상 상계항변을 배척하는 경우에는 소송상 상계의 재항변을 판단할 필요가 없고, 피고의 소송상 상계항변이 이유 있다고 판단하는 경우에는 원고의 청구채권인 수동채권과 피고의 자동채권이 상계적상 당시에 대등액에서 소멸한 것으로 보게 될 것이므로 원고가 소송상 상계의 재항변으로써 상계할 대상인 피고의 자동채권이 그 범위에서 존재하지 아니하는 것이 되어 이때에도 역시 원고의 소송상 상계의 재항변에 관하여 판단할 필요가 없게 된다. 또한, 원고가 소송물인 청구채권 외에 피고에 대하여 다른 채권을 가지고 있다면 소의 추가적 변경에 의하여 그 채권을 당해 소송에서 청구하거나 별소를 제기할 수 있다. 그렇다면 원고의 소송상 상계의 재항변은 일반적으로 이를 허용할 이익이 없다. 따라서 피고의 소송상 상계항변에 대하여 원고가 소송상 상계의 재항변을 하는 것은 다른 특별한 사정이 없는 한 허용되지 않는다고 보는 것이 타당하다.

판 례 **2개의 채권에 기한 청구 중 어느 하나에 대한 피고의 상계항변이 있자 원고가 나머지 채권에 기한 상계재항변 가부(대법원 2015. 3. 20. 선고 2012다107662 판결)**

원고의 소송상 상계의 재항변은 일반적으로 이를 허용할 이익이 없다. 따라서 피고의 소송상 상계항변에 대하여 원고가 소송상 상계의 재항변을 하는 것은 다른 특별한 사정이 없는 한 허용되지 않는다. 그리고 이러한 법리는 원고가 2개의 채권을 청구하고, 피고가 그중 1개의 채권을 수동채권으로 삼아 소송상 상계항변을

174) 대법원 2014. 6. 12. 선고 2013다95964 판결.
175) 대법원 2015. 3. 20. 선고 2012다107662 판결.

하자, 원고가 다시 청구채권 중 다른 1개의 채권을 자동채권으로 소송상 상계의 재항변을 하는 경우에도 마찬가지로 적용된다.

(4) 기판력 발생의 대상 및 범위

(가) 상계항변을 배척한 경우에는 '자동채권의 부존재'에 기판력이 발생한다. 그러나 상계항변이 채택된 경우에는 견해의 대립이 있으나 '수동채권과 자동채권이 모두 존재하였다가 그것이 상계에 의하여 소멸되었다는 판단'에 기판력이 발생한다고 본다.[176)]

(나) 그리고 상계하자고 대항한 액수에 한하여 기판력이 발생한다. 예컨대 甲의 乙에 대한 대여금 100만 원 지급청구에 乙이 매매대금 300만 원의 자동채권으로 상계항변을 한 경우 기판력은 100만 원에 한하여 발생하므로, 乙은 나머지 200만 원에 대해서는 별도로 소구할 수 있다. 이 경우 법원이 소구채권 중 일부를 인용하였다면 상계항변의 기판력은 인용된 소구채권의 범위에서 발생하므로,[177)] 위의 예에서 만약 법원이 대여금 60만 원을 인정하였다면 상계항변의 기판력은 60만 원에 한하여 발생하므로 乙은 나머지 240만 원의 지급을 구할 수 있다.[178)] 판례는 피고가 2개 이상의 반대채권으로 상계항변을 하였는데 법원이 그중 하나의 반대채권의 존재를 인정하여 수동채권의 일부와 대등액에서 상계하는 판단을 하고 나머지 반대채권들은 모두 부존재한다고 보아 그 부분 상계항변을 모두 배척한 경우, 반대채권들이 부존재한다는 판단에 기판력이 발생하는 범위는 위에서 상계를 마친 후의 수동채권의 잔액을 초과할 수 없다고 한다.[179)] 따라서 예컨대 甲이 乙에 대하여 A채권(2천만 원) 지급청구를 하였고 피고 乙이 甲에 대한 B채권(300만 원)과 C채권(1억 원)을 자동채권으로 상계항변을 하였는데, 법원이 B채권을 모두 인정하여 상계항변을 받아들이고 C채권은 인정할 수 없다고 하여 배척한 경우, C채권 부존재 판단에 대한 기판력은 1,700만 원(= 2,000만 원 - 300만 원) 부분에 한하여 발생하므로, 乙은 甲을 상대로 나머지 8,300만 원(= 1억 원 - 1,700만 원) 부분에 관한 C채권의 지급청구를 할 수 있다. 판례는 자동채권의 액수가 수동채권보다 크고 상계적상 시점 이전에 수동채권의 변제기가 이미 도래한 경우라면 법원이 판결이유에서 상계적상의 시점 및 수동채권의 지연손해금 기산일과 이율 등을 구체적으로 특정해주어 자동채권에 대하여 어느 범위에서 기판력이 미치는지 밝혀주어야 한다고 본다.[180)] 또한 여러 개의 자동채권으로 한 상계항변이 이유 있는데 수

176) 이시윤, 659면; 정동윤/유병현/김경욱, 836면; 정영환, 1254면; 주석 민사소송법(Ⅲ), 423면.
177) 대법원 2004. 3. 26. 선고 2002다6043 판결.
178) 주석 민사소송법(Ⅲ), 423면.
179) 대법원 2018. 8. 30. 선고 2016다46338, 46345 판결.
180) 대법원 2013. 11. 14. 선고 2013다46023 판결.

동채권의 액수보다 자동채권의 합계가 더 큰 경우, 상계충당을 하고, 만약 지정충당의 경우라면 어느 자동채권이 소멸되는 것인지 법원이 밝혀야 한다고 본다.[181)]

(5) 보론: 심리순서, 상소의 이익

(가) 먼저 수동채권에 대해 증거조사하여 수동채권의 존재가 확정된 후 상계항변에 대해 판단하여야 하지(일종의 예비적 항변),[182)] 수동채권에 대한 심리를 하지 않고 자동채권이 이유 있다 하여 곧바로 청구기각하는 것은 허용되지 않는다(증거조사설).[183)]

(나) 또한 피고가 상계항변을 포함하여 여러 개의 항변을 제출한 경우, 순서불구속의 원칙에 대한 예외로써 상계항변을 다른 항변보다 후순위로 판단하여야 한다. 상계항변에는 기판력이 발생하고, 또 상계항변은 자동채권이 소멸한다는 점에서 출혈적 항변이기 때문이다.

(다) 그리고 소구채권의 존재를 인정한 후 상계항변을 받아들여 원고의 청구를 기각한 판결에 대해서는 피고에게 상소의 이익이 있다.[184)]

3. 기판력의 주관적 범위

가. 당사자 간

> **제218조(기판력의 주관적 범위)** ① 확정판결은 당사자, 변론을 종결한 뒤의 승계인(변론 없이 한 판결의 경우에는 판결을 선고한 뒤의 승계인) 또는 그를 위하여 청구의 목적물을 소지한 사람에 대하여 효력이 미친다.

(1) 원 칙

기판력은 원칙적으로 당사자 사이에만 미치고, 제3자에게는 미치지 않는다(제218조 제1항). 이를 기판력의 상대성의 원칙이라 한다. 제3자는 자신의 권익을 소송과정에 반영시킬 수 없었음에도, 그 소송결과를 강요하는 것은 제3자의 절차권을 침해하는 것이기 때문이다. 같은 이유로 제3자뿐만 아니라 그 소송의 대리인, (단순)보조참가인,[185)] 통상공동소송인에게도 기판력이 미치지 않는다. 교회나 종중 등 단체가 당사자로서 받은 판결은 그 대

---

181) 대법원 2011. 8. 25. 선고 2011다24814 판결; 대법원 2014. 12. 11. 선고 2011다77290 판결.

182) 대법원 2018. 8. 30. 선고 2016다46338, 46345 판결.

183) 정동윤/유병현/김경욱, 837면; 정영환, 1255면. 이에 반하여 과거에는 바로 청구기각할 수 있다는 청구기각설이 있었다.

184) 대법원 2018. 8. 30. 선고 2016다46338, 46345 판결.

185) 보조참가인에게는 참가적효력(제77조)이 미친다.

표자나 구성원에게 미치지 않으므로,[186] 원고가 부동산소유권을 적법하게 취득하였음을 피고 종중을 넘어 종중원에게까지 주장할 수 있는 것은 아니라고 하였다.[187] 또한 지부·분회·지회 등 어떤 법인의 하부조직을 상대로 한 승소확정판결의 기판력 및 집행력은 그 하부조직을 넘어 법인에까지 미치지 않으므로, 위 확정판결을 집행권원으로 하여 법인의 재산에 대해 강제집행할 수 없다.[188] 아울러 피해자와 피보험자 사이의 손해배상판결의 효력은 피해자와 보험자 간의 손해배상소송에 미치지 아니한다.[189]

(2) 실질적 당사자에게 확장 시도

소송의 당사자는 아니나 실질적으로는 당사자와 다를 바 없는 자를 실질적 당사자로 보아 판결의 효력을 미치게 할 수 있는지 문제된다. 그러나 판례는 절차의 명확·안정을 중시하여, 앞서 살펴본 법인격부인론에서 기판력 및 집행력의 확장을 부정하고,[190] 판결 채무자 이외의 제3자가 실질적으로 부담해야 할 채무라 하더라도, 그 제3자가 판결 채무자의 포괄승계인이나 판결 채무 자체의 특정승계인이 아닌 한, 그 제3자에게 기판력 및 집행력을 확장하여 승계집행문을 부여할 수 없다고 하여,[191] 이를 인정하지 않는다.

판 례 **제3자에게 승계집행문 부여가부(대법원 2002. 10. 11. 선고 2002다43851 판결)**

승계집행문은 판결에 표시된 채무자의 포괄승계인이나, 그 판결에 기한 채무를 특정하여 승계한 자에 대한 집행을 위하여 부여하는 것인바, 이와 같은 강제집행절차에 있어서는 권리관계의 공권적인 확정 및 그 신속·확실한 실현을 도모하기 위하여 절차의 명확·안정을 중시하여야 하므로, 그 기초되는 채무가 판결에 표시된 채무자 이외의 자가 실질적으로 부담하여야 하는 채무라거나 그 채무가 발생하는 기초적인 권리관계가 판결에 표시된 채무자 이외의 자에게 승계되었다고 하더라도, 판결에 표시된 채무자 이외의 자가 판결에 표시된 채무자의 포괄승계인이거나 그 판결상의 채무 자체를 특정하여 승계하지 아니한 한, 판결에 표시된 채무자 이외의 그 자에 대하여 새로이 그 채무의 이행을 소구하는 것은 별론으로 하고, 판결에 표시된 채무자에 대한 판결의 기판력 및 집행력의 범위를 그 채무자 이외의 자에게 확장하여 승계집행문을 부여할 수는 없다.

나. 변론을 종결한 뒤의 승계인(제218조 제1항)

(1) 의 의

변론을 종결한 뒤에 소송물인 권리관계에 관한 지위를 당사자로부터 승계한 제3자는

186) 대법원 1978. 11. 1. 선고 78다1206 판결.
187) 대법원 2010. 12. 23. 선고 2010다58889 판결.
188) 대법원 2018. 9. 13. 선고 2018다231031 판결.
189) 대법원 2001. 9. 14. 선고 99다42797 판결.
190) 대법원 1995. 5. 12. 선고 93다44531 판결.
191) 대법원 2002. 10. 11. 선고 2002다43851 판결.

당사자 사이에 내려진 판결의 기판력을 받는다. 그렇지 않으면 패소한 당사자가 소송물인 권리관계를 제3자에게 처분하여 판결을 무력화시킬 수 있기 때문이다. 승계의 개념과 관련하여, 종래 소송물 자체의 승계인에 국한하는 견해(의존관계설)가 있었으나, 계쟁물에 관한 당사자적격을 승계한 경우를 포함하는 것이 오늘날 다수의 견해(적격승계설)이다.[192] 그리고 승계의 시기와 관련하여 변론을 종결한 뒤에 승계가 이루어져야 하는바, 만약 원인행위와 등기시점에 차이가 있다면 등기시점을 기준으로 가려야 하고,[193] 채권양도의 경우는 대항요건이 갖추어진 때를 기준으로 한다.[194]

(2) 소송물인 실체법상의 권리·의무를 승계한 자

변론을 종결한 뒤에 당사자로부터 소송물인 실체법상의 권리·의무를 승계한자(무변론판결의 경우는 판결선고 뒤의 승계인)에게는 기판력이 미친다. 예컨대 대항요건을 갖춘 채권양수인,[195] 면책적 채무인수인[196] 등이 이에 해당한다. 판례는 주택임대차보호법상 임차주택의 양수인도 이에 해당한다고 본다.[197] 이 경우 승계인 해당 여부에 종전 당사자가 원고이거나 피고이거나 불문하고, 소송의 승패 여부도 불문한다. 이전적 승계뿐만 아니라 설정적 승계도 포함하고, 이전적 승계의 경우 일반승계와 특정승계를 모두 포함하며, 승계의 원인도 매매 등 임의처분이거나 전부명령 등 강제처분을 불문한다.[198]

판 례 **대항요건을 갖춘 채권양수인(대법원 2020. 9. 3. 선고 2020다210747 판결)**

채권을 양수하기는 하였으나 아직 양도인에 의한 통지 또는 채무자의 승낙이라는 대항요건을 갖추지 못하였다면 채권양수인은 채무자와 사이에 아무런 법률관계가 없어 채무자에 대하여 아무런 권리주장을 할 수 없고, 양도인이 채무자에게 채권양도통지를 하거나 채무자가 이를 승낙하여야 채무자에게 채권양수를 주장할 수 있다. 이에 따라 채권양수인이 소송계속 중의 승계인이라고 주장하며 참가신청을 한 경우에, 채권자로서

192) 김홍규/강태원, 694~695면; 김홍엽, 870면; 이시윤, 662면. 이에 대하여 분쟁주체지위승계설(정동윤/유병현/김경욱, 844면)이 있으나, 이는 적격승계설과 실질적 범위에 있어서 차이가 있는 것이 아니라 용어상의 차이에 불과하다고 보기도 하고(정영환, 1263면), 같은 견해로 설명하기도 한다(김홍규/강태원, 694면). 적격승계설이 다수설인데 다만 '적격'이라는 용어 사용에 의문을 제기하며 분쟁의 주체인 지위를 승계한 것으로 용어를 정리함이 타당하다고 하며, 사실상 같은 견해로 보기도 한다(전원열, 540면).

193) 대법원 1992. 10. 27. 선고 92다10883 판결. 따라서 변론종결 전에 경료된 가등기에 기하여 변론종결 후에 소유권이전등기를 경료하였다면 변론종결 후의 승계인에 해당한다.

194) 대법원 2020. 9. 3. 선고 2020다210747 판결.

195) 대법원 2020. 9. 3. 선고 2020다210747 판결.

196) 대법원 2016. 9. 28. 선고 2016다13482 판결. 그러나 중첩적 채무인수인은 승계인으로 보지 않는다(대법원 2016. 5. 27. 선고 2015다21967 판결).

197) 대법원 2022. 3. 17. 선고 2021다210720 판결.

198) 정동윤/유병현/김경욱, 844면; 정영환, 1263면.

의 지위의 승계가 소송계속 중에 이루어진 것인지 여부는 채권양도의 합의가 이루어진 때가 아니라 대항요건이 갖추어진 때를 기준으로 판단하는 것과 마찬가지로, 채권양수인이 민사소송법 제218조 제1항에 따라 확정판결의 효력이 미치는 변론종결 후의 승계인에 해당하는지 여부 역시 채권양도의 합의가 이루어진 때가 아니라 대항요건이 갖추어진 때를 기준으로 판단하여야 한다.

판 례 **면책적 채무인수인(대법원 2016. 5. 27. 선고 2015다21967 판결)**

민사집행법 제31조 제1항에서 "집행문은 판결에 표시된 채권자의 승계인을 위하여 내어 주거나 판결에 표시된 채무자의 승계인에 대한 집행을 위하여 내어 줄 수 있다"라고 규정하고 있는데, 중첩적 채무인수는 당사자의 채무는 그대로 존속하며 이와 별개의 채무를 부담하는 것에 불과하므로 새로 채무의 이행을 소구하는 것은 별론으로 하고 판결에 표시된 채무자에 대한 판결의 기판력 및 집행력의 범위를 채무자 이외의 자에게 확장하여 승계집행문을 부여할 수는 없으나, 채무자의 채무를 소멸시켜 당사자인 채무자의 지위를 승계하는 이른바 면책적 채무인수는 위 조항에서 말하는 승계인에 해당한다.

판 례 **주택임대차보호법상 임차주택의 양수인(대법원 2022. 3. 17. 선고 2021다210720 판결)**

주택임대차보호법 제3조 제4항에 따라 임차주택의 양수인은 임대인의 지위를 승계한 것으로 보므로 임대차보증금 반환채무도 부동산의 소유권과 결합하여 일체로서 임대인의 지위를 승계한 양수인에게 이전되고 양도인의 보증금반환채무는 소멸하는 것으로 해석되므로, 변론종결 후 임대부동산을 양수한 자는 민사소송법 제218조 제1항의 변론종결 후의 승계인에 해당한다.

☞ 甲이 乙을 상대로 임대차보증금반환청구(전소)를 하여 승소확정판결을 받았는데, 乙에게서 丙으로 임차주택의 양도가 이루어졌고, 이에 甲이 丙을 상대로 보증금반환청구의 소(후소)를 다시 제기한 사안. 대법원은 丙이 변론종결 후의 승계인에 해당하므로, 丙으로부터 보증금을 반환받고자 하는 甲은 丙을 상대로 승계집행문부여의 소를 제기하여 승계집행문을 부여받는 것이 원칙이나, 이미 丙을 상대로 보증금반환청구의 소를 제기하여 임대인 지위 승계여부에 대해 상당한 정도의 공방 및 심리가 진행되어 사실상 승계집행문부여의 소가 제기된 경우와 큰 차이가 없다면 위 후소를 소의 이익이 없다고 단정할 수 없다고 하였음.

(3) 계쟁물에 관한 당사자적격을 승계한 자

소송물인 권리·의무 자체의 승계는 아니지만, 계쟁물에 관한 당사자적격을 승계한 자도 승계인에 포함된다고 본다. 예컨대 건물인도소송의 변론종결 후에 당해 건물의 소유권을 취득한 경우이다. 대체로 판례가 원고 측 승계와 피고 측 승계를 달리 보고 있으므로 이를 나누어 살핀다.

(가) 피고 측 승계

소송물이론에 따라 승계인의 범위가 갈린다. 구실체법설(구이론)은 전소의 소송물인

청구가 물권적 청구권일 때에는 대세적 효력이 있으므로 승계인에 해당하나, 채권적 청구권일 때에는 대인적 효력밖에 없으므로 승계인에 해당하지 않는다고 본다.[199] 판례의 기본적 입장도 같다.[200] 물권적 청구권, 즉 소유권에 기한 말소등기청구의 변론종결 후 피고로부터 임의경매로 소유권을 취득하거나,[201] 근저당권설정등기말소청구의 변론종결일 후에 그 부동산의 소유권을 경락취득한 자 또는 이를 전득한 자,[202] 건물철거청구의 변론종결 후 피고로부터 그 건물을 매수하거나[203] 이전등기를 경료한[204] 자는 피고적격의 승계인으로서 기판력이 미친다고 본다. 그러나 채권적 청구권, 즉 매매에 기한 소유권이전등기청구의 변론종결 후에 피고로부터 소유권이전등기를 경료한 자는 승계인이 아니라고 하였다.[205] 또한 앞서 변경의 소(제252조)에서 보았듯이 토지의 소유자가 무단점유자를 상대로 차임 상당의 부당이득반환청구의 소를 제기하여 토지인도시까지의 장래이행판결을 받고 확정된 경우, 위 부당이득반환청구권은 채권적 청구권이므로 전소의 변론종결 후 토지 소유권을 취득한 자는 승계인이 아니라고 하였다.[206]

판 례 **물권적 청구권과 채권적 청구권의 구별(대법원 1991. 1. 15. 선고 90다9964 판결)**

가. 건물명도소송에서의 소송물인 청구가 물권적 청구 등과 같이 대세적인 효력을 가진 경우에는 그 판결의 기판력이나 집행력이 변론종결 후에 그 재판의 피고로부터 그 건물의 점유를 취득한 자에게도 미치나 그 청구가 대인적인 효력밖에 없는 채권적 청구만에 그친 때에는 위와 같은 점유승계인에게 위의 효력이 미치지 아니한다.

나. 원고가 甲으로부터 乙에 대한 점포의 전차권을 양도받고 다시 乙과 전대차계약을 맺은 다음, 그 점포를 점유하고 있는 丙을 상대로 甲으로부터 양수한 전차권을 보전하기 위하여 甲을 대위하여 점포의 명도청구소송을 제기하여 승소판결을 받았으나 丙이 그 사건의 변론종결 후에 마음대로 피고에게 위 점포를 양도함으로써 피고가 이를 점유하고 있는 경우 원고의 위 소송에서의 청구는 채권적 청구이므로 피고에 대하여는 그 판결의 기판력과 집행력이 미치지 아니하고, 따라서 그 승소판결만으로 피고에

---

199) 반면 소송법설(신이론)은 소송물인 청구의 성질을 구별하지 않고 목적물의 점유나 등기를 취득한 자를 모두 승계인에 해당한다고 본다(이시윤, 664면; 정동윤/유병현/김경욱, 847면; 정영환, 1266면).

200) 대법원 1991. 1. 15. 선고 90다9964 판결.

201) 대법원 1974. 12. 10. 선고 74다1046 판결.

202) 대법원 1994. 12. 27. 선고 93다34183 판결.

203) 대법원 1991. 3. 27. 선고 91다650, 667 판결.

204) 대법원 1992. 10. 27. 선고 92다10883 판결.

205) 대법원 1993. 2. 12. 선고 92다25151 판결; 대법원 2003. 5. 13. 선고 2002다64148 판결; 대법원 2012. 5. 10. 선고 2010다2558 판결.

206) 대법원 2016. 6. 28. 선고 2014다31721 판결. 이는 원고 측 승계의 경우이지만, 위 92다25151 판결을 인용하여 설시하고 있으므로 편의상 여기서 설명한다. 이에 따르면 토지 소유권을 취득한 자는 변경의 소를 제기할 수 없고, 무단점유자를 상대로 증감된 차임의 지급을 구하는 부당이득반환청구를 별소로 제기할 수밖에 없다.

대하여 명도집행을 할 수 없게 된 원고로서는 피고를 상대로 다시 위 점포의 명도를 구할 소송상의 이익이 있다.

판 례 **소유권에 기한 말소등기청구의 변론종결 후 피고로부터 임의경매로 소유권 취득(대법원 1974. 12. 10. 선고 74다1046 판결)**

소유권이전등기 및 근저당권설정등기가 당초부터 원인무효임을 이유로 각 그 말소를 명하는 판결이 확정되었다면 그 판결의 변론종결후의 승계인인 임의경매실행으로 인한 소유권취득자에 대하여는 경매절차의 진행을 저지하는 절차나 등기부상의 조처를 취한 여부에 불구하고 기판력이 미친다.

판 례 **매매에 기한 소유권이전등기청구 변론종결 후 피고로부터 이전등기를 경료(대법원 1993. 2. 12. 선고 92다25151 판결)**

전소의 소송물이 채권적 청구권인 소유권이전등기청구권일 때에는 전소의 변론종결 후에 전소의 피고인 채무자로부터 소유권이전등기를 경료받은 자는 전소의 기판력이 미치는 변론종결 후의 제3자에 해당한다고 할 수 없다.

그러나 판례는 소송물이 동일하거나 선결문제 또는 모순관계에 의하여 기판력이 미치는 객관적 범위에 해당하지 아니하는 경우에는 전소 판결의 변론종결 후에 피고로부터 계쟁물 등을 승계한 자가 후소를 제기하더라도 후소에 전소 판결의 기판력이 미치지 아니한다고 본다.[207)]

판 례 **객관적 범위에 불해당하는 경우(대법원 2014. 10. 30. 선고 2013다53939 판결)**

[1] 소송물이 동일하거나 선결문제 또는 모순관계에 의하여 기판력이 미치는 객관적 범위에 해당하지 아니하는 경우에는 전소 판결의 변론종결 후에 당사자로부터 계쟁물 등을 승계한 자가 후소를 제기하더라도 후소에 전소 판결의 기판력이 미치지 아니한다.
[2] 甲 등이 乙을 상대로 건물 등에 관한 소유권이전등기의 말소등기절차 이행을 구하는 소를 제기하여 승소확정판결을 받았는데, 위 판결의 변론종결 후에 乙로부터 건물 등의 소유권을 이전받은 丙이 甲 등을 상대로 위 건물의 인도 및 차임 상당 부당이득의 반환을 구하는 소를 제기한 사안에서, 전소 판결에서 소송물로 주장된 법률관계는 건물 등에 관한 말소등기청구권의 존부이고 건물 등의 소유권의 존부는 전

207) 대법원 2014. 10. 30. 선고 2013다53939 판결; 대법원 2020. 7. 23. 선고 2017다224906 판결. 위 판결에 대하여 전소의 소송물이 물권적 청구권이면 승계인으로 보는 기존의 판례와 저촉되는 문제가 있다고 하며 비판하는 견해(이시윤, 663면)가 있는 반면, 위 판례는 전소의 등기말소청구와 전혀 관련 없는 건물인도 및 차임청구를 하여 나타난 문제로서 계쟁물 승계인을 배제하는 의미로 볼 수 없다며 옹호하는 견해(정동윤/유병현/김경욱, 846면)도 있고, 丙은 전소의 소송물과 달리 자신이 새롭게 취득한 소유권에 기초하여 건물인도 등 청구를 하는 것이므로 위 판례의 태도가 타당하다고 보는 견해(정영환, 1265면)도 있다.

제가 되는 법률관계에 불과하여 전소 판결의 기판력이 미치지 아니하고, 전소인 말소등기청구권에 대한 판단이 건물인도 등 청구의 소의 선결문제가 되거나 건물인도청구권 등의 존부가 전소의 소송물인 말소등기청구권의 존부와 모순관계에 있다고 볼 수 없어 전소의 기판력이 건물인도 등 청구의 소에 미친다고 할 수 없으며, 이는 丙이 전소 판결의 변론종결 후에 乙로부터 건물을 매수하여 소유권이전등기를 마쳤더라도 마찬가지이므로, 丙이 변론종결 후의 승계인이어서 전소 확정판결의 기판력이 미쳐 건물 등의 소유권을 취득할 수 없다고 본 원심판결에 법리오해 등의 위법이 있다고 한 사례.

(나) 원고 측 승계

원고 측 승계의 경우는 전소의 소송물이 물권적 청구라고 하더라도 변론종결 후의 승계인으로 보지 않는 것이 주류적 판례의 태도이다. 즉 소유권에 기한 부동산(토지·건물) 인도소송의 사실심 변론종결 후 패소자인 원고로부터 위 부동산을 매수하고 소유권이전등기를 마친 제3자는 변론종결 후의 승계인에 해당하지 않는다고 하였고,[208] 토지소유권에 기한 가등기말소청구소송의 사실심 변론종결 후 패소자인 토지소유자(원고)로부터 근저당권을 취득한 제3자도 승계인이 아니라고 하였다.[209] 전소 원고의 소유권을 표상하는 등기를 신뢰하여 이전적·설정적 승계를 한 새로운 물권자에 대한 절차보장의 취지로 선해할 수 있을 것이다.[210] 한편 앞서 토지의 소유자가 무단점유자를 상대로 차임 상당의 부당이득반환청구의 소를 제기하여 토지인도시까지의 장래이행판결을 받고 확정되었는데 그 소의 변론종결 후 토지의 소유권을 취득한 자가 변경의 소(제252조)를 제기할 수 있는지 여부가 문제된 사례에서 보았듯이 전소의 소송물이 채권적 청구권인 경우에는 승계인에 해당하지 않는다고 하였다.[211]

판 례 **토지인도소송의 변론종결 후 원고로부터 토지를 매수(대법원 1984. 9. 25. 선고 84다카148 판결)**

토지소유권에 기한 물권적 청구권을 원인으로 하는 토지인도소송의 소송물은 토지소유권이 아니라 그 물권

208) 토지의 경우(대법원 1984. 9. 25. 선고 84다카148 판결), 건물의 경우(대법원 1999. 10. 22. 선고 98다6855 판결). 이 판례들의 태도가 타당하다고 보는 견해(정영환, 1264면)가 있으나, 기판력의 주관적 범위와 객관적 범위를 연계시켜 주관적 범위를 축소시킨 문제점이 있다고 비판하는 견해(이시윤, 662면; 정동윤/유병현/김경욱, 849면)가 있고, 또 우리 판례가 원고 측 승계의 경우는 전소의 소송물이 물권적 청구권인지만을 기준으로 판단하지 않는데, 이는 의문이며, 피고 측 승계의 경우 변론종결 후의 승계를 인정한 다른 판결(대법원 1991. 3. 27. 선고 91다650, 667 판결 및 대법원 1992. 10. 27. 선고 92다10883 판결)과 비교하여 볼 때 원고 측 승계의 경우도 기판력이 확장되는 것이 옳다고 하며 비판하는 견해(전원열, 544~545면)도 있다.

209) 대법원 2020. 5. 14. 선고 2019다261381 판결.

210) 전원열, 545면.

211) 대법원 2016. 6. 28. 선고 2014다31721 판결.

적 청구권인 토지인도청구권이므로 그 소송에서 청구기각된 확정판결의 기판력은 토지인도청구권의 존부 그 자체에만 미치는 것이고 소송물이 되지 아니한 토지소유권의 존부에 관하여는 미치지 아니한다 할 것이므로 그 토지인도소송의 사실심변론종결후에 그 패소자인 토지소유자로부터 토지를 매수하고 소유권이전등기를 마침으로써 그 소유권을 승계한 제3자의 토지소유권의 존부에 관하여는 위 확정판결의 기판력이 미치지 않는다 할 것이고 또 이 경우, 위 제3자가 가지게 되는 물권적 청구권인 토지인도청구권은 적법하게 승계한 토지소유권의 일반적 효력으로서 발생된 것이고 위 토지인도소송의 소송물인 패소자의 토지인도청구권을 승계함으로써 가지게 된 것이라고는 할 수 없으므로 위 제3자는 위 확정판결의 변론종결후의 승계인에 해당한다고 할 수도 없다.

☞ 甲이 乙을 상대로 소유권에 기한 토지인도청구의 소를 제기하여 청구기각판결을 받고 확정되었는데(전소), 전소의 사실심 변론종결 후 甲으로부터 위 토지를 매수하여 소유권을 취득한 丙이 乙을 상대로 소유권에 기한 토지인도청구의 소를 제기하자(후소), 후소에서 丙이 변론종결 후의 승계인에 해당하는지 여부가 문제된 사안.

판 례 **토지소유권에 기한 가등기말소소송 패소확정 후 원고로부터 근저당권을 취득(대법원 2020. 5. 14. 선고 2019다261381 판결)**

확정판결의 기판력은 확정판결의 주문에 포함된 법률적 판단과 동일한 사항이 소송상 문제가 되었을 때 당사자는 이에 저촉되는 주장을 할 수 없고 법원도 이에 저촉되는 판단을 할 수 없는 기속력을 의미하고, 확정판결의 내용대로 실체적 권리관계를 변경하는 실체법적 효력을 갖는 것은 아니다. 토지 소유권에 기한 물권적 청구권을 원인으로 하는 가등기말소청구소송의 소송물은 가등기말소청구권이므로 그 소송에서 청구기각된 확정판결의 기판력은 가등기말소청구권의 부존재 그 자체에만 미치고, 소송물이 되지 않은 토지 소유권의 존부에 관하여는 미치지 않는다. 나아가 위 청구기각된 확정판결로 인하여 토지 소유자가 갖는 토지 소유권의 내용이나 토지 소유권에 기초한 물권적 청구권의 실체적인 내용이 변경, 소멸되는 것은 아니다. 위 가등기말소청구소송의 사실심 변론종결 후에 토지 소유자로부터 근저당권을 취득한 제3자는 적법하게 취득한 근저당권의 일반적 효력으로서 물권적 청구권을 갖게 되고, 위 가등기말소청구소송의 소송물인 패소자의 가등기말소청구권을 승계하여 갖는 것이 아니며, 자신이 적법하게 취득한 근저당권에 기한 물권적 청구권을 원인으로 소송상 청구를 하는 것이므로, 위 제3자는 민사소송법 제218조 제1항에서 정한 확정판결의 기판력이 미치는 '변론을 종결한 뒤의 승계인'에 해당하지 않는다. 따라서 토지 소유권에 기한 가등기말소청구소송에서 청구기각된 확정판결의 기판력은 위 소송의 변론종결 후 토지 소유자로부터 근저당권을 취득한 제3자가 근저당권에 기하여 같은 가등기에 대한 말소청구를 하는 경우에는 미치지 않는다.

☞ 부동산 소유권자인 甲은 같은 부동산의 가등기권자인 乙을 상대로 가등기말소청구의 소를 제기하여 청구기각판결을 받고 확정되었는데(전소), 전소의 사실심 변론종결 후 甲으로부터 위 부동산에 관한 근저당권을 취득한 丙이 乙을 상대로 가등기말소청구의 소를 제기하자(후소), 후소에서 丙이 변론종결 후의 승계인에 해당하는지 여부가 문제된 사안.

그러나 판례 중에는 소유권이전등기말소소송의 승소확정판결에 기하여 소유권이전등기가 말소된 후 원고로부터 순차로 소유권이전등기 및 근저당권설정등기를 경료받은

자는 변론종결 후의 승계인에 해당한다고 본 것도 있다.[212)]

판 례 **소유권이전등기말소소송의 승소확정 후 원고로부터 순차로 소유권 및 근저당권을 경료 (대법원 2003. 3. 28. 선고 2000다24856 판결)**

소유권이전등기말소소송의 승소 확정판결에 기하여 소유권이전등기가 말소된 후 순차 제3자 명의로 소유권이전등기 및 근저당권설정등기 등이 마쳐졌는데 위 말소된 등기의 명의자가 현재의 등기명의인을 상대로 진정한 등기명의의 회복을 위한 소유권이전등기청구와 근저당권자 등을 상대로 그 근저당권설정등기 등의 말소등기청구 등을 하는 경우 현재의 등기명의인 및 근저당권자 등은 모두 위 확정된 전 소송의 사실심 변론종결 후의 승계인으로서 위 확정판결의 기판력은 그와 실질적으로 동일한 소송물인 진정한 등기명의의 회복을 위한 소유권이전등기청구 및 위 확정된 전소의 말소등기청구권의 존재 여부를 선결문제로 하는 근저당권설정등기 등의 말소등기청구에 모두 미친다고 한 사례.

☞ 甲이 A조합을 대위하여 乙을 상대로 X토지에 관한 소유권이전등기의 말소등기청구의 소를 제기하여 승소판결을 받고 확정된 후(전소), 위 토지에 관하여 乙 명의의 소유권이전등기를 말소하고 甲 명의로 소유권이전등기를 경료한 후 丙 명의의 소유권이전등기, 丁 명의의 근저당권설정등기가 경료되었음. 그러자 乙이 丙을 상대로는 진정명의회복을 원인으로 한 소유권이전등기청구, 丁을 상대로는 근저당권설정등기 말소등기청구의 소를 제기하였고(후소), 후소에서 丙과 丁이 변론종결 후의 승계인에 해당하는지 여부가 문제된 사안.

(4) 승계인에게 실체법상 항변권이 있는 경우

패소한 피고로부터 점유나 등기를 취득한 자가 승소원고에 대하여 실체법상 대항할 수 있는 고유의 방어방법이 있는 경우, 예컨대 통정허위표시의 선의의 제3자(민법 제108조 제2항)이거나 선의취득자(민법 제249조), 승소한 원고의 청구권이 채권적 청구권인 경우 패소피고로부터 부동산을 매수하여 먼저 등기를 경료한 제3자 등의 경우에도 제218조 제1항의 승계인으로 볼 수 있는지 여부가 문제된다. 동산인도청구의 소에서 패소한 피고로부터 목적물의 점유를 승계한 제3자(丙)가 선의취득의 요건을 구비한 경우를 예로 든다. ① 형식설은 형식적인 측면에서 이러한 자도 승계인에 해당하지만, 자신이 갖고 있는 실체법상 항변권을 행사할 수 있다는 견해이다.[213)] 위의 예에서 丙은 승계인으로서 기판력을 받지만, 선의취득을 주장·증명하여 원고의 인도집행을 막을 수 있다. 만약 원고가 승계집행문을 부여받을 경우 丙은 승계집행문부여에 대한 이의의 소를 제기할 수 있다. ② 실질설은 실체법상 항변권이 있으므로 이러한 제3자는 승계인으로 볼 수 없다는 견해이다.[214)] 위의 예에서 丙은 승계인이 아니므로, 원고가 丙에 대해 승계집행문부여의 소를 제기하면 丙이

212) 대법원 2003. 3. 28. 선고 2000다24856 판결.
213) 강현중, 755면; 김홍규/강태원, 696면; 정동윤/유병현/김경욱, 849면; 정영환, 1267면.
214) 김홍엽, 876면; 한충수, 635면; 호문혁, 776면.

선의취득자임을 주장·증명하여 집행문부여를 막을 수 있다. 실무에서는 형식설에 의하되 다만 서면이나 말로 하는 채무자의 심문절차(민집 제32조 제2항)의 적극적인 활용이 권고되고 있다.[215] 생각건대 형식설에 의하면 제3자에게 실체법상 대항할 수 있는 권리가 있음에도 불구하고 승계집행문부여에 대한 이의의 소제기와 같은 소송의 부담을 주게 되어 적절치 않으므로, 실질설이 타당하다고 할 것이다.

(5) 추정승계인(제218조 제2항)

제218조(기판력의 주관적 범위) ② 제1항의 경우에 당사자가 변론을 종결할 때(변론 없이 한 판결의 경우에는 판결을 선고할 때)까지 승계사실을 진술하지 아니한 때에는 변론을 종결한 뒤(변론 없이 한 판결의 경우에는 판결을 선고한 뒤)에 승계한 것으로 추정한다.

(가) 변론종결 전의 승계인에게는 기판력이 미치지 않는다. 그러나 당사자가 변론을 종결할 때까지 승계사실을 진술하지 아니한 때에는 변론을 종결한 뒤에 승계한 것으로 추정하여 기판력을 미치게 한다. 이를 추정승계인이라고 한다. 이는 소송계속 중 당사자의 지위가 승계되었음에도 이를 알리지 아니하여 상대방으로 하여금 당사자를 바꿀 기회(제82조 인수승계)를 제공하지 아니하였다면, 변론종결 후의 승계인으로 보아 기판력이나 집행력을 미치게 하려는 것이다. 그러나 예컨대 건물인도청구의 소제기 전 점유이전금지가처분 등을 해놓으면 이러한 위험을 막을 수 있다.

(나) 여기서 승계를 진술할 자가 누구인지 여부에 관하여, 승계인설[216]과 피승계인설,[217] 그리고 승계인과 피승계인 누가 해도 무방하다는 견해[218]가 대립되고 있다. 승계인설은 피승계인이 진술하지 않았기 때문에 승계인이 추정의 불이익을 입는 것은 불합리하다고 보아 승계인이 진술하여야 한다고 보나, 제218조 제2항에서는 '당사자'라고 하였으므로 당사자인 피승계인이 승계사실을 진술하여야 한다고 보는 피승계인설이 법문에 충실하여 타당하다 할 것이다.

(다) 변론종결 후에 승계된 것으로 추정하는 이 조항에 따라, 승소한 원고는 승계사실만 증명하여 승계인에 대한 승계집행문을 구할 수 있다. 이 경우 승계인은 변론종결 전

---

215) 법원실무제요 민사집행[I], 181~182면, 241면. 한편 대법원 1980. 11. 25. 선고 80다2217 판결을 들며 우리 판례가 실질설을 취하고 있다거나(정동윤/유병현/김경욱, 849면; 정영환, 1267면), 명확하지는 않지만 실질설을 취한 것으로 보인다는 견해(이시윤, 664면)가 있으나, 이 판례사안으로써는 판례가 실질설을 취했다고 말할 수 없다는 견해도 있다(전원열, 543면).

216) 김홍규/강태원, 699면.

217) 김홍엽, 878면; 손한기, 367면; 이시윤, 665면; 정동윤/유병현/김경욱, 850면; 정영환, 1269면; 한충수, 636면.

218) 전원열, 546면; 호문혁, 775면.

에 승계가 있었음을 증명하면 위 추정이 깨지므로 기판력·집행력에서 벗어날 수 있다.[219]

다. 청구의 목적물의 소지자(제218조 제1항)

(1) 당사자나 변론종결 후의 승계인을 위하여 청구의 목적물을 소지한 사람에 대하여도 기판력이 미친다. 이는 당사자나 승계인은 아니지만 이들과 같이 보아야 할 자이므로, 기판력을 미치게 하여도 소지자의 절차권을 침해하지 않기 때문이다.

(2) 여기의 청구는 그 종류를 불문한다. 물권적 청구권뿐만 아니라 채권적 청구권도 포함하고, 채권적 청구권의 경우 환취청구권,[220] 교부청구권[221]을 불문한다. 또한 목적물은 인도청구의 대상이 되는 특정물이기만 하면 동산, 부동산을 불문한다.

(3) 소지자는 당사자나 승계인을 위해 청구의 목적물을 소지하는 사람으로서, 예컨대 수치인, 창고업자, 관리인, 운송인 등이다. 그러나 임차인, 질권자, 전세권자, 지상권자 등은 자기의 고유한 이익을 위해 목적물을 소지하는 사람이므로 여기에 포함되지 않는다. 그리고 법정대리인, 법인의 대표자, 회사의 직원 등 점유보조자[222]는 본인이 직접 소지한 것과 같기 때문에 본항의 소지자에 해당하지 않고, 따라서 이들에 대해서는 별도의 집행권원을 필요로 하지 않는다.

라. 소송담당의 경우 권리귀속의 주체(제218조 제3항)

제218조(기판력의 주관적 범위) ③ 다른 사람을 위하여 원고나 피고가 된 사람에 대한 확정판결은 그 다른 사람에 대하여도 효력이 미친다.

(1) 일반론

위 조항은 이른바 제3자의 소송담당의 경우에 소송담당자가 받은 판결의 기판력이 권리귀속의 주체에게 미침을 규정한 것이다. 예컨대 선정당사자가 받은 판결은 선정자에게, 유언집행자(민법 1101조)가 받은 판결은 상속인에게, 회생회사의 재산에 관하여 관리인이 받은 판결은 회생회사에게, 파산재단에 관한 소송에서 파산관재인이 받은 판결은 채무자에게 각각 그 효력이 미친다. 이는 법률의 규정이나 권리귀속주체의 의사에 기해 소송담당자에게 관리처분권이 부여된 결과, 권리귀속주체가 스스로 소송수행을 하는 것과 같

---

219) 대법원 2005. 11. 10. 선고 2005다34667, 34674 판결.

220) 환취청구권은 물권을 배경으로 하는 것으로서, 예컨대 소유권자인 임대인이 임대차종료에 따른 목적물 인도청구를 하는 경우를 들 수 있다.

221) 교부청구권은 물권을 배경으로 하지 않는 것으로서, 예컨대 물건의 매수인이 매도인을 상대로 물건인도 청구를 하는 경우를 들 수 있다.

222) 대법원 2001. 4. 27. 선고 2001다13983 판결.

은 지위가 보장되어 있기 때문이다. 따라서 권리귀속주체는 소송담당자의 자격이나 권능이 없음을 다투어 기판력·집행력을 면하는 방법밖에 없다.

(2) 채권자대위소송의 경우

한편 함께형(병행형) 소송담당의 경우에는 권리귀속의 주체에게 절차보장이 된 경우에 한하여 기판력이 미친다고 보는데, 그 대표적이라고 할 수 있는 채권자대위소송에 대해 크게 3개의 유형으로 나누어 살피기로 한다.

(가) 채권자대위소송의 판결의 효력이 채무자에게 미치는지 여부

이에 대하여 ① 제218조 제3항의 규정을 적용하여 채무자에게 기판력이 미친다는 견해(적극설), ② 채권자대위소송은 실체법상 대위권을 행사하는 것이지 소송담당이 아니라고 하며 기판력의 상대성을 근거로 채무자에게 기판력이 미치지 않는다는 견해(소극설),[223] ③ 채무자가 고지를 받아 채권자대위소송이 계속된 사실을 안 경우에는 절차권이 보장된 것이므로 기판력이 미친다는 견해(절충설)[224]가 대립한다.

판례는 1975년 전원합의체 판결을 계기로 절충설을 취하여, 어떠한 사유로 인하였든 채무자가 채권자대위소송이 제기된 사실을 알았을 경우에는 판결의 효력이 채무자에게 미친다고 한다.[225] 다만 주의할 것이, 기판력이 미치는 것은 채권자대위소송의 소송물인 피대위채권의 존부 판단에 한한다는 것이다. 따라서 채권자대위소송에서 피보전채권이 흠결되어 소각하판결이 확정된 경우는 그 판결의 기판력이 채권자가 채무자를 상대로 피보전채권의 이행을 구하는 후소에 미치는 것은 아니라고 하였다.[226]

판 례 **채권자대위소송의 기판력이 채무자에게 미치는지 여부(대법원 1975. 5. 13. 선고 74다1664 전원합의체 판결)**

채권자가 채권자대위권을 행사하는 방법으로 제3채무자를 상대로 소송을 제기하고 판결을 받은 경우에는 어떠한 사유로 인하였든 적어도 채무자가 채권자 대위권에 의한 소송이 제기된 사실을 알았을 경우에는 그 판결의 효력은 채무자에게 미친다.(판례변경)

판 례 **피보전채권 흠결과 기판력(대법원 2014. 1. 23. 선고 2011다108095 판결)**

민사소송법 제218조 제3항은 '다른 사람을 위하여 원고나 피고가 된 사람에 대한 확정판결은 그 다른 사람

---

223) 호문혁, 778~779면(채권자대위소송의 법적 성질을 소송담당으로 보지 않음).
224) 김홍엽, 882면; 정동윤/유병현/김경욱, 852면; 정영환, 1272면.
225) 대법원 1975. 5. 13. 선고 74다1664 전원합의체 판결.
226) 대법원 2014. 1. 23. 선고 2011다108095 판결.

에 대하여도 효력이 미친다'고 규정하고 있으므로, 채권자가 채권자대위권을 행사하는 방법으로 제3채무자를 상대로 소송을 제기하고 판결을 받은 경우 채권자가 채무자에 대하여 민법 제405조 제1항에 의한 보존행위 이외의 권리행사의 통지, 또는 민사소송법 제84조에 의한 소송고지 혹은 비송사건절차법 제49조 제1항에 의한 법원에 의한 재판상 대위의 허가를 고지하는 방법 등 어떠한 사유로 인하였든 적어도 채권자대위권에 의한 소송이 제기된 사실을 채무자가 알았을 때에는 그 판결의 효력이 채무자에게 미친다고 보아야 한다. 이때 채무자에게도 기판력이 미친다는 의미는 채권자대위소송의 소송물인 피대위채권의 존부에 관하여 채무자에게도 기판력이 인정된다는 것이고, 채권자대위소송의 소송요건인 피보전채권의 존부에 관하여 당해 소송의 당사자가 아닌 채무자에게 기판력이 인정된다는 것은 아니다. 따라서 채권자가 채권자대위권을 행사하는 방법으로 제3채무자를 상대로 소송을 제기하였다가 채무자를 대위할 피보전채권이 인정되지 않는다는 이유로 소각하 판결을 받아 확정된 경우 그 판결의 기판력이 채권자가 채무자를 상대로 피보전채권의 이행을 구하는 소송에 미치는 것은 아니다.

생각건대 앞서 채권자대위소송을 채권자가 채무자와 함께 소송수행권을 갖는 법정소송담당으로 본 점, 채무자가 어느 때나 기판력을 받는다면 채권자가 불성실한 소송수행을 하여 패소한 경우에도 채무자는 자기 고유의 소송수행권에 기해 다시 소제기를 할 수 없어 재판청구권이 침해되는 점 등을 고려할 때, 채무자가 대위소송이 제기된 사실을 알아 소송참가 등을 통해 절차보장의 기회를 가진 경우에 한하여 기판력이 미친다고 보아야 하므로 절충설이 타당하다.

(나) 채무자가 받은 판결의 효력이 채권자대위소송에 미치는지 여부

이에 대하여 ① 기판력이 미친다는 견해,[227] ② 기판력이 아닌 반사효가 미친다는 견해,[228] ③ 실체법상 대위권을 행사하는 소송의 요건불비로 청구기각을 해야 한다는 견해[229] 등의 대립이 있다.

판례는 채권자대위소송과 이미 판결확정되어 있는 채무자와 제3채무자 간의 소송이 당사자만 다를 뿐 실질적으로 동일 내용의 소송이라면, 위 확정판결의 효력이 채권자대위소송에 미친다고 하였다.[230] 그러나 최근에는 채무자가 이미 권리를 행사하였기 때문에 채권자대위소송의 당사자적격이 흠결된 것으로 보고 있다.[231] 다만 채무자의 권리불행사 요건과 관련하여, 판례는 채무자가 제기한 소가 각하판결을 받은 경우에는 채무자가 권리

---

227) 김홍엽, 883면은 기판력으로 소각하를 하든 당사자적격 흠결로 소각하를 하든 차이가 없다고 한다. 정영환, 1272면은 선결관계로서 기판력이 미친다고 본다.

228) 이시윤, 667면.

229) 호문혁, 781면.

230) 대법원 1979. 3. 13. 선고 76다688 판결.

231) 대법원 1992. 11. 10. 선고 92다30016 판결; 대법원 1993. 3. 26. 선고 92다32876 판결; 대법원 2009. 3. 12. 선고 2008다65839 판결.

를 행사한 것으로 보지 않는 반면,[232] 채무자가 제3채무자와 합의하고 소를 취하한 경우에는 채무자가 권리를 행사한 것으로 보았음에 주의할 필요가 있다.[233]

판 례 **채무자가 받은 판결의 기판력이 채권자대위소송에 미치는지 여부(대법원 1979. 3. 13. 선고 76다688 판결)**

채권자가 채무자를 대위하여 제3자를 상대로 제기한 소송과 이미 판결확정이 되어 있는 채무자와 그 제3자 간의 기존 소송이 당사자만 다를 뿐 실질적으로 동일 내용의 소송이라면, 위 확정판결의 효력이 채권자 대위권 행사에 의한 소송에 미친다.

판 례 **당사자적격 흠결로 처리한 사례(대법원 1993. 3. 26. 선고 92다32876 판결)**

채권자대위권은 채무자가 제3채무자에 대한 권리를 행사하지 아니하는 경우에 한하여 채권자가 자기의 채권을 보전하기 위하여 행사할 수 있는 것이기 때문에 채권자가 대위권을 행사할 당시 이미 채무자가 그 권리를 재판상 행사하였을 때에는 설사 패소의 확정판결을 받았더라도 채권자는 채무자를 대위하여 채무자의 권리를 행사할 당사자적격이 없다.

(다) 채권자대위소송의 판결의 효력이 다른 채권자가 제3채무자를 상대로 제기한 채권자대위소송에 미치는지 여부

이에 대하여 ① 채무자가 선행 대위소송이 제기된 사실을 알았을 경우에 한하여 후행 대위소송에 기판력이 미친다는 견해,[234] ② 채무자가 선행 대위소송을 제기된 사실을 알았을 경우에는 기판력이 채무자에게 미치며 그 결과 실체법상 의존관계에 있는 후행 대위소송에 반사효가 미친다는 견해,[235] ③ 채권자대위소송과 아무런 관계가 없는 다른 채권자에게 기판력이 미친다는 것은 아무런 법적 근거가 없기 때문에 부당하다고 보는 견해[236] 등의 대립이 있다.

판례는 어떠한 사유로든 채무자가 채권자대위소송이 제기된 사실을 알았을 경우에 한하여 그 판결의 효력이 채무자에게 미치므로, 이러한 경우에는 그 후 다른 채권자가 동일한 소송물에 대하여 채권자대위권에 기한 소를 제기하면 전소의 기판력을 받게 된다고 한다.[237]

---

232) 대법원 2018. 10. 25. 선고 2018다210539 판결.

233) 대법원 2016. 4. 12. 선고 2015다69372 판결. 상세는 전술 중복소송 부분 참조.

234) 김홍엽, 883면; 정동윤/유병현/김경욱, 854면; 정영환, 1273면.

235) 이시윤, 667면.

236) 호문혁, 780면.

237) 대법원 1994. 8. 12. 선고 93다52808 판결.

판 례 **채권자대위소송의 기판력이 다른 채권자에게 미치는지 여부(대법원 1994. 8. 12. 선고 93다52808 판결)**

어느 채권자가 채권자대위권을 행사하는 방법으로 제3채무자를 상대로 소송을 제기하여 판결을 받은 경우, 어떠한 사유로든 채무자가 채권자대위소송이 제기된 사실을 알았을 경우에 한하여 그 판결의 효력이 채무자에게 미치므로, 이러한 경우에는 그 후 다른 채권자가 동일한 소송물에 대하여 채권자대위권에 기한 소를 제기하면 전소의 기판력을 받게 된다고 할 것이지만, 채무자가 전소인 채권자대위소송이 제기된 사실을 알지 못하였을 경우에는 전소의 기판력이 다른 채권자가 제기한 후소인 채권자대위소송에 미치지 않는다.

(3) 채권자취소소송의 경우

채권자취소소송은 채무자의 권리가 아니라 채권자 자신의 권리를 행사하는 것이다. 즉 제3자의 소송담당이 아니라, 채권자취소권(민법 제406조)이라는 자기의 권리를 행사하는 것이다. 따라서 판결의 효력도 채권자와 수익자 또는 전득자의 상대적 관계에서만 미칠 뿐, 그 소송에 참가하지 않은 사람들에게는 미치지 않는다.[238] 어느 한 채권자가 받은 판결의 효력은 다른 채권자에게 미치지 않는 것이 원칙이다. 따라서 여러 명의 채권자가 동시에 사해행위취소의 소를 제기해도 중복소송이 아니고, 어느 한 채권자가 승소의 확정판결을 받았다 하더라도 그 후 제기된 다른 채권자의 동일한 청구가 권리보호이익이 없어지는 것이 아니며, 다만 그 확정판결에 기하여 원상회복을 마친 경우에는 그와 중첩되는 범위 내에서 권리보호이익이 없게 된다.[239] 그리고 가액배상을 하는 경우에도 각 채권자의 채권액에 비례한 안분액의 반환이 아니라 수익자가 반환해야 할 범위 내에서 각 채권자의 피보전채권액 전액의 반환을 명하여야 하고, 이 경우 수익자는 이중지급의 위험에 처할 수도 있으나 수익자가 어느 채권자에게 가액의 전부 또는 일부를 반환한 때에는 그 범위 내에서 다른 채권자에 대하여 청구이의 등의 방법으로 이중지급을 거부할 수 있다.[240] 한편 여러 개의 사해행위취소소송에서 각 가액배상판결이 선고되어 확정되었는데 각 판결에서 산정한 공동담보가액의 액수가 서로 다른 경우 수익자는 가장 다액으로 선정된 공동담보가액에서 자신이 기 지급한 돈을 공제한 잔액을 초과하는 범위에서 청구이의의 방법으로 집행력의 배제를 구할 수 있다.[241]

---

238) 대법원 1988. 2. 23. 선고 87다카1989 판결.
239) 대법원 2003. 7. 11. 선고 2003다19558 판결; 대법원 2005. 11. 25. 선고 2005다51457 판결.
240) 대법원 2005. 11. 25. 선고 2005다51457 판결; 대법원 2008. 4. 24. 선고 2007다84352 판결.
241) 대법원 2022. 8. 11. 선고 2018다202774 판결.

판 례 **채권자취소판결 기판력의 상대성(대법원 1988. 2. 23. 선고 87다카1989 판결)**

사해행위취소판결의 기판력은 그 취소권을 행사한 채권자와 그 상대방인 수익자 또는 전득자와의 상대적인 관계에서만 미칠 뿐 그 소송에 참가하지 아니한 채무자 또는 채무자와 수익자 사이의 법률관계에는 미치지 아니한다.

판 례 **수인의 채권자취소소송과 중복소송, 권리보호이익, 가액배상의 범위(대법원 2005. 11. 25. 선고 2005다51457 판결)**

[1] 채권자취소권의 요건을 갖춘 각 채권자는 고유의 권리로서 채무자의 재산처분 행위를 취소하고 그 원상회복을 구할 수 있는 것이므로 여러 명의 채권자가 동시에 또는 시기를 달리하여 사해행위취소 및 원상회복청구의 소를 제기한 경우 이들 소가 중복제소에 해당하지 아니할 뿐만 아니라, 어느 한 채권자가 동일한 사해행위에 관하여 사해행위취소 및 원상회복청구를 하여 승소판결을 받아 그 판결이 확정되었다는 것만으로는 그 후에 제기된 다른 채권자의 동일한 청구가 권리보호의 이익이 없게 되는 것은 아니고, 그에 기하여 재산이나 가액의 회복을 마친 경우에 비로소 다른 채권자의 사해행위취소 및 원상회복청구는 그와 중첩되는 범위 내에서 권리보호의 이익이 없게 된다.

[2] 여러 명의 채권자가 사해행위취소 및 원상회복청구의 소를 제기하여 여러 개의 소송이 계속중인 경우에는 각 소송에서 채권자의 청구에 따라 사해행위의 취소 및 원상회복을 명하는 판결을 선고하여야 하고, 수익자(전득자를 포함한다.)가 가액배상을 하여야 할 경우에도 수익자가 반환하여야 할 가액을 채권자의 채권액에 비례하여 채권자별로 안분한 범위 내에서 반환을 명할 것이 아니라, 수익자가 반환하여야 할 가액 범위 내에서 각 채권자의 피보전채권액 전액의 반환을 명하여야 한다.

판 례 **수인의 채권자취소소송에서 각 산정된 공동담보가액이 다른 경우 수익자가 집행력의 배제를 구할 수 있는 범위(대법원 2022. 8. 11. 선고 2018다202774 판결)**

여러 개의 사해행위취소소송에서 각 가액배상을 명하는 판결이 선고되어 확정된 경우, 각 채권자의 피보전채권액을 합한 금액이 사해행위 목적물의 가액에서 일반채권자들의 공동담보로 되어 있지 않은 부분을 공제한 잔액(이하 '공동담보가액'이라 한다)을 초과한다면 수익자가 채권자들에게 반환하여야 할 가액은 공동담보가액이 될 것인데, 그럼에도 수익자는 공동담보가액을 초과하여 반환하게 되는 범위 내에서 이중으로 가액을 반환하게 될 위험에 처할 수 있다. 이때 각 사해행위취소 판결에서 산정한 공동담보가액의 액수가 서로 달라 수익자에게 이중지급의 위험이 발생하는지를 판단하는 기준이 되는 공동담보가액은, 그중 다액의 공동담보가액이 이를 산정한 사해행위취소소송의 사실심 변론종결 당시의 객관적인 사실관계와 명백히 다르고 해당 소송에서의 공동담보가액의 산정 경위 등에 비추어 그 가액을 그대로 인정하는 것이 심히 부당하다고 보이는 등의 특별한 사정이 없는 한 그 다액에 해당하는 금액이라고 보는 것이 채권자취소권의 취지 및 채권자취소소송에서 변론주의 원칙 등에 부합한다. 따라서 수익자가 어느 채권자에게 자신이 배상할 가액의 일부 또는 전부를 반환한 때에는 다른 채권자에 대하여 각 사해행위취소 판결에서 가장 다액으로 산정된 공동담보가액에서 자신이 반환한 가액을 공제한 금액을 초과하는 범위에서 청구이의의 방법으로 집행권원의 집행력의 배제를 구할 수 있을 뿐이다.

☞ 乙의 채권자인 甲이 수익자 丙을 상대로 채권자취소청구를 하였는데 법원은 공동담보가액을 9,500만 원으로 산정하고 이 돈의 범위 내에서 일부취소 및 같은 돈의 가액배상을 선고하여 이 판결이 확정되었다. 비슷한 시기에 乙의 다른 채권자인 丁이 丙을 상대로 채권자취소청구를 하였는데 법원은 공동담보가액을 5,500만 원으로 산정하여 이 돈의 범위 내에서 일부취소 및 같은 돈의 가액배상을 선고하여 이 판결이 확정되었다. 이에 따라 丙이 甲에게 6,000만 원을 지급하였는데, 丁이 丙에게 집행하려는 경우, 丙은 위 공동담보가액 중 다액인 9,500만 원 중 6,000만 원을 지급하였으므로 그 차액인 3,500만 원을 초과한 범위에서만 이중지급위험이 있고, 따라서 丁의 5,500만 원 채권 중 3,500만 원을 초과한 2,000만 원의 범위 내에서만 丙은 청구이의의 방법으로 丁의 판결의 집행력의 배제를 구할 수 있다.

(4) 추심금청구소송의 경우

판례는 동일한 채권에 대해 복수의 채권자들이 압류·추심명령을 받은 경우 어느 한 채권자가 제기한 추심금소송에서 확정된 판결의 기판력은 그 소송의 변론종결일 이전에 압류·추심명령을 받았던 다른 추심채권자에게 미치지 않고, 이러한 법리는 추심채권자가 제3채무자를 상대로 제기한 추심금소송에서 화해권고결정이 확정된 경우에도 마찬가지로 적용된다고 하였다.[242)]

판 례 추심금청구소송에서 기판력의 주관적 범위(대법원 2020. 10. 29. 선고 2016다35390 판결)

동일한 채권에 대해 복수의 채권자들이 압류·추심명령을 받은 경우 어느 한 채권자가 제기한 추심금소송에서 확정된 판결의 기판력은 그 소송의 변론종결일 이전에 압류·추심명령을 받았던 다른 추심채권자에게 미치지 않는다. 그 이유는 다음과 같다.

① 확정판결의 기판력이 미치는 주관적 범위는 신분관계소송이나 회사관계소송과 같이 법률에 특별한 규정이 있는 경우를 제외하고는 원칙적으로 당사자, 변론을 종결한 뒤의 승계인 또는 그를 위하여 청구의 목적물을 소지한 사람과 다른 사람을 위하여 원고나 피고가 된 사람이 확정판결을 받은 경우의 그 다른 사람에 국한되고(민사소송법 제218조 제1항, 제3항) 그 밖의 제3자에게는 미치지 않는다. 따라서 추심채권자들이 제기하는 추심금소송의 소송물이 채무자의 제3채무자에 대한 피압류채권의 존부로서 서로 같더라도 소송당사자가 다른 이상 그 확정판결의 기판력이 서로에게 미친다고 할 수 없다.

② 민사집행법 제249조 제3항, 제4항은 추심의 소에서 소를 제기당한 제3채무자는 집행력 있는 정본을 가진 채권자를 공동소송인으로 원고 쪽에 참가하도록 명할 것을 첫 변론기일까지 신청할 수 있고, 그러한 참가명령을 받은 채권자가 소송에 참가하지 않더라도 그 소에 대한 재판의 효력이 미친다고 정한다. 위 규정 역시 참가명령을 받지 않은 채권자에게는 추심금소송의 확정판결의 효력이 미치지 않음을 전제로 참가명령을 통해 판결의 효력이 미치는 범위를 확장할 수 있도록 한 것이다.

③ 제3채무자는 추심의 소에서 다른 압류채권자에게 위와 같이 참가명령신청을 하거나 패소한 부분에 대해 변제 또는 집행공탁을 함으로써, 다른 채권자가 계속 자신을 상대로 소를 제기하는 것을 피할 수 있다.

---

242) 대법원 2020. 10. 29. 선고 2016다35390 판결.

따라서 어느 한 채권자가 제기한 추심금소송에서 확정된 판결의 효력이 다른 채권자에게 미치지 않는다고 해도 제3채무자에게 부당하지 않다.

확정된 화해권고결정에는 재판상 화해와 같은 효력이 있다(민사소송법 제231조). 위에서 본 추심금소송의 확정판결에 관한 법리는 추심채권자가 제3채무자를 상대로 제기한 추심금소송에서 화해권고결정이 확정된 경우에도 마찬가지로 적용된다. 따라서 어느 한 채권자가 제기한 추심금소송에서 화해권고결정이 확정되었더라도 화해권고결정의 기판력은 화해권고결정 확정일 전에 압류·추심명령을 받았던 다른 추심채권자에게 미치지 않는다.

마. 소송탈퇴자

제3자가 독립당사자참가(제79조), 참가승계(제81조) 또는 인수승계(제82조)에 의하여 당사자가 된 경우 종전당사자는 그 소송에서 탈퇴할 수 있는데, 그 뒤 제3자와 상대방 당사자간의 판결의 효력은 탈퇴자에게 미친다(제80조 단서, 제82조 제3항).

VI. 판결의 흠

1. 서 설

판결의 절차나 내용에 흠이 발생할 수 있다. 그러나 그러한 재판도 당연무효로 취급해서는 아니 된다. 실체적 정의보다 절차적 정의를 앞세워 법적 안정성과 법적 평화를 추구하려는 기판력제도를 보아서도 그렇다. 따라서 흠이 있는 판결이라도 일단 존중되어야 하며, 판결 확정 전이면 상소, 확정 후에는 재심으로 그 취소를 구할 수 있는 것에 그친다. 아래에서 문제되는 경우들을 살펴본다.

2. 판결의 부존재(비판결)

(1) 판결로 성립하기 위해서는 최소한 법관이 직무수행상 행하여 선고된 것이어야 한다. 따라서 ① 법관이 아닌 자의 판결, 예컨대 법학전문대학원 교육용 모의판결, ② 법관이 행하였으나 직무수행상 행한 것이 아닌 판결, 예컨대 판사가 술집에서 내린 판결, ③ 아직 선고되지 아니한 판결, 예컨대 판결선고조서 없이 한 판결, 판결선고조서에 재판장의 서명날인이 없는 판결[243] 등은 판결이 아니다.

---

243) 대법원 1955. 4. 7. 선고 4288민상6 판결.

(2) 위와 같은 비판결은 판결로서 아무런 효력이 없다. 판결의 내용상의 효력인 기판력·집행력·형성력이 없고, 기속력과 형식적 확정력도 없다. 상소나 재심의 대상도 되지 않는다.

3. 판결의 무효

가. 의 의

판결의 무효는 판결로서의 외관은 갖추었지만 그 내용상 중대한 흠이 있기 때문에 판결의 내용상의 효력인 기판력·집행력·형성력 등이 발생하지 않는 경우를 일컫는다. 판결의 무효에 대한 법리는 조정, 화해, 청구의 포기·인낙(제220조)에도 준용된다.

나. 판결이 무효로 되는 경우

(1) 이를테면 ① 재판권이 없음에도 내린 판결, 예컨대 치외법권자에 대한 판결, ② 실재하지 않거나 소제기 당시 이미 사망한 사람을 당사자로 한 판결,[244] ③ 당사자적격이 없는 자에 대한 판결, ④ 존재하지 않는 법률관계의 형성을 목적으로 한 판결, 예컨대 부부일방이 사망하였음에도 내려진 이혼판결,[245] ⑤ 소제기가 없거나 심판대상이 아님에도 이루어진 판결,[246] ⑥ 소가 취하되었음을 간과한 판결, 예컨대 청구의 교환적 변경이 있었음에도 구청구에 대해 내려진 판결, ⑦ 당사자가 임의처분할 수 없는 사항을 대상으로 한 조정이나 화해[247] 등을 들 수 있다.

판 례 피고가 제소 전 사망하였음을 간과한 판결(대법원 2017. 5. 17. 선고 2016다274188 판결)

사망자를 피고로 하는 소제기는 원고와 피고의 대립당사자 구조를 요구하는 민사소송법의 기본원칙에 반하는 것으로서 실질적 소송관계가 성립할 수 없어 부적법하므로, 그러한 상태에서 제1심판결이 선고되었다 할지라도 판결은 당연무효이다. 피고가 소제기 당시에는 생존하였으나 그 후 소장부본이 송달되기 전에 사망한 경우에도 마찬가지이다. 이러한 법리는 사망자를 채무자로 한 지급명령에 대해서도 적용된다. 사망자를

---

244) 대법원 1994. 12. 9. 선고 94다16564 판결; 대법원 2017. 5. 17. 선고 2016다274188 판결.

245) 대법원 1982. 10. 12. 선고 81므53 판결.

246) 예비적 병합에서 항소심의 심판대상이 되지 않은 주위적 청구에 대한 판결(대법원 1995. 1. 24. 선고 94다29065 판결), 예비적 반소에서 원고의 본소를 배척하여 심판대상이 아닌 예비적 반소에 대한 각하판결(대법원 2006. 6. 29. 선고 2006다19061, 19078 판결).

247) 재심의 소에서 '재심대상판결 및 제1심판결을 각 취소한다'는 내용의 조정(대법원 2012. 9. 13. 선고 2010다97846 판결), 청구이의의 소에서 '집행권원에 기한 강제집행을 불허한다'는 내용의 화해권고결정(대법원 2022. 6. 7.자 2022그534 결정), 청구이의의 소에서 '지급명령정본에 기한 강제집행은 ~원을 넘는 범위에 한하여 이를 불허한다'는 내용의 조정갈음결정(대법원 2023. 11. 9. 선고 2023다256577 판결).

채무자로 하여 지급명령을 신청하거나 지급명령 신청 후 정본이 송달되기 전에 채무자가 사망한 경우에는 지급명령은 효력이 없다. 설령 지급명령이 상속인에게 송달되는 등으로 형식적으로 확정된 것 같은 외형이 생겼다고 하더라도 사망자를 상대로 한 지급명령이 상속인에 대하여 유효하게 된다고 할 수는 없다. 그리고 회생절차폐지결정이 확정되어 효력이 발생하면 관리인의 권한은 소멸하므로, 관리인을 채무자로 한 지급명령의 발령 후 정본의 송달 전에 회생절차폐지결정이 확정된 경우에도 채무자가 사망한 경우와 마찬가지로 보아야 한다.

판 례 **임의처분할 수 없는 사항을 대상으로 한 조정·화해(대법원 2012. 9. 13. 선고 2010다97846 판결)**

조정이나 재판상 화해의 대상인 권리관계는 사적 이익에 관한 것으로서, 당사자가 자유롭게 처분할 수 있는 것이어야 하므로, 성질상 당사자가 임의로 처분할 수 없는 사항을 대상으로 한 조정이나 재판상 화해는 허용될 수 없고, 설령 그에 관하여 조정이나 재판상 화해가 성립하였더라도 효력이 없어 당연무효이다.

(2) 이와 관련하여 판결의 내용이 불명확한 경우도 무효로 볼 수 있는지 문제된다. 이를 무효로 보는 견해[248]도 있으나, 판결의 내용이 불명확하여 현실적으로 집행이 불가능한 경우를 모두 무효로 볼 수는 없고, 다만 집행불능을 구제해주기 위해 예외적으로 재소를 허용하고 있다고 보는 견해[249]가 타당하다 할 것이다. 판례는 화해조서에 기재된 내용이 특정되지 아니하여 강제집행을 할 수 없는 경우에는 동일한 청구를 제기할 소의 이익이 있다고 하였다.[250] 다만 별지 부동산목록을 첨부하지 않은 것은 경정사유로 보고 있다.[251]

다. 효력 및 불복

(1) 무효인 판결은 내용상 효력인 기판력·집행력·형성력이 발생하지 않는다. 그러나 무효인 판결도 판결로서 외관이 존재하므로 심급을 완결시키고 당해법원을 구속하는 기속력이 있다. 판결의 무효는 직권조사사항이다.

(2) 유효한 판결처럼 보이는 외관의 제거를 위한 상소는 허용된다고 보는 견해도 있으나,[252] 판례는 제소 전 피고의 사망을 간과한 사례에서 그러한 상소는 부적법하다고 보

248) 정동윤/유병현/김경욱, 869면; 정영환, 1291면. 한편 이시윤, 676면은 이 경우 반드시 전부무효로 보아서는 아니 되고 일부무효를 인정해야 할 경우가 있다고 한다.

249) 김홍엽, 896면.

250) 대법원 1995. 5. 12. 선고 94다25216 판결.

251) 대법원 1970. 4. 28. 선고 70다322 판결; 대법원 1980. 7. 8.자 80마162 결정.

252) 손한기, 371면; 이시윤, 677면; 정동윤/유병현/김경욱, 869면; 정영환, 1292면. 원칙적으로 허용되지 않으나, 무효인 판결로 인하여 생길 외관(예컨대 무효인 의사진술을 명하는 판결에 의하여 경료될 등기·등록) 제거 목적의 상소를 허용하는 견해도 있다(김홍엽, 897면).

았다.[253] 다만 이미 사망한 자를 채무자로 한 처분금지가처분결정은 당연무효로서 그 효력이 상속인에게 미치지 않지만 상속인은 위 가처분결정에 의해 생긴 외관을 제거하기 위해 가처분결정에 대한 이의신청을 할 수 있다고 본 판례가 있다.[254] 당연무효를 간과한 판결이 확정된 경우 재심사유가 된다는 견해도 있으나,[255] 판례는 제소 전 피고의 사망을 간과한 사례에서 재심의 대상이 되지 않는다고 하였다.[256]

판 례 **제소 전 사망 간과판결의 효력과 이에 대한 항소(대법원 2015. 1. 29. 선고 2014다34041 판결)**

사망자를 피고로 하는 소제기는 원고와 피고의 대립당사자 구조를 요구하는 민사소송법상의 기본원칙이 무시된 부적법한 것으로서 실질적 소송관계가 이루어질 수 없으므로, 그와 같은 상태에서 제1심판결이 선고되었다 할지라도 판결은 당연무효이며, 판결에 대한 사망자인 피고의 상속인들에 의한 항소나 소송수계신청은 부적법하다. 이러한 법리는 소제기 후 소장부본이 송달되기 전에 피고가 사망한 경우에도 마찬가지로 적용된다.

판 례 **제소 전 사망 간과판결의 효력과 이에 대한 상고(대법원 2000. 10. 27. 선고 2000다33775 판결)**

당사자가 소제기 이전에 이미 사망하여 주민등록이 말소된 사실을 간과한 채 본안 판단에 나아간 원심판결은 당연무효라 할 것이나, 민사소송이 당사자의 대립을 그 본질적 형태로 하는 것임에 비추어 사망한 자를 상대로 한 상고는 허용될 수 없다 할 것이므로, 이미 사망한 자를 상대방으로 하여 제기한 상고는 부적법하다. 다만 사망자를 당사자로 한 처분금지가처분은 무효라도 그 외관제거를 위하여 그 결정에 이의신청을 할 수는 있다.

판 례 **가처분의 외관제거를 위한 이의신청(대법원 2002. 4. 26. 선고 2000다30578 판결)**

이미 사망한 자를 채무자로 한 처분금지가처분신청은 부적법하고 그 신청에 따른 처분금지가처분결정이 있었다고 하여도 그 결정은 당연무효로써 그 효력이 상속인에게 미치지 않는다고 할 것이므로, 채무자의 상속인은 일반승계인으로서 무효인 그 가처분결정에 의하여 생긴 외관을 제거하기 위한 방편으로 가처분결정에 대한 이의신청으로써 그 취소를 구할 수 있다.

판 례 **제소 전 사망 간과판결에 대한 재심(대법원 1994. 12. 9. 선고 94다16564 판결)**

원래 재심의 소는 종국판결의 확정력을 제거함을 그 목적으로 하는 것으로 확정된 판결에 대하여서만 제기

253) 항소의 경우(대법원 2015. 1. 29. 선고 2014다34041 판결), 상고의 경우(대법원 2000. 10. 27. 선고 2000다33775 판결; 대법원 2002. 8. 23. 선고 2001다69122 판결).

254) 대법원 2002. 4. 26. 선고 2000다30578 판결.

255) 정동윤/유병현/김경욱, 869면; 정영환, 1292면.

256) 대법원 1994. 12. 9. 선고 94다16564 판결. 이시윤, 677면; 김홍엽, 898면도 같은 입장.

할 수 있는 것이므로 소송수계 또는 당사자표시 정정 등 절차를 밟지 아니하고 사망한 사람을 당사자로 하여 선고된 판결은 당연무효로서 확정력이 없어 이에 대한 재심의 소는 부적법하다.

4. 판결의 편취

가. 의의 및 태양

(1) 당사자가 악의로 법원 또는 상대방을 속여 부당한 내용의 판결을 받는 것을 '판결의 편취' 또는 '판결의 부당취득'이라 하고, 이렇게 취득한 판결을 '편취판결' 또는 '사위판결'이라고 한다.

(2) 편취판결은 ① 다른 사람의 성명을 모용하여 판결을 받은 경우, ② 소취하 합의에 의하여 피고 불출석의 원인을 만들어 놓고도 소취하를 하지 않고 피고의 불출석을 이용하여 승소판결을 받은 경우, ③ 피고의 주소를 알고 있음에도 불구하고 소재불명으로 속여 공시송달로 재판이 진행되게 하여 피고 모르게 승소판결을 받는 경우, ④ 피고의 주소를 허위로 적어 그 주소에 소장부본을 송달케 하고 피고 아닌 제3자가 송달을 받음으로써 피고가 송달을 받고도 답변서를 제출하지 않은 것으로 법원을 속여 무변론 승소판결(제257조 제1항 본문)을 받는 경우[257] 등에 생길 수 있다.

나. 소송법상의 구제방법

(1) 위와 같은 편취판결을 무효로 보는 견해도 있으나, 이는 법적 안정성을 해할 우려가 있는 점, 우리 법은 당연무효가 아님을 전제로 제451조 제1항 제3호 및 제11호에서 재심사유로 규정하고 있는 점 등을 고려할 때, 유효로 보고 그 구제책을 강구하는 것이 타당하다 할 것이다. 국내에서는 대체로 위 성명모용판결(①)과 소취하 합의를 위반한 편취판결(②)의 경우는 대리권 흠결에 준하여 재심(제451조 제1항 제3호)에 의하고, 공시송달에 의한 편취판결(③)의 경우는 재심(제451조 제1항 제11호)에 의하여 구제받을 수 있는 것으로 본다. 다만 허위주소송달에 의한 자백간주 편취판결(④)의 경우 크게 ⅰ) 상소추후보완·재심설,[258] ⅱ) 항소설,[259] ⅲ) 재심·항소병용설[260]의 대립이 있다.

(2) 판례는 우선 성명모용판결에 대해서는 대리권 흠결을 이유로 상소나 재심에 의해 그 판결의 취소를 구할 수 있다고 한다.[261] 그리고 공시송달에 의한 편취판결의 경우에도

257) 무변론판결이 없었던 2002년 개정법 전에는 불출석에 따른 자백간주에 의하였음.

258) 손한기, 373면; 이시윤, 678면.

259) 강현중, 696면; 김홍엽, 900면; 한충수, 663~664면; 호문혁, 1034면.

260) 정동윤/유병현/김경욱, 871면; 정영환, 1295면.

261) 대법원 1964. 3. 31. 선고 63다656 판결; 대법원 1964. 11. 17. 선고 64다328 판결.

상소추후보완이나 재심을 통해 구제받을 수 있다고 한다.[262] 그런데 허위주소로 판결정본 송달에 의한 편취판결의 경우 송달이 무효로서 상대방은 아직도 판결정본을 송달받지 않은 상태에 있는 것으로 미확정판결이므로 어느 때나 항소를 제기해야 할 뿐 재심의 소를 제기할 수 없다고 한다.[263] 이와 유사하게 판결정본이 미성년자에게만 송달된 경우에도 그 송달은 무효이므로 상소기간이 진행하지 않는다고 본다.[264] 다만 판례는 참칭대표자를 대표자로 표시하여 소를 제기하고 참칭대표자의 불출석으로 자백간주의 판결이 선고된 경우는 대리권 흠결을 이유로 한 재심사유(제451조 제1항 제3호)로 본다.[265]

판 례 **성명모용판결의 경우(대법원 1964. 11. 17. 선고 64다328 판결)**

제3자가 피고를 참칭, 모용하여 소송을 진행한 끝에 판결이 선고되었다면 피모용자인 피고는 그 소송에 있어서 적법히 대리되지 않는 타인에 의하여 소송절차가 진행됨으로 말미암아 결국 소송관여의 기회를 얻지 못하였다 할 것이니 피고는 상소 또는 재심의 소를 제기하여 그 판결의 취소를 구할 수 있다.

판 례 **공시송달에 의한 편취판결의 경우(대법원 2011. 12. 22. 선고 2011다73540 판결)**

당사자가 상대방의 주소 또는 거소를 알고 있었음에도 소재불명 또는 허위의 주소나 거소로 하여 소를 제기한 탓으로 공시송달의 방법에 의하여 판결(심판)정본이 송달된 때에는 민사소송법 제451조 제1항 제11호에 의하여 재심을 제기할 수 있음은 물론이나 또한 같은 법 제173조에 의한 소송행위 추완에 의하여도 상소를 제기할 수도 있다.

판 례 **허위주소로 판결정본 송달에 의한 편취판결의 경우(대법원 1993. 12. 28. 선고 93다48861 판결)**

민사소송법 제422조**[현행 제451조]** 제1항 제11호의 재심사유는 당사자가 상대방의 주소나 거소를 알면서 소재불명이라고 법원을 속여 공시송달의 명령을 얻어 소송이 진행된 때를 뜻하고, 당사자가 상대방의 주소나 거소를 알면서 허위의 주소나 거소로 하여 소를 제기하고 피고가 아닌 제3자로 하여금 소송서류를 수령하도록 하여 의제자백에 의한 승소판결을 받은 경우에는, 그 판결은 피고에게 적법하게 송달되지 아니하여 항소기간의 진행이 개시되지 아니하고, 따라서 판결이 확정되지도 아니하였으므로, 항소의 대상이 됨은 별론으로 하고 재심의 대상이 될 수 없다.

---

262) 대법원 1985. 7. 9. 선고 85므12 판결; 대법원 1994. 10. 21. 선고 94다27922 판결; 대법원 2011. 12. 22. 선고 2011다73540 판결.

263) 대법원 1978. 5. 9. 선고 75다634 전원합의체 판결; 대법원 1993. 12. 28. 선고 93다48861 판결; 대법원 1994. 12. 22. 선고 94다45449 판결.

264) 대법원 2020. 6. 11. 선고 2020다8586 판결.

265) 대법원 1994. 1. 11. 선고 92다47632 판결; 대법원 1999. 2. 26. 선고 98다47290 판결.

판 례 **판결정본이 미성년자에게만 송달된 경우(대법원 2020. 6. 11. 선고 2020다8586 판결)**

미성년자는 법정대리인에 의해서만 소송행위를 할 수 있으므로 미성년자가 단독으로 한 소송행위는 무효이고(민사소송법 제55조), 미성년자에 대한 소송행위 역시 무효라 할 것이므로 판결정본이 미성년자에게만 송달된 경우 판결이 소송무능력을 이유로 소를 각하한 것이라는 등 특별한 사정이 없는 한 그 송달은 부적법하여 무효이다. 판결정본의 송달이 무효인 경우 상대방은 판결정본을 송달받지 않은 상태이므로 그 판결에 대한 상소기간은 진행하지 않고, 불변기간인 상소 제기기간에 관한 규정은 성질상 강행규정이므로 그 기간 계산의 기산점이 되는 판결정본의 송달의 하자는 이에 대한 책문권의 포기나 상실로 인하여 치유될 수 없다. 한편 소송능력의 존재와 상소기간의 준수 여부는 소송요건의 하나로서 직권조사사항이다.

판 례 **참칭대표자를 대표자로 표시한 자백간주 편취판결의 경우(대법원 1999. 2. 26. 선고 98다47290 판결)**

참칭대표자를 대표자로 표시하여 소송을 제기한 결과 그 앞으로 소장부본 및 변론기일소환장이 송달되어 변론기일에 참칭대표자의 불출석으로 의제자백 판결이 선고된 경우, 이는 적법한 대표자가 변론기일소환장을 송달받지 못하였기 때문에 실질적인 소송행위를 하지 못한 관계로 위 의제자백 판결이 선고된 것이므로, 민사소송법 제422조[현행 제451조] 제1항 제3호 소정의 재심사유에 해당한다.

다. 실체법상의 구제방법

(1) 확정된 편취판결에 의한 강제집행으로 손해가 발생한 경우 재심으로 그 판결을 취소함이 없이 곧바로 부당이득반환청구나 불법행위로 인한 손해배상청구가 가능한지 여부가 문제된다. 이에 대하여 ① 기판력을 제거하기 위해 편취판결을 재심으로 먼저 취소해야 한다는 견해(재심필요설),[266] ② 재심에 의할 것 없이 곧바로 실체법상의 청구가 가능하다는 견해(재심불요설), ③ 일반적으로는 재심필요설이 타당하나, 절차적 기본권이 침해된 경우에는 재심을 거칠 필요가 없다는 견해(제한적 불요설)[267] 등의 대립이 있다.

(2) 판례는 부당이득반환청구의 사안에서는 일반적으로 편취판결에 의한 강제집행의 경우 그 판결이 재심의 소 등으로 취소되지 않는 한 강제집행으로 교부받은 돈을 법률상 원인 없는 이득이라 할 수 없다고 하고(재심필요설),[268] 불법행위에 의한 손해배상청구의 사안에서는 재심의 소에 의하여 그 판결의 취소를 구하는 것이 원칙이나, 당사자의 절차적 기본권이 근본적으로 침해되었거나 확정판결에 재심사유가 존재하는 등 확정판결의 효력을 존중하는 것이 정의에 반하는 경우 불법행위의 성립을 인정할 수 있다고 한다(제한적 불

---

266) 이시윤, 679면.
267) 강현중, 698면; 정동윤/유병현/김경욱, 873면; 정영환, 1296면.
268) 대법원 1995. 6. 29. 선고 94다41430 판결.

요설).[269] 한편 허위주소로 판결정본 송달에 의한 편취판결의 사안에서는 송달이 무효이므로 항소를 제기할 수 있고, 이러한 편취판결에 의해 소유권이전등기나 말소등기가 경료된 경우에는 별소로 그 등기의 말소나 회복을 구할 수도 있다고 한다.[270]

판 례 **부당이득반환청구 가부(대법원 1995. 6. 29. 선고 94다41430 판결)**

대여금 중 일부를 변제받고도 이를 속이고 대여금 전액에 대하여 소송을 제기하여 승소 확정판결을 받은 후 강제집행에 의하여 위 금원을 수령한 채권자에 대하여, 채무자가 그 일부 변제금 상당액은 법률상 원인 없는 이득으로서 반환되어야 한다고 주장하면서 부당이득반환 청구를 하는 경우, 그 변제주장은 대여금반환청구 소송의 확정판결 전의 사유로서 그 판결이 재심의 소 등으로 취소되지 아니하는 한 그 판결의 기판력에 저촉되어 이를 주장할 수 없으므로, 그 확정판결의 강제집행으로 교부받은 금원을 법률상 원인 없는 이득이라고 할 수 없다고 한 원심판결을 수긍한 사례.

판 례 **불법행위 손해배상청구 가부(대법원 1995. 12. 5. 선고 95다21808 판결)**

판결이 확정되면 기판력에 의하여 대상이 된 청구권의 존재가 확정되고 그 내용에 따라 집행력이 발생하는 것이므로, 그에 따른 집행이 불법행위를 구성하기 위하여는 소송당사자가 상대방의 권리를 해할 의사로 상대방의 소송 관여를 방해하거나 허위의 주장으로 법원을 기망하는 등 부정한 방법으로 실체의 권리관계와 다른 내용의 확정판결을 취득하여 집행을 하는 것과 같은 특별한 사정이 있어야 하고, 그와 같은 사정이 없이 확정판결의 내용이 단순히 실체적 권리관계에 배치되어 부당하고 또한 확정판결에 기한 집행 채권자가 이를 알고 있었다는 것만으로는 그 집행행위가 불법행위를 구성한다고 할 수 없다. 편취된 판결에 기한 강제집행이 불법행위로 되는 경우가 있다고 하더라도 당사자의 법적 안정성을 위해 확정판결에 기판력을 인정한 취지나 확정판결의 효력을 배제하기 위하여는 그 확정판결에 재심사유가 존재하는 경우에 재심의 소에 의하여 그 취소를 구하는 것이 원칙적인 방법인 점에 비추어 볼 때 불법행위의 성립을 쉽게 인정하여서는 아니되고, 확정판결에 기한 강제집행이 불법행위로 되는 것은 당사자의 절차적 기본권이 근본적으로 침해된 상태에서 판결이 선고되었거나 확정판결에 재심사유가 존재하는 등 확정판결의 효력을 존중하는 것이 정의에 반함이 명백하여 이를 묵과할 수 없는 경우로 한정하여야 한다.

판 례 **허위주소로 판결정본 송달 사안에서 별소로 말소등기청구 가부(대법원 1995. 5. 9. 선고 94다41010 판결)**

제소자가 상대방의 주소를 허위로 기재함으로써 그 허위주소로 소송서류가 송달되어 그로 인하여 상대방 아닌 다른 사람이 그 서류를 받아 의제자백의 형식으로 제소자 승소의 판결이 선고되고 그 판결정본 역시 허위의 주소로 보내어져 송달된 것으로 처리된 경우에는 상대방에 대한 판결의 송달은 부적법하여 무효이므로 상대방은 아직도 판결정본의 송달을 받지 않은 상태에 있어 이에 대하여 상소를 제기할 수 있을 뿐만 아니

269) 대법원 1995. 12. 5. 선고 95다21808 판결; 대법원 2007. 5. 31. 선고 2006다85662 판결.
270) 대법원 1981. 3. 24. 선고 80다2220 판결; 대법원 1995. 5. 9. 선고 94다41010 판결.

라. 위 사위판결에 기하여 부동산에 관한 소유권이전등기나 말소등기가 경료된 경우에는 별소로서 그 등기의 말소를 구할 수도 있다.

(3) 생각건대 우리 법은 편취판결이 당연무효가 아님을 전제로 제451조 제1항 제3호 및 제11호에서 재심사유로 규정하고 있는 점, 곧바로 실체법상 구제수단을 인정한다면 법적 불안정을 초래한다는 점 등을 고려할 때, 원칙적으로는 재심필요설이 타당하다고 할 것이나, 편취판결임에도 재심사유가 없거나 재심제기기간을 도과한 경우 등이 있을 것인데 그럼에도 판결의 효력을 그대로 인정하는 것은 불법을 용인하는 것에 다름 아니므로, 당사자의 절차적 기본권이 근본적으로 침해되는 등 편취판결을 그대로 인정하는 것이 명백히 정의에 반하는 경우에는 바로 손해배상청구가 가능하다는 제한적 불요설이 타당하다고 본다.

라. 집행법상의 구제방법

확정된 편취판결에 의한 강제집행이 종료하기 전에 청구이의의 소(민집 제44조)를 제기하여 구제받을 수 있는지 여부가 문제된다. 판례는 편취판결에 의한 강제집행이 권리남용에 해당하는 경우에는 청구이의의 소에 의해 그 집행을 배제할 수 있다고 하였다.[271] 원래 청구이의의 소는 기판력은 존중하고 집행력만 배제하는 소송이므로, 집행권원이 성립된 뒤이면 집행문 부여 전이든 집행개시 전이든 불문하고 집행이 완결될 때까지 어느 때라도 제기할 수 있다. 그러나 주의할 것은 의사의 진술을 명하는 판결이 확정된 경우는 집행기관에 의한 별도의 집행절차가 필요하지 않기 때문에 청구이의의 소가 허용되지 않는다는 점이다.[272]

판 례 **편취판결에 의한 집행 종료 전 청구이의의 소 허용 여부(대법원 2008. 11. 13. 선고 2008다51588 판결)**

판결이 확정되면 기판력에 의하여 대상이 된 청구권의 존재가 확정되고 그 내용에 따라 집행력이 발생되는 것이다. 다만, 확정판결에 의한 권리라 하더라도 신의에 좇아 성실히 행사되어야 하므로 그 판결에 기한 강제집행이 권리남용에 해당한다면 이를 허용할 수 없고, 따라서 집행채무자는 청구이의의 소에 의하여 그 집행의 배제를 구할 수 있다 할 것인바, 확정판결의 내용이 실체적 권리관계에 배치되어 그 판결에 의한 집행이 권리남용에 해당된다고 하기 위하여는 그 집행권원이 된 권리의 성질과 그 내용, 판결의 성립 경위 및

---

271) 대법원 1997. 9. 12. 선고 96다4862 판결; 대법원 2001. 11. 13. 선고 99다32899 판결; 대법원 2008. 11. 13. 선고 2008다51588 판결.

272) 대법원 1995. 11. 10. 선고 95다37568 판결.

판결 성립 후 집행에 이르기까지의 사정, 그 집행이 당사자에게 미치는 영향 등 제반 사정을 종합하여 볼 때, 그 확정판결에 기한 집행이 현저히 부당하고 상대방으로 하여금 그 집행을 수인하도록 하는 것이 정의에 반함이 명백하여 사회생활상 용인할 수 없다고 인정되는 경우이어야 할 것이다.

판 례 **의사의 진술을 명하는 판결의 경우 청구이의의 소 가부(대법원 1995. 11. 10. 선고 95다37568 판결)**

대지에 대한 수분양자 명의변경 절차의 이행을 소구함은 채무자의 의사의 진술을 구하는 소송으로서 그 청구를 인용하는 판결이 선고되고 그 소송이 확정되었다면, 그와 동시에 채무자가 수분양자 명의변경 절차의 이행의 의사를 진술한 것과 동일한 효력이 발생하는 것이므로 위 확정판결의 강제집행은 이로써 완료되는 것이고 집행기관에 의한 별도의 집행절차가 필요한 것이 아니므로, 특별한 사정이 없는 한 위 확정판결 이후에 집행절차가 계속됨을 전제로 하여 그 채무명의가 가지는 집행력의 배제를 구하는 청구이의의 소는 허용될 수 없다.

VII. 종국판결의 부수적 재판

본안판결의 주문에는 부수적으로 소송비용의 재판과 가집행선고가 붙는다. 그 순서는 소송비용에 대한 부담을 먼저 적고, 그 아래 가집행선고를 적는다.

1. 소송비용의 재판

가. 소송비용

소송비용은 소송당사자가 현실적으로 소송수행을 위하여 지출한 비용 중 법령에서 정한 범위에 속하는 비용을 말한다. 소송비용은 크게 재판비용과 당사자비용으로 나뉜다.

(1) 재판비용

당사자가 법원(국고)에 납입하는 비용으로서, 재판수수료인 인지액과 재판 등을 위해 지출하는 그 밖의 비용(예컨대 송달료, 증인여비, 감정비용 등)이다. 인지액은 수입인지상당액을 현금이나 신용카드·직불카드 등으로 납부한다(민인 제1조 단서).

(2) 당사자비용

당사자가 소송수행을 위해 자신이 지출하는 비용으로서, 소송서류의 작성료, 당사자나 대리인이 기일에 출석하기 위한 여비, 대법원규칙이 정하는 범위 안에서의 변호사보수(제109조) 등이 이에 속한다.

(3) 변호사보수

(가) 1981년 소송촉진 등에 관한 특례법에서 변호사보수의 소송비용산입제를 도입하였다. 그 후 민사소송법 제109조에서 이를 수용하여 제도화하였다. 후술할 소송비용액확정절차를 통해 비용 보전을 받을 수 있다. 따라서 변호사보수를 포함한 소송비용을 별도의 소로 구하는 것은 소의 이익이 없다.[273)]

(나) 당사자가 지급한 변호사보수 전액을 소송비용으로 산입하는 것이 아니라, '변호사보수의 소송비용 산입에 관한 규칙'이 정하는 금액에 한정한다(제109조 제1항). 즉 위 규칙 별표에 의해 산입한다. 그리고 여러 변호사가 대리하였더라도 한 변호사가 대리한 것으로 보고 비용에 산입한다(제109조 제2항). 다만 변호사가 변론이나 증거조사에 전혀 관여하지 않았다면 그 보수는 소송비용에 산입하지 않는다.[274)] 수인의 공동소송인이 공동으로 변호사를 선임한 경우는 각 공동소송인별로 소가를 정하여 변호사보수를 각 개인별로 산정한 다음 이를 합산하는 것이 아니라, 같은 변호사를 선임한 공동소송인들의 각 소가를 모두 합산한 총액을 기준으로 변호사보수를 산정한다.[275)] 만약 법원이 변론병합결정을 하여 복수의 소송이 하나의 공동소송으로 진행된 경우에는 병합되기 전의 각 소송의 소가를 기준으로 보수액을 각각 산정한 후 이를 합산한다.[276)]

위 규칙에서 정한 기준에 의해 산정된 금액 범위 내에 있는 이상 명목 여하에 불구하고 산입하므로, 소송당사자가 약정에 따라 부가가치세를 포함하여 변호사보수를 지출한 경우 위 범위 내에 있는 한 그 전부를 산입하고, 다만 사업자인 소송당사자가 자기 사업을 위해 위 부가가치세를 지출한 것으로서 자기의 매출세액에서 공제·환급받을 수 있다면 이는 실질적으로 위 소송당사자의 부담으로 돌아가지 않으므로 상대방으로부터 상환을 구할 수 없으나, 공제·환급받을 수 없는 경우에는 상대방에게 부가가치세 상당의 소송비용 상환을 구할 수 있다.[277)]

주의할 것은 산입되는 변호사보수는 이미 지급한 보수뿐만 아니라 지급할 보수도 포함된다는 점이다(변보규 제3조 제1항). 그리고 당사자가 아니라 제3자가 지급한 변호사보수도 당사자가 지급한 것과 동일하다고 볼 수 있는 사정이 인정되면 소송비용에 산입될 수 있다.[278)] 만약 사건이 대법원에서 파기환송되면 환송 전 항소심에서의 소송대리권이 부활되

273) 대법원 2000. 5. 12. 선고 99다68577 판결.
274) 대법원 1992. 11. 30.자 90마1003 결정.
275) 대법원 2000. 11. 30.자 2000마5563 전원합의체 결정.
276) 대법원 2014. 6. 12.자 2014마145 결정.
277) 대법원 2022. 1. 27.자 2021마6871 결정.
278) 대법원 2020. 4. 24.자 2019마6990 결정.

므로, 환송 후 사건을 위임사무의 범위에서 제외하기로 약정하였다는 등의 특별한 사정이 없는 한 환송 후 항소심 사건의 소송사무까지 처리해야만 보수청구가 가능하다.[279)]

판 례 제3자가 지급하는 변호사보수의 소송비용 산입(대법원 2020. 4. 24.자 2019마6990 결정)

민사소송법 제109조 제1항은 "소송을 대리한 변호사에게 당사자가 지급하였거나 지급할 보수는 대법원규칙이 정하는 금액의 범위 안에서 소송비용으로 인정한다"라고 규정하고 있고, 변호사보수의 소송비용 산입에 관한 규칙 제3조 제1항은 "소송비용에 산입되는 변호사의 보수는 당사자가 보수계약에 의하여 지급한 또는 지급할 보수액의 범위 내에서 각 심급 단위로 소송목적의 값에 따라 별표의 기준에 의하여 산정한다"라고 규정하고 있다. 소송비용에 산입되는 변호사의 보수에는 당사자가 보수계약에 의하여 현실적으로 지급한 것 뿐만 아니라 사후에 지급하기로 약정한 것까지 포함되고, 제3자가 지급한 경우에도 당사자가 지급한 것과 동일하다고 볼 수 있는 사정이 인정되면 소송비용에 산입되는 변호사보수로 인정할 수 있다.

☞ 甲이 신탁계약의 수탁자인 乙을 상대로 소를 제기하자, 신탁계약의 위탁자인 丙이 신탁계약에 따라 丁법무법인에 위 소송의 대리를 위임하면서 보수는 추후 소송비용액확정신청을 통하여 상대방으로부터 상환받을 변호사보수로 그 지급을 갈음하기로 약정하였는데, 위 소송에서 소송비용은 甲이 부담한다는 판결이 확정되자, 乙이 甲을 상대로 소송비용액확정신청을 한 사안임. 원심은 乙이 지급하였거나 지급할 변호사보수가 없다는 이유로 甲이 乙에 상환하여야 할 소송비용액을 0원으로 확정하였으나, 대법원은 丙이 丁법인에 보수를 지급하기로 약정한 것은 丙과 소송당사자인 乙이 내부적으로 신탁재산 관련 소송의 수행책임과 비용부담 등을 정한 신탁계약에 따른 것이므로, 丙이 丁법인에 지급하기로 한 변호사보수는 소송당사자인 乙이 지급하는 것과 동일하다고 볼 수 있어 소송비용으로 인정되어야 한다고 하여, 원심결정을 파기·환송하였음.

나. 소송비용의 부담

(1) 패소자부담의 원칙과 그 예외

소송비용은 패소한 당사자가 부담하는 것이 원칙이다(제98조). 그러나 ① 승소한 당사자가 그 권리를 늘리거나 지키는 데 필요하지 아니한 행위로 말미암은 비용(제99조 전단), ② 패소자가 그 권리를 늘리거나 지키는 데 필요한 행위로 말미암은 비용(제99조 후단), ③ 승소자가 책임져야 할 사유로 소송이 지연됨으로 말미암은 비용(제100조)의 경우는 승소자가 비용의 전부 또는 일부를 부담할 수 있다.

(2) 일부패소의 경우

일부패소의 경우 그 모습이 다양하여 패소부분에 따른 소송비용을 청구액 대비 인용액의 비율로 정하는 것은 바람직하지 않기 때문에 법원이 정하도록 하고 있다(제101조 본

---

279) 대법원 2016. 7. 7. 선고 2014다1447 판결.

문). 다만 사정에 따라 한쪽 당사자에게 소송비용의 전부를 부담하게 할 수 있다(제101조 단서). 즉 일부패소의 경우는 제반사정을 종합하여 법원이 재량으로 정한다.[280)]

(3) 공동소송의 경우

공동소송인은 소송비용을 균등하게 부담하는 것이 원칙이다(제102조 제1항 본문). 판례는 재판주문에서 단순히 '소송비용은 공동소송인들의 부담으로 한다'라고 정하였다면 공동소송인들은 상대방에 대해 균등하게 부담한다고 하였다.[281)] 다만 법원은 사정에 따라 연대부담이나 다른 방법의 부담을 명할 수 있다(제102조 제1항 단서). 물론 법원은 권리를 늘리거나 지키는 데 필요하지 않은 행위로 말미암은 소송비용은 그 행위를 한 당사자에게 부담시킬 수 있다(제102조 제2항).

판 례 **공동소송인들의 상대방에 대한 소송비용 분담(대법원 2017. 11. 21.자 2016마1854 결정)**

[1] 민사소송법 제102조 제1항은 "공동소송인은 소송비용을 균등하게 부담한다. 다만 법원은 사정에 따라 공동소송인에게 소송비용을 연대하여 부담하게 하거나 다른 방법으로 부담하게 할 수 있다"라고 규정하고 있으므로, 재판주문에서 공동소송인별로 소송비용의 부담비율을 정하거나, 연대부담을 명하지 아니하고 단순히 '소송비용은 공동소송인들의 부담으로 한다'라고 정하였다면 공동소송인들은 상대방에 대하여 균등하게 소송비용을 부담하고, 공동소송인들 상호 간에 내부적으로 비용분담 문제가 생기더라도 그것은 그들 사이의 합의와 실체법에 의하여 해결되어야 한다.

[2] 소송비용액확정 결정절차에서는 상환할 소송비용의 액수를 정할 수 있을 뿐이고, 소송비용부담재판에서 확정한 상환의무 자체의 범위를 심리·판단하거나 변경할 수 없다. 따라서 불합리한 결과의 발생을 방지하고 공동소송인 사이의 형평성과 구체적 타당성에 부합하는 소송비용부담재판이 되도록 하기 위해서는, 통상공동소송에서 공동소송인이 같은 비율로 함께 패소하였을 경우, 공동소송인 사이에 소송목적의 값에 현저한 차이가 있다거나 소송물의 내용이나 성격, 항쟁의 정도 등이 다르다는 등의 사정으로 공동소송인이 공동으로 소송비용을 부담하는 것이 형평에 반하거나 불합리하다고 생각된다면 민사소송법 제102조 제1항 단서를 적극적으로 적용하여 공동소송인별로 소송관계를 구분하여 소송비용의 부담을 정하거나 공동소송인별로 수액이나 부담비율을 정하는 등의 방식으로 소송비용부담재판을 하는 것이 더 바람직하다.

(4) 무권대리인의 경우

대리권 흠결로 소가 각하된 때에는 소송비용을 당사자가 아닌 무권대리인에게 부담하도록 하고 있다(제108조).

280) 대법원 2007. 7. 12. 선고 2005다38324 판결.

281) 대법원 2017. 11. 21.자 2016마1854 결정.

다. 소송비용부담의 재판

(1) 법원은 사건을 완결하는 재판에서 직권으로 그 심급의 소송비용 전부에 대하여 재판하여야 하나, 다만 사정에 따라 사건의 일부나 중간의 다툼에 관한 재판에서 그 비용에 대한 재판을 할 수도 있다(제104조). 그러나 대심적 소송구조가 아닌 경우에는 소송비용의 부담자 등을 정할 필요가 없다.[282] 실무상 소장에 "소송비용은 피고가 부담한다"고 기재하고 있으나, 소송비용부담의 재판은 법원이 직권으로 하는 것이므로, 당사자의 신청은 직권발동을 촉구하는 의미밖에 없다.

(2) 상소심이 상소를 기각하거나 각하하는 판결을 할 때에는 그 심급에서 생긴 상소비용만을 재판하면 된다. 일부인용 판결에 대해 쌍방이 각 패소 부분에 상소한 사건(쌍방상소사건)에서 상소심이 쌍방의 상소를 모두 기각하는 경우 당해 심급의 소송비용을 상소인 각자가 부담하도록 하는 것이 실무의 태도이나, 각 당사자의 불복범위에 현격한 차이가 있어 상소비용을 각자 부담으로 하게 되면 불합리한 결과가 발생하는 경우는 각 당사자의 불복으로 인한 부분의 상소비용을 불복한 당사자가 각각 부담토록 하거나 쌍방의 상소비용을 합하여 이를 불복범위의 비율로 적절히 안분시킬 수 있다.[283]

(3) 상소심이 하급심의 본안재판을 바꾸는 경우에는 소송의 총비용에 대하여 재판하여야 하고, 이는 사건을 환송받거나 이송받은 법원이 그 사건을 완결하는 재판을 하는 경우에도 마찬가지이다(제105조).

(4) 소송비용부담의 재판을 빠뜨리면 이는 재판의 누락에 해당한다. 이 경우 법원의 직권 또는 당사자의 신청으로 그 소송비용에 대한 재판을 한다(제212조 제2항). 그러나 본안판결에 대하여 적법한 항소가 있는 때에는 위 추가재판은 그 효력을 잃고, 항소법원이 소송의 총비용에 대한 재판을 한다(제212조 제3항).

(5) 소송비용부담의 재판에 대해서는 독립하여 상소할 수 없다(제391조, 제425조). 본안재판과 함께 불복해야 한다.

라. 소송비용액확정절차

(1) 본안판결의 소송비용부담의 재판에서는 실무상 부담자와 부담비율을 정하는데 그친다. 따라서 구체적인 액수를 확정하여 강제집행이 가능하도록 하는 후속절차가 필요한데 이것이 소송비용액확정절차이다. 법관의 업무였던 것이 2005년 법원조직법의 개정으로 사법보좌관의 업무로 되었다. 소송비용액확정절차는 소송비용액을 정하는 유일한

282) 대법원 2019. 11. 29.자 2019카확564 결정.
283) 대법원 2019. 4. 3. 선고 2018다271657 판결.

방법이므로, 이에 의하지 않고 별소를 청구하는 것은 소의 이익이 없다.[284)]

(2) 소송비용의 부담을 정한 재판이 확정되거나 집행력을 갖게 된 경우, 당사자는 소송비용액확정신청을 서면으로 제1심법원에 해야 한다(제110조 제1항, 민소규 제18조). 제1심 수소법원의 전속관할이며, 신청을 받은 법원은 결정으로 재판한다. 소송비용의 부담을 정한 재판 확정 후 비용부담의무자의 승계가 있는 경우에는 승계집행문을 부여받아 승계인을 상대로 신청할 수 있다.[285)] 신청 시 당사자는 비용계산서, 그 등본과 비용액 소명자료를 제출해야 한다(제110조 제2항). 실무상 전자세금계산서, 사건위임계약서, 계좌거래내역 등을 제출하고 있다. 본안소송의 소송대리인인 변호사는 별도의 위임 없이도 소송비용액확정신청에 관한 대리권을 행사할 수 있다.[286)]

(3) 한편 확정판결에 따른 소송비용액확정결정 신청권 및 청구권을 모두 포기하기로 합의하였다면 소송비용액확정을 구할 권리보호이익이 없고,[287)] 또한 비용부담의무자가 채무자회생법 제564조에 의한 면책결정을 받은 경우에도 소송비용액확정을 구할 권리보호이익이 없다고 한다.[288)]

(4) 법원은 소송비용액을 결정하기 전 상대방에게 비용계산서의 등본을 교부하고 이에 대한 진술을 할 것과 소명에 필요한 서면을 제출할 것을 최고하여야 한다(제111조 제1항). 상대방이 그 기간 내에 서면을 제출하지 않을 경우 법원은 신청인의 비용에 대해서만 결정할 수 있는데, 다만 상대방도 별도의 소송비용액확정결정을 신청할 수 있다(제111조 제2항). 별도의 소송비용액확정결정에서 乙로부터 상환받는 것으로 확정된 甲의 소송비용액에 대해서는 甲이 乙에게 상환하여야 할 소송비용액과 상계를 하여서는 아니 된다.[289)]

(5) 소송비용액확정절차에서는 상환할 소송비용의 액수를 정할 수 있을 뿐, 소송비용부담재판에서 확정한 상환의무 자체의 범위를 심리·판단하거나 변경할 수 없다.[290)] 소송비용액확정결정에도 기판력이 발생한다.[291)] 소송비용액확정결정을 받으면 이를 집행권원으로 하여 상대방에게 강제집행을 할 수 있다. 이 결정에 대해서는 즉시항고 가능하다(제110조 제3항). 다만 항고에 앞서 사법보좌관의 처분에 대한 이의신청을 사법보좌관에게 제출하고, 사법보좌관은 이의신청사건을 지체없이 제1심 수소법원(단독판사 또는 합의부)에 송

---

284) 대법원 2000. 5. 12. 선고 99다68577 판결.
285) 대법원 2009. 8. 6.자 2009마897 결정.
286) 대법원 2023. 11. 2.자 2023마5298 결정.
287) 대법원 2010. 3. 30.자 2009스146 결정.
288) 대법원 2023. 12. 21.자 2023마6918 결정.
289) 대법원 2023. 9. 27.자 2022마6885 결정
290) 대법원 2017. 11. 21.자 2016마1854 결정.
291) 대법원 2002. 9. 23.자 2000마5257 결정.

부하여야 한다(사보규 제4조 제2항, 제5항). 사건을 송부받은 제1심 수소법원은 이의신청이 이유 없다고 인정되는 때에는 사법보좌관의 처분을 인가하고 사건을 항고법원에 송부한다(사보규 제4조 제6항 제5호). 이때 합의부가 재판한 사건에 대한 소송비용액확정신청에 대한 사법보좌관의 처분을 합의부가 아니라 단독판사가 인가하였다면 이는 전속관할 위반이다.[292] 한편 단독판사가 재판한 사건에 대한 소송비용액확정신청에 대한 사법보좌관의 처분을 단독판사가 인가한 경우 항고심은 지방법원 합의부가 관할법원이 된다.[293]

(6) 소의 취하, 청구의 포기·인낙, 화해 등 판결에 의하지 않고 소송이 완결되는 경우가 있다. 이때는 '소송비용 부담 및 확정신청'을 해야 하고, 법원은 결정으로 소송비용의 액수를 정하고 이를 부담하도록 명해야 한다(제114조 제1항). 이때의 관할법원은 제1심 수소법원이 아니라 소송이 완결될 당시의 소송계속법원이다.[294] 소의 취하로 소송이 끝난 경우는 패소한 당사자에 준하여 소를 취하한 원고가 소송비용의 부담자가 되는 것이 원칙인데, 이때 소송비용부담에 관한 실체법상 권리가 변제 등으로 소멸하였다는 항변은 부담 및 확정절차에서는 불가능하고, 별도로 청구이의의 소를 제기해야 한다.[295]

판 례 **소송비용 부담 및 확정신청의 관할(대법원 2018. 4. 6.자 2017마6406 결정)**

소송이 재판에 의하지 않고 끝난 경우 당사자가 소송비용을 상환받기 위해서는 민사소송법 제114조 제1항에 의하여 당해 소송이 끝난 당시의 소송계속 법원에 소송비용 부담의 재판을 신청하여야 하고, 이를 제1심 수소법원에 소송비용액 확정을 신청하는 방법으로는 할 수 없다.

마. 소송비용의 담보

(1) 원고가 대한민국에 주소·사무소와 영업소를 두지 아니한 때 또는 소장·준비서면, 그 밖의 소송기록에 의하여 청구가 이유 없음이 명백한 때 등의 경우 피고의 신청이 있으면 법원은 원고에게 소송비용에 대한 담보를 제공하도록 명하여야 한다. 담보가 부족한 경우에도 같다(제117조 제1항). 이 경우 법원은 직권으로 담보제공을 명할 수도 있다(제117조 제2항). 청구가 이유 없음이 명백한 때 담보제공을 명할 수 있는 것은 2010년 법 개정으로 도입된 것인데 무익한 소권남용에 대한 제재적 역할을 하는 것이다.

(2) 원고에게는 담보제공신청권이 없다.[296] 피고의 경우에도 담보를 제공할 사유가

292) 대법원 2008. 6. 23.자 2007마634 결정.
293) 대법원 2008. 3. 31.자 2006마1488 결정.
294) 대법원 2018. 4. 6.자 2017마6406 결정.
295) 대법원 2020. 7. 17.자 2020카확522 결정.
296) 대법원 2017. 9. 14.자 2017카담507 결정.

있다는 것을 알면서도 피고가 본안에 관하여 변론하거나 변론준비기일에서 진술한 경우에는 담보제공신청권을 상실한다(제118조). 그 상실의 효과는 상급심에까지 미치므로, 제1심에서 본안에 관한 변론을 한 피고가 항소심에 이르러 담보제공신청을 한 것은 부적법하다.[297] 다만 피고가 과실 없이 담보제공을 신청할 수 없었거나 상소심에서 새로이 담보제공의 원인이 발생한 경우에는 상소심에서도 가능하다.[298] 한편 피고가 적법하게 담보제공신청을 하였다면 그 후 본안에 관한 변론을 하였더라도 이미 이루어진 담보제공신청의 효력이 상실하거나 부적법하게 되는 것은 아니다.[299]

(3) 담보제공을 신청한 피고는 원고가 담보를 제공할 때까지 소송에 응하지 아니할 수 있다(제119조).

(4) 법원은 결정으로 재판한다. 담보제공을 명하는 결정에서 담보액과 담보제공의 기간을 정하여야 한다(제120조 제1항). 법원의 결정에 대해서는 즉시항고 가능하다(제121조).

(5) 담보의 제공은 금전 또는 법원이 인정하는 유가증권을 공탁하거나 지급보증위탁계약서를 제출하는 방법으로 한다(제122조). 피고는 위 제공한 담보물에 관하여 질권자와 동일한 권리를 갖는다(제123조). 만약 원고가 담보를 제공하지 아니하면 법원은 변론 없이 판결로 소를 각하할 수 있다(제124조).

(6) 원고가 제공한 담보를 사건 종료 후 되찾으려면 담보취소결정을 받아야 한다(제125조 제1항). 담보취소의 사유는 ① 담보제공사유가 소멸한 경우(제125조 제1항), ② 담보권리자(피고)의 동의를 받은 경우(제125조 제2항), ③ 법원의 권리행사최고기간을 도과한 경우(제125조 제3항)이다. 담보취소결정에 대해서는 즉시항고 가능하다(제125조 제4항).

2. 가집행선고

가. 의 의

가집행선고는 미확정의 종국판결에 미리 집행력을 주는 형성적 재판이다(제213조). 판결은 원칙적으로 확정되어야 집행력이 발생하나, 승소자의 신속한 권리실현을 위해 판결의 확정 전에 미리 강제집행할 수 있게 한 것이다. 아울러 패소자의 남상소를 방지할 수 있으며, 가집행당하지 않기 위해 제1심에서 모든 소송자료를 제출할 것이기 때문에 심리의 제1심 집중의 간접적 효과를 거둘 수도 있다.

297) 대법원 2008. 5. 30.자 2008마568 결정.
298) 대법원 2017. 4. 21.자 2017마63 결정.
299) 대법원 2018. 6. 1.자 2018마5162 결정.

나. 요 건

(1) 가집행선고의 대상

(가) 원칙적으로 종국판결에 한한다. 따라서 가압류·가처분을 비롯한 결정·명령은 원칙적으로 즉시 집행력이 있으므로(민집 제56조 제1호) 가집행선고를 붙일 수 없다. 또한 중간판결(제201조) 및 상고심판결에서도 가집행선고를 할 수 없다. 그리고 종국판결이라도 소각하판결이나 청구기각판결은 성질상 가집행선고를 할 수 없다.

(나) 그리고 집행할 수 있는 판결이어야 한다. 협의의 집행력을 낳는 이행판결에는 가집행선고를 붙일 수 있다. 예컨대 금전지급청구, 물건의 인도·철거·퇴거청구 등이 그것이다. 장래이행판결이나 선이행판결, 동시이행판결의 경우도 청구의 성질에 따른 제한이 없는 한 가집행선고를 붙일 수 있다.[300]

확인판결이나 형성판결에도 가집행선고를 할 수 있는지 문제된다. 이론상 확인·형성판결에도 가집행선고를 붙일 수 있다고 보는 견해가 다수이나,[301] 판례는 형성청구에서는 법률에 특별규정[302]이 있거나 그 성질이 허용하는 경우 이외에는 가집행선고를 붙여서 미리 그 집행력을 발생시킬 수 없다고 하였고,[303] 실무에서도 확인·형성판결에는 가집행선고를 붙이지 않는 것이 일반적이다.[304]

(다) 원칙적으로 재산권의 청구에 관한 판결이어야 한다(제213조 제1항 본문). 재산권의 청구는 강제집행 후 상소심에서 원판결이 취소·변경되더라도 원상회복이 비교적 용이하기 때문이다. 따라서 이혼 등 비재산권 청구에 대해서는 가집행선고를 붙일 수 없다.

재산권의 청구이지만, 다음의 경우 즉, ① 의사의 진술을 명하는 판결은 확정된 때 의사를 진술한 것으로 보므로(민집 제263조 제1항), 가집행선고가 허용되지 않고, ② 사해행위취소 및 가액배상판결의 경우 사해행위취소는 형성소송이고, 가액배상판결은 사해행위취소의 효과발생을 전제로 하여 그 이행기가 판결확정 후에 도래하므로 확정 전 집행이 불가능하여 가집행선고를 붙일 수 없으며, ③ 이혼판결과 동시에 하는 재산분할판결의 경우에도 이혼이 성립한 때 재산분할의 법적 효과가 발생하므로 성질상 가집행선고를 할

300) 예컨대 "피고는 원고로부터 별지 기재 건물에 관하여 2023. 5. 4. 매매를 원인으로 한 소유권이전등기절차를 이행받음과 동시에 원고에게 300,000,000원을 지급하라."는 판결에는 가집행선고를 붙일 수 있으나, "피고는 원고로부터 150,000,000원을 지급받음과 동시에 원고에게 별지 기재 부동산에 관하여 2024. 1. 31. 매매를 원인으로 한 소유권이전등기절차를 이행하라."는 판결에는 가집행선고를 붙일 수 없다.

301) 김홍엽, 905면; 이시윤, 691면; 정동윤/유병현/김경욱, 874면; 정영환, 1300면.

302) 예컨대 청구이의의 소, 집행문부여에 대한 이의의 소, 제3자이의의 소에서 각 잠정처분의 명령, 그 취소·변경 또는 인가를 할 때에는 직권으로 가집행선고를 하여야 한다(민집 제47조 제2항, 제48조 제3항).

303) 대법원 1966. 1. 25. 선고 65다2374 판결.

304) 전원열, 480면; 주석 민사소송법(Ⅲ), 374면.

수 없다.[305)]

(2) 가집행을 붙이지 아니할 상당한 이유의 부존재

재산권의 청구에 관한 판결에는 가집행의 선고를 붙이지 아니할 상당한 이유가 없는 한 직권으로 가집행을 선고하여야 한다(제213조 제1항 본문). 여기서 상당한 이유란 건물의 철거나 점포의 인도 등 패소한 피고에게 회복할 수 없는 손해의 위험이 있는 경우를 뜻한다고 본다. 실무상 상당한 이유의 존재는 엄격하게 제한적으로 보고 판단한다.

다. 절 차

(1) 직권선고

가집행선고는 법원의 직권으로 한다(제213조 제1항 본문). 당사자의 신청은 법원의 직권발동을 촉구하는 의미밖에 없다. 다만 상소법원이 원심판결 중 불복신청이 없는 부분에 대하여 결정으로 가집행선고를 할 수 있는데, 이는 당사자의 신청이 있어야 할 수 있다(제406조 제1항, 제435조).

(2) 담보제공명령

가집행선고 시 담보를 제공하게 할 것인지 여부는 법원의 재량이다. 가집행선고를 하면서 담보를 제공하게 하는 경우란 상소심에서 판결이 변경될 가능성이 있는 경우이다.[306)] 다만 어음금·수표금청구에 관한 판결에는 담보를 제공하게 하지 아니하고 가집행의 선고를 해야 한다(제213조 제1항 단서).

(3) 가집행면제

법원은 직권 또는 당사자의 신청에 따라 채권전액을 담보로 제공하고 가집행을 면제받을 수 있다는 것을 선고할 수 있다(제213조 제2항). 실무상 집행정지신청(제501조, 제500조)으로 처리하지, 가집행면제선고신청을 하는 예는 드물다.

라. 효력과 집행정지

(1) 가집행의 선고가 내려진 재판은 집행권원이 된다(민집 제56조 제2호).

(2) 가집행선고가 붙은 판결에 의한 집행은 집행의 보전에만 이르는 것이 아니라 종국적 만족에 이르게 된다. 그러나 이는 확정적 집행은 아니고, 상소심에서 본안판결이 취

---

305) 대법원 1998. 11. 13. 선고 98므1193 판결.

306) 그러나 실무상 이런 경우는 가집행선고를 붙이지 않거나 일부금액에 대해서만 붙일 것이므로, 담보를 제공케 하면서 가집행선고를 붙이는 예는 매우 드물다.

소·변경되면 그 효력이 소멸하는 해제조건부 집행에 불과하므로, 가집행선고부 판결에 의해 피고가 금액을 지급하였다 하더라도 상소심법원으로서는 이를 참작함이 없이 청구의 당부를 판단해야 한다.[307] 또한 가집행선고부 판결을 집행권원으로 해서 재산명시신청, 채무불이행자명부등재신청, 재산조회신청을 할 수 없다(민집 제61조 제1항 단서, 제70조 제1항 제1호 단서).

(3) 가집행에 관한 재판에 대하여는 독립하여 상소할 수 없고(제391조, 제425조), 본안재판과 함께 불복해야 한다.

(4) 피고가 상소하여도 그것만으로는 강제집행을 저지할 수 없고, 별도로 신청을 하여 강제집행정지결정(제501조, 제500조)을 받아야 한다.

마. 가집행선고의 실효와 원상회복

(1) 가집행선고는 상소심에서 가집행선고가 바뀌거나 본안판결이 바뀌었을 때에는 그 한도에서 효력을 잃는다(제215조 제1항).[308] 항소심에서 청구의 교환적 변경이 있는 경우 종전 청구는 취하된 것으로 보므로 이에 붙여진 가집행선고도 실효된다.[309] 이러한 가집행선고 실효의 효력은 장래에 향하여 발생할 뿐 소급효가 없으므로, 이미 완료된 집행절차나 이에 기한 경락인의 소유권취득에 영향을 미치지 않는다.[310]

(2) 가집행선고부 본안판결이 상소심에서 바뀌었을 경우에는 법원은 피고의 신청에 따라 그 판결에서 가집행의 선고에 따라 지급한 물건을 돌려줄 것(원상회복)과, 가집행으로 말미암은 손해 또는 그 면제를 받기 위하여 입은 손해를 배상할 것(손해배상)을 원고에게 명해야 한다(제215조 제2항). 이것은 공평의 관념에서 법이 인정한 법정채무이다.[311] 다만 본안판결은 바뀌지 않고 가집행선고만 바뀐 경우는 그렇지 않다(제215조 제3항).

여기서 지급한 물건이란 가집행의 결과 피고가 원고에게 이행한 물건이나 지급한 금전을 가리키고, 가집행에 따른 경매절차에서 매각된 물건은 여기에 포함되지 않는다.[312]

---

307) 대법원 1993. 10. 8. 선고 93다26175, 26182 판결; 대법원 2020. 1. 30. 선고 2018다204787 판결.

308) 따라서 제1심에서 무조건 이행을 명하였으나 항소심에서 제1심판결을 변경하여 상환이행을 명한 경우 제1심판결의 가집행선고는 그 차이가 나는 한도 내에서만 실효되고(대법원 1995. 9. 29. 선고 94다23357 판결), 항소심이 제1심판결 일부를 취소하는 변경판결을 하여 청구인용범위가 줄어든 경우 제1심판결의 가집행선고는 청구인용범위가 줄어든 차액부분에 한하여 실효된다(대법원 1992. 8. 18. 선고 91다35953 판결). 다만 그 실효는 변경된 본안판결의 확정을 해제조건으로 하는 것이어서 그 항소심판결을 파기하는 상고심판결이 선고되면 가집행선고의 효력은 다시 회복된다(대법원 1999. 12. 3.자 99마2078 전원합의체 결정).

309) 대법원 1995. 4. 21. 선고 94다58490, 58506 판결.

310) 대법원 1993. 4. 23. 선고 93다3165 판결.

311) 대법원 2015. 2. 26. 선고 2012다79866 판결.

312) 대법원 1966. 5. 31. 선고 66다377 판결.

판례는 가집행선고부 판결을 받은 후 피고가 상소를 제기하여 다투면서 집행을 면하기 위해 부득이 그때까지의 원리금을 지급한 것이라면 임의변제라고 할 수 없어서 여기의 지급한 물건에 해당된다고 보았다.313) 그러나 가집행선고부 판결에 기한 공탁을 하였다 하여도 원고가 수령하지 않았다면 가지급물로 볼 수 없다고 하였다.314)

원상회복은 일종의 부당이득반환이다.315) 가지급물이 금전인 경우 가집행채권자는 가지급금과 그 지급일 이후의 민사법정이율에 의한 지연손해금을 채무자에게 지급할 의무가 있다.316)

손해배상은 무과실책임이지만, 일종의 불법행위책임이므로 민법상의 과실상계(민법 제763조, 제396조)317)나 시효(민법 제766조)에 관한 규정이 준용된다.

(3) 피고가 가지급물의 반환을 구하는 방법은 ① 원고를 상대로 별소를 제기하는 것과, ② 상소심에서 본안판결의 변경을 구하면서 이와 병합하여 가지급물의 원상회복 등의 청구를 하는 것이 있다(제215조 제2항). 후자를 가지급물반환신청이라 하는데, 이는 본안판결의 취소·변경을 구하는 예비적 반소의 성격을 지닌다.318) 따라서 소송에 준하여 변론이 필요하므로, 법률심인 상고심에서는 사실관계에 대하여 당사자 사이에 다툼이 없어 사실심리를 요하지 아니하는 경우를 제외하고는 가지급물반환신청이 원칙적으로 허용되지 않는다.319) 그리고 제1심에서 가집행선고부 승소판결을 받고 그에 기하여 판결원리금을 지급받았다가 항소심에 이르러 청구의 교환적 변경으로 종전 청구가 취하된 것으로 보는 경우에는 항소심 절차에서 곧바로 가지급물의 반환을 구할 수 있고, 그것을 별소의 형식으로 청구하여야만 된다고 볼 것은 아니다.320)

---

313) 대법원 1995. 6. 30. 선고 95다15827 판결.
314) 대법원 2011. 9. 29. 선고 2011다17847 판결.
315) 대법원 2011. 8. 25. 선고 2011다25145 판결; 대법원 2015. 2. 26. 선고 2012다79866 판결.
316) 대법원 2020. 5. 14. 선고 2017다220058 판결. 그러나 여기에 상사법정이율을 적용할 수는 없다(대법원 2004. 2. 27. 선고 2003다52944 판결).
317) 대법원 1984. 12. 26. 선고 84다카1695 판결.
318) 대법원 2011. 8. 25. 선고 2011다25145 판결.
319) 대법원 2000. 2. 25. 선고 98다36474 판결; 대법원 2007. 5. 10. 선고 2005다57691 판결.
320) 대법원 2011. 8. 25. 선고 2011다25145 판결; 대법원 2023. 4. 13. 선고 2022다293272 판결.

제 5 편

병합소송

제1장 병합청구소송(청구의 복수)

민사소송 실무에서는 주로 원고가 효율적인 권리구제를 받기 위해 하나의 소송에서 여러 주장을 담으려고 한다. 처음부터 소장에 여러 주장을 묶어 소를 제기할 수도 있고(원시적 병합), 소송계속 중 바꾸거나 빼거나 합칠 수도 있다(후발적 병합). 비단 원고뿐만 아니라 피고도 기왕 마련된 소송절차에서 반소를 제기해 능동적·적극적 당사자로의 변모를 꾀하기도 한다. 이들의 모습, 심판방법, 상소심에서의 제문제 등에 대해 차례로 살펴본다.

제 1 절 청구의 병합(소의 객관적 병합)

Ⅰ. 서 설

1. 청구의 병합 개념과 취지

> 제253조(소의 객관적 병합) 여러 개의 청구는 같은 종류의 소송절차에 따르는 경우에만 하나의 소로 제기할 수 있다.

원고가 하나의 소송절차에서 수 개의 청구를 한 것을 청구의 병합(제253조)이라고 하는데, 이를 소의 객관적 병합[1] 또는 원시적인 소송물의 복수라고 부르기도 한다. 이렇게

1) 소송법상 '객관적'이라는 용어는 객체, 물(物)적 의미로 사용되므로, 소의 객관적 병합은 심판의 객체, 즉 청구(소송물)가 여럿인 것을 의미한다. 반면 '주관적'이라는 용어는 주체, 인(人)적 의미로 사용되므로, 소의 주관적 병합은 소송의 주체, 즉 당사자가 여럿인 것을 말한다.

청구의 병합을 인정하는 것은, 수 개의 청구별로 따로 재판하기보다 서로 관련된 청구들을 한꺼번에 묶어 심리하게 되면 원고로서는 인지 등 소송비용의 부담이 낮아지고 피고로서도 수회 재판에 출석해야 하는 등 응소의 부담을 낮춰 결국 소송경제를 도모할 수 있고, 또한 같은 재판부가 심리하기 때문에 판결의 모순저촉을 방지할 수도 있기 때문이다.

2. 구별개념

가. 주관적 병합

하나의 소송절차에서 세 명 이상의 당사자가 동시에 또는 이시에 관여하는 소송을 다수당사자소송, 공동소송, 당사자의 복수, 소의 주관적 병합이라고 일컫는다. 이처럼 소의 주관적 병합은 당사자가 복수라는 점에서, 청구(소송물)가 복수인 소의 객관적 병합과 구별된다.

나. 공격방법의 복수

(1) 청구의 병합은 공격방법의 복수와도 구별된다. 공격방법의 복수는 단일 청구(소송물)를 뒷받침하는 공격방법이 여러 개인 경우를 뜻한다. 예컨대 ① 대리인에 의해 계약이 체결되었음을 근거로 청구를 하면서 유권대리·표현대리·무권대리추인의 주장을 하는 것, ② 사해행위취소소송에서 취소를 구하는 대상행위의 법률적 평가를 증여 또는 변제로 달리 주장하는 것,[2] 그리고 사해행위취소소송의 피보전채권을 추가하거나 교환하는 것,[3] ③ 부당이득반환청구에서 법률상 원인 없는 사유로 계약의 불성립, 무효, 취소, 해제 등을 주장하는 것,[4] ④ 등기원인의 무효에 따른 말소등기청구에서 등기원인의 무효를 뒷받침하는 개개의 사유,[5] ⑤ 소유권확인의 소에서 매매, 취득시효완성, 상속 등 소유권 취득 원인을 복수로 주장하는 경우[6] 등을 들 수 있다.

판 례 **사해행위취소소송에서 취소대상행위의 법률적 평가(대법원 2005. 3. 25. 선고 2004다10985, 10992 판결)**

채권자가 채무자의 어떤 금원지급행위가 사해행위에 해당된다고 하여 그 취소를 청구하면서 다만 그 금원지급행위의 법률적 평가와 관련하여 증여 또는 변제로 달리 주장하는 것은 그 사해행위취소권을 이유 있게 하

2) 대법원 2005. 3. 25. 선고 2004다10985, 10992 판결.
3) 대법원 2003. 5. 27. 선고 2001다13532 판결; 대법원 2012. 7. 5. 선고 2010다80503 판결.
4) 대법원 2000. 5. 12. 선고 2000다5978 판결; 대법원 2022. 7. 28. 선고 2020다231928 판결.
5) 대법원 1999. 9. 17. 선고 97다54024 판결.
6) 대법원 1987. 3. 10. 선고 84다카2132 판결.

는 공격방법에 관한 주장을 달리하는 것일 뿐이지 소송물 또는 청구 자체를 달리하는 것으로 볼 수 없다.

판 례 사해행위취소소송에서 피보전채권의 추가·교환(대법원 2012. 7. 5. 선고 2010다80503 판결)

채권자가 사해행위취소 및 원상회복청구를 하면서 보전하고자 하는 채권을 추가하거나 교환하는 것은 사해행위취소권과 원상회복청구권을 이유 있게 하는 공격방법에 관한 주장을 변경하는 것일 뿐이지 소송물 또는 청구 자체를 변경하는 것이 아니므로, 채권자가 보전하고자 하는 채권을 달리하여 동일한 법률행위의 취소 및 원상회복을 구하는 채권자취소의 소를 이중으로 제기하는 경우 전소와 후소는 소송물이 동일하다고 보아야 하고, 이는 전소나 후소 중 어느 하나가 승계참가신청에 의하여 이루어진 경우에도 마찬가지이다.

☞ 丁이 乙에 대한 구상금채권을 피보전권리로 하여 수익자 丙을 상대로 사해행위취소 및 원상회복청구의 소를 제기하였고(전소), 甲이 乙에 대한 양수금채권을 피보전권리로 하여 丙을 상대로 사해행위취소 및 원상회복청구의 소를 제기하였는데(후소), 丁이 甲의 乙에 대한 양수금채권을 양수받은 후 후소법원에 승계참가신청을 하고 甲은 소송탈퇴를 하였음. 그 후 전소에서 丁의 청구기각판결이 확정되자 후소법원은 전·후소의 피보전권리만 다를 뿐 소송물이 동일하므로 기판력에 저촉됨을 들어 후소청구를 기각한 사안.

판 례 부당이득반환청구의 소송물(대법원 2000. 5. 12. 선고 2000다5978 판결)

계약해제의 효과로서의 원상회복은 부당이득에 관한 특별 규정의 성격을 가지는 것이고, 부당이득반환청구에서 법률상의 원인 없는 사유를 계약의 불성립, 취소, 무효, 해제 등으로 주장하는 것은 공격방법에 지나지 아니하므로 그중 어느 사유를 주장하여 패소한 경우에 다른 사유를 주장하여 청구하는 것은 기판력에 저촉되어 허용할 수 없다 할 것이다.

(2) 개개의 소송에서 원고의 어떤 주장이 청구(소송물)에 해당하는가 아니면 단순한 공격방법에 지나지 않은가를 일의적으로 구별하는 것은 쉽지 않다. 소송물의 동일성 식별범위를 얼마나 넓게 볼 것인가에 따라 그 결론을 달리하므로, 결국 앞에서 설명한 소송물이론을 살펴볼 수밖에 없다.[7)]

(3) 청구와 공격방법을 구별할 실익은, ① 어느 하나가 판결하기에 성숙한 경우 청구가 복수라면 일부판결(제200조)이 가능하지만, 공격방법이 복수라면 중간판결(제201조)의 대상은 될 수 있어도 일부판결은 불가능하다는 점, ② 청구가 복수라면 원칙적으로 복수인 수만큼 판결주문을 내야 하지만, 공격방법이 복수라면 1개의 주문으로 족하다는 점, ③ 청구와 달리, 시기에 늦게 제출된 공격방법의 경우 법원이 직권 또는 상대방의 신청에 따

7) 구실체법설(구소송물이론)에 따라 청구의 병합으로 취급되는 것도, 만약 소송법설(신소송물이론)에 의하면 소송물의 범위를 넓게 보기 때문에 단일한 청구에 공격방법이 복수인 경우로 취급되는 경우가 많을 것이다.

라 각하할 수 있다는 점(제149조), ④ 예비적 청구에 대하여 법원은 당사자가 붙인 순위에 구속되지만, 소송물과 달리 공격방법에 대해서는 법원은 법률적 관점 선택의 자유가 있기 때문에 가사 원고가 공격방법에 순위를 붙여 청구하더라도 법원은 이에 구애됨이 없이 어느 하나를 선택하여 원고 청구를 인용할 수 있다는 점[8] 등에 있다.

II. 병합요건

아래에서는 공통적인 병합요건을 살피고, 후발적 병합의 특유 요건은 후술 해당부분에서 검토한다.

1. 같은 종류의 소송절차

여러 개의 청구가 같은 종류의 소송절차에 의해 심판될 수 있어야 한다(제253조).

(1) 따라서 민사본안사건에 보전처분사건, 즉 가압류·가처분사건을 병합할 수 없고,[9] 민사본안사건에 비송사건을 병합하는 것 역시 불허된다.[10] 그리고 직권심리가 가능한 행정소송사건과 가사소송사건 중 가류 및 나류 사건을 변론주의가 적용되는 일반 민사본안사건에 병합할 수 없다. 다만 행정소송법 제10조는 취소소송에 당해 처분 등과 관련된 손해배상청구 등을 병합할 수 있다고 하고, 가사소송법 제14조 역시 가사소송사건과 가사비송사건의 청구의 원인이 동일한 사실관계에 기초하거나 1개의 청구의 당부(當否)가 다른 청구의 당부의 전제가 되는 경우에는 이를 1개의 소로 제기할 수 있음을 규정하고 있다.

(2) 재심절차에 일반 민사본안 사건을 병합할 수 있는지 여부에 관해, 판례는 이를 부정하고,[11] 판례와 같은 태도를 취하는 견해도 있으나,[12] 재심대상판결이 상급심에 대한 것이어서 새롭게 제기하는 청구와 심급이 다른 경우가 아니라면, 재심사유가 인정된 뒤 본안절차는 변론주의가 적용되고 이 점에서 통상의 민사본안 사건과 다를 게 없으므로,

---

8) 판례는, 임대차계약 해지에 따른 임대목적물 인도청구를 하면서, 차임을 체불하였다는 점과 기한의 정함이 없는 임대차로서 해지통고를 하였다는 점을 각 임대차계약 해지 사유로 순위를 붙여 주장한 사안에서, 각 주장은 서로 양립가능한 것으로서 이를 선택적 주장으로 볼 수 있으므로 어느 하나의 해지사유를 인용하면 다른 주장에 관하여 심리 판단할 필요는 없다고 보았다(대법원 1989. 2. 28. 선고 87다카823, 824 판결).

9) 대법원 2003. 8. 22. 선고 2001다23225, 23232 판결.

10) 대법원 2006. 1. 13. 선고 2004므1378 판결.

11) 대법원 1971. 3. 31. 선고 71다8 판결; 대법원 1997. 5. 28. 선고 96다41649 판결; 대법원 2009. 9. 10. 선고 2009다41977 판결.

12) 김홍엽, 928면.

그 병합을 허용함이 타당하다 할 것이다(통설).[13)]

(3) 제권판결에 대한 불복소송(제490조)에 취소판결이 확정됨을 조건으로 이를테면 장래이행의 소로 수표금청구를 병합할 수 있는지 문제된다. 중재법상 중재판정 취소의 소(중재 제36조)에 통상의 소의 병합 여부도 마찬가지이다. 과거 판례는 병합을 긍정하기도 하였고,[14)] 이와 취지를 같이 하는 견해도 있으나,[15)] 근래의 판례는 제권판결 불복의 소가 형성의 소라는 점을 강조하여 그 병합을 부정하였다.[16)]

판 례 **병합을 긍정한 사례(대법원 1989. 6. 13. 선고 88다카7962 판결)**

제권판결에 대한 불복의 소는 확정판결의 취소를 구하는 형성의 소로서 제소사유가 법정되어 있고 제소기간의 제한이 있는 등 재심의 소와 유사한 점이 있으나 통상의 판결절차로서 성립한 판결에 대한 것이 아니라 증권상실자의 일방적 관여로 이루어지는 판결에 대한 것이고 반대의 이해관계자에게 판결을 송달하지 않으므로 그에 대하여 통상의 상소절차를 이용하게 하는 것이 불합리하기 때문에 별도로 불복방법을 마련하고 있는 것인 점에서 재심의 소와는 성질상 차이가 있을 뿐만 아니라 소송경제를 도모하고 서로 관련있는 사건에 대한 판결의 모순 저촉을 피하기 위하여서도 다른 민사상의 청구를 병합하여 심리판단하게 하는 것이 타당하다.

판 례 **병합을 부정한 사례(대법원 2013. 9. 13. 선고 2012다36661 판결)**

제권판결 불복의 소와 같은 형성의 소는 그 판결이 확정됨으로써 비로소 권리변동의 효력이 발생하게 되므로 이에 의하여 형성되는 법률관계를 전제로 하는 이행소송 등을 병합하여 제기할 수 없는 것이 원칙이다. 또한 제권판결에 대한 취소판결의 확정 여부가 불확실한 상황에서 그 확정을 조건으로 한 수표금 청구는 장래이행의 소의 요건을 갖추었다고 보기 어려울 뿐만 아니라, 제권판결 불복의 소의 결과에 따라서는 수표금 청구소송의 심리가 무위에 그칠 우려가 있고, 제권판결 불복의 소가 인용될 경우를 대비하여 방어하여야 하는 수표금 청구소송의 피고에게도 지나친 부담을 지우게 된다는 점에서 이를 쉽사리 허용할 수 없다.

2. 공통의 관할권

병합되는 여러 개의 청구가 수소법원에 공통의 관할권이 있어야 한다. 토지관할에 관하여는 다른 법원의 전속관할에 속하는 청구가 존재하지 않는 한 어느 한 청구에 토지관

13) 강현중, 789면; 이시윤, 701면; 정동윤/유병현/김경욱, 996면; 정영환, 882면.

14) 대법원 1989. 6. 13. 선고 88다카7962 판결.

15) 이시윤, 701면; 정동윤/유병현/김경욱, 996면. 한편 강현중, 790면은 앞의 손해배상청구(88다카7962)는 수표가 무효로 되어 입은 현재의 손해에 대한 이행청구이고, 뒤의 수표금청구(2012다36661)는 제권판결불복소송에서 승소를 전제로 하는 장래의 청구라는 점에서 차이가 있다고 한다.

16) 대법원 2013. 9. 13. 선고 2012다36661 판결.

할권이 있으면 관련재판적(제25조)이 인정되어 이 요건은 충족될 수 있다. 사물관할에 관하여는 병합청구의 소가 산정의 원칙(제27조)에 따라 단순병합은 합산, 선택적·예비적 병합은 가장 큰 액수의 청구에 모두 흡수된다.

3. 청구 사이의 관련성

원칙적으로 관련성을 요하지 않는다. 따라서 매매대금청구와 대여금청구를 병합하는 것도 가능하다. 그러나 선택적·예비적 병합의 경우는 병합된 청구 사이에 관련성이 있을 것을 요한다.

Ⅲ. 병합의 모습(태양)

1. 단순병합

가. 개 념

단순병합은 원고가 수 개의 청구를 병렬적으로 나열하여 다른 청구의 인용 여부와 관계없이 모든 청구들에 대해 심판을 요구하는 형태이다. 이 경우 수 개의 청구 사이에 견련성(상호관련성) 유무는 불문한다. 예컨대 건물 소유자가 점유자를 상대로 건물인도청구를 하면서 건물에서 발생한 손해배상청구를 병합할 수도 있고, 또한 당사자만 같다면 매매대금청구와 대여금청구와 같이 법률적·경제적 생활관계가 전혀 다른 경우에도 병합이 가능하다. 원고가 병합된 청구의 이유유무에 관계없이 심판을 구한 것이므로 법원은 병합된 모든 청구에 대해 판단을 해야 한다.

나. 손해항목

원고가 불법행위에 의한 손해배상청구를 하면서 손해항목으로 적극손해, 소극손해, 위자료를 모두 적시한 경우, 소송물이론에 따라 그 결론을 달리하지만, 구실체법설을 따르는 판례는 손해3분설을 취하므로, 이 경우 세 개 청구의 단순병합으로 처리된다.[17]

다. 대상청구

대상청구(代償請求)는 원고가 어떤 물건의 인도를 구하면서 그 물건의 이행불능 또는

17) 대법원 1976. 10. 12. 선고 76다1313 판결. 한편 일부 판례는 상소의 불이익변경금지의 원칙과 관련하여 손해항목 간의 엄격한 구분을 피해 개별 사례에서 구체적 타당성을 기하고 있기도 하다(대법원 1996. 8. 23. 선고 94다20730 판결; 대법원 1994. 6. 28. 선고 94다3063 판결).

집행불능에 대비하여 그 물건의 가액에 상당하는 금액을 청구하는 것을 일컫는다. 그 병합의 모습에 대해서는 경우를 나눠 살펴볼 필요가 있다.

(1) 먼저 목적물(특정물, 종류물[18] 포함)의 인도를 구하면서 변론종결 후의 이행불능(특정물의 경우)이나 집행불능(종류물의 경우)을 대비하여 이에 갈음하는 대상청구를 병합하는 경우이다. 예컨대 쌀 100가마의 인도를 구하고 추후 피고의 창고에 쌀이 없어 집행을 불가능할 경우를 대비하여 쌀 1가마당 22만 원씩의 금전지급청구를 병합하는 것이다.

대상청구의 판결주문 기재례[19]

1. 피고는 원고에게 백미(2024년산, 오대벼, 상등품) 100가마(가마당 80kg들이) 및 이에 대한 2024. 10. 12.부터 다 갚는 날까지 연 12%의 비율로 계산한 백미를 지급하라.
2. 위 백미에 대한 강제집행이 불능일 때에는 백미 1가마당 220,000원의 비율로 환산한 돈을 지급하라.

소유권이전등기청구[20]를 하며 이 등기청구권이 판결확정 전 이행불능 또는 판결확정 후 집행불능될 것을 대비하여 금전지급청구를 하는 경우도 마찬가지인데, 이 경우 급부청구와 대상청구의 병합은 현재이행의 소와 장래이행의 소의 단순병합이 된다.[21] 따라서 원고가 청구에 순위를 붙였다 하더라도 본래의 급부청구가 인용되는 경우에도 대상청구에 대한 판단을 생략해서는 아니 되고, 대상청구가 기각된 경우 원고에게 항소의 이익이 있다.[22]

판 례 **대상청구 병합의 태양(대법원 2011. 1. 27. 선고 2010다77781 판결)**

채권자가 본래적 급부청구인 부동산소유권 이전등기청구에다가 이에 대신할 전보배상을 부가하여 대상청구를 병합하여 소구한 경우의 대상청구는 본래적 급부청구의 현존함을 전제로 하여 이것이 판결확정 전에 이행불능되거나 또는 판결확정 후에 집행불능이 되는 경우에 대비하여 전보배상을 미리 청구하는 경우로서 양자의 병합은 현재의 급부청구와 장래의 급부청구와의 단순병합에 속하는 것으로 허용된다.

---

18) 종류물은 전국의 종류물이 모두 멸실되지 않는 한 이행불능은 있을 수 없으나 집행불능의 사태는 발생할 수 있다. 그러나 특정물은 이행불능·집행불능 모두 발생 가능하다.

19) 제1항이 현재이행의 소이고 제2항이 장래이행의 소로서 단순병합관계이다.

20) 소유권이전등기 말소청구의 경우도 같다(대법원 2006. 3. 10. 선고 2005다55411 판결).

21) 대법원 2011. 1. 27. 선고 2010다77781 판결.

22) 대법원 2011. 8. 18. 선고 2011다30666, 30673 판결.

판 례 **대상청구에 순위를 붙인 경우 판단방법(대법원 2011. 8. 18. 선고 2011다30666, 30673 판결)**

[1] 채권자가 본래적 급부청구에 이를 대신할 전보배상을 부가하여 대상청구를 병합하여 소구한 경우 대상청구는 본래적 급부청구권이 현존함을 전제로 하여 이것이 판결확정 전에 이행불능되거나 또는 판결확정 후에 집행불능이 되는 경우에 대비하여 전보배상을 미리 청구하는 경우로서 양자의 병합은 현재 급부청구와 장래 급부청구의 단순병합에 속하는 것으로 허용된다. 이러한 대상청구를 본래의 급부청구에 예비적으로 병합한 경우에도 본래의 급부청구가 인용된다는 이유만으로 예비적 청구에 대한 판단을 생략할 수는 없다.

[2] 甲이 乙을 상대로 주위적으로 근저당권설정등기의 회복등기절차 이행을 구하면서, 예비적으로 乙이 丙과 공모하여 등기를 불법말소한 데 대한 손해배상금과 지연손해금 지급을 구하였는데, 제1심법원이 주위적 청구를 인용하면서 예비적 청구를 기각하였고, 甲이 기각된 부분에 대하여 항소를 제기하자, 원심법원이 주위적 청구가 인용되어 전부 승소한 甲에게는 항소를 제기할 이익이 없다는 이유로 이 부분 항소를 각하한 사안에서, 위 예비적 청구는 주위적 청구인 근저당권설정등기 회복의무가 이행불능 또는 집행불능이 될 경우를 대비한 전보배상으로서 대상청구라고 보아야 하고, 이러한 주위적·예비적 병합은 현재 급부청구와 장래 급부청구의 단순병합에 속하므로, 甲이 항소한 부분인 예비적 청구의 당부를 판단하여야 함에도 주위적 청구가 인용된 이상 예비적 청구는 판단할 필요가 없다고 보아 이 부분 항소를 각하한 원심판결에는 법리오해 등의 위법이 있다고 한 사례.

(2) 이와 구별할 것이 특정물의 인도를 구하면서 변론종결 전에 그 물건의 매각·멸실·훼손 등의 이행불능으로 인한 청구기각을 염려하여 전보배상청구를 병합하는 경우이다. 종류물은 이행불능이 있을 수 없기 때문에 여기서 제외된다. 예컨대 특정 도자기의 인도를 청구하고, 만약 소송계속 중 위 도자기의 멸실 등으로 원고의 인도청구가 기각될 것을 대비하여 위 도자기 값에 상응하는 1억 원을 구하는 청구를 병합하는 것이다. 이 경우의 병합형태는 인도청구가 인용될 경우는 금전지급청구를 판단할 필요가 없고, 인도청구가 기각될 경우를 대비한 것으로서 양 청구는 양립불가능하므로, 현재이행의 소와 현재이행의 소의 예비적 병합이 된다.[23)]

2. 선택적 병합

가. 개념 및 특징

(1) 선택적 병합은 원고가 양립할 수 있는 수 개의 청구권·형성권에 기하여 청구를

---

23) 대법원 1972. 9. 26. 선고 72다1177 판결은 주위적으로 약속어음 1매의 반환을 구하고 예비적으로 만약 피고가 어음 추심 사무 처리과정에서 위 약속어음을 분실하였다면 어음권면액 상당의 손해배상을 구하는 청구를 예비적 병합 관계로 처리하였다.

하고 그중 어느 한 청구가 인용될 것을 해제조건으로 하여 수 개의 청구에 관한 심판을 구하는 형태의 병합이다.[24] 즉 양립가능한 수 개의 청구를 하고 그중 어느 한 청구가 인용되면 목적을 이루기 때문에 나머지 청구에 대해서는 심판을 요구하지 않는 소송형태이다. 이 경우 법원이 원고청구를 인용하는 판결을 하는 때에는 수 개의 청구 중 어느 하나를 선택하여 판단하면 되지만, 기각하는 판결을 하는 때에는 모든 청구에 대해 판단을 하여야 한다.[25]

(2) 선택적 병합은 동일 취지의 급부이행을 위해 양립가능한 수 개의 청구권경합의 경우나 또는 동일한 형성적 효과를 목적으로 양립가능한 수 개의 형성권경합의 경우에 성립된다.[26] 예컨대 동일사고의 피해자가 손해배상청구를 하며 청구원인으로 채무불이행과 불법행위를 모두 적시한 경우는 청구권경합으로서 선택적 병합 관계가 된다.[27] 또한 이혼청구의 소를 제기하며 부정행위(민법 제840조 제1호)와 악의의 유기(같은 조 제2호), 그 외에 혼인을 지속하기 힘든 중대한 사유(같은 조 제6호) 등 두 가지 이상의 이혼사유를 적시한 경우, 이는 혼인관계 해소라는 동일한 형성적 효과를 목적으로 양립가능한 수 개의 청구를 선택적으로 병합한 것이 된다.

(3) 물론 청구들 사이에 논리적 관련성(견련관계)이 전혀 없다면 단순병합이 가능할 뿐, 선택적 병합은 인정될 수 없다.[28] 따라서 양 청구는 법률적·경제적으로 동일한 목적을 추구해야 한다.

판 례 **관련성 없는 청구의 선택적 병합 허용 여부(대법원 2008. 12. 11. 선고 2005다51495 판결)**

논리적으로 전혀 관계가 없어 순수하게 단순병합으로 구하여야 할 수개의 청구를 선택적 또는 예비적 청구로 병합하여 청구하는 것은 부적법하여 허용되지 않는다. 따라서 원고가 그와 같은 형태로 소를 제기한 경우 제1심법원이 본안에 관하여 심리·판단하기 위해서는 소송지휘권을 적절히 행사하여 이를 단순병합 청구로 보정하게 하는 등의 조치를 취하여야 하는바, 법원이 이러한 조치를 취함이 없이 본안판결을 하면서 그중 하나의 청구에 대하여만 심리·판단하여 이를 인용하고 나머지 청구에 대한 심리·판단을 모두 생략하는 내용의 판결을 하였다 하더라도 그로 인하여 청구의 병합 형태가 선택적 또는 예비적 병합 관계로 바뀔 수는 없으므로, 이러한 판결에 대하여 피고만이 항소한 경우 제1심법원이 심리·판단하여 인용한 청구만이 항

---

24) 대법원 1982. 7. 13. 선고 81다카1120 판결; 대법원 1998. 7. 24. 선고 96다99 판결.

25) 대법원 1998. 7. 24. 선고 96다99 판결; 대법원 2017. 10. 26. 선고 2015다42599 판결.

26) 대법원 1998. 7. 24. 선고 96다99 판결; 대법원 2017. 10. 26. 선고 2015다42599 판결.

27) 판례는 같은 운송사고에 따른 계약상 채무불이행책임과 불법행위책임을 청구권경합 관계로 보고 있다(대법원 1980. 11. 11. 선고 80다1812 판결; 대법원 1983. 3. 22. 선고 82다카1533 전원합의체 판결).

28) 대법원 2008. 12. 11. 선고 2006다5550 판결; 대법원 2008. 12. 11. 선고 2005다51495 판결; 대법원 2008. 12. 11. 선고 2005다51471 판결; 대법원 2009. 5. 28. 선고 2007다354 판결.

소심으로 이심될 뿐, 나머지 심리·판단하지 않은 청구는 여전히 제1심에 남아 있게 된다.

☞ 원고가 서로 관련성이 없는 ①청구 ~ ④청구를 선택적 청구로 병합하여 총 손해액 중 5억 원의 지급을 구하였는데, 제1심은 ①청구만을 심리·판단하여 5억 원을 인용하고 나머지 청구에 대하여는 판단을 생략하는 본안판결을 하였으며, 이에 대해 피고만 항소하였는바, 대법원은 위 청구는 단순병합 관계로서 제1심이 심리·판단한 ①청구만 항소심으로 이심되어 심판대상이 되고 나머지 청구는 제1심에 그대로 남아 있다고 보았다.

나. 소송물이론에 따른 선택적 병합 성립 여부

청구취지는 하나이나 청구원인으로 수 개의 청구권이나 형성권을 적시한 소위 청구권경합 또는 형성권경합의 경우 소송물이론에 따라 선택적 병합 성립 여부가 갈린다. ① 우선 구실체법설(구소송물이론)에 의하면 청구원인에 기재된 실체법상의 권리 또는 법률관계가 곧 소송물이 되므로, 위 청구권·형성권경합의 경우 청구가 여러 개이어서 선택적 병합이 인정될 수 있다. 다만 구실체법설에 의하더라도 법조경합[29] 관계에 있는 여러 법규에 따른 청구나 선택채권[30]에 따른 청구는 실체법적으로 하나의 권리에 바탕을 둔 것이므로 청구(소송물)의 복수가 아니어서 선택적 병합이 인정될 수 없다. ② 다음으로 소송법설 중 이지설은 신청과 사실관계라는 두 가지 요소에 의해 소송물을 구성하려는 견해이므로, 청구권·형성권경합의 경우 사실관계의 이동(異同)에 따라 청구의 병합 인정 여부가 갈린다. 예컨대 같은 교통사고에 따른 손해배상을 청구하면서 청구원인으로 '채무불이행으로 인한 손해배상청구'와 '불법행위로 인한 손해배상청구'를 적시한 경우는 사실관계가 하나이어서 청구(소송물)가 하나이므로 이 경우 청구의 선택적 병합이 될 수 없다. 그러나 매수인이 매도인으로부터 물건을 구입하고 이 매매대금 지급을 위하여 어음을 발행해주었는데 매수인이 물건 값을 지급하지 않아 매도인이 매수인을 상대로 금전지급청구를 하면서 청구원인으로 매매대금지급청구와 어음금청구를 적시한 경우는, 원인행위(매매계약)와

29) 법조경합은 하나의 사회생활 관계에서 발생한 여러 법률사실이 일견 여러 법규를 충족해보이지만, 특별관계, 보충관계, 흡수관계, 택일관계 등으로 인해 어느 한 법규만 적용되고 다른 법규의 적용은 배제되어 하나의 청구권만 성립하거나 또는 하나의 법률효과만 발생하는 것이다. 판례도 법조경합을 인정하고 있는데, 자동차 운행으로 제3자에게 손해를 입힌 경우 자동차손해배상보장법 제3조는 불법행위에 관한 민법 규정의 특별규정이므로 당사자가 주장을 하지 않더라도 법원은 민법에 우선하여 자동차손해배상보장법을 적용하여야 한다고 하였다(대법원 1997. 11. 28. 선고 95다29390 판결).

30) 민법 제380조 이하에서 규정하고 있다. 선택채권의 예는, 乙이 개와 고양이를 각 한 마리씩 키우고 있는데 甲이 선택권을 행사하여 위 개와 고양이 중 한 마리를 10만 원에 사기로 한 경우를 들 수 있다. 만약 대금을 지불한 甲이 乙을 상대로 소를 제기한다면, 소장에서 청구취지로 "피고(乙)는 원고(甲)에게 개 또는 고양이를 인도하라"라고 하는 것이 아니라, "피고는 원고에게 고양이를 인도하라"고 하고, 청구원인에서 甲이 고양이를 선택하였음을 적시해야 한다. 결국 이 소송에서 실체법적으로 하나의 권리만 존재할 뿐이므로, 청구의 병합이 인정될 수 없다.

어음행위라는 두 개의 사실관계에 기한 것이어서 소송물이 별개이므로 청구의 선택적 병합이 될 수 있다. ③ 소송법설 중 일지설은 오로지 신청만으로 소송물을 구성하려는 견해이므로, 하나의 청구취지에 여러 개의 청구권 또는 형성권을 청구원인으로 적시한 경우, 청구(소송물)는 하나이고 공격방법 즉 청구를 이유 있게 하는 법적 관점이 여러 개인 것으로 보아, 청구의 선택적 병합을 인정하지 않는다.

다. 양립불가능한 청구의 선택적 병합 성립 여부

예컨대 원고가 매매유효를 주장하며 매매대금의 지급을 청구함과 동시에 택일적으로 매매무효를 주장하며 매매로 넘어간 목적물의 반환을 청구하는 경우와 같이, 양립이 불가능한 청구 간에도 선택적 병합이 가능한지 문제된다. 판례는 이를 부정하고 있고,[31] 통설도 같다.[32]

판 례 **양립불가능한 청구의 선택적 병합 허용 여부(대법원 1982. 7. 13. 선고 81다카1120 판결)**

청구의 선택적 병합이란 원고가 양립할 수 있는 수 개의 경합적 청구권에 기하여 동일 취지의 급부를 구하거나 양립할 수 있는 수 개의 형성권에 기하여 동일한 형성적 효과를 구하는 경우에 그 어느 한 청구가 인용될 것을 해제조건으로 하여 수 개의 청구에 관한 심판을 구하는 병합 형태이므로 논리적으로 양립할 수 없는 수 개의 청구는 성질상 선택적 병합으로 동일 소송절차 내에서 동시에 심판될 수 없는 것이고 이러한 수 개의 청구가 동일 소송절차 내에서 모순없이 심리되기 위하여는 그 청구 간에 주위적, 예비적인 관계가 있을 것을 요한다고 할 것인바, 이 사건에서 피고 명의의 위 각 등기가 원인무효임을 이유로 그 말소를 구하는 청구와 그 등기가 유효한 명의신탁등기이나 신탁이 해지되었음을 이유로 소유권이전등기를 구하는 청구는 서로 양립할 수 없는 관계에 있으므로 이들 청구에 대하여는 선택적 병합에 의한 병합심리를 할 수 없다고 할 것이고, 따라서 이와 같은 선택적 병합으로 하는 청구의 변경은 직권으로 불허하여야 할 것임에도 불구하고 이를 그대로 받아들인 원심의 조처는 필경 청구의 병합과 청구의 변경에 관한 법리를 오해한 것이어서 위법하다고 하지 않을 수 없다.

3. 예비적 병합

가. 개념 및 특징

(1) 예비적 병합은 논리적으로 양립할 수 없는 수 개의 청구에 관하여 주위적 청구의 인용을 해제조건으로 예비적 청구에 대하여 심판을 구하는 형태의 병합이다.[33] 즉 양립불

31) 대법원 1982. 7. 13. 선고 81다카1120 판결; 대법원 1999. 8. 20. 선고 97누6889 판결; 대법원 2014. 4. 24. 선고 2012두6773 판결.

32) 강현중, 796면; 김홍엽, 933면; 이시윤, 703면; 전병서, 529면; 정동윤/유병현/김경욱, 999면; 정영환, 884면.

33) 대법원 2002. 2. 8. 선고 2001다17633 판결.

가능한 수 개의 청구에 원고가 순위를 붙여 청구를 병합한 것으로서, 주위적 청구의 인용을 해제조건으로, 다시 말해 주위적 청구가 기각 또는 각하될 것을 대비하여 예비적 청구에 대하여 심판을 바라는 소송형태이다. 예컨대 ① 매수인이 매도인을 상대로 매매를 원인으로 하여 소유권이전등기를 구하고, 만약 매매계약이 무효로 판명 날 경우를 대비하여 기 지급한 매매대금의 반환을 구하는 경우, ② 특정물의 인도를 청구하고, 그 목적물이 변론종결 전 멸실 등으로 소멸되어 특정물 인도청구가 인용될 수 없을 경우를 대비해 전보배상청구를 하는 경우,[34] ③ 약속어음의 정당한 소지인이 주위적으로 약속어음의 반환을 구하고, 만약 그 약속어음이 분실되어 약속어음을 반환할 수 없는 경우를 대비하여 예비적으로 어음권면액 상당의 손해배상을 청구하는 경우,[35] ④ 등기가 원인무효임을 이유로 말소등기청구를 하고, 만약 유효일 때를 대비하여 신탁해지를 원인으로 한 이전등기청구를 하는 경우[36] 등이다.

(2) 예비적 병합은 주위적 청구의 인용 여부에 따라 예비적 청구의 판단 여부가 달라지므로 일종의 조건부 청구라 할 수 있으나, 그러한 조건 충족 여부가 주위적 청구 당부 판단과 동시에 밝혀지는 소송 내 조건으로서, 절차의 불안정을 초래할 염려가 없으므로 허용된다. 주로 원고가 주위적 청구에 대해 법률적 확신이 들지 않아 승패 예측을 명확히 할 수 없는 경우에 예비적 병합의 방식을 이용하는데, 만약 이를 허용하지 않으면 원고로서는 주위적 청구가 배척된 후 다시 소를 제기하여야 하는 불편이 따르기 때문이다. 따라서 이러한 불편을 덜어 소송경제와 분쟁의 1회적 해결에 이바지하기 위해 예비적 병합의 소송형태가 인정되고 있다.

(3) 이러한 예비적 병합의 경우, 법원은 원고가 정한 심판순서에 구속을 받는다. 따라서 반드시 주위적 청구를 먼저 심리하여야 하고, 만약 주위적 청구를 인용할 경우에는 예비적 청구에 대해 판단할 필요가 없지만, 주위적 청구 심리결과 인용이 불가능하면 예비적 청구에 대해서도 판단을 하여야 한다.[37]

나. 성립요건

(1) 우선 주위적 청구와 예비적 청구가 양립불가능한 모순관계 또는 배척관계이어야 한다. 따라서 질적·양적 대소관계, 흡수관계, 포함관계에 불과할 때는 예비적 병합이라고 볼 수 없는데,[38] 이 경우는 굳이 예비적 청구를 별도로 하지 않더라도 주위적 청구를 심

---

34) 대법원 1962. 6. 14. 선고 62다172 판결.
35) 대법원 1972. 9. 26. 선고 72다1177 판결.
36) 대법원 1982. 7. 13. 선고 81다카1120 판결.
37) 대법원 1972. 9. 26. 선고 72다1177 판결; 대법원 1993. 3. 23. 선고 92다51204 판결.

판하면서 그 범위에 예비적 청구 심판도 포함되기 때문이다.

판 례 **질적 일부감축(대법원 1999. 4. 23. 선고 98다61463 판결)**

주위적으로 무조건적인 소유권이전등기절차의 이행을 구하고, 예비적으로 금전 지급과 상환으로 소유권이전등기절차의 이행을 구하는 경우, 위 예비적 청구는 주위적 청구를 질적으로 일부 감축하여 하는 청구에 지나지 아니할 뿐, 그 목적물과 청구원인은 주위적 청구와 완전히 동일하므로 소송상의 예비적 청구라고는 볼 수 없다.

(2) 다음으로 청구들 사이에 일정한 관련성이 있어야 한다. 즉 주위적 청구와 예비적 청구는 일체성과 밀착성을 가지고 법률적·경제적으로 동일한 목적을 추구해야 하므로, 예컨대 주위적으로 매매대금의 지급을 구하고 예비적으로 이와 무관한 임대물의 반환을 구하거나, 주위적으로 가옥의 인도를 구하고 예비적으로 이와 무관한 대여금의 반환을 구하는 것은 허용될 수 없다. 판례도 논리적 상호관계가 전혀 없어 단순병합으로 구하여야 할 여러 개의 청구들을 예비적 병합으로 구하는 것은 부적법하다고 보았다.[39]

다. 관련문제

주위적 청구 중 일부에 대해 예비적 병합이 가능한지 문제된다. 판례는 원고의 주위적 청구에 대해 피고의 항변을 받아들여 일부기각한 사안에서, "원고가 주위적 청구 가운데 일부를 특정하여 그 부분의 인용을 해제조건으로 하여 그 부분에 대해서만 예비적 청구를 하였다는 등의 특별한 사정"이 있다면 그 부분에 대한 예비적 청구에 대해서도 판단하여야 한다는 취지로 판시하여, 원고의 의사해석에 따라 그 가능성을 인정하고 있다.[40] 아울러 판례는 "주위적 청구 전부가 인용되지 않을 경우에 주위적 청구 중 인용되지 아니한 수액 범위 내에서의 예비적 청구에 대해서도 판단해 주기를 바라는 취지로 불가분적으로 결합시켜 제소하는 것도 가능하다"고 보고 있다.[41]

4. 부진정 예비적 병합의 문제

(1) 양립가능하여 성질상 선택적 관계에 있는 양 청구를 당사자가 순위를 붙여 청구

---

38) 대법원 1999. 4. 23. 선고 98다61463 판결; 대법원 2017. 2. 21. 선고 2016다225353 판결.

39) 대법원 2008. 12. 11. 선고 2005다51471 판결; 대법원 2008. 12. 11. 선고 2005다51495 판결; 대법원 2015. 12. 10. 선고 2015다207679, 207686, 207693 판결.

40) 대법원 2000. 4. 7. 선고 99다53742 판결.

41) 대법원 2002. 9. 4. 선고 98다17145 판결.

하는 이른바 부진정 예비적 병합[42)]이 허용되는지 여부가 문제된다.

(2) 이에 대하여 ① 병합의 모습은 병합청구의 성질에 따라 판단하여야 하지, 당사자의 의사에 의할 수 없음을 전제로 하는 부정설, ② 사적자치, 즉 처분권주의를 기초로 하는 우리 법제 하, 원고가 특별히 순위를 붙여 청구하였다면 법원은 이에 따라야 한다는 긍정설(이른바 당사자 의사설),[43)] ③ 병합청구의 성질에 따라 객관적으로 판단한 결과 당사자가 매긴 순위에 따라야 할 합리적 필요성이 있다면 법원은 이에 따라야 한다는 제한적 긍정설(이른바 합리적 필요성설)[44)]이 대립한다.

(3) 판례의 주류적 태도는 긍정설[45)] 내지 제한적 긍정설[46)]을 취하고 있다.

판 례 **긍정설(대법원 2002. 9. 4. 선고 98다17145 판결)**

[6] 성질상 선택적 관계에 있는 양 청구를 당사자가 주위적, 예비적 청구 병합의 형태로 제소함에 의하여 그 소송심판의 순위와 범위를 한정하여 청구하는 이른바, 부진정 예비적 병합 청구의 소도 허용되는 것이다.

[7] 주위적 청구가 전부 인용되지 않을 경우에는 주위적 청구에서 인용되지 아니한 수액 범위 내에서의 예비적 청구에 대해서도 판단하여 주기를 바라는 취지로 불가분적으로 결합시켜 제소할 수도 있는 것이다.

판 례 **제한적 긍정설(대법원 2021. 5. 7. 선고 2020다292411 판결)**

청구의 예비적 병합은 논리적으로 양립할 수 없는 수 개의 청구에 관하여 주위적 청구의 인용을 해제조건으로 예비적 청구에 대하여 심판을 구하는 형태의 병합이다. 그러나 논리적으로 양립할 수 있는 수 개의 청구라고 하더라도, 주위적으로 재산상 손해배상을 청구하면서 그 손해가 인정되지 않을 경우에 예비적으로 같은 액수의 정신적 손해배상을 청구하는 것과 같이 수 개의 청구 사이에 논리적 관계가 밀접하고, 심판의 순위를 붙여 청구를 할 합리적 필요성이 있다고 인정되는 경우에는, 당사자가 붙인 순위에 따라서 당사자가

---

42) '부진정 예비적 병합'이라는 명칭과 관련하여, 우리 판례는 양립가능한 청구를 주위적·예비적으로 구한 경우, 즉 순위를 붙인 선택적 병합 사례를 지칭함에 반하여, 독일에서는 주위적으로 매매계약의 무효확인을 구하고 그 매매계약이 무효로 판명될 경우를 대비하여 예비적으로 무효인 매매로 넘어간 목적물의 반환을 구하는 경우와 같이, 주위적 청구의 기각 또는 각하를 해제조건(즉 주위적 청구가 인용될 것을 대비)으로 예비적 청구에 대해 심판을 바라는 소송형태를 부진정 예비적 병합이라 칭한다(Thomas/Putzo, §260 Rdnr. 8; Rosenberg/Schwab/Gottwald, §98 Rdnr. 19; Zeiss/Schreiber, §51 Rdnr. 374). 그런데 위와 같은 독일의 부진정 예비적 병합의 형태는 원고가 두 개의 승소판결을 바라는 것이므로 예비적 병합으로 볼 수 없고, 양 청구의 단순병합으로 처리하면 족하므로, 우리나라에서 위와 같은 형태의 부진정 예비적 병합을 인정할 필요도 없다고 본다(정동윤/유병현/김경욱, 1001면; 정영환, 887면).

43) 호문혁, 856면은 양립가능한 청구는 선택적 병합은 물론 예비적 병합도 가능하므로, 양립불가능을 예비적 병합의 요건으로 볼 필요는 없다고 한다.

44) 김홍엽, 936면; 전병서, 528면; 한충수, 678면.

45) 대법원 2002. 9. 4. 선고 98다17145 판결; 대법원 2007. 6. 29. 선고 2005다48888 판결.

46) 대법원 2002. 2. 8. 선고 2001다17633 판결; 대법원 2002. 10. 25. 선고 2002다23598 판결; 대법원 2021. 5. 7. 선고 2020다292411 판결.

먼저 구하는 청구를 심리하여 이유가 없으면 다음 청구를 심리하는 이른바 부진정 예비적 병합 청구의 소도 허용된다.

반면 병합의 형태를 당사자의 의사가 아닌 병합청구의 성질을 기준으로 판단해야 한다고 하여 부정설을 취한 것도 있다.[47)]

판 례 **부정설(대법원 2014. 5. 29. 선고 2013다96868 판결)**

병합의 형태가 선택적 병합인지 예비적 병합인지는 당사자의 의사가 아닌 병합청구의 성질을 기준으로 판단하여야 하고, 항소심에서의 심판 범위도 그러한 병합청구의 성질을 기준으로 결정하여야 한다. 따라서 실질적으로 선택적 병합 관계에 있는 두 청구에 관하여 당사자가 주위적·예비적으로 순위를 붙여 청구하였고, 그에 대하여 제1심법원이 주위적 청구를 기각하고 예비적 청구만을 인용하는 판결을 선고하여 피고만이 항소를 제기한 경우에도, 항소심으로서는 두 청구 모두를 심판의 대상으로 삼아 판단하여야 한다.

☞ 원고가 주위적으로 대여금의 반환을 구하고, 예비적으로 사기를 당해 위 금전을 대여한 것이라고 주장하며 불법행위로 인한 손해배상청구를 하였는데, 제1심이 주위적 청구를 기각하고 예비적 청구를 인용하자, 피고만 불복하였을 뿐 원고는 항소 및 부대항소를 하지 않았고, 이에 항소심이 심판범위를 예비적 청구에 국한하여 심리하고 예비적 청구를 기각하자, 원고가 상고하였는데, 대법원은 위 청구병합의 형태가 실질적으로 선택적 병합이므로 예비적 병합의 법리를 그대로 적용해서는 아니 되고 항소심으로서는 양 청구 모두를 심판의 대상으로 삼았어야 한다고 보아 파기·환송한 사안임.

(4) 생각건대 이른바 부진정 예비적 병합을 허용할 것인가의 문제는 청구의 병합 형태와 이에 따른 심판방법을 정하는 영역에 사적자치를 얼마나 허용할 수 있는가의 문제와 결부되어 있다. 우리 법이 기본적으로 처분권주의(제203조)를 취하고 있다는 점, 원고가 청구들 사이에 순위를 부여하였다는 것은 판결의 결과뿐만 아니라 그 이유를 중시하는 것이라는 점, 비록 양립가능하다 하더라도 청구의 크기나 판결의 효력 등에 차이가 있어 원고에게 보다 유리한 청구가 있을 수 있다는 점, 만약 원고가 부여한 순위가 무시되어 별소가 제기된다면 현저한 심리의 지연이 초래될 수 있다는 점, 예비적 병합은 후순위 청구의 조건 충족 여부가 주위적 청구 당부판단과 동시에 밝혀지는 소송 내 조건이므로 절차의 불안정을 초래할 염려가 없다는 점, 예비적 병합을 허용하더라도 상대방 당사자인 피고에게 특별한 불이익을 초래하지 않는다는 점 등을 고려하면, 부진정 예비적 병합을 허용할 필요성이 크다 할 것이다. 그러나 민사소송에서 사적자치가 무제한 인정될 수는 없는바, 병합청구의 성질이라는 객관적 사정과 원고의 의사 사이에 적절한 이익형량의 결과물로

47) 대법원 2014. 5. 29. 선고 2013다96868 판결; 대법원 2017. 6. 15. 선고 2015다30244, 30251 판결; 대법원 2018. 2. 28. 선고 2013다26425 판결; 대법원 2022. 5. 12. 선고 2020다278873 판결.

서 원고가 붙인 순위에 따를 필요성과 합리성이 존재할 것을 전제로 한다 할 것이다. 제한적 긍정설이 타당하다 할 것이다.

Ⅳ. 병합청구의 절차와 심판

1. 소가의 산정과 병합요건의 조사

(1) 청구의 병합이 있으면 그것이 원시적 병합이거나 후발적 병합이거나를 불문하고 인지 증액이 필요한지, 그에 따라 계속 단독판사가 심리해도 되는지 아니면 합의부로 이송을 해야 하는지 우선 확정을 해야 한다. 사물관할과 인지액은 소가를 기준으로 정한다. 단순병합의 소가는 각 청구가액의 합산이 원칙이나(제27조 제1항, 민인규 제19조), 선택적·예비적 병합의 경우는 합산하지 않고, 중복청구의 흡수의 법리에 따라 각 청구 중 가장 높은 청구가액을 소가로 한다. 선택적·예비적 병합의 경우 각 청구의 경제적 이익이 중복되기 때문이다.[48]

(2) 아울러 일반 소송요건의 조사에 앞서 청구의 병합요건에 대해 법원은 직권으로 먼저 조사해야 한다. 조사결과 ① 만약 병합요건에 흠결이 있을 때에는 청구 전체를 각하해서는 아니 되고, 각 청구마다 별도의 소로 분리해 처리해야 할 것이며, 만약 전속관할위반의 경우 관할법원으로 이송해야 할 것이다. ② 병합요건이 충족된 경우 각 청구별로 소송요건을 조사해야 하고, 흠결된 부분이 발견되면 그 부분만 부적법 각하해야 한다. 예컨대 미성년자가 임금청구와 대여금청구를 병합하여 소제기한 경우, 미성년자라 하더라도 근로계약의 체결 및 임금청구는 스스로 할 수 있기 때문에(근기 제67조, 제68조) 그 범위 내에서 소송능력이 있으므로 임금청구는 심리를 하여야 하나, 대여금청구 부분에 대해서는 소송능력이 없으므로 부적법 각하해야 한다.

2. 심리의 공통

병합요건과 소송요건이 충족된 경우 병합된 각 청구는 같은 절차에서 심리되므로, 변론과 증거조사도 공통으로 행해지고, 그 결과 얻은 소송자료도 각 청구에 대한 판단자료로 쓰인다. 법원은 변론을 분리할 수 있으나(제141조) 이는 단순병합에 한하고,[49] 선택적

48) 상세는 전술 사물관할 부분 참조.

49) 다만 단순병합이라고 하더라도 쟁점을 공통으로 하는 경우, 이를테면 선결관계(예컨대 소유권확인청구와 소유권에 기한 목적물인도청구)에 있거나 또는 기본적 법률관계를 공통으로 하는 경우(예컨대 소유권에 기

병합·예비적 병합은 변론을 분리할 수 없다고 본다.

3. 종국판결

병합의 모습에 따라 청구 사이 결합의 정도가 다르기 때문에, 변론을 분리할 수 있는지 여부, 그에 따라 일부판결이 가능한지 여부, 만약 일부판결이 불허됨에도 불구하고 판결에서 누락된 경우 그 부분은 어떻게 구제받을 수 있는지 등에 있어서 차이가 있다.

가. 단순병합의 경우

단순병합은 각 청구가 독립성이 있기 때문에 모든 청구에 대해 판결을 하여야 한다. 이때 모든 청구에 대해 판결성숙단계에 이르렀다면 1개의 전부판결을 할 것이나(제198조), 변론의 분리가 허용되므로, 병합된 청구 중 일부 청구에 대해 판결성숙단계에 이르렀다면 일부판결을 할 수도 있고(제200조), 그 경우 나머지 부분은 당해심급에서 잔부판결로 사건을 완결한다.

나. 선택적·예비적 병합의 경우

(1) 선택적 병합과 예비적 병합은 수 개의 청구가 하나의 소송절차에서 불가분적으로 결합되어 있기 때문에 일부판결을 할 수 없다.[50)]

(2) 선택적 병합의 경우 원고 승소판결을 하는 때에는 병합된 청구 가운데 어느 한 청구만 인용하여 판단을 하면 되며, 나머지 청구에 대해서는 판단을 하지 않아도 된다. 그러나 원고의 청구를 기각함에 있어서는 병합된 청구 모두에 대해 이유 없다는 판단을 하여야 하지, 어느 하나의 청구만 기각하고 나머지 청구에 대해서는 아무런 판단을 하지 않은 것은 위법하다.[51)] 같은 이유에서 판례는 선택적으로 병합된 청구 중 하나에 대하여 일부만 인용하고 다른 청구에 대하여 아무런 판단을 하지 아니한 것은 위법하다고 하였다.[52)] 따라서 선택적 병합에서 ⅰ) 원고 청구기각 판결, ⅱ) 어느 한 청구만 판단을 한 인용판결은 모두 전부판결이다.

한 목적물인도청구와 소유권침해에 따른 손해배상청구)에는 변론의 분리를 삼가야 한다고 한다(강현중, 802면; 이시윤, 707면; 정동윤/유병현/김경욱, 1003면; 정영환, 889면; 兼子一/松浦馨 外, 1318頁).

50) 선택적 병합의 경우(대법원 1998. 7. 24. 선고 96다99 판결), 예비적 병합의 경우(대법원 2000. 11. 16. 선고 98다22253 전원합의체 판결). 부진정 예비적 병합의 경우도 마찬가지(대법원 2021. 5. 7. 선고 2020다292411 판결).

51) 대법원 2018. 6. 15. 선고 2016다229478 판결.

52) 대법원 2016. 5. 19. 선고 2009다66549 전원합의체 판결. 이 판례에 따르면, 선택적으로 병합된 청구 중 하나에 대해 일부만 인용하는 경우에는 병합된 모든 청구에 대하여 심리해야 하고, 그 결과 선택적 병합에서 해제조건이 성취되려면 병합된 청구 중 하나가 '전부' 인용되어야 한다(강현중, 795~796면).

(3) 예비적 병합의 경우, 처분권주의 원칙상 법원은 원고가 정한 심판순서에 구속을 받는다.[53] 따라서 반드시 주위적 청구를 먼저 심리하여야 하고, 만약 주위적 청구가 인용되면 이 자체가 전부판결이 되므로 더 나아가 예비적 청구에 대해 판단할 필요가 없다.[54] 그러나 주위적 청구 심리결과 인용이 불가능하면 예비적 청구에 대해서도 판단을 하여야 하고, 이 경우 만약 예비적 청구를 인용하는 경우 판결의 주문에 주위적 청구를 기각한다는 뜻과 예비적 청구를 인용한다는 뜻을 다같이 표시하여야 한다.[55] 따라서 예비적 병합에서 ⅰ) 원고 청구를 전부기각한 판결, ⅱ) 주위적 청구를 기각하고 예비적 청구를 인용한 판결, ⅲ) 주위적 청구를 인용한 판결은 모두 전부판결이다.[56]

예비적 병합에서 예비적 청구인용의 경우 주문 기재례

1. 원고의 주위적 청구를 기각한다.
2. 피고는 원고에게 1,000,000원을 지급하라.
3. 원고의 나머지 예비적 청구를 기각한다.[57]

다. 판결에서 누락된 청구에 대한 구제방법

(1) 단순병합의 경우 모든 청구에 대해 판결을 해야 함에도 법원이 청구의 일부에 대해 재판을 누락하면 그 법원이 추가판결을 하여야 한다(제212조 제1항). 따라서 일부판결에 대해 상소를 하면 아직 판단을 하지 아니한 나머지 부분과 분리되어 상소심으로 이심되지만, 재판을 누락한 부분은 상소심으로 이심되지 않고 여전히 원심에 남아있게 된다.[58] 그러나 전부판결의 경우에는 그중 일부에 대해서만 상소를 하더라도 모든 청구에 대해 이심의 효력이 생겨 확정이 차단된다.[59]

(2) 선택적 병합의 경우, 법원이 원고 청구를 기각하면서 선택적으로 병합된 청구 중 일부에 대해 판단을 하지 않은 경우, 누락시킨 부분을 어떻게 처리할 것인가의 문제가 있다.[60] 변론의 분리 및 일부판결이 가능하다면 누락된 부분은 재판의 누락(제212조 제1항)으

---

53) 대법원 1993. 3. 23. 선고 92다51204 판결.
54) 대법원 1972. 9. 26. 선고 72다1177 판결.
55) 대법원 1974. 5. 28. 선고 73다1942 판결.
56) 정영환, 893면.
57) 예비적 청구가 모두 인용되는 경우 3.항이 필요 없다(민사실무Ⅱ, 164면).
58) 대법원 2008. 12. 11. 선고 2005다51495 판결.
59) 서울고등법원 1971. 6. 9. 선고 70나2785, 2786 판결(대법원 1956. 4. 16. 선고 4288민상377 판결 인용).
60) 재판의 누락(제212조 제1항)으로 보면 상소심으로 이심되지 않고 원심에서 추가판결의 대상이 되고, 판단누락(제451조 제1항 제9호)으로 보면 상소에 의해 구제될 뿐, 추가판결의 대상이 될 수 없다(주석 민사소송법(Ⅳ), 193면).

로 보아 추가판결로 정리할 수 있는데, 선택적 병합에서는 변론의 분리 및 일부판결이 불허되기 때문에 문제된다. 판례는 선택적 병합의 경우 재판의 누락이 아니라 판단누락으로 보아 상소심으로 이심된다고 한다.[61]

판 례 **선택적 병합에서 일부누락(대법원 1998. 7. 24. 선고 96다99 판결)**

[1] 청구의 선택적 병합이란 양립할 수 있는 수 개의 경합적 청구권에 기하여 동일 취지의 급부를 구하거나 양립할 수 있는 수 개의 형성권에 기하여 동일한 형성적 효과를 구하는 경우에 그 어느 한 청구가 인용될 것을 해제조건으로 하여 수 개의 청구에 관한 심판을 구하는 병합 형태로서, 이와 같은 선택적 병합의 경우에는 수 개의 청구가 하나의 소송절차에 불가분적으로 결합되어 있기 때문에 선택적 청구 중 하나만을 기각하는 일부판결은 선택적 병합의 성질에 반하는 것으로서 법률상 허용되지 않는다.

[2] 제1심법원이 원고의 선택적 청구 중 하나만을 판단하여 기각하고 나머지 청구에 대하여는 아무런 판단을 하지 아니한 조치는 위법한 것이고, 원고가 이와 같이 위법한 제1심판결에 대하여 항소한 이상 원고의 선택적 청구 전부가 항소심으로 이심되었다고 할 것이므로, 선택적 청구 중 판단되지 않은 청구 부분이 재판의 탈루로서 제1심법원에 그대로 계속되어 있다고 볼 것은 아니다.

(3) 예비적 병합의 경우도 같은 문제가 발생한다. 즉 예비적 병합에서 주위적 청구를 선(先)판단 하지 않고 예비적 청구를 인용하거나, 또는 주위적 청구를 기각하였으나 예비적 청구에 대해 판단하지 않은 경우 누락된 부분을 어떻게 처리해야 하는지 문제된다. 판례는 과거 재판누락으로 보기도 하였으나,[62] 2000년 전원합의체 판결로 위 판례를 변경하고 판단누락으로 보았다.[63] 따라서 누락된 부분은 상소로 다투어야 하지, 이에 의하지 않고 별소를 제기하여 다툴 수 없다. 이러한 법리는 부진정 예비적 병합의 경우도 마찬가지로 적용된다.[64] 만약 상소심에서도 그 위법 여부가 시정되지 않고 판결이 확정된 경우에는 판단누락(제451조 제1항 제9호)에 준하여 재심으로 시정될 수 있다고 하였다.[65]

판 례 **예비적 병합에서 일부누락의 경우 구제방법(대법원 2000. 11. 16. 선고 98다22253 전원합의체 판결)**

[1] 청구의 예비적 병합이란 병합된 수 개의 청구 중 주위적 청구(제1차 청구)가 인용되지 않을 것에 대비하여 그 인용을 해제조건으로 예비적 청구(제2차 청구)에 관하여 심판을 구하는 병합형태로서, 이와 같은

61) 대법원 1998. 7. 24. 선고 96다99 판결.
62) 대법원 2000. 1. 21. 선고 99다50422 판결. 변경됨.
63) 대법원 2000. 11. 16. 선고 98다22253 전원합의체 판결; 대법원 2023. 12. 7. 선고 2023다273206 판결.
64) 대법원 2021. 5. 7. 선고 2020다292411 판결.
65) 대법원 2002. 9. 4. 선고 98다17145 판결.

예비적 병합의 경우에는 원고가 붙인 순위에 따라 심판하여야 하며 주위적 청구를 배척할 때에는 예비적 청구에 대하여 심판하여야 하나 주위적 청구를 인용할 때에는 다음 순위인 예비적 청구에 대하여 심판할 필요가 없는 것이므로, 주위적 청구를 인용하는 판결은 전부판결로서 이러한 판결에 대하여 피고가 항소하면 제1심에서 심판을 받지 않은 다음 순위의 예비적 청구도 모두 이심되고 항소심이 제1심에서 인용되었던 주위적 청구를 배척할 때에는 다음 순위의 예비적 청구에 관하여 심판을 하여야 하는 것이다.

[2] 예비적 병합의 경우에는 수 개의 청구가 하나의 소송절차에 불가분적으로 결합되어 있기 때문에 주위적 청구를 먼저 판단하지 않고 예비적 청구만을 인용하거나 주위적 청구만을 배척하고 예비적 청구에 대하여 판단하지 않는 등의 일부판결은 예비적 병합의 성질에 반하는 것으로서 법률상 허용되지 아니하며, 그럼에도 불구하고 주위적 청구를 배척하면서 예비적 청구에 대하여 판단하지 아니하는 판결을 한 경우에는 그 판결에 대한 상소가 제기되면 판단이 누락된 예비적 청구 부분도 상소심으로 이심이 되고 그 부분이 재판의 탈루에 해당하여 원심에 계속중이라고 볼 것은 아니다.

[3] 원고의 주위적 청구 중 일부를 인용하고 예비적 청구를 모두 기각한 제1심판결에 대하여 피고가 불복항소하자 항소심이 피고의 항소를 받아들여 제1심판결을 취소하고 그에 해당하는 원고의 주위적 청구를 기각하는 경우, 항소심은 기각하는 주위적 청구 부분과 관련된 예비적 청구를 심판대상으로 삼아 판단하여야 한다고 한 사례.

판 례 **예비적 병합에서 일부누락의 판결의 확정과 재심(대법원 2002. 9. 4. 선고 98다17145 판결)**

[4] 주위적 청구를 배척하면서 예비적 청구에 대하여 판단하지 아니한 판결은 예비적 병합의 제도취지에 반하여 위법하게 되고 상고에 의하여 주위적 청구와 예비적 청구가 함께 상고심에 이심되는 것이며 예비적 청구부분의 소송의 재판 탈루가 되는 것은 아니다.

[5] 항소심판결이 예비적 청구 부분에 관하여 전혀 판단하지 아니하였다면 당사자는 그 판결에 대하여 불복상고하여 그 위법 부분의 시정을 받아야 하며, 당사자가 상고하여 그 예비적 청구에 대한 항소심의 판단이 누락되었다는 위법사유를 지적하였음에도 법률심인 상고심에서도 법률관계상의 그 쟁점에 관한 판단을 빠뜨림으로써 그 오류가 시정되지 않은 채 상고심판결이 확정되면 당사자는 재심사유를 주장·입증하여 그 상고심판결에 대한 재심을 구하는 길만이 남게 된다.

4. 상소심에서의 제문제

가. 상소심의 심판범위

(1) 단순병합의 경우, 일부판결을 한 경우 아직 판단을 하지 아니한 나머지 부분과 분리되어 처리된다. 즉 일부판결에 대해서 상소를 하면 그 부분에 대해서만 확정이 차단된 채 상소심으로 이심되고, 심판의 범위도 불복한 일부판결 부분에 한한다. 그런데 전부판결의 경우에는 그중 일부에 대해서만 상소를 하더라도 상소불가분의 원칙상 모든 청구에 대해 이심의 효력이 생겨 확정이 차단된다.[66] 그러나 심판의 대상은 상소인이 불복한

66) 대법원 1966. 6. 28. 선고 66다711 판결; 대법원 1994. 10. 11. 선고 94다32979 판결.

부분에 한정된다. 예컨대 원고의 수 개의 청구 중 A청구는 기각하고 B청구를 인용한 제1심판결에 대하여 피고만이 항소한 경우, 원고가 부대항소를 하지 아니한 이상 A청구 부분은 피고의 항소로 인하여 항소심에 이심은 되었으나 원고가 불복한 바가 없어 항소심의 심판대상은 되지 아니하였으므로 항소심으로서는 A청구 부분을 다시 인용할 수 없다.[67]

(2) 선택적 병합의 경우, ① 어느 한 청구만 판단을 한 인용판결과 ② 원고 청구기각판결은 모두 전부판결이므로, 이에 대해 항소가 제기되면 원판결 전부가 이심되고 전체가 항소심의 심판대상이 됨이 원칙이다.

① 제1심이 선택적으로 병합된 청구들 가운데 어느 한 청구를 인용하여 원고 승소판결 했는데 이에 대해 피고가 항소한 경우, 병합된 청구 전부가 이심되고, 항소심의 심판대상이 된다. 이 경우 항소심은 제1심에서 인용된 청구(A청구)를 반드시 먼저 심리하여야 하는 것은 아니고, 제1심에서 인용한 청구와 다른 청구(B청구)를 임의로 선택하여 심리한 후 인용하여 다시 원고 승소판결을 할 수도 있으며, 다만 이 경우 그 결론이 제1심 판결주문과 동일할 것인데 그 경우에도 피고의 항소를 기각해서는 아니 되고, 제1심판결을 취소한 후 청구를 인용하는 주문을 선고해야 한다고 한다.[68] 이러한 법리는 원고가 제1심에서 선택적으로 구한 두 개의 청구 중 1개의 청구가 인용되었는데, 원고가 항소심에서 병합의 형태를 변경하여 제1심에서 심판되지 않은 청구 부분을 주위적 청구로, 제1심에서 인용된 위 청구 부분을 예비적 청구로 구하였고 항소심이 주위적 청구가 이유 있다고 인정하는 경우에도 마찬가지로 적용된다.[69]

판 례 **선택적 병합의 항소심에서 다른 청구를 인용한 경우 판결주문(대법원 2006. 4. 27. 선고 2006다7587, 7594 판결)**

수 개의 청구가 제1심에서 처음부터 선택적으로 병합되고 그중 어느 한 개의 청구에 대한 인용판결이 선고되어 피고가 항소를 제기한 경우는 물론, 원고의 청구를 인용한 판결에 대하여 피고가 항소를 제기하여 항소심에 이심된 후 청구가 선택적으로 병합된 경우에 있어서도 항소심은 제1심에서 인용된 청구를 먼저 심리하여 판단할 필요는 없고, 원심이 한 것처럼 선택적으로 병합된 수 개의 청구 중 제1심에서 심판되지 아니한 청구를 임의로 선택하여 심판할 수 있다고 할 것이나, 심리한 결과 그 청구가 이유 있다고 인정되고 그 결론이 제1심판결의 주문과 동일한 경우에도 피고의 항소를 기각하여서는 안 되며 제1심판결을 취소한 다음 새로이 청구를 인용하는 주문을 선고하여야 한다.

---

67) 대법원 1994. 10. 11. 선고 94다32979 판결.

68) 대법원 1992. 9. 14. 선고 92다7023 판결; 대법원 1993. 10. 26. 선고 93다6669 판결; 대법원 2006. 4. 27. 선고 2006다7587, 7594 판결; 대법원 2010. 5. 27. 선고 2009다12580 판결.

69) 대법원 2020. 10. 15. 선고 2018다229625 판결.

☞ 甲이 乙을 상대로 乙이 Y건물을 적법한 권원 없이 점유함을 이유로 부당이득반환청구를 하여 제1심이 甲의 승소판결을 선고하자 이에 乙이 항소하였고, 항소심 계속 중 甲이 Y건물의 불법점유를 원인으로 한 손해배상청구를 위 부당이득반환청구에 선택적으로 병합하자 항소심은 두 개의 청구 중 항소심에서 새로이 병합되어 제1심이 심판하지 아니 한 불법점유를 원인으로 한 손해배상청구를 선택하여 심리한 다음 그 청구가 이유 있다고 인정하면서 그 결론이 제1심판결과 같다는 이유로 위 부분에 관한 乙의 항소를 기각한 사안.

판 례 **선택적 병합의 항소심에서 원고가 붙인 순위에 따라 다른 청구를 인용한 경우 판결주문 (대법원 2020. 10. 15. 선고 2018다229625 판결)**

원고가 제1심에서 선택적으로 구한 두 개의 청구 중 1개의 청구가 인용되고 피고가 항소한 후, 원고가 항소심에서 병합의 형태를 변경하여 제1심에서 심판되지 않은 청구 부분을 주위적 청구로, 제1심에서 인용된 위 청구 부분을 예비적 청구로 구함에 따라 항소심이 주위적 청구 부분을 먼저 심리하여 그 청구가 이유 있다고 인정하는 경우에는, 비록 결론이 제1심판결의 주문과 동일하더라도 피고의 항소를 기각하여서는 아니 되고 새로이 청구를 인용하는 주문을 선고하여야 한다.

☞ 甲이 乙을 상대로 불법행위를 원인으로 한 손해배상청구와 부당이득반환청구를 선택적으로 구하였는데, 제1심은 그중 불법행위를 원인으로 한 손해배상청구 부분을 인용하여 甲의 승소판결을 선고하자 이에 乙이 항소하였고, 항소심 계속 중 甲이 주위적으로 부당이득반환청구를, 예비적으로 불법행위를 원인으로 한 손해배상청구를 하는 것으로 병합의 형태를 달리하여 청구하자, 항소심은 제1심에서 심판되지 않은 부당이득반환청구 부분(항소심에서 주위적 청구로 변경된 부분)을 심리하여 그 청구가 이유 있다고 인정하면서 결론이 제1심판결과 같다는 이유로 乙의 항소를 기각한 사안.

② 선택적으로 병합된 모든 청구를 기각하거나 소를 각하한 항소심판결에 대해 원고가 상고를 한 경우 원심판결 전부가 이심되고 상고심의 심판대상이 되는데, 만약 이때 상고심 심리결과 어느 한 청구가 이유 있다고 할 때에는 원심판결 전부를 파기하여야 하고,[70] 이러한 법리는 성질상 선택적 관계에 있는 청구를 당사자가 심판의 순위를 붙여 청구한다는 취지에서 예비적으로 병합한 경우에도 마찬가지로 적용된다고 한다.[71]

판 례 **선택적 병합·부진정 예비적 병합에서 상고심 파기범위(대법원 2022. 3. 31. 선고 2017다247145 판결)**

선택적으로 병합된 청구를 모두 기각한 항소심판결에 대하여 상고심법원이 선택적 청구 중 어느 하나의 청

70) 대법원 1993. 12. 21. 선고 92다46226 전원합의체 판결; 대법원 2007. 3. 29. 선고 2006다79995 판결; 대법원 2012. 1. 19. 선고 2010다95390 전원합의체 판결; 대법원 2018. 6. 15. 선고 2016다229478 판결; 대법원 2023. 4. 27. 선고 2021다262905 판결.

71) 대법원 2014. 12. 24. 선고 2012다35675 판결; 대법원 2021. 6. 30. 선고 2019다268061 판결; 대법원 2022. 3. 31. 선고 2017다247145 판결.

구에 관한 상고가 이유 있다고 인정할 때에는 이를 전부 파기하여야 한다. 그리고 이러한 법리는 성질상 선택적 관계에 있는 청구를 당사자가 심판의 순위를 붙여 청구한다는 취지에서 예비적으로 병합한 경우에도 마찬가지로 적용된다.

☞ 원고는 피고들을 상대로 금원을 연대하여 지급할 것을 구하면서, 약정에 의한 반환청구, 채무불이행을 원인으로 한 손해배상청구, 공동불법행위를 원인으로 한 손해배상청구를 하는 한편, 예비적으로 부당이득반환청구를 하였는데, 항소심은 위 청구 모두 이유 없다고 보아 청구를 모두 기각하였으나, 대법원은 피고들이 공동불법행위자로서 원고에게 손해배상책임이 있다고 보아 공동불법행위로 인한 손해배상청구 부분을 파기하면서 이 부분과 선택적 관계에 있는 나머지 청구 부분(부진정 예비적 병합 관계에 있는 부당이득반환청구 부분 포함)도 함께 파기하였음.

(3) 예비적 병합의 경우, ① 주위적 청구를 인용한 판결, ② 원고 청구를 전부 기각한 판결, ③ 주위적 청구를 기각하고 예비적 청구를 인용한 판결은 모두 전부판결이다.

① 주위적 청구를 인용한 제1심판결에 대해 피고가 항소한 경우, 제1심에서 판단을 받지 않은 예비적 청구까지도 모두 이심이 된다. 이 경우 항소심이 제1심과 동일하게 주위적 청구를 인용하는 때에는 문제가 발생하지 않지만, 만약 제1심과 다르게 주위적 청구를 배척하는 경우에는 비로소 예비적 청구에 대해서도 심판의 대상으로 삼아야 한다.[72)]

② 주위적 청구와 예비적 청구 모두 기각한 제1심판결에 대해 원고가 양 청구 모두에 대해 항소를 한 경우에는 양 청구 모두 항소심으로 이심되고 또 양 청구 모두 항소심 심판대상이 된다. 따라서 항소심 심리결과 제1심과 결론을 달리 할 때는 원판결을 취소하고 그 부분에 관한 원고 청구를 인용할 수 있다.

③ 주위적 청구를 기각하고 예비적 청구를 인용한 판결에 대해 피고만 항소하고 이에 대해 원고는 항소 및 부대항소를 하지 않은 경우, 판례는 주위적 청구부분도 항소심에 이심되지만, 항소심의 심판범위는 불이익변경금지의 원칙상 예비적 청구부분에 국한되고, 주위적 청구부분은 심판대상이 될 수 없다고 한다.[73)] 참고로 이 경우 주위적 청구부분도 항소심에 이심되기 때문에, 피고가 항소심에서 원고의 주위적 청구를 인낙할 수 있다고 한다.[74)]

---

72) 대법원 2000. 11. 16. 선고 98다22253 전원합의체 판결; 대법원 2023. 12. 7. 선고 2023다273206 판결.

73) 대법원 1995. 2. 10. 선고 94다31624 판결; 대법원 2001. 12. 24. 선고 2001다62213 판결; 대법원 2002. 12. 26. 선고 2002므852 판결. 다만 판례는 실질적으로 선택적 병합 관계에 있는 두 청구에 대하여 당사자가 주위적·예비적으로 순위를 붙인 경우는 위 법리가 적용되지 않고, 항소심으로서는 양 청구 모두를 심판의 대상으로 삼아 판단해야 한다고 하였다(대법원 2014. 5. 29. 선고 2013다96868 판결; 대법원 2021. 6. 24. 선고 2016두61877 판결).

74) 대법원 1991. 11. 26. 선고 91다30163 판결; 대법원 1992. 6. 9. 선고 92다12032 판결.

판 례 **주위기각, 예비인용 판결에 대해 피고만 항소시 항소심 심판범위(대법원 1995. 2. 10. 선고 94다31624 판결)**

제1심법원이 원고들의 주위적 청구와 예비적 청구를 병합 심리한 끝에 주위적 청구는 기각하고 예비적 청구만을 인용하는 판결을 선고한 데 대하여 피고만이 항소한 경우, 항소제기에 의한 이심의 효력은 당연히 사건 전체에 미쳐 주위적 청구에 관한 부분도 항소심에 이심되는 것이지만, 항소심의 심판범위는 이에 관계없이 피고의 불복신청의 범위에 한하는 것으로서 예비적 청구를 인용한 제1심 판결의 당부에 그치고 원고들의 부대항소가 없는 한 주위적 청구는 심판대상이 될 수 없다.

판 례 **주위적 청구에 대한 인낙 가부(대법원 1992. 6. 9. 선고 92다12032 판결)**

제1심법원이 원고의 주위적 청구와 예비적 청구를 병합심리한 끝에 주위적 청구는 기각하고 예비적 청구만을 인용하는 판결을 선고한 데 대하여 피고만 항소를 하더라도, 항소의 제기에 의한 이심의 효력은 피고의 불복신청의 범위와는 관계없이 사건 전부에 미쳐 주위적 청구에 관한 부분도 항소심에 이심되는 것이므로, 피고가 항소심의 변론에서 원고의 주위적 청구를 인낙하여 그 인낙이 조서에 기재되면 그 조서는 확정판결과 동일한 효력이 있는 것이고, 따라서 그 인낙으로 인하여 주위적 청구의 인용을 해제조건으로 병합심판을 구한 예비적 청구에 관하여는 심판할 필요가 없어 사건이 그대로 종결되는 것이다.

그러나 판례는 실질적으로 선택적 병합 관계에 있는 두 청구에 관하여 당사자가 주위적·예비적으로 순위를 붙여 청구한 이른바 부진정 예비적 병합 사례에서는, 주위적 청구를 기각하고 예비적 청구를 인용한 제1심판결에 대해 피고만 항소를 제기한 경우에도, 항소심으로서는 두 청구 모두를 심판의 대상으로 삼아 판단하여야 한다고 하였다.[75]

나. 항소심의 심판대상이 아닌 청구에 대한 상고 가능성

(1) 병합된 청구 중 항소에 의하여 이심은 되었으나 불복대상에서 제외되어 항소심의 심판대상이 되지 아니한 청구에 대해서 상고를 제기할 수 있는지 여부가 문제된다.

(2) 단순병합의 경우 모든 청구에 대해 판결을 하여야 하고, 그러한 전부판결의 일부에 대해서만 항소를 하더라도 상소불가분의 원칙상 모든 청구에 대해 이심의 효력이 생기고 확정이 차단되나, 심판의 대상은 항소인이 불복한 부분에 한정된다. 따라서 당사자의 불복이 없어서 항소심의 심판대상이 되지 않았던 부분에 대해서는 상고가 허용되지 않으므로, 상고의 이익이 없는 때에 해당하며, 부적법 각하하여야 한다.[76]

(3) 선택적 병합의 경우 서로 관련성 있는 청구가 모두 이심되어 항소심 심판대상이 되므로, 어느 한 청구만 한정하여 불복한다는 특별한 사정이 없는 한, 특별히 문제될 것

---

75) 대법원 2014. 5. 29. 선고 2013다96868 판결; 대법원 2021. 6. 24. 선고 2016두61877 판결.

76) 대법원 1992. 11. 27. 선고 92다14892 판결; 대법원 1990. 12. 21. 선고 90다카24496 판결; 대법원 1995. 5. 26. 선고 94다1487 판결.

이 없다.

(4) 예비적 병합의 경우에도 선택적 병합과 마찬가지로 서로 관련성 있는 청구가 모두 항소심 심판의 대상이 되므로 특별히 문제될 것 없으나, 주위적 청구기각·예비적 청구인용의 제1심판결에 대해 피고만 항소하고 원고는 항소나 부대항소를 하지 않은 경우 항소심의 심판범위는 예비적 청구부분에 국한되고 주위적 청구부분은 심판대상이 될 수 없다는 것이 판례의 태도이므로,[77] 주위적 청구 부분은 상고의 대상이 될 수 없다.[78]

다. 불복에서 제외된 청구의 확정시점

(1) 일반적으로 판결은 불복이 허용되지 아니할 때 확정된다. 따라서 상소가 허용되는 판결에 대해서는 상소기간이 도과하면 확정되고, 상소가 허용되지 않는 판결, 예컨대 상고심판결이나 제권판결(제490조 제1항)은 선고와 동시에 확정된다.

(2) 그런데 단순병합된 청구 중 일부에 대해서만 불복이 있는 경우, 불복의 범위에서 벗어나 항소심의 심판대상이 아닌 부분에 대해서도 상소불가분의 원칙에 따라 확정차단효 및 이심의 효력이 미치는데,[79] 이렇게 불복에서 제외된 청구는 언제 확정이 되는지 문제된다. 예컨대 단순병합된 A청구와 B청구 중 A청구에 대해서만 불복이 있어 항소심 심판대상이 된 경우, 심판대상에서 제외된 B청구의 확정시기에 대한 논의이다. 하나의 청구에 대한 일부인용판결이 선고되었는데 한쪽 당사자만 자신의 패소부분에 대해 항소한 경우에도 같은 문제가 발생한다. 이러한 문제는 항소심판결 중 일부에 대해서만 상고한 경우에도 발생하며, 예비적으로 병합된 청구 중 주위적 청구를 기각하고 예비적 청구를 인용한 판결에 대하여 피고만 불복하고 원고는 상소나 부대상소를 하지 않은 경우에도 발생한다. 그러나 그 외의 선택적·예비적 병합 사례에서는 일부에 대해서만 불복하더라도 관련성 있는 청구가 모두 상소심의 심판대상이 되므로 특별히 문제될 것이 없다.

이에 대하여 i) 변론종결시설(상고이유서제출기간만료시설)[80]은 일부항소의 사례에서는 항소심변론종결시에, 일부상고의 사례에서는 상고이유서제출기간이 도과하면 나머지 청구가 확정된다고 본다. ii) 상소심판결선고시설[81]에 의하면 일부항소의 사례에서는 항소심판결선고시에, 일부상고의 사례에서는 상고심판결선고시에 나머지 청구가 확정된다고

---

77) 대법원 1995. 2. 10. 선고 94다31624 판결.

78) 대법원 1995. 1. 24. 선고 94다29065 판결. 만약 항소심이 주위적 청구에 대해 판결을 하였다 하더라도 이는 무의미한 판결이므로 역시 주위적 청구에 대한 상고는 상고의 이익이 없다.

79) 대법원 1966. 6. 28. 선고 66다711 판결; 대법원 1994. 10. 11. 선고 94다32979 판결; 대법원 1992. 11. 27. 선고 92다14892 판결; 대법원 2001. 4. 27. 선고 99다30312 판결.

80) 이시윤, 626면.

81) 강현중, 690면; 김홍엽, 808면; 정동윤/유병현/김경욱, 796면; 정영환, 1202면.

본다.

판례는 제1심판결 중 일부만 항소한 사례에서 항소하지 않은 나머지 청구는 항소심판결선고시에 확정된다고 보고,[82] 항소심판결 중 일부만 상고한 사례에서는 상고하지 않은 나머지 청구는 상고심판결선고로 확정된다고 하였다.[83] 예비적으로 병합된 청구 중 주위적 청구를 기각하고 예비적 청구를 인용한 판결에 대하여 피고만 불복하고 원고는 상소나 부대상소를 하지 않은 경우에도 판결선고시설을 취하고 있다.[84]

판 례 **일부항소의 경우 나머지 부분 확정시점(대법원 1994. 12. 23. 선고 94다44644 판결)**

가. 수 개의 청구를 모두 기각한 제1심판결에 대하여 원고가 그중 일부의 청구에 대하여만 항소를 제기한 경우, 항소되지 않았던 나머지 부분도 항소로 인하여 확정이 차단되고 항소심에 이심은 되나 원고가 그 변론종결시까지 항소취지를 확장하지 아니하는 한 나머지 부분에 관하여는 원고가 불복한 바가 없어 항소심의 심판대상이 되지 아니하므로 항소심으로서는 원고의 수 개의 청구 중 항소하지 아니한 부분을 다시 인용할 수는 없다.

나. 이전등기말소청구와 금원청구를 모두 기각한 제1심판결에 대하여 원고가 말소청구 부분에 관하여만 항소하였을 뿐 그 변론종결시까지 항소취지를 확장한 바 없어 항소심의 심판범위는 말소청구 부분에 한하고 나머지 부분에 관하여는 환송 전 원심판결의 선고와 동시에 확정되어 소송이 종료되었다 할 것임에도 환송 후 원심이 금원청구 부분까지 심리판단한 것은 잘못이라고 하여 원심판결 중 금원청구 부분을 파기하고 민사소송법 제407조[현행 제437조] 제1호에 의하여 대법원이 직접 그 부분에 관한 소송이 종료되었음을 선언한 사례.

판 례 **일부상고의 경우 나머지 부분 확정시점(대법원 1991. 5. 24. 선고 90다18036 판결)**

원고의 청구가 일부 인용된 환송 전 원심판결에 대하여 원고만이 상고하고 상고심은 이 상고를 받아들여 원심판결 중 원고 패소부분을 파기 환송하였다면 원고 패소부분만이 상고되었으므로 위의 상고심에서의 심리대상은 이 부분에 국한되었으며, 환송되는 사건의 범위, 다시 말하자면 환송 후 원심의 심판범위도 환송 전 원심에서 원고가 패소한 부분과 환송 후 원심에서 확장된 청구부분에 한정되고, 환송 전 원심판결 중 원고의 승소부분은 확정되었다 할 것이므로 환송 후 원심으로서는 이에 대하여 심리할 수 없다.

판 례 **예비적 병합에서 일부불복의 경우 나머지 부분 확정시점(대법원 2001. 12. 24. 선고 2001다62213 판결)**

원고의 주위적 청구를 기각하면서 예비적 청구를 일부 인용한 환송 전 항소심판결에 대하여 피고만이 상고

82) 대법원 1994. 12. 23. 선고 94다44644 판결; 대법원 2014. 12. 24. 선고 2012다116864 판결.
83) 대법원 1991. 5. 24. 선고 90다18036 판결.
84) 대법원 2001. 12. 24. 선고 2001다62213 판결.

하고 원고는 상고도 부대상고도 하지 않은 경우에, 주위적 청구에 대한 항소심판단의 적부는 상고심의 조사대상으로 되지 아니하고 환송 전 항소심판결의 예비적 청구 중 피고 패소 부분만이 상고심의 심판대상이 되는 것이므로, 피고의 상고에 이유가 있는 때에는 상고심은 환송 전 항소심판결 중 예비적 청구에 관한 피고 패소 부분만 파기하여야 하고, 파기환송의 대상이 되지 아니한 주위적 청구부분은 예비적 청구에 관한 파기환송판결의 선고와 동시에 확정되며 그 결과 환송 후 원심에서의 심판범위는 예비적 청구 중 피고 패소 부분에 한정된다.

생각건대 항소심의 경우 변론종결 후에도 다시 재개되는 경우가 있고 이 경우 변론종결시설에 의하면 확정을 번복하게 되어 법적 안정성 측면에서 문제가 된다. 따라서 불복 불가능성과 법적 안정성을 동시에 고려하는 선고시설이 타당하다 할 것이다.

제 2 절 청구의 변경

I. 서 설

1. 의 의

제262조(청구의 변경) ① 원고는 청구의 기초가 바뀌지 아니하는 한도안에서 변론을 종결할 때(변론 없이 한 판결의 경우에는 판결을 선고할 때)까지 청구의 취지 또는 원인을 바꿀 수 있다. 다만, 소송절차를 현저히 지연시키는 경우에는 그러하지 아니하다.

(1) 청구의 변경은 원고가 소송계속 중 소송물을 변경하는 것, 즉 청구취지 또는 청구원인을 변경하는 것을 말한다(제262조). 법원과 당사자, 즉 소송주체의 변경은 여기서 말하는 변경에 해당하지 않는다.

(2) 이처럼 청구의 변경은 소송물의 변경을 의미하기 때문에, 소송물의 동일성 식별범위에 따라 청구의 변경 해당 여부가 갈린다. 즉 소송물의 동일성 식별범위를 좁게 보면 권리·법률관계의 변경도 소의 변경에 해당할 것이나, 반대로 넓게 보면 이는 법률적 관점의 변경에 불과하므로 소의 변경에 해당하지 않을 것이다.

2. 청구취지의 변경

가. 원 칙

청구취지의 변경은 원칙적으로 소의 변경이 된다. ① 소의 종류를 달리하는 경우, 예컨대 소유권에 기한 건물인도청구를 같은 건물에 대한 소유권확인청구로 바꾸는 경우,[85][86] ② 심판의 대상이나 내용을 바꾸는 경우, 예컨대 A건물인도청구를 B건물인도청구로 바꾸는 경우 모두 소의 변경이 된다.

나. 청구의 확장·감축

(1) 청구의 확장에는 상환이행청구에서 단순이행청구로 바꾸는 것과 같은 질적 확장과, 1필지의 토지 일부에 대한 소유권이전등기청구를 하다가 전부로 확장하는 것과 같은 양적 확장이 있는데,[87] 모두 청구의 추가적 변경에 해당한다. 명시적으로 일부만 청구하다가 나머지 부분까지 확장하는 것 역시 청구의 추가적 변경에 해당한다(명시설).

(2) 청구의 감축에는 단순이행청구를 상환이행청구로 바꾸는 질적 감축과, 금전청구에서 금액을 일부 줄이는 양적 감축이 있는데, 어느 경우나 감축된 범위만큼 소의 일부취하를 뜻할 뿐,[88] 청구의 변경은 아니다.[89]

다. 청구취지의 보충·정정

소장에서 심판을 구하는 대상이 불명확한 경우 이를 명확하게 하기 위해 청구취지를 보충·정정하는 것은 청구의 변경이 아니다.[90]

3. 청구원인의 변경

가. 청구권·형성권경합의 경우

예컨대 같은 교통사고의 피해자가 불법행위를 이유로 손해배상청구를 하다가 채무불

---

85) 대법원 1966. 1. 25. 선고 65다2277 판결.

86) 판례는 행정소송법상 항고소송으로 제기해야 할 사건을 민사소송으로 잘못 제기한 경우 석명권 행사를 통하여 항고소송으로의 소변경 가능성을 인정하였고(대법원 2020. 1. 16. 선고 2019다264700 판결; 대법원 2020. 4. 9. 선고 2015다34444 판결), 공법상 당사자소송에서 민사소송으로의 소변경 가능성도 인정한 바 있다(대법원 2023. 6. 29. 선고 2022두44262 판결).

87) 대법원 1997. 4. 11. 선고 96다50520 판결.

88) 대법원 1993. 9. 14. 선고 93누9460 판결.

89) 김홍엽, 947면; 이시윤, 711면; 정동윤/유병현/김경욱, 1014면; 정영환, 898면. 이에 대하여 청구의 변경으로 보는 견해도 있다(한충수, 686면; 호문혁, 865면).

90) 대법원 2008. 2. 1. 선고 2005다74863 판결.

이행으로 바꾸는 경우, 또는 이혼청구를 하면서 민법 제840조 각호의 이혼사유를 바꾸는 경우와 같은 소위 청구권·형성권경합의 경우, 구실체법설에 따르면 청구의 변경이 되나, 소송법설에 따르면 공격방법의 변경에 그친다.

나. 금전지급·대체물인도청구의 경우

예컨대 처음에는 매매대금으로 금전지급을 구하다가 대여금으로 바꾸는 경우와 같이 금전지급·대체물인도청구에 있어서 청구원인의 사실관계를 전혀 별개의 것으로 바꾸는 경우, 구실체법설과 이지설은 청구의 변경이 되고, 일지설은 신청으로만 특정되고 사실관계는 소송물의 요소가 아니나 특정을 위하여 사실관계를 참작하여야 하므로 위 경우도 청구의 변경이 된다.[91]

4. 공격방법의 변경

원고가 같은 청구를 이유 있게 하기 위한 주장을 변경하는 것은 청구의 변경이 아니라 공격방법의 변경에 그친다.[92] 판례는 가등기에 기한 본등기청구를 하면서 그 등기원인을 매매예약완결이라고 주장하면서 위 가등기의 피담보채권을 대여금채권이라고 하다가 추후 손해배상채권이라고 바꾸더라도 그 등기원인에 변경이 없으므로 이는 청구의 변경이 아니라 공격방법의 변경에 불과한 것으로 본다.[93]

II. 모 습

1. 교환적 변경

(1) 교환적 변경은 종전 청구에 갈음하여 새로운 청구를 제기하는 경우이다.

(2) 교환적 변경의 법적 성질을 ① 구청구 취하와 신청구 추가의 결합형태로 보는 결합설이 통설, 판례의 태도이다.[94] 그런데 결합설 내에서도, ⅰ) 종전 청구 취하에 관하여 제266조 제2항에 따라 피고의 동의를 요하고, 만약 동의를 얻지 못하면 종전 청구 취하의 효력이 발생하지 않으므로 추가적 변경으로 다뤄야 한다는 견해[95]와, ⅱ) 청구기초의 동

91) 이시윤, 711면; 정동윤/유병현/김경욱, 1015면; 정영환, 899면.
92) 공격방법에 대한 보다 상세한 설명은 제1절 청구의 병합 중 구별개념으로 공격방법의 복수 부분 참조.
93) 대법원 1992. 6. 12. 선고 92다11848 판결.
94) 대법원 1987. 11. 10. 선고 87다카1405 판결. 대법원 2018. 5. 30. 선고 2017다21411 판결도 마찬가지.
95) 강현중, 810면; 이시윤, 712면.

일성을 요하고 관련 분쟁을 일거에 해결할 필요성이 있으므로 피고의 동의는 필요 없다는 견해[96]가 대립한다. 판례는 교환적 청구의 변경에서 변경 전후의 청구의 기초사실의 동일성에 영향이 없으므로 구청구에 대하여 피고의 동의를 필요로 하지 않는다고 하였다.[97] 이에 대하여 ② 교환적 변경이 오히려 청구변경의 전형적인 모습인데, 우리 법 제262조에서 청구변경을 규정하고 있으므로 이 규정에 따라 요건과 효과를 규율하면 되고, 청구를 교환적으로 변경하는 원고의 의사는 어느 한 부분에 대한 소송을 종료시키는 데 있지 않고 다른 청구로 소송을 계속 수행하려는 데 있으므로, 구청구가 취하로서 종료되는 것도 아니고, 피고의 동의도 필요치 않다는 취지의 반대설이 있다.[98]

생각건대 종전 청구에 대해 기각판결을 구한 피고의 이익을 무시할 수 없으므로 피고의 동의를 요하고, 만약 동의를 얻지 못하면 추가적 변경으로 다루는 것이 타당하다고 본다.

2. 추가적 변경

추가적 변경은 종전 청구를 그대로 유지하며 새로운 청구를 추가로 제기하는 경우이다. 후발적 병합에 해당하므로 청구의 병합요건(제253조)을 충족해야 한다. 단순병합, 선택적 병합, 예비적 병합의 형태로 행하여진다.

3. 변경형태가 불명한 경우

청구의 변경이 교환적인가 추가적인가는 당사자의 의사해석에 의할 것이나, 그 변경형태가 불명할 경우에는 법원이 석명으로 이를 밝혀볼 의무가 있다.[99] 판례는 구청구 취하의 명백한 표시 없이 신청구를 한 경우에 신청구가 부적법하여 법원의 판단을 받을 수 없는 경우까지도 구청구가 취하되는 교환적 변경이라고 볼 수는 없다고 한다.[100]

Ⅲ. 요 건

청구의 변경을 불허하는 것은 원고에게 가혹하고, 반면에 이를 무제한 허용하게 되면

---

96) 정동윤/유병현/김경욱, 1023면; 정영환, 901면.

97) 대법원 1962. 1. 31. 선고 4294민상310 판결. 같은 취지로 대법원 1970. 2. 24. 선고 69다2172 판결.

98) 한충수, 689면; 호문혁, 869~870면.

99) 대법원 2003. 1. 10. 선고 2002다41435 판결.

100) 대법원 1975. 5. 13. 선고 73다1449 판결.

피고의 방어권에 부담을 주게 되므로, 아래의 요건을 통한 조화가 필요하다.

1. 청구의 기초가 바뀌지 아니할 것

가. 청구기초의 동일성의 뜻

(1) 종전 청구와 새로운 청구 간의 관련성을 뜻하는 '청구기초의 동일성'이 구체적으로 무엇을 의미하는지에 대해 견해의 대립이 있다. ① 이익설은 청구를 특정한 권리 주장으로 구성하기 전의 사실적인 분쟁이익 자체, 다시 말해 소로써 일정한 권리 주장을 하기 위해 청구원인(법률요건) 사실을 적출한 前法律的 利益紛爭關係가 공통적인 경우라고 보는 견해이고,[101] ② 사실설은, 사건의 동일인식을 표시하는 기본적 사실, 즉 권리관계의 발생 원인이 되는 근본적인 사회현상인 사실이 공통적인 경우(사실관계설)로 보거나, 또는 양 청구의 사실자료 사이에 심리계속을 정당화할 수 있을 정도로 공통점이 있는 경우(사실자료설)[102]로 보는 견해이며, ③ 병용설은 양 청구의 재판자료인 사실뿐만 아니라 이익도 공통인 경우로 보는 견해[103]이다.

(2) 판례는 "동일한 생활사실 또는 동일한 경제적 이익에 관한 분쟁에 있어서 그 해결방법에 차이가 있음에 불과한" 경우 청구기초 동일성이 있다고 하여, 주류적으로 이익설을 취하고 있으나,[104] "청구의 변경이 있는 경우에 법원이 새로운 청구의 심리를 위하여 종전의 소송자료를 대부분 이용할 수 없고 별도의 증거제출과 심리가 필요한" 경우 청구기초 동일성이 없다고 하여, 사실설에 접근한 것도 있다.[105]

나. 청구기초의 동일성 유형화

판례를 중심으로 청구의 기초에 동일성이 있다고 본 경우를 유형화하면 다음과 같다.

(1) 동일한 청구원인에 터 잡아 청구취지만 변경하는 경우

예컨대 대지인도 및 그 지상물철거청구에서 대지는 같고 철거의 대상만 바뀐 경우,[106] 소유권행사방해금지청구를 소유권확인청구로 바꾸거나 경작권확인청구를 소유권

---

101) 김홍엽, 952면; 정영환, 903면.

102) 강현중, 812면; 이시윤, 714면; 호문혁, 873면.

103) 정동윤/유병현/김경욱, 1017면.

104) 대법원 1994. 6. 14. 선고 92다23377 판결; 대법원 1997. 4. 25. 선고 96다32133 판결 등. 대법원 2012. 3. 29. 선고 2010다28338, 28345 판결도 마찬가지.

105) 대법원 2015. 4. 23. 선고 2014다89287, 89294 판결; 대법원 2017. 5. 30. 선고 2017다211146 판결.

106) 대법원 1962. 4. 18. 선고 4294민상1145 판결.

확인청구로 바꾸는 경우,[107] 토지 소유권확인청구에 소유권보존등기말소청구 및 토지인도청구를 추가하는 경우.[108]

(2) 양 청구 중 일방이 타방의 변형물이나 부수물에 불과한 경우

예컨대 명의신탁해지를 원인으로 한 소유권이전등기청구를 피고의 소유권이전등기의무가 이행불능임을 전제로 손해배상청구로 바꾸는 경우,[109] 토지구획정리사업시행으로 소유권이 상실되는 경우의 손실보상을 구하다가 소유권에 기해 토지인도청구로 바꾸는 경우,[110] 채권자취소소송을 채무자에 대한 파산선고 후 파산관재인이 수계하여 부인의 소로 바꾸는 경우.[111]

(3) 같은 법률관계 형성을 목적으로 하지만 그 법률적 구성을 달리하는 경우

예컨대 채무불이행에 기한 손해배상청구를 불법행위에 기한 손해배상청구로 바꾸는 경우,[112] 논을 불법경작한다는 이유로 손해배상청구를 하다가 논을 법률상 원인 없이 경작한다 하여 부당이득반환청구로 바꾸는 경우,[113] 피상속인으로부터 증여받았다고 주장하며 소유권이전등기청구를 하다가 자신도 상속권자임을 주장하며 상속지분소유권확인청구로 변경하는 경우,[114] 어음금청구를 하다가 원인채권에 기한 금전지급청구로 바꾸거나,[115] 그 반대의 경우.[116]

(4) 같은 생활사실이나 경제적 이익에 관한 것인데 분쟁해결방법만 달리하는 경우

예컨대 매매계약에 기한 소유권이전등기청구를 계약해제에 따른 계약금반환청구로 변경하는 경우,[117] 근저당권설정등기가 원인무효임을 이유로 말소를 구하다가 위 근저당권 실행 후 경락을 원인으로 하여 피고명의로 경료된 소유권이전등기의 말소를 구하는 것

---

107) 대법원 1962. 12. 20. 선고 62다659 판결.

108) 대법원 1984. 2. 14. 선고 83다카514 판결.

109) 대법원 1969. 7. 22. 선고 69다413 판결.

110) 대법원 1975. 9. 23. 선고 72다2226 판결.

111) 대법원 2018. 6. 15. 선고 2017다265129 판결. 또한 판례는 채권자취소소송 진행 중 채무자에 대한 회생개시결정이 있어 관리인이 소송을 수계하고 소를 변경하여 부인소송의 진행하다가 회생절차가 폐지된 경우, 기존 채권자가 소송을 수계하고 채권자취소청구로 다시 변경해야 한다고 하였다(대법원 2022. 10. 27. 선고 2022다241998 판결).

112) 구실체법설(구이론)을 취하는 판례에 따르면 청구의 변경에 해당하나, 소송법설에 따르면 이 경우 법률적 관점을 변경한데 그치므로 단순한 공격방법의 변경에 해당함은 별론, 청구의 변경은 아니다.

113) 대법원 1965. 4. 6. 선고 65다139, 140 판결.

114) 대법원 1992. 2. 25. 선고 91다34103 판결.

115) 대법원 1966. 3. 22. 선고 65다2635 판결.

116) 대법원 1961. 11. 2. 선고 4293민상325 판결.

117) 대법원 1972. 6. 27. 선고 72다546 판결.

으로 바꾸는 경우,[118] 원인무효임을 이유로 말소등기청구를 하다가 명의신탁해지로 인한 이전등기청구 또는 말소등기청구로 변경하는 경우,[119] 피고로부터 부동산을 직접 매수하였음을 이유로 소유권이전등기를 청구하였다가 제3자로부터 매수하였음을 이유로 제3자를 대위하여 소유권이전등기청구로 변경하는 경우,[120] 물건을 무단점유하는 자를 상대로 영업손실액 상당의 손해배상청구를 하다가 목적물손상에 따른 손해배상청구로 변경하는 경우,[121] 청산금채무가 35억 원임을 전제로, 환지처분에 따른 교부청산금이 35억 원을 초과해 존재하지 않는다는 채무부존재확인(공법상 당사자소송)을 구하다가, 기 지급한 39억 원 중 위 35억 원과의 차액 4억 원의 부당이득반환청구(민사소송)로 변경하는 경우.[122]

판 례 **채무부존재확인청구(공법상 당사자소송)에서 부당이득반환청구(민사소송)로의 변경(대법원 2023. 6. 29. 선고 2022두44262 판결)**

공법상 당사자소송의 소 변경에 관하여 행정소송법은, 공법상 당사자소송을 항고소송으로 변경하는 경우(행정소송법 제42조, 제21조) 또는 처분변경으로 인하여 소를 변경하는 경우(행정소송법 제44조 제1항, 제22조)에 관하여만 규정하고 있을 뿐, 공법상 당사자소송을 민사소송으로 변경할 수 있는지에 관하여 명문의 규정을 두고 있지 않다.

그러나 공법상 당사자소송에서 민사소송으로의 소 변경이 금지된다고 볼 수 없다. 이유는 다음과 같다.

① 행정소송법 제8조 제2항은 행정소송에 관하여 민사소송법을 준용하도록 하고 있으므로, 행정소송의 성질에 비추어 적절하지 않다고 인정되는 경우가 아닌 이상 공법상 당사자소송의 경우도 민사소송법 제262조에 따라 청구의 기초가 바뀌지 아니하는 한도 안에서 변론을 종결할 때까지 청구의 취지를 변경할 수 있다.

② 한편 대법원은 여러 차례에 걸쳐 행정소송법상 항고소송으로 제기해야 할 사건을 민사소송으로 잘못 제기한 경우 수소법원으로서는 원고로 하여금 항고소송으로 소 변경을 하도록 석명권을 행사하여 행정소송법이 정하는 절차에 따라 심리·판단해야 한다고 판시해 왔다. 이처럼 민사소송에서 항고소송으로의 소 변경이 허용되는 이상, 공법상 당사자소송과 민사소송이 서로 다른 소송절차에 해당한다는 이유만으로 청구기초의 동일성이 없다고 해석하여 양자 간의 소 변경을 허용하지 않을 이유가 없다.

③ 일반 국민으로서는 공법상 당사자소송의 대상과 민사소송의 대상을 구분하기가 쉽지 않고 소송 진행 도중의 사정변경 등으로 인해 공법상 당사자소송으로 제기된 소를 민사소송으로 변경할 필요가 발생하는 경우도 있다. 소 변경 필요성이 인정됨에도, 단지 소 변경에 따라 소송절차가 달라진다는 이유만으로 이미 제기한 소를 취하하고 새로 민사상의 소를 제기하도록 하는 것은 당사자의 권리 구제나 소송경제의 측면에서도 바람직하지 않다.

---

118) 대법원 1972. 11. 28. 선고 72다1221 판결.

119) 대법원 1998. 4. 24. 선고 97다44416 판결; 대법원 2001. 3. 13. 선고 99다11328 판결.

120) 대법원 1971. 10. 11. 선고 71다1805 판결.

121) 대법원 2012. 3. 29. 선고 2010다28338, 28345 판결.

122) 대법원 2023. 6. 29. 선고 2022두44262 판결.

따라서 공법상 당사자소송에 대하여도 청구의 기초가 바뀌지 아니하는 한도 안에서 민사소송으로 소 변경이 가능하다고 해석하는 것이 타당하다.

다. 흠결의 효과

청구기초의 동일성은 피고의 이익을 보호하기 위한 요건으로서, 피고가 청구의 변경에 동의하거나 지체 없이 이의하지 않고 본안변론을 하는 때에는 이 요건을 갖추지 아니하여도 청구의 변경을 허용할 것이라는 사익적 요건설이 통설, 판례이다.[123)]

2. 소송절차를 현저히 지연시키지 않을 것

(1) 청구기초 동일성이 있더라도 이미 종전 청구에 대해 심리가 마쳐져 판결성숙단계에 이른 경우에는 청구변경을 불허하고 별소를 제기함이 오히려 타당하기 때문이다. 판례는 새로운 청구의 심리를 위하여 종전의 소송자료를 대부분 이용할 수 있는 경우에는 소송절차의 현저한 지연에 해당하지 않지만,[124)] 새로운 청구를 심리하기 위하여 종전의 소송자료를 대부분 이용할 수 없고 별도의 증거제출과 심리가 필요한 경우에는 절차의 현저한 지연이 있어 청구의 변경을 허용하지 않을 수 있다고 보았다.[125)] 그리고 2회에 걸쳐 상고심으로부터 환송된 후 항소심 변론종결 당시 청구를 변경한 것은 소송절차를 지연케 함이 현저한 경우에 해당한다고 보았다.[126)]

(2) 이 요건은 공익적 요건이므로 소송상대방의 이의 여부를 불문하고 법원이 직권으로 조사하여 결정을 하여야 한다. 다만 청구이의의 소를 제기함에 있어서 여러 개의 이의이유를 동시에 주장하여야 하므로(민집 제44조 제3항), 이와 같이 별소 제기를 금하는 경우에는 가사 절차지연의 소지가 있더라도 청구변경을 허용할 필요가 있다고 본다.[127)]

3. 사실심에 계속되고 변론종결 전일 것

(1) 소장부본이 피고에게 송달되기 전에는 소송계속 전이므로 원고는 자유롭게 청구를 변경할 수도 있으나, 이는 제262조 규정이 예정한 청구의 변경은 아니다. 또한 변론종

123) 대법원 2011. 2. 24. 선고 2009다33655 판결.
124) 대법원 1998. 4. 24. 선고 97다44416 판결.
125) 대법원 2015. 4. 23. 선고 2014다89287, 89294 판결; 대법원 2017. 5. 30. 선고 2017다211146 판결.
126) 대법원 1964. 12. 29. 선고 64다1025 판결.
127) 김홍엽, 956면; 이시윤, 716면; 정동윤/유병현/김경욱, 1019면; 정영환, 906면.

결 후에는 원칙적으로 청구의 변경이 허용되지 않는다. 그리고 사실심에 계속되어야 하므로, 법률심인 상고심에서는 청구의 변경이 허용되지 않는다.[128)]

(2) 청구의 변경에 관하여 항소심에서 이를 금하는 특별한 규정이 없으므로, 항소심에서도 제1심과 마찬가지로 요건을 구비하여 청구의 변경을 할 수 있다.[129)] 그러나 제1심에서 전부승소한 원고가 청구의 변경만을 목적으로 항소를 제기하는 것은 항소의 이익이 없어 불허된다.[130)] 다만 묵시적 일부청구의 경우에는 비록 원고가 전부승소하였다고 하더라도 잔부청구확장을 위해 항소를 제기하는 것이 허용되는데, 이는 만약 항소를 불허하여 묵시적 일부청구가 확정된 후 잔부청구를 하면 기판력에 저촉되어 부적법하기 때문이다.[131)] 또한 판례는 제1심에서 원고가 전부승소하여 피고만이 항소한 경우에 원고는 항소심에서도 청구취지를 확장할 수 있고 이는 부대항소를 한 것으로 의제된다고 하였고,[132)] 또 다른 판례는 하나의 소송물에 관하여 형식상 전부승소한 당사자의 상소이익의 부정은 절대적인 것이라고 할 수 없다고 전제한 후, 손해배상청구의 소에서 원고가 재산상 손해(소극적 손해)에 대하여는 형식상 전부승소하였으나 위자료에 대하여는 일부패소하여 원고가 원고 패소부분에 불복항소한 경우, 항소심에서 위자료는 물론이고 재산상 손해(소극적 손해)에 관하여도 청구의 확장이 허용된다고 하였다.[133)]

(3) 다만 항소심에서 교환적 변경은 주의해야 할 점이 있다. ① 제1심에서 인용된 A청구를 항소심에서 B청구로 교환적 변경을 한 후 다시 A청구를 하는 것으로 청구의 변경을 한다면, A청구는 본안에 대한 종국판결 선고 후 소취하 후 다시 소제기를 한 꼴이 되어 재소금지(제267조 제2항)에 반한다.[134)] ② 항소심에서 교환적 변경이 있으면 새로운 청구에 대해서는 사실상 제1심으로 재판한다. 따라서 항소인용·기각이 아닌 청구인용·기각의 주문을 내야 한다.[135)] ③ 항소심에서 적법한 교환적 변경이 있은 후에는 항소취하가 불가능한데, 이는 교환적 변경으로 종전 청구가 취하되어 항소취하할 대상이 소멸하였기 때문이다.[136)]

---

128) 대법원 1997. 12. 12. 선고 97누12235 판결.
129) 대법원 2018. 5. 30. 선고 2017다21411 판결.
130) 정영환, 907면.
131) 대법원 1997. 10. 24. 선고 96다12276 판결; 대법원 2010. 11. 11. 선고 2010두14534 판결; 대법원 2007. 6. 15. 선고 2004다37904, 37911 판결.
132) 대법원 1980. 7. 22. 선고 80다982 판결; 대법원 1991. 9. 24. 선고 91다21688 판결; 대법원 1992. 12. 8. 선고 91다43015 판결; 대법원 2008. 7. 24. 선고 2008다18376 판결.
133) 대법원 1994. 6. 28. 선고 94다3063 판결. 상세는 후술 상소의 이익 부분 참조.
134) 대법원 1987. 11. 10. 선고 87다카1405 판결.
135) 대법원 2009. 2. 26. 선고 2007다83908 판결. 상세는 후술 항소심판결의 주문 부분 참조.
136) 대법원 1995. 1. 24. 선고 93다25875 판결.

4. 청구의 병합 일반요건을 갖출 것

종전 청구와 새로운 청구가 같은 종류의 소송절차에 의하여 심판될 수 있어야 하고, 공통의 관할권을 가져야 한다.

IV. 절차(제262조 제2항, 제3항)

제262조(청구의 변경) ② 청구취지의 변경은 서면으로 신청하여야 한다.
③ 제2항의 서면은 상대방에게 송달하여야 한다.

1. 원고의 신청

처분권주의에 따라 법원의 직권에 의한 청구의 변경은 허용되지 않는다. 법원이 청구의 변경을 강제할 수도 없다. 즉 일정한 경우 소변경을 석명할 의무가 법원에 있고,[137] 이처럼 소변경을 시사하는 적극적 석명을 강조하는 견해가 유력하나,[138] 이러한 석명에 응할 것인지 여부는 전적으로 원고의 의사에 달려있다.

2. 서면에 의한 신청

청구의 변경은 소송중의 소이고, 소제기는 서면에 의해야 하므로(제248조 제1항), 청구의 변경 역시 서면에 의해 신청해야 한다(제262조 제2항). 제262조 제2항은 '청구취지'의 변경을 서면으로 할 것을 규정하고 있어, 청구원인의 변경도 서면에 의해야 하는지에 대한 견해의 대립이 있다. 판례는 청구원인의 변경은 반드시 서면에 의할 필요가 없다는 태도이다.[139] 제262조 제2항의 반대해석상 구술로 청구원인의 변경이 가능하다고 본다(구술설).[140] 다만 위 규정은 피고의 방어권행사의 보장을 위한 것이므로, 서면에 의하지 않고 말로 청구를 변경한 경우에도 피고가 지체없이 이의하지 아니하면 이의권 상실로 하자가 치유된다.[141]

137) 대법원 1995. 7. 11. 선고 94다34265 전원합의체 판결.

138) 이시윤, 717면.

139) 대법원 1965. 4. 6. 선고 65다170 판결.

140) 강현중, 817면; 김홍규/강태원, 748면; 김홍엽, 958면; 이시윤, 718면; 전병서, 540면; 한충수, 692면; 호문혁, 879면.

141) 대법원 1990. 12. 26. 선고 90다4686 판결.

3. 효 력

(1) 청구의 변경신청서는 상대방에게 송달하여야 한다(제262조 제3항). 이는 새로운 청구의 소장에 해당하기 때문이다. 위 신청서가 상대방에게 송달되거나 변론기일에서 상대방에게 교부한 때 소송계속의 효과가 발생한다.[142] 그러나 청구의 변경신청으로 인한 시효중단이나 법률상 기간준수의 효과는 청구의 변경신청서를 법원에 제출한 때에 발생한다(제265조).[143]

(2) 청구의 변경이 있는 경우 피고에게 방어권 행사의 기회를 주어야 하고, 이러한 기회를 주지 않은 채 심리종결한 것은 위법하다.[144]

Ⅴ. 심 판

원고가 청구의 변경신청을 하면 이것에 청구의 변경에 해당하는가, 적법한 청구의 변경으로서 허가할 것인가 여부는 법원의 직권조사사항이다.

1. 부적법한 청구의 변경

(1) 청구의 변경에 해당하지 않는다고 판단하면 법원은 그대로 심리를 속행하면 된다. 이에 대해 다툼이 있으면 중간판결이나 종국판결의 이유 속에서 판단한다.

(2) 청구의 변경에 해당되지만 변경요건을 갖추지 못하여 부적법하다고 판단하면 법원은 상대방의 신청 또는 직권으로 청구의 변경을 허가하지 아니하는 결정을 한다(제263조). 이러한 불허가결정에 대해 독립하여 항고할 수는 없고, 종국판결에 대한 상소로써만 다툴 수 있다.[145]

2. 적법한 청구의 변경

청구의 변경이 적법한 경우 법원은 따로 허가에 대한 판단을 하지 않고 새로운 청구에 대해 심판하면 된다. 만약 상대방이 다툴 때에는 변경을 허가한다는 결정을 하거나 종

---

142) 대법원 1992. 5. 22. 선고 91다41187 판결.

143) 시효중단의 경우 대법원 2009. 2. 12. 선고 2008다84229 판결, 기간준수의 경우 대법원 2004. 11. 25. 선고 2004두7023 판결 참조.

144) 대법원 1989. 6. 13. 선고 88다카19231 판결.

145) 대법원 1992. 9. 25. 선고 92누5096 판결.

국판결의 이유 속에서 판단할 필요가 있다. 그러나 상대방이 지체 없이 이의하지 아니하고 변경된 청구에 관한 본안의 변론을 한 때에는 상대방은 더 이상 그 청구변경의 적법성에 대해 다툴 수 없다.[146)]

3. 청구의 변경을 간과

적법한 청구의 변경이 있었음에도 불구하고 새로운 청구에 대한 심판을 빠뜨리고 종전 청구에 대해서만 판단하는 경우가 있다.

(1) 만약 교환적 변경을 간과하여 종전 청구에 대해서만 판단하였다면, 상급심은 원판결을 취소(파기)하고 종전 청구에 대해 소송종료선언을 해야 하고, 새로운 청구는 재판의 누락(제212조)에 해당하므로 원심이 추가판결을 해야 한다.[147)]

판 례 **교환적 변경 간과(대법원 2003. 1. 24. 선고 2002다56987 판결)**

소의 교환적 변경으로 구청구인 손해배상청구는 취하되고 신청구인 정리채권확정청구가 심판의 대상이 되었음에도 신청구에 대하여는 아무런 판단도 하지 아니한 채 구청구에 대하여 심리·판단한 원심판결을 파기하고 구청구에 대하여 소송종료선언을 한 사례.

☞ 甲이 乙을 상대로 손해배상청구를 하다가, 항소심에 이르러 乙에 대하여 회사정리절차가 개시되었다가 종결되었음을 이유로 위 손해배상채권 상당의 정리채권이 있다고 주장하면서 정리채권확정을 구하는 것으로 청구를 변경하였는데, 항소심이 손해배상청구 부분을 부적법 각하하고 정리채권확정청구 부분에 대해서는 아무런 판단을 하지 않은 사안.

(2) 다음으로 추가적 변경을 간과한 것은 경우를 나눠 살필 필요가 있다. ① 먼저 단순병합의 형태로 새로운 청구를 추가하였음에도 원심이 종전 청구에 대해서만 판단한 경우는 새로운 청구는 재판의 누락(제212조)에 해당하므로 원심이 추가판결하면 된다.[148)] ② 그러나 선택적 병합의 형태로 새로운 청구를 추가하였음에도 새로운 청구에 대해 아무런 판단을 하지 않았다면 이는 위법한 판결로 취소(파기)사유가 된다.[149)] 이 경우 판단하지 않은 새로운 청구가 재판의 누락(제212조)에 해당하여 원심에 계속 중인 것은 아니고,[150)] 판단누락(제451조 제1항 제9호)에 해당하여 상급심이 판단을 한다.[151)] 이러한 법리는 예비적 병

146) 대법원 2011. 2. 24. 선고 2009다33655 판결.
147) 대법원 2003. 1. 24. 선고 2002다56987 판결; 대법원 2017. 2. 21. 선고 2016다45595 판결.
148) 이시윤, 720면; 정동윤/유병현/김경욱, 1023면.
149) 대법원 1989. 9. 12. 선고 88다카16270 판결.
150) 대법원 1998. 7. 24. 선고 96다99 판결.
151) 이시윤, 720면; 김홍엽, 962면.

합의 형태로 새로운 청구를 추가한 경우도 마찬가지이다.[152)]

제 3 절 중간확인의 소

Ⅰ. 서 설

1. 의의 및 취지

> **제264조(중간확인의 소)** ① 재판이 소송의 진행중에 쟁점이 된 법률관계의 성립 여부에 매인 때에 당사자는 따로 그 법률관계의 확인을 구하는 소를 제기할 수 있다. 다만, 이는 그 확인청구가 다른 법원의 관할에 전속되지 아니하는 때에 한한다.

중간확인의 소는 재판이 소송의 진행 중에 쟁점이 된 법률관계의 성립 여부에 매인 때에 당사자가 따로 그 법률관계의 확인을 구하기 위해 제기하는 소를 말한다(제264조). 즉 소송계속 중 그 청구와 선결적 법률관계의 존부에 대해 기판력 있는 판단을 받기 위해 제기하는 소를 말하는데, 이를테면 원고의 토지인도청구의 소에 대해 피고가 원고의 소유권 존부를 다투는 경우 원고가 소송계속 중 토지인도청구와 병합하여 소유권확인의 소를 제기하는 경우이다. 원래 선결적 법률관계에 대해 기판력을 발생시키기 위해서는 당사자가 별소를 제기하여 판결을 받아야 하나, 기왕 제기된 소송절차를 이용케 함이 소송경제에 도움이 되고 판결이 구구해지는 것을 막을 수 있기 때문에 중간확인의 소를 허용하고 있다. 이러한 중간확인의 소는 쟁점효이론의 근거를 약화시키는 논거로 작용하기도 한다.[153)]

2. 성 질

(1) 중간확인의 소는 원고뿐만 아니라 피고도 제기할 수 있다. 어느 것이나 후발적 병합의 형태로서, 원고가 제기하는 것은 추가적 변경에 해당할 것이고, 피고가 제기하는 것은 일종의 반소의 성격을 지닌다.

(2) 중간확인의 소는 단순한 공격방어방법이 아니라 소송중의 소이므로, 이에 대한

---

152) 상세는 전술한 병합청구소송 중 판결에서 누락된 청구에 대한 구제방법 부분 참조.

153) 이시윤, 721면; 정동윤/유병현/김경욱, 1035면.

판단은 중간판결에 의할 것이 아니고, 종국판결의 주문에 기재하여야한다.

II. 요 건

1. 다툼이 있는 선결적 권리·법률관계의 확인을 구할 것

가. 권리·법률관계

원칙적으로 확인의 대상은 현재의 권리·법률관계이어야 한다. 따라서 권리·법률관계가 아닌 사실관계의 다툼에 대해서는 확인을 구할 수 없다.[154] 우리 법이 증서의 진정 여부를 확인하는 소를 인정하고 있다고 하더라도(제250조), 이는 사실관계 확인에 대한 것이므로, 별소로 구함은 별론, 중간확인의 소로 증서의 진정 여부확인을 구할 수는 없다. 또 현재가 아닌 과거의 권리·법률관계에 대해서도 원칙적으로 확인을 구할 수 없다.[155]

나. 선결성

(1) 중간확인의 대상은 본래의 청구, 즉 본소청구와 선결적 관계에 있어야 한다. 예컨대 토지인도청구나 등기말소청구에서 원고의 소유권 존부, 이자지급청구에서 원본채권의 존부 등이 이에 해당한다.[156]

(2) 중간확인의 소가 적법하기 위해서 본래의 청구와 중간확인의 대상이 이론상 선결관계에 있으면 족하다는 견해(이론설)도 있으나, 별소를 제기할 수 있음에도 기왕 제기된 소송절차를 이용할 수 있게끔 예외를 인정하고 있다는 점에서 중간확인의 소 판결선고시까지 현실적으로 본래의 청구당부를 좌우할 정도의 선결관계가 유지되어야 한다는 견해(현실설)[157]가 타당하다고 본다. 이에 따르면 본래의 청구가 취하·각하로 종결하는 경우, 또한 본안판단을 하는 때에도 중간확인의 대상인 법률관계 판단에 나아가지 않고 그 전에 청구가 기각되는 경우에는 본래의 청구당부를 좌우할 정도로 선결관계가 유지되는 경우가 아니므로 중간확인의 소는 부적법하다. 판례는 재심사유가 인정되지 않아서 재심청구를 기각하는 경우에는 재심의 소송절차에서 제기한 중간확인의 소를 각하하여야 한다고 했다.[158]

---

154) 대법원 2014. 4. 10. 선고 2012두17384 판결.

155) 대법원 1988. 4. 25. 선고 87다카1280 판결.

156) 판례는 본래청구가 도지사를 상대로 폐천부지교환거부처분의 취소를 구하는 것인데, 중간확인의 소로 보상금 재결처분의 효력 확인을 구한 경우, 중앙토지수용위원회에서 한 각 보상금 재결처분의 유·무효는 위 본래청구에 대한 선결관계에 있다고 할 수 없다고 하였다(대법원 1984. 6. 26. 선고 83누554, 555 판결).

157) 강현중, 825면; 이시윤, 722면; 정동윤/유병현/김경욱, 1037면; 정영환, 929면; 한충수, 695면; 호문혁, 884면.

158) 대법원 2008. 11. 27. 선고 2007다69834, 69841 판결.

다만 이 경우 선결성이 인정되지 아니하여 중간확인의 소가 부적법해진다는 것을 의미하므로, 만약 확인의 이익이 인정된다면 독립된 소로 심리 가능하다.[159)]

판 례 재심사유의 부존재와 선결성(대법원 2008. 11. 27. 선고 2007다69834, 69841 판결)

재심의 소송절차에서 중간확인의 소를 제기하는 것은 재심청구가 인용될 것을 전제로 하여 재심대상소송의 본안청구에 대하여 선결관계에 있는 법률관계의 존부의 확인을 구하는 것이므로, 재심사유가 인정되지 않아서 재심청구를 기각하는 경우에는 중간확인의 소의 심판대상인 선결적 법률관계의 존부에 관하여 나아가 심리할 필요가 없으나, 한편 중간확인의 소는 단순한 공격방어방법이 아니라 독립된 소이므로 이에 대한 판단은 판결의 이유에 기재할 것이 아니라 종국판결의 주문에 기재하여야 할 것이므로 재심사유가 인정되지 않아서 재심청구를 기각하는 경우에는 중간확인의 소를 각하하고 이를 판결 주문에 기재하여야 한다.

다. 계쟁성

중간확인의 대상은 본래의 청구 당사자 사이에 소송 진행 중 다툼, 즉 '계쟁성'이 있어야 한다. 판례도 소유권을 원인으로 하는 이행의 소를 제기하는 경우에 있어서도 그 기본되는 소유권의 유무 자체에 관하여 분쟁이 있어 즉시확정의 이익이 있는 경우에는 소유권확인의 소를 아울러 제기할 수 있다고 하였다.[160)] 소제기 전부터 다툼이 있어 왔어도 무방하고, 비록 현재는 다툼이 없더라도 장래 다툴 가능성이 있다면 중간확인의 소를 허용하여야 할 것이다.[161)] 선결성과 계쟁성이 있으면 별도의 추가적인 확인의 이익은 필요하지 않다고 본다.[162)]

2. 사실심에 계속되고 변론종결 전일 것

본래의 청구에 대한 소송이 사실심에 계속되어야 하므로, 법률심인 상고심에서는 중간확인의 소를 제기할 수 없다. 그러나 항소심에서는 제1심과 마찬가지로 요건을 구비하여 중간확인의 소를 제기할 수 있다. 판례도 부동산에 관한 소유권이전등기절차이행청구나 그 말소등기절차이행청구의 소를 제기하여 소송을 진행하다가 청구의 기초에 변경이 없다고 볼 당해 부동산에 관한 소유권확인청구를 추가하는 소변경을 제2심에서도 유효하게 할 수 있다고 하였다.[163)]

---

159) 강현중, 826면; 이시윤, 722면; 정동윤/유병현/김경욱, 1037면; 정영환, 929면; 호문혁, 885면.

160) 대법원 1966. 1. 31. 선고 65다2157 판결; 대법원 1971. 5. 24. 선고 71다519 판결; 대법원 2020. 6. 4. 선고 2016다245142 판결.

161) 이시윤, 722면; 정영환, 930면; 호문혁, 885면.

162) 김홍엽, 963면; 이시윤, 722면; 정동윤/유병현/김경욱, 1037면; 정영환, 930면.

163) 대법원 1973. 9. 12. 선고 72다1436 판결.

3. 청구의 병합 일반요건을 갖출 것

(1) 본래의 청구와 중간확인의 청구가 같은 종류의 소송절차에 의해야 한다. 따라서 민사청구 계속 중 가사소송사항에 대해서는 중간확인을 구할 수 없다. 다만 행정소송사항에 대해서는 행정소송법 제11조를 근거로 민사소송절차에서 행정처분무효확인의 병합제기를 허용하여도 무방하다고 보는 견해[164]와, 이를 중간확인의 소로 병합할 수 없다는 견해[165]가 나뉜다.

(2) 본래의 청구와 중간확인의 청구가 공통의 관할권이 있어야 하므로, 중간확인의 청구가 다른 법원의 전속관할에 속하지 않아야 한다(제264조 제1항 단서).

Ⅲ. 절차와 심판

1. 중간확인의 소의 제기

> **제264조(중간확인의 소)** ② 제1항의 청구는 서면으로 하여야 한다.
> ③ 제2항의 서면은 상대방에게 송달하여야 한다.

중간확인의 소는 소송중의 소제기이기 때문에 소장에 준하는 서면을 제출하여야 하고(제264조 제2항), 그 서면은 상대방에 송달하여야 한다(제264조 제3항). 소송계속의 효력은 위 서면의 상대방에 대한 송달시에 발생하고, 시효중단과 법률상의 기간준수의 효력은 위 서면 제출시에 발생한다(제265조).

2. 심 판

그 심리와 판결은 원고가 제기한 경우는 청구의 추가적 변경, 피고가 제기한 경우는 반소에 준한다. 병합요건을 먼저 심리하여, 만약 흠이 있는 경우 독립의 소로 취급할 수 있는 경우가 아니라면 부적법 각하한다. 병합요건을 갖추었다면 본래의 청구와 병합하여 심리하고, 1개의 전부판결을 한다.[166]

---

164) 이시윤, 723면; 호문혁 886면.
165) 김홍엽, 965면.
166) 강현중, 827면; 이시윤, 723면; 정동윤/유병현/김경욱, 1039면; 정영환, 932면; 호문혁, 887면.

제 4 절 반 소

Ⅰ. 서 설

1. 의 의

> **제269조(반소)** ① 피고는 소송절차를 현저히 지연시키지 아니하는 경우에만 변론을 종결할 때까지 본소가 계속된 법원에 반소를 제기할 수 있다. 다만, 소송의 목적이 된 청구가 다른 법원의 관할에 전속되지 아니하고 본소의 청구 또는 방어의 방법과 서로 관련이 있어야 한다.

가. 개념 및 취지

(1) 반소는 본소의 소송계속 중 피고가 본소의 소송절차를 이용하여 원고에 대해 제기하는 소를 일컫는다(제269조). 예컨대 원고의 이혼청구의 소에 대해 피고도 반소로써 원고를 상대로 이혼청구의 소를 제기한다던지, 또는 부동산 매수인이 매도인을 상대로 제기한 소유권이전등기청구의 소에 대해 매도인도 반소로써 매수인을 상대로 매매대금지급청구의 소를 제기하는 경우이다.

(2) 반소를 허용하는 것은, ① 원고에게 청구의 변경이 인정되는 것처럼 피고에게도 본소절차에서 원고를 상대로 반격을 허용함이 양 당사자를 공평하게 취급하는 것이고, ② 상호관련성이 있다면 여러청구를 같은 재판부에서 함께 판단하는 것이 소송경제에 부합하고 판결의 모순저촉을 피할 수도 있기 때문이다.

나. 항변과의 구별

(1) 피고가 항변을 할 수 있음에도 굳이 반소를 제기하는 것은, 우선 기판력 및 집행력 발생 여부에 있어서 차이가 있기 때문이다. 예컨대 임대인이 임차인을 상대로 한 건물인도청구에서 임차인의 보증금반환 동시이행항변이 받아들여져 재판부가 상환이행판결을 하는 경우, 피고는 이 판결을 근거로 원고에 대해 집행에 착수할 수 없다. 왜냐하면 위 판결주문은 피고에 대한 명령이므로 본소청구에 동시이행의 조건이 붙은 점에 대해 기판력 및 집행력이 발생하나, 원고에 대한 명령은 아니므로 피고의 반대채권존부에 대해 기판력 및 집행력이 발생하지 않기 때문이다.[167] 따라서 피고가 기판력 및 집행력을 얻기 위해서는 본소 소송계속 중 반소제기를 고려하여야 한다.

167) 대법원 1975. 5. 27. 선고 74다2074 판결.

원고만 강제집행 가능한 주문 기재례

1. 피고는 원고로부터 100,000,000원을 지급받음과 동시에 원고에게 별지 목록 기재 건물을 인도하라.

서로 강제집행 가능한 주문 기재례

1. 피고(반소원고)는 원고(반소피고)로부터 100,000,000원을 지급받음과 동시에 원고(반소피고)에게 별지 목록 기재 건물을 인도하라.
2. 원고(반소피고)는 피고(반소원고)로부터 제1항 기재 건물을 인도받음과 동시에 피고(반소원고)에게 100,000,000원을 지급하라.
3. 원고(반소피고)의 나머지 본소청구 및 피고(반소원고)의 나머지 반소청구를 각 기각한다.

(2) 또한 반소는 항변과 달리 실기한 공격방어방법의 각하(제149조)라는 절차적 불이익을 피해갈 수 있다는 장점도 있다.

(3) 그리고 항변의 경우 본소가 취하·각하 등으로 종료하면 항변 역시 그 효력을 상실하나, 반소의 경우 본소가 종료하더라도 반소는 독자적으로 진행될 수 있다.

(4) 반면 항변을 하는 데는 비용이 발생하지 않으나, 반소는 기판력 및 집행력이 발생하는 별도의 소이므로 인지의 부담 등 소송비용이 발생한다.

2. 반소의 법적 성질

가. 독립의 소

(1) 반소는 본소를 기각시키기 위한 방어방법이 아니라, 피고가 자기의 신청에 대하여 판결을 구하는 소송중의 소이다. 예컨대 소유권이전등기청구의 본소에서 피고가 잔금지급의무의 동시이행항변은 피고의 방어방법일 뿐이지만, 본소 계속 중 잔금지급청구를 하면 반소가 된다.

(2) 반소에는 본소청구의 기각을 구하는 것 이상의 적극적 내용이 포함되어 있어야 반소청구로서의 이익이 인정된다.[168] 예컨대 원고가 본소로 소유권확인을 구함에 대하여 피고가 반소로 원고의 소유권부존재확인을 구하는 것은 허용되지 않는다.[169]

---

168) 대법원 2007. 4. 13. 선고 2005다40709, 40716 판결.

169) 반면 원고의 소유권확인청구에 대하여 피고가 자신에게 소유권 있음을 주장하며 소유권확인의 반소를 구하는 것은 적법하다(이시윤, 724면; 정동윤/유병현/김경욱, 1025면).

판 례 **소유권확인에 대하여 소유권부존재확인의 반소의 적부(대법원 2007. 4. 13. 선고 2005다40709, 40716 판결)**

반소청구에 본소청구의 기각을 구하는 것 이상의 적극적 내용이 포함되어 있지 않다면 반소청구로서의 이익이 없고, 어떤 채권에 기한 이행의 소에 대하여 동일 채권에 관한 채무부존재확인의 반소를 제기하는 것은 그 청구의 내용이 실질적으로 본소청구의 기각을 구하는 데 그치는 것이므로 부적법하다.

(3) 한편 판례는 원고가 본소로 손해배상채무의 부존재확인을 구함에 대하여 피고가 반소로 그 채무의 이행을 구하는 사안에서, 적법하게 제기된 본소가 그 후에 상대방이 제기한 반소로 인하여 소송요건에 흠결이 생겨 다시 부적법하게 되는 것은 아니라고 하였다.170)

판 례 **반소의 제기와 본소의 소송요건 흠결(대법원 2010. 7. 15. 선고 2010다2428, 2435 판결)**

소송요건을 구비하여 적법하게 제기된 본소가 그 후에 상대방이 제기한 반소로 인하여 소송요건에 흠결이 생겨 다시 부적법하게 되는 것은 아니므로, 원고가 피고에 대하여 손해배상채무의 부존재확인을 구할 이익이 있어 본소로 그 확인을 구하였다면, 피고가 그 후에 그 손해배상채무의 이행을 구하는 반소를 제기하였다 하더라도 그러한 사정만으로 본소청구에 대한 확인의 이익이 소멸하여 본소가 부적법하게 된다고 볼 수는 없다. 민사소송법 제271조는 본소가 취하된 때에는 피고는 원고의 동의 없이 반소를 취하할 수 있다고 규정하고 있고, 이에 따라 원고가 반소가 제기되었다는 이유로 본소를 취하한 경우 피고가 일방적으로 반소를 취하함으로써 원고가 당초 추구한 기판력을 취득할 수 없는 사태가 발생할 수 있는 점을 고려하면, 위 법리와 같이 반소가 제기되었다는 사정만으로 본소청구에 대한 확인의 이익이 소멸한다고는 볼 수 없다.

☞ 원고(보험회사)가 피고(교통사고 피해자)에 대하여 본소로 교통사고가 피고의 과속운전 등 전적인 잘못으로 발생하였다고 주장하면서 손해배상채무의 부존재확인을 구함에 대하여, 피고가 원고에 대하여 반소로 상법 제724조 제2항에 기초하여 교통사고로 인한 손해배상을 구한 사안.

(4) 반소는 독립의 소이므로 주문에서 답하여야 하고 판결서의 청구취지에 기재하여야 한다. 또한 반소는 방어방법이 아니므로 실권효의 제재를 받지 아니한다. 따라서 반소의 제기가 시기에 늦었다고 각하(제149조)되지 않는다. 다만 반소요건으로 소송절차를 현저히 지연시키지 않아야 하는 제약이 있음은 별론이다(제269조 제1항).

나. 반소의 당사자

(1) 반소는 피고가 제기하는 소이다. 통상은 원고를 상대로 한다. 그러나 독립당사자참가(제79조)나 참가승계(제81조)가 있는 경우 그 참가의 피고지위에 있는 종전 원고나 피고도 참가인 상대의 반소를 제기할 수 있다.171)

---

170) 대법원 1999. 6. 8. 선고 99다17401, 17418 판결; 대법원 2010. 7. 15. 선고 2010다2428, 2435 판결.
171) 대법원 1969. 5. 13. 선고 68다656, 657, 658 판결.

(2) 미국에서는 공동소송인 간의 반소(crossclaim)도 허용한다. 즉 피고는 자기와 같은 편인 공동피고에 대해서도 반소를 제기할 수 있다.

(3) 소송현실에서 경우에 따라서는 제3자를 반소에 끌어들일 필요성도 존재한다. 예컨대 i) 피고가 원고 및 제3자를 모두 반소피고로 삼거나, ii) 피고가 원고 아닌 제3자를 상대로 반소를 제기하거나, iii) 본소 당사자 아닌 제3자가 원고를 상대로 반소를 제기하거나, iv) 피고가 자신 외에 다른 제3자를 끌어들여 수인을 반소원고로 하여 본소원고를 상대로 반소를 제기하는 경우를 생각해볼 수 있는데, 소위 '제3자 반소(Dritt-Widerklage)'라는 주제로 논의되고 있다. 다만 근래 위 첫 번째 사례, 즉 피고가 원고 및 제3자를 반소피고로 삼아 제기한 반소의 적부에 관한 최초의 대법원 판결이 선고되었는데, 이러한 반소는 원칙적으로 허용되지 아니하고, 다만 피고가 제기하려는 반소가 필수적 공동소송이 될 때에는 민사소송법 제68조의 필수적 공동소송인 추가의 요건을 갖추면 허용될 수 있다고 하였다.[172]

판 례 제3자 반소 허용요건(대법원 2015. 5. 29. 선고 2014다235042, 235059, 235066 판결)

피고가 원고 이외의 제3자를 추가하여 반소피고로 하는 반소는 원칙적으로 허용되지 아니하고, 다만 피고가 제기하려는 반소가 필수적 공동소송이 될 때에는 민사소송법 제68조의 필수적 공동소송인 추가의 요건을 갖추면 허용될 수 있다.

☞ A회사의 운영자 甲은 乙에게 A회사를 양도하기로 하는 계약을 체결하고 잔금 완불 전 일부 운영권을 넘겨줬는데 乙이 잠깐 운영을 하다 그 운영을 중단하였고, 이에 A회사가 乙을 상대로 채무불이행으로 인한 위약금 내지 손해배상청구의 소(본소)를 제기하자, 乙이 A회사와 운영자 甲 모두를 상대로 위 매매계약의 무효 또는 취소를 원인으로 기(旣) 지급한 매매대금의 반환을 구하는 소(반소)를 제기한 사안. 원심과 대법원은 乙이 A회사와 甲을 상대로 제기한 반소는 필수적 공동소송이 아니어서 乙의 甲에 대한 반소를 부적법하다고 보았음.

다. 반소의 자유

반소를 제기할 것인가 별소를 제기할 것인가는 피고의 자유이다. 다만 별소에 의하기보다 반소를 통해 동일절차 내에서 심리함이 바람직하다면 소송지휘권을 발동하여 석명을 통해 반소제기를 유도할 수도 있을 것이다. 미국에서는 상대방 당사자의 청구가 본소청구와 동일한 거래 또는 사실관계에 기인하는 등 일정한 요건을 갖추었다면 강제반소(compulsory counterclaim)를 인정하고 있는데, 입법론으로 고려할 필요는 있을 것이다.[173]

172) 대법원 2015. 5. 29. 선고 2014다235042, 235059, 235066 판결.
173) 정동윤/유병현/김경욱, 1027면; 정영환, 917면.

II. 종 류

1. 단순반소

반소의 전형적인 형태이다. 본소의 운명, 즉 인용·기각과 관계없이 반소청구에 대해 심판을 구하는 경우이다.

2. 예비적 반소

(1) 예비적 반소는 본소청구가 인용될 때를 대비하여 반소청구에 대하여 심판을 구하는 경우이다. 즉 본소의 기각·각하를 해제조건으로 반소를 제기하는 조건부반소이다. 예컨대 부동산 매수인인 원고가 매매의 유효를 주장하며 소유권이전등기청구를 한 경우 피고가 위 등기청구가 인용될 때를 대비하여 반소로 잔금지급청구를 하는 경우이다.

예비적 반소가 제기된 경우 ① 본소가 취하·각하되면 반소는 소멸되고,[174] ② 본소청구가 기각되면 반소청구에 관하여 판단할 필요가 없는데, 그럼에도 판단하였다면 아무런 효력이 없으며,[175] ③ 본소와 반소를 모두 각하한 제1심판결에 대해 원고만 항소하고 피고는 항소하지 않은 경우에도 항소심이 원고의 항소를 받아들여 본소를 인용하는 경우 반소도 심판대상으로 삼아 판단해야 한다고 본다.[176]

판 례 **예비적 반소와 항소심 심판대상(대법원 2006. 6. 29. 선고 2006다19061, 19078 판결)**

피고의 예비적 반소는 본소청구가 인용될 것을 조건으로 심판을 구하는 것으로서 제1심이 원고의 본소청구를 배척한 이상 피고의 예비적 반소는 제1심의 심판대상이 될 수 없는 것이고, 이와 같이 심판대상이 될 수 없는 소에 대하여 제1심이 판단하였다고 하더라도 그 효력이 없다고 할 것이므로, 피고가 제1심에서 각하된 반소에 대하여 항소를 하지 아니하였다는 사유만으로 이 사건 예비적 반소가 원심의 심판대상으로 될 수 없는 것은 아니라고 할 것이고, 따라서 원심으로서는 원고의 항소를 받아들여 원고의 본소청구를 인용한 이상 피고의 예비적 반소청구를 심판대상으로 삼아 이를 판단하였어야 한다.

(2) 항소심에서 하는 가지급물반환신청(제215조 제2항)은 본소청구가 기각될 것을 대비하여 반소청구를 하는 경우로서 예비적 반소에 해당한다.[177] 앞서 설명한 본소가 인용

174) 이시윤, 727면; 정동윤/유병현/김경욱, 1028면; 정영환, 918면; 주석 민사소송법(Ⅳ), 408면.
175) 대법원 2006. 6. 29. 선고 2006다19061, 19078 판결.
176) 대법원 2006. 6. 29. 선고 2006다19061, 19078 판결.
177) 대법원 1996. 5. 10. 선고 96다5001 판결; 대법원 2020. 8. 27. 선고 2019다215593 판결.

될 때를 대비한 예비적 반소와 구별하여 이를 부진정 예비적 반소라고 부르기도 한다.[178)]

3. 재반소

재반소는 반소에 대한 반소를 말한다. 그 허용 여부에 대해, 현행법상 이를 금지하지 않고, 또 서로 관련성 있는 소송을 한꺼번에 해결하려는 것이 반소제도의 취지이므로, 반소요건 충족을 조건으로 이를 허용함이 타당하다. 실무에서도 재반소는 활용되고 있다. 판례는 원고가 이혼 및 재산분할청구를 하자 피고가 반소로 이혼청구를 한 경우, 원고의 재산분할청구는 본소가 아닌 반소의 이혼청구가 받아들여지더라도 재산분할을 해달라는 취지가 포함된 것으로서 피고의 반소청구에 대한 재반소의 실질을 갖는다고 본다.[179)]

판 례 **재산분할청구의 재반소 실질(대법원 2001. 6. 15. 선고 2001므626, 633 판결)**

원고가 본소의 이혼청구에 병합하여 재산분할청구를 제기한 후 피고가 반소로서 이혼청구를 한 경우, 원고가 반대의 의사를 표시하였다는 등의 특별한 사정이 없는 한, 원고의 재산분할청구 중에는 본소의 이혼청구가 받아들여지지 않고 피고의 반소청구에 의하여 이혼이 명하여지는 경우에도 재산을 분할해 달라는 취지의 청구가 포함된 것으로 봄이 상당하다고 할 것이므로(이때 원고의 재산분할청구는 피고의 반소청구에 대한 재반소로서의 실질을 가지게 된다), 이러한 경우 사실심으로서는 원고의 본소 이혼청구를 기각하고 피고의 반소청구를 받아들여 원·피고의 이혼을 명하게 되었다고 하더라도, 마땅히 원고의 재산분할청구에 대한 심리에 들어가 원·피고가 협력하여 이룩한 재산의 액수와 당사자 쌍방이 그 재산의 형성에 기여한 정도 등 일체의 사정을 참작하여 원고에게 재산분할을 할 액수와 방법을 정하여야 한다.

Ⅲ. 요건(제269조 제1항)

1. 상호관련성

반소청구가 본소의 청구 또는 방어의 방법과 서로 관련이 있어야 한다(제269조 제1항 단서 후단). 이는 변론과 증거조사를 함께 실시하는데 편리하고, 심리의 중복 및 판결의 모순·저촉을 피할 수 있기 때문이다.[180)] 이는 청구의 변경에서 청구기초의 동일성에 대응하는 요건이다.

---

178) 김홍엽, 969면.

179) 대법원 2001. 6. 15. 선고 2001므626, 633 판결.

180) 김홍엽, 970면; 이시윤, 728면.

가. 본소의 청구와 상호관련성

본소의 청구와 관련이 있다는 것은, 소송물이나 또는 그 대상·발생원인 등에 있어서 공통점이 있다는 것이다. 예컨대 ① 원·피고가 서로 이혼청구를 하는 것처럼 양 청구가 같은 법률관계 형성을 목적으로 하거나, ② 매수인이 매도인을 상대로 매매를 원인으로 한 소유권이전등기청구를 함에 대해 매도인이 같은 부동산의 매매대금지급청구를 하는 경우, 또는 채무부존재확인청구의 본소에 대해 피고가 같은 채권의 존재확인과 그 이행의 반소를 구하는 것[181)]처럼 청구원인이 같거나, ③ 특허권자가 특허침해금지 및 손해배상청구를 함에 대해 상대방이 그 특허권의 무효확인을 구하는 경우, 또는 건물에 관한 소유권이전등기말소등기청구에 대해 가사 그 건물의 소유권이 원고에게 있다고 하더라도 그 대지의 소유권은 피고에게 있다는 이유로 그 건물의 철거를 구하는 예비적 반소청구를 하는 경우처럼[182)] 대상이 공통되거나, ④ 임대인이 임대차종료 후 임대건물의 명도를 목적으로 단수 및 단전조치를 한 사안에서, 임대인의 건물명도청구에 대해 임차인이 단수 및 단전에 따른 손해배상청구를 하는 것처럼 발생원인에 공통점이 있는 경우[183)]를 들 수 있다.

나. 본소의 방어방법과 상호관련성

(1) 본소의 방어방법과 관련성이 있다는 것은, 본소에서 피고가 내세우는 항변사유와 대상·발생원인 등에 있어서 공통점이 있다는 것이다. 예컨대 금전지급청구의 본소절차에서 채무자가 상계항변을 하면서 동시에 반소로 상계초과채권의 이행을 구하는 경우를 들 수 있는데, 원고의 대여금채권은 3,000만 원이고 피고의 반대채권은 1억 원인 경우, 피고가 대등액 3,000만 원 상계 후 초과채권 7,000만 원의 지급을 구하는 반소제기가 가능하다.

(2) 다만 이 경우 방어방법은 법률상 금지된 것이 아니어야 하고 또 본소절차에서 현실적으로 제출되어야 한다. 따라서 위의 예에서 상해의 가해자는 피해자에게 대여금채권이 있다고 가정하더라도 상계로 대항할 수 없으므로(민법 제496조) 반소로 위 대여금채권의 이행을 구할 수 없다. 물론 피고의 항변이 시기에 늦게 제출되었다 하여 각하된 때(제149조)에도 피고는 이 항변사유의 이행을 구하는 반소를 제기할 수 없다.

(3) 이와 관련하여, 민법 제208조 제2항은 "점유권에 기인한 소는 본권에 관한 이유로 재판하지 못한다"고 규정하고 있는데, 그렇다면 원고가 점유권에 기한 본소를 제기함에 대해 피고가 본권에 기한 반소도 제기할 수 없는지 여부가 문제된다. 그러나 위 민법

181) 보험회사가 보험금지급청구권자를 상대로 채무부존재확인을 구하고, 그 후 보험금지급청구권자가 보험회사를 상대로 보험금지급청구의 반소를 하는 예가 실무상 많다.

182) 대법원 1962. 11. 1. 선고 62다307 판결.

183) 대법원 1967. 3. 28. 선고 67다116, 117, 118 판결.

규정은 본소절차에서 피고가 방어방법으로 본권을 내세워 청구기각을 구할 수 없고 법원 역시 본권을 이유로 원고의 청구를 기각할 수 없다는 의미이지, 피고가 반소로 제기하는 것까지 막는 것은 아닐 것이다. 따라서 부동산 임차인이 임대인을 상대로 본소로 점유회복을 구함에 대해 임대인이 반소로 소유권에 기한 인도청구를 하는 것은 적법하다 할 것이다.[184] 최근 판례는 점유권에 기한 본소에 대해 본권자가 본권에 기한 예비적 반소를 제기하였는데 양 청구가 모두 이유 있는 경우 법원은 위 본소와 반소를 모두 인용하여야 하고, 점유자가 본소에 기한 강제집행을 하는 경우 본권자는 위 본소집행 후 집행문을 부여받아 반소의 강제집행으로 점유를 회복할 수 있다고 하였다.[185]

판 례 **점유권에 기한 본소와 본권에 기한 예비적 반소의 각 판결 및 집행(대법원 2021. 2. 4. 선고 2019다202795, 202801 판결)**

[1] 점유자가 점유의 침탈을 당한 때에는 그 물건의 반환 등을 청구할 수 있고 이러한 점유회수의 청구에 있어서는 점유를 침탈당하였다고 주장하는 당시에 점유하고 있었는지의 여부만을 살피면 된다(민법 제204조 제1항). 여기서 점유란 물건이 사회통념상 그 사람의 사실적 지배에 속한다고 보여지는 객관적 관계에 있는 것을 말하고 사실상의 지배가 있다고 하기 위하여는 반드시 물건을 물리적, 현실적으로 지배하는 것만을 의미하는 것이 아니고 물건과 사람과의 시간적, 공간적 관계와 본권관계, 타인지배의 배제가능성 등을 고려하여 사회관념에 따라 합목적적으로 판단하여야 한다. 점유권에 기인한 소와 본권에 기인한 소는 서로 영향을 미치지 아니하고, 점유권에 기인한 소는 본권에 관한 이유로 재판하지 못하므로 점유회수의 청구에 대하여 점유침탈자가 점유물에 대한 본권이 있다는 주장으로 점유회수를 배척할 수 없다(민법 제208조). 그러므로 점유권에 기한 본소에 대하여 본권자가 본소청구 인용에 대비하여 본권에 기한 예비적 반소를 제기하고 양 청구가 모두 이유 있는 경우, 법원은 점유권에 기한 본소와 본권에 기한 예비적 반소를 모두 인용해야 하고 점유권에 기한 본소를 본권에 관한 이유로 배척할 수 없다.

[2] 점유회수의 본소에 대하여 본권자가 소유권에 기한 인도를 구하는 반소를 제기하여 본소청구와 예비적 반소청구가 모두 인용되어 확정되면, 점유자가 본소 확정판결에 의하여 집행문을 부여받아 강제집행으로 물건의 점유를 회복할 수 있다. 본권자의 소유권에 기한 반소청구는 본소의 의무 실현을 정지조건으로 하므로, 본권자는 위 본소 집행 후 집행문을 부여받아 비로소 반소 확정판결에 따른 강제집행으로 물건의 점유를 회복할 수 있다. 이러한 과정은 애당초 본권자가 허용되지 않는 자력구제로 점유를 회복한 데 따른 것으로 그 과정에서 본권자가 점유 침탈 중 설치한 장애물 등이 제거될 수 있다. 다만 점유자의 점유회수의 집행이 무의미한 점유상태의 변경을 반복하는 것에 불과할 뿐 아무런 실익이 없거나 본권자로 하여금 점유회수의 집행을 수인하도록 하는 것이 명백히 정의에 반하여 사회생활상 용인할 수 없다고 인정되는 경우, 또는 점유자가 점유권에 기한 본소 승소 확정판결을 장기간 강제집행하지 않음으로써 본권자의 예비적 반소 승소 확정판결까지 조건불성취로 강제집행에 나아갈 수 없게 되는 등 특별한 사

184) 대법원 1957. 11. 14. 선고 4290민상454, 455 판결; 대법원 2013. 5. 31.자 2013마198 결정.
185) 대법원 2021. 2. 4. 선고 2019다202795, 202801 판결; 대법원 2021. 3. 25. 선고 2019다208441 판결.

정이 있다면 본권자는 점유자가 제기하여 승소한 본소 확정판결에 대한 청구이의의 소를 통해서 점유권에 기한 강제집행을 저지할 수 있다.

(4) 한편 판례는, 원고가 매매계약 등 법률행위에 기하여 소유권을 취득하였음을 전제로 일정한 청구를 한 경우 피고는 소유권 취득의 원인이 된 법률행위가 사해행위로서 취소되어야 한다고 다투면서 동시에 반소로 사해행위취소 및 원상회복청구를 하는 것도 가능한데, 이 경우 사해행위의 취소 여부는 반소의 청구원인임과 동시에 본소청구에 대한 방어방법이자, 본소청구 인용 여부의 선결문제가 될 수 있고, 만약 법원이 반소청구가 이유 있다고 판단하여 사해행위의 취소 및 원상회복을 명하는 판결을 선고하는 경우, 비록 반소청구에 대한 판결이 확정되지 않았다고 하더라도, 소유권 취득의 원인이 된 법률행위가 취소되었음을 전제로 원고의 본소청구를 심리·판단하여 기각할 수 있다고 한다.[186)]

다. 사익적 요건

다른 반소요건과 달리 상호관련성은 직권조사사항이라 할 수 없고, 원고를 보호하기 위한 사익적 요건이다. 따라서 원고가 동의하거나 이의 없이 응소하면 상호관련성이 없어도 반소는 적법하고, 이로써 원고는 소송절차에 관한 이의권을 포기·상실한 것으로 보아야 한다.[187)]

2. 소송절차를 현저히 지연시키지 않을 것

본소를 지연시키기 위한 목적으로 반소가 남용되는 것을 막기 위한 요건이다. 수차례 변론기일을 거친 후 이미 쟁점정리가 마쳐졌는데 본소의 쟁점과 무관한 반소를 제기하는 것이 이에 해당한다. 이는 공익적 요건이므로 직권조사사항이고, 이의권 포기·상실의 대상이 아니다.

3. 본소가 사실심에 계속되고 변론종결 전일 것

(1) 본소의 소송계속 중 반소가 적법하게 제기된 이상 그 후 본소가 취하되더라도 반소의 소송계속에는 아무런 영향이 없다.[188)] 예비적 반소가 아니라면 본소의 소송계속

186) 대법원 2019. 3. 14. 선고 2018다277785, 277792 판결.
187) 대법원 1968. 11. 26. 선고 68다1886, 1887 판결.
188) 대법원 1970. 9. 22. 선고 69다446 판결.

이 반소의 존속요건은 아니기 때문이다. 다만 본소가 '취하'된 때에는 피고는 원고의 동의 없이 반소를 취하할 수 있다(제271조). 그러나 본소가 '각하'된 때 피고가 반소를 취하하고자 함에는 원고의 동의를 요한다는 것이 판례의 태도이다.[189)]

판 례 본소가 각하된 경우 반소취하 시 원고의 동의 요부(대법원 1984. 7. 10. 선고 84다카298 판결)

민사소송법 제244조[현행 제271조]의 규정은 원고가 반소의 제기를 유발한 본소는 스스로 취하해 놓고 그로 인하여 유발된 반소만의 유지를 상대방에게 강요한다는 것은 공평치 못하다는 이유에서 원고가 본소를 취하한 때에는 피고도 원고의 동의없이 반소를 취하할 수 있도록 한 규정이므로 본소가 원고의 의사와 관계없이 부적법하다 하여 각하됨으로써 종료된 경우에까지 유추적용할 수 없고, 원고의 동의가 있어야만 반소취하의 효력이 발생한다 할 것이다.

(2) 반소는 항소심에서도 제기할 수 있다. 그러나 항소심 반소는 상대방의 심급의 이익을 해할 우려가 없거나 상대방의 동의를 받은 경우에 제기할 수 있다(제412조 제1항). 다만 상대방이 이의를 제기하지 아니하고 반소의 본안에 관하여 변론을 한 때에는 반소제기에 동의한 것으로 본다(제412조 제2항). 이 경우 원고가 반소기각의 답변을 한 것만으로는 이의없이 본안에 관한 변론을 한 때에 해당하지 않는다고 한다.[190)]

판 례 반소기각의 답변과 이의없는 본안변론(대법원 1991. 3. 27. 선고 91다1783, 1790 판결)

항소심에서 피고가 반소장을 진술한 데 대하여 원고가 "반소기각 답변"을 한 것만으로는 민사소송법 제382조[현행 제412조] 제2항 소정의 "이의없이 반소의 본안에 관하여 변론을 한 때"에 해당한다고 볼 수 없다.

위에서 상대방의 심급의 이익을 해할 우려가 없는 경우란 반소청구의 기초를 이루는 실질적인 쟁점이 제1심에서 본소의 청구원인 또는 방어방법과 관련하여 충분히 심리되어 상대방에게 제1심에서의 심급의 이익을 잃게 할 염려가 없는 경우를 의미한다.[191)] 예컨대 ① 부동산인도청구의 본소에서 소유권유무가 쟁점이 되었을 때 피고가 반소로 소유권확인을 구하는 것과 같은 중간확인의 반소, ② 매수인이 매도인을 상대로 소유권이전등기청구를 함에 대해 매도인이 반소로 같은 부동산매매의 대금지급청구를 하는 것처럼 청구원인을 같이 하는 반소, ③ 건물철거 및 부지인도청구의 본소에 대해 피고가 관습상의 법정지상권의 항변을 하였고 항소심에 이르러 반소로 법정지상권설정등기절차의 이행을 구하

189) 대법원 1984. 7. 10. 선고 84다카298 판결.
190) 대법원 1991. 3. 27. 선고 91다1783, 1790 판결.
191) 대법원 2005. 11. 24. 선고 2005다20064, 20071 판결.

는 것과 같이, 제1심에서 본소의 청구원인이나 방어방법과 관련해 충분히 심리된 쟁점에 관한 반소,[192] ④ 제1심에서의 반소를 주위적 청구로 하고 항소심에서 반소로 예비적 청구를 추가한 경우[193] 등이 이에 해당된다.[194] 이러한 항소심 반소의 경우 항소가 부적법 각하되면 반소는 더 이상 계속될 수 없다. 따라서 피고가 본소에 대해 추완항소를 하면서 반소를 제기한 경우 추완항소가 부적법 각하되면 반소도 소멸한다.[195]

(3) 상고심에서는 원칙적으로 반소를 제기할 수 없다. 판례는 가지급물반환신청은 가집행선고가 실효될 것을 대비한 예비적 반소의 성질을 지니는데,[196] 신청의 이유로서 주장하는 사실관계에 대하여 당사자 사이에 다툼이 없어 사실심리를 요하지 아니하는 경우를 제외하고는 상고심에서는 가지급물반환신청이 허용될 수 없다고 한다.[197]

(4) 변론종결 후에 반소가 제기되었다고 하여 법원이 반드시 변론을 재개하여야 하는 것은 아니나,[198] 법원이 재개하면 반소요건 흠결은 치유된다.[199]

4. 청구의 병합 일반요건을 갖출 것

(1) 반소는 본소와 같은 종류의 소송절차에 의하여 심리될 수 있어야 한다.

(2) 본소와 반소가 공통의 관할권이 있어야 하므로, 반소가 다른 법원의 전속관할에 속하지 않아야 한다(제269조 제1항 단서 전단). 이 전속관할에 전속적 합의관할은 포함되지 않는다고 본다.[200]

앞서 관할편에서 살펴보았지만, 본소가 단독사건인데 피고가 반소로 합의사건에 속하는 청구를 한 때에는 법원은 본소와 반소를 모두 합의부에 이송하여야 한다(제269조 제2항 본문). 다만 이 경우 원고가 관할위반의 항변을 하지 않고 반소에 대해 변론하면 변론관할

---

192) 대법원 1996. 3. 26. 선고 95다45545, 45552, 45569 판결.

193) 대법원 1969. 3. 25. 선고 68다1094, 1095 판결.

194) 김홍엽, 974면; 이시윤, 731면; 정동윤/유병현/김경욱, 1032면; 정영환, 923면.

195) 대법원 2003. 6. 13. 선고 2003다16962, 16979 판결.

196) 대법원 1996. 5. 10. 선고 96다5001 판결; 대법원 2005. 1. 13. 선고 2004다19647 판결.

197) 대법원 2000. 2. 25. 선고 98다36474 판결. 참고로 판례는 "가집행선고부 항소심 판결이 대법원에서 파기환송된 경우에는 비록 대법원에서 그 판결이 파기됨으로써 비로소 그 가집행선고가 실효되기에 이른 것이기는 하나, 상고심인 대법원에서는 가지급물반환 신청이유로 주장하는 사실관계에 대하여 당사자 간에 다툼이 없어 사실심리를 요하지 아니하는 경우를 제외하고는 원칙적으로 가지급물반환 신청이 허용되지 아니하는 점에 비추어, 이러한 경우에는 환송 후 항소심법원에 대하여도 환송 전 항소심 판결에 기한 가지급물의 반환 신청을 할 수 있다"고 한다(대법원 1995. 12. 12. 선고 95다38127 판결).

198) 변론을 재개할지 여부는 원칙적으로 법원의 재량이기 때문이다(대법원 2010. 10. 28. 선고 2010다20532 판결; 대법원 2019. 9. 10. 선고 2017다258237 판결).

199) 이시윤, 731면; 정동윤/유병현/김경욱, 1032면.

200) 김홍엽, 975면; 이시윤, 731면; 정동윤/유병현/김경욱, 1033면; 정영환, 925면.

이 생겨 이송하지 않아도 된다(제269조 제2항 단서). 이는 제1심에 대한 것이고, 항소심에서 합의부 관할에 속하는 반소가 제기되었다 하더라도 이미 정하여진 항소심 관할에는 영향이 없다는 것이 판례이다.[201]

Ⅳ. 절차와 심판

1. 반소의 제기

반소는 본소에 관한 규정을 따르므로(제270조), 본소에서 소장을 제출하는 것처럼 반소도 원칙적으로 반소장을 제출하여야 한다.[202] 반소장의 필수적 기재사항은 소장의 경우(제249조)에 준한다. 소장에 붙이는 것과 같은 금액의 인지를 붙여야 하나, 본소와 그 목적이 같은 반소의 경우에는 반소의 인지액에서 본소의 소가에 대한 인지액을 뺀 금액을 내면 된다(민인 제4조).

2. 반소요건 등의 조사

반소가 제기되면 반소요건과 일반소송요건을 조사하여야 한다. 그 결과 반소요건에 흠이 있는 경우 판례는 각하하여야 한다고 하나(각하설),[203] 이는 당사자의 의사와 소송경제에 반하므로 독립의 소로서의 요건을 갖춘 것이라면 본소와 분리하여 심판함이 타당할 것이다(분리심판설).[204] 물론 반소요건이 갖추어졌어도 일반소송요건에 흠이 있는 경우에는 판결로 반소를 각하하여야 한다.

3. 본안심판

(1) 반소는 심리의 중복과 재판의 불통일을 피하기 위해 원칙적으로 본소와 병합하여 심리를 한다. 따라서 원칙적으로 1개의 전부판결을 해야 한다. 그러나 절차를 번잡하게 하거나 지연의 염려가 있는 등 특별한 사정이 있는 경우에는 변론의 분리·일부판결을 할 수 있다(제141조, 제200조 제2항).

---

201) 대법원 2011. 7. 14.자 2011그65 결정. 상세는 전술 사물관할의 소가 부분 참조.

202) 다만 소액사건에서는 구술에 의한 반소제기가 가능하다(소심 제4조).

203) 대법원 1965. 12. 7. 선고 65다2034, 2035 판결.

204) 이시윤, 732면; 전병서, 553면; 정동윤/유병현/김경욱, 1033면; 호문혁, 895면. 제1심에서는 분리심판설, 항소심에서는 상대방의 심급의 이익을 고려하여 각하설을 취하는 견해도 있다(정영환, 926면).

(2) 하나의 전부판결을 하는 경우에도 본소와 반소에 관하여 판결주문을 따로 내야 한다. 그러나 소송비용의 부담에 관하여는 일괄하여 판단하면 된다.

본소와 반소의 일반적인 주문 기재례

1. 피고(반소원고)는 원고(반소피고)에게 50,000,000원 및 이에 대한 2024. 10. 1.부터 … 돈을 지급하라.
2. 원고(반소피고)는 피고(반소원고)로부터 제1항 기재 돈을 지급받은 다음(지급받음과 동시에) 피고(반소원고)에게 별지 목록 기재 부동산에 관하여 … 등기절차를 이행하라.
3. 피고(반소원고)의 나머지 반소청구를 기각한다.
4. 소송비용은 본소, 반소를 합하여(통틀어) 이를 3분하여 그 1은 원고(반소피고)가, 나머지는 피고(반소원고)가 각 부담한다.
5. 제1항은 가집행할 수 있다.

(3) 만약 반소에 관하여 주문에서 판단하지 않으면 재판의 누락(제212조)이 되고, 본소 및 반소 전체에 대한 항소가 있더라도 반소부분은 제1심법원에 계속 중이어서 항소의 대상이 될 수 없으므로,[205] 항소심은 반소부분에 관한 항소를 각하하여야지, 항소를 기각해서는 아니 된다.[206]

판 례 반소부분에 대한 재판의 누락의 처리(대법원 2013. 6. 14. 선고 2013다8830, 8847 판결)

(전략) 피고는 제1심에서 '원고(반소피고, 이하 '원고'라 한다)는 피고에게 20,552,955원 및 이에 대하여 이 사건 소장 부본 송달 다음날부터 다 갚는 날까지 연 20%의 비율에 의한 금원을 지급하라'는 반소청구를 하였는데, 제1심은 그 판결 이유에서 피고의 반소청구가 이유 없다는 취지로 설시하면서도 주문에서는 피고의 반소청구에 관하여 아무런 판단을 하지 아니한 사실(제1심 판결문에는 반소 사건번호와 사건명도 누락되었다), 피고가 본소 및 반소에 대하여 항소하였는데, 원심은 그 판결 이유에서 반소청구에 관하여 제1심판결의 이유를 그대로 인용하면서 주문에서는 '피고의 항소를 모두 기각한다'고 판결한 사실을 알 수 있다. 사정이 이러하다면, 앞서 본 법리에 비추어 볼 때 제1심이 피고의 반소에 관하여 주문에서 아무런 판단을 하지 아니함으로써 반소청구에 관한 재판을 누락하여 이 부분 청구는 여전히 제1심에 계속 중이어서 적법한 상소의 대상이 될 수 없으므로, 원심은 반소청구 부분이 아직 제1심에 계속 중이라는 이유로 피고의 반소청구에 대한 항소를 부적법하다고 보아 각하하였어야 함에도 이를 간과한 채 피고의 항소를 기각하고 말았는바, 이는 재판의 누락과 상소의 대상에 관한 법리를 오해하여 판단을 그르친 것이다. (후략)

205) 대법원 1989. 12. 26. 선고 89므464 판결.
206) 대법원 2013. 6. 14. 선고 2013다8830, 8847 판결.

제2장
다수당사자소송(당사자의 복수)

초기의 민사소송은 단일의 소송, 즉 한 명의 원고가 한 명의 피고를 상대로 하여 비교적 단순하게 전개되었을 것이나, 현대사회의 소송은 앞서 살펴본 바와 같이 대체로 여러 개의 청구가 병합되어 복합적으로 진행되고 있고, 이러한 복잡성과 다양성은 주관적인 측면에서도 3인 이상이 소송의 당사자로 등장하는 특징을 보여주고 있다. 이처럼 하나의 소송절차에 3인 이상의 자가 관여하는 것을 다수당사자소송이라고 한다. 이러한 다수당사자소송은 같은 쟁점에 대하여 절차집중을 통한 통일적인 심판이 가능하게 하여 판결의 모순·저촉을 방지할 수 있고, 소송을 진행하는 당사자에게도 편리함을 제공하여, 궁극적으로 소송경제에 이바지하는 이점이 있다.

이러한 다수당사자소송에는 2인 이상의 당사자가 원고 또는 피고 측에 공동으로 관여하는 '공동소송'과, 진행 중인 소송에 제3자가 후발적으로 관여하는 '제3자의 소송참가', 그리고 '당사자의 변경'이 있다. 차례로 살펴본다.

제 1 절 공동소송

Ⅰ. 서 설

1. 의 의

공동소송은 하나의 소송절차에 여러 사람의 원고 또는 피고가 관여하는 소송형태로서, 소의 주관적 병합이라고도 한다. 이때 원고 또는 피고 측에 함께 서는 여러 사람을 공동소송인이라고 한다. 공동소송은 당사자가 복수인 경우이므로, 예컨대 소송대리인 등 당사자 이외의 자가 수인인 경우는 공동소송이 아니다.

2. 발생원인 및 소멸원인

가. 원시적 발생원인

처음부터 수인의 원고가 또는 수인의 피고에 대하여 공동으로 소를 제기한 경우이다. 공동소송의 원칙적인 모습이라 할 수 있다.

나. 후발적 발생원인

처음에는 단일소송이었는데 소송계속 중 후발적으로 공동소송이 되는 경우이다. 예컨대 ① 필수적 공동소송인의 추가(제68조), ② 예비적·선택적 공동소송인의 추가(제70조 제1항, 제68조), ③ 참가승계(제81조), ④ 인수승계(제82조), ⑤ 공동소송참가(제83조), ⑥ 변론의 병합(제141조), ⑦ 당사자 1인의 지위를 수인이 당연승계한 경우(예컨대 공동상속) 등이 있다.

다. 소멸원인

공동소송인 일부의 소송관계가 변론의 분리·일부판결(제200조 제1항), 일부화해, 청구의 일부포기·인낙, 소의 일부취하 등에 의하여 종료되는 경우 공동소송관계는 소멸된다.

3. 공동소송의 일반요건

가. 주관적 요건(제65조)

제65조(공동소송의 요건) 소송목적이 되는 권리나 의무가 여러 사람에게 공통되거나 사실상 또는 법률상 같은 원인으로 말미암아 생긴 경우에는 그 여러 사람이 공동소송인으로서 당사자가 될 수 있다. 소송목적이 되는 권리나 의무가 같은 종류의 것이고, 사실상 또는 법률상 같은 종류의 원인으로 말미암은 것인 경우에도 또한 같다.

(1) 제65조는 통상공동소송 및 필수적 공동소송에서 적용되는 주관적 요건을 규정하고 있다. 이는 하나의 소송절차에 수인을 참여시키기 위하여 필요한 청구 상호간의 공통성·관련성을 의미한다. 이러한 주관적 요건은 피고의 이의를 기다려 조사할 항변사항이다. 소송의 목적이 되는 권리나 의무가 공동소송인이 될 수인에게 다음과 같은 요건을 충족해야 한다.

(가) 권리·의무의 공통(제65조 전문 전단)

예컨대 ① 수인의 공동소유자, 즉 공유자·합유자·총유자들의 소송, ② 진정 또는 부진정 연대채권자·연대채무자들의 소송, ③ 불가분채권자·불가분채무자들의 소송 등이 있다.

(나) 권리·의무 발생원인의 동일(제65조 전문 후단)

예컨대 ① 동일사고에 의한 수인의 피해자들의 손해배상청구 또는 수인의 가해자들에 대한 손해배상청구와 같이 사실상 발생원인이 동일하거나, ② 주채무자와 보증인을 공동피고로 하는 청구와 같이 법률상 발생원인이 동일한 경우 등이 있다.

(다) 권리·의무와 발생원인의 동종(제65조 후문)

예컨대 ① 수통의 어음발행인에 대한 각 별개의 어음청구, ② 수인의 임차인들의 건물주에 대한 보증금반환청구 또는 수인의 임차인들에 대한 건물주의 차임청구, ③ 동종의 분양계약에 기하여 수인에 대한 분양대금청구, ④ 아파트 구분소유자들이 개별 하자 때문에 제기하는 손해배상청구 등을 들 수 있다.

(2) 위 제65조 전문과 후문의 공동소송에는 다음과 같은 법리상 차이점이 있다. ① 전문의 경우는 관련재판적이 준용되나(제25조 제2항), 후문의 경우는 준용되지 않는다. ② 전문의 경우는 선정당사자를 선정할 수 있지만, 후문의 경우는 주요한 쟁점을 공통으로 하는 경우를 제외하고 선정이 불가하다. ③ 전문의 경우는 공동소송인독립의 원칙(제66조)의 수정이 논의되나, 후문의 경우는 그렇지 않다.

나. 객관적 요건

고유필수적 공동소송의 경우를 제외하고 공동소송에는 대체로 청구의 병합이 뒤따른다. 따라서 청구의 병합 일반요건을 갖추어야 한다. 즉 공동소송인의 각 청구가 같은 종류의 소송절차에 의해 심판될 것(제253조), 그리고 수소법원에 공통의 관할권이 있을 것을 요한다. 다만 제65조 후문의 공동소송에서는 관련재판적이 발생되지 아니하므로(제25조 제2항) 관할권이 공통되지 않아 공동소송을 제기할 수 없을 수도 있다. 이러한 공동소송의 객관적 요건은 법원의 직권조사사항이다.

4. 공동소송의 종류

공동소송은 공동소송인 사이에 합일확정이 필수적인가의 여부에 따라 통상공동소송과 필수적 공동소송으로 나뉜다. 그리고 필수적 공동소송은 공동으로 소송을 수행하는 것이 강제되는가의 여부에 따라 고유필수적 공동소송과 유사필수적 공동소송으로 나뉜다. 아래에서 차례로 살펴본다.

II. 통상공동소송

1. 의 의

통상공동소송은 공동소송인 간에 합일확정이 필수적이 아닌 공동소송이다. 따라서 공동소송인 사이에서 승패가 일률적으로 결정될 필요가 없으므로, 예컨대 甲은 전부승소, 乙은 일부승소, 丙은 전부패소 등으로 판결이 구구해지더라도 무방하다. 원래 각각 개별적으로 소송이 진행되어도 무방한데 우연히 같은 소송절차에 병합된 경우로서, 공동소송의 대부분을 차지한다. 예컨대 채권자는 주채무자와 보증인에 대하여 각각 개별적으로 소송을 진행할 수도 있으나, 채권자의 자발적 의사에 의하여 이들을 공동피고로 하여 진행하면 통상공동소송이 된다.

2. 공동소송인독립의 원칙(제66조)

제66조(통상공동소송인의 지위) 공동소송인 가운데 한 사람의 소송행위 또는 이에 대한 상대방의 소송행위와 공동소송인 가운데 한 사람에 관한 사항은 다른 공동소송인에게 영향을 미치지 아니한다.

가. 개 념

통상공동소송에서 각 공동소송인은 다른 공동소송인에 의하여 제한이나 간섭을 받지 않고 각각 독립하여 소송수행을 할 수 있고, 공동소송인 상호간에 연합 또는 협력관계가 없는데, 이를 공동소송인독립의 원칙이라 한다(제66조, 통상공동소송인의 지위). 다만 심리의 병합이 이루어지므로, 기일의 지정이나 변론, 증거의 조사, 판결은 원칙적으로 같이 한다.[1]

나. 내 용

(1) 소송요건의 개별처리

소송요건의 존부는 각 공동소송인마다 개별적으로 조사하여야 하고, 일부 공동소송

1) 김홍엽, 983면; 전원열, 632면.

인에게 흠결이 있으면 그 공동소송인에 한하여 소각하 등 처리를 하여야 한다.

(2) 소송자료의 독립(불통일)

공동소송인 중 한 사람의 소송행위, 즉 소송자료 제출이나 소송물의 처분은 유·불리를 불문하고 다른 공동소송인에게 영향을 미치지 않는 것이 원칙이다. 따라서 각 공동소송인은 다른 공동소송인의 영향을 받지 않고 답변서의 제출, 자백,[2] 소의 취하,[3] 청구의 포기·인낙,[4] 화해와 조정, 상소의 제기[5] 등의 소송행위를 할 수 있고, 그 효력 역시 그 행위를 한 자에게만 미친다. 예컨대 공동소송인 중 일부한 상소를 한 경우 그 부분만 이심되고 나머지 부분은 분리확정된다. 물론 공동소송인은 개별적으로 공격방어방법을 제출할 수 있고 그 주장을 서로 달리할 수도 있다. 예컨대 공동소송인 중 일부가 자백하더라도 이는 다른 공동소송인에게 효력을 미치지 않는다.[6]

(3) 소송진행의 독립(불통일)

공동소송인 중 한 사람에 대한 소송진행은 다른 공동소송인에 영향을 미치지 않는다. 예컨대 1인이 기일에 불출석하거나 기간을 부준수하여도 다른 공동소송인에게 영향을 미치지 않는다.[7] 일부의 공동소송인에 대해 변론을 분리할 수 있고, 또 일부의 공동소송인에 대해 판결하기에 성숙한 때에는 일부판결을 할 수도 있다. 그리고 1인에게 소송절차의 중단·중지의 원인이 발생하더라도 다른 공동소송인에게 영향을 미치지 않는다. 판결의 상소기간도 각 공동소송인의 송달일자에 따라 개별적으로 진행되고, 상소에 따른 이심의 효력 및 확정차단의 범위도 각 공동소송인별로 따로 정해진다.

(4) 재판의 독립(불통일)

공동소송인 사이에 재판의 통일이 요구되지 않으므로 각 공동소송인들 상호간의 공격방어방법의 차이에 따라 각 상이한 내용의 판결이 선고되어도 무방하다.[8] 다만 소송비용은 공동소송인 사이 원칙적으로 균등하게 부담한다(제102조).

---

2) 대법원 1968. 5. 14. 선고 67다2787 판결.
3) 대법원 1970. 7. 28. 선고 70다853, 854 판결.
4) 대법원 1987. 6. 23. 선고 86다카1640 판결.
5) 대법원 1978. 11. 14. 선고 78다712 판결.
6) 대법원 1968. 5. 14. 선고 67다2787 판결.
7) 자백간주의 효과도 다른 공동소송인에게는 미치지 않는다(대법원 1981. 12. 8. 선고 80다2963 판결).
8) 대법원 1991. 4. 12. 선고 90다9872 판결.

3. 공동소송인독립의 원칙의 수정

가. 의 의

공동소송인독립의 원칙을 엄격하게 적용하면 공동소송인 간에 재판의 통일이 보장될 수 없다. 특히 제65조 전문의 공동소송은 공동소송인 사이에 실질적 관련성이 있는데 그럼에도 재판이 서로 모순·저촉될 경우 재판불신의 원인이 된다. 이에 공동소송인독립의 원칙을 일부 수정하려는 논의가 있다.

나. 증거공통의 원칙

(1) 심리의 병합이 이루어지는 이상 변론 전체의 취지 및 증거조사의 결과에 따른 심증(자유심증, 제202조)은 모든 공동소송인에게 공통으로 적용되기 때문에, 1인이 제출한 증거는 다른 공동소송인의 원용이 없어도 그를 위한 유리한 사실인정의 자료로 사용할 수 있다는 것을 공동소송인 사이의 '증거공통의 원칙'이라 한다. 반대견해는 있으나,[9] 이를 인정하는 것이 통설이다.[10]

(2) 다만 이러한 증거공통의 원칙에는 예외가 있는데, ① 먼저 공동소송인 간에 이해관계가 상반되는 경우에는 명시적인 원용이 없는 한 적용되는 것은 아니고, ② 공동소송인 중 한 사람이 자백한 경우에는 증거에 의한 심증에 불구하고 자백한대로 사실인정을 해야 한다. 다만 다른 공동소송인에 대해서는 변론 전체의 취지로 영향을 미칠 수 있다.[11]

다. 주장공통의 원칙

(1) 증거공통에서 한걸음 더 나아가, 공동소송인 중 1인이 어떠한 주장을 하면 다른 공동소송인도 주장을 한 것으로 보아 그의 원용이 없어도 효력을 미치게 할 수 있는가의 논의가 있다. 예컨대 채권자가 주채무자와 보증인을 공동피고로 하여 제기한 소송계속 중 주채무자는 변제항변을 하였으나 보증인은 그러한 항변을 원용조차 하지 않고 있는 경우, 법원이 주채무자에 대해서는 청구를 기각하면서 보증인에 대해서는 주채무의 존재를 이유로 청구를 인용할 수는 없으므로, 그 타당한 해결을 위해 보증인도 그러한 주장(항변)을 한 것으로 보아야 하는지의 문제이다.

(2) 이에 대하여 ① 어느 공동소송인의 주장이 있을 때 다른 공동소송인이 이와 저촉되는 행위를 하지 않고 또 그 주장이 다른 공동소송인에게 이익이 될 때에는 효력이 미친

9) 호문혁, 904~905면.

10) 강현중, 843면; 이시윤, 740면; 정동윤/유병현/김경욱, 1047면; 정영환, 941면; 한충수, 711면.

11) 대법원 1976. 8. 24. 선고 75다2152 판결.

다는 견해(한정적 긍정설)[12]가 있으나, ② 이는 다른 공동소송인의 대응기회를 박탈하는 것으로서 옳지 않고, 통상공동소송에서 공동소송인 사이에 판결이 구구해지는 것은 변론주의의 소송구조상 불가피한 것이며, 법원의 석명권을 통해 모순·저촉을 극복할 수 있을 것이므로, 주장공통의 원칙을 부정하는 견해(부정설)[13]가 타당하다 할 것이다. 판례 역시 제66조의 명문의 규정과 변론주의 소송구조를 이유로 주장공통의 원칙을 부정하고 있다.[14]

판 례 **통상공동소송인 사이 주장공통의 원칙(대법원 1994. 5. 10. 선고 93다47196 판결)**

민사소송법 제62조[현행 제66조]의 명문의 규정과 우리 민사소송법이 취하고 있는 변론주의 소송구조 등에 비추어 볼 때, 통상의 공동소송에 있어서 이른바 주장공통의 원칙은 적용되지 아니한다.

Ⅲ. 필수적 공동소송

필수적 공동소송은 공동소송인 사이에 합일확정이 필수적인 공동소송을 말한다(제67조). 공동소송인 사이에 승패를 일률적으로 할 필요가 있기 때문에 공동소송인 중 甲은 승소, 乙은 패소와 같이 본안판결의 결과가 구구해지는 것을 법률상 허용하지 않는다. 필수적 공동소송은 공동으로 소송을 수행하는 것이 강제되는가의 여부에 따라 고유필수적 공동소송과 유사필수적 공동소송으로 나뉜다.

1. 고유필수적 공동소송

공동소송인 사이에 합일확정이 필수적이고, 반드시 소를 공동으로 제기할 것이 법률상 강제되는 공동소송을 말한다. 다시 말해 소송수행권, 즉 실체법상 관리처분권이 수인에게 공동으로 귀속되어, 수인이 공동으로 원고 또는 피고가 되지 않으면 당사자적격을 상실하여 부적법해지는 경우의 공동소송이다. 여기서 거론되는 실체법 규정으로는 민법상 공동소유 관련규정(민법 제262조 내지 제278조), 조합 관련규정(민법 제704조), 형성권의 공동귀속 관련규정, 다수당사자의 채권 관련규정 등이 있다.[15] 이처럼 실체법상 관리처분권이 수인에게 공동귀속되느냐의 여부에 따라 고유필수적 공동소송 해당 여부를 가리는 관리

12) 강현중, 844면; 손한기, 389면; 이시윤, 741면; 정영환, 942면.
13) 김홍엽, 985면; 정동윤/유병현/김경욱, 1048면; 한충수, 710면; 호문혁, 905면.
14) 대법원 1994. 5. 10. 선고 93다47196 판결.
15) 박재완, 627면; 전원열, 635면.

처분권설이 통설이나,[16] 근래에는 실체법적 관점과 함께 분쟁의 통일적 해결이라는 소송법적 관점을 아울러 고려하여 판정해야 한다는 절충설[17]도 유력하다.

가. 일정한 경우의 가사소송 및 회사관계소송

(1) 가사소송

제3자가 제기하는 친생자관계부존재확인의 소는 부모 및 자를 공동피고로 해야 하고(가소 제28조, 제24조 제2항 전단),[18] 제3자가 제기하는 혼인무효·취소의 소는 부부를 공동피고로 해야 한다(가소 제24조 제2항). 자(子)가 제기하는 부(父)를 결정하는 소(민법 제845조)는 어머니, 어머니의 배우자, 어머니의 전 배우자를 모두 상대로 해야 한다(가소 제27조 제2항).

(2) 회사 등 단체관계소송

판례는 청산인해임의 소(상법 제539조)는 회사와 청산인을 공동피고로 해야 한다고 했다.[19] 또한 집합건물법상 관리인해임의 소는 관리단과 관리인 모두를 공동피고로 해야 한다(집합건물법 제24조 제5항).[20]

나. 형성권의 공동귀속

(1) 형성(소)권이 수인에게 공동으로 귀속된 경우에는 그 주체인 수인이 공동으로 원고 또는 피고가 되어야 한다. 예컨대 ① 공유물분할청구는 분할을 구하는 공유자가 다른 나머지 공유자 전원을 공동피고로 해야 한다.[21] ② 토지경계확정의 소에서 인접토지가 공유인 경우 공유자 전원이 원고 및 피고가 되어야 한다.[22]

(2) 매매예약완결권의 경우 종전 판례는 수인의 채권자 전원이 공동으로 행사하여야 한다고 했으나,[23] 전원합의체로 태도를 바꾸어 수인의 채권자가 공동으로 매매예약완결권을 갖는지 아니면 채권자가 각자의 지분별로 독립적인 매매예약완결권을 갖는지를 매매예약의 내용에 따라 구별하여, 채권자가 각자의 지분별로 별개의 독립적인 매매예약완

---

16) 이시윤, 742면; 강현중, 846면.

17) 정동윤/유병현/김경욱, 1050면; 정영환, 944면; 한충수, 712면.

18) 대법원 1983. 9. 15.자 83즈2 결정; 대법원 2018. 5. 15. 선고 2014므4963 판결.

19) 대법원 1976. 2. 11.자 75마533 결정.

20) 대법원 2011. 6. 24. 선고 2011다1323 판결.

21) 대법원 2014. 1. 29. 선고 2013다78556 판결. 그러나 상속재산에 속하는 개별재산에 대해서는 가사소송법상 상속재산분할심판을 청구할 수 있을 뿐, 민법 제268조의 공유물분할청구를 할 수 없고(대법원 2015. 8. 13. 선고 2015다18367 판결), 또 금전채권자가 자신의 채권을 보전하기 위하여 채무자가 보유한 부동산에 관한 공유물분할청구권을 대위행사할 수 없음이 원칙이다(대법원 2020. 5. 21. 선고 2018다879 전원합의체 판결).

22) 대법원 2001. 6. 26. 선고 2000다24207 판결.

23) 대법원 1987. 5. 26. 선고 85다카2203 판결 등.

결권을 갖는 경우에는 채권자 1인이 단독으로 자신의 지분에 관하여 매매예약완결권을 행사할 수 있다고 하였다.[24)]

판 례 **수인의 매매예약완결권행사의 공동소송 형태(대법원 2012. 2. 16. 선고 2010다82530 전원합의체 판결)**

[1] 수인의 채권자가 각기 채권을 담보하기 위하여 채무자와 채무자 소유의 부동산에 관하여 수인의 채권자를 공동매수인으로 하는 1개의 매매예약을 체결하고 그에 따라 수인의 채권자 공동명의로 그 부동산에 가등기를 마친 경우, 수인의 채권자가 공동으로 매매예약완결권을 가지는 관계인지 아니면 채권자 각자의 지분별로 별개의 독립적인 매매예약완결권을 가지는 관계인지는 매매예약의 내용에 따라야 하고, 매매예약에서 그러한 내용을 명시적으로 정하지 않은 경우에는 수인의 채권자가 공동으로 매매예약을 체결하게 된 동기 및 경위, 매매예약에 의하여 달성하려는 담보의 목적, 담보 관련 권리를 공동 행사하려는 의사의 유무, 채권자별 구체적인 지분권의 표시 여부 및 지분권 비율과 피담보채권 비율의 일치 여부, 가등기담보권 설정의 관행 등을 종합적으로 고려하여 판단하여야 한다.

[2] 甲이 乙에게 돈을 대여하면서 담보 목적으로 乙 소유의 부동산 지분에 관하여 乙의 다른 채권자들과 공동명의로 매매예약을 체결하고 각자의 채권액 비율에 따라 지분을 특정하여 가등기를 마친 사안에서, 채권자가 각자의 지분별로 별개의 독립적인 매매예약완결권을 갖는 것으로 보아, 甲이 단독으로 담보목적물 중 자신의 지분에 관하여 매매예약완결권을 행사할 수 있고, 이에 따라 단독으로 자신의 지분에 관하여 가등기에 기한 본등기절차의 이행을 구할 수 있다고 본 원심판단을 정당하다고 한 사례.

[3] 공동명의로 담보가등기를 마친 수인의 채권자가 각자의 지분별로 별개의 독립적인 매매예약완결권을 가지는 경우, 채권자 중 1인은 단독으로 자신의 지분에 관하여 가등기담보 등에 관한 법률이 정한 청산절차를 이행한 후 소유권이전의 본등기절차 이행청구를 할 수 있다.

(3) 한편 최근 판례는 재건축에 참가하는 구분소유자들이 참가하지 않는 구분소유자를 상대로 행사하는 매도청구권(집합건물법 제48조)은 매도청구권자 각자에게 귀속될 뿐 이를 공동으로 행사해야 하는 것은 아니므로, 그에 따른 소유권이전등기청구의 소는 고유필수적 공동소송이 아니라고 하였다.[25)]

다. 총유관계

판례는 비법인사단의 총유재산에 관한 소송은 비법인사단의 명의로 사원총회의 결의를 거쳐서 하거나 그 구성원 전원이 당사자가 되어 필수적 공동소송의 형태로 할 수 있다고 한다.[26)] 총유물에 대한 관리처분권이 구성원 전원에게 귀속되기 때문이다(민법 제276조). 비법인사단의 구성원은 그가 대표자라거나 사원총회의 결의를 거쳤다 하더라도 위 소송

24) 대법원 2012. 2. 16. 선고 2010다82530 전원합의체 판결.
25) 대법원 2023. 7. 27. 선고 2020다263857 판결.
26) 대법원 1995. 9. 5. 선고 95다21303 판결; 대법원 2007. 7. 26. 선고 2006다64573 판결.

의 당사자가 될 수 없고, 이러한 법리는 총유물의 보존행위[27]로서 소를 제기하는 경우에도 마찬가지라고 하였다.[28] 총유관계에 관한 소송은 능동소송, 수동소송을 불문하고 모두 고유필수적 공동소송으로 본다.

라. 합유관계

(1) 합유물의 처분·변경, 그리고 합유지분의 처분에는 합유자 전원의 동의를 요한다(민법 제272조 본문, 제273조 제1항). 즉 실체법상의 관리처분권이 합유자 전원에게 공동귀속되어 있기 때문에, 이에 관한 소송수행권도 합유자 전원이 공동행사하여야 한다. 예컨대 ① 조합재산에 속하는 채권에 관한 소송(민법 제704조),[29] 공동광업권에 관한 소송(광업법 제30조),[30] 공동수탁자의 신탁재산(신탁법 제50조 제1항)에 관한 소송, 공유지식재산권에 관한 소송,[31] 공동명의의 허가권·면허권 등에 관한 소송,[32] ② 같은 선정자단에서 선정된 여러 선정당사자들의 소송수행권, ③ 증권관련 집단소송에서 수인의 대표당사자가 수행하는 소송(증집 제20조), ④ 수인의 유언집행자에게 유증의무이행을 구하는 소송,[33] ⑤ 파산재단에 관한 소송에서 파산관재인이 여럿인 경우[34] 등의 경우 소송수행권을 합유 내지 준합유하는 관계로서 고유필수적 공동소송이다.

판 례 **공동명의 면허권(대법원 1993. 7. 13. 선고 93다12060 판결)**

주류공동제조면허의 경우 공동면허명의자의 상호관계는 민법상의 조합으로서 합유적 관계에 있고, 합유재산에 관한 소송은 고유필요적공동소송에 해당하는 것이므로 주류제조면허의 공동면허명의자 중의 1인으로부터 면허를 양수한 자는 공동면허명의자 전원을 상대로 하여야만 면허취소신청과 보충면허신청절차의 이행을 소구할 수 있지, 양도인만을 상대로 하여서는 그 이행을 소구할 수 없다.

---

27) 공유(민법 제265조 단서), 합유(민법 제272조 단서)와 달리, 총유에는 보존행위는 각자가 할 수 있다는 규정이 없다.

28) 대법원 2005. 9. 15. 선고 2004다44971 전원합의체 판결.

29) 조합원들이 공동원고인 경우(대법원 2012. 11. 29. 선고 2012다44471 판결), 조합원들이 공동피고인 경우(대법원 2010. 4. 29. 선고 2008다50691 판결).

30) 대법원 1995. 5. 23. 선고 94다23500 판결.

31) 공유 특허권(대법원 1987. 12. 8 선고 87후111 판결), 공유 디자인권(대법원 1982. 6. 22. 선고 81후43 판결).

32) 공유수면매립면허의 공동명의자(대법원 1991. 6. 25. 선고 90누5184 판결), 주류제조면허의 공동명의자(대법원 1993. 7. 13. 선고 93다12060 판결).

33) 대법원 2011. 6. 24. 선고 2009다8345 판결.

34) 대법원 2008. 4. 24. 선고 2006다14363 판결.

판 례 **수인의 유언집행자에게 유증의무이행을 구하는 소송(대법원 2011. 6. 24. 선고 2009다8345 판결)**

[1] 상속인이 유언집행자가 되는 경우를 포함하여 유언집행자가 수인인 경우에는, 유언집행자를 지정하거나 지정위탁한 유언자나 유언집행자를 선임한 법원에 의한 임무의 분장이 있었다는 등의 특별한 사정이 없는 한, 유증 목적물에 대한 관리처분권은 유언의 본지에 따른 유언의 집행이라는 공동의 임무를 가진 수인의 유언집행자에게 합유적으로 귀속되고, 그 관리처분권 행사는 과반수의 찬성으로써 합일하여 결정하여야 하므로, 유언집행자가 수인인 경우 유언집행자에게 유증의무의 이행을 구하는 소송은 유언집행자 전원을 피고로 하는 고유필수적 공동소송으로 봄이 상당하다.

[2] 수인의 유언집행자 중 1인만을 피고로 하여 유증의무 이행을 구하는 소송을 제기한 사안에서, 유언집행자 지정 또는 제3자의 지정 위탁이 없는 한 상속인 전원이 유언집행자가 되고, 유증의무자인 유언집행자에 대하여 민법 제1087조 제1항 단서에 따라 유증의무의 이행을 구하는 것은 유언집행자인 상속인 전원을 피고로 삼아야 하는 고유필수적 공동소송이라고 한 사례.

(2) 판례는 동업관계에 관한 소송의 경우도 고유필수적 공동소송으로 본다. 예컨대 ① 수인이 부동산을 공동매수한 경우 단순한 공동매수인이 아니라 동업약정에 따라 동업자들이 공동으로 매수한 것이라면 그 토지에 대한 소유권이전등기청구권을 준합유하는 관계에 있어 고유필수적 공동소송에 해당한다고 하고,[35] ② 공동명의의 예금채권자들이 은행을 상대로 예금반환청구를 하는 경우에도 동업자들이 동업자금을 공동명의로 예금한 경우라면 채권을 준합유하는 관계에 있어 고유필수적 공동소송에 해당한다고 하였다.[36]

판 례 **동업약정에 따른 부동산 공동매수(대법원 1994. 10. 25. 선고 93다54064 판결)**

동업약정에 따라 동업자 공동으로 토지를 매수하였다면 그 토지는 동업자들을 조합원으로 하는 동업체에서 토지를 매수한 것이므로 그 동업자들은 토지에 대한 소유권이전등기청구권을 준합유하는 관계에 있고, 합유재산에 관한 소는 이른바 고유필요적 공동소송이라 할 것이므로 그 매매계약에 기하여 소유권이전등기의 이행을 구하는 소를 제기하려면 동업자들이 공동으로 하지 않으면 안된다.

판 례 **동업자금을 공동명의로 예금(대법원 1994. 4. 26. 선고 93다31825 판결)**

은행에 공동명의로 예금을 하고 은행에 대하여 그 권리를 함께 행사하기로 한 경우에 그 공동명의 예금채권자들은 은행을 상대로 하여서는 공동으로 이행의 청구나 변제의 수령을 함이 원칙이라고 할 것이나, 그렇다고 하여 공동명의의 예금채권자들의 은행에 대한 예금반환청구소송이 항상 필요적 공동소송으로서 그 예금채

35) 대법원 1994. 10. 25. 선고 93다54064 판결.

36) 대법원 1994. 4. 26. 선고 93다31825 판결.

권자 전원이 당사자가 되어야만 한다고 할 수는 없을 것이다. 만일 동업자들이 동업자금을 공동명의로 예금한 경우라면 채권의 준합유관계에 있어 합유의 성질상 은행에 대한 예금반환청구가 필요적 공동소송에 해당한다고 볼 것이나, 공동명의 예금채권자들 중 1인이 전부를 출연하거나 또는 각자가 분담하여 출연한 돈을 동업 이외의 특정목적을 위하여 공동명의로 예치해 둠으로써 그 목적이 달성되기 전에는 공동명의 예금채권자가 자신의 예금에 대하여도 혼자서는 인출할 수 없도록 방지, 감시하고자 하는 목적으로 공동명의로 예금을 개설한 경우에는 그 예금에 관한 관리처분권까지 공동명의 예금채권자 전원에게 공동으로 귀속된다고 볼 수 없을 것이므로, 이러한 경우에는 은행에 대한 예금반환청구가 민사소송법상의 필요적 공동소송에 해당한다고 할 수 없다.

(3) 그러나 예외적으로 ① 조합원 중 1인의 보존행위에 관한 소송(민법 제272조 단서),[37] ② 수동소송 중 조합의 채권자가 각 조합원의 개인적 책임에 기하여 조합채무의 이행을 구하는 소송[38]은 필수적 공동소송이 아니다. 다만 판례는 수동소송의 경우에도 아파트 신축사업을 동업하는 조합이 시공회사에 공사대금명목으로 제공한 건물에 관하여 분양계약 체결자나 수분양권 양수인이 위 조합원들을 상대로 매매를 원인으로 제기한 소유권이전등기청구의 소는 조합재산에 의한 공동책임을 묻는 것으로서 고유필수적 공동소송이라고 한다.[39] 합유로 등기된 부동산에 관하여 명의신탁 해지를 원인으로 한 소유권이전등기청구를 하는 경우 역시 마찬가지이다.[40]

판 례 **보존행위(대법원 1997. 9. 9. 선고 96다16896 판결)**

합유물에 관하여 경료된 원인 무효의 소유권이전등기의 말소를 구하는 소송은 합유물에 관한 보존행위로서 합유자 각자가 할 수 있다.

판 례 **수동소송 중 각 조합원의 개인적 책임에 기한 소송(대법원 1991. 11. 22. 선고 91다30705 판결)**

조합의 채권자가 조합원에 대하여 조합재산에 의한 공동책임을 묻는 것이 아니라 각 조합원의 개인적 책임에 기하여 당해 채권을 행사하는 경우에는 조합원 각자를 상대로 하여 그 이행의 소를 제기할 수 있다.

☞ 乙, 丙과 함께 상가건물의 건축 및 그 점포 분양 등 사업을 공동으로 경영하기로 약정하고 그 동업 대표자로 선정된 甲이 A에게 1개의 점포를 분양 매도하고 A로부터 대금 일부를 수령하였으나 그 후 甲이 A와 위 분양계약을 합의해제하면서 위 수령대금액 중 일부를 반환지급하기로 약정하였고, 이에 따라 A가 甲을 상대로 위 약정금의 지급을 구하자 법원이 위 금원지급의무는 위 동업체의 조합채무로서 조합원 전

37) 대법원 1997. 9. 9. 선고 96다16896 판결.
38) 대법원 1991. 11. 22. 선고 91다30705 판결.
39) 대법원 2010. 4. 29. 선고 2008다50691 판결.
40) 대법원 2011. 2. 10. 선고 2010다82639 판결.

원에게 상행위가 되는 채무이므로 甲이 그 개인적 책임에 기하여 다른 조합원들과 연대하여 A에게 위약정금 및 지연손해금을 지급할 의무가 있다고 판시한 사안.

판 례 **수동소송 중 조합원들에 대해 조합재산에 의한 공동책임을 묻는 경우(대법원 2010. 4. 29. 선고 2008다50691 판결)**

(전략) 피고들은 그들이 소유하던 연립주택을 헐고 각 소유 부분의 토지를 상호 출자하여 그 지상에 아파트를 신축한 다음 일부 세대는 직접 소유하고 나머지 세대는 시공회사의 공사대금에 충당하기로 합의하여 아파트 신축공사를 하기로 약정함으로써 아파트 신축사업을 동업하는 조합을 구성한 것으로 보이고, 그 후 위 조합이 해산되고 청산절차가 종료되었음을 인정할 아무런 증거가 없는 이상 조합관계가 존속된다 할 것이므로, 위 사업 결과로 취득한 이 사건 각 건물은 여전히 존속하는 위 조합의 재산으로서 피고들의 합유재산이라고 볼 수 있고(비록 원고들이 신청한 처분금지가처분 결정에 따른 가처분 등기의 촉탁으로 인하여 이 사건 각 건물에 관하여 피고들의 공유로 소유권보존등기가 경료되었으나, 위와 같은 법원의 촉탁등기에 의하여 위 각 건물의 합유관계가 공유관계로 변경되었다고 할 수 없고, 달리 피고들 사이에 위 각 건물을 공유하기로 하는 합의에 따라 분할이 이루어졌음을 인정할 증거가 없는 이상 합유관계에 있는 위 각 건물에 관하여 경료된 공유의 소유권보존등기가 실체관계에 부합한다고 할 수도 없다), 이 사건 청구는 원고들이 퍼시픽종합건설과 사이에 위 조합이 퍼시픽종합건설에게 공사대금 명목으로 제공한 이 사건 각 건물에 대하여 분양계약을 체결하였거나 수분양권을 양수하였음을 이유로 하여 피고들에게 조합재산인 이 사건 각 건물에 관하여 매매를 원인으로 한 소유권이전등기절차의 이행을 구하는 것으로서, 원고들의 이 사건 소유권이전등기청구의 소는 합유물에 관한 소송으로서 특별한 사정이 없는 한 조합원인 피고들 전부를 공동피고로 하여야 하는 고유필수적 공동소송에 해당한다고 할 것이다. (후략)

마. 공유관계

공유관계에 대하여 판례는 민법상 지분처분의 자유 및 지분의 비율로 사용·수익 가능성(민법 제263조)을 들거나 보존행위는 각자가 할 수 있음(민법 제265조 단서)을 들어, 공유관계에 관한 소송을 대체로 통상공동소송으로 보고 있다.[41)]

판 례 **공유관계의 특징(대법원 1994. 12. 27. 선고 93다32880, 32897 판결)**

토지를 수인이 공유하는 경우에 공유자들의 소유권이 지분의 형식으로 공존하는 것뿐이고, 그 처분권이 공동에 속하는 것은 아니므로 공유토지의 일부에 대하여 취득시효완성을 원인으로 공유자들을 상대로 그 시효취득부분에 대한 소유권이전등기절차의 이행을 청구하는 소송은 필요적 공동소송이라고 할 수 없다.

(1) 능동소송의 경우(공유자가 소를 제기)

원칙적으로 통상공동소송으로 본다. 예컨대 ① 공유자 1인은 단독으로 보존행위로서

41) 대법원 1994. 12. 27. 선고 93다32880, 32897 판결.

공유물의 인도를 구할 수 있고,[42] 건물철거청구나 말소등기청구[43] 등 방해제거를 구할 수 있다. ② 그리고 공유물에 대한 불법행위로 인한 손해배상청구[44]와 아파트에 발생한 하자와 관련된 손해배상청구[45]는 각 공유자가 지분의 한도 내에서 단독으로 제기할 수 있다고 하였다. ③ 공유자가 공동으로 제기한 지분권확인의 소도 통상공동소송으로 보아, 각 공유자는 자유롭게 자신의 소를 취하할 수 있다고 하였다.[46] ④ 공동상속재산에 관한 소송의 경우에도 상속인들의 공유로 보아 통상공동소송으로 본다.[47] 그리고 공동상속재산의 지분에 관한 지분권존재확인을 구하는 소도 통상공동소송이다.[48]

판 례 **공동상속재산에 관한 소송(대법원 1993. 2. 12. 선고 92다29801 판결)**

소송계속중 당사자인 피상속인이 사망한 경우 공동상속재산은 상속인들의 공유이므로 소송의 목적이 공동상속인들 전원에게 합일확정되어야 할 필요적공동소송관계라고 인정되지 아니하는 이상 반드시 공동상속인 전원이 공동으로 수계하여야 하는 것은 아니며, 수계되지 아니한 상속인들에 대한 소송은 중단된 상태로 그대로 피상속인이 사망한 당시의 심급법원에 계속되어 있다.

☞ 신용보증기금이 대위변제한 다음 연대보증인인 망인에 대해 구상청구를 하였는데 이 구상금채무를 상속인들이 공동상속한 사안.

판 례 **공동상속재산의 지분권존재확인(대법원 2010. 2. 25. 선고 2008다96963, 96970 판결)**

공동상속재산의 지분에 관한 지분권존재확인을 구하는 소송은 필수적 공동소송이 아니라 통상의 공동소송이다.

다만 예외적으로, ① 공유물 전체에 대한 소유관계의 확인을 구하는 것,[49] ② 공동상속인이 다른 공동상속인을 상대로 어떤 재산이 상속재산임의 확인을 구하는 것,[50] ③ 택지개발예정지구 내의 이주자택지 공급대상자가 사망하여 공동상속인들이 이주자택지에

---

42) 대법원 1969. 3. 4. 선고 69다21 판결. 다만 최근 판례는 공유물의 소수지분권자인 피고가 다른 공유자와 협의하지 않고 공유물의 전부 또는 일부를 독점적으로 점유하는 경우 다른 소수지분권자인 원고가 피고를 상대로 공유물의 인도를 청구할 수는 없다고 하였음에 주의할 필요가 있다(대법원 2020. 5. 21. 선고 2018다287522 전원합의체 판결).

43) 대법원 1993. 5. 11. 선고 92다52870 판결; 대법원 2009. 2. 26. 선고 2006다72802 판결.

44) 대법원 1970. 4. 14. 선고 70다171 판결.

45) 대법원 2012. 9. 13. 선고 2009다23160 판결.

46) 대법원 1970. 7. 28. 선고 70다853, 854 판결.

47) 대법원 1993. 2. 12. 선고 92다29801 판결.

48) 대법원 2010. 2. 25. 선고 2008다96963, 96970 판결.

49) 대법원 1994. 11. 11. 선고 94다35008 판결.

50) 대법원 2007. 8. 24. 선고 2006다40980 판결.

관한 공급계약을 체결할 수 있는 청약권을 공동상속한 경우 공동상속인들이 청약의 의사표시를 한 후 그 승낙의 의사표시를 구하는 소,[51] ④ 공유자가 토지경계확정을 구하는 것[52] 등은 필수적 공동소송으로 본다.

판 례 **공동상속인 사이의 상속재산확인(대법원 2007. 8. 24. 선고 2006다40980 판결)**

공동상속인이 다른 공동상속인을 상대로 어떤 재산이 상속재산임의 확인을 구하는 소는 이른바 고유필수적 공동소송이라고 할 것이고, 고유필수적 공동소송에서는 원고들 일부의 소 취하 또는 피고들 일부에 대한 소 취하는 특별한 사정이 없는 한 그 효력이 생기지 않는다.

판 례 **이주자택지 공급계약체결 청약권을 공동상속한 경우 행사방법(대법원 2003. 12. 26. 선고 2003다11738 판결)**

한국토지공사가 택지개발예정지구 내의 이주자택지 공급대상자의 선정기준에 따라 이주자택지 공급대상자를 확정하면 그 공급대상자에게 구체적인 수분양권이 발생하고, 그 후 공급대상자에게 분양신청 기간을 정하여 분양신청을 하도록 통지하면, 공급대상자는 그 통지에 따라 이주자택지에 관한 공급계약을 체결할 수 있는 청약권이 발생하게 되고, 그 공급대상자가 사망하여 공동상속인들이 청약권을 공동으로 상속하는 경우에는 공동상속인들이 그 상속지분비율에 따라 피상속인의 청약권을 준공유하게 되며, 공동상속인들은 단독으로 청약권 전부는 물론 그 상속지분에 관하여도 이를 행사할 수 없고, 그 청약권을 준공유하고 있는 공동상속인들 전원이 공동으로만 이를 행사할 수 있는 것이므로 위 청약권에 기하여 청약의 의사표시를 하고, 그에 대한 승낙의 의사표시를 구하는 소송은 청약권의 준공유자 전원이 원고가 되어야 하는 고유필수적 공동소송이다.

(2) 수동소송의 경우(공유자를 상대로 소제기)

원칙적으로 통상공동소송이다. 예컨대 ① 부동산 공동상속인들을 상대로 한 등기말소 및 소유권확인청구,[53] ② 공유토지 일부에 대한 취득시효완성을 원인으로 한 소유권이전등기청구,[54] ③ 공유공작물의 철거청구,[55] ④ 공동점유물의 인도청구,[56] 공유물의 반환 또는 철거에 관한 소송,[57] ⑤ 건축 중인 건물의 양수인이 건축주명의변경을 위하여 전 공

---

51) 대법원 2003. 12. 26. 선고 2003다11738 판결. 같은 취지로 판례는 청약저축의 가입자가 사망하였는데 공동상속인들이 청약저축 예금계약을 해지하려면 원칙적으로 공동상속인 전원이 해지의 의사표시를 하여야 한다고 보았다(대법원 2022. 7. 14. 선고 2021다294674 판결; 대법원 2023. 12. 21. 선고 2023다221144 판결).
52) 대법원 2001. 6. 26. 선고 2000다24207 판결.
53) 대법원 1972. 6. 27. 선고 72다555 판결.
54) 대법원 1994. 12. 27. 선고 93다32880 판결.
55) 대법원 1993. 2. 23. 선고 92다49218 판결.
56) 대법원 1966. 3. 15. 선고 65다2455 판결.
57) 대법원 1969. 7. 22. 선고 69다609 판결.

동건축주로부터 명의변경에 대한 동의에 갈음하는 의사표시를 구하는 소[58] 등의 경우 모두 통상공동소송이다. 이처럼 제3자가 공유자 쪽을 상대로 하는 수동소송은 모두 필수적 공동소송이 아니라고 한다.[59]

판 례 **공유공작물의 철거청구(대법원 1993. 2. 23. 선고 92다49218 판결)**

타인 소유의 토지 위에 설치되어 있는 공작물을 철거할 의무가 있는 수인을 상대로 그 공작물의 철거를 청구하는 소송은 필요적 공동소송이 아니다.

판 례 **공동건축주 명의변경에 관한 소송(대법원 2015. 9. 10. 선고 2012다23863 판결)**

행정관청으로부터 허가를 받거나 행정관청에 신고(이하 이러한 허가와 신고를 합하여 '허가 등'이라 한다)를 하고 건축이 이루어지는 경우에, 건축 중인 건물의 양수인은 진행 중인 건축공사를 계속하기 위해 허가 등에 관한 건축주 명의를 변경할 필요가 있고, 준공검사 후 건축물관리대장에 소유자로 등록하여 양수인 명의로 소유권보존등기를 신청하기 위해서도 건축주 명의를 변경할 필요가 있는데, 이를 위해서 양수인은 건축법 시행규칙 제11조 제1항 등 건축 관계 법령에 따라 건축관계자변경신고서에 변경 전 건축주의 명의변경 동의서 등을 첨부하여 제출하여야 하므로, 건축 중인 건물을 양도한 자가 건축주 명의변경에 동의하지 아니한 경우에 양수인으로서는 의사표시에 갈음하는 판결을 받을 필요가 있다. 그리고 허가 등에 관한 건축주 명의가 수인으로 되어 있을 경우에, 허가 등은 해당 건축물의 건축이라는 단일한 목적을 달성하기 위하여 이루어지고 허가 등을 받은 지위의 분할청구는 불가능하다는 법률적 성격 등에 비추어 보면, 공동건축주 명의변경에 대하여는 변경 전 건축주 전원에게서 동의를 얻어야 한다. 다만 명의변경에 관한 동의의 표시는 변경 전 건축주 전원이 참여한 단일한 절차나 서면에 의하여 표시될 필요는 없고 변경 전 건축주별로 동의의 의사를 표시하는 방식도 허용되므로, 동의의 의사표시에 갈음하는 판결도 반드시 변경 전 건축주 전원을 공동피고로 하여 받을 필요는 없으며 부동의하는 건축주별로 피고로 삼아 판결을 받을 수 있다.

다만 예외적으로, ① 공유물분할청구,[60] ② 공유토지의 경계확정의 소,[61] ③ 공동상속인 사이의 상속재산확인의 소[62]는 필수적 공동소송으로 본다.

(3) 판례의 태도에 대한 비판 및 재비판

판례는 공유관계소송에 있어서 고유필수적 공동소송을 거의 인정하지 않고 있는데, 민법 제264조는 공유자는 다른 공유자의 동의 없이 공유물을 처분하거나 변경하지 못한

58) 대법원 2015. 9. 10. 선고 2012다23863 판결.
59) 정동윤/유병현/김경욱, 1052면.
60) 대법원 2003. 12. 12. 선고 2003다44615, 44622 판결.
61) 대법원 2001. 6. 26. 선고 2000다24207 판결.
62) 대법원 2007. 8. 24. 선고 2006다40980 판결.

다고 규정하고 있으므로, 이러한 실체법의 규정을 충실히 존중하여 공유물 자체의 처분이나 변경에 해당하는 소송, 즉 공유자에 대한 공유건물의 철거, 소유권이전등기청구는 필수적 공동소송으로 보아야 한다는 견해가 있다.[63] 이에 대하여 공유자들에 대한 제3자의 공유물반환청구는 공유물의 처분·변경이 아니어서 민법 제264조가 적용되는 것이 아니고, 공유자들에 대한 제3자의 공유물철거청구는 지분범위 내에서 철거청구권의 확정판결을 받는 것에 불과하고 그 강제집행 곤란은 본안절차에서 고려할 사항이 아니므로, 위 견해는 적절하지 않다고 비판하는 견해가 있다.[64]

2. 유사필수적 공동소송

가. 의 의

유사필수적 공동소송은 반드시 소를 공동으로 제기할 것이 강제되지 않으나, 일단 공동으로 소가 제기된 경우에는 합일확정의 필요가 있어서 공동소송인 사이에 승패를 일률적으로 해야 하는 소송형태이다. 소송법상 판결의 효력이 제3자에게 확장되는 경우에 공동소송인 사이에 판결의 모순저촉을 피하기 위해 인정되는 것이다. 때문에 이를 소송법상 이유에 의한 필수적 공동소송이라 부르기도 한다.

나. 판결의 효력이 미치는 경우

판결의 본래적 효력(기판력, 집행력 등)이 직접 제3자에게 확장되기 때문에 유사필수적 공동소송이 되는 예는 ① 수인이 제기하는 회사합병무효의 소(상법 제236조), 회사설립무효·취소의 소(상법 제184조), 주주총회결의부존재·무효·취소의 소(상법 제376조, 제380조),[65] ② 수인이 제기하는 혼인무효·취소의 소(가소 제24조), ③ 동일한 특허권에 관하여 2인 이상의 자가 공동으로 제기한 특허무효심판청구 및 이에 대한 심결취소소송[66] 등이 있다.

판 례 **주주총회결의의 부존재·무효확인의 소(대법원 2021. 7. 22. 선고 2020다284977 전원합의체 판결)**

[다수의견] 주주총회결의의 부존재 또는 무효 확인을 구하는 소의 경우, 상법 제380조에 의해 준용되는 상법 제190조 본문에 따라 청구를 인용하는 판결은 제3자에 대하여도 효력이 있다. 이러한 소를 여러 사람이

63) 이시윤, 746면; 정영환, 949면.
64) 김홍엽, 1001면.
65) 주주총회결의의 부존재·무효확인의 소(대법원 2021. 7. 22. 선고 2020다284977 전원합의체 판결).
66) 대법원 2009. 5. 28. 선고 2007후1510 판결.

공동으로 제기한 경우 당사자 1인이 받은 승소판결의 효력이 다른 공동소송인에게 미치므로 공동소송인 사이에 소송법상 합일확정의 필요성이 인정되고, 상법상 회사관계소송에 관한 전속관할이나 병합심리 규정(상법 제186조, 제188조)도 당사자 간 합일확정을 전제로 하는 점 및 당사자의 의사와 소송경제 등을 함께 고려하면, 이는 민사소송법 제67조가 적용되는 필수적 공동소송에 해당한다.

다. 반사효가 미치는 경우

(1) 판결의 본래적 효력이 아닌 반사효가 미치는 경우에도 유사필수적 공동소송이 인정되는가에 대해서는 이를 부정하는 견해[67]와 긍정하는 견해[68]의 대립이 있다.

(2) 반사효가 제3자에게 미치는 경우에도 유사필수적 공동소송의 성립을 긍정하는 견해는 그 예로 ① 수인의 채권자에 의한 채권자대위소송,[69] ② 수인의 압류채권자에 의한 추심의 소(민집 제249조), ③ 수인의 주주에 의한 주주대표소송(상법 제403조) 등을 들고 있다.[70]

판 례 **수인의 채권자에 의한 채권자대위소송(대법원 1991. 12. 27. 선고 91다23486 판결)**

가. 채무자가 채권자대위권에 의한 소송이 제기된 것을 알았을 경우에는 그 확정판결의 효력은 채무자에게도 미친다.

나. 위 "가"항의 경우 각 채권자대위권에 기하여 공동하여 채무자의 권리를 행사하는 다수의 채권자들은 유사필요적 공동소송관계에 있다 할 것이다.

다. 제1심에서 유사필요적 공동소송관계에 있는 다수의 채권자들의 청구가 모두 기각되고, 그 중 1인만이 항소한 경우 민사소송법 제63조[현행 제67조] 제1항은 필요적 공동소송에 있어서 공동소송인 중 1인의 소송행위는 공동소송인 전원의 이익을 위하여서만 효력이 있다고 규정하고 있으므로 공동소송인 중 일부의 상소제기는 전원의 이익에 해당된다고 할 것이어서 다른 공동소송인에 대하여도 그 효력이 미칠 것이며, 사건은 필요적 공동소송인 전원에 대하여 확정이 차단되고 상소심에 이심된다고 할 것이다.

☞ 甲이 乙에 대한 소유권이전등기청구권을 보전하기 위하여 乙을 대위하여 丙을 상대로 소유권이전등기의 말소청구의 소를 제기하였는데, 소송계속 중 甲이 사망하자 甲의 상속인들(원고1 내지 원고5)이 수계를 하여 이들이 공동원고로서 소송을 수행하였고, 제1심의 청구기각판결에 대하여 원고4만이 항소를 제기하자 항소심이 원고4에 대하여만 절차를 진행하여 판결을 선고하였는데, 대법원이 공동소송인 모두에 대하여 합일확정을 위한 하나의 판결을 선고해야 한다고 하며 파기·환송한 사안.

---

67) 김홍엽, 1002면; 호문혁, 912면.

68) 강현중, 860면; 손한기, 396면; 이시윤, 748면; 정영환, 949면.

69) 대법원 1991. 12. 27. 선고 91다23486 판결. 다만 판례에서 '반사적 효력'을 명시적으로 언급한 것은 아니어서, 수인의 채권자에 의한 채권자대위소송을 판결의 본래적 효력이 미쳐 유사필수적 공동소송이 되는 예로 설명하는 견해도 있다(김홍엽, 1001면). 이에 반하여 채권자대위소송을 소송담당으로 보지 않고 채권자의 권리를 행사하는 것으로 보아 수인의 채권자에 의한 대위소송을 통상공동소송으로 보는 견해도 있다(호문혁, 913면).

70) 이시윤, 748면; 정영환, 950면.

3. 이론상 합일확정소송

가. 문제점

이론상 합일확정이 필요한 경우가 논의되고 있다. 예컨대 ① 수인의 부진정연대채무자에 대한 청구, ② 동일사고의 여러 피해자가 제기하는 손해배상청구, ③ 순차로 마쳐진 등기가 모두 원인무효임을 들어 등기권자 모두를 상대로 제기하는 말소등기청구 등이 그것이다. 이는 제65조 전문의 공동소송으로서, 필수적 공동소송은 아니나 논리상 또는 실천상 승패를 일률적으로 할 필요성이 높은 경우이다.

나. 검 토

그러나 위 경우는 실체법상 관리처분권이 수인에게 공동으로 귀속된 경우도 아니고, 판결의 효력이 확장되는 경우도 아니어서, 이론상 그런 필요성이 있다는 사정만으로 필수적 공동소송관계를 인정할 수는 없다 할 것이다.[71] 그러한 이론적 필요성으로 인해 각 당사자가 본래부터 갖고 있던 소송수행권에 제약이 있어서는 아니 되기 때문이다. 따라서 통상공동소송으로 보아야 하며, 증거공통의 원칙에 의하거나 같은 소송대리인을 선임하는 방법 등을 통해 간접적으로 합일확정을 꾀할 수밖에 없다 할 것이다. 판례도 순차경료된 등기 또는 수인 앞으로 경료된 공유등기의 말소청구소송은 통상공동소송이므로 공동소송인 상호간에 모순되는 결론발생이 가능하고, 이는 변론주의를 취하는 소송제도 하에서는 부득이하다고 하여,[72] 이론상 합일확정소송을 부정한다.

4. 필수적 공동소송의 심판방법

제67조(필수적 공동소송에 대한 특별규정) ① 소송목적이 공동소송인 모두에게 합일적으로 확정되어야 할 공동소송의 경우에 공동소송인 가운데 한 사람의 소송행위는 모두의 이익을 위하여서만 효력을 가진다.
② 제1항의 공동소송에서 공동소송인 가운데 한 사람에 대한 상대방의 소송행위는 공동소송인 모두에게 효력이 미친다.
③ 제1항의 공동소송에서 공동소송인 가운데 한 사람에게 소송절차를 중단 또는 중지하여야 할 이유가 있는 경우 그 중단 또는 중지는 모두에게 효력이 미친다.

71) 김홍엽, 1003면; 이시윤, 749면; 정동윤/유병현/김경욱, 1057면.
72) 대법원 1991. 4. 12. 선고 90다9872 판결; 대법원 1991. 11. 8. 선고 91다15829 판결.

가. 연합관계 일반론

(1) 공동소송인 사이에 독립의 원칙이 적용되는 통상공동소송과 달리, 필수적 공동소송에서는 합일확정의 요청상 공동소송인 사이에 긴밀한 연합관계가 있고, 따라서 소송수행상 소송자료의 통일, 소송진행의 통일이 요청되며, 그 결과 본안재판의 통일로 나갈 수 있다.

(2) 다만 판결의 합일확정의 범위 내에서만 긴밀한 연합관계가 있을 뿐, 소송행위를 언제나 공동으로 해야 하는 것은 아니므로, 필수적 공동소송에서도 각 공동소송인은 개별적으로 소송행위를 할 수 있고 소송대리인도 개별적으로 선임할 수 있다.

나. 소송요건의 개별조사 및 누락된 공동소송인의 보정방법

(1) 필수적 공동소송에서도 소송요건은 각 공동소송인별로 개별적으로 조사하여야 한다. 조사결과 공동소송인 중 한 사람에게 소송요건의 흠결이 발견된 경우, 고유필수적 공동소송에 있어서는 소송 전체를 부적법 각하하여야 하나, 유사필수적 공동소송에 있어서는 당해 공동소송인의 부분에 대하여서만 일부각하하면 된다.

(2) 고유필수적 공동소송에서는 공동의 소제기가 강제되기 때문에, 만약 공동소송인이 될 사람을 누락한 때에는 당사자적격의 흠이 생긴다. 예컨대 4인이 공유인 부동산의 공유물분할청구에서 공유자 한 사람을 누락한 경우이다.

이 경우 누락된 사람을 보정하는 방법으로는, ① 누락된 사람이 또는 누락된 사람에 대한 별소를 제기하고 변론을 병합(제141조)하는 방법이 있으나, 소송경제에 반하고 변론의 병합이 되지 않을 경우 문제가 있고, ② 누락된 사람이 공동소송참가(제83조)하는 방법이 있으나, 그 자가 스스로 참가하지 않을 경우 이를 강제할 방법이 없다는 문제가 있다. ③ 그리고 원고의 신청에 따른 법원의 허가를 받아 누락된 사람을 소송에 추가하는 방법(제68조 제1항, 필수적 공동소송인의 추가)이 있는데, 가장 효과적인 방법이라 할 수 있다.

판례는 공유물분할청구 소송계속 중 공유자 중 1인의 지분이 제3자에게 이전된 경우에는 변론종결 전까지 그 제3자가 참가승계(제81조)나 인수승계(제82조) 등으로 소송당사자가 되지 않으면 소가 부적법해진다고 하였다.[73)]

판 례 **고유필수적 공동소송에서 당사자의 누락(대법원 2022. 6. 30. 선고 2020다210686, 210693 판결)**

공유물분할청구소송은 분할을 청구하는 공유자가 원고가 되어 다른 공유자 전부를 공동피고로 삼아야 하

73) 대법원 2014. 1. 29. 선고 2013다78556 판결; 대법원 2022. 6. 30. 선고 2020다210686, 210693 판결.

는 고유필수적 공동소송이다. 따라서 소송계속 중 변론종결일 전에 공유자의 지분이 이전된 경우에는 변론종결 시까지 민사소송법 제81조에서 정한 승계참가나 민사소송법 제82조에서 정한 소송인수 등의 방식으로 일부 지분권을 이전받은 자가 소송당사자가 되어야 한다. 그렇지 못할 경우에는 소송 전부가 부적법하게 된다.

다. 소송자료의 통일

(1) 공동소송인이 한 유리한 소송행위

공동소송인 가운데 한 사람의 소송행위는 모두의 이익을 위하여만 효력이 있다(제67조 제1항). 따라서 공동소송인 중 한 사람이 유리한 소송행위, 즉 ① 답변서를 제출하면 모든 공동소송인이 무변론 패소판결(제257조 제1항)을 면할 수 있고, ② 본안에 관하여 응소하였다면 상대방이 소취하하려는 경우 공동소송인 전원의 동의를 요하며, ③ 상대방의 주장사실을 부인·항변 등으로 다투면 공동소송인 모두가 다툰 것으로 되고, ④ 기일에 출석하여 변론하면 공동소송인 모두에 대해 기일불출석의 효과가 발생하지 않으며, ⑤ 기간을 준수하면 공동소송인 모두에 대해 기간의 부준수의 효과가 생기지 않는다.

(2) 공동소송인이 한 불리한 소송행위

불리한 소송행위는 공동소송인 모두가 함께 해야 하며, 공동소송인 중 한 사람이 하여도 모두를 위한 효력이 발생하지 않는다. 따라서 자백, 청구의 포기·인낙, 재판상화해는 모두가 함께 해야 효력이 발생한다. 고유필수적 공동소송에서는 소를 공동으로 제기할 것이 강제되므로 소의 일부취하가 허용되지 않으나,[74] 유사필수적 공동소송에서는 소를 공동으로 제기할 것이 강제되지 않으므로 다른 공동소송인의 동의가 없어도 소의 일부취하가 허용된다.[75]

(3) 공동소송인에 대한 소송행위

공동소송인 가운데 한 사람에 대한 상대방의 소송행위는 공동소송인 모두에게 효력이 미친다(제67조 제2항). 즉 소송행위의 유리·불리를 불문한다. 이는 상대방의 편의를 위한 규정으로서 공동소송인 중 일부가 불출석해도 상대방이 소송행위를 하는데 지장을 주지 않기 위한 것이다.

---

74) 대법원 1996. 12. 10. 선고 96다23238 판결; 대법원 2007. 8. 24. 선고 2006다40980 판결.

75) 대법원 2013. 3. 28. 선고 2011두13729 판결.

라. 소송진행의 통일

(1) 변론의 경우

변론의 준비, 변론, 증거조사, 판결은 같은 기일에 함께 해야 하므로 변론의 분리나 일부판결이 허용되지 않는다. 착오로 일부판결을 하여도 추가판결을 할 수 없고,[76] 전부판결로 보고 판단누락에 준하여 상소 또는 재심으로 다투어야 한다.

공동소송인 가운데 한 사람에게 소송절차 중단·중지의 원인이 발생하면 다른 공동소송인 모두에 대하여 중단·중지의 효과가 발생해 모든 소송절차의 진행이 정지된다(제67조 제3항).

(2) 상소의 경우

(가) 상소기간의 진행

상소기간(제396조, 제425조, 제444조)은 각 공동소송인에게 판결정본이 송달된 때로부터 개별적으로 진행되나(개별진행), 공동소송인 모두에 대하여 상소기간이 만료될 때까지 판결이 확정되지 않는다(전원종료).[77]

판 례 **필수적 공동소송에서 상소기간의 진행과 판결의 확정(대법원 2017. 9. 21. 선고 2017다233931 판결)**

공유물분할청구의 소는 분할을 청구하는 공유자가 원고가 되어 다른 공유자 전부를 공동피고로 하여야 하는 고유필수적 공동소송이고, 공동소송인과 상대방 사이에 판결의 합일확정을 필요로 하는 고유필수적 공동소송에서는 공동소송인 중 일부가 제기한 상소는 다른 공동소송인에게도 효력이 미치므로 공동소송인 전원에 대한 관계에서 판결의 확정이 차단되고 소송은 전체로서 상소심에 이심된다. 따라서 공유물분할 판결은 공유자 전원에 대하여 상소기간이 만료되기 전에는 확정되지 않고, 일부 공유자에 대하여 상소기간이 만료되었다고 하더라도 그 공유자에 대한 판결 부분이 분리·확정되는 것은 아니다.

(나) 이심의 범위

공동소송인 가운데 한 사람이 상소를 제기하면 모두에 대하여 판결의 확정이 차단되고 소송전체가 상급심으로 이심이 된다.[78] 따라서 상소심으로서는 공동소송인 모두에 대하여 심리·판단하여야 한다. 예컨대 공동원고 甲, 乙, 丙 중 乙만이 항소를 제기하였다면 항소를 제기하지 아니한 甲, 丙에게도 그 효력이 미치므로, 공동원고 甲, 乙, 丙 전체에 대한 판결의 확정이 차단되고 항소심으로 이심된다.

---

76) 대법원 2011. 6. 24. 선고 2011다1323 판결.

77) 대법원 2017. 9. 21. 선고 2017다233931 판결.

78) 대법원 2017. 9. 21. 선고 2017다233931 판결.

(다) 상소하지 않은 당사자의 지위

공동소송인 가운데 패소하고도 상소하지 않은 다른 공동소송인의 지위에 대하여, ① 상소를 제기한 공동소송인과 마찬가지로 상소인으로 보는 견해(상소인설), ② 묵시적으로 소송수행권을 넘겨준 것으로 보아 상소를 제기한 공동소송인을 선정당사자로 보고 상소하지 아니한 자를 선정자로 보는 견해(선정자설), ③ 상소하지 않았으나 합일확정의 요청 때문에 상소심으로 이심되어 상소심의 당사자가 된다는 견해(단순한 상소심당사자설)의 대립이 있다. 단순한 상소심당사자설이 현재의 통설이고,[79] 판례 역시 필수적 공동소송에서 당사자표시 중 상고하지 않은 피고를 단순히 '피고'라고만 표시하고 주문 중 상고비용을 상고한 피고에게만 부담시켜 같은 견해를 취하고 있다.[80] 따라서 상소심 인지를 붙이고, 상소심의 심판범위를 정하며, 상소취하 여부를 결정하고, 패소한 경우 상소비용을 부담하는 자는 실제로 상소를 제기한 공동소송인만이다.[81]

(라) 심판의 범위

합일확정의 요청상 불이익변경금지의 원칙이 배제되므로, 패소하였으나 상소하지 않은 공동소송인에게 유리하게 판결이 변경될 수 있다.[82] 앞의 예에서 항소하지 아니한 甲과 丙에게 유리하게 판결이 변경될 수 있다.

판 례 **상소심의 심판범위(대법원 2003. 12. 12. 선고 2003다44615, 44622 판결)**

공유물분할청구의 소는 분할을 청구하는 공유자가 원고가 되어 다른 공유자 전부를 공동피고로 하여야 하는 고유필수적 공동소송이고, 공동소송인과 상대방 사이에 판결의 합일확정을 필요로 하는 고유필수적 공동소송에 있어서는 공동소송인 중 일부가 제기한 상소는 다른 공동소송인에게도 그 효력이 미치는 것이므로 공동소송인 전원에 대한 관계에서 판결의 확정이 차단되고 그 소송은 전체로서 상소심에 이심되며, 상소심판결의 효력은 상소를 하지 아니한 공동소송인에게 미치므로 상소심으로서는 공동소송인 전원에 대하여 심리·판단하여야 한다.

마. 본안재판의 통일(모순 없는 본안판결)

공동소송인 전원에 대하여 하나의 종국판결을 선고하여야 하고, 공동소송인 일부에 대해서만 판결하거나 남은 공동소송인에 대해 추가판결을 하는 것은 허용되지 않는다.[83]

---

79) 김홍엽, 1007면; 이시윤, 752면; 정동윤/유병현/김경욱, 1057면; 정영환, 954면.

80) 대법원 1993. 4. 23. 선고 92누17297 판결; 대법원 1995. 1. 12. 선고 94다33002 판결.

81) 이시윤, 752면; 정동윤/유병현/김경욱, 1057면; 정영환, 954면.

82) 대법원 2003. 12. 12. 선고 2003다44615, 44622 판결; 대법원 2022. 6. 30. 선고 2022다217506 판결.

83) 대법원 2011. 2. 10. 선고 2010다82639 판결; 대법원 2011. 6. 24. 선고 2011다1323 판결.

공동소송인 상호간에 본안에 관한 판결결과가 모순 없이 합일적이어야 한다.

IV. 공동소송의 특수형태

1. 예비적·선택적 공동소송(소의 주관적 예비적·선택적 병합)

제70조(예비적·선택적 공동소송에 대한 특별규정) ① 공동소송인 가운데 일부의 청구가 다른 공동소송인의 청구와 법률상 양립할 수 없거나 공동소송인 가운데 일부에 대한 청구가 다른 공동소송인에 대한 청구와 법률상 양립할 수 없는 경우에는 제67조 내지 제69조를 준용한다. 다만, 청구의 포기·인낙, 화해 및 소의 취하의 경우에는 그러하지 아니하다.
② 제1항의 소송에서는 모든 공동소송인에 관한 청구에 대하여 판결을 하여야 한다.

가. 서 설

(1) 예비적·선택적 공동소송은 공동소송인 가운데 일부의 청구가 다른 공동소송인의 청구와 법률상 양립할 수 없거나(원고 측), 공동소송인 가운데 일부에 대한 청구가 다른 공동소송인에 대한 청구와 법률상 양립할 수 없는 경우(피고 측)의 공동소송관계를 말한다(제70조 제1항). 예비적 공동소송은 공동소송인 사이에 심판 순위를 붙여 먼저 주위적 공동소송인의(에 대한) 청구를 인용해줄 것을 구하고 그것이 이유 없으면 예비적 공동소송인의(에 대한) 청구를 인용해달라는 것이고, 선택적 공동소송은 순위를 부여하지 않고 택일적으로 공동소송인의(에 대한) 청구를 인용해달라는 것이다.

(2) 이는 공동소송인의(에 대한) 청구가 법률상 양립할 수 없는 관계에 있지만 어느 것이 인용될 것인지 쉽게 판가름 나지 않을 경우 필수적 공동소송의 규정을 준용하여 각 청구 상호간 모순 없는 합일적 재판을 가능케 하는 공동소송의 형태이다. 원고 측이 능동적으로 공동소송인이 되는 예는 채권양도를 원인으로 제1차적으로 채권양수인이 채무자를 상대로 양수금청구를 하고, 그것이 인용되지 않을 경우를 대비하여 제2차적으로 양도인이 채권의 지급을 구하는 경우를 들 수 있고, 피고 측이 수동적으로 공동소송인이 되는 예는 공작물 설치·보존상의 하자를 이유로 손해배상을 구하면서 제1차적으로 점유자를 상대로 하고, 그것이 인용되지 않을 경우를 대비하여 제2차적으로 소유자를 상대로 하는 경우(민법 제758조)를 들 수 있다.

(3) 예비적 공동소송 허용 여부에 대해, 종래 예비적 피고의 지위가 불안정하고, 관리처분권설에 의하면 주관적·예비적 병합은 통상공동소송이므로 공동소송인독립의 원칙

적용으로 인해 재판의 통일이 보장되지 않으며, 이와 같은 문제점은 소송고지제도를 적절히 활용하면 된다 하여 부정하는 견해가 있었고, 판례 역시 부정설을 취하였다.[84] 이에 대하여 이와 같은 소송형태의 현실적 수요가 있고, 재판의 불통일을 방지할 필요성이 있으며, 별도의 소송에 의하는 것보다 하나의 소송절차에서 모순 없는 해결을 통한 소송경제의 측면에서 긍정하는 견해가 있었고, 2002년 개정 민사소송법은 결국 위 긍정설을 받아들여 예비적 공동소송뿐만 아니라 선택적 공동소송까지 도입하기에 이르렀다. 이에 대해 우리 법이 선택적 공동소송까지 도입한 것은 남용의 위험이 높고 투망식 소송을 조장하는 것으로서 소송법의 기본 원리를 망각한 입법이라고 비판하는 견해가 있다.[85]

나. 공동소송의 모습

예비적·선택적 공동소송의 모습을 공동소송의 주체, 순위, 시기에 따라 다음과 같이 나눌 수 있다.

(1) 능동형과 수동형

먼저 원고 측이 능동적으로 예비적·선택적 공동소송인이 되는 경우이다(제70조 제1항 본문 전단). 예컨대 주위적 원고 甲이 대여금 또는 구상금청구를 하고, 이것이 인용되지 않을 경우를 대비하여 예비적 원고 乙 등이 임대차보증금반환청구를 하는 경우,[86] 아파트에 발생한 하자와 관련된 손해배상청구를 하면서 입주자대표회의를 주위적 원고로 하고 구분소유자 전원을 예비적 원고로 하는 경우[87] 등을 들 수 있다.

다음으로 피고 측이 수동적으로 예비적·선택적 공동소송인이 되는 경우이다(제70조 제1항 본문 후단). 예컨대 채권자불확지공탁이 무효임을 전제로 주위적 피고인 보험회사를 상대로 보험금의 지급을 구하고, 위 공탁이 유효일 경우를 대비하여 예비적 피고를 상대로 공탁금출급청구에 관한 승낙의 의사표시 및 대한민국에 대한 통지를 구하는 경우,[88] 대리인(丙)과 계약을 체결하였음을 들어 주위적으로 본인(乙)을 상대로 계약의 이행을 구하고, 위 丙이 무권대리인일 경우를 대비하여 예비적으로 丙을 상대로 무권대리인의 책임(민법 제135조 제1항)을 묻는 경우,[89] 구 토지보상법 상 이주대책대상자가 공급받은 아파트에 관하여 사업시행자가 부담해야 할 생활기본시설의 설치비용을 분양대금에 포함시켰다는 이유

84) 대법원 1996. 3. 22. 선고 95누5509 판결; 대법원 1997. 8. 26. 선고 96다31079 판결.
85) 호문혁, 920면.
86) 대법원 2008. 4. 10. 선고 2007다36308 판결.
87) 대법원 2012. 9. 13. 선고 2009다23160 판결.
88) 대법원 2011. 2. 24. 선고 2009다43355 판결.
89) 대법원 2015. 3. 20. 선고 2014다75202 판결.

로 사업시행자에 대한 그 부당이득반환청구를 함에 있어서 주위적으로 서울특별시 강동구를 상대로 하고, 위 강동구가 사업시행자가 아닐 경우를 대비하여 예비적으로 서울특별시를 상대로 하는 경우[90] 등을 들 수 있다.

(2) 예비형과 선택형

공동소송인 사이에 심판 순위를 붙여 구하는 경우(예비형)와 택일적으로 구하는 경우(선택형)로 나눌 수 있다. 다만 주의할 것은 청구의 선택적 병합과 달리 선택적 공동소송의 경우에도 법문상 청구가 법률상 양립할 수 없는 경우에 한한다는 점이다.[91]

(3) 원시형과 후발형

소제기 시부터 예비적·선택적으로 구하는 경우(원시형)와 소송계속 중 예비적·선택적 공동소송이 추가되는 경우(후발형)로 나눌 수 있다. 후발형은 민사소송법 제70조 제1항에서 제68조(필수적 공동소송인의 추가)의 규정을 준용하도록 하여 인정하고 있다. 판례는 甲이 최초 乙을 상대로 소를 제기하였다가 丙이 주위적 또는 예비적 피고의 지위에 있다고 주장하면서 丙에 대한 청구를 병합한 경우 이는 예비적 공동소송으로서 모든 공동소송인에 대한 청구에 대하여 판결을 해야 한다고 하였다.[92]

다. 허용요건

(1) 법률상 양립불가능

(가) 공동소송이 원고 측이든 피고 측이든 청구가 서로 법률상 양립할 수 없는 경우이어야 한다. 이는 주장 자체로 양립할 수 없는 경우이어야 하므로, 양 청구가 모두 인용될 수 있는 경우이면 아니 되고, 어느 한 청구가 인용되면 다른 청구는 기각될 수밖에 없는 관계이어야 한다.[93] 예컨대 토지매수인이 주위적 피고를 상대로 소유권이전등기를 구하고, 위 등기의무가 이행불능될 것을 대비하여 예비적 피고를 상대로 이행불능에 따른 손해배상을 구하는 경우이다.[94]

판 례 **법률상 양립불가능의 의미(대법원 2008. 3. 27. 선고 2005다49430 판결)**

민사소송법 제70조 제1항 소정의 예비적·선택적 공동소송에 있어서 '법률상 양립할 수 없다'는 것은, 동일

---

90) 대법원 2022. 4. 14. 선고 2020다224975 판결.
91) 김홍엽, 1010면.
92) 대법원 2008. 4. 10. 선고 2007다86860 판결.
93) 대법원 2008. 3. 27. 선고 2005다49430 판결.
94) 대법원 2011. 9. 29. 선고 2009다7076 판결.

한 사실관계에 대한 법률적인 평가를 달리하여 두 청구 중 어느 한쪽에 대한 법률효과가 인정되면 다른 쪽에 대한 법률효과가 부정됨으로써 두 청구가 모두 인용될 수는 없는 관계에 있는 경우나, 당사자들 사이의 사실관계 여하에 의하여 또는 청구원인을 구성하는 택일적 사실인정에 의하여 어느 일방의 법률효과를 긍정하거나 부정하고 이로써 다른 일방의 법률효과를 부정하거나 긍정하는 반대의 결과가 되는 경우로서, 두 청구들 사이에서 한쪽 청구에 대한 판단 이유가 다른 쪽 청구에 대한 판단 이유에 영향을 주어 각 청구에 대한 판단 과정이 필연적으로 상호 결합되어 있는 관계를 의미하며, 실체법적으로 서로 양립할 수 없는 경우뿐 아니라 소송법상으로 서로 양립할 수 없는 경우를 포함하는 것으로 봄이 상당하다.

☞ 乙이 甲에게 소유권이전등기의무를 부담하고 있음에도 丙에게 위 부동산에 관한 소유권을 이전한 것은 통정허위표시 또는 반사회질서의 법률행위에 해당한다고 주장하며 甲이 乙을 대위하여 주위적으로 丙을 상대로 소유권이전등기의 말소를 구하고, 위 통정허위표시와 반사회질서의 법률행위에 관한 주장이 배척된다면 乙의 甲에 대한 위 소유권이전등기의무는 이행불능 상태에 빠진 것이라고 주장하며 甲이 예비적으로 乙을 상대로 전보배상을 구한 사안.

그러나 부진정연대채무관계는 서로 중첩되는 부분에 관하여 일방의 채무가 변제 등으로 소멸할 경우 타방의 채무도 소멸하여 모두 기각될 관계에 있으므로 부진정연대채무의 관계에 있는 채무자들을 공동피고로 하여 이행의 소가 제기된 경우 이는 각 청구가 법률상 양립할 수 없는 경우가 아니어서 예비적·선택적 공동소송이라 할 수 없고, 통상공동소송으로 보아야 한다.[95)]

판 례 **부진정연대채무의 양립불가능성(대법원 2012. 9. 27. 선고 2011다76747 판결)**

[3] 어떤 물건에 대하여 직접점유자와 간접점유자가 있는 경우, 그에 대한 점유·사용으로 인한 부당이득의 반환의무는 동일한 경제적 목적을 가진 채무로서 서로 중첩되는 부분에 관하여는 일방의 채무가 변제 등으로 소멸하면 타방의 채무도 소멸하는 이른바 부진정연대채무의 관계에 있다.

[4] 부진정연대채무의 관계에 있는 채무자들을 공동피고로 하여 이행의 소가 제기된 경우 공동피고에 대한 각 청구는 법률상 양립할 수 없는 것이 아니므로 그 소송은 민사소송법 제70조 제1항에 규정한 본래 의미의 예비적·선택적 공동소송이라고 할 수 없고, 따라서 거기에 필수적 공동소송에 관한 민사소송법 제67조는 준용되지 않는다고 할 것이어서 상소로 인한 확정차단의 효력도 상소인과 그 상대방에 대해서만 생기고 다른 공동소송인에 대한 관계에는 미치지 않는다.

☞ 甲이 소유한 토지 지상에 국가가 설치한 송전선로가 지나가고 있고 한국수자원공사가 위 송전선로 등 수도권 광역상수도시설에 대한 수도시설관리권을 국가로부터 출자받아 시설을 유지·관리하고 있음. 甲이 직접점유자인 공사를 주위적 피고로, 간접점유자인 국가를 예비적 피고로 하여 위 토지 상공의 점유로 인한 부당이득반환청구의 소를 제기하였는데, 제1심이 공사에 대한 청구는 기각하고 국가에 대한 청구는 인용하자, 甲이 공사에 대하여만 항소를 제기하고, 공사와 국가는 항소하지 않았음에도, 항소심은 국가에

95) 대법원 2009. 3. 26. 선고 2006다47677 판결; 대법원 2012. 9. 27. 선고 2011다76747 판결.

대한 청구까지 항소심에 이심된 것으로 보고 이를 심리한 후 甲의 항소를 기각하였음. 대법원은 피고들 사이에는 제67조가 준용되는 예비적 공동소송의 관계가 아니므로 상소로 인한 확정차단의 효력도 당사자별로 따로 판단해야 하고, 따라서 국가에 대한 청구는 분리 확정되었음에도 항소심이 이를 이심된 것으로 보고 판단하였으므로 이 부분을 파기·자판하여 소송종료선언을 하였음.

(나) 판례는 법률상 양립불가능성의 의미를 유연하게 해석하여, 실체법상 양립할 수 없는 경우뿐만 아니라 소송법상 양립할 수 없는 경우도 포함된다고 하였다. 이에 단체와 대표자를 공동피고로 하여 단체의 대표자지위부존재확인을 구한 사례에서 누가 피고적격을 가지는지에 관한 법률적 평가에 따라 어느 한쪽에 대한 청구는 부적법하고 다른 쪽의 청구만이 적법하게 될 수 있으므로 이는 법률상 양립할 수 없는 관계에 해당한다고 보았다.[96)]

판 례 소송법상 양립불가능한 경우(대법원 2007. 6. 26.자 2007마515 결정)

[2] 법인 또는 비법인 등 당사자능력이 있는 단체의 대표자 또는 구성원의 지위에 관한 확인소송에서 그 대표자 또는 구성원 개인뿐 아니라 그가 소속된 단체를 공동피고로 하여 소가 제기된 경우에 있어서는, 누가 피고적격을 가지는지에 관한 법률적 평가에 따라 어느 한쪽에 대한 청구는 부적법하고 다른 쪽의 청구만이 적법하게 될 수 있으므로 이는 민사소송법 제70조 제1항 소정의 예비적·선택적 공동소송의 요건인 각 청구가 서로 법률상 양립할 수 없는 관계에 해당한다.
[3] 아파트 입주자대표회의 구성원 개인을 피고로 삼아 제기한 동대표지위 부존재확인의 소의 계속중에 아파트 입주자대표회의를 피고로 추가하는 주관적·예비적 추가가 허용된다고 한 사례.

(다) 법문상 법률상 양립할 수 없는 경우로 규정했기 때문에(제70조), 사실상 양립할 수 없는 경우에는 이에 해당하지 않는다 할 것이다.[97)] 따라서 예컨대 계약의 상대방이 누구인지 알 수 없거나 또는 가해행위자가 누구인지 알 수 없어서 임의로 수인을 예비적·선택적으로 공동피고로 하는 것은 허용될 수 없다고 본다.

(라) 양립불가능은 공동소송인의(에 대한) 청구의 일부와 양립불가능한 경우도 포함된다. 판례는 주위적 피고에 대한 주위적·예비적 청구 중 주위적 청구 부분이 인용되지 아니할 경우 그와 법률상 양립할 수 없는 관계에 있는 예비적 피고에 대한 청구를 인용하여 달라는 취지로 결합하여 소를 제기할 수 있다고 하였다.[98)] 그리고 이러한 법리는 원고가

96) 대법원 2007. 6. 26.자 2007마515 결정.

97) 손한기, 401면; 이시윤, 757면; 전병서, 581~582면; 정동윤/유병현/김경욱, 1062면; 정영환, 959면. 반대: 김홍규/강태원, 776~777면; 김홍엽, 1014면.

98) 대법원 2014. 3. 27. 선고 2009다104960, 104977 판결.

주위적 피고에 대하여 실질적으로 선택적 병합 관계에 있는 두 청구를 주위적·예비적으로 순위를 붙여 청구한 경우에도 그대로 적용된다고 하였다.[99]

판 례 **예비적 병합 관계에 있는 청구의 일부와 양립불가능한 경우의 포함 여부(대법원 2014. 3. 27. 선고 2009다104960, 104977 판결)**

민사소송법 제70조 제1항 본문이 규정하는 '공동소송인 가운데 일부에 대한 청구'를 반드시 '공동소송인 가운데 일부에 대한 모든 청구'라고 해석할 근거는 없으므로, 주위적 피고에 대한 주위적·예비적 청구 중 주위적 청구 부분이 인용되지 아니할 경우 그와 법률상 양립할 수 없는 관계에 있는 예비적 피고에 대한 청구를 인용하여 달라는 취지로 결합하여 소를 제기하는 것도 가능하다.

☞ 丙으로부터 甲이 토지를 매수하였으나 편의상 乙 명의로 소유권이전등기를 경료하여 두기로 하는 내용(소위 중간생략형 명의신탁)의 조정이 성립되어 그에 기해 등기를 마쳤는데, 그 후 甲이 주위적 피고 乙을 상대로 주위적으로 명의신탁 유효를 전제로 명의신탁해지를 원인으로 한 소유권이전등기청구를 하고, 만약 명의신탁이 무효로 인정될 것을 대비하여 예비적으로 乙을 상대로 소유권이전등기 말소등기청구를 하고, 동시에 예비적 피고 丙을 상대로 매매를 원인으로 한 소유권이전등기청구를 한 사안.

판 례 **실질적으로 선택적 병합 관계에 있는 청구의 일부와 양립불가능한 경우의 포함 여부(대법원 2015. 6. 11. 선고 2014다232913 판결)**

민사소송법 제70조 제1항 본문이 규정하는 '공동소송인 가운데 일부에 대한 청구'를 반드시 '공동소송인 가운데 일부에 대한 모든 청구'라고 해석할 근거는 없으므로, 주위적 피고에 대한 주위적·예비적 청구 중 주위적 청구 부분이 받아들여지지 아니할 경우 그와 법률상 양립할 수 없는 관계에 있는 예비적 피고에 대한 청구를 받아들여 달라는 취지로 주위적 피고에 대한 주위적·예비적 청구와 예비적 피고에 대한 청구를 결합하여 소를 제기하는 것도 가능하고, 처음에는 주위적 피고에 대한 주위적·예비적 청구만을 하였다가 청구 중 주위적 청구 부분이 받아들여지지 아니할 경우 그와 법률상 양립할 수 없는 관계에 있는 예비적 피고에 대한 청구를 받아들여 달라는 취지로 예비적 피고에 대한 청구를 결합하기 위하여 예비적 피고를 추가하는 것도 민사소송법 제70조 제1항 본문에 의하여 준용되는 민사소송법 제68조 제1항에 의하여 가능하다. 이 경우 주위적 피고에 대한 예비적 청구와 예비적 피고에 대한 청구가 서로 법률상 양립할 수 있는 관계에 있으면 양 청구를 병합하여 통상의 공동소송으로 보아 심리·판단할 수 있다. 그리고 이러한 법리는 원고가 주위적 피고에 대하여 실질적으로 선택적 병합 관계에 있는 두 청구를 주위적·예비적으로 순위를 붙여 청구한 경우에도 그대로 적용된다.

☞ 원고가 주위적 피고 甲의료원을 상대로 甲의료원이 운영하는 A병원이 이 사건 구급차 운용자라고 주장하며 응급의료에 관한 법률(이하 '응급의료법') 제48조 위반의 불법행위 손해배상청구를 하였다가, 소송계속 중 만약 A병원이 구급차 운용자가 아니라고 하더라도 A병원 의료진에게는 응급구조사 탑승 여부 확인의무가 있는데 이를 위반했다고 하며 예비적으로 응급의료법 제11조 제2항 위반의 불법행위 손해배상청구를 추가하고(甲의료원 상대의 위 두 청구는 실질적으로 선택적 병합 관계임), 예비적 피고 乙구급센터를 상대로 응급의료법 제48조 위반의 불법행위 손해배상청구를 추가한 사안. 참고로 응급의료법 제

99) 대법원 2015. 6. 11. 선고 2014다232913 판결.

48조는 구급차 운용자에게 구급차 출동 시 응급구조사 탑승의무를, 같은 법 제11조 제2항은 응급환자의 이송 시 의료기관의 장에게 응급환자의 안전한 이송에 필요한 의료기구와 인력을 제공할 의무를 규정.

(마) 양립불가능한 관계이면, 청구내용이 동일하지 않더라도 무방하다. 예컨대 ① 자동차판매회사를 주위적 피고로 하여 차량 미인도에 따른 채무불이행책임을 구하고, 카드회사를 예비적 피고로 하여 할부금채무부존재확인 및 기 납부한 할부금의 반환을 구하는 경우,[100] ② 주위적 피고를 상대로 소유권이전등기를 구하고, 예비적 피고를 상대로 위 등기의무 이행불능에 따른 손해배상을 구하는 경우,[101] ③ 주위적 피고를 상대로 소유권이전등기의 말소를 구하고, 예비적 피고를 상대로 소유권이전등기의무 이행불능에 따른 전보배상을 구하는 경우[102] 등에서 모두 소송물이 다르지만 예비적·선택적 공동소송이 허용된다.

(2) 공동소송의 일반 주관적·객관적 요건

예비적·선택적 공동소송도 공동소송의 일종이므로, 공동소송의 주관적·객관적 요건을 갖추어야 한다(제65조, 제253조). 예비적 공동소송인의 추가는 제1심의 변론종결시까지 할 수 있다(제70조, 제68조 제1항).

라. 심판방법

분쟁의 모순 없는 해결을 위해 제70조는 필수적 공동소송에 관한 제67조 내지 제69조의 규정을 준용토록 하였다. 따라서 변론의 분리·일부판결은 불가능하고, 소송자료의 통일,[103] 소송진행의 통일을 통해 본안재판의 통일이 가능하도록 하였다. 다만 필수적 공동소송과 달리 예비적·선택적 공동소송인은 각 자신의 소송물을 처분하는 행위를 할 수 있도록 하였다(제70조 제1항 단서).

(1) 소송자료의 통일

(가) 원 칙

제67조 제1항이 준용되므로, 공송소송인 중 한 사람의 소송행위는 모두의 이익을 위하여서만 효력이 발생한다. 따라서 공동소송인 중 한 사람이 유리한 소송행위, 즉 ① 답변서를 제출하면 모든 공동소송인이 무변론 패소판결(제257조 제1항)을 면할 수 있고, ② 본안에 관하여 응소하였다면 상대방이 소취하하려는 경우 공동소송인 전원의 동의를 요하며,

100) 대법원 2008. 7. 10. 선고 2006다57872 판결.
101) 대법원 2011. 9. 29. 선고 2009다7076 판결.
102) 대법원 2008. 3. 27. 선고 2005다49430 판결.
103) 예비적·선택적 공동소송에서 소송자료의 통일은 준용되지 않는다는 견해로 한충수, 728면; 호문혁, 928면.

③ 상대방의 주장사실을 부인·항변 등으로 다투면 공동소송인 모두가 다툰 것으로 되고, ④ 기일에 출석하여 변론하면 공동소송인 모두에 대해 기일불출석의 효과가 발생하지 않으며, ⑤ 기간을 준수하면 공동소송인 모두에 대해 기간의 부준수의 효과가 생기지 않는다.

반면 불리한 것은 공동소송인 모두가 함께해야 하며, 공동소송인 중 한 사람이 하여도 모두를 위한 효력이 발생하지 않는다. 따라서 자백은 모두가 함께하지 않으면 효력이 없다.104)

물론 제67조 제2항이 준용되므로, 공동소송인 가운데 한 사람에 대한 상대방의 소송행위는 그 유리·불리를 불문하고 공동소송인 모두에 대하여 그 효력이 생긴다.

(나) 예외: 소송물 처분행위

제70조에서 제67조 제1항을 준용하기 때문에 예비적·선택적 공동소송에 불리한 소송행위는 공동소송인 모두가 함께해야 할 것이나, 이렇게 되면 각 공동소송인의 소송물 처분에 대한 자유를 지나치게 제한하므로, 신법 제70조 제1항 단서에서는 각 공동소송인이 청구의 포기·인낙, 화해 및 소의 취하를 할 수 있도록 규정하였다. 따라서 공동소송인 중 일부가 소를 취하하거나 일부 공동소송인에 대한 소를 취하할 수 있다.105) 화해와 동일한 효력이 있는 조정갈음결정, 화해권고결정을 통해서도 일부 분리확정이 가능한데, 다만 위 결정에서 분리확정을 불허하고 있거나, 분리확정을 허용하는 것이 형평과 제70조 제1항 본문의 입법취지에 반하는 결과가 초래되는 경우에는 분리확정이 불허되고,106) 이는 위 결정에 대하여 일부 공동소송인만이 이의신청을 한 후 그 공동소송인 전원이 분리확정에 대하여는 이의가 없다는 취지로 진술하였다 하더라도 마찬가지이다.107)

판 례 **예비적·선택적 공동소송인 중 일부취하의 가능성(대법원 2018. 2. 13. 선고 2015다242429 판결)**

민사소송법은 주관적·예비적 공동소송에 대하여 필수적 공동소송에 관한 규정인 제67조 내지 제69조를 준용하도록 하면서도 소의 취하의 경우에는 예외를 인정하고 있다(제70조 제1항 단서). 따라서 공동소송인 중 일부가 소를 취하하거나 일부 공동소송인에 대한 소를 취하할 수 있고, 이 경우 소를 취하하지 않은 나머지 공동소송인에 관한 청구 부분은 여전히 심판의 대상이 된다.

☞ 甲은 乙 소유 주택에 관하여 乙을 대리한 丙과 사이에 임대차계약을 체결하였는데, 乙이 甲의 임차권을 다투자, 甲은 乙을 주위적 피고로 하여 (주위적으로 丙의 유권대리, 예비적으로 표현대리를 주장하여) 임

104) 김홍엽, 1019면; 손한기, 401면; 이시윤, 759면. 이에 대하여 자백이 다른 공동소송인에게 유리한 경우에는 각 공동소송인별로 판단하여야 한다는 견해로 정동윤/유병현/김경욱, 1064면; 정영환, 962면. 반면 각 공동소송인은 아무런 제한 없이 자백을 할 수 있다는 견해로 호문혁, 930면.

105) 대법원 2018. 2. 13. 선고 2015다242429 판결.

106) 대법원 2015. 3. 20. 선고 2014다75202 판결.

107) 대법원 2022. 4. 14. 선고 2020다224975 판결.

차권확인을 구하고, 乙에 대한 청구가 받아들여지지 않을 것을 대비하여 중개사 丁을 예비적 피고로 하여 불법행위로 인한 손해배상청구를 하였는데, 제1심은 乙에 대한 예비적 주장을 받아들여 임차권확인청구를 인용하면서도 丁에 대한 판결을 하지 않았고, 이에 대해 乙이 항소하였으나 항소심에서 甲이 乙에 대한 소를 취하한 사안.

판 례 **예비적·선택적 공동소송에서 일부화해 및 조정갈음결정, 화해권고결정을 통한 일부 분리 확정의 가능성(대법원 2015. 3. 20. 선고 2014다75202 판결)**

민사소송법 제70조에서 정한 주관적·예비적 공동소송에는 민사소송법 제67조 내지 제69조가 준용되어 소송자료 및 소송진행의 통일이 요구되지만, 청구의 포기·인낙, 화해 및 소의 취하는 공동소송인 각자가 할 수 있는데, 이에 비추어 보면, 조정을 갈음하는 결정이 확정된 경우에는 재판상 화해와 동일한 효력이 있으므로 그 결정에 대하여 일부 공동소송인이 이의하지 않았다면 원칙적으로 그 공동소송인에 대한 관계에서는 조정을 갈음하는 결정이 확정될 수 있다. 다만, 조정을 갈음하는 결정에서 분리 확정을 불허하고 있거나, 그렇지 않더라도 그 결정에서 정한 사항이 공동소송인들에게 공통되는 법률관계를 형성함을 전제로 하여 이해관계를 조절하는 경우 등과 같이 결정 사항의 취지에 비추어 볼 때 분리 확정을 허용할 경우 형평에 반하고 또한 이해관계가 상반된 공동소송인들 사이에서의 소송진행 통일을 목적으로 하는 민사소송법 제70조 제1항 본문의 입법 취지에 반하는 결과가 초래되는 경우에는 분리 확정이 허용되지 않는다. 이러한 법리는 이의신청 기간 내에 이의신청이 없으면 재판상 화해와 동일한 효력을 가지는 화해권고결정의 경우에도 마찬가지로 적용된다.

☞ 甲이 乙에게 금전을 대여하였고, 위 채무를 丙이 연대보증(丁이 丙을 대리함)하였는데, 변제받지 못하자 甲이 乙을 상대로 위 대여금의 반환을 구함과 아울러 ① 丁에게 대리권이 있었음을 들어 주위적 피고 丙을 상대로 연대보증채무의 이행을 구하고, ② 丁이 무권대리인일 경우를 대비하여 예비적 피고 丁을 상대로 민법 제135조 책임의 이행을 구한 사안임. 제1심은 丁을 무권대리인으로 보고 甲의 乙과 丁에 대한 청구는 인용하고 丙에 대한 청구는 기각하였는데, 이에 대해 丁만 항소하였음. 항소심은 丁이 甲에게 일정금원을 지급하고 甲의 나머지 청구를 모두 포기하는 내용의 화해권고결정을 하였는데, 丁만 이의하였을 뿐 甲과 丙은 이의하지 않자 항소심은 甲의 丙에 대한 청구는 위 화해권고결정으로 확정되었고 항소심의 심판대상은 丁에 대한 청구부분으로 한정된다고 보고 丁의 항소를 기각하면서도 丙에 대한 청구부분은 아무런 판단을 하지 않았음. 그러나 대법원은 丙과 丁에 대한 각 청구의 분리확정을 허용해서는 아니 된다고 하여 원심판결 전부를 파기한 후 자판하여 丁의 항소를 기각하였음.

(2) 소송진행의 통일

(가) 변론의 경우

예비적·선택적 공동소송에서도 변론의 준비, 변론, 증거조사, 판결은 같은 기일에 함께 해야 하고, 변론의 분리나 일부판결은 허용되지 않으며,[108] 공동소송인 가운데 한 사람에게 소송절차 중단·중지의 원인이 발생하면 다른 공동소송인 모두에 대하여 중단·중

108) 대법원 2018. 2. 13. 선고 2015다242429 판결.

지의 효과가 발생한다(제70조 제1항 본문, 제67조 제3항).

다만 앞서 본 제70조 제1항 단서에서 각 공동소송인의 소송물 처분의 자유를 보장한 관계로 일부 공동소송인이 청구의 포기·인낙, 화해를 한 경우 그 공동소송인에 대한 관계에서는 소송종결의 효력이 발생하여 분리확정된다. 그러나 그 경우에도 분리확정이 형평에 반하거나 제70조 제1항 본문의 입법취지에 반한다는 특별한 사정이 있는 경우에는 분리확정이 불허된다.[109)]

(나) 상소의 경우

공동소송인 가운데 어느 한 사람이 상소를 제기하면 다른 공동소송인에 관한 청구부분도 확정이 차단되고 상소심에 이심되어 심판의 대상이 된다.[110)] 상소하지 않은 공동소송인도 상소심의 당사자가 된다. 위의 경우 상소심의 심판대상은 주위적·예비적 공동소송인들 및 상대방 당사자 간 결론의 합일확정 필요성을 고려하여 판단하여야 한다.[111)] 따라서 불이익변경금지의 원칙이 적용되지 않으므로, 불복하지 않은 공동소송인의 청구부분의 유·불리가 바뀔 수 있다.[112)]

(3) 본안재판의 통일

공동소송인 간에 모순 없는 본안판결을 하여야 한다. 그리고 모든 공동소송인에 관한 청구에 대하여 판단을 하여야 하므로(제70조 제2항), 일부 공동소송인에 대해서만 판결을 하거나 남겨진 당사자를 위하여 추가판결을 하는 것은 허용되지 않는다.[113)] 예컨대 예비적 공동소송에서 주위적 피고에 대한 청구를 인용하는 경우 그 인용판결과 함께 예비적 피고에 대한 청구를 기각하는 주문을 내야 하고, 선택적 공동소송에서 어느 피고에 대한 청구를 인용하는 경우 나머지 피고에 대한 청구를 기각하는 주문을 내야 한다. 만약 착오로 일부 공동소송인에 관한 청구에 대하여만 판결을 하였더라도 이는 일부판결이 아니라 전부판결에 해당하므로 판단누락으로 보아 상소로써 이를 다투어야 한다.[114)]

---

109) 대법원 2008. 7. 10. 선고 2006다57872 판결; 대법원 2015. 3. 20. 선고 2014다75202 판결; 대법원 2022. 4. 14. 선고 2020다224975 판결.

110) 대법원 2011. 2. 24. 선고 2009다43355 판결; 대법원 2015. 3. 20. 선고 2014다75202 판결; 대법원 2018. 2. 13. 선고 2015다242429 판결.

111) 대법원 2011. 2. 24. 선고 2009다43355 판결; 대법원 2015. 3. 20. 선고 2014다75202 판결; 대법원 2022. 4. 14. 선고 2020다224975 판결.

112) 이시윤, 760면; 정동윤/유병현/김경욱, 1065면; 정영환, 964면.

113) 대법원 2018. 2. 13. 선고 2015다242429 판결.

114) 대법원 2008. 3. 27. 선고 2005다49430 판결.

판 례 **누락된 공동소송인의 상소가능성(대법원 2008. 3. 27. 선고 2005다49430 판결)**

민사소송법 제70조 제2항은 같은 조 제1항의 예비적·선택적 공동소송에서는 모든 공동소송인에 관한 청구에 대하여 판결을 하도록 규정하고 있으므로, 이러한 공동소송에서 일부 공동소송인에 관한 청구에 대하여만 판결을 하는 경우 이는 일부판결이 아닌 흠이 있는 전부판결에 해당하여 상소로써 이를 다투어야 하고, 그 판결에서 누락된 공동소송인은 이러한 판단유탈을 시정하기 위하여 상소를 제기할 이익이 있다.

2. 추가적 공동소송(소의 주관적 추가적 병합)

가. 의 의

추가적 공동소송은 소송계속 중 제3자가 원고 측이나 피고 측에 스스로 당사자로서 가입하거나, 종래의 당사자가 제3자에 대한 소를 추가적으로 병합하여 제기함으로써 공동소송의 형태가 되는 것을 말한다. 우리 민사소송법이 규정하고 있는 추가적 공동소송은 ① 필수적 공동소송인의 추가(제68조), ② 예비적·선택적 공동소송인의 추가(제70조 제1항 본문, 제68조), ③ 공동소송참가(제83조), ④ 참가승계(제81조), 인수승계(제82조)가 있다.

나. 명문의 규정 없는 추가적 공동소송 허용 여부

위에서 명문의 규정이 없는 경우에도 추가적 공동소송을 인정할 것인가에 대해서는 견해의 대립이 있다. 판례는 필수적 공동소송이 아닌 사례에서 당사자의 추가신청은 명목이 어떻든 간에 부적법하여 허용되지 않는다고 하여,[115] 이를 부정하고 있고, 이와 태도를 같이 하는 견해도 있다.[116] 이에 대하여 다수의 견해는 소송경제와 관련분쟁의 1회적 해결에 도움이 된다고 하여 명문의 규정이 없는 경우에도 추가적 공동소송을 허용할 필요가 있다고 한다.[117] 그러나 이는 입법론으로는 경청할 만하나 해석론을 벗어난 것이고, 변론의 병합을 통해서도 같은 목적을 달성할 수 있으므로, 명문의 규정에 직접적으로 저촉되는 해석은 신중해야 한다는 견해도 있다.[118]

다. 요 건

그 허용을 긍정하는 견해에 의할 때, 추가적 공동소송은 추가적 병합에 의하여 공동소송이 되므로 공동소송의 요건(제65조)을 갖추어야 하고, 또 소송절차를 현저히 지연시켜서는 아니 된다고 할 것이다.

---

115) 대법원 1993. 9. 28. 선고 93다32095 판결; 대법원 2009. 5. 28. 선고 2007후1510 판결.

116) 호문혁, 918면.

117) 김홍규/강태원, 780~781면; 이시윤, 763면; 전병서, 587면; 정동윤/유병현/김경욱, 1068면; 정영환, 966면; 한충수, 732면.

118) 김홍엽, 1029면.

제 2 절 선정당사자

Ⅰ. 서 설

1. 의 의

(1) 선정당사자는 공동의 이해관계를 가진 여러 사람이 당사자로서 공동소송을 하려는 경우에, 그 가운데에서 모두를 위하여 소송을 수행할 당사자로 선출된 자를 말한다(제53조). 선출된 자가 선정당사자이고, 선정당사자를 선정한 자가 선정자이다.

(2) 공동의 이해관계를 가진 다수자가 비법인사단으로서 당사자능력을 인정받지 못한 경우 전원이 소송을 수행하는데 따르는 소송진행의 복잡과 불편을 제거하여 이를 단순화하는 목적으로 인정된 것이다.

2. 법적 성질

선정당사자와 선정자의 관계는 대리관계가 아니라, 선정자의 소송수행권을 선정당사자에게 맡긴 신탁관계이다. 따라서 선정당사자제도는 법률이 명문으로 인정하는 임의적 소송담당의 일종이다. 선정당사자제도를 이용할 것인지 여부는 공동의 이해관계를 가진 다수자의 자유이며, 법원이 이를 강제할 수 없다.[119]

Ⅱ. 선정의 요건(제53조 제1항)

제53조(선정당사자) ① 공동의 이해관계를 가진 여러 사람이 제52조의 규정에 해당되지 아니하는 경우에는, 이들은 그 가운데에서 모두를 위하여 당사자가 될 한 사람 또는 여러 사람을 선정하거나 이를 바꿀 수 있다.

1. 공동소송을 할 여러 사람

여기의 여러 사람은 2인 이상이면 된다. 원고 측에 한하지 않고, 피고 측도 무방하다. 여러 사람이 비법인사단(제52조)을 구성하여 비법인사단 자체를 당사자로 할 때에는 선정

---

119) 다만 민사조정에서는 필요하다고 인정하는 경우 조정담당판사가 대표당사자의 선정을 명할 수 있다(민조 제18조 제3항). 그러나 가사조정의 경우에는 그러하지 아니하다(가소 제49조 단서).

의 여지가 없다. 그러나 비법인사단의 구성원 전원이 당사자가 되어 필수적 공동소송의 형태로 할 때에는[120] 선정당사자를 선정할 수 있다.[121] 물론 당사자능력이 인정되지 않는 민법상 조합에서는 선정당사자제도를 활용할 수 있다.

2. 공동의 이해관계

공동소송을 할 여러 사람이 공동의 이해관계를 가져야 하는데, 공동의 이해관계의 의미에 대해 해석상 다툼이 있다.

가. 제65조 전문의 경우

여러 사람이 반드시 공동으로 소송을 해야 하는 고유필수적 공동소송의 관계에 있는 경우, 그리고 소송목적이 되는 권리나 의무가 여러 사람에게 공통되거나 사실상 또는 법률상 같은 원인으로 말미암아 생긴 경우와 같이 제65조 전문의 경우에는 일반적으로 공동의 이해관계가 있다고 본다. 판례는 교통사고 피해자의 자녀들이 손해배상청구를 하는 경우와 같이 권리의 발생원인이 사실상 동일한 경우 공동의 이해관계를 긍정하여 선정당사자의 자격을 인정한 바 있다.[122]

나. 제65조 후문의 경우

(1) 그런데 소송목적이 되는 권리나 의무가 같은 종류의 것이고, 사실상 또는 법률상 같은 종류의 원인으로 말미암은 경우와 같이 제65조 후문의 경우에도 공동의 이해관계가 있다고 볼 것인지에 대해 견해의 대립이 있다.

(2) 판례는 수인의 근저당권자를 상대로 각 근저당권설정등기의 말소를 구한 사안에서 각 근저당권말소소송의 각 근저당권자들 사이,[123] 종중이 수인의 종중원들을 상대로 명의신탁해지를 원인으로 소유권이전등기를 구한 사안에서 각 명의신탁해지소송의 각 종중원들 사이[124] 등과 같이 다수자의 권리·의무가 동종이며 그 발생원인이 동종인 관계에 있는 것만으로는 공동의 이해관계가 있다고 할 수 없다고 하여, 제65조 후문의 경우 원칙적으로 공동의 이해관계를 부정한다. 그러나 제65조 후문에 해당하더라도 구체적으로 주요한 공격방어방법을 공통으로 하는 경우에는 공동의 이해관계를 긍정하고 있다. 이에 수

120) 대법원 2005. 9. 15. 선고 2004다44971 전원합의체 판결.
121) 정동윤/유병현/김경욱, 1070면; 정영환, 1059면; 한충수, 737면.
122) 대법원 2014. 10. 15. 선고 2013다25781 판결.
123) 대법원 1997. 7. 25. 선고 97다362 판결.
124) 대법원 2007. 7. 12. 선고 2005다10470 판결.

인의 임차인들이 甲을 임대인이라고 주장하면서 보증금반환을 구한 사안에서 사건의 쟁점은 甲이 임대차계약상의 임대인으로서 계약당사자인지 여부에 있으므로 그 임차인들 상호간에 공동의 이해관계가 있다고 하였다.[125)]

판 례 공동의 이해관계의 의미(대법원 2007. 7. 12. 선고 2005다10470 판결)

공동의 이해관계가 있는 다수자는 선정당사자를 선정할 수 있는바, 이 경우 공동의 이해관계란 다수자 상호간에 공동소송인이 될 관계에 있고 또 주요한 공격방어방법을 공통으로 하는 것을 의미하므로, 다수자의 권리·의무가 동종이며 그 발생원인이 동종인 관계에 있는 것만으로는 공동의 이해관계가 있다고 할 수 없어 선정당사자의 선정을 허용할 것이 아니다.

판 례 주요 공격방어방법(쟁점) 공통의 경우(대법원 1999. 8. 24. 선고 99다15474 판결)

임차인들이 甲을 임대차계약상의 임대인이라고 주장하면서 甲에게 그 각 보증금의 전부 내지 일부의 반환을 청구하는 경우, 그 사건의 쟁점은 甲이 임대차계약상의 임대인으로서 계약당사자인지 여부에 있으므로, 그 임차인들은 상호간에 공동소송인이 될 관계가 있을 뿐 아니라 주요한 공격방어방법을 공통으로 하는 경우에 해당함이 분명하다고 할 것이어서, 민사소송법 제49조[현행 제53조] 소정의 공동의 이해관계가 있어 선정당사자를 선정할 수 있다.

3. 공동의 이해관계 있는 자 중에서 선정할 것

(1) 선정당사자는 공동의 이해관계 있는 자 중에서 선정되어야 한다. 만약 제3자도 선정될 수 있다면 변호사대리의 원칙(제87조)이 잠탈될 수 있기 때문이다. 이에 대하여 공동의 이해관계가 있다면 소송당사자가 아닌 자도 일정한 요건하 선정당사자로 선정될 수 있다는 견해가 있으나,[126)] 제53조 제1항 법문에 반한다 할 것이다.[127)]

(2) 선정당사자는 동시에 선정자이므로, 선정당사자를 선정자로 표기하는 것이 위법한 것은 아니다.[128)]

---

125) 대법원 1999. 8. 24. 선고 99다15474 판결.
126) 정영환, 1060면.
127) 김홍엽, 1033면.
128) 대법원 2011. 9. 8. 선고 2011다17090 판결.

III. 선정의 방법

1. 권한제한 또는 심급제한 가부

(1) 선정은 선정자가 자기의 권리이익에 관한 소송수행권을 선정당사자에게 수여하는 것으로서, 대리권의 수여와 유사한 단독소송행위이다(통설). 따라서 소송능력이 필요하다.

(2) 그리고 선정에 조건을 붙여서도 아니 되므로 예컨대 화해의 권한을 제한하여 선정하는 것은 허용되지 않는다. 이와 관련하여 제1심에 한정하는 것과 같이 심급제한의 선정이 가능한지 문제된다. 이에 대하여 긍정하는 견해(심급한정설)[129]과 부정하는 견해(소송종료설)[130]가 대립한다. 판례는 선정은 총원의 합의로써 장래를 향하여 취소·변경할 수 있는 만큼 당초부터 어떠한 심급에 한정하여 선정하는 것도 허용되나,[131] 선정서에 사건명을 기재한 다음 '제1심 소송절차에 관하여' 또는 '제1심 소송절차를 수행하게 한다'라는 문구가 기재되어 있다 하더라도 이는 사건을 특정하기 위한 것이므로 그 선정의 효력은 소송의 종료에 이르기까지 계속된다고 보았다.[132] 생각건대 심급한정은 조건이 아니고, 선정자들은 언제든지 선정을 취소할 수 있으며, 이러한 선정자들의 의사를 존중할 필요가 있으므로, 심급한정설이 타당하다고 본다.

판 례 **심급한정의 선정 가부(대법원 2003. 11. 14. 선고 2003다34038 판결)**

공동의 이해관계가 있는 다수자가 당사자를 선정한 경우에는 선정된 당사자는 당해 소송의 종결에 이르기까지 총원을 위하여 소송을 수행할 수 있고, 상소와 같은 것도 역시 이러한 당사자로부터 제기되어야 하는 것이지만, 당사자 선정은 총원의 합의로써 장래를 향하여 이를 취소, 변경할 수 있는 만큼 당초부터 특히 어떠한 심급을 한정하여 당사자인 자격을 보유하게끔 할 목적으로 선정을 하는 것도 역시 허용된다고 할 것이나, 선정당사자의 선정행위시 심급의 제한에 관한 약정 등이 없는 한 선정의 효력은 소송이 종료에 이르기까지 계속되는 것이다.

판 례 **선정서에 기재된 '제1심 소송절차에 관하여' 문구의 의미(대법원 1995. 10. 5.자 94마2452 결정)**

선정당사자의 제도가 당사자 다수의 소송에 있어서 소송절차를 간소화, 단순화하여 소송의 효율적인 진행을

129) 강현중, 881면; 김홍엽, 1034면; 정동윤/유병현/김경욱, 1071면; 호문혁, 944면.
130) 이시윤, 766면; 정영환, 1062면.
131) 대법원 2003. 11. 14. 선고 2003다34038 판결.
132) 대법원 1995. 10. 5.자 94마2452 결정.

도모하는 것을 목적으로 하고, 선정된 자가 당사자로서 소송의 종료에 이르기까지 소송을 수행하는 것이 그 본래의 취지임에 비추어 보면, 제1심에서 제출된 선정서에 사건명을 기재한 다음에 '제1심 소송절차에 관하여' 또는 '제1심 소송절차를 수행하게 한다'라는 문언이 기재되어 있는 경우라 하더라도, 특단의 사정이 없는 한, 그 기재는 사건명 등과 더불어 선정당사자를 선정하는 사건을 특정하기 위한 것으로 보아야 하고, 따라서 그 선정의 효력은 제1심의 소송에 한정하는 것이 아니라 소송의 종료에 이르기까지 계속하는 것으로 해석함이 상당하다고 본 사례.

2. 선정의 시기

소송계속 전·후를 불문하고 선정을 할 수 있다. 소송계속 후 선정이 있으면 선정자는 소송에서 탈퇴하고(제53조 제2항), 선정당사자가 그 지위를 승계받는다.

3. 선정의 방법

(1) 선정은 각 선정자가 개별적으로 하여야 하고, 다수결로 결정할 수는 없다. 그리고 전원이 공동으로 같은 사람을 선정할 필요는 없다. 예컨대 선정자 10명 중 6명은 A를, 4명은 B를 선정하여도 된다. 또한 선정당사자를 선정하지 않고 스스로 당사자가 되어 소송행위를 할 수도 있다.

(2) 서면증명이 필요하기 때문에(제58조 제1항 후문) 선정서를 작성하여 제출하는 것이 보통이다. 선정서는 소송기록에 붙여야 한다(제58조 제2항).

IV. 선정의 효과

1. 선정당사자의 지위

가. 당사자 본인으로서의 지위

(1) 선정당사자는 선정자의 대리인이 아니라 당사자본인이므로, 소송을 수행함에 있어서 제90조 제2항의 제한을 받지 않는다. 따라서 선정당사자는 소의 취하,[133] 청구의 포기·인낙, 화해, 상소의 제기[134]를 할 수 있고, 그 외 선정자의 개별적 동의 없이도 소송수행에 필요한 모든 사법상의 행위를 할 수 있다.[135] 그러나 선정당사자가 변호사인 소송대

---

133) 대법원 2012. 3. 15. 선고 2011다105966 판결.

134) 대법원 2015. 10. 15. 선고 2015다31513 판결.

135) 대법원 2003. 5. 30. 선고 2001다10748 판결. 한편 선정당사자가 소의 취하, 청구의 포기·인낙, 화해 등 소

리인과 사이에 체결한 보수약정은 선정당사자가 독자적으로 행할 수 있는 사법상의 행위라고 할 수 없어 선정자들에게 그 효력이 미치지 않는다.[136] 한편 제65조 후문의 관계에 있어 공동의 이해관계가 없음에도 선정당사자로 선정되고 법원이 이를 간과하여 판결이 확정된 경우에도, 선정자들이 스스로 선정행위를 한 이상 그 선정자들은 당해 소송에 관여할 기회를 박탈당한 것이 아니므로, 공동의 이해관계가 없다는 사정은 재심사유가 되지 않는다.[137]

판 례 **선정당사자의 소취하 가부(대법원 2012. 3. 15. 선고 2011다105966 판결)**

甲 등이 乙 등을 상대로 소송을 제기하면서 그들 모두를 위한 선정당사자로 丙을 선정하여 소송을 수행하도록 하였는데, 丙이 선정당사자 지위에서 乙 등과 '乙 등은 연대하여 丙에게 500만 원을 지급하고, 丙은 소송을 취하하며 민·형사상의 책임을 묻지 않겠다'는 취지로 합의한 후 소를 취하한 사안에서, 丙이 소송 도중 乙 등과 한 합의는 甲 등을 위하여 500만 원을 지급받는 대신 소송을 취하하여 종료시킴과 아울러 乙 등을 상대로 동일한 소송을 다시 제기하지 않기로 한 것으로서, 이는 선정당사자가 할 수 있는 소송수행에 필요한 사법상의 행위에 해당하고, 甲 등으로부터 개별적인 동의를 받았는지에 관계없이 그들 모두에게 그 효력이 미친다고 한 사례.

판 례 **선정자의 개별적 동의 필요 여부(대법원 2003. 5. 30. 선고 2001다10748 판결)**

선정당사자는 선정자들로부터 소송수행을 위한 포괄적인 수권을 받은 것으로서 일체의 소송행위는 물론 소송수행에 필요한 사법상의 행위도 할 수 있는 것이고 개개의 소송행위를 함에 있어서 선정자의 개별적인 동의가 필요한 것은 아니다.

판 례 **선정당사자의 변호사보수 약정 가부(대법원 2010. 5. 13. 선고 2009다105246 판결)**

선정당사자는 선정자들로부터 소송수행을 위한 포괄적인 수권을 받은 것으로서 일체의 소송행위는 물론 소송수행에 필요한 사법상의 행위도 할 수 있는 것이고 개개의 소송행위를 함에 있어서 선정자의 개별적인 동의가 필요한 것은 아니라 할 것이므로, 자신과 선정자들을 위한 공격이나 방어를 위하여 필요한 범위에서 특정한 법률관계에 실체법적 효과를 발생시키는 행위나 변제의 수령 등을 할 수 있다고 할 것이지만, 변호사인 소송대리인과 사이에 체결하는 보수약정은 소송위임에 필수적으로 수반되어야 하는 것은 아니므로 선정당사자가 그 자격에 기한 독자적인 권한으로 행할 수 있는 소송수행에 필요한 사법상의 행위라고 할 수 없다. 따라서 선정당사자가 선정자로부터 별도의 수권 없이 변호사 보수에 관한 약정을 하였다면 선정자들

송을 종료시키는 행위를 할 때에는 선정자의 동의나 법원의 허가를 얻도록 하는 것이 필요하다는 견해가 있는데(이시윤, 767면; 정동윤/유병현/김경욱, 1072면; 정영환, 1064면), 선정당사자의 독주를 견제하기 위한 입법론으로서 타당하다고 본다.

136) 대법원 2010. 5. 13. 선고 2009다105246 판결.

137) 대법원 2007. 7. 12. 선고 2005다10470 판결.

이 이를 추인하는 등의 특별한 사정이 없는 한 선정자에 대하여 효력이 없다고 할 것이며, 뿐더러 그와 같은 보수약정을 하면서 향후 변호사 보수와 관련하여 다투지 않기로 부제소합의를 하거나 약정된 보수액이 과도함을 이유로 선정자들이 제기한 별도의 소송에서 소취하합의를 하더라도 이와 관련하여 선정자들로부터 별도로 위임받은 바가 없다면 선정자에 대하여 역시 그 효력을 주장할 수 없다.

판 례 **공동의 이해관계가 없는 자를 선정자 스스로 선정당사자로 선정한 경우 재심사유가 되는지 여부(대법원 2007. 7. 12. 선고 2005다10470 판결)**

다수자 사이에 공동소송인이 될 관계에 있기는 하지만 주요한 공격방어방법을 공통으로 하는 것이 아니어서 공동의 이해관계가 없는 자가 선정당사자로 선정되었음에도 법원이 그러한 선정당사자 자격의 흠을 간과하여 그를 당사자로 한 판결이 확정된 경우, 선정자가 스스로 당해 소송의 공동소송인 중 1인인 선정당사자에게 소송수행권을 수여하는 선정행위를 하였다면 그 선정자로서는 실질적인 소송행위를 할 기회 또는 적법하게 당해 소송에 관여할 기회를 박탈당한 것이 아니므로, 비록 그 선정당사자와의 사이에 공동의 이해관계가 없었다고 하더라도 그러한 사정은 민사소송법 제451조 제1항 제3호가 정하는 재심사유에 해당하지 않는 것으로 봄이 상당하고, 이러한 법리는 그 선정당사자에 대한 판결이 확정된 경우뿐만 아니라 그 선정당사자가 청구를 인낙하여 인낙조서가 확정된 경우에도 마찬가지라 할 것이다.

(2) 선정자와 선정당사자가 권한행사에 관한 내부적인 제한계약을 맺었다 하더라도 그와 같은 제한으로써 법원이나 상대방에 대항할 수 없다.[138)]

나. 복수의 선정당사자의 지위

동일 선정자단에서 수인의 선정당사자가 선정되었을 때에는 그 수인의 선정당사자가 소송수행권을 준합유하는 관계에 있기 때문에 그 수인의 선정당사자들 사이의 소송관계는 필수적 공동소송이다. 그러나 별개의 선정자단에서 각각 선정된 수인의 선정당사자 사이의 소송관계는 원래의 소송관계가 필수적 공동소송이 아니라면 통상공동소송관계이다.[139)]

2. 선정자의 지위와 판결의 효력

가. 선정자의 지위

제53조(선정당사자) ② 소송이 법원에 계속된 뒤 제1항의 규정에 따라 당사자를 바꾼 때에는 그 전의 당사자는 당연히 소송에서 탈퇴한 것으로 본다.

138) 김홍엽, 1036면; 이시윤, 767면.

139) 김홍엽, 1036면; 이시윤, 768면; 정동윤/유병현/김경욱, 1073면; 정영환, 1064면.

(1) 소송계속 후 선정이 있으면 선정자는 당연히 소송에서 탈퇴하는데(제53조 제2항), 이 경우 선정자가 그 소송에 관한 소송수행권을 상실하는지 여부에 관한 논의가 있다. 이에 대하여 ① 당사자의 경정권(제94조)을 유추하여 선정당사자의 독주를 견제하기 위해 선정자는 자기 고유의 소송수행권을 상실하지 않는다는 견해(적격유지설)[140]와, ② 선정당사자는 대리인이 아니므로 경정권(제94조)을 유추할 수 없으며, 선정자는 선정의 취소에 의해 다시 소송수행을 할 수 있으므로, 선정자는 탈퇴로 인해 당사자적격을 상실한다는 견해(적격상실설)[141]의 대립이 있다. 판례는 선정당사자에 대해 소송비용액 확정결정이 있는 경우 선정자에게까지 집행문을 내어줄 수 없고 선정당사자도 다른 선정자의 비용분담을 이유로 집행문 부여를 다툴 수 없다고 하여,[142] 소송에서 탈퇴한 선정자의 당사자적격이 상실된다고 보고 있는 듯하다.

판 례 **소송에서 탈퇴한 선정자의 지위(대법원 2013. 1. 18.자 2010그133 결정)**

(전략) 선정자들은 소송수행권을 상실하고 소송관계에서 탈퇴하게 된다. 이에 비추어 보면, 법원이 소송비용을 정하면서 주문에서 선정자들의 공동부담으로 하지 아니하고 소송당사자인 선정당사자(선정당사자인 선정자를 의미한다)의 부담으로 한 경우에, 판결에서 실질적으로 선정자들의 공동부담으로 하면서 그 표시만 선정당사자에게 부담을 명하였음이 명백한 경우 등과 같은 특별한 사정이 없고, 주문 표시대로 그 선정당사자를 상대로 소송비용액 확정결정이 이루어진 때에는, 비용상환권리자는 선정당사자 외의 다른 선정자가 비용상환의무를 분담함을 전제로 하여 다른 선정자를 상대로 민사집행법 제25조 제2항에서 정한 집행문을 내어 달라고 신청할 수 없고, 위 선정당사자 역시 다른 선정자의 비용 분담을 이유로 그 부분에 대하여 상환의무를 지지 않는다고 주장하여 확정된 소송비용액에 관한 집행문의 부여를 다툴 수 없다. .

(2) 선정당사자에 의한 소송계속 중 선정자가 동일한 소송물에 대한 별개의 청구를 하거나 청구를 당하면 후소는 중복소송(제259조)으로 부적법하게 된다. 이를 근거로 선정자가 소송에서 탈퇴하더라도 당사자적격을 유지하는 것이라고 주장하는 견해[143]가 있으나, 이 중복소송 여부는 소송수행권 여부와는 관련없는 것이라 하며 반박하는 견해[144]도 있다.

(3) 선정당사자는 당사자이나 선정자와의 내부적 관계에서는 소송대리인과 유사한 측면이 있으므로, 만약 법원이 선정당사자의 변론능력 흠결을 이유로 진술금지 및 변호사 선임명령을 한 경우에는 제144조 제3항을 유추적용하여 선정자들에게 그 취지를 통지하

140) 이시윤, 768면; 정동윤/유병현/김경욱, 1073면; 정영환, 1064면.
141) 강현중, 882면; 김홍규/강태원, 794면; 김홍엽, 1037면; 전병서, 634면; 호문혁, 945면.
142) 대법원 2013. 1. 18.자 2010그133 결정.
143) 이시윤, 768면.
144) 김홍엽, 1038면.

여야 하고, 그러한 조치 없이 변호사의 선임이 이루어지지 않았다고 하여 곧바로 소를 각하해서는 아니 된다.[145)]

나. 판결의 효력

(1) 선정당사자가 받은 판결의 효력은 선정자에 대하여도 미친다(제218조 제3항). 이행판결의 경우에는 승계집행문을 부여받아 선정자를 위하여 또는 선정자에 대하여 강제집행을 할 수 있다. 집행을 위하여 선정자와의 관계에서는 승계집행문이 필요하다(민집 제25조, 제31조).

(2) 선정당사자가 소송을 수행한 경우에는 판결문의 당사자란에 선정당사자만 표시하고, 다만 선정자목록을 판결문 뒤에 별지로 첨부한다.

3. 선정당사자의 자격상실

(1) 선정당사자의 자격은 선정당사자의 사망이나 선정의 철회·변경에 의하여 상실된다. 또한 선정당사자 본인에 대한 부분의 소가 취하되거나 판결이 확정된 경우에도 선정당사자는 그 자격을 상실한다.[146)] 선정자는 어느 때나 선정을 철회할 수 있고(제53조 제1항), 선정의 철회는 묵시적으로도 가능하며,[147)] 철회와 동시에 새로 선정을 하면 선정당사자의 변경이 있게 된다. 선정당사자의 자격 철회나 변경은 상대방에게 통지하여야 효력이 발생한다(제63조 제2항).

(2) 수인의 선정당사자 중 일부가 사망하거나 그 자격을 상실하더라도 소송절차는 중단되지 않고, 이 경우 다른 선정당사자가 소송을 수행하면 된다(제54조). 선정당사자 모두가 죽거나 그 자격을 상실한 경우에는 선정자 모두 또는 새로운 선정당사자가 소송을 수계할 때까지 소송절차는 중단된다(제237조 제2항). 그러나 소송대리인이 있는 경우에는 중단되지 아니한다(제238조).

최근 판례는 선정당사자가 본인에 대한 부분의 소 또는 항소를 취하하여 자격을 상실하였음에도 법원이 소송수계가 이루어지지 않은 상태 그대로 소송절차를 진행하여 판결을 선고한 경우, 대리인에 의하여 적법하게 대리되지 않았던 경우와 마찬가지의 위법이 있다고 하였다.[148)]

---

145) 대법원 2000. 10. 18.자 2000마2999 결정.
146) 대법원 2006. 9. 28. 선고 2006다28775 판결; 대법원 2015. 10. 15. 선고 2015다31513 판결.
147) 대법원 2015. 10. 15. 선고 2015다31513 판결.
148) 대법원 2020. 7. 9. 선고 2020두33596 판결.

판 례 **선정당사자의 자격상실로 인한 소송절차 중단을 간과한 판결의 효력(대법원 2020. 7. 9. 선고 2020두33596 판결)**

민사소송법 제53조의 선정당사자는 공동의 이해관계를 가진 여러 사람 중에서 선정되어야 하므로, 선정당사자 본인에 대한 부분의 소가 취하되거나 판결이 확정되는 등으로 공동의 이해관계가 소멸하는 경우에는 선정당사자는 선정당사자의 자격을 당연히 상실한다. 민사소송법 제237조 제2항, 제244조에 의하면 선정당사자를 선정한 소송에서 선정된 당사자 모두가 자격을 잃거나 죽은 때에 소송절차는 중단되고, 이 경우 당사자를 선정한 사람 모두 또는 새로 당사자로 선정된 사람이 소송절차를 수계하여야 하며, 법원은 당사자가 소송절차를 수계하지 아니하는 경우에 직권으로 소송절차를 계속하여 진행하도록 명할 수 있다. 법원의 속행명령이 당사자에게 송달되면 중단은 해소된다. 그러므로 선정당사자가 본인에 대한 부분의 소 또는 항소를 취하하여 자격을 상실한 경우 법원이 소송수계가 이루어지지 아니한 상태 그대로 소송절차를 진행하여 판결을 선고하였다면, 그 판결은 소송절차를 수계할 선정자가 법률상 소송행위를 할 수 없는 상태에서 심리되어 선고된 것이므로 여기에는 대리인에 의하여 적법하게 대리되지 아니하였던 경우와 마찬가지의 위법이 있다고 보아야 한다.

Ⅴ. 선정당사자의 자격이 없을 때의 효과

1. 선정당사자의 자격 흠결과 법원의 조치

(1) 선정당사자의 자격유무는 당사자적격의 문제이므로 법원의 직권조사사항이다. 만약 선정행위에 흠이 있거나 서면에 의한 자격증명이 없는 때에는 보정을 명할 수 있으며, 만약 보정하는 것이 지연됨으로써 손해가 생길 염려가 있는 경우에는 보정을 조건으로 일시적으로 소송행위를 하게 할 수 있다(제61조, 제59조).

(2) 적법하게 선정되지 아니하였거나 서면에 의한 자격증명이 없는 선정당사자의 소송행위일지라도, 선정자가 그 소송행위를 추인하거나 뒤에 그 자격이 증명되면 유효하게 될 수 있다(제61조, 제60조). 만약 보정이 없거나 추인을 얻지 못하면 판결로 소를 각하하여야 한다.

2. 선정당사자의 자격 흠결 간과판결의 효력

(1) 선정당사자의 자격 흠결을 간과하고 본안판결을 하였을 경우 상소로써 취소할 수 있지만, 재심사유로는 되지 아니한다(통설).[149] 이러한 판결은 무효이며, 선정자에게 그 효

---

149) 그러나 선정당사자의 자격상실을 간과한 판결은 대리인에 의하여 적법하게 대리되지 아니하였던 경우와 마찬가지의 위법이 있다고 본 위 판결(대법원 2020. 7. 9. 선고 2020두33596 판결)을 따른다면, 제451조 제

력이 미치지 아니한다.

(2) 제65조 후문의 관계에 있어 공동의 이해관계가 없음에도 선정당사자로 선정되고 법원이 이를 간과하여 판결이 확정된 경우에 판례는 선정자들이 스스로 선정행위를 한 이상 그 선정자들은 당해 소송에 관여할 기회를 박탈당한 것이 아니므로 공동의 이해관계가 없다는 사정은 재심사유가 되지 않는다고 하였다.[150)]

제 3 절 제3자의 소송참가

제3자의 소송참가는 타인 간의 소송계속 중 제3자가 자기의 이익을 보호하기 위해 그 소송에 참여하는 것을 말한다. 이는 제3자가 당사자 아닌 종된 지위에서 참가하는 보조참가, 그리고 당사자의 지위에서 참가하는 당사자참가로 나뉜다. 다시 보조참가는 ① 소송결과에 이해관계 있는 제3자가 참가하는 통상의 보조참가(제71조), ② 판결의 효력을 받는 제3자가 참가하는 공동소송적 보조참가(제78조)로 나뉘고, 당사자참가는 ③ 제3자가 원·피고 양쪽 또는 한쪽을 상대방으로 하여 그와 관련된 자기의 청구에 대해 심판을 구하기 위해 참가하는 독립당사자참가(제79조), ④ 판결의 효력을 받는 제3자가 원고 또는 피고의 공동소송인으로 참가하는 공동소송참가(제83조)로 나뉜다. 이에 더하여 본 절에서는 소송계속을 통지하여 제3자에게 소송참가의 기회를 제공하는 소송고지제도(제84조 내지 제86조)에 대해서도 설명한다.

Ⅰ. 보조참가

1. 서 설

가. 의 의

보조참가는 타인 간의 소송계속 중 그 소송결과에 이해관계 있는 제3자가 한쪽 당사자의 승소를 보조하고 자기의 권익을 보호하기 위해 그 소송에 참가하는 것이다(제71조). 보조참가를 하는 제3자를 보조참가인 또는 종된 당사자라고 하고, 보조받는 당사자를 피

1항 제3호의 재심사유로 볼 수 있다 할 것이다. 위 판결의 등장으로 선정당사자의 자격 흠결 간과판결의 재심사유 해당 여부는 다시 논의될 필요가 있다.

150) 대법원 2007. 7. 12. 선고 2005다10470 판결.

참가인 또는 주된 당사자라고 한다. 예컨대 채권자가 보증인을 상대로 제기한 소송에서 보증인이 패소하면 주채무자에게 구상청구를 할 것이므로 주채무자가 위 보증인의 승소를 보조하기 위해 위 소송에 참가하는 것이다. 피참가인의 불성실한 소송수행으로 인해 참가인의 법적 지위가 보호받을 수 없을 때 보조참가의 실익이 크다.

나. 구별개념

(1) 보조참가인은 진정한 의미의 소송당사자와 다르다. 자기의 이름으로 판결을 구하는 것이 아니라 단지 한쪽 당사자의 승소를 보조하기 위하여 소송을 수행하기 때문이다.

(2) 보조참가인은 대리인과도 다르다. 보조참가인의 권익보호를 위해 자신의 이름과 계산으로 소송을 수행하기 때문이다. 따라서 보조참가인은 자신을 위한 대리인을 선임할 수 있다.

2. 참가요건(제71조)

제71조(보조참가) 소송결과에 이해관계가 있는 제3자는 한쪽 당사자를 돕기 위하여 법원에 계속중인 소송에 참가할 수 있다. 다만, 소송절차를 현저하게 지연시키는 경우에는 그러하지 아니하다.

가. 타인 간의 소송이 계속 중일 것

(1) 다른 사람 사이의 소송에 한하여 보조참가가 가능하며, 소송의 한쪽 당사자는 그 소송의 상대방을 위하여 보조참가할 수 없다. 그러나 자기의 공동소송인이나 그 공동소송인의 상대방을 위하여 보조참가하는 것은 가능하다.[151)]

(2) 소송계속 중일 것을 요하는데, 보조참가는 신소제기의 실질이 없으므로 상고심에서도 허용된다. 다만 상고심에서 참가하는 경우에는 사실의 주장과 증거의 제출이 허용되지 않는다(제76조 제1항 단서). 판결확정 후라도 재심의 소제기와 동시에 참가신청을 할 수 있다(제72조 제3항).

(3) 여기서 소송계속은 판결절차를 의미하므로, 판례는 대립당사자 구조를 가지지 못하는 결정절차에서는 보조참가가 허용되지 않는다고 한다.[152)]

---

151) 김홍엽, 1048면; 이시윤, 785면; 정동윤/유병현/김경욱, 1089면.

152) 대법원 1973. 11. 15.자 73마849 결정; 대법원 1994. 1. 20.자 93마1701 결정.

나. 소송결과에 이해관계가 있을 것(참가이유)

(1) 의 미

소송결과에 이해관계가 있어야 하므로(제71조 본문), 당해소송의 판결의 효력을 받거나, 적어도 그 판결을 전제로 하여 보조참가하려는 자의 법률상의 지위가 결정되는 관계에 있어야 한다.[153] 따라서 피참가인의 승·패소에 따라 참가인의 법률상의 지위의 유·불리가 결정되는 등 참가인의 법적 지위가 본소의 승패에 논리적 의존관계에 있을 때 이해관계가 있다. 다만 본소송의 판결의 효력이 미치는 관계이면 이는 보조참가가 아니라 공동소송적 보조참가라 할 것인데, 판례는 형성의 소가 아니어서 그 판결의 대세적 효력이나 형성력이 없는 경우는 그 판결의 효력이 보조참가인에게 미치지 않으므로 이 경우의 보조참가는 통상의 보조참가에 불과하다고 하였다.[154]

(2) 판결주문에 대한 이해관계

(가) 참가인의 법적 지위가 본소송의 판결주문에서 판단되는 소송물인 권리관계의 존부에 의하여 직접적으로 영향을 받는 관계이어야 한다. 먼저 ① 피참가인이 패소하면 피참가인으로부터 구상청구나 손해배상청구 등의 법적 추급을 받게 되는 제3자는 이해관계가 있다. 예컨대 매수인이 매도인을 상대로 하자담보책임을 묻는 소송에서 매도인에게 그 물건을 공급한 제3자, 채권자가 보증인을 상대로 한 소송에서 주채무자, 채권자가 연대채무자 중 1인을 상대로 한 소송에서 다른 연대채무자 등은 만약 피고가 패소하면 그로부터 법적 추급을 당할 것이므로 위 소송에 보조참가할 수 있다. 다음으로 ② 피참가인이 패소하면 권리침해를 당할 염려가 있는 제3자도 이해관계가 있는데, 예컨대 건물의 원시취득자인 원고가 그 소유권에 기한 방해배제청구로서 피고에 대해 건축주명의변경절차의 이행을 구하는 소송계속 중 원고로부터 원고 패소의 경우 매매계약해지를 조건으로 위 건물을 매수한 자는 원고 측에 보조참가할 수 있다.[155]

(나) 한편 반대견해는 있으나,[156] 판결주문이 아니라 판결이유 중에서 판단되는 중요쟁점에 의하여 영향 받는 것만으로는 이해관계가 있다고 할 수 없다.[157] 이에 의하면 예컨대 같은 교통사고를 당한 피해자 중 한 사람이 가해자를 상대로 손해배상청구를 할 때 다른 피해자에 대한 관계에서 중요쟁점인 손해의 발생원인이 공통되는데, 이 경우 다른

153) 대법원 2017. 6. 22. 선고 2014다225809 전원합의체 판결.
154) 대법원 2010. 10. 14. 선고 2010다38168 판결.
155) 대법원 2007. 4. 26. 선고 2005다19156 판결.
156) 강현중, 895면; 전병서, 591면; 정영환, 1001면.
157) 김홍규/강태원, 807면; 김홍엽, 1050면; 이시윤, 786면; 정동윤/유병현/김경욱, 1090면.

피해자는 보조참가할 수 없다고 본다. 생각건대 이유 중 판단에 기판력이 발생하지 않는 점, 위 반대견해는 쟁점효이론을 전제로 하는 것인 점 등을 고려할 때, 위 경우는 보조참가할 수 없고, 스스로 당사자가 되어 공방을 전개하는 것이 옳다고 본다. 그러나 판례는 불법행위로 손해배상책임을 지는 자는 피해자가 다른 공동불법행위자를 상대로 제기한 소송결과에 법률상의 이해관계를 갖는다고 하여 위 소송에 피해자를 위하여 보조참가를 할 수 있다고 한 바 있는데,[158] 분쟁의 1회적 해결을 위해 참가의 이익을 확대시킨 사례로 보인다.

판 례 **공동불법행위와 이해관계(대법원 1999. 7. 9. 선고 99다12796 판결)**

불법행위로 인한 손해배상책임을 지는 자는 피해자가 다른 공동불법행위자들을 상대로 제기한 손해배상 청구소송의 결과에 대하여 법률상의 이해관계를 갖는다고 할 것이므로, 위 소송에 원고를 위하여 보조참가를 할 수가 있고, 피해자인 원고가 패소판결에 대하여 상소를 하지 않더라도 원고의 상소기간 내라면 보조참가와 동시에 상소를 제기할 수도 있다.

☞ 고속도로 1차로 상에 크기 36㎝×27㎝×1㎝, 무게 5㎏의 철판이 떨어져 있었고, 위 철판이 앞서가던 차량의 바퀴에 튕겨 뒤에 오던 차량의 조수석에 탑승한 피해자를 충격한 이 사건 사고가 발생하자, 피해자는 가해 차량의 보험자인 H해상화재보험과 한국도로공사를 공동피고로 하여 손해배상청구를 하였고, 원심에서 피고 H해상화재보험에 대하여는 원고 일부승소판결, 피고 한국도로공사에 대하여는 도로의 보존·관리상의 잘못을 인정할 수 없다고 보아 원고 청구기각판결이 내려지자, H해상화재보험이 자기의 판결에 대하여는 상고를 하지 않고, 다른 공동피고 한국도로공사에 대한 원고 청구기각판결이 확정되는 것을 막기 위해 원고의 상고기간 내에 보조참가신청과 함께 상고를 제기한 사안.

(3) 법률상 이해관계

(가) 여기서의 이해관계는 법률상의 이해관계를 말한다.[159] 예컨대 임의경매절차에서 제3순위로 배당받은 가압류권자 乙이 제4순위로 배당받은 채무자 겸 부동산의 소유자 甲을 상대로 구상금청구를 하여 승소판결을 받았으나 甲이 추완항소를 하자, 甲이 배당받을 잉여금에 관한 채권압류 및 추심명령을 받은 丙이 피고 甲을 돕기 위하여 한 보조참가신청,[160] 회생채권자가 제기한 채권자취소소송계속 중 채무자에 대한 회생절차가 개시되어 관리인이 소송을 수계하고 부인의 소로 변경하자 종전에 채권자취소의 소를 제기한 회생채권자가 관리인을 돕기 위하여 한 보조참가신청[161] 등은 법률상 이해관계가 있다.

---

158) 대법원 1999. 7. 9. 선고 99다12796 판결.
159) 대법원 1979. 8. 28. 선고 79누74 판결.
160) 대법원 2014. 5. 29.자 2014마4009 결정.
161) 대법원 2021. 12. 10.자 2021마6702 결정.

(나) 재산법상의 관계뿐만 아니라 가족법상·공법상·형사상의 관계도 포함된다. 예컨대 甲이 乙에 대해 행한 특정행위를 중지·금지시키는 것을 내용으로 하는 공정거래위원회의 시정조치에 대해 甲이 공정거래위원회를 상대로 제기한 항고소송에서 乙은 공정거래위원회를 위하여 보조참가를 할 수 있다.[162] 그리고 사립학교 교원이 소청심사 기각결정에 불복하여 교원소청심사위원회를 피고로 하여 행정소송을 제기한 경우, 소청심사의 피청구인이었던 사립학교의 장은 피고 측에 보조참가할 수 있다.[163]

(다) 그러나 사실상·경제상 또는 감정상의 이해관계만으로는 참가할 수 없다.[164] 예컨대 당사자와 친척이나 친구관계에 있기 때문에 그가 패소하면 감정상 고통을 받을 우려, 당사자와 친족관계에 있기 때문에 그가 패소하면 부양의무를 부담하게 될 우려, 당사자인 회사가 패소하여 회사의 자산이 줄어들면 주주로서 배당받을 이익이 감소할 우려, 이웃 사립대학이 등록금환불소송에서 패소하면 같은 사립대학으로서 위 소송의 간접적 영향으로서 파급효가 미치게 되어 등록금제도 운영에 차질이 생길 우려[165]만으로는 보조참가를 허용할 수 없다.

판 례 법률상 이해관계가 아닌 사실상· 경제상 이해관계(대법원 1997. 12. 26. 선고 96다51714 판결)

어느 소송사건에서 당사자의 일방을 보조하기 위하여 보조참가를 하려면 당해 소송의 결과에 대하여 이해관계가 있어야 할 것이고, 여기에서 말하는 이해관계라 함은 사실상, 경제상 또는 감정상의 이해관계가 아니라 법률상의 이해관계를 가리킨다고 할 것이다. 피고 보조참가인들의 보조참가신청 이유에 의하면, 이 사건 소송에서 대학입시 합격자인 원고의 피고에 대한 등록금 환불 청구가 인용되면 피고와 마찬가지로 사립대학을 경영하고 있는 위 보조참가인들에게도 위 소송의 간접적 영향으로서 파급효가 미치게 되어 위 보조참가인들의 교육 재정의 대부분을 차지하는 등록금제도 운영에 차질이 생기게 되므로 보조참가의 이유가 있다는 것이나, 위 보조참가인들이 위와 같은 파급효를 받게 된다는 시정만으로는 이 사건 소송의 결과에 법률상 이해관계가 있다고 할 수 없고, 그 주장하는 다른 사정들도 사실상, 경제상의 이해관계에 지나지 아니하는 것으로 보이므로, 결국 위 보조참가인들의 이 사건 보조참가 신청은 모두 참가의 요건을 갖추지 못한 부적법한 것이라고 할 것이다.

☞ 대학입시 합격자인 甲이 乙학교법인을 상대로 등록금환불청구를 하여, 제1심에서 패소, 항소심에서 승소

162) 대법원 2013. 6. 18.자 2012무257 결정; 대법원 2013. 7. 12.자 2012무84 결정.

163) 대법원 2023. 10. 26. 선고 2018두55272 판결. 이 사건의 원심(서울고등법원 2017누31578 판결)은 사립학교의 장(대구경북과학기술원 총장)은 학교의 기관일 뿐 권리·의무의 귀속주체가 될 수 없으므로 당사자능력이 인정되지 않는다고 하여 (후술 대법원 99두1519 판결을 근거로) 민사소송법 제71조에 따른 보조참가신청이 부적법하다고 하였으나, 대법원은 사립학교의 장은 예외적으로 피고 교원소청심사위원회 측에 행정소송법 제16조에 의한 참가 또는 민사소송법 제71조, 제78조에 의한 보조참가를 할 수 있는 당사자능력을 인정할 수 있다고 하였다.

164) 대법원 2007. 6. 28. 선고 2007다16885 판결; 대법원 2018. 7. 26. 선고 2016다242440 판결.

165) 대법원 1997. 12. 26. 선고 96다51714 판결.

를 하여 상고심에 이르자, 乙학교법인과 마찬가지로 사립대학을 경영하고 있는 15개 학교법인이 상고심에서 乙학교법인 측에 보조참가신청을 하였으나, 대법원은 법률상 이해관계를 부정하여 보조참가신청을 모두 각하하였음.

다. 소송절차를 현저하게 지연시키지 아니할 것(제71조 단서)

제3자가 보조참가제도를 남용하여 소송지연책으로 삼는 것을 방지하기 위한 규정이다. 따라서 일반적인 법정에서 재판이 불가능할 정도로 많은 수가 보조참가신청을 하거나 뒤늦게 보조참가신청을 하는 경우에는 허용되지 않는다.

라. 보충성 불요

참가인은 소송법상 다른 구제수단, 예컨대 독립당사자참가(제79조)나 공동소송참가(제83조)를 할 수 있다 하더라도 보조참가가 허용된다. 그리고 만약 독립당사자참가가 부적법한 경우에는 보조참가로서의 전환이 허용된다.[166)]

마. 소송행위의 유효요건을 갖출 것

참가신청은 소송행위로서의 유효요건을 갖추어야 하므로, 당사자능력과 소송능력이 있어야 하고, 대리인이 신청하는 경우 대리권이 존재하여야 한다. 이는 직권조사사항이다. 따라서 민사소송법상 당사자능력 및 소송능력이 없는 행정청은 행정소송법 제17조 제1항에 의한 참가는 별론, 민사소송법상의 보조참가를 할 수 없다.[167)]

3. 참가절차

가. 참가신청

(1) 참가신청은 참가의 취지와 이유를 밝혀 참가하고자 하는 소송이 계속된 법원에 하여야 한다(제72조 제1항). 신청은 서면 또는 말로 할 수 있다(제161조 제1항). 신청서에는 인지를 붙이지 않는다(민인 제10조 단서, 민인규 제2조의2). 법원은 신청서를 양쪽 당사자에게 송달하여야 한다(제72조 제2항). 참가신청은 참가인으로서 할 수 있는 소송행위와 동시에 할 수 있다(제72조 제3항). 예컨대 추완항소제기와 동시에 하거나,[168)] 상소제기와 동시에 참가를

166) 대법원 1960. 5. 26. 선고 4292민상524 판결.

167) 성수대교를 부실시공하여 붕괴사고를 초래한 A건설회사에 대하여 한 건설업(철강재설치공사업)면허취소처분에 대한 항고소송에서 행정청에 불과한 서울특별시장의 보조참가신청을 부적법하다고 한 사례(대법원 2002. 9. 24. 선고 99두1519 판결).

168) 대법원 1981. 9. 22. 선고 81다334 판결.

할 수 있다.[169]

(2) 참가인은 어느 때나 참가신청을 취하할 수 있으나, 그 경우에도 참가적 효력(제77조)을 면치 못한다. 이 경우 참가신청취하 전에 참가인이 한 소송행위의 효력이 문제된다. 피참가인의 원용이 없어도 효력이 있다는 견해[170]와 피참가인의 원용이 있어야 판단자료로 할 수 있다는 견해[171]의 대립이 있다. 생각건대 신청취하에도 불구하고 참가적 효력이 미치므로, 그 원용 여부를 불문하고 판단자료로 할 수 있다고 본다. 판례는 증거를 제출한 참가인의 참가신청이 각하된 사안에서 법원이 이미 실시한 증거조사에 의하여 얻은 증거자료의 효력에 영향이 없다고 한 바 있다.[172]

나. 참가의 허가 여부에 대한 재판

(1) 참가에 대하여 당사자가 이의를 신청한 때에는 참가인은 참가의 이유를 소명하여야 한다(제73조 제1항). 이러한 당사자의 이의신청권은 참가에 대한 이의를 하지 아니한 채 변론하거나 변론준비기일에서 진술을 한 때에는 소멸한다(제74조). 이 때문에 당사자가 법을 모르거나 소송기술의 부족으로 이의를 하지 않거나 적절한 시기에 이의하지 아니하여 사실상 소송대리를 하기 위한 목적의 보조참가신청 등을 제한하지 못하는 실무상의 문제가 있었다. 이에 민사소송법은 법원이 직권으로 참가이유를 소명할 것을 명할 수 있도록 규정하였다(제73조 제2항).

보조참가신청에 대해 당사자가 이의하거나 법원의 명이 있을 때에는 참가인은 참가이유를 소명하여야 하고, 이 경우 참가의 허부는 법원이 결정으로 재판한다(제73조 제1항, 제2항). 이 결정에 대해 참가인 또는 당사자는 즉시항고할 수 있다(제73조 제3항).

(2) 보조참가신청에 대해 당사자가 이의하더라도 참가인은 참가불허가결정이 확정될 때까지는 참가인으로서 할 수 있는 소송행위를 할 수 있다(제75조 제1항). 그러나 참가인의 소송행위는 참가불허가결정이 확정되면 효력을 잃지만, 당사자가 이를 원용하면 그 효력이 있다(제75조 제2항).

4. 참가인의 소송상의 지위

제76조(참가인의 소송행위) ① 참가인은 소송에 관하여 공격·방어·이의·상소, 그 밖의 모든

169) 대법원 1999. 7. 9. 선고 99다12796 판결.
170) 김홍엽, 1054면; 이시윤, 789면.
171) 강현중, 897면; 정동윤/유병현/김경욱, 1093면; 정영환, 1004면; 호문혁, 963면.
172) 대법원 1971. 3. 31. 선고 71다309, 310 판결.

> 소송행위를 할 수 있다. 다만, 참가할 때의 소송의 진행정도에 따라 할 수 없는 소송행위는 그러하지 아니하다.
> ② 참가인의 소송행위가 피참가인의 소송행위에 어긋나는 경우에는 그 참가인의 소송행위는 효력을 가지지 아니한다.

보조참가인은 피참가인의 승소를 보조하는 측면(종속성)과 참가인 자신의 권익을 보호하는 측면(독립성)을 모두 지니고 있는데, 그중 어느 측면을 강조하는가에 따라 참가인의 소송상의 지위가 결정된다.

가. 보조참가인의 종속적 지위

참가인은 소송의 당사자나 공동소송인이 아니다. 피참가인의 승소보조자로서의 지위를 강조할 때 보조참가인의 지위는 종속적이다. 따라서 소송비용의 재판(제103조)을 제외하고 참가인의 이름으로 판결을 받지 않는다. 당사자가 아니므로 증인·감정인능력이 있다. 소송계속 중 보조참가인이 사망하더라도 본소의 소송절차는 중단되지 않고, 단지 참가인의 승계인에 의한 수계절차가 필요할 뿐이다.[173] 그리고 참가인이 상소할 수 있지만, 피참가인의 상소기간 내에 상소장을 제출해야 한다.[174]

판 례 **보조참가인의 상소기간(대법원 2007. 9. 6. 선고 2007다41966 판결)**

피고 보조참가인은 참가할 때의 소송의 진행 정도에 따라 피참가인이 할 수 없는 소송행위를 할 수 없으므로, 피고 보조참가인이 상고장을 제출한 경우에 피고 보조참가인에 대하여 판결정본이 송달된 때로부터 기산한다면 상고기간 내의 상고라 하더라도 이미 피참가인인 피고에 대한 관계에 있어서 상고기간이 경과한 것이라면 피고 보조참가인의 상고 역시 상고기간 경과 후의 것이 되어 피고 보조참가인의 상고는 부적법하다.

나. 보조참가인의 독립적 지위

보조참가인은 피참가인의 대리인이 아니다. 참가인 자신의 권익을 보호하기 위해 참가한다는 점을 강조할 때 참가인의 지위는 독립적이다. 따라서 당사자와 별도로 참가인에 대해서도 기일통지와 소송서류의 송달을 해야 하고,[175] 소송비용의 재판을 따로 받는다(제103조). 기일에 참가인이 출석하였다면 피참가인이 결석하더라도 기일준수의 효과가 생긴다.

---

173) 대법원 1995. 8. 25. 선고 94다27373 판결.
174) 대법원 2007. 9. 6. 선고 2007다41966 판결.
175) 대법원 2007. 2. 22. 선고 2006다75641 판결.

다. 참가인이 할 수 있는 소송행위

참가인은 소송에 관하여 공격·방어·이의·상소, 그 밖의 모든 소송행위를 할 수 있다(제76조 제1항 본문). 즉 피참가인의 승소를 위해 필요한 행위를 할 수 있으므로, 사실을 주장하거나 다투고, 증거를 신청하며,[176] 상소의 제기[177]나 이의신청을 참가인의 이름으로 할 수 있다. 이 경우 피참가인이 행한 것과 같은 효력이 생긴다.

라. 참가인이 할 수 없는 소송행위

(1) 참가할 때의 소송의 진행정도에 따라 피참가인도 할 수 없는 행위로서(제76조 제1항 단서), 예컨대 자백의 취소, 시기에 늦은 공격방어방법의 제출, 상고심에서 새로운 사실이나 증거의 제출, 피참가인의 상소기간 경과 후의 상소제기[178] 등은 참가인이 할 수 없다.

(2) 피참가인의 소송행위에 어긋나는 행위로서(제76조 제2항), 예컨대 피참가인이 자백하였는데 참가인이 이를 다투거나,[179] 피참가인이 상소를 포기하였는데 그 후 참가인이 상소를 제기할 수는 없다. 다만 피참가인의 의사에 명백히 어긋나는 것이 아니라 소극적 불일치에 불과할 때는 참가인의 행위를 무효로 볼 수 없는데, 예컨대 원고의 주장사실을 피참가인이 명백히 다투지 않고 있을 때 참가인이 이를 다투는 것은 허용된다.[180]

판 례 **피참가인이 명백히 다투지 아니한 사실을 보조참가인이 다툴 수 있는지 여부(대법원 2007. 11. 29. 선고 2007다53310 판결)**

민사소송법 제76조 제2항이 규정하는 참가인의 소송행위가 피참가인의 소송행위에 어긋나는 경우라 함은 참가인의 소송행위가 피참가인의 행위와 명백히 적극적으로 배치되는 경우를 말하고 소극적으로만 피참가인의 행위와 불일치하는 때에는 이에 해당하지 않는 것인바, 피참가인인 피고가 원고가 주장하는 사실을 명백히 다투지 아니하여 민사소송법 제150조에 의하여 그 사실을 자백한 것으로 보게 될 경우라도 참가인이 보조참가를 신청하면서 그 사실에 대하여 다투는 것은 피참가인의 행위와 명백히 적극적으로 배치되는 경우라 할 수 없어 그 소송행위의 효력이 없다고 할 수 없다.

한편 참가인이 한 소송행위와 어긋나는 행위를 피참가인이 그 뒤에 하여 참가인의 종전행위를 무효로 만들 수도 있다. 예컨대 보조참가인이 제기한 항소를 피참가인이 포기·취하할 수 있다.[181]

176) 대법원 1994. 4. 29. 선고 94다3629 판결.
177) 대법원 1999. 7. 9. 선고 99다12796 판결.
178) 대법원 2007. 9. 6. 선고 2007다41966 판결.
179) 대법원 1981. 6. 23. 선고 80다1761 판결.
180) 대법원 2007. 11. 29. 선고 2007다53310 판결.
181) 대법원 1984. 12. 11. 선고 84다카659 판결; 대법원 2010. 10. 14. 선고 2010다38168 판결.

판 례 **보조참가인이 제기한 항소를 피참가인이 취하할 수 있는지 여부(대법원 2010. 10. 14. 선고 2010다38168 판결)**

민사소송법 제76조 제2항은 참가인의 소송행위가 피참가인의 소송행위에 어긋나는 경우에는 참가인의 소송행위는 효력을 가지지 아니한다고 규정하고 있는데, 그 규정의 취지는 피참가인들의 소송행위와 보조참가인들의 소송행위가 서로 어긋나는 경우에는 피참가인의 의사가 우선하는 것을 뜻하므로 피참가인은 참가인의 행위에 어긋나는 행위를 할 수 있고, 따라서 보조참가인들이 제기한 항소를 포기 또는 취하할 수도 있다.

☞ 대한아마추어복싱연맹의 구성원 甲이 대한체육회를 상대로 위 복싱연맹 회장인준취소통지를 구하는 소를 제기하여 제1심에서 승소하였고, 이에 위 복싱연맹과 회장 乙이 보조참가신청과 함께 항소를 제기하였는데, 피고 대한체육회가 항소심에 탄원서를 제출하는 방식으로 항소를 포기하자, 대법원은 이로써 보조참가인들이 제기한 항소는 취하되어 그 소가 종료되었다고 보았음.

(3) 피참가인에 불이익한 행위로서, 예컨대 소의 취하, 청구의 포기·인낙, 화해, 상소의 포기·취하 등은 참가인이 할 수 없다.

(4) 소를 변경하거나 확장하는 행위도 할 수 없는데, 예컨대 보조참가인은 청구의 변경,[182] 중간확인의 소나 반소를 제기할 수 없다.

(5) 피참가인의 사법상의 권리를 함부로 행사할 수 없는데, 예컨대 참가인이 피참가인의 채권을 가지고 상계권을 행사할 수 없고, 피참가인의 계약상의 취소권, 해제·해지권 등을 행사할 수 없다고 본다.[183] 마치 채권자대위소송에서 채무자가 채권자에 대해 갖고 있는 항변권·형성권 등을 제3채무자가 행사할 수 없다고 한 것[184]과 같은 이치라 할 것이다.

5. 판결의 참가인에 대한 효력(참가적 효력)

제77조(참가인에 대한 재판의 효력) 재판은 다음 각호 가운데 어느 하나에 해당하지 아니하면 참가인에게도 그 효력이 미친다.
1. 제76조의 규정에 따라 참가인이 소송행위를 할 수 없거나, 그 소송행위가 효력을 가지지 아니하는 때
2. 피참가인이 참가인의 소송행위를 방해한 때
3. 피참가인이 참가인이 할 수 없는 소송행위를 고의나 과실로 하지 아니한 때

---

182) 대법원 1992. 10. 9. 선고 92므266 판결.

183) 김홍엽, 1061면; 이시윤, 791면; 정동윤/유병현/김경욱, 1096면; 정영환, 1007면; 호문혁, 966면. 반대견해: 김홍규/강태원, 810면; 손한기, 416면.

184) 대법원 2015. 9. 10. 선고 2013다55300 판결.

(1) 법적 성질

보조참가를 한 소송도 기판력은 당사자에게만 미치고(제218조 제1항) 보조참가인에게는 미치지 않는데, 재판은 참가인에게도 그 효력이 미친다는 규정(제77조)을 기판력과의 관계에서 어떻게 해석할 것인지 문제된다. 이를 ① 기판력과 동일하게 보는 견해(기판력설), ② 참가인과 피참가인 사이에는 참가적 효력이 미치고, 피참가인의 상대방과 참가인 사이에도 기판력 내지 쟁점효를 인정해야 한다는 견해(신기판력설)가 있으나, ③ 기판력과는 다른 특수효력인 참가적 효력으로 보는 견해(참가적 효력설)가 통설이다.[185] 판례도 보조참가인이 피참가인을 보조하여 공동으로 소송을 수행하였으나 피참가인이 그 소송에서 패소한 경우에는 형평의 원칙상 보조참가인이 피참가인에게 그 패소판결이 부당하다고 주장할 수 없도록 구속력을 미치게 하는 이른바 참가적 효력이 있다고 하였다.[186] 생각건대 피참가인과 협력하여 소송을 수행하였음에도 패소하였다면 그 판결기초를 공동으로 형성한 자기책임의 범위 내에서는 참가인에게도 책임을 분담시키는 것이 공평의 관념과 금반언에 부합하므로, 참가적 효력설이 타당하다고 본다.

판 례 참가적 효력과 그 배제(대법원 1988. 12. 13. 선고 86다카2289 판결)

가. 보조참가인이 피참가인을 보조하여 공동으로 소송을 수행하였으나 피참가인이 그 소송에서 패소한 경우에는 형평의 원칙상 보조참가인이 피참가인에게 그 패소판결이 부당하다고 주장할 수 없도록 구속력을 미치게 하는 이른바 참가적 효력이 있음에 불과하므로 피참가인과 그 소송상대방 간의 판결의 기판력이 참가인과 피참가인의 상대방과의 사이에까지는 미치지 아니한다.

나. 甲이 원고가 되어 乙을 피고로 한 양도담보약정을 원인으로 한 지분권이전등기청구소송에 丙이 乙의 보조참가인으로 참가하여 그 사실을 부인하였음에도 불구하고 乙이 이를 인낙하였다면 그 인낙조서의 효력은 丙에게까지 미칠 수 없다.

(2) 효력의 발생

피참가인이 승소한 경우에는 참가인에게 법적 추급을 할 일이 없을 것이므로, 피참가인이 패소판결을 받은 경우에 주로 이 효력이 문제된다 할 것이다. 참가적 효력이 발생하려면 본소의 판결이 소송판결이 아닌 본안판결이어야 하고, 그것이 확정되어야 한다. 판례는 확정된 화해권고결정에는 법원의 사실상·법률상 판단이 이루어졌다고 할 수 없으므로 참가적 효력이 인정될 수 없다고 하였다.[187]

---

185) 김홍엽, 1061면; 이시윤, 792면; 전병서, 596~597면; 정동윤/유병현/김경욱, 1097면; 정영환, 1009면.

186) 대법원 1988. 12. 13. 선고 86다카2289 판결.

187) 대법원 2015. 5. 28. 선고 2012다78184 판결.

판 례 **화해권고결정에 참가효 인정 가부(대법원 2015. 5. 28. 선고 2012다78184 판결)**

보조참가인이 피참가인을 보조하여 공동으로 소송을 수행하였으나 피참가인이 소송에서 패소한 경우에는 형평의 원칙상 보조참가인이 피참가인에게 패소판결이 부당하다고 주장할 수 없도록 구속력을 미치게 하는 이른바 참가적 효력이 인정되지만, 전소 확정판결의 참가적 효력은 전소 확정판결의 결론의 기초가 된 사실상 및 법률상의 판단으로서 보조참가인이 피참가인과 공동이익으로 주장하거나 다툴 수 있었던 사항에 한하여 미친다. 이러한 법리에 비추어 보면 전소가 확정판결이 아닌 화해권고결정에 의하여 종료된 경우에는 확정판결에서와 같은 법원의 사실상 및 법률상의 판단이 이루어졌다고 할 수 없으므로 참가적 효력이 인정되지 아니한다.

(3) 참가적 효력의 범위

(가) 주관적 범위

참가적 효력은 참가인과 피참가인의 상대방 사이에는 미치지 아니하고, 참가인과 피참가인 사이에만 미친다.[188] 따라서 피참가인이 패소한 후 참가인을 상대로 구상청구 등 법적 추급을 해왔을 때 참가인은 피참가인에 대한 관계에서 종전판결의 내용이 부당하다고 다툴 수 없고, 법원은 종전판결의 기초가 되었던 사실인정이나 법률판단에 구속된다.

(나) 객관적 범위

참가적 효력은 종전판결의 주문뿐만 아니라 이유 중 패소의 원인이 되었던 사실상·법률상 판단에도 미친다. 따라서 기판력의 범위보다 넓은데, 만약 이유 중 판단에 구속력이 없다면 예컨대 손해배상청구에서 과실유무에 관하여 후소에서 다시 다툴 수 있어 보조참가인에게 참가적 효력을 미치게 하는 실익이 없기 때문이다. 다만 보조참가인이 피참가인과 공동이익으로 주장하거나 다툴 수 있었던 사항에 한하여 참가적 효력이 미치고,[189] 전소 확정판결에 필수적인 요소가 아니어서 결론에 영향을 미칠 수 없는 부가적 또는 보충적인 판단이나 방론 등에까지 미치는 것은 아니다.[190]

판 례 **참가적 효력의 객관적 범위(대법원 1997. 9. 5. 선고 95다42133 판결)**

보조참가인이 피참가인을 보조하여 공동으로 소송을 수행하였으나 피참가인이 소송에서 패소한 경우에는 형평의 원칙상 보조참가인이 피참가인에게 패소판결이 부당하다고 주장할 수 없도록 구속력을 미치게 하는 이른바 참가적 효력이 인정되지만, 전소 확정판결의 참가적 효력은 전소 확정판결의 결론의 기초가 된 사실상 및 법률상의 판단으로서 보조참가인이 피참가인과 공동이익으로 주장하거나 다툴 수 있었던 사항에 한하여

188) 대법원 1974. 6. 4. 선고 73다1030 판결.
189) 대법원 2020. 1. 30. 선고 2019다268252 판결.
190) 대법원 1997. 9. 5. 선고 95다42133 판결.

미치고, 전소 확정판결에 필수적인 요소가 아니어서 결론에 영향을 미칠 수 없는 부가적 또는 보충적인 판단이나 방론 등에까지 미치는 것은 아니다.

(다) 기판력과의 차이

① 기판력은 법적 분쟁을 국가가 공권적으로 판단한 것에 기초한 것이나, 참가적 효력은 참가인이 피참가인과 판결의 기초를 공동으로 형성한 것에 대한 자기책임에 기초한 것이다. ② 기판력은 승패에 불구하고 생기는 효력으로서 직권조사사항이나, 참가적 효력은 피참가인이 패소한 경우 문제되는 것으로서 항변사항이다.[191] ③ 기판력은 원칙적으로 소송당사자 사이에서 미치는 것임에 대하여, 참가적 효력은 피참가인과 참가인 사이에서 미친다. ④ 기판력은 주문 판단에 미치는데 반하여, 참가적 효력은 주문뿐만 아니라 이유 속의 사실상·법률상 판단에도 미친다. ⑤ 기판력은 당사자 사이의 주관적 책임과는 무관하게 법적 안정성을 위해 생기는 것이나, 참가적 효력은 피참가인의 단독책임으로 인해 패소한 경우에는 예외적으로 배제된다.

(4) 참가적 효력의 배제(제77조 각호)

① 참가할 때의 소송의 진행정도에 따라 소송행위를 할 수 없었을 때(제77조 제1호 전단), ② 참가인의 소송행위가 피참가인의 소송행위에 어긋나 효력이 없을 때(제77조 제1호 후단),[192] ③ 피참가인이 참가인의 소송행위를 방해한 때(제77조 제2호), ④ 참가인이 할 수 없는 소송행위를 피참가인이 고의·과실로 하지 아니한 때(제77조 제3호)에는 참가적 효력이 배제된다. 다만 위의 사실들이 없었다면 종전판결의 결과가 달라졌을 것이라는 점을 참가인이 주장·증명하여야 한다.[193]

II. 소송고지

1. 서 설

가. 의 의

소송고지는 소송계속 중 당사자가 소송에 참가할 이해관계 있는 제3자에게 소송계속

---

191) 김홍규/강태원, 814면; 김홍엽, 1062면; 이시윤, 794면; 정동윤/유병현/김경욱, 1099~1100면; 정영환, 1011면. 반대견해: 한충수, 762면.

192) 예컨대 보조참가인이 청구원인사실을 부인하였는데 피참가인이 인낙한 경우(대법원 1988. 12. 13. 선고 86다카2289 판결).

193) 김홍엽, 1064면; 이시윤, 794면; 정영환, 1011면.

의 사실을 일정한 방식에 의해 통지하는 것이다(제84조). 통지를 하는 자를 고지자, 통지를 받는 제3자를 피고지자라고 한다. 소송고지는 소송이 계속된 사실을 알려 이해관계 있는 제3자가 소송에 참가하여 자신의 권익을 보호할 수 있는 기회를 준다. 아울러 피고지자에게 참가적 효력을 미치게 하므로(제86조), 고지자가 소송에서 패소했을 때 피고지자에게 담보책임이나 구상청구 등 법적 추급을 할 때의 대비책이 된다.

나. 법적 성질

소송고지는 소송이 계속 중이라는 사실의 통지에 지나지 않는다. 제3자에 대한 소송참가의 최고나 청구와 같은 의사통지는 아니다. 그리고 상대방 당사자에 대한 권리의 주장이나 방어가 아니다.

2. 소송고지의 요건(제84조)

> **제84조(소송고지의 요건)** ① 소송이 법원에 계속된 때에는 당사자는 참가할 수 있는 제3자에게 소송고지(訴訟告知)를 할 수 있다.
> ② 소송고지를 받은 사람은 다시 소송고지를 할 수 있다.

가. 소송계속 중

(1) 소송고지는 소송계속 중에 할 수 있다(제84조 제1항). 여기서 말하는 소송은 판결절차, 독촉절차, 재심절차를 의미한다. 그러나 제소전화해절차, 조정절차, 중재절차, 강제집행절차는 이에 해당하지 않는다. 결정절차에서 보조참가를 허용하지 않는 판례의 입장에 따라 소송고지가 불가능하다는 견해가 있으나,[194] 판례는 결정절차 중 대립당사자 구조를 갖지 못한 경우에 한하여 보조참가를 불허하므로,[195] 대립당사자 구조를 갖춘 결정절차에서는 소송고지가 가능하다는 견해[196]가 타당하다고 본다.

(2) 위 소송절차는 국내법원에 계속 중이어야 한다. 상소심에 계속 중이어도 소송고지는 가능하다.

나. 고지자

(1) 소송고지를 할 수 있는 자는 계속 중인 소송의 당사자인 원고 및 피고, 보조참가

---

194) 이시윤, 799면.
195) 대법원 1994. 1. 20.자 93마1701 결정.
196) 김홍엽, 1073면.

인, 그리고 이들로부터 고지를 받은 피고지자(제84조 제2항)이다.

(2) 소송고지를 할 것인지 여부는 원칙적으로 고지자의 자유이며 권한이다. 다만 예외적으로 소송고지가 고지자의 의무인 경우가 있는데, 추심의 소(민집 제238조 본문),[197] 주주대표소송(상법 제404조 제2항), 채권자대위소송의 통지의무(민법 제405조) 등이 그것이다.

다. 피고지자

고지를 받을 수 있는 자는 당사자 이외에 그 소송에 참가할 수 있는 제3자이다. 보조참가(제71조)뿐만 아니라 공동소송적 보조참가(제78조), 당사자참가(제79조, 83조), 소송승계(제81조, 제82조)를 할 수 있는 제3자를 모두 포함한다. 그러나 소송고지의 주된 실익은 피고지자에게 참가적 효력을 미치게 하는데 있으므로, 고지자가 패소하면 그로부터 법적 추급을 당할 제3자, 즉 보조참가할 이해관계인이 주가 될 것이다.

3. 소송고지의 절차

제85조(소송고지의 방식) ① 소송고지를 위하여서는 그 이유와 소송의 진행정도를 적은 서면을 법원에 제출하여야 한다.
② 제1항의 서면은 상대방에게 송달하여야 한다.

가. 소송고지서

(1) 소송고지를 하려는 자는 소송고지신청서와 함께 소송고지서를 필요한 통수만큼 첨부하여 법원에 제출한다.[198] 소송고지신청서에는 인지를 붙이지 아니한다(민인 제10조, 민인규 제2조의2). 그러나 그 송달료를 납부하여야 한다.

(2) 소송고지서에는 그 이유 및 소송의 진행정도를 기재하여야 한다(제85조 제1항).

나. 소송고지서의 송달

법원은 소송고지서를 피고지자와 상대방 당사자에게 송달하여야 한다(제85조 제2항). 소송고지의 효력은 소송고지서를 법원에 제출한 때가 아니라 피고지자에게 적법하게 송달된 때에 발생한다.[199]

---

197) 판례는 추심의 소에서 채무자에 대한 소송고지는 추심의 소제기의 필수적 요건도 아니고 직권조사사항도 아니라고 한다(대법원 1976. 9. 28. 선고 76다1145, 1146 판결).

198) 법원실무제요 민사소송[Ⅰ], 414면.

199) 대법원 1975. 4. 22. 선고 74다1519 판결.

4. 소송고지의 효과

가. 소송법상의 효과

(1) 피고지자의 지위

피고지자가 그 소송에 참가할 것인지의 여부는 피고지자의 자유이다. 피고지자가 참가를 한 경우는 당해소송의 참가인으로서의 지위가 있지만, 적법한 고지를 받고도 소송에 참가하지 아니한 이상 아무런 지위가 없기 때문에 피고지자에게 기일통지를 할 필요가 없고 판결서에 피고지자의 이름을 표시할 필요도 없다.

(2) 참가적 효력

> **제86조(소송고지의 효과)** 소송고지를 받은 사람이 참가하지 아니한 경우라도 제77조의 규정을 적용할 때에는 참가할 수 있었을 때에 참가한 것으로 본다.

피고지자가 참가하지 아니한 경우라도 참가할 수 있었을 때 참가한 것으로 보아 피고지자에게 참가적 효력이 미친다(제86조).[200] 따라서 피고지자는 후일 고지자와의 소송에서 전소확정판결에서의 결론의 기초가 된 사실상·법률상의 판단에 반하는 것을 주장할 수 없게 된다.[201] 주장할 수 없는 것은 피고지자가 보조참가를 하여 상대방에 대하여 고지자와 공동이익으로 주장하거나 다툴 수 있었던 사항에 한하므로, 고지자와 피고지자의 이해가 상반되어 다투어야 될 사항이라면 참가적 효력이 생기지 않는다.[202] 아울러 본소 판결에서 판단되지 아니한 사항이나 방론에 불과한 사항에 대해서도 참가적 효력이 미치지 않고, 또한 고지자가 필요한 항변을 하지 아니하여 패소한 때에도 참가적 효력이 미치지 않는다.[203]

나. 실체법상의 효과

어음·수표의 배서인이 후자로부터 상환청구를 당한 경우 전자에 대해 소송고지를 해두면 재상환청구권에 대한 시효를 중단시키는 효력이 있다(어음법 제80조, 수표법 제64조). 이외에도 판례는 소송고지서에 피고지자에 대한 채무이행을 청구하는 의사가 표명되어 있는 경우는 민법 제174조에 정한 시효중단사유로서 최고의 효력을 인정하는데, 그 시효중단의

---

200) 대법원 2020. 1. 30. 선고 2019다268252 판결.
201) 대법원 1991. 6. 25. 선고 88다카6358 판결.
202) 대법원 1986. 2. 25. 선고 85다카2091 판결.
203) 대법원 1991. 6. 25. 선고 88다카6358 판결.

효력발생시기는 소송고지서를 법원에 제출한 때이다.[204] 이와 같은 소송고지를 통한 최고는 법원의 행위를 통해 이루어지는 것이어서 당해 소송이 계속 중인 동안은 최고에 의하여 권리를 행사하고 있는 상태가 지속되는 것으로 볼 수 있으므로, 민법 제174조에 규정된 6월의 기간은 피고지자가 소송고지를 받은 때가 아니라, 당해 소송이 종료된 때로부터 기산한다.[205]

판 례 **소송고지를 통한 최고의 시효중단 효력발생시기(대법원 2015. 5. 14. 선고 2014다16494 판결)**

소송고지의 요건이 갖추어진 경우에 소송고지서에 고지자가 피고지자에 대하여 채무의 이행을 청구하는 의사가 표명되어 있으면 민법 제174조에 정한 시효중단사유로서의 최고의 효력이 인정된다. 나아가 시효중단 제도는 제도의 취지에 비추어 볼 때 기산점이나 만료점을 원권리자를 위하여 너그럽게 해석하는 것이 바람직하고, 소송고지에 의한 최고는 보통의 최고와는 달리 법원의 행위를 통하여 이루어지는 것이므로 만일 법원이 소송고지서의 송달사무를 우연한 사정으로 지체하는 바람에 소송고지서의 송달 전에 시효가 완성된다면 고지자가 예상치 못한 불이익을 입게 된다는 점 등을 고려하면, 소송고지에 의한 최고의 경우에는 민사소송법 제265조를 유추 적용하여 당사자가 소송고지서를 법원에 제출한 때에 시효중단의 효력이 발생한다.

Ⅲ. 공동소송적 보조참가

1. 서 설

가. 의 의

공동소송적 보조참가는 재판의 효력이 미치는 제3자가 보조참가하는 것이다(제78조). 통상의 보조참가와는 달리 기판력, 집행력 등 재판의 효력을 받는 참가인의 이익을 보호하기 위해서 필수적 공동소송인에 준하는 소송수행권능을 부여하기 위해 학설·판례에 의해 인정되어 오던 것을 명문으로 규정한 것이다. 예컨대 검사를 상대로 인지청구의 소를 제기한 경우 그 판결의 효력을 받을 친족들이 피고 측에 참가하는 경우를 들 수 있다.

나. 구별개념

단순한 법률상 이해관계가 아니라 기판력, 집행력 등 재판의 효력을 받는 제3자가 참가한다는 점에서 통상의 보조참가(제71조)와 구별되고, 당사자적격이 없는 자가 참가한다는 점에서 공동소송참가(제83조)와 다르다.

---

204) 대법원 2015. 5. 14. 선고 2014다16494 판결.
205) 대법원 2009. 7. 9. 선고 2009다14340 판결.

다. 공동소송적 보조참가 해당 여부 판단

통상의 보조참가를 한 경우에도 법원이 이를 공동소송적 보조참가(제78조)로 보고 법률판단을 할 수 있다는 점에서,206) 공동소송적 보조참가로 취급할 것인지의 여부는 참가인의 신청방식에 구애받지 않고 법원이 법령의 해석에 의하여 결정하여야 할 것이다.

2. 공동소송적 보조참가가 성립되는 경우(제78조)

> **제78조(공동소송적 보조참가)** 재판의 효력이 참가인에게도 미치는 경우에는 그 참가인과 피참가인에 대하여 제67조 및 제69조를 준용한다.

가. 제3자의 소송담당의 경우

(1) 제3자가 소송담당자로서 받은 판결의 효력은 권리귀속주체에게 미치므로(제218조 제3항), 소송담당자의 소송에 권리귀속주체가 보조참가하면 공동소송적 보조참가가 된다. 예컨대 추심의 소 계속 중 채무자의 참가, 파산관재인의 소송계속 중 파산자의 참가, 유언집행자의 소송계속 중 상속인의 참가 등을 들 수 있다.

(2) 채권자대위소송계속 중 채무자의 참가도 여기에 포함된다는 것이 다수설이나,207) 채권자대위소송에서의 채권자는 소송담당이 아니라 독립하여 자신의 대위권이라는 실체법상 권리를 행사하는 것이라고 하여 여기에 포함되지 않는다는 견해도 있다.208)

(3) 주주의 대표소송도 제3자의 소송담당이므로 주주의 대표소송계속 중 회사가 원고 측에 참가하는 경우(상법 제404조 제1항) 역시 공동소송적 보조참가에 해당한다는 견해가 있으나,209) 판례는 이는 공동소송참가를 의미하는 것이고 이러한 해석이 중복소송금지의 규정에 반하는 것도 아니라고 한다.210)

---

206) 대법원 2013. 3. 28. 선고 2011두13729 판결.

207) 이시윤, 795면; 정동윤/유병현/김경욱, 1102, 1111면; 정영환, 969, 1013면. 그 근거에 관하여 채무자가 당사자적격을 가지고 있으나 참가를 하게 되면 중복소송이 되므로 공동소송적 보조참가가 되는 것이라고 한다. 이에 대하여 각종 통지(민법 제405조 제1항, 소송고지 등)로 인하여 채무자가 대위소송이 계속된 사실을 알게 되면 채무자는 대위의 대상이 되는 권리에 대한 처분권한을 상실하게 되므로 당사자적격이 없어서 공동소송적 보조참가를 해야 한다는 견해도 있다(김홍엽, 1068면). 그러나 그 경우 채무자의 처분권이 제한되기는 하나 권리자체를 상실하는 것은 아니어서 채무자에게는 당사자적격이 있으므로 공동소송참가를 해야 한다는 견해도 있다(한충수, 773면).

208) 호문혁, 969면.

209) 이시윤, 796면.

210) 대법원 2002. 3. 15. 선고 2000다9086 판결.

나. 가사·회사·행정소송 등 판결의 효력이 제3자에게 미치는 형성소송의 경우

판결의 효력이 제3자에게 확장되는 가사소송(가소 제21조), 회사소송(상법 제190조, 제376조 제2항, 제380조, 제381조 제2항, 제430조)의 경우에 당사자적격이 없는 제3자가 소송에 참가하면 공동소송적 보조참가가 된다. 행정소송(행소 제29조)의 경우에는 행정소송법 제16조의 특칙이 있는데 이에 해당하지 않는 경우의 참가는 공동소송적 보조참가이다.[211] 이러한 형성소송의 경우 제소기간의 제한을 두는 경우가 많은데, 판결의 효력을 받는 제3자가 위 제소기간을 도과한 때에는 공동소송적 보조참가를 할 수밖에 없다.

3. 공동소송적 보조참가인의 지위

가. 독립적 지위(강화된 소송수행권)

공동소송적 보조참가의 경우 참가인과 피참가인에 대하여 필수적 공동소송의 특칙(제67조)이 준용된다(제78조). 이에 공동소송적 보조참가인은 통상의 보조참가인보다 더 강화된 다음의 소송수행권이 부여된다.

(1) 소송행위의 측면

제67조 제1항이 준용되는 결과 참가인에게 제76조 제2항의 제한이 배제되고, 따라서 유리한 소송행위라면 참가인은 피참가인의 행위와 어긋나는 행위를 할 수 있다. 참가인이 상소를 제기한 후에는 피참가인이 상소권을 포기하거나 상소를 취하하여도 이미 제기된 상소의 효력은 유지되고,[212] 마찬가지로 참가인이 재심의 소를 제기한 후에 피참가인이 재심의 소를 취하하여도 재심의 효력은 유지된다.[213] 그리고 피참가인은 자백, 청구의 포기·인낙, 화해 등 참가인에게 불리한 소송행위를 할 수 없다. 다만 피참가인은 자신이 제기한 소를 스스로 취하할 수는 있다고 함이 판례의 태도이나,[214] 소취하는 공동소송적 보조참가인에게 불리한 소송행위이므로 소취하가 허용되어서는 아니 된다는 견해도 있다.[215]

---

211) 대법원 2017. 10. 12. 선고 2015두36836 판결.

212) 대법원 2016. 7. 27. 선고 2013두17923 판결; 대법원 2017. 10. 12. 선고 2015두36836 판결.

213) 대법원 2015. 10. 29. 선고 2014다13044 판결.

214) 대법원 2013. 3. 28. 선고 2011두13729 판결. 이와 같이하는 견해는 김홍엽, 1070면; 이시윤, 797면; 정동윤/유병현/김경욱, 1103면; 정영환, 1015면.

215) 한충수, 766면.

판 례 **참가인이 제기한 상소의 효력 유지 여부(대법원 2017. 10. 12. 선고 2015두36836 판결)**

행정소송 사건에서 참가인이 한 보조참가가 행정소송법 제16조가 규정한 제3자의 소송참가에 해당하지 않는 경우에도, 판결의 효력이 참가인에게까지 미치는 점 등 행정소송의 성질에 비추어 보면 그 참가는 민사소송법 제78조에 규정된 공동소송적 보조참가라고 볼 수 있다. 민사소송법 제78조의 공동소송적 보조참가에는 필수적 공동소송에 관한 민사소송법 제67조 제1항, 즉 "소송목적이 공동소송인 모두에게 합일적으로 확정되어야 할 공동소송의 경우에 공동소송인 가운데 한 사람의 소송행위는 모두의 이익을 위하여서만 효력을 가진다"라고 한 규정이 준용되므로, 피참가인의 소송행위는 모두의 이익을 위하여서만 효력을 가지고, 공동소송적 보조참가인에게 불이익이 되는 것은 효력이 없으므로, 참가인이 상소를 할 경우에 피참가인이 상소취하나 상소포기를 할 수는 없다.

판 례 **참가인이 제기한 재심의 효력 유지 여부(대법원 2015. 10. 29. 선고 2014다13044 판결)**

재심의 소를 취하하는 것은 통상의 소를 취하하는 것과는 달리 확정된 종국판결에 대한 불복의 기회를 상실하게 하여 더 이상 확정판결의 효력을 배제할 수 없게 하는 행위이므로, 이는 재판의 효력과 직접적인 관련이 있는 소송행위로서 확정판결의 효력이 미치는 공동소송적 보조참가인에 대하여는 불리한 행위이다. 따라서 재심의 소에 공동소송적 보조참가인이 참가한 후에는 피참가인이 재심의 소를 취하하더라도 공동소송적 보조참가인의 동의가 없는 한 효력이 없다. 이는 재심의 소를 피참가인이 제기한 경우나 통상의 보조참가인이 제기한 경우에도 마찬가지이다. 특히 통상의 보조참가인이 재심의 소를 제기한 경우에는 피참가인이 통상의 보조참가인에 대한 관계에서 재심의 소를 취하할 권능이 있더라도 이를 통하여 공동소송적 보조참가인에게 불리한 영향을 미칠 수는 없으므로 피참가인의 재심의 소 취하로 재심의 소제기가 무효로 된다거나 부적법하게 된다고 볼 것도 아니다.

판 례 **피참가인의 소취하 가능성(대법원 2013. 3. 28. 선고 2011두13729 판결)**

공동소송적 보조참가는 그 성질상 필수적 공동소송 중에서는 이른바 유사필수적 공동소송에 준한다 할 것인데, 유사필수적 공동소송에서는 원고들 중 일부가 소를 취하하는 경우에 다른 공동소송인의 동의를 받을 필요가 없다. 또한 소취하는 판결이 확정될 때까지 할 수 있고 취하된 부분에 대해서는 소가 처음부터 계속되지 아니한 것으로 간주되며(민사소송법 제267조), 본안에 관한 종국판결이 선고된 경우에도 그 판결 역시 처음부터 존재하지 아니한 것으로 간주되므로, 이는 재판의 효력과는 직접적인 관련이 없는 소송행위로서 공동소송적 보조참가인에게 불이익이 된다고 할 것도 아니다. 따라서 피참가인이 공동소송적 보조참가인의 동의 없이 소를 취하하였다 하더라도 이는 유효하다. 그리고 이러한 법리는 행정소송법 제16조에 의한 제3자 참가가 아니라 민사소송법의 준용에 의하여 보조참가를 한 경우에도 마찬가지로 적용된다.

(2) 소송절차의 중단·중지의 측면

제67조 제3항이 준용되는 결과 참가인에게 소송절차의 중단·중지의 원인이 발생하여 참가인의 이익을 해할 우려가 있으면 소송절차는 정지된다.

(3) 상소기간 진행의 측면

참가인의 상소기간은 참가인에게 판결정본이 송달된 날부터 독자적으로 진행한다. ① 참가인이 적법하게 상고를 제기하고 그 상고이유서 제출기간 내에 상고이유서를 제출하였다면 상고를 제기하지 않은 피참가인의 상고이유서 제출기간이 도과하였더라도 그 상고이유서 제출은 적법하다.[216] 한편 ② 피참가인이 상고를 제기한 경우 참가인은 상고를 제기하지 않았더라도 상고이유서를 제출할 수 있지만, 이 경우 상고이유서 제출기간 준수여부는 피참가인을 기준으로 판단하므로, 상고하지 않은 참가인이 피참가인의 상고이유서 제출기간이 지난 후 상고이유서를 제출하였다면 적법한 기간 내에 제출한 것으로 볼 수 없다.[217]

판 례 **참가인의 상고이유서 제출의 적법성(대법원 2012. 11. 29. 선고 2011두30069 판결)**

행정소송 사건에서, 참가인이 한 피고보조참가가 행정소송법 제16조의 제3자의 소송참가에 해당하지 아니하는 경우에도, 판결의 효력이 참가인에게도 미치는 점 등 행정소송의 성질에 비추어 보면, 그 참가는 민사소송법 제78조에서 규정하는 공동소송적 보조참가라 할 것이고, 공동소송적 보조참가를 한 참가인이 적법하게 상고를 제기하고 그 상고이유서 제출기간 내에 상고이유서를 제출하였다면, 상고를 제기하지 않은 피참가인인 피고의 상고이유서 제출기간이 도과하였다고 하더라도, 그 상고이유서의 제출은 적법하다고 보아야 할 것이다.

나. 종속적 지위

공동소송적 보조참가인도 당사자는 아니므로 앞서 언급한 것 이외에는 통상의 보조참가인과 같이 종속적 지위를 갖는다. 따라서 참가인은 소의 취하, 청구의 포기·인낙, 화해, 조정 등의 소송행위를 할 수 없다. 그리고 제76조 제1항 단서가 적용되는 결과 참가할 때의 소송의 진행정도에 따라 피참가인이 할 수 없는 행위를 할 수 없다.[218]

Ⅳ. 공동소송참가

1. 서 설

제83조(공동소송참가) ① 소송목적이 한 쪽 당사자와 제3자에게 합일적으로 확정되어야 할 경

216) 대법원 2012. 11. 29. 선고 2011두30069 판결.
217) 대법원 2020. 10. 15. 선고 2019두40611 판결.
218) 대법원 2015. 10. 29. 선고 2014다13044 판결.

우 그 제3자는 공동소송인으로 소송에 참가할 수 있다.
② 제1항의 경우에는 제72조의 규정을 준용한다.

가. 의 의

(1) 공동소송참가는 소송계속 중 판결의 효력을 받는 제3자가 원고 또는 피고의 공동소송인으로서 참가하는 것이다(제83조). 소송목적이 제3자와 일방 당사자에게 합일적으로 확정되어야 할 경우에 허용된다. 예컨대 주주가 회사를 상대로 주주총회결의부존재확인의 소를 제기한 경우 그 판결의 효력을 받는 다른 주주가 위 소송에 참가하여 공동원고로서 소송을 수행하는 것이다.[219)]

(2) 위에서 판결의 효력을 받는 제3자는 따로 소를 제기하는 것보다 그 소송에 당사자로 참가하여 소송수행을 하는 것이 권익보호에 충실하고 소송경제에도 부합하기 때문에 공동소송참가가 인정되는 것이다. 아울러 고유필수적 공동소송에서 당사자 일부가 누락되었을 때 공동소송인으로 참가하여 소각하를 면할 수도 있다.

나. 구별개념

공동소송적 보조참가는 판결의 효력을 받는 제3자가 당사자로서가 아니라 단지 승소보조자로서 참가하는 것이나, 공동소송참가는 참가인이 공동소송인으로서 소송수행을 하는 당사자참가라는 점에서 구별된다.

2. 참가요건

가. 소송계속 중일 것

(1) 소송계속 중이면 항소심에서도 참가할 수 있다. 판례도 공동소송참가는 항소심에서도 할 수 있고, 항소심에서 공동소송참가 후 본소가 소송요건 흠결로 각하되더라도 심급의 이익 박탈 문제는 발생하지 않는다고 하였다.[220)]

(2) 판례는 공동소송참가가 소제기의 실질을 갖는다고 하여 상고심에서는 공동소송참가를 할 수 없다고 하였고,[221)] 이와 뜻을 같이하는 견해[222)]도 있으나, 참가하지 아니하여도 판결의 효력이 미치므로 상고심에서라도 참가를 허용하여 방어의 기회를 주어야 한

---

219) 대법원 2021. 7. 22. 선고 2020다284977 전원합의체 판결의 취지 참조.
220) 대법원 2002. 3. 15. 선고 2000다9086 판결.
221) 대법원 1961. 5. 4. 선고 4292민상853 판결.
222) 김홍엽, 1103면.

다는 견해[223]가 타당하다고 본다.

나. 당사자적격

(1) 공동소송참가는 별소제기에 갈음하는 것이므로 참가하려는 제3자는 당사자적격을 구비하여야 한다. 만약 당사자적격이 없다면 공동소송적 보조참가(제78조)를 하여야 한다.

(2) 채권자대위소송계속 중 채무자는 당사자적격을 상실하지 않으나 공동소송참가하는 경우 중복소송(제259조)에 해당하므로 공동소송참가를 할 수 없다고 보는 것이 다수설이다.[224] 선정당사자의 소송계속 중 선정자가 공동소송참가하는 경우도 마찬가지이다. 다만 판례는 주주대표소송에서 회사의 참가는 공동소송참가를 의미하고 이 경우 중복소송의 문제도 발생하지 않는다고 하였다.[225] 채권자대위소송계속 중 다른 채권자가 동일한 채무자를 대위하여 채권자대위권을 행사하면서 공동소송참가신청을 한 경우도 양 청구의 소송물(피대위채권)이 동일하다면 참가신청이 적법하다고 하였다.[226]

판 례 **주주의 대표소송 계속 중 회사의 참가(대법원 2002. 3. 15. 선고 2000다9086 판결)**

[1] 주주의 대표소송에 있어서 원고 주주가 원고로서 제대로 소송수행을 하지 못하거나 혹은 상대방이 된 이사와 결탁함으로써 회사의 권리보호에 미흡하여 회사의 이익이 침해될 염려가 있는 경우 그 판결의 효력을 받는 권리귀속주체인 회사가 이를 막거나 자신의 권리를 보호하기 위하여 소송수행권한을 가진 정당한 당사자로서 그 소송에 참가할 필요가 있으며, 회사가 대표소송에 당사자로서 참가하는 경우 소송경제가 도모될 뿐만 아니라 판결의 모순·저촉을 유발할 가능성도 없다는 사정과, 상법 제404조 제1항에서 특별히 참가에 관한 규정을 두어 주주의 대표소송의 특성을 살려 회사의 권익을 보호하려한 입법 취지를 함께 고려할 때, 상법 제404조 제1항에서 규정하고 있는 회사의 참가는 공동소송참가를 의미하는 것으로 해석함이 타당하고, 나아가 이러한 해석이 중복제소를 금지하고 있는 민사소송법 제234조[현행 제259조]에 반하는 것도 아니다.

[4] 비록 원고 주주들이 주주대표소송의 사실심 변론종결시까지 대표소송상의 원고 주주요건을 유지하지 못하여 종국적으로 소가 각하되는 운명에 있다고 할지라도 회사인 원고 공동소송참가인의 참가시점에서는 원고 주주들이 적법한 원고적격을 가지고 있었다고 할 것이어서 회사인 원고 공동소송참가인의 참가는 적법하다고 할 것이고, 뿐만 아니라 원고 주주들의 주주대표소송이 확정적으로 각하되기 전에는 여전히 그 소

---

223) 손한기, 424면; 이시윤, 820면; 정동윤/유병현/김경욱, 1110면; 정영환, 968면.

224) 이시윤, 820면; 정동윤/유병현/김경욱, 1102, 1111면; 정영환, 969, 1013면. 이에 대하여 각종 통지(민법 제405조 제1항, 소송고지 등)로 인하여 채무자가 대위소송이 계속된 사실을 알게 되면 채무자는 대위의 대상이 되는 권리에 대한 처분권한을 상실하게 되므로 당사자적격이 없어서 공동소송적 보조참가를 해야 한다는 견해도 있다(김홍엽, 1068면). 그러나 그 경우 채무자의 처분권이 제한되기는 하나 권리 자체를 상실하는 것은 아니어서 채무자에게는 당사자적격이 있으므로 공동소송참가를 해야 한다는 견해도 있다(한충수, 773면).

225) 대법원 2002. 3. 15. 선고 2000다9086 판결.

226) 대법원 2015. 7. 23. 선고 2013다30301, 30325 판결.

송계속 상태가 유지되고 있는 것이어서, 그 각하판결 선고 이전에 회사가 원고 공동소송참가를 신청하였다면 그 참가 당시 피참가소송의 계속이 없다거나 그로 인하여 참가가 부적법하게 된다고 볼 수는 없다.

[5] 공동소송참가는 항소심에서도 할 수 있는 것이고, 항소심절차에서 공동소송참가가 이루어진 이후에 피참가소가 소송요건의 흠결로 각하된다고 할지라도 소송의 목적이 당사자 일방과 제3자에 대하여 합일적으로 확정될 경우에 한하여 인정되는 공동소송참가의 특성에 비추어 볼 때, 심급이익 박탈의 문제는 발생하지 않는다.

판 례 **채권자대위소송의 경합과 공동소송참가(대법원 2015. 7. 23. 선고 2013다30301, 30325 판결)**

채권자대위소송이 계속 중인 상황에서 다른 채권자가 동일한 채무자를 대위하여 채권자대위권을 행사하면서 공동소송참가신청을 할 경우, 양 청구의 소송물이 동일하다면 민사소송법 제83조 제1항이 요구하는 '소송목적이 한쪽 당사자와 제3자에게 합일적으로 확정되어야 할 경우'에 해당하므로 참가신청은 적법하다. 이때 양 청구의 소송물이 동일한지는 채권자들이 각기 대위행사하는 피대위채권이 동일한지에 따라 결정되고, 채권자들이 각기 자신을 이행 상대방으로 하여 금전의 지급을 청구하였더라도 채권자들이 채무자를 대위하여 변제를 수령하게 될 뿐 자신의 채권에 대한 변제로서 수령하게 되는 것이 아니므로 이러한 채권자들의 청구가 서로 소송물이 다르다고 할 수 없다. 여기서 원고가 일부 청구임을 명시하여 피대위채권의 일부만을 청구한 것으로 볼 수 있는 경우에는 참가인의 청구금액이 원고의 청구금액을 초과하지 아니하는 한 참가인의 청구가 원고의 청구와 소송물이 동일하여 중복된다고 할 수 있으므로 소송목적이 원고와 참가인에게 합일적으로 확정되어야 할 필요성을 인정할 수 있어 참가인의 공동소송참가신청을 적법한 것으로 보아야 한다.

다. 합일확정

(1) 소송목적이 제3자와 일방 당사자에게 합일확정될 경우이어야 하는데, 이는 제3자와 일방 당사자가 함께 소를 제기한다면 필수적 공동소송이 될 경우를 가리킨다.[227] 따라서 판례는 학교법인의 이사회결의무효확인의 소는 판결의 효력이 당사자 사이에서만 발생하지 대세적 효력이 있는 것은 아니므로 당사자 일방과 제3자에게 합일확정될 경우가 아니어서 제3자는 공동소송참가를 할 수 없다고 하였다.[228]

판 례 **학교법인의 이사회결의무효확인의 소와 공동소송참가(대법원 2001. 7. 13. 선고 2001다13013 판결)**

공동소송참가는 타인간의 소송의 목적이 당사자 일방과 제3자에 대하여 합일적으로 확정될 경우 즉, 타인간의 소송의 판결의 효력이 제3자에게도 미치게 되는 경우에 한하여 그 제3자에게 허용되는바, 학교법인의 이사회의 결의에 하자가 있는 경우에 관하여 법률에 별도의 규정이 없으므로 그 결의에 무효사유가 있는 경

227) 대법원 1986. 7. 22. 선고 85다620 판결.
228) 대법원 2001. 7. 13. 선고 2001다13013 판결.

우에는 이해관계인은 언제든지 또 어떤 방법에 의하든지 그 무효를 주장할 수 있고, 이와 같은 무효주장의 방법으로서 이사회결의무효확인소송이 제기되어 승소확정판결이 난 경우, 그 판결의 효력은 위 소송의 당사자 사이에서만 발생하는 것이지 대세적 효력이 있다고 볼 수는 없으므로, 이사회결의무효확인의 소는 그 소송의 목적이 당사자 일방과 제3자에 대하여 합일적으로 확정될 경우가 아니어서 제3자는 공동소송참가를 할 수 없다.

(2) 합일확정되는 대표적인 경우가 유사필수적 공동소송이 되는 경우이다. 예컨대 ① 주주총회결의부존재·무효·취소소송계속 중 다른 주주가 원고 측에 참가하는 경우,[229] ② 추심의 소(민집 제249조) 계속 중 집행력 있는 정본을 가진 다른 채권자가 참가하는 경우, ③ 채권자대위소송계속 중 다른 채권자가 동일한 채무자를 대위하여 채권자대위권을 행사하면서 참가하는 경우[230] 등이다. 그리고 판례는 주주의 대표소송계속 중 회사가 원고 측에 참가하는 경우도 공동소송참가로서 적법하다고 보았다.[231]

(3) 참가의 결과 고유필수적 공동소송이 되는 경우도 공동소송참가가 허용될 것인지가 문제되는데, 고유필수적 공동소송에서 공동소송인 일부가 누락된 경우 공동소송참가를 허용하여 그 소를 적법하게 보면 소송경제에 도움이 되고, 또 누락된 공동소송인을 추가하는 제도가 마련되어 있지만(제68조) 이는 제1심에서만 허용되므로, 상소심에서 공동소송참가를 허용할 실익이 있기 때문에 긍정하여야 할 것이다.[232]

3. 참가절차 및 심리

(1) 참가신청의 방식은 보조참가의 그것이 준용된다(제83조 제2항, 제72조). 다만 공동소송참가의 경우 원고 측에 참가하는 것은 소의 제기이고 피고 측에 참가하는 것은 청구기각판결을 구하는 것이기 때문에, 소액사건을 제외하고는 서면에 의하여야 한다. 참가취지에는 어느 쪽 당사자에 참가하는지를 표시하고, 참가이유에는 합일확정될 경우에 해당하는 사유를 적어야 한다. 피고 측에 참가하는 경우에는 인지를 붙이지 아니하나, 원고 측에 참가하는 경우의 신청서에는 소장 또는 상소장에 준하여 인지를 붙여야 한다(민인 제6조 제1항).

(2) 참가신청은 일종의 소제기이므로 이에 대하여 당사자가 이의신청을 할 수 없다.

---

229) 대법원 2021. 7. 22. 선고 2020다284977 전원합의체 판결의 취지 참조.
230) 대법원 2015. 7. 23. 선고 2013다30301, 30325 판결.
231) 대법원 2002. 3. 15. 선고 2000다9086 판결.
232) 김홍엽, 1110면; 이시윤, 821면; 정동윤/유병현/김경욱, 1110~1111면; 정영환, 970면.

법원은 직권으로 참가요건을 심사하고, 그 요건에 흠이 있을 때에는 종국판결로 각하한다. 참가가 적법하다고 인정되면 피참가인과 참가인은 공동소송인이 되고 그 관계는 필수적 공동소송으로서 제67조를 적용한다.

Ⅴ. 독립당사자참가

1. 서 설

가. 의 의

독립당사자참가는 타인 간의 소송계속 중 원·피고 양쪽 또는 한쪽을 상대방으로 하여 원·피고 사이의 청구와 관련된 자기의 청구에 대하여 함께 심판을 구하기 위하여 그 소송절차에 당사자로서 참가하는 것이다(제79조). 소송중의 소의 일종으로서 원고, 피고 및 참가인 사이의 분쟁을 모순 없이 한꺼번에 해결하여 소송경제를 도모할 수 있다.

나. 구별개념

독립당사자참가는 당사자참가로서 신소제기의 실질이 있다는 점에서 보조참가(제71조) 및 공동소송적 보조참가(제78조)와 구별되고, 독립한 지위에서 참가한다는 점에서 한쪽 당사자와 연합관계로서 참가하는 공동소송참가(제83조)와 구별된다.

2. 구 조

가. 견해의 대립

① 원고와 피고, 참가인과 원고, 참가인과 피고 사이의 3개의 2당사자대립구조의 소송이 하나의 소송절차에 병합되어 있다는 견해(3개소송병합설),[233] ② 원고, 피고, 참가인의 3당사자가 각각 독립하여 대립하면서 3면의 분쟁을 모순 없이 일거에 해결하기 위해 3면의 1개의 소송관계가 성립한다는 견해(3면소송설)[234]이 대립한다.

나. 판례의 태도

독립당사자참가는 제3자가 당사자로서 소송에 참가하여 3당사자 사이의 3면적 소송관계를 하나의 판결로써 모순 없이 일시에 해결하려는 것이라고 하여 3면소송설을 취하

233) 이시윤, 805면; 전원열, 655면; 한충수, 777면; 호문혁, 980면.

234) 강현중, 913면; 김홍엽, 1079면; 손한기, 427면; 전병서, 604면; 정동윤/유병현/김경욱, 1114면; 정영환, 974면.

고 있다.[235]

다. 검 토

3개소송병합설은 전통적 소송구조인 이당사자대립구조를 기본적인 틀로 하면서 3개의 이당사자대립구조의 소송이 하나의 소송절차에 병합되어 있다는 것인데, 3개의 소송이 병합심리된다는 점이 필수적 공동소송의 특칙(제67조)을 준용할 근거가 되기에는 부족하다 할 것이다. 3면의 소송관계를 하나의 판결로써 모순 없이 일거에 해결하기 위해 필수적 공동소송의 특칙이 준용된다는 3면소송설이 타당하다 할 것이다.

3. 참가요건(제79조 제1항)

가. 타인 간의 소송이 계속 중일 것

(1) 판결절차 또는 이에 준하는 절차가 계속 중이어야 한다. 독촉절차의 경우도 이의신청 후에는 판결절차로 이행되므로(제472조 제2항) 이에 포함된다 할 것이다.[236] 그러나 강제집행절차, 증거보전절차, 제소전화해절차, 중재절차, 공시최고절차는 이에 포함되지 않는다.

(2) 소송이 사실심에 계속 중이라면 항소심에서도 독립당사자참가가 가능하다. 상고심에서도 가능한지 문제되는데, ① 독립당사자참가는 신소제기의 실질을 가지므로 상고심에서 불가능하다는 견해[237]와, ② 상고심에서도 파기환송되는 경우가 있기 때문에 일단 참가를 허용하되 다만 상고가 기각·각하될 때에는 참가를 부적법 처리하면 된다는 견해[238]가 대립한다. 판례는 독립당사자참가는 실질에 있어서 소송제기의 성질을 가지고 있으므로 상고심에서는 독립당사자참가를 할 수 없다고 하여 ①설의 태도를 취하고 있다.[239] 생각건대 본소송의 당사자가 상고하지 않는 경우 판결확정을 막기 위해 상고와 동시에 참가신청이 필요한 경우가 있고, 상고심에서 파기환송되면 사실심리를 받게 되므로 상고심에서의 참가는 일종의 소송내 조건부 참가로 볼 수 있을 것이므로, ②설이 타당하다고 본다.

(3) 사실심의 변론종결 후에 참가신청을 한 경우에는 변론을 재개하지 않는 한 참가

---

235) 대법원 1991. 12. 24. 선고 91다21145, 21152 판결; 대법원 1995. 6. 16. 선고 95다5905, 5912 판결.

236) 강현중, 914면; 김홍엽, 1080면; 이시윤, 805면; 정동윤/유병현/김경욱, 1121면; 정영환, 974면; 한충수, 779면; 호문혁, 981면.

237) 김홍엽, 1080면; 호문혁, 981면.

238) 강현중, 914면; 손한기, 427면; 이시윤, 805면; 전병서, 605면; 정동윤/유병현/김경욱, 1121면; 정영환, 976면.

239) 대법원 1994. 2. 22. 선고 93다43682, 51309 판결.

신청은 부적법하게 된다.[240)]

나. 참가이유

> **제79조(독립당사자참가)** ① 소송목적의 전부나 일부가 자기의 권리라고 주장하거나, 소송결과에 따라 권리가 침해된다고 주장하는 제3자는 당사자의 양 쪽 또는 한 쪽을 상대방으로 하여 당사자로서 소송에 참가할 수 있다.

참가이유(참가형태)로서, 소송목적의 전부나 일부가 자기의 권리라고 주장하는 경우(제79조 제1항 전단)와, 소송결과에 따라 권리가 침해된다고 주장하는 경우(제79조 제1항 후단)가 규정되어 있다.

(1) 권리주장참가(제79조 제1항 전단)

(가) 제3자가 소송목적의 전부나 일부가 자기의 권리라고 주장하는 경우이다. 따라서 참가인의 청구가 본소청구와 양립하지 않거나 이에 우선하여야 한다. 예컨대 ① 원고가 자신의 소유권을 주장하는 목적물에 대하여 참가인이 자신의 소유권을 주장하는 경우,[241)] ② 명의신탁자임을 주장하며 명의신탁해지를 원인으로 부동산소유권이전등기를 구함에 대하여 참가인이 자신이 진정한 명의신탁자임을 주장하며 참가하는 경우,[242)] ③ 취득시효완성을 원인으로 한 소유권이전등기를 구함에 대하여 참가인이 취득시효완성을 원인으로 피고에 대한 소유권이전등기를 구하는 경우,[243)] ④ 전부채권자라 주장하며 제기한 전부금청구의 본소에 대해 참가인이 자신이 진정한 채권양수인임을 주장하며 양수금청구를 하는 경우(채권의 이중양도 사안)[244)]와 같이 권리가 경합하는 경우 참가를 통해 진정한 권리자를 가리는 것이다.

---

240) 이시윤, 806면; 정동윤/유병현/김경욱, 1121면.

241) 대법원 1998. 7. 10. 선고 98다5708, 5715 판결. 유사한 사례로 원고가 건물의 증축부분에 대하여 소유권에 기한 인도를 구함에 대하여 참가인이 그 증축부분은 자신이 증축한 것으로서 자신의 소유라고 주장하며 독립당사자참가로써 소유권의 확인 및 인도를 구하는 경우 역시 마찬가지(대법원 1992. 12. 8. 선고 92다26772, 26789 판결).

242) 대법원 1995. 6. 16. 선고 95다5905, 5912 판결. 유사한 사례로 甲 종중이 명의신탁을 주장하며 국가를 상대로 소유권확인을 청구한 토지에 대하여 乙 종중이 자신의 명의신탁을 주장하며 명의수탁자를 대위하여 원·피고에 대하여 독립당사자참가로써 소유권확인을 구하는 경우 역시 마찬가지(대법원 1997. 6. 10. 선고 96다25449, 25456 판결).

243) 대법원 1996. 6. 28. 선고 94다50595, 50601 판결. 유사한 사례로 점유취득시효완성을 원인으로 한 소유권이전등기청구의 본소에 대하여 원·피고 쌍방을 상대로 소유권확인을 구하는 독립당사자참가 역시 마찬가지(대법원 1997. 9. 12. 선고 95다25886, 25893, 25909 판결).

244) 대법원 1991. 12. 24. 선고 91다21145, 21152 판결.

판 례 **자신의 소유권을 주장하며 참가(대법원 1998. 7. 10. 선고 98다5708, 5715 판결)**

소유권확인을 구하는 원고들의 본소청구에 대하여 참가인은 피고에 대하여 토지에 대한 피고 명의의 소유권보존등기말소 및 그 토지가 참가인 및 선정자들의 소유권임의 확인을 구하고 원고들에 대하여도 위와 같은 소유권 확인을 구하고 있으므로, 참가인은 피고에 대하여 일정한 청구를 하고 있음은 물론이고 원고들에 대하여도 일정한 청구를 하고 있으며, 원고들의 청구와 참가인의 청구는 서로 양립할 수 없는 관계에 있으므로 독립당사자참가는 적법하다.

판 례 **진정한 명의신탁자임을 주장하며 참가(대법원 1995. 6. 16. 선고 95다5905, 5912 판결)**

甲이 乙 명의로 된 부동산의 실질적인 소유자라고 주장하면서 乙에 대하여 명의신탁 해지로 인한 이전등기절차의 이행을 구하는 본소에 대하여, 丙이 자신이 실질적인 소유자로서 乙에게 명의신탁을 해 둔 것이라고 주장하면서 乙에 대하여는 명의신탁 해지로 인한 이전등기절차의 이행을 구하고 甲에 대하여는 이전등기청구권의 존재 확인을 구하는 독립당사자참가를 한 경우, 甲의 乙에 대한 명의신탁 해지로 인한 이전등기청구권과 丙의 乙에 대한 명의신탁 해지로 인한 이전등기청구권은 어느 한 쪽의 청구권이 인정되면 다른 한 쪽의 청구권은 인정될 수 없는 것으로서 각 청구가 서로 양립할 수 없는 관계에 있어 하나의 판결로써 모순 없이 일시에 해결할 수 있는 경우에 해당하고, 丙은 甲에 의하여 자기의 권리 또는 법률상의 지위를 부인당하고 있는 자로서 그 불안을 제거하기 위하여 乙에 대한 이전등기청구권이 丙에게 있다는 확인의 소를 제기하는 것이 유효적절한 수단이어서 丙이 乙에 대하여 이전등기절차의 이행을 구함과 동시에 甲에 대하여 이전등기청구권의 존재확인을 구하는 것은 확인의 이익이 있는 적법한 청구라고 하여, 丙의 당사자참가를 적법하다고 본 사례.

판 례 **취득시효완성을 주장하며 참가(대법원 1996. 6. 28. 선고 94다50595, 50601 판결)**

甲이 乙에 대하여 취득시효 완성을 원인으로 한 소유권이전등기를 구하는 본소에 대하여, 丙이 乙에 대하여는 취득시효 완성을 원인으로 한 소유권이전등기를, 그리고 甲에 대하여는 관리위탁계약의 해제를 이유로 토지의 인도를 각 청구한 경우, 甲의 乙에 대한 청구와 丙의 乙에 대한 청구는 주장하는 권리가 채권적인 권리인 등기청구권이기는 하나 어느 한쪽의 청구권이 인정되면 다른 한쪽의 청구권은 인정될 수 없는 것으로서 각 청구가 서로 양립할 수 없는 관계에 있으므로, 丙의 독립당사자참가 신청은 적법하다고 한 사례.

판 례 **채권의 이중양도 사안(대법원 1991. 12. 24. 선고 91다21145, 21152 판결)**

원고는 부동산을 피고로부터 매수한 당사자가 소외 甲회사라고 주장하면서 그 매매계약해제에 따라 위 회사가 피고에 대하여 취득한 중도금반환채권을 전부받은 자로서 피고에게 그 이행을 구하고 있고 이에 대하여 참가인은 위 부동산의 매수인이 위 甲회사 아닌 소외 乙회사라고 주장하며 그 회사의 중도금반환채권을 참가인이 양도받았다 하여 원고에 대하여는 참가인의 권리확인을 구하고 피고에 대하여는 위 금원의 지급을 구하고 있는 사건에 있어서 원고의 피고에 대한 전부금채권과 참가인의 피고에 대한 양수금채권은 어느 한쪽의 채권이 인정되면 다른 한쪽의 채권은 인정될 수 없는 것으로서 각 청구가 서로 양립할 수 없는 관계에 있고 이는 하나의 판결로써 모순 없이 일시에 해결할 수 있는 경우에 해당한다고 할 것이고, 참가인은 원고에 의하여 자기의 권리 또는 법률상의 지위를 부인당하고 있는 자로서 그 불안을 제거하기 위하여 피고에 대한 위 중도금반환채권이 참가인에게 있다는 확인의 소를 제기하는 것이 유효적절한 수단이라고 할 것이므로 결국 참가인이 피고에 대하여 위 채권금액의 지급을 구함과 동시에 원고에 대하여 채권확인의 소를 구한 것은 확인의 이익이 있는 적법한 청구라고 할 것이어서 그 당사자참가는 적법하다고 한 사례.

(나) 본소청구와 참가인의 청구가 주장 자체에서 양립하지 않는 관계에 있으면 족하다.[245] 따라서 본안심리의 결과 실제로 양립가능한 것이 밝혀지더라도 그로 인하여 독립당사자참가가 부적법해지는 것은 아니다.[246]

이와 관련하여 부동산의 이중양도의 경우에도 독립당사자참가가 허용되는지 문제된다. 경우를 나누어 살펴본다. ① 제2매수인이 매도인을 상대로 소유권이전등기청구를 함에 대하여 제1매수인이 자신도 매수하였으므로 이전등기청구권이 있다고 주장하며 참가하여 이전등기청구를 하는 경우와 같이 매매사실이 2개인 경우는 제1매수인과 제2매수인이 둘 다 소유권이전등기청구권자로서 주장 자체로 양립가능한 경우이므로 독립당사자참가는 허용될 수 없다.[247] 이와 유사한 구조로서 매수인이 매도인을 상대로 매매를 원인으로 한 소유권이전등기청구를 하였는데, 제3자가 같은 부동산에 관한 취득시효완성을 주장하며 참가하여 매도인을 상대로 소유권이전등기청구를 한 경우, 양 청구는 주장 자체로 양립가능하므로 위 참가는 부적법하다.[248] ② 그러나 매매사실이 1개뿐이거나 또는 어느 매매계약이 무효·해제 등 하자가 있어 소유권이전등기청구권이 없고 자신의 매매만이 유효임을 주장하며 참가하는 경우와 같이 누가 진정한 매수인인가를 확정하는 경우(진정한 매매사실이 1개인 경우)는 주장 자체로 양립불가능한 경우이므로 독립당사자참가가 허용될 것이다.[249]

판 례 **진정한 매수인을 확정하는 경우(대법원 1988. 3. 8. 선고 86다148, 149, 150, 86다카762, 763, 764 판결)**

甲(원고)은 乙(피고)과의 사이에 체결된 매매계약의 매수당사자가 甲이라고 주장하면서 그 소유권이전등기절차이행을 구하고 있고 이에 대하여 丙(참가인)은 자기가 그 매수당사자라고 주장하는 경우라면 丙은 甲에 의하여 자기의 권리 또는 법률상의 지위를 부인당하고 있는 한편 그 불안을 제거하기 위하여서는 매수인으로서의 권리의무가 丙에 있다는 확인의 소를 제기하는 것이 유효적절한 수단이라고 보여지므로 결국 丙이

245) 대법원 2017. 4. 26. 선고 2014다221777, 221784 판결.
246) 대법원 2007. 6. 15. 선고 2006다80322, 80339 판결.
247) 서울중앙지방법원 2004. 3. 25. 선고 2002나44365, 2003나27930 판결.
248) 대법원 1982. 12. 14. 선고 80다1872, 1873 판결.
249) 대법원 1988. 3. 8. 선고 86다148, 149, 150, 86다카762, 763, 764 판결.

乙에 대하여 그 소유권이전등기절차의 이행을 구함과 동시에 甲에 대하여 소유권이전등기청구권 등 부존재 확인의 소를 구하는 것은 확인의 이익이 있는 적법한 것이라고 할 것이다.

☞ 甲이 부동산 매수당사자라고 주장하며 매도인 乙을 상대로 소유권이전등기청구를 하자, 丙은 乙로부터 위 부동산을 직접 매수하였는데 다만 그 매매계약을 체결함에 있어서 甲의 이름을 사용하였을 뿐 위 매매의 실제 매수인은 丙이고, 그 매매대금 역시 丙 자신이 직접 지급하였다고 주장하며, 甲을 상대로 매수인으로서의 권리의무가 甲에게 있지 않고 丙에게 있다는 확인을 구하고, 乙을 상대로 위 매매를 원인으로 한 소유권이전등기절차의 이행을 구한 사안.

(다) 참가하려는 소송에 수 개의 청구가 병합된 경우는 그중 어느 하나의 청구라도 독립당사자참가인의 주장과 양립불가능한 관계에 있으면 독립당사자참가가 허용된다.250)

판 례 **수 개의 청구가 병합된 경우의 참가와 양립불가능성(대법원 2007. 6. 15. 선고 2006다80322, 80339 판결)**

독립당사자참가 중 권리주장참가는 소송의 목적의 전부나 일부가 자기의 권리임을 주장하면 되는 것이므로 참가하려는 소송에 수 개의 청구가 병합된 경우 그중 어느 하나의 청구라도 독립당사자참가인의 주장과 양립하지 않는 관계에 있으면 그 본소청구에 대한 참가가 허용된다고 할 것이고, 양립할 수 없는 본소청구에 관하여 본안에 들어가 심리한 결과 이유가 없는 것으로 판단된다고 하더라도 참가신청이 부적법하게 되는 것은 아니다.

☞ 甲이 乙을 상대로 주위적으로 소유권에 기초하여 동산인도를 구하고, 예비적으로 동산양도담보계약에 기초하여 인도(그것이 기각될 것을 대비한 금전지급청구)를 구하였는데, 丙이 참가신청을 하며 동산의 소유권이 자신에게 있음을 전제로 甲을 상대로 소유권확인을 구하고, 乙을 상대로 소유권에 기초하여 동산의 인도를 구하자, 원심이 丙의 청구는 甲의 주위적 청구와는 양립불가능하나 예비적 청구와는 양립가능하므로 丙의 참가신청이 부적법하다고 하였으나, 대상판결이 위 이유를 들어 파기·환송한 사안.

(라) 독립당사자참가인이 수 개의 청구를 병합하여 참가를 하는 경우에는 각 청구별로 참가의 요건을 갖추어야 한다.251)

판 례 **수 개의 청구를 병합하여 독립당사자참가 하는 경우(대법원 2022. 10. 14. 선고 2022다241608, 241615 판결)**

독립당사자참가인이 수 개의 청구를 병합하여 독립당사자참가를 하는 경우에는 각 청구별로 독립당사자참가의 요건을 갖추어야 하고, 편면적 독립당사자참가가 허용된다고 하여, 참가인이 독립당사자참가의 요건을 갖추지 못한 청구를 추가하는 것을 허용하는 것은 아니다.

250) 대법원 2007. 6. 15. 선고 2006다80322, 80339 판결.

251) 대법원 2022. 10. 14. 선고 2022다241608, 241615 판결.

☞ 甲은 사업권을 乙에게 20억 원에 양도하는 계약을 체결하였고, 甲이 乙에 대하여 가지는 위 양수도대금채권을 丙에게 양도하였는데, 그 후 甲이 乙을 상대로 주위적으로 위 20억 원의 지급보증을 위해 발행된 약속어음금의 지급을 구하고, 예비적으로 乙의 채무불이행으로 위 양수도계약을 해제하고 위 사업권의 원상회복이 불가능하므로 가액배상의 방법으로 20억 원의 지급을 구하는 본소를 제기하자, 丙이 참가를 하며 乙을 상대로는 위 양수도대금채권을 자신이 양수하였음을 들어 20억 원의 지급을 구하고, 甲을 상대로는 甲이 乙의 丙에 대한 위 채무를 연대보증하였음을 들어 연대보증채무의 이행을 구하였는데, 대상판결은 丙의 乙에 대한 20억 원의 지급청구와는 달리 甲에 대한 연대보증채무의 이행청구는 甲의 본소와 양립불가능하다고 볼 수 없으므로 부적법하다고 보아 丙의 甲에 대한 청구 부분을 파기, 자판하여 그 부분을 각하한 사안.

(2) 사해방지참가(제79조 제1항 후단)

(가) 제3자가 소송결과에 따라 권리가 침해된다고 주장하는 경우이다. 참가인의 청구가 원고의 본소청구와 양립가능하더라도 사해방지참가를 할 수 있고,[252] 먼저 권리주장참가를 하여 각하판결이 확정된 뒤 다시 사해방지참가를 하더라도 기판력을 받지 아니한다.[253]

판 례 **양립가능한 경우 사해방지참가 가부(대법원 1996. 3. 8. 선고 95다22795, 22801 판결)**

민사소송법 제72조[현행 제79조] 제1항 후단의 사해방지참가의 경우는 원고와 피고가 당해 소송을 통하여 제3자를 해할 의사, 즉 사해의사를 갖고 있다고 객관적으로 인정되고 그 소송의 결과 제3자의 권리 또는 법률상의 지위가 침해될 염려가 있다고 인정되는 경우에는, 제3자인 참가인의 청구와 원고의 청구가 논리상 서로 양립할 수 있는 관계에 있다고 하더라도 독립당사자참가를 할 수 있다.

(나) 권리침해의 의미에 대해, ① 본소판결의 효력이 제3자에게 미칠 경우에 한하여 참가할 수 있다는 견해(판결효설), ② 본소판결에 의하여 사실상 권리침해를 받는 제3자의 경우에도 참가할 수 있다는 견해(이해관계설)가 있으나, ③ 본소의 당사자들이 그 소를 통해 참가인을 해할 의사를 가지고 있다고 객관적으로 인정되는 경우에 참가가 허용된다는 견해(사해의사설)[254]이 타당하다고 본다. 판례는 참가인의 권리를 침해할 의사가 있다고 객관적으로 인정되고 소송의 결과 참가인의 권리 또는 법률상 지위가 침해될 우려가 있다고 인정되는 경우에 사해방지참가가 허용된다고 하여 사해의사설을 취하고 있다.[255]

(다) 한편 판례는 본소청구의 원인행위가 사해행위라는 이유로 제3자가 원고에 대해

252) 대법원 1996. 3. 8. 선고 95다22795, 22801 판결.
253) 대법원 1992. 5. 26. 선고 91다4669, 4676 판결.
254) 강현중, 918면; 김홍규/강태원, 826면; 이시윤, 808면; 정동윤/유병현/김경욱, 1118면; 정영환, 980면.
255) 대법원 2011. 5. 13. 선고 2010다106245 판결; 대법원 2017. 4. 26. 선고 2014다221777, 221784 판결.

사해행위취소를 구하면서 독립당사자참가를 한 경우, 사해행위취소의 효력은 채권자와 수익자(또는 전득자) 사이에서만 상대적으로 미치므로(상대적 효력), 참가인의 청구가 받아들여진다 하더라도 원고와 피고 사이의 법률관계에는 아무런 영향이 없다는 이유로, 위 독립당사자참가는 부적법하다고 하였다.[256]

판 례 사해행위취소청구와 사해방지참가(대법원 2014. 6. 12. 선고 2012다47548, 47555 판결)

채권자가 사해행위의 취소와 함께 수익자 또는 전득자로부터 책임재산의 회복을 명하는 사해행위취소의 판결을 받은 경우 취소의 효과는 채권자와 수익자 또는 전득자 사이에만 미치므로, 수익자 또는 전득자가 채권자에 대하여 사해행위의 취소로 인한 원상회복 의무를 부담하게 될 뿐, 채권자와 채무자 사이에서 취소로 인한 법률관계가 형성되거나 취소의 효력이 소급하여 채무자의 책임재산으로 복구되는 것은 아니다. 이러한 사해행위취소의 상대적 효력에 의하면, 원고의 피고에 대한 청구의 원인행위가 사해행위라는 이유로 원고에 대하여 사해행위취소를 청구하면서 독립당사자참가신청을 하는 경우, 독립당사자참가인의 청구가 그대로 받아들여진다 하더라도 원고와 피고 사이의 법률관계에는 아무런 영향이 없고, 따라서 그러한 참가신청은 사해방지참가의 목적을 달성할 수 없으므로 부적법하다.

☞ 원고가 피고에 대하여 2009. 6. 15.자 대물변제약정을 청구원인으로 하여 피고 소유의 이 사건 건물에 관한 소유권이전등기청구를 하자, 독립당사자참가인이 위 대물변제약정이 사해행위에 해당한다고 주장하며 원고를 상대로 사해행위취소를 청구하며 독립당사자참가신청을 한 사안.

다. 참가의 취지

(1) 쌍면참가

참가인은 참가취지로서 원칙적으로 원·피고 양쪽에 대하여 각기 자신의 청구를 할 수 있는데, 이를 쌍면참가라고 한다.

(2) 편면참가

구법 하에서 판례는 편면참가를 불허하였으나,[257] 2002년 개정법 제79조 제1항에서 당사자의 한쪽을 상대방으로 하여 당사자로서 소송에 참가할 수 있다고 규정하여 편면참가를 허용하였다. 이러한 편면참가는 권리주장참가뿐만 아니라 사해방지참가에서도 허용된다고 할 것이다.[258]

라. 소의 병합요건을 갖출 것

독립당사자참가는 본소청구에 참가인의 청구를 병합하는 것이므로 소의 일반 병합요

---

256) 대법원 2014. 6. 12. 선고 2012다47548, 47555 판결.

257) 예컨대 대법원 1994. 11. 25. 선고 94다12517, 12524 판결 참조.

258) 이시윤, 810면; 정영환, 983면.

건을 갖추어야 한다. 즉 참가인의 청구가 본소청구와 같은 종류의 소송절차에 의하여 심판될 수 있어야 하고(제253조), 참가인의 청구가 본소청구와 다른 법원의 전속관할에 속하여서는 아니 된다(공통의 관할권).

마. 소송요건

독립당사자참가는 신소제기의 실질이 있기 때문에 일반 소송요건도 갖추어야 한다. 예컨대 이미 별소를 통해 소송계속 중인 청구와 동일한 청구를 가지고 독립당사자참가를 한 경우 중복소송(제259조)으로 부적법해진다.

4. 참가절차

가. 참가신청

(1) 참가신청의 방식은 보조참가의 규정을 준용한다(제79조 제2항, 제72조). 다만 보조참가와 달리 독립당사자참가는 당사자 양쪽 또는 한쪽에 대한 소제기의 실질을 가지므로 소액사건의 경우(소심 제4조)를 제외하고는 서면에 의해야 한다(제248조 제1항). 참가신청서에는 참가취지와 참가이유를 적시하는 외에 참가인 자신의 청구의 청구취지 및 청구원인을 밝혀야 한다. 참가신청서에는 인지를 붙여야 한다(민인 제6조). 참가신청은 참가인으로서 할 수 있는 소송행위와 동시에 할 수 있으므로(제79조 제2항, 제72조 제3항), 상소를 제기하면서 참가신청을 할 수도 있다.

(2) 독립당사자참가는 실질적인 소의 제기이므로 종전의 당사자가 참가에 대하여 이의할 수 없다 할 것이다.[259] 또한 독립당사자참가는 소제기의 효과로서 시효중단·기간준수의 효력이 있다(제265조). 본소의 원고와 피고는 독립당사자참가인과의 관계에서 피고의 지위에 있으므로, 참가인을 상대로 반소를 제기할 수 있다.

나. 중첩적 참가

복수의 독립당사자참가가 있는 경우 이를 중첩적 독립당사자참가라고 한다. 원·피고 사이의 소송에 A가 독립당사자참가를 한 뒤 B가 다시 독립당사자참가를 하는 것인데, 이를 금지하는 규정이 없으므로 뒤의 참가도 허용된다. 다만 이 경우 참가인 상호간에도 소송관계가 성립하는지 여부가 문제된다. 판례는 권리주장참가가 복수인 경우 참가자 상호간에는 아무런 소송관계가 성립하지 않으므로 참가인들 간에 어떠한 판결을 할 수 없다고 한다.[260] 이에 대하여 4자 간에 얽힌 분쟁을 일거에 모순 없이 해결하기 위해 4면소송을

---

259) 이시윤, 811면; 정동윤/유병현/김경욱, 1122면.

허용해야 한다는 견해가 있다.[261]

5. 참가소송의 심판

가. 참가요건과 소송요건의 조사

(1) 참가신청의 경우 먼저 참가요건을 직권으로 조사하여야 한다. 참가요건의 흠결이 있는 부적법한 참가에 대하여 판례는 독립당사자참가의 소를 각하한다는 입장이나,[262] 독립의 소로서의 요건을 갖춘 경우에는 각하할 것이 아니라 본소에 병합시켜 통상공동소송의 형태로 심리하여야 한다는 반대견해가 있다.[263] 한편 판례는 부적법한 독립당사자참가의 경우 보조참가로 전환시킬 수 있다고 하나,[264] 독립당사자참가를 하면서 예비적으로 보조참가를 하는 것은 허용되지 않는다고 한다.[265]

(2) 참가인의 청구가 소송요건을 갖추었는지 여부도 직권으로 조사해야 하며, 흠결이 있는 경우 판결로 참가신청을 각하하여야 한다.

나. 본안심판

제79조(독립당사자참가) ② 제1항의 경우에는 제67조 및 제72조의 규정을 준용한다.

독립당사자참가는 3당사자 사이의 3면적 소송관계를 하나의 판결로써 모순 없이 일시에 해결하려는 것이므로, 필수적 공동소송에 관한 특칙을 준용하고 있고(제79조 제2항, 제67조), 따라서 소송자료의 통일, 소송진행의 통일을 통한 본안재판의 통일을 기하여야 한다.

(1) 소송자료의 통일

한 사람의 소송행위가 유리한 것이면 나머지 1인에 대하여도 그 효력이 있다. 예컨대 참가인의 주장을 원고가 다투면 피고가 다투지 아니하여도 다툰 것으로 된다. 그리고 화해권고결정에 대해 참가인이 이의하면 이의의 효력이 원·피고 사이에도 미친다.[266]

그러나 두 당사자 사이의 소송행위가 나머지 1인에게 불리한 것이면 그 두 당사자 간

260) 대법원 1958. 11. 20. 선고 4290민상308, 309, 310, 311 판결; 서울고등법원 1961. 11. 30. 선고 4292민222~225 판결.

261) 손한기, 431면; 이시윤, 812면; 정동윤/유병현/김경욱, 1123면; 정영환, 985면.

262) 대법원 1981. 12. 22. 선고 80다2762, 2763 판결.

263) 이시윤, 813면; 정동윤/유병현/김경욱, 1123면; 정영환, 986면.

264) 대법원 1960. 5. 26. 선고 4292민상524 판결.

265) 대법원 1994. 12. 27. 선고 92다22473, 22480 판결.

266) 대법원 2005. 5. 26. 선고 2004다25901, 25918 판결.

에도 효력이 발생하지 않는다(제67조 제1항 준용). 예컨대 원고와 피고 사이에 청구의 포기·인낙, 화해[267]를 하더라도 참가인에게 효력이 없고, 원고의 청구에 대해 피고가 자백[268]을 하더라도 참가인에게 효력이 없다. 또한 참가인의 피고에 대한 청구를 피고가 인낙을 하더라도 소송법상 인낙의 효력은 발생하지 않는다.[269] 이러한 처분행위는 합일확정에 방해가 되는 것이기 때문이다.

(2) 소송진행의 통일

당사자 간 일부에 대한 변론의 분리나 일부판결은 허용되지 않는다.[270] 3당사자 중 어느 한 사람에 대해 중단·중지의 원인이 발생할 때에는 모든 소송절차가 정지된다(제67조 제3항 준용). 다만 상소기간은 각각 개별적으로 진행한다.

(3) 본안재판의 통일(모순 없는 본안판결)

3당사자 사이의 분쟁을 일거에 모순 없이 해결해야 하므로, 1개의 전부판결을 해야 하고, 만약 법원이 잘못하여 일부판결을 하였더라도 추가판결을 할 수는 없고, 위법한 판결이므로 상소에 의해 시정하여야 한다.[271]

다. 판결에 대한 상소

독립당사자참가 소송의 상소와 관련하여, ① 일부만 상소하였을 경우 이심의 범위, ② 패소하고도 상소하지 않은 당사자의 지위, ③ 불이익변경금지의 원칙과 관련된 상소심 심판의 범위가 문제된다.

(1) 이심의 범위

독립당사자참가소송의 본안판결 결과 두 당사자가 패소하였으나 그중 한 사람만 승소한 당사자를 상대로 상소를 제기한 경우, 나머지 패소당사자의 판결부분도 상소심으로 이심되는지 문제된다. 원고 甲의 피고 乙에 대한 청구가 인용되고, 독립당사자참가인 丙의 甲·乙에 대한 청구가 받아들여지지 않은 경우를 예로 든다.

(가) 만약 丙의 참가신청이 각하되었는데, ① 乙만 상소를 하고 丙은 상소를 하지 않았다면 丙의 참가신청 각하부분은 이심되지 않은 채 분리확정되고,[272] ② 乙은 상소

267) 대법원 2005. 5. 26. 선고 2004다25901, 25918 판결.
268) 대법원 2009. 1. 30. 선고 2007다9030, 9047 판결.
269) 대법원 1968. 12. 24. 선고 64다1574 판결.
270) 대법원 1995. 12. 8. 선고 95다44191 판결.
271) 대법원 1991. 3. 22. 선고 90다19329, 19336 판결; 대법원 1995. 12. 8. 선고 95다44191 판결.
272) 대법원 1992. 5. 26. 선고 91다4669, 4676 판결.

하지 않고 丙만 상소를 한 경우는 본소청구부분도 이심은 되나 상소심은 丙의 참가신청부분만 심판의 대상으로 삼아야 하고 본소청구부분에 대해서까지 심판하여서는 아니 된다.[273)]

판 례 **참가신청이 각하되었는데 참가인은 상소하지 않은 경우(대법원 1992. 5. 26. 선고 91다4669, 4676 판결)**

제1심 판결에서 참가인의 독립당사자참가신청을 각하하고 원고의 청구를 기각한 데 대하여 참가인은 항소기간 내에 항소를 제기하지 아니하였고, 원고만이 항소한 경우 위 독립당사자참가신청을 각하한 부분은 원고의 항소에도 불구하고 피고에 대한 본소청구와는 별도로 이미 확정되었다 할 것이다.

판 례 **참가신청이 각하되었는데 참가인만 상소한 경우(대법원 2007. 12. 14. 선고 2007다37776, 37783 판결)**

원고승소의 판결에 대하여 참가인만이 상소를 했음에도 상소심에서 원고의 피고에 대한 청구인용 부분을 원고에게 불리하게 변경할 수 있는 것은 참가인의 참가신청이 적법하고 나아가 합일확정의 요청상 필요한 경우에 한한다고 할 것이다. 이러한 법리에 비추어 살펴보면, 원고의 피고에 대한 청구를 인용하고 참가인의 참가신청을 각하한 제1심판결에 대하여 참가인만이 항소한 이 사건에서, 참가인의 참가신청이 부적법하다는 이유로 참가인의 항소를 기각하면서도, 제1심판결 중 피고가 항소하지도 않은 본소 부분을 취소하고 원고의 피고에 대한 청구를 기각한 원심의 판단에는 독립당사자참가소송에서 패소한 당사자 중 일부만이 항소한 경우의 항소심의 심판대상에 관한 법리를 오해하여 판결에 영향을 미친 위법이 있다. 그리고 제1심판결 중 원고의 본소청구를 인용한 부분은 참가인의 참가신청이 부적법하다는 이유로 참가인의 항소를 기각한 원심판결에 대하여 참가인이 상고를 제기하지 않고 상고기간을 도과한 때(기록에 의하면 2007. 6. 8.이다)에 그대로 확정되었다고 할 것이다.

(나) 이번에는 丙의 청구가 본안판결을 받은 후 기각되었는데, 乙만 상소하고 丙은 상소하지 않은 경우 ① 丙의 소송관계는 이심되지 않고 분리하여 확정된다는 견해(분리확정설), ② 乙의 상소의 효력이 丙에게도 미쳐 丙의 청구도 상소심으로 이심된다는 견해(이심설)[274)]의 대립이 있다. 판례는 일방이 항소한 경우에도 제1심판결 전체의 확정이 차단되고 사건 전부에 관하여 이심의 효력이 생긴다고 한다.[275)] 생각건대 분리확정설은 3면적 소송관계를 일거에 모순 없이 해결한다는 독립당사자참가 소송의 특질을 외면한 것으로서 부당하므로, 이심설이 타당하다 할 것이다.

273) 대법원 2007. 12. 14. 선고 2007다37776, 37783 판결.
274) 김홍엽, 1096면; 이시윤, 815면; 정동윤/유병현/김경욱, 1125면; 정영환, 988면.
275) 대법원 2007. 10. 26. 선고 2006다86573, 86580 판결.

판 례 **참가신청이 적법한 경우 이심의 범위 및 상소심 심판의 범위(대법원 2007. 10. 26. 선고 2006다86573, 86580 판결)**

민사소송법 제79조에 의한 독립당사자참가소송은 동일한 권리관계에 관하여 원고, 피고, 참가인이 서로간의 다툼을 하나의 소송절차로 한꺼번에 모순 없이 해결하는 소송형태로서, 독립당사자참가가 적법하다고 인정되어 원고, 피고, 참가인 간의 소송에 대하여 본안판결을 할 때에는 위 세 당사자를 판결의 명의인으로 하는 하나의 종국판결을 선고함으로써 위 세 당사자들 사이에서 합일확정적인 결론을 내려야 하고, 이러한 본안판결에 대하여 일방이 항소한 경우에는 제1심판결 전체의 확정이 차단되고 사건 전부에 관하여 이심의 효력이 생긴다. 그리고 이러한 경우 항소심의 심판대상은 실제 항소를 제기한 자의 항소 취지에 나타난 불복범위에 한정하되 위 세 당사자 사이의 결론의 합일확정의 필요성을 고려하여 그 심판의 범위를 판단하여야 하고, 이에 따라 항소심에서 심리·판단을 거쳐 결론을 내림에 있어 위 세 당사자 사이의 결론의 합일확정을 위하여 필요한 경우에는 그 한도 내에서 항소 또는 부대항소를 제기한 바 없는 당사자에게 결과적으로 제1심판결보다 유리한 내용으로 판결이 변경되는 것도 배제할 수는 없다.

(2) 상소하지 않은 당사자의 지위

위에서 상소하지 않은 청구부분도 이심이 된다고 하였는데, 그렇다면 패소하고도 상소하지 않은 당사자는 상소심에서 어떠한 지위를 갖게 되는지 문제된다. 이에 대하여 ① 제67조 제1항을 준용하여 상소인이 된다는 견해(상소인설), ② 제67조 제2항을 준용하여 피상소인이 된다는 견해(피상소인설),[276] ③ 승소한 당사자에 대한 관계에서는 상소인이 되고, 패소하고 상소한 당사자에 대한 관계에서는 피상소인이 된다는 견해(상대적 이중지위설)[277]이 있으나, ④ 상소인도 피상소인도 아닌 단순한 상소심의 당사자에 불과하다는 견해(단순한 상소심당사자설)[278]가 타당하다고 본다. 판례는 원고와 참가인의 청구가 모두 기각된 제1심판결에 대하여 원고만 항소한 사안에서 참가인도 항소심에서의 당사자라고 하여,[279] 단순한 상소심당사자설을 취하고 있다고 평가된다.

단순한 상소심당사자로 볼 때 패소하고도 상소하지 않은 당사자는 상소취하권이 없고, 상소장에 인지를 붙이지 않아도 되며, 상소비용을 부담하지 않고, 판결서에도 상소인이나 피상소인의 표시를 하지 않는다.

(3) 상소심 심판의 범위

상소심의 심판대상은 실제 상소를 제기한 자의 상소취지에 나타난 불복범위에 한정하되, 세 당사자 사이의 결론의 합일확정의 필요성을 고려하여 그 심판의 범위를 판단하

276) 한충수, 790~792면.
277) 김홍규/강태원, 833면.
278) 김홍엽, 1096면; 이시윤, 816면; 정동윤/유병현/김경욱, 1126면; 정영환, 989면; 호문혁, 996면.
279) 대법원 1981. 12. 8. 선고 80다577 판결.

여야 한다.[280]

(가) 먼저 세 당사자 사이에서 결론의 합일확정을 위해 필요하다면, 실제 상소를 제기한 자의 불복범위의 한도 내에서 불이익변경금지의 원칙의 적용을 배제하여, 상소를 제기하지 않은 당사자에게 결과적으로 원심판결보다 유리한 내용으로 변경할 수도 있다.[281] 다만 이렇게 불이익변경금지의 원칙의 적용이 배제되는 것은 참가인의 참가신청이 적법하고 나아가 합일확정의 요청상 필요한 경우에 한하므로, 丙의 참가신청이 부적법 각하되었는데 丙만 상소하였다면 상소심은 丙의 참가신청부분만 심판의 대상으로 삼아야 하고 본소청구부분에 대해서까지 심판할 수 없으며,[282] 만약 丙이 상소하지 않았다면 丙의 참가신청의 각하부분이 분리확정된다는 점[283] 등은 앞서 살펴본 바이다.

(나) 다음으로 결론의 합일확정을 위해 항소 또는 부대항소를 제기하지 않은 당사자의 청구에 대한 제1심판결을 취소·변경할 필요가 없다면, 그 청구에 대한 당부를 반드시 판결 주문에서 선고할 필요는 없고, 이처럼 항소심에서 판결 주문이 선고되지 않고 독립당사자참가소송이 그대로 확정된다면, 취소·변경되지 않은 제1심판결의 주문에 대하여 기판력이 발생한다.[284]

판 례 **불복하지 아니 한 당사자의 판결을 취소·변경할 필요가 없는 경우(대법원 2022. 7. 28. 선고 2020다231928 판결)**

(전략) 그러나 판결 결론의 합일확정을 위하여 항소 또는 부대항소를 제기한 적이 없는 당사자의 청구에 대한 제1심판결을 취소하거나 변경할 필요가 없다면, 항소 또는 부대항소를 제기한 적이 없는 당사자의 청구가 항소심의 심판대상이 되어 항소심이 그 청구에 관하여 심리·판단해야 하더라도 그 청구에 대한 당부를 반드시 판결 주문에서 선고할 필요가 있는 것은 아니다. 그리고 이와 같이 항소 또는 부대항소를 제기하지 않은 당사자의 청구에 관하여 항소심에서 판결 주문이 선고되지 않고 독립당사자참가소송이 그대로 확정된다면, 취소되거나 변경되지 않은 제1심판결의 주문에 대하여 기판력이 발생한다.

☞ 甲과 丙이 乙로부터 토지를 매수하고 계약금 1억 원을 지급하였는데, 그 후 甲이 乙을 상대로 위 계약의 무효를 주장하며 1억 원의 부당이득반환청구를 하자, 丙이 자신이 단독 매수인이라 주장하며 乙을 상대로 위 1억 원의 부당이득반환을 구하는 독립당사자참가를 하였는데, 제1심이 甲과 丙은 공동매수인이고 위 매매계약은 무효가 아니라고 하며 甲과 丙의 청구를 모두 기각하자, 丙은 불복하지 않고 甲만 항소하여 항소심에서 5천만 원을 구하는 것으로 청구취지를 감축하였고, 항소심이 甲의 감축된 청구를 모두 인용하였으며(丙의 乙에 대한 5천만 원 청구 부분도 항소심 심판대상이 되나, 제1심에서 기각되었으므로

---

280) 대법원 2014. 11. 13. 선고 2009다71312, 71329, 71336, 71343 판결.
281) 대법원 2007. 10. 26. 선고 2006다86573, 86580 판결.
282) 대법원 2007. 12. 14. 선고 2007다37776, 37783 판결.
283) 대법원 1992. 5. 26. 선고 91다4669, 4676 판결.
284) 대법원 2022. 7. 28. 선고 2020다231928 판결.

판결 결론이 서로 모순되지 않는다고 하여 그에 대한 당부를 항소심 판결 주문에서 선고하지는 않았음), 이는 대법원에서 확정되었다(전소). 그 후 丙이 乙을 상대로 계약의 무효 및 공동매수인의 지위에 있음을 주장하며 5천만 원의 부당이득반환청구를 별소로 제기하자(후소), 법원이 위 사유는 전소 변론종결 전에 주장할 수 있었던 공격방법에 지나지 않으므로 후소는 확정판결의 기판력에 저촉된다고 하여 후소를 기각한 사안.

6. 3면소송관계의 소멸(단일소송 또는 공동소송으로 전환)

가. 본소의 취하·각하의 경우

(1) 참가 후에도 원고는 본소를 취하할 수 있다. 다만 합일확정의 요청상 참가인에게는 본소를 유지할 이익이 있으므로, 피고의 본안에 관한 응소 후 본소를 취하함에는 피고의 동의 외에 참가인의 동의가 필요하다.[285] 아울러 법원은 본소가 부적법하면 본소를 각하할 수도 있다.

(2) 쌍면참가에서 본소가 취하·각하된 경우 3면소송관계는 소멸한다. 이때 ① 독립당사자참가 본래의 목적을 상실하였기 때문에 모든 소송관계가 종료한다는 견해(전소송종료설)가 있으나, ② 참가인의 원·피고에 대한 소가 독립의 소로서 소송요건을 갖춘 이상 공동소송관계로 변하여 존재한다는 견해(공동소송잔존설)[286]가 타당하다 할 것이다. 판례 역시 참가인의 원·피고에 대한 청구가 일반 공동소송으로 남게 된다고 하여 공동소송잔존설을 취하고 있다.[287] 다만 편면참가에서 본소가 취하·각하로 소멸하면 참가인과 원고 또는 피고 사이의 단일소송으로 남게 된다.

나. 참가의 취하·각하의 경우

독립당사자참가는 신소제기의 실질을 가지므로, 참가인은 소의 취하에 준하여 참가신청을 취하할 수 있다. 다만 본소의 원고나 피고가 참가인 청구의 본안에 관한 응소 후 참가신청을 취하함에는 원·피고 양쪽의 동의를 요한다(제266조 제2항).[288] 이처럼 참가신청이 모두 취하된 뒤에는 본소만 남게 된다. 한편 쌍면참가인이 원고나 피고 중 한쪽에 대해서만 참가신청을 취하한 경우는 그로 인해 편면참가가 된다. 이러한 법리는 참가신청이 각하된 경우에도 마찬가지이다.

---

285) 대법원 1972. 11. 30.자 72마787 결정.
286) 강현중, 927면; 김홍규/강태원, 835면; 이시윤, 817면; 정동윤/유병현/김경욱, 1128면; 호문혁, 997면.
287) 대법원 1991. 1. 25. 선고 90다4723 판결.
288) 대법원 1981. 12. 8. 선고 80다577 판결.

다. 소송탈퇴

제80조(독립당사자참가소송에서의 탈퇴) 제79조의 규정에 따라 자기의 권리를 주장하기 위하여 소송에 참가한 사람이 있는 경우 그가 참가하기 전의 원고나 피고는 상대방의 승낙을 받아 소송에서 탈퇴할 수 있다. 다만, 판결은 탈퇴한 당사자에 대하여도 그 효력이 미친다.

(1) 탈퇴 일반론

제3자의 참가로 인해 본소의 원·피고가 소송을 계속할 필요성이 없게 된 때에는 소송에서 탈퇴할 수 있다. 이처럼 소송에서 탈퇴할 수 있는 자는 본소의 원고 또는 피고이고, 참가인은 참가신청을 취하할 수 있을 뿐이므로, 독립당사자참가인이 소송탈퇴서를 제출한 경우 이는 참가신청의 취하로 보아야 한다.[289] 그리고 비록 참가승계에서의 탈퇴사례이기는 하지만 판례는 참가신청이 적법한 경우에만 소송탈퇴가 허용된다고 하였다.[290]

(2) 상대방 당사자의 승낙

원고 또는 피고가 소송탈퇴를 하기 위해서 참가인의 승낙을 받을 필요는 없지만 상대방 당사자의 승낙은 받아야 한다(제80조 본문). 나아가 제80조의 취지는 탈퇴에 의하여 상대방 당사자가 뜻밖의 손해를 입는 것을 막으려는데 있으므로, 그러한 손해발생의 염려가 없다면 상대방 당사자의 승낙도 불필요하다고 본다.[291]

(3) 사해방지참가에서 탈퇴가부

이에 대하여 ① 사해방지참가에서는 참가취지에 비추어 사해소송의 당사자가 탈퇴하는 경우를 상정하기 어렵다는 점, 제80조 문언이 권리주장참가의 경우를 규정하고 있다는 점을 들어, 사해방지참가에서는 소송탈퇴를 인정할 수 없다는 견해[292]가 있으나, ② 사해방지참가의 경우에도 사해소송의 당사자가 소송수행의욕이 전혀 없는 경우에는 참가를 기화로 소송탈퇴하려는 경우를 충분히 예상할 수 있으므로 사해방지참가에서도 소송탈퇴를 인정해야 한다는 견해[293]가 타당하다고 본다.

(4) 탈퇴 후의 소송관계

예컨대 본소의 피고가 탈퇴하였다고 가정할 때, ① 피고의 소송탈퇴가 있으면 본소 및

---

289) 대법원 2010. 9. 30. 선고 2009다71121 판결.
290) 대법원 2012. 4. 26. 선고 2011다85789 판결.
291) 이시윤, 819면; 정동윤/유병현/김경욱, 1129면; 정영환, 994면. 반대견해: 강현중, 929면; 호문혁, 999면.
292) 호문혁, 998면.
293) 강현중, 928면; 김홍엽, 1101면; 이시윤, 818면; 정동윤/유병현/김경욱, 1129면; 정영환, 993면.

참가인과 피고 사이의 소송관계는 소멸하고, 참가인과 원고 사이의 소송관계만 남는다고 보는 견해가 있다. 이 견해는 탈퇴한 피고가 참가인과 원고 사이의 소송결과에 전면적으로 승복할 것을 조건으로 소송에서 물러나는 것으로 이해한다. 조건부 청구포기·인낙설이다.[294] ② 이에 반하여 탈퇴자의 소송계속이 없어지는 것은 아니라는 견해가 있다. 이 견해는 탈퇴한 피고가 소송결과에 전면적으로 승복하는 것이 아니라 열의 있는 두 당사자에게 소송수행만 맡겨두는 이른바 소송담당의 관계에 있을 뿐이라고 한다. 소송담당설(청구잔존설, 신탁관계설)이다.[295]

판례는 비록 참가승계에서 탈퇴한 사례이기는 하지만 소송탈퇴하면 종전 당사자의 소송관계가 종료된다고 본 바 있다.[296]

(5) 탈퇴자에 대한 판결의 효력

소송탈퇴의 경우 탈퇴자에게 판결의 효력이 미치는데(제80조 단서), 그 효력의 내용에 관하여, ① 참가적 효력설, ② 기판력설, ③ 기판력 및 집행력설(집행력포함설)[297] 등의 대립이 있다. 생각건대 탈퇴자와 잔존자 사이에 상호 협력관계가 없으므로 참가적 효력설은 무리이고, 기판력만 인정하면 탈퇴자에 대해 집행을 하기 위해서는 다시 이행판결을 얻어야 하므로 탈퇴를 인정할 실익이 없다. 따라서 집행력포함설이 타당하다 할 것이다.

참가인과 잔존 당사자 사이의 소송에서 승소자의 탈퇴자에 대한 청구가 이행청구인 경우 판결주문에서 탈퇴자에 대한 이행의무의 선고를 함으로써 탈퇴자에 대한 집행권원이 될 수 있도록 해야 한다.[298]

제 4 절 당사자의 변경

당사자의 변경은 소송계속 중 제3자가 종전 당사자에 갈음하거나(당사자의 교체) 추가하여(당사자의 추가) 그 소송절차에 참여하는 것을 말한다. 여기에는 새로운 당사자가 종전 당사자의 지위를 승계하지 않는 임의적 당사자변경과, 종전 당사자의 지위를 승계하는 소송승계가 있다.

294) 강현중, 928면.
295) 김홍엽, 1102면; 정동윤/유병현/김경욱, 1131면.
296) 대법원 2011. 4. 28. 선고 2010다103048 판결; 대법원 2014. 10. 27. 선고 2013다67105, 67112 판결.
297) 김홍엽, 1102면; 손한기, 436면; 이시윤, 819면; 정동윤/유병현/김경욱, 1131면; 정영환, 997면.
298) 법원실무제요 민사소송[Ⅰ], 399면; 김홍엽, 1102면; 이시윤, 819면; 정동윤/유병현/김경욱, 1131면.

Ⅰ. 임의적 당사자변경

1. 서 설

가. 의 의

임의적 당사자변경은 당사자의 의사에 의하여 종전의 원고나 피고에 갈음하여 제3자를 참여시키거나 종전의 원고나 피고에 추가하여 제3자를 참여시키는 것이다. 피고적격자를 혼동하여 소를 잘못 제기한 경우(예컨대 회사를 피고로 해야 하는데 대표이사를 피고로 한 경우)나 또는 고유필수적 공동소송에서 공동소송인 일부를 누락한 경우에 임의적 당사자변경을 인정할 실익이 크다.

나. 구별개념

(1) 임의적 당사자변경은 변경 전후의 당사자의 동일성이 없는 경우이므로, 당사자의 동일성이 유지되는 당사자표시정정과 구별된다.

(2) 그리고 임의적 당사자변경은 당사자적격의 승계가 없다는 점에서, 권리·의무의 승계가 이루어지는 소송승계와 구별된다.

2. 허용가능성

가. 허용규정

임의적 당사자변경을 법률상 허용하는 규정으로는 필수적 공동소송인의 추가(제68조), 예비적·선택적 공동소송인의 추가(제70조 제1항 본문, 제68조), 피고의 경정(제260조) 등이 있다.

나. 명문의 규정이 없는 경우 허용 여부

(1) 대법원 판례의 입장

우리 대법원은 당사자의 동일성이 인정되는 당사자표시정정은 비교적 유연하게 허용하고 있다. 예컨대 이미 사망한 자를 상대로 소를 제기한 경우 상속인으로의 정정,[299] 학교를 당사자로 기재한 경우 학교법인으로의 정정[300] 등이 그것이다. 그러나 임의적 당사자변경은 엄격하게 제한하고 있다. 따라서 종래의 원고 외에 다른 사람을 원고로 추가하

299) 대법원 1983. 12. 27. 선고 82다146 판결.
300) 대법원 1978. 8. 22. 선고 78다1205 판결.

는 것,[301] 종중의 공동선조를 달리 주장하는 것,[302] 원고를 대표자 개인에서 회사로 바꾸는 것[303] 등은 신구 당사자 간 동일성이 인정되지 않아 허용될 수 없다고 하였다.

(2) 학 설

임의적 당사자변경 허용 여부에 관하여 ① 이를 불허한다면 당사자를 잘못 지정하거나 누락한 경우 종전의 소를 취하하고 다시 별소를 제기해야 하는데 이는 소송경제에 반하므로, 소송진행 중에 밝혀진 상황에 따른 탄력적 소송수행을 위해 이를 허용해야 한다는 견해가 통설적 지위를 점하였다.[304] ② 그러나 이에 대하여 명문의 규정이 없음에도 임의적 당사자변경을 자유롭게 허용한다면 소송절차의 진행에 혼란을 초래하고, 상대방의 방어권 행사에도 지장을 초래할 것이라고 하여 임의적 당사자변경은 원칙적으로 허용되지 않는다고 보는 견해도 있다.[305]

(3) 검 토

위 학설의 비판을 받아들여 우리 민사소송법은 1990년 개정 시 필수적 공동소송인의 추가와 피고의 경정, 그리고 2002년 개정 시 예비적·선택적 공동소송인의 추가를 규정하였다. 이처럼 제한적으로 허용하고 있고, 그 경우에도 엄격한 요건 하에서만 인정하고 있으므로, 이밖에 무제한적인 임의적 당사자변경을 허용하는 것은 경계할 필요가 있다고 할 것이다.

3. 법적 성질

가. 견해의 대립

임의적 당사자변경을 허용할 경우 그 법적 성질에 대하여 ① 청구의 변경의 일종으로 보는 견해(청구변경설), ② 새로운 당사자에게는 신소의 제기이고, 종전 당사자에게는 구소의 취하라는 두 개의 복합적 소송행위라고 보는 견해(신소제기·구소취하설, 복합설),[306] ③

301) 대법원 1980. 7. 8. 선고 80다885 판결.

302) 대법원 1994. 10. 11. 선고 94다19792 판결.

303) 대법원 2008. 6. 12. 선고 2008다11276 판결. 회사의 대표이사가 개인 명의로 소를 제기한 후 회사를 당사자로 추가하고 그 개인 명의의 소를 취하한 경우도 마찬가지(대법원 1998. 1. 23. 선고 96다41496 판결). 그러나 부적법한 당사자변경신청을 법원이 받아들이고 피고도 이에 명시적으로 동의하여 새로운 당사자와 사이에 변론이 진행되어 본안판결이 선고되었다면, 그 후에 당사자변경의 적법성을 문제삼는 것은 소송경제나 신의칙에 비추어 허용될 수 없다고 하였다.

304) 이시윤, 824면; 정동윤/유병현/김경욱, 1150면.

305) 김홍엽, 1113면.

306) 김홍규/강태원, 846면; 김홍엽, 1114면; 이시윤, 825면.

당사자의 변경을 목적으로 하는 단일의 특수한 행위로서 그 요건과 효과를 별도로 규율해야 한다는 견해(특수행위설)[307] 등이 있다.

나. 검 토

필수적 공동소송인의 추가는 새로운 소가 제기된 것으로 보되 그 효과를 처음의 소가 제기된 때로 소급시키고 있고(제68조 제3항), 피고의 경정에서는 종전 피고가 본안에 관하여 응소한 때에는 그의 동의를 얻게 하고(제260조 제1항), 경정결정이 있는 경우 종전의 피고에 대한 소는 취하된 것으로 보고 있으므로(제261조 제4항), 이러한 규정들을 미루어보건대 복합설로 이해하는 것이 타당하다 할 것이다. 다수설은 복합설이 입법을 통해 채택된 것으로 보고 있다.

4. 피고의 경정

가. 의 의

피고의 경정은 피고를 잘못 지정한 것이 분명한 경우 원고의 신청에 따라 당사자적격이 있는 제3자로 피고를 바꾸는 것이다(제260조 제1항). 법이 허용하고 있는 임의적 당사자변경의 하나로써 변경 전후 당사자 간 동일성이 없으므로, 그 동일성이 유지되는 당사자표시정정과 구별된다.

나. 요 건

> **제260조(피고의 경정)** ① 원고가 피고를 잘못 지정한 것이 분명한 경우에는 제1심 법원은 변론을 종결할 때까지 원고의 신청에 따라 결정으로 피고를 경정하도록 허가할 수 있다. 다만, 피고가 본안에 관하여 준비서면을 제출하거나, 변론준비기일에서 진술하거나 변론을 한 뒤에는 그의 동의를 받아야 한다.

(1) 피고를 잘못 지정한 것이 분명할 것

(가) 예컨대 회사를 피고로 해야 하는데 대표자 개인을 피고로 한 경우를 들 수 있다. 이처럼 피고를 잘못 지정한 것의 의미에 대하여 판례는 청구취지나 청구원인의 기재내용 자체로 보아 원고가 법률적 평가를 그르치는 등의 이유로 피고의 지정이 잘못된 것이 명백하거나 법인격의 유무에 관하여 착오를 일으킨 것이 명백한 경우 등을 말하고, 증거조사를 거쳐 인정된 사실을 통해 법률판단을 해야 피고가 누구인지 인정할 수 있는 경

307) 정동윤/유병현/김경욱, 1153면; 정영환, 1028면.

우는 이에 해당하지 않는다고 하였다.[308] 이러한 판례의 태도에 대하여 ① 판례는 경정요건을 지나치게 좁히는 것으로 소송경제에 반한다고 비판하는 견해와,[309] ② 후에 증거조사를 거쳐 피고를 잘못 지정하였음이 판명되는 경우라면 분명한 경우로 볼 수 없으므로 이러한 판례의 태도는 정당하다는 견해가 있다.[310] 생각건대 아직도 당사자소송의 비율이 높다는 점, 소송의 진행상황을 절차에 반영하여 구체적 타당성을 기할 필요가 있다는 점, 이를 불허할 경우 별소에 의할 수밖에 없는데 이는 소송불경제인 점 등을 고려할 때 심리 중 피고의 태도나 증거조사의 결과 판명된 사실관계에 따라 피고가 잘못 지정된 경우도 포함하는 것이 타당하다고 본다. ①설이 타당하다.

판 례 **'피고를 잘못 지정한 것이 분명'의 뜻(대법원 1997. 10. 17.자 97마1632 결정)**

민사소송법 제234조의2[현행 제260조] 제1항 소정의 '피고를 잘못 지정한 것이 명백한 때'라고 함은 청구취지나 청구원인의 기재 내용 자체로 보아 원고가 법률적 평가를 그르치는 등의 이유로 피고의 지정이 잘못된 것이 명백하거나 법인격의 유무에 관하여 착오를 일으킨 것이 명백한 경우 등을 말하고, 피고로 되어야 할 자가 누구인지를 증거조사를 거쳐 사실을 인정하고 그 인정 사실에 터잡아 법률 판단을 해야 인정할 수 있는 경우는 이에 해당하지 않는다.

☞ 원고가 공사도급계약상 명의자(A)를 수급인으로 보고 A를 상대로 소를 제기하였고 이 소송에 B가 피고측 보조참가를 하였는데, 변론 과정에서 피고 측 답변과 증거에 따라 이를 번복하여 수급인을 B로 보고 피고경정신청을 하였으나 법원이 이를 받아들이지 않자 불복한 사안.

(나) 한편 새로운 원고의 동의가 있으면 제260조를 확장해석하거나 제68조 제1항 단서를 유추하여 원고의 경정도 허용할 수 있다는 견해가 있다.[311] 물론 그 필요성을 부정하는 것은 아니나, 원고의 경정은 제260조와 제68조의 해석의 한계를 넘는 것으로서 명백히 일정한 요건 하 피고에 한하여 그 경정을 허용하고 있을 뿐인 현재의 법규정으로는 고유필수적 공동소송이 아닌 한 원고의 경정을 허용할 수는 없다고 본다.[312] 판례도 비법인사단인 부락의 구성원 중 일부가 제기한 소송에서 원고의 표시를 부락으로 바꾸는 정정을 허용하지 않았는바,[313] 원고의 경정을 허용하지 않는 태도로 보인다.

(다) 피고를 잘못 지정한 경우 법원은 석명권을 행사하여 피고를 바꾸도록 해야 하므

308) 대법원 1997. 10. 17.자 97마1632 결정.
309) 손한기, 463면; 이시윤, 826~827면; 정동윤/유병현/김경욱, 1155면; 정영환, 1030면.
310) 김홍엽, 1115면; 한충수, 799면; 호문혁, 1005면.
311) 이시유, 827면; 정동윤/유병현/김경욱, 1158면; 정영환, 1030면; 한충수, 802면; 호문혁, 1005면.
312) 김홍엽, 1116면.
313) 대법원 1994. 5. 24. 선고 92다50232 판결.

로,[314] 이러한 조치를 취하지 않고 소를 각하한 것은 위법하다.[315]

(2) 제1심의 변론종결 전일 것

피고의 경정은 소송이 제1심에 계속 중이고 변론종결전까지만 허용되므로(제260조 제1항 본문),[316] 항소심에 이르러 당사자를 바꾸는 것은 허용될 수 없다.[317]

(3) 교체 전후를 통해 소송물이 동일할 것

피고의 경정은 종전 소송수행의 결과를 그대로 이용하고 단지 피고만 바꾸는 것이기 때문이다.[318]

(4) 피고가 응소한 뒤에는 피고의 동의가 있을 것

피고의 경정은 종전 피고에 대한 소취하의 측면이 있으므로, 피고가 본안에 관하여 준비서면을 제출하거나 변론준비기일에서 진술하거나 변론을 한 뒤에는 피고의 동의를 얻어야 한다(제260조 제1항 단서). 다만 피고가 경정신청서를 송달받은 날부터 2주 이내에 이의를 제기하지 아니하면 동의를 한 것으로 본다(제260조 제4항).

다. 절 차

(1) 신 청

제260조(피고의 경정) ② 피고의 경정은 서면으로 신청하여야 한다.
③ 제2항의 서면은 상대방에게 송달하여야 한다. 다만, 피고에게 소장의 부본을 송달하지 아니한 경우에는 그러하지 아니하다.
④ 피고가 제3항의 서면을 송달받은 날부터 2주 이내에 이의를 제기하지 아니하면 제1항 단서와 같은 동의를 한 것으로 본다.

피고경정은 종전 소를 취하하고 새로운 소를 제기하는 실질을 가지므로 원고가 서면으로 신청하여야 한다(제260조 제2항). 경정신청서에는 새로 피고가 될 사람의 이름·주소와 경정신청의 이유를 적어야 한다(민소규 제66조). 경정신청서에는 인지를 붙이지 아니한다(민인 제10조 단서, 민인규 제2조의2). 피고에게 아직 소장부본을 송달하지 아니한 경우를 제외하고

314) 대법원 1990. 1. 12. 선고 89누1032 판결.
315) 대법원 2004. 7. 8. 선고 2002두7852 판결.
316) 이와 비교하여 가사소송에서는 항소심의 변론종결시까지 경정이 허용된다(가소 제15조 제1항). 또한 행정소송법 제14조의 피고경정은 명문상 제1심으로 제한하고 있지 않으므로, 사실심 변론종결에 이르기까지 피고경정이 가능하다고 본다(대법원 2006. 2. 23.자 2005부4 결정).
317) 대법원 1991. 8. 27. 선고 91다19654 판결.
318) 이시윤, 827면; 정동윤/유병현/김경욱, 1156면.

경정신청서는 피고에게 송달하여야 한다(제260조 제3항).

(2) 허가 여부의 결정과 불복

제261조(경정신청에 관한 결정의 송달 등) ① 제260조 제1항의 신청에 대한 결정은 피고에게 송달하여야 한다. 다만, 피고에게 소장의 부본을 송달하지 아니한 때에는 그러하지 아니하다.
② 신청을 허가하는 결정을 한 때에는 그 결정의 정본과 소장의 부본을 새로운 피고에게 송달하여야 한다.
③ 신청을 허가하는 결정에 대하여는 동의가 없었다는 사유로만 즉시항고를 할 수 있다.

법원은 결정으로 허가 여부의 재판을 한다(제260조 제1항). 피고에게 아직 소장부본을 송달하지 아니한 경우를 제외하고 위 결정을 피고에게 송달하여야 한다(제261조 제1항). 경정허가결정을 한 때에는 그 결정정본과 소장부본을 새로운 피고에게 송달하여야 한다(제261조 제2항).

경정허가결정에 대해서는 피고의 동의가 없었다는 사유로 즉시항고할 수 있는 외에 다른 불복방법이 없으므로(제261조 제3항), 경정허가결정의 당부는 항소심의 판단대상이 되지 않는다.[319] 특별항고도 허용되지 않는다.[320]

경정기각결정에 대해서는 통상항고를 할 수 있다(제439조). 따라서 특별항고장의 형식을 취하였다 하더라도 이는 통상항고로 보아야 하므로 대법원은 관할 항고법원으로 이송을 한다.[321]

라. 효 과

제261조(경정신청에 관한 결정의 송달 등) ④ 신청을 허가하는 결정을 한 때에는 종전의 피고에 대한 소는 취하된 것으로 본다.

제265조(소제기에 따른 시효중단의 시기) 시효의 중단 또는 법률상 기간을 지킴에 필요한 재판상 청구는 소를 제기한 때 또는 제260조 제2항·제262조 제2항 또는 제264조 제2항의 규정에 따라 서면을 법원에 제출한 때에 그 효력이 생긴다.

(1) 경정허가결정을 한 때에는 종전 피고에 대한 소는 취하된 것으로 본다(제261조 제4항). 따라서 종전 피고에 대해서는 더 이상 심리를 하여서는 아니 된다.

319) 대법원 1992. 10. 9. 선고 92다25533 판결.
320) 대법원 1994. 6. 29.자 93프3 결정.
321) 대법원 1997. 3. 3.자 97으1 결정.

(2) 경정에 의한 시효중단·기간준수의 효과는 경정신청서를 제출한 때에 생긴다(제265조).

(3) 피고의 경정이 있더라도 종전 피고의 소송수행결과는 새로운 피고에게 효력이 없음이 원칙이다. 그러나 새로운 피고는 종전 피고의 소송수행결과를 원용하여 자기의 소송자료로 할 수 있다. 실무상 경정허가 후 첫 변론기일에 원용 여부를 확인하여 그 취지를 변론조서에 기재한다.[322] 나아가 새로운 피고가 경정에 동의하였거나 종전부터 사실상 소송수행에 관여해오는 등 종전 피고에 의한 소송수행이 새로운 피고에 의한 소송수행과 실질적으로 동일하다고 볼 수 있는 경우에는 원용이 없더라도 새로운 피고의 소송자료로 유지된다고 본다.[323]

5. 필수적 공동소송인의 추가

가. 의 의

필수적 공동소송인의 추가는 고유필수적 공동소송인 중 일부가 누락된 경우 이를 원고 또는 피고로 추가하는 것이다(제68조 제1항). 피고의 경정과 마찬가지로 법이 허용하고 있는 임의적 당사자변경의 하나이다. 소 전체를 부적법 각하하거나 소취하 후 새로운 소를 제기하는 것보다는 누락된 당사자를 추가하여 당사자적격의 흠결을 보정하는 것이 소송경제에 도움이 되기 때문에 인정된다.

나. 요 건

> **第68조(필수적 공동소송인의 추가)** ① 법원은 제67조 제1항의 규정에 따른 공동소송인 가운데 일부가 누락된 경우에는 제1심의 변론을 종결할 때까지 원고의 신청에 따라 결정으로 원고 또는 피고를 추가하도록 허가할 수 있다. 다만, 원고의 추가는 추가될 사람의 동의를 받은 경우에만 허가할 수 있다.

(1) 고유필수적 공동소송일 것

고유필수적 공동소송에서 공동소송인 중 일부가 누락된 경우이어야 한다. 따라서 유사필수적 공동소송이나 통상공동소송에서는 공동소송인 중 일부가 누락되더라도 당사자적격에 흠이 생기지 않으므로 공동소송인을 추가할 수 없다.[324]

---

322) 법원실무제요 민사소송[Ⅰ], 347면.

323) 김홍엽, 1119면; 이시윤, 828면; 정동윤/유병현/김경욱, 1157면; 정영환, 1032면. 반대견해: 한충수, 800면.

324) 대법원 1993. 9. 28. 선고 93다32095 판결; 대법원 1998. 1. 23. 선고 96다41496 판결; 대법원 2009. 5. 28. 선

(2) 제1심의 변론종결 전일 것

필수적 공동소송인의 추가는 소송이 제1심에 계속 중이고 변론종결 전까지만 허용된다(제68조 제1항 본문). 추가되는 당사자의 심급의 이익을 보호하기 위함이다. 다만 가사소송에서는 항소심의 변론종결시까지 추가가 허용된다(가소 제15조 제1항).

(3) 공동소송의 요건을 갖출 것

추가된 새로운 당사자는 종전의 당사자와의 관계에서 공동소송인이 되므로 공동소송의 요건을 갖추어야 한다.

(4) 원고추가의 경우 신당사자의 동의가 있을 것

원·피고를 불문하고 누락이 있는 공동소송인의 추가가 허용되지만, 원고를 추가하는 경우에는 추가될 당사자의 동의가 있어야 한다(제68조 제1항 단서). 새로운 당사자의 절차보장을 위한 것이다.

다. 절 차

> **제68조(필수적 공동소송인의 추가)** ② 제1항의 허가결정을 한 때에는 허가결정의 정본을 당사자 모두에게 송달하여야 하며, 추가될 당사자에게는 소장부본도 송달하여야 한다.
> ④ 제1항의 허가결정에 대하여 이해관계인은 추가될 원고의 동의가 없었다는 것을 사유로 하는 경우에만 즉시항고를 할 수 있다.
> ⑤ 제4항의 즉시항고는 집행정지의 효력을 가지지 아니한다.
> ⑥ 제1항의 신청을 기각한 결정에 대하여는 즉시항고를 할 수 있다.

(1) 신 청

추가된 새로운 당사자와의 사이에 소가 제기된 것으로 보므로 신청은 서면으로 하되, 추가신청서에는 추가될 당사자의 이름·주소와 추가신청의 이유를 적어야 한다(민소규 제14조).

(2) 허가 여부 결정과 불복

원고의 추가신청이 있는 경우 법원은 결정으로 그 허가 여부를 재판한다(제68조 제1항). 허가결정이 있는 경우 결정정본을 당사자 모두에게 송달하며, 추가될 당사자에게는 소장부본도 송달한다(제68조 제2항).

허가결정에 대해서는 추가될 원고의 동의가 없었다는 사유로만 즉시항고할 수 있다

고 2007후1510 판결.

(제68조 제4항). 그러나 기각결정에 대해서는 즉시항고 가능한데(제68조 제6항), 이 점은 피고경정의 경우와 다르다.

라. 효 과

> **제68조(필수적 공동소송인의 추가)** ③ 제1항의 규정에 따라 공동소송인이 추가된 경우에는 처음의 소가 제기된 때에 추가된 당사자와의 사이에 소가 제기된 것으로 본다.

(1) 허가결정에 따라 공동소송인이 추가된 경우 처음의 소가 제기된 때에 추가된 당사자와의 사이에 소가 제기된 것으로 본다(제68조 제3항). 따라서 시효중단·기간준수의 효력도 처음의 소를 제기한 때를 기준으로 한다. 이 점은 피고경정의 경우(제265조)와 다르다.

(2) 추가에 의하여 필수적 공동소송이 되므로 종전의 공동소송인이 행한 소송행위로서 새로운 당사자에게 유리한 것은 효력이 미친다(제67조 제1항).

마. 공동소송인의 일부가 후발적으로 누락된 경우

예컨대 공유물분할청구 소송계속 중 공유자 중 1인의 지분이 제3자에게 이전된 경우에는 변론종결 전까지 그 제3자가 참가승계(제81조)나 인수승계(제82조) 등으로 소송당사자가 되지 않으면 소가 부적법해진다.[325)]

바. 예비적·선택적 공동소송인의 추가에 준용

2002년 개정법 제70조는 예비적·선택적 공동소송을 규정하며 여기에 필수적 공동소송인의 추가 규정(제68조)을 준용하도록 하였다. 따라서 단일소송계속 중 새로운 당사자를 예비적 또는 선택적 당사자로 추가하여 병합함으로써 소송형태를 예비적·선택적 공동소송 형태로 바꿀 수 있고, 이로써 소송진행 중 밝혀진 상황에 맞는 탄력적인 소송수행이 가능하게 되었다.

II. 소송승계

1. 서 설

가. 의 의

소송승계는 소송계속 중 소송물인 권리·법률관계의 변동으로 당사자적격의 이전이

---

325) 대법원 2014. 1. 29. 선고 2013다78556 판결.

발생한 경우 새로운 당사자가 종전 당사자의 소송상의 지위를 이어받는 것이다. 권리·의무의 승계가 있는 경우 계속 중인 소를 취하하고 새로운 소를 제기해야 한다면 그때까지의 소송수행이 무위로 돌아가 소송경제에 반하므로, 이러한 불공평한 결과의 제거를 위해 소송승계를 인정하고 있다. 변론종결 전의 승계인은 소송을 이어받고, 변론종결 후의 승계인은 기판력을 이어받아 종전 소송수행을 유지한다는 점에서 기본적인 입장을 같이 하는 것이다.

나. 종 류

소송승계에는 당사자의 사망 등 포괄승계원인이 발생한 경우 법률상 당연히 승계가 일어나는 당연승계와, 소송물의 양도 등 특정승계원인이 발생한 경우 관계인의 신청에 따라 비로소 승계가 일어나는 특정승계가 있는데, 특정승계는 다시 누가 승계를 신청하는가에 따라 참가승계와 인수승계로 나뉜다.

2. 당연승계

가. 원 인

(1) 당연승계는 실체법상 포괄승계원인이 있는 때에 법률상 당연히 소송당사자의 교체가 일어나는 경우이다. 이 경우 새로운 당사자가 실제 소송수행을 할 수 있을 때까지 소송절차를 중단시킬 필요가 있으므로 법문상 소송절차의 중단 및 수계사유로 규정되어 있다. 그러나 엄밀히 말하면 소송절차의 중단·수계는 소송수행을 현실로 하는 자가 교체되는 경우를 고려한 것이므로 소송승계와 관념상 별개의 것이다. 따라서 예컨대 소송능력을 상실하거나 법정대리권이 소멸되는 것과 같이 당사자의 교체가 없더라도 소송수행자가 바뀌는 경우는 중단사유가 되지만(제235조), 예컨대 소송대리인이 있는 경우는 당사자의 교체가 있더라도 중단사유가 되지 않는다(제238조).

(2) 당연승계의 원인은 다음과 같다.[326)]

① 당사자의 사망(제233조): 이 경우 상속인·수증자·유언집행자·상속재산관리인 등이 승계인이 된다.

② 법인의 합병에 의한 소멸(제234조)

③ 당사자인 수탁자의 임무종료(제236조): 이는 신탁법상 수탁자를 의미하므로, 부동산에 관한 명의신탁의 경우는 이에 해당하지 않는다.[327)]

---

326) 상세는 전술 소송절차의 중단 부분 참조.

327) 대법원 1966. 6. 28. 선고 66다689 판결.

④ 일정한 자격에 의하여 소송당사자가 된 자(소송담당자)의 자격상실·사망(제237조 제1항)

⑤ 선정당사자 모두의 자격상실·사망(제237조 제2항)

⑥ 당사자의 파산선고(제239조) 또는 파산절차의 해지(제240조)

나. 소송상의 취급

(1) 당연승계의 원인이 생기더라도 승계인이 당장 소송수행을 할 수 있는 것은 아니므로, 소송절차는 중단되고 수계절차를 밟아야 한다. 수계신청은 승계인이나 상대방(제241조)이 하여야 한다. 공동상속인의 경우 소송의 목적이 공동상속인들 전원에게 합일확정되어야 할 필수적 공동소송관계가 아닌 이상 반드시 공동상속인 전원이 공동으로 수계하여야 하는 것은 아니다.[328] 공동상속인 중 일부만 수계한 경우 나머지 상속인들의 소송은 중단된 채로 중단 당시의 심급법원에 계속되어 있다.[329]

(2) 수계신청이 있는 경우 법원이 직권으로 조사하여 이유가 없는 경우 결정으로 기각하여야 한다(제243조 제1항). 승계인적격이 있는 경우 승계인의 소송관여를 허용하면 되나, 수계신청의 부적법을 간과하였음을 한참 후에 발견한 경우 소송상 처리가 문제된다. 이에 대하여 ① 소를 각하하여야 한다는 견해(소각하설),[330] ② 수계재판을 취소하고 수계신청을 각하하여야 한다는 견해(신청각하설),[331] ③ 수계신청을 기각하여야 한다는 견해(신청기각설)[332]가 대립한다. 판례는 이 경우 수계재판을 취소하고 수계신청을 각하하여야 한다고 했다.[333] 생각건대 제243조 제1항의 법문에 충실하게 수계재판을 취소하고 수계신청을 기각하는 것이 타당하다고 본다.

(3) 당연승계가 있더라도 소송절차가 중단되지 않는 경우가 있다. 예컨대 당사자가 사망하였으나 소송대리인이 있는 경우인데(제238조), 소송절차의 진행에 아무런 영향이 없기 때문이다. 이 경우 소송대리인은 종전 당사자의 이름으로 소송을 수행하지만 실질은 승계인의 대리인으로서 소송을 수행한 것이므로, 판결이 형식상 종전 당사자의 이름으로 내려진 경우라도 실질상 승계인에 대하여 내려진 것으로 보아야 한다.[334] 다만 이 판결로 승계인을 위하여 또는 승계인에 대하여 강제집행하기 위해서는 승계집행문을 부여받아야 한다(민집 제25조, 제31조).

---

328) 대법원 1993. 2. 12. 선고 92다29801 판결.

329) 대법원 1994. 11. 4. 선고 93다31993 판결. 이는 사망한 당사자에게 소송대리인이 없었던 경우이다.

330) 이시윤, 832면.

331) 정동윤/유병현/김경욱, 1135면.

332) 김홍엽, 1122면; 정영환, 1040면; 한충수, 806면; 호문혁, 1019면.

333) 대법원 1981. 3. 10. 선고 80다1895 판결.

334) 대법원 2011. 4. 28. 선고 2010다103048 판결.

한편 판결 전에 승계사실과 승계인이 판명되었을 때에는 따로 수계절차를 밟을 필요 없이 판결에 '원고 망 김○○의 상속인 김○○'과 같이 승계인을 당사자로 표시하면 된다.

3. 소송물의 양도(특정승계)

가. 입법례

(1) 소송물의 양도에 관한 입법주의는 크게 당사자항정주의와 소송승계주의로 나뉜다. ① 당사자항정주의는 소송물의 양도가 있더라도 당사자를 바꾸지 않고 종전 당사자가 승계인을 위해 소송수행권을 가지며, 그 판결의 효력을 승계인에게도 미치게 하는 입장이다. 독일이 취하고 있는 주의로, 소송상대방 보호에는 강점이 있으나 승계인 보호에는 미흡하다. ② 소송승계주의는 소송물의 양도가 있는 경우 승계인을 새로운 당사자로 바꾸고 종전 당사자의 소송상의 지위를 그대로 승계시키는 입장이다. 이는 승계인 보호에는 강점이 있으나, 상대방이 승계사실을 몰라 승계절차를 밟지 못했을 경우 상대방 보호에 미흡할 수 있다.

(2) 우리 현행법은 소송승계주의를 취하고 있다(제81조, 제82조). 다만 상대방 보호에 취약할 수 있는 소송승계주의의 결함을 시정하기 위해, 건물인도청구의 소에서 점유이전금지가처분, 소유권이전등기의 소에서 처분금지가처분과 같은 가처분제도, 그리고 변론종결 전에 승계사실을 진술하지 않은 경우 변론종결 후에 승계가 있는 것으로 보아 승계인에게 판결의 효력을 미치게 하는 추정승계인제도(제218조 제2항)를 두고 있다. 과거 예고등기제도도 있었으나 이는 2011. 4. 12. 개정 부동산등기법에서 삭제되었다.

나. 소송물의 양도의 개념

(1) 포괄승계원인이 있는 경우인 당연승계와 대비하여 소송물의 양도를 특정승계라고도 한다. 다만 소제기 전 권리양도가 있는 경우는 여기의 소송물의 양도가 아니어서 특정승계의 문제가 발생하지 않는다.[335]

(2) 그 개념에 대하여 소송의 목적인 권리관계의 승계는 당사자적격의 이전이 아니라 분쟁주체지위의 이전으로 보아야 한다는 분쟁주체지위승계설[336]이 있으나, 소송물의 양도는 소송계속 중 소송물인 권리·법률관계에 관한 당사자적격이 제3자에게 이전되는 것으로 보는 적격승계설[337]이 타당하다고 본다. 판례도 원고적격의 근거가 되는 주식이 양도되었다는 표현을 사용하여,[338] 적격승계설의 입장으로 보인다.

335) 대법원 1983. 9. 27. 선고 83다카1027 판결.
336) 정동윤/유병현/김경욱, 1140면; 정영환, 1045면.
337) 김홍엽, 1129면; 이시윤, 834면.
338) 대법원 2003. 2. 26. 선고 2000다42786 판결.

판 례 **소송목적인 권리 승계의 의미(대법원 2003. 2. 26. 선고 2000다42786 판결)**

[1] 구 민사소송법(2002. 1. 26. 법률 제6626호로 전문 개정되기 전의 것) 제74조[현행 제81조]에서 규정하고 있는 소송의 목적물인 권리관계의 승계라 함은 소송물인 권리관계의 양도뿐만 아니라 당사자적격 이전의 원인이 되는 실체법상의 권리 이전을 널리 포함하는 것이므로, 신주발행무효의 소 계속중 그 원고 적격의 근거가 되는 주식이 양도된 경우에 그 양수인은 제소기간 등의 요건이 충족된다면 새로운 주주의 지위에서 신소를 제기할 수 있을 뿐만 아니라, 양도인이 이미 제기한 기존의 위 소송을 적법하게 승계할 수도 있다.

[2] 승계참가가 인정되는 경우에는 그 참가시기에 불구하고 소가 제기된 당초에 소급하여 법률상의 기간준수의 효력이 발생하는 것이므로, 신주발행무효의 소에 승계참가하는 경우에 그 제소기간의 준수 여부는 승계참가시가 아닌 원래의 소제기시를 기준으로 판단하여야 한다.

(3) 양도의 모습은 불문한다. 임의처분(예컨대 매매, 증여 등), 집행처분(예컨대 매각허가결정, 전부명령 등), 법률상 당연이전(예컨대 변제자대위(민법 제481조))을 모두 포함한다. 전부양도뿐만 아니라 소송물의 일부양도도 포함한다.

(4) 소송물 자체가 양도된 경우[339]뿐만 아니라, 예컨대 건물철거소송 중 건물의 소유권이 제3자에게 넘어간 경우와 같이 계쟁물이 양도된 경우를 포함한다. 판례는 신주발행무효의 소 계속 중 원고적격의 근거가 되는 주식이 양도된 경우 주식양수인이 소송에 승계참가할 수 있다고 했다.[340]

(5) 소송승계와 변론종결 후의 승계의 관계에 관하여, ① 소송승계는 심리도중 공격방어방법의 제출기회가 보장되는 등 보다 넓게 절차보장이 된다는 이유로 소송승계인의 범위를 변론종결 후의 승계인의 범위보다 넓게 보는 견해(비동일설)가 있으나,[341] ② 그 범위를 같게 보는 견해(동일설)가 다수의 입장이다.[342] 판례는 채권적 청구권에 기한 소송 중 계쟁물을 양수한 자는 승계인에 해당한다고 할 수 없다고 하여,[343] 소송승계인의 범위를 변론종결 후의 승계인의 경우와 같이 보고 있는 듯하다.

---

339) 판례는 채무자·소유자가 배당이의의 소를 제기한 경우의 소송목적물은 피고(채권자)가 경매절차에서 배당받을 권리의 존부·범위·순위에 한정될 뿐, 원고(채무자·소유자)가 경매절차에서 배당받을 권리까지 포함하는 것은 아니므로, 제3자가 채무자·소유자로부터 배당받을 권리를 양수하였더라도 배당이의 소송계속 중 소송목적인 권리·의무를 승계한 경우에 해당되지 않는다고 보았다(대법원 2023. 2. 23. 선고 2022다285288 판결).

340) 대법원 2003. 2. 26. 선고 2000다42786 판결.

341) 정동윤/유병현/김경욱, 1141면; 정영환, 1046면.

342) 김홍엽, 1127면; 이시윤, 834면.

343) 대법원 1983. 3. 22.자 80마283 결정. 도시 및 주거환경정비법상 매도청구소송 중 부동산을 양수한 자도 여기의 승계인에 포함되지 않는다는 것으로 대법원 2019. 2. 28. 선고 2016다255613 판결. 상세는 전술 기판력의 주관적 범위 부분 참조.

다. 승계의 방식

소송물의 양도가 있는 경우 참가승계 또는 인수승계를 할 수 있는데, 전자는 승계인 자신이 자발적으로 소송에 가입하는 방식(자발참가)임에 대하여, 후자는 당사자가 승계인을 강제로 소송에 끌어들이는 방식(강제참가)이라는 점에서 차이가 있다. 소송승계가 있는 경우 승계절차 대신 별소를 제기할 수도 있으므로, 소송승계의 절차를 밟도록 법원이 석명할 의무가 있는 것은 아니다.[344]

4. 참가승계(제81조)

제81조(승계인의 소송참가) 소송이 법원에 계속되어 있는 동안에 제3자가 소송목적인 권리 또는 의무의 전부나 일부를 승계하였다고 주장하며 제79조의 규정에 따라 소송에 참가한 경우 그 참가는 소송이 법원에 처음 계속된 때에 소급하여 시효의 중단 또는 법률상 기간준수의 효력이 생긴다.

가. 의 의

참가승계는 소송계속 중 소송물의 전부 또는 일부의 양도가 있는 경우 승계인이 스스로 독립당사자참가신청의 방식으로 참가하여 새로운 당사자가 되는 것이다(제81조). 실무에서는 승계참가라고 한다.[345] 예컨대 채권의 양수인 또는 전부명령을 받은 채권자가 채권을 승계받았음을 주장하며 금전지급청구소송에 참가하는 것이다. 판례는 신주발행무효의 소 계속 중 원고적격의 근거가 되는 주식이 양도된 경우 주식양수인이 소송에 승계참가할 수 있다고 했다.[346] 이처럼 참가승계는 권리를 승계한 자가 주로 참가인이 되겠지만(권리승계형 승계참가), 채무를 승계한 경우에도 참가를 할 수 있다(제81조).[347]

나. 요 건

(1) 타인 간의 소송이 계속 중일 것

참가신청은 사실심의 변론종결 전에 한하여 허용된다. 승계참가신청은 일종의 소제기이므로, 법률심인 상고심에서는 승계인의 소송참가가 허용되지 않는다.[348] 사실심의 변

344) 대법원 1975. 9. 9. 선고 75다689 판결.
345) 법원실무제요 민사소송[Ⅰ], 400면.
346) 대법원 2003. 2. 26. 선고 2000다42786 판결.
347) 대법원 1983. 9. 27. 선고 83다카1027 판결. 따라서 청구이의의 소의 계속 중 집행권원에 표시된 청구권을 양수한 자는 소송의 목적이 된 채무를 승계한 것이므로 위 청구이의의 소에 승계참가를 할 수 있다.
348) 대법원 2002. 12. 10. 선고 2002다48399 판결.

론종결 후의 승계인은 피승계인이 받은 판결의 기판력이 미치므로(제218조 제1항) 참가의 이익도 없다.[349)]

(2) 소송의 목적인 권리·의무의 승계

소송물의 양도에 대해서는 앞서 살펴본 바와 같다.

다. 참가절차

(1) 승계참가의 방식은 독립당사자참가의 방식으로 한다(제81조). 그러나 피참가인과 참가인 사이에 이해대립의 관계가 아니므로, 피참가인이 승계사실을 다투지 않는 한 참가인이 피참가인에게 아무런 청구를 하지 않아도 되고(편면참가), 피참가인의 소송대리인이 참가인의 소송대리를 겸하여도 문제되지 않는다. 이 경우 인지를 붙일 필요도 없다.

반면 피참가인이 승계사실을 다투는 경우는 참가인이 피참가인에 대해서도 청구를 해야 하며(쌍면참가), 이 경우는 인지를 붙여야 한다(민인 제6조 제2항).

(2) 권리승계인의 참가신청은 일종의 소제기에 해당하고 참가요건은 소송요건에 해당하므로 참가요건의 구비 여부는 법원의 직권조사사항이며, 그 흠이 있는 경우 판결로 이를 각하하여야 한다.[350)] 다만 참가신청의 이유로 주장하는 사실관계 자체에서 승계적격의 흠이 명백하지 않는 한 승계인에 해당하는지 여부는 승계참가인의 청구의 당부와 관련하여 판단할 사항이므로, 심리결과 승계사실이 인정되지 않으면 승계참가인의 청구를 기각하는 판결을 하여야 한다.[351)]

판 례 **참가요건의 흠결과 각하판결(대법원 2007. 8. 23.자 2006마1171 결정)**

민사소송법 제81조에 의하면 소송이 법원에 계속되어 있는 동안에 제3자가 소송 목적인 권리 또는 의무의 전부나 일부를 승계한 경우 제3자는 참가의 취지와 이유를 밝혀 소송이 계속된 법원에 승계참가신청을 할 수 있는바, 위와 같은 승계참가신청은 일종의 소의 제기에 해당하고 참가요건은 소송요건에 해당하므로 참가요건에 흠이 있는 때에는 변론을 거쳐 판결로 이를 각하하여야 한다.

판 례 **참가인의 주장에 의하여 승계적격의 흠이 명백하지 않은 경우(대법원 2014. 10. 27. 선고 2013다67105, 67112 판결)**

제3자가 소송 계속 중에 소송목적인 권리를 승계하였다고 주장하며 소송에 참가한 경우, 참가신청의 이유로

349) 주석 민사소송법(Ⅰ), 636면.
350) 대법원 2007. 8. 23.자 2006마1171 결정; 대법원 2012. 4. 26. 선고 2011다85789 판결.
351) 대법원 2014. 10. 27. 선고 2013다67105, 67112 판결.

주장하는 사실관계 자체에서 승계적격의 흠이 명백하지 않는 한 승계인에 해당하는지 여부는 승계참가인의 청구의 당부와 관련하여 판단할 사항이므로, 심리 결과 승계사실이 인정되지 않으면 승계참가인의 청구를 기각하는 판결을 하여야지 승계참가신청을 각하하는 판결을 할 것은 아니다.

라. 효 과

승계참가신청을 하면 소송이 법원에 처음 계속된 때에 소급하여 시효중단 또는 기간 준수의 효력이 생기므로(제81조), 승계참가인의 입장에서 별소를 제기하는 것보다 유리하다. 다만 승계참가인은 피참가인의 소송상의 지위를 승계하므로 참가할 때까지 피참가인이 한 소송행위의 결과에 구속된다.

5. 인수승계(제82조)

제82조(승계인의 소송인수) ① 소송이 법원에 계속되어 있는 동안에 제3자가 소송목적인 권리 또는 의무의 전부나 일부를 승계한 때에는 법원은 당사자의 신청에 따라 그 제3자로 하여금 소송을 인수하게 할 수 있다.
② 법원은 제1항의 규정에 따른 결정을 할 때에는 당사자와 제3자를 심문(審問)하여야 한다.
③ 제1항의 소송인수의 경우에는 제80조의 규정 가운데 탈퇴 및 판결의 효력에 관한 것과, 제81조의 규정 가운데 참가의 효력에 관한 것을 준용한다.

가. 의 의

인수승계는 소송계속 중 소송물의 전부 또는 일부의 양도가 있는 경우 종전 당사자의 신청에 의하여 승계인을 새로운 당사자로 당해소송에 강제로 끌어들이는 것이다(제82조). 실무에서는 인수참가, 승계인수로 부르기도 한다.[352] 예컨대 소유권에 기한 건물인도 청구소송 중 피고가 건물의 점유를 제3자에게 넘긴 경우 원고의 신청에 의하여 새로운 점유자를 소송에 끌어들이는 것이다. 이처럼 인수승계는 의무를 승계한 자가 주로 승계적격자가 되겠지만, 권리를 승계한 경우에도 인수승계가 가능하다(제82조 제1항). 예컨대 위의 예에서 원고가 소송계속 중 건물을 제3자에게 매도한 경우 피고로서는 어차피 제3자의 건물인도청구에 응할 것이므로 피고의 신청에 의하여 건물매수인을 소송에 끌어들여 분쟁을 일거에 해결할 수 있다.

---

352) 법원실무제요 민사소송[Ⅰ], 400면.

나. 요 건

(1) 타인 간의 소송이 계속 중일 것

인수신청은 사실심의 변론종결 전에 한하여 허용된다. 인수신청은 소제기의 실질이 있으므로 법률심인 상고심에서는 할 수 없다. 사실심의 변론종결 후의 채무의 승계인에게는 기판력이 미치므로(제218조 제1항) 승소한 원고는 승계집행문을 부여받아 강제집행할 수 있기 때문에(민집 제31조), 인수신청을 할 실익도 없다. 또한 실무에서 채권자가 처분금지가처분이나 점유이전금지가처분을 해놓은 경우가 많은데 이 경우는 채무자가 결정에 반하여 피고적격을 이전하여도 소송인수를 시킬 필요가 없고 그대로 소송을 진행하면 된다.

(2) 소송의 목적인 권리·의무의 승계

소송물의 양도에 대해서는 앞서 살펴본 바와 같다.

(3) 인수승계의 원인

(가) 교환적 인수

원칙적으로 승계 전후의 청구가 같아야 한다. 즉 소송의 목적인 채권·채무 자체를 제3자가 승계한 경우에 인수신청이 가능하다. 예컨대 원고가 채권을 제3자에게 양도하였거나, 피고의 채무를 제3자가 인수하였거나, 소유권확인청구의 목적물을 제3자가 취득한 경우 등이다.

(나) 추가적 인수

승계 전후의 청구가 동일하지 않은 경우에도 인수신청이 허용되는지 문제된다. 소송의 목적인 채권·채무 자체를 승계한 것이 아니라면 소송의 목적인 채권·채무를 전제로 새로운 채권·채무가 생김으로써 제3자에게 새로운 당사자적격이 생기는 것이기 때문이다. 이렇게 당사자적격자가 새로 늘어나서 추가적 인수가 가능할 것인지 문제되는데, 판례는 부정적이다. 즉 건물철거청구 중 피고가 제3자에게 그 건물의 소유권이전등기를 넘긴 경우 제3자를 상대로 말소등기청구를 하기 위한 인수신청을 불허하였고,[353] 부동산소유권이전등기청구 소송계속 중 제3자 앞으로 이전등기가 경료되었을 때 제3자를 상대로 말소등기청구를 하기 위한 인수신청을 불허하였다.[354] 이러한 판례의 태도에 대하여 쟁점이 공통되고 종전 소송자료를 활용할 수 있는 경우에는 분쟁의 실효적 해결을 위하여 소송인수를 허용해야 한다고 하며 비판하는 견해가 있다.[355]

---

353) 대법원 1971. 7. 6.자 71다726 결정.

354) 대법원 1983. 3. 22.자 80마283 결정.

355) 강현중, 948면; 이시윤, 837면; 정영환, 1051면.

판 례 **철거청구 중 등기경료된 제3자에 대한 인수(대법원 1971. 7. 6.자 71다726 결정)**

소송당사자가 민사소송법 제75조[현행 제82조]의 규정에 의하여 제3자로 하여금 그 소송을 인수하게 하기 위하여서는 그 제3자가 소송계속중 그 소송의 목적된 채무를 승계하였음을 전제로 하여 그 제3자에 대하여 인수한 소송의 목적된 채무이행을 구하는 경우에 허용되고 그 소송의 목적된 채무와는 전혀 별개의 채무의 이행을 구하기 위한 경우에는 허용될 수 없다 할 것이므로 기록에 의하면 재항고인은 본건 신청의 이유로서 상대방 등에 대하여 상대방 등이 본건 소송의 목적된 채무인 본건 건물철거 채무의 승계를 전제로 한 그 건물의 철거채무와는 전혀 별개의 채무인 본건 건물에 관한 재항고인 주장의 상대방등 명의로 경료된 각 등기의 말소채무의 이행을 구하기 위하여 본건 신청에 이르렀음이 뚜렷한 바이므로 본건 신청은 위 법리에 따라 부적법하다 할 것인즉 이와 같은 취지아래 본건신청을 각하한 원결정은 정당하고 (후략)

판 례 **이전등기청구 중 등기경료된 제3자에 대한 인수(대법원 1983. 3. 22.자 80마283 결정)**

부동산소유권이전등기 청구소송계속 중 그 소송목적이 된 부동산에 대한 이전등기이행채무 자체를 승계함이 없이 단순히 같은 부동산에 대한 소유권이전등기(또는 근저당설정등기)가 제3자 앞으로 경료되었다 하여도 이는 민사소송법 제75조[현행 제82조] 제1항 소정의 "그 소송의 목적이 된 채무를 승계한 때"에 해당한다고 할 수 없으므로 위 제3자에 대하여 등기말소를 구하기 위한 소송의 인수는 허용되지 않는다.

다. 인수절차

(1) 종전당사자가 승계인에 대해 청구하는 바를 밝혀 인수신청을 하여야 한다. 교환적 인수의 경우에는 승계 전후 청구가 동일하므로 승계인에 대한 청구취지를 따로 밝힐 필요가 없으나, 추가적 인수의 경우에는 인수승계인에 대한 청구취지·원인을 새로 밝혀야 한다.

(2) 인수신청이 있는 때 법원은 그 허가 여부를 결정하여야 하는데, 그 전에 양쪽 당사자와 제3자를 심문하여야 한다(제82조 제2항).[356] 심문을 위한 별도의 기일을 지정할 수도 있고, 변론기일에 제3자를 출석시켜 심문할 수도 있다.

(3) 심문결과 승계사실이 주장 자체에서 인정되지 않거나 요건에 흠결이 있으면 인수신청을 각하하는 결정을 한다. 그러나 주장하는 사실관계 자체에서 그 승계적격 흠결이 명백하지 않으면 결정으로 그 신청을 인용해야 하고, 승계인 해당 여부는 인수승계인의 청구의 당부와 관련하여 판단해야 하므로, 심리결과 승계사실이 인정되지 않으면 승계참가의 경우와 같이 청구기각판결을 해야 한다.[357] 판례는 채무승계사실에 관한 상대방 당사자의 주장을 자백한 인수참가인은 채무승계사실을 다툴 수 없다고 한다.[358]

356) 법원실무제요 민사소송[Ⅰ], 405면.
357) 대법원 2005. 10. 27. 선고 2003다66691 판결.
358) 대법원 1987. 11. 10. 선고 87다카473 판결.

판 례 인수신청에 대한 판단방법(대법원 2005. 10. 27. 선고 2003다66691 판결)

소송 계속중에 소송목적인 의무의 승계가 있다는 이유로 하는 소송인수신청이 있는 경우 신청의 이유로서 주장하는 사실관계 자체에서 그 승계적격의 흠결이 명백하지 않는 한 결정으로 그 신청을 인용하여야 하는 것이고, 그 승계인에 해당하는가의 여부는 피인수신청인에 대한 청구의 당부와 관련하여 판단할 사항으로 심리한 결과 승계사실이 인정되지 않으면 청구기각의 본안판결을 하면 되는 것이지 인수참가신청 자체가 부적법하게 되는 것은 아니다.

(4) 신청각하결정에 대해서는 항고할 수 있으나(제439조), 인수결정은 중간적 재판이기 때문에 독립하여 불복할 수 없다.[359)]

라. 효 과

인수승계인은 종전 당사자의 소송상의 지위를 그대로 물려받게 되므로, 유·불리를 불문하고 이에 구속된다(소송상태승인의무). 인수승계가 있으면 소송이 법원에 처음 계속된 때에 소급하여 시효중단 또는 기간준수의 효력이 생기는 것은 승계참가의 경우와 같다(제82조 제3항). 판례는 종전 당사자의 탈퇴 후 인수승계인의 청구를 기각하거나 소를 각하하는 판결이 확정된 경우에도 탈퇴한 종전 당사자가 그로부터 6월 내에 재판상 청구를 하면 최초의 시효중단의 효력은 그대로 유지된다고 한다.[360)]

판 례 소송인수와 시효중단(대법원 2017. 7. 18. 선고 2016다35789 판결)

소송목적인 권리를 양도한 원고는 법원이 소송인수 결정을 한 후 피고의 승낙을 받아 소송에서 탈퇴할 수 있는데(민사소송법 제82조 제3항, 제80조), 그 후 법원이 인수참가인의 청구의 당부에 관하여 심리한 결과 인수참가인의 청구를 기각하거나 소를 각하하는 판결을 선고하여 판결이 확정된 경우에는 원고가 제기한 최초의 재판상 청구로 인한 시효중단의 효력은 소멸한다. 다만 소송탈퇴는 소취하와는 성질이 다르며, 탈퇴 후 잔존하는 소송에서 내린 판결은 탈퇴자에 대하여도 효력이 미친다(민사소송법 제82조 제3항, 제80조 단서). 이에 비추어 보면 인수참가인의 소송목적 양수 효력이 부정되어 인수참가인에 대한 청구기각 또는 소각하 판결이 확정된 날부터 6개월 내에 탈퇴한 원고가 다시 탈퇴 전과 같은 재판상의 청구 등을 한 때에는, 탈퇴 전에 원고가 제기한 재판상의 청구로 인하여 발생한 시효중단의 효력은 그대로 유지된다.

6. 피승계인의 지위와 소송탈퇴(참가 후의 소송형태)

가. 탈퇴한 경우의 소송관계

(1) 소송물 양도에 따른 참가승계·인수승계가 있는 경우 피승계인은 상대방의 승낙

359) 대법원 1981. 10. 29.자 81마357 결정.
360) 대법원 2017. 7. 18. 선고 2016다35789 판결.

을 얻어 소송에서 탈퇴할 수 있다(제81조, 제82조 제3항, 제80조). 이러한 소송탈퇴는 참가승계·인수승계가 적법한 경우에만 허용되므로, 그것이 부적법한 경우에는 피승계인의 소송탈퇴는 허용되지 않고, 피승계인과 상대방 사이의 소송관계가 유효하게 존속한다.[361]

(2) 법정대리인·소송대리인이 탈퇴를 함에 있어서는 특별수권을 받아야 한다(제56조 제2항, 제90조 제2항 제2호).

(3) 소송탈퇴가 있으면 피승계인과 상대방 사이의 소송관계는 적법하게 종료한다.[362] 그럼에도 불구하고 판결의 효력은 탈퇴한 당사자에게 미친다(제81조, 제82조 제3항, 제80조).

나. 탈퇴하지 않은 경우의 소송관계

(1) 예컨대 ① 피승계인이 승계사실을 다투는 경우, ② 피승계인이 승계사실을 다투지 않지만 소송탈퇴에 대해 상대방이 승낙하지 않은 경우, ③ 소송물의 일부만 양도(전부)된 경우 등은 피승계인이 탈퇴를 하지 않고 남아있는 경우이다.

(2) 이 가운데 피승계인이 승계사실을 다투기 때문에 탈퇴하지 않은 경우 피승계인과 새로운 승계인 사이의 소송관계는 제67조가 준용된다고 본다. 즉 권리승계의 경우는 독립당사자참가의 형태가 되므로 제79조의 유추적용으로 제67조가 적용되고, 의무승계의 경우는 채무자 합일확정의 예비적 공동소송이 되므로 제70조의 유추적용으로 제67조가 적용된다고 한다.[363]

(3) 피승계인이 승계사실을 다투지 않지만 소송탈퇴에 대해 상대방이 승낙하지 않아 남아있는 경우 피승계인과 새로운 승계인 사이의 소송관계에 대하여, 종전 판례는 통상공동소송인의 관계에 있다 하였으나,[364] 2019년 대법원 전원합의체 판결은 이 경우 필수적 공동소송에 관한 제67조가 적용된다고 판시하고 기존 판례를 변경하였다.[365]

판 례 **소송에 남아있는 피참가인과 승계참가인 사이의 관계(대법원 2019. 10. 23. 선고 2012다46170 전원합의체 판결)**

【판결요지】

승계참가에 관한 민사소송법 규정과 2002년 민사소송법 개정에 따른 다른 다수당사자 소송제도와의 정합

---

361) 대법원 2012. 4. 26. 선고 2011다85789 판결.

362) 대법원 2011. 4. 28. 선고 2010다103048 판결.

363) 김홍엽, 1137면; 이시윤, 840면; 정동윤/유병현/김경욱, 1145면. 이에 대하여 권리자·의무자를 불문하고 3면소송관계가 되므로 제79조를 적용해야 한다는 견해도 있다(손한기, 461면; 정영환, 1055면; 한충수, 817면; 호문혁, 1014면).

364) 대법원 2004. 7. 9. 선고 2002다16729 판결.

365) 대법원 2019. 10. 23. 선고 2012다46170 전원합의체 판결; 대법원 2022. 6. 16. 선고 2018다301350 판결.

성, 원고 승계참가인(이하 '승계참가인'이라 한다)과 피참가인인 원고의 중첩된 청구를 모순 없이 합일적으로 확정할 필요성 등을 종합적으로 고려하면, 소송이 법원에 계속되어 있는 동안에 제3자가 소송목적인 권리의 전부나 일부를 승계하였다고 주장하며 민사소송법 제81조에 따라 소송에 참가한 경우, 원고가 승계참가인의 승계 여부에 대해 다투지 않으면서도 소송탈퇴, 소 취하 등을 하지 않거나 이에 대하여 피고가 부동의하여 원고가 소송에 남아 있다면 승계로 인해 중첩된 원고와 승계참가인의 청구 사이에는 필수적 공동소송에 관한 민사소송법 제67조가 적용된다.

【이유】(중략)

(1) 원심판결 이유와 기록에 따르면 다음 사실을 알 수 있다.

(가) 이 사건 공사의 수급인인 원고는 도급인인 피고들을 상대로 제1심법원에 이 사건 공사에 관하여 약 11억 9,000만 원의 정산금 청구를 하였다.

(나) 승계참가인은 원고의 피고들에 대한 정산금 채권 중 합계 9억 5,000만 원에 관하여 채권압류 및 전부명령을 받은 뒤, 제1심 소송 계속 중 제3채무자인 피고들에 대하여 전부금의 지급을 구하면서 승계참가신청을 하였다. 원고는 승계참가인의 승계 여부에 대해 다투지 않았으나 전부된 부분의 청구를 감축하지도 않았다.

(다) 제1심법원은 인정된 정산금 채권 약 4억 5,000만 원이 채권압류 및 전부명령으로 인하여 모두 승계참가인에게 이전되었음을 이유로, 원고의 청구를 기각하고 승계참가인의 피고들에 대한 청구를 일부 인용하였다.

(라) 승계참가인과 피고들은 제1심판결 중 자신의 패소 부분에 대해 항소하였고 원고는 항소하지 않았다. 그런데 원심은 원고에 대하여 준비서면, 기일통지서 등 서면을 송달하고 변론조서에 원고를 당사자로 기재하였으며 원고가 제출한 준비서면을 변론기일에 진술하도록 하였다. 원심 계속 중 피고들이 승계참가인의 전부명령이 다른 가압류와 경합된 상태에서 발령되어 무효라고 다투자 원고는 부대항소를 제기하였다.

(마) 원심은 승계참가인의 압류 및 전부명령 전에 원고의 하수급인들이 원고의 피고들에 대한 공사대금 채권에 대하여 가압류를 하였고, 위 압류 및 전부명령과 가압류의 각 피압류채권이 성질상 모두 공사대금 채권이므로 승계참가인의 전부명령은 가압류와 경합되어 무효라고 판단하고, 원고의 부대항소를 받아들여 원고의 청구를 일부 인용하고 승계참가인의 청구를 기각하였다.

(바) 한편 원고의 하수급인들이 원고의 피고들에 대한 위 정산금 채권에 관하여 받은 가압류결정이 승계참가인이 전부명령을 받기 전 피고들에게 송달되었고, 위와 같은 가압류결정의 청구금액과 승계참가인이 받은 압류명령의 청구금액을 합한 금액이 원고의 피고들에 대한 위 정산금 채권 액수를 초과한다.

(2) 위와 같은 사실관계를 앞서 본 법리에 비추어 살펴보면, 원고의 피고들에 대한 정산금 청구 소송이 법원에 계속되어 있는 동안 승계참가인이 민사소송법 제81조에 따라 소송목적인 권리의 일부를 승계하였다고 주장하며 참가하였고, 원고와 승계참가인의 청구가 모두 유지되고 있으므로 승계된 부분에 관한 원고와 승계참가인의 청구 사이에는 필수적 공동소송에 관한 민사소송법 제67조가 적용된다. 따라서 제1심판결 중 원고의 청구를 기각한 부분에 대하여 원고가 항소하지 않고 승계참가인의 청구를 일부 인용한 부분에 대하여 승계참가인과 피고들만 그 패소 부분에 대해 항소하였다고 하더라도, 원고 청구 부분을 포함한 제1심판결 전체의 확정이 차단되고 사건 전부에 관하여 이심의 효력이 생긴다. 그러므로 원고가 원심에서 제기한 부대항소는 적법하다. 원심이 원고가 제기한 부대항소가 적법하다고 보고, 제1심판결을

> 변경하여 원고의 청구를 일부 받아들이고 승계참가인의 청구를 기각하는 판결을 선고한 것은 앞서 본 법리에 따른 것으로 정당하다. 원심의 판단에 상고이유 주장과 같이 승계참가에 따른 소송관계, 부대항소의 적법성에 관한 법리를 오해하여 판결에 영향을 미친 잘못이 없다. (후략)

(4) 소송물의 일부만 양도(전부)된 경우 ① 만약 피승계인이 승계의 효력을 다투지 않으면서 승계인의 청구부분만큼 피승계인의 청구를 감축하거나 소의 일부취하를 한 경우는 피승계인과 승계인은 통상공동소송인의 관계로 볼 수 있을 것이나, ② 만약 피승계인이 자신의 청구를 감축하거나 소를 일부취하하지 않고 그대로 남아있다면 위 (3)에서와 같이 필수적 공동소송에 관한 제67조를 준용할 필요가 있다 할 것이다.[366)]

366) 정동윤/유병현/김경욱, 1147면. 위 대법원 2019. 10. 23. 선고 2012다46170 전원합의체 판결 사안에서도 피참가인(피승계인, 원고)은 전부된 부분의 청구를 감축하지 않았다.

제 6 편

상소심절차

제1장
상소심 개설

I. 상소의 의의

상소는 재판의 형식적 확정에 앞서 당사자가 원재판이 잘못되었음을 상급법원에 알리며 그 취소·변경을 구하는 불복신청이다. 우리 법은 상소로서 항소(抗訴), 상고(上告), 항고(抗告)의 세 가지를 인정하고 있다.

II. 상소의 취지

(1) 상소는 당사자의 불복이 있는 재판을 다시 검토하여 재판의 오류를 시정하고 이를 통해 당사자의 권리를 구제하며 이로써 재판에 대한 국민의 신뢰를 유지케 하는데 일차적인 목적이 있다. 이러한 목적을 통해 상소는 잘못된 재판을 시정한다는 결과구제의 측면을 넘어서서, 당사자에게 다시금 다퉈볼 수 있는 기회를 부여하여 만족도 높은 법적 구제를 형성하는 프로세스를 제공한다는 긍정적 기능을 한다. 그리고 상소는 하급법원이 상급법원의 판단을 따르게 함으로써 법령해석·적용의 통일성을 기하고자 하는데 또 하나의 목적이 있다.[1)]

(2) 그러나 다른 한편으로 상소는 재판을 지연시키고, 새로운 인지의 납부 및 할증, 심급대리원칙에 따른 별도의 변호사보수 지급 등 소송불경제의 요인이 되며, 심급 간 재판의 모순·저촉에 따른 재판불신의 원인이 되기도 한다. 이러한 부정적 기능에도 불구하고 우리나라는 높은 상소율로 인해 상소심절차가 차지하는 비중이 결코 제1심절차에 뒤지지 않는다.

---

1) 상소의 목적 중 법령해석·적용의 통일은 특히 상고제도에서 강하게 부각될 것이다(호문혁, 650면).

Ⅲ. 상소의 종류

1. 항소·상고·항고

우리 법은 상소로서 항소, 상고, 항고의 세 가지를 인정하고 있다. 이 중 항고는 결정과 명령에 대한 불복신청이고(제439조), 항소와 상고는 판결에 대한 불복신청인데, 항소는 제1심 종국판결에 대한 불복신청이며(제390조 제1항), 상고는 고등법원과 지방법원 합의부가 제2심으로서 선고한 종국판결에 대한 불복신청이다(제422조 제1항).

2. 불복신청방법의 선택

신청인은 판결, 결정·명령 등 원재판의 종류에 맞는 불복신청방법을 취할 필요가 있다. 한편 법원으로서는 불복신청인이 기재한 표제가 잘못되었더라도 이를 각하할 것이 아니라 신청취지에 맞게 선해할 필요가 있다 할 것이다.

3. 형식에 어긋나는 재판

예컨대 판결로 해야 할 것을 결정으로 재판하거나 또는 그 역의 경우에 있어서 당사자는 어떠한 불복방법을 취해야 하는가의 문제가 있다. 이에 대하여 ① 현재 취한 잘못된 재판의 형식에 따라 불복해야 한다는 주관설,[2] ② 본래 해야 할 재판의 형식에 따라 불복해야 한다는 객관설이 있으나, ③ 법원의 잘못으로 당사자가 불이익을 받아서는 아니 되고, 당사자의 절차권보장의 필요성 등을 감안할 때, 이 경우는 어느 쪽을 선택하여도 적법한 상소로 보는 선택설[3]이 타당하다고 본다.

Ⅳ. 상소요건

1. 의 의

상소법원은 상소가 제기된 모든 사건에 대해 본안심리를 하지는 않는다. 일정한 요건을 갖춘 적법한 상소에 대해서만 본안심리를 통해 그 이유유무를 판단한다. 이렇게 적법

---

2) 강현중, 954면.

3) 김홍엽, 1145면; 이시윤, 844면; 정동윤/유병현/김경욱, 886면; 정영환, 1325면.

한 상소로 취급받기 위해 필요한 요건을 상소요건이라 한다. 그 흠결을 보정할 수 없다면 상소는 각하된다.

2. 상소의 일반요건

상소의 요건으로 ① 상소의 대상적격, ② 방식에 맞는 상소제기와 상소기간의 준수, ③ 상소의 이익, ④ 상소권의 포기, ⑤ 불상소의 합의가 있다. 이러한 상소요건은 직권조사사항이다. ① 내지 ③은 상소의 적극적 요건으로서 상소제기당시를 기준으로 그 존재 여부를 판단하지만,[4] ④ 내지 ⑤는 소극적 요건으로서 심리종결시를 기준으로 그 부존재 여부를 판단한다.

가. 상소의 대상적격

第390條(항소의 대상) ① 항소(抗訴)는 제1심 법원이 선고한 종국판결에 대하여 할 수 있다. 다만, 종국판결 뒤에 양 쪽 당사자가 상고(上告)할 권리를 유보하고 항소를 하지 아니하기로 합의한 때에는 그러하지 아니하다.
② 제1항 단서의 합의에는 제29조제2항의 규정을 준용한다.

第391條(독립한 항소가 금지되는 재판) 소송비용 및 가집행에 관한 재판에 대하여는 독립하여 항소를 하지 못한다.

第422條(상고의 대상) ① 상고는 고등법원이 선고한 종국판결과 지방법원 합의부가 제2심으로서 선고한 종국판결에 대하여 할 수 있다.
② 제390조제1항 단서의 경우에는 제1심의 종국판결에 대하여 상고할 수 있다.

(1) 선고 전의 재판에 대해서는 상소할 수 없다. 다만 판례는 결정·명령의 경우 그 원본이 법원사무관등에게 교부되어 성립한 경우 당사자에게 고지되기 전이라도 이에 불복하여 항고할 수 있다고 한다.[5]

(2) 종국적 재판이 아닌 중간적 재판은 독립하여 상소할 수 없음이 원칙이다. 종국판결과 함께 상소심에서 심사를 받기 때문이다. 따라서 소송비용의 재판과 가집행선고에 대해서는 독립하여 상소할 수 없다(제391조, 제425조, 443조).

(3) 상소가 아닌 다른 불복방법이 예정되어 있는 경우도 상소의 대상이 되지 않는다. 예컨대 조서에 적힌 사항에 대해서는 이의를 해야 하며(제164조),[6] 판결에 잘못된 계산이나

4) 상소의 이익의 경우(대법원 1983. 10. 25. 선고 83다515 판결).
5) 대법원 2014. 10. 8.자 2014마667 전원합의체 결정.
6) 대법원 1981. 9. 8. 선고 81다86 판결.

기재 등에 대해서는 판결의 경정(제211조), 청구의 일부에 대해 재판을 누락한 경우에는 추가판결(제212조)[7]을 해야 하지, 상소를 제기할 것이 아니다.

나. 방식에 맞는 상소제기

> **제397조(항소의 방식)** ① 항소는 항소장을 제1심 법원에 제출함으로써 한다.

당사자와 법정대리인, 원판결의 표시와 상소의 취지를 적은 상소장이라는 서면에 의해야 하는데, 그 상소장을 원심법원에 제출해야 한다(제397조 제1항, 제425조, 제445조). 소액사건의 경우도 상소는 구술로 제기할 수 없다.[8] 판결서 정본을 송달할 때 법원사무관등은 상소장을 제출할 법원을 고지하고 있다(민소규 제55조의2). 아울러 인지(항소심은 1.5배, 상고심은 2배)도 납부해야 한다(민인 제3조).

다. 상소기간의 준수

> **제396조(항소기간)** ① 항소는 판결서가 송달된 날부터 2주 이내에 하여야 한다. 다만, 판결서 송달전에도 할 수 있다.
> ② 제1항의 기간은 불변기간으로 한다.
>
> **제444조(즉시항고)** ① 즉시항고는 재판이 고지된 날부터 1주 이내에 하여야 한다.
> ② 제1항의 기간은 불변기간으로 한다.

상소기간은 항소·상고의 경우 판결서가 송달된 날부터 2주(제396조, 제425조), 즉시항고·특별항고의 경우에는 재판이 고지된 날부터 1주(제444조, 제449조 제2항)이다. 이 기간이 도과하면 상소권은 소멸한다. 따라서 판결정본이 적법하게 송달되지 않았다면 상소기간이 진행하지 않으므로 상소권이 소멸하지 않는다.[9] 한편 판결선고 후에는 송달 전이라도 상소할 수 있고(제396조 제1항 단서, 제425조), 결정·명령의 원본이 법원사무관등에게 교부되어 성립한 후에는 당사자에게 고지되기 전이라도 항고할 수 있다.[10] 물론 통상항고는 그 이익이 있는 한 언제든지 가능하다. 상소기간의 준수는 상소장이 원심법원에 접수된 때를 기준으로 한다.[11]

---

7) 대법원 1996. 2. 9. 선고 94다50274 판결.

8) 주석 민사소송법(Ⅵ), 105면, 432면.

9) 대법원 1986. 11. 25. 선고 86므81 판결. 따라서 추후보완상소에 의할 것이 아니고 기간의 정함이 없는 상소로서 어느 때나 상소할 수 있다고 한다(대법원 1994. 12. 22. 선고 94다45449 판결).

10) 대법원 2014. 10. 8.자 2014마667 전원합의체 결정.

11) 항소의 경우(대법원 1992. 4. 15.자 92마146 결정), 상고의 경우(대법원 2010. 12. 9. 선고 2007다42907 판결),

라. 상소의 이익

(1) 상소의 이익은 하급심의 종국판결에 대해 불복신청함으로써 그 취소·변경을 구하는 것이 가능한 당사자의 법적 지위 내지 자격을 말한다. 이는 권리보호이익의 특수한 형태로서 무익한 상소권행사를 견제하기 위한 것이다.

(2) 어떠한 경우에 상소의 이익을 인정할 것인지 문제된다.

이에 대하여 ① 형식적 불복설은 원심에서의 당사자의 신청(청구취지)과 그 신청에 대해 행한 판결(주문)을 형식적으로 비교하여, 주문이 청구취지보다도 양적·질적으로 불리한 경우에 불복의 이익을 긍정한다. 이에 따르면 제1심에서 전부승소한 당사자는 청구취지와 판결주문이 일치하므로 항소의 이익이 없다. ② 실질적 불복설은 당사자가 상급심에서 원재판보다도 실체법상 유리한 판결을 받을 가능성이 있으면 불복의 이익을 긍정한다. 이에 따르면 제1심에서 전부승소한 당사자도 보다 유리한 판결을 구하기 위해 항소할 수 있다. ③ 절충설은 당사자를 구분하여, 원고에 대해서는 형식적 불복설, 피고에 대해서는 실질적 불복설에 따르는 견해이다. ④ 신실질적 불복설은 판결의 효력이 미치는지 여부를 기준으로 하여, 원판결이 그대로 확정되면 기판력 그 밖의 판결의 효력으로 인해 불이익을 입게 되는 경우에 상소의 이익을 인정하는 견해이다.

판례는 형식적 불복설을 따르고 있다.[12)]

판 례 **형식적 불복설(대법원 2007. 7. 13. 선고 2007다20235 판결)**

상소는 자기에게 불이익한 재판에 대하여서만 제기할 수 있는 것이고, 재판이 상소인에게 불이익한 것인지의 여부는 재판의 주문을 표준으로 하여 상소제기 당시를 기준으로 판단되어야 하는 것이므로, 전부 승소한 판결에 대한 상소는 그 이익이 없어 부적법하다.

생각건대 실질적 불복설에 의하면 그 기준이 불명확하고 상소의 허용범위가 넓어지게 된다. 그리고 절충설은 굳이 당사자를 나눌 이유가 없으며, 피고의 경우 실질적 불복설의 단점이 그대로 유지된다. 따라서 그 기준이 명확한 형식적 불복설을 원칙적으로 따르되, 기판력 등으로 인해 별소의 제기가 불허되는 경우에는 예외적으로 기타의 견해를 고려할 필요가 있다 할 것이다.[13)]

재항고의 경우(대법원 1985. 5. 24.자 85마178 결정).

12) 대법원 1997. 10. 24. 선고 96다12276 판결; 대법원 2007. 7. 13. 선고 2007다20235 판결.

13) 강현중, 958면; 김홍엽, 1151면; 이시윤, 851면; 정동윤/유병현/김경욱, 889~890면; 정영환, 1330면; 한충수, 829면.

(3) 상소의 이익은 구체적으로 다음과 같은 쟁점에서 주로 문제된다.

(가) 전부승소한 당사자는 원칙적으로 상소의 이익이 없다.[14] 따라서 청구를 전부인용한 판결에 대해 피고는 상소 가능하나 원고는 상소 불가능하고, 청구를 전부기각한 판결에 대해 원고는 상소 가능하나 피고는 상소 불가능하다. 그리고 전부승소한 원고가 소의 변경 또는 청구취지의 확장을 위해 상소하거나, 전부승소한 피고가 반소를 위해 상소하는 것은 원칙적으로 불허된다.

다만 다음의 예외가 있다.

① 기판력을 받으므로 후에 별소를 제기할 수 없는 경우이다. 예컨대 명시설에 의할 때 묵시적 일부청구의 경우에는 판결의 효력이 전부에 미쳐 잔부청구가 허용되지 않기 때문에, 전부승소자라도 잔부청구를 위한 항소를 인정하는 것이다.[15]

판 례 **묵시적 일부청구에서 전부승소자의 상소의 이익(대법원 1997. 10. 24. 선고 96다12276 판결)**

가분채권에 대한 이행청구의 소를 제기하면서 그것이 나머지 부분을 유보하고 일부만 청구하는 것이라는 취지를 명시하지 아니한 경우에는 그 확정판결의 기판력은 나머지 부분에까지 미치는 것이어서 별소로써 나머지 부분에 관하여 다시 청구할 수는 없으므로, 일부 청구에 관하여 전부 승소한 채권자는 나머지 부분에 관하여 청구를 확장하기 위한 항소가 허용되지 아니한다면 나머지 부분을 소구할 기회를 상실하는 불이익을 입게 되고, 따라서 이러한 경우에는 예외적으로 전부 승소한 판결에 대해서도 나머지 부분에 관하여 청구를 확장하기 위한 항소의 이익을 인정함이 상당하다.

☞ A공사에 입사하여 근무하다 퇴사한 후 피고 회사에 입사하여 근무하다 퇴사한 甲이 제1심에서 피고 회사를 상대로 퇴직금 및 지연손해금을 청구하여 퇴직금 부분은 전부 승소하고 지연손해금 부분은 일부 패소하였는데, 제1심판결 선고 직후 A공사와 피고 회사 양쪽에서 근무하다가 퇴직한 乙이 A공사를 상대로 제기한 퇴직금 청구소송에서 A공사와 피고 회사에서의 근무기간을 통산하여 퇴직금을 산정하여야 한다는 취지의 대법원판결이 선고되자, 甲은 항소를 제기함과 동시에 대법원판결의 취지에 따라 A공사와 피고 회사에서의 근무기간을 통산하여 산정한 퇴직금의 지급을 구하는 것으로 그 청구를 확장한 사안(그에 따라 제1심에서 일부 패소한 지연손해금 청구도 당연히 확장되었음).

② 원고가 재산상 손해 및 위자료청구를 하여 재산상 손해에 대해서는 전부승소, 위자료에 대해서는 일부패소한 경우, 원고가 위자료부분에 대해서만 항소한 경우에도 재산상의 손해나 위자료는 단일한 원인에 근거한 것인데 편의상 별개의 소송물로 분류한 것에 지나지 않으므로 전부승소한 위 재산상 손해에 대해서도 항소심에서 청구의 확장이 가능하다고 한다.[16] 손해배상청구의 소송물에 관한 3분설의 완화로 볼 수 있다.

---

14) 대법원 2002. 6. 14. 선고 99다61378 판결 등 다수.

15) 대법원 1997. 10. 24. 선고 96다12276 판결.

16) 대법원 1994. 6. 28. 선고 94다3063 판결.

판 례 **손해의 항목과 항소심에서 청구의 확장(대법원 1994. 6. 28. 선고 94다3063 판결)**

상소는 자기에게 불이익한 재판에 대하여 유리하게 취소변경을 구하기 위하여 하는 것이므로 전부 승소한 판결에 대하여는 항소가 허용되지 않는 것이 원칙이나, 하나의 소송물에 관하여 형식상 전부 승소한 당사자의 상소이익의 부정은 절대적인 것이라고 할 수도 없는바, 원고가 재산상 손해(소극적 손해)에 대하여는 형식상 전부 승소하였으나 위자료에 대하여는 일부 패소하였고, 이에 대하여 원고가 원고 패소부분에 불복하는 형식으로 항소를 제기하여 사건 전부가 확정이 차단되고 소송물 전부가 항소심에 계속되게 된 경우에는, 더욱이 불법행위로 인한 손해배상에 있어 재산상 손해나 위자료는 단일한 원인에 근거한 것인데 편의상 이를 별개의 소송물로 분류하고 있는 것에 지나지 아니한 것이므로 이를 실질적으로 파악하여, 항소심에서 위자료는 물론이고 재산상 손해(소극적 손해)에 관하여도 청구의 확장을 허용하는 것이 상당하다.

(나) 승소한 당사자는 판결이유 중의 판단에 불만이 있어도 상소의 이익이 없다.[17] 기판력은 주문의 판단에 대해서만 생기기 때문에, 어떠한 이유로 승소하여도 승소의 법률효과에는 차이가 없기 때문이다. 예컨대 채권자대위소송에서 승소한 원고는 법원이 피보전채권의 발생원인을 잘못 인정하였다 하더라도 그 사유만으로는 상소의 이익이 없다.[18] 또한, 예비적 공동소송에서 제1심이 주위적 피고(甲)에 대한 청구기각, 예비적 피고(乙)에 대한 청구인용을 한 사안에서, 甲은 원고의 甲에 대한 청구에 대해서는 전부승소하였으므로 판결이유에 불만이 있어도 상소의 이익이 없고, 원고의 乙에 대한 청구에 대해서는 甲이 당사자가 아니므로 판결에 불만이 있어도 상소할 수 없다.[19]

판 례 **전부승소한 주위적 피고의 이유 중 판단에 대한 불복(대법원 2011. 2. 24. 선고 2009다43355 판결)**

제1심이 피고 甲에 대한 주위적 청구와 예비적 청구를 모두 기각하면서 피고 乙 및 제1심 공동피고들에 대한 예비적 청구를 전부 인용하였는데, 피고 甲이 피고 乙 및 제1심 공동피고들에 대한 예비적 청구에 관한 제1심판결에 대하여 그 일부취소를 구하며 항소를 제기한 사안에서, 상소는 자기에게 불이익한 재판에 대하여 유리하게 취소·변경을 구하기 위한 것이므로, 주위적 피고에 해당하는 피고 甲으로서는 자신에 대한 주위적 청구와 관련해서는 제1심에서 전부 승소의 판결을 받은 이상 그 판결이유에 불만이 있더라도 항소의 이익은 없고, 피고 乙 및 제1심 공동피고들에 대한 예비적 청구에 대하여는 자신이 당사자가 아니므로 제1심법원이 그 청구의 전부를 인용한 데 불만이 있더라도 이에 불복하여 항소를 제기할 이익이 없다고 한 사례.

예외적으로 상계항변은 기판력이 발생하므로(제216조 제2항) 달리 보아야 한다. 소구채권의 존재를 인정하면서 피고의 상계항변을 받아들여 결과적으로 원고의 청구가 기각된

17) 대법원 2014. 4. 10. 선고 2013다54390 판결.
18) 대법원 1992. 3. 27. 선고 91다40696 판결.
19) 대법원 2011. 2. 24. 선고 2009다43355 판결.

경우, 이보다는 원고의 소구채권 자체를 부정하여 원고의 청구를 기각하는 것이 피고에게 더 이익이 되기 때문에, 피고에게 상소의 이익이 있다.[20]

(다) 청구권경합의 경우 소송물이론에 따라 상소의 이익이 긍정될 수 있다. 예컨대 불법행위에 기한 손해배상청구를 하였음에도 불구하고 채무불이행에 기해 인용한 경우에, 구실체법설은 실체법상 권리 또는 법률관계마다 소송물이 별개라고 보므로 처분권주의 위반으로 원고에게 상소의 이익이 인정된다. 마찬가지로 매매를 원인으로 소유권이전등기청구를 하였으나 법원이 양도담보약정을 원인으로 인용한 경우 상소의 이익이 긍정된다.[21] 그러나 소송법설에 의하면 공격방법에 불과하므로 판결이유 중의 판단에 대한 불복에 불과하여 상소의 이익이 없을 것이다.

판례 **이유 중 판단에 대한 불복, 그리고 소송물이론에 따른 처분권주의 위반과 각 상소의 이익 (대법원 1992. 3. 27. 선고 91다40696 판결)**

나. 원고가 甲에 대하여 乙을 대위하여 소유권이전등기의 말소청구를 하면서 대위소송의 피보전권리의 발생원인을 원고와 乙 사이의 매매계약으로 주장하였으나 원심이 이를 양도담보약정으로 인정하여 원고 승소판결을 선고한 경우 위 청구에 관한 소송에 있어서 직접 심판대상이 되고 판결의 기판력이 미치는 것은 어디까지나 乙의 甲에 대한 소유권이전등기말소등기청구권의 존부라 할 것이고, 이에 관한 원고의 청구가 인용되어 승소한 이상, 원심이 판결이유에서 乙에 대한 원고의 피보전권리의 발생원인을 잘못 인정하였다 하더라도 그 사유만으로는 상소의 이익이 있다 할 수 없다고 한 사례.

다. 원고가 매매를 원인으로 한 소유권이전등기를 청구한 데 대하여 원심이 양도담보약정을 원인으로 한 소유권이전등기를 명하였다면 판결주문상으로는 원고가 전부 승소한 것으로 보이기는 하나, 매매를 원인으로 한 소유권이전등기청구와 양도담보약정을 원인으로 한 소유권이전등기청구와는 청구원인사실이 달라 동일한 청구라 할 수 없음에 비추어, 원심은 원고가 주장하지도 아니한 양도담보약정을 원인으로 한 소유권이전등기청구에 관하여 심판하였을 뿐, 정작 원고가 주장한 매매를 원인으로 한 소유권이전등기청구에 관하여는 심판을 한 것으로 볼 수 없어 결국 원고의 청구는 실질적으로 인용한 것이 아니어서 판결의 결과가 불이익하게 되었으므로 원심판결에 처분권주의를 위반한 위법이 있고 따라서 그에 대한 원고의 상소의 이익이 인정된다고 한 사례.

☞ 원고의 甲(제3채무자)에 대한 청구, 즉 채권자대위에 의한 말소청구소송에서는 피대위채권에 기한 청구가 인용된 이상 원심이 판결이유에서 피보전채권의 발생원인을 잘못 기재하였더라도 이는 판결이유에 대한 불만에 불과하여 원고는 상소의 이익이 없다. 그러나 원고의 乙(채무자)에 대한 청구, 즉 소유권이전등기청구에서는 등기원인마다 별개의 소송물이 되므로 원심이 원고가 주장한 등기원인에 따른 이전등기청구를 인용한 것이 아니라면 원고에게 상소의 이익이 있다.

(라) 청구의 일부인용·일부기각판결에 대해서는 원·피고 모두 상소 가능하다. 예비

20) 대법원 2018. 8. 30. 선고 2016다46338, 46345 판결.
21) 대법원 1992. 3. 27. 선고 91다40696 판결.

적 병합에서 주위적 청구가 기각되고 예비적 청구가 인용된 경우에, 원고는 주위적 청구에 대해, 피고는 예비적 청구에 대해 각각 상소의 이익이 있다. 예비적 공동소송에서 주위적 피고에 대하여서는 청구가 기각되고, 예비적 피고에 대하여 청구가 인용된 경우에도 원고와 예비적 피고는 각각 상소의 이익이 있다 할 것이다.

(마) 소각하판결은 원고에게 불이익하고, 청구기각을 구한 피고에게도 본안판결을 받지 못한 점에서 불이익이 있기 때문에, 원·피고 모두 상소 가능하다.

(바) 제1심판결에 대하여 불복하지 않은 당사자는 항소심판결에 대한 상고의 이익이 없다. 원고의 청구를 일부인용한 판결에 대해 원고만 그 패소부분에 항소를 제기하고 피고는 항소나 부대항소를 제기하지 아니한 경우, '제1심판결 중 원고승소부분'은 항소심에 이심은 되었으나 항소심의 심판대상은 되지 아니하였으므로, 이 부분은 항소심의 판결선고와 동시에 확정되는 것이어서, 이 부분에 대해서 피고는 상고할 수 없다.[22] 이러한 법리는 원고의 청구를 일부기각한 제1심판결에 대해 피고만 항소하고 원고는 항소나 부대항소를 하지 않은 경우에 있어서, '제1심판결 중 원고패소부분'에 대해서도 마찬가지로 원고의 상고의 이익이 부정된다.[23] 따라서 상고심에서 파기환송하는 경우에도 환송후 원심은 이미 확정된 부분을 심리할 수 없다.[24]

판 례 **항소하지 않은 피고의 상고의 이익(대법원 2002. 2. 5. 선고 2001다63131 판결)**

원고의 청구를 일부 인용하는 제1심판결에 대하여 원고는 항소하였으나 피고는 항소나 부대항소를 하지 아니한 경우, 제1심판결의 원고 승소부분은 원고의 항소로 인하여 항소심에 이심은 되었으나, 항소심의 심판대상은 되지 않았다 할 것이고, 따라서 항소심이 원고의 항소를 일부 인용하여 제1심판결의 원고 패소 부분 중 일부를 취소하고 그 부분에 대한 원고의 청구를 인용하였다면, 이는 제1심에서의 원고 패소 부분에 한정된 것이며 제1심판결 중 원고 승소부분에 대하여는 항소심이 판결을 한 바 없어 이 부분은 피고의 상고대상이 될 수 없다고 할 것이고, 항소심에서의 변경판결은 실질적으로는 항소가 이유 있는 부분에 대하여는 항소를 인용하여 제1심판결 중 일부를 취소하고 항소가 이유 없는 부분에 대하여는 항소를 기각하는 일부취소의 판결과 동일한 것인데 다만 주문의 내용이 복잡하게 되는 것을 피하고 주문의 내용을 알기 쉽게 하기 위한 편의상의 요청을 좇은 것에 불과한 것이므로, 원고 일부 승소의 제1심판결에 대하여 아무런 불복을 제기하지 않은 피고는 항소심이 변경판결을 한 경우에도 마찬가지로 제1심판결에서 원고가 승소한 부분에 관하여는 상고를 제기할 수 없다.

---

22) 대법원 2002. 2. 5. 선고 2001다63131 판결. 이 경우 원고의 상고의 이익도 부정된다(대법원 2008. 3. 14. 선고 2006다2940 판결).

23) 대법원 2017. 12. 28. 선고 2014다229023 판결.

24) 대법원 2013. 2. 28. 선고 2011다31706 판결; 대법원 2020. 3. 26. 선고 2018다221867 판결.

판 례 **항소하지 않은 원고의 상고의 이익(대법원 2017. 12. 28. 선고 2014다229023 판결)**

원고의 청구를 일부 기각하는 제1심판결에 대하여 피고는 항소하였으나 원고는 항소나 부대항소를 하지 아니한 경우, 제1심판결의 원고 패소 부분은 피고의 항소로 인하여 항소심으로 이심되나, 항소심의 심판대상은 되지 않는다. 항소심이 피고의 항소를 일부 인용하여 제1심판결의 피고 패소 부분 중 일부를 취소하고 그 부분에 대한 원고의 청구를 기각하였다면, 이는 제1심에서의 피고 패소 부분에 한정된 것이며 제1심판결 중 원고 패소 부분에 대하여는 항소심이 판결을 하지 않아서 이 부분은 원고의 상고대상이 될 수 없다. 따라서 원고의 상고 중 상고대상이 되지 아니한 부분에 대한 상고는 부적법하여 이를 각하하여야 한다.

마. 상소권의 포기

제394조(항소권의 포기) 항소권은 포기할 수 있다.

제395조(항소권의 포기방식) ① 항소권의 포기는 항소를 하기 이전에는 제1심 법원에, 항소를 한 뒤에는 소송기록이 있는 법원에 서면으로 하여야 한다.
② 항소권의 포기에 관한 서면은 상대방에게 송달하여야 한다.
③ 항소를 한 뒤의 항소권의 포기는 항소취하의 효력도 가진다.

(1) 당사자는 상소권을 포기할 수 있다(제394조, 제425, 제443조 제1항). 이 경우 상대방의 동의를 요하지 않는다. 통상공동소송에서 공동소송인 중 1인의 또는 1인에 대한 상소권의 포기가 가능하나, 필수적 공동소송(제67조), 예비적·선택적 공동소송(제70조 제1항), 독립당사자참가(제79조 제2항)의 경우는 불리한 소송행위이므로 불가능하다.

(2) 포기는 법원에 대한 단독행위이다.[25] 상소 이전에는 원심법원에, 상소 후에는 소송기록이 있는 법원에 서면으로 해야 한다(제395조 제1항). 상소권 포기에 관한 서면은 상대방에게 송달하여야 한다(제395조 제2항). 한편 항소를 한 뒤 소송기록이 있는 제1심법원에 항소권포기서를 제출한 경우 포기서 제출 즉시 항소권 포기의 효력이 발생한다.[26] 상소제기 후 상소권 포기는 상소취하의 효력도 갖는다(제395조 제3항).

(3) 판결선고 전에도 상소포기가 가능한가 문제되는데, 이를 부정하는 것이 통설이다.[27] 판결의 선고에 의해 상소권이 발생하는 것이고, 상소의 이익의 존부·범위도 판결이 선고되어야 구체적으로 알 수 있음을 논거로 든다.

(4) 당사자 간 상소권포기계약 체결도 가능하다. 다만 상소포기서면이 법원에 제출되

25) 대법원 1987. 6. 23. 선고 86다카2728 판결.
26) 대법원 2006. 5. 2.자 2005마933 결정.
27) 김홍엽, 1147면; 이시윤, 848면; 정동윤/유병현/김경욱, 891면; 정영환, 1333면; 호문혁, 659면.

기 전 그 약정을 해제하기로 다시 합의하고 상소를 제기한 경우 그 상소는 적법하다.[28]

바. 불상소의 합의

(1) 당사자 사이에 미리 상소를 하지 않기로 하는 소송법상 계약이다. 즉 구체적인 사건을 제1심에서 끝내기로 하는 당사자 간의 합의이다. 이는 심급에 대한 유보가 없다는 점에서, 상고할 권리는 유보한 채 항소만 하지 않기로 하는 불항소의 합의(비약상고의 합의, 제390조 제1항 단서)와 구별된다. 또한 불상소의 합의는 상소권 자체가 발생하지 않는다는 점에서, 이미 발생한 상소권을 포기하는 상소권의 포기와도 구별된다.

(2) 불상소의 합의의 유효성에 대해, ① 공권인 상소권을 제한한다고 보아 무효라는 견해(무효설)가 있으나, ② 중재합의도 허용되고, 화해에 의해 소송자체를 종료시킬 수도 있으며, 제390조 제1항 단서에서 불항소의 합의의 가능을 규정하고 있는 점에 비추어 원칙적으로 가능하다고 보는 견해(유효설)가 타당하다고 본다.[29] 판례도 불상소의 합의가 허용됨을 전제로 그 방식과 존부에 대한 당사자 의사해석 방법에 대해 설시하고 있다.[30]

(3) 불항소의 합의에 제29조 제2항을 준용하므로(제390조 제2항), 불상소의 합의 역시 이에 준하면 될 것이다. 구체적으로, ① 양 당사자가 합의하여야 한다. 당사자 일방만이 상소하지 않기로 하는 것은 효력이 없다.[31] ② 반드시 서면에 의해야 하고, 그 서면에 당사자 쌍방이 상소를 하지 아니한다는 취지가 명백하게 표현되어 있어야 한다. 만약 표현내용이 불문명하다면 가급적 소극적인 입장에서 불상소의 합의를 부정할 것이다.[32] ③ 합의의 대상인 소송이 특정되어야 한다. ④ 당사자가 처분할 수 있는 법률관계에 한하므로, 직권탐지주의가 지배하는 영역에서는 허용될 수 없을 것이다(통설).[33]

판 례 **불상소의 합의 방식 및 이에 관한 의사해석 방법(대법원 2007. 11. 29. 선고 2007다52317, 52324 판결)**

[1] 구체적인 사건의 소송 계속중 그 소송 당사자 쌍방이 판결선고 전에 미리 상소하지 아니하기로 합의하였다면 그 판결은 선고와 동시에 확정되는 것이므로, 이러한 합의는 소송당사자에 대하여 상소권의 사전포기와 같은 중대한 소송법상의 효과가 발생하게 되는 것으로서 반드시 서면에 의하여야 할 것이며, 그 서면의 문언에 의하여 당사자 쌍방이 상소를 하지 아니한다는 취지가 명백하게 표현되어 있을 것을

---

28) 대법원 1987. 6. 23. 선고 86다카2728 판결.
29) 이시윤, 849면; 정동윤/유병현/김경욱, 892면; 정영환, 1334면; 한충수, 831면.
30) 대법원 2002. 10. 11. 선고 2000다17803 판결; 대법원 2007. 11. 29. 선고 2007다52317, 52324 판결; 대법원 2015. 5. 28. 선고 2014다24327, 24334, 24341, 24358, 24365, 24372 판결.
31) 대법원 1987. 6. 23. 선고 86다카2728 판결 참조.
32) 대법원 2002. 10. 11. 선고 2000다17803 판결; 대법원 2007. 11. 29. 선고 2007다52317, 52324 판결.
33) 이시윤, 849면; 정동윤/유병현/김경욱, 893면; 정영환, 1334면.

요한다.

[2] 당사자 쌍방이 소송 계속중 작성한 서면에 위와 같은 불상소 합의가 포함되어 있는가 여부의 해석을 둘러싸고 이견이 있어 그 서면에 나타난 당사자의 의사해석이 문제되는 경우, 이러한 불상소 합의와 같은 소송행위의 해석은 일반 실체법상의 법률행위와는 달리 내심의 의사가 아닌 철저한 표시주의와 외관주의에 따라 그 표시를 기준으로 하여야 하고, 표시된 내용과 저촉되거나 모순되어서는 아니 된다. 다만 당해 소송제도의 목적과 당사자의 권리구제의 필요성 등을 고려할 때 그 소송행위에 관한 당사자의 주장 전체를 고찰하고 그 소송행위를 하는 당사자의 의사를 참작하여 객관적이고 합리적으로 소송행위를 해석할 필요는 있다. 따라서 불상소의 합의처럼 그 합의의 존부 판단에 따라 당사자들 사이에 이해관계가 극명하게 갈리게 되는 소송행위에 관한 당사자의 의사해석에 있어서는, 표시된 문언의 내용이 불분명하여 당사자의 의사해석에 관한 주장이 대립할 소지가 있고 나아가 당사자의 의사를 참작한 객관적·합리적 의사해석과 외부로 표시된 행위에 의하여 추단되는 당사자의 의사조차도 불분명하다면, 가급적 소극적 입장에서 그러한 합의의 존재를 부정할 수밖에 없다.

(4) 판결선고 전 불상소의 합의가 있다면 판결은 선고와 동시에 확정되고, 만약 판결선고 후 불상소의 합의가 있다면 그 성립과 동시에 판결이 확정된다. 불상소의 합의가 항변사항[34]인지 직권조사사항[35]인지에 대하여 견해의 대립이 있으나, 판례는 불항소의 합의 사안에서 직권조사사항으로 보았다.[36]

V. 상소의 효력

1. 확정차단의 효력

상소기간 내에 적법하게 상소가 제기되면 재판이 확정되지 않는다(제498조). 이를 확정차단의 효력이라고 하는데, 연기적 효력이라 부르기도 한다.[37] 따라서 기판력과 형성력이 발생하지 않고, 가집행선고가 붙는 경우를 제외하고는 집행력도 발생하지 않는다.

2. 이심(移審)의 효력

상소가 제기되면 사건 전체가 상급심으로 옮겨진다. 이를 이심의 효력이라고 한다. 상소심으로 넘어가지 않는 각종의 이의(예컨대 지급명령이나 가압류·가처분 등에 대한 이의)는 이러한 의미

34) 정동윤/유병현/김경욱, 893면; 정영환, 1335면; 호문혁, 658면.
35) 김홍엽, 1149면.
36) 대법원 1980. 1. 29. 선고 79다2066 판결.
37) 호문혁, 659면.

에서의 상소가 아니다. 사건의 소송기록도 2주 이내에 상소심법원으로 보내야 한다(제400조).

3. 상소불가분의 원칙

가. 의 의

상소불가분의 원칙은 상소에 따른 확정차단 및 이심의 효력이 원칙적으로 원판결의 전부에 대하여 불가분적으로 발생한다는 원칙이다. 이는 상소인의 불복신청의 범위와 무관하다. 따라서 전부에 대한 상소는 물론, 판결의 일부에 대하여만 상소한 경우에도 판결의 나머지 전부에 대하여 확정차단 및 이심의 효력이 발생한다. 이는 추후 상소인의 불복범위 확장과 피상소인의 부대상소 가능성을 위한 것이다.

나. 내 용

(1) 청구가 병합되어 하나의 전부판결을 하였는데 그중 한 청구에 대해서만 불복하여도 병합된 모든 청구에 대해 확정차단 및 이심의 효력이 생긴다. 예컨대 가옥인도 및 손해배상청구에서 가옥인도청구는 인용되고 손해배상청구는 기각된 경우, 원고가 손해배상부분에 대해서만 불복하더라도 그와 함께 가옥인도청구부분도 확정이 차단되고 항소심으로 이심된다.[38] 이러한 법리는 하나의 청구에 대한 일부인용·일부기각판결에서 패소부분에 대해서만 일부불복한 경우에도 적용된다.

(2) 또한 ① 선택적 병합에서 하나의 청구가 인용된 경우, ② 예비적 병합에서 주위적 청구가 인용된 경우,[39] ③ 예비적 반소에서 본소가 배척된 경우, 모두 하나의 전부판결임에도 각 나머지 청구, 예비적 청구, 반소청구부분은 판단되지 않는데, 이때 패소한 당사자가 불복하면 각 판단하지 않은 청구부분도 이심된다.

다. 상소불가분의 예외

(1) 청구의 일부에 대해 상소가 제한된 경우, 즉 불상소의 합의나 항소권·부대항소권의 포기가 있는 때에는 그 부분은 분리확정된다.

(2) 통상공동소송에서 공동소송인 중 한 사람의 또는 한 사람에 대한 상소가 있는 경우 나머지 부분은 분리확정된다. 즉 일부이심·분리확정이다. 공동소송인독립의 원칙(제66조)의 적용되는 결과이다. 예컨대 甲과 乙이 통상공동소송으로 丙에 대해 소를 제기하여 전부패소한 후 甲만이 항소한 경우, 甲과 丙 사이의 청구부분만 이심 및 확정차단의 효력

38) 대법원 1966. 6. 28. 선고 66다711 판결.

39) 대법원 2000. 11. 16. 선고 98다22253 전원합의체 판결.

이 생기고, 乙과 丙 사이의 청구부분은 항소기간의 도과로 분리확정되어 종결된다.[40]

그러나 필수적 공동소송, 예비적·선택적 공동소송, 독립당사자참가,[41] 공동소송참가 등에서는 합일확정의 요청으로 인해 일부만 항소한 경우에도 전부이심·확정차단의 효력이 생긴다.

라. 이심의 범위와 심판의 범위의 불일치

(1) 상소불가분의 원칙이 적용되는 결과 원판결 전부에 대해 확정이 차단되고 이심의 효력이 생긴다 하더라도 그 전부가 곧 심판의 대상이 되는 것은 아니다. 상소심 심판의 범위는 원판결 중 불복신청의 범위에 국한되기 때문이다(제407조). 따라서 이심의 범위와 심판의 범위는 서로 일치하지 않을 수 있다. 수 개의 청구가 전부기각되고 그중 일부에 대해서만 불복한 경우, 불복하지 아니한 나머지 부분은 이심은 되었으나 심판의 대상이 되지 아니하므로,[42] 그 부분이 항소심에서 이유 있는 것으로 밝혀지더라도 인용할 수 없다.

(2) 그러나 선택적 병합에서 어느 하나를 인용한 판결, 예비적 병합에서 주위적 청구를 인용한 판결에 대해 각 불복이 있으면, 각 판단하지 아니한 나머지 청구나 예비적 청구까지 모두 이심되어 항소심의 심판범위가 된다.[43] 하나의 전부판결이기 때문이다.

마. 심판의 범위확장

일부상소의 경우에도 상소불가분에 따라 상소의 효력은 원판결의 전체에 미치므로, 항소인은 항소심의 변론종결시까지 항소취지를 확장하여 심판대상으로 삼을 수 있고,[44] 피항소인도 부대항소를 할 수 있다. 예컨대 이혼 및 위자료청구에 대하여 모두 패소한 피고가 위자료부분에 대해서만 불복하더라도 이혼부분 역시 항소심에 이심되어 있으므로 피고는 후에 항소취지를 이혼부분까지 확장할 수 있는 것이다. 따라서 항소의 일부취하는 허용되지 않는다.[45]

---

40) 대법원 2012. 9. 27. 선고 2011다76747 판결 참조.

41) 다만 독립당사자참가신청이 각하되었는데 본소의 당사자만 상소를 하고 참가인은 상소를 하지 않았다면 참가인의 신청각하부분은 이심되지 않고 분리확정된다(대법원 1992. 5. 26. 선고 91다4669, 4676 판결)는 점은 앞서 살펴보았다.

42) 대법원 2014. 12. 24. 선고 2012다116864 판결.

43) 선택적 병합의 경우(대법원 2010. 5. 27. 선고 2009다12580 판결), 예비적 병합의 경우(대법원 2000. 11. 16. 선고 98다22253 전원합의체 판결).

44) 대법원 1994. 11. 25. 선고 93다47400 판결.

45) 대법원 2017. 1. 12. 선고 2016다241249 판결.

VI. 상소의 제한

상소제도는 소송경제와 신속한 재판을 받을 권리를 침해하는 면이 있다. 이에 상소에 대해 일정한 한계를 설정하여 남상소를 방지할 필요성이 있는바, 우리 법은 다음과 같은 제도들을 통해 일정부분 상소를 제한하고 있다.

(1) 우리나라는 높은 상고율 때문에 1981년 소송촉진 등에 관한 특례법에서 허가상고제를 채택하여 시행하다가, 1990년 민사소송법 개정시 이를 폐기하고 다시 제한없는 상고제도로 돌아갔고, 이에 높은 상고율을 감당할 수 없어 1994년 상고심절차에 관한 특례법을 제정하며 심리불속행제도를 도입하여 사실상 허가상고제를 운영하고 있다. 즉 상고사건에서 상고이유에 관한 주장에 중대한 법령위반 등에 관한 사항 등이 포함되지 않을 경우 더 나아가 심리하지 아니하고 심리불속행 상고기각판결을 하고 있다(상고심법 제4조 제1항).

(2) 그리고 소액사건에 대해서는 법률 등의 헌법위반 여부와 명령 등의 법률위반 여부에 대한 부당한 판단, 대법원 판례에 상반되는 판단에 대해서만 상고·재항고할 수 있도록 하였다(소심 제3조).

(3) 또 가압류·가처분 사건에 대해서는 상고이유에 관한 주장이 헌법위반 등의 사유 등을 포함하지 않을 경우 역시 심리를 속행하지 않는다(상고심법 제4조 제2항).

제2장

항 소

제 1 절 서 설

Ⅰ. 항소의 의의

(1) 항소는 지방법원 단독판사 또는 지방법원 합의부가 한 제1심 종국판결에 대해 그 취소·변경을 구하는 불복신청이다. 단독사건은 지방법원 항소부, 합의부사건은 고등법원이 맡아 항소심을 심리한다. 제1심 종국판결에 대해 불복을 구하는 자를 항소인, 그 상대방을 피항소인이라고 한다.

(2) 항소의 이유에 대해서는 제한이 없다. 따라서 사실오인은 물론 법리오해를 이유로 항소해도 된다. 이 점이 법률심인 상고심과 다르다.

Ⅱ. 항소심의 구조

1. 복심제

복심제(覆審制)는 제1심의 소송자료를 고려하지 않고 항소심이 다시 제1심을 진행하는 구조이다. 항소심이 독자적으로 소송자료를 다시 수집하기 때문에 당사자는 이미 제1심에서 제출하였던 자료를 항소심에서도 제출해야 하고, 또 항소심에서 새로운 소송자료를 얼마든지 제출할 수 있다. 따라서 당사자는 중요하고 결정적인 증거를 제1심에서 제출하지 않고 있다가 항소심에서 제출하려 할 것이다. 자연히 소송의 중심이 항소심으로 이동하고, 소송자료가 반복적으로 제출되어 심리의 지연이 초래될 가능성이 크다.

2. 사후심제

사후심제(事後審制)는 항소심이 제1심에서 제출된 소송자료만 가지고 제1심판결의 당부를 다시 판단하는 구조이다. 항소심에서 새로운 소송자료의 제출이 원칙적으로 금지된다. 따라서 당사자는 제1심에서 모든 소송자료를 제출하고 소송역량을 쏟아부을 것이므로 제1심이 소송의 중심이 된다. 항소심에서는 새로운 소송자료에 따른 심리를 하지 않으므로 재판의 신속성이 강화된다는 이점이 있다.

3. 속심제

속심제(續審制)는 복심제와 사후심제의 중간형태이다. 항소심은 원칙적으로 제1심에서 제출된 소송자료를 가지고 심리를 계속하되(사후심제 요소) 여기에 항소심에서 제출된 새로운 소송자료를 더해(복심제 요소) 제1심판결의 당부를 다시 심사하는 구조이다. 우리 민사소송법이 항소심에 대하여 취하고 있는 구조이다.[1] 따라서 항소심에서는 제1심에서 당사자의 주장이 그대로 유지되므로 항소이유로 특별히 지적하거나 항소심 변론에서 다시 지적하지 않더라도 법원은 제1심에서의 주장을 받아들일 수 있고,[2] 사실인정의 내용, 예컨대 과실상계에 대한 사실인정과 그 비율 등을 제1심과 다르게 정할 수도 있으며,[3] 외화채권의 경우 항소심 변론종결당시의 외국환시세를 기준으로 채권액을 다시 환산하여 인용금액을 바꿀 수도 있다.[4] 뿐만 아니라 당사자도 회사 대표자의 대표권에 관한 흠결의 보정을 할 수 있다.[5] 물론 당사자는 제1심에서 제출하지 않았던 새로운 소송자료를 제출할 수도 있는데, 이를 변론의 갱신권(ius novorum)이라고 한다.[6] 다만 새로운 소송자료의 제출을 무한정 허용할 경우 항소심이 사실상 복심제로 운영될 가능성이 있고, 반대로 전면 금지할 경우 사실상 사후심제로 운영될 가능성이 있으므로, 소송지휘권의 적절한 행사가 요청된다.

---

1) 대법원 2013. 8. 23. 선고 2013다28971 판결 등 다수.
2) 대법원 1996. 4. 9. 선고 95다14572 판결.
3) 대법원 2008. 7. 10. 선고 2006다43767 판결.
4) 대법원 2007. 4. 12. 선고 2006다72765 판결.
5) 대법원 1990. 5. 11. 선고 89다카15199 판결.
6) 이 변론의 갱신권(ius novorum)과 구별할 것으로 '변론의 갱신'이 있다. 변론의 갱신은 법관의 교체가 있는 경우에 당사자가 종전의 변론결과를 진술하는 것을 말한다(제204조 제2항). 항소심 역시 제1심과 비교하여 법관의 변경이 있는 경우에 해당하므로 당사자가 제1심 변론결과를 진술하는 변론의 갱신절차가 요구된다(제407조 제2항).

Ⅲ. 항소요건

적법한 항소로 취급받아 항소심의 본안심리를 하기 위해 필요한 요건을 항소요건이라고 한다. 항소요건에 흠결이 있고 이를 보정할 수 없다면 항소는 부적법 각하된다. 항소요건으로 ① 항소의 대상적격, ② 방식에 맞는 항소제기와 항소기간의 준수, ③ 항소의 이익, ④ 항소권의 포기 및 불항소의 합의 부존재, ⑤ 항소의 당사자적격이 있다. 앞서 본 상소요건과 대체로 같으므로, 아래에서 항소의 당사자만 추가로 살핀다.

Ⅳ. 항소의 당사자

(1) 항소인, 피항소인이 될 수 있는 자는 우선 제1심의 원고와 피고이다. 원고와 피고 중 항소의 이익을 갖는 자가 항소인, 그 상대방이 피항소인이 된다. 피항소인은 부대항소를 제기할 수 있는데(제403조), 그 경우 항소인은 피부대항소인이 된다.

(2) 통상공동소송에서는 공동소송인독립의 원칙(제66조)으로 인해 어느 1인이 항소하거나 항소를 당하여도 다른 공동소송인은 항소인이나 피항소인이 되지 않는다. 그러나 필수적 공동소송, 독립당사자참가, 예비적·선택적 공동소송 등의 경우는 합일확정의 요청상 항소의 당사자가 된다.

독립당사자참가·공동소송참가할 수 있는 제3자는 참가와 동시에 항소를 제기할 수 있다(제79조 제2항, 제83조 제2항, 제72조 제3항). 제1심판결 선고 후에 소송절차 중단사유가 발생한 경우 수계절차를 마친 자가 항소인 또는 피항소인이 되고, 그 자가 항소를 하면서 항소심법원에 수계신청을 한 경우에도 적법한 항소로 취급된다.

제 2 절 항소의 제기

Ⅰ. 항소제기의 방식

1. 항소장의 제출

(1) 항소는 판결서가 송달된 날부터 2주 이내에 항소장을 제1심법원에 제출함으로써

한다(제396조 제1항, 제397조 제1항). 소액사건의 경우도 항소는 구술로 제기할 수 없다.[7] 항소기간의 준수는 항소장이 제1심 법원에 접수된 때를 기준으로 판단한다.[8]

(2) 항소장에는 당사자 또는 대리인이 기명날인 또는 서명하여야 하나(제398조, 제274조 제1항), 항소장에 기명날인 등의 누락이 있어도 기재에 의하여 항소인이 누군지 알 수 있고 그것이 항소인 의사에 기하여 제출된 것임이 인정되면 유효라고 한다.[9] 항소장에는 제1심 인지의 1.5배 상당의 인지를 붙여야 한다(민인 제3조).

2. 항소장의 기재사항

제397조(항소장의 기재사항) ② 항소장에는 다음 각호의 사항을 적어야 한다.
1. 당사자와 법정대리인
2. 제1심 판결의 표시와 그 판결에 대한 항소의 취지

(1) 항소장에는 당사자와 법정대리인, 제1심판결의 표시와 그 판결에 대한 항소의 취지를 적어야 한다(제397조 제2항). 항소의 취지 기재례는 "1. 원판결을 취소한다. 2. 원고의 청구를 기각한다. 3. 소송비용은 제1, 2심 모두 원고가 부담한다"와 같다. 항소장 기재에 의하여 어떠한 항소취지인가를 인식할 수 있으면 된다. 항소인이 항소취지 등을 명확히 하라는 제1심 또는 항소심 재판장의 보정명령에 불응하였으나, 항소장 전체의 취지로 보아 제1심판결의 변경을 구한다는 내용임을 알 수 있는 경우에는 재판장이 항소장 각하명령을 할 것이 아니라는 것이 판례이다.[10]

(2) 한편 판례는 항소장에는 제1심판결의 변경을 구한다는 항소인의 의사가 나타나면 충분하고, 항소의 범위나 이유까지 기재되어야 하는 것은 아니라고 본다.[11] 그 기재가 있으면 준비서면으로서의 역할을 하게 될 것이다(제398조).

II. 재판장등의 항소장심사권

항소장은 제1심법원에 제출하므로(제397조 제1항), 원심재판장이 먼저 심사하고, 항소기

7) 주석 민사소송법(Ⅵ), 105면.
8) 대법원 1992. 4. 15.자 92마146 결정.
9) 대법원 2011. 5. 13. 선고 2010다84956 판결.
10) 대법원 2012. 3. 30.자 2011마2508 결정.
11) 대법원 2020. 1. 30.자 2019마5599, 5600 결정.

록이 항소법원으로 송부된 후에는 항소심재판장이 다시 심사한다.

1. 원심재판장의 심사권

제399조(원심재판장등의 항소장심사권) ① 항소장이 제397조제2항의 규정에 어긋난 경우와 항소장에 법률의 규정에 따른 인지를 붙이지 아니한 경우에는 원심재판장은 항소인에게 상당한 기간을 정하여 그 기간 이내에 흠을 보정하도록 명하여야 한다. 원심재판장은 법원사무관등으로 하여금 위 보정명령을 하게 할 수 있다.
② 항소인이 제1항의 기간 이내에 흠을 보정하지 아니한 때와, 항소기간을 넘긴 것이 분명한 때에는 원심재판장은 명령으로 항소장을 각하하여야 한다.
③ 제2항의 명령에 대하여는 즉시항고를 할 수 있다.

(1) 원심재판장은 항소장의 필수적 기재사항(제397조 제2항)이 기재되었는지, 그리고 인지를 붙였는지를 심사하여 그 흠결이 있으면 상당한 기간을 정하여 보정을 명하여야 한다(제399조 제1항). 만약 항소인이 보정을 하지 않거나, 항소기간을 도과한 항소임이 분명한 때에 원심재판장은 항소장 각하명령을 하여야 한다(제399조 제2항). 판례는 각하명령이 성립한 후에는 당사자가 명령정본이 고지되기 전에 부족한 인지를 보정하였다 하더라도 위 각하명령이 위법한 것으로 되지 않으며 재도의 고안에 의해 그 각하명령을 취소할 수는 없다고 한다.[12] 한편 인지보정명령에 따라 인지액에 해당하는 현금을 인지로 납부하지 않고 송달료로 납부한 경우에는 인지보정의 효과가 발생하지 않고, 다만 법원은 인지를 보정하는 취지로 납부한 것인지에 관한 석명을 구하고 다시 인지를 보정할 수 있는 기회를 부여해야 하며, 이런 보정의 기회를 부여하지 않은 채 상소장을 각하한 것은 위법하다고 하였다.[13] 한편 항소장 송달료를 예납하지 않은 경우도 각하명령을 할 수 있고,[14] 항소권의 포기 등이 있었던 경우에도 그 후 제출된 항소장에 대해 각하명령을 할 수 있다.[15] 원심재판장의 항소장 각하명령에 대해서는 즉시항고할 수 있다(제399조 제3항).

판 례 **항소장각하명령 성립 후 인지보정에 의한 하자치유 가능성(대법원 2013. 7. 31.자 2013마670 결정)**

판결과 같이 선고가 필요하지 않은 결정이나 명령과 같은 재판은 그 원본이 법원사무관 등에게 교부되었을

12) 대법원 2013. 7. 31.자 2013마670 결정.
13) 대법원 2021. 3. 11.자 2020마7755 결정.
14) 대법원 1995. 10. 5.자 94마2452 결정.
15) 대법원 2006. 5. 2.자 2005마933 결정.

때 성립한 것으로 보아야 하므로, 이미 각하명령이 성립한 이상 그 명령정본이 당사자에게 고지되기 전에 부족한 인지를 보정하였다 하여 위 각하명령이 위법한 것으로 되거나 재도의 고안에 의하여 그 명령을 취소할 수 있는 것은 아니다.

☞ 원고 전부승소의 제1심판결에 대하여, 피고 소송대리인이 2013. 2. 15. 항소장을 제출하면서 인지대 중 792,500원을 납부하지 않았고, 제1심 재판장이 2013. 2. 19. 명령 송달일로부터 7일 내에 부족인지를 보정할 것을 명하여 2013. 2. 22. 피고 소송대리인에게 보정명령이 송달되었으며, 제1심 재판장이 2013. 3. 6. 피고가 기간 내에 인지를 보정하지 아니하였다는 이유로 항소장각하명령을 하였는데, 피고가 피고 소송대리인으로부터 2013. 3. 11. 항소장각하명령을 수령하고 같은 날 부족인지를 납부한 사안.

(2) 항소장이 제출된 날부터 2주 이내에 항소장을 붙인 항소기록을 항소법원에 송부한다(제400조 제1항). 보정명령을 거친 경우는 그 흠이 보정된 날부터 1주 이내에 송부한다(같은 조 제2항). 이렇게 항소기록을 송부받은 항소법원의 법원사무관등은 바로 그 사유를 당사자에게 통지하여야 한다(같은 조 제3항).[16)]

2. 항소심재판장의 심사권

제402조(항소심재판장등의 항소장심사권) ① 항소장이 제397조제2항의 규정에 어긋나거나 항소장에 법률의 규정에 따른 인지를 붙이지 아니하였음에도 원심재판장등이 제399조제1항의 규정에 의한 명령을 하지 아니한 경우, 또는 항소장의 부본을 송달할 수 없는 경우에는 항소심재판장은 항소인에게 상당한 기간을 정하여 그 기간 이내에 흠을 보정하도록 명하여야 한다. 항소심재판장은 법원사무관등으로 하여금 위 보정명령을 하게 할 수 있다.
② 항소인이 제1항의 기간 이내에 흠을 보정하지 아니한 때, 또는 제399조제2항의 규정에 따라 원심재판장이 항소장을 각하하지 아니한 때에는 항소심재판장은 명령으로 항소장을 각하하여야 한다.
③ 제2항의 명령에 대하여는 즉시항고를 할 수 있다.

(1) 항소장을 붙인 항소기록을 항소법원이 송부받으면, 항소심재판장은 항소장을 재차 심사한다. 항소장의 필수적 기재사항 흠결이 있거나 인지를 붙이지 않은 경우, 그리고 항소장부본을 송달할 수 없는 경우에도 상당한 기간을 정하여 보정명령을 한다(제402조 제1항). 만약 항소인이 보정을 하지 않거나, 항소기간을 도과한 항소임이 분명한 때에 항소심재판장은 항소장 각하명령을 한다(제402조 제2항).

최근 판례는 항소장부본 송달불능 시 상당한 기간을 정한 보정명령을 하고 이에 불

16) 2024. 1. 16. 법률 제20003호로 개정되어 2025. 3. 1.부터 시행 예정인 민사소송법 제400조 제3항에서 신설된 규정이다.

응하는 경우 명령으로 항소장을 각하하는 법리와 이에 따르는 법원의 실무는 타당하므로 그대로 유지되어야 한다고 하였다.[17] 한편 판례는 항소장이나 판결문에 기재된 주소 이외에 다른 주소가 소송기록에 있는 경우에는 그 다른 주소로 송달을 시도해보아야 하고, 그러한 조치를 취하지 않은 채 바로 주소보정명령을 하고 항소인이 이에 응하지 않았다고 하여 바로 항소장을 각하한 것은 올바른 조치가 아니라고 하였다.[18]

판 례 주소보정명령 불응 시 항소장 각하명령(대법원 2021. 4. 22.자 2017마6438 전원합의체 결정)

[다수의견] 대법원은 항소심에서 항소장 부본을 송달할 수 없는 경우 항소심재판장은 민사소송법 제402조 제1항, 제2항에 따라 항소인에게 상당한 기간을 정하여 그 기간 이내에 피항소인의 주소를 보정하도록 명하여야 하고, 항소인이 그 기간 이내에 피항소인의 주소를 보정하지 아니한 때에는 명령으로 항소장을 각하하여야 한다는 법리를 선언하여 왔고, 항소장의 송달불능과 관련한 법원의 실무도 이러한 법리를 기초로 운용되어 왔다. 위와 같은 대법원 판례는 타당하므로 그대로 유지되어야 한다. 그 이유는 다음과 같다.

① 현재 판례의 태도는 민사소송법 제402조 제1항, 제2항의 문언 해석에 부합하고, 그 입법연혁을 고려하면 더욱 그러하다. 민사소송법 제402조 제1항, 제2항의 문언에 의하면, 항소장 부본이 피항소인에게 송달되지 않는 경우 항소심재판장은 항소장 부본이 피항소인에게 송달될 수 있도록 항소인에게 항소장의 흠을 보정하도록 명하여야 한다. 여기서 '흠을 보정한다'는 것은 항소장 부본의 송달불능 원인을 보정하여야 한다는 의미이므로, 그 송달불능 원인이 피항소인의 주소 때문이라면, 항소인은 피항소인이 항소장 부본을 송달받을 수 있는 주소를 보정하여야 한다는 의미로 해석할 수밖에 없다. 입법연혁에 비추어 보더라도, 소장 부본이 송달불능에 이른 경우 재판장이 주소보정명령을 하고 원고가 이를 이행하지 아니한 때 소장각하명령을 하여야 하는 것과 마찬가지로 항소장 부본이 송달불능에 이른 경우에는 재판장이 주소보정명령을 하고 항소인이 이를 이행하지 아니한 때 항소장각하명령을 하여야 한다고 해석함이 타당하다.

② 현재의 판례는 항소인이 항소심재판 진행에 필요한 최소한의 요건을 갖추지 않는 데 대한 제재의 의미라고 이해할 수 있다.

③ 항소심재판장이 항소인에게 항소장 부본이 송달될 수 있는 피항소인의 주소를 보정하라고 명령하는 것은 항소인에게 수인하지 못할 정도의 과중한 부담을 부과한 것도 아니다.

④ 실무상 주소보정명령에서 항소장각하명령을 예고하고 있으므로, 항소장각하명령은 항소인이 충분히 예측할 수 있는 재판이다.

⑤ 현재의 판례는 제1심 재판을 충실화하고 항소심을 사후심에 가깝게 운영하기 위한 향후의 발전 방향에도 부합한다.

(2) 항소장 각하명령을 할 수 있는 시기는 항소장 송달전까지이다.[19] 각하명령에 대해서는 즉시항고할 수 있다(제402조 제3항). 그러나 인지보정명령 자체에 대해서는 항고할

17) 대법원 2021. 4. 22.자 2017마6438 전원합의체 결정.

18) 대법원 2014. 4. 16.자 2014마4026 결정.

19) 대법원 2020. 1. 30.자 2019마5599, 5600 결정. 상세는 전술 재판장등의 소장심사(제254조) 부분 참조.

수 없다.[20]

III. 항소제기의 효력과 항소이유서의 제출

1. 항소제기의 효력

항소가 제기되면 제1심판결의 확정이 차단되고, 사건이 항소심으로 이심된다. 이는 앞서 본 상소제기의 효력과 같다. 피항소인에게 항소장부본을 송달하여야 한다(제401조).

2. 항소이유서의 제출[21]

제402조의2(항소이유서의 제출) ① 항소장에 항소이유를 적지 아니한 항소인은 제400조제3항의 통지를 받은 날부터 40일 이내에 항소이유서를 항소법원에 제출하여야 한다.
② 항소법원은 항소인의 신청에 따른 결정으로 제1항에 따른 제출기간을 1회에 한하여 1개월 연장할 수 있다.

제402조의3(항소이유서 미제출에 따른 항소각하 결정) ① 항소인이 제402조의2제1항에 따른 제출기간(같은 조 제2항에 따라 제출기간이 연장된 경우에는 그 연장된 기간을 말한다) 내에 항소이유서를 제출하지 아니한 때에는 항소법원은 결정으로 항소를 각하하여야 한다. 다만, 직권으로 조사하여야 할 사유가 있거나 항소장에 항소이유가 기재되어 있는 때에는 그러하지 아니하다.
② 제1항 본문의 결정에 대하여는 즉시항고를 할 수 있다.

(1) 항소장에 항소이유를 적지 아니한 항소인은 항소기록 접수의 통지를 받은 날부터 40일 이내에 항소이유서를 항소법원에 제출하여야 하는데, 항소법원은 항소인의 신청에 따른 결정으로 위 제출기간을 1회에 한하여 1개월 연장할 수 있다.

(2) 항소이유서 제출 강제주의를 취하므로 만약 항소인이 제출하지 아니하면 항소법원은 결정으로 항소를 각하하여야 한다. 상고이유서 부제출의 경우 판결로 상고를 기각하는 것과 구별된다(제429조). 다만 직권으로 조사할 사유가 있거나 항소장에 항소이유가 기재되어 있는 경우에는 항소각하결정을 하지 않는다. 위 항소각하결정에 대해서는 즉시항고할 수 있다.

20) 대법원 2012. 3. 27.자 2012그46 결정.

21) 2024. 1. 16. 법률 제20003호로 개정되어 2025. 3. 1.부터 시행 예정인 민사소송법 제400조의2 및 제400조의3에서 신설된 규정이다.

Ⅳ. 항소의 취하(제393조)

제393조(항소의 취하) ① 항소는 항소심의 종국판결이 있기 전에 취하할 수 있다.
② 항소의 취하에는 제266조제3항 내지 제5항 및 제267조제1항의 규정을 준용한다.

1. 서 설

가. 의 의

항소의 취하는 항소인이 항소의 신청을 철회하는 소송행위이다.

나. 구별개념

(1) 항소의 취하는 항소제기의 효력만 소급적으로 소멸시키므로, 소 자체를 철회하는 소의 취하(제266조 제1항), 항소할 권리를 소멸시키는 항소권의 포기(제394조)와는 구별된다.

(2) 항소의 취하는 항소법원에 대한 의사표시이므로, 소송 외에서 피항소인에 대해 취하의 의사표시를 하여도 항소취하의 효력이 발생하지 않는다. 이는 항소취하의 합의에 불과할 뿐이다. 다만 그 경우 상대방이 항소취하의 합의가 있음을 항변으로 주장하면 법원은 항소의 이익이 없다고 하여 항소를 각하한다.[22)]

2. 요 건

(1) 항소의 취하는 항소제기 후 항소심의 종국판결선고 전까지 할 수 있다. 판결의 확정시까지 소취하를 할 수 있는 것(제266조 제1항)과 달리 항소취하를 항소심 판결선고 전까지만 할 수 있게 한 것은, 부대항소로 인해 제1심판결보다 불리한 판결이 선고된 경우 항소를 취하하여 제1심판결을 유지시키는 것을 방지할 필요가 있기 때문이다.

다만 항소심의 종국판결이 선고된 뒤라도 그 판결이 상고심에서 파기환송된 경우에는 새로운 종국판결이 선고되기 전까지 항소인은 항소취하가 가능하다.[23)]

판 례 **파기환송 후 항소취하 가부(대법원 2004. 4. 28. 선고 2004다4225 판결)**

항소는 항소심의 종국판결이 있기 전에 취하할 수 있는 것으로서(민사소송법 제393조 제1항), 일단 항소심

22) 대법원 2018. 5. 30. 선고 2017다21411 판결.
23) 대법원 1995. 3. 10. 선고 94다51543 판결; 대법원 2004. 4. 28. 선고 2004다4225 판결.

의 종국판결이 있은 후라도 그 종국판결이 상고심에서 파기되어 사건이 다시 항소심에 환송된 경우에는 먼저 있은 종국판결은 그 효력을 잃고 그 종국 판결이 없었던 것과 같은 상태로 돌아가게 되므로 새로운 종국판결이 있기까지는 항소인은 피항소인이 부대항소를 제기하였는지 여부에 관계없이 항소를 취하할 수 있고, 그 때문에 피항소인이 부대항소의 이익을 잃게 되어도 이는 그 이익이 본래 상대방의 항소에 의존한 은혜적인 것으로 주된 항소의 취하에 따라 소멸되는 것이어서 어쩔 수 없다 할 것이므로, 이미 부대항소가 제기되어 있다 하더라도 주된 항소의 취하는 그대로 유효하다

(2) 소의 일부취하가 가능하지만(제266조 제1항), 항소의 일부취하는 효력이 없다. 상소불가분의 원칙에 따라 항소제기의 효력이 모든 청구에 대해 미치기 때문에, 항소의 취하는 항소사건 전부에 대하여 해야 한다. 판례는 병합된 수 개의 청구 전부에 대하여 항소한 후 일부 청구에 대한 불복신청을 철회하는 것은 단지 불복의 범위를 감축하여 심판의 대상을 변경하는 효과가 있을 뿐이고, 항소심의 변론종결시까지 언제든지 다시 불복의 범위를 확장할 수 있으므로, 항소 자체의 효력에는 아무런 영향이 없다고 한다.[24]

판 례 **병합된 수 개의 청구 중 일부 청구에 대한 불복신청 철회(대법원 2017. 1. 12. 선고 2016다241249 판결)**

항소의 취하는 항소의 전부에 대하여 하여야 하고 항소의 일부 취하는 효력이 없으므로 병합된 수 개의 청구 전부에 대하여 불복한 항소에서 그중 일부 청구에 대한 불복신청을 철회하였더라도 그것은 단지 불복의 범위를 감축하여 심판의 대상을 변경하는 효과를 가져오는 것에 지나지 아니하고, 항소인이 항소심의 변론종결시까지 언제든지 서면 또는 구두진술에 의하여 불복의 범위를 다시 확장할 수 있는 이상 항소 자체의 효력에 아무런 영향이 없다.

(3) 항소의 취하는 항소인이 할 수 있다. 통상공동소송의 경우에는 공동소송인 한 사람이 또는 한 사람에 대하여 항소를 취하할 수 있고, 그 효력을 다른 공동소송인이 다툴 수 없다.[25] 그러나 필수적 공동소송의 경우에는 공동소송인 전원이 또는 전원에 대하여 항소를 취하하여야 한다(제67조).

(4) 항소의 취하는 항소인의 단독적 소송행위이다. 따라서 항소인의 의사표시만으로 항소취하가 된다. 이 경우 피항소인의 동의가 필요 없다. 제393조 제2항에서 제266조 제2항을 준용하고 있지 않기 때문이다.

24) 대법원 2017. 1. 12. 선고 2016다241249 판결.
25) 대법원 1971. 10. 22. 선고 71다1965 판결.

3. 방 식

항소취하의 방식에 관하여는 소의 취하에 관한 제266조 제3항 내지 제5항이 준용된다(제393조 제2항). 따라서 항소의 취하는 서면으로 해야 하나, 변론 또는 변론준비기일에서는 말로 할 수도 있다. 법원은 항소취하서를 상대방에게 송달하여야 한다. 항소취하는 항소법원에 해야 하나 아직 소송기록이 원심법원에 있을 때에는 원심법원에 해야 한다(민소규 제126조).

4. 효 과

(1) 항소기간 경과 후 항소의 취하가 있으면 항소는 소급적으로 그 효력을 잃게 되고, 항소심절차는 종료된다(제393조 제2항, 제267조 제1항). 소취하와 달리 항소취하는 제1심판결에 영향을 미치지 않는다. 판례는 항소기간 경과 후 항소취하가 있으면 항소기간 만료시로 소급하여 제1심판결이 확정된다고 본다.[26] 물론 항소기간 경과 전 항소취하를 했는데 아직 항소기간이 남아있다면 마음을 바꿔 다시 항소를 제기할 수 있다.[27]

(2) 항소취하의 효력이 생기는 것은 항소취하서가 법원에 제출된 때이지, 상대방에게 송달된 때가 아니다.[28] 판례는 항소(상고)취하서를 작성하여 타인에게 교부하였는데 그 타인이 약속을 어기고 법원에 제출한 경우에도 그 취하의 효력이 발생한다고 하였다.[29]

(3) 피고의 항소로 인한 항소심에서 소의 교환적 변경이 적법하게 이루어지면 종전 청구(제1심판결)는 취하로 실효되고 항소심의 심판대상은 새로운 청구로 바뀌며 이를 항소심이 사실상 제1심으로 재판하는 것이므로, 그 뒤에 피고가 항소를 취하하더라도 항소취하의 대상이 없어 아무런 효력이 발생하지 않는다.[30]

5. 항소취하의 간주

(1) 양쪽 당사자가 2회에 걸쳐 항소심 변론기일에 출석하지 아니하고 1월 이내에 기일지정신청을 하지 않거나 기일지정신청을 통해 새로 지정된 기일에 출석하지 아니한 때에는 항소의 취하가 있는 것으로 본다(제408조, 제268조 제4항). 당사자가 출석하였으나 변론

---

26) 대법원 2017. 9. 21. 선고 2017다233931 판결.
27) 대법원 2016. 1. 14. 선고 2015므3455 판결.
28) 대법원 1980. 8. 26. 선고 80다76 판결.
29) 대법원 1970. 10. 23. 선고 69다2046 판결.
30) 대법원 1995. 1. 24. 선고 93다25875 판결.

하지 아니한 경우에도 마찬가지이다(제408조, 제268조 제4항, 제3항).

(2) 항소취하간주의 효력을 다투려면 기일지정신청(민소규 제67조, 제68조)을 하여야지, 항소심법원의 재판이 아니므로 상고를 제기할 수 없다.[31)]

판 례 **항소취하간주의 효력을 다투는 방법(대법원 2019. 8. 30. 선고 2018다259541 판결)**

민사소송법 제268조 제4항에서 정한 항소취하 간주는 그 규정상 요건의 성취로 법률에 의하여 당연히 발생하는 효과이고 법원의 재판이 아니므로 상고의 대상이 되는 종국판결에 해당하지 아니한다. 항소취하 간주의 효력을 다투려면 민사소송규칙 제67조, 제68조에서 정한 절차에 따라 항소심법원에 기일지정신청을 할 수는 있으나 상고를 제기할 수는 없다.

Ⅴ. 부대항소

1. 서 설

가. 의 의

제403조(부대항소) 피항소인은 항소권이 소멸된 뒤에도 변론이 종결될 때까지 부대항소(附帶抗訴)를 할 수 있다.

(1) 항소인이 적법한 항소를 제기하면 제1심판결은 사건전체에 확정차단효와 이심의 효력이 발생하지만, 항소심에서 심판의 대상이 되어 취소·변경이 가능한 것은 불복한 범위 내에서뿐이다(제415조). 따라서 피항소인으로서는 자신도 적극적으로 항소기간 내 항소를 제기하여 다투지 않는 한 항소인의 항소에 응소하는 데 그치고, 따라서 제1심판결 이상으로 유리한 판결을 기대하기 힘들다. 그러나 비록 피항소인 자신은 항소기간을 놓쳤거나 항소권을 포기하였기 때문에 독립하여 항소를 제기할 수 없다고 하더라도 상대방이 제기한 항소절차에 편승하여 제1심판결 중 피항소인에게 불이익한 부분의 취소·변경을 구해볼 수 있다. 이를 부대항소라고 한다(제403조). 예컨대 원고의 피고에 대한 1억 원 지급청구 중 제1심에서 4천만 원이 인용되었고, 이에 대하여 원고만 자신이 패소한 부분인 6천만 원 부분에 대해 항소기간 내 적법한 항소를 한 경우, 피고는 4천만 원 부분에 대해 항소기간을 놓쳤거나 항소권을 포기하였다고 하더라도 부대항소를 통해 4천만 원 부분에 대해서도 피고에게 유리하게 취소·변경을 구할 수 있는 것이다.

31) 대법원 2019. 8. 30. 선고 2018다259541 판결.

(2) 항소인이 불복하지 않은 부분까지 항소심 심판범위에 포함시킴으로써[32] 소송경제를 도모할 수 있고, 항소인이 항소심에서 심판범위를 확장할 수 있는 것에 대응하여 피항소인도 부대항소를 통해 심판범위를 확장할 수 있게 하여 당사자를 공평하게 취급하기 위해 부대항소가 인정되고 있다.[33]

나. 법적 성질

부대항소의 법적 성질에 대하여 ① 이를 항소로 보아 항소의 이익을 요구하고, 전부승소한 당사자는 항소심에서 청구의 확장·변경 또는 반소제기를 위한 부대항소를 할 수 없다고 보는 견해(항소설)가 있으나, ② 부대항소는 항소인의 항소절차에 편승한 것일 뿐, 부대항소에 의해 독립적으로 항소심절차가 개시되는 것은 아니며, 전부승소한 당사자도 항소인의 항소절차에 편승하여 청구를 확장할 수 있고, 또 굳이 부대항소장을 제출하지 않고 그냥 청구취지확장을 하였더라도 그것이 항소인에게 불리한 한도 내에서 부대항소를 한 것으로 간주된다고 하더라도[34] 부대항소의 종속성 때문에 주된 항소가 취하되거나 부적법 각하되면 청구취지확장도 효력을 잃는다는 점을 고려하면, 부대항소를 항소와 동일하게 볼 수는 없다는 견해(비항소설)가 타당하다 할 것이다.[35] 판례도 부대항소에 대해 상소의 이익을 요구하지 않아 제1심에서 전부승소한 당사자의 부대항소 가능성을 인정하여,[36] 비항소설을 취한 것으로 보인다.

2. 요 건

가. 주된 항소의 계속

항소인이 제기한 주된 항소가 적법하게 계속 중이어야 한다. 다만 항소기간 이내에 한 부대항소는 독립된 항소로 보고(제404조 단서, 독립부대항소) 주된 항소의 취하·각하에 영향을 받지 않으므로, 이 경우 취하·각하된 항소의 항소인이었던 자도 부대항소를 할 수 있다.[37]

나. 부대항소의 당사자

(1) 피항소인이 항소인을 상대로 부대항소를 제기할 수 있다(제403조). 제1심에서 전

32) 대법원 1999. 11. 26. 선고 99므1596, 1602 판결; 대법원 2003. 9. 26. 선고 2001다68914 판결.
33) 강현중, 976면; 이시윤, 869면; 정동윤/유병현/김경욱, 907면; 정영환, 1356면; 호문혁, 669면.
34) 대법원 1991. 9. 24. 선고 91다21688 판결.
35) 강현중, 977면; 손한기, 486면; 이시윤, 869면; 전병서, 650면; 정동윤/유병현/김경욱, 907면; 정영환, 1356면; 호문혁, 669면.
36) 대법원 1995. 6. 30. 선고 94다58261 판결.
37) 법원실무제요 민사소송[Ⅲ], 1657면.

부승소한 피항소인도 청구취지를 확장하며 부대항소를 할 수 있다.[38)]

(2) 항소인이 통상공동소송관계에 있는 자 중 일부에 대해서만 항소를 제기한 경우 피항소인이 아닌 다른 공동소송인은 부대항소를 할 수 없다. 마찬가지로 통상공동소송에서 공동소송인 중 일부만 항소를 제기한 경우 피항소인은 항소인 이외의 다른 공동소송인을 상대방으로 하거나 상대방으로 보태어 부대항소를 할 수 없다.[39)] 공동소송인독립의 원칙(제66조)상 항소하지 않은 다른 공동소송인 부분은 분리확정되기 때문이다.

판 례 **통상공동소송에서 상고하지 아니한 자를 상대로 한 부대상고 가부(대법원 1994. 12. 23. 선고 94다40734 판결)**

통상의 공동소송에 있어 공동당사자 일부만이 상고를 제기한 때에는 피상고인은 상고인인 공동소송인 이외의 다른 공동소송인을 상대방으로 하거나 상대방으로 보태어 부대상고를 제기할 수는 없다.

다. 부대항소의 시기

주된 항소가 변론종결 전이어야 한다(제403조). 항소를 제기하였다가 항소를 취하한 자도 상대방이 제기한 항소가 계속되어 있다면 변론종결 전까지 다시 부대항소를 제기할 수 있다.[40)]

라. 부대항소의 이익

(1) 주된 항소의 상대방이 스스로 항소를 제기한 경우에는 그 상대방은 불복신청의 범위를 확장하여 목적을 달성할 수 있으므로 부대항소의 이익이 없다.[41)]

(2) 피항소인은 자기의 항소권이 소멸된 경우에도 부대항소를 제기할 수 있다(제403조). 그러나 부대항소권을 포기한 경우에는 부대항소가 불가능하다.

3. 방 식

제405조(부대항소의 방식) 부대항소에는 항소에 관한 규정을 적용한다.

38) 대법원 1995. 6. 30. 선고 94다58261 판결.

39) 부대항소의 경우(대법원 2015. 4. 23. 선고 2014다89287, 89294 판결), 부대상고의 경우(대법원 1994. 12. 23. 선고 94다40734 판결).

40) 대법원 2014. 1. 16. 선고 2011다91777 판결.

41) 법원실무제요 민사소송[Ⅲ], 1657면.

(1) 부대항소에는 항소에 관한 규정이 적용되므로(제405조), 부대항소장에는 당사자, 법정대리인, 제1심판결의 표시, 부대항소취지를 적어야 한다(제397조 제2항). 부대항소장에도 항소장에 준하여 인지를 붙여야 한다(민인규 제26조). 다만 판례는 청구취지변경신청서 등을 제출하며 청구취지를 확장하더라도 상대방에게 불리하게 되는 한도에서 부대항소를 한 것으로 보고,[42] 청구취지변경신청서나 준비서면에 부대항소한다는 취지가 명기되어 있지 않더라도 부대항소한 것으로 간주된다고 하며,[43] 피항소인이 항소기간이 지난 뒤에 항소장을 제출하여 제1심판결 중 피항소인 패소 부분에 대해 불복한다는 취지를 명시하고 이것이 상대방에게 송달되어 공격방어의 기회가 보장된 경우에도 부대항소를 한 것으로 본다.[44]

판 례 **항소기간이 지난 뒤 항소장 제출과 부대항소 간주(대법원 2022. 10. 14. 선고 2022다252387 판결)**

부대항소란 피항소인이 제기한 불복신청으로 항소심의 심판 범위가 항소인의 불복 범위에 한정되지 않도록 함으로써 자기에게 유리하게 제1심판결을 변경하기 위한 것이므로, 피항소인은 항소권이 소멸된 뒤에도 변론이 종결될 때까지 부대항소를 제기할 수 있으나(민사소송법 제403조), 항소에 관한 규정이 준용됨에 따라 민사소송법 제397조 제2항에서 정한대로 부대항소 취지가 기재된 '부대항소장'을 제출하는 방식으로 하여야 함이 원칙이다(민사소송법 제405조). 그러나 피항소인이 항소기간이 지난 뒤에 단순히 항소기각을 구하는 방어적 신청에 그치지 아니하고 제1심판결보다 자신에게 유리한 판결을 구하는 적극적·공격적 신청의 의미가 객관적으로 명백히 기재된 서면을 제출하고, 이에 대하여 상대방인 항소인에게 공격방어의 기회 등 절차적 권리가 보장된 경우에는 비록 그 서면에 '부대항소장'이나 '부대항소취지'라는 표현이 사용되지 않았더라도 이를 부대항소로 볼 수 있다. 이는 피항소인이 항소기간이 지난 뒤에 실질적으로 제1심판결 중 자신이 패소한 부분에 대하여 불복하는 취지의 내용이 담긴 항소장을 제출한 경우라고 하여 달리 볼 것은 아니다.

(2) 부대항소도 취하할 수 있다. 부대항소를 취하하는데 상대방의 동의를 요하지 않는다. 부대항소의 취하를 서면으로 한 경우에는 그 서면을 법원에 제출한 때 부대항소취하의 효력이 발생한다.

4. 효 력

가. 불이익변경금지의 원칙 배제

본래 항소인이 제1심판결의 변경을 구하는 한도 내에서 항소심 심판을 하고 판결을 변경할 수 있으므로(제407조 제1항, 제415조), 항소심의 심판대상은 항소인의 항소범위 내로

---

42) 대법원 1991. 9. 24. 선고 91다21688 판결.
43) 대법원 1993. 4. 27. 선고 92다47878 판결.
44) 대법원 2022. 10. 14. 선고 2022다252387 판결.

제한되지만, 피항소인의 적법한 부대항소가 있게 되면 항소심의 심판범위가 확장되게 된다. 즉 불이익변경금지의 원칙 적용이 배제된다. 앞의 예, 즉 1억 원의 대여금청구 중 제1심에서 4천만 원이 인용되었고 이에 대하여 원고만 항소하였을 때, 항소심에서 4천만 원조차 인용될 수 없다는 결론에 이르더라도 불이익변경금지의 원칙상 원고 승소부분을 취소할 수 없으나, 만약 피고(피항소인)로부터 부대항소가 있다면 불이익변경금지의 원칙이 배제되므로 취소가 가능하다. 또한 다른 예, 즉 피고만이 항소한 항소심에서 원고가 청구취지를 확장한 경우 피고에게 불이익을 주는 범위 내에서 부대항소를 한 것으로 보므로, 항소심이 제1심판결의 인용금액을 초과하여 원고의 청구를 인용하여도 불이익변경금지의 원칙 위배가 아니다.[45)]

나. 부대항소의 종속성

제404조(부대항소의 종속성) 부대항소는 항소가 취하되거나 부적법하여 각하된 때에는 그 효력을 잃는다. 다만, 항소기간 이내에 한 부대항소는 독립된 항소로 본다.

(1) 이러한 부대항소도 주된 항소가 취하·각하된 때에는 효력을 잃는다(제404조 본문). 판례는 부대항소가 제기되어 있더라도 항소인은 항소를 취하할 수 있고, 그 때문에 부대항소의 이익을 잃게 되더라도 이는 그 이익이 본래 상대방의 항소에 의존한 은혜적인 것으로 주된 항소의 취하에 따라 소멸되는 것이어서 어쩔 수 없다고 한다.[46)]

(2) 항소기간 이내에 한 부대항소로서 주된 항소의 취하·각하에 영향을 받지 않는 이른바 독립부대항소의 경우에도(제404조 단서), 만약 주된 항소가 취하·각하된 때에는 독립부대항소 역시 항소의 이익을 갖추어야 독자적으로 항소심 절차 계속을 이어갈 수 있다.[47)]

제 3 절 항소심의 심리

Ⅰ. 항소의 적법성 심리

항소장이 방식에 맞고 항소기간이 준수되었다면, 항소법원은 항소의 적법성을 직권

45) 대법원 1991. 9. 24. 선고 91다21688 판결; 대법원 2000. 2. 25. 선고 97다30066 판결.

46) 대법원 1995. 3. 10. 선고 94다51543 판결; 대법원 2004. 4. 28. 선고 2004다4225 판결.

47) 강현중, 978면; 이시윤, 872면; 정동윤/유병현/김경욱, 909면; 정영환, 1358면; 한충수, 841면; 호문혁, 672면.

으로 조사하여야 한다. 이는 앞서 본 상소요건과 대체로 같다. 조사결과 부적법한 항소로서 흠을 보정할 수 없으면 변론 없이 판결로 항소를 각하할 수 있다(제413조). 예컨대 전부 승소하여 항소의 이익이 없음에도 제기한 항소,[48] 당사자 사이 불항소의 합의가 있음에도 제기한 항소[49] 등은 흠을 보정할 수 없는 경우에 해당할 것이다.

II. 본안심리

1. 서 설

항소의 적법성이 인정되면 항소법원은 불복의 당부, 즉 항소의 이유유무에 대한 심리를 한다. 변론준비절차에 부칠 수도 있으나, 원칙적으로 바로 변론기일을 지정하여 심리를 한다(제408조, 제258조 제1항 본문). 피항소인은 변론준비절차나 변론에서 항소의 각하·기각을 구하고, 부대항소를 할 수도 있다.

2. 변론의 범위

가. 불복 및 심판의 범위

(1) 항소심의 변론은 당사자가 제1심판결의 변경을 청구하는 한도 안에서 하고(제407조 제1항), 그 불복의 한도 안에서 제1심판결을 바꿀 수 있다(제415조). 이는 처분권주의(제203조)가 항소심에서 발현된 것에 기인한다.

(2) 불복의 범위가 항소장의 필수적 기재사항(제397조)은 아니나, 실무상 그 불복의 범위를 밝히고 있다. 전부패소시 전부 항소할 수 있지만, 일부에 대해서만 항소할 수도 있기 때문이다. 만약 불복의 범위가 불명확하면 석명이 필요하다. 판례는 소송물이 다른 재산적 손해와 위자료 등에 관한 청구가 하나의 판결로 선고되는 경우, 당사자가 그 소송물의 범위를 특정하지 않고 일정 금액 부분에 대하여만 항소한 사례에서, 재산적 손해와 위자료에 대한 청구가 모두 이심되어 항소심의 심판대상이 된다고 하기도 하였다.[50] 병합된 수 개의 청구 전부에 대한 항소에서 그중 일부에 대한 불복을 철회할 수도 있다.[51]

(3) 앞서 본 바와 같이 이심의 범위와 항소심의 심판범위는 일치하지 않을 수 있다.

48) 대법원 1973. 9. 25. 선고 73다565 판결.
49) 대법원 1980. 1. 29. 선고 79다2066 판결.
50) 대법원 1996. 7. 18. 선고 94다20051 전원합의체 판결.
51) 대법원 2017. 1. 12. 선고 2016다241249 판결.

수 개의 청구를 모두 기각한 제1심판결에 대해 일부에 대해서만 항소한 경우에 불복하지 아니한 나머지 부분은 이심은 되었으나 심판의 대상이 되지 아니하며,[52] 그 부분이 이유 있다 하더라도 항소심에서 이를 인용할 수 없다. 이렇게 항소심의 심판대상이 되지 아니한 청구는 항소심판결선고시 확정된다.[53] 또 주위적 청구기각·예비적 청구인용의 제1심 판결에 대해 피고만 항소하고 원고의 항소나 부대항소가 없는 경우, 모든 청구가 전부 이심되나, 항소심의 심판범위는 예비적 청구에 국한된다.[54] 이때 항소심이 주위적 청구에 대해 판단을 하였다 하더라도 이는 상고의 대상이 되지 아니한다.[55]

다만 필수적 공동소송, 독립당사자참가, 예비적·선택적 공동소송 등의 경우 합일확정이 필요한 범위 내에서는 불이익변경금지의 원칙이 배제되어 불복하지 않은 당사자의 청구 부분도 항소심에서 변경 가능함은 앞서 살펴보았다.

(4) 법원이 청구의 일부에 대하여 재판을 누락한 경우 이는 제1심에 남아 추가판결의 대상이 될 뿐(제212조 제1항), 항소가 있다 하여 이심되지 않고, 심판의 대상도 되지 않는다. 그러나 선택적 병합에서 어느 하나를 인용한 판결, 예비적 병합에서 주위적 청구를 인용한 판결에 대해 각 불복이 있으면, 판단하지 아니한 나머지 청구나 예비적 청구까지 모두 이심 및 항소심의 심판범위가 된다.[56] 하나의 전부판결이기 때문이다.

나. 심판범위의 변경

항소심에서 피고의 경정(제260조 제1항), 필수적 공동소송인의 추가(제68조 제1항)는 불허된다. 또한 항소심에서 반소의 제기에는 상대방의 동의를 요한다(제412조 제1항). 항소심에서 청구의 변경이 있는 경우 신청구 내지 추가된 청구는 항소심이 제1심으로 심판한다.

3. 가집행선고

항소법원은 제1심판결 중에 불복신청이 없는 부분에 대하여는 당사자의 신청에 따라 결정으로 가집행의 선고를 할 수 있다(제406조 제1항). 위 신청을 기각한 결정에 대하여는 즉시항고를 할 수 있다(같은 조 제2항).

---

52) 대법원 2014. 12. 24. 선고 2012다116864 판결.

53) 대법원 1994. 12. 23. 선고 94다44644 판결.

54) 대법원 1995. 2. 10. 선고 94다31624 판결.

55) 대법원 1995. 1. 24. 선고 94다29065 판결.

56) 선택적 병합의 경우(대법원 2010. 5. 27. 선고 2009다12580 판결), 예비적 병합의 경우(대법원 2000. 11. 16. 선고 98다22253 전원합의체 판결).

4. 제1심의 속행으로서의 변론

가. 변론의 갱신

제1심에서 법관이 바뀐 경우(제204조 제2항)와 마찬가지로, 항소심 역시 제1심과 비교하여 법관이 달라진 경우이므로, 당사자는 제1심의 변론결과를 진술할 필요가 있다(제407조 제2항). 이는 당사자가 사실상 또는 법률상 주장, 정리된 쟁점 및 증거조사 결과의 요지 등을 진술하거나, 법원이 당사자에게 해당사항을 확인하는 방식으로 할 수 있다(민소규 제127조의2).

나. 제1심의 소송행위의 효력

항소심은 기본적으로 속심구조이다. 따라서 제1심에서 한 소송행위는 항소심에서도 효력이 있다(제409조). 예컨대 제1심에서 한 당사자의 주장이 그대로 유지되므로, 항소이유로 지적하지 않았거나 그 후의 심리에서 다시 지적하지 않았더라도 항소심은 이를 받아들일 수 있고, 이를 들어 직접주의나 변론주의에 어긋나거나 불의타를 가한 것으로 볼 수 없다.[57] 그리고 제1심에서의 재판상 자백의 구속력도 그대로 유지되나, 다만 자백간주는 재판상의 자백과 달리 당사자에 대한 구속력은 없으므로, 제1심에서 자백간주가 있었다 하여도 항소심의 변론종결시까지 이를 다투는 한 그 효과가 배제된다는 것은 앞서 살펴본 바이다.[58]

다. 변론의 갱신권 및 그 제약

항소심은 속심이므로, 당사자는 제1심에서 제출하지 않았던 새로운 소송자료를 제출할 수도 있는데, 이를 변론의 갱신권(ius novorum)이라고 한다. 다만 새로운 소송자료 제출을 무한정 허용할 경우 항소심이 사실상 복심제로 운영될 가능성이 있고, 반대로 전면 금지된다면 사실상 사후심제로 운영될 가능성이 있으므로, 재판부의 소송지휘권의 적절한 행사가 요청된다. 변론의 갱신권은 다음과 같은 제약이 있다.

(1) 직접심리주의를 관철하기 위해, 제1심에서 단독사건의 판사가 바뀌거나 합의부 법관 반수 이상이 바뀐 경우에는 종전에 신문한 증인에 대해 다시 신문할 것을 구할 수 있고 이 경우 법원은 그 신문을 해야 하지만(제204조 제3항), 항소심은 심급이 달라진 경우이기 때문에 위 조항이 적용되지 않고, 재차 증인신문을 할 것인가 여부는 재판부의 재량이다.[59]

(2) 새로운 공격방어방법을 뒤늦게 항소심에서 제출한 경우 실기한 공격방어방법으로 각하될 수 있다(제408조, 제149조). 시기에 늦었는지 여부는 항소심뿐만 아니라 제1심까

---

57) 대법원 1996. 4. 9. 선고 95다14572 판결.

58) 대법원 1987. 12. 8. 선고 87다368 판결.

59) 이시윤, 876면; 정영환, 1363면.

지 통틀어 판단해야 한다.[60)]

(3) 적시제출주의의 실효성을 확보하기 위한 재정기간제도는 항소심에서도 적용되므로(제408조, 제147조), 제출기간을 도과하면 공격방어방법의 제출권을 잃게 된다.

제 4 절 항소심의 종국적 재판

항소심의 종국적 재판에는 항소장각하 외에 항소각하, 항소기각, 항소인용이 있다. 이 중 항소장각하는 재판장의 명령으로 하고, 나머지는 판결로 행한다.

항소심에서 판결이유를 적을 때에는 제1심판결을 인용할 수 있지만(제420조 본문), 제1심판결이 제208조 제3항에 따라 청구를 특정함에 필요한 사항과 상계항변(제216조 제2항)의 판단에 관한 사항만을 간략하게 표시한 경우에는 위 인용판결을 할 수 없다(제420조 단서).

Ⅰ. 항소장각하

항소장의 필수적 기재사항 흠결이 있거나 인지를 붙이지 않은 경우, 항소장부본을 송달할 수 없는 경우, 그리고 항소기간을 도과한 항소임이 분명한 때에 항소심재판장은 항소장각하명령을 한다(제402조 제2항).

Ⅱ. 항소각하

항소요건에 흠결이 있는 경우 항소법원은 항소각하판결을 한다. 부적법한 항소로서 그 흠을 보정할 수 없으면 변론 없이 판결로 항소를 각하할 수 있다(제413조).

Ⅲ. 항소기각

(1) 제1심판결을 정당하다고 인정하거나 또는 제1심판결의 이유가 정당하지 아니한 경우에도 다른 이유에 따라 정당하다고 인정하는 때 항소기각판결을 한다(제414조). 즉 항

60) 대법원 2017. 5. 17. 선고 2017다1097 판결.

소심 변론종결시를 기준으로 항소심의 결론과 제1심판결의 주문이 일치하면 판결이유가 다르더라도 항소기각판결을 한다.[61] 판결이유에는 기판력이 발생하지 않기 때문이다.

(2) 다만 제1심에서 피고의 상계항변을 받아들여 원고의 청구를 기각하였는데 피고가 소구채권의 부존재를 들어 항소하였고,[62] 항소심 심리결과 원고의 청구 자체가 이유 없거나 피고의 다른 항변을 받아들여 청구를 기각할 경우, 결과가 같다고 하여 항소기각판결을 해서는 아니 되고, 제1심판결을 취소하고 다시 청구기각판결을 선고해야 한다.[63] 상계항변에 관한 판단에 기판력이 발생하여(제216조 제2항), 기판력의 객관적 범위가 달라지기 때문이다. 이 경우 만약 제1심판결을 취소하지 않으면 피고는 더 이상 자동채권을 행사할 수 없게 된다.

Ⅳ. 항소인용

1. 원판결의 취소

가. 취소사유

제1심판결이 정당하지 아니하다고 인정될 때 제1심판결을 취소한다(제416조). 항소인용의 전형적인 예이다. 뿐만 아니라 제1심판결의 절차가 법률에 어긋날 때에도 취소한다(제417조). 예컨대 송달절차의 하자로 인해 피고가 불출석한 상태에서 변론을 종결하고 판결선고기일을 지정·고지하고 따로 판결선고기일 소환장을 송달하지 아니한 채 선고된 제1심판결은 판결절차가 법률에 어긋날 때에 해당한다.[64] 또 판례는 제1심법원이 피고의 답변서 제출을 간과한 채 무변론판결을 선고한 경우도 마찬가지로 본다.[65]

나. 자판 또는 환송·이송

제418조(필수적 환송) 소가 부적법하다고 각하한 제1심 판결을 취소하는 경우에는 항소법원은 사건을 제1심 법원에 환송(還送)하여야 한다. 다만, 제1심에서 본안판결을 할 수 있을 정도로 심리가 된 경우, 또는 당사자의 동의가 있는 경우에는 항소법원은 스스로 본안판결을 할 수 있다.

---

61) 강현중, 986면; 이시윤, 879면; 정동윤/유병현/김경욱, 915면; 정영환, 1366면.

62) 이는 피고에게 항소의 이익이 있다(대법원 2018. 8. 30. 선고 2016다46338, 46345 판결).

63) 강현중, 987면; 김홍규/강태원, 900면; 김홍엽, 1171면; 이시윤, 879면; 전원열, 737면; 정동윤/유병현/김경욱, 915면; 한충수, 848~849면; 호문혁, 674면.

64) 대법원 2003. 4. 25. 선고 2002다72514 판결; 대법원 2004. 10. 15. 선고 2004다11988 판결.

65) 대법원 2020. 12. 10. 선고 2020다255085 판결. 다만 이 경우 반드시 환송해야 하는 것은 아니고 항소심이 자판할 수 있다고 했다.

(1) 제1심판결을 취소하는 경우 반드시 사건을 제1심법원에 환송해야 하는 것은 아니고,[66] 항소심은 사실심이므로 자판(自判)이 원칙이다. 그러나 소각하의 제1심판결을 취소하는 경우에는 환송하여야 한다(제418조 본문). 세 번의 본안심리를 받을 당사자의 이익을 보호하기 위하여 필수적 환송규정을 둔 것이다. 다만 예외적으로 ① 제1심에서 본안판결을 할 수 있을 정도로 심리가 된 경우와 ② 당사자의 동의가 있는 경우에는 항소심이 자판할 수 있다(같은 조 단서).

(2) 한편 관할위반을 이유로 제1심판결을 취소하는 경우는 항소법원은 판결로 사건을 관할법원에 이송한다(제419조). 그러나 이송하는 것은 전속관할위반에 한하고, 임의관할위반의 경우는 제1심판결 취소사유가 아니다(제411조).

2. 불이익변경금지의 원칙

가. 의 의

제415조(항소를 받아들이는 범위) 제1심 판결은 그 불복의 한도안에서 바꿀 수 있다. 다만, 상계에 관한 주장을 인정한 때에는 그러하지 아니하다.

(1) 처분권주의(제203조)는 민사소송 전체에 적용되는 대원칙이므로, 항소심이라고 하여 그 적용의 예외일 수는 없지만, 항소심은 항소 또는 부대항소에 의해 제1심판결의 당부를 판단하게 되어 있으므로, 제203조와는 별도로, 제415조 본문은 항소를 받아들이는 범위라는 제목하에 제1심판결은 그 불복의 한도 안에서 바꿀 수 있다고 규정하여, 항소심이 심판할 수 있는 범위를 정하고 있다. 때문에 항소권자의 항소 제기에 의해 원판결은 전부이심되고 그 확정이 차단되지만, 항소법원의 심판범위는 항소 또는 부대항소한 당사자의 불복신청 한도 내에 머물며, 원판결 중 누구도 불복의 대상으로 삼지 않은 부분에 대해서는 이익 또는 불이익으로 바꿀 수 없다. 비록 형사소송법[67]과는 달리 민사소송법에 명문의 규정을 두고 있는 것은 아니지만, 이처럼 항소심이 항소를 인용함에 있어서 심판범위와 관련하여 지켜야 할 일반적 준칙으로 이른바 불이익변경금지의 원칙을 인정하고 있다고 본다.

(2) 누구도 불복하지 아니하여 항소심의 심판대상이 아닌 부분을 유리·불리하게 바

---

66) 대법원 2013. 8. 23. 선고 2013다28971 판결.

67) 형사소송법 제368조(불이익변경의 금지) 피고인이 항소한 사건과 피고인을 위하여 항소한 사건에 대하여는 원심판결의 형보다 중한 형을 선고하지 못한다.

꿀 수 없다는 것이므로, 그 해당 여부를 판단함에 있어서 항소심의 심판대상을 우선 확정해야 한다.

나. 이익변경의 금지

불이익변경금지의 원칙은 항소인의 불복의 한도를 넘어 제1심판결보다 유리하게 바꿀 수 없는 '이익변경금지'를 그 내용으로 한다. 이는 주로 패소판결 중 일부에 대해서만 항소한 경우 문제되는데, 예를 들면 소유권이전등기말소청구와 금전지급청구를 모두 기각한 제1심판결에 대해 원고가 위 말소청구부분에 대해서만 불복하였을 뿐이고 항소심 변론종결시까지 항소취지를 확장하지 않았음에도 항소심이 금전지급청구부분까지 심리하여 원고승소로 바꿀 수 없다.[68] 또 원고가 피고를 상대로 재산상의 손해배상청구와 위자료청구를 하여 금전지급판결을 받고 이에 대해 피고만 항소하고 원고는 항소를 하지 않았음에도 항소심이 원고에게 제1심판결보다 더 많은 액수의 위자료 지급을 명한 것은 위법하다 하였다.[69] 아울러 원고의 수 개의 청구 중 A청구는 기각하고 B청구를 인용한 제1심판결에 대하여 피고만이 항소를 제기한 경우, 원고가 부대항소를 하지 아니한 이상 항소심으로서는 A청구부분을 다시 인용할 수 없다고 하였다.[70] 모두 부대항소가 없는 한 유리하게 바꿔달라고 불복하지 않은 부분까지 항소심이 제1심보다 유리하게 바꿔줄 수 없다는 것이다.

다. 불이익변경의 금지

(1) 일반론

불이익변경금지의 원칙은 상대방으로부터 항소나 부대항소가 없다면 항소인에게 제1심판결보다 더 불이익하게 바꿀 수 없다는 '불이익변경금지'도 그 내용으로 한다. 예컨대 100만 원의 청구 중 60만 원이 인용된 제1심판결에 대해, 원고만 항소하고 피고의 부대항소가 없는 경우, 항소심 심리결과 100만 원 모두 인용할 수 없다는 판단이 들어도 항소심은 원고의 항소를 기각할 수 있을 뿐, 청구전부를 기각하는 판결을 해서는 아니 된다.[71] 이번엔 반대로 위 사안에서 피고만 항소하고 원고의 부대항소도 없는 경우, 항소심 심리결과 100만 원 모두를 인용해야 한다는 판단이 들어도, 항소심은 피고의 항소를 기각할 수 있을 뿐, 청구전체를 인용하는 판결을 해서는 아니 된다.[72]

---

68) 대법원 1994. 12. 23. 선고 94다44644 판결; 대법원 2001. 4. 27. 선고 99다30312 판결.

69) 대법원 1980. 7. 8. 선고 80다1192 판결; 대법원 1989. 6. 27. 선고 89다카5406 판결; 대법원 1990. 6. 22. 선고 89다카27901 판결.

70) 대법원 1994. 10. 11. 선고 94다32979 판결.

71) 대법원 1983. 12. 27. 선고 83다카1503 판결.

72) 대법원 1967. 2. 28. 선고 66다2633 판결.

(2) 소각하의 제1심판결에 대하여 청구기각이 명백한 경우 항소심의 조치

부적법 소각하판결에 대해 원고만 항소하였는데 항소심의 심리결과 소는 적법하지만 본안이 이유 없어 청구기각을 면치 못할 경우 항소심이 취해야 할 조치에 대한 견해의 대립이 있다. ① 먼저 제418조에서 소각하의 제1심판결을 취소하는 때 항소심은 사건을 제1심법원에 필수적으로 환송하여야 한다고 규정하고 있으므로, 규정에 충실하게 환송하여야 된다는 견해(환송설),[73] ② 소각하판결은 뒤에 소송요건을 구비하여 다시 소제기를 할 수 있다는 점에서 소각하판결보다 청구기각판결이 원고에게 더 불리하기 때문에, 불이익변경금지의 원칙상 제1심판결을 유지하기 위해 항소를 기각하여야 한다는 견해(항소기각설),[74] ③ 소각하판결이 원고에게 무슨 이익이 되는 것은 아니기 때문에 소송판결을 청구기각판결로 항소심에서 변경한다고 하여도 불이익변경금지의 원칙에 저촉되는 것은 아니므로, 재판부 심리결과 청구기각의 결론에 도달하였다면 청구기각판결을 하여야 한다는 견해(청구기각설),[75] ④ 1990년 민사소송법 개정 시 제418조 단서가 추가되었으므로, 사안을 나눠 제1심에서 본안심리가 이루어졌거나 당사자의 동의가 있다면 제418조 단서에 따라 청구기각을 할 수 있지만, 그렇지 않다면 같은 조 본문에 따라 환송을 하여야 한다고 보는 견해(절충설)[76]의 대립이 있다.

판례의 주류는 항소심이 청구기각판결을 하여야 할 사건에 대하여 소각하판결을 하였으나 원고만이 상고한 경우, 소를 각하한 항소심판결을 파기하여 원고에게 더 불리한 청구기각의 판결을 할 수는 없으므로, 항소심판결을 그대로 유지하지 않을 수 없다고 하여 항소기각설의 입장을 취하고 있다.[77]

판 례 **상고기각설(대법원 2001. 9. 7. 선고 99다50392 판결)**

(전략) 원고들의 불법행위에 기한 주위적 청구를 각하한 원심판결은 파기되어야 할 것이나, 앞서 본 바와 같이 원고들의 위 청구는 기각될 것임이 분명한데 원고들만이 상고한 이 사건에 있어서 불이익변경금지의 원칙상 상고인인 원고들에게 불이익하게 청구기각의 판결을 할 수는 없는 것이므로, 원심판결을 파기하는 대신 원고들의 이 부분 상고를 기각하기로 한다. (후략)

---

73) 송상현/박익환, 739면.

74) 김홍규/강태원, 903면.

75) 강현중, 993면; 김홍엽, 1176면; 정동윤/유병현/김경욱, 918면; 호문혁, 679면.

76) 손한기, 491면; 이시윤, 884면; 정영환, 1371면.

77) 대법원 1996. 10. 11. 선고 96다3852 판결; 대법원 2001. 9. 7. 선고 99다50392 판결; 대법원 2018. 7. 24. 선고 2018다227087 판결.

생각건대 환송설은 소송경제에 반하고 제418조 단서에도 맞지 않는다. 항소기각설은 소각하판결이 유지되므로 항소심 심리결과와 맞지 않고, 원고가 소송요건의 흠결을 보완하여 다시 소제기하는 것을 막을 수 없으므로 분쟁을 종국적으로 해결하는 것도 아니다. 따라서 일반적으로 청구기각설이 타당하되, 다만 제418조 단서는 제1심에서 본안판결이 가능할 정도로 심리가 된 경우에 적용되는 규정이므로, 만약 항소심이 본안판결을 위해 추가심리가 더 필요한 상황이라면 제418조 본문에 따라 제1심에 환송해야 할 것이다. 이 점에서 청구기각설도 제418조 단서의 충족을 전제로 하므로 실질적으로 청구기각설과 절충설의 차이가 없다고 볼 수도 있다.

(3) 불리한 변경 판단기준

(가) 불이익하게 변경되었는지 여부는 원칙적으로 기판력이 생기는 판결의 주문을 표준으로 판단하여야 하므로, 기판력이 생기지 아니하는 판결이유 중의 판단은 불이익하게 바뀌어도 상관없다.[78)]

(나) 그러나 위 주문판단의 예외가 이유 중 판단에 기판력이 발생하는 상계항변이다. ① 피고의 상계항변을 받아들여 원고의 청구를 기각한 판결에 대해 원고만 항소한 경우 항소심의 심판대상은 반대채권(자동채권)뿐이고 소구채권(수동채권)은 아니므로, 항소심 심리결과 원고의 소구채권이 인정되지 않는다 하더라도 제1심판결과 같은 이유로 항소를 기각할 수 있을 뿐, 소구채권의 부존재를 이유로 바꾸어 원고의 청구를 기각할 수는 없다.[79)] ② 이번에는 반대의 경우, 즉 피고의 상계항변을 받아들여 원고의 청구를 기각한 판결에 대해 피고만 항소한 경우 항소심의 심판대상은 소구채권뿐이고 반대채권은 아니므로, 항소심 심리결과 피고의 반대채권이 인정되지 않는다 하더라도 제1심판결과 같은 이유로 항소를 기각할 수 있을 뿐, 반대채권의 부존재를 이유로 상계항변을 배척할 수는 없다.[80)]

판 례 **상계항변을 받아들여 원고의 청구를 기각한 판결에 대해 원고만 항소한 경우(대법원 2010. 12. 23. 선고 2010다67258 판결)**

항소심은 당사자의 불복신청범위 내에서 제1심판결의 당부를 판단할 수 있을 뿐이므로, 설사 제1심판결이 부당하다고 인정되는 경우라 하더라도 그 판결을 불복당사자의 불이익으로 변경하는 것은 당사자가 신청한 불복의 한도를 넘어 제1심판결의 당부를 판단하는 것이 되어 허용될 수 없는바, 제1심판결이 원고가 청구한 채권의 발생을 인정한 후 피고가 한 상계항변을 받아들여 원고의 청구를 기각하고 이에 대하여 원고만이 항

---

78) 대법원 2013. 7. 11. 선고 2011다18864 판결.

79) 대법원 2010. 12. 23. 선고 2010다67258 판결.

80) 대법원 1995. 9. 29. 선고 94다18911 판결.

소한 경우에 항소심이 제1심과는 다르게 원고가 청구한 채권의 발생이 인정되지 않는다는 이유로 원고의 청구를 기각하는 것은 항소인인 원고에게 불이익하게 제1심판결을 변경하는 것이 되어 허용되지 아니한다.

판 례 **상계항변을 받아들여 원고의 청구를 기각한 판결에 대해 피고만 항소한 경우(대법원 1995. 9. 29. 선고 94다18911 판결)**

피고의 상계항변을 인용한 제1심판결에 대하여 피고만이 항소하고 원고는 항소를 제기하지 아니하였는데, 항소심이 피고의 상계항변을 판단함에 있어 제1심이 자동채권으로 인정하였던 부분을 인정하지 아니하고 그 부분에 관하여 피고의 상계항변을 배척하였다면, 그와 같이 항소심이 제1심과는 다르게 그 자동채권에 관하여 피고의 상계항변을 배척한 것은 항소인인 피고에게 불이익하게 제1심판결을 변경한 것에 해당한다.

(4) 위반사례

① 동시이행판결에 대하여 원고만 항소하였는데, 반대급부의 내용을 원고에게 더 불리하게 변경한 경우,[81] ② 동시이행판결에 대하여 동시이행주장을 한 당사자만 항소하였는데, 금전채권에 기한 동시이행주장을 공제·상계 주장으로 바꾸어 인정하면서 그 금전채권의 내용을 항소인에게 불리하게 변경한 경우,[82] ③ 원금 및 지연손해금의 지급판결에 대하여 피고만 항소하였는데, 지연손해금은 줄었지만 원금이 늘어난 경우[83] 등이다.

판 례 **동시이행판결에 대해 원고만 항소한 경우(대법원 2005. 8. 19. 선고 2004다8197, 8203 판결)**

항소심은 당사자의 불복신청범위 내에서 제1심판결의 당부를 판단할 수 있을 뿐이므로, 설사 제1심판결이 부당하다고 인정되는 경우라 하더라도 그 판결을 불복당사자의 불이익으로 변경하는 것은 당사자가 신청한 불복의 한도를 넘어 제1심판결의 당부를 판단하는 것이 되어 허용될 수 없다 할 것인바, 원고만이 항소한 경우에 항소심으로서는 제1심보다 원고에게 불리한 판결을 할 수는 없고, 한편 불이익하게 변경된 것인지 여부는 기판력의 범위를 기준으로 하나 공동소송의 경우 원·피고별로 각각 판단하여야 하고, 동시이행의 판결에 있어서는 원고가 그 반대급부를 제공하지 아니하고는 판결에 따른 집행을 할 수 없어 비록 피고의 반대급부이행청구에 관하여 기판력이 생기지 아니하더라도 반대급부의 내용이 원고에게 불리하게 변경된 경우에는 불이익변경금지 원칙에 반하게 된다.

☞ 건물소유자 甲이 공사대금채권에 기한 유치권행사를 하고 있는 乙을 상대로 건물인도청구를 하였는데, 제1심이 "乙은 甲으로부터 A금원을 지급받음과 동시에 甲에게 위 건물을 인도하라."는 판결을 선고하였고, 이에 대해 甲만 항소하였는데, 항소심이 A금원보다 더 큰 금원을 지급받음과 동시에 건물인도를 명한 사안.

81) 대법원 2005. 8. 19. 선고 2004다8197, 8203 판결.

82) 대법원 2022. 8. 25. 선고 2022다211928 판결.

83) 대법원 2005. 4. 29. 선고 2004다40160 판결; 대법원 2009. 6. 11. 선고 2009다12399 판결.

판 례 **동시이행판결에 대해 동시이행주장을 한 당사자만 항소한 경우(대법원 2022. 8. 25. 선고 2022다211928 판결)**

항소심은 당사자의 불복신청 범위 내에서 제1심판결의 당부를 판단할 수 있을 뿐이므로, 설령 제1심판결이 부당하다고 인정되는 경우라 하더라도 그 판결을 불복당사자의 불이익으로 변경하는 것은 당사자가 신청한 불복의 한도를 넘어 제1심판결의 당부를 판단하는 것이 되어 허용될 수 없고, 당사자 일방만이 항소한 경우에 항소심으로서는 제1심보다 항소인에게 불리한 판결을 할 수는 없다. 불이익하게 변경된 것인지는 기판력의 범위를 기준으로 하나, 일방 당사자의 금전채권에 기한 동시이행 주장을 받아들인 판결의 경우 반대 당사자는 그 금전채권에 관한 이행을 제공하지 아니하고는 자신의 채권을 집행할 수 없으므로, 동시이행 주장을 한 당사자만 항소하였음에도 항소심이 제1심판결에서 인정된 금전채권에 기한 동시이행 주장을 공제 또는 상계 주장으로 바꾸어 인정하면서 그 금전채권의 내용을 항소인에게 불리하게 변경하는 것은 특별한 사정이 없는 한 불이익변경금지 원칙에 반한다.

☞ 제1심이 "乙은 甲으로부터 14억 원을 지급받음과 동시에 甲에게 A목적물을 인도하라."는 판결을 선고하였고, 이에 대해 동시이행주장을 한 乙만 항소하였는데, 항소심이 A목적물의 원물반환이 불가능·현저히 곤란하다 하여 원상회복으로 42억 원의 가액배상을 인정하면서 乙의 동시이행주장을 공제주장으로 바꾸어 인정하고 乙이 주장한 반대급부의 내용을 乙에게 불리하게 11억 원으로 인정하며 이를 공제한 가액배상금은 31억 원이라고 판단하여 "乙은 甲에게 31억 원을 지급하라."는 판결을 선고한 사안.

판 례 **원본채권 및 지연손해금채권에 관하여 상소심에서의 불이익변경에 해당하는지 여부의 판단 방법(대법원 2009. 6. 11. 선고 2009다12399 판결)**

금전채무불이행의 경우에 발생하는 원본채권과 지연손해금채권은 별개의 소송물이므로, 불이익변경에 해당하는지 여부는 원금과 지연손해금 부분을 각각 따로 비교하여 판단하여야 하는 것이고, 별개의 소송물을 합산한 전체 금액을 기준으로 판단하여서는 아니 된다. 위 법리와 기록에 비추어 보면, 제1심에서 인용된 원금채권 33,775,000원에 대하여 원고가 항소하지 아니하고 피고만 항소였음에도 원심이 피고에게 그보다 많은 원금 35,000,000원의 지급의무가 있다고 판단한 것은 불이익변경 금지의 원칙에 대한 법리를 오해한 것으로서 위법하다.

라. 불이익변경금지의 원칙의 예외

(1) 처분권주의에 근거를 두고 있는 불이익변경금지의 원칙은 직권탐지주의가 적용되는 영역이나 직권조사사항인 소송요건의 흠결 등에는 적용되지 않으므로, 예컨대 불복하지 않은 부분에 대해서도 확인의 이익 유무를 조사하여 그 흠결이 드러나면 소를 각하할 수 있다.[84] 그리고 소송비용의 재판과 가집행선고의 변경에도 위 원칙이 적용되지 않

84) 대법원 1995. 7. 25. 선고 95다14817 판결. 甲이 乙을 상대로 X토지 및 Y토지에 관한 소유권확인을 구하였고, 제1심이 甲의 X토지에 관한 청구를 인용하고 Y토지에 관한 청구를 기각하자, 甲만 항소하고 乙은 항소 및 부대항소하지 않았는데, 항소심이 甲의 모든 청구에 대하여 확인의 이익이 없다는 이유로 소각하판결을 한 사안.

으므로 제1심에서 붙이지 아니한 가집행선고를 항소심에서 붙일 수 있다.[85)]

(2) 공유물분할청구나 토지경계확정의 소와 같은 형식적 형성의 소에도 불이익변경금지의 원칙이 적용되지 않는다.

(3) 필수적 공동소송에 대한 특별규정(제67조)이 준용되는 예비적·선택적 공동소송(제70조 제1항)과 독립당사자참가(제79조 제2항), 승계참가(제81조) 후 소송에 남아있는 피참가인과 승계참가인 사이의 관계[86)] 등에서도 불이익변경금지의 원칙이 적용되지 않는다. 당사자 사이 합일확정의 요청에 따라 결과가 모순 없이 가려져야 하기 때문이다. 따라서 패소하고도 항소하지 아니한 당사자나 참가인에게 항소심에서 제1심보다 유리하게 판결이 변경될 수 있다.[87)]

(4) 항소심에서 피고의 상계항변이 받아들여진 경우에도 이 원칙의 예외이다(제415조 단서). 예컨대 원고의 1억 원 대여금청구에 대한 피고의 변제항변을 일부 받아들여 원고의 청구 중 6천만 원이 인용되었는데, 이에 대해 원고만 항소한 경우, 항소심에서 피고의 변제항변은 전부 이유 없고 오히려 피고가 제1심 또는 항소심에서 제출한 피고의 원고에 대한 매매대금 1억 원을 자동채권으로 한 상계항변이 전부 이유 있는 것으로 인정되었다면, 원고의 승소부분인 6천만 원 부분마저 취소하여 항소인(원고)에게 불리하게 원고의 청구를 모두 기각할 수 있다.

(5) 피고만 상고하였는데 대법원에서 피고패소부분이 파기환송된 후 원고가 청구금액을 확장한 경우 환송 후 항소심에서 환송 전보다 더 많은 금액이 인용될 수 있다.[88)]

판 례 **피고만의 상고로 피고패소 부분이 파기환송된 후 원고의 청구금액 확장(대법원 1991. 11. 22. 선고 91다18132 판결)**

가. 피고만이 상고하여 원심판결 중 피고패소 부분이 파기환송된 경우 원심에 환송되는 사건의 심판 범위는 위 패소 부분을 넘을 수 없고 따라서 이 한도를 초과하여 피고에게 불이익한 판결을 할 수는 없다.

나. 환송 후 항소심의 소송절차는 환송 전 항소심의 속행이므로 당사자는 원칙적으로 새로운 사실과 증거를 제출할 수 있음은 물론, 소의 변경, 부대항소의 제기 이외에 청구의 확장 등 그 심급에서 허용되는 모든 소송행위를 할 수 있고, 이러한 이유로 또한 민사소송법에는 형사소송법 제368조와 같은 불이익변경의 금지 규정도 없는 이상, 환송전의 판결보다 상고인에게 불리한 결과가 생기는 것은 불가피하다.

다. 피고만의 상고로 피고패소 부분이 파기환송된 후 원고가 청구취지를 확장함으로써 환송 전의 원심보다 환송 후의 원심에서 청구금액이 더 많이 인용된 사례.

---

85) 대법원 1998. 11. 10. 선고 98다42141 판결.

86) 대법원 2019. 10. 23. 선고 2012다46170 전원합의체 판결.

87) 대법원 2007. 10. 26. 선고 2006다86573, 86580 판결.

88) 대법원 1991. 11. 22. 선고 91다18132 판결.

V. 항소심판결의 주문

1. 항소기각

제1심판결의 결론이 정당하여 항소가 이유 없을 경우 "원고의 항소를 기각한다. 항소비용은 원고가 부담한다"와 같은 항소기각 주문을 낸다.

2. 항소의 전부인용

제1심판결의 결론이 부당하고 항소가 이유 있을 때의 항소심판결의 주문 기재례는, 만약 제1심에서 전부인용된 것이라면 "원판결을 취소한다. 원고의 청구를 기각한다"와 같고, 만약 제1심에서 전부기각된 경우라면 "원판결을 취소한다. 피고는 원고에게 100,000,000원을 지급하라"와 같다. 만약 제1심에서 일부인용·일부기각되었는데 항소심에서 원고의 항소가 전부인용된 것이라면 "원판결 중 원고패소부분을 취소한다. 피고는 원고에게 100,000,000원을 지급하라"와 같고, 항소심에서 피고의 항소가 전부인용된 것이라면 "원판결 중 피고패소부분을 취소한다. 위 취소부분에 해당하는 원고의 청구를 기각한다"와 같다.

3. 항소의 일부인용

제1심이 "피고는 원고에게 50,000,000원을 지급하라"는 판결을 하였고 이에 대해 피고가 항소하였는데 항소심 심리결과 원고에게 40,000,000원의 채권이 인정되는 경우 항소심 판결주문은 "원판결 중 40,000,000원을 넘는 피고 패소부분을 취소하고 위 취소부분에 해당하는 원고의 청구를 기각한다"와 같다(이른바 취소주문례). 그런데 판례는 "원판결을 다음과 같이 변경한다. 피고는 원고에게 40,000,000원을 지급하라. 원고의 나머지 청구를 기각한다"와 같이 할 수도 있다고 하였다(이른바 변경주문례).[89]

4. 항소심에서 청구의 변경

가. 청구의 감축이 있는 경우

청구의 감축(소의 일부취하 포함)이 있는 경우 그 나머지 부분만이 항소심의 심판대상이다. 만약 제1심판결이 정당하다고 인정되는 때에는 항소기각의 주문을 내면 된다. 다만

89) 대법원 1992. 11. 24. 선고 92다15987, 15994 판결.

항소기각의 표시에 더하여, 집행의 범위를 명확하게 하기 위해 "원판결을 다음과 같이 변경한다(또는 변경되었다)"라고 하고 이어서 나머지 부분에 대한 이행을 명한다.[90]

판 례 **항소심에서 청구의 감축과 판결주문(대법원 1992. 4. 14. 선고 91다45653 판결)**

항소심에서 청구취지의 감축(일부취하)이 있는 경우 그 감축된 부분은 처음부터 소송계속이 없어지게 되어 그 부분에 관한 제1심판결은 실효되고 항소심의 심판대상에서 제외된다 할 것이어서 항소심은 그 나머지 부분에 대한 제1심판결을 정당하다고 보는 때에는 주문에서 "항소기각"으로만 하여도 되는 것이나 집행의 범위를 명확히 하기 위하여 "항소기각"의 표시와 함께 "원심판결을 다음과 같이 변경한다"라고 하고 이어서 나머지 부분에 대하여 이행을 명할 수 있을 것이고 이 경우 제1심판결은 그 실질적 내용이 변경의 선언에 의하여 비로소 그렇게 변경되는 것이 아니라 그와 같이 이미 변경되어 있는 바이므로 그 표현을 "변경한다"라고 하지 않고 "변경되었다"라고 표시하여도 위법이라 할 수 없다.

나. 청구의 추가적 변경이 있는 경우

항소심에 이르러 새로운 청구가 추가된 경우 항소심은 추가된 청구에 대해 제1심으로서 재판하여야 한다. 따라서 ① 청구기각판결에 대해 원고가 항소하면서 청구를 추가하였는데 항소심에서 전부배척할 경우, 항소기각을 해서는 아니 되고, 항소기각+추가된 청구에 대한 청구기각의 주문을 낸다.[91] ② 청구인용판결에 대해 피고의 항소 후 원고가 선택적 병합을 하였는데, 심리결과 새로 병합된 청구가 이유 있는 경우, 결론이 제1심과 같더라도 단순히 항소기각해서는 아니 되고, 제1심판결취소+추가된 청구인용의 주문을 내야 한다.[92] ③ 청구인용판결에 대해 피고의 항소 후 원고가 예비적 청구를 추가하였는데, 심리결과 주위적 청구는 이유 없고 추가된 예비적 청구가 이유 있는 경우, 결론이 원고승소 측면에서 제1심과 유사하더라도 단순히 항소기각해서는 아니 되고, 제1심판결취소+주위적 청구기각+예비적 청구인용의 주문을 내야 한다.[93]

판 례 **항소심에서 청구추가와 전부배척 시 판결주문(대법원 2021. 5. 7. 선고 2020다292411 판결)**

항소심에 이르러 새로운 청구가 추가된 경우 항소심은 추가된 청구에 대해서는 실질상 제1심으로서 재판하여야 한다. 제1심이 기존의 청구를 기각한 데 대하여 원고가 항소하였고 항소심이 기존의 청구와 항소심에서 추가된 청구를 모두 배척할 경우 단순히 "원고의 항소를 기각한다"라는 주문 표시만 해서는 안 되고, 이와 함께 항소심에서 추가된 청구에 대하여 "원고의 청구를 기각한다"라는 주문 표시를 해야 한다.

---

90) 대법원 1979. 12. 11. 선고 79다828 판결; 대법원 1992. 4. 14. 선고 91다45653 판결.
91) 대법원 2021. 5. 7. 선고 2020다292411 판결.
92) 대법원 2006. 4. 27. 선고 2006다7587, 7594 판결.
93) 대법원 2011. 2. 10. 선고 2010다87702 판결.

판 례 **항소심에서 선택적으로 병합된 청구를 인용하는 경우 판결주문(대법원 2006. 4. 27. 선고 2006다7587, 7594 판결)**

수 개의 청구가 제1심에서 처음부터 선택적으로 병합되고 그중 어느 한 개의 청구에 대한 인용판결이 선고되어 피고가 항소를 제기한 경우는 물론, 원고의 청구를 인용한 판결에 대하여 피고가 항소를 제기하여 항소심에 이심된 후 청구가 선택적으로 병합된 경우에 있어서도 항소심은 제1심에서 인용된 청구를 먼저 심리하여 판단할 필요는 없고, 원심이 한 것처럼 선택적으로 병합된 수 개의 청구 중 제1심에서 심판되지 아니한 청구를 임의로 선택하여 심판할 수 있다고 할 것이나, 심리한 결과 그 청구가 이유 있다고 인정되고 그 결론이 제1심판결의 주문과 동일한 경우에도 피고의 항소를 기각하여서는 안 되며 제1심판결을 취소한 다음 새로이 청구를 인용하는 주문을 선고하여야 한다.

판 례 **항소심에서 예비적으로 병합된 청구를 인용하는 경우 판결주문(대법원 2011. 2. 10. 선고 2010다87702 판결)**

제1심에서 인용된 종래의 청구에 대하여 피고가 항소한 사건에서, 원고가 항소심에서 예비적 청구를 추가하여 심리한 결과, 주위적 청구는 이유 없고 항소심에서 추가된 예비적 청구가 인용되어 결과적으로 주위적 청구를 인용한 제1심판결의 주문과 같거나 유사한 결과가 된다고 하더라도, 단순히 항소를 기각한다는 주문을 내어서는 안 되고, 제1심판결을 취소하여 주위적 청구를 기각한 다음 예비적 청구에 따라서 다시 주문을 내야 한다.

다. 청구의 교환적 변경이 있는 경우

항소심에서 청구의 교환적 변경이 있는 경우 결합설에 따라 제1심판결은 실효되고, 새로운 청구에 대해 사실상 제1심으로서 당부를 판단해야 한다.[94] 따라서 이 경우 제1심판결이 존재하는 것을 전제로 한 제1심판결을 취소할 필요가 없고,[95] 항소각하를 할 수도 없으며, 항소인용·기각의 주문을 내서는 아니 되고,[96] 청구인용·기각의 주문을 내야 한다.

판 례 **항소심에서 교환적 변경된 신청구에 대한 판단(대법원 2018. 5. 30. 선고 2017다21411 판결)**

(전략) 항소심에서 청구의 교환적 변경이 적법하게 이루어지면, 청구의 교환적 변경에 따라 항소심의 심판대상이었던 제1심판결이 실효되고 항소심의 심판대상은 새로운 청구로 바뀐다. 이러한 경우 항소심은 제1심판결이 있음을 전제로 한 항소각하 판결을 할 수 없고, 사실상 제1심으로서 새로운 청구의 당부를 판단하여야 한다.

---

94) 대법원 2018. 5. 30. 선고 2017다21411 판결.

95) 대법원 1980. 11. 11. 선고 80다1182 판결; 대법원 1989. 3. 28. 선고 87다카2372 판결.

96) 대법원 2009. 2. 26. 선고 2007다83908 판결.

판 례 **항소심에서 교환적 변경 후 주문(대법원 2009. 2. 26. 선고 2007다83908 판결)**

항소심에 이르러 소가 교환적으로 변경된 경우에는 구 청구는 취하되어 그에 해당하는 제1심판결은 실효되고 신 청구만이 항소심의 심판대상이 되는 것이므로, 제1심이 원고의 청구를 일부 인용한 데 대하여 쌍방이 항소하였고 항소심이 제1심이 인용한 금액보다 추가로 인용하는 경우, 항소심은 제1심판결 중 항소심이 추가로 인용하는 부분에 해당하는 원고 패소부분을 취소한다거나 피고의 항소를 기각한다는 주문 표시를 하여서는 아니 된다.

☞ 甲(입주자대표회의)은 乙등(사업주체 및 주택보증회사)을 상대로 하자보수에 갈음한 손해배상청구를 하여 일부승소를 하였고, 항소심에 이르러 甲이 관리하는 아파트 구분소유자들로부터 하자보수에 갈음한 손해배상청구권을 양수받은 후 그 양수금청구만을 하는 것으로 소를 교환적으로 변경하였는데, 항소심은 甲의 청구금액을 추가로 인용하면서 그 부분에 해당하는 원고 甲 패소부분을 취소하고 피고 乙등의 항소를 기각하는 주문을 표시한 사안임.

제3장 상 고

제 1 절 서 설

Ⅰ. 상고의 개념과 특징

(1) 상고는 항소심의 종국판결에 대한 불복신청이다(제422조 제1항). 항소심의 환송판결도 종국판결이므로 상고의 대상이 된다.[1] 다만 불항소의 합의(비약상고의 합의, 제390조 제1항 단서)가 있는 경우에는 제1심의 종국판결에 대하여 상고할 수 있다(제422조 제2항).

(2) 상고심은 대법원이 관할한다. 항소심이 지방법원 항소부이거나 고등법원이거나를 불문한다(제422조 제1항).

Ⅱ. 상고제도의 목적

상고제도는 오판으로부터의 당사자의 권리를 구제하고 재판에 대한 국민의 신뢰를 유지케 하며, 법령의 해석·적용의 통일성을 기하고자 하는데 그 취지가 있다. 이에 대하여 당사자의 권리구제는 항소에서 강하게 부각되고, 법령해석의 통일은 상고에서 강하게 부각된다고 보는 견해도 있다.[2]

---

1) 대법원 1981. 9. 8. 선고 80다3271 전원합의체 판결.

2) 호문혁, 649~650면.

Ⅲ. 법률심으로서의 상고심

(1) 상고심은 법률심이다. 원심이 조사한 사실관계를 바탕으로 법률적 측면에서만 판단한다. 원심판결이 적법하게 확정한 사실은 상고법원을 기속하는데(제432조), 판례도 이러한 점에서 증거의 취사와 사실인정은 사실심의 전권사항이므로 이것이 자유심증주의의 한계를 벗어나지 않는 한 상고이유로 삼을 수 없다고 한다.[3)]

(2) 그러나 직권조사사항에 대해서는 상고심에서도 예외적으로 조사판단을 할 수 있다(제434조). 예컨대 판결의 이유불비가 판결에 이유를 전혀 기재하지 아니한 것과 같은 정도인 때 당사자의 주장이 없더라도 상고심이 직권으로 조사하여 판단할 수 있다.[4)]

제 2 절 상고이유

Ⅰ. 민사소송법상의 상고이유

이는 ⅰ) 판결에 영향을 미친 법령위반을 이유로 한 일반적 상고이유(제423조), ⅱ) 원판결의 결과에의 영향유무에 관계없이 상고이유가 되는 절대적 상고이유(제424조), ⅲ) 재심사유 등 그 밖의 상고이유로 나눌 수 있다.

1. 일반적 상고이유(제423조)

제423조(상고이유) 상고는 판결에 영향을 미친 헌법·법률·명령 또는 규칙의 위반이 있다는 것을 이유로 드는 때에만 할 수 있다.

가. 법 령

법령위반의 '법령'은 제423조에서 헌법·법률·명령 또는 규칙을 예시하고 있지만, 이외에도 지방자치단체의 조례, 관습법, 국제조약, 외국법 등도 포함한다. 경험법칙도 법규에 준하여 본조의 법령위반에 포함된다고 보는 것이 판례의 태도이다.[5)]

3) 대법원 2006. 5. 25. 선고 2005다77848 판결.
4) 대법원 2005. 1. 28. 선고 2004다38624 판결.

나. 위 반

(1) 위반의 원인을 기준으로 법령해석의 잘못과 법령적용의 잘못으로 구분된다. ① 먼저 해석의 잘못은 법령효력의 한계나 법령의 내용을 오해하여 사건에 잘못 적용하거나 적용하지 않은 경우를 말한다. ② 그리고 적용의 잘못은 구체적 사건이 법규의 구성요건 해당 여부에 대한 평가를 그르치는 것인데, 이는 상고이유가 되지 않는 사실인정의 잘못과 구별이 힘든 경우가 있다. 대법원이 채증법칙 위반이라는 상고이유로 하급심의 사실판단에 사실상 개입하여 온 것도 그중 하나일 것이다.

(2) 위반의 형태를 기준으로 절차상의 잘못과 판단상의 잘못으로 나뉜다. ① 절차상의 잘못은 예컨대 당사자주의(처분권주의, 변론주의)의 위반이나 석명의무 위반, 증거조사절차의 위법 등 원심의 절차에 소송법규의 위반이 있는 경우이다. 다만 임의규정의 경우는 당사자가 이의권을 포기·상실하면 그 하자가 치유되어 상고이유로 삼을 수 없다. 이러한 절차상의 잘못은 판결자체로서 발견이 어렵기 때문에 직권조사사항을 제외(제434조)하고는 당사자가 상고이유로 주장한 것에 한하여 조사한다(제431조). ② 그리고 판단상의 잘못은 원심판결에서 청구의 당부에 관한 법률판단이 부당한 경우를 말한다. 이는 법원의 당연한 직책인 법령의 적용과 판단에 대한 것이므로 당사자의 주장 여부에 관계없이 법원이 직권으로 조사하여야 한다(제434조).

다. 판결에 영향을 미쳤을 것

판결에 영향을 미쳐야 하므로, 법령위반으로 인하여 판결의 주문이 달라졌을 것, 즉 인과관계가 있을 것을 요한다. 따라서 원심법원이 가정판단으로 한 법률해석의 오류는 상고이유가 되지 않는다는 것이 판례의 태도이다.[6]

2. 절대적 상고이유(제424조)

제424조(절대적 상고이유) ① 판결에 다음 각호 가운데 어느 하나의 사유가 있는 때에는 상고에 정당한 이유가 있는 것으로 한다.
1. 법률에 따라 판결법원을 구성하지 아니한 때
2. 법률에 따라 판결에 관여할 수 없는 판사가 판결에 관여한 때
3. 전속관할에 관한 규정에 어긋난 때

5) 대법원 1971. 11. 15. 선고 71다2070 판결.
6) 대법원 1984. 3. 13. 선고 81누317 판결.

4. 법정대리권·소송대리권 또는 대리인의 소송행위에 대한 특별한 권한의 수여에 흠이 있는 때
5. 변론을 공개하는 규정에 어긋난 때
6. 판결의 이유를 밝히지 아니하거나 이유에 모순이 있는 때
② 제60조 또는 제97조의 규정에 따라 추인한 때에는 제1항제4호의 규정을 적용하지 아니한다.

가. 판결법원 구성의 위법(제1호)

판결법원 구성이 법원조직법 및 민사소송법에 위배된 경우이다. 예컨대 기본이 되는 변론에 관여하지 않은 법관이 판결을 한 경우(제204조 제1항), 법관이 바뀌었음에도 변론의 갱신절차를 거치지 않은 경우(제204조 제2항) 등 직접주의를 위반한 경우를 들 수 있다.

나. 관여할 수 없는 판사의 판결 관여(제2호)

예컨대 제척·기피사유가 있는 법관이 판결에 관여한 경우이다. 여기의 관여란 합의와 판결문 작성에 관여한 경우를 말하고, 단지 선고에만 관여한 경우는 해당하지 않는다.

다. 전속관할 규정 위배(제3호)

관할권 없는 법원이 판결한 경우이다. 다만 임의관할 규정을 위반한 경우는 제외한다(제425조, 제411조).

라. 대리권 흠결(제4호)

(1) 이는 당사자의 절차권을 보호하기 위한 규정이다. 따라서 대리권이 없거나, 특별수권을 받지 않은 경우뿐만 아니라, 회사의 대표가 아닌 자에게 소송서류가 송달되어 적법한 대표권자의 소송수행권이 침해된 경우에도 본호의 규정을 유추적용할 수 있고,[7] 회생절차개시결정에 의한 소송절차의 중단을 간과하거나,[8] 당사자 사망에 따른 중단을 간과한 경우[9] 등에서 본호의 규정을 유추적용하고 있다.

(2) 그러나 대리권의 흠결을 추인한 경우(제60조, 제97조)에는 대리권 흠결의 상고이유는 소멸한다(제424조 제2항).[10]

마. 변론의 공개규정 위배(제5호)

헌법 제109조를 위반하여 비공개로 심리와 판결을 한 경우이다.

---

7) 대법원 2014. 3. 27. 선고 2013다39551 판결.
8) 대법원 2016. 12. 27. 선고 2016다35123 판결.
9) 대법원 1995. 5. 23. 선고 94다28444 전원합의체 판결; 대법원 2013. 4. 11. 선고 2012재두497 판결.
10) 대법원 2012. 3. 29. 선고 2011두28776 판결.

바. 판결이유의 불명시·모순(제6호)

(1) 판결이유를 명시하지 않은 경우라 함은 판결에 이유를 전혀 기재하지 아니하거나 이유의 일부를 빠뜨리는 경우 또는 이유의 어느 부분이 명확하지 아니하여 법원이 어떻게 사실을 인정하고 법규를 해석·적용하여 주문에 이르렀는지가 불명확한 경우를 일컫는다.[11] 판결이유에 주문에 이르게 된 경위가 명확히 표시되어 있는 이상 관계 법률이 위헌이라는 당사자의 주장을 판단하지 아니하였다는 사정만으로 판결에 이유를 명시하지 아니한 위법이 있다고 할 수 없고, 또한 당사자의 주장이나 항변에 대한 판단은 반드시 명시적으로만 하여야 하는 것이 아니고 묵시적 방법이나 간접적인 방법으로도 할 수 있다.[12] 판결에 영향을 미칠 중요한 사항에 관하여 판단을 누락한 경우(제451조 제1항 제9호의 재심사유)도 이 조항의 상고이유에 해당하는데, 다만 직권조사사항에 대한 당사자의 주장은 직권발동을 촉구하는 의미밖에 없으므로 법원이 이에 대해 판단하지 않더라도 상고이유가 되는 것은 아니다.[13]

(2) 이유모순은 판결이유가 전후 일관성이 없는 것을 말한다. 예컨대 부진정연대채무를 인정하고 채무자들에게 지급을 명하면서 '각' 지급하라고 하여 합계액이 손해액을 초과하는 경우를 들 수 있다.[14]

3. 그 밖의 상고이유

재심사유도 상소에 의하여 주장할 수 있으나(제451조 제1항 단서), 당해사건에 대한 재심사유로 한정된다. 따라서 당해사건과 관련된 다른 사건에 재심사유가 존재한다는 점을 들어 당해사건의 상고이유로 삼을 수는 없다.[15]

II. 소액사건심판법상의 상고이유

소액사건에서는 i) 법률·명령·규칙 또는 처분의 헌법위반 여부와 명령·규칙 또는 처분의 법률위반 여부에 대한 판단이 부당한 경우, ii) 대법원의 판례에 상반되는 판단을 한 경우에만 상고를 할 수 있다(소심 제3조).

11) 대법원 2004. 5. 28. 선고 2001다81245 판결.
12) 대법원 1995. 3. 3. 선고 92다55770 판결.
13) 대법원 1997. 1. 24. 선고 96다32706 판결; 대법원 2017. 3. 9. 선고 2013두16852 판결.
14) 대법원 1984. 6. 26. 선고 84다카88, 89 판결.
15) 대법원 2001. 1. 16. 선고 2000다41349 판결.

제 3 절 상고심의 절차

Ⅰ. 상고의 제기

1. 상고장의 제출

(1) 상고심의 판단을 받고자 하는 자는 항소심 판결서가 송달된 날로부터 2주 이내에 상고장을 원심법원에 제출하여야 한다(제425조, 제396조, 제397조). 소액사건의 경우도 상고는 구술로 제기할 수 없다.[16] 상고기간의 준수는 상고장이 원심법원에 접수된 때를 기준으로 하므로,[17] 상고장이 대법원에 바로 제출되었다가 다시 원심법원에 송부된 경우에도 상고장이 원심법원에 접수된 때를 기준으로 상고기간의 준수여부를 판단한다.[18] 상고장에는 제1심 인지의 2배 상당의 인지를 붙여야 한다(민인 제3조).

(2) 상고장에는 당사자와 법정대리인 및 원심판결을 표시하고 그 판결에 대하여 상고하는 취지를 기재하면 족하다. 상고장에 불복신청의 범위를 기재하지 않은 경우 상고인에게 이를 명확히 하는 보정을 명하여야 할 것이나, 불복신청의 범위는 상고장의 필수적 기재사항이 아니므로, 상고인이 위 보정명령에 불응하더라도 이를 이유로 상고장을 각하할 수 없다.[19]

2. 재판장등의 상고장심사권

가. 원심재판장의 심사권

원심재판장은 상고장의 필수적 기재사항(제425조, 제397조 제2항)이 기재되었는지, 그리고 인지를 붙였는지를 심사하여 그 흠결이 있으면 상당한 기간을 정하여 보정을 명하여야 한다. 이 경우 원심재판장은 법원사무관등으로 하여금 위 보정명령을 하게 할 수 있다(제425조, 제399조 제1항). 만약 상고인이 보정을 하지 않거나, 상고기간을 도과한 상고임이 분명한 때에 원심재판장은 상고장 각하명령을 하여야 한다(제425조, 제399조 제2항). 한편 인지

16) 주석 민사소송법(Ⅵ), 432면.

17) 대법원 2010. 12. 9. 선고 2007다42907 판결.

18) 대법원 1981. 10. 13. 선고 81누230 판결. 다만 상고인이 서울고등법원에 상고장을 제출하려는 의사였으나 서울고등법원이 서울(중앙)지방법원과 동일한 청사 내에 위치한 관계로 서울지방법원 접수과를 서울고등법원 접수실로 혼동, 착각한 경우 서울지방법원 접수과에 상고장을 제출한 날을 기준으로 상고기간 준수 여부를 가리는 것이 타당하다고 본 판례가 있다(대법원 1996. 10. 25.자 96마1590 결정).

19) 대법원 2011. 10. 27.자 2011마1595 결정.

보정명령에 따라 인지액에 해당하는 현금을 인지로 납부하지 않고 송달료로 납부한 경우에는 인지보정의 효과가 발생하지 않고, 다만 원심재판장은 상고인에게 인지를 보정하는 취지로 납부한 것인지에 관한 석명을 구하고 다시 인지를 보정할 수 있는 기회를 부여해야 하며, 이런 보정의 기회를 부여하지 않은 채 상고장을 각하한 것은 위법하다고 하였다.[20] 원심재판장의 위와 같은 상고장 각하명령에 대해서는 즉시항고할 수 있다(제425조, 제399조 제3항).

나. 상고심재판장의 심사권

원심재판장이 위와 같은 흠을 간과한 경우 상고심재판장은 같은 조치를 취해야 함은 항소심의 경우와 같다(제425조, 제402조).

3. 소송기록의 송부

상고장이 제출된 날부터 2주 이내에 상고장을 붙인 항소기록을 대법원에 송부한다(제425조, 제400조 제1항). 보정명령을 거친 경우는 그 흠이 보정된 날부터 1주 이내에 송부한다(제425조, 제400조 제2항).

4. 상고이유서 제출

제427조(상고이유서 제출) 상고장에 상고이유를 적지 아니한 때에 상고인은 제426조의 통지를 받은 날부터 20일 이내에 상고이유서를 제출하여야 한다.

제429조(상고이유서를 제출하지 아니함으로 말미암은 상고기각) 상고인이 제427조의 규정을 어기어 상고이유서를 제출하지 아니한 때에는 상고법원은 변론 없이 판결로 상고를 기각하여야 한다. 다만, 직권으로 조사하여야 할 사유가 있는 때에는 그러하지 아니하다.

(1) 상고장에 상고이유를 적지 아니한 때에 상고인은 소송기록 접수의 통지를 받은 날부터 20일 이내에 상고법원에 상고이유서를 제출하여야 한다(제427조). 상고이유서 제출강제주의를 취하므로 만약 상고인이 그 제출을 하지 않을 때에 상고법원은 직권조사사항을 제외하고 변론 없이 판결로 상고를 기각하여야 한다(제429조). 상고이유서에 대한 답변서의 제출이 임의적인 것(제428조 제2항)과는 다르다. 위 상고이유서 제출기간은 불변기간이 아니어서 당사자에게 책임없는 사유가 있더라도 추후보완이 허용되지

20) 대법원 2021. 3. 11.자 2020마7755 결정.

않는다.[21)]

(2) 상고이유서 제출기간 경과 후 보충서로 제출된 상고이유는 원칙적으로 상고심 판단의 대상이 아니고, 다만 기간 내에 제출된 상고이유를 보충하는 한도 내에서만 판단한다.[22)] 그러나 직권조사사항에 대해서는 상고이유서 제출기간 후에 주장되었다 하더라도 상고심은 이를 판단대상으로 삼아야 한다.[23)]

(3) 제출된 상고이유서의 내용에 심판대상인 원심판결의 어떤 점이 법령에 어떻게 위반하였는지에 관한 구체적이고도 명시적인 이유설시가 없을 때에는 상고이유를 제출하지 않은 것으로 취급된다.[24)]

5. 부대상고

피상고인은 상고권이 소멸된 후에도 부대상고를 할 수 있다. 다만 상고이유서 제출기간 내에 부대상고를 제기하고 그 이유서를 제출하여야 적법한 부대상고로 취급받는다.[25)] 한편 전부승소한 피상고인은 상고의 이익이 없어 부대상고를 할 수 없다.[26)]

판 례 **부대상고의 시기(대법원 1997. 10. 10. 선고 95다46265 판결)**

피상고인은 상고권이 소멸된 후에도 부대상고를 할 수 있으나 상고이유서 제출기간 내에 부대상고를 제기하고 그 이유서를 제출하여야 하는바, 피상고인이 상고이유서 제출기간 내에 부대상고장을 제출하였으나 부대상고장에 부대상고이유의 기재가 없고 부대상고이유서는 상고이유서 제출기간 경과 후에 제출하였다면 그 부대상고는 기각되어야 한다.

II. 심리불속행제도

1. 서 설

(1) 우리나라는 높은 상고율 때문에 1981년 소송촉진 등에 관한 특례법에서 허가상고

21) 대법원 1981. 1. 28.자 81사2 결정.

22) 대법원 2010. 9. 30. 선고 2008다58794, 58800, 58817 판결; 대법원 2010. 8. 19. 선고 2007다41621 판결 등 다수.

23) 대법원 1998. 6. 26. 선고 97다42823 판결; 대법원 2000. 10. 13. 선고 99다18725 판결.

24) 대법원 2001. 3. 23. 선고 2000다29356, 29363 판결; 대법원 2023. 12. 28. 선고 2023다268686 판결.

25) 대법원 1997. 10. 10. 선고 95다46265 판결.

26) 대법원 2015. 10. 29. 선고 2014다75349 판결. 제1심에서 전부승소한 피항소인도 청구취지를 확장하며 부대항소를 할 수 있는 것(대법원 1995. 6. 30. 선고 94다58261 판결)과 구별된다.

제를 채택하여 시행하다가, 1990년 민사소송법 개정시 이를 폐기하고 다시 제한없는 상고제도로 돌아갔고, 이에 높은 상고율을 감당할 수 없어 1994년 상고심절차에 관한 특례법을 제정하고 심리불속행제도를 도입하여 사실상 허가상고제를 운영하고 있다. 따라서 심리속행사유가 없으면 판결로 상고를 기각한다.

(2) 상고심법은 민사소송, 가사소송, 행정소송 및 특허소송의 상고사건에도 적용된다(상고심법 제2조). 다만 소액사건에 대한 상고사건에는 적용이 배제된다고 본다.

(3) 심리불속행으로 인한 상고기각은 상고본안심리의 거부이므로 내용상 소송판결에 해당하나, 형식적으로는 '각하'가 아니라 '기각'을 하고 있다.

2. 심리속행사유

〈상고심절차에 관한 특례법〉

제4조(심리의 불속행) ① 대법원은 상고이유에 관한 주장이 다음 각 호의 어느 하나의 사유를 포함하지 아니한다고 인정하면 더 나아가 심리(審理)를 하지 아니하고 판결로 상고를 기각(棄却)한다.

1. 원심판결(原審判決)이 헌법에 위반되거나, 헌법을 부당하게 해석한 경우
2. 원심판결이 명령·규칙 또는 처분의 법률위반 여부에 대하여 부당하게 판단한 경우
3. 원심판결이 법률·명령·규칙 또는 처분에 대하여 대법원 판례와 상반되게 해석한 경우
4. 법률·명령·규칙 또는 처분에 대한 해석에 관하여 대법원 판례가 없거나 대법원 판례를 변경할 필요가 있는 경우
5. 제1호부터 제4호까지의 규정 외에 중대한 법령위반에 관한 사항이 있는 경우
6. 「민사소송법」 제424조제1항제1호부터 제5호까지에 규정된 사유가 있는 경우

② 가압류 및 가처분에 관한 판결에 대하여는 상고이유에 관한 주장이 제1항제1호부터 제3호까지에 규정된 사유를 포함하지 아니한다고 인정되는 경우 제1항의 예에 따른다.

③ 상고이유에 관한 주장이 제1항 각 호의 사유(가압류 및 가처분에 관한 판결의 경우에는 제1항제1호부터 제3호까지에 규정된 사유)를 포함하는 경우에도 다음 각 호의 어느 하나에 해당할 때에는 제1항의 예에 따른다.

1. 그 주장 자체로 보아 이유가 없는 때
2. 원심판결과 관계가 없거나 원심판결에 영향을 미치지 아니하는 때

법문의 구조가 열거된 심리속행사유가 있으면 심리를 계속하되, 그 사유가 없으면 더 이상의 본안심리를 하지 않고 상고기각판결을 하도록 되어 있다.

(1) 일반적인 소송절차에서 심리속행사유는 ① 헌법위반 또는 헌법의 부당해석, ② 명령·규칙 또는 처분의 법률위반 여부에 대한 부당판단, ③ 법률·명령·규칙 또는 처분에

대한 대법원 판례와의 상반된 해석, ④ 법률·명령·규칙 또는 처분에 대한 해석에 관한 대법원 판례의 부존재 또는 변경의 필요성, ⑤ 그 외에 중대한 법령위반, ⑥ 판결이유의 불명시·모순을 제외한 절대적 상고이유가 있다(상고심법 제4조 제1항).

(2) 가압류·가처분 사건에서 심리속행사유는 위에서 본 사유 중 ① 헌법위반 또는 헌법의 부당해석, ② 명령·규칙 또는 처분의 법률위반 여부에 대한 부당판단, ③ 법률·명령·규칙 또는 처분에 대한 대법원 판례와의 상반된 해석이다(상고심법 제4조 제2항). 재항고 및 특별항고 사건에서도 마찬가지이다(상고심법 제7조). 다만 중대한 법령위반은 가압류·가처분 사건에서 심리속행사유가 아니다.

(3) 다만 위의 심리속행사유에 해당하더라도, ① 그 주장 자체로 보아 이유가 없거나, ② 원심판결과 관계가 없거나 원심판결에 영향을 미치지 아니하는 때에는 심리불속행으로 상고기각판결을 하게 된다(상고심법 제4조 제3항).

3. 심리불속행판결의 특례

〈상고심절차에 관한 특례법〉

제5조(판결의 특례) ① 제4조 및 「민사소송법」 제429조 본문에 따른 판결에는 이유를 적지 아니할 수 있다.
② 제1항의 판결은 선고(宣告)가 필요하지 아니하며, 상고인에게 송달됨으로써 그 효력이 생긴다.
③ 제1항의 판결은 그 원본을 법원서기관, 법원사무관, 법원주사 또는 법원주사보(이하 "법원사무관등"이라 한다)에게 교부하며, 법원사무관등은 즉시 이를 받은 날짜를 덧붙여 적고 도장을 찍은 후 당사자에게 송달하여야 한다.

제6조(특례의 제한) ① 제4조 및 제5조는 「법원조직법」 제7조제1항 단서에 따라 재판하는 경우에만 적용한다.
② 원심법원으로부터 상고기록을 받은 날부터 4개월 이내에 제5조에 따른 판결의 원본이 법원사무관등에게 교부되지 아니한 경우에는 제4조 및 제5조를 적용하지 아니한다.

심리불속행판결은 다음의 몇 가지 특례가 있다. ① 판결이유를 적지 아니할 수 있다(상고심법 제5조 제1항). ② 선고가 필요하지 아니하며, 상고인에게 송달됨으로써 그 효력이 생긴다(같은 법 제5조 제2항). ③ 전원합의체가 아닌 소부에서 재판하는 경우에만 할 수 있다(같은 법 제6조 제1항). ④ 상고기록을 송부받은 날부터 기각판결의 원본을 법원사무관등에게 교부하기까지 4개월 내에만 심리불속행기각판결을 할 수 있다(같은 법 제6조 제2항). 따라서 4개월이 지나면 심리속행결정이 난 것으로 볼 수 있다.

Ⅲ. 상고심의 본안심리

1. 상고이유서의 송달과 답변서의 제출

상고이유서를 제출받은 상고법원은 그 부본·등본을 바로 상대방에게 송달하여야 하고, 상대방은 송달받은 날부터 10일 이내에 답변서를 제출할 수 있다(제428조). 답변서 제출은 임의적 사항이다. 답변서가 제출되면 상고법원은 그 부본·등본을 바로 상고인에게 송달하여야 한다(제428조 제3항).

2. 심리의 범위

상고인의 상고이유에 심리속행사유가 포함되어 있다고 판단되면 상고심은 상고이유에 따라 불복신청의 한도 내에서 심리한다(제431조). 불이익변경금지의 원칙이 적용되는 결과 상고심에서 원판결을 변경하는 때에도 불복신청의 한도 내에서 해야 한다(제425조, 제407조). 이에 따라 예컨대 청구의 병합에서 이심의 범위와 심판의 범위가 불일치할 수 있음은 항소의 경우와 같다. 그러나 직권조사사항에 대해서는 불이익변경금지의 원칙이 적용되지 아니 하므로(제434조), 불복신청이 없는 부분에 관해서도 파기환송할 수 있다.[27]

3. 소송자료

원심판결이 적법하게 확정한 사실은 상고심을 기속하고(제432조), 따라서 증거의 취사와 사실인정은 사실심의 진권사항이므로,[28] 상고심은 새로운 소송사료의 수집을 할 수 없고, 상고인 역시 새로운 청구, 사실주장, 증거신청 등을 할 수 없다. 청구취지 및 청구원인의 정정·변경을 할 수 없고,[29] 원심에서 한 자백을 취소할 수도 없다.[30] 다만 직권조사사항의 경우는 상고심에서 이를 새로이 주장·증명할 수 있다.[31]

4. 심리의 방법

상고법원은 상고장·상고이유서·답변서, 그 밖의 소송기록에 의하여 변론없이 판결

27) 대법원 1980. 11. 11. 선고 80다284 판결.
28) 대법원 2018. 7. 26. 선고 2018다227551 판결; 대법원 2020. 4. 29. 선고 2014다11895 판결.
29) 대법원 1997. 12. 12. 선고 97누12235 판결.
30) 대법원 1998. 1. 23. 선고 97다38305 판결.
31) 대법원 2019. 6. 13. 선고 2019다205947 판결.

할 수 있다(제430조 제1항). 임의적 변론절차이다. 다만 상고법원은 소송관계를 분명하게 하기 위하여 필요한 경우에는 특정한 사항에 관하여 변론을 열어 참고인의 진술을 들을 수 있다(같은 조 제2항).

Ⅳ. 상고심의 종료

1. 상고장각하명령

상고장의 필수적 기재사항 흠결이 있거나 인지를 붙이지 않은 경우, 상고장 부본을 송달할 수 없는 경우, 그리고 상고기간을 도과한 항소임이 분명한 때에 상고심재판장은 상고장각하명령을 한다(제425조, 제402조 제2항).

2. 상고각하판결

상고요건에 흠결이 있는 경우 상고법원은 상고각하판결을 한다. 부적법한 상고로서 그 흠을 보정할 수 없으면 변론 없이 판결로 상고를 각하할 수 있다(제425조, 제413조).

3. 상고기각판결

원심판결을 정당하다고 인정하거나 또는 원심판결 이유가 정당하지 아니한 경우에도 다른 이유에 따라 정당하다고 인정하는 때 상고기각판결을 한다(제425조, 제414조). 또한 앞서 본 바와 같이 판결로 심리불속행기각을 할 수도 있고(상고심법 제4조 제1항), 제출기간 내에 상고이유서를 제출하지 아니한 때에도 판결로 상고를 기각한다(제429조).

4. 상고인용판결

가. 파기환송 또는 이송

제436조(파기환송, 이송) ① 상고법원은 상고에 정당한 이유가 있다고 인정할 때에는 원심판결을 파기하고 사건을 원심법원에 환송하거나, 동등한 다른 법원에 이송하여야 한다.
② 사건을 환송받거나 이송받은 법원은 다시 변론을 거쳐 재판하여야 한다. 이 경우에는 상고법원이 파기의 이유로 삼은 사실상 및 법률상 판단에 기속된다.
③ 원심판결에 관여한 판사는 제2항의 재판에 관여하지 못한다.

(1) 상고법원이 상고에 정당한 이유가 있다고 인정할 때에 원심판결을 파기하고 사건을 환송 또는 이송한다(제436조 제1항).

(2) 환송 후의 심리절차에 관하여, 사건을 환송받거나 이송받은 법원은 다시 변론을 거쳐 재판하여야 한다(제436조 제2항 본문). 환송받은 항소심이 다시 여는 변론은 실질적으로는 종전변론의 재개, 속행에 지나지 않으므로, 당사자는 그 변론종결에 이르기까지 항소범위의 변경, 소의 변경이나 새로운 공격방어방법을 제출할 수 있다는 것이 판례의 태도이다.[32] 즉 변론의 갱신권(ius novorum)이 인정된다. 이에 따라 환송 후 원심에서 당사자의 소송행위, 예컨대 소의 변경, 부대항소의 제기, 청구의 확장 등으로 인해 환송 전 판결보다 상고인에게 불리한 결과가 생길 수 있다.[33] 다만 환송 전 원심판결에 관여한 판사는 환송 후 항소심에 관여할 수 없어서(제436조 제3항), 새로운 재판부를 구성하여야 하므로 변론의 갱신절차를 거쳐야 한다(제204조 제2항). 한편 판례는 환송 전 원심 소송대리인의 대리권이 부활한다고 본다.[34]

(3) 환송 후 항소심의 심판의 대상이 되는 것은 대법원에서 파기환송된 부분만이다. 따라서 상고의 대상이 되지 아니하여 분리확정된 부분은 환송 후 항소심 심판대상에서 제외된다. 예컨대 원고의 청구가 일부인용된 환송 전 원심판결에 대하여 피고만이 상고하여 상고심에서 피고 패소부분을 파기환송한 경우, 환송 전 원심판결 중 원고 패소부분에 대하여 환송 후 원심이 심리할 수 없다.[35] 원고 패소부분은 아무도 상고하지 아니하여 이미 분리확정되었기 때문이다. 또 원고의 본소청구 및 피고의 반소청구가 각 일부인용된 환송 전 원심판결에 대하여 피고만이 상고하고 상고심에서 본소 및 반소에 관한 각 피고 패소부분을 파기환송한 경우, 환송 전 원심판결 중 본소에 관한 원고 패소부분과 반소에 관한 피고 승소부분은 각 확정되었으므로 이에 대하여 환송 후 원심이 심리할 수 없음은 마찬가지이다.[36]

판 례 **상고하지 않은 원고 패소부분에 대하여 환송 후 항소심이 심리 가능한지 여부(대법원 2013. 2. 28. 선고 2011다31706 판결)**

원고의 청구가 일부 인용된 환송 전 원심판결에 대하여 피고만이 상고하고 상고심은 이 상고를 받아들여 원

32) 대법원 2007. 6. 29. 선고 2005다48888 판결.

33) 대법원 2014. 6. 12. 선고 2014다11376, 11383 판결.

34) 대법원 1984. 6. 14.자 84다카744 결정; 대법원 1985. 5. 28. 선고 84후102 판결. 상세는 전술 당사자 임의대리인 부분 참조.

35) 대법원 2013. 2. 28. 선고 2011다31706 판결; 대법원 2020. 3. 26. 선고 2018다221867 판결.

36) 대법원 2014. 6. 12. 선고 2014다11376, 11383 판결.

심판결 중 피고 패소부분을 파기환송하였다면 피고 패소부분만이 상고되었으므로 위의 상고심에서의 심리대상은 이 부분에 국한되었으며, 환송되는 사건의 범위, 다시 말하자면 환송 후 원심의 심판 범위도 환송 전 원심에서 피고가 패소한 부분에 한정되는 것이 원칙이고, 환송 전 원심판결 중 원고 패소부분은 확정되었다 할 것이므로 환송 후 원심으로서는 이에 대하여 심리할 수 없다. 그러나 환송 후 원심의 소송절차는 환송 전 항소심의 속행이므로 당사자는 원칙적으로 새로운 사실과 증거를 제출할 수 있음은 물론, 소의 변경, 부대항소의 제기뿐만 아니라 청구의 확장 등 그 심급에서 허용되는 모든 소송행위를 할 수 있고, 이때 소를 교환적으로 변경하면, 제1심판결은 소취하로 실효되고 항소심의 심판대상은 교환된 청구에 대한 새로운 소송으로 바뀌어 항소심은 사실상 제1심으로 재판하는 것이 된다.

나. 환송 또는 이송판결의 기속력

별도의 항목으로 후술한다.

다. 파기자판

제437조(파기자판) 다음 각호 가운데 어느 하나에 해당하면 상고법원은 사건에 대하여 종국판결을 하여야 한다.
1. 확정된 사실에 대하여 법령적용이 어긋난다 하여 판결을 파기하는 경우에 사건이 그 사실을 바탕으로 재판하기 충분한 때
2. 사건이 법원의 권한에 속하지 아니한다 하여 판결을 파기하는 때

상고법원이 원판결을 파기하는 경우 반드시 환송하여야 하는 것은 아니고 위 각호의 사유가 있으면 자판할 수도 있다. 그러나 실무상 파기자판율은 매우 낮다. 당사자의 불복의사가 강한 경우 환송을 하게 되면 사실상 5심으로 재판을 하는 셈이 되어 소송완결의 측면에서 매우 불경제적이라 할 수 있다.

Ⅴ. 환송 또는 이송판결의 기속력

1. 의 의

환송 또는 이송을 받은 법원이 다시 심판을 하는 경우에는 상고법원이 파기의 이유로 삼은 사실상 및 법률상 판단에 기속되는데(제436조 제2항 후문, 법조 제8조), 이를 환송 또는 이송판결의 기속력이라고 한다. 만약 환송받은 법원이 종전과 같은 견해를 고집하면 사건이 하급심과 상고심 사이에 수차례 왕복하게 될 것이고, 이렇게 되면 법령의 해석적용의

통일이라는 상고법원의 역할이 유명무실해지고, 심급제도 자체가 무의미해지므로, 기속력을 인정하고 있다.

2. 기속력의 성질

기속력의 성질에 대하여 ① 중간판결설, ② 기판력설이 있으나, ③ 특수효력설[37]이 현재의 대체적인 견해이다. 즉 심급제도를 유지하고 효율적으로 운영하기 위해 상고심의 판결이 하급심을 구속하는 특수한 효력으로 보고 있다. 판례는 과거 환송판결을 중간판결이라 하였으나, 전원합의체 판결로 이를 변경하여 지금은 그 심급을 이탈시키는 판결인 점에서 종국판결로 보고 있다.[38]

3. 기속력의 범위

가. 객관적 범위

기속력은 당해사건에 한하여 판결이유 중 판단에도 미친다. 그러나 다른 사건에 대해서는 기속력이 미치지 않으므로 달리 판단하여도 된다.

나. 주관적 범위

기속력은 환송받은 법원 및 그 하급심은 물론, 다시 상고되었을 때 상고심에까지 미친다. 그러나 법령의 정당한 해석적용과 그 통일을 고려할 때 대법원의 전원합의체는 이에 기속되지 않고 그 필요에 따라 종전의 환송판결의 법률상 판단을 변경할 수 있다.[39] 만약 여러 차례 환송판결이 있었는데 제1차 환송판결과 제2차 환송판결이 저촉되는 경우 환송받은 원심은 제2차 환송판결의 법률상의 판단에 기속된다.[40]

4. 기속력의 내용

상고법원이 파기의 이유로 삼은 '사실상의 판단'과 '법률상의 판단'에 기속된다(제436조 제2항 후문).

---

37) 김홍규/강태원, 932면; 김홍엽, 1196면; 이시윤, 913면; 전병서, 672면; 정동윤/유병현/김경욱, 947면; 정영환, 1413면; 한충수, 876면.

38) 대법원 1995. 2. 14. 선고 93재다27, 34 전원합의체 판결.

39) 대법원 2001. 3. 15. 선고 98두15597 전원합의체 판결.

40) 대법원 1995. 8. 22. 선고 94다43078 판결.

가. 사실상의 판단

상고법원은 사실심이 아니라 법률심이므로, 기속력이 미치는 사실상의 판단은 직권조사사항에 관한 사실,[41] 절차상 위법에 관한 사실,[42] 재심사유에 관한 사실에 대하여 한 판단을 의미하고, 본안에 관한 사실판단을 말하는 것은 아니므로, 환송을 받은 법원은 변론을 거쳐 새로운 증거나 보강된 증거에 의하여 본안의 쟁점에 관하여 새로운 사실인정을 할 수 있다. 환송 후 원심의 소송절차는 환송 전 항소심의 속행이므로 당사자는 원칙적으로 새로운 사실과 증거를 제출할 수 있음은 물론, 소의 변경, 부대항소의 제기뿐만 아니라 청구의 확장 등 그 심급에서 허용되는 모든 소송행위를 할 수 있기 때문이다.[43] 그 심리과정에서 새로 제출되거나 보강된 주장·증거에 의해 상고법원의 기속적 판단의 기초가 된 사실관계에 변동이 생긴 때에는 환송판결의 기속력은 미치지 아니한다.[44]

판 례 **사실상의 판단의 의미 및 사실관계의 변동이 생긴 경우(대법원 2011. 12. 22. 선고 2009다75949 판결)**

민사소송법 제436조 제2항에서 정하는 바 환송받은 법원을 기속하는 '상고법원이 파기이유로 삼은 사실상의 판단'이란 직권조사사항 등과 같이 상고심법원으로서 확정할 수 있는 사실에 대한 판단으로서 파기이유로 삼은 것을 말하고 파기이유로 삼지도 아니한 본안에 관한 사실판단을 말하는 것이 아니다. 또한 사건을 환송받은 법원은 변론을 거쳐 새로운 증거나 보강된 증거에 의하여 본안의 쟁점에 관하여 새로운 사실인정을 할 수 있으므로, 그 심리과정에서 당사자의 주장·입증이 새로이 제출되거나 또는 보강되어 상고법원의 기속적 판단의 기초가 된 사실관계에 변동이 생긴 때에는 환송판결의 기속력은 미치지 아니한다.

나. 법률상의 판단

이는 법률의 해석적용에 관한 판단이나 구체적 사실에 대한 법률적 평가판단을 의미한다.[45] 여기에는 ① 상고법원이 명시적으로 설시한 법률상 판단뿐만 아니라 ② 명시적으로 설시하지 아니하였더라도 파기이유로 한 부분과 논리적·필연적 관계가 있어서 상고법원이 파기이유의 전제로서 당연히 판단하였다고 볼 수 있는 법률상 판단도 포함된다고 본다.[46] 따라서 이에 해당하지 않는, 즉 원판결을 파기하면서 부수적으로 지적한 부분에 대

---

41) 대법원 2012. 1. 12. 선고 2010다87757 판결.
42) 대법원 1964. 6. 30. 선고 63다1193 판결.
43) 대법원 2013. 2. 28. 선고 2011다31706 판결.
44) 대법원 2011. 12. 22. 선고 2009다75949 판결.
45) 대법원 1983. 6. 14. 선고 82누480 판결.
46) 대법원 2012. 3. 29. 선고 2011다106136 판결. 甲이 명의신탁해지에 따른 소유권이전등기청구권을 피보전채권으로 하여 명의수탁자 乙을 대위하여 丙(丙은 乙로부터 부동산을 증여받아 특별조치법에 따라 등기를 마쳤음)을 상대로 말소등기청구를 하였는데, 환송 전 원심이 위 증여에 대하여 특조법이 적용되지 않음을

해서는 기속력이 미치지 않는다.[47]

다. 기속력의 한계

(1) 기속력이 미친다고 하여 환송 후 원심이 반드시 결론을 바꾸어야 하는 것은 아니다. 따라서 환송 후 원심은 파기의 이유로 된 잘못된 견해만 피하면 당사자가 새로이 주장·증명한 바에 따른 다른 가능한 견해에 의하여 환송 전 항소심의 판결과 같은 결론에 이를 수도 있다.[48]

(2) 파기환송판결을 하면서 원심의 사실인정에 위법이 없다고 설시를 하였더라도 환송 후 원심을 기속하는 것은 파기이유뿐이다.[49] 그리고 환송 후 원심이 심리한 결과 파기이유로 한 사항 이외의 사항에 대한 판단으로서 판결하기에 충분하다고 인정한 때에는 파기이유로 한 사항에 관하여 판단하지 아니할 수도 있다.[50]

전제로 丙 명의 등기의 추정력이 깨어졌다고 판단하였고, 이에 대하여 환송판결이 위 증여에 대하여도 특조법이 적용된다는 이유로 파기환송하였는데, 환송 후 원심이 甲이 부동산을 乙에게 명의신탁하였음을 인정할 증거가 없다고 하여 甲의 소를 각하하였음. 이에 대하여 대법원은 채권자대위소송에서 피보전채권의 존재는 소송요건으로서 법원의 직권조사사항이므로, 환송판결이 특조법에 의하여 경료된 등기의 추정력이 번복되는 경우인지에 관해서만 판단하였더라도, 그 판단은 甲이 乙에 대하여 명의신탁해지를 원인으로 한 소유권이전등기청구권을 가지고 이를 피보전채권으로 하여 소송요건을 구비하였다는 판단을 당연한 논리적 전제로 하고 있으므로, 환송판결의 기속력은 甲의 청구가 소송요건을 구비한 적법한 것이라는 판단에도 미친다고 하였음.

47) 대법원 1997. 4. 25. 선고 97다904 판결.

48) 대법원 1995. 10. 13. 선고 95다33047 판결.

49) 대법원 1965. 1. 19. 선고 64다1260 판결.

50) 대법원 1970. 5. 26. 선고 69다239 판결.

제4장

항 고

Ⅰ. 서 설

1. 항고의 의의

항고는 결정과 명령에 대한 상소이다. 항고는 원재판의 당부에 대해 상급법원에 판단을 구한다는 점에서 항소(상고)와 같지만, 간이·신속한 결정절차에 의한다는 점과 원심법원이 스스로 결정을 변경할 수 있는 기회를 갖는다는 점에서 차이가 있다.

2. 항고의 종류

항고는 불복기간, 심급, 불복신청의 가능성 등 여러 기준에 의해 다음과 같이 나눌 수 있다.

가. 통상항고와 즉시항고

이는 불복신청의 기간을 정했는지 여부에 따른 분류이다. 통상항고는 항고제기의 기간 제한이 없고 원재판의 취소를 구할 이익이 있는 한 언제든지 할 수 있으나, 즉시항고는 분쟁의 신속한 해결을 위해 1주일의 불변기간 내에 제기할 것을 요한다(제444조). 통상항고의 제기에는 집행정지효가 없으나, 즉시항고에는 있다(제447조). 통상항고가 일반적인 것이고, 개별적인 근거규정들에서 '즉시항고를 할 수 있다'고 규정된 경우에 한하여 즉시항고가 허용된다.

나. 최초의 항고와 재항고

이는 그 심급에 따른 분류이다. 최초의 항고는 제1심의 결정·명령에 대한 항고이고,

재항고는 최초의 항고에 대한 항고법원의 결정 및 고등법원이나 지방법원 항소부의 결정·명령에 대한 항고를 말한다. 판결절차와 비교하면 최초의 항고는 항소에, 재항고는 상고에 대응한다. 최초의 항고에는 항소에 관한 규정들이, 재항고에는 상고에 관한 규정들이 준용된다(제443조).

다. 특별항고

불복신청을 할 수 없는 결정·명령에 대한 항고를 특별항고라고 한다. 비상구제책으로서 대법원이 처리한다(제449조). 특별항고와 일반항고는 상급심법원에 원심재판의 취소·변경을 구하는 불복수단이라는 점에서는 공통점이 있지만, 일반항고는 일반적인 불복수단에 해당하는 반면, 특별항고는 일반적인 불복수단이 없거나 그러한 불복수단을 다 거친 경우에 인정되는 비상구제수단인 점에서 서로 다르다.

II. 항고의 대상재판

항고는 모든 결정·명령에 대해 가능한 것이 아니라, 결정·명령 중에서 성질상 불복할 수 있고 법률이 인정하는 경우에만 그 대상이 된다.

1. 항고할 수 있는 결정·명령

가. 소송절차에 관한 신청을 기각한 결정·명령(제439조)

> **제439조(항고의 대상)** 소송절차에 관한 신청을 기각한 결정이나 명령에 대하여 불복하면 항고할 수 있다.

(1) 법문에서는 기각만 규정하고 있으나, 각하를 포함하여 널리 신청을 배척한 경우를 의미한다고 본다. 따라서 신청을 인용한 경우에는 항고할 수 없다.[1] 같은 이유로 신청을 배척한 결정에 대해 상대방은 원칙적으로 항고할 수 없다고 본다. 판례는 신청을 일부 기각한 경우에도 그 부분에 대한 불복의 이익이 있다고 했다.[2]

(2) 소송절차에 관한 신청은 절차의 개시나 진행 등에 관한 신청을 의미한다. 예컨대 소송인수신청(제82조), 담보취소신청(제125조), 기일지정신청(제165조 제1항 본문), 공시송달신청

1) 대법원 1981. 10. 29.자 81마357 결정.
2) 대법원 2000. 8. 28.자 99그30 결정.

및 그 처분 취소신청(제194조 제1항, 제5항), 수계신청(제243조), 피고경정신청(제260조),[3] 증거보전신청(제375조) 등이 그것이다. 그러나 당사자에게 신청권이 없고 단지 법원의 직권발동을 촉구하는 것에 불과한 경우, 예컨대 관할위반이송신청의 기각결정에 대해서는 항고할 수 없다.[4]

(3) 필수적 변론을 거치지 아니한 신청에 대한 재판만이 항고의 대상이 된다고 본다. 왜냐하면 필수적 변론을 거친 재판은 종국판결과 함께 불복신청을 하도록 하는 것이 타당하기 때문이다. 따라서 실기한 공격방어방법의 각하결정(제149조), 증거신청의 각하결정(제290조)[5] 등은 필수적 변론을 거쳤으므로 독립하여 항고의 대상이 되지 않는다.[6]

나. 형식에 어긋나는 결정·명령(제440조)

> **제440조(형식에 어긋나는 결정·명령에 대한 항고)** 결정이나 명령으로 재판할 수 없는 사항에 대하여 결정 또는 명령을 한 때에는 항고할 수 있다.

예컨대 판결로 재판하여야 함에도 불구하고 결정·명령으로 재판한 경우 항고할 수 있다.

다. 집행법상의 결정·명령(민집 제15조)

특별한 규정이 있는 경우에 한하여 즉시항고 가능하다. 예컨대 집행취소결정(민집 제17조 제1항), 재산명시신청 기각·각하결정(민집 제62조 제8항), 재산명시명령 취소결정(민집 제63조 제5항), 채무불이행자명부등재결정(민집 제71조 제3항), 채권압류명령(민집 제227조 제4항), 추심명령·전부명령(민집 제229조 제6항) 등이 그것이다.

라. 민사소송법이 항고를 인정한 결정·명령

예컨대 이송결정과 이송신청 기각결정(제39조), 제척·기피신청의 각하·기각결정(제47조 제2항), 제3자의 소송비용상환결정(제107조 제3항), 담보취소결정(제125조 제4항), 소송구조에 관한 결정(제133조), 판결경정결정(제211조 제3항), 문서제출신청에 대한 결정(제348조), 문서제출명령·검증·당사자신문 관련 과태료결정(제360조 제3항, 제363조 제2항, 제366조 제2항, 제370조 제1항) 등이 그것이다. 주로 즉시항고 가능한 것으로 규정되어 있다.

---

3) 대법원 1997. 3. 3.자 97으1 결정.
4) 대법원 1993. 12. 6.자 93마524 전원합의체 결정.
5) 대법원 1989. 9. 7.자 89마694 결정.
6) 이시윤, 918면; 정동윤/유병현/김경욱, 954면; 정영환, 1417면.

2. 항고할 수 없는 결정·명령

가. 명문상 불복할 수 없는 재판

예컨대 관할지정결정(제28조 제2항), 제척·기피결정(제47조 제1항), 감정인의 기피신청 인용결정(제337조 제3항), 지급명령신청 각하결정(제465조 제2항), 재심 또는 추후보완상소에 따른 집행정지 관련 재판(제500조 제3항) 등의 경우 법률의 규정에 의해 불복할 수 없으므로 항고 불가능하다.

나. 항고 이외의 불복이 허용된 재판

예컨대 화해권고결정·지급명령·조정갈음결정·이행권고결정 등에 관하여 불복하려는 경우 항고가 아니라 이의신청을 해야 한다(제226조, 제470조, 민조 제34조, 소심 제5조의4). 가압류·가처분결정에 대해서도 마찬가지이다(민집 제283조, 제301조).

다. 대법원의 결정·명령

대법원의 결정이나 명령에 대해서는 다시 재항고할 수 없고 특별항고도 허용되지 않는다.[7] 최종심의 결정·명령이기 때문이다.

라. 수명법관·수탁판사의 재판

제441조(준항고) ① 수명법관이나 수탁판사의 재판에 대하여 불복하는 당사자는 수소법원에 이의를 신청할 수 있다. 다만, 그 재판이 수소법원의 재판인 경우로서 항고할 수 있는 것인 때에 한한다.
② 제1항의 이의신청에 대한 재판에 대하여는 항고할 수 있다.
③ 상고심이나 제2심에 계속된 사건에 대한 수명법관이나 수탁판사의 재판에는 제1항의 규정을 준용한다.

수명법관·수탁판사는 수소법원으로부터 권한을 받아 특정한 직무를 수행하기 때문에 그 재판에 대하여 곧바로 불복할 수 없고, 수소법원의 재판이 항고할 수 있는 경우에 한하여 수소법원에 이의신청을 하고 그 결정에 대해 항고할 수 있다. 이를 준항고라고 한다.

마. 중간적 재판

예컨대 위헌제청신청의 기각결정,[8] 소송인수결정,[9] 청구취지변경 불허결정,[10] 부당

---

7) 대법원 1966. 12. 21.자 66사7 결정.
8) 대법원 2015. 1. 6.자 2014그247 결정.
9) 대법원 1981. 10. 29.자 81마357 결정.
10) 대법원 1992. 9. 25. 선고 92누5096 판결.

한 인지보정명령[11] 등의 경우 독립하여 불복할 수 없고, 본안에 대한 판결과 함께 상소 가능하다.

Ⅲ. 항고의 절차

1. 항고의 제기

항고의 제기에 관하여 항소심에 관한 규정이 준용된다(제443조 제1항).

가. 항고제기의 방식

(1) 항고는 항고장을 원심법원에 제출함으로써 한다(제445조). 항고장에는 당사자, 법정대리인, 원재판의 표시, 항고의 취지를 적어야 한다(제443조 제1항, 제397조).[12] 그러나 판례는 항고는 편면적 불복절차이므로 반드시 피항고인의 표시가 있어야 하는 것은 아니라고 한다.[13] 항고장에는 인지를 붙여야 한다(민인 제11조).

(2) 민사소송법상 항고의 경우 항고이유서의 제출이 강제되지 않는다. 그러나 민사집행법상 즉시항고의 경우는 항고이유서의 제출이 강제된다. 즉 항고장에 항고이유를 적지 아니한 때에는 항고장 제출일로부터 10일 이내에 원심법원에 항고이유서를 제출하여야 한다(민집 제15조 제3항).

나. 항고기간

통상항고는 기간의 제한이 없고 불복의 이익이 있는 한 언제든지 제기할 수 있다. 그러나 즉시항고는 재판이 고지된 날부터 1주 이내의 불변기간 안에 제기하여야 한다(제444조). 결정·명령은 원본이 법원사무관등에게 교부되었을 때 성립하므로, 결정·명령이 당사자에게 고지되어 효력이 발생하기 전에도 불복 항고할 수 있다.[14]

판 례 **결정·명령이 당사자에게 고지되어 효력이 발생하기 전에 결정·명령에 불복하여 항고할 수 있는지 여부(대법원 2014. 10. 8.자 2014마667 전원합의체 결정)**

[다수의견] 판결과 달리 선고가 필요하지 않은 결정이나 명령(이하 '결정'이라고만 한다)과 같은 재판은 원본

11) 대법원 1995. 6. 30.자 94다39086, 39093 결정.

12) 정동윤/유병현/김경욱, 956면.

13) 대법원 1966. 8. 12.자 65마473 결정. 이 결정은 항고장을 반드시 상대방에게 송달하여야 하는 것도 아니라고 하였다.

14) 대법원 2014. 10. 8.자 2014마667 전원합의체 결정.

이 법원사무관등에게 교부되었을 때 성립한 것으로 보아야 하고, 일단 성립한 결정은 취소 또는 변경을 허용하는 별도의 규정이 있는 등의 특별한 사정이 없는 한 결정법원이라도 이를 취소·변경할 수 없다. 또한 결정법원은 즉시항고가 제기되었는지 여부와 관계없이 일단 성립한 결정을 당사자에게 고지하여야 하고 고지는 상당한 방법으로 가능하며(민사소송법 제221조 제1항), 재판기록이 항고심으로 송부된 이후에는 항고심에서의 고지도 가능하므로 결정의 고지에 의한 효력 발생이 당연히 예정되어 있다. 일단 결정이 성립하면 당사자가 법원으로부터 결정서를 송달받는 등의 방법으로 결정을 직접 고지받지 못한 경우라도 결정을 고지받은 다른 당사자로부터 전해 듣거나 기타 방법에 의하여 결론을 아는 것이 가능하여 본인에 대해 결정이 고지되기 전에 불복 여부를 결정할 수 있다. 그럼에도 이미 성립한 결정에 불복하여 제기한 즉시항고가 항고인에 대한 결정의 고지 전에 이루어졌다는 이유만으로 부적법하다고 한다면, 항고인에게 결정의 고지 후에 동일한 즉시항고를 다시 제기하도록 하는 부담을 지우는 것이 될 뿐만 아니라 이미 즉시항고를 한 당사자는 그 후 법원으로부터 결정서를 송달받아도 다시 항고할 필요가 없다고 생각하는 것이 통상의 경우이므로 다시 즉시항고를 제기하여야 한다는 것을 알게 되는 시점에서는 이미 즉시항고기간이 경과하여 회복할 수 없는 불이익을 입게 된다. 이와 같은 사정을 종합적으로 고려하면, 이미 성립한 결정에 대하여는 결정이 고지되어 효력을 발생하기 전에도 결정에 불복하여 항고할 수 있다.

2. 항고제기의 효력

가. 재도의 고안

제446조(항고의 처리) 원심법원이 항고에 정당한 이유가 있다고 인정하는 때에는 그 재판을 경정하여야 한다.

(1) 항고가 제기되면 원재판의 기속력이 배제되어 원심법원 스스로 항고의 당부를 심사할 수 있으며, 만약 항고가 이유 있다고 판단되면 그 재판을 경정하여야 하는데(제446조), 이를 재도의 고안(再度의 考案)이라고 한다. 재차 고려한다는 뜻이다. 여기서 경정은 제211조의 규정과 같이 단순한 계산 잘못이나 오기에 한정하지 않고, 원재판을 취소·변경하는 것을 포함한다. 상소심의 절차를 생략하고 간이·신속하게 사건을 처리함으로써 당사자의 이익을 보호하기 위한 제도이다.

(2) 통상항고·즉시항고 모두 대상이 된다. 그러나 특별항고는 통상의 절차에 의해 불복할 수 없는 결정·명령에 대해 특별히 대법원의 심사권을 부여하고 있는 것이므로 그 취지가 맞지 않아 재도의 고안 대상이 아니다.[15]

(3) 항고가 부적법한 경우에도 항고가 이유 있으면 경정이 허용되어야 한다는 견해[16]가 있으나, 이에 의하면 예컨대 즉시항고의 기간이 도과한 경우에도 경정이 가능하다는

15) 대법원 2001. 2. 28.자 2001그4 결정.
16) 한충수, 886면; 호문혁, 713면.

것이므로, 항고가 적법한 경우에만 경정이 허용된다고 보는 견해[17]가 타당하다고 본다.

(4) 원심법원은 재도의 고안을 위하여 필요한 경우 변론을 열거나 당사자를 심문하고 새로운 사실과 증거를 조사할 수도 있다.[18] 그러나 인지부족으로 소장각하명령을 한 경우에는 후에 인지를 보정하여 항고를 하여도 소장각하명령을 경정할 수 없다고 한다.[19]

(5) 경정결정이 있으면 당초 항고의 목적이 달성되므로 항고절차는 종료한다. 한편 경정결정에 대해서는 다시 즉시항고가 허용된다(제211조 제3항 유추적용).[20] 만약 항고법원이 경정결정을 취소하면 경정결정이 없던 상태로 환원되므로 당초의 항고가 존속한다고 본다.[21]

나. 이심의 효력

항고의 제기에 의하여 사건은 항고심으로 이심된다.

다. 집행정지의 효력

제447조(즉시항고의 효력) 즉시항고는 집행을 정지시키는 효력을 가진다.

제448조(원심재판의 집행정지) 항고법원 또는 원심법원이나 판사는 항고에 대한 결정이 있을 때까지 원심재판의 집행을 정지하거나 그 밖에 필요한 처분을 명할 수 있다.

(1) 즉시항고가 제기되면 발생한 집행력이 정지된다(제447조). 다만 기피신청각하결정에 대한 즉시항고(제47조 제3항), 필수적 공동소송인 추가결정에 대한 즉시항고(제68조 제5항), 증인불출석의 경우 과태료·감치결정에 대한 즉시항고(제311조 제8항), 그리고 강제집행절차에서 집행법원의 재판에 대한 즉시항고(민집 제15조 제6항 본문)의 경우에는 집행정지의 효력이 없다.

(2) 통상항고가 제기되더라도 집행정지효력이 당연히 발생하는 것은 아니므로, 항고법원 또는 원심법원은 항고에 대한 결정이 있을 때까지 집행정지 등의 처분을 명할 수 있다(제448조).

3. 항고심의 재판

(1) 항고법원의 소송절차에는 그 성질에 어긋나지 않는 범위 안에서 항소심에 관한

17) 김홍엽, 1203면; 정동윤/유병현/김경욱, 958면; 정영환, 1422면.

18) 김홍엽, 1203면; 이시윤, 921면; 정동윤/유병현/김경욱, 958면; 정영환, 1422면; 호문혁, 713면.

19) 대법원 1968. 7. 29.자 68사49 전원합의체 결정. 항소장각하명령의 경우도 마찬가지이다(대법원 2013. 7. 31.자 2013마670 결정).

20) 대법원 2023. 7. 14.자 2023그585, 586 결정.

21) 대법원 1967. 3. 22.자 67마141 결정.

규정이 준용된다(제443조 제1항, 민소규 제137조 제1항). 따라서 심판범위는 항고인의 불복신청의 한도 내에 제한된다(제443조 제1항, 제407조 제1항). 물론 항고인은 불복신청의 범위를 확장변경할 수 있다. 부대항고도 허용된다.

(2) 항고절차는 결정으로 완결할 사건이므로 변론을 열 것인지 여부는 법원이 결정한다(임의적 변론, 제134조 제1항 단서). 변론을 열지 않고 재판하는 경우에도 법원은 당사자와 이해관계인, 그 밖의 참고인을 심문할 수 있다(제134조 제2항).[22] 변론을 열지 않거나 이해관계인을 심문하지 않고 서면심리만 하여 결정에 이르렀다 하여도 위법하다고 볼 수 없다.[23]

(3) 항고심도 속심이므로 당사자는 새로운 사실이나 증거를 제출할 수 있다. 판례는 항고법원의 조사범위가 항고이유에 제한되는 것은 아니라고 한다.[24] 항고심은 결정으로 재판한다. 그것은 항고각하, 항고기각, 항고인용 중 하나이다. 항고법원이 제1심결정을 취소하는 때에는 특별한 규정이 없는 한 사건을 제1심법원으로 환송하지 아니하고 직접 신청에 대한 결정을 할 수 있다.[25] 당사자는 항고심의 결정이 있기 전까지 항고를 취하할 수도 있다(제443조 제1항, 제393조 제1항).

Ⅳ. 재항고

1. 재항고의 대상

제442조(재항고) 항고법원·고등법원 또는 항소법원의 결정 및 명령에 대하여는 재판에 영향을 미친 헌법·법률·명령 또는 규칙의 위반을 이유로 드는 때에만 재항고(再抗告)할 수 있다.

(1) 재항고의 대상이 되는 것은 항고법원·고등법원 또는 항소법원의 결정·명령이다(제442조). 항고를 부적법 각하한 재판에 대해 재항고 가능하다. 그리고 항고를 기각한 결정에 대해서도 재항고 가능한데, 이 경우 그 재판을 받은 항고인만이 재항고할 수 있고, 다른 사람은 이해관계가 있다 하더라도 재항고 불가능하다.[26] 항고를 인용한 결정에 대해서는 그 내용이 항고 가능한 경우에 한하여 재항고 가능하므로, 예컨대 관할위반을 이유로 하는 당초의 이송결정이 취소되었다 하더라도 당사자는 이송신청권이 없어 항고할 수

22) 대법원 2012. 5. 31.자 2012마300 결정.
23) 대법원 2020. 6. 11.자 2020마5263 결정.
24) 대법원 1982. 10. 12.자 82마523 결정.
25) 대법원 2008. 4. 14.자 2008마277 결정.
26) 대법원 1992. 4. 21.자 92마103 결정.

없으므로 재항고 역시 허용되지 않는다고 본다.[27)]

(2) 재항고도 통상항고와 즉시항고로 나뉘는데, 이는 원래의 항고의 종류에 따르는 것이 아니라, 재항고의 대상이 되는 재판의 내용에 따른다. 예컨대 담보취소결정에 대한 최초의 항고는 즉시항고이나(제125조 제4항), 항고심이 항고를 인용하여 담보취소신청을 기각하였다면 이에 대한 재항고는 통상항고가 된다. 그러나 최초의 항고가 즉시항고인데 항고심이 항고를 기각·각하하였다면 그 재항고는 즉시항고가 될 수밖에 없다.[28)]

2. 재항고의 절차

가. 상고심 규정의 준용

재항고에는 상고심에 관한 규정이 준용된다(제443조 제2항). 따라서 재항고장을 원심법원에 제출하여야 한다(제425조, 제397조 제1항). 재항고장을 다른 법원에 제출하여 원심법원에 송부하는 동안 재항고 기간이 도과된 경우 그 재항고는 부적법하다고 한다.[29)] 재항고장에 재항고이유를 기재하지 아니한 때에는 재항고이유서를 제출하여야 한다(제427조). 재항고이유는 재항고장이나 재항고이유서에 직접 기재하여야 하지, 다른 서면의 기재를 재항고이유로 원용할 수 없다.[30)] 재항고심은 사후심이므로 원심결정 이후 새로이 제출된 증거 등 자료를 참작할 수 없다.[31)]

나. 상고심법 준용

상고심절차에 관한 특례법도 준용된다(상고심법 제7조). 따라서 재항고이유에 관한 주장이 ① 헌법위반 또는 헌법의 부당해석, ② 명령·규칙 또는 처분의 법률위반 여부에 대한 부당판단, ③ 법률·명령·규칙 또는 처분에 대한 대법원 판례와의 상반된 해석을 포함하여야 하며, 그렇지 않은 경우 심리불속행 재항고기각결정을 한다(상고심법 제7조, 제4조 제2항).

Ⅴ. 특별항고

제449조(특별항고) ① 불복할 수 없는 결정이나 명령에 대하여는 재판에 영향을 미친 헌법위

---

27) 대법원 2018. 1. 19.자 2017마1332 결정.
28) 대법원 2004. 5. 17.자 2004마246 결정.
29) 대법원 1984. 4. 28.자 84마251 결정.
30) 대법원 1999. 4. 15.자 99마926 결정.
31) 대법원 2010. 4. 30.자 2010마66 결정.

반이 있거나, 재판의 전제가 된 명령·규칙·처분의 헌법 또는 법률의 위반 여부에 대한 판단이 부당하다는 것을 이유로 하는 때에만 대법원에 특별항고(特別抗告)를 할 수 있다.
② 제1항의 항고는 재판이 고지된 날부터 1주 이내에 하여야 한다.
③ 제2항의 기간은 불변기간으로 한다.

1. 특별항고의 대상

특별항고는 집행문부여에 대한 이의신청 재판[32]과 같이 불복할 수 없는 결정·명령을 그 대상으로 한다(제449조 제1항). 그리고 개인회생절차에서 면책취소신청 기각결정[33]이나 판결경정신청 기각결정[34]과 같이 해석상 불복이 인정되지 않는 경우도 특별항고의 대상이 된다.

2. 특별항고의 이유

특별항고의 이유는 ① 재판에 영향을 미친 헌법위반이 있거나, ② 재판의 전제가 된 명령·규칙·처분의 헌법 또는 법률의 위반 여부에 대한 판단이 부당한 경우이어야 한다(제449조 제1항). 여기서 헌법위반은 헌법 제27조 등이 정하고 있는 적법한 절차에 따라 공정한 재판을 받을 권리가 침해된 경우를 포함한다.[35] 헌법의 위반 여부는 그 결정·명령 당시의 헌법규정을 기준으로 판단해야 한다.[36] 판례는 법원의 결정·명령이 법률에 위반되었다는 사유만으로는 특별항고의 사유가 되지 못한다고 한다.[37]

판 례 **헌법위반의 의미(대법원 2020. 3. 16.자 2020그507 결정)**

민사소송법 제449조 제1항은 불복할 수 없는 결정이나 명령에 대하여는 재판에 영향을 미친 헌법 위반이 있거나, 재판의 전제가 된 명령·규칙·처분의 헌법 또는 법률의 위반 여부에 대한 판단이 부당하다는 것을 이유로 하는 때에만 대법원에 특별항고를 할 수 있도록 하고 있다. 여기서 결정이나 명령에 대하여 재판에 영향을 미친 헌법 위반이 있다고 함은 결정이나 명령의 절차에서 헌법 제27조 등이 정하고 있는 적법한 절차에 따라 공정한 재판을 받을 권리가 침해된 경우를 포함한다. 판결경정신청을 기각한 결정에 이러한 헌법

---

32) 대법원 1997. 6. 20.자 97마250 결정; 대법원 2008. 8. 21.자 2007그49 결정; 대법원 2017. 12. 28.자 2017그100 결정.
33) 대법원 2016. 4. 18.자 2015마2115 결정.
34) 대법원 1995. 7. 12.자 95마531 결정.
35) 대법원 2020. 3. 16.자 2020그507 결정.
36) 대법원 1989. 11. 6.자 89그19 결정.
37) 대법원 2017. 12. 28.자 2017그100 결정.

위반이 있다고 하려면 신청인이 그 재판에 필요한 자료를 제출할 기회를 전혀 부여받지 못한 상태에서 그러한 결정이 있었다든지, 판결과 그 소송의 모든 과정에 나타난 자료와 판결 선고 후에 제출된 자료에 의하여 판결에 잘못이 있음이 분명하여 판결을 경정해야 하는 사안임이 명백한데도 법원이 이를 간과함으로써 기각결정을 하였다는 등의 사정이 있어야 한다.

3. 특별항고의 절차

(1) 특별항고는 재판이 고지된 날부터 1주의 불변기간 이내에 제기하여야 한다(제449조 제2항, 제3항). 특별항고 제기기간을 넘긴 것이 분명한 때에는 원심재판장은 명령으로 항고장을 각하하여야 하고, 그 명령에 대하여는 즉시항고를 할 수 있다(제450조, 제425조, 제399조 제2항, 제3항).[38]

(2) 특별항고의 제기는 원심재판의 집행을 정지시키는 효력은 없다. 원심법원 또는 대법원은 특별항고에 대한 결정이 있을 때까지 원심재판의 집행을 정지하거나 필요한 처분을 명할 수 있다(제450조, 제448조). 특별항고가 제기된 경우 원심법원이 경정결정(재도의 고안)을 할 수 없다고 한다.[39]

(3) 특별항고에는 그 성질에 어긋나지 아니하는 범위 안에서 상고에 관한 규정이 준용된다(제450조, 민소규 제137조 제2항).

(4) 특별항고만 허용되는 재판에 대한 불복으로 당사자가 일반항고를 한 경우, 항고장을 접수받은 법원은 이를 특별항고로 보아 소송기록을 대법원에 송부하는 것이 실무례이다.[40]

---

38) 대법원 2010. 6. 7.자 2010그37 결정.
39) 대법원 2001. 2. 28.자 2001그4 결정.
40) 대법원 2016. 6. 21.자 2016마5082 결정.

제 7 편

재심절차

Ⅰ. 서 설

1. 재심의 의의

가. 의 의

재심은 확정된 종국판결에 재심사유에 해당하는 중대한 흠결이 있는 경우 그 판결을 취소하고 종결된 본안사건의 재심판을 구하는 것이다.[1] 이러한 재심제도는 확정된 종국판결에 중대한 흠이 있음에도 이를 그대로 둘 경우 구체적 정의에 반하여 판결에 대한 국민의 신뢰저하의 문제가 있으므로, 법적 안정성을 후퇴시키고 구체적 타당성을 회복하기 위해 예외적으로 마련된 비상의 불복신청방법이다.

나. 법적 성질

(1) 재심의 소는 확정판결의 취소를 구하는 점에서 소송상 형성의 소이다.

(2) 재심은 판결에 대한 불복이라는 점에서 상소와 마찬가지이다. 그러나 미확정판결에 대한 불복인 상소와 달리 재심은 확정판결에 대한 불복이라는 점에서 법적 안정성의 요청이 크므로 더욱 예외적으로 인정되어야 한다.

(3) 재심의 소가 제기되었다고 하여 당연히 집행정지의 효력이 발생하는 것은 아니므로 별도의 신청을 하여 집행정지결정을 받아야 한다(제500조). 다만 집행력의 배제를 구한다는 점에서 청구이의의 소(민집 제44조)와 유사하나, 재심의 소는 변론종결 전의 사유로 인해 확정판결 자체의 취소를 구하는 것이고, 청구이의의 소는 변론종결 후에 발생한 사유로 인해 집행력의 배제를 구한다는 점에서 차이가 있다.

2. 재심소송의 소송구조

재심소송의 소송구조에 관하여, ① 재심의 소는 구소송의 소송물 하나로 구성된다는 견해(일원론, 본안소송설)[2]가 있으나, ② 재심의 소는 확정판결의 취소요구와 구소송의 소송물, 이렇게 두 가지로 구성된다는 견해(이원론, 형성소송설)[3]가 통설이다. 판례도 재심의 소는 확정된 판결의 취소와 본안사건에 관하여 확정된 판결에 갈음한 판결을 구하는 복합적 목적을 가진 것으로서 이론상으로는 재심의 허부와 재심이 허용됨을 전제로 한 본안심판의

1) 대법원 2000. 8. 18. 선고 2000재다87 판결.

2) 정동윤/유병현/김경욱, 968면.

3) 김홍규/강태원, 949면; 김홍엽, 1210면; 이시윤, 932면; 전병서, 676면; 정영환, 1436면; 한충수, 893면; 호문혁, 1039~1040면.

두 단계로 구성되는 것이라고 판시하여 이원론의 입장이다.[4)]

3. 재심사유와 소송물이론

소송물이론에 관한 ① 구실체법설(구소송물이론)은 개개의 재심사유마다 소송물이 별개라는 입장이고, ② 이지설은 사실관계가 다르면 소송물이 별개라고 보므로 재심사유마다 소송물을 달리 본다. 그러나 ③ 일지설은 재심소송의 소송물은 1개이고, 재심사유는 단순한 공격방법에 불과하다고 본다. 판례는 구실체법설의 입장에서 제451조 제1항 각호의 재심사유는 각각 별개의 청구원인에 해당한다고 하였다.[5)]

II. 재심의 소의 적법요건

재심의 소가 적법하기 위해서는 ① 당사자적격, ② 대상적격, ③ 재심기간의 준수, ④ 재심의 이익, ⑤ 재심사유의 주장, ⑥ 재심의 보충성 등의 요건을 충족하여야 한다. 차례로 살펴본다.

1. 당사자적격

가. 일반적인 경우

(1) 확정판결의 기판력에 의해 불이익을 받은 사람이 재심원고, 반대로 이익을 받은 사람이 재심피고가 된다. 따라서 판결에 표시된 당사자뿐만 아니라 기판력이 미치는 자도 재심의 당사자적격이 인정될 수 있다. 즉 변론종결 후의 승계인(제218조 제1항),[6)] 제3자의 소송담당의 경우 권리귀속주체(제218조 제3항),[7)] 판결의 효력이 제3자에게 확장되는 경우 판결의 취소에 대하여 고유의 이익을 갖는 자[8)]도 재심의 당사자적격이 있다.

---

4) 대법원 1994. 12. 27. 선고 92다22473, 22480 판결.

5) 대법원 1992. 10. 9. 선고 92므266 판결.

6) 대법원 1974. 5. 28. 선고 73다1842 판결. 그러나 판례는 재심대상판결에 기하여 피고 乙로부터 원고 甲 앞으로 취득시효완성을 원인으로 한 소유권이전등기가 경료되고, 그 후 甲으로부터 丙 앞으로 매매를 원인으로 한 소유권이전등기가 경료되었는데, 乙이 丙을 상대로 재심청구를 한 경우, 재심대상판결의 소송물은 채권적 청구권이므로 丙은 변론종결 후의 승계인이 아니어서 재심의 당사자적격이 없다고 하였다(대법원 1997. 5. 28. 선고 96다41649 판결).

7) 선정자의 경우(대법원 1987. 12. 8. 선고 87재다24 판결).

8) 김홍엽, 1211면; 이시윤, 933면; 정동윤/유병현/김경욱, 971면; 정영환, 1438면.

(2) 판례는 재심의 소제기는 채권자대위권의 목적이 될 수 없다고 하였다.[9] 따라서 채권자가 채무자를 대위하여 피대위채권에 관한 재심의 소를 제기할 수는 없다.

(3) 판례는 제3자가 타인 간의 재심소송에 독립당사자참가를 한 경우 재심대상판결에 재심사유가 있어 본안소송이 부활하기 전에는 참가인이 참가이유를 주장할 여지가 없으므로, 본안소송이 부활되는 단계를 위하여 독립당사자참가를 한 것이라고 본다.[10]

판 례 **재심의 소송구조 및 재심소송에 제3자의 독립당사자참가(대법원 1994. 12. 27. 선고 92다22473, 22480 판결)**

확정된 판결에 대한 재심의 소는 확정된 판결의 취소와 본안사건에 관하여 확정된 판결에 갈음한 판결을 구하는 복합적 목적을 가진 것으로서 이론상으로는 재심의 허부와 재심이 허용됨을 전제로 한 본안심판의 두 단계로 구성되는 것이라고 할 수 있고, 따라서 재심소송이 가지는 위와 같은 복합적, 단계적인 성질에 비추어 볼 때, 제3자가 타인 간의 재심소송에 민사소송법 제72조[현행 제79조]에 의하여 당사자참가를 하였다면, 이 경우 제3자는 아직 재심대상판결에 재심사유 있음이 인정되어 본안사건이 부활되기 전에는 원·피고를 상대방으로 하여 소송의 목적의 전부나 일부가 자기의 권리임을 주장하거나 소송의 결과에 의하여 권리의 침해를 받을 것을 주장할 여지가 없는 것이고, 재심사유 있음이 인정되어 본안사건이 부활된 다음에 이르러서 비로소 위와 같은 주장을 할 수 있는 것이므로, 결국 제3자는 재심대상판결에 재심사유가 있음이 인정되어 본안소송이 부활되는 단계를 위하여 당사자참가를 하는 것이라고 할 것이다.

나. 필수적 공동소송의 경우

재심대상 확정판결이 필수적 공동소송인 경우, 공동소송인 중 1인이 재심의 소를 제기하면 다른 공동소송인도 모두 재심당사자가 되고, 상대방 당사자로부터 공동소송인 측을 상대로 재심의 소가 제기된 때에는 공동소송인 모두를 재심피고로 하여야 한다(제67조 제1항, 제2항).

다. 참가의 경우

(1) 재심대상소송의 보조참가인도 재심의 소를 제기할 수 있다. 이 경우 보조참가신청과 동시에 재심의 소를 제기할 수도 있다(제72조 제3항). 다만 보조참가인은 승조보조자로서 종속적 지위를 지니므로 소의 변경과 같이 기존 소송형태를 변경시키는 행위를 할 수 없어서 별개의 소송물인 재심사유를 주장하여 재심청구를 추가할 수 없다.[11]

(2) 재심의 소에 공동소송적 보조참가인이 참가한 후에는 참가인의 동의 없이 피참가인은 재심의 소를 취하할 수 없다.[12]

---

9) 대법원 2012. 12. 27. 선고 2012다75239 판결.
10) 대법원 1994. 12. 27. 선고 92다22473, 22480 판결.
11) 대법원 1992. 10. 9. 선고 92므266 판결.
12) 대법원 2015. 10. 29. 선고 2014다13044 판결.

2. 대상적격

가. 확정된 종국판결

(1) 미확정 판결에 대한 재심의 소는 부적법하고, 후에 그 판결이 확정되어도 재심의 소가 적법하게 되는 것은 아니라고 본다.[13] 판례는 거짓주소로 판결정본을 송달하여 자백간주로 받은 편취판결의 경우 송달이 무효이므로 확정판결이 아니어서 재심의 대상이 되지 않는다고 본다.[14]

(2) 확정된 종국판결에 대하여 재심의 소를 제기할 수 있다(제451조 제1항 본문). 해당사건에 대한 소송절차를 최종적으로 종결시켜 그것에 흠이 있더라도 다시 통상의 불복절차로는 다툴 수 없는 기판력 등을 갖는 판결을 의미한다. 확정된 재심판결도 재심의 대상이 된다.[15]

(3) 대법원의 환송판결의 경우 당해사건에 대하여 재판을 마치고 그 심급을 이탈시킨다는 점에서 종국판결에 해당하나, 종국적 판단을 유보한 재판의 성질상 직접적으로 기판력이나 실체법상 형성력·집행력이 생기지 않는 중간판결의 특성을 갖는 판결로서 실질적으로 확정된 종국판결이라고 할 수 없으므로 재심의 대상이 되지는 않는다고 한다.[16]

(4) 항소심에서 사건에 대하여 본안판결을 한 때에는 항소심판결만이 재심의 대상이 된다(제451조 제3항). 이는 항소를 인용한 경우는 물론 항소를 기각한 경우에도 항소심에서 사건 전체를 재심판하였기 때문에, 제1심판결을 그 대상에서 제외하는 것이다.

(5) 중간판결은 독립하여 재심의 대상이 되지 않는 것이 원칙이다. 그러나 중간판결에 재심사유가 있고 그것이 종국판결의 기본이 되는 때에는 이를 재심의 이유로 삼아 종국판결에 대해 재심의 소를 제기할 수 있다(제452조).

(6) 당연무효의 판결, 예컨대 사망자를 당사자로 하여 선고된 판결에 대해서는 재심을 제기할 수 없다.[17]

나. 확정판결과 동일한 효력이 있는 경우

(1) 확정판결과 동일한 효력이 있는 청구의 포기·인낙조서, 화해조서(제220조), 조정조서, 확정된 화해권고결정(제231조), 확정된 조정갈음결정(민조 제34조 제4항)에 대해서는 준재

---

13) 대법원 2016. 12. 27. 선고 2016다35123 판결.

14) 대법원 1993. 12. 28. 선고 93다48861 판결.

15) 대법원 2016. 1. 28. 선고 2013다51933 판결.

16) 대법원 1995. 2. 14. 선고 93재다27, 34 전원합의체 판결. 이에 대하여 환송판결도 재심의 대상으로 볼 수 있다는 반대견해가 있다(전원열, 775면; 정동윤/유병현/김경욱, 969면; 정영환, 1441면; 한충수, 896면; 호문혁, 1042면).

17) 대법원 1994. 12. 9. 선고 94다16564 판결.

심의 소(제461조)가 인정된다.

(2) 중재판정은 확정판결과 동일한 효력이 있지만(중재 제12조), 중재판정취소의 소라고 하는 별도의 구제수단이 인정되므로(중재 제36조) 재심의 소의 대상이 되지 않는다.

3. 재심기간

제456조(재심제기의 기간) ① 재심의 소는 당사자가 판결이 확정된 뒤 재심의 사유를 안 날부터 30일 이내에 제기하여야 한다.
② 제1항의 기간은 불변기간으로 한다.
③ 판결이 확정된 뒤 5년이 지난 때에는 재심의 소를 제기하지 못한다.
④ 재심의 사유가 판결이 확정된 뒤에 생긴 때에는 제3항의 기간은 그 사유가 발생한 날부터 계산한다.

제457조(재심제기의 기간) 대리권의 흠 또는 제451조 제1항 제10호에 규정한 사항을 이유로 들어 제기하는 재심의 소에는 제456조의 규정을 적용하지 아니한다.

가. 재심사유를 안 날로부터 30일

(1) 재심대상판결이 확정된 뒤 재심사유를 안날로부터 30일 이내에 재심의 소를 제기하여야 한다(제456조 제1항). 이 30일의 기간은 불변기간으로서(제456조 제2항), 추후보완이 가능하다(제173조).

(2) 재심사유 중 제1호(판결법원구성의 위법),[18] 제9호(판단누락)[19]의 경우는 판결정본이 송달된 때 당사자가 이를 알았다고 보므로 송달시부터 기산한다. 그리고 제4호 내지 제7호의 이른바 형사상 처벌받을 행위를 재심사유로 하는 경우에, 제451조 제2항의 유죄판결이 확정되었을 경우는 유죄판결확정을 알았을 때부터 진행하고,[20] 증거부족 이외의 이유로 유죄의 판결확정을 할 수 없었을 경우, 예컨대 공소시효완성으로 공소권없음 처분이나 면소판결 등이 있었던 경우는 이를 알았을 때부터 진행한다.[21] 다만 검사의 불기소처분에 대하여 검찰항고나 재정신청을 거친 경우에는 항고나 재정신청결정 통지를 받은 날 알았다고 보아 이때부터 진행한다.[22]

(3) 수 개의 재심사유를 주장한 경우는 각 재심사유별로 재심의 소제기기간 준수 여

18) 대법원 2000. 9. 8. 선고 2000재다49 판결. 이 경우 소송대리인이 있었다면 소송대리인에게 판결정본이 송달된 때부터 기산한다.

19) 대법원 1989. 5. 23. 선고 88누5570 판결; 대법원 2015. 10. 29. 선고 2014다13044 판결.

20) 대법원 1996. 5. 31. 선고 95다33993 판결.

21) 대법원 2006. 10. 12. 선고 2005다72508 판결.

22) 대법원 1997. 4. 11. 선고 97다6599 판결.

부를 가린다.[23)]

나. 판결확정 뒤 5년

(1) 재심사유의 지·부지를 불문하고 판결이 확정된 뒤 5년이 경과하면 재심의 소를 제기하지 못한다(제456조 제3항). 이 5년의 제척기간은 불변기간이 아니므로 추후보완이 인정되지 않는다.[24)]

(2) 5년의 제척기간은 판결확정 전 재심사유가 발생하였다면 그 판결확정일로부터 기산하고,[25)] 판결확정 후 재심사유가 발생하였다면 재심사유가 발생한 날부터 기산한다(제456조 제4항).

다. 재심기간 적용배제

대리권의 흠, 기판력의 저촉(제10호)을 재심사유로 하는 경우는 재심제기기간 적용을 받지 않는다(제457조). 여기서 대리권의 흠이란 대리권이 전혀 없는 경우를 의미하고, 대리권은 있는데 다만 특별수권이 결여된 경우를 포함하지 않으므로,[26)] 예컨대 비법인사단의 대표자가 사원총회의 결의 없이 총유물의 처분에 관한 소송행위를 한 경우에는 재심기간의 적용을 받는다.[27)]

판 례 **비법인사단 대표자의 특별수권 결여(대법원 1999. 10. 22. 선고 98다46600 판결)**

비법인사단의 대표자가 총유물의 처분에 관한 소송행위를 하려면 특별한 사정이 없는 한 민법 제276조 제1항에 의하여 사원총회의 결의가 있어야 하는 것이지만, 그 결의 없이 소송행위를 하였다고 하더라도 이는 소송행위를 함에 필요한 특별수권을 받지 아니한 경우로서, 민사소송법 제422조[현행 제451조] 제1항 제3호 소정의 재심사유에 해당하되, 전연 대리권을 갖지 아니한 자가 소송행위를 한 대리권 흠결의 경우와 달라서 같은 법 제427조[현행 제457조]는 적용되지 아니한다.

4. 재심의 이익

상소의 이익에 준하여 상소에서와 마찬가지로 전부승소자는 재심의 소를 제기할 이익이 없다.[28)]

---

23) 대법원 1993. 9. 28. 선고 92다33930 판결.
24) 대법원 1992. 5. 26. 선고 92다4079 판결.
25) 대법원 1991. 6. 25. 선고 91다1561 판결.
26) 대법원 1994. 6. 24. 선고 94다4967 판결.
27) 대법원 1999. 10. 22. 선고 98다46600 판결.
28) 대법원 1993. 4. 27. 선고 92다24608 판결.

5. 재심사유의 주장

제451조(재심사유) ① 다음 각호 가운데 어느 하나에 해당하면 확정된 종국판결에 대하여 재심의 소를 제기할 수 있다. 다만, 당사자가 상소에 의하여 그 사유를 주장하였거나, 이를 알고도 주장하지 아니한 때에는 그러하지 아니하다.
1. 법률에 따라 판결법원을 구성하지 아니한 때
2. 법률상 그 재판에 관여할 수 없는 법관이 관여한 때
3. 법정대리권·소송대리권 또는 대리인이 소송행위를 하는 데에 필요한 권한의 수여에 흠이 있는 때. 다만, 제60조 또는 제97조의 규정에 따라 추인한 때에는 그러하지 아니하다.
4. 재판에 관여한 법관이 그 사건에 관하여 직무에 관한 죄를 범한 때
5. 형사상 처벌을 받을 다른 사람의 행위로 말미암아 자백을 하였거나 판결에 영향을 미칠 공격 또는 방어방법의 제출에 방해를 받은 때
6. 판결의 증거가 된 문서, 그 밖의 물건이 위조되거나 변조된 것인 때
7. 증인·감정인·통역인의 거짓 진술 또는 당사자신문에 따른 당사자나 법정대리인의 거짓 진술이 판결의 증거가 된 때
8. 판결의 기초가 된 민사나 형사의 판결, 그 밖의 재판 또는 행정처분이 다른 재판이나 행정처분에 따라 바뀐 때
9. 판결에 영향을 미칠 중요한 사항에 관하여 판단을 누락한 때
10. 재심을 제기할 판결이 전에 선고한 확정판결에 어긋나는 때
11. 당사자가 상대방의 주소 또는 거소를 알고 있었음에도 있는 곳을 잘 모른다고 하거나 주소나 거소를 거짓으로 하여 소를 제기한 때

재심은 제451조 제1항 각호에 한정열거된 재심사유를 주장하는 경우에 한하여 허용된다. 이처럼 법정재심사유를 주장하는 것은 재심의 소의 적법요건이므로, 법정재심사유의 주장이 없거나 법정재심사유 이외의 사유를 주장한 경우 그러한 재심의 소는 부적법하므로 각하되어야 한다.[29] 이는 법정재심사유를 주장하였으나 심리결과 증명이 되지 않는 경우는 재심청구가 기각된다는 것과 구별하여야 한다. 구체적인 재심사유는 아래 별도의 항목으로 설명한다.

6. 재심의 보충성

(1) 재심은 법적 안정성에 제약을 가하는 것이므로 만약 당사자가 상소를 제기할 수 있는 시기에 재심사유의 존재를 안 경우에는 상소로 불복하게 하고, 상소로 주장할 수 없었던 경우에 한하여 재심의 소에 의한 비상구제를 인정할 필요가 있는데, 이를 상소에 대

29) 대법원 1996. 10. 25. 선고 96다31307 판결.

한 관계에서 재심의 소의 보충성이라고 한다.[30] 따라서 ① 당사자가 상소에 의하여 재심사유를 주장하였으나 기각된 경우, ② 재심사유를 알면서도 상소심에서 주장하지 않은 경우는 재심의 소를 제기할 수 없다(제451조 제1항 단서). 이에 더하여 판례는 ③ 재심사유를 알았음에도 상소를 제기하지 아니하여 판결이 그대로 확정된 경우도 재심의 소를 제기할 수 없다고 본다.[31] 이러한 보충성은 재심의 소의 적법요건이므로 그 흠결이 있는 경우 재심의 소를 각하한다.[32]

(2) 소액사건의 경우 상고이유를 제한하고 있어(소심 제3조) 재심사유가 상고이유가 될 수 없으므로 재심의 소의 보충성이 배제된다고 할 것이다.[33]

Ⅲ. 재심사유

1. 서 설

가. 한정열거

제451조 제1항 제1호 내지 제11호에서 재심사유를 규정하고 있는데, 이는 예시적인 것이 아니라 한정열거사유이다.[34] 제1호 내지 제3호 및 제11호의 사유는 절대적 상고이유가 되므로 판결결과에 영향을 미쳤는지 여부를 불문하나, 제4호 내지 제10호의 사유는 판결결과에 영향을 미칠 가능성을 요한다고 본다.[35]

나. 가벌적 행위인 경우 증거확실성의 원칙

제451조(재심사유) ② 제1항 제4호 내지 제7호의 경우에는 처벌받을 행위에 대하여 유죄의 판결이나 과태료부과의 재판이 확정된 때 또는 증거부족 외의 이유로 유죄의 확정판결이나 과태료부과의 확정재판을 할 수 없을 때에만 재심의 소를 제기할 수 있다.

(1) 제4호 내지 제7호는 모두 가벌적 행위를 규정하고 있는데, 이를 이유로 재심의 소를 제기하기 위해서는 가벌적 행위만으로는 충분하지 않고, 유죄확정판결이나 과태료부과확정재판이 있거나, 또는 증거부족 이외의 이유로 유죄확정판결이나 과태료부과확정

30) 대법원 2011. 12. 22. 선고 2011다73540 판결.
31) 대법원 2011. 12. 22. 선고 2011다73540 판결.
32) 대법원 1980. 11. 11. 선고 80다2126 판결.
33) 김홍엽, 1217면; 이시윤, 937면; 정동윤/유병현/김경욱, 973면; 정영환, 1444면; 한충수, 899면; 호문혁, 1045면.
34) 대법원 1990. 3. 13. 선고 89누6464 판결.
35) 김홍엽, 1218면; 이시윤, 937~938면; 정동윤/유병현/김경욱, 973면; 정영환, 1444면.

재판을 할 수 없을 경우이어야 한다(제451조 제2항). 이를 증거확실성의 원칙이라고 한다.

(2) 여기서 가벌적 행위(제4호 내지 제7호)와 유죄확정판결(제2항)의 관계에 대하여, ① 가벌적 행위와 유죄확정판결이 합쳐져서 재심사유가 된다는 견해(합체설)가 있으나, ② 가벌적 행위만이 재심사유이며, 유죄확정판결의 존재는 재심의 소의 적법요건이므로, 만약 유죄확정판결이 없는 때에는 재심의 소를 각하하여야 한다는 견해(적법요건설)[36]가 통설이다. 주류적 판례의 입장도 제2항 소정의 유죄확정판결의 존재를 적법요건으로 보고 있다.[37]

(3) 증거부족 이외의 이유로 유죄의 확정판결을 할 수 없을 때란 범인의 사망, 사면, 공소시효의 완성, 심신상실 등의 사유로 유죄판결을 받지 못한 경우를 의미한다.[38] 기소유예처분의 경우를 포함하나, 소재불명으로 기소중지처분을 한 경우는 포함되지 않는다고 한다.[39] 혐의 없음의 불기소처분을 한 경우도 포함되지 않는다고 본다.[40]

(4) 증거부족 이외의 사유만 없었다면 유죄판결을 받을 수 있었을 것이라는 점에 대한 증명책임은 재심원고에게 있다.[41]

2. 개별적 재심사유 검토

가. 판결법원구성의 위법(제1호)

절대적 상고이유 중 민사소송법 제424조 제1항 제1호와 같다. 대법원이 판례변경을 하면서 전원합의체가 아닌 소부에서 하는 경우가 여기에 해당한다.[42]

나. 재판에 관여할 수 없는 법관의 관여(제2호)

절대적 상고이유 중 민사소송법 제424조 제1항 제2호와 같은 것으로서, 예컨대 제척·기피사유 있는 법관이 판결에 관여한 경우이다. 그러나 단지 판결의 선고에만 관여한 경우는 해당하지 않는다.

다. 대리권 등의 흠(제3호)

(1) 절대적 상고이유 중 민사소송법 제424조 제1항 제4호와 같은 것으로서, 당사자의 절차권보장을 위한 것이다. 따라서 무권대리인이 소송행위를 대리한 경우뿐만 아니라 대

---

36) 김홍엽, 1219면; 정동윤/유병현/김경욱, 974면; 정영환, 1445면.
37) 대법원 1989. 10. 24. 선고 88다카29658 판결.
38) 대법원 1999. 5. 25. 선고 99두2475 판결.
39) 대법원 1989. 10. 24. 선고 88다카29658 판결.
40) 대법원 1985. 11. 26. 선고 85다418 판결.
41) 대법원 1982. 9. 14. 선고 82다16 판결.
42) 대법원 2011. 7. 21. 선고 2011재다199 전원합의체 판결.

리권의 흠결로 인하여 본인이나 그의 소송대리인이 실질적인 소송행위를 할 수 없었던 경우에도 이에 해당한다.[43] 따라서 참칭대표자를 대표자로 표시하여 소를 제기하고 참칭대표자의 불출석으로 자백간주의 판결이 선고된 경우는 대리권 흠결을 이유로 한 재심사유로 본다.[44] 그리고 우체국 집배원의 배달 착오로 소송기록접수통지서를 송달받지 못하여 상고이유서 제출기간을 도과한 경우에도 본호의 재심사유에 해당한다고 본다.[45] 그러나 소송서류 등이 본인이나 그의 소송대리인에게 송달되지 아니하고 무권대리인에게 송달된 채 판결이 확정되었다 하더라도, 그로 말미암아 본인이나 그의 소송대리인이 실질적인 소송행위를 할 기회가 박탈되지 아니하였다면 재심사유로 주장할 수 없다고 한다.[46]

(2) 이외에도 본인이 실질적으로 소송절차에 관여하지 못한 채 판결이 확정된 경우, 즉 ① 성명모용소송,[47] ② 소송계속 중 당사자의 사망으로 소송절차가 중단되었음에도 이를 간과한 경우,[48] ③ 회생절차개시결정에 의한 소송절차 중단을 간과하거나,[49] ④ 특별대리인의 선임 없이 소송행위를 한 경우,[50] ⑤ 주식회사의 대표이사가 주주총회특별결의사항에 대하여 그 결의 없이 제소전화해를 한 경우[51] 등에서 본호의 규정을 유추적용할 수 있다고 하였다.

(3) 본호의 재심사유는 대리권(대표권)의 흠결이 있는 당사자 측을 보호하려는데 그 취지가 있으므로, 그 상대방이 이를 재심사유로 삼기 위해서는 그러한 사유를 주장함으로써 이익을 받을 수 있는 경우에 한하고, 여기서 이익을 받을 수 있는 경우란 위와 같은 대리권(대표권) 흠결 이외의 사유로도 종전의 판결이 종국적으로 상대방의 이익으로 변경될 수 있는 경우를 의미한다고 한다.[52]

(4) 대리권의 흠결이 있는 경우라도 제60조 또는 제97조의 규정에 따라 추인하면 유효한 소송행위가 되므로 재심사유가 되지 못한다(제451조 제1항 제3호 단서).

(5) 일반적으로 소송대리권은 그 존재를 주장하는 자에게 증명책임이 있으나, 재심의 소의 경우 소송대리권의 흠결이 재심사유로 되어 있으므로 그 증명책임도 이를 주장하는 재심원고에게 있다.[53]

---

43) 대법원 1999. 2. 26. 선고 98다47290 판결.
44) 대법원 1994. 1. 11. 선고 92다47632 판결; 대법원 1999. 2. 26. 선고 98다47290 판결.
45) 대법원 1998. 12. 11. 선고 97재다445 판결.
46) 대법원 1992. 12. 22. 선고 92재다259 판결.
47) 대법원 1964. 3. 31. 선고 63다656 판결.
48) 대법원 1995. 5. 23. 선고 94다28444 전원합의체 판결; 대법원 2013. 4. 11. 선고 2012재두497 판결.
49) 대법원 2012. 3. 29. 선고 2011두28776 판결.
50) 대법원 1965. 9. 7. 선고 65사19 판결.
51) 대법원 1980. 12. 9. 선고 80다584 판결.
52) 대법원 2000. 12. 22. 선고 2000재다513 판결.
53) 대법원 1996. 12. 23. 선고 95다22436 판결.

라. 법관의 직무상의 범죄(제4호)

예컨대 법관이 담당한 사건에 관하여 수뢰죄를 범한 경우가 이에 해당한다.

마. 형사상 처벌을 받을 다른 사람의 행위로 인한 자백 또는 공격방어방법의 제출방해(제5호)

(1) 형사상 처벌을 받을 행위는 형법뿐만 아니라 특별형법을 포함한 형사법상의 범죄행위를 의미하나, 경범죄처벌법이나 질서벌 위반행위는 포함하지 않는다.[54]

(2) 본호의 자백과 관련하여, 판례는 형사상 처벌받을 타인의 행위로 말미암아 상소를 취하한 경우에도 자백에 준하여 본호의 재심사유가 된다고 본다.[55]

(3) 본호의 공격방어방법에는 주장, 답변, 항변, 증거방법 등을 의미한다. 판례는 제3자가 재심대상사건의 공격방어방법이 담긴 합의각서의 반환을 거부하여 횡령의 유죄확정판결을 받았다면 본호의 재심사유에 해당한다고 본다.[56]

(4) 공격방어방법의 제출이 방해된 때라고 함은 타인의 형사상 처벌받을 행위로 인해 그 재심대상판결의 소송절차에서 당사자의 공격방어방법의 제출이 직접 방해받은 경우만을 의미하고, 당해 소송절차와 관계없는 타인의 범죄행위로 인하여 실체법상 어떤 효과발생이 저지되거나 어떤 사실이 조작되어 법원이 사실인정을 그르치게 된 경우까지 포함하는 것은 아니다.[57]

(5) 타인의 범죄행위로 자백 또는 공격방어방법의 제출이 방해받은 사실로 인해 재심대상판결에 이르는 등 인과관계가 있어야 한다. 판례는 형사상 처벌받을 타인의 행위로 인한 사유가 당사자가 인낙의 의사표시를 하게 된 직접적인 원인이 된 경우이어야 하고, 단지 간접적인 원인밖에 되지 않은 경우까지 준재심사유가 된다고 볼 수 없다고 한다.[58]

(6) 판례는 공시송달에 의한 편취판결의 경우 제5호의 재심사유와 제11호의 재심사유가 병존하는 것으로 본다.[59]

바. 문서의 위조·변조(제6호)

(1) 위조·변조된 문서가 판결의 증거가 되었다는 것의 의미에 관하여, 판례는 위조·변조된 문서가 판결주문을 유지하는 근거가 된 사실인정의 증거로 채택된 경우를 말하고, 위조·변조된 문서 자체가 재심대상판결의 사실인정의 증거로 채용되지 아니한 이상 유죄

---

54) 강현중, 1059면; 김홍엽, 1222면; 이시윤, 940면; 정동윤/유병현/김경욱, 976면; 정영환, 1450면.
55) 대법원 2012. 6. 14. 선고 2010다86112 판결.
56) 대법원 1985. 1. 29. 선고 84다카1430 판결.
57) 대법원 1982. 10. 12. 선고 82다카664 판결; 대법원 1993. 11. 9. 선고 93다39553 판결.
58) 대법원 1995. 4. 28. 선고 95다3077 판결.
59) 대법원 1997. 5. 28. 선고 96다41649 판결.

의 확정판결이 있었다 하여도 본호의 재심사유에 해당하지 않는다고 본다.[60)]

(2) 본호의 문서에는 공문서·사문서를 가리지 않고, 위조·변조에는 허위공문서작성이나 공정증서원본불실기재를 포함하며,[61)] 그 밖의 물건은 공인(公印), 사인(私印), 경계표 등을 의미한다고 본다.[62)]

사. 증인 등의 거짓진술(제7호)

(1) 본호의 해당 여부에 관하여 판례는 증인이 직접 그 재심의 대상이 된 소송사건을 심리하는 법정에서 허위로 진술하고 그것이 판결주문의 이유가 된 사실인정의 자료가 된 경우를 말하는 것이지, 그 증인이 다른 민·형사 관련사건에서 증인으로서 허위진술을 하고 그 조서가 재심대상판결에서 서증으로 제출되어 채용된 경우는 본호의 재심사유에 포함될 수 없다고 본다.[63)]

(2) 판례는 증인의 거짓진술이 판결의 증거가 된다는 것은 판결주문에 영향을 미치는 사실인정의 자료가 된 경우를 의미하고, 판결주문에 영향을 미친다는 것은 만약 그 거짓진술이 없었더라면 판결주문이 달라질 수도 있었을 것이라는 개연성을 의미하나, 변경의 확실성을 요구하는 것은 아니며, 또 사실인정의 자료가 되었다고 함은 그 거짓진술이 직접적인 증거가 된 때뿐만 아니라 대비증거로 사용되어 간접적으로 영향을 준 경우도 포함한다고 본다.[64)]

아. 판결의 기초가 된 재판 또는 행정처분의 변경(제8호)

(1) 여기에서 재판이 판결의 기초가 되었다고 함은 재판이 확정판결에 법률적으로 구속력을 미치는 경우 또는 재판내용이 확정판결에서 사실인정의 자료가 되었고 그 재판의 변경이 확정판결의 사실인정에 영향을 미칠 가능성이 있는 경우를 말한다.[65)] 따라서 그 변경이 본호의 재심사유가 되는 것은, 재심대상판결(손해배상사건)의 사실인정의 기초가 된 형사 제1심 유죄판결이 후에 무죄로 변경된 경우,[66)] 제권판결로 인하여 어음의 효력이 상실하였다고 보아 약속어음금청구를 기각하였는데 후에 그 제권판결이 취소된 경우,[67)] 불하처분취소를 이유로 불하원인 소유권이전등기의 말소를 명한 판결이 확정된 후 위 불하

---

60) 대법원 1992. 11. 10. 선고 91다27495 판결.
61) 대법원 1997. 7. 25. 선고 97다15470 판결.
62) 이시윤, 942면; 정동윤/유병현/김경욱, 978면; 호문혁, 1051면.
63) 대법원 1992. 6. 12. 선고 91다33179, 33186 판결.
64) 대법원 2001. 6. 15. 선고 2000두2952 판결.
65) 대법원 2019. 10. 17. 선고 2018다300470 판결.
66) 대법원 1983. 4. 26. 선고 83사2 판결.
67) 대법원 1991. 11. 12. 선고 91다25727 판결.

처분취소의 취소를 명한 행정판결이 확정된 경우[68] 등이다. 여러 개의 유죄판결이 재심대상판결의 기초가 되었는데 그 후 유죄가 무죄로 변경된 경우 각각 별개의 독립된 재심사유가 된다고 본다.[69]

(2) 본호의 재판은 민·형사, 가사판결은 물론 가압류·가처분결정이나 비송재판도 포함한다. 그리고 행정처분의 변경은 재판에 의한 것뿐만 아니라 행정관청이 변경한 것도 포함한다. 다만 그 변경은 재심대상판결이 확정된 후 소급적으로 변경된 경우를 의미한다.[70] 최근 판례는 판결의 대상이 된 행정처분 그 자체가 그 후 다른 행정처분에 의해 변경된 것을 말하는 것이 아니라, 확정판결에 법률적으로 구속력을 미치거나 사실인정의 자료가 된 행정처분이 다른 행정처분에 의해 변경된 경우를 말한다는 전제하, 특허법원이 정정 전 명세서 등으로 그 특허가 무효라고 판결하였는데, 그 후 특허권자가 정정심판을 청구하여 명세서 등을 정정하는 심결이 확정되더라도 본호의 재심사유가 있다고 볼 수 없다고 하였다.[71]

판 례 **행정처분 변경의 의미 및 특허무효판결 후 명세서 정정심결이 확정된 경우(대법원 2020. 1. 22. 선고 2016후2522 전원합의체 판결)**

[다수의견] 재심은 확정된 종국판결에 대하여 판결의 효력을 인정할 수 없는 중대한 하자가 있는 경우 예외적으로 판결의 확정에 따른 법적 안정성을 후퇴시켜 그 하자를 시정함으로써 구체적 정의를 실현하고자 마련된 것이다. 행정소송법 제8조에 따라 심결취소소송에 준용되는 민사소송법 제451조 제1항 제8호는 '판결의 기초로 된 행정처분이 다른 행정처분에 의하여 변경된 때'를 재심사유로 규정하고 있다. 이는 판결의 심리·판단 대상이 되는 행정처분 그 자체가 그 후 다른 행정처분에 의하여 확정적·소급적으로 변경된 경우를 말하는 것이 아니고, 확정판결에 법률적으로 구속력을 미치거나 또는 그 확정판결에서 사실인정의 자료가 된 행정처분이 다른 행정처분에 의하여 확정적·소급적으로 변경된 경우를 말하는 것이다. 여기서 '사실인정의 자료가 되었다'는 것은 그 행정처분이 확정판결의 사실인정에서 증거자료로 채택되었고 그 행정처분의 변경이 확정판결의 사실인정에 영향을 미칠 가능성이 있는 경우를 말한다. 이에 따르면 특허권자가 정정심판을 청구하여 특허무효심판에 대한 심결취소소송의 사실심 변론종결 이후에 특허발명의 명세서 또는 도면(이하 '명세서 등'이라 한다)에 대하여 정정을 한다는 심결(이하 '정정심결'이라 한다)이 확정되더라도 정정 전 명세서 등으로 판단한 원심판결에 민사소송법 제451조 제1항 제8호가 규정한 재심사유가 있다고 볼 수 없다.

68) 대법원 1981. 11. 10. 선고 80다870 전원합의체 판결.
69) 대법원 2019. 10. 17. 선고 2018다300470 판결.
70) 대법원 1981. 1. 27. 선고 80다1210, 1211 판결.
71) 대법원 2020. 1. 22. 선고 2016후2522 전원합의체 판결.

자. 판단누락(제9호)

(1) 구법에서는 판단유탈이라고 했다. 본호의 판단누락은 당사자가 소송상 제출한 공격방어방법으로서 판결에 영향이 있는 것에 대하여 판결이유 중에 판단을 명시하지 아니한 경우를 말한다.[72] 직권조사사항에 해당하는 것에 대한 판단을 누락한 경우에 본호에 해당하나, 이는 당사자의 주장이나 법원의 직권조사촉구를 전제로 하므로, 당사자가 주장하지 않았거나 조사를 촉구하지 않았다면 판단누락이 될 수 없다고 한다.[73]

(2) 일단 판단이 있는 이상 그 판단에 이르는 이유가 소상하게 설시되지 않았거나 주장배척의 근거를 일일이 개별적으로 설명하지 않았더라도 이를 판단누락으로 볼 수 없다.[74] 그리고 재판누락(제212조)은 추가판결의 대상이지 재심의 대상이 아니다. 상고심절차에 관한 특례법에 따라 상고심이 심리불속행 상고기각판결을 한 경우를 판단누락으로 볼 수 없다.[75]

(3) 적법한 기간 내에 상고이유서가 제출되었음에도 불구하고 그 제출이 없다는 이유로 상고를 기각한 경우 본호의 재심사유에 해당한다고 본다.[76] 상고기록접수통지서를 만 8세 9개월 남짓의 아들에게 보충송달한 경우 이는 부적법한 송달임에도 불구하고 그 수령일을 기준으로 하여 상고이유서가 제출기간 내에 제출되지 않았다는 이유로 상고를 기각한 것 역시 판단누락의 위법이 있다고 하였다.[77]

차. 판결효력의 저촉(제10호)

(1) 본호는 확정판결의 기판력 충돌을 조정하기 위한 것으로서, 전에 선고한 확정판결의 효력이 재심대상판결 당사자에게 미치는 경우로서 양 판결이 저촉되는 것을 의미한다.[78] 재심대상판결과 확정판결이 모두 재심원고의 청구를 기각한 것이라면 두 판결이 서로 저촉된다고 볼 수 없다.[79]

(2) 주관적으로 당사자가 서로 동일해야 하므로, 사건이 서로 유사하더라도 당사자를 달리하여 판결의 기판력이 재심대상판결의 당사자에게 미치지 않는다면 본호의 재심사유에 해당하지 않는다.[80] 그리고 객관적으로는 원칙적으로 소송물을 같이 할 것을 요하는

72) 대법원 2000. 7. 6. 선고 2000재다193, 209 판결.
73) 대법원 2004. 9. 13.자 2004마660 결정.
74) 대법원 2000. 7. 6. 선고 2000재다193, 209 판결.
75) 대법원 2009. 2. 12. 선고 2008재다502 판결.
76) 대법원 1998. 3. 13. 선고 98재다53 판결.
77) 대법원 2013. 1. 16. 선고 2012재다370 판결.
78) 대법원 2011. 7. 21. 선고 2011재다199 전원합의체 판결.
79) 대법원 2001. 3. 9. 선고 2000재다353 판결.
80) 대법원 2011. 7. 21. 선고 2011재다199 전원합의체 판결.

데,[81] 구실체법설(구소송물이론)은 청구원인에 의하여 소송물의 동일성을 식별하므로 두 판결이 청구원인을 달리하면 상호저촉의 문제가 발생하지 않는다고 본다.[82] 시간적으로 재심대상판결이 그 전에 확정된 판결과 저촉되는 경우이어야 하므로, 재심대상판결이 그 후에 확정된 판결과 저촉되는 경우에는 본호의 재심사유에 해당하지 않는다.[83]

(3) 확정판결과 동일한 효력을 갖는 청구의 포기·인낙조서, 화해조서(제220조), 조정조서, 외국의 확정판결(제217조), 중재판정(중재 제35조) 등과 서로 저촉될 경우도 본호의 재심사유가 된다고 본다.

카. 상대방의 주소를 모른다고 하거나 거짓주소로 한 소제기(제11호)

(1) 판례는 공시송달에 의한 판결정본송달은 그 송달이 유효하다고 보므로, 본호의 재심사유는 공시송달에 의한 판결편취를 의미하는 것으로 보고 있다.[84] 공시송달에 의한 판결편취의 경우 본호의 재심과 함께 상소추후보완을 선택적으로 할 수 있다고 한다.[85]

(2) 그러나 판례는 거짓주소로 송달을 실시하여 자백간주에 의한 편취판결의 경우는 그 송달이 무효로서 정당한 당사자는 아직 판결정본을 송달받지 않은 것이므로 (기한의 정함이 없는) 항소에 의할 수 있을 뿐, 재심을 제기할 수 없다고 본다.[86]

Ⅳ. 재심절차

1. 관할법원

제451조(재심사유) ③ 항소심에서 사건에 대하여 본안판결을 하였을 때에는 제1심 판결에 대하여 재심의 소를 제기하지 못한다.

제453조(재심관할법원) ① 재심은 재심을 제기할 판결을 한 법원의 전속관할로 한다.
② 심급을 달리하는 법원이 같은 사건에 대하여 내린 판결에 대한 재심의 소는 상급법원이 관할한다. 다만, 항소심판결과 상고심판결에 각각 독립된 재심사유가 있는 때에는 그러하지 아니하다.

---

81) 대법원 1990. 3. 9. 선고 89재다카140 판결.
82) 대법원 1968. 4. 23. 선고 68사13 판결.
83) 대법원 1981. 7. 28. 선고 80다2668 판결.
84) 대법원 1978. 5. 9. 선고 75다634 전원합의체 판결.
85) 대법원 2011. 12. 22. 선고 2011다73540 판결.
86) 대법원 1978. 5. 9. 선고 75다634 전원합의체 판결; 대법원 1993. 12. 28. 선고 93다48861 판결. 상세는 전술 판결의 편취 부분 참조.

(1) 재심은 재심대상판결을 한 법원의 전속관할로 한다(제453조 제1항).

(2) 제1심의 종국판결에 대해 항소심이 항소인용 또는 항소기각의 본안판결을 한 경우 제1심판결이 아니라 항소심판결이 재심의 대상이 되므로(제451조 제3항), 항소법원이 관할권을 갖게 된다. 이때 만약 당사자가 잘못하여 제1심법원에 재심의 소를 제기한 경우 각하할 것이 아니라 항소법원으로 이송하여야 한다고 본다.[87] 제1심의 종국판결에 대해 항소심이 항소각하판결을 한 경우는 제1심판결과 항소심판결, 이렇게 심급을 달리하는 두 개의 확정판결이 있게 되는데, 이 경우의 재심은 상급법원인 항소법원이 관할권을 갖는다(제453조 제2항 본문). 그러나 항소심판결과 상고심판결에 각각 독립된 재심사유가 있는 경우에는 상고법원만이 관할권을 갖는 것은 아니다(제453조 제2항 단서).

2. 재심의 소의 제기

제458조(재심소장의 필수적 기재사항) 재심소장에는 다음 각호의 사항을 적어야 한다.
1. 당사자와 법정대리인
2. 재심할 판결의 표시와 그 판결에 대하여 재심을 청구하는 취지
3. 재심의 이유

(1) 재심의 소의 제기는 원칙적으로 재심소장의 제출에 의한다(제455조, 제248조 제1항). 다만 소액사건에서는 말로 제기할 수 있다(소심 제4조). 재심소장에는 이를 제출하는 법원의 심급에 따라 인지를 붙여야 한다(민인 제8조 제1항). 재심소장에는 당사자와 법정대리인, 재심대상판결의 표시와 그 판결에 대하여 재심을 청구하는 취지, 재심의 이유를 적어야 한다(제458조). 재심의 이유는 변경 가능하다(제459조 제2항).

(2) 재심소장의 제출에 의하여 그 재심사유에 대한 기간준수의 효력이 생긴다(제455조, 제265조).

3. 일반소송절차의 준용

(1) 재심의 소송절차에는 그 성질에 어긋나지 아니하는 범위 안에서 각 심급의 소송절차에 관한 규정을 준용한다(제455조, 민소규 제138조). 재심의 소에서도 소취하가 가능하고, 소송요건의 흠결이 있는 경우 소의 각하가 가능하며, 이송도 허용된다. 재심피고는 자기

---

87) 대법원 1984. 2. 28. 선고 83다카1981 전원합의체 판결. 이때 재심기간의 준수여부는 항소법원에 이송된 때가 아니라 재심의 소가 제1심법원에 제기된 때를 기준으로 한다.

의 재심사유에 기한 반소를 제기할 수도 있고(제455조, 제412조), 부대재심을 구할 수도 있다.

(2) 재심청구에 통상의 민사상 청구를 병합할 수 있는지에 대해 견해의 대립이 있다. 판례는 이를 부정하나,[88] 재심대상판결이 상급심에 대한 것이어서 새롭게 제기하는 청구와 심급이 다른 경우가 아니라면, 재심사유가 인정된 뒤 본안절차는 변론주의가 적용되고 이점에서 통상의 민사본안 사건과 다를 게 없으므로, 그 병합을 허용함이 타당하다 할 것이다(통설).[89]

4. 심 판

가. 중간판결제도

> **제454조(재심사유에 관한 중간판결)** ① 법원은 재심의 소가 적법한지 여부와 재심사유가 있는지 여부에 관한 심리 및 재판을 본안에 관한 심리 및 재판과 분리하여 먼저 시행할 수 있다.
> ② 제1항의 경우에 법원은 재심사유가 있다고 인정한 때에는 그 취지의 중간판결을 한 뒤 본안에 관하여 심리·재판한다.

(1) 재판장이 재심소장의 방식심사를 한 후 소의 적법 여부, 재심사유의 존부, 그리고 본안심판의 단계로 나간다. 그런데 재심의 소가 부적법하거나 재심사유가 없음에도 불구하고 본안심판을 하는 것은 소송경제에 반하는 측면이 있다. 따라서 제454조는 재심의 소의 적법 여부와 재심사유의 존부에 대한 심리를 본안심리와 분리하여 먼저 시행할 수 있도록 하되, 그 심리결과 적법 및 존재가 인정되는 때에는 그 취지의 중간판결을 할 수 있도록 규정하였다. 만약 인정되지 않으면 종국판결로 재심의 소를 각하하거나 재심청구를 기각하여, 본안심리에 들어가는 노고를 줄일 수 있게 한 것이다.

(2) 이러한 중간판결을 위한 선행심리를 할 것인지 여부는 법원의 재량이다.

나. 재심의 소의 적법 여부

(1) 법원은 일반 소송요건과 함께 재심의 적법요건을 심리한다. 이는 직권조사사항이다. 조사결과 흠이 있는 경우 그 흠을 보정하지 않거나 보정할 수 없는 경우에는 판결로 재심의 소를 각하하여야 한다(제455조, 제219조, 제413조).

(2) 재심사유의 주장이 없거나 법정재심사유 이외의 사유를 주장한 경우 그러한 재심

88) 대법원 1971. 3. 31. 선고 71다8 판결; 대법원 1997. 5. 28. 선고 96다41649 판결; 대법원 2009. 9. 10. 선고 2009다41977 판결.

89) 강현중, 789면; 이시윤, 948면; 정동윤/유병현/김경욱, 996면; 정영환, 882면.

의 소는 부적법하므로 각하되어야 한다.[90] 그리고 재심사유는 인정되나 이러한 재심사유를 당사자가 상소에 의하여 이미 주장하였는데 기각되었거나, 재심사유를 알면서도 상소심에서 주장하지 않은 경우(제451조 제1항 단서), 즉 보충성 위반인 경우에도 재심의 소는 각하되어야 한다. 다만 각하하지 않고 기각하였더라도 재심의 소를 배척하였다는 점에서 결과적으로 정당하다고 한다.[91]

다. 재심사유의 존부

(1) 재심의 소가 적법한 경우 다음으로 재심사유의 존부를 조사하여야 한다. 재심사유의 존재에 대한 증명책임은 재심원고에게 있다.

(2) 재심사유의 존부에 관하여는 당사자의 처분권을 인정할 수 없고, 재심법원은 직권으로 당사자가 주장하는 재심사유 해당사실의 존부에 관한 자료를 탐지하여 판단할 필요가 있으므로, 재심사유에 대해서는 당사자의 자백이나 자백간주규정이 적용되지 않는다.[92] 같은 이유로 재판상화해나 조정도 허용되지 않으며,[93] 청구의 포기·인낙도 허용될 수 없다. 이처럼 당사자의 임의처분이 배제된다는 점에서 일반 소송절차와 다르다.

(3) 심리결과 재심사유가 없는 것으로 인정되면 종국판결로 재심청구를 기각한다.[94] 재심사유 존부에 관하여 당사자 사이에 다툼이 있으면 중간판결(제454조)이나 종국판결의 이유 속에서 판단하여야 한다.

라. 본안에 관한 심판

제459조(변론과 재판의 범위) ① 본안의 변론과 재판은 재심청구이유의 범위안에서 하여야 한다.
② 재심의 이유는 바꿀 수 있다.

제460조(결과가 정당한 경우의 재심기각) 재심의 사유가 있는 경우라도 판결이 정당하다고 인정한 때에는 법원은 재심의 청구를 기각하여야 한다.

(1) 재심사유의 존재가 인정되는 경우 본안에 관한 심리를 한다. 이는 원판결에 의하여 완결된 종전소송에 대하여 다시 심판함을 의미한다. 즉 종전소송의 속행으로서 일체를 이루므로 서증의 번호도 재심 전 소송의 서증의 번호에 연속하여 매기고(민소규 제140조 제1

90) 대법원 1996. 10. 25. 선고 96다31307 판결.
91) 대법원 1980. 11. 11. 선고 80다2126 판결.
92) 대법원 1992. 7. 24. 선고 91다45691 판결.
93) 대법원 2012. 9. 13. 선고 2010다97846 판결.
94) 대법원 1990. 12. 7. 선고 90다카21886 판결.

항), 변론의 갱신절차를 밟아야 하며(제455조, 제204조 제2항, 민소규 제127조의2), 변론의 갱신권이 인정되므로 사실심이라면 새로운 공격방어방법을 제출할 수 있다.[95)]

(2) 재심본안의 변론과 재판은 재심청구이유의 범위 안에서 해야 한다(제459조 제1항). 재심피고에 의하여 부대재심이 제기되지 않는 한 재심원고에 대하여 원래의 확정판결보다 불이익한 판결을 할 수 없다(불이익변경금지).[96)]

(3) 본안심리결과 원판결이 부당한 경우는 불복신청의 한도 내에서 원판결을 취소하고 이에 갈음하는 판결을 한다. 이러한 재심판결은 원판결을 소급적으로 취소하는 형성판결이다.

만약 원판결이 정당하다고 인정되면 재심사유가 있는 경우라 할지라도 법원은 재심청구를 기각하여야 한다(제460조). 여기서 ① 원판결이 표준시 이전의 사유로 보아 정당한 경우는 원판결이 정당하여 재심청구를 기각하여야 한다는데 문제가 없다. 그러나 ② 원판결이 표준시 이전의 사유로 보면 부당하지만 표준시 이후에 발생한 새로운 사유로 인해 원판결의 결론이 정당한 경우에는, 원판결을 취소해야 한다는 견해가 있으나, 이 경우도 재심청구를 기각한다는 견해[97)]가 법문에 충실하므로 타당하다. 판례도 같은 태도를 취하여 위와 같은 사유로 재심청구를 기각한 경우에는 그 기판력의 표준시는 재심대상판결(원판결)의 변론종결시가 아니라 재심판결의 변론종결시로 보아야 한다고 하였다.[98)]

Ⅴ. 준재심

1. 의 의

제461조(준재심) 제220조의 조서 또는 즉시항고로 불복할 수 있는 결정이나 명령이 확정된 경우에 제451조 제1항에 규정된 사유가 있는 때에는 확정판결에 대한 제451조 내지 제460조의 규정에 준하여 재심을 제기할 수 있다.

준재심은 확정판결과 같은 효력을 갖는 조서와 즉시항고로 불복할 수 있는 결정·명령이 확정된 경우에 재심사유가 있을 때 재심의 소에 준하여 재심을 제기하는 것을 의미한다(제461조).

95) 대법원 1965. 1. 19. 선고 64다1260 판결.
96) 대법원 2003. 7. 22. 선고 2001다76298 판결.
97) 김홍엽, 1234면; 이시윤, 950면; 정동윤/유병현/김경욱, 987면; 정영환, 1465면.
98) 대법원 1993. 2. 12. 선고 92다25151 판결; 대법원 2003. 5. 13. 선고 2002다64148 판결.

2. 준재심의 소(조서에 대한 준재심)

가. 대 상

(1) 제220조의 조서에는 화해조서, 청구의 포기·인낙조서 이외에 조정조서도 포함된다.[99] 화해조서에는 소송상화해조서뿐만 아니라 제소전화해조서도 포함된다.[100] 화해권고결정과 조정갈음결정도 확정되면 재판상화해와 동일한 효력이 있으므로(제231조, 민조 제34조 제4항) 준재심의 소를 유추적용할 수 있다.[101]

(2) 그러나 확정된 이행권고결정은 기판력이 없으므로 여기에 재심사유에 해당하는 하자가 있다고 하더라도 준재심의 소에 의할 수 없고, 청구이의의 소를 제기하여 다투거나 강제집행 완료 후에는 부당이득반환청구를 할 수 있을 뿐이다.[102]

나. 절 차

(1) 준재심의 소송절차에는 확정판결에 대한 재심의 소의 소송절차가 준용된다. 즉 재심소장(제458조), 재판의 범위(제459조) 등이 준용되므로, 재심의 제기는 소의 방식으로, 재판은 판결의 방식으로 하여야 한다. 준재심소장에는 이를 제출하는 법원의 심급에 따른 인지를 붙여야 하는데(민인 제8조 제2항 본문), 다만 제소전화해에 대한 준재심의 경우는 화해신청서에 붙일 인지를 붙인다(민인 제8조 제2항 단서).

(2) 준재심의 소에 재심제기기간(제456조, 제457조)도 준용된다. 다만 판례는 준재심의 소제기기간과 관련하여 법인 등의 대표자가 권한을 남용하여 법인 등의 이익에 배치되는 청구의 포기·인낙 또는 화해를 한 경우는 단지 대표자가 준재심의 사유를 아는 것만으로는 부족하고 법인 등의 이익을 정당하게 보전할 권한을 가진 다른 임원 등이 준재심의 사유를 안 때에 비로소 그 제기기간이 진행된다고 본다.[103]

(3) 제451조 제1항 각호의 재심사유는 판결의 흠을 예상하여 규정된 것이므로 이를 준재심의 소에 전면적으로 준용할 수는 없고, 따라서 제2호, 제3호, 제5호, 제10호 등 일부만 준용된다고 본다.[104]

(4) 그리고 결과가 정당한 경우의 재심기각에 관한 제460조의 규정은 성질상 준재심의 소에 준용되지 않는다고 본다.[105] 이에 의할 때 재심법원은 재심사유가 있는 경우 반

---

99) 대법원 2007. 10. 25. 선고 2007다36223 판결; 대법원 2014. 3. 27. 선고 2009다104960, 104977 판결.
100) 대법원 2002. 12. 6. 선고 2002다44014 판결.
101) 대법원 2005. 6. 24. 선고 2003다55936 판결.
102) 대법원 2009. 5. 14. 선고 2006다34190 판결.
103) 대법원 2016. 10. 13. 선고 2014다12348 판결.
104) 김홍엽, 1235면; 이시윤, 952면; 정영환, 1467면.

드시 조서를 취소하여야 한다.[106]

3. 준재심의 신청(결정·명령에 대한 준재심)

가. 대 상

(1) 즉시항고로 불복할 수 있는 결정이나 명령이 그 대상이 된다(제461조). 그러나 이는 대표적인 사례를 든 것에 불과하고, 종국적 재판의 성질을 가진 결정·명령 또는 종국적 재판과 관계없이 독립하여 확정되는 결정·명령에 해당하는 경우 독립하여 준재심의 신청을 할 수 있다고 본다.[107]

(2) 이에 해당하는 것으로 소장각하명령(제254조 제3항), 상소장각하명령(제402조, 제425조), 소송비용에 관한 결정(제110조, 제113조, 제114조), 매각허가결정(민집 제128조), 추심명령·전부명령(민집 제229조 제6항) 등을 들 수 있다.[108] 그러나 판례는 담보권실행을 위한 경매개시결정은 즉시항고로 불복할 수 있는 것이 아니어서 준재심의 대상이 아니라고 하였다.[109]

나. 절 차

여기에도 확정판결에 대한 재심의 소의 소송절차가 준용된다. 다만 그 제기는 소가 아니라 신청의 방식에 의하고, 재판은 판결이 아니라 결정의 방식으로 한다.

---

105) 김홍엽, 1236면; 이시윤, 952면; 정영환, 1467면.
106) 제소전화해조서의 경우(대법원 1998. 10. 9. 선고 96다44051 판결).
107) 대법원 2004. 9. 13.자 2004마660 결정.
108) 김홍엽, 1236면; 이시윤, 953면; 정영환, 1468면.
109) 대법원 2004. 9. 13.자 2004마660 결정.

제 8 편

특수절차
(소액사건심판절차와 독촉절차)

Ⅰ. 소액사건심판절차

1. 의 의

(1) 소액사건심판절차는 소액사건을 신속하게 처리하기 위한 간이한 절차를 말한다. 소액사건은 소액사건심판법 제2조 제1항의 위임에 따라 대법원규칙인 소액사건심판규칙이 정하는데, 현재 소가 3,000만 원 이하의 금전 기타 대체물이나 유가증권의 일정한 수량의 지급을 목적으로 하는 제1심 민사사건을 의미한다(소심규 제1조의2). 따라서 등기청구사건이나 부동산인도청구사건은 소액사건이 아니다. 청구의 변경 등으로 합산된 소가가 위액수를 초과하는 경우에는 소액사건이 아니게 되지만, 법원이 변론을 병합한 경우에는 그렇지 않다.[1] 소액사건심판절차를 받기 위한 목적으로 청구를 분할하는 것은 허용되지 않고, 이 경우 판결로 소를 각하하여야 한다(소심 제5조의2).

(2) 소액사건도 민사사건이므로 기본적으로 민사소송법이 적용되지만, 소액사건심판법에 신속한 진행을 위한 특칙들이 규정되어 있다.

2. 제1심절차

가. 관할법원

소액사건은 단독판사가 심판한다. 시·군법원이 설치된 지역에서는 시·군법원이 관할권을 가진다(법조 제33조, 제34조). 청구변경 등으로 사건이 소액사건이 아니게 된 경우 지방법원이나 지원으로 사건을 이송하여야 한다.

나. 소제기 방식

소액사건의 소는 구술로 제기할 수도 있는데, 이 경우 법원사무관등의 면전에서 진술하여야 하고, 법원사무관등은 제소조서를 작성하고 이에 기명날인하여야 한다(소심 제4조). 그러나 상소는 구술로 제기할 수 없다.[2]

다. 심 리

심리에 관하여는 다음과 같은 특칙이 있다. ① 당사자 쌍방이 임의로 법원에 출석하여 변론할 수도 있다(임의출석제). 이 경우 소제기는 구술로 한다(소심 제5조). ② 소장부본이

1) 대법원 1992. 7. 24. 선고 91다43176 판결.
2) 주석 민사소송법(Ⅵ), 105면, 432면.

나 제소조서등본은 지체 없이 피고에게 송달하여야 한다(소심 제6조). ③ 변론기일은 지체 없이, 즉 답변서의 제출을 기다리지 않고 지정하고, 1회만 여는 것을 원칙으로 한다. 법원은 필요한 경우 변론기일 이전에 증거신청을 하게 하는 등의 조치를 취할 수 있다(소심 제7조 제1항 내지 제3항). ④ 필요한 경우 근무시간 외 또는 공휴일에도 기일을 열 수 있다(소심 제7조의2). ⑤ 배우자·직계혈족 또는 형제자매는 법원의 허가 없이 소송대리인이 될 수 있다(소심 제8조 제1항). ⑥ 판사가 바뀐 경우라도 변론의 갱신 없이 판결할 수 있다(소심 제9조 제2항). ⑦ 판사는 필요한 경우 직권증거조사를 할 수 있고, 증인신문은 판사가 하는데, 다만 당사자는 판사에게 알리고 신문할 수 있으며, 증인·감정인의 신문에 갈음한 서면제출이 가능하다(소심 제10조). ⑧ 당사자의 이의가 있는 경우를 제외하고, 판사의 허가가 있으면 조서의 기재를 생략할 수 있다. 다만 자백, 청구의 포기·인낙, 화해 및 소의 취하의 경우에는 그러하지 아니하다(소심 제11조).

라. 판 결

판결에 관하여 다음과 같은 특칙이 있다. ① 기록상 청구가 이유 없음이 명백한 경우에는 변론을 열지 않고 청구를 기각할 수 있다(소심 제9조 제1항). ② 선고기일을 지정하지 않고, 변론종결 후 즉시 판결을 선고할 수 있다(소심 제11조의2 제1항). ③ 판결선고시 주문을 낭독하고 그 이유의 요지를 구술로 설명하여야 한다(소심 제11조의2 제2항). ④ 판결서에 이유를 적지 아니할 수 있는데, 다만 판결이유에 의하여 기판력의 객관적 범위가 달라지는 경우, 청구의 일부를 기각하는 사건에서 계산의 근거를 명확하게 제시할 필요가 있는 경우, 소송의 쟁점이 복잡하고 상대방의 주장, 그 밖의 공격방어방법에 대한 다툼이 상당한 사건 등 당사자에 대한 설명이 필요한 경우 중 어느 하나에 해당하는 경우에는 청구를 특정함에 필요한 사항 및 주문의 정당함을 뒷받침하는 공격방어방법에 관한 판단 요지를 판결서의 이유에 기재하도록 노력하여야 한다(소심 제11조의2 제3항).[3)]

3. 상소심절차

〈소액사건심판법〉
제3조(상고 및 재항고) 소액사건에 대한 지방법원 본원(本院) 합의부의 제2심 판결이나 결정·명령에 대해서는 다음 각 호의 어느 하나에 해당하는 경우에만 대법원에 상고(上告) 또는 재항고(再抗告)를 할 수 있다.

3) 이러한 판결서 이유기재 생략에 대한 예외는 2023. 3. 28.부터 시행되고 있다.

1. 법률·명령·규칙 또는 처분의 헌법 위반 여부와 명령·규칙 또는 처분의 법률 위반 여부에 대한 판단이 부당한 경우
2. 대법원의 판례에 상반되는 판단을 한 경우

〈소액사건심판규칙〉

제2조(상고 또는 재항고 이유서의 기재방식) 상고 또는 재항고 이유서에는 법 제3조 각호에 해당되는 사유만을 구체적으로 명시하여야 하며 이밖의 사유를 기재한 때에는 기재하지 아니한 것으로 본다.

(1) 소액사건의 항소에는 별다른 특칙이 없다. 소액사건의 항소심은 지방법원 합의부(항소부)가 담당한다.

(2) 소액사건의 상고 및 재항고의 경우 그 사유가 제한된다(소심 제3조). 여기서는 특히, 판결에 영향을 미친 경우에 한하여 적법한 상고이유가 된다고 한 민사소송법 제423조 규정은 소액사건에도 적용된다는 점,[4] 제2호는 구체적인 당해사건의 사안에 적용될 법령의 의미에 대하여 대법원이 한 해석과 상반되는 해석을 하거나 이를 전제로 판단한 경우를 말하고,[5] 원판결의 방론이나 가정적 판단은 이에 해당하지 않는 점,[6] 제2호와 관련하여 선행 대법원판례가 없는 경우에도 하급심에 계속 중인 다수의 소액사건에서 엇갈린 법적 판단이 나타나는 등 법령해석의 통일이 특별히 요청되는 상황이라면 대법원이 직권으로 법령위반을 판단할 수 있다는 점[7] 등을 주의해야 한다.

(3) 상고·재항고이유서에는 소액사건심판법 제3조 각호의 사유만을 구체적으로 명시하여야 하고, 그 외의 사유를 기재한 때에는 기재하지 아니한 것으로 본다(소심규 제2조). 따라서 일반 법령위반만을 기재하면 상고이유서 부제출로 상고가 기각된다(제429조).

4. 이행권고제도

가. 의 의

2001년 소액사건심판법 개정 때 이행권고제도가 도입되었다. 소액사건의 경우 대부분의 사건에서 피고가 다투지 않아 1회 변론기일에서 원고 전부승소판결이 선고되는 현실을 반영하여 더욱 더 신속하고 간이한 절차의 진행을 도모하는 것이 제도의 목적이다.

4) 대법원 2009. 6. 11. 선고 2009다11556 판결.
5) 대법원 2004. 5. 13. 선고 2004다6979, 6986 판결.
6) 대법원 1990. 12. 11. 선고 90다5283 판결.
7) 대법원 2004. 8. 20. 선고 2003다1878 판결; 대법원 2017. 3. 16. 선고 2015다3570 판결.

나. 이행권고결정

법원은 소액사건심판법 제5조의3 제1항에 따라 피고에게 청구취지대로 이행할 것을 권고할 수 있다.

> 〈소액사건심판법〉
> **제5조의3(결정에 의한 이행권고)** ① 법원은 소가 제기된 경우 결정으로 소장 부본이나 제소조서 등본을 첨부하여 피고에게 청구취지대로 이행할 것을 권고할 수 있다. 다만, 다음 각 호의 어느 하나에 해당하는 경우에는 이행권고를 할 수 없다.
> 1. 독촉절차 또는 조정절차에서 소송절차로 이행된 경우
> 2. 청구취지나 청구원인이 분명하지 아니한 경우
> 3. 그 밖에 이행권고를 하는 것이 적절하지 아니하다고 인정하는 경우

다. 이의신청

소액사건심판법 제5조의4는 피고의 이의신청에 관한 조항이다. 이에 따르면 피고는 이행권고결정서 등본 송달일로부터 2주의 불변기간 이내에 서면으로 이의신청을 할 수 있는데, 위 송달일 전에도 이의신청을 할 수 있다(제1항, 제2항).

라. 확정된 이행권고결정의 효력

소액사건심판법 제5조의7은 이행권고결정의 확정에 관하여 규정하고 있다. 피고가 이의기간 내에 이의신청을 하지 않은 경우, 이의신청각하결정이 확정된 경우, 이의신청이 취하된 경우에 이행권고결정은 확정된다. 확정된 이행권고결정은 확정판결과 같은 효력을 갖는데(제1항), 집행력 등은 있으나, 기판력은 없다.[8] 따라서 청구이의사유에 확정판결의 경우와 같은 시적 제한이 없으므로(소심 제5조의8 제3항), 이행권고결정 전에 생긴 사유도 청구이의의 소에서 주장할 수 있다.

II. 독촉절차(지급명령)

1. 의 의

민사소송법 제462조 내지 제474조에 규정되어 있는 독촉절차는 금전지급청구권 등에 대하여 통상의 심판절차를 거치지 않고 채권자의 신청에 의하여 집행권원을 얻게 하는 절

8) 대법원 2009. 5. 14. 선고 2006다34190 판결.

차를 의미한다. 소의 제기, 변론, 판결 모두가 생략되고, 소명자료제출도 필요하지 않다.

2. 지급명령의 신청

가. 요 건

제462조(적용의 요건) 금전, 그 밖에 대체물(代替物)이나 유가증권의 일정한 수량의 지급을 목적으로 하는 청구에 대하여 법원은 채권자의 신청에 따라 지급명령을 할 수 있다. 다만, 대한민국에서 공시송달 외의 방법으로 송달할 수 있는 경우에 한한다.

(1) 청구 관련 요건

(가) 제462조 본문이 정하는 금전 기타 대체물이나 유가증권의 일정 수량의 지급을 목적으로 하는 청구권에 해당하면 액수나 수량의 제한 없이 독촉절차의 대상이 된다. 현재(이의신청기간 경과 이전) 이행기가 도래하여 즉시 지급을 구할 수 있는 청구권이어야 하므로, 기한부 청구나 정지조건부 청구에 대해서는 지급명령이 허용되지 않는다. 그러나 해제조건부 청구에 대해서는 지급명령이 가능하다.

(나) 상환이행청구, 즉 반대급부의 이행과 동시에 금전 등 대체물이나 일정한 수량의 유가증권의 지급을 명하는 지급명령도 허용되는데, 이때 반대급부는 금전 기타 대체물이나 유가증권의 지급을 목적으로 하는 청구라는 제한을 받지 않고, 반대급부를 이행하여야 하는 자도 지급명령의 신청인에 한정되지 않는다.[9]

(다) 선택적 청구는 가능하나, 예비적 청구는 불가능하다.

(2) 송달 관련 요건

지급명령을 국내에서 공시송달에 의하지 않고 송달할 수 있어야 한다(제462조 단서). 만약 송달이 이루어지지 않을 경우 소송절차로 이행할 수 있는 규정이 있는데, 법원으로부터 채무자의 주소보정명령을 받은 채권자는 소제기신청을 할 수 있고(제466조 제1항), 또 공시송달에 의하지 않고는 지급명령을 송달할 수 없거나 또는 외국으로 송달해야 하는 경우에 법원은 직권에 의한 결정으로 소송절차에 부칠 수 있다(제466조 제2항).[10]

다만 금융기관의 경우 예외가 있는데, 은행 등이 업무 또는 사업으로 취득하여 행사하는 대여금, 구상금, 보증금 및 그 양수금 채권의 경우 공시송달에 의한 지급명령이 가능하다(소촉법 제20조의2 제1항). 이 경우 청구원인의 소명이 필요하다(같은 조 제2항).

---

9) 대법원 2022. 6. 21.자 2021그753 결정.
10) 소송절차에 부치기로 한 법원의 결정에 대해서는 불복할 수 없다(제466조 제3항).

나. 관 할

> **제463조(관할법원)** 독촉절차는 채무자의 보통재판적이 있는 곳의 지방법원이나 제7조 내지 제9조, 제12조 또는 제18조의 규정에 의한 관할법원의 전속관할로 한다.

독촉절차는 단독판사가 처리한다. 토지관할의 경우 전속관할인데, 관할의 근거가 되는 재판적으로는 채무자의 보통재판적과 근무지(제7조), 거소지 또는 의무이행지(제8조), 어음·수표지급지(제9조), 사무소·영업소 소재지(제12조), 불법행위지(제18조)의 특별재판적이 있다(제463조). 시·군법원이 설치된 지역에서는 시·군법원이 관할한다(법원조직법 제33조, 제34조). 한편, 독촉절차는 사법보좌관이 처리할 수 있다(법조 제54조 제2항 제1호, 사보규 제2조 제1항 제2호).

다. 신청방식

> **제464조(지급명령의 신청)** 지급명령의 신청에는 그 성질에 어긋나지 아니하면 소에 관한 규정을 준용한다.

소에 관한 규정이 준용되므로(제464조), 지급명령은 서면으로 신청하여야 하고, 지급명령신청서에는 청구취지와 청구원인을 기재하여야 한다. 청구권의 존재에 대한 소명자료 제출은 요구되지 않는다. 지급명령신청시 시효중단의 효과가 생긴다.

3. 지급명령신청에 대한 심판

가. 각하결정

> **제465조(신청의 각하)** ① 지급명령의 신청이 제462조 본문 또는 제463조의 규정에 어긋나거나, 신청의 취지로 보아 청구에 정당한 이유가 없는 것이 명백한 때에는 그 신청을 각하하여야 한다. 청구의 일부에 대하여 지급명령을 할 수 없는 때에 그 일부에 대하여도 또한 같다.
> ② 신청을 각하하는 결정에 대하여는 불복할 수 없다.

신청인의 청구권이 제462조 본문의 금전지급청구권 등이 아닌 경우, 관할권이 없는 경우, 신청서 기재 자체로 청구가 이유 없음이 명백한 경우에는 지급명령신청을 각하한다(제465조 제1항). 각하결정에는 불복할 수 없다(제465조 제2항).

나. 지급명령

제467조(일방적 심문) 지급명령은 채무자를 심문하지 아니하고 한다.

제468조(지급명령의 기재사항) 지급명령에는 당사자, 법정대리인, 청구의 취지와 원인을 적고, 채무자가 지급명령이 송달된 날부터 2주 이내에 이의신청을 할 수 있다는 것을 덧붙여 적어야 한다.

제469조(지급명령의 송달) ① 지급명령은 당사자에게 송달하여야 한다.
② 채무자는 지급명령에 대하여 이의신청을 할 수 있다.

각하사유가 없으면 청구의 당부에 대하여 심리하지 않고 지급명령을 발한다. 채무자에 대한 심문은 하지 않는다(제467조).

4. 지급명령에 대한 이의신청

제470조(이의신청의 효력) ① 채무자가 지급명령을 송달받은 날부터 2주 이내에 이의신청을 한 때에는 지급명령은 그 범위안에서 효력을 잃는다.
② 제1항의 기간은 불변기간으로 한다.

제471조(이의신청의 각하) ① 법원은 이의신청이 부적법하다고 인정한 때에는 결정으로 이를 각하하여야 한다.
② 제1항의 결정에 대하여는 즉시항고를 할 수 있다.

(1) 채무자는 지급명령을 송달받은 날로부터 2주의 불변기간 이내에 이의신청을 할 수 있다(제470조). 다만 지급명령 송달 후 이의신청기간 내에 회생절차개시결정 등과 같은 소송절차의 중단사유가 생긴 경우 이의신청기간의 진행이 정지된다.[11] 기간도과 등으로 이의신청이 부적법한 경우 법원은 이의신청을 결정으로 각하하는데, 이에 대하여는 즉시항고로 불복할 수 있다(제471조). 판사가 아니라 사법보좌관이 이의신청각하결정을 한 경우에는 사법보좌관의 처분에 대한 이의신청을 해야 한다(법조 제54조 제3항, 사보규 제4조).

(2) 이의신청이 적법한 경우 지급명령은 이의신청의 범위 내에서 효력을 잃고(제470조), 채권자가 지급명령을 신청한 때에 소가 제기된 것으로 보고 법원은 사건을 소송절차로 이행시킨다(제472조 제2항). 이 경우 지급명령에 의한 시효중단의 효과는 소송으로 이행된 때가 아니라 지급명령신청시에 발생한다.[12]

11) 대법원 2012. 11. 15. 선고 2012다70012 판결.
12) 대법원 2015. 2. 12. 선고 2014다228440 판결.

5. 소송으로 이행 후의 절차

제466조(지급명령을 하지 아니하는 경우) ① 채권자는 법원으로부터 채무자의 주소를 보정하라는 명령을 받은 경우에 소제기신청을 할 수 있다.
② 지급명령을 공시송달에 의하지 아니하고는 송달할 수 없거나 외국으로 송달하여야 할 때에는 법원은 직권에 의한 결정으로 사건을 소송절차에 부칠 수 있다.
③ 제2항의 결정에 대하여는 불복할 수 없다.

제472조(소송으로의 이행) ① 채권자가 제466조제1항의 규정에 따라 소제기신청을 한 경우, 또는 법원이 제466조제2항의 규정에 따라 지급명령신청사건을 소송절차에 부치는 결정을 한 경우에는 지급명령을 신청한 때에 소가 제기된 것으로 본다.
② 채무자가 지급명령에 대하여 적법한 이의신청을 한 경우에는 지급명령을 신청한 때에 이의신청된 청구목적의 값에 관하여 소가 제기된 것으로 본다.

제473조(소송으로의 이행에 따른 처리) ① 제472조의 규정에 따라 소가 제기된 것으로 보는 경우, 지급명령을 발령한 법원은 채권자에게 상당한 기간을 정하여, 소를 제기하는 경우 소장에 붙여야 할 인지액에서 소제기신청 또는 지급명령신청시에 붙인 인지액을 뺀 액수의 인지를 보정하도록 명하여야 한다.
② 채권자가 제1항의 기간 이내에 인지를 보정하지 아니한 때에는 위 법원은 결정으로 지급명령신청서를 각하하여야 한다. 이 결정에 대하여는 즉시항고를 할 수 있다.
③ 제1항에 규정된 인지가 보정되면 법원사무관 등은 바로 소송기록을 관할법원에 보내야 한다. 이 경우 사건이 합의부의 관할에 해당되면 법원사무관등은 바로 소송기록을 관할법원 합의부에 보내야 한다.
④ 제472조의 경우 독촉절차의 비용은 소송비용의 일부로 한다.

독촉사건은 채권자의 소제기신청(제472조 제1항, 제466조 제1항), 법원의 소송절차회부결정(제472조 제1항, 제466조 제2항), 채무자의 이의신청(제472조 제2항)에 의하여 소송으로 이행된다. 어느 경우나 지급명령신청시에 소가 제기된 것으로 간주된다(제472조 제2항). 지급명령신청서나 이의신청서에 기재된 사유는 소송절차의 변론기일에 주장되어야 소송자료가 된다.[13)]

6. 확정된 지급명령의 효력

제474조(지급명령의 효력) 지급명령에 대하여 이의신청이 없거나, 이의신청을 취하하거나, 각하결정이 확정된 때에는 지급명령은 확정판결과 같은 효력이 있다.

---

13) 대법원 1970. 12. 22. 선고 70다2297 판결.

이의기간 내에 이의신청이 없거나, 이의신청을 취하하거나, 이의신청각하결정이 확정된 경우 지급명령은 확정되고, 확정판결과 같은 효력을 가진다(제474조). 따라서 지급명령이 확정되면 해당 청구권의 소멸시효기간은 일률적으로 10년으로 된다.[14] 확정된 지급명령은 집행력이 있으므로 집행권원이 되고(민집 제56조), 그에 기한 집행에 단순집행문은 요구되지 않는다(민집 제58조 제1항). 그러나 확정된 지급명령에 기판력이 없어서 확정된 지급명령에 대한 청구이의사유에 확정판결의 경우와 같은 시적 제한이 없으므로(민집 제58조 제3항), 지급명령 발령 전에 생긴 청구권의 불성립·무효 등의 사유를 그 이의사유로 할 수 있다.[15]

판 례 **지급명령에 대한 청구이의의 소의 시적 제한(대법원 2002. 2. 22. 선고 2001다73480 판결)**

지급명령은 확정되어도 기판력이 생기지 않아서 그에 대한 청구이의의 소에는 기판력의 시간적 한계에 따른 제한은 적용되지 않으므로(민사소송법 제521조 제2항),[16] 그 청구이의의 소송심리에서는 그 지급명령에 기재된 모든 청구원인 주장에 관하여 심리·판단되어야 하고, 그 청구원인 주장을 특정함에 있어서는 서면에 의한 일방 심문으로 이루어지는 독촉절차의 특성과 소송경제의 이념을 고려하면서 구체적 사안에 적응하여 지급명령 신청서상의 청구원인 기재를 합리적으로 선해할 수 있는 것이다.

7. 조정으로의 이행신청

〈민사조정법〉

제5조의2(독촉절차의 조정으로의 이행) ①「민사소송법」 제469조제2항에 따라 채무자가 적법한 이의신청을 하여 같은 법 제473조제1항에 따라 지급명령을 발령한 법원이 인지의 보정을 명한 경우 채권자는 인지를 보정하는 대신 해당 기간 이내에 조정으로의 이행을 신청할 수 있다.
② 제1항의 이행신청이 부적법하다고 인정하는 때에는 위 법원은 결정으로 이를 각하하여야 한다. 이 결정에 대하여는 즉시항고(卽時抗告)를 할 수 있다.
③ 채권자가 제1항에 따라 적법한 이행신청을 한 경우에는「민사소송법」 제472조제2항에도 불구하고 지급명령을 신청한 때에 이의신청된 청구목적의 값에 관하여 조정이 신청된 것으로 본다.

제5조의3(독촉절차의 조정으로의 이행에 따른 처리) ① 제5조의2제3항에 따라 조정이 신청된 것으로 보는 경우, 지급명령을 발령한 법원은 채권자에게 상당한 기간을 정하여, 조정을 신청하는 경우 제5조제4항에 따라 내야 할 수수료에서 지급명령 신청 시에 붙인 인지액을 뺀 액수에 해당하는 수수료를 보정하도록 명하여야 한다.

---

14) 대법원 2009. 9. 24. 선고 2009다39530 판결.
15) 대법원 2009. 7. 9. 선고 2006다73966 판결; 대법원 2002. 2. 22. 선고 2001다73480 판결.
16) 현행 민사집행법 제58조 제3항이다.

> ② 채권자가 제1항의 기간 이내에 수수료를 보정하지 아니한 때에는 위 법원은 결정으로 지급명령신청서를 각하하여야 한다. 이 결정에 대하여는 즉시항고를 할 수 있다.
> ③ 제1항에 따른 수수료가 보정되면 법원사무관등은 바로 조정사건에 관한 기록을 제3조에 따른 관할법원에 보내야 한다.
> ④ 제5조의2의 경우 독촉절차의 비용은 조정절차의 비용의 일부로 한다.

2012년 민사조정법의 개정으로, 채무자가 적법한 이의신청을 하여 법원이 인지보정을 명한 경우 채권자는 인지를 보정하는 대신 조정으로의 이행신청을 할 수 있다.

판례색인

◀ **대법원** ▶

대법원 1955.7.7. 선고 4288민상53 판결 381, 383
대법원 1956.3.22. 선고 4288민상541 판결 183
대법원 1956.4.16. 선고 4288민상377 판결 616
대법원 1957.3.14. 선고 4289민상439 판결 488
대법원 1957.11.14. 선고 4290민상454, 455 판결 648
대법원 1958.3.6. 선고 4290민상784 판결 483
대법원 1959.7.30. 선고 4291민상551 판결 281, 399
대법원 1960.5.26. 선고 4292민상524 판결 328, 703, 732
대법원 1960.8.12. 선고 4293민재항200 판결 498
대법원 1961.5.4. 선고 4292민상853 판결 719
대법원 1961.11.2. 선고 4293민상325 판결 630
대법원 1961.12.14. 선고 4293민상837 판결 534
대법원 1962.1.31. 선고 4294민상310 판결 628
대법원 1962.2.15. 선고 4294민상914 전원합의체 판결 499
대법원 1962.4.4. 선고 4294민상1122 판결 297
대법원 1962.4.12. 선고 4294민상1078 판결 446
대법원 1962.4.18. 선고 4294민상1145 판결 629
대법원 1962.4.26. 선고 4294민상1071 판결 393
대법원 1962.5.31. 선고 4293민재6 판결 494
대법원 1962.6.14. 선고 62다172 판결 610
대법원 1962.6.14.자 62마6 결정 471
대법원 1962.9.27. 선고 62다342 판결 403
대법원 1962.9.27. 선고 62다441 판결 372
대법원 1962.11.1. 선고 62다307 판결 647
대법원 1962.12.20. 선고 62다659 판결 630
대법원 1963.1.31. 선고 62다812 판결 224, 268
대법원 1963.5.9. 선고 63다127 판결 514
대법원 1963.5.16. 선고 63다151 판결 336
대법원 1963.7.25. 선고 63다241 판결 222
대법원 1963.7.25. 선고 63다289 판결 288
대법원 1963.12.12. 선고 63다321 판결 80
대법원 1964.3.31. 선고 63다656 판결 99, 579, 852
대법원 1964.5.12. 선고 63다712 판결 138, 160
대법원 1964.6.23. 선고 63다1014 판결 514
대법원 1964.6.30. 선고 63다1193 판결 827
대법원 1964.9.22. 선고 64다447 판결 426
대법원 1964.11.10. 선고 64다325 판결 289
대법원 1964.11.17. 선고 64다328 판결 99, 579, 580
대법원 1964.12.29. 선고 64다1025 판결 632
대법원 1964.12.29. 선고 64다1189 판결 280
대법원 1965.1.19. 선고 64다1260 판결 861
대법원 1965.3.2. 선고 64다1514 판결 494, 496
대법원 1965.3.23. 선고 64다1828 판결 336
대법원 1965.4.6. 선고 65다139, 140 판결 630
대법원 1965.4.6. 선고 65다170 판결 634
대법원 1965.5.25. 선고 64다522 판결 45
대법원 1965.6.29. 선고 65다434 판결 482
대법원 1965.9.7. 선고 65사19 판결 852
대법원 1965.12.7. 선고 65다2034, 2035 판결 652
대법원 1966.1.25. 선고 65다2277 판결 626
대법원 1966.1.25. 선고 65다2374 판결 592
대법원 1966.1.31. 선고 65다2157 판결 213, 639
대법원 1966.2.15. 선고 65다2371 판결 246, 247
대법원 1966.3.15. 선고 65다2455 판결 668
대법원 1966.3.15. 선고 66다17 판결 202
대법원 1966.3.22. 선고 65다2635 판결 630
대법원 1966.5.31. 선고 66다377 판결 594
대법원 1966.5.31. 선고 66다564 판결 324
대법원 1966.6.28. 선고 66다689 판결 373, 749
대법원 1966.6.28. 선고 66다697 판결 408
대법원 1966.6.28. 선고 66다711 판결 618, 623
대법원 1966.8.12.자 65마473 결정 833
대법원 1966.9.20. 선고 63다30 판결 108
대법원 1966.12.21.자 66사7 결정 832
대법원 1967.2.28. 선고 66다2633 판결 802
대법원 1967.3.21. 선고 66다2154 판결 213
대법원 1967.3.22.자 67마141 결정 835
대법원 1967.3.28. 선고 67나116, 117, 118 판결 647
대법원 1967.7.7.자 67마335 결정 372

대법원 1967.7.12.자 67마507 결정 130
대법원 1967.8.29. 선고 67다1021 판결 194
대법원 1967.8.29. 선고 67다1216 판결 327
대법원 1967.10.31. 선고 66다1814 판결 288
대법원 1967.10.31. 선고 67다982 판결 520
대법원 1968.1.23. 선고 67다2494 판결 484
대법원 1968.1.31. 선고 67다2628 판결 297
대법원 1968.4.23. 선고 68다217, 218 판결 476
대법원 1968.4.23. 선고 68사13 판결 857
대법원 1968.5.7.자 68마336 결정 363
대법원 1968.5.14. 선고 67다2787 판결 658
대법원 1968.6.18. 선고 67다2528 판결 107
대법원 1968.7.29.자 68사49 전원합의체 결정 232, 835
대법원 1968.11.26. 선고 68다1886, 1887 판결 649
대법원 1968.12.17. 선고 68다1629 판결 146
대법원 1968.12.24 선고 64다1574 판결 733
대법원 1969.3.4. 선고 69다21 판결 667
대법원 1969.3.25. 선고 66다1298 판결 212
대법원 1969.3.25. 선고 68다1094, 1095 판결 651
대법원 1969.3.25. 선고 68다2024 판결 490
대법원 1969.3.25.자 68그21 결정 142
대법원 1969.5.13. 선고 68다656, 657, 658 판결 643
대법원 1969.5.27. 선고 69다130, 131, 132 판결 478
대법원 1969.7.22. 선고 69다413 판결 630
대법원 1969.7.22. 선고 69다609 판결 668
대법원 1969.8.19. 선고 69므17 판결 173
대법원 1969.11.4.자 69그17 결정 45
대법원 1969.11.25. 선고 69다1592 판결 272
대법원 1969.12.9. 선고 69다1230 판결 90
대법원 1969.12.9. 선고 69다1232 판결 46
대법원 1969.12.23. 선고 67다1664 판결 199
대법원 1969.12.26. 선고 67다1744, 1745, 1746 판결 230
대법원 1969.12.29. 선고 68다2425 판결 200
대법원 1969.12.30.자 67주4 결정 518
대법원 1970.1.27. 선고 67다774 판결 351
대법원 1970.1.27. 선고 69다1888 판결 224
대법원 1970.2.24. 선고 69다2172 판결 628
대법원 1970.3.24. 선고 69다929 판결 102
대법원 1970.4.14. 선고 70다171 판결 667
대법원 1970.4.28. 선고 70다322 판결 519
대법원 1970.5.12. 선고 70다344 판결 199
대법원 1970.5.26. 선고 69다239 판결 828
대법원 1970.6.5.자 70마325 결정 359
대법원 1970.6.30. 선고 70다743 판결 58, 75, 78
대법원 1970.7.28. 선고 70다853, 854 판결 658, 667
대법원 1970.9.22. 선고 69다446 판결 479, 649
대법원 1970.9.29. 선고 70다1759 판결 550, 553
대법원 1970.10.23. 선고 70누117 판결 390
대법원 1970.11.24. 선고 70다1893 판결 348
대법원 1970.11.24. 선고 70다1894 판결 371
대법원 1970.12.22. 선고 70다2297 판결 132, 874
대법원 1971.3.23. 선고 70다2639 판결 177
대법원 1971.3.23. 선고 70다3013 판결 406
대법원 1971.3.31. 선고 71다309, 310 판결 704
대법원 1971.3.31. 선고 71다8 판결 859
대법원 1971.3.31.자 71마82 결정 62
대법원 1971.4.20. 선고 71다278 판결 277
대법원 1971.4.30. 선고 71다452 판결 412
대법원 1971.5.24. 선고 71다519 판결 213, 639
대법원 1971.6.22. 선고 71다771 판결 370
대법원 1971.6.30. 선고 71다1027 판결 263
대법원 1971.7.6.자 71다726 결정 756, 757
대법원 1971.10.11. 선고 71다1805 판결 631
대법원 1971.10.22. 선고 71다1965 판결 789
대법원 1971.11.15. 선고 71다2070 판결 390, 814
대법원 1971.12.28. 선고 71다1008 판결 171
대법원 1972.2.22. 선고 71다2319 판결 199
대법원 1972.2.29. 선고 71다2770 판결 336
대법원 1972.4.28. 선고 72다337 판결 6
대법원 1972.5.9. 선고 72다379 판결 305
대법원 1972.5.23. 선고 72다341 판결 272
대법원 1972.6.27. 선고 72다546 판결 630
대법원 1972.6.27. 선고 72다555 판결 668
대법원 1972.6.27. 선고 72다857 판결 425
대법원 1972.9.26. 선고 72다1177 판결 200, 606, 610, 616
대법원 1972.11.28. 선고 72다1221 판결 631
대법원 1972.11.30.자 72마787 결정 737
대법원 1973.3.20.자 70마103 결정 229
대법원 1973.7.24. 선고 69다60 판결 133, 158, 159
대법원 1973.7.24. 선고 73다209 판결 341
대법원 1973.9.12. 선고 72다1436 판결 639
대법원 1973.9.25. 선고 73다565 판결 796
대법원 1973.10.10. 선고 73다907 판결 401

대법원 1973.11.15.자 73마849 결정 699
대법원 1973.11.27. 선고 73다566 판결 306
대법원 1973.12.11. 선고 73다1553 판결 119
대법원 1974.5.28. 선고 73다1842 판결 844
대법원 1974.5.28. 선고 73다1942 판결 616
대법원 1974.5.28. 선고 74다150 판결 185
대법원 1974.5.28. 선고 74다418 판결 269, 270
대법원 1974.6.4. 선고 73다1030 판결 709
대법원 1974.9.24. 선고 74다767 판결 187
대법원 1974.12.10. 선고 72다1774 판결 462
대법원 1974.12.10. 선고 74다1046 판결 562, 563
대법원 1974.12.24. 선고 72다1532 판결 173, 435
대법원 1975.4.22. 선고 74다1519 판결 712
대법원 1975.4.22. 선고 74다1184 전원합의체 판결 196
대법원 1975.5.13. 선고 73다1449 판결 628
대법원 1975.5.13. 선고 74다1664 전원합의체 판결 127, 569
대법원 1975.5.23.자 74마281 결정 39
대법원 1975.5.27. 선고 74다2074 판결 553, 641
대법원 1975.7.22. 선고 74므22 판결 36
대법원 1975.9.9. 선고 75다689 판결 753
대법원 1975.9.23. 선고 72다2226 판결 630
대법원 1975.10.21. 선고 75다48 판결 554
대법원 1975.11.11. 선고 74다634 판결 496
대법원 1975.12.9. 선고 75다1048 판결 112
대법원 1976.1.27. 선고 75누230 판결 215
대법원 1976.2.11.자 75마533 결정 661
대법원 1976.6.22. 선고 75다819 판결 271
대법원 1976.7.27. 선고 76다1394 판결 430
대법원 1976.8.24. 선고 75다2152 판결 659
대법원 1976.9.14. 선고 75다399 판결 191
대법원 1976.9.28. 선고 76다1145, 1146 판결 712
대법원 1976.10.12. 선고 76다1313 판결 222, 269, 604
대법원 1976.10.26. 선고 76다1771 판결 185
대법원 1976.11.23. 선고 76다1391 판결 548
대법원 1976.12.14. 선고 76다1488 판결 527, 542
대법원 1976.12.28. 선고 76다797 판결 122, 139
대법원 1977.1.11. 선고 76다2083 판결 277
대법원 1977.1.25. 선고 76다2194 판결 108
대법원 1977.4.12. 선고 76다1124 판결 282
대법원 1977.6.7. 선고 76다558 판결 17
대법원 1977.10.11. 선고 77다1316 판결 410, 422
대법원 1977.11.9.자 77마284 결정 71
대법원 1978.2.14. 선고 77다2310 판결 32
대법원 1978.5.9. 선고 75다634 전원합의체 판결 99, 580, 857
대법원 1978.8.22. 선고 78다1205 판결 93, 740
대법원 1978.9.12. 선고 78다879 판결 398, 420
대법원 1978.10.10. 선고 78다1534 판결 553
대법원 1978.10.23.자 78마255 결정 48
대법원 1978.10.31. 선고 78다1242 판결 49
대법원 1978.11.1. 선고 78다1206 판결 559
대법원 1978.11.14. 선고 78다712 판결 658
대법원 1979.2.13. 선고 78다58 전원합의체 판결 552
대법원 1979.2.27. 선고 78다913 판결 183
대법원 1979.3.13. 선고 76다688 판결 524, 570, 571
대법원 1979.5.15. 선고 78다1094 판결 494
대법원 1979.6.26. 선고 79다741 판결 432, 459
대법원 1979.7.24. 선고 79다879 판결 277
대법원 1979.8.10.자 79마232 결정 523
대법원 1979.8.14. 선고 79다1105 판결 540
대법원 1979.8.28. 선고 79누74 판결 701
대법원 1979.9.25. 선고 78다2448 판결 305
대법원 1979.9.25. 선고 79다913 판결 5
대법원 1979.10.10. 선고 79다1508 판결 272
대법원 1979.11.13. 선고 79다1404 판결 58
대법원 1979.12.11. 선고 79다828 판결 809
대법원 1980.1.29. 선고 79다1124 판결 183
대법원 1980.1.29. 선고 79다2066 판결 776, 796
대법원 1980.2.26. 선고 80다56 판결 272
대법원 1980.3.25. 선고 80다68 판결 395
대법원 1980.4.22. 선고 80다308 판결 133
대법원 1980.6.12.자 80마158 결정 63
대법원 1980.7.8. 선고 80다1192 판결 802
대법원 1980.7.8. 선고 80다885 판결 741
대법원 1980.7.8.자 80마162 결정 519, 577
대법원 1980.7.22. 선고 80다795 판결 170, 255
대법원 1980.7.22. 선고 80다982 판결 633
대법원 1980.9.9. 선고 79다1281 전원합의체 판결 423
대법원 1980.9.9. 선고 80다1020 판결 528
대법원 1980.9.26.자 80마403 결정 76, 344
대법원 1980.10.14. 선고 80다623, 624 판결 373
대법원 1980.11.11. 선고 80다1182 판결 810
대법원 1980.11.11. 선고 80다1812 판결 607

대법원 1980.11.11. 선고 80다2126 판결 850, 860
대법원 1980.11.11. 선고 80다284 판결 822
대법원 1980.11.25. 선고 80다1671 판결 222, 544
대법원 1980.11.25. 선고 80다2217 판결 567
대법원 1980.12.9. 선고 80다584 판결 852
대법원 1981.1.13. 선고 80다204, 205 판결 219, 220
대법원 1981.1.27. 선고 80다1210, 1211 판결 855
대법원 1981.1.28.자 81사2 결정 349, 351, 819
대법원 1981.2.10. 선고 80다2189 판결 284
대법원 1981.2.26.자 81마14 결정 16
대법원 1981.3.24. 선고 80다1888, 1889 판결 186, 526
대법원 1981.3.24. 선고 80다2220 판결 582
대법원 1981.4.28. 선고 81도874 판결 184
대법원 1981.6.9. 선고 79다62 판결 393
대법원 1981.6.9. 선고 80다442 판결 424
대법원 1981.6.23. 선고 80다1761 판결 706
대법원 1981.7.7. 선고 80다2751 판결 243
대법원 1981.7.14. 선고 80다2360 판결 288
대법원 1981.7.14. 선고 81다64, 65 판결 481, 483
대법원 1981.7.28. 선고 80다2668 판결 857
대법원 1981.8.11. 선고 81다262, 263 판결 280, 420
대법원 1981.8.21.자 81마292 결정 328
대법원 1981.8.25. 선고 80다3149 판결 131
대법원 1981.9.8. 선고 80다3271 전원합의체 판결 509, 510, 812
대법원 1981.9.8. 선고 81다86 판결 767
대법원 1981.9.22. 선고 80다2270 판결 273
대법원 1981.9.22. 선고 81다334 판결 703
대법원 1981.10.13. 선고 81누230 판결 817
대법원 1981.10.29.자 81마357 결정 758, 830, 832
대법원 1981.11.10. 선고 80다870 전원합의체 판결 855
대법원 1981.11.26.자 81마275 결정 231
대법원 1981.12.8. 선고 80다2963 판결 658
대법원 1981.12.8. 선고 80다577 판결 512, 735, 737
대법원 1981.12.22. 선고 80다2762, 2763 판결 732
대법원 1982.2.9. 선고 80다2424 판결 119, 120
대법원 1982.3.9. 선고 81다1312 판결 323, 324, 474
대법원 1982.4.27. 선고 80다851 판결 393
대법원 1982.4.27. 선고 81다358 판결 147
대법원 1982.5.11. 선고 80다916 판결 320, 480
대법원 1982.6.8. 선고 81다636 판결 211
대법원 1982.6.22. 선고 81후43 판결 663
대법원 1982.7.13. 선고 81다카1120 판결 607, 609, 610
대법원 1982.8.24. 선고 82다카317 판결 450
대법원 1982.9.14. 선고 80다2425 전원합의체 판결 119, 120, 121
대법원 1982.9.14. 선고 81다카864 판결 363
대법원 1982.9.14. 선고 82다16 판결 851
대법원 1982.10.12. 선고 81다94 판결 342
대법원 1982.10.12. 선고 81므53 판결 89, 104, 471, 576
대법원 1982.10.12. 선고 82다카664 판결 853
대법원 1982.10.12.자 82마523 결정 836
대법원 1982.12.14. 선고 80다1872, 1873 판결 186, 727
대법원 1982.12.28. 선고 82다카349 전원합의체 판결 360
대법원 1983.2.8. 선고 81다카621 판결 163
대법원 1983.2.8. 선고 82므34 판결 143
대법원 1983.3.8. 선고 82다카1203 판결 221
대법원 1983.3.22. 선고 82다카1533 전원합의체 판결 607
대법원 1983.3.22. 선고 82다카1810 전원합의체 판결 146, 225
대법원 1983.3.22.자 80마283 결정 757
대법원 1983.4.12. 선고 80다3251 판결 326
대법원 1983.4.26. 선고 83사2 판결 854
대법원 1983.5.24. 선고 82다카1919 판결 14
대법원 1983.6.14. 선고 82누480 판결 827
대법원 1983.6.14. 선고 83다카95 판결 421
대법원 1983.7.12. 선고 83다카308 판결 446
대법원 1983.7.12.자 82므59 결정 387
대법원 1983.9.13. 선고 83다카971 판결 447
대법원 1983.9.15.자 83즈2 결정 661
대법원 1983.9.27. 선고 83다카1027 판결 751, 753
대법원 1983.10.25. 선고 83다515 판결 767
대법원 1983.12.13. 선고 83다카1489 전원합의체 판결 276, 280
대법원 1983.12.27. 선고 82다146 판결 90, 93, 740
대법원 1983.12.27. 선고 83다카1503 판결 802
대법원 1984.2.14. 선고 83다카1815 판결 114, 125, 126
대법원 1984.2.14. 선고 83다카514 판결 630
대법원 1984.2.28. 선고 83다카1981 전원합의체 판결 80, 87, 257, 858
대법원 1984.3.13. 선고 81누317 판결 814
대법원 1984.3.13. 선고 82므40 판결 152, 478
대법원 1984.3.15.자 84마20 전원합의체 결정 368
대법원 1984.4.24. 선고 82므14 판결 348

대법원 1984.4.28.자 84마251 결정 837
대법원 1984.5.22. 선고 83다카1585 판결 430
대법원 1984.5.29. 선고 82다카963 판결 326, 327, 476
대법원 1984.6.12. 선고 81다558 판결 462
대법원 1984.6.12. 선고 83다카1409 판결 372
대법원 1984.6.14. 선고 84다카744 판결 353
대법원 1984.6.14.자 84다카744 결정 153, 824
대법원 1984.6.26. 선고 83누554, 555 판결 638
대법원 1984.6.26. 선고 84누405 판결 362
대법원 1984.6.26. 선고 84다카88, 89 판결 816
대법원 1984.7.10. 선고 84다카298 판결 650
대법원 1984.7.24. 선고 84다카572 판결 535
대법원 1984.9.17.자 84마522 결정 519
대법원 1984.9.25. 선고 84다카148 판결 564
대법원 1984.10.5.자 84마카42 결정 7
대법원 1984.12.11. 선고 84다카659 판결 706
대법원 1984.12.26. 선고 84누329 판결 447
대법원 1984.12.26. 선고 84다카1695 판결 595
대법원 1985.1.29. 선고 84다카1430 판결 853
대법원 1985.4.9. 선고 84다552 판결 250
대법원 1985.5.24.자 85마178 결정 769
대법원 1985.5.28. 선고 84후102 판결 153, 824
대법원 1985.7.9. 선고 85므12 판결 580
대법원 1985.9.24. 선고 82다카312, 313, 314 판결 327
대법원 1985.11.26. 선고 85다418 판결 851
대법원 1986.2.25. 선고 85누894 판결 358
대법원 1986.2.25. 선고 85다카2091 판결 713
대법원 1986.6.10. 선고 85다카180 판결 450
대법원 1986.7.22. 선고 85다620 판결 721
대법원 1986.9.23. 선고 85누953 판결 95
대법원 1986.11.7.자 86마895 결정 520
대법원 1986.11.25. 선고 86므81 판결 768
대법원 1986.12.23. 선고 86다카536 판결 549
대법원 1987.1.20. 선고 85므70 판결 495
대법원 1987.1.20. 선고 86누490 판결 175
대법원 1987.2.11.자 86그154 결정 532
대법원 1987.3.10. 선고 84다카2132 판결 224, 315, 600
대법원 1987.3.10. 선고 86다카2224 판결 351
대법원 1987.3.24. 선고 86다카1958 판결 529
대법원 1987.4.14. 선고 84다카1969 판결 89
대법원 1987.4.28. 선고 86므130 판결 187
대법원 1987.5.26. 선고 85다카2203 판결 661
대법원 1987.6.9. 선고 86다카2600 판결 485
대법원 1987.6.9. 선고 86다카2756 판결 550
대법원 1987.6.23. 선고 86다카1640 판결 658
대법원 1987.6.23. 선고 86다카2728 판결 774, 775
대법원 1987.7.7. 선고 86다카2675 판결 202, 204
대법원 1987.7.21. 선고 87므16 판결 447
대법원 1987.9.8. 선고 87다카982 판결 280
대법원 1987.9.22. 선고 86다카2151 판결 198
대법원 1987.10.13. 선고 87다카1613 판결 419
대법원 1987.10.21.자 87두10 결정 48
대법원 1987.11.10. 선고 87누620 판결 448
대법원 1987.11.10. 선고 87다카1405 판결 485, 627, 633
대법원 1987.11.10. 선고 87다카473 판결 757
대법원 1987.12.8. 선고 87다368 판결 345, 403, 798
대법원 1987.12.8. 선고 87재다24 판결 844
대법원 1987.12.8. 선고 87후111 판결 663
대법원 1988.2.9. 선고 87다카1427 판결 391
대법원 1988.2.23. 선고 87다카1586 판결 121
대법원 1988.2.23. 선고 87다카1989 판결 572, 573
대법원 1988.2.23. 선고 87다카961 판결 402
대법원 1988.3.8. 선고 86다148, 149, 150, 86다카762, 763, 764 판결 727
대법원 1988.4.25. 선고 87다카1280 판결 638
대법원 1988.5.10. 선고 87다카1979 판결 45
대법원 1988.5.10. 선고 88므92, 108 판결 201
대법원 1988.10.11. 선고 87다카113 판결 16
대법원 1988.10.25. 선고 87다카1728 판결 62, 72
대법원 1988.11.22. 선고 87다카1671 판결 14
대법원 1988.12.13. 선고 86다카2289 판결 708, 710
대법원 1988.12.13. 선고 87다카3147 판결 431
대법원 1989.2.28. 선고 87다카823, 824 판결 602
대법원 1989.3.14. 선고 88누1844 판결 406
대법원 1989.3.28. 선고 87다카2372 판결 810
대법원 1989.3.28. 선고 88다1936 판결 218
대법원 1989.4.11. 선고 87다카3155 판결 245
대법원 1989.5.23. 선고 88누5570 판결 847
대법원 1989.6.13. 선고 88다카19231 판결 269, 635
대법원 1989.6.13. 선고 88다카7962 판결 201, 603
대법원 1989.6.27. 선고 87다카2478 판결 223, 549
대법원 1989.6.27. 선고 89다카5406 판결 802
대법원 1989.7.11. 선고 87다카2406 판결 486

대법원 1989.7.25. 선고 89다카4045 판결 76, 340, 402
대법원 1989.9.7.자 89마694 결정 408, 831
대법원 1989.9.12. 선고 87다카2691 판결 147
대법원 1989.9.12. 선고 88다카16270 판결 636
대법원 1989.9.12. 선고 88다카5836 판결 423
대법원 1989.9.26. 선고 87므13 판결 382
대법원 1989.9.29. 선고 88다카17181 판결 16
대법원 1989.10.10. 선고 88다카18023 판결 482
대법원 1989.10.10. 선고 89누1308 판결 525
대법원 1989.10.24. 선고 88다카29658 판결 851
대법원 1989.11.6.자 89그19 결정 838
대법원 1989.11.24. 선고 88다카25038 판결 190
대법원 1989.12.26. 선고 89므464 판결 511, 653
대법원 1990.1.12. 선고 89누1032 판결 744
대법원 1990.2.27. 선고 89다카19580 판결 395
대법원 1990.3.9. 선고 89재다카140 판결 857
대법원 1990.3.13. 선고 89누6464 판결 850
대법원 1990.3.17.자 90그3 결정 470, 498
대법원 1990.3.27. 선고 89다카18464 판결 390
대법원 1990.4.10. 선고 89다카20252 판결 390
대법원 1990.4.13. 선고 89다카1084 판결 422
대법원 1990.4.27. 선고 88다카25274, 25281 판결 250
대법원 1990.5.11. 선고 89다카15199 판결 146, 781
대법원 1990.5.25. 선고 89다카24797 판결 318
대법원 1990.6.22. 선고 89다카27901 판결 802
대법원 1990.6.26. 선고 89다카15359 판결 279
대법원 1990.7.10. 선고 90다카6825 판결 288
대법원 1990.10.26. 선고 90다카21695 판결 100
대법원 1990.11.27. 선고 88다카12759, 12766 판결 450
대법원 1990.11.27. 선고 90다카20548 판결 327, 399
대법원 1990.12.7. 선고 90다카21886 판결 860
대법원 1990.12.11. 선고 88다카4727 판결 180
대법원 1990.12.11. 선고 90다5283 판결 869
대법원 1990.12.11. 선고 90다7104 판결 393
대법원 1990.12.21. 선고 90다카24496 판결 622
대법원 1990.12.26. 선고 90다4686 판결 634
대법원 1991.1.15. 선고 90다9964 판결 562
대법원 1991.1.15. 선고 90다카25970 판결 482
대법원 1991.1.25. 선고 90다4723 판결 479, 737
대법원 1991.2.12. 선고 90다16696 판결 353
대법원 1991.3.22. 선고 90다19329, 19336 판결 511, 733
대법원 1991.3.27. 선고 91다1783, 1790 판결 76, 650
대법원 1991.3.27. 선고 91다650, 667 판결 538, 548, 562, 564
대법원 1991.3.27.자 90마970 결정 153, 154
대법원 1991.4.12. 선고 90다17491 판결 141
대법원 1991.4.12. 선고 90다9872 판결 496, 658, 672
대법원 1991.5.24. 선고 90다18036 판결 624
대법원 1991.5.28. 선고 91다10206 판결 157
대법원 1991.6.25. 선고 88다카6358 판결 113, 713
대법원 1991.6.25. 선고 90누5184 판결 663
대법원 1991.6.25. 선고 91다1561 판결 848
대법원 1991.6.28. 선고 90다카25277 판결 197
대법원 1991.7.26. 선고 90다19121 판결 407
대법원 1991.8.27. 선고 91다19654 판결 744
대법원 1991.9.24. 선고 91다21688 판결 633, 792, 794, 795
대법원 1991.10.8. 선고 89누7801 판결 326
대법원 1991.10.8. 선고 91다17139 판결 198
대법원 1991.10.22. 선고 91다216690 판결 5
대법원 1991.10.22. 선고 91다25468 판결 423
대법원 1991.10.22. 선고 91다9985 판결 367
대법원 1991.11.8. 선고 91다15775 판결 433
대법원 1991.11.8. 선고 91다15829 판결 672
대법원 1991.11.12. 선고 91다25727 판결 854
대법원 1991.11.22. 선고 91다18132 판결 807
대법원 1991.11.22. 선고 91다30705 판결 114, 665
대법원 1991.11.26. 선고 91다30163 판결 621
대법원 1991.11.26. 선고 91다30675 판결 108
대법원 1991.11.26. 선고 91다31661 판결 178
대법원 1991.12.10. 선고 91다14420 판결 119
대법원 1991.12.10. 선고 91다15317 판결 213
대법원 1991.12.24. 선고 90다12243 전원합의체 판결 194
대법원 1991.12.24. 선고 91다21145, 21152 판결 724, 725, 726
대법원 1991.12.27. 선고 91다23486 판결 671
대법원 1991.12.27.자 91마631 결정 45
대법원 1992.1.7.자 91마692 결정 58
대법원 1992.1.21. 선고 91다35175 판결 196
대법원 1992.1.23.자 91마581 결정 108
대법원 1992.1.29.자 91마748 결정 520
대법원 1992.2.11. 선고 91누4126 판결 326
대법원 1992.2.11. 선고 91누5877 판결 362
대법원 1992.2.25. 선고 91다34103 판결 630

대법원 1992.3.4.자 92그1 결정 518
대법원 1992.3.10. 선고 91누12639 판결 184
대법원 1992.3.27. 선고 91다40696 판결 220, 771, 772
대법원 1992.3.31. 선고 91다32053 전원합의체 판결 252
대법원 1992.4.14. 선고 91다24755 판결 424, 447
대법원 1992.4.14. 선고 91다45653 판결 809
대법원 1992.4.14. 선고 92다169 판결 533
대법원 1992.4.14. 선고 92다3441 판결 341
대법원 1992.4.15.자 92마146 결정 768, 783
대법원 1992.4.21. 선고 92마175 판결 341
대법원 1992.4.21.자 92마103 결정 836
대법원 1992.4.21.자 92마175 결정 349
대법원 1992.5.12. 선고 92다2066 판결 53, 58, 59, 75, 78
대법원 1992.5.22. 선고 91다41187 판결 243, 635
대법원 1992.5.26. 선고 91다28528 판결 505
대법원 1992.5.26. 선고 91다4669, 4676 판결 729, 734, 736, 778
대법원 1992.5.26. 선고 92다3670 판결 16
대법원 1992.5.26. 선고 92다4079 판결 848
대법원 1992.5.27.자 92그6 결정 519
대법원 1992.6.9. 선고 92다12032 판결 622
대법원 1992.6.12. 선고 91다33179, 33186 판결 854
대법원 1992.6.12. 선고 92다11848 판결 627
대법원 1992.7.10. 선고 92다12919 판결 423, 439
대법원 1992.7.14. 선고 92누2424 판결 266
대법원 1992.7.24. 선고 91다43176 판결 867
대법원 1992.7.24. 선고 91다45691 판결 177, 284, 399, 401
대법원 1992.7.24. 선고 92다10135 판결 389
대법원 1992.7.28. 선고 91다41897 판결 34, 388, 390
대법원 1992.7.28. 선고 92다7726 판결 15
대법원 1992.8.14. 선고 91다29811 판결 15
대법원 1992.8.18. 선고 90다9452, 9469 판결 194
대법원 1992.8.18. 선고 90다9452,9469 판결 195
대법원 1992.8.18. 선고 91다35953 판결 594
대법원 1992.8.18. 선고 91다39924 판결 170
대법원 1992.8.18. 선고 92다13875, 13882, 13899 판결 184
대법원 1992.9.14. 선고 92다7023 판결 619
대법원 1992.9.22. 선고 91다5365 판결 173
대법원 1992.9.25. 선고 92누5096 판결 635, 832
대법원 1992.10.9. 선고 92다12131 판결 368
대법원 1992.10.9. 선고 92다23087 판결 109, 111
대법원 1992.10.9. 선고 92다25533 판결 745
대법원 1992.10.9. 선고 92므266 판결 707, 844, 845
대법원 1992.10.27. 선고 92다10883 판결 562, 564
대법원 1992.10.27. 선고 92다28921 판결 299
대법원 1992.10.27. 선고 92다756 판결 183
대법원 1992.11.5.자 91마342 결정 156, 377, 378
대법원 1992.11.10. 선고 91다27495 판결 854
대법원 1992.11.10. 선고 92다30016 판결 242, 570
대법원 1992.11.10. 선고 92다4680 전원합의체 판결 190
대법원 1992.11.24. 선고 92다15987, 15994 판결 808
대법원 1992.11.24. 선고 92다21135 판결 426
대법원 1992.11.27. 선고 92다14892 판결 622, 623
대법원 1992.11.30.자 90마1003 결정 585
대법원 1992.12.8. 선고 91다43015 판결 633
대법원 1992.12.8. 선고 92다26604 판결 389
대법원 1992.12.8. 선고 92다26772, 26789 판결 725
대법원 1992.12.22. 선고 92재다259 판결 852
대법원 1992.12.30.자 92마783 결정 48
대법원 1993.2.12. 선고 92다25151 판결 562, 563
대법원 1993.2.12. 선고 92다29801 판결 380, 667, 750
대법원 1993.2.23. 선고 92다49218 판결 668, 669
대법원 1993.2.26. 선고 92다3083 판결 175
대법원 1993.3.9. 선고 91다46717 판결 198
대법원 1993.3.23. 선고 92다51204 판결 610, 616
대법원 1993.3.26. 선고 92다32876 판결 570, 571
대법원 1993.4.13. 선고 92다12070 판결 426
대법원 1993.4.23. 선고 92누17297 판결 676
대법원 1993.4.23. 선고 93다3165 판결 594
대법원 1993.4.27. 선고 92다24608 판결 848
대법원 1993.4.27. 선고 92다47878 판결 794
대법원 1993.5.11. 선고 92다3823 판결 450
대법원 1993.5.11. 선고 92다52870 판결 667
대법원 1993.5.14. 선고 92다21760 판결 324
대법원 1993.5.25. 선고 91다41750 판결 15
대법원 1993.5.27. 선고 92누14908 판결 489
대법원 1993.6.8. 선고 93누6164 판결 215
대법원 1993.6.17.자 92마1030 결정 354
대법원 1993.6.25. 선고 92다33008 판결 550
대법원 1993.6.29. 선고 92다43821 판결 202
대법원 1993.6.29. 선고 93다11050 판결 220

대법원 1993.7.13. 선고 92다48857 판결 215
대법원 1993.7.13. 선고 93다12060 판결 663
대법원 1993.7.27. 선고 92다40587 판결 203
대법원 1993.7.27. 선고 93다8986 판결 140, 142
대법원 1993.8.19.자 93주21 결정 48
대법원 1993.8.24. 선고 93다22074 판결 483
대법원 1993.9.14. 선고 92다1353 판결 221
대법원 1993.9.14. 선고 92다24899 판결 396
대법원 1993.9.14. 선고 92다35462 판결 169, 215
대법원 1993.9.14. 선고 93누9460 판결 474, 626
대법원 1993.9.14. 선고 93다28379 판결 277
대법원 1993.9.28. 선고 92다33930 판결 848
대법원 1993.9.28. 선고 93다32095 판결 687, 746
대법원 1993.10.8. 선고 93다26175, 26182 판결 594
대법원 1993.10.26. 선고 93다6669 판결 619
대법원 1993.11.9. 선고 92다43128 판결 199
대법원 1993.11.9. 선고 93다39553 판결 853
대법원 1993.11.23. 선고 93다41792, 41808 판결 274
대법원 1993.12.6.자 93마524 전원합의체 결정 77, 82, 314, 831
대법원 1993.12.21. 선고 92다46226 전원합의체 판결 543, 544
대법원 1993.12.21. 선고 92다47861 전원합의체 판결 251
대법원 1993.12.28. 선고 93다48861 판결 370, 580, 846, 857
대법원 1994.1.11. 선고 92다47632 판결; 580
대법원 1994.1.11. 선고 92다47632 판결 852
대법원 1994.1.20.자 93마1701 결정 699, 711
대법원 1994.1.25. 선고 93다9422 판결 227, 271
대법원 1994.2.8. 선고 93다53092 판결 245
대법원 1994.2.21.자 92스26 결정 36
대법원 1994.2.22. 선고 93다42047 판결 138, 163, 325
대법원 1994.2.22. 선고 93다43682, 51309 판결 724
대법원 1994.3.8. 선고 93다52105 판결 153
대법원 1994.3.11. 선고 93다57100 판결 289
대법원 1994.4.15. 선고 93다60120 판결 277
대법원 1994.4.26. 선고 93다31825 판결 664
대법원 1994.4.29. 선고 94다3629 판결 706
대법원 1994.5.10. 선고 93다47196 판결 660
대법원 1994.5.13.자 92스21 전원합의체 결정 9
대법원 1994.5.24. 선고 92다50232 판결 743
대법원 1994.5.26.자 94마536 결정 72
대법원 1994.6.10. 선고 94다1883 판결 432
대법원 1994.6.10. 선고 94다8761 판결 292
대법원 1994.6.14. 선고 92다23377 판결 629
대법원 1994.6.14. 선고 93다45015 판결 180, 531
대법원 1994.6.24. 선고 94다14339 판결 242
대법원 1994.6.28. 선고 94다17048 판결 100
대법원 1994.6.28. 선고 94다3063 판결 604, 633, 770, 771
대법원 1994.6.29.자 93프3 결정 745
대법원 1994.7.29. 선고 94다9986 판결 194
대법원 1994.8.12. 선고 92다23537 판결 45
대법원 1994.8.12. 선고 93다52808 판결 572
대법원 1994.8.16.자 94그17 결정 519
대법원 1994.8.26. 선고 94누2718 판결 419
대법원 1994.9.27. 선고 94다22897 판결 399, 400
대법원 1994.9.30. 선고 94다32085 판결 196, 198, 199
대법원 1994.10.11. 선고 94다19792 판결 741
대법원 1994.10.11. 선고 94다24626 판결 280, 281
대법원 1994.10.11. 선고 94다32979 판결 618, 623, 802
대법원 1994.10.14. 선고 94다11590 판결 425
대법원 1994.10.21. 선고 94다17109 판결 119, 185, 291
대법원 1994.10.21. 선고 94다27922 판결 580
대법원 1994.10.25. 선고 93다54064 판결 664
대법원 1994.10.28. 선고 94므246, 253 판결 471
대법원 1994.11.4. 선고 93다31993 판결 380, 750
대법원 1994.11.4. 선고 94다37868 판결 276, 277
대법원 1994.11.8. 선고 94다23388 판결 205
대법원 1994.11.8. 선고 94다31549 판결 426
대법원 1994.11.11. 선고 94다35008 판결 667
대법원 1994.11.25. 선고 93다47400 판결 778
대법원 1994.11.25. 선고 94다12517, 12524 판결 240, 241, 730
대법원 1994.12.2. 선고 93누12206 판결 90, 93, 94, 101
대법원 1994.12.2. 선고 93다31672 판결 228
대법원 1994.12.9. 선고 94다16564 판결 102, 181, 576, 578, 846
대법원 1994.12.13. 선고 94다24299 판결 354
대법원 1994.12.22. 선고 94다45449 판결 99, 370, 768
대법원 1994.12.23. 선고 94다40734 판결 793
대법원 1994.12.23. 선고 94다44644 판결 624, 797, 802
대법원 1994.12.27. 선고 92다22473, 22480 판결 732,

844, 845
대법원 1994.12.27. 선고 93다32880 판결 668
대법원 1994.12.27. 선고 93다32880, 32897 판결 666
대법원 1994.12.27. 선고 93다34183 판결 562
대법원 1994.12.27. 선고 94다4684 판결 527
대법원 1995.1.12. 선고 94다30348, 30355 판결 215
대법원 1995.1.12. 선고 94다33002 판결 676
대법원 1995.1.24. 선고 93다25875 판결 15, 633
대법원 1995.1.24. 선고 94다28017 판결 538
대법원 1995.1.24. 선고 94다29065 판결 576, 623, 797
대법원 1995.2.10. 선고 94다31624 판결 15, 621, 622, 623, 797
대법원 1995.2.14. 선고 93재다27, 34 전원합의체 판결 509, 510, 846
대법원 1995.2.28. 선고 94다49311 판결 156
대법원 1995.3.3. 선고 92다55770 판결 816
대법원 1995.3.10. 선고 94다51543 판결 788, 795
대법원 1995.3.24. 선고 93다52488 판결 530
대법원 1995.3.28. 선고 94므1447 판결 203
대법원 1995.4.21. 선고 94다58490, 58506 판결 594
대법원 1995.4.28. 선고 94다55019 판결 5
대법원 1995.4.28. 선고 95다3077 판결 151, 853
대법원 1995.5.3.자 95마337 결정 231
대법원 1995.5.9. 선고 94다41010 판결 582
대법원 1995.5.12. 선고 93다44531 판결 98
대법원 1995.5.15.자 94마1059, 1060 결정 86
대법원 1995.5.23. 선고 94다23500 판결 663
대법원 1995.5.23. 선고 94다28444 전원합의체 판결 104, 105, 383, 815, 852
대법원 1995.5.26. 선고 94다1487 판결 622
대법원 1995.6.13. 선고 93다43491 판결 530
대법원 1995.6.16. 선고 95다5905, 5912 판결 724, 725, 726
대법원 1995.6.19.자 95그26 결정 519
대법원 1995.6.29. 선고 94다41430 판결 582
대법원 1995.6.30. 선고 94다58261 판결 792, 793, 819
대법원 1995.6.30.자 94다39086, 39093 결정 833
대법원 1995.7.11. 선고 94다34265 전원합의체 판결 272, 273, 286, 287, 634
대법원 1995.7.12.자 95마531 결정 520, 838
대법원 1995.7.25. 선고 94다62017 판결 490
대법원 1995.7.25. 선고 95다14817 판결 806
대법원 1995.8.22. 선고 94다43078 판결 826
대법원 1995.8.25. 선고 94다27373 판결 705
대법원 1995.8.25. 선고 94다35886 판결 277, 278
대법원 1995.9.5. 선고 95다21303 판결 662
대법원 1995.9.15. 선고 94다27649 판결 207
대법원 1995.9.29. 선고 94다18911 판결 805
대법원 1995.9.29. 선고 94다23357 판결 594
대법원 1995.9.29. 선고 94다46817 판결 534, 537
대법원 1995.9.29. 선고 95다22849, 22856 판결 271
대법원 1995.10.5.자 94마2452 결정 784
대법원 1995.10.12. 선고 95다26131 판결 211
대법원 1995.10.13. 선고 95다33047 판결 254
대법원 1995.11.10. 선고 95다37568 판결 583, 584
대법원 1995.11.10. 선고 95다4674 판결 430
대법원 1995.11.14. 선고 95다16103 판결 110
대법원 1995.11.14. 선고 95다25923 판결 293
대법원 1995.11.21. 선고 94다15288 판결 108
대법원 1995.12.5. 선고 94다59028 판결 250
대법원 1995.12.5. 선고 95다21808 판결 582
대법원 1995.12.8. 선고 95다44191 판결 733
대법원 1995.12.12. 선고 95다31348 판결 146
대법원 1995.12.12. 선고 95다38127 판결 651
대법원 1995.12.22. 선고 94다42129 판결 16
대법원 1995.12.22. 선고 95다5622 판결 211
대법원 1995.12.26. 선고 95다42195 판결 540, 541
대법원 1996.1.12.자 95그59 결정 86
대법원 1996.1.12.자 95두61 결정 232
대법원 1996.2.9. 선고 94다50274 판결 511, 768
대법원 1996.2.9. 선고 94다61649 판결 376, 381
대법원 1996.2.9. 선고 95다27998 판결 279
대법원 1996.3.8. 선고 95다22795, 22801 판결 729
대법원 1996.3.8. 선고 95다46319 판결 250
대법원 1996.3.8. 선고 95다48667 판결 424, 433, 434, 447
대법원 1996.3.22. 선고 95누5509 판결 678
대법원 1996.3.22. 선고 95다14275 판결 505
대법원 1996.3.26. 선고 95다45545, 45552, 45569 판결 651
대법원 1996.3.8 선고 95다46319 판결 16
대법원 1996.4.4.자 96마148 결정 153
대법원 1996.4.9. 선고 95다14572 판결 781, 798
대법원 1996.4.12. 선고 95다45125 판결 448

대법원 1996.4.23. 선고 95다23835 판결 451, 466
대법원 1996.4.23. 선고 95다54761 판결 171
대법원 1996.5.10. 선고 94다35565, 35572 판결 202
대법원 1996.5.10. 선고 96다5001 판결 645, 651
대법원 1996.5.31. 선고 95다33993 판결 847
대법원 1996.6.28. 선고 94다50595, 50601 판결 725, 726
대법원 1996.6.28. 선고 96다16582 판결 113
대법원 1996.7.12. 선고 96다19017 판결 553
대법원 1996.7.18. 선고 94다20051 전원합의체 판결 404, 796
대법원 1996.7.26. 선고 95다19072 판결 323
대법원 1996.7.30. 선고 94다51840 판결 15, 16
대법원 1996.8.21.자 96그8 결정 185
대법원 1996.8.23. 선고 94다20730 판결 604
대법원 1996.9.20. 선고 93다20177 판결 481
대법원 1996.9.24. 선고 96다25548 판결 279
대법원 1996.10.11. 선고 96다3852 판결 93, 803
대법원 1996.10.15. 선고 96다11785 판결 191
대법원 1996.10.15. 선고 96다12290 판결 188
대법원 1996.10.16.자 96그49 결정 519
대법원 1996.10.25. 선고 96다29700 판결 450
대법원 1996.10.25. 선고 96다31307 판결 849, 860
대법원 1996.10.25.자 96마1590 결정 817
대법원 1996.11.12. 선고 96다33938 판결 273, 274
대법원 1996.11.15. 선고 94다35343 판결 494, 496
대법원 1996.11.22. 선고 96다37176 판결 171, 215
대법원 1996.12.10. 선고 96다23238 판결 674
대법원 1996.12.23. 선고 95다22436 판결 852
대법원 1997.1.24. 선고 96다32706 판결 538, 816
대법원 1997.1.24. 선고 96다39721, 39738 판결 108
대법원 1997.3.3.자 97으1 결정 745, 831
대법원 1997.3.11. 선고 96다49902 판결 288
대법원 1997.3.14. 선고 95다49370 판결 552
대법원 1997.3.14. 선고 96다25227 판결 133
대법원 1997.3.14. 선고 96다55211 판결 254
대법원 1997.4.11. 선고 96다50520 판결 424, 431
대법원 1997.4.11. 선고 97다6599 판결 847
대법원 1997.4.22. 선고 95다10204 판결 400
대법원 1997.4.25. 선고 96다32133 판결 220, 629
대법원 1997.5.28. 선고 96다41649 판결 602, 844, 853, 859
대법원 1997.5.30. 선고 95다28960 판결 5
대법원 1997.5.30. 선고 97다2986 판결 423
대법원 1997.6.10. 선고 96다25449, 25456 판결 725
대법원 1997.6.13. 선고 96다56115 판결 45
대법원 1997.6.13. 선고 96재다462 판결 427, 431
대법원 1997.6.20.자 97마250 결정 838
대법원 1997.6.27. 선고 97다6124 판결 326, 475
대법원 1997.7.8. 선고 96다36517 판결 171
대법원 1997.7.25. 선고 96다39301 판결 178, 284, 454, 455
대법원 1997.7.25. 선고 97다15470 판결 854
대법원 1997.7.25. 선고 97다362 판결 689
대법원 1997.8.26. 선고 96다31079 판결 678
대법원 1997.9.5. 선고 95다42133 판결 709
대법원 1997.9.9. 선고 96다16896 판결 113
대법원 1997.9.9. 선고 96다20093 판결 33
대법원 1997.9.12. 선고 95다25886, 25893, 25909 판결 725
대법원 1997.9.12. 선고 96다4862 판결 583
대법원 1997.9.22.자 97마1574 결정 151
대법원 1997.9.30. 선고 95다39526 판결 432, 459
대법원 1997.9.30. 선고 97다24276 판결 5
대법원 1997.9.9. 선고 96다16896 판결 665
대법원 1997.10.10. 선고 95다46265 판결 819
대법원 1997.10.10. 선고 96다35484 판결 326
대법원 1997.10.10. 선고 96다40578 판결 159
대법원 1997.10.17.자 97마1632 결정 743
대법원 1997.10.24. 선고 96다12276 판결 633, 769, 770
대법원 1997.10.27.자 97마2269 결정 169
대법원 1997.10.28. 선고 97다33089 판결 453
대법원 1997.11.11. 선고 95누4902, 4919 판결 193
대법원 1997.11.28. 선고 95다29390 판결 268, 608
대법원 1997.12.9. 선고 97다18547 판결 108
대법원 1997.12.9. 선고 97다25521 판결 180
대법원 1997.12.12. 선고 95다20775 판결 152
대법원 1997.12.12. 선고 97누12235 판결 633, 822
대법원 1997.12.23. 선고 96재다226 판결 16
대법원 1997.12.23. 선고 97다45341 판결 483, 484
대법원 1997.12.26. 선고 96다51714 판결 702
대법원 1997.12.26. 선고 97다42892, 42908 판결 286
대법원 1998.1.23. 선고 96다41496 판결 95, 96, 741, 746
대법원 1998.1.23. 선고 97다38305 판결 822

대법원 1998.2.13. 선고 95다15667 판결 103, 370, 520
대법원 1998.2.19. 선고 95다52710 전원합의체 판결 145
대법원 1998.2.24. 선고 97다49053 판결 432
대법원 1998.2.27. 선고 97다45532 판결 239, 241, 280
대법원 1998.2.27. 선고 97다49251 판결 194
대법원 1998.3.13. 선고 98재다53 판결 856
대법원 1998.4.24. 선고 97다44416 판결 631, 632
대법원 1998.5.15. 선고 96다24668 판결 395
대법원 1998.5.15. 선고 97다57658 판결 186, 527
대법원 1998.6.12. 선고 96다26961 판결 252
대법원 1998.6.12. 선고 97다38510 판결 407
대법원 1998.6.12. 선고 98다1645 판결 186, 526
대법원 1998.6.26. 선고 97다42823 판결 819
대법원 1998.6.26. 선고 97다48937 판결 183
대법원 1998.6.29.자 98마863 결정 74
대법원 1998.7.10. 선고 98다5708, 5715 판결 725, 726
대법원 1998.7.10. 선고 98다6763 판결 393
대법원 1998.7.10. 선고 98다7001 판결 538
대법원 1998.7.24. 선고 96다27988 판결 193
대법원 1998.7.24. 선고 96다99 판결 511, 607, 615, 617, 636
대법원 1998.7.27.자 98마938 결정 57
대법원 1998.8.14.자 98마1301 결정 82
대법원 1998.8.21. 선고 98다8974 판결 459
대법원 1998.9.8. 선고 98다19509 판결 292
대법원 1998.10.9. 선고 96다44051 판결 863
대법원 1998.10.27. 선고 97다39131 판결 371
대법원 1998.11.13. 선고 98므1193 판결 201, 593
대법원 1998.11.24. 선고 98다25344 판결 540, 541
대법원 1998.11.27. 선고 97다4104 판결 119
대법원 1998.12.8. 선고 97므513, 520, 97스12 판결 450
대법원 1998.12.11. 선고 97재다445 판결 852
대법원 1998.12.17. 선고 97다39216 전원합의체 판결 30
대법원 1999.2.9. 선고 98다42615 판결 190
대법원 1999.2.24. 선고 97다38930 판결 284
대법원 1999.2.24. 선고 97다38930 판결 178, 401
대법원 1999.2.26. 선고 98다47290 판결 580, 581, 852
대법원 1999.2.26. 선고 98다52469 판결 299
대법원 1999.3.18. 선고 98다32175 전원합의체 판결 319
대법원 1999.3.26. 선고 98다63988 판결 185, 323
대법원 1999.4.9. 선고 98다57198 판결 419
대법원 1999.4.15.자 99마926 결정 837
대법원 1999.4.23. 선고 98다61463 판결 611
대법원 1999.4.23. 선고 99다4504 판결 109, 113
대법원 1999.4.27. 선고 99다3150 판결 357
대법원 1999.5.25. 선고 99다1789 판결 385, 447
대법원 1999.5.25. 선고 99두2475 판결 851
대법원 1999.5.28. 선고 98다58825 판결 185
대법원 1999.5.28. 선고 99다2188 판결 208
대법원 1999.6.8. 선고 99다17401, 17418 판결 249, 643
대법원 1999.6.11. 선고 98다22963 판결 190
대법원 1999.6.11. 선고 99다9622 판결 353
대법원 1999.7.9. 선고 99다12796 판결 701, 704, 706
대법원 1999.8.20. 선고 97누6889 판결 609
대법원 1999.8.24. 선고 99다15474 판결 690
대법원 1999.9.17. 선고 97다54024 판결 220, 549, 600
대법원 1999.10.22. 선고 98다46600 판결 848
대법원 1999.10.22. 선고 98다6855 판결 564
대법원 1999.11.26. 선고 99므1596, 1602 판결 792
대법원 1999.12.3.자 99마2078 전원합의체 결정 594
대법원 1999.12.7. 선고 99다41886 판결 404
대법원 1999.12.10. 선고 99다42346 판결 520
대법원 1999.12.23.자 99그74 결정 519
대법원 1999.12.24. 선고 99다35393 판결 288
대법원 2000.1.21. 선고 99다3501 판결 527, 528
대법원 2000.1.21. 선고 99다50422 판결 617
대법원 2000.1.31.자 99마6205 결정 153, 156
대법원 2000.2.11. 선고 99다10424 판결 223, 549
대법원 2000.2.11. 선고 99다49644 판결 270
대법원 2000.2.25. 선고 97다30066 판결 795
대법원 2000.2.25. 선고 98다36474 판결 595, 651
대법원 2000.3.10. 선고 99다67703 판결 470, 497, 498
대법원 2000.3.24. 선고 99다27149 판결 186
대법원 2000.4.7. 선고 99다53742 판결 611
대법원 2000.4.11. 선고 2000다5640 판결 118, 185, 211, 212
대법원 2000.4.15.자 2000그20 결정 49
대법원 2000.5.12. 선고 2000다5978 판결 549, 600, 601
대법원 2000.5.12. 선고 99다68577 판결 185, 186, 585, 589
대법원 2000.5.12. 선고 99다69983 판결 186
대법원 2000.5.18. 선고 95재다199 전원합의체 판결 203
대법원 2000.5.24.자 98마1839 결정 518
대법원 2000.6.9. 선고 2000다15371 판결 256

대법원 2000.6.9. 선고 98다35037 판결 34, 391
대법원 2000.6.9. 선고 99다37009 판결 429
대법원 2000.6.9. 선고 99다70983 판결 268
대법원 2000.7.6. 선고 2000다11584 판결 529, 530
대법원 2000.7.6. 선고 2000재다193, 209 판결 856
대법원 2000.8.18. 선고 2000재다87 판결 45, 843
대법원 2000.8.22. 선고 2000다25576 판결 193
대법원 2000.8.22.자 2000모42 결정 358
대법원 2000.8.28.자 99그30 결정 830
대법원 2000.9.5. 선고 2000므87 판결 354
대법원 2000.9.5. 선고 99므1886 판결 268
대법원 2000.9.8. 선고 2000재다49 판결 847
대법원 2000.9.8. 선고 99다58471 판결 432
대법원 2000.10.10. 선고 2000다19526 판결 286
대법원 2000.10.13. 선고 2000다38602 판결 430
대법원 2000.10.13. 선고 99다18725 판결 819
대법원 2000.10.18.자 2000마2999 결정 135, 696
대법원 2000.10.27. 선고 2000다33775 판결 102, 181, 578
대법원 2000.10.28.자 2000마5732 결정 363
대법원 2000.11.16. 선고 98다22253 전원합의체 판결 511, 512, 615, 617, 621, 777, 797
대법원 2000.11.24. 선고 99두3980 판결 407
대법원 2000.11.30.자 2000마5563 전원합의체 결정 585
대법원 2000.12.8. 선고 98다22826 판결 326
대법원 2000.12.22. 선고 2000다46399 판결 483
대법원 2000.12.22. 선고 2000재다513 판결 852
대법원 2000.12.22. 선고 2000후1542 판결 393, 401
대법원 2001.1.16. 선고 2000다41349 판결 816
대법원 2001.1.16. 선고 2000다45020 판결 169, 215
대법원 2001.1.19. 선고 97다21604 판결 97
대법원 2001.1.30. 선고 2000다21222 판결 355
대법원 2001.2.23. 선고 2000다63752 판결 269
대법원 2001.2.28.자 2001그4 결정 834, 839
대법원 2001.3.8.자 2001카기38 결정 236
대법원 2001.3.9. 선고 2000다58668 판결 470, 498
대법원 2001.3.9. 선고 2000재다353 판결 856
대법원 2001.3.13. 선고 99다11328 판결 631
대법원 2001.3.23. 선고 2000다29356, 29363 판결 819
대법원 2001.3.23. 선고 2001다1126 판결 288
대법원 2001.3.23. 선고 2001다6145 판결 253
대법원 2001.4.13. 선고 2001다6367 판결 336, 399
대법원 2001.4.24. 선고 2001다5654 판결 395, 396, 425
대법원 2001.4.24. 선고 2001다6718 판결 430
대법원 2001.4.27. 선고 2000다4050 판결 247
대법원 2001.4.27. 선고 2001다13983 판결 568
대법원 2001.4.27. 선고 99다30312 판결 623, 802
대법원 2001.5.8. 선고 99다69341 판결 88
대법원 2001.6.9.자 2001마1044 결정 235, 236
대법원 2001.6.12. 선고 99다20612 판결 273
대법원 2001.6.15. 선고 2000두2952 판결 854
대법원 2001.6.15. 선고 2001므626, 633 판결 646
대법원 2001.6.26. 선고 2000다24207 판결 661, 668, 669
대법원 2001.6.29. 선고 2001다21991 판결 112
대법원 2001.7.13. 선고 2001다13013 판결 721
대법원 2001.7.24. 선고 2001다22246 판결 249
대법원 2001.7.27. 선고 2001다5937 판결 159
대법원 2001.9.4. 선고 2000다66416 판결 273
대법원 2001.9.4. 선고 2001다14108 판결 170
대법원 2001.9.7. 선고 99다50392 판결 803
대법원 2001.9.14. 선고 2000다66430 판결 393
대법원 2001.9.14. 선고 99다42797 판결 559
대법원 2001.9.20. 선고 99다37894 전원합의체 판결 219, 547
대법원 2001.9.25. 선고 2000다24078 판결 15
대법원 2001.9.25. 선고 2001므725, 732 판결 201
대법원 2001.10.9. 선고 2001다15576 판결 288
대법원 2001.10.26. 선고 2001다37514 판결 327
대법원 2001.11.13. 선고 99다32899 판결 583
대법원 2001.11.13. 선고 99두2017 판결 115
대법원 2001.12.14. 선고 2001다53714 판결 213
대법원 2001.12.14. 선고 2001므1728, 1735 판결 265
대법원 2001.12.24. 선고 2001다62213 판결 522, 621, 624
대법원 2002.1.25. 선고 2001다11055 판결 289
대법원 2002.2.5. 선고 2001다63131 판결 773
대법원 2002.2.5. 선고 2001다72029 판결 432, 459
대법원 2002.2.8. 선고 2001다17633 판결 612
대법원 2002.2.8. 선고 2001다17633 판결 218, 609
대법원 2002.2.22. 선고 2000다65086 판결 185, 323
대법원 2002.2.22. 선고 2001다73480 판결 532, 875
대법원 2002.2.26. 선고 2000다48265 판결 279
대법원 2002.3.15. 선고 2000다9086 판결 719, 720, 722

대법원 2002.3.29. 선고 2001다83258 판결 115
대법원 2002.4.26. 선고 2000다30578 판결 102, 181, 578
대법원 2002.4.26. 선고 2001다59033 판결 190
대법원 2002.5.10. 선고 2000다50909 판결 537
대법원 2002.5.10.자 2002마1156 결정 62, 64, 170
대법원 2002.5.14. 선고 2000다42908 판결 178, 284, 398
대법원 2002.6.14. 선고 2000다37517 판결 197
대법원 2002.6.14. 선고 99다61378 판결 770
대법원 2002.6.24. 선고 2000다3583 판결 201
대법원 2002.6.28. 선고 2000다62254 판결 281
대법원 2002.6.28. 선고 2001다27777 판결 419
대법원 2002.7.26. 선고 2001다60491 판결 341
대법원 2002.8.23. 선고 2000다66133 판결 276, 424, 433, 447
대법원 2002.8.23. 선고 2001다69122 판결 578
대법원 2002.9.4. 선고 98다17145 판결 186, 612, 617, 618
대법원 2002.9.10. 선고 2002다34581 판결 222
대법원 2002.9.23.자 2000마5257 결정 532, 589
대법원 2002.9.24. 선고 2002다11847 판결 551
대법원 2002.9.24. 선고 99두1519 판결 703
대법원 2002.10.11. 선고 2000다17803 판결 323, 775
대법원 2002.10.11. 선고 2002다43851 판결 559
대법원 2002.10.25. 선고 2002다23598 판결 612
대법원 2002.11.8. 선고 2001다84497 판결 370
대법원 2002.11.8. 선고 2002다38361, 38378 판결 281
대법원 2002.11.26. 선고 2001다72678 판결 419
대법원 2002.12.6. 선고 2002다44014 판결 470, 496, 497, 499, 505, 529, 862
대법원 2002.12.10. 선고 2002다48399 판결 753
대법원 2002.12.26. 선고 2002므852 판결 621
대법원 2002.12.27. 선고 2000다47361 판결 418
대법원 2003.1.10. 선고 2000다70064 판결 391
대법원 2003.1.10. 선고 2002다41435 판결 291, 628
대법원 2003.1.10. 선고 2002다57904 판결 191
대법원 2003.1.24. 선고 2002다56987 판결 636
대법원 2003.1.24. 선고 2002다64377 판결 390
대법원 2003.2.26. 선고 2000다42786 판결 751, 752, 753
대법원 2003.3.11. 선고 2002두8459 판결 95, 97
대법원 2003.3.28. 선고 2000다24856 판결 566
대법원 2003.4.8. 선고 2002다69686 판결 427, 431
대법원 2003.4.8. 선고 2002다70181 판결 180, 513, 531, 532
대법원 2003.4.11. 선고 2001다11406 판결 429
대법원 2003.4.25. 선고 2000다60197 판결 359
대법원 2003.4.25. 선고 2002다72514 판결 348, 800
대법원 2003.4.25. 선고 2003두988 판결 5, 299
대법원 2003.5.13. 선고 2002다64148 판결 562, 861
대법원 2003.5.23.자 2003마89 결정 236
대법원 2003.5.27. 선고 2001다13532 판결 549, 600
대법원 2003.5.30. 선고 2001다10748 판결 692, 693
대법원 2003.5.30. 선고 2003다13604 판결 512
대법원 2003.5.30. 선고 2003다15556 판결 162
대법원 2003.6.13. 선고 2003다16962, 16979 판결 651
대법원 2003.7.11. 선고 2003다19558 판결 246, 572
대법원 2003.7.22. 선고 2001다76298 판결 861
대법원 2003.8.22. 선고 2001다23225, 23232 판결 602
대법원 2003.9.26. 선고 2001다68914 판결 792
대법원 2003.10.14.자 2003마1144 결정 359
대법원 2003.10.24. 선고 2003다13260 판결 183
대법원 2003.11.14. 선고 2001다32687 판결 108
대법원 2003.11.14. 선고 2003다34038 판결 105, 691
대법원 2003.11.28. 선고 2003다41791 판결 162
대법원 2003.12.12. 선고 2003다44615, 44622 판결 669, 676
대법원 2003.12.26. 선고 2002다61934 판결 171
대법원 2003.12.26. 선고 2003다11738 판결 668
대법원 2004.1.15. 선고 2002다3891 판결 200
대법원 2004.1.16. 선고 2003다30890 판결 252
대법원 2004.2.27. 선고 2003다52944 판결 595
대법원 2004.3.12. 선고 2001다79013 판결 286, 288
대법원 2004.3.12. 선고 2003다49092 판결 211
대법원 2004.3.25. 선고 2002다20742 판결 205
대법원 2004.3.26. 선고 2002다6043 판결 557
대법원 2004.4.28. 선고 2004다4225 판결 788, 795
대법원 2004.5.13. 선고 2004다6979, 6986 판결 869
대법원 2004.5.14. 선고 2003다57697 판결 276, 448
대법원 2004.5.17.자 2004마246 결정 837
대법원 2004.5.28. 선고 2001다81245 판결 816
대법원 2004.6.11. 선고 2004다13533 판결 400, 447
대법원 2004.6.14.자 2004주1 결정 235

대법원 2004.7.8. 선고 2002두7852 판결 744
대법원 2004.7.9. 선고 2002다16729 판결 759
대법원 2004.7.9. 선고 2003다46758 판결 474, 475
대법원 2004.7.14.자 2004무20 결정 77
대법원 2004.7.21.자 2004마535 결정 361
대법원 2004.8.20. 선고 2003다1878 판결 869
대법원 2004.9.13.자 2004마660 결정 856
대법원 2004.9.23. 선고 2004다32848 판결 209
대법원 2004.9.24. 선고 2004다28047 판결 489, 496
대법원 2004.10.15. 선고 2004다11988 판결 800
대법원 2004.10.28. 선고 2002다45185 판결 463
대법원 2004.11.25. 선고 2004두7023 판결 635
대법원 2004.11.26. 선고 2003다2123 판결 462
대법원 2005.1.13. 선고 2004다19647 판결 448, 651
대법원 2005.1.28. 선고 2004다38624 판결 813
대법원 2005.3.11. 선고 2004다26997 판결 314
대법원 2005.3.25. 선고 2004다10985, 10992 판결 600
대법원 2005.4.29. 선고 2004다40160 판결 805
대법원 2005.6.10. 선고 2005다14861 판결 324, 474
대법원 2005.6.24. 선고 2003다55936 판결 862
대법원 2005.6.24. 선고 2005다10388 판결 108
대법원 2005.7.14. 선고 2004다36215 판결 212
대법원 2005.7.14. 선고 2005다19477 판결 478
대법원 2005.7.22. 선고 2004다17207 판결 553, 554, 555
대법원 2005.8.19. 선고 2004다8197, 8203 판결 805
대법원 2005.9.15. 선고 2004다44971 전원합의체 판결 111, 147, 663, 689
대법원 2005.9.29. 선고 2005다27188 판결 117, 128
대법원 2005.10.7. 선고 2003다44387, 44394 판결 298
대법원 2005.10.27. 선고 2003다66691 판결 758
대법원 2005.11.10. 선고 2005다34667, 34674 판결 568
대법원 2005.11.24. 선고 2003후2515 판결 107
대법원 2005.11.24. 선고 2005다20064, 20071 판결 650
대법원 2005.11.25. 선고 2005다51457 판결 572, 573
대법원 2005.12.5.자 2005마1039 결정 363
대법원 2005.12.23. 선고 2004다55698 판결 550
대법원 2006.1.13. 선고 2004므1378 판결 602
대법원 2006.1.26. 선고 2003다36225 판결 147
대법원 2006.1.26. 선고 2005다37185 판결 291
대법원 2006.2.23. 선고 2005다19552, 19569 판결 108
대법원 2006.2.23.자 2005부4 결정 744
대법원 2006.3.2.자 2005마902 결정 72, 73
대법원 2006.3.9. 선고 2005다60239 판결 211
대법원 2006.3.10. 선고 2005다55411 판결 605
대법원 2006.4.27. 선고 2005다5485 판결 395, 396
대법원 2006.4.27. 선고 2006다7587, 7594 판결 619, 810
대법원 2006.5.2.자 2005마933 결정 774, 784
대법원 2006.5.25. 선고 2005다77848 판결 418, 813
대법원 2006.6.2. 선고 2004다70789 판결 393, 394
대법원 2006.6.2.자 2004마1148, 1149 결정 107
대법원 2006.6.29. 선고 2006다19061, 19078 판결 576, 645
대법원 2006.7.4.자 2005마425 결정 90, 91, 93, 101
대법원 2006.8.25. 선고 2005다67476 판결 210
대법원 2006.9.28. 선고 2006다28775 판결 696
대법원 2006.10.12. 선고 2005다72508 판결 847
대법원 2006.10.13. 선고 2004다16280 판결 385, 386
대법원 2006.10.13. 선고 2006다23138 판결 536
대법원 2006.10.27. 선고 2004다69581 판결 263, 311, 341
대법원 2006.11.23. 선고 2006재다171 판결 381
대법원 2006.12.7. 선고 2004다54978 판결 186
대법원 2006.12.21. 선고 2006다52723 판결 109
대법원 2007.2.22. 선고 2006다68506 판결 277
대법원 2007.2.22. 선고 2006다81653 판결 157
대법원 2007.3.29. 선고 2006다79995 판결 620
대법원 2007.4.12. 선고 2006다72765 판결 781
대법원 2007.4.13. 선고 2005다40709, 40716 판결 642, 643
대법원 2007.4.13. 선고 2006다78640 판결 222
대법원 2007.4.26. 선고 2005다19156 판결 700
대법원 2007.5.10. 선고 2005다57691 판결 595
대법원 2007.5.10. 선고 2007다7256 판결 145
대법원 2007.5.10.자 2007카기35 결정 520
대법원 2007.5.11. 선고 2006다6836 판결 394
대법원 2007.5.31. 선고 2005다5867 판결 457, 464
대법원 2007.5.31. 선고 2006다85662 판결 582
대법원 2007.6.14. 선고 2005다29290 판결 213, 214
대법원 2007.6.15. 선고 2004다37904, 37911 판결 633
대법원 2007.6.15. 선고 2006다80322, 80339 판결 727, 728
대법원 2007.6.18.자 2007이9 결정 49

대법원 2007.6.26.자 2007마515 결정 681
대법원 2007.6.28. 선고 2005다55879 판결 122, 139
대법원 2007.6.28. 선고 2007다16113 판결 284
대법원 2007.6.28. 선고 2007다16885 판결 702
대법원 2007.6.29. 선고 2005다48888 판결 612, 824
대법원 2007.7.12. 선고 2005다10470 판결 690, 693, 694, 698
대법원 2007.7.12. 선고 2005다38324 판결 587
대법원 2007.7.12. 선고 2005다39617 판결 455, 456
대법원 2007.7.13. 선고 2007다20235 판결 769
대법원 2007.7.26. 선고 2006다64573 판결 662
대법원 2007.7.26. 선고 2006므2757, 2764 판결 495
대법원 2007.7.26. 선고 2007다30317 판결 519
대법원 2007.8.23.자 2006마1171 결정 754
대법원 2007.8.24. 선고 2006다40980 판결 667, 668, 669, 674
대법원 2007.9.6. 선고 2007다41966 판결 705, 706
대법원 2007.9.20. 선고 2007다25865 판결 287
대법원 2007.9.21. 선고 2006다9446 판결 438
대법원 2007.10.25. 선고 2007다36223 판결 862
대법원 2007.10.26. 선고 2006다86573, 86580 판결 734, 735, 736, 807
대법원 2007.11.16. 선고 2006다41297 판결 111
대법원 2007.11.29. 선고 2006다3561 판결 387
대법원 2007.11.29. 선고 2007다52317, 52324 판결 775
대법원 2007.11.29. 선고 2007다53310 판결 706
대법원 2007.11.30. 선고 2007다54610 판결 87, 257
대법원 2007.12.14. 선고 2007다37776, 37783 판결 734, 736
대법원 2007.12.14. 선고 2007다52997 판결 105
대법원 2008.2.1. 선고 2005다42880 판결 498
대법원 2008.2.1. 선고 2005다74863 판결 626
대법원 2008.2.1. 선고 2007다9009 판결 305, 516
대법원 2008.2.14. 선고 2007다69148 판결 5
대법원 2008.2.28. 선고 2007다41560 판결 357
대법원 2008.3.13. 선고 2006다68209 판결 71, 72, 73
대법원 2008.3.14. 선고 2006다2940 판결 522, 773
대법원 2008.3.20. 선고 2007두6342 전원합의체 판결 5
대법원 2008.3.27. 선고 2005다49430 판결 512, 679, 683, 686, 687
대법원 2008.3.27. 선고 2007다85157 판결 192
대법원 2008.3.31.자 2006마1488 결정 590
대법원 2008.4.10. 선고 2007다36308 판결 678
대법원 2008.4.10. 선고 2007다83694 판결 273
대법원 2008.4.10. 선고 2007다86860 판결 679
대법원 2008.4.14.자 2007마725 결정 436
대법원 2008.4.14.자 2008마277 결정 836
대법원 2008.4.24. 선고 2005다75071 판결 63
대법원 2008.4.24. 선고 2006다14363 판결 373, 663
대법원 2008.4.24. 선고 2007다84352 판결 65, 170, 572
대법원 2008.4.24. 선고 2008다5073 판결 279
대법원 2008.5.2.자 2008마427 결정 49
대법원 2008.5.8. 선고 2008다2890 판결 343
대법원 2008.5.29. 선고 2006다71908, 71915 판결 36, 37
대법원 2008.5.29. 선고 2007다63683 판결 97
대법원 2008.5.30.자 2008마568 결정 591
대법원 2008.6.2.자 2007무77 결정 231
대법원 2008.6.12. 선고 2007다36445 판결 189
대법원 2008.6.12. 선고 2008다11276 판결 15, 95, 96, 741
대법원 2008.6.23.자 2007마634 결정 590
대법원 2008.7.10. 선고 2006다43767 판결 781
대법원 2008.7.10. 선고 2006다57872 판결 683, 686
대법원 2008.7.10. 선고 2006재다218 판결 515
대법원 2008.7.24. 선고 2008다18376 판결 633
대법원 2008.8.21. 선고 2007다79480 판결 133, 158, 160
대법원 2008.8.21.자 2007그49 결정 838
대법원 2008.8.28.자 2008마1073 결정 230
대법원 2008.9.11. 선고 2005다9760, 9777 판결 218
대법원 2008.9.11. 선고 2007다90982 판결 97
대법원 2008.10.9. 선고 2008다45378 판결 110
대법원 2008.10.21.자 2008카기172 결정 520
대법원 2008.11.13. 선고 2008다51588 판결 583
대법원 2008.11.27. 선고 2007다69834, 69841 판결 639
대법원 2008.11.27. 선고 2008다59230 판결 541
대법원 2008.12.11. 선고 2005다51471 판결 607, 611
대법원 2008.12.11. 선고 2005다51495 판결 607, 611, 616
대법원 2008.12.11. 선고 2006다5550 판결 607
대법원 2008.12.16.자 2007마1328 결정 72, 74, 83
대법원 2008.12.24. 선고 2008다48490 판결 125
대법원 2008.12.24. 선고 2008다51649 판결 223, 271, 550

대법원 2009.1.15. 선고 2007다61618 판결 170, 201
대법원 2009.1.15. 선고 2008다72394 판결 121
대법원 2009.1.15. 선고 2008다74130 판결 175
대법원 2009.1.30. 선고 2006다60908 판결 109
대법원 2009.2.12. 선고 2008다84229 판결 635
대법원 2009.2.12. 선고 2008재다502 판결 856
대법원 2009.2.26. 선고 2006다72802 판결 667
대법원 2009.2.26. 선고 2007다83908 판결 633, 810, 811
대법원 2009.3.12. 선고 2008다65839 판결 243, 570
대법원 2009.3.19. 선고 2008다45828 전원합의체 판결 432
대법원 2009.3.26. 선고 2006다47677 판결 680
대법원 2009.4.23. 선고 2009다3234 판결 175
대법원 2009.5.14. 선고 2006다34190 판결 532, 533, 862, 870
대법원 2009.5.28. 선고 2007다354 판결 607
대법원 2009.5.28. 선고 2007후1510 판결 670, 687, 747
대법원 2009.5.28. 선고 2008다79876 판결 536
대법원 2009.6.11. 선고 2009다11556 판결 869
대법원 2009.6.11. 선고 2009다12399 판결 269, 805, 806
대법원 2009.6.23. 선고 2007다26165 판결 279
대법원 2009.6.25. 선고 2009다22037 판결 482
대법원 2009.6.25. 선고 2009다24415 판결 297
대법원 2009.7.9. 선고 2006다73966 판결 532
대법원 2009.8.6.자 2009마897 결정 589
대법원 2009.9.10. 선고 2009다40219, 40226 판결 171
대법원 2009.9.10. 선고 2009다41977 판결 602, 859
대법원 2009.9.24. 선고 2008다92312, 92329 판결 450
대법원 2009.9.24. 선고 2009다37831 판결 427, 431, 459, 460
대법원 2009.9.24. 선고 2009다39530 판결 875
대법원 2009.10.15. 선고 2006다43903 판결 117, 118
대법원 2009.10.15. 선고 2009다48633 판결 207
대법원 2009.10.15. 선고 2009다49964 판결 93
대법원 2009.10.29. 선고 2008다51359 판결 279, 280
대법원 2009.11.12. 선고 2009다42765 판결 287, 290, 291
대법원 2009.11.12. 선고 2009다48879 판결 123, 124
대법원 2009.11.13.자 2009마1482 결정 74
대법원 2009.12.10. 선고 2009다22846 판결 159
대법원 2009.12.24. 선고 2008다15520 판결 169
대법원 2009.12.24. 선고 2009다64215 판결 526, 545
대법원 2010.1.14. 선고 2009다41199 판결 256
대법원 2010.1.14. 선고 2009다69531 판결 404
대법원 2010.1.14. 선고 2009다77327 판결 97
대법원 2010.1.29.자 2009마2050 결정 433, 434
대법원 2010.2.11. 선고 2009다78467, 78474 판결 50
대법원 2010.2.25. 선고 2008다96963, 96970 판결 667
대법원 2010.2.25. 선고 2009다75574 판결 419
대법원 2010.2.25.자 2009스113 결정 7
대법원 2010.3.11. 선고 2007다51505 판결 224
대법원 2010.3.22.자 2010마215 결정 82, 83
대법원 2010.3.25. 선고 2009다102964 판결 80
대법원 2010.3.25. 선고 2009다88617 판결 289
대법원 2010.3.30.자 2009스146 결정 589
대법원 2010.4.8. 선고 2009므3652 판결 141
대법원 2010.4.15. 선고 2010다57 판결 357
대법원 2010.4.29. 선고 2008다50691 판결 114, 663, 666
대법원 2010.4.30.자 2010마66 결정 837
대법원 2010.5.13. 선고 2009다102254 판결 44
대법원 2010.5.13. 선고 2009다105246 판결 693
대법원 2010.5.13. 선고 2009다38612 판결 432
대법원 2010.5.13. 선고 2010다6222 판결 418, 423
대법원 2010.5.27. 선고 2007다25971 판결 451
대법원 2010.5.27. 선고 2009다12580 판결 512, 619, 797
대법원 2010.6.7.자 2010그37 결정 839
대법원 2010.6.24. 선고 2010다12852 판결 455, 456
대법원 2010.6.24. 선고 2010다17284 판결 253
대법원 2010.7.8. 선고 2010다21757 판결 432
대법원 2010.7.14.자 2009마2105 결정 437, 439, 442
대법원 2010.7.15. 선고 2009다67276 판결 427
대법원 2010.7.15. 선고 2010다18355 판결 35
대법원 2010.7.15. 선고 2010다2428, 2435 판결 643
대법원 2010.7.22. 선고 2009므1861, 1878 판결 477
대법원 2010.8.19. 선고 2007다41621 판결 819
대법원 2010.8.19. 선고 2010다26745, 26752 판결 552
대법원 2010.8.26. 선고 2008다42416, 42423 판결 251, 279
대법원 2010.8.26. 선고 2010다28185 판결 33
대법원 2010.8.26.자 2010마818 결정 194

대법원 2010.9.30. 선고 2008다58794, 58800, 58817 판결 819
대법원 2010.9.30. 선고 2009다71121 판결 738
대법원 2010.10.14. 선고 2010다36407 판결 203
대법원 2010.10.14. 선고 2010다38168 판결 700, 707
대법원 2010.10.28. 선고 2009다20840 판결 122, 139
대법원 2010.10.28. 선고 2010다20532 판결 288, 292, 332, 651
대법원 2010.10.28. 선고 2010다30676 판결 119, 120
대법원 2010.10.28. 선고 2010다53754 판결 471
대법원 2010.11.11. 선고 2010다45944 판결 207
대법원 2010.11.11. 선고 2010다56616 판결 422, 431
대법원 2010.11.11. 선고 2010두14534 판결 633
대법원 2010.11.25. 선고 2007다74560 판결 419
대법원 2010.11.25. 선고 2010다64877 판결 123, 124
대법원 2010.12.9. 선고 2007다42907 판결 768, 817
대법원 2010.12.9. 선고 2010다77583 판결 158
대법원 2010.12.16. 선고 2010도5986 전원합의체 판결 184
대법원 2010.12.23. 선고 2007다22859 판결 378
대법원 2010.12.23. 선고 2010다67258 판결 804
대법원 2011.1.27. 선고 2008다27615 판결 90, 93, 95
대법원 2011.1.27. 선고 2008다85758 판결 143
대법원 2011.1.27. 선고 2010다77781 판결 200, 605
대법원 2011.1.27.자 2010마1491 결정 57
대법원 2011.2.10. 선고 2006다65774 판결 119
대법원 2011.2.10. 선고 2010다82639 판결 114, 665, 676
대법원 2011.2.10. 선고 2010다87702 판결 810
대법원 2011.2.21.자 2010그220 결정 329
대법원 2011.2.24. 선고 2009다33655 판결 636
대법원 2011.2.24. 선고 2009다43355 판결 678, 686, 771
대법원 2011.3.10. 선고 2010다87641 판결 175
대법원 2011.3.10. 선고 2010다99040 판결 92, 93, 94
대법원 2011.4.28. 선고 2009다19093 판결 33
대법원 2011.4.28. 선고 2010다103048 판결 472, 739, 750
대법원 2011.4.28. 선고 2010다98948 판결 352
대법원 2011.5.13. 선고 2010다106245 판결 729
대법원 2011.5.13. 선고 2010다84956 판결 783
대법원 2011.5.13. 선고 2010다94472 판결 97
대법원 2011.6.24. 선고 2009다35033 판결 173
대법원 2011.6.24. 선고 2009다8345 판결 663, 664
대법원 2011.6.24. 선고 2011다1323 판결 661, 675, 676
대법원 2011.6.30. 선고 2011다24340 판결 537
대법원 2011.7.14. 선고 2010다103451 판결 286, 289
대법원 2011.7.14. 선고 2010다107064 판결 221
대법원 2011.7.14.자 2011그65 결정 58, 59, 75, 78, 83, 652
대법원 2011.7.21. 선고 2011재다199 전원합의체 판결 851, 856
대법원 2011.7.28. 선고 2009도14928 판결 412
대법원 2011.7.28. 선고 2010다97044 판결 177
대법원 2011.8.18. 선고 2011다30666, 30673 판결 605, 606
대법원 2011.8.25. 선고 2011다25145 판결 595
대법원 2011.9.8. 선고 2009다67115 판결 119
대법원 2011.9.8. 선고 2011다17090 판결 690
대법원 2011.9.8. 선고 2011다38271 판결 184
대법원 2011.9.29. 선고 2009다7076 판결 679, 683
대법원 2011.9.29. 선고 2010다65818 판결 509
대법원 2011.9.29. 선고 2011다17847 판결 595
대법원 2011.9.29.자 2011마1335 결정 155, 359
대법원 2011.9.29.자 2011마62 결정 14, 67
대법원 2011.10.13. 선고 2010다80930 판결 258
대법원 2011.10.27. 선고 2009다32386 판결 184
대법원 2011.10.27.자 2011마1154 결정 367, 368
대법원 2011.10.27.자 2011마1595 결정 817
대법원 2011.11.10. 선고 2011다54686 판결 251
대법원 2011.11.10. 선고 2011다55405 판결 210
대법원 2011.11.10. 선고 2011다62977 판결 428
대법원 2011.11.24. 선고 2011다74550 판결 458
대법원 2011.11.24. 선고 2011다9426 판결 452
대법원 2011.12.13. 선고 2009다16766 판결 30, 31
대법원 2011.12.13. 선고 2009다5162 판결 272
대법원 2011.12.22. 선고 2009다75949 판결 827
대법원 2011.12.22. 선고 2011다73540 판결 580, 850, 857
대법원 2011.12.22. 선고 2011다84298 판결 14, 209
대법원 2012.1.12. 선고 2009다84608, 84615, 84622, 84639 판결 462
대법원 2012.1.12. 선고 2010다87757 판결 827
대법원 2012.1.12. 선고 2011다78606 판결 251

대법원 2012.1.19. 선고 2010다95390 전원합의체 판결 5, 620
대법원 2012.1.27. 선고 2011다88344 판결 455
대법원 2012.2.10.자 2011마2177 결정 518
대법원 2012.2.16. 선고 2010다82530 전원합의체 판결 662
대법원 2012.3.15. 선고 2011다105966 판결 693
대법원 2012.3.27.자 2012그46 결정 230, 787
대법원 2012.3.29. 선고 2010다28338, 28345 판결 629, 631
대법원 2012.3.29. 선고 2011다106136 판결 175
대법원 2012.3.29. 선고 2011두28776 판결 815, 852
대법원 2012.3.30.자 2011마2508 결정 783
대법원 2012.4.12. 선고 2011다109357 판결 499
대법원 2012.4.12. 선고 2011다110579 판결 284
대법원 2012.4.13. 선고 2011다1828 판결 449
대법원 2012.4.13.자 2012마249 결정 480
대법원 2012.4.26. 선고 2011다85789 판결 738, 759
대법원 2012.5.10. 선고 2010다2558 판결 501, 532, 535, 562
대법원 2012.5.10. 선고 2010다87474 판결 114
대법원 2012.5.17. 선고 2010다28604 전원합의체 판결 268, 269
대법원 2012.5.24. 선고 2009다22549 판결 35, 534
대법원 2012.5.31.자 2012마300 결정 836
대법원 2012.6.14. 선고 2010다105310 판결 92, 102
대법원 2012.6.14. 선고 2010다86112 판결 327, 476, 853
대법원 2012.7.5. 선고 2010다80503 판결 246, 549, 600, 601
대법원 2012.7.26. 선고 2010다37813 판결 95
대법원 2012.8.30. 선고 2010다39918 판결 128
대법원 2012.9.13. 선고 2009다23160 판결 667, 678
대법원 2012.9.13. 선고 2010다88699 판결 183
대법원 2012.9.13. 선고 2010다97846 판결 576, 577, 860
대법원 2012.9.27. 선고 2011다76747 판결 471, 680, 778
대법원 2012.10.11. 선고 2012다44730 판결 357
대법원 2012.10.11. 선고 2012다55198 판결 269, 270
대법원 2012.10.25. 선고 2010다108104 판결 150, 164
대법원 2012.10.25.자 2012그249 결정 518
대법원 2012.11.15. 선고 2012다70012 판결 382, 383
대법원 2012.11.15. 선고 2010두15469 판결 254
대법원 2012.11.15. 선고 2012다70012 판결 873
대법원 2012.11.29. 선고 2011두30069 판결 718
대법원 2012.11.29. 선고 2012다44471 판결 113, 663
대법원 2012.12.13. 선고 2010도14360 판결 422
대법원 2012.12.27. 선고 2011다96932 판결 6
대법원 2012.12.27. 선고 2012다75239 판결 845
대법원 2013.1.10. 선고 2010다75044 판결 354, 355
대법원 2013.1.10. 선고 2011다64607 판결 178
대법원 2013.1.16. 선고 2012재다370 판결 363, 856
대법원 2013.1.18.자 2010그133 결정 695
대법원 2013.2.15. 선고 2012다67399 판결 119
대법원 2013.2.15. 선고 2012다68217 판결 282, 315
대법원 2013.2.28. 선고 2011다31706 판결 219, 547, 773, 824, 827
대법원 2013.3.14. 선고 2010다42624, 42631 판결 268
대법원 2013.3.14. 선고 2010두2623 판결 175
대법원 2013.3.14. 선고 2011다28946 판결 175, 228
대법원 2013.3.28. 선고 2011다3329 판결 316, 321, 480
대법원 2013.3.28. 선고 2011두13729 판결 674, 715, 716, 717
대법원 2013.3.28. 선고 2012다100746 판결 374
대법원 2013.3.28. 선고 2012다42604 판결 80
대법원 2013.4.11. 선고 2012다111340 판결 369
대법원 2013.4.11. 선고 2012재두497 판결 815, 852
대법원 2013.4.11. 선고 2012후436 판결 329, 332
대법원 2013.4.25. 선고 2012다98423 판결 363, 364
대법원 2013.5.9. 선고 2011다61646 판결 272
대법원 2013.5.9. 선고 2012다108863 판결 187
대법원 2013.5.31.자 2013마198 결정 648
대법원 2013.6.14. 선고 2013다8830, 8847 판결 653
대법원 2013.6.18.자 2012무257 결정 702
대법원 2013.7.11. 선고 2011다18864 판결 804
대법원 2013.7.12. 선고 2006다17539 판결 35, 63
대법원 2013.7.12.자 2012무84 결정 702
대법원 2013.7.25. 선고 2012다204815 판결 186
대법원 2013.7.31.자 2013마670 결정 232, 784, 835
대법원 2013.8.22. 선고 2011다100923 판결 429, 430
대법원 2013.8.22. 선고 2012다68279 판결 94, 128
대법원 2013.8.22. 선고 2012다94728 판결 427, 428, 446

대법원 2013.8.23. 선고 2012다17585 판결 175, 202
대법원 2013.8.23. 선고 2013다28971 판결 781, 801
대법원 2013.9.13. 선고 2012다36661 판결 194, 201, 603
대법원 2013.9.13. 선고 2013다45457 판결 548
대법원 2013.9.26. 선고 2011다88870 판결 464
대법원 2013.10.31. 선고 2011다98426 판결 123
대법원 2013.11.14. 선고 2013다46023 판결 557
대법원 2013.11.21. 선고 2011두1917 전원합의체 판결 498
대법원 2013.11.28. 선고 2011다80449 판결 15, 176, 177, 180, 188, 285, 291
대법원 2013.12.18. 선고 2013다202120 전원합의체 판결 245
대법원 2014.1.16. 선고 2011다91777 판결 793
대법원 2014.1.23. 선고 2011다108095 판결 569
대법원 2014.1.23. 선고 2013다64793 판결 537
대법원 2014.1.29. 선고 2013다78556 판결 661, 748
대법원 2014.2.13. 선고 2011다74277 판결 183, 192
대법원 2014.2.27. 선고 2013다94312 판결 252
대법원 2014.3.13. 선고 2011다111459 판결 287, 291
대법원 2014.3.27. 선고 2009다104960, 104977 판결 499, 682, 862
대법원 2014.3.27. 선고 2011다49981 판결 535
대법원 2014.3.27. 선고 2011다79968 판결 535
대법원 2014.3.27. 선고 2013다39551 판결 815
대법원 2014.3.27. 선고 2013다91146 판결 529
대법원 2014.4.10. 선고 2012다7571 판결 33
대법원 2014.4.10. 선고 2012두17384 판결 638
대법원 2014.4.10. 선고 2013다54390 판결 553, 771
대법원 2014.4.16.자 2014마4026 결정 786
대법원 2014.4.24. 선고 2012두6773 판결 609
대법원 2014.5.16. 선고 2013다101104 판결 80
대법원 2014.5.29. 선고 2011두25876 판결 297
대법원 2014.5.29. 선고 2013다73780 판결 374, 375
대법원 2014.5.29. 선고 2013다96868 판결 613, 621, 622
대법원 2014.5.29.자 2014마4009 결정 701
대법원 2014.6.12. 선고 2012다47548, 47555 판결 730
대법원 2014.6.12. 선고 2013다95964 판결 479, 556
대법원 2014.6.12. 선고 2014다11376, 11383 판결 287, 824
대법원 2014.6.12.자 2014마145 결정 585
대법원 2014.7.10. 선고 2012다89832 판결 272
대법원 2014.7.24. 선고 2013다28728 판결 164
대법원 2014.8.20. 선고 2013다41578 판결 171
대법원 2014.8.28. 선고 2013다74363 판결 393
대법원 2014.9.4. 선고 2012므1656 판결 201
대법원 2014.10.8.자 2014마667 전원합의체 결정 507, 767, 768, 833
대법원 2014.10.15. 선고 2013다25781 판결 689
대법원 2014.10.27. 선고 2013다25217 판결 291
대법원 2014.10.27. 선고 2013다67105, 67112 판결 472, 739, 754
대법원 2014.10.30. 선고 2013다53939 판결 563
대법원 2014.10.30. 선고 2014다43076 판결 361
대법원 2014.11.13. 선고 2009다71312, 71329, 71336, 71343 판결 736
대법원 2014.11.27. 선고 2012다11389 판결 451
대법원 2014.12.11. 선고 2011다77290 판결 558
대법원 2014.12.11. 선고 2013다28025 판결 191
대법원 2014.12.11. 선고 2013다59531 판결 288
대법원 2014.12.11. 선고 2013다78990 판결 184
대법원 2014.12.22. 선고 2014다229016 판결 516
대법원 2014.12.24. 선고 2012다116864 판결 624, 778, 797
대법원 2014.12.24. 선고 2012다35675 판결 620
대법원 2015.1.6.자 2014그247 결정 507, 832
대법원 2015.1.29. 선고 2014다34041 판결 102, 103, 181, 578
대법원 2015.1.29. 선고 2014다62657 판결 108
대법원 2015.2.12. 선고 2014다228440 판결 257, 873
대법원 2015.2.12. 선고 2014다229870 판결 344, 398
대법원 2015.2.16. 선고 2011다101155 판결 119
대법원 2015.2.26. 선고 2012다79866 판결 594, 595
대법원 2015.3.20. 선고 2012다107662 판결 556
대법원 2015.3.20. 선고 2012다17479 판결 277
대법원 2015.3.20. 선고 2013다88829 판결 16
대법원 2015.3.20. 선고 2014다75202 판결 678, 684, 685, 686
대법원 2015.4.9. 선고 2013다89372 판결 141
대법원 2015.4.23. 선고 2014다89287, 89294 판결 629, 793
대법원 2015.5.14. 선고 2014다16494 판결 714

대법원 2015.5.21. 선고 2012다952 전원합의체 판결 192
대법원 2015.5.28. 선고 2012다78184 판결 709
대법원 2015.5.28. 선고 2013다1587 판결 122, 124, 190
대법원 2015.5.28. 선고 2014다24327, 24334, 24341, 24358, 24365, 24372 판결 775
대법원 2015.5.29. 선고 2014다235042, 235059, 235066 판결 644
대법원 2015.6.11. 선고 2014다232913 판결 682
대법원 2015.6.23. 선고 2013므2397 판결 267, 511
대법원 2015.7.9. 선고 2013다69866 판결 287
대법원 2015.7.23. 선고 2013다30301, 30325 판결 721, 722
대법원 2015.7.23. 선고 2014다88888 판결 171, 172, 274
대법원 2015.8.13. 선고 2015다18367 판결 171, 661
대법원 2015.8.13. 선고 2015다209002 판결 88, 100
대법원 2015.8.13. 선고 2015다213322 판결 352
대법원 2015.9.10. 선고 2012다23863 판결 669
대법원 2015.9.10. 선고 2013다55300 판결 175, 285, 707
대법원 2015.9.10. 선고 2015다28173 판결 182
대법원 2015.9.11.자 2014마909 결정 477
대법원 2015.9.15.자 2015마836 결정 71
대법원 2015.10.15. 선고 2015다31513 판결 692, 696
대법원 2015.10.29. 선고 2014다13044 판결 716, 717, 718, 847
대법원 2015.10.29. 선고 2014다75349 판결 819
대법원 2015.10.29. 선고 2015다32585 판결 152
대법원 2015.11.17. 선고 2014다81542 판결 437
대법원 2015.11.26. 선고 2014다45317 판결 424, 431
대법원 2015.12.10. 선고 2014다87878 판결 117, 118
대법원 2015.12.10. 선고 2015다207679, 207686, 207693 판결 611
대법원 2016.1.14. 선고 2015므3455 판결 521, 790
대법원 2016.1.28. 선고 2013다51933 판결 351, 846
대법원 2016.3.10. 선고 2013다99409 판결 209, 455, 456
대법원 2016.3.10. 선고 2013두14269 판결 388, 426
대법원 2016.3.10. 선고 2015다243996 판결 545
대법원 2016.3.24. 선고 2013다81514 판결 395
대법원 2016.3.24. 선고 2014다3122, 3139 판결 210
대법원 2016.4.12. 선고 2015다69372 판결 244, 571
대법원 2016.4.18.자 2015마2115 결정 838
대법원 2016.4.29. 선고 2014다210449 판결 100, 383
대법원 2016.5.19. 선고 2009다66549 전원합의체 판결 615
대법원 2016.5.24. 선고 2012다87898 판결 211
대법원 2016.5.27. 선고 2015다21967 판결 560, 561
대법원 2016.6.9. 선고 2014다64752 판결 396, 397
대법원 2016.6.21.자 2016마5082 결정 79, 839
대법원 2016.6.28. 선고 2014다31721 판결 544, 562, 564
대법원 2016.7.1.자 2014마2239 결정 437
대법원 2016.7.7. 선고 2014다1447 판결 586
대법원 2016.7.22. 선고 2015다66397 판결 206
대법원 2016.7.27. 선고 2013다96165 판결 223, 550
대법원 2016.7.27. 선고 2013두17923 판결 716
대법원 2016.7.29. 선고 2016다214483, 214490 판결 255
대법원 2016.8.30. 선고 2015다255265 판결 188, 189
대법원 2016.8.30. 선고 2016다222149 판결 538, 539
대법원 2016.9.8. 선고 2015다39357 판결 376
대법원 2016.9.28. 선고 2016다13482 판결 560
대법원 2016.9.30. 선고 2016다200552 판결 188, 192
대법원 2016.10.13. 선고 2014다12348 판결 862
대법원 2016.10.27. 선고 2015다230815 판결 207
대법원 2016.11.10. 선고 2014다54366 판결 364
대법원 2016.12.15. 선고 2014다87885, 87892 판결 125, 126
대법원 2016.12.15. 선고 2015다247325 판결 192
대법원 2016.12.27. 선고 2016다35123 판결 375, 815, 846
대법원 2016.12.27. 선고 2016두50440 판결 101
대법원 2017.1.12. 선고 2016다241249 판결 778, 789, 796
대법원 2017.1.12. 선고 2016다38658 판결 520
대법원 2017.2.21. 선고 2016다45595 판결 636
대법원 2017.3.9. 선고 2013두16852 판결 816
대법원 2017.3.9. 선고 2016두55933 판결 449
대법원 2017.3.15. 선고 2014다208255 판결 205
대법원 2017.3.16. 선고 2015다3570 판결 125, 869
대법원 2017.3.22. 선고 2016다258124 판결 277, 279, 282
대법원 2017.3.28.자 2016마1844 결정 237
대법원 2017.4.7. 선고 2016다204783 판결 530, 531

대법원 2017.4.7. 선고 2016다251994 판결 238
대법원 2017.4.7. 선고 2016다35451 판결 257
대법원 2017.4.13. 선고 2016다274966 판결 501
대법원 2017.4.21.자 2017마63 결정 591
대법원 2017.4.26. 선고 2014다221777, 221784 판결 727, 729
대법원 2017.5.17. 선고 2016다274188 판결 102, 103, 576
대법원 2017.5.17. 선고 2017다1097 판결 297, 799
대법원 2017.5.30. 선고 2017다211146 판결 629, 632
대법원 2017.6.15. 선고 2015다30244, 30251 판결 613
대법원 2017.6.19. 선고 2017다204131 판결 533
대법원 2017.6.22. 선고 2014다225809 전원합의체 판결 700
대법원 2017.6.29. 선고 2014다30803 판결 210
대법원 2017.7.11. 선고 2017다216271 판결 206, 210
대법원 2017.7.18. 선고 2016다35789 판결 758
대법원 2017.9.12. 선고 2017다865 판결 318
대법원 2017.9.14.자 2017카담507 결정 590
대법원 2017.9.21. 선고 2017다233931 판결 675
대법원 2017.9.26. 선고 2017다22407 판결 270
대법원 2017.10.12. 선고 2015두36836 판결 716, 717
대법원 2017.10.12. 선고 2017다17771 판결 212
대법원 2017.10.26. 선고 2015다42599 판결 607
대법원 2017.10.31. 선고 2015다65042 판결 206
대법원 2017.11.9. 선고 2015다44274 판결 282
대법원 2017.11.14. 선고 2015다214011 판결 351, 352
대법원 2017.11.14. 선고 2017다23066 판결 240
대법원 2017.11.14. 선고 2017다24281 판결 102
대법원 2017.11.21.자 2016마1854 결정 587, 589
대법원 2017.11.23. 선고 2017다251694 판결 222, 223
대법원 2017.12.5. 선고 2015다240645 판결 117, 118
대법원 2017.12.5. 선고 2017다237339 판결 511, 512
대법원 2017.12.22. 선고 2015다236820, 236837 판결 286, 291
대법원 2017.12.28. 선고 2014다229023 판결 773, 774
대법원 2017.12.28.자 2015무423 결정 435
대법원 2017.12.28.자 2017그100 결정 838
대법원 2018.1.19.자 2017마1332 결정 81, 85, 837
대법원 2018.2.13. 선고 2015다242429 판결 511, 684, 685, 686
대법원 2018.2.28. 선고 2013다26425 판결 613
대법원 2018.2.28. 선고 2017다270916 판결 514
대법원 2018.4.6.자 2017마6406 결정 590
대법원 2018.4.12. 선고 2017다292244 판결 423, 426
대법원 2018.4.12. 선고 2017다53623 판결 362, 365, 366
대법원 2018.4.26. 선고 2015다211289 판결 109
대법원 2018.5.4.자 2018무513 결정 231
대법원 2018.5.15. 선고 2014므4963 판결 471, 661
대법원 2018.5.30. 선고 2017다21411 판결 324, 627, 633, 788, 810
대법원 2018.6.1.자 2018마5162 결정 591
대법원 2018.6.15. 선고 2016다229478 판결 615, 620
대법원 2018.6.15. 선고 2017다265129 판결 630
대법원 2018.6.15. 선고 2017다289828 판결 103
대법원 2018.7.12. 선고 2015다36167 판결 345
대법원 2018.7.19. 선고 2018다22008 전원합의체 판결 186, 187, 526
대법원 2018.7.24. 선고 2018다227087 판결 803
대법원 2018.7.26. 선고 2016다242440 판결 702
대법원 2018.7.26. 선고 2018다227551 판결 196, 822
대법원 2018.8.1. 선고 2018다229564 판결 397
대법원 2018.8.30. 선고 2016다46338, 46345 판결 553, 554, 557, 558, 772, 800
대법원 2018.9.13. 선고 2018다231031 판결 108
대법원 2018.10.12. 선고 2016다243115 판결 419
대법원 2018.10.18. 선고 2015다232316 전원합의체 판결 207, 252, 527
대법원 2018.10.25. 선고 2018다210539 판결 243, 244, 571
대법원 2018.12.13. 선고 2016다210849, 210856 판결 142
대법원 2018.12.27. 선고 2015다58440, 58457 판결 276, 450
대법원 2018.12.27. 선고 2018다235071 판결 202
대법원 2018.12.27. 선고 2018다268385 판결 128
대법원 2018.12.28. 선고 2016다260400, 260417 판결 147
대법원 2018.12.28. 선고 2018다260732 판결 432
대법원 2019.1.4.자 2018스563 결정 47
대법원 2019.1.17. 선고 2017후1632, 1649 판결 202
대법원 2019.1.17. 선고 2018다24349 판결 186, 527
대법원 2019.2.14. 선고 2015다244432 판결 198, 199
대법원 2019.2.14. 선고 2015다255258 판결 471

대법원 2019.2.14. 선고 2018다264628 판결 110
대법원 2019.2.21. 선고 2018다248909 전원합의체 판결 389
대법원 2019.2.28. 선고 2016다255613 판결 752
대법원 2019.3.14. 선고 2018다255648 판결 419
대법원 2019.3.14. 선고 2018다277785, 277792 판결 649
대법원 2019.3.14. 선고 2018다281159 판결 208
대법원 2019.3.14. 선고 2018두56435 판결 251
대법원 2019.3.25.자 2016마5908 결정 112
대법원 2019.3.28. 선고 2016다211224 판결 107
대법원 2019.4.3. 선고 2018다271657 판결 588
대법원 2019.4.10.자 2017마6337 결정 66
대법원 2019.4.25. 선고 2017다21176 판결 498
대법원 2019.5.16. 선고 2016다240338 판결 211
대법원 2019.5.16. 선고 2018다242246 판결 207
대법원 2019.5.30. 선고 2015다47105 판결 117
대법원 2019.5.30. 선고 2015다8902 판결 420
대법원 2019.5.30. 선고 2016다221429 판결 432
대법원 2019.6.13. 선고 2016다33752 판결 35
대법원 2019.6.13. 선고 2019다205947 판결 822
대법원 2019.7.11. 선고 2015다47389 판결 425
대법원 2019.7.25. 선고 2019다212945 판결 123, 124
대법원 2019.7.25. 선고 2019다227817 판결 256
대법원 2019.8.9. 선고 2019다222140 판결 282, 404
대법원 2019.8.14. 선고 2017다217151 판결 185
대법원 2019.8.29. 선고 2019다215272 판결 538
대법원 2019.8.30. 선고 2018다259541 판결 791
대법원 2019.9.9. 선고 2019다217179 판결 355
대법원 2019.9.10. 선고 2017다258237 판결 651
대법원 2019.9.10. 선고 2019다208953 판결 133
대법원 2019.10.17. 선고 2018다300470 판결 515, 854, 855
대법원 2019.10.23. 선고 2012다46170 전원합의체 판결 759, 807
대법원 2019.11.29.자 2019카확564 결정 588
대법원 2019.12.12. 선고 2019다17836 판결 354, 355
대법원 2019.12.27. 선고 2019다260395 판결 222
대법원 2020.1.9.자 2018스40 결정 432
대법원 2020.1.16. 선고 2019다247385 판결 178, 209, 210, 284
대법원 2020.1.16. 선고 2019다264700 판결 626
대법원 2020.1.22. 선고 2016후2522 전원합의체 판결 855
대법원 2020.1.30. 선고 2015다49422 판결 268
대법원 2020.1.30. 선고 2018다204787 판결 594
대법원 2020.1.30. 선고 2019다268252 판결 709, 713
대법원 2020.1.30.자 2019마5599, 5600 결정 231, 783, 786
대법원 2020.2.6. 선고 2019다223723 판결 255
대법원 2020.2.20. 선고 2019두52386 전원합의체 판결 203, 204
대법원 2020.3.16.자 2020그507 결정 518, 519, 838
대법원 2020.3.26. 선고 2018다221867 판결 471, 522, 773, 824
대법원 2020.3.26. 선고 2018다301336 판결 289
대법원 2020.4.9. 선고 2015다34444 판결 626
대법원 2020.4.9. 선고 2016다32582 판결 419
대법원 2020.4.9. 선고 2019다216411 판결 110
대법원 2020.4.24.자 2019마6990 결정 585, 586
대법원 2020.4.29. 선고 2014다11895 판결 822
대법원 2020.5.14. 선고 2017다220058 판결 595
대법원 2020.5.14. 선고 2019다261381 판결 564, 565
대법원 2020.5.14. 선고 2019므15302 판결 514
대법원 2020.5.21. 선고 2018다287522 전원합의체 판결 667
대법원 2020.5.21. 선고 2018다879 전원합의체 판결 172, 661
대법원 2020.6.4. 선고 2016다245142 판결 639
대법원 2020.6.11. 선고 2020다8586 판결 580, 581
대법원 2020.6.11.자 2020마5263 결정 836
대법원 2020.6.25. 선고 2019다246399 판결 157, 375
대법원 2020.7.9. 선고 2020다208195 판결 552
대법원 2020.7.9. 선고 2020두33596 판결 696, 697
대법원 2020.7.23. 선고 2017다224906 판결 563
대법원 2020.8.20. 선고 2018다249148 판결 203
대법원 2020.8.27. 선고 2017다211481 판결 449
대법원 2020.8.27. 선고 2019다215593 판결 645
대법원 2020.9.3. 선고 2020다210747 판결 560
대법원 2020.10.15. 선고 2018다229625 판결 619, 620
대법원 2020.10.15. 선고 2019두40611 판결 718
대법원 2020.10.15. 선고 2020다222382 판결 81
대법원 2020.10.29. 선고 2016다35390 판결 574
대법원 2020.11.5. 선고 2017다23776 판결 115
대법원 2020.12.10. 선고 2020다255085 판결 800

대법원 2021.2.4. 선고 2019다202795, 202801 판결 648
대법원 2021.2.4. 선고 2020다259506 판결 515
대법원 2021.2.25. 선고 2017다51610 판결 204
대법원 2021.3.11. 선고 2018다285106 판결 390
대법원 2021.3.11. 선고 2020므11658 판결 364
대법원 2021.3.11.자 2020마7755 결정 784, 818
대법원 2021.3.25. 선고 2019다208441 판결 648
대법원 2021.3.25. 선고 2020다277641 판결 332
대법원 2021.3.25. 선고 2020다46601 판결 355, 356
대법원 2021.4.15. 선고 2019다244980, 244997 판결 357
대법원 2021.4.22.자 2017마6438 전원합의체 결정 786
대법원 2021.5.7. 선고 2018다259213 판결 241, 483, 484
대법원 2021.5.7. 선고 2020다292411 판결 612, 615, 617, 809
대법원 2021.5.13. 선고 2020다71690 판결 241
대법원 2021.5.27. 선고 2021다204466 판결 123
대법원 2021.5.27.자 2021스576 결정 236
대법원 2021.6.10. 선고 2018다44114 판결 255
대법원 2021.6.17. 선고 2018다257958, 257965 전원합의체 판결 208
대법원 2021.6.24. 선고 2016다210474 판결 548
대법원 2021.6.24. 선고 2016두61877 판결 621, 622
대법원 2021.6.30. 선고 2019다268061 판결 620
대법원 2021.7.8. 선고 2017다218895 판결 391
대법원 2021.7.8. 선고 2021다219949 판결 355
대법원 2021.7.21. 선고 2020다300893 판결 117, 128
대법원 2021.7.22. 선고 2020다284977 전원합의체 판결 670, 719, 722
대법원 2021.7.29. 선고 2018다230229 판결 484
대법원 2021.7.29. 선고 2018다267900 판결 398
대법원 2021.8.12. 선고 2021다215497 판결 553
대법원 2021.8.19. 선고 2018다207830 판결 171, 215, 274
대법원 2021.8.19. 선고 2021다213866 판결 255
대법원 2021.8.19. 선고 2021다228745 판결 355
대법원 2021.8.19. 선고 2021다53 판결 360
대법원 2021.10.28. 선고 2019므15425 판결 35
대법원 2021.12.10. 선고 2021다266532 판결 424
대법원 2021.12.10.자 2021마6702 결정 701
대법원 2021.12.23. 선고 2017다257746 전원합의체 판결 534
대법원 2022.1.13. 선고 2019다220618 판결 352, 360, 368
대법원 2022.1.27. 선고 2018다259565 판결 188
대법원 2022.1.27.자 2021마6871 결정 585
대법원 2022.2.17. 선고 2021다275741 판결 248, 485, 553
대법원 2022.3.11. 선고 2018다231550 판결 534
대법원 2022.3.17. 선고 2020다216462 판결 365
대법원 2022.3.17. 선고 2021다210720 판결 560, 561
대법원 2022.3.29.자 2021그713 결정 519
대법원 2022.3.31. 선고 2017다247145 판결 620
대법원 2022.3.31. 선고 2020다271919 판결 488
대법원 2022.4.8.자 2022마9 결정 49
대법원 2022.4.14. 선고 2020다224975 판결 679, 684, 686
대법원 2022.4.14. 선고 2021다276973 판결 291, 292
대법원 2022.4.14. 선고 2021다280781 판결 402
대법원 2022.4.14. 선고 2021다305796 판결 332, 355, 356
대법원 2022.4.28. 선고 2019다200843 판결 291
대법원 2022.4.28. 선고 2021다306904 판결 108
대법원 2022.5.3.자 2021마6868 결정 62
대법원 2022.5.12. 선고 2020다278873 판결 613
대법원 2022.5.13. 선고 2019다229516 판결 125, 374
대법원 2022.5.26. 선고 2020다206625 판결 255
대법원 2022.5.26. 선고 2022다209987 판결 374
대법원 2022.6.7.자 2022그534 결정 495, 576
대법원 2022.6.9. 선고 2018다228462, 228479 판결 206
대법원 2022.6.9. 선고 2022다209529 판결 159
대법원 2022.6.16. 선고 2018다301350 판결 759
대법원 2022.6.16. 선고 2022다207967 판결 203
대법원 2022.6.21.자 2021그753 결정 871
대법원 2022.6.30. 선고 2020다210686, 210693 판결 121, 673
대법원 2022.6.30. 선고 2021다239301 판결 484
대법원 2022.6.30. 선고 2022다217506 판결 676
대법원 2022.7.14. 선고 2021다294674 판결 668
대법원 2022.7.28. 선고 2017다286492 판결 536
대법원 2022.7.28. 선고 2020다231928 판결 535, 549, 600, 736
대법원 2022.8.11. 선고 2018다202774 판결 572, 573
대법원 2022.8.25. 선고 2018다261605 판결 291

대법원 2022.8.25. 선고 2022다211928 판결 805, 806
대법원 2022.9.7. 선고 2022다231038 판결 355, 356
대법원 2022.9.29.자 2022그637 결정 519
대법원 2022.10.14. 선고 2022다229936 판결 363, 455
대법원 2022.10.14. 선고 2022다241608, 241615 판결 728
대법원 2022.10.14. 선고 2022다247538 판결 355
대법원 2022.10.14. 선고 2022다252387 판결 794
대법원 2022.10.27. 선고 2022다241998 판결 630
대법원 2022.11.10.자 2021스766 결정 255
대법원 2022.11.17. 선고 2021두44425 판결 87, 257
대법원 2022.11.24. 선고 2018두67 전원합의체 판결 123
대법원 2022.12.15. 선고 2019다269156 판결 205
대법원 2023.1.12. 선고 2022다266874 판결 486
대법원 2023.2.2. 선고 2020다270633 판결 531
대법원 2023.2.23. 선고 2022다207547 판결 203
대법원 2023.2.23. 선고 2022다285288 판결 752
대법원 2023.3.13. 선고 2022다286786 판결 194, 195
대법원 2023.3.16. 선고 2022두58599 판결 482
대법원 2023.4.13. 선고 2021다271725 판결 291
대법원 2023.4.13. 선고 2022다293272 판결 595
대법원 2023.4.27. 선고 2019다247903 판결 30
대법원 2023.4.27. 선고 2021다262905 판결 620
대법원 2023.6.29. 선고 2020다260025 판결 171
대법원 2023.6.29. 선고 2021다250025 판결 80
대법원 2023.6.29. 선고 2021다277525 판결 208
대법원 2023.6.29. 선고 2022두44262 판결 626, 631
대법원 2023.7.13. 선고 2023다225146 판결 158
대법원 2023.7.14.자 2023그585, 586 결정 835
대법원 2023.7.17.자 2018스34 전원합의체 결정 438
대법원 2023.7.27. 선고 2020다263857 판결 662
대법원 2023.7.27. 선고 2020다277023 판결 198
대법원 2023.8.18.자 2022그779 결정 379
대법원 2023.8.31. 선고 2021다243355 판결 86
대법원 2023.8.31. 선고 2022다219427 판결 463
대법원 2023.9.14. 선고 2020다238622 판결 7, 80, 81
대법원 2023.9.27.자 2022마6885 결정 589
대법원 2023.10.12. 선고 2021다213316 판결 463
대법원 2023.10.26. 선고 2018두55272 판결 702
대법원 2023.11.2. 선고 2023므12218 판결 477
대법원 2023.11.2.자 2023마5298 결정 152, 589
대법원 2023.11.9. 선고 2023다256577 판결 495, 576
대법원 2023.11.16. 선고 2023다266390 판결 273
대법원 2023.12.7. 선고 2023다273206 판결 617, 621
대법원 2023.12.14.자 2023마6934 결정 135
대법원 2023.12.21. 선고 2023다221144 판결 668
대법원 2023.12.21.자 2023마6918 결정 589
대법원 2023.12.28. 선고 2023다268686 판결 819
대법원 2024.1.4. 선고 2023다225580 판결 162
대법원 2024.2.8. 선고 2022두50571 판결 203
대법원 2024.2.15.자 2023마7226 결정 141, 142
대법원 2024.5.23. 선고 2020므15896 전원합의체 판결 203

◂ **하급심** ▸

부산지방법원 2007.2.2. 선고 2000가합7960 판결 37
서울고등법원 1961.11.30. 선고 4292민222~225 판결 732
서울고등법원 1971.6.9. 선고 70나2785, 2786 판결 616
서울고등법원 2017.4.19. 선고 2016나2077798 판결 17
서울중앙지방법원 2004.3.25. 선고 2002나44365, 2003나27930 판결 727
서울지방법원 1996.6.13. 선고 94가합30633 판결 452
인천지방법원 2020.7.24. 선고 2019나63471 판결 256

◂ **헌법재판소** ▸

헌법재판소 2001.8.30. 선고 99헌마46 결정 11

사항색인

◀ ㄱ ▶

가사소송 6
가집행선고 591
가집행선고의 실효 594
간접반증 461
간접부인 317
간접사실 276
간접적 주장 280
간접증거 386
감정 417
감정결과 419
감정의무 418
감정인 417
감정절차 418
감정증인 410
강제반소 644
강제집행절차 4
강행규정 22
개별대리의 원칙 155
개연성설 457
개인회생절차 19
개입신문 416
객관적 증명책임 453
거동관할 51
검사 43
검증 439
검증수인의무 440
격리신문 415
결정 507
경제 13
경험법칙 389
고유필수적 공동소송 121, 660
공개심리주의 262
공격방법의 변경 627
공격방법의 복수 600
공격방어방법 314, 549
공동대리 144
공동소송 654
공동소송인간의 반소 644
공동소송인독립의 원칙 657
공동소송적 보조참가 714
공동소송참가 718
공문서 423
공사병존문서 423
공시송달 366
공정증서 523
공지의 사실 404
공평 12
공해소송 462
관련재판적 66
관할 50
관할권의 조사 77
관할위반에 의한 이송 79
관할의 종류 51
관할항정의 원칙 78
교부송달 360
교호신문 415
교환적 변경 485, 627
구문권 293
구소송물이론 216
구속적 소송행위 326
구술심리주의 264
구실체법설 217
국제재판관할 합의 32
국제재판관할권 32
국제적 중복소송 37
권리능력자 106
권리보호의 이익 205
권리보호의 자격 182
권리자백 392
권리주장참가 725
그 밖의 증거 440
기간 348
기간의 계산 349
기간의 신축 350
기속력 517
기일 346
기일의 변경 347
기일의 실시 348
기일의 통지 347
기일의 해태 339
기일지정신청 341, 346, 470
기판력 524
기판력의 객관적 범위 546
기판력의 범위 534
기판력의 본질 525
기판력의 시적 범위 534
기판력의 작용 526
기판력의 주관적 범위 558
기피신청 48

◀ ㄷ ▶

다수당사자소송 654
단독사건 40
단독제 40
단순반소 645
단순병합 604
답변서제출의무 232
당사자 88
당사자능력 106
당사자대립주의 88
당사자신문 420
당사자신문의 보충성 420
당사자의 결석 339
당사자의 경정권 154

당사자의 변경 739
당사자의 자격 105
당사자의 확정 89
당사자적격 116
당사자표시정정 92
당연승계 103, 749
대동증인 411
대상청구 200, 604
대체적 분쟁해결제도 9
도산절차 19
독립당사자참가 723
독촉절차 870
동시제출주의 295
등기의 추정력 459
등본 424

◀ ㅁ ▶

명령 507
명령적 재판 508
명시설 223, 250, 549
모순관계 529
모순금지설 525
무권대리인 157
무변론판결 233, 261
무효행위의 전환 328
문서의 송부촉탁 434
문서정보공개제도 436
문서제출명령 435
미리 청구할 필요 196
민사소송 3
민사소송법 20
민사소송법규의 해석 21
민사소송법의 연혁 23
민사소송의 개념 4
민사소송의 목적 3
민사소송의 이상 11
민사재판권 29
민사집행절차 17

◀ ㅂ ▶

반대사실의 증거 387
반대신문 416
반복금지설 525
반사적 효력 524
반사효 671
반소 641
반증 387
발송송달 365
방소항변 176, 300, 316
방증 387
배상명령 258
배상신청 259
백지문서 428
법관 41
법관의 기피 46
법관의 제척 43
법관의 회피 50
법규 390
법규기준설 278
법률관계문서 435
법률상의 기간준수 255
법률상의 추정 458
법률요건분류설 454, 465
법률요건적 효력 523
법원사무관등 42
법원에 현저한 사실 404
법인 107
법인 등의 대표자 146
법인격부인 96
법인이 아닌 사단 108
법인이 아닌 재단 112
법정관할 51
법정대리인 138
법정소송담당 121
법정순서주의 295
법정증거주의 446
법정지법 32
법조경합 268
변론 261
변론 전체의 취지 446
변론관할 75
변론기일의 지정 234
변론능력 134
변론무능력자 134
변론에의 상정 313
변론을 종결한 뒤의 승계인 559
변론의 갱신권 781, 798, 824
변론의 경과 329
변론의 내용 313
변론의 병합 330
변론의 분리 330
변론의 실시 329
변론의 일체성 333
변론의 재개 331
변론의 정리 330
변론의 제한 330
변론의 종결 331
변론의 준비 306
변론조서 333
변론주의 275
변론준비기일 311
변론준비절차 309
변론준비절차의 개시 310
변론준비절차의 종결 312
변론준비절차의 진행 310
변호사 43
변호사대리의 원칙 149, 164
변호사법 제31조 161
변호사보수 585
병합청구소송 599
병행심리주의 301
보고문서 423, 432
보전절차 4
보전처분절차 18
보정명령 230
보조사실 276
보조참가 698
보충신문 416
보통재판적 60
복심제 780
본안의 신청 313
본안의 항변 317
본안전 항변 316
본안판결 512
본증 387
부가적 합의 71

부대상고 819
부대항소 791
부제소특약 324
부제소합의 184
부진정 예비적 병합 611
불법행위지 63
불변기간 348
불상소의 합의 775
불요증사실 391
불이익변경금지의 원칙 801
비공개심리절차 437
비디오 등 중계장치 등에 의한 기일 329
비디오 등 중계장치에 의한 증인신문 416
비법인사단 109
비변호사의 대리 164
비송사건 6
비약상고 812

◀ ㅅ ▶

사감정 418
사망자를 당사자로 한 소송 99
사문서 423
사문서의 2단계의 추정 427
사물관할 53
사법보좌관 42
사실상의 추정 458
사실조회 443
사안해명의무 465
사정변경 536, 545
사해방지참가 729
사해행위취소소송 170, 273, 549, 600
사후심제 781
상계권 540
상계항변 247, 319, 479, 484, 553, 771, 807
상고 812
상고이유 813
상고이유서 818
상고장 817
상소 765
상소권의 포기 774
상소불가분의 원칙 777
상소요건 766
상소의 이익 769
상소의 제한 779
상소의 종류 766
상소의 효력 776
상환이행판결 272
서면심리주의 265
서면에 의한 변론준비절차 311
서면에 의한 증언 413
서증 422
석명권 285
석명권의 행사 293
석명의무 285
석명처분 294
선결적 법률관계 246, 550
선결적 법률관계에 관한 자백 394
선서거부 412
선서의무 411
선서인증 414
선이행청구 195
선정당사자 114, 688
선정자 688
선택적 병합 606
선행자백 396
성명모용소송 98
소(訴, Klage, lawsuit) 167
소가 55
소권 181
소극적 석명 285
소명 388
소송계속 239, 479
소송고지 710
소송구조 234
소송기록의 송부 79
소송내적 조건 325
소송능력 129
소송능력자 130
소송대리권의 발생 151
소송대리권의 범위 151
소송대리권의 소멸 156
소송대리인 147
소송대리인의 자격 148
소송대리인의 지위 154
소송목적의 값 55
소송물 215, 268, 482, 547
소송물의 양도 751
소송물이론 561, 608, 772
소송법설 217
소송비용 584
소송비용액확정절차 588
소송비용의 담보 590
소송비용의 재판 584
소송상의 합의 322
소송상의 형성의 소 171
소송상화해 493
소송승계 748
소송요건 173
소송의 비송화 8
소송의 이송 79
소송자료 280
소송절차에 관한 이의권 304
소송절차의 정지 370
소송절차의 중단 103, 371
소송절차의 중지 382
소송종료선언 469
소송중의 소 168
소송지휘권 303
소송탈퇴 738, 758
소송탈퇴자 575
소송판결 512, 531
소송행위 322
소송행위 하자의 치유 328
소송행위의 유효요건 132
소송행위의 조건 325
소송행위의 종류 322
소송행위의 철회 326
소송행위의 특질 325
소액사건 867
소의 객관적 병합 599
소의 이익 181

소의 종류 168
소의 주관적 병합 654
소의 주관적 예비적·선택적 병합 677
소의 주관적 추가적 병합 687
소의 취하 473
소의 취하간주 341
소장각하명령 231
소장부본의 송달 232
소장의 기재사항 226
소장제출주의 225
소제기의 효과 239
소취하계약 324, 474
소취하의 간주 486
속심제 781
속행명령 381
손해항목 222, 269, 604
송달 357
송달받을 사람 359
송달실시방법 360
송달함 송달 366
수계신청 380, 750
수동소송 114
수명법관 41
수시제출주의 295
수정법률요건분류설 457
수정역추지설 34
수탁판사 41
승계인수 755
승계참가 753
시사의무 289
시적 한계 23
시효의 중단 251
신병존설 320
신소송물이론 217
신속 13
신의성실의 원칙 13
신의칙 13
실권효 296, 312, 535
실기한 공격방어방법 296
실질적 증거력 431
실질적 표시설 90
실체법상의 형성의 소 170
심급관할 53
심급대리원칙 376
심급대리의 원칙 153
심급제도 40
심리불속행제도 819
심판의 편의에 의한 이송 82
쌍면참가 730
쌍방대리 160
쌍방심리주의 263
쌍불취하 341

◀ ㅇ ▶

안분설 271
엄격한 증명 388
ADR 9
여효적 소송행위 322
역추지설 34
예비적 반소 645
예비적 병합 609
예비적·선택적 공동소송 677
외국국가 30
외국법원의 확정재판 533
외측설 271
요건사실 276
우편송달 365
원본 424
위법하게 수집한 증거방법 385
위험영역설 457
유사적 추정 460
유사필수적 공동소송 670
유일한 증거 407
유치송달 364
의료과오소송 463
의무이행지 61
의사무능력자 130
의사추정 460
의제자백 400
이부 79
이분지설 217
이송 79
이송신청권 81
이송의 절차 85
이송의 효과 86
이원설 217
이유 514
이유부부인 397
이의권의 상실 306
이의권의 포기 306
이익문서 435
이중소송금지의 원칙 241
이지설 217
이행권고결정 870
이행의 소 116, 168
인도·열람문서 435
인수승계 755
인수참가 755
인용문서 435
인증등본 424
일부청구 192, 223, 249, 254, 271, 549
일부판결 510, 615
일분지설 217
일원설 217
일응의 추정 460
일지설 217
임의관할 52
임의규정 22
임의대리인 147
임의적 당사자변경 92, 740
임의적 변론 262
임의적 소송담당 114, 125

◀ ㅈ ▶

자백간주 345, 400
자백계약 452
자백의 구속력 281
자연인 106
자유로운 증명 388
자유심증 449
자유심증주의 445
잠정적 진실 460
장래이행의 소 192
장래이행판결 273

장소적 한계 23
재도의 고안 834
재반소 646
재소의 금지 480
재심기간 847
재심사유 849, 850
재정관할 51
재정기간제도 296
재정증인 411
재판 506
재판상의 자백 392
재판상화해 492
재판연구관 42
재판연구원 42
재판의 누락 511
재판장등의 소장심사 229
재판적 59
재항고 836
쟁점효이론 551
적극적 석명 286
적시제출주의 295
적정 12
전문심리위원 43
전부판결 510
전속관할 51
전속적 합의 71
전심관여 45
전자소송에서의 송달 369
절대적 상고이유 814
정기금판결과 변경의 소 542
정본 424
제3자 반소 644
제3자의 소송담당 121, 715
제3자의 소송참가 698
제소전화해 502
제조물책임소송 464
제한능력자 130
제한부자백 397
조리설 34
조사·송부의 촉탁 443
조시의 증명력 336
조우송달 362
조정 10
조합 112
종국적 재판 507
종국판결 510
종중 109
주관적 증명책임 454
주신문 415
주심법관 41
주요사실 276
주요사실설 278
주장 자체의 정당성 173
주장공통의 원칙 659
주장책임 276, 465
준거법 32
준비서면 306
준비서면의 기재사항 307
준재심 861
준주요사실설 278
중간적 재판 508
중간판결 508, 859
중간확인의 소 637
중복소송금지 241
중복소제기의 금지 241
중재 11
중재감정계약 452
즉시항고 232, 829
즉시확정의 법률상 이익 205
증거 384
증거개시제도 435
증거거리설 457
증거계약 452
증거공통의 원칙 448, 659
증거능력 385, 424
증거력 385, 424
증거력계약 452
증거방법 384
증거법칙적 추정 460
증거보전 444
증거보전절차 18
증거원인 385, 446
증거의 채부결정 406
증거자료 280, 385
증거제출책임 281
증거제한계약 452
증거조사 405
증거조사의 개시 405
증거조사의 결과 447
증거조사의 실시 408
증거항변 316
증명 388
증명방해 451
증명의 대상 389
증명책임 453
증명책임계약 453
증명책임의 분배 454
증명책임의 완화 458
증명책임의 전환 457
증명촉구 288
증서의 진정 여부를 확인하는 소 213
증언거부 413
증언의무 412
증인 410
증인능력 410
증인신문 410
증인신문절차 414
증인의무 411
증인진술서 413
지급명령 870
지적의무 289
지정관할 51, 68
직권이송 81
직권조사사항 176, 284
직권증거조사 282
직권진행주의 302
직권탐지주의 283
직무상의 당사자 125
직분관할 52
직접심리주의 265, 409
직접증거 386
진술간주 342
진실의무 282
진정성립 425
집중심리주의 301

집행관 42
집행력 523
징빙 276

◀ ㅊ ▶
차단효 535
참가승계 753
참가이유 700, 725
참가적 효력 707, 713
채권자대위소송 117, 121, 127, 242, 481, 569, 715, 720
채권자취소소송 245, 273, 572, 574
책문권 304
처분권주의 266
처분문서 423, 431
청구기초의 동일성 629
청구원인 228
청구원인의 변경 626
청구의 감축 626
청구의 목적물의 소지자 568
청구의 변경 625
청구의 병합 599
청구의 복수 599
청구의 인낙 488
청구의 포기 487
청구의 확장 626
청구취지 226
청구취지의 변경 626
초본 424
추가적 공동소송 687
추가적 변경 628
추가판결 511
추인 132
추정승계인 567
추후보완 350
출석의무 411
출회송달 362
취효적 소송행위 322
치외법권자 30

◀ ㅌ ▶
토지관할 59
통상공동소송 657
통상항고 829
통치행위 184
특별대리인 139
특별수권사항 152
특별재판적 61
특별항고 837
특정승계 751

◀ ㅍ ▶
파산절차 19
판결 507, 508
판결의 경정 518
판결의 무효 576
판결의 부존재 575
판결의 선고 516
판결의 송달 516
판결의 편취 579
판결의 확정시기 521
판결의 효력 517
판결주문 514
판단누락 617, 856
편면참가 730
표명의무 289
표현대리 162
표현증명 461
피고의 경정 92, 742
필수적 공동소송 660
필수적 공동소송인의 추가 746
필수적 기재사항 226
필수적 변론 261

◀ ㅎ ▶
합의관할 70
합의사건 40
합의제 40
합의체 40
합일확정 660, 672, 721
항고 829
항변 316, 552, 641
항변사항 176
항소각하 799
항소기각 799
항소심의 구조 780
항소심판결의 주문 808
항소요건 782
항소의 당사자 782
항소의 제기 782
항소의 취하 788
항소이유서 787
항소장 782
항소장각하 799
항소취하의 간주 790
행정소송 5
현대형 소송 126, 462
현재이행의 소 188
현저한 사실 403
형사소송 4
형성권 214, 319, 539, 661
형성력 523
형성의 소 120, 169
형성적 재판 508
형식적 증거력 425
형식적 형성의 소 171, 274
형식적 확정력 521
화해 9
화해권고결정 499
확인의 소 119, 169, 201
확인의 소의 보충성 211
확인적 재판 508
확정된 종국판결 531
환송 824
환송 또는 이송판결의 기속력 825
회생절차 19
효력규정 22
후유증 222, 539
훈시규정 22

[저자 약력]

범 경 철

연세대학교 법과대학 졸업
전북대학교 대학원 법학박사
제33회 사법시험 합격
국방부 검찰관
변호사
영국 옥스퍼드 법대 방문교수
사법시험, 변호사시험, 변리사시험, 입법고시, 공인노무사시험, 행정사시험 출제위원
현재 경희대학교 법학전문대학원 교수

곽 승 구

연세대학교 공과대학 졸업(부전공 법학)
경희대학교 법학전문대학원 전문법학석사
경희대학교 법학전문대학원 법학박사
제2회 변호사시험 합격
변호사
현재 전북대학교 법학전문대학원 조교수

제2판
민사소송법

초판발행 2022년 8월 25일
제2판발행 2024년 7월 30일

지은이 범경철 · 곽승구
펴낸이 김중용

편 집 심성보 · 김인숙

펴낸곳 도서출판 정독
경기도 고양시 일산서구 하이파크로 113, 102-204
등록 제406-2014-000093호
전 화 031)924-7203 팩 스 031)935-0345
홈페이지 www.jeongdok.co.kr 이메일 admin@jeongdok.co.kr
ISBN 979-11-6858-271-2 93360

정 가 44,000원